倪正茂全集

科技法学卷（上）

5

倪正茂 著

学苑出版社

图书在版编目（CIP）数据

倪正茂全集. 科技法学卷 / 倪正茂著. -- 北京：学苑出版社, 2022.2
ISBN 978-7-5077-6378-2

Ⅰ. ①倪… Ⅱ. ①倪… Ⅲ. ①倪正茂－全集②科技法学－文集 Ⅳ. ① C52 ② D912.17-53

中国版本图书馆 CIP 数据核字 (2022) 第 031878 号

责任编辑：孟　玮
出版发行：学苑出版社
社　　址：北京市丰台区南方庄 2 号院 1 号楼
邮政编码：100079
网　　址：www.book001.com
电子信箱：xueyuanpress@163.com
联系电话：010-67601101（营销部）、010-67603091（总编室）
印　刷　厂：北京建宏印刷有限公司
开本尺寸：787mm×1092mm　　1/16
印　　张：80.5　彩插 2
字　　数：1700 千字
版　　次：2022 年 2 月第 1 版
印　　次：2022 年 2 月第 1 次印刷
定　　价：800.00 元（上中下册）

作者简介

倪正茂，1940年出生于浙江省苍南县金乡镇，先后就读于金乡小学、平阳二中、平阳一中、瑞安中学。1957年考入复旦大学法律系，1961年毕业于上海社会科学院政法系。先后从教于上海南洋模范中学、淮海中学、零陵中学等。1979年进入上海社会科学院法学研究所工作，1997年赴上海大学法学院工作，1988年获"上海市有突出贡献的中青年专家"称号。2006年获上海市首届"五一劳动奖章"。2008年获聘为上海政法学院终身教授。已发表文章五百多篇，出版《隋律研究》《科技法学导论》《法哲学经纬》《生命法学探析》《比较法学探析》《激励法学探析》《苏联国家与法的历史》《中华法苑四千年》等专著、合著、译著四十四部。

总　序

今天是我的七十八岁生日。剩下的时间不会很多了，于是动了凡心，将前此发表的文字汇编成集，一并出版。

我大致是从1980年前后（也就是四十岁前后）开始发表文字的。此前，自觉在大学期间所学无几，故而花了近二十年的时间自学法学、哲学、文学、史学和外语。讵料1981年发表第一篇法学论文《论法律的起源》，即引起法学界的热议，竟至法学院校、研究机构多有分成了臧否两派、纷争热烈。原因是传统的观点认为法律起源于奴隶社会，而我认为法律起源于从原始社会向奴隶社会的过渡时期。尽管否我者认为我的观点"离经叛道"，在后来的"精神污染"运动中，我甚至被领导点了名，但我的观点最终却成了法史学家的共识。受此事件的鼓舞，后来的学术研究中，我坚持了这样几点：第一，言（文）须有新意；第二，坚持追求真理，对权威的观点不随意苟同。

因为有这样的自我要求，所以，我获得了写出新中国第一部法哲学著作《法哲学经纬》，第一部全面考证、研究隋律的专著《隋律研究》及后来的《隋代法制考》，第一部全面论证法的激励功能的专著《激励法学探析》，主编、主撰了第一部论述法律战基本理论的《法律战导论》，第一批科技法学专著《科技法学导论》《科技法学原理》，第一批生命法学著作《生命法学引论》《生命法学探析》，第一部批判欧美中心主义的比较法学专著《比较法学探析》等法学成果。所有这些成果都获得了国家或上海市级的优秀著作奖。

除著作外，我还发表了五百多篇文章。这些文章，除极少几篇是"合作"的之外，都是"单干"的产物；而且，除语言逻辑方面的文章外，几篇"合作"的作品，也多是本人起草、执笔。正因如此，在《激励法学探析》的"后记"中我斗胆对那些利用职权、地位"剥削"其他人精神劳动成果的"硕导""博导"蔑称其为"硕盗""博盗"。据说，某虚报、盗窃了他的德国导师的学术成果而混成了一个知名大学的校长者，最终被钉在了教育史、学术史的耻辱柱上。那么，法学界的"硕盗""博盗"也总有一天会被钉在耻辱柱上。

在此前以及本文集中，凡是有合作者的，无论是著作或文章，我都注明了合作者的姓名。

五百多篇文章中，有不少是耦合时事、随性涂写的长文短论，所以，本文集盖以"随笔"概括之。其中有一些属于"游记"，但据说与绝大多数游记不同，是什么"政治性游记"。上海社会科学院文学研究所潘颂德研究员竟极力翊赞为"开创了政治游记"的"游记新品种"。但纵览中国文学史不难发现，古往今来的中国文学史家也写了许多带政治内容的，只不过不像我写得那么直白罢了。而这"直白"，也许不过思想浅薄罢了。

本文集中，还有一些非法学类的作品，涉及语言逻辑、教育、社会、心理等，大多是随意而发的东西，算不上学术著作，只是一些普及读物罢了。之所以收入文集之中，不过是为了让读者了解我之为文的大概。此外，在搁笔之际，忽然念及一生竟然历经了肺病、肝炎、肾炎、心脏病、胃病、肠炎、盲肠炎、大面积脑梗死、脑萎缩、"典型的帕金森综合征"等"吓死人的病"，只是除了脾脏、胰脏没有患过病，却还活到如今并顶着一个"终身教授"的金色大盖帽，仍如四五十岁时那样，既无寒暑假及其他节假日休息，白天夜晚也忙碌得不亦乐乎，从而觉得我的生命历程中，也许这一"战胜"疾病的经验，比那些所谓的学术文章更有趣，也更有益于读者，甚至还值得医学家们略事研究，于是做了一番整理，写成了"养生感悟"，用以"断后"。读者自可断言我的"养生"不过只是一个"蠢"字罢了，但是或许有一些东西还有研究的价值，不是"呸"地一哂，即可弃如敝屣、扬长而去的。毕竟，一则活到了这把年纪而仍精力充沛，二则几乎所有我的同龄人无不啧啧称奇并真切艳羡我"比同龄人要年轻得多"！

倪正茂

2018年5月14日

本 卷 说 明

一、本卷收入了倪正茂教授在科技法、企业法领域所撰写的专著两部,与他人合著图书两部(倪正茂教授个人撰写部分),已公开和未公开发表的文章七十篇,以及作者计划撰写因故没有出版的专著提纲一篇。

二、凡所收入作品,均在篇首以注释的方式做了说明,包括著作的版本信息、文章的发表信息。

三、本卷在编校时主要遵从下列原则:

1. 篇名:一般采用原标题。

2. 发表时间:已出版图书和已刊文章,一般取正式出版和刊载时间。

3. 文稿排序:入编文稿按发表时间先后排序。书稿在前,文章在后。发表时间,书稿详尽到年;文章详尽到期刊的年、期;若文章载于报纸,则详尽到日。有年月而日期不详者,按月末。月份相同者,以编者收到稿件先后排序。未发表文章,排在已发表文章之后,按编者收到稿件顺序。以"企业法"为主题的文章,集中放于"文章编"内,排序规则同"文章编"。

4. 原文注释:为方便读者阅读,原文尾注均改为页下脚注,并在页下重新编码。注释格式原则上遵照原文,编者尽量做到局部统一。对于出版较早的专著与早期撰写的文章,因当时出版规范与现行的不一致,编者在现有资料的基础上,对相应注释做了最大程度的补充。

5. 引用文献的外国人名译法:引用版本较早的图书,外国人名译法与今日通行译法有差别的,如果遵从原文会使读者产生误解的,编者直接按今日通行译法改正。

6. 原文出版或发表时间较早,文中出现的相关地名现今发生变化的,编者直接按现今名称改正或以脚注方式注释。

7. 原文的明显错讹、缺漏,编者在无损作者原意的前提下直接修订。

8. 原文的繁体字一般转换为规范字。引用较早图书版本,汉字用法与现今不一致,编者按现今用法直接修订。

9. 原文的拼写错误、错别字,编者直接改正。

10. 编排体例基本遵从原文,但略有改进。与人合著图书,收入全集的章节遵从原书设置,不再重新排序。原文不尽一致的地方,编者尽最大努力做了统一。

11. 原文所引用的涉及条款的法规、条例,后来或修订、或废止的,编者以注释方式对相关法规、条例的版本进行说明。

目 录

上

著 作 编

全民所有制工业企业法讲话（节选）

《全民所有制工业企业法讲话》（节选）题记 …………………………………004
第三讲　我国《企业法》的渊源………………………………………………005
第四讲　全民所有制工业企业的法律性质……………………………………009
第十一讲　企业必须对国家负责………………………………………………012
第十三讲　企业和党的领导……………………………………………………015
第三十三讲　企业必须促进技术进步…………………………………………019
第三十五讲　企业必须对职工负责……………………………………………023
第三十六讲　企业厂长的任免和奖惩…………………………………………027
第三十八讲　企业职工的奖惩…………………………………………………030
第三十九讲　企业管理委员会…………………………………………………034
第四十讲　职工代表大会的法律性质和法定职权……………………………037
第四十一讲　职工代表大会的法定义务………………………………………041
第四十二讲　企业间的法律关系………………………………………………044
第四十五讲　企业经济损失责任与法律制裁…………………………………048

科技法学导论

《科技法学导论》题记……………………………………………………………054

科技法学研究篇

第一章　科技法学的定义……………………………………………………056
第二章　科技法学的研究对象………………………………………………061
第三章　科技法学的研究范围………………………………………………064
第四章　科技法学的研究方法………………………………………………072
第五章　科技法学研究的意义………………………………………………079

科技社会关系的法律调整篇

第六章　科学、技术和科学技术……………………………………………087
第七章　法和科学技术的关系………………………………………………091
第八章　科技社会关系的法律调整…………………………………………096

科技法概论篇

第九章　科技法的定义………………………………………………………107
第十章　科技法的特征………………………………………………………112
第十一章　科技法的本质……………………………………………………120
第十二章　科技法的地位……………………………………………………123
第十三章　科技法的作用……………………………………………………129
第十四章　科技法的体系……………………………………………………138

科技法的渊源和发展规律篇

第十五章　科技法的历史发展………………………………………………157
第十六章　科技法的渊源……………………………………………………165
第十七章　科技法的发展规律………………………………………………170
第十八章　科技法在中国的发展……………………………………………180

科技行政关系的法律调整篇

第十九章　科技行政法律关系 ··· 193
第二十章　科技行政法 ··· 209
第二十一章　科技行政法律责任 ·· 233

科技民事关系的法律调整篇

第二十二章　科技民事法律关系 ·· 245
第二十三章　科技民事法 ·· 259
第二十四章　科技民事法律责任 ·· 279

科技国际关系的法律调整篇

第二十五章　科技国际法律关系 ·· 291
第二十六章　科技国际法 ·· 302

科技规范的法律保障篇

第二十七章　科技规范与科技法的关系 ·· 315
第二十八章　标准化与标准化法 ·· 320
第二十九章　我国的标准化法和科技规范法律保障的发展 ·················· 325

科技进步和环境的法律保护篇

第三十章　科技法学的一个重要研究对象 ··· 333
第三十一章　高技术发展和环境的法律保护 ····································· 340

高技术发展的法律调节篇

第三十二章　原子能法 ··· 347
第三十三章　信息技术法 ·· 359
第三十四章　生物技术法 ·· 375
第三十五章　高技术区立法 ··· 385
后　记 ··· 392

中

科技法学原理

《科技法学原理》题记 ... 394
第一章 科学技术发展与法的关系 ... 395
第二章 科技社会关系 ... 415
第三章 科技社会关系的法律调整 ... 438
第四章 科技法的调整对象与科技法的意义 ... 514
第五章 科技法的渊源、历史发展及其发展规律论 ... 533
第六章 科技法的体系、结构和科技法制建设 ... 579
第七章 科技法律规范论 ... 601
第八章 科技法律原则论 ... 627
第九章 科技法价值论 ... 682
后 记 ... 695

科技创新与法制建设（节选）

《科技创新与法制建设》（节选）题记 ... 698
前 言 ... 699

学理篇

第一章 科技创新：动力和灵魂 ... 704
第二章 科技创新的两项重大政策 ... 719
第三章 科技创新、科技社会关系与法制建设 ... 727

借鉴篇

第一章 发达国家的科技创新立法 ... 839
第二章 日本的科技创新立法 ... 876

第三章　美国、韩国、欧盟、德国激励科技创新的一些政策、法制经验……………893
第四章　发达国家科技创新的评价制度及有关立法………………………………909

下

文 章 编

法制建设与新技术革命……………………………………………………………917
日本经济法对科学技术发展的促进………………………………………………924
试论新技术革命和法制建设的协调发展…………………………………………928
健全社会主义法制的一件大事——全国首届科技立法工作座谈会简介………933
向科技立法索取无穷无尽的财富…………………………………………………935
简讯…………………………………………………………………………………937
加紧科技立法保障和促进科研生产联合体的发展………………………………938
论科学技术现代化的宪法地位和法制建设的协调发展…………………………943
重视科技法学的研究………………………………………………………………954
论现代化建设与法制观念的更新——兼谈法制建设的协调发展………………959
确立科技现代化与知识分子的宪法地位…………………………………………965
略论生态经济平衡的法律保障……………………………………………………967
迎接新技术革命挑战的法律对策…………………………………………………971
科技立法总体构思刍议……………………………………………………………973
科技进步立法总体构思刍议………………………………………………………975
试论科技社会关系的法律调整……………………………………………………982
科技立法与司法应同步发展………………………………………………………985
科技必须立法………………………………………………………………………987
新技术革命的十项法律对策………………………………………………………989
驾驭"天马"此其时——发达国家科技立法简介………………………………998
新技术革命的挑战和我国的法律对策……………………………………………1000
加强科技社会关系的法律调整……………………………………………………1003

日本科技立法考察散记（上）···1005
日本科技立法考察散记（中）···1007
日本科技立法考察散记（下）···1009
发达国家的新技术革命立法···1011
科技法定义论析···1017
科技法学和中国的科技法学研究···1021
我国迎接新技术革命的法律对策探讨··1027
略论科技法渊源··1046
制定我国科技进步法的几点借鉴···1051
高屋建瓴　纲举目张——略论中国科技进步法的立法宗旨················1059
英国的《科学技术法》···1063
论科技社会关系法律调整的特殊性··1064
始料未及的重大转轨···1074
中国科技进步法立法宗旨略论··1076
科技决策程序的法律需求与对策···1081
略论创新型国家建设的科技法"支点"···1087
《科技法学丛书》总序··1095
中国科技进步立法务期新的突破···1097
发展科技长盛久昌··1103
试论科技刑事关系的法律调节··1109
"输血"与"造血"——兼谈科技成果产业化的法律调节机制···············1114
"科教兴国"战略的法律保障··1117
关于科技法学··1120
科教兴国战略实施中的立法、司法、守法一体化···························1130
中国科技法制建设简评——与日本比较······································1137
科技进步与法制建设的辩证关系···1145
略论科技法律规范的特征···1157
略论发展知识经济的法制需求··1161
发展高新技术的风险投资——为纪念中共十一届三中全会20周年而作···1165
科技社会关系的立法调整及其地位··1171
略论科技社会关系立法调整中的两个问题····································1175
发展知识经济的法制需求···1181

加快电子商务立法 推动电子商务发展………………………………………1188
知识产权谁主沉浮……………………………………………………………1197
为循环经济发展提供法律推动力……………………………………………1201
科技投入的法律监督及其他…………………………………………………1204
创新型国家建设和科技法制保障……………………………………………1207
借鉴发达国家创新经验，完善科技法制体系建设…………………………1214
日本的"官、产、学"与中国的科技法制建设……………………………1217
建设创新型国家的光辉起点…………………………………………………1222

企业法篇
运用法律手段管理企业 —— 苏联《社会主义法和科学技术革命》一书简介………1226
国营小型企业租赁经营的若干法律问题……………………………………1228
试论乡镇企业财产关系的法律调节…………………………………………1235
中国农村的"第三次浪潮"—— 安徽阜阳所见……………………………1242
《企业法》出台的法学意义…………………………………………………1244
企业技术进步的微观法律调节………………………………………………1247
做好企业集团公司这篇"大文章"…………………………………………1265
《国家知识产权战略》的法理学解读………………………………………1267

附：中国科技进步的研究（提纲）…………………………………………1274

著 作 编

《全民所有制工业企业法讲话》（节选）
科技法学导论
科技法学原理
科技创新与法制建设（节选）

全民所有制工业企业法讲话（节选）

《全民所有制工业企业法讲话》*（节选）题记

  应中央人民广播电台理论部之约，编写了《全民所有制工业企业法讲话》的大部分文稿，由中央人民广播电台逐篇播出。后由云南人民出版社出版，封面载明该书由袁宝华（国家经委副主任）和我等著。该书发表时，本人所写各篇除用本名外，还用了裴海等名。因企业发展与科技进步及法制建设关系特别密切，故将《全民所有制工业企业讲话》本人撰写部分收入《倪正茂全集》。

倪正茂

---

* 袁宝华、倪正茂等著，云南人民出版社1988年版。

第三讲　我国《企业法》的渊源

就像树有根、水有源一样，任何法律都有它的渊源，我国企业法也不例外。

法的渊源是一个法学概念，简称法源，它来自罗马语 fontes juris，意思是法的源泉。但这个概念在法学中的使用并不完全一致。有的法学家在法的本质意义上使用，从这里探讨形成法的力量从何而来。其中有的认为法是出于神的意志，有的认为法是出于帝王的意志，有的认为法是出于全体公民的"公意"。但我们知道，从来就不存在什么神仙鬼怪，帝王的意志也不能违背客观的经济关系，至于全体公民的"公意"，在阶级社会里由于"全体公民"是划分为根本利益完全对立的阶级的，所以剥削阶级和被剥削阶级之间根本是不存在"心有灵犀一点通"的"公意"的。从法的本质意义上看，马克思主义法学认为，法是社会发展到一定阶段上的产物，是由于经济发展造成的阶级矛盾不可调和的产物和表现，它是统治阶级通过国家政权反映出来的阶级意志。从法的这个意义上看，我国企业法的渊源，就是社会主义公有制经济基础上形成的工人阶级和广大劳动人民的根本利益和阶级意志的反映。

除了在法的本质的意义上使用法的渊源这一概念外，更多的法学家是在法的创立方式的意义上使用的。所谓法的创立方式，是指法由何种国家机关、通过何种方式创立，表现为何种法律文件的形式，或非文件的形式。在这种意义上使用法的渊源这一概念的时候，叫作"形式渊源"。

法的"形式渊源"是多种多样的，它随着社会经济、文化的发展而不断丰富和发展。奴隶制时期，法的渊源有习惯法、法律、帝王的诏令、官府的公告和法庭的判例等多种形式。随着资本主义政治法律制度的发展，法的渊源就变得越来越丰富多样，主要有宪法、法律、自治法规、条约、法学理论、习惯、判例等等。

社会主义法的"形式渊源"主要是成文法，其宪法和法律占主导地位。在我国，法的"形式渊源"按照其效力大小依次是：全国人民代表大会通过和发布的宪法和基本法律；全国人民代表大会常务委员会制定和发布的除基本法律以外的其他法律；最高国家行政机关——国务院制定和发布的行政法规；国务院所属各部、各委员会根据法律和国务院的行政法规、决定、命令,并在本部门的权限内发布的规范性的命令,指示和规章;省、直辖市的人民代表大会及其常务委员会制定和发布的地方性法规等。

我们这里讲的"我国企业法的渊源",是从法的"形式渊源"的角度出发的。

我国企业法的形式渊源主要有宪法、法律和法规三种。

宪法是由全国人民代表大会制定的国家根本大法,具有最高的法律效力。因此,宪法中有关企业的规定,是我国《企业法》的有效力量的最重要法律渊源。

我国宪法[①]关于全民所有制企业的规定主要有这样几条:

1. "国营经济是社会主义全民所有制经济,是国民经济中的主导力量。国家保障国营经济的巩固和发展。"(第七条)

2. "国营企业在服从国家的统一领导和全面完成国家计划的前提下,在法律规定的范围内,有经营管理的自主权。""国营企业依照法律规定,通过职工代表大会和其他形式,实行民主管理。"(第十六条)

3. "国家通过提高劳动者的积极性和技术水平,推广先进的科学技术,完善经济管理体制和企业经营管理制度,实行各种形式的社会主义责任制,改进劳动组织,以不断提高劳动生产率和经济效益,发展社会生产力。"(第十四条)

另外,我国宪法关于"中华人民共和国公民有劳动的权利和义务""中华人民共和国劳动者有休息的权利"以及公民在社会保险、社会救济等方面的权利的规定,也是我国《企业法》的渊源。宪法关于物质文明建设和精神文明建设的一系列规定以及其他规定,在我国《企业法》中也得到了反映。

宪法上的这些规定,是我国《企业法》的最基本的原则。在《企业法》的实施过程中,如果产生了法律解释上的问题,或者遇到了新的矛盾和问题,凡是《企业法》没有规定,或者没有明确规定,或者虽有规定但可能存在解释上的分歧的,一律以宪法为准。

全国人民代表大会或它的常务委员会制定、批准的法律,效力仅次于宪法,是我国《企业法》的最重要渊源之一。这些法律可分为两类:

一类是法律文件整体都是关于企业包括全民所有制工业企业的;一类是法律文件的部分规定是企业必须遵循的法律规范。其中最为重要的是1986年4月12日第六届全国人民代表大会第四次会议通过的《中华人民共和国民法通则》。《民法通则》的第三章关于"法人"的"一般规定","企业法人"和企业"联营"的十二条规定,现在在《企业法》中都得到了反映。例如《民法通则》第四十二条规定:"企业法人应当在核准登记的经营范围内从事经营。"《企业法》[②]则在第十六条第二款做了相应的规定:"企业应当在核准登记的经营范围内从事生产经营活动。"

---

① 此处为《中华人民共和国宪法》(1982)。全书同。——编者注
② 此处为《中华人民共和国全民所有制工业企业法》(1988)。全书同。——编者注

除《民法通则》外，全国人大或其常委会历次会议通过的《中华人民共和国会计法》《中华人民共和国经济合同法》《中华人民共和国商标法》《中华人民共和国专利法》和《中华人民共和国环境保护法》等的有关规定，都是我国《企业法》相应条款的法律渊源。

法规主要是指国务院制定和批准的具有法律效力的规范性文件。我国由国务院制定和批准的大量有关企业的法规，对我国《企业法》的制定，对社会经济生活，都起着十分重要的作用。这些法规大致可分为五类：

一是企业管理类，如《关于国营企业试行企业基金的规定》《工业企业全面质量管理暂行规定》《工业企业全面质量管理暂行办法》《国营工业企业职工代表大会暂行条例》《国营工厂厂长工作暂行条例》《企业职工奖惩条例》《国营工业企业暂行条例》《国家经委、国家体改委关于增强大中型国营工业企业活力若干问题的暂行规定》等。

二是经济合同类，除《经济合同法》外，《关于确认和处理无效经济合同的暂行规定》《加工承揽合同条例》等都是《企业法》的渊源。

三是金融、税务类，如《财政部关于对国营企业征收所得税的暂行规定》《国营企业奖金税暂行规定》《国营企业工资调节税暂行规定》等。

四是工商行政管理类，如《工商企业登记管理条例》《公司登记管理暂行规定》等。

五是科学技术类，如《中华人民共和国发明奖励条例》《合理化建议和技术改进奖励条例》《中华人民共和国标准化管理条例》等。

另外，交通运输、环境保护、对外经济交往和地方性法规中，也有不少是《企业法》的渊源。

1986年7月12日，国务院发布了《国营企业实行劳动合同制暂行规定》《国营企业招用工人暂行规定》《国营企业辞退违纪职工暂行规定》以及《国营企业职工待业保险暂行规定》等四个重要法规；全国人大常委会于1986年11月通过的《中华人民共和国全民所有制企业破产法》；1886年9月15日中共中央、国务院联合发布的《全民所有制工业企业厂长工作条例》《中国共产党全民所有制工业企业职工代表大会条例》等重要法规，是根据我国实行经济体制改革以来的企业改革的实际需要而制定的。它们在我国《企业法》的渊源中的影响，无疑是最为直接、最为鲜明的。在了解、研究我国《企业法》的渊源的时候，对这些重要法规一定要认真学习。

从上述大量法律的诞生和实施的过程中，酝酿成熟了我国《全民所有制工业企业法》。回顾《企业法》本身的产生历程，大体上可以概括为五阶段：

第一阶段为1979年春到1980年秋。这一阶段的工作，主要是确定企业法的适用范围。第二阶段为1980年冬到1981年9月。这一阶段的任务是起草《国营工厂法》。第三阶段为1981年10月到1983年4月。根据国务院领导同志关于《国营工厂法》涉及管理体制和"条条块块"的许多复杂问题，认为由国家立法机关制定这样一部法律的条件还不成熟，可先颁行一个国营工矿企业急需的暂行条例的意见在《国营工厂法（草案）》的基础上，修改成了《国营工业企业暂行条例（草案）》，由国务院正式颁布施行。第四阶段：1983年4月到1987年3月。《暂行条例》为国营工业企业理顺多方面的法律关系，提供了法律依据，发挥了一定的积极作用。但是，一个关键的问题，即企业内部的领导体制问题，仍然没有得到圆满的解决。1984年10月20日通过的《中共中央关于经济体制改革的决定》，确定了实行政企职责分开的原则，并明确指出："现代企业分工细密，生产具有高度的连续性，技术要求严格，协作关系复杂，必须建立统一的、强有力的、高效率的生产指挥和经营管理系统。只有实行厂长（经理）负责制，才能适应这种要求。"《决定》的这些规定，为解决有关问题提供了最明确、最切实、最科学的方针。"厂长负责制"的试点工作，也在全国各地迅速展开，取得了丰富的经验。这样，一部严密、切实可行的国营工业企业法诞生时机就比较成熟了。于是，在1987年3月，人大常委会审议了《企业法》草案。在审议过程中，委员们就《企业法》与正在迅速发展的经济体制改革的关系，展开了热烈的讨论，认为还有必要做进一步的试点，因此，决定推迟审议通过。第五阶段：1987年3月迄今。这一阶段，党的十三大召开了，提出了社会主义初级阶段的重要理论，进一步指明了我国经济体制改革的进程和要求，也为《企业法》对诸如企业承包、企业租赁等的规定提供了理论指导。人大常委会办公厅和国务院办公厅发出了关于公布企业法草案并广泛征求意见的通知，经过全民的热烈讨论，第七届全国人民代表大会第一次会议通过了《中华人民共和国全民所有制工业企业法》。

回顾我国全民所有制工业企业法的渊源和诞生历程，我们看到，它是在党领导下，密切结合我国经济体制改革的实践经验，经过长期的、充分的准备，郑重地制定的。《企业法》的诞生，无疑将对正确认识、解决有关的一系列问题，提供严格的法律依据；对解决有关企业的多种法律关系提供法律准绳。

第四讲　全民所有制工业企业的法律性质

《中华人民共和国全民所有制工业企业法》第二条第一款规定："全民所有制工业企业（以下简称企业）是依法自主经营、自负盈亏、独立核算的社会主义商品生产和经营的单位。"

这一规定表明了这样两点：

第一，本法所涉及的企业为全民所有制工业企业，企业的财产所有权的性质为全民所有。这一条第二款以明确的语言指出："企业的财产属于全民所有。"这是全民所有制工业企业法律性质的根本特点和根本性质。在起草《企业法》的过程中，第二条曾规定"全民所有制工业企业是相对独立的经济组织"，有"相对"二字，当时的考虑，相当大的程度上，就在于指明这类企业的根本性质在于"全民所有"。现在在第二款中以一个自然语句指出企业财产的全民所有的性质，更加明确和突出了。这也是全民所有制工业企业与集体所有制工业企业及城乡劳动者个体经济的根本区别。

把握全民所有制工业企业的这一根本法律性质，有极为重要的意义。这可以保证企业不偏离社会主义方向。我国宪法规定："国营经济是社会主义全民所有制经济，是国民经济中的主导力量。"（第七条）我国全民所有制工业企业的产值占全部工业企业总产值的80%以上。国营工业企业紧紧沿着社会主义道路前进，就能使国民经济的命脉永远掌握在人民的手中，就能保证社会主义公有制的经济制度的健康发展，就能保证"消灭人剥削人的制度，实行各尽所能，按劳分配的原则"的实现（第六条），"国家保障国营经济的巩固和发展"也才有它现实的意义（第七条）。

我国宪法第十二条还规定："社会主义的公共财产神圣不可侵犯。""国家保护社会主义的公共财产。禁止任何组织或者个人用任何手段侵占或者破坏国家的和集体的财产。"这一宪法原则是与全民所有制工业企业财产权的全民所有的法律性质密切相关的。只有明确确认国营企业的全民所有的性质，才可能真正地很好地贯彻执行宪法的上述第十二条的规定。

全民所有制工业企业的财产，主要由固定资产、流动资金和自留资金所组成。固定资产是指企业的劳动资料，是用于生产经营，能在较长时期内保持实物形态的物质资料，如房屋、机器、设备等。流动资金是指企业所拥有的原料、材料、燃料、半成品及其准备销售的产品和银行账户上的资金、企业现款等。自留资金是指企业缴纳税金后留用的利润。所有这些全民所有制工业企业的财产所有权，都属于中华人民共和国全民所有，不仅任何个人不得侵占和破坏，而且任何组织包括劳动者集体组织、集体企业都不得侵占和破坏。

法学界曾有人主张企业享有所有权，从而使企业获得支配财产的最大自主性。这种主张是与我国社会主义经济制度相背离的。生产资料的社会主义全民所有制，决定了代表全民的国家是全民所有制工业企业财产的所有人。从所有权的法律性质上看，代表全民的国家是国家所有权的唯一主体，国营企业只是国家所有权的客体。如果企业享有所有权，那么企业财产就有了两个所有人。"一仆二主"，"仆人"就会无所适从。从所有权理论来看，也是完全相悖的。同时，全民所有制工业企业的财产，是国家直接或间接投资形成的，是全国人民的共同积累。如果企业享有所有权，那么，全民的财产就被"集体化"了。这当然只能是经济制度的倒退。一些同志关于"企业享有财产所有权"的主张，无论从法学理论上看，还是从我国社会主义制度的实践看，都是错误的。

至于企业在租赁或承包后，新增固定资产、流动资金问题，又另当别论，因为这是包含着承包人和租赁人个人的劳动成果所形成的财产。现在有人提出建立"资金分账制"来解决有关问题。这是可以试行的。但这并没有否定企业财产属于全民所有这一根本性质。

第二，全民所有制工业企业是法律规定的生产和经营单位。明确全民所有制工业企业具有"生产和经营单位"的法律性质，同样是十分重要的。

"企业"作为"生产和经营单位"，本来不成为问题。早在1961年中共中央发布的《工业七十条》中就已明确规定企业具有"经济组织"的性质。但是长期以来，由于"左"的思想影响，特别是由于"文化大革命"十年内乱的干扰，我们的一些政府管理部门把企业看作一级行政组织或者某一行政机关的附属物，管得太多，管得太死，使企业丧失了生产和经营的性质。例如，关于企业的机构设置，国务院曾多次以行政法规形式明确规定企业机构设置由企业自主决定。1979年7月13日发布的《关于扩大国营工业企业经营管理自主权的若干规定》，在第九条中就曾明确要求："企业在定员、定额内，有权根据精简和提高效率的原则，按照实际需要，决定自己的机构设置，任免中层和中层以下的干部。机构设置不必与上级主管部门对口。"但时至今日，一些部门仍然硬要企业设置与它对口的机构和规定人员编制，造成企业管理人员逐年增加。长期以来，企业不能搞活，企业自主权不能落实，原因是多方面的。重要原因之一，就在于对企业是"生产和经营单位"，具有经济组织而不是行政组织的法律性质这一点了解不够。

第三，企业所从事的是商品生产的经营活动。

在计划经济的体制下，企业只生产产品而不生产商品，它的产品投入流通领域，如与农村人民公社实行交换的时候，或者与国外交换时，已经完全与企业无关，只与国家发生关系，这样企业对产品的数量、质量，只向国家负责，不向用户和消费者负责；企业的利润也与企业、企业职工无关或关系极小。因此，企业既无积极性，也不可能面向消费领域及时调整企业的生产数量与质量。而国家实际上又无法面面俱到、细致入微地调整每一个企业的生产。结果是整个社会的生产违背经济发展的基本规律，尤其是背离了价值规律。《企业法》规定企业所从事的是商品生产经营，这就彻底改变了社会主义全民所有制工业企业生产与经营活动的对象，对调动企业、企业招工的积极性，对发展全民所有制工业企业在社会主义初级阶段国民经济发展中的作用都有不可估量的意义。

全民所有制工业企业实行独立核算。企业的经济核算，是企业经济管理的一个基本原则，指企业在利用价值规律的基础上，用货币来比较经济活动的多项消耗和成果，进行分析检查，促进增产节约，保证利润和积累。实行经济核算的目的，是为了增强企业的责任制，调动职工的积极性，改进生产技术和经营管理，不断提高劳动生产率，提高经济效益。企业如果不具有独立核算的法律权利，一切都依赖于上级的布置、上级的分配，企业就失去了活力，经营的自主性也就不可能存在。《企业法》明确规定企业为独立的核算单位，这就保证了企业的自主经营，能够充分发挥它的活力，使它在"四化"建设中起更大的作用。

当然，全民所有制工业企业的"独立"性，不是毫无限制的。它必须按照国家计划的指导安排自己的经营活动，必须接受国家的审计监督。毫无疑问，它也必须完成依法纳税、保护生态平衡、保护环境不受污染等等法定义务。从根本上来说，它丝毫不能有悖于企业的"全民所有制"的法律性质。

全民所有制工业企业财产的全民所有的法律性质，企业作为独立核算的社会主义商品生产和经营单位的法律性质，不仅受到《企业法》本身保护，而且受到行政法、刑法和民法的保护。在行政法方面，通过行政法律程序实行的保护，主要表现在两个方面：一是对侵犯国家财产或企业权益的行政违法行为人，处以罚款、没收非法所得等等；二是对严重失职给国家财产和企业权益造成重大损失的责任人的行政处分。在刑法方面，我国《刑法》把保护社会主义全民所有制的财产，作为自己的主要任务之一。《刑法》分则中的"反革命罪""危害公共安全罪""破坏社会主义经济秩序罪""侵犯财产罪"和"渎职罪"等章的有关条款，都有保护全民所有制工业企业财产权的具体规定，罪犯要受到刑事制裁。在民法方面，有通过民事诉讼程序实施民事保护的许多具体规定。所有这些规定，都保证全民所有制工业企业的法律性质不致遭到改变、损害。近几年来，我国开展了打击严重经济犯罪的斗争，这对于保证全民所有制工业企业的法律性质，具有重大的现实意义。《企业法》的颁布，为打击严重经济犯罪提供了进一步的法律依据；打击严重经济犯罪的斗争，又为《企业法》的实施提供了强有力的司法保证。二者相辅相成，相互促进，相得益彰，将对我国全民所有制工业企业的健康发展，产生重要的、积极的影响。

第十一讲　企业必须对国家负责

企业必须对国家负责。为了对这个问题有比较深入的了解，我们首先谈谈国营工业企业同国家的关系的不同类型。

在资本主义国家里，也有国营工业企业。例如法国，1982年占17%，其中，有的行业的国营工业企业占这个行业总数的90%以上。但是在法国，国有企业的财产所有权不一定全部属于国家。1946年颁布的法国《国有化法》规定，凡国家投资股份占51%以上的，或者国营企业投资到其他企业的股份占51%以上的，都算作国有企业。法国的国有企业与国家的关系是：国有企业作为从事经济活动的民事权利主体，并不是国家机关的一部分，国家同国有企业厂长（经理）之间的关系，是股东与企业管理人的关系，国有企业作为法人，享有独立的财产权利，在生产经营中享有完全的自主权。国家无权直接向国有企业发号施令。1969年开始，法国实行了计划合同制度。按照这一制度，企业的经济与社会发展目标，企业和国家相互承担的义务，都规定在具体的计划合同中。这样，在法国，国家与国有企业之间的关系，就是体现在计划合同中的协商关系了。

苏联、东欧社会主义国家在初步实行了经营体制改革以后，国营企业与国家之间的关系的法律模式，大致有三类。一类是以苏联为典型的行政法律形式。苏联的国营企业财产的所有权与经营权，都属于国家。苏联的《社会主义国营生产企业条例》规定，企业的"一切计划任务只能由上级机关向企业下达"，国家计划具有法律约束力。为了实现国家对企业的直接控制，国家以行政法规确认了广泛的行政管理措施。第二类是南斯拉夫为典型代表的民事法律形式。南斯拉夫的企业与国家的关系，体现为自给的经济体制，企业与国家之间以合同建立联系。在南斯拉夫，国家对生产资料的支配权和管理权，以及同生产资料的支配权和管理权有关的收入分配等，正在逐步地转移到直接生产者手中。第三类是行政法律形式与民事法律形式的结合，这种形式以匈牙利为典型代表。这种形式的特点是，既注意发挥国家管理经济的职能，又使国营工业企业拥有一定的自主权。国家与国营企业的关系，体现为国家集权与分权的经济体制。

上面各国不同类型的国营工业企业与国家的关系，各有特点，自成模式，在各自的国家里发挥不同的作用。我国经济体制的改革，主要是总结了我国经济建设实践的经验与教训，同时也参考、借鉴了上面谈到的各个国家和其他国家的经验。中共中央《关于经济体制改革的决定》指出："增强企业的活力，……是以城市为重点的整个经济体制改革的中心环节。"《决定》进一步指出，增强企业活力的关键之一，是"确立国家和全民所有制企业之间的正确关系，扩大企业的自主权"。

企业自主权的扩大，目的在于搞活企业，并不意味企业对国家的绝对独立，不对国家负责，不对国家尽任何义务。因此，《企业法》以不少条文明确规定，从而赋予了企业以种种自主权的同时，又以必要的条款，规定了企业必须对国家负责的义务。

《企业法》关于企业对国家的义务的规定，主要有三条：

第一，《企业法》第三十五条规定："企业必须完成指令性计划。""企业必须履行依法订立的合同。"

国家对企业的管理，有经济管理、行政管理和法律管理三个方面。国家对企业的经济管理，主要是控制企业的固定资产投资权和向企业发布指令性计划。全民所有制工业企业固定资产投资总规模，按计划进行控制。用于企业的基本建设投资，国家预算内拨款改贷款的投资，纳入国家信贷计划的基建贷款，利用国际金融组织和外国政府的贷款等安排的基本建设，由国家负责平衡，实行指令性计划。技术改造投资中，由国家预算内拨款的，国家利用外资安排的，同样实行指令性计划；企业自筹资金安排的技术改造，实行指导性计划。无论指令性计划项目还是指导性计划项目，都要报经国家规定的审批机关审批。一句话，企业对指令性计划规定的产品数量质量等，都必须切实保证完成。

国家的指令性计划，是由国家直接下达的。除指令性计划外，还有指导性计划。属于指导性计划范围的生产（产品的品种、数量和质量），是国民经济发展的重要组成部分，由国家采取与企业签订经济合同的形式实施。这样，企业除了有一般意义上的履行经济合同的义务外，还特别负有对国家负责的责任。这就要求企业以高度的责任心、主动性和积极性，严格地、全面地完成指导性计划范围的经济合同内容。

第二，《企业法》第三十六条规定："企业必须保障固定资产的正常维修，改进和更新设备。"

这条规定的法律依据是国营企业是全民所有制企业，它的财产的所有权属于代表全民的国家。这就要求企业保护其所使用的国家财产即全民的财产，使它不受损害和破坏。

我国宪法第十二条规定："社会主义的公共财产神圣不可侵犯。""国家保护社会主义的公共财产。禁止任何组织或者个人用任何手段侵占或者破坏国家的和集体的财产。"全民所有制工业企业的财产，当然受到宪法保护。而作为国营工业企业，在直接占有、使用、处分属于全民所有的财产的过程中，同"神圣不可侵犯"的"公共财产"发生最为直接、最为紧密的联系，在"确保国家财产不受侵犯"上，负有重大的责任。因此，《企业法》第四十条又规定："企业必须加强保卫工作，维护生产秩序，保护国家财产。"

为了达到"保护国家财产"的要求,企业应切实做好治安保卫工作,打击破坏国家财产和经济犯罪活动。目前贪污盗窃、索贿受贿这类经济犯罪活动,已经引起了全社会的注意,遭到了应有的司法打击,但是还要继续开展打击这类经济犯罪活动,并且要坚持进行。除这类经济犯罪活动外,还有一类经济犯罪没有引起人们的充分重视,还没有受到应有的打击和制止。这就是官僚主义、玩忽职守造成的严重的责任事故。董必武同志早在50年代就先后十多次指出,对经济建设中的事故,人们往往只注意是不是政治事故;对政治事故的惩处完全是必要的,但更多的责任事故由官僚主义、玩忽职守造成,带来的经济损失极为严重,都还没有受到人们的关注。董必武同志认为必须以法律手段对付由官僚主义、玩忽职守造成的责任事故。实际上,这类事故造成的损失,对国家财产的破坏,往往比贪污、盗窃这类经济犯罪造成的破坏更为严重。因此,在我们的治安保卫工作中,不仅要继续注意贪污、盗窃这类经济犯罪,更要注意由官僚主义、玩忽职守造成的国家财产的破坏。同时,为了"保护国家财产",企业还必须依据法律和法规,制定出符合本企业实际情况的厂规厂纪、操作规程和岗位守则。严密的厂规厂纪、严格的操作规程、严肃的岗位守则,对于企业生产和经营的正常运转是绝对必需的。这绝不是什么"管、卡、压",而是从工人阶级利益出发制定的、得到工人积极拥护的行为规范。遵循正确的行为规范,既保障了职工的健康、安全,也保证了国家财产不受破坏和侵害。

第三,《企业法》第三十七条规定:"企业必须遵守国家关于财务、劳动工资和物价管理等方面的规定,接受财政、审计、劳动工资和物价等机关的监督。"

任何偷税、漏税、瞒产、隐产或者私分企业产品、变相私分企业产品的行为,都是对国家财产的侵犯,直接影响全民的利益。

另外,企业要经常教育职工艰苦奋斗、勤俭建国,勤俭办企业,反对浪费,反对铺张。必须指出,现在在一些企业中,大手大脚、铺张浪费的现象是相当严重的。这同样构成了对国家财产的损害,必须坚决制止。毛泽东同志曾经指出:"贪污和浪费是极大的犯罪。"这在和平时期,同样有指导意义。我国是一个有10亿人口的、底子薄、困难多的发展中国家。要赶上发达国家,还必须做长期的艰苦努力。一步落后,就可能步步落后。我们必须抓紧现在国际局势比较和缓的有利时机,急起直追,力争早日赶上发达国家的生产力水平。因此,把浪费提高到"犯罪"的高度,提高到"侵犯国家财产"的高度来认识,是必要的。每一个职工都是企业的主人,都是国家的主人。一定要自觉地保护国家财产,一定要按《企业法》的规定,切实地确保国家财产不受侵犯,并且以自己的模范行动,艰苦奋斗,增产节约,为国家财富的不断增加而努力。

第十三讲　企业和党的领导

党的领导是四项基本原则的核心，加强党对企业的领导，是搞好企业、推进改革、使企业沿着社会主义道路前进的根本保证。

《企业法》第八条规定："中国共产党在企业中的基层组织，对党和国家的方针、政策在本企业的贯彻执行实行保证监督。"《中国共产党全民所有制工业企业基层组织工作条例》（以下简称《条例》）对有关问题也做了详尽的规定。这些规定，对办好企业，贯彻执行好《企业法》，都有极为重要的意义。

一、企业设立党的基层组织和企业实行厂长负责制的关系

企业设立党的基层组织包括党委、总支部委员会或者支部委员会，是为了对企业实行思想政治指导。这里讲的思想政治指导，指的是保证、监督党和国家各项方针、政策的贯彻执行，支持群众组织独立负责地开展工作，认真做好思想政治工作，发挥党组织的战斗堡垒作用和党员的先锋模范作用，以保证企业沿着社会主义方向发展。

为了做好党在企业中的思想政治领导工作，《条例》[1]规定企业党组织的主要任务：一是保证和监督党和国家各项方针、政策的贯彻实施；二是搞好企业的思想建设、组织建设，改进工作作风；三是支持厂长实现任期目标和生产经营的统一指挥；四是做好职工思想政治工作；五是加强对群众组织的思想政治领导，做好群众工作。

企业实行厂长负责制，是为了适应现代企业分工细密，生产具有高度的连续性，技术要求严格，协作关系复杂，必须建立统一的、强有力的高效率的生产指挥和经营管理系统的要求。

厂长作为企业的法定的代表人，负责代表法人行使职权。厂长在组织企业生产经营活动中，必须坚持社会主义经营方向，执行党和国家的方针政策，遵守国家的法律、法规，

---

[1] 此处为《中国共产党全民所有制工业企业基层组织工作条例》（1986）。全书同。——编者注

执行企业主管机关的决定。厂长必须维护国家利益，保护国家财产，正确处理国家、企业、职工三者利益关系。

从上面谈到的党组织和厂长的各自任务来看，十分明显，党组织和厂长在根本目标、根本利益、根本任务以及完成任务的根本方法上是完全一致的。这种一致性决定了党组织和厂长在企业领导工作中的分工关系，是互相保障、互相协助、互相支持、互相依存、互相促进的关系。

当然，在现实生活中，由于思想认识、思想方法和传统的习惯做法的影响，完全有可能出现不能处理好或不能完全处理好二者关系的情况。因此，一方面，党组织必须抓好自身的思想建设，厂长必须认真学习党的领导作用的根本原理；另一方面，对有关法规在这方面的规定应当高度的重视并保证实行。

《条例》第四条规定："企业党委应当积极支持厂长行使经营管理决策和统一指挥生产活动的职权，与企业行政密切配合，发挥工会和共青团的作用，同心协力，共同努力办好社会主义企业。"第七条从组织措施上做了规定："企业的党委书记一般不兼任厂长。"这些规定，都是有利于厂长全权行使经营管理决策和生产指挥的职能的。

与此同时，《全民所有制工业企业厂长工作条例》[①]规定："厂长应当定期向企业党的基层委员会（含不设基层委员会的党总支部委员会、支部委员会，以下简称党委）报告工作，接受监督。"（第六条）因此，厂长在领导企业和行使经营决策权以及生产指挥权的时候，是不是沿着社会主义方向，是不是兼顾了国家、企业、职工的利益等等，是受到了必要的监督的。也就是说，厂长在独立自主地行使职权的同时，并没有脱离党的领导。

这些法律规定，是对正确处理党组织与厂长关系，落实党组织的思想政治领导和厂长负责制的法律保障。企业党组织成员和厂长，都应努力增强法制观念，从严格守法、自觉守法的高度，保证处理好二者的关系，共同为企业改革、为企业经济效益的提高做出贡献。

在正确处理党的领导和厂长负责制的关系方面，党组织负有极大的责任。为了保证党组织担当起这一责任，《条例》规定党委应当着重从以下几个方面改进工作方法和工作作风：（1）坚持改革，转变观念，积极探索如何发挥保证、监督作用；（2）敢讲真话，坚持原则，多做实事，讲求工作实效；（3）深入实际，调查研究，不断了解新情况，解决新问题，总结推广新经验；（4）发扬党的优良传统和作风，艰苦奋斗，联系群众，以身作则，公私分明，自觉抵制各种不正之风。

---

① 此处为《全民所有制工业企业厂长工作条例》（1986）。全书同。——编者注

二、企业党组织的保证和监督作用

保证和监督是企业党组织的重要职责。《条例》规定:"党委应当以积极态度,把保证和监督贯穿于企业经济活动的全过程。"(第十五条)党对企业的领导,主要是思想政治和方针、政策的领导。过去,企业没有实行厂长负责制,党委往往包揽一切,陷于日常行政事务,放松了思想政治工作,甚至连党和国家的方针、政策以及国家的法律、法规,都无暇顾及。这只能削弱党对企业的领导作用。实行厂长负责制以后,企业党组织如果能够摆脱繁重的日常行政事务,不再对企业实行直接的行政领导,把精力集中到思想政治工作上来,集中到方针政策的领导上来,才能真正体现党对企业的领导。

党组织的保证作用,是指对厂长在生产经营重大问题的决策上,给予积极支持,保证它的实现。

党组织的监督作用,是指对厂长的决策有不同意见的时候,应当及时指出,必要的时候,还要及时报告上级主管机关或者上级党组织。

党组织对企业的保证和监督的主要内容是:(1)企业生产经营的社会主义方向;(2)企业职工能够充分享有的民主权利;(3)企业正确处理好国家、企业和职工三者利益关系;(4)企业遵纪守法,维护国家利益和企业的合法权益;(5)企业和厂长正确执行党和国家的方针、政策。

党组织对企业的保证和监督的主要方法是:(1)组织党员、干部认真学习党和国家的方针、政策、法律、法规,发挥党员的先锋模范作用;(2)定期听取厂长的工作报告,提出意见和建议;(3)加强纪律检查工作;(4)健全党的组织生活制度,开展批评与自我批评;(5)通过各种形式监督干部。

《条例》第三章对"党委的保证和监督"做了专门的规定。上面谈到的内容,应当成为企业党组织检查、考核本身工作的最主要方面。

三、企业党组织的思想政治工作

党组织在企业中进行思想政治工作,必须为党的总任务、总目标服务,紧密结合经济工作进行,充分发挥广大职工的积极性、主动性和创造性,努力建设一支有理想、有道德、有文化、有纪律的职工队伍。这里,紧密结合经济工作进行思想政治工作十分重要。思想政治工作的具体内容、进行时机、方式方法,都应当和企业的经济工作结合起来考虑。脱离经济建设的思想政治工作,必然事倍功半,必然流于形式,不仅很难得到实际效果,也不可能持久,不可能普遍,不可能深入。正因为这样,共产党员和党的干部在企业里应当深入生产第一线,而不是坐在办公室里指手画脚,更不是一杯清茶、一支烟,翻翻报纸打发日子。

党组织在企业进行思想政治工作的基本任务是：宣传党的四项基本原则；宣传党的方针、政策；对广大职工进行爱国主义、集体主义、社会主义和共产主义的思想教育；进行理想、纪律、民主、法制和工人阶级革命传统的教育；反对和抵制腐朽思想的侵蚀；不断提高职工队伍的思想政治素质，以适应"四化"建设的需要。

为了做好思想政治工作，《条例》第二十五条规定，要"发扬党的思想政治工作的优良传统，不断总结和创造新形势下做好思想政治工作的经验"。在思想政治工作过程中，要"坚持疏导和说服教育为主的方针"，"把思想政治工作同关心群众生活、解决实际问题结合起来"。思想政治工作要以表扬为主，鼓励先进，帮助后进，方法应当生动活泼，寓教育于各种有益的活动之中，努力提高思想政治工作的效果。

企业党组织的思想政治工作，要依靠广大党员去进行，因此，党员素质的提高，有着十分重要的意义。《条例》第四章专门对"党员的教育和管理"做了明确、详尽的规定。当务之急是要认真贯彻执行。在贯彻执行的过程中，企业党组织应当从"身教"重于"言教"的认识出发，使每一名党员都能发扬共产主义的献身精神，认真履行党员的义务，增强党性观念，全心全意为人民服务，个人利益服从党和人民的利益，吃苦在前，享受在后，发挥先锋模范作用，成为最好的"身教"榜样。

第三十三讲　企业必须促进技术进步

科学技术是生产力。现代化的生产是科学技术的体现和运用。科学技术在现代化企业中的作用，可以归纳为这样几个方面：第一，认识和改造客观自然；第二，发展生产力，保证技术进步，提高企业的现代化水平；第三，提高企业的经济效益；第四，改变广大职工的劳动生产方式和生活方式。

要使科学技术转化为生产力，在生产中充分发挥作用，主要要通过下面几个途径：第一，开展科学技术的教育和培训，使科学技术转化为劳动者的生产知识和劳动技能；第二，通过技术开发，创造新的生产工具和新的生产工艺；第三，通过技术开发，扩大与提高劳动对象的利用广度与深度，不断创造新的原材料和能源；第四，科学技术应用于管理，实现企业管理的现代化。

为了保证企业重视促进科学技术的进步，《企业法》在许多条款中，就有关问题做了规定。其中第三十九条和第四十三条，对企业促进科学技术进步的具体方面，做了明确的规定。

一、《企业法》第三十九条规定："企业必须提高劳动效率，节约能源和原材料，努力降低成本。"

这一条规定指出了企业抓紧促进科学技术进步的直接目的。

降低产品成本，就意味着企业经济效益的提高，既有利于国家和企业，也有利于企业职工和广大的消费者。降低产品成本是一项非常复杂的工作。它涉及产品的性能、功能，实现产品功能的方法，采用的材料，消耗的能源和活劳动，运用的加工方法，使用的设备以及企业的管理水平等多种因素。其中，原材料的采用和能源的消耗，表现得最为直接，最为明显。因此，节约能源、节约原材料有十分重要的意义。下面我们以大庆油田为例，对科技进步与能源节约问题做点说明。

大庆油田是全国最大的油田,是国家重要的能源基地。这里到处都是油罐、油车和油井,能源的供应绝对不成问题,但是大庆工人仍然兢兢业业、克勤克俭,在努力促进科技进步的基础上,采用先进技术、手段和管理方法降低能耗,使能源生产做到少投入、多产出,从而不断提高了经济效益。

大庆节约能源的措施,可以概括为四个方面。第一,用科学的管理方法推动油田节约能源。大庆油田会战初期,由于科技水平有限,能源浪费比较大,大量天然气不能回收利用,除少量作为工业燃料和取暖外,多数白白放空烧掉了。这种情况引起了企业的重视,开始了对策的分析、研究,逐步向科学管理迈进。他们除了从上到下地建立节能管理机构以外,还建立了多种节约能源的制度,有计划地狠抓节能主攻方向。第二,靠新工艺、新方案提高节能效果。大庆油田由几百个锅炉房、2000多台锅炉和很多的加热炉供给热量,由于节能技术不断改进,各小站的加热炉热效率上升到50%左右,一般锅炉热效率平均在70%以上,注水系统电动机总效率也达到了14%—16%。1984年,国家经委把发展热电联供当作重大节能措施推广,大庆油田马上采用了这一先进措施。第三,对生产装置、设备不断进行革新改造,发展余热利用,提高热效率。大庆石油北方电力工业企业有很多大型生产装置和设备,每年耗费几百万吨标准燃料。大庆油田把这作为节能的第二个攻关项目。经过努力,节约了大量的燃料。例如,化工总厂炼油分厂光是余热利用,三年就节油5万吨;两套常减压装置改造以后,每年节油1.05万吨;氢压机改造后,每年节电400万度。第四,改革燃具和燃料品种。由于燃具和天然气加工设备的革新,每年二十几亿立方米的天然气已经有三分之二以上被工业加工利用了。

和能源的节约一样,原材料的节约,同样与降低产品成本,提高经济效益,有密切的关系。每一个企业都应该按《企业法》的要求,尽一切努力促进科学技术进步,以科学技术手段保证节约能源、节约原材料,从而降低产品成本。

二、《企业法》第四十三条规定:"企业应当支持和奖励职工进行科学研究、发明创造,开展技术革新、合理化建议和社会主义劳动竞赛活动。"

新中国建立以后,党和国家十分重视文化教育事业的发展,在企业职工中,尤其是在全民所有制工业企业的职工中,具有中等文化知识程度的比例正在逐年上升。因此,在8000万企业职工队伍中大力倡导和奖励科技发明和合理化建议,具有不可忽视的重要意义。据统计,光是1985年一年上海工人技术革新和合理化建议所创造的价值,就达到5亿元人民币,相当于这一年中国科学院科研成果的价值。

由于我国科学技术比较落后,工业企业中应用科学技术新成果,以及开展科学研究、发明创造、技术革新和合理化建议活动的天地是非常广阔的。以产品的更新换代为例,现在，产品陈旧仍然是我们的许多企业在国内市场，尤其是在国际市场上竞争能力低下的重要原因。国外工业发达国家都十分重视产品的不断更新换代。美国机电产品每4年更新20%；西德的许多产品每5年更新50%。而我国许多企业的产品一旦投产，则10年、20年，甚至更长时间不变型、不改进，"产品多年一贯制"，有的同志嘲讽说是"晚娘面孔"。例如我国机电系统生产的2.8万多种机电产品中，性能落后，需要更新或者淘汰的，就有1.6万多种。又比如在轻工系统的产品中，五六十年代的产品占70%以上，还有20%左右的产品是二三十年代的。这些事例，一方面说明了产品更新换代的必要性和紧迫性；另一方面也说明了职工群众在发明创造、合理化建议和技术革新方面，有极大的活动空间，企业在倡导和鼓励职工从事这方面的活动中，大有可为，十分必要。

对于公民在科技研究、创造发明中的成就，国家颁布了专门的法规给予促进和保障。这些法规，同样是对企业职工进行创造和革新活动的促进和鼓励。国家规定：对于前人所没有的、先进的、经过实践证明可以应用的重大科学技术新成就，按照《中华人民共和国发明奖励条例》给予奖励；凡是职工提出的有关改进生产的合理化建议或者技术改进，经过实验研究和实际应用，使单位的生产或者工作取得了显著效益的，按《合理化建议和技术改进奖励条例》给予奖励。国家还规定，对于打击、压制发明和发明上弄虚作假，以及剽窃他人劳动成果的行为，应当批评教育，进行纠正；情节恶劣的，还应给予处分，直至依法惩办。

社会主义劳动竞赛是企业促进科学技术进步的重要手段。《企业法》关于支持和奖励职工开展社会主义劳动竞赛的规定，既有推动科技进步、发展生产力的必要，也有科学的根据。

企业开展劳动竞赛的依据，首先在于广大职工中蕴藏着的社会主义积极性。作为企业的主人，劳动成果的数量与质量，不仅与自身的物质利益紧密相关，而且直接与保证自己走向更加美好的未来的社会主义制度鱼水相依。开展劳动竞赛的强大动力，首先就来源于职工的这种社会主义觉悟。那种"一切向钱看"的谬论，漠视了群众的社会主义积极性，而且造成了极坏的影响。企业领导应当深入了解、充分调动职工的社会主义积极性，主动地、放手地去组织、领导社会主义劳动竞赛。其次，职工作为个人，具有人的共性，其中包括一般人的价值观念。每一个人，都有他的生理需求、安全需求、社会交往需求、受尊重的需求以及实现自我理想的需求等等。这些需求是递阶上升的。希望能够充分发挥自己的才能，做一些自己觉得有意义、有价值的事，从而实现自我理想，达到价值观的最大满足，这是最高层次的需求。社会主义劳动竞赛的过程，可以为实现这种需求提供"英雄用武之地"。再次，新中国建立以来开展的社会主义劳动竞赛的历史表明，随着人们的文化素养的提高，随着科学技术的发展，随着机器、设备的更新，"苦干"和"巧干"的关系，正发生着辩证的变化，人们已经越来越意识到，要在平等竞争中获胜，最大的希望应当寄托在科学技术的发展上。因此，劳动竞赛再也不是完全拼体力、拼时间的"苦干"

了。"巧干",尤其是依靠科技革新的"巧干",将越来越占重要地位。这样,普遍的、深入的、持久的社会主义劳动竞赛,必定能推动企业科技水平的提高,同时也更加有力地激发职工去博取丰富的科学知识。为了推动企业的科技进步,我们认为,建立企业与高等院校、科研机关的横向联系,在现实生活中已经取得了可观的成效和丰富的经验,应当作为企业提高科技水平的重要方法和重要组织形式来抓。时代已经发展到了20世纪的末叶,从现在起,国家之间实力的竞争,主要地将取决于科学技术的水平。一定要把这个问题提到国家存亡兴衰的高度上去认识。每一个企业要站在这个高度认真地贯彻《企业法》的有关规定。

第三十五讲 企业必须对职工负责

企业职工是国家的主人，也是企业的主人。

我国《宪法》规定："中华人民共和国的一切权力属于人民。"（第二条）公民享有广泛的自由权利。企业在其他的全部活动中，必须维护宪法与法律赋予企业职工和其他公民一样的权益。同时，职工作为企业的特定成员，又有他在企业中的特殊权益。因此，企业还要维护职工作为企业成员的特殊权益。

作为企业的主人，职工在生产和经营活动中，同行政和生产经营的负责人一样，都承担着生产经营的责任，直接关系企业的兴衰成败，并与企业的发展呼吸相通，休戚与共。因此，对职工负责，维护职工应有的权益，关系到企业的前途命运。

企业职工的权益，在极大的程度上与职工积极性和主动性的充分调动是紧密联系的。不可能设想，在一个职工权益遭受破坏、侵犯的企业里，职工的劳动热情、创造性、积极性能够得到充分的发挥。只有依法维护职工的权益，对职工高度负责，才可能把职工群众中蕴藏着的巨大的社会主义积极性充分调动起来。这是搞活企业、使企业永远充满活力的关键之一。

《企业法》关于企业必须对职工负责的问题，做了全面的规定。切实执行《企业法》的有关规定，是企业领导必须努力做好的主要工作之一。

《企业法》第四十一条规定："企业必须贯彻安全生产制度，改善劳动条件，做好劳动保护和环境保护工作，做到安全生产和文明生产。"

企业的劳动条件，在新中国建立以后，已经有了很大的变化。《宪法》规定的"加强劳动保护，改善劳动条件"（第四十二条）的要求受到了普遍的重视。但是，由于我国经济上还不够发达，财力还不充裕，同时，也由于各个企业领导重视程度的不同，企业劳动条件好与不好的程度也是很不平衡的。即使是在劳动条件较好的企业里，也还有个"百尺竿头，更进一步"的问题。因此，在改善劳动条件方面，企业还有许多工作可做，而且有永远做不完的工作。

当前，企业在改善劳动条件方面的工作重点，应该放在劳动保护和环境保护两个方面。

搞好劳动保护，是实现安全生产和文明生产的重要保证，是使生产能够顺利进行的必要条件。对生产过程中存在的多种不安全、不卫生的因素，如果不切实改进，就有发生工伤事故、生产事故和职业病的极大危险。

新中国成立后，我国政府颁布的有关劳动保护的法规，是比较及时、比较齐全的。其中主要有：1956年5月颁布的《工厂安全卫生规程》《建筑安装工程安全技术规程》《工人职员伤亡事故报告规程》，1963年3月颁布的《关于加强企业生产中安全工作的几项规定》，1979年9月颁布的《工业企业设计卫生标准》，1982年3月颁布的《矿山安全条例》，1984年7月发布的《关于加强防尘防毒工作的决定》等。所有这些劳动保护法规，都明确规定了违法的法律责任。1979年重申切实贯彻执行劳动保护法规的通知中，曾经明确强调："对那些玩忽职守，不顾工人死活，强令工人违章作业，因而造成伤亡事故的领导人，一定要给予纪律处分，严重的应该依法惩办。"按照通知的这个精神，对于明知存在危险又不采取劳动保护措施的企业领导负责人员，也应当绳之以严肃的法纪。

劳动保护中的一个重大问题，是技术装备的改进。目前，我国企业技术装备老化比较严重，机器设备主要是五六十年代的，七八十年代的占不到10%。轻纺行业中，还使用着许多四五十年代的老机器。这些老机器的安全性能一般都比较差，甚至很差。因此，切实做好劳动保护工作，就应当努力更新设备，采用安全、高效的新机器。

搞好环境保护，同样是实现安全生产和文明生产的重要保证，是使生产能够顺利进行的必要条件。同时，搞好企业的环境保护，也是国家以至全世界环境保护的一个有机组成部分。只有大环境、小环境的保护工作都做好了，企业职工、全国人民、全人类，才会有真正的安全、文明、幸福的生活。

我国党和政府对环境保护历来十分重视，对企业搞好环境保护、防治污染和其他公害，也给予了充分的关注。1973年8月召开的全国环境保护工作会议，制定了"全面规划，合理布局，综合利用，化害为利，依靠群众，大家动手，保护环境，造福人民"的环境保护方针。随后，就制定了《工业"三废"排放试行标准》等法规。1979年9月，还颁布实行了《中华人民共和国环境保护法（试行）》。这个法第六条规定："一切企业、事业单位的选址、计划、建设和生产，都必须充分注意防止对环境的污染和破坏。"第十八条规定："积极试验和采用无污染或少污染的新工艺、新技术、新产品。"还规定要"加强企业管理，实行文明生产，对于污染环境的废气、废水、废渣，要实行综合利用，化害为利"。这些规定，明确要求企业努力做到：第一，把环境保护当作生产过程的一个有机组成部分，纳入生产管理的范围；第二，把环境保护工作和技术革新、技术革命和企业的技术改造结合起来。每一个企业都应当按照《企业法》和《环境保护法》的要求，切实做好环境保护工作。在造福人民，为国做贡献的同时，使企业职工安全幸福，在文明的环境中，身心愉快地更好工作。

不仅如此，企业还应当在发展生产的基础上，逐步改善职工的物质和文化生活。

职工的物质和文化生活的提高，对于调动他们的积极性，关系特别重大，但是必须建立在企业发展生产的基础上。从1985年起，在全民所有制的大中型企业中，开始实行职工工资总额同企业经济效益按比例浮动的办法。今后，企业职工工资的增长，应当依靠本企业经济效益的提高，国家不再统一安排企业职工的工资调整。企业之间的工资水平，将因为经济效益的不同而不同。全民所有制小型企业，按照国家的有关规定，继续实行全民所有、集体经营、照章纳税、自负盈亏的办法，在交足国家税收、留足企业发展基金以后，由企业自主分配。工资是企业职工最主要的经济收入，是职工改善物质生活和文化生活的最重要基础条件。因此，企业要真正对职工负责，达到切实改善职工物质生活和文化生活的要求，最重要就是努力发展生产，提高经济效益。

企业职工的物质和文化生活的改善，必须是"逐步"的。这主要是考虑到两方面的因素：第一，必须优先考虑企业的技术改造、设备更新和扩大再生产。只有这样，职工的物质和文化生活的改善，才能是浩浩长河源远流长。第二，必须适当照顾"左邻右舍"的关系。在社会主义大家庭中，不同企业的员工应当相互照顾、相互关心，走共同富裕的道路。因此，一方面，要允许一部分企业职工因为经济效益比较好，先富裕起来，绝不搞平均主义，拉先进的后腿；另一方面，又要考虑到兄弟企业的积极性，采取"逐步改善"的方式，既促进落后企业迎头赶上先进企业，又鼓励他们充满信心地克服困难，以自身的努力来改善物质和文化生活。

在发展生产的基础上，企业职工文化生活的改善，要体现在具体的措施和设施上。要积极组织企业职工开展健康的体育活动和文娱活动，要努力办好企业的广播、图书馆，特别是要搞好企业的多种文化科学教育活动。

在《企业和两个"文明"建设》一讲中，我们已着重谈到了企业在对职工进行思想政治教育、科学文化教育、技术业务教育和法制、纪律教育，不断提高职工队伍素质方面的任务。这是企业对职工负责的一个根本方面。为了做到这一点，企业的宣传教育工作应当有专人、专门队伍来抓，而且要不断提高水平。"十年树木，百年树人"对职工教育的坚持和加强，是对企业职工负责的根本。

职工的权益，企业对职工的义务不仅仅是在上面谈到的劳动保护、环境保护以及工资福利、文化生活等等方面；企业职工同时也是中华人民共和国的公民，享有宪法和法律赋予公民的全部权益。企业在这一方面的责任，主要在于采取必要的措施，维护职工的全部法定权益。《企业法》在第四十九条还规定了职工的一系列权利，企业有责任维护职工的这些法定权利。第四十九条规定："职工有参加企业民主管理的权利；有对企业的生产和工作提出意见和建议的权利；有依法享受劳动保护、劳动保险、休息、休假的权利；有向国家机关反映真实情况，对企业领导干部提出批评和控告的权利。女职工有依照国家规定享受特殊劳动保护和劳动保险的权利。"职工对企业的民主管理权利，劳动和休息权利，选举和被选举以及各项政治自由权利，宗教信仰自由，不受侵犯的人身自由以及人格尊严，进行科学研究、文化艺术创造和其他文化活动的自由等等，绝不能采取漠不关心、漠然置之的态度。当职工的这些法定权益遭到侵犯的时候，企业应当协助职工诉诸法律，切实解决。

妇女的权益，在企业里，是女职工的权益，应当得到特殊的关怀。《宪法》特别规定："中华人民共和国妇女在政治的、经济的、文化的、社会的和家庭的生活等各方面享有同男子平等的权利。""国家保护妇女的权利和权益，实行男女同工同酬，培养和选拔妇女干部。"（第四十八条）任何歧视、虐待妇女的言行，都应当抵制，造成严重后果的，还应诉诸法律，给予制裁。中国是一个有漫长封建历史的国家，封建主义的歧视妇女的思想至今还未绝迹，因此，企业在维护女职工的权益方面，应当给予更多的关注。

第三十六讲　企业厂长的任免和奖惩

企业的成败，和企业干部的状况，有着十分密切的关系。因此，《企业法》在不少条文中，对企业干部的任免和奖惩问题，做了明确的规定。《企业法》第四十四条规定："厂长的产生，除国务院另有规定外，由政府主管部门根据企业的情况决定采取下列一种方式：

（一）政府主管部门委任或者招聘。

（二）企业职工代表大会选举。

政府主管部门委任或者招聘的厂长人选，须征求职工代表的意见；企业职工代表大会选举的厂长，须报政府主管部门批准。政府主管部门委任或者招聘的厂长，由政府主管部门免职或者解聘，并须征求职工代表的意见；企业职工代表大会选举的厂长，由职工代表大会罢免，并须报政府主管部门批准。"

《企业法》的这个规定，涉及厂长产生的三种方式，这就是委任、聘任和选任。厂长产生的这三种方式改变了过去单一的委任制方式，体现了改革的精神；同时，各个企业采取哪一种方式，应该从本企业的实际情况出发，而不能搞"一刀切"，所以又体现了实事求是的原则。除委任制外，选任与聘任，都充分发挥了职工代表大会的作用。没有职工代表大会的选举或推荐，或者同意，选任或者聘任就没有效。这充分体现了发扬民主的精神，使企业职工通过职工代表大会，实现了自己管理企业的民主权利。委任虽然没有类似的规定，但是，企业主管机关或者干部管理机关同样必须深入职工当中调查研究，认真听取职工、职工代表大会的意见。也就是说，同样应当发扬民主。另一方面，无论是选任或者聘任，和委任一样，都应当是有组织、有纪律、有计划、有领导地进行的，都应当经过企业管理机关或者干部管理机关的批准。这就体现了集中制的原则。总的来说，厂长的任命，必须体现民主集中制的原则。

在厂长的委任、选任或者聘任中，应当严格把握厂长人选的条件。在《全民所有制工业企业厂长工作条例》中，规定厂长人选应该具备五个条件："一、有从事社会主义建设事业的革命精神，能够坚持企业的社会主义经营方向；二、熟悉本行业生产业务，懂得有关的经济政策和法律、法规，善于经营管理，有组织领导能力；三、廉洁奉公，联系群众，有民主作风；四、大中型企业的厂长一般应当具有大专以上文化水平，小型企业的厂长一般不应低于中等文化水平，或者通过国家厂长考试，成绩及格；五、身体健康，能够适应工作的需要。"

厂长应当具备的这五项条件，全面地涉及了厂长人选的政治思想、业务能力、工作作风、文化水平和健康状况，它们是互相联系，缺一不可的。在确定厂长人选的时候，应当全面考虑这些条件。同时，实行厂长负责制以后，厂长对企业的全盘工作起着决定性的作用。因此，对于厂长人选的政治思想状况，绝不能有丝毫的忽视。最近几年来，有的地方由于种种原因，忽略了干部人选的政治思想状况，唯"业务能力"，甚至唯"文凭"为标准，这是十分危险的。企业是不是坚持社会主义方向，与厂长是不是有从事社会主义建设事业的革命精神，关系极为密切。一个没有从事社会主义建设事业的革命精神的厂长，势必要把企业带到邪路上去。在这种情况下，所谓的"业务能力"越强，就可能越偏离社会主义方向。当然，在保证了政治思想纯正的前提下，"业务能力"同样是不能有丝毫忽略的；否则，也不能很好地为国家和人民创造财富，不能促进生产力的发展，结果同样会使国家、人民和企业职工遭受损失。

厂长职务的免除，如果是由于失职、严重失职，或者由于群众的不信任，必须由企业主管机关最后做出决定，也就是《企业法》所规定的"报政府主管部门批准"。《全民所有制工业企业厂长工作条例》规定："职工代表大会提出要求罢免厂长的建议时，企业主管机关应当在三十天内调查处理完毕。在调查处理期间，厂长是否继续履行职责，应当由企业主管机关决定。"又规定："厂长在任期内因能力不胜任或有严重失职行为，企业主管机关有权免除其职务。"（第十条）

关于厂长的奖惩问题在《全民所有制工业企业厂长工作条例》的第三十六条中有比较具体的规定，这就是："对厂长的奖惩和调资、晋级由企业主管机关决定；或由企业主管机关提出，按照干部管理权限报上级机关决定。"

关于厂长受奖的条件，《企业法》第四十八条规定："厂长在领导本企业完成计划、提高产品质量和服务质量、提高经济效益和加强精神文明建设等方面成绩显著的，由政府主管部门给予奖励。"《全民所有制工业企业厂长工作条例》第三十三条做了更具体的规定："厂长在工作中成绩显著，具有下列情形之一者，给予荣誉奖励、一次性物质奖励或晋级奖励：一、主要经济技术指标达到国际先进水平，或者在全国同行业、同类企业中达到先进水平；二、产品进入国际市场，有竞争能力，为国家创汇做出较大贡献；三、产品销售额、实现利润、上缴税金连续三年以上有较大幅度增长、职工收入有所增加；四、创优质名牌产品，社会经济效益显著；五、推行技术改造和技术进步成绩显著，有重大技术突破，或者为企业创造了自我发展的条件；六、推行现代化管理取得显著效果。"这些对厂长的奖励条件，概括起来就是要推动生产力的发展。千条万条，作为企业最重要的一条成绩，就是经济效益的提高、生产的发展。如果经济效益差，生产没有得到发展，其他方面的工作也就没有落到实处。当然，为了保证生产的发展、效益的提高，除了抓生产本身以外，十分重要的是抓职工的精神文明建设，抓技术革新和技术革命，抓管理水平、领导艺术等等。任何以歪门邪道取得效益的暂时提高，都是极端错误的。因此，在衡量奖励厂长的条件和实际成绩的时候，应当顾及取得成绩的手段和方法。

《全民所有制工业企业厂长工作条例》第三十四条规定了厂长发生下面这些工作差错时的处分问题："一、违反法律、法规和规章制度，损害国家、企业、职工、用户或者消费者利益；二、没有不可克服的外部原因，连续两年完不成国家指令性计划；三、有条件履行又没有履行经济合同，造成重大经济损失；四、忽视产品质量，多次发生重大质量事故；五、在物质、技术条件许可的情况下，忽视环境保护、造成严重污染；六、指挥不当，管理不善，企业发生重大安全事故，使国家财产、人民生命财产遭到重大损失。"凡是发生这些问题的，都应当区别情节轻重，给予厂长处分。以权谋私、违法乱纪、弄虚作假、骗取荣誉或者经济利益的，更应当区别情况，给予处分；触犯刑律的，还要"依法追究刑事责任。"

《企业法》第四十五条规定：厂长有权"任免或者聘任、解聘企业中层行政领导干部。法律另有规定的除外"。还有权"提请政府主管部门任免或者聘任、解聘副厂级行政领导干部。法律和国务院另有规定的除外"。

从《企业法》关于厂长在干部任免的权限上看，改革以后的企业厂长的权力，是大大地扩大了，越是这样，厂长在干部的任免工作中，越要谨慎、民主。《全民所有制工业企业厂长工作条例》在"厂长的权限"这一章中规定："厂长用人必须坚持德才兼备、任人唯贤的原则。人选方案，厂长应当倾听各方面意见、经充分酝酿后提出。"这样规定是非常必要的。任何任人唯亲，搞小宗派、小团体的做法，都不利于企业、不利于职工、不利于国家，也不利于厂长本人搞好工作。在"倾听各方面意见"的时候，尤其要注意倾听与厂长相反甚至截然相反的意见。不但要听，而且听了以后还要做调查、核实、分析、研究的工作。确定人选方案的时候，还应当经过"充分酝酿"，任何简单、马虎的做法，都是错误的。要把推荐、调查研究、酝酿的过程，看作是发现人才、培养人才、造就人才、提高思想觉悟水平、密切干群联系的过程。

第三十八讲　企业职工的奖惩

《企业法》第四十五条规定，厂长有权"依法奖惩职工"。

对这条规定的认识，需要掌握三点：一是对职工实行奖励或惩罚的必要性；二是厂长实行对职工奖励和惩罚的权力；三是奖励和惩罚的依据。

一、关于对职工实行奖励或惩罚的必要性

西方学者在讨论管理学的时候，提出过"胡萝卜加大棒"的激励论点。"胡萝卜加大棒"的论点，渊源于一个古老的故事：为了使一头驴子往前走，最好的办法就是在它面前放上一根胡萝卜，同时在它的屁股后面拴一根大棒，这样就可以随时激励驴子往前赶路，一旦停步就用大棒揍它，使它不得不一直向前走，不回头。西方学者认为，在企业管理中运用这种"胡萝卜加大棒"的策略，就是为了激发所要求的行为而使用的一种奖励和惩罚的办法。

显然，这种论点只能产生在剥削制度下，在劳动人民当家做主的社会主义社会里，职工是企业的主人，是绝对不会允许这种"胡萝卜加大棒"的策略的。企业职工积极性的调动，首先应当依靠职工的社会主义积极性的提高，依靠职工的阶级觉悟和主动性、自觉性。

但是，依靠职工的自觉性，不等于取消奖励和惩罚措施。这是因为：第一，职工的觉悟水平有高低、先后的不同；第二，职工的实际表现有先进与后进的区别；第三，奖罚分明，可以奖励先进，鞭策后进，形成你追我赶的竞赛局面，促使企业沿着良性循环的道路大步前进。

曾经有过一段时期，完全否定了奖励或惩罚的必要性，搞平均主义，吃"大锅饭"，干与不干一个样，干好干坏一个样。结果挫伤了先进职工的积极性，助长了不良倾向的滋长蔓延。实践证明，对职工实行必要的奖励或惩罚，是管理好企业的基本原则之一。

二、关于厂长实行对职工的奖励或惩罚的权力

《厂长工作条例》第二十八条规定:"除经营亏损企业外,厂长对确有特殊贡献的职工可按国家规定予以晋级。""厂长对违纪职工,有权予以行政处分,直至辞退;辞退职工应征求本企业工会的意见。""厂长对厂级干部的奖惩、调资、晋级和对本条例第十七条第二款所列人员的奖惩、调资、晋级应按照干部管理权限上报审批。"

上面这些,体现了改革以后,在实行"厂长负责制"的条件下,赋予厂长必要的奖惩权;同时体现了厂长运用这种奖惩权的慎重性和权力制约性。对职工辞退,必须征求本企业工会的意见,是工会对厂长惩罚权的制约。被决定辞退的职工,可以向厂长,也可以向工会申述自己的意见;工会更应认真负责地倾听、调查有关职工的意见和情况。如果与厂长意见相同,应当协助有关部门做好被辞退职工的思想工作、教育工作和生活安排等善后事宜。如果与厂长意见分歧,应提请厂长复议。但是,如果厂长坚持辞退决定,工会无权否决。这样理解《厂长工作条例》关于厂长辞退职工的惩罚权,是符合"厂长负责制"的精神的。当然,从厂长这一面看,更应该审慎、郑重地处理好诸如辞退之类的严重惩罚权,因为这是事关企业广大职工利益和积极性的大事,万万不可粗心大意,更不能从感情出发,意气用事。一定要非常严格地按照国家的有关规定办理,不能搞土政策,不能搞打击报复。厂长对干部的奖惩,需要按照上报审批的规定程序办理,这是基于同样的原因,对厂长进行一定的权力制约。这样做,可以帮助厂长更好地掌权、用权,更好地搞好奖惩工作。

三、关于对职工实行奖励或者处罚的主要规定

1982年4月10日,国务院发布了《企业职工奖惩条例》[①]。这是厂长实施对职工奖惩权的最主要依据。《企业职工奖惩条例》总则指明,对职工实行必要的适当的奖惩,是为了"增强企业职工的国家主人翁责任感,鼓励其积极性和创造性,维护正常的生产秩序和工作秩序,提高劳动生产率和工作效率,促进社会主义现代化建设"。《企业职工奖惩条例》规定的奖惩制度,要求把思想政治工作同经济手段结合起来;在奖励上,要坚持精神鼓励和物质鼓励相结合,以精神鼓励为主的原则;对违反法律的职工,要坚持以思想教育为主、惩罚为辅的原则。

《企业职工奖惩条例》第五条规定对有下面这些表现之一的职工给予奖励:"(一)在完成生产任务或者工作任务、提高产品质量或者服务质量、节约国家资财和能源等方面,做出显著成绩的;(二)在生产、科学研究、工艺设计、产品设计、改善劳动条件等方面,

---

① 此条例已废止。——编者注

有发明、技术改进或者提出合理化建议，取得重大成果或者显著成绩的；（三）在改进企业经营管理，提高经济效益方面做出显著成绩，对国家贡献比较大的；（四）保护公共财产，防止或者挽救事故有功，使国家和人民利益免受重大损失的；（五）同坏人、坏事作斗争，对维持正常的生产秩序和工作秩序、维持社会治安，有显著功绩的；（六）维护财经纪律，抵制歪风邪气，事迹突出的；（七）一贯忠于职守，积极负责，廉洁奉公，舍己为人，事迹突出的；（八）其他应当给予奖励的。"

对职工的奖励，分为记功、记大功、晋级、通令嘉奖、授予先进生产（工作）者、劳动模范等荣誉称号，在给予这些精神鼓励的时候，可以发给一次性奖金。但是通令嘉奖、授予称号的嘉奖权，不在厂长。（通令嘉奖）由各级人民政府或者企业主管部门决定。职工获得奖励，由企业记入本人档案。

《企业职工奖惩条例》第十一条规定："对有下列行为之一的职工，经批评教育不改的，应当给予行政处分或者经济处罚：（一）违反劳动纪律，经常迟到、早退、旷工、消极怠工，没有完成生产任务或者工作任务的；（二）无正当理由不服从工作调动、指挥，或者无理取闹，聚众闹事，打架斗殴，影响生产秩序、工作秩序和社会秩序的；（三）玩忽职守，违反技术操作规程和安全规程，或者违章指挥，造成事故，使人民生命、财产遭受损失的；（四）工作不负责任，经常产生废品，损坏设备工具，浪费原材料、能源，造成经济损失的；（五）滥用职权，违反政策法令，违反财经纪律，偷税漏税，截留上缴利润，滥发奖金，挥霍国家资财，损公肥私，使国家和企业在经济上遭受损失的；（六）有贪污盗窃、投机倒把、走私贩私、行贿受贿、敲诈勒索以及其他违法乱纪行为的；（七）犯有其他严重错误的。"

对职工的行政处分，"分为警告，记过，记大过，降级，撤职，留用察看，开除。在给予这些行政处分的同时，可以给予一次性罚款"。职工犯有上面这些行为，情节严重，触犯刑律的，还应由司法机关依法惩处。

国务院1986年7月12日发布的《国营企业辞退违纪职工暂行规定》①，是厂长行使奖惩权的又一具体法规。《暂行规定》第二条规定了辞退的条件。"企业对有下列行为之一，经过教育或者行政处分仍然无效的职工，可以辞退：（一）严重违反劳动纪律，影响生产、工作秩序的；（二）违反操作规程，损坏设备、工具，浪费原材料、能源，造成经济损失的；（三）服务态度很差，经常与顾客吵架或损害消费者利益的；（四）不服从正常调动的；（五）贪污、盗窃、赌博、营私舞弊，不够刑事处分的；（六）无理取闹，打架斗殴，严重影响社会秩序的；（七）犯有其他严重错误的。"厂长可以按照这一具体化了的法现，结合《企业职工奖惩条例》的有关规定，对违纪职工宣布辞退。

另外，厂长行使奖惩权的法律依据还有《发明奖励条例》《合理化建议和技术改进奖

---

① 此规定已废止。——编者注

励条例》等法规。

赋予厂长奖惩职工的权力，是为了调动广大职工的积极性，促进社会主义物质文明建设和精神文明建设。但是近几年来，在一些地方和企业里，出现了滥发奖金、实物，滥行奖励的歪风。这同艰苦奋斗、勤俭建国的基本原则是背道而驰的。因此，当前必须教育广大干部和职工，树立共产主义的劳动态度，充分发挥自己的聪明才智，各尽所能地为实现四个现代化多做贡献；发扬大公无私、先人后己、勤俭建国、艰苦奋斗的革命精神，批判和反对资产阶级损人利己、唯利是图、"一切向钱看"的腐朽思想。

为了正确地实行奖励制度，从奖金发放这个方面，要努力地、坚决地做到：

第一，只有在完成和超额完成国家计划规定的产量、质量、利润、税收、供货合同等主要经济技术指标的条件下，才能提取和发放奖金。先进企业可以多发，后进企业应该少发，不得平均发放。

第二，发放奖金要切实注意经济效果，要与生产相结合，与劳动竞赛相结合。

第三，坚决制止滥发奖金、津贴、补贴和实物。那种违反国家规定，巧立名目，滥发津贴、补贴，以及任意扩大津贴到补贴发放范围、提高津贴和补贴标准的，必须坚决制止。

上面这些问题以及实际执行奖励制度过程中的其他问题，厂长负有极大的责任，绝不能"一朝权在手，便把令来行"，忘乎所以，为所欲为，置国家法律、人民利益于不顾。对于那些把国家、人民利益置诸脑后的企业负责人，必须猛击一掌，否则必定有自食苦果的危险性。

第三十九讲　企业管理委员会

《企业法》第四十七条规定："企业设立管理委员会，或者通过其他形式，协助厂长决定企业的重大问题。管理委员会由企业各方面负责人和职工代表组成，厂长任管理委员会主任。"

《企业法》为什么要规定设立管理委员会呢？简单说，就是因为厂长需要企业管理委员会这样一个决策咨询机构。在现代化大生产中，要把人、财、物，供、产、销有机地组成为一个整体，使整个企业运转灵活，效益明显，就必须做到信息灵通，决策果断，执行坚决，反馈及时，控制有效；必须对决策或者实施过程中的矛盾、问题、失误，能够及时反映，及时调整，及时总结，并且做出规定；必须制定必要的规章制度，并且及时地根据实施情况进行修改或者废除；等等。一句话，企业作为一个整体，是一个庞大的系统。这个系统内部关系的协调，内外关系的处理，是相当复杂的。处理得好，企业就兴旺发达，蒸蒸日上；处理不好，企业就运转失灵，每况愈下。面对企业这架复杂的机器，厂长一方面应当有经营管理决策和生产指挥的决定权，否则，"群龙无首，各行其是"，企业的生产经营活动就会陷入混乱当中；另一方面，又应当集思广益、群策群力，充分发挥集体的智慧，充分利用"智囊团"的咨询作用。企业管理委员会就是起着厂长决策的咨询机构的作用的。

按照《企业法》的规定，企业管理委员会的主要任务，是协助厂长解决企业经营管理中的重大问题，协助厂长进行决策。这里说的"重大问题"主要是指：

第一，企业的经营方针、长远规划和年度计划，扩建改造方案和重大技术改造方案，职工培训计划，工资调整方案，自有资金分配和使用方案。

厂长在任期内，要实行任期目标责任制。按《全民所有制工业企业厂长工作条例》的规定，厂长的任期责任目标，要经管理委员会讨论。同时，厂长还必须结合任期责任目标，提出企业的年度经营目标和发展方向，企业管理委员会也应对这些问题进行认真的讨论。（第十条、第十八条）

第二，工资列入企业成本开发的企业人员编制和管理机构的设置和调整。

第三，制订、修改和废除重要规章制度的方案。

由于这些重大问题差不多涉及企业经营管理的每一个方面，所以管理委员会的组成也应该顾及企业成员的每一个方面。根据《全民所有制工业企业厂长工作条例》的规定，企业管理委员会成员主要由下面这些人员组成："厂长、副厂长、总工程师、总经济师、总会计师；党委书记、工会主席、团委书记和职工代表大会选出的职工代表"（第十一条）。

企业管理委员会的这些成员，大体上可以分为三类：一类是经营管理人才，就是厂长、副厂长、总工程师等；一类是政治管理人才，就是党委书记、工会主席等；一类是职工代表。当然，这三类人才在实际工作中完全可能是兼任经营管理与政治管理以及熟悉职工情况等各个方面工作的。管理委员会的这样一种人员组成结构，至少有下面几个优点：第一，有利于全面收集信息。由于管理委员会的成员包括了企业经营管理、政治思想管理的主要领导人和职工代表，因此，企业范围内，从政治思想工作到生产经营、日常生活，尤其是那些影响职工生产情绪的日常生活，有关这方面的信息，都能够通过管理委员会的成员带到会议上来进行讨论。同样，有关各方的经验、教训、意见、建议方面的信息，也可以比较全面地集中起来。第二，有利于协调工作。管理委员会的咨询意见，经厂长同意并且向全厂公布决策以后，要在全厂范围内实施。由于管理委员会成员包括了厂级各方面的管理人员，如果有不同意见，在管理委员会上就可以讨论、协商解决。因此，在管理委员会上取得一致的决策咨询意见，可以比较及时地由管理委员会的成员带到各自的职权范围内去，坚决地、认真地贯彻实施。第三，有利于充分发挥民主。过去比较习惯于党委一把手"一锤定音"，因此出现了"一言堂"的弊病，发生了问题，也很难纠正。管理委员会上面这种组成方式，说明党、政、工、团、厂长、经济师、会计师、工程师和职工代表，都是完全平等的，他们就企业的重大问题充分发表各自的咨询意见。这就使企业上上下下都能以企业主人的资格，对企业的发展提出意见，贡献力量。为了发扬民主，充分展现管理委员会的这些优点，《全民所有制工业企业厂长工作条例》规定："职工代表（包括工会主席）人数一般应当为管理委员会全体成员的三分之一。"（第十一条）这个人数比例的安排，使得企业职工的意见，能够在管理委员会上得到比较充分的反映。

管理委员会作为协助厂长决策的机构，既要有民主的讨论，又要有集中的决定，否则，厂长就无法按照"厂长负责制"的要求运用他的经营决策权和生产指挥权。所以，《全民所有制工业企业厂长工作条例》对厂长与管理委员会的关系，又做了两点规定。

一点是《全民所有制工业企业厂长工作条例》第十一条的"厂长任管理委员会主任"。这一规定，有利于厂长最迅速、最及时、最全面地听取管理委员会全体成员的意见，也便于厂长最直接、最民主、最平等地和他们共同研究问题，作出决策。

另一点是《全民所有制工业企业厂长工作条例》第二十六条第二款的规定："厂长同管理委员会的多数成员对经营管理中的重大问题意见不一致时，厂长有权作出决定。"这一规定是十分必要的。否则，管理委员会会议就有可能流为旷日持久的辩论场所，久议不决，贻误时机，影响工作。当然，厂长在否决管理委员会多数成员的意见的时候，应当十分慎重，本着对社会主义建设高度负责的精神，全面考虑利弊得失；同时，还应当尽可能地把自己的意见向持不同意见的同志认真说明。这里需要指出的是，厂长否决管理委员会多数成员的意见，这绝不能认为就是"一意孤行""独断专行"。这是因为，当厂长做出否决的时候，他已经听取了、考虑了其他人的意见。这同闭门造车、苦思冥想地作出决策不是一回事。还应该看到，厂长在负有法定的经营决策权与生产指挥权的同时，还对企业的经营生产负有法律责任。因此，管理委员会成员对厂长的决策，必须认真地贯彻执行，绝对不能借口意见不同拒绝按厂长的决策办事。

厂长、企业管理委员会对企业的经营决策，应当按照科学、健全的决策程序进行。科学决策的每一个步骤，都有特定的科学含义。各个步骤之间，又有有机的联系。为了使每一步骤都达到科学化，必须有一整套科学方法来保证。

科学、健全的决策程序，主要包括八个阶段。一是发现问题。企业管理委员会的成员，平时应当注意收集信息，在会议上把这些信息充分地、毫不夸大或者缩小地传达给与会的其他同志。厂长和管理委员会的其他成员都要善于从信息中捕捉问题、分析问题，抓住主要的问题。二是确定目标。所谓目标，是指在一定的市场环境、企业条件下，在预测的基础上所要达到的结果。确定的目标，应该是可以计量成果的，可以规定时限的，也应该是能够确定责任的。三是确定目标的价值准则。这又包括三项内容：把目标分解为若干个确定的指标；规定这些指标的主次、缓急以及相互发生矛盾时的取舍原则；指出实现这些目标的约束条件。这对企业管理委员会讨论厂长任期责任目标和年度经营目标、发展方向的时候，尤其值得重视。四是拟制方案。五是分析评估。评估应当科学化、计量化。在可能的条件下，还应建立各种方案的物理模型或者数学模型，然后再对模型进行评估。六是方案选优。就是从可供选择的各种方案中，比较优劣利害，然后进行选择。被选取的方案，不一定是全优的方案，但是应该是各个方案中的最佳方案。因此，还应当在确定方案的时候，把其他方案中的优点吸取过来，补充被选方案的不足。七是试验实证。这虽然已经离开了管理委员会的会议桌，但是试验实证的结果仍然要回到会议上来研究。如果不成功、有缺点，就要修正；如果是成功的，再推广到整个企业中去普遍实施。八是普遍实施。这是决策程序的最终阶段。实施过程中，仍然可能发生这样那样的问题，因此必须加强检查，随时纠正偏差与失误。

由于决策是管理科学的重要学问，因此，企业管理委员会的每一位成员，都应当以高度的热情、顽强的毅力、极端的负责精神，努力学习决策科学的原理和方法，使企业经营管理决策水平不断地提高，使企业管理委员会发挥重大的作用。

第四十讲　职工代表大会的法律性质和法定职权

职工代表大会的法律性质，在《企业法》第五十一条第一款做了明确的规定。这就是："职工代表大会是企业实行民主管理的基本形式，是职工行使民主管理权力的机构。"这一性质，在职工代表大会的法定职权中得到充分的体现。

一、职工代表大会是企业实行民主管理的基本形式

在社会主义国家中，企业的民主管理形式是多种多样的，例如，苏联的《社会主义国营生产企业条例》等法规规定，职工参加企业民主管理的形式主要有：1.企业职工大会，又叫企业工作人员大会，由企业全体工作人员参加；2.生产会议，这是设立在大车间、分部等单位的管理形式，吸收职工参加解决生产问题；3.协助党和国家的监督小组和监督岗等。罗马尼亚职工参加企业管理的基本形式有职工大会、劳动人民委员会、工人监察委员会等。南斯拉夫有工人大会和工人委员会。匈牙利有民主座谈会、工会大会、职工大会和企业委员会等。

在我国的历史发展中，职工民主管理企业的形式，也是多种多样的。早在第二次革命战争时期，中国共产党领导下的中央苏区就实行了职工通过职工会参与企业管理的制度。抗日战争后期，晋察冀北岳区的一些企业中出现了生产管理委员会，太行区召开过职工代表大会。1948年4月，第六次全国劳动大会通过的《关于中国职工运动当前任务的决议》明确规定，在国有的企业中，应当建立工厂管理委员会。1949年5月在华北解放区召开的第一届职工代表大会，做出了《关于国营工厂企业中建立工厂管理委员会与职工代表大会的决定》，制定了《关于在国营、公营工厂中建立工厂管理委员会与职工代表会议的实施条例（草案）》。在1949年9月公布的《中国人民政治协商会议共同纲领》第三十二条中规定："在国家经营的企业中，目前时期应实行工人参加生产管理的制度，即建立在厂长领导之下的工厂管理委员会。"新中国成立以后，1950年2月中央人民政府财经委员会发出了《关于国营、公营工厂建立管理委员会的指示》。1961年颁布的《国营工业企业

工作条例（草案）》规定，每个企业都必须认真实行职工代表大会制度。1965年7月，中共中央在对《国营工业企业工作条例（草案）》的修改中，进一步确认了职工代表大会的组织制度和职权。1978年4月，党中央制定了《关于加快工业发展若干问题的决定（草案）》，规定企业实行党委领导下的职工代表大会制度。1981年6月15日，中共中央和国务院公布了《国营工业企业职工代表大会暂行条例》，确认职工代表大会是企业实行民主管理的基本形式。1982年五届人大五次会议通过的新宪法，以国家根本大法的形式肯定了职工参加企业民主管理的权利，规定："国家企业依照法律规定，通过职工代表大会和其他形式实行民主管理。"这里说的"其他形式"，主要有企业管理委员会、工人评议会、质量管理小组、职工大会、职工代表小组等。在所有这些管理形式中，职工代表大会是最基本的民主管理形式。1986年9月15日公布的《全民所有制工业企业职工代表大会条例》和七届全国人大颁布的《企业法》，进一步确认了职工代表大会作为企业民主管理基本形式的法律性质。

从上面这些国外和国内职工参加企业民主管理的发展情况，可以得出结论：我国确认职工代表大会为职工实现企业民主管理的基本形式的法律性质，是国内外经验总结的法律规定。

二、职工代表大会是职工行使民主管理权利的机构

职工代表大会的代表，以班组或者工段为单位直接选举；职工代表中应当有工人、技术人员、管理人员、领导干部和其他方面的职工；职工代表实行常任制，每两年改选一次，可以连选连任；职工代表对选举单位的职工负责，选举单位的职工有权监督或者撤换本单位的职工代表。

职工代表的权利主要有这样三条："一、在职工代表大会上，有选举权、被选举权和表决权；二、有权参加职工代表大会及其工作机构对企业执行职工代表大会决议和提案落实情况的检查，有权参加对企业行政领导人员的质询；三、因参加职工代表大会组织的各项活动而占用生产或者工作时间，有权按照正常出勤享受应得的待遇。"（第十四条）

《全民所有制工业企业职工代表大会条例》第十四条在规定职工代表的权利的同时，规定"对职工代表行使民主权利，任何组织和个人不得压制、阻挠和打击报复"。

这些规定，对职工通过职工代表大会行使民主管理权力，起了重要的保证作用。

职工代表除享有一定的权利外，还负有一定的义务。这就是："一、努力学习党和国家的方针、政策、法律、法规，不断提高政治觉悟、技术业务水平和参加管理的能力；二、密切联系群众，代表职工合法利益，如实反映职工群众的意见和要求，认真执行职工代表大会的决议，做好职工代表大会交给的各项工作；三、模范遵守国家的法律、法规和企业的规章制度、劳动纪律，做好本职工作。"（第十五条）

职工代表的这些义务与他的权利一样，首先表明职工代表是企业的主人，对企业的发展负有作为主人的责任；其次表明职工代表是职工的合法代表，他如实反映职工群众的意见和要求，正是广大职工群众行使自己管理企业的民主权利的表现。

这里需要指出的是，职工代表的权利和义务是一致的。只有充分享有一定的权利，才能够真正行使民主管理企业的职责；也只有认真履行自己义务，才能使权利的实现有现实的保障。因此，每一个职工代表，都应在充分运用权力的同时，认真地、切实地履行自己的义务。

三、职工代表大会的职权

根据《企业法》第五十二条的规定，职工代表大会行使下列职权：

第一，听取和审议厂长关于企业的经营方针、长远规划、年度计划、基本建设方案、重大技术改造方案、职工培训计划、留用资金分配和使用方案、承包和租赁经营责任制方案的报告，提出意见和建议。

第二，审查同意或者否决企业的工资调整方案、奖金分配方案、劳动保护措施、奖惩办法以及其他重要的规章制度。

第三，审议决定职工福利基金使用方案、职工住宅分配方案和其他有关职工生活福利的重大事项。

第四，评议、监督企业各级行政领导干部，提出奖惩和任免的建议。

第五，根据主管部门的决定选举厂长，报政府主管部门批准。

《全民所有制工业企业职工代表大会条例》第九条还规定："在职工代表大会上，可以由厂长代表行政、工会主席代表职工签订集体合同或共同协议，为企业发展的共同目标，互相承担业务，保证贯彻执行。"

上面这些职工代表大会的职权，既涉及企业的发展方针、发展方向、发展规划，又涉及企业内部的各种规章制度；既涉及企业各级领导干部包括厂长的任免、奖惩，又涉及企业职工的生活福利。这说明，职工代表大会作为企业民主管理的基本形式这一法律性质，在它的职权范围上，得到了充分、明确、具体的反映。同时也说明，那种认为厂长被赋予企业的经营管理决策权和生产指挥权以后，职工的民主管理权大大削弱以至不复存在的看法是不符合实际的。

四、职工代表大会与工会的关系

《企业法》第五十一条第二款规定："职工代表大会的工作机构是企业的工会委员会。企业工会委员会负责职工代表大会的日常工作。"

工会作为职工代表大会的工作机构,承担下面这些工作:(1)组织职工选举职工代表;(2)提出职工代表大会议题的建议,主持职工代表大会的筹备工作和会议的组织工作;(3)主持职工代表团(组)长、专门小组负责人联席会议;(4)组织专门小组进行调查研究,向职工代表大会提出建议,检查监督大会决议的执行情况,发动职工落实职工代表大会决议;(5)向职工进行民主管理的宣传教育,组织职工代表学习政策、业务和管理知识,提高职工代表素质;(6)接受和处理职工代表的申诉和建议,维护职工代表的合法权益;(7)组织企业民主管理的其他工作。

在工厂企业的实践中,并不是所有的工会委员会都认真承担了上面这些工作。有一些企业的工会委员会仅仅起着抓一点职工生活福利工作的作用。发几张电影票,组织几场舞会,搞几次经济困难补贴等等。显然,必须认真采取措施,改变这种情况,真正落实工会委员会作为职工代表大会的执行机构的职能。我们每一个企业的工会委员会都应站在实现职工民主管理企业的权利的高度上,为搞好工会实质性的主要工作,切实担当起职工代表大会执行机构的重任来。

第四十一讲　职工代表大会的法定义务

《企业法》在第四十九条全面规定了职工的权利以后,在第五十条又明确地规定了职工的主要义务,这就是:"职工应当以国家主人翁的态度从事劳动,遵守劳动纪律和规章制度,完成生产和工作任务。"

这一规定包含了三个要点:

第一,规定了职工义务的根本目的和根本要求,是为了"完成生产和工作任务"。这是国家,也是职工的根本利益所在。只有切实地完成了生产任务和工作任务,职工福利的改善、生活水平的提高,才有确切的保障;有关权利的实现,才有可靠的基础。

第二,职工义务的最主要要求是"遵守劳动纪律和规章制度"。纪律和制度,是企业正常运转的必要规范。只有严格遵守劳动纪律和规章制度,才可能保证完成生产任务和工作任务,才可能保障职工的生产安全。

第三,职工履行义务的指导思想是:职工是国家的主人翁。因此,职工要以国家主人翁的态度从事劳动,履行义务。社会主义制度建立以后,职工成了国家的主人翁,当然也是企业的主人翁。但是对这一点,不是所有的同志都清楚地认识到了。尤其是在承包、租赁的企业里,往往发生谁是企业主人的疑问。应当指出,企业承包或者租赁以后,企业的所有权仍然属于国家,职工仍然是企业的主人,不存在为承包人、承租人劳动的问题。职工与承包人、承租人的目标是一致的,都是为了发展社会生产力,都是为了不断提高全民的物质和文化生活水平。因此,无论在哪一种类型的企业里,无论企业采取了什么样的经营方式,职工都应当以国家主人翁的态度从事劳动。

《企业法》第五十四条规定:"职工代表大会应当支持厂长依法行使职权,教育职工履行本法规定的义务。"这一规定,指明了职工代表大会的法定义务。

理解这条规定,主要应该抓住下面四点:

第一,职工代表大会和厂长在民主管理企业工作中的一致性。

增强企业的活力,提高企业的经济效益,在相当大的程度上,取决于企业内部运行机制的和谐协调。确定职工代表大会制度和厂长负责制,目的都是为了使企业的经营管理决策和生产指挥科学化、统一化。过去那种党政不分、政企不分，企业内部多元领导、权力分散的体制，造成了各个职能部门各行其是、互相扯皮、一盘散沙。这不但延误了决策的时机，还加剧了内耗，抵销了力量，使得该做的工作不能做或者无法做，不该做的工作又往往被提到第一位，以至正气不能抬头，歪风邪气到处蔓延，生产下降，计划落空。这种状况再也不能继续下去了。

因此，认为实行厂长负责制以后，加强职工代表大会制，是为了与厂长"唱对台戏"，这是一种非常错误的观点。厂长负责制和职工代表大会制，都是建立在社会主义公有制经济基础上的，是这一基础所派生的上层建筑，它们在根本性质、根本目的上是一致的。厂长负责制和职工代表大会的一系列具体内容，都体现了改革的精神，反映了改革时期的要求。厂长负责制和职工代表大会制的完美结合，正是民主集中制的体现，因此，应当把这两种制度很好地运用起来，使职工代表大会都来努力地支持厂长行使职权。

当然，在实际工作中，厂长、职工代表大会之间，难免有些不同的意见，发生一些矛盾。这是正常的现象，如果完全没有意见分歧，完全没有矛盾，反而不正常了。在这种地方，很可能没有民主可言，只有"一言堂"和"家长制"，也就是说，表面的一致，掩盖着实际的矛盾。正常的意见分歧和矛盾，完全可以通过民主协商、同志式的讨论，用以理服人的说服、科学的论证，来统一看法。在通过讨论仍然无法取得一致意见的情况下，就应像《企业法》第五十四条所规定的那样，职工代表大会和工会在行动上应当采取"支持厂长行使职权"的态度。这完全不排斥职工代表大会和工会在适当的时机、适当的场合，以适当的方式和途径，与厂长继续研究问题，求得统一意见，或者直接向上级工会反映情况，向上级干部管理机关提出罢免厂长的建议。但是即使到了提请罢免厂长这一步，也并不说明职工代表大会制与厂长负责制之间有什么对立性，因为这样做，正是为了以新的组合，造成新的意见一致的强有力的企业领导机构。

第二，职工代表大会有教育职工的义务。

职工代表大会一方面有权评议、监督企业各级领导，并且提出奖惩和任免建议，以及实现其他法定的职权；另一方面，为了使自己的法定职权得到充分的实现，还必须承担起教育职工的义务，使广大职工群众做到：以主人翁的态度从事劳动，服从领导，听从指挥，遵守劳动纪律，执行操作规程和规章制度。如果不认真做好教育职工的工作，那么，职工代表大会的一系列职权势必落空。这是因为在一个混乱、落后的企业里，不仅厂长，而且职工代表大会以及其他民主管理机构的正常工作都是很难开展的。

第三，职工代表和工作委员必须以身作则，成为广大职工的模范和表率。

"身教"和"言教"二者应当是一致的；而且，"身教"应当重于"言教"。因此，职工代表自己是不是以主人翁的态度从事劳动，是不是模范地服从领导、听从指挥，是不是认认真真、一丝不苟地遵守劳动纪律、执行操作规程和规章制度，在职工群众中，有极大的影响。《全民所有制工业企业职工代表大会条例》规定职工代表有"模范遵守国家的法律、法规和企业的规章制度、劳动纪律,做好本职工作"(第十五条第三款)的义务,正是对职工代表提出的"身教"的要求。我们每一个职工代表和工会委员,都必须严格要求自己,随时开展自我批评,并且主动地征求职工群众对自己的意见,自觉地接受职工群众的监督。一切不能以身作则的人,都不应该选进职工代表大会和工会委员会。

第四,职工代表大会和工会履行它的义务的根本目的在于保证完成生产任务和工作任务。

职工代表大会对厂长行使职权的支持,对职工的教育,以及自身的模范行为,目的都是为了保证完成企业的生产任务和工作任务,使企业在社会主义物质文明建设和精神文明建设方面获得日益丰硕的成果。我国《宪法》规定:"今后国家的根本任务是集中力量进行社会主义现代化建设。"(《宪法》序言)这一规定说明发展社会主义生产力,是我国人民当前最大的政治任务。因此,职工代表大会和工会,应当时刻不忘这一根本任务,把自己的全部工作,与保证完成生产任务和工作任务挂起钩来,毫不懈怠地、坚持到底地抓出成绩来,为企业的发展,为我国社会主义事业的发展做出贡献。

这里,我们还特别要谈到党对职工代表大会的领导问题。《全民所有制工业企业职工代表大会条例》第四条规定:"职工代表大会接受企业党的基层委员会(含不设基层委员会的党总支部委员会、支部委员会,以下简称党委)的思想政治领导,贯彻执行党和国家的方针、政策,正确处理国家、企业和职工三者利益关系,在法律规定的范围内行使职权。"

这一规定为职工代表大会的政治方向把准了舵盘。它说明接受党的思想政治领导,是职工代表大会的神圣义务。任何脱离党的领导的倾向,削弱党的领导的企图,都会造成严重的恶果,同样也会给职工代表大会带来严重的损害。

职工代表大会接受党的思想政治领导,必须落实在具体的行动中,这就是要"贯彻执行党和国家的方针、政策"。《中共中央关于经济体制改革的决定》指出:"在新的时期,党的思想工作和组织工作必须坚定地贯彻执行为实现党的总任务、总目标服务,密切结合经济建设和经济体制改革的实际来进行的指导方针。"还指出:"要解放思想,实事求是,一切从实际出发,把党的方针政策同各地区、各部门、各单位的实际密切结合起来,创造性的贯彻执行。"因此,职工代表大会在接受党的领导,贯彻执行党的方针、政策的过程中,一定要以立志改革、锐意进取的精神,高度负责地、满腔热情地、实事求是地从本企业的具体情况出发,做好教育职工的工作,做好支持厂长行使他的职权的工作,保证出色地"完成生产和工作任务"。

第四十二讲 企业间的法律关系

现代社会是一张庞大的、无限错综复杂的网。企业是网上无数个小结中的一个,它同四面八方的其他小结——企业和事业单位,有着千丝万缕的交往和联系。发展和完善这种交往和联系,是企业生存、发展必不可少的。随着生产社会化的发展,社会分工越来越细,企业间的相互依存性就越来越大。研究并且以合理的法律手段调整企业间的关系,以及企业与事业单位间的关系,已经成了搞活、搞好企业的一个重大问题。

正是因为这个原因,《企业法》第三十四条和第三十五条对企业间的关系做了简明的规定。这些规定涉及企业间的平等关系、企业间的横向联系以及其他交往中的经济合同三个问题。关于企业的横向联合,前面已经做过专门的介绍和分析,这里就谈谈企业间的平等关系问题和经济合同关系问题。

一、企业间关系的法律平等性

企业在与其他企业、事业单位开展经济交往活动中的地位一律平等,任何一方不得利用本单位掌握的手段要挟另一方,不得向另一方牟取非法利益。联营、合股企业,不管股份多少、条件如何,法律地位是完全平等的。明确认识企业间法律地位的平等性,有十分重要的意义。

首先,这是发展有计划的商品经济的需要。商品经济关系必须遵守的最重要原则,就是商品生产者之间的等价交换原则。这就要求各个权利主体之间的经济交往,必须贯彻平等互利、协商一致、等价有偿的原则精神。如果违反了平等性的原则关系,一个企业无偿占有别的企业的产品,或者用其他方式要挟别的企业,向别的企业牟取非法利益,企业间的商品经济关系就要遭到破坏,按照社会必要劳动来确定商品价值的可能性就不会存在。因此,为着充分发展商品经济,就一定要建立起企业间的法律关系的平等性。

其次,明确认识企业间法律地位的平等性,也是经济体制改革健康发展的需要。

我国经济体制改革方兴未艾。改革的一个重要方面,就是要重新赋予企业以应有的自主权,打破企业吃国家的"大锅饭"、职工吃企业的"大锅饭"的局面。增强企业活力,是经济体制改革的中心环节。为了做到这一点,就必须进行计划体制、价格体系等等方面的配套改革。在这种情况下,如果企业间仍然存在着隶属、依附式的不平等关系,那么,所有这些改革就不可能进行。

我国的经济体制改革,在打破对企业控制过多过死的僵硬模式的同时,还要努力改变在消费资料的分配问题上的平均主义。平均主义思想是同马克思主义关于社会主义的科学观点完全不相容的。历史的教训告诉我们:平均主义思想是贯彻执行按劳分配原则的一个严重障碍,平均主义的泛滥必然破坏社会生产力。实践证明,只有允许和鼓励一部分地区、一部分企业和一部分人依靠勤奋劳动先富起来,才能对大多数人产生强烈的吸引和鼓舞作用,并且带动越来越多的人一步一步地走向富裕。要做到这一点,也必须赋予每一个企业以平等的法律地位,在企业间建立起平等的法律关系。否则,一部分企业职工的勤奋劳动,就会被另一部分企业无偿占有,从而挫伤勤奋劳动的职工的积极性,最后只好普遍贫穷。

在现实的经济交往中,现在还经常发现有的企业利用本单位掌握的手段要挟另一方,向另一方牟取非法利益。造成这种情况的原因,除了掌握有某种手段的企业领导人经营思想、经营作风不端正以外,还同被要挟的企业领导人不知法、不懂法、不会运用法律手段捍卫本企业的利益有关。因此,每一个企业的领导干部,都要端正经营思想、经营作风,懂得社会主义企业之间平等互助的重要性,如果允许部分企业为所欲为,那么,今天要挟、侵占别的企业利益的,在另一种情况下,也会落入被要挟、被侵占的境地;同时,每一个企业的领导干部,都应学习、掌握和运用社会主义的法律武器,与一切非法经营活动进行斗争。

对于保证企业间的平等法律关系来说,最基本的法律武器,就是我国的经济合同法。

二、企业间的经济合同制度

《企业法》第三十五条规定:"企业必须履行依法订立的经济合同。"这一规定,为企业与其他企业、事业单位在经济交往中建立平等的法律关系,提供了法律原则的指导。为了深入理解《企业法》的这个规定,应当掌握有关经济合同制度的一些基本知识,懂得什么是经济合同,工业企业签订经济合同的种类和原则。

我国《经济合同法》[①]第二条规定:"经济合同是法人之间为实现一定经济目的,明确相互权利义务关系的协议。"

经济合同作为合同制度中的一种,具有合同的共同特征。这些共同特征是:(1)合同

---

① 此处为《中华人民共和国经济合同法》(1981)。全书同。已废止。——编者注

是一种行为，是当事人有意识、有目的的活动，它能带来一定的法律后果。因此，合同行为是一种法律行为。（2）合同是当事人双方或者多方的意思表示的一致。这个一致，就是达成协议，而不是单方的法律行为或者行政行为。（3）合同确定的当事人双方或者多方的权利义务关系，是一种法律关系，必须符合法律规范的合法行为。

同时，经济合同作为合同制度中的特殊类型，又有自身的特点：（1）经济合同的当事人是法人。（2）经济合同直接或者间接受国家计划的指导或者制约。（3）经济合同是双务有偿合同。所谓双务就是双方义务。我国经济合同法规定了等价有偿原则，企业间的经济往来必须是权利义务对等的。经济合同作为双务有偿合同，不同于当事人一方只享有权利而不尽义务，另一方只尽义务而不享有权利的单务合同；也不同于当事人一方得到财产利益而不支付代价的单务合同。（4）经济合同一般采取书面形式。

经济合同的种类很多。我国《经济合同法》按合同内容的性质，把经济合同划分为这样九类：（1）购销合同；（2）建设工程承包合同；（3）加工承揽合同；（4）货物运输合同；（5）供用电合同；（6）仓储保管合同；（7）财产租赁合同；（8）借款合同；（9）财产保险合同。

工业企业签订经济合同必须遵循两大原则：

第一，遵守国家的法律，符合国家政策和计划的要求。任何单位不得利用合同进行违法活动，扰乱经济秩序，破坏国家计划，损害国家利益和社会公共利益，牟取非法收入。

第二，贯彻平等互利、协商一致、等价有偿的原则。这是企业间平等的法律关系的体现。但是在现实生活中，往往会出现"霸王合同"或者"不平等条约"。有些企业以强凌弱，以大欺小，把自己的意志强加给对方。这种合同往往是采取欺骗、胁迫手段签订的。如果签订了这种合同，应该看作是无效合同，不受法律保护。

经济合同的当事人必须信守合同，履行合同规定的义务。

所谓"履行合同"，不是指部分履行，而是指全面履行。全面履行经济合同，要求做到以下几点：第一，实际履行。这是要求合同当事人，除法律和合同另有规定或者客观上已经不可能履行的以外，都要按经济合同规定的标的——落实、兑现。经济合同规定的标的是什么，就支付什么；一般不能用其他东西或者现金来代偿。第二，全面兑现。这是要求合同当事人除按规定的标的履行外，还要按标的数量、质量和时间、地点、方式、包装等合同所规定的一切承担义务。第三，协作履行。社会主义企业之间的关系，除了法律上的平等性以外，还有根本利益上的一致性。合同双方存在着同志式的关系。因此，当一方在履行合同中遇到困难的时候，另一方在法律许可的范围内，在道义上有尽力帮助的义务，绝不应幸灾乐祸、落井下石。如果合同的一方出现违约行为，另一方企业应当尽力制止，并且尽可能采取措施，减少损失。在履行合同中，如果双方发生意见分歧，要根据法律规定和经济合同协议的精神，及时协商解决，绝不能为了自己的利益，故意设置障碍，给对方造成重大损失。

企业间平等法律关系在经济合同中的体现，是受法律保护的。破坏这种平等关系，违反经济合同法的规定，不履行经济合同，必须承担法律责任。我国《经济合同法》详细规定了违反经济合同的法律责任。《经济合同法》第三十二条规定："由于当事人一方的过错，造成经济合同不能履行或者不能完全履行，由有过错的一方承担违约责任；如属双方的过错，根据实际情况，由双方分别承担各自应负的违约责任。""对由于失职、渎职或其他违法行为造成重大事故或严重损失的直接责任者个人，应追究经济、行政责任直至刑事责任。"《经济合同法》第三十五条规定："当事人一方违反经济合同时，应向对方支付违约金。如果由于违约已给对方造成的损失超过违约金的，还应进行赔偿，补偿违约金不足的部分。对方要求继续履行合同的，应继续履行。"切实地贯彻执行《经济合同法》以及其他法规的有关规定，对理顺、摆正企业间的法律关系，具有重要的意义，每一个企业的领导人，对这一点都应有足够的、清醒的认识。

这里需要指出的是，社会主义企业之间的关系，既是平等的、互相协作、互祖支援的关系，同时又是互相竞争、你追我赶、互相促进的关系。长期以来，人们往往把竞争看成是资本主义特有的现象。其实，只要有商品生产，就必然有竞争；只不过在不同的社会制度下，竞争的目的、性质、范围和手段不同罢了。社会主义企业之间的竞争，同资本主义条件下的弱肉强食根本不同。它是在公有制基础上，在国家计划和法令的管理下，在为社会主义现代化建设的前提下，让企业在市场上直接接受用户和消费者的评判和检验，优胜劣汰。这样做，有利于打破阻碍生产发展的封锁和垄断，及时暴露企业的缺点，促使企业改进生产技术和经济管理，推动整个国民经济和社会主义事业的发展。竞争中可能出现某些消极现象和违法行为，但是，只要各级有关领导机关保持清醒的头脑，加强教育和管理，健全有关立法和加强司法，是可以解决好竞争中出现的问题的。

第四十五讲　企业经济损失责任与法律制裁

造成损失的法律责任，是指违反《企业法》规定的义务，造成企业、国家和人民损失的行为人，所应承受的法律上规定的制裁。这种制裁必须是法律或者行政法规上规定的，是对违法行为人的制裁。这对责任者在人身名义上或者财产上是不利的。这种制裁的执行，往往是由司法机关强制实施的。由于是造成损失的法律责任，因此，这种制裁又必须是对违反《企业法》的行为人的惩罚，承担法律责任的主体，应是《企业法》上规定的。

我国《企业法》的一大特点，就是它以专章明确规定了"法律责任"，这就改变了过去法律责任不明、无从追究的状况。

其中关于造成损失的法律责任，《企业法》第六十三条第一款规定："企业和政府有关主管部门的领导干部，因工作过失给企业和国家造成较大损失的，由政府主管部门或者有关上级机关给予行政处分。"第二款规定："企业和政府有关主管部门的领导干部玩忽职守、致使企业财产、国家和人民利益遭受重大损失的，依照《中华人民共和国刑法》[①]第一百八十七条的规定追究刑事责任。"

做出这样明确的规定是十分必要的。它可以监督和促使企业的领导人或者政府有关主管部门的领导人加强责任感，认真履行义务，避免企业、国家和人民利益受到损害。法律的特点之一，就在于它的强制性，这是它与政策、道德规范截然不同的地方。我们的干部队伍，从总体来说，是完全可以信赖的。但是，这并不能保证每一个干部都十分认真和自觉地遵守《企业法》，积极热情地搞好工作。在当前两种体制转轨的时期，有些同志放松了思想改造、放松了学习，对工作不负责任的现象甚至某些腐败的作风都有所滋长。他们或者饱食终日、无所用心，对工作不负责任，做一天和尚撞一天钟；或者高高在上，脱离实际，官僚主义严重；或者"私"字恶性膨胀，利用职权谋取私利，不顾企业集体和国家利益，造成了企业、国家和人民的损失。对这些同志诚然要以教育为主，但是必要的行政处分和法律制裁也是不可少的。无论从这些同志本人来看，还是从整个干部队伍来看；无

---

① 此处为《中华人民共和国刑法》（1979）。全书同。——编者注

论从企业来看，还是从国家和人民来看，明确强调法律责任问题，都是应该的，也会得到广大干部和企业职工的拥护。

对于上面谈到的《企业法》第六十三条的有关规定，应着重理解下面几点：

（一）法律责任的主体问题

造成损失的法律责任的主体，这一条规定有两个：一为企业领导人；二为政府有关主管部门的领导人。

企业领导人直接面对企业的生产和经营活动，由于他的失职，造成的损失的事实是比较明显的，容易发现的。政府有关主管部门领导人的法律责任，却往往被忽视。因此，明确指出政府有关主管部门领导人也是法律责任的主体十分重要，对防止官僚主义也很有意义。

考虑到过去往往存在的"官官相护"的现象，在《企业法》的实施过程中，必须认真查明造成损失的具体情况和具体责任人。那种上级领导以"主要责任由我们来承担"，轻描淡写地为老同事、老干部开脱责任的恶劣现象，再也不允许存在下去了。所谓"由我们来承担"，90%以上是什么也不承担的空话，它所损害的是国家和人民的利益，它的结果只能是使更多的人一天天没有责任心，因为那些"老好人"的上级官僚主义者成了他们的保护伞。

（二）要区别对待造成损失的不同原因

"工作过失"与"玩忽职守"是造成损失的不同原因。"工作过失"，并不是主观上故意造成的；"玩忽职守"却是明知故犯。因此，责任人所负的法律责任也应有轻重不同的区别。

这里必须注意的是，"工作过失"也应给予处分。过去往往存在这种现象：如果是工作过失，就以"主观上是想如何如何的，但是由于缺乏经验"为理由，不做任何处分，或者仅以一纸"检讨"或者口头的"自我批评"代替应得的处分。我们认为，即使是由于"缺乏经验"造成的"工作过失"，也必须严加处理。既然被安排到某一个岗位上去了，就必须努力学习，掌握本来不熟悉的东西，成为行家里手，绝不能以"缺乏经验"为自己辩护。因此，努力学习经济工作，提高管理水平，应当成为每一个负责的企业领导人和政府有关主管部门领导人高度重视的问题。

（三）要区别对待造成损失的不同程度

第六十三条第一款所追究的是由工作过失造成的"较大损失"的法律责任；第二款所追究的是由玩忽职守造成的"重大损失"的法律责任。"较大损失"与"重大损失"带给人民和国家的危害程度是不同的，因此处分也应不同，这比较容易理解。至于因"工作过失"造成"重大损失"或者因"玩忽职守"造成"较大损失",处分不同在那里,这就要来决定。我们认为,总的原则应该是:以造成损失程度为主要的处分依据。理由是:首先,这是一条具体的、可以计量的客观标准,比主观故意还是过失容易衡量与掌握;其次,国家和人民的利益高于一切,既然造成了国家和人民的损失,承担法律责任是应当的;第三,这样处理,有利于引起警惕,有利于杜绝损失现象的发生。

(四) 要区分行政处分与刑事责任

根据"工作过失"或者"玩忽职失""较大损失"或者"重大损失"的区分,第六十三条的第一款和第二款分别规定了或者作"行政处分"或者作"追究刑事责任"。对企业领导人的行政处分,由企业的政府主管部门决定;对有关政府主管部门领导人的行政处分,由这个主管部门的上级机关决定。行政处分的主要形式,从轻到重,一般有这样几种:警告、记过、记大过、降职、撤职、留用察看和开除公职。企业厂长有行政违法行为,给予上面这些处分的时候,应当按照国务院《关于行政机关工作人员的奖惩暂行规定》的标准权限和审批程序办理。

刑事处罚由司法部门裁决。我国《刑法》第一百八十七条规定:"国家工作人员由于玩忽职守,致使公共财产、国家和人民利益遭受重大损失的,处五年以下有期徒刑或者拘役。"每一个企业领导人和政府主管机关工作人员都必须高度重视《刑法》上这条规定的严肃性,决不能掉以轻心、以身试法。

除了上面四个方面外,这里我们还想特别谈谈企业的上级主管机关可能造成企业损失的问题。

企业管理机关的主要任务,是为企业的生产经营服务。在它的服务的过程中,决策不当、指挥失误都会给企业、国家和人民造成损失,要追究责任人的法律责任。

企业管理机关的"决策失误、指挥不当",主要可能发生在这样几个方面:一是在审批企业的长期计划、重大技术改造计划和技术引进计划方面;二是在下达指令性计划,提供企业完成指令性计划所需要的统配物资方面;三是在提供信息方面;四是在协助企业解决日常生产、销售和对外经济技术交流以及合作方面;五是在侵犯企业独立自主地经营的权利方面。这些重大方面的决策失误或者指挥不当,很可能造成企业的重大经济损失。这种经济损失的责任,不应由企业承担,应该由上级管理机关承担;法律责任承担的主体,是有关的领导人员和直接责任者;法律责任的承担方式为行政处分与刑事制裁,具体给什么样的行政处分和刑事制裁,这要按情节的轻重、经济损失的程度依法来决定。

过去相当长的时期里,对于经济建设单位的事故责任,往往只追究政治性的事故,经济责任事故一般都不过问,对这一点董必武同志早在20世纪50年代中期就曾经反复地大声疾呼,要求引起重视。但是到了今天,对造成经济损失的法律责任的追究,还是相当不力。实际上,每年因为这一类问题造成的损失是相当巨大的。现在《企业法》对这一点作出了规定，应当成为一个转折点。我们所有的企业，特别是那些重要的大型企业、管辖范围比较大的政府主管机关，不但要挑选素质好的领导人，而且还应当重视建设软科学研究班子，使企业的决策有软科学研究的确切保证，做到决策科学化、民主化，尽一切努力避免造成重大损失。

科技法学导论

《科技法学导论》* 题记

  1986年秋参加了我国首届科技立法工作会议之后，受国家科委政策法规司副司长段瑞春的鼓励和中国科学院科技政策研究所于德胜先生的启示，得到四川人民出版社和杨方杰先生的支持，写成了《科技法学导论》一书，其中的部分章节是此前发表的有关论文的发展或演绎。出版时，由段瑞春同志亲笔撰写了《序言》。

倪正茂

---

* 四川人民出版社1990年版。

科技法学研究篇

第一章 科技法学的定义

一、关于科技法学的定义

科技法学是研究科学技术法这一特定社会现象及其发展规律的部门法学。

在部门法学的大家庭中,科技法学是最新的成员。

几乎所有的法学学科,包括部门法学在内,都首先在外国形成。举凡宪法学、民法学、刑法学、经济法学、诉讼法学、国际法学等等,首批专著、教科书都出诸外国学者之手。对科技法这一特定社会现象及其发展规律的研究,也是外国法学家最先着手进行的。苏联法学家从20世纪60年代以来,已发表了大量的有关专著和长文短论。美国、日本以及其他国家的法学家对科技法制史、原子能法、生物技术立法、信息技术立法等,也已做了深入的研究。有关专著虽然不能说"汗牛充栋",但数量却十分可观。日本朋友、东京大学法学部的博士研究生高见泽磨为我提供的日本科技法论文、专著的卡片,即达675张之多,但是,对科技法及科技法学做系统研究的专著,却至今未见。也就是说,科技法学作为一门部门法学,还在创立之中。虽然我国法学家对科技法的研究起步甚晚,但是中国人的理论思维能力自古即著称于世,科技立法的软科学研究近几年形成了热潮,研究科技法学者大有人在。因此,为部门法学大家庭迎来科技法学这一新生儿,中国法学家是责无旁贷的。

法学是随着法的出现而出现的。恩格斯说过:"随着立法发展为复杂和广泛的整体,出现了新的社会分工的必要性;一个职业法学者阶层形成起来了,同时也就产生了法学。"[①]科技法学正是随着科技立法"发展为复杂和广泛的整体"而在形成中的。经济法曾是民法的一部分。经济法学也曾被包容在民法学之中,部分地还包容在行政法学之中。但经济法的大量出现,产生了"新的社会分工"的客观需求,经过长期的论争。经济法终于从民法中独立出来,而经济法学也自成一体、"另立门户",但见"吹烟袅袅""人丁兴

---

① 《马克思恩格斯选集》第2卷,第539页。

旺"了。与此相似，科技法长期被列为经济法甚至被列为民法的一部分，科技法学研究也是放在经济法学的范畴里的。苏联科学院通讯院士、国家与法研究所的著名经济法学家B.B.拉普捷夫所著《经济法》[①]一书的第8章，即为《科学技术进步的法律调整》，其中阐述了"科学技术进步与经济法""发展科学技术的计划工作""对发展科学技术的拨款""发展科学技术的经济刺激""科学技术进步领域里的经济合同和定作单"等问题，显然都是把科技法作为经济法的一部分而论述的。但据最近来访的苏联法学家B.A.拉苏多夫斯基教授说，科技法学作为独立的法学部门的问题，正引起B.B.拉普捷夫和他的同事们的思索和兴趣，而B.A.拉苏多夫斯基教授的专著《法和科学组织的管理》[②]已由我国科技法学专家、中国科学院科技政策和管理科学研究所的于得胜教授等译介给了中国的读者，笔者也摘译介绍了苏联法学家B.Γ.哈尔费娜的《社会主义法和科学技术进步》一书[③]。在我国，已经出现了一批专门研究科技法的理论工作者，他们比较集中地分布在北京大学法律系、中国科学院科技政策和管理科学研究所、西安交通大学技术经济法律研究中心和上海社会科学院法学研究所。一个以科技法研究为标志的"职业法学者阶层"正在形成。科技法学之从经济法学脱颖而出，有如"日月经天，江河行地"，是势所必然、无可怀疑的。

当然，之所以出现了一批热心于科技法研究的法学工作者，首先是由于科技立法的需要和科技法的大量存在。

科技法的大量存在，在发达国家早已是客观事实。在日本，仅由科学技术厅编纂的《科学技术六法》即收有科技法规282个，日文文本达1342页，目前已由我国科技文献出版社出版的中译本也达943页。如果将通商产业省、农林水产省、运输省、文部省等所编"六法"中的科学技术法也算进去，其数量更是大得惊人。据我国科技立法的开拓者、国家科学技术委员会的段瑞春同志统计，大陆法系的联邦德国，自第二次世界大战以来制定的与科学技术有关的法规，约有2000件，匈牙利中央颁布的经济技术法现有2000多个，地方性法规则高达5000种左右。[④] 在欧美的其他发达国家和近几十年来经济发展迅速的一批发展中国家里，也颁行了大批的科技法规。面对数量如此之多的科学技术法，从学理上进行研究、做出说明以至创立一门科技法学，是如"十月怀胎，一朝分娩"般理所当然的事。

我们不能不十分遗憾地承认，在我国，科技进步的法律调节手段还是相当缺乏的。这

---

① [苏]B.B.拉普捷夫：《经济法》，中国社会科学院法学研究所民法经济法研究室译，群众出版社1987年版。
② [苏]B.A.拉苏多夫斯基：《法和科学组织的管理》，科学技术文献出版社1986年版。
③ 《国外哲学社会科学文摘》1983年10月号。
④ 《试论科学技术立法》，国家科委科技政策局编：《科技立法——新的开拓领域》，光明日报出版社1986年版。

与我国长期以来受"左"的严重干扰、不重视法制建设有关。胡克实同志在我国首届科技立法工作座谈会上①指出，我国的科技立法几乎还是一个空白。但是，科学技术的发展、新技术革命的挑战和科技体制改革的迅速推进，都提出了科技立法的紧迫要求。国务委员、国家科委主任宋健指出："加强科技立法是当前十分迫切的一项任务，是科技工作者当务之急。"②为了广泛参考国内外科技立法的经验，我国国家科委通过国际交流活动对几十个国家的科技立法进行了调查研究，先后收集了外国科技法律、法规上千件，提出了一批有关国外科技立法的调查报告；同时，在国务院法制局的统一部署下，由国家科委执行，清理了党的十一届三中全会以来全国人大及其常委会通过的有关科技工作的法律、国务院发布的科技方面的行政法规和部门规章以及新中国成立以来重要的科技法规性文件，整理、编辑、出版了《中华人民共和国科学技术法规汇编》一、二册，共收集科技法规性文件255件。在国家科委的领导和支持下，科技立法软科学研究取得了较大的进展，《科技立法研究文集》③陆续问世，数百万字的研究报告已经定稿并通过了国家鉴定。这样，热心于科技法学研究的理论工作者，就在实践中得到了锻炼，增长了才干，拓展了视野，增进了认识，提高了水平，为科技法学的创建奠定了良好的客观与主观的基础。现在，系统而全面地论述科技法学这一新兴学科，正成为广大科技法学工作者瞩目的焦点。跃跃欲试者，握管笔耕者，交流探讨、求师访友者，全国各地大有人在。科技法学作为部门法学的一员，正以崭新的姿态横刀立马、披挂上阵。

二、科技法学的独立地位

科技法学从经济法学中独立出来，暂时还不为大多数法学家所首肯。在注意到科技法学问世的第一批法学家中，还有一些人持怀疑态度。这是我们论述科技法学之始，为科技法学下定义时，必须解决的问题。

马克思主义经典作家在论述科学分类时曾经精辟地指明："每一门科学都是分析某一个别的运动形式或一系列互相关联和互相转化的运动形式的，因此，科学分类就是这些运动形式本身依据其内部所固有的次序的分类和排列，而它的重要性也正是在这里。"④这一论断明确地告诉我们，划分科学门类的主要依据，是事物的运动形式内部所固有的特殊矛

---

① 1985年8月于北京举行，与会者有法学家、科技管理工作者160人。会议讨论了我国科技立法问题和《技术合同法（草案）》。
② 《加强立法是科技工作的当务之急》，国家科委科技政策局编：《科技立法——新的开拓领域》，光明日报出版社1986年版。
③ 国家科委科技政策局、上海社会科学院法学研究所编：《科技立法研究文集》，科学技术文献出版社1988年版。
④ ［德］恩格斯：《自然辩证法》，人民出版社1971年版，第227页。

盾及其发展规律。只要某一事物的运动形式具有独特的矛盾和发展规律，就可以把它与其他事物区别开来，就可以对它进行学理分析，从而形成与其他学科相异的新学科。

有鉴于此，能否将科技法学作为一门独立的法学部门，就取决于它是否有自己独特的研究对象，或这一研究对象有无不同于其他研究对象的特殊发展规律。

我们在科技法学的定义中已经指出，科技法学是"研究科学技术法这一特定的社会现象及其发展规律"的。对科学技术法这一特定的社会现象，是否有人持异议甚至不承认呢？即使有，也越来越少了。日本出版有大部的《科学技术六法》，我国在大力开展科技立法，许多经济法学著作也不回避"科学技术法"的概念，国内、国外《技术合同法》《科学技术基本法》《科技研究法》《科研组织法》《技术评估法》《原子能法》《DNA分子重组实验准则》《科学技术研究所法》等科学技术法已经在发生效力的客观事实，都告诉我们，对科学技术法不能采取"鸵鸟政策"，不能视而不见地不予承认。同样，深入研究，也可以发现科学技术法遵循着独特的发展规律。因此，开辟草莱、匠心独运地揭示科学技术法的产生、性质、地位、作用、体系、发展规律等等，构建科技法学这一新型的部门法学，就是"题中应有之义"而无可非议了。当然，在说到科技法的特殊矛盾和发展规律时，还必须具体揭示、一一指明。这个任务，我们在第二篇中将予以解决。而现在，当我们明确科学技术法是一种特殊的部门法，与计划法、经济合同法、企业法、基本建设法、交通运输法、商业法、金融法等等典型的经济法截然相异，就可以深信不疑地对科技法学的出现予以肯定了。

三、分析几种关于科技法学定义的误解

当论及科技法学的定义时，存在着几种误解和谬释。

其一，把科技法学与科学法学等同起来，相提并论。

应当指出，现在还没有一门叫作"科学法学"的法学学科，也极少有相关专文、专论，更无专著。而且，"科学法学"的提法还容易使人联想到"谬误法学"而误入迷途。

如果把科学研究作为一种特殊的社会现象，为科学研究立法，并对科学研究法规进行法理阐释，从而形成科学研究法学，那么，它所与闻其事的，仅仅局限于科学研究法的范围，与技术开发、研究的立法无涉，不能违反形式逻辑关于不准越级划分的规定，把科学研究法学扩大为科学技术法学。可以把科学研究法学与技术法学作为科技法学的两个子学科来看待。但是，第一，现在还不可能建立这样两门子学科；第二，即使建立就绪，它也只是子学科而已，不能"喧宾夺主""以子代母"地与科技法学"合二为一"、视同一体。

其二，把科技法学当作介于科学学和法学之间的边缘学科。[①]

[①] 何勤华等编：《法学新学科手册》之"科技法学"条，浙江人民出版社1988年版，第116页。

不能否定，科技法学与科学学有一定的联系。首先，二者的客观研究内容，都有科学活动的成分；其次，科学学除考察科学在社会生产中的地位和作用、掌握和运用科技发展的客观规律、分析科学研究的体系结构等外，还研究科学发展战略、策略和多项科学政策的制定，因而与科学技术法相近。但是，"科学学是研究科学和科学活动的发展规律及其社会影响的一门综合性新兴学科"①，而法学却是"研究法这一特定社会现象及其发展规律的科学"②，研究对象一属社会实践的范畴，一属上层建筑的精神领域，有极大的差别，二者不可能互相交叉，也以不提科学学与法学的边缘学科为好。

必须认定，科技法学是一种部门法学，是法学的新兴学科，而不是"脚踏两只船"的边缘学科。这同经济法学不是经济学与法学的边缘学科，宪法（国家法）学不是国家学与法学的边缘学科一样。

其三，把科技法学与科技规范等同起来，不加区别。例如，《当代新术语》的"科技规范"条，将"科技规范"释义为"又称科技法规或科技法学"③。

诚然，科技法学与科技规范有相当密切的关系，科技规范是科技法学的研究对象。但是，二者是属于完全不同范畴的两个概念，不能互相混淆。不仅如此，而且也不能将科技规范与科技法规混为一谈。科技规范是科技活动的准则，有科技标准与科技法规之分。当科技标准被赋予法律约束力时，就成了科技法规。但是，无论是前者或是后者，都不过是科技法学的研究对象，而不是科技法学本身。

其四，把科技法学定义为"研究对科学技术活动实行法律调节的学科"④。

这失之于形式逻辑所否定的"定义过窄"的逻辑错误。按"种＋属差"定义的逻辑要求，"定义过窄"的错误在于，下定义部分所揭示的"属差"，即被下定义概念与同种的其他概念的属性差别，小于所应揭示的特殊属性。实际上，科技法学除研究"对科学技术活动实行法律调节"外，还研究科学技术法的渊源、历史、体系、结构、功能等等。因此，我们把科技法学定义为"研究科学技术法这一特定的社会现象及其发展规律的部门法学"是比较妥当的。

---

① 杨国璋等主编：《当代新学科手册》，上海人民出版社1985年版，第19页。
②《中国大百科全书·法学》，中国大百科全书出版社1984年版，第1页。
③ 金哲、姚永抗、陈燮君主编：《当代新术语》，上海人民出版社1988年版，第499页。
④《法学新学科手册》，浙江人民出版社1988年版，第116页。

第二章 科技法学的研究对象

首先应当指明,"研究对象"和"研究范围"是两个不同的概念。二者有联系,因为"研究"的"范围"是不能离开"对象"而随便确定的;但二者又有区别,因为同一个研究对象,可以从无数个不同的侧面加以研究,"研究范围"是从这无数个侧面中选择确定的。许多法学专著与教科书对"研究对象"与"研究范围"不加区分,将二者含混地放在一起加以阐述,是值得商榷的。

一、关于科技法学研究对象的四种观点

(一)关于科技法学的研究对象,现在主要有以下四种观点

1.认为科技法学是研究科学技术活动中如何实行法律调节的一门学问。它的主要研究对象和任务是:研究科学立法理论、科学法规、科学法史、科学法比较、科学法预测和未来等。

2.认为科技法作为从整体上研究科学自身及其运动规律的综合性学科——科学学的一个分支,是对科学技术活动进行法律调节的一门学科,其研究对象主要是科学立法理论、科学法与社会发展、科学法规、科学法制、科学史、科技法比较、科技法预测等。

3.认为科技法学是研究科学技术法的法律科学。科技法学的研究对象主要包括科技法的定义和基本概念、科技法的渊源、科技法的属性、科技法与其他法律规范的关系、科技法与科技政策的关系、科技法学方法论和科技法的国际比较等。

4.认为科技法学的研究对象主要是:(1)科技活动中人与人之间的关系;(2)对科研成果如何保护和应用;(3)对科技潜在的有害后果如何防止。[①]

[①]《关于科技法若干理论问题综述》,中国科技大学人文学部技术论课题科研组编:《技术论研究动态》第3期。

（二）对上述四种观点的简析

不难看出，上述四种看法主要有两个共同的弊病：一是将科技法学这一部门法学与科学学混淆起来了；二是将科技法学的研究对象与研究范围混淆起来了。这是错误的，我们在上文中已经指出其错误所在。撇开这些不说，上述看法还存在以下问题：

1. 把科学技术活动作为科技法学的研究对象。

诚然，科技法学在研究法对科技活动的调整时，必定要考察科技活动与人类的其他活动如阶级斗争、生产斗争的区别，要分析科技活动的内容、形式、方法、手段、机制、规律、要求等等。但是，这一切是为了研究法对科技活动的调整，而不是研究科技活动本身。研究科技活动本身的任务，由科学学、技术学、科技发展史学等学科来解决。

正因为如此，把"科技活动""科学史"等作为科技法学的研究对象，无疑是十分不妥的。

2. 把科技立法的任务、科技法的作用当作科技法学的研究对象。

当然，科技立法的任务、科技法的作用，也属科技法学的研究范围。但是，这仅仅是科技法学研究内容的一部分，而不是全部。更重要的是，严格地说，科技法学并不直接研究诸如"科技活动中人与人之间的关系"等问题。

关于"科技活动中人与人之间的关系"，历史唯物主义、领导科学、社会学、行为学、管理科学、科学学等学科也加以研究。科技法学在参与对"科技活动中人与人之间的关系"进行研究时，其出发点与归宿只有一个，即科技法对科技活动中人与人之间的关系的调整。这同对"科技活动中人与人之间的关系"的研究，是互有联系又截然不同的。

关于"对科研成果如何保护和应用""对科技潜在的有害后果如何防止"的研究，也是众多学科的研究对象，如科学学、技术学、经济学、灾害学和法学都对此进行研究。在法学中，研究上述问题时，宪法学、刑法学、民法学、诉讼法学、经济法学和科技法学的研究任务、研究侧面以及研究方法，都是不尽一致的。科技法学从科技法对科技研究成果的保护、科技潜在危害的防止的调节等角度进行研究。

总之，着眼点是科技法，而不是与科技法有一般关系的其他事物。

二、科技法学的研究对象

科技法学的研究对象是科技法这一特定的社会现象及其发展规律。这一观点无悖于科学研究对象的科学区分原则。其实，这个问题用系统论来解释，是更容易了解的。

每一事物，都可看成为一个系统。每一系统，又各有其众多个子系统。大系统以特殊矛盾相区分，大系统的子系统亦各有其特殊矛盾从而也相互有别。大系统可以成为科学的研究对象，子系统也可成为科学的研究对象。因此，科学技术法这一特定的社会现象成了科技法学的研究对象，而科技法的这一或那一特殊矛盾，如科技行政矛盾、科技民事矛盾、科技国际关系矛盾等构成的科技行政法、科技民事法、科技国际法等等，就成了科技行政法学、科技民事法学、科技国际法学的研究对象。

以上所述，还没有涉及笔者为科技法学研究对象所作论断的后半部分，即科技法学的研究对象是科技法这一特定现象"及其发展规律"。

众所周知，事物与运动是不可分的，没有不运动的事物，也没有无事物的运动。任何现象都有其来龙去脉、因果变化、运动轨迹。同时，运动必有其规律。从系统论看，事物的系统带有许多特性，动态性即是其特性之一；动态系统同时又是有序的。辩证法与系统论在事物、现象的发展变化问题上，是完全耦合的。

因此，当我们研究科技法这一特定的社会现象时，就必须研究它的运动和它的运动规律。总之，科技法学的研究对象是科学技术法这一特定的社会现象及其发展规律。

当我们把握了科技法学的研究对象之后，就可以进而论述科技法学的研究范围了。

第三章　科技法学的研究范围

科技法学研究范围的确定，取决于两个因素：一为科技法学研究对象的本身，即科技法及其发展规律；一为这一对象与其他事物的主要联系。关于前一因素，用不着多加说明，即可了然；关于后一因素，这里略事解释。

一切事物无不与其他事物相互联系。正是在与其他事物的联系中，结成新的关系，产生新的矛盾，从而显现出与事物本身的内部矛盾所决定的本质属性不同的其他属性来。事物属性的多样性，就是从该事物与其他事物联系的多样性而来的。科技法学研究对象即科技法及其发展规律，同样处于与其他事物的广泛联系之中，如与国家、经济、政策，与一定的空间、时间，与社会的人（立法者、司法者、执法者以及研究法律者等），科技法都与之结成各种不同的关系。这些关系与科技法本身一起，构成了科技法学研究范围的广阔性和丰富性。推而广之，一切部门法学的研究范围，也是如此，即该部门法学研究对象本身加上该对象与有关事物的联系所显示的该对象的状况、属性。这一点，在"纯"法理学中，应予揭示并做出详尽的阐述与论证。

根据上述认识，科技法学的研究范围，大致可以确定为以下两大方面共15类。

一、属于科技法本身的研究范围

（一）科学技术法的定义和基本概念

这是科技法学研究中最基本的问题。正是在这个问题上，许多作者似乎故意地回避了。其实，这是回避不了，也不应回避的问题。其他同志虽然述及科技法的定义，但至今仍未取得一致的认识。为此，有必要找出分歧所在，并找出分歧的症结与原因，加以解决。

(二)科学技术法的内容和形式,科学技术法的体系

科技法的内容,取决于它所调整的社会关系和调整这些社会关系的方式。前者构成了科技法的部门法。如调整科技行政关系而构成了科技行政法;调整科技民事关系而构成了科技民事法;调整科技国际关系而构成了科技国际法;等等。这些部门法属于科技实体法的范畴。后者则构成为科技法的程序法。

科技法的形式由科技法的内容所决定,同时受各国的法律文化传统、历史和现实的其他因素所影响。

高科技作为新兴的科学技术,其发展具有风险性、模糊性与不可预测性的特点,对某些高科技做全面的立法往往十分困难。在这种情况下,有关科技法的内容就比较简单、原则。相应地,某些高科技领域的法律形式就较难达到完整齐备而周密。正在发展中的科技社会关系,虽然已可见其大体,因而可以为之做比较完整的立法,但尚有其不可完全预见的方面,因此立法就应留有余地。这在有关立法的内容与形式上,都会有所反映。例如,原子能事业的发展,已经大体为人类所掌握,各国也就有了原子能基本法;但是,人类对原子能事业的掌握程度以及对与此相关的应予调整的社会关系的掌握程度,又是有局限的。所以原子能法的内容就是留有余地的,形式上也得到了反映:美国的《原子能法》由十九章一百二十五条组成,第一章到第十九章依次排列,每章不到十条,第一章从第一条开始,第二章从第十一条开始,其余依此类推;立法技术与法律形式上的这种处理,是美国《原子能法》的一大特色,也是形式适合内容的一种表现。这样处理的目的,在于有利于新增条目,便于新增条目列在有关章节的空条之内。

法律文化传统对法律形式影响的最重要表现是,大陆法系以成文法制、海洋法系以判例法制为各自的特点。这在科技法形式上的影响不如民法、商法、刑法那么大,但也略略可见。例如,美国高等法院的生物技术(DNA分子重组实验标准方面)案件的判决,就曾成为美国的法例,表现了判例法传统对美国科技法形式的一种影响。在法国,政府的决定具有极大的权威,这样,政府命令作为某些科技法的形式的特点,就表现得颇为鲜明。

(三)科学技术法的本质属性和特征

科学技术法的本质属性与一般法的本质属性有共同点,也有不同点,应当对此做出探讨。这里首先要指出的是,关于法的本质属性的讨论,旷日持久,迄无定论。更可骇怪的是,这一方面的讨论总是受社会形势、政治斗争状况的变化而改变风向。从学术研究的立场与应有态度看,这是十分不正常、十分可悲,也十分可鄙的。关于科技法本质属性的研究,应当力避这一悲剧。同时,可以乐观地预言,对于科技法本质属性的探讨,将有助于解决法的本质属性探讨中的那种"剪不断,理还乱"的问题。至于具体的看法,我们留待有关章节做具体的阐述。

关于科技法的特征，一方面，是由科技法的本质属性决定的；另一方面，又是由科技法的其他属性决定的。如前所说，科技法的其他属性，是科技法与其他事物发生关系时显现出来的。这些属性是非本质的，但它们反映了科技法的这一或那一方面的性质、功能、特点或影响，从而成为与其他事物相区别的科技法的这样那样的特征。掌握这些特征，是深入了解科技法的必需，也是科技立法、司法和执法的必需。

（四）科学技术法的指导原则和基本原则

每一种具体的科技法，都有其具体的指导原则和具体的基本原则。科技法学应当研究这些具体的指导原则和具体的基本原则，从中抽象出共同的指导原则与基本原则来，作为尔后其他科技法立法时的指导原则与基本原则。

（五）科技部门法及其相互关系

相对于法律来说，科技法是部门法。但相对于科技法来说，原子能法、高技术法、海洋法、空间法、计算机法等等，又是科技法的部门法。

为了制定科技立法规划，有关部门对科技立法的范围和需求做了广泛的调查研究。根据调查，有关部门认为，科学技术部门法主要有以下八大类：

1. 科学技术行政法规；
2. 科学技术计划法规；
3. 科学技术民事法规；
4. 科学技术劳动法规；
5. 科学技术条件法规；
6. 科学技术财政法规；
7. 科学技术振兴法规；
8. 科学技术涉外法规。

还有的同志认为应将科学技术人才法规、科学技术消极后果防止和治理法规、技术标准管理法规等列入。

这些分类未必完全，也未必妥当，因为法律的分类，应该依据法所调整的社会关系进行划分。但这不影响我们在这里指出，科技法有其部门法，这些部门法之间有一定的关系，这些关系应成为科技法学的研究对象。

（六）科学技术法的国际比较

发达国家、发展中国家都在积极开展科技立法。作科技法的国际比较研究，有助于揭示科技法在本质、地位、作用、体系、结构等方面的特点，也有助于我国在科技立法中借鉴别国的经验。

发达国家的科学技术发展起步较早、水平较高，其科技立法取得的经验较多，其教训也表现得十分鲜明，便于了解。发展中国家在近十年中也有发展得十分迅速的，其科技立法不但积极，而且借鉴了发达国家的成功经验，更可供我国科技立法做参考。

我想特别指出的是对日本的科技法进行研究的必要性。日本是一个重视法治的国家，其科技法之齐全、完整、周密、详备为世所称道，这是我国应特别重视日本科技法研究的理由之一。其二，日本在战后因受美军占领，在科技立法上深受海洋法系的美国法制的影响；20余年来，日本在成为资本主义世界第二经济大国之后，又十分重视借鉴大陆法系的联邦德国等的科技立法经验。这样，日本的科技法蕴涵着海洋法系与大陆法系的精华，非常值得我国学习。其三，日本与我国"同文同种"，有相同的法律文化传统，相同的民族心理、民族习惯，更便于我国学习与借鉴其有关法律财产。

也就是说，科技法的国际比较，应成为科技法学的重要研究范围；而其重点，则是对日本的科技法做研究。

科技法的国际比较，是科技法学研究中的横向比较。其纵向比较，体现在对科技法的渊源和科技法制史的研究上。

（七）科学技术法的渊源

关于法的渊源，有众多的不同观点。其主要者有：

1. "指示某种可以制定法律的力量。"

据苏联法学家杰尼索夫所著《国家与法律的理论》一书介绍，持这一观点的有戈隆斯基与斯特罗戈维奇。他们在《国家与法律的理论》中认为，法律的渊源有"普通的定义"及"法律的意义"；按"法律的意义""法律渊源是指国家政权给予行为规范以强制力量之一种方式而言"。杰尼索夫将戈隆斯基与斯特罗戈维奇的这一观点概括为："苏联法学界用法律的渊源一词以指示某种可以制定法律的力量。"[1]

这一观点，我们可以名之为法律力量渊源论。

2. "形式上的法律渊源是表现法律规范的各种形式。"

这也是苏联法学家的观点。据此，苏联法学家认为："属于这类的计有各种法律、国家政权机关与国家管理机关根据法律所颁布的法令、司法机关的条例、法律习惯以及含有法规的各种条约（国际条约或其他条约）。由此看来，法律是苏联法律最主要的渊源。其他一切法令无论其形式如何，其力量悉由法律中引申出来。"[2]

苏联法学家的上述观点，有两点值得指出：其一，关于"法律是苏联最主要的渊源"的论述，在逻辑上违反了同一律关于使用概念必须保持同一的要求，因为在这一论断中的

---

[1] ［苏］杰尼索夫：《国家与法律的理论》下册，中华书局1951年版，第415页。
[2] 同上书，第415—416页。

两个"法律",实际上包含不同的含义。第一个"法律"指的是国家立法机关(在苏联是最高苏维埃)制定的法律;而第二个"法律"却是指"国家政权机关与国家管理机关根据法律所颁布的法令、司法机关的条例"等等。其二,当澄清了上述看法后,"法律是……法律……的渊源"的内在意思,仍然是"法律力量渊源论"的另一种说法。这可从杰尼索夫解释上述观点后所做的进一步论述看出。杰尼索夫说:"苏联法学家认为形式上的法律渊源之基本特征,是法则的强制性,是国家为施行这些法则而发动的强制力量……"

如果我们撇开上述两点置而不论,以"表现法律规范的各种形式"作为"形式上的法律渊源"的典型表述,倒是可以成立的一家之言。而这,可以名之为法律形式渊源论。

3. "阶级社会的物质生活条件是形成法律的渊源。"

这是杰尼索夫本人的观点。他在引述斯大林关于社会精神生活所形成的渊源在于社会底物质生活条件的论断后,做出了上述判断。他说:"我们认为阶级社会的物质生活条件是形成法律的渊源。法律随着它们的变动而变动。故阶级社会史中的各个阶段有与之互相适应的各种法律。"① 杰尼索夫的这一观点,也许可以代表苏联法学界的普遍观点,因为苏联科学院国家与法研究所编的《马克思列宁主义关于国家与法权理论教程》也持相同的看法。该书写道:"个别法权规范的产生是受一定的社会生活现象所制约着的。这些现象总和起来成为法权规范产生的原因,就构成了所谓法权的渊源。"② 不过,该书的另一处又写道:"为了使某种规则获得法权规范的定义,就必须有一种表现统治阶级意志的特殊的专有形式。这种专有的形式就叫做法权渊源。"③ 这又回到了法律形式渊源论上去了。"权威性"的法学教材,在论证最基本的问题上,竟如此地违反逻辑要求,实在显得苏联法学界在四五十年代的水平并不怎么高。而我国法学界在相当长时期内却奉苏联学者的言论为圭臬,的确没有必要。置此不论,关于"阶级社会的物质生活条件是形成法律的渊源"的观点,也还不失为对法律渊源的一种看法,可以名之为法律形成渊源论。

此外还有"实质渊源""历史渊源""法定渊源""内容渊源""成立渊源""发生原因渊源"等等说法,或者缺乏足够的论证力,或者可以与上述三种观点融合,这里从略了。

我们认为,法的渊源的上述三种观点是有代表性的,也是可以成立的。但具体到科技法的渊源时,由于科技法与其他法同出于"某种可以制定法律的力量",因而可将"法律力量渊源论"搁置不论;由于科技法、其他法以至于整个精神文化现象都是由社会物质生活条件决定的,因而又可将"法律形成渊源论"搁置不论。这样,我们在下文具体论到科技法的渊源时,就只采用"法律形式渊源论"了。在探讨科技法学研究范围时,明确这一

---

① 《国家与法律的理论》下册,中华书局1951年版,第416页。
② 苏联科学院法学研究所科学研究院集体编著:《马克思列宁主义关于国家与法权理论教程》,中国人民大学出版社1955年版,第438页。
③ 苏联科学院法学研究所科学研究院集体编著:《马克思列宁主义关于国家与法权理论教程》,中国人民大学出版社1955年版,第440页。

点，是十分必要的。

（八）科技法制史，包括科学技术法的发展规律和发展趋势、发展前景的研究

科学技术法比其他许多部门法产生得晚，只是从近代开始才得到长足的发展，但并不能说古代就没有科学技术法。正如任何事物都有其产生、成形、成熟、发展、衰亡的过程一样，科技法也有自己的历史，而且这一历史还可追溯到古远的年代。当然，像美国这样的历史只有200余年的国家，其科技法制史也不可能超出200余年。但是即便如此，美国的科技法仍然有其发展史。美籍华人萧忠轸先生就曾应我国国家科委的邀请，来华做过长达16个小时的关于美国科技法制史的讲学活动。

科学技术法的历史发展，还是按一定的规律进行的。研究科技法发展规律，对于科技法制建设有重要的意义，因而理所当然地成了科技法学的研究范围。

以上都属于科技法本身的研究范围之一。

二、属于科技法与其他事物的关系方面

（一）科学技术法与科技、经济、社会发展的关系，科技法的地位和作用

科技法对科技、经济、社会的发展，如同其他法与社会的关系一样，或起促进作用，或起促退作用。但是，科技法的作用除上述共同性外，还有其特殊性，这是由科技法的本质属性决定的。科技法对科技、经济、社会发展作用的特殊性，一言以蔽之，可以概括为"总体上的促进作用"。因此，其地位将会变得越来越高，越来越受社会重视。

（二）科学技术法与科学技术规范的关系

科学技术法作为法律规范，与并未上升为法律的科技规范，不能相提并论，但二者的联系是相当密切的。这种密切关系，呈现出科技规范不断地转化为科技法规的单向性演变的特点，任何科技法规都不会反向地演变为一般的科技规范。而在法与社会规范之间，却常发生双向性的演变，例如某些道德规范会演化为法律规范，而另一些法律规范又会演化为道德规范。科技法学应将科技法与科技规范之间的这种关系具体地揭示出来，以便为科技立法提供启示。

（三）科学技术法与其他法律规范的关系

科技法与宪法、行政法、刑法、民法、经济法、诉讼法以至婚姻法等等，都有相当密切的关系。揭示科技法与其他法律规范的辩证的具体关系，不仅有助于了解科技法、了解其他法律规范的发展变化，而且有助于把握和丰富法哲学的一般原理。

(四)科学技术法与科学技术政策的关系

科技法与科技政策的双向演变的辩证关系,以科技法保证科技政策的执行,以科技政策促进科技法的实施,是科技法学一般的研究范围之一。在我国,把这一点列为科技法学的研究范围,具有特殊的意义。因为长期以来,同其他领域一样(甚至有过之而无不及),忽视了科技法对科技社会关系的法律调节,仅仅以科技政策来调整;即使是关系到我国科技体制改革的头等大事,也是以党的科技体制改革"决定"为先导,而不是以科技立法为先导。研究我国科技法与科技政策的特殊关系,揭示不重视科技法的作用的历史根源、文化根源、认识根源以及制度根源,无疑应当成为科技法学重要的研究范围。

(五)科技立法理论,包括科技立法预测、科技立法程序、科技立法技术的研究

我国的科技立法起步不久,有关的经验当然比较缺乏,但正因如此,更应对此进行研究。由于已经有国外科技立法的大量经验,这一研究还是有条件开展的。

科技立法与其他立法有共同性,也有各自的特殊性。揭示其共同性,尤其是揭示其特殊性,将丰富科技法学的内容。一般地说,法理学应当研究立法问题,甚至应当建立一门立法学作为法理学的一个分支。这一点,在部门法立法方面可以先走一步。在此基础上,建立一般的立法学,就会成为水到渠成的事了。因此,科技法学研究之始,就应当把这一问题提出来,将科技立法作为科技法学的研究范围之一。

科技立法包括科技立法的预测、程序、技术等主要方面,而且还包括立法机构、立法人员、立法条件、立法网络等等问题,都应有所研究,有所阐述。

(六)科技司法的理论和实践

有法不依,等于无法。这在科技司法方面也完全一样。但科技司法的重要性比之于其他法律的实施和严格执行,有更大的现实意义。

同时,科技司法鉴于科技法及科技法所调整的社会关系的特殊性,也有其特殊的方面值得研究。至于科技司法实践,由于与科技政策的执行有着千丝万缕的关系,在我国更有十分丰富的内容,应当成为科技法学研究的重要范围之一。

(七)科技法学方法论

法学方法论本应成为法学理论的重要内容,但奇怪的是,我国的法学理论专著和教科书,都不论述法学研究的方法论问题,这是十分遗憾的。

科技法学对科技法学方法论的研究,也许会有巨大的困难,但必须着手进行是无须怀疑的,即使通过研究指出一些梗概,也是值得肯定的。

以上十五个方面的科技法学研究，本书都将涉及；但其先后次序，将因体例关系而分插到各章各节中去，而不按上述十五个方面的次序排列；同时，囿于笔者的学力和资料的多寡不同，各个方面的详略程度，将有悬殊差别。我们厚望科技法学专家和对此关心的法学工作者以此为引玉粗砖，更上一层楼，为科技法学的完整体系的构筑，做出更大的贡献。

第四章 科技法学的研究方法

科技法学研究的方法，遵循一般法学和其他社会科学的共同的研究方法，并带有本学科的特点，主要有以下几个方面。

一、唯物主义方法

唯物主义是马克思主义哲学的基石，同样也是马克思主义法学包括科技法学的基石。马克思主义法学的诞生和发展，完成了法学史上的一场真正的革命，正确地解答了人们千百年来对法律现象提出的许多根本问题。人类思维的这一奇葩，是在唯物主义的肥沃土壤上开放的。用唯物主义观点研究社会政治现象，研究法律制度，是马克思和恩格斯在法学领域开创出一个科学阶段的出发点。马克思主义产生以前，万千进步法学家殚精竭虑，探索毕生，却始终未能到达真理的彼岸，根本原因之一，就是没有找到或不懂得运用唯物主义的方法，或者是未能把唯物主义方法在法学研究中贯彻到底。许多法学家的世界观是唯心主义的，以此研究法律制度，必然陷入迷宫，甚至难以自圆其说。

唯物主义的精髓和活的灵魂是实事求是，是对具体问题做具体分析。任何从教条出发、不加分析地"贴标签"的做法，都是与唯物主义背道而驰的。建立在唯物主义基础上的马克思主义法学，只有继续按照唯物主义的要求深入剖析现代社会法律制度，才能不断发展、永葆青春。科学的目的，在于提供关于客观事物的真实情况并揭示其本质和发展规律。因此，科技法学的研究，从唯物主义这一基本原则出发，应不拘泥于传统法学的既成结论。前面设定的关于法、法的阶级性本质、法的体系等概念或原则、原理，将结合科学技术法的实际，予以重新探讨。

按照唯物主义方法的要求，科技法学的研究必须做到以下几点：

第一，详尽地占有科技立法、科技司法、科技执法的实践资料和科技法规资料，做出唯物主义的分析。为此，必须注重科技立法、科技司法和科技执法实践的调查，必须广泛搜集外国的和中国的科技法规资料。

可惜的是，我国科技立法、司法和执法的实践资料，从未有专门机构和专门人员进行搜集、整理和发表；而外国科技法资料又很少被介绍到中国来。这就为我们研究科技法学带来了困难。本书的许多论述可能浅尝辄止，可能纰漏横生，与此不无关系。我们期待有朝一日有专人做有关资料的收集、整理、出版工作，使更多的科技法学工作者更方便、更全面地掌握这些资料，为科技法学的科学性做出应有的贡献。而现在，我们只能在资料比较欠缺的情况下，做不完整的论述。

第二，理论联系实际。

这是唯物主义根本要求之一。科技法学的理论，必须联系中国科技法制建设的实际，为中国科技法制建设服务。因此，在科技法学研究的每一个方面，我们都将具体地联系中国科技法制的实际，提出我们的意见和建议来，尽管这些意见可能是片面的、错误的，甚至荒谬的。片面的使之全面化，错误的予以纠正，荒谬的反其道而行，真理也就应运而生了。

对于理论联系实际，过去常常作机械的形而上学的理解，似乎一般理论与中国实际一一对应的罗列编排就是"联系""大功"的"告成"，至于揭示一般的理论而不述及中国的这样那样的具体情况，介绍外国的经验而不对中国的有关问题提出看法，就不是"联系"。这是值得商榷的。我们认为，一般理论的介绍，外国经验的借取，其本身也可体现出"联系"的精神来。例如，对于一般理论的真理性肯定，对于外国经验的赞同，这"肯定"与"赞同"如果是合乎真理、切合中国实际、可以为我所用的，就应视为是"理论联系实际"的结果；与此相反，对根本不符合中国国情，甚至连外国国情都不能相符的"理论""经验"做肯定，那才是真正的理论脱离实际了。

第三，不断地修正过时的理论，坚持发展真理。

马克思主义的哲学唯物主义认为，对真理的认识，是无穷无尽的。在认识的历史长河里，人类只能由相对真理的阶梯逐步地逼近绝对真理，而又永远不可能宣称已经穷尽了绝对真理。科技法学的真理性是相对的，它将随着科技法的发展而丰富，随着人们对科技法的认识的提高而"推陈出新""弃旧扬新"。因此，在科技法学的研究中，我们的一切判断都应根据实践的发展而随时检查、修正、完善。

二、辩证的方法

马克思主义哲学唯物主义的革命性和战斗性，在于它以辩证法作为科学的合理的"内核"。运用辩证的方法研究科技法学，驾驭对立统一的观点，把握科技法制发展过程中由量变到质变的规律，运用否定之否定和事物发展的螺旋式上升的规律，来研究科技法制内部、科技法制与其他规律及社会、经济、政治、文化、科技等等的交互影响，是科技法学研究的全过程中必须坚持的。

形而上学的"历史方法",往往只是罗列现象,把这些现象割裂开来,无视其内在的有机联系,做片面的、孤立的、静止的考察。辩证法与此相反,将从相互联系、不断发展的角度,动态地研究科技法制与其他法规、其他事物的关系,从而使科技法学符合科技法制的本来面目。

在运用辩证法的方法研究科技法学的过程中,必须努力做到:

第一,坚持辩证法的核心,即对立统一的规律。

事物的辩证运动,就是事物对立面的矛盾发展。毛泽东同志在《矛盾论》中揭示的矛盾普遍性和特殊性、斗争性和同一性、主要矛盾和次要矛盾、矛盾的主要方面和次要方面等等原理,作为"放之四海而皆准的普遍真理",仍然应该坚持。《矛盾论》并不是完美无缺的,把《矛盾论》奉为绝对真理,本身就违背了毛泽东在《矛盾论》和《实践论》中阐明的关于真理的精辟论述。但是,《矛盾论》对马克思主义的唯物辩证法的发展功绩,却是不可抹杀的。在科技法学的研究中,务必坚持毛泽东同志在《矛盾论》中所揭示的事物运动的对立统一的法则。我们在上一节里阐述了科技法学研究范围的两个方面,其第二个方面全属于科技法与其他事物的关系,离开对立统一法制,是不可能科学地对第二方面的七个研究范围做出正确结论的。对第一方面的八个研究范围也是如此。例如,离开对立统一的发展规律,我们不可能正确阐明科技法的本质属性及它与科技部门法的相互关系等等。

第二,正确对待外国的或"权威"的关于科技法学的既成结论。

外国的或"权威"的既成结论,可能是正确的,也可能是错误的。辩证法要求我们正确对待,既不盲目排斥,也不迷信盲从。不这样对待,我们连科技法学研究的第一步也迈不开,因为苏联、日本法学界尽管写了不少有关科技法学的文章,但其主流派仍然不承认有科技法学,甚至不承认科技法可以独立成为一个法律部门。在我国,一些长期从事科技法学的理论工作者,至今仍然对科技法学与科技法制持半信半疑的态度。如果我们缺乏辩证法这一"革命的代数学"(赫胥黎)的勇气,还能前进半步吗?当然,对于正确的既成结论,我们也应抱诚挚的态度,接受它、学习它、消化它、吸取它、发展它。总之,对内、对外,都实行鲁迅先生在以其辩证法为战斗武器时倡导的"拿来主义"。既不做"昏蛋""孱头""废物"而拒绝一切遗产,也不"全盘西化"而"食洋不化"或"厚古薄今"而"食古不化"。

三、演绎法与归纳法并举

演绎法只能解决把马克思主义法学基本原理和中国法制建设的具体实践结合起来的一半任务。另一半任务是从中国法制建设的具体实践中总结出新鲜的经验,以丰富马克思主义法学的宝库。这是一项更为重要的任务。这一任务的解决,得更多地依靠归纳法,完全归纳推理、简单枚举归纳推理、科学归纳推理（求同法、求异法、同异相求结合法、共变法、剩余法）等，都有"英雄用武之地"。当然，在认识事物的思维进程中，归纳推理与科学分析是紧密联系的；没有演绎推理，就不可能实现认识的归纳过程。但归纳法毕竟是与演绎法的思维过程方向完全相反的逻辑方法。单纯用演绎法，不可能建立完整的科学的法学，尤其难以建立一门新兴的科技法学。恩格斯曾经指出："归纳和演绎，正如分析和综合一样，是必然相互联系着的。不应当牺牲一个而把另一个捧到天上去，应当把每一个都用到该用的地方，而要做到这一点，就只有注意它们的相互联系、它们的相互补充。"① 鲁迅在《科学史教篇》②中也曾指出，内籀和外籀（即归纳法和演绎法）"二术并用，真理始昭"。我们在科技法学研究中，一定要很好地把演绎法与归纳法结合起来，"二术并用"，以求科技法学的"真理""昭"然于世。为此，要注意做到：

第一，演绎推理的前提必须正确。

这也是一切推理的逻辑要求，但对演绎推理更加重要。这是因为传统法学的一些既成结论，有不少并不正确而又长期地被奉为不可怀疑、不可触动的教条。以此作为演绎推理的前提，自然不能推出符合客观真理的结论来，就如同投入蒿草的磨盘磨不出麦粉来一样。例如，关于法的唯一属性就是它的阶级性的论断，关于法没有社会性的结论，关于法与国家一起产生的结论，关于法将消亡的结论，关于剥削制社会的法阻碍社会进步、损害劳动人民利益的结论，等等，如果套用来推论科学技术法，就有可能得不出合乎客观实际的判断来。

第二，在归纳、总结我国科技法制具体实践经验的同时，必须十分重视归纳、总结其他国家科技法制建设具体实践的经验。应当承认，我国科学技术和发达国家相比，还有相当大的差距；同样，在科技法制建设方面的差距，也是相当大的。闭目塞听、夜郎自大、故步自封、盲目排外，是十分错误的。

第三，把演绎法和归纳法有机地结合起来。

纯用"二术"之一，或者割裂使用，都不能达到开拓科技法学的目的，只有"二术并用"有机结合，才能"举一反三""一石二鸟"地取得丰硕的成果。例如，一国科技法的归纳结论，可以用来演绎推论其他国家的科技法，几个国家的科技法经验又可归纳得出更为一般的具有指导意义的普遍结论来。如果我们随时注意这样去做，无疑可以使我们的研究成果大大地丰富起来。

---

① 《马克思恩格斯选集》第3卷，第548页。
② 《鲁迅全集》第1卷。

四、定性分析法与定量分析法结合

客观世界不存在没有质的事物,也不存在没有量的事物,任何事物都是质和量的有机统一体。社会法律现象、法律的研究对象,同样存在着质和量两个方面,是质和量的对立统一体。

以往对法的研究,基本上是对其质作定性的分析,运用逻辑推理的方法,演绎、归纳或类比推论而得出结论。这种定性的分析是必要的,否则我们的认识便只能停留在感性的直观上,不能实现理性的飞跃。但是定性分析有它的弱点。它的概括性往往与模糊性并存,它的抽象性往往脱离具体性。同时,定性分析是很难直接利用如电子计算机等现代科学研究手段的。

马克思曾认为,一种科学只有在成功地运用了数学之后,才算达到了完善的地步。[①]数学是从量的角度描述客观事物、揭示客观规律的强有力的工具。科学方法论告诉我们,可以用数学量代表各种作用量,用数学量之间的关系来刻画作用量之间的关系;用数学量及其关系组成的方程来描述客观世界的各种关系、各种规律;不仅可以描述客观对象的静态结构,而且可以描述它的动态过程;不仅可以描述它的渐变,而且可以描述它的突变;不仅可以描述简单关系,而且可以描述复杂系统。用数学方法来描述和刻画事物及其规律,具有符号形式化、数量精确化和概括公式化的特点与优点,从而使电子计算机的应用成为可能。因此,科技法学的研究,应当朝定性分析与定量分析并举的方向积极发展。但这本身有赖于统计事业的高度发达,否则,定量分析云云便失去了基础。现在我们在这一方面的条件还十分欠缺。但是,作为一种努力的方向,是值得引起重视的;作为一种研究的方法,更应当提出来加以探讨。

五、努力运用系统论、信息论和控制论等现代科学方法

科学研究中的传统哲学方法,其思维途径和方式是从元素到系统、由局部到整体、由分析到综合、从下到上。正如奥地利生物学家、系统论的创始人贝塔朗菲所指出的那样:"活的东西的基本特征是它的组织,对各部分和各过程进行研究的传统方法不能完整地描述活的现象。这种研究没有告诉我们各部分和各过程的协调关系。"[②] 系统论的思维途径和方式与传统哲学方法相反,它遵循的是从整体到局部、从系统到元素、从总到分、从上到下的途径,形成了系统、结构、功能、关系、模型等一系列范畴;强调整体观点、联系和制约的观点、有序观点、动态观点和最佳观点。运用系统论于法学研究,可以使法学研究

---

① [法] 拉法格等:《回忆马克思恩格斯》,马集译,人民出版社1959年版,第72—73页。
② 《普通系统论的历史和现状》,《科学学译文集》科学出版社1980年版,第309页。

更好地体现唯物辩证法的原则，形成新的概念、新的理论、新的体系。这对科技法学研究无疑是十分重要的。

信息论是研究各种信息传输与变换系统的共同规律的科学，是研究复杂系统的必不可少的方法。其作用和意义主要是：用信息观点来考察控制系统的行为功能结构；从信息的获取、转换、传输和储存过程来研究控制系统的运动规律；利用信息加工的现代化技术，来实现认识和改造世界过程中的信息化和自动化。

控制论是以控制系统为研究对象的科学，研究控制系统中的控制问题。控制系统的一个重要特征，就是在控制作用的影响下，这种系统能改变自己的运动和进入多种状态。研究控制系统就涉及系统的运动、状态、行为和功能。控制论方法首先表现为对这些范畴的理解、分析和使用的方式方法。这是对系统进行有效控制的必须。科技法学研究的目的之一，在于揭示对经济、科技发展实行法律控制的科学方法。因此，控制论与信息论、系统论一起，都成了科技法学研究的重要方法。

在科技法学研究中运用系统论、信息论、控制论的方法，是一个全新的问题。娴熟运用这些方法，将是一个不断揣摩、不断学习、不断修正和逐步提高的过程。必须反对浅尝辄止，更要反对"食洋不化""囫囵吞枣"地搬弄术语、堆砌概念。那样只会有损于科技法学研究，而不能使之前进半步。

六、比较研究的方法

比较不仅是医治受骗的良方，而且是科学研究的重要方法。在科技法学研究的过程中大量占有材料，细心鉴别对比，可以从中发现异同之点。其相同之点，往往是普遍经验。例如，某一同样的科技法规定，在发达的社会主义国家、发达的资本主义国家和发展中的国家里，如果都取得了相同的良效，毫无疑问，它可以为我所用并取得同样的良效。这样的科技法具体规定，尽可照搬照抄，绝无置之高阁而另起炉灶的必要。其相异之点，可以从实践效果比较得出孰优孰劣，从而选优汰劣、择善而从。

可以用来进行比较的，大约有以下几个方面：

1. 科技法学观点

尽管世上还没有系统的科技法学专著，但长文短论和就某一方面详加论列的专著却已不少，其中不乏议论纷纭的新见创说、浅见腐说和歧见异说。应当广泛收集、掌握这些观点，进行比较研究，从中得到启迪，拓展思路，汲取智慧。

2. 不同国家的不同科技立法

几乎每一个科技领域，都可找到不同国家的各种有关立法。这些立法或同或异、或大同小异、或小同大异。对此做精心的分析、比较，自可从中悟出长短千秋来。

3. 本国或别国科技立法的纵向比较

科技立法是不断发展的,从时序上做纵向比较,可以发现有关立法的不断修正、不断改进,可以从中发现科技法的发展轨迹与变化规律。

上述种种科技法学的研究方法,我们是作为科技法学研究的一个部分提出的。当然应当贯彻到本书的撰写与研究中去。但是,当这样提出时,我们还只能作为一种努力的方向,作为一种自我鞭策,实际的实行,还不可能尽如人意。这是今后要做长期努力的。科技法学作为一门新兴的学科,这引玉之砖还是相当浅显、粗糙、鄙陋的。但我们绝不妄自菲薄。"千里之行,始于足下",既然迈出了沉重的第一步,就只有义无反顾地勇往直前了。我们相信,"天生我材必有用",驾轻就熟会有时!

第五章　科技法学研究的意义

科技法学研究的意义，可以从理论意义和实践意义两方面看。

一、科技法学研究的理论意义

首先，科技法学的研究是法学理论的创新。诚如国家科委政策局编的我国第一本科技法学研究论文选的书名[①]那样，"科技立法"是一个"新的开拓领域"。编者在"编者的话"中指出，加强科技立法、对科技立法进行深入的研究，"对法律科学来说，又是一个新兴的有待开拓的广阔领域"。

说科技法学研究是对法学理论的创新，主要见诸以下几点：

第一，其研究对象与研究范围，是此前的法学研究素未问津或过问甚少的。

例如，关于科技法的概念、科技法的发展规律、科技法的属性、渊源、体系等，至今尚未见任何一本法学专著或教科书对此有所阐述与论证。至于科技法制史、科技法的国际比较等，虽然已有的法律学科如法律史学、国际法学都有涉及，但在法律史学中找不到科技法史的踪影，国际法学对科技法的国际比较也缄口不言。因此，科技法学对上述问题和其他科技法问题的研究，无疑是为法学理论的研究拓展了范围，增加了新鲜的"血液"。

第二，其研究深度与学理层次，也是此前的法学研究所未曾涉足的。

尽管经济法教科书中也偶尔论及科学技术活动的法律调整，但都把有关的科技活动中产生的社会关系与其他活动中发生的社会关系相提并论、等量齐观，因而在调整方法上，也并无不同的地方。对此，科技法学将有所更新，而把科学技术活动中发生的社会关系作为与一般经济活动发生的关系大相径庭的新的社会关系来看待。当然，对这种社会关系的法律调节方法，也应与一般经济关系的法律调节方法有所不同。应当承认，在对科技活动中的社会关系的法律调节的研究上，科技法学比经济法学前进到更深的层次上去了。

---

① 国家科委科技政策局编：《科技立法——新的开拓领域》，光明日报出版社1986年版。

这一方面，在关于专利权等"工业产权"和环境保护法的研究上，科技法学比经济法学也有明显的创新。对专利法、环境保护法论述的基点，将建立在对科技社会关系进行法律调整的理论基础上。

第三，科技法学的研究，将为传统法学理论的某些方面注入新的因素，引起观念的更新。

近几年来，法学理论的更新已谈得甚多，引起了颇多的议论和法学界的重视。但是，所有的议论大体属于启发性、诱导性和宣传鼓动性的，属于实质性的亦即具体地更新法学理论观点或原则的，却几乎一无所见。这就仿佛有兵临城下、摇旗呐喊、排开了决一死战的阵势，却旷日持久地不见开战、不见冲锋、不见登城的攻坚战一样。笔者也是更新法学理论的呐喊者之一，苦思日久，不知从何做起。现在看来，结合具体学科作合理探讨，可能不失为一个良策。

在关于科技法学定义的论述中，我们曾指出，科技法学是部门法学的一个分支。以前，对部门法学的研究，始终局限于应用法学的狭小圈子里。例如，关于婚姻法学的研究，大多只就婚姻法的条文规定做一些发挥；关于刑法学的研究，只是就刑法的条文规定做具体解说。从婚姻法、刑法的研究中具体阐明若干法学基本理论，却少有所见。也就是说，充其量也只是婚姻法理论与刑法理论本身的论证，而没有提到法学基本理论的高度，做更深层的阐明。这样，就把"应用法学"仅仅看作"应用性"的，与法学理论割裂开来了。这恐怕是应用法学前进不远、提高不快的原因，也就难免有理论癖好的人轻视应用法学了。反过来也一样，从事法学基础理论研究的人，往往连许多应用法学的基本知识都不具备，也无兴趣。他们偏好从事"纯法理"研究。其结果是，干巴巴的千篇一律的"法理"令人望而生厌以至望而生畏。法学理论应是活活泼泼的、内容丰富、色彩缤纷的，动态地不断发展、不断更新的。"理论是灰色的，生活之树常青"，这诚然不错。但这儿的"灰色"的"理论"，是指脱离"常青之树"的"生活"的"理论"。与"生活"之"常青树"休戚相关、呼吸与共、声气相通的理论，也会如同"源头活水"那样，汩汩滔滔、永远流动、奔腾不已、阔步向前的。总之，理论法学应当从应用法学中觅取丰富的营养，恭亲勤谨地聆听以具体为特色的应用法学的声音，从而"升华"为新的法学理论。

有鉴于此，科技法学如同其他部门法学一样，既是对应用法学的贡献（因为它毕竟是更多地探讨科技法对社会的作用问题），又是对理论法学的贡献。当然，这不过是一个原则，一种愿望，一条要求；科技法学是否能达到这条要求，贯彻这一原则，实现这里表达的愿望，还有待科技法学者的共同努力。笔者在本书中，当努力于实现这种目的与要求。正因如此，正如读者所看到的，本书在论述科技法学的定义、研究对象、研究范围、研究方法、研究意义等的上述篇幅中，与其他现行部门法学的专著与教科书的写法与内容很不相同，已经频繁地涉及法学理论问题了。因此，如果有读者不仅将本书作为科技法学著作看待，而且作为法学理论著作看待，并且从这样的角度提出批评，笔者将不但十分高兴，而且将引为荣幸。

那么，科技法学研究，可能在哪些方面为传统法学理论注入新的因素、引起观念的更新呢？计其大者，有以下数端：

其一，拓展法律调整人们的社会关系的范围，将科技社会关系的概念引入法学理论基本概念的范畴，使法律调整的领域从人际的物质关系、经济关系、政治关系扩大到人际的精神生活关系。

其二，将法律调整人们的社会关系的作用，扩大到调整人与自然的关系的范围。

其三，在法学理论中明确地导入法律调整国际关系（具体地，在科技法方面是调整科技国际关系）的功能，并由此对法律的本质属性做出新论断。其要点是：

（1）人类创造的法，一开始就是利用来为人类服务的；

（2）在无阶级的社会里，法无阶级性；

（3）法的阶级性是法的社会性本质在阶级社会里的异化；

（4）科技法与刑法等属于法的系统的不同层次，即使在阶级社会里，其本质属性即社会性也不易异化为阶级性；

（5）资本主义国家的科技法的本质是其社会性，是决定资本主义国家长盛未衰的十分重要的手段；等等。

其四，把科技立法理论引进到法学理论的领域中来。

其五，把科技司法理论引进到法学理论的领域中来。

其六，将法学方法论的研究引进到法学理论的领域中来。

其七，更新关于法的发展规律的基本理论。此前关于法的发展规律的理论，把法的发展规律与法在社会发展类型中的表现等同起来，实际上不过描述了法的发展轨迹，表述了法的发展的表现，而没有揭示这一表象的内在规律，没有揭示法的发展轨迹背后更深一层的内在的有机联系。由科技法的发展规律抽象出来的法的一般发展规律，将与此不同，其要点是：

（1）科技法，同一般法的发展一样，是对立统一规律的具体表现；

（2）法包括科技法的发展，遵循否定之否定的螺旋式上升的发展的规律；

（3）科技法及一般法的发展都是波浪式的前进运动；

（4）科技法，同一般法的发展一样，都经由量变而达到质变；

（5）科技法以及一般法的发展，总体上是不可逆的过程，呈线性的单向发展的状态；

（6）科技法，同一般法的发展一样，充满着非决定论与随机性，它们与决定论的规定起着互补作用，二者在法的发展中各自发挥着不可相互替代的功能；

（7）法包括科技法的发展，在一国之内，在国际之间，都遵从由无序向有序发展的规律；等等。

二、科技法学研究的实践意义

第一,科技法学的研究,将大大推动科技法制建设循着科学的正确的方向发展。

科技法制建设的第一件大事,就是加紧科技立法。科技立法的机构、范围、程序、进程、规划以及指导思想、立法原则,都将因科技法学的研究而更为明确、更加合理。这对负有立法责任的全国人民代表大会和地方各级人民代表大会,以及负有颁布行政法规、规章责任的国务院和各部、委、办与地方政府的有关部门,将起法理上的指导作用,从而提醒立法范围不明、程序不法、进程缓慢、规划混乱、指导思想与立法原则含糊的弊病。科技法学可以说是科技立法的软科学研究,它为科技立法服务的作用,已经并且将不断地得到证明。

科技司法是科技立法奏效的必要环节。科技法学对科技司法的研究,将指明科技司法机构设置的合理性、程序的科学性、处分的正确性的原则和方法。目前,我国的科技司法几无"机构"可言,当然也就不会有什么程序的科学性和处分的正确性可论。有许多科技纠纷,本该由法院处理的,交由单位"公了"甚至由当事人"私了"了,其实是"不了了之",又往往是"了而未了",小事变大,矛盾激化。又有许多科技案件,虽然交由法院审理,结果却错判严重,大大挫伤了科技人员的积极性,对当事人造成了严重的身心伤害。现在,科技人员渴盼科技法以捍卫自身的权益,更盼正确的科技司法以贯彻科技法、执行党的科技政策。因此,加紧科技法学研究,是科技人员的切身利益所在,是全国人民通过科技进步、经济繁荣达到生活幸福的利益所在。

科技执法是科技司法贯彻到底的必要。科技法学对科技执法的研究,将在科技执法者与科技守法者两个方面提出科学、合理的要求,探讨自觉守法、认真执法的科学机制,为法制建设发挥法学理论对实践的指导作用。

科技法制建设是一项规模宏伟的系统工程。在这一伟大工程的建设中,科技法学将发挥其越来越大、越来越明显的作用;同时,也正是在这一伟大工程的建设中,科技法学将不断发现新的研究课题,对自己提出新的研究任务,通过总结科技法制建设的实践经验,不断地丰富、发展、完善、提高。

第二,科技法学的研究,将间接地对科技的进步、经济的繁荣、社会的发展、生活质量的真正提高而发挥理论的威力。当然,这一切都是通过科技法制建设而产生的。关于这一点,我们在下文述及科技法的地位与作用时,将详细论述。

第三,科技法学的研究,将直接地对其他部门法与科技法的协调发展起指导作用;同时也对其他部门法的贯彻执行起促进作用。所有的部门法构成了法律规范体系的有机网络。这一网络的任何一个关节点、任何一个组成部分,都是不可或缺的,并且应与其他部分互相补充、相辅相成、相互促进、相得益彰。对此,科技法学负有阐明其相互关系的责任。

第四，科技法学的研究，将为丰富法学教学的内容、解决有关法学教材的欠缺问题提供帮助。全国现在还没有一所科技法学院，也没有一所法律院校设有科技法学专业，甚至也开不出科技法学课来。有的院校开科技法学讲座，是一种大胆而有益的积极尝试，但尚无系统的教材，只有零星的知识传授，如讲一点专利法、技术合同法等。如果加紧科技法学研究，写出成批的有关专著来，我们就不但可以设专业、建系科、开课程，甚至也可以办科技法律院校，成批成批地、成百上千地培养科技法学和科技立法、司法、执法人才了。

科技法学方兴未艾，其发展前途是无可估量的。每一个科技工作者、法律工作者都不妨下点功夫，做点研究。

科技法学是一门新兴学科，不但国内法学界，而且国外法学家，对此都不甚了然。我们可以和国内外的前辈法学家站在同一条起跑线上平等竞争，捷足者先登。我们应当满怀信心，也应当刻苦努力，奋发向前。

科技社会关系的法律调整篇

"十月怀胎，一朝分娩。"科学技术的发展，提出了以法律调整科技社会关系的要求，于是产生了科技法。"举一纲，万目张。"掌握科技社会关系的法律调整问题，是探讨科技法一系列问题的关键。

那么，何谓科学技术？法与科技的关系如何？科技法的定义、本质、特征又如何？

第六章 科学、技术和科学技术

一、关于科学

科学一词，源于拉丁文"scientia"。英文"science"、德文"wissenschaft"、法文"scientia"都是由拉丁文衍生的，其本义为"学问""知识"。我国早在《礼记·大学》中就出现了关于科学的概念，所用语词是"格物""致知"，即所谓"致知在格物，格物而后知之"。这两个语词后来合并成"格物致知"一个语词，比较准确地反映了"科学"这一概念所应包含的全面内容，即科学活动与科学知识。1893年康有为译介日本有关著作时，首先使用了"科学"一词。1896年前后，严复译介《天演论》和《原富》时，也用了"科学"一词对译"science"。此后，"科学"就成了代替"格物致知"的新概念了。但不少人反而望文生义地把"科学"仅仅理解为"知识"，忘记了"格物"即"科学活动"这一层含义。

关于"科学"，至今尚未有一个公认的统一定义。各国学者有不同解释，各国的辞典或百科全书采用了不同的定义，归纳起来大致有这样几种：（1）科学是准确的判断；（2）科学就是事实和规律在人们头脑中的反映；（3）科学是具有内在联系的知识体系；（4）科学是人类认识自然与社会从而征服自然、改造社会的方法和工具；（5）科学是一种具有社会文化功能、社会革命功能的社会现象；（6）科学是关于现实本质联系的客观真知的动态体系，这些客观真知是由于特殊的社会活动而获得和发展起来的，并且由于其应用而转化为社会的直接实践力量；等等。科学学的奠基人之一贝尔纳在对科学的定义做过一番研究之后，认为难以为科学下完满的定义，因而主张不下定义。他概述了科学的五个侧面：（1）体制，即完成科学任务的社会组织；（2）方法，即发现事实和规律的一切方法的总和；（3）累积而成的知识体系；（4）是构成生产发展的重要因素；（5）是构成新思想和世界观产生的源泉。

根据上述认识，可以认为：科学包含关于客观事物的知识和觅取这些知识的实践活动两方面的内容，是"处于不断完善和发展中的能够反映客观事实与规律的知识体系的创造过程"。①

在同法联系起来对科学进行思考时，必须掌握以下两点：

第一，科学作为知识，可以加以应用而"转化为社会的直接实践力量"，因而具有类似于物质资料那样的价值。这种价值是可以计量的，尽管不可能"锱铢必较"地计算得那么精确。由于具有价值，又可以大体计量，因而可以进入流通领域，成为商品。

第二，科学作为实践活动和获取知识的创造过程，在其创造活动中必然产生人和人之间的权利义务关系，还会产生人和自然之间的关系。

这些，都使得科学与法必然地直接或间接联系起来，产生以法律调节科学活动的要求。

二、关于技术

和科学相比，技术的历史要长得多。人类制造第一把石刀，就是技术的萌芽。从人类早期起，技术与宇宙、自然和社会环境一起，构成了生活的四个环境因素，并且在很大的程度上改变着几千年的社会面貌。1615年，美国出现了"technology"一词，按希腊文的原意，指完美而实用的技艺。我国早在汉代就使用技术这一概念了，指的是技艺方术。如《史记·货殖列传》云："医方诸食技术之人，焦神极能，为重糈也。"《汉书·艺文志》"方技"曰："汉兴有仓公，今其技术晻昧。"这些语词并未揭示技术的确切含义。

而实际上，关于技术的定义，与科学一样，哲学家、经济学家、科学家、工程技术专家等所给出的也十分多样，总计可达数百种之多。据《技术学导论》②一书认为，对技术所下的大量定义，概括起来有如下一些代表性的提法：（1）方法技能说。认为技术是"人在技术、艺术等任何事情中采用的手段、技能"③；或者说，"技术是指人们使用工具完成某项科研和生产任务的操作方法和技能"④。也就是说，技术是技巧、技能或操作方法的总称，是人们在劳动生产经验的基础上获得的主观能力，属于精神因素。（2）劳动手段说。如认为"技术是劳动手段的总和"⑤，是"人类活动手段的总和"⑥，是"所有劳动手段和工艺的总和——人手的创造物"⑦。（3）科学知识应用说。如认为"技术是客观的自然规

---

① 杨沛霆、陈昌曙等：《科学技术论》，浙江教育出版社1985年版，第12页。
② 邓树增主编：《技术学导论》，上海科学技术文献出版社1987年版。
③《自然信息》，1984年第3期，第77页。
④《科学技术辩证法》，1984年第2期，第65页。
⑤ [日] 星野芳郎：《现代技术史学的方法》，日本图书株式会社1956年版，第343页。
⑥ A.A.帕尔曼赫柯等，《科学与哲学研究资料》，1980年第5辑，第161页。
⑦ 科学管理研究编辑部编：《技术进步与经济效益》，1983年。

律在生产实践中有意识地运用"[1]，是"根据生产实践经验和科学原理而发展成各种工艺操作方法与技能"[2]。这些提法，反映了技术的不同侧面，但还未能完全揭示技术这一概念的内涵。

我们认为，技术是人类变革自然的经验、方法和运用这些经验、方法变革自然的活动。

在同法联系起来对技术进行考察时，必须掌握以下两点：

第一，技术作为人类变革自然的经验、方法，由于可以利用来创造物质财富，因而也具有可以不精确地计量的价值，可以进入流通领域，成为可以买卖的商品。

第二，技术作为运用既成经验与方法从事变革自然的活动，必然产生活动过程中人与人之间的权利义务关系以及人与自然之间的特定关系。

这些，同样会使技术与法必然地联系起来，产生以法律调节技术活动的要求。

三、关于科学技术

前面我们分别考察了科学和技术的定义及有关问题。但在人类的实践中，科学和技术在绝大多数场合是紧密联系在一起的。"几千年来，科学和技术形成了各自的传统，但从19世纪开始，它们发展到一新的密切联系的阶段。"[3]例如，在19世纪中叶，土壤化学、植物学、遗传学和生理学，都努力尝试用来改造农业。在工程师和科学家的共同努力下，农业有了创新。工程师设计出了用于农作物的各种农业机器；科学家则对农作物进行了品种改良，使之更适于机器耕作。在各自的活动中，工程师与科学家又各个同时运用科学知识与技术经验、技术方法从事活动。这种兼长科学与技术的活动，毫无疑问，可以并称为科学技术活动；由此概括出来的"科学技术"概念，当然也是成立的。随着科学、技术和生产的发展，科学和技术之间的紧密联系，导致出现了"科学技术化"和"技术科学化"。前者反映科学对技术依赖的状况和需要；后者反映了现代技术在更大的程度上取决于科学的发展和应用的水平。19世纪中叶以来的一系列重大发明，无论是电力技术、无线电技术、计算机技术，还是原子能技术、航天技术、激光技术，都是在科学与技术交互为用、互相促进下取得突破性发展的。所以，在新技术革命突飞猛进、席卷全球的当代，越来越频繁地出现了合称"科学技术"的概念。我们在对科学技术活动做法律调节的研究时，首先也是将二者的"合并"即"科学技术"所产生的社会需要来考察的。但科学与技术二者毕竟还是有所区别的。因此，当我们谈论科技法时，同时也顾及二者的区别。这

---

[1] 《科学技术结构研究资料》，1981年第2辑。
[2] 辞海编辑委员会编：《辞海》（缩印本），上海辞书出版社1980年版，第669页。
[3] 《简明不列颠百科全书》，中国大百科全书出版社1985年版，第233页。

样，我们在为科技法下定义以及研究有关科技法的一系列问题时，涉及的是三个领域：科学技术法、科学法、技术法。而为了方便起见，我们以"科学技术法"这一概念代称之，并简称其为"科技法"。

在对科学、技术和科学技术做上述大略的了解以后，我们可以进而研究法和科学技术的关系了。

第七章 法和科学技术的关系

法和科学技术同为社会这个大系统的两个子系统。这两个子系统之发生作用，包括二者相互之间发生一定的关系，都有两个共同的前提。

第一个前提是，都在社会这个大系统内发生作用、产生关系。因此，社会发展水平、社会制度等因素都对它们有所制约、有所影响。

第二个前提是，都得通过人的活动来实现。离开人的活动，法与科技不会自行起作用；离开人的活动，法与科技之间也不可能发生什么关系。

在这两个前提下，法和科学技术的关系如何呢？

一、科技发展对法的影响

科技发展对法的影响，主要表现在三个方面。

（一）科学技术的发展推进了人们的法律意识的变化

法律意识是人们对于法（特别是现行法）和法律现象的观点和态度的总称。它表现为探索法律现象的各种法律学说，对现行法律的评价和解释，人们的法律动机（法律要求），对自己的权利、义务的认识，对法、法律制度的了解、掌握和运用的程度，以及对行为是否合法的评价等。

科学技术的发展，荡涤着神学、唯心论的污泥浊水，使神权法学和各种唯心主义法学学派及其对人们的法律意识的影响日益削弱。现在，除伊斯兰教法控制的国家和地区外，神权法学已经完全退出了历史舞台；各种唯心论的法学派别，都遭到了用科学思想武装起来的人们的有力抨击，因而不再可能发生重大的社会影响了。

科学技术的发展，使人们对现行法律的评价和解释发生许多重要的变化。例如，无论在刑法还是在民法中，人的死亡都是法律关注的焦点之一，因为权利义务的调整离开人便无所依附。而生理学、医学的发展，使人们对人的死亡提出了新的定义，从而对死亡的法律鉴定和认定以及随之而来的法律责任、民事权利、法律制裁等都发生了前所未有的变化。

科学技术的发展也对人们的法律要求提出了新的刺激。科学技术是一柄"双刃剑",不但可以促进经济繁荣,而且也能导致环境破坏、生态失衡,造成巨大的灾难。因此,人们不仅要求立法以促进科技的发展,而且要求立法以预防科技的消极后果。

科技的发展,还使人们对自己的权利义务观发生重大的变化。在科技水平低下的时代里,人们对义务本位法律观心安理得。但在今天,随着人类驾驭自然的能力的大大提高,人们的主体意识大大增强了,权利本位法律观上升到矛盾的主要方面。近年来多次召开的法学理论研讨会,都传出了强调权利本位的信息。多数学者认为,法的真谛在于对权利的认可和保护;不应当把法理解为对人的手脚作束缚的绳索;强调权利本位,就是强调人的主动精神和创造活力。而这一切,都与科技进步对人的精神世界的潜移默化影响分不开。

《法学基础理论(新编本)》一书还指出,科学技术的发展,改变了人们的时空观念,从而影响到人们的法律意识的改变。该书认为:通讯、交通技术和设备的进步以及信息交换的加快,使人们关于法律时效和时限的观念大大增强了;由于各国空间距离相对缩短,不同社会的法律之间的互相影响进一步加强,一国在立法时不能不考虑国际法和其他国家法律的规定,以求得法律适用上的方便有效。①

(二)科学技术的发展,大大丰富了法的内容

第一,导致在原有的法律形式中增加新的内容。

例如,科学技术的发展,提出了智力产权的保护要求,于是引起了一些国家在宪法中增添专利权保护的条款。宪法是早已有之的根本大法,较早制定宪法的国家里,其宪法中并无专利权保护的规定。但1787年的美国宪法,却在其第一条第八款中规定:"国家有下列各权:……(8)保障著作家及发明家对其作品及发明物限定于期间内的专有权,以奖励科学及实用技艺的进步。"

早在1859年,太平天国的杰出政治家洪仁玕,在其奉呈天王洪秀全的《资政新篇》中,就提出了专利权问题,主张立法以保障知识产权,促进工艺发明。如果不是太平天国濒于衰败,完全有可能在其立法中增加有关条款。而这,当然是当时科学技术发展水平所提出的要求,而不仅仅是西方法律的影响所致。

又如,制定于1874年的《瑞士联邦宪法》,在以后的修正案中,加进了原子能立法和工业发明保护立法的条款。其第二十四条规定:"……(五)关于原子能的立法由联邦负责。""联邦得制定关于防护离子放射线引起的危害的条例。"显而易见,没有原子能科

---

① 北京大学法律系法学理论教研室编:《法学基础理论(新编本)》,北京大学出版社1984年版,第97页。

学技术的发展，绝不会有这样的宪法修正。

在原有的法律形式中，由于科技的发展而增加新的内容，最突出的例子，就是修改著作权法、版权法，增加关于保护计算机软件条款的例子。例如，计算机软件技术的发展，使得美国参议院从60年代开始到1975年先后收到了八个版权法修正案，众议院则收到了四个。据此，美国于1974年成立了"利用新技术作品委员会"，对有关计算机软件的法律保护问题展开调查。该委员会于1978年7月向美国总统提交了一份包括七项建议的报告书。这些有关计算机软件法律保护的建议，在1980年美国修改《版权法》时，大多被吸收进去了。该法在世界上第一次明文规定："计算机程序属于本法保护对象。"尔后，英国、联邦德国、加拿大、印度、匈牙利、菲律宾、日本等国，也先后以直接或间接的方式修改版权法、著作权法，使之包含保护计算机软件的内容。

第二，导致以促进科技发展为主旨的新的法律类型的大量增加。

最先出现的，当推专利法。在日本，专利法叫作"特许法"，归入"无体财产权法"一类。所谓"无体财产"，当然是同"有体（有形）财产"相对称，是科技发展提出了新型法律需求以后的一次重大法律概念的革命性变化。随之而来的电力法、原子能法、生物技术法、电子法、海洋技术法、空间技术法、信息技术法等等，无疑都是科技大发展所带来的新的法律类型。

第三，导致以防止科技发展消极后果为主旨的新的法律类型的大量增加。其中有环境保护法、公害防止法等基本法，也有水污染法、海洋倾废法、噪声控制法、空气污染法等部门法。

此外，还导致科技行政法、科技财政法、科技劳动法、科技人事法、科技协作法、科技引进法、科技出口法及科技国际法等新型法律的大量增加。

（三）科学技术的发展，将使得法律调整手段发生变化，为之提供更为科学、更加严谨、更加有效的司法与执法措施

第一，对犯罪预防能力的提高发生影响。例如，新型的犯罪预防器械的制造，对犯罪预防能力的提高无疑将发生积极的作用。

第二，为司法鉴定提供新的手段。例如，科学技术的发展为血液的亲子鉴定、血型鉴别等提供了全新的办法。

第三，微电子技术、计算机技术等的发展，为司法、执法的自动化提供了新的手段。例如，运用电子计算机系统判案的方案正在设计之中，而这种方案的实施，是完全可能的，是必然会实现的。

除以上三方面外，科学技术的发展还导致立法体制发生变化。前述《法学基础理论》一书指出："当立法涉及科学技术方面的专门问题时，国家立法机构的一般成员往往感到无能为力，不能不把这类立法工作委托给专门机构或人员，这样就在某些国家促成了'委

任立法'的新体制。"

以上是科技发展对法的影响。那么，法对科技发展又会发生怎样的作用呢？

二、法对科技发展的作用

法对科技发展的作用，可以从两个方面看。

（一）法对科技发展的消极作用

这里所说的"法对科技发展的消极作用"，不是指法在防止科技发展消极后果中的作用。法在防止科技发展消极后果中的作用，如防止公害的发生，防止环境因科技发展而被污染，从实质上看，是对科技朝有利于人类的方向做积极地调整，是起到积极作用而不是消极作用。我们所说的"法对科技发展的消极作用"，是指法律限制、阻碍了科学技术的发展。

中国古代法律中把能工巧匠列为人类之低等者，禁止他们与"上等"门第的人通婚，禁止他们自由活动、自由创造，阻碍了中国古代科学技术的发展。

欧洲中世纪的神权法、教会法对科学家和有技术专长者的残酷迫害，当然也阻碍了科学技术的发展。

法对科技发展的消极作用，大致有以下几种情况：

第一，逆时代潮流而动、违背经济与科技发展规律的立法，严重阻碍科技的发展。封建社会初期、资本主义社会初期，奴隶主阶级、封建地主阶级的王朝复辟的短暂时期里颁布的一些反动立法，无疑会起阻碍科技发展的作用。如果在社会主义国家中有不恰当地发展商品经济的立法，完全否定科技成果的商品性，也同样会阻碍科技的发展。

第二，打击、迫害知识分子，甚至对知识分子未予应有尊重的立法，也会阻碍科技的发展。我国元代将人分为十等，"九儒十丐"，知识分子的法定地位仅在乞丐之上，严重地打击了知识分子，挫伤了他们发展科学技术的积极性。从隋代开始实行科举考试制度之前，长期的法定"世卿世禄"制度；科举考试制度行之既久，"八股"取士为法律所严密保护时，都会打击、挫伤有真才实学的知识阶层的积极性，从而阻碍科技的发展。

第三，当客观情况发展变化时，未及时修改法律，也会阻碍科技的发展。例如，当新技术革命浪潮扑面而来，要求将科技的发展放在经济发展的中心环节、关键地位，作为头等重要的任务来抓时，许多国家并未及时修改本国的宪法和法律，这必将不利于科技的发展以及迎接新技术革命的挑战。

第四，当有关法律过分地、不切实际地去"防止"并不会发生的科技消极后果时，也会阻碍科技的发展。例如，当DNA（基因）分子重组技术被发明时，几乎所有发达国家的有关立法（DNA分子重组实验准则）都采取了过分谨慎的态度，在恐怖心理的支配下，层层设防、严格限制DNA分子重组的实验，一度阻碍了生物技术的发展。

（二）法对科技发展的积极作用

法对科技发展的积极作用，主要见诸如下两个方面：

第一，保证科技的发展具有良好的社会环境。这里，"良好的社会环境"包括良好的社会秩序，尊重人才、尊重知识的社会风气，蒸蒸日上的经济发展提供比较充裕的科技研究财政支持等。强有力的法律措施，对维护社会秩序有重要的作用，切实具体的立法，可以在培养和确立尊重人才、尊重知识的社会风气方面给予促进；法对经济繁荣的作用更不待言。这些，都会为科技进步创造良好的环境。正因如此，当法保护新型的生产关系、促进社会发展时，同样也促进了科学技术的同步发展。法对科技发展的这种积极作用，是间接地体现出来的。

第二，直接调节科技发展中的各种权利义务关系、人与自然的关系，从而促进科技的进步。这类积极作用，后面将大量涉及并详加分析，这里从略了。

以上我们考察了法与科技的关系。这种关系一般来说，是双向的互动，可以形成良性的互补、良性的循环，但也可能形成恶性的互相促退。开头我们曾提及，法与科技的关系有两个前提，即社会与人。因此，要在社会制度与人的主观能动性两个方面为法与科技的良性互补、良性循环的发展创造条件。在这一方面，法学家，尤其是科技法学家，既是责无旁贷的，又是大有英雄用武之地的。为了探索法与科技实现良性互补、良性循环的关系，就必须研究法律对科技进步调整的机制，这就需要引入科技社会关系的概念。

第八章 科技社会关系的法律调整

一、科技社会关系的定义

法律的作用在于调整社会关系。

人们的社会关系，由于其内容的不同，有政治社会关系、经济社会关系、军事社会关系、家庭社会关系等等之分。其中，有些社会关系是有所交叉的，如家庭社会关系中包含着经济社会关系的成分，军事社会关系与政治社会关系有互相重叠的部分。从国与国之间来看，还有国际社会关系。正是根据社会关系的不同类型，产生了法律调节措施的区分，从而形成了不同种类的法律。宪法和行政法主要是对政治社会关系实行调节；经济社会关系主要由民法与经济法调节；军事社会关系主要由军法调节；家庭社会关系主要由民法、婚姻法、家庭法来调节；国际社会关系则由国际法来调节。

在诸多社会关系中，随着科学技术的发展，独立形成了科技社会关系。

所谓科技社会关系，是指由于科学技术活动而发生、为着科学技术的发展而形成的社会关系。

首先，它是一种社会关系，而不是自然关系。自然关系是无目的、无意识、无计划地发生的，带有很大的盲目性与偶然性；其必然性的发展规律完全体现在盲目性与偶然性之中。社会关系则不同，它是通过人的活动而形成的。由于人是有意识、能思维的动物，因此，人的活动也是有目的、有意识、有计划的。这样，社会关系就具有目的性、意识性和计划性。其次，这一定义表明，科技社会关系是由于科技活动而发生的，没有科技活动就不会有科技社会关系；停止了科技活动，科技社会关系也将宣告终止。不过，这里的"科技活动"是广义的。狭义的科技活动，仅指觅取知识、发现事物发展规律的科学研究，寻求新方法、新手段的技术开发活动；广义的科技活动，则包括为科技进步进行组织、管理，对科技成果做应用、推广，以及科技的进口与出口等国际交流活动。由于科技社会关系是由科技活动而发生的，所以在人类历史上，只有当出现科技活动时，才产生科技社会关系；只有当科技活动变成全国性的频繁活动时，这种科技社会关系才会显得日益重要；

只有当现代科学技术大发展以至形成了新技术革命浪潮时,科技社会关系才会现出比政治、经济、军事等社会关系更强的重要性来。再次,这一定义还表明,科技社会关系的形成机制,在于促进科学技术发展的吸引力。从人际关系来说,正是为着科技的发展,结成了科技人际关系;从国际关系来说,也是为着科技的发展,结成了科技国际关系;此外,还结成了国家对个人、集体对个人、国家对集体等等的科技社会关系。科技社会关系是所有这些在科技活动中形成的社会关系的总和。

那么,科技社会关系和其他社会关系的区别何在呢?它有什么特点呢?

二、科技社会关系的主要特点

(一)以科学技术活动为中介

政治社会关系以政治活动为中介,经济社会关系以经济活动为中介,军事社会关系以军事活动为中介,家庭社会关系以家庭生活为中介,而科技社会关系则以科技活动为中介。

科技社会关系的中介——科技活动,具有与其他活动不同的特点,主要如下:

1. 创造性与继承性的统一

不断求新的创造性,是科技活动的最重要特点。重复进行的科技活动,一般都意味着失败;而在一般的体力劳动中,重复进行却意味着财富在量上的增加。求新、开拓,向未知领域进军,不断地取得新知识、新方法、新手段,成了科技活动的主导因素。

但科技活动的创造性是建立在继承性的基础上的。没有继承就没有创造。从零开始,意味着倒退。只有站在科学巨人的肩上,才能在更高处摘取科技的桂冠。马克思主义认为,科学劳动部分地以今人的协作为条件,部分地又以对前人的利用为条件。正是"对前人的利用"亦即对遗产的继承,可以使我们不必一切从头开始即前进得更加迅速。

科学技术活动正是在继承与创新的统一中进行的。

2. 个体性与协同性的统一

科技活动的个体性特别鲜明。由于科技活动是以人的思维为基础的,思维发生在大脑的深处,暂时还无人知晓,无法显示,难以检查与监督。"图籍纵横忽有得,神思起伏渺无端"[①],带有某种神秘的色彩。因此,个体积极性的高低、自觉性的强弱、创造力的大小,对科技活动能否取得成效、成效是大是小,有严重的影响。

在科技发展的最初时期里,古代科学家以单独研究为主要的活动方式,依靠个人的聪明才智发现新事物、新规律,发明新方法、新器械、新手段。在科技发展的现阶段,当

---

① 马君武:《京华早春》。

科技水平得到极大的提高,科技活动的规模极为巨大,科技活动变得极为复杂时,仍然脱离不了科技专家的个体性活动的基础。因为任何规模的科技工程,都必须分解成细小的组成部分而由个别的人去一一完成。所以,无论古今,抑或中外,科技活动的个体性都是最重要的特点之一。这样,尊重个体的科技活动,就必然成为处理好科技社会关系的一个关键。所谓"尊重知识",必须体现为尊重知识分子;而尊重知识分子,又必须在尊重知识分子整体的同时,落实到尊重一个个具体的知识分子个体上去。这是从科技活动的个体性得出的必然结论。

但随着科技的发展,科技活动的协同性变得越来越重要。个人的智慧、才能、精力、体力毕竟是有限的,认识世界与改造世界的任务又是无限的。没有科技专家的协同劳动,个人只能完成非常有限的科技研究任务。诸如美国的"星球大战计划"、欧洲国家的"尤里卡计划",都是极为庞大的科技工程,需要无数科技精英全力以赴、精诚合作。因此,社会越往前发展,科技水平提得越高,随着人类给自己提出的认识世界、改造世界的任务越宏伟,科技活动的协同性要求,就越强烈。

当正确理解、妥善处理科技活动中的个体性与协同性的关系时,二者可以相辅相成、互相促进。因此,科技活动中个体性与协同性的统一,就成了科学研究和技术开发组织管理工作的重要任务。

3. 自主性与社会性的统一

这是从科技活动的个体性与协同性派生出来的特点。

个体性的科技劳动,要求赋予科技活动主体以充分的自主性,允许其自主发挥、自由想象、自由创造,不受任何外来的干扰。

但科技活动又因客观的要求而与社会息息相关。科学研究、技术开发课题的提出,越是符合社会的要求,就越能得到社会的承认。科技活动的时间、空间、资金、设备,也要由社会提供。连科技人才本身,也是由社会教育造就的。至于科技组织、规划、管理、检查,科技成果的检测、试验、应用与推广,科技经验的国际交流,科技的进口与出口等,更无一能够脱离社会。因此,科技活动的社会性,也是显然的特点。而且,随着社会的进步与科技的发展,科技活动的社会性也将变得越来越强烈。这样,在尊重科技活动的自主性的同时,又必须兼顾它的社会性,使自主性与社会性完善地结合起来。

(二)以科技劳动者、科技劳动组织与科技劳动管理机构为主体

政治社会关系、经济社会关系、军事社会关系及家庭社会关系各有自己特定的主体,虽然会有所交叉,但仍可明确区分。科技社会关系也一样,虽然科技劳动者置身家庭之中也会成为家庭社会关系的主体,科技劳动组织进入经济生活领域也带有经济社会关系的某些特征,科技劳动管理机构也会与政治社会关系、军事社会关系发生瓜葛;但是,科技劳动者、科技劳动组织、科技劳动管理机构属于科技社会关系的主体,具有科技社会关系的

特点，是无须怀疑的。

科技劳动者所从事的科技活动已如上述。它同科技劳动组织一起或各自所取得的科技成果，是思维的创造性产物，是一种与物质财富本质不同、迥然相异的"无体财产"；它的物化，即所谓"智力密集型产品"，价值要远远高出一般的物质财富。计算机软件开发的某些成果，就是价值连城的珍宝，但它往往只体现在几平方厘米、甚至几平方毫米的掩膜作品上。在美国，开发一件计算机软件产品，平均要花5年左右的时间并投入50万美元的资金，而其产品价值往往高达上千万美元以至数以亿计。

科技劳动组织、科技劳动管理组织的结构、功能、职能、权利、活动方式，也大多与其他组织不同。这些问题，我们在下文中将做详尽的分析。

（三）以科技创造权利为本位的社会关系

社会关系的内容，主要是权利义务关系。在义务本位的社会关系中，社会关系的某一方（通常是多数者的一方、劳动者的一方）只承担义务而不享有权利，或者只享有很少一点权利。奴隶社会中，广大的奴隶甚至一般的平民都只尽义务而无任何权利。封建社会中的农民挣脱了奴隶的人身依附地位，获得了一定程度的解放，也就是比奴隶多了一些人身的权利，但基本上还是对地主及地主阶级的国家尽义务。资本主义社会里，工人争得了人身自由权，其他方面的权利也比农民多得多。随着资本主义的发展，工人的权利也有所增加，现在正向权利义务对等的方向发展。这是资本主义制度仍有生命力的重要原因。社会主义制度下，劳动人民得到了翻身，成了国家的主人，实行真正的平等制度和民主制度，其社会关系的内容，是权利义务的完全对等。但在社会主义社会中，往往会出现权力资本主义的复辟，使权力成为资本，公仆变做主人，从而使历史倒退到社会封建主义时代即披着社会主义外衣的封建主义时代去。在这种情况下，全民所有的财产以模糊的国家所有形式变成了权力资本家的私有财产；全民所有制的主人即全体人民重新沦为权力资本家的奴隶；表面的平等、虚假的民主把社会打扮得花团锦簇，而实际上大多数人仍然处在只承担义务而享有极可怜的一点权利的状况之中。社会运动的或进或退都表明，以义务本位为内容的社会关系，是低层次的社会关系；社会的前进运动是向权利本位为内容的社会关系发展的。因此，向权利本位发展的社会关系，代表社会的前进方向，代表进步，是高层次的社会关系。

科技社会关系由于科技活动的特殊性，必须是以科技创造权利为本位的社会关系，因为如果剥夺了科技创造的自由权利，科技创造本身也会被一并埋葬。所以，任何以人为的力量强行剥夺科技创造的自由权利的结果，只能是扼杀科学创造、技术发明。由于懂得这个道理，即使在奴隶社会里，总体上十分愚蠢的奴隶主阶级，也会聪明地赋予科学家以自由创造的权利。实际上，古代社会的许多科学家、技师、工匠、艺人，都出身于奴隶而为奴隶主所特宠，获得了科技创造的自由权，从而为科技进步做出贡献。这一点，中世纪的某些封建主远比奴隶主落后、愚昧，他们强行剥夺科学家和技术专家的自由创造权利，把诸如布鲁诺、哥白尼等天才人物投入火刑场、送上断头台，其结果是同时焚毁了科学、绞杀了技术，严重地阻碍了社会的进步。深深地接受了教训的资产阶级，反封建主义之道而行之，重新赋予科技创造以自由权利，并以法律做保证。美国、法国、意大利、日本等国，都在本国的宪法中写上了"保障学术自由"的庄严条款。意大利宪法甚至在其第59条中做这样具体的规定："共和国总统可指定在社会活动、科学、文学和艺术方面以高度成就为国增光之公民五人为终身参议员。"这样以政治上的特殊荣誉作为保障科技创造的自由权的标志，是意大利的创造，也表明了人类社会充分认识到科技社会关系应以权利为本位，坚决保证科技创造的自由权。

当然，当科技劳动者、科技劳动组织及科技劳动管理组织享受科技创造权利的同时，也得承担这样那样的义务。但这种义务与一般的权利义务关系中的义务不同。科技活动中的义务，不但不限制社会关系对方的科技创造权利，而且是直接为着增进科技创造权利的义务。因此，科技社会关系所具有的权利本位内容，是最彻底的权利本位主义，是最高层次的权利本位主义。正是由于人类社会在最近一百年中给予科技权利本位以强有力的法律保障，所以，取得的进步比以往一千年、一万年累积的成果，也要多成千上万倍。而人类社会发展的不平衡性，又明明白白地昭示，那些最不重视知识、最不重视知识分子、最不尊重人才，也就是最不重视保障科技社会关系中的科技创造权的国家，都以惨重的落后为代价而失败了；正是那些尊重科技创造权的国家，科技进步最快，经济发展最繁荣。

（四）科技社会关系是纵向行政隶属关系与横向民事平等关系相结合的社会关系

社会关系的形式大致分为行政隶属与民事平等两种类型，其最典型的表现就是政治社会关系、军事社会关系中的行政隶属性与经济社会关系中的民事平等性。家庭是一个小小的社会，所以也有同时存在的类似行政隶属与民事平等的两种关系。

科技社会关系在现代的发达阶段里，同时具有行政隶属关系与民事平等关系，二者互相结合，其目的在于互相促进，从而保障科技创造的自由权利。因此，科技社会关系的行政隶属关系与政治社会关系中的行政隶属关系的政治统治性，是不可相提并论的。政治统治的目的在于控制以至镇压被统治的对象；科技行政隶属关系则是为了自我调节以使隶属的下级一方更好地为科技进步服务。因此，政治行政隶属的双方有更多的对立性，而科技行政隶属的双方有更多的统一性。

（五）科技社会关系的基础是科技协作

科技协作的必要性是由科技活动的内在特点决定的，这在前面已经述及。

作为科技社会关系的基础，科技协作的形式是极其多样的，主要有：

社会性协作。任何科技专家的个体性活动，都离不开一定的社会条件，从其科技活动的内容来说，就离不开科技社会条件。社会为他们的个体活动提出任务与课题，提供科技信息与条件，供给科研资金与设备，提供试验与应用的基地等等。这种社会性协作是"无形"的，很容易被忽略、被漠视。

组织性协作。官方、科研方、企业方的协作是这种协作的典型。这在日本叫"官、产、学"三位一体，在苏联则以建立"科技—生产联合体"的形式出现。

个体性协作。科技专家之间因志同道合而自动结合在一起；科技劳动组织内部各个个体之间的协作等，都是个体性协作。这种协作表面上十分松散，但往往形成极为广泛的联系网络，它甚至会越出国界。由于网络的广泛性，个体在这种松散网络中的充分自主性，个体性协作的作用是极为巨大的。正是认识到个体性协作能充分发挥个体的自主性、积极性和创造精神，所以，现代各国在科技活动中越来越提倡自由组合。日本的创造性流动科研体制的形成，与此不无关系。

国际性协作。这是国与国之间的科技专家、科技团体的合作。这种合作，越来越得到远见卓识的政治家的重视，他们在其施政活动中采取了许多切实的步骤来推动这种合作。法国总统密特朗提出"尤里卡计划"就是一个生动的例子，也是值得仿效的榜样。

明确了科技社会关系的特征，可以帮助我们对科技社会关系进行分类，以便进而研讨科技社会关系法律调整的一般问题。

三、科技社会关系的分类

从科技社会关系的形式看，主要的有以下三类：

（一）科技行政关系

科技行政关系是在科技行政活动中发生、为科技发展服务的科技社会关系。它具有科技社会关系的一般特点，同时又具有自身的特殊性。

科技行政关系的特殊性在于：

1. 行政隶属性。下级科技行政机关必须服从上级科技行政机关。

2. 权利义务的非对等性。上级或下级行政机关各有其权利与义务；隶属双方的权利义务不是对等的；上级的某些权利恰是下级的某些义务，而上级在享有这些权利时，并不对等地承担某种相应的义务。从个别科技行政机关来看，尤其是从下级机关来看，这种权利义务的非对等性，似乎背离了科技社会关系的一般特点。但是，从科技行政机关的总体看，仍然是科技创造权利本位主义在起作用。

3. 科技行政权的强制性。上级机关对下级机关可以发布命令，强行规定下级机关可以做什么、不可以做什么。但是，科技行政权的强制性与一般行政权的强制性又有所不同。

由于它是为科技发展服务的，必须在科学决策、民主决策等方面，表现得更突出、更鲜明；它完全不允许违背民主决策与科学决策的原则，否则，只能导致失败，而不会有任何意外侥幸的成功。

科技行政关系中的主要内容是科技行政的隶属关系，但在同级科技行政机构之间，就是平等的行政关系了。我国科技进步管理机构中的中国科学院、国家科委[①]、国防科工委[②]、国家教委[③]、中国科技协会和各部、委、办的科技管理机构之间，就是"平级"的科技行政机构。它们之间的科技行政关系就是平等的，谁也不能对谁发号施令。

（二）科技民事关系

科技民事关系是在科技民事活动中发生的、为科技发展服务的科技社会关系。它也具有科技社会关系的一般特点，同时又具有自身的特殊性。

科技民事关系的特殊性在于：

1. 权利义务对等性。发生科技民事关系的，不管是在科技劳动者之间，科技劳动组织之间，科技劳动管理组织之间，还是在三者相互之间，科技民事关系双方的权利义务都是对等的。

科技民事关系中的权利义务对等性，是由科技民事关系主体之间地位的平等性决定的。当发生科技民事关系时，科技劳动管理组织与科技劳动者或科技劳动组织之间，并不存在隶属性的领导与服从关系，不能强制。

2. 科技成果经济效益的等价有偿性。科技民事关系各方的科技成果，在出让给对方时，必须等价有偿地计算其经济效益，尽管科技成果经济效益的计价有下列不同于物质性商品的难处：一为计价的模糊性，科技成果由于是脑力劳动的产物，价值计量往往是模糊的、大略性的、不精确的；二为计价的可重复性，这是由于科技成果大多可以无限多次使用而决定的，不像物质性商品那样只能一次性计价、一次性使用。

（三）科技国际关系

科技国际关系是在科技国际合作活动中发生、为科技发展服务的科技社会关系。由于科技国际关系受社会制度不同、国家政治利益不同的限制，科技国际关系具有政治目的性的特点。其最显著的表现，就是一些发达国家在科技转让活动中制定了一系列的限制性条款，有时甚至还附带有其他的不平等条件。但对于主权国家来说，可以不接受这种不平等

---

① 即中华人民共和国科学技术委员会，1998年改名为中华人民共和国科学技术部。——编者注
② 即中华人民共和国国防科学技术委员会，2008年组建工业和信息化部，不再保留国防科工委。——编者注
③ 即中华人民共和国国家教育委员会，1998年更名为中华人民共和国教育部。——编者注

条件或限制性条款，其代价是中止科技合作关系。

科技国际关系在今后将越来越显得重要。以军事实力主宰世界的时代行将过去，以经济实力主宰世界的时代也必将过去，代之而起的将是科技实力对世界的主宰。这样，科技国际关系就会变得日益复杂起来。科技法学界对此应密切关注、跟踪研究。

根据科技社会关系的内容，还可将它分为下列不同的类型：

1. 科技行政关系；
2. 科技计划关系；
3. 科技民事关系；
4. 科技劳动关系；
5. 科技条件关系；
6. 科技刑事关系；
7. 科技财政关系；
8. 科技涉外关系；等等。

根据科技社会关系范围的大小，可以将科技社会关系划分为宏观科技社会关系和微观科技社会关系；根据科技社会关系的存续时限，可以将它划分为长期、中期、短期科技社会关系等。这些划分，都会产生不同的法律需求，但都同按形式进行的划分有联系甚至有交叉、重叠。因此，我们只要探讨科技行政关系、科技民事关系、科技国际关系，就可以比较充分地了解科技社会关系的法律调整问题了。

四、科技社会关系的法律调整

科技社会关系的法律调整，指的是以法律手段来调节科技社会关系，使它服从于科技发展的目的。这一方面，需要探讨的问题有以下三个：

（一）科技社会关系法律调整的手段

科技社会关系法律调整的手段有三：一为立法调节，二为司法调节，三为执法调节。

立法调节是科技社会关系法律调整的基础；司法调节是科技社会关系法律调整的关键；执法调节是科技社会关系法律调整的保障。三者不可或缺，必须相互结合、相互促进、相辅相成，以收相得益彰之效。

（二）科技社会关系法律调整的要求

科技社会关系法律调整的总体要求是促进科技的发展。具体来说有以下三个方面：

第一个方面是充分调动科技劳动者的积极性、主动性和创造性。前面已经说过，科技劳动具有个体性的特点，个体能动性发挥得如何，对科技进步、科技成果的获取、科技效益的大小，有决定性的影响。所以，科技社会关系的法律调整必须充分保护科技劳动者的积极性，其主要要求是保证高度尊重科技劳动者的人格、保证赋予科技创造的自由权利、保障科技劳动者对获得的成果的物质利益。

第二个方面是充分发挥科技劳动组织的集体力量。前面也已说过，科技劳动者在具有个体性的同时，还具有协同性。因此，科技劳动组织集体力量的正常和充分的发挥，无疑也是科技进步的重要条件。所以，科技社会关系的法律调整应达到充分发挥科技劳动组织的集体力量的目的，其具体要求是：保证科技劳动组织的优化结构、通力协作、后继有人。

科技劳动组织结构优化的要求是高级科技人才、学科的带头人必须具有权威；其助手队伍必须足够强大；其辅助人员（资料、后勤与行政人员）必须能与科技主力紧密配合。

科技劳动组织内部的通力协作，可以显示集体的力量，发挥集体的智慧，各个取长补短、扬长避短，达到"众人拾柴火焰高""群策群力"的目的。

科技劳动组织的后继有人，是科技活动是否具有后劲的关键。它要求形成科技大军的梯队。

第三个方面是保证科技劳动管理机构的权威性、协调性及其决策的科学性与民主性。

科技劳动管理机构的权威性，是其管理有效的前提；协调性是其管理有效的必要条件；而决策的科学性与民主性，则是科技劳动管理组织实施有效管理的关键和基础。

（三）科技社会关系法律调整的范围

1.从科技劳动的承担者看，科技社会关系法律调整的范围主要是：（1）科技行政机构；（2）科技劳动组织；（3）科技劳动者。

2.从科技劳动的目的性看，科技社会关系法律调整的范围主要是：（1）科技发展的促进；（2）科技成果的消极后果的预防。

由于科技社会关系产生的法律调整的客观需要，科学技术法应运而生了。

科技法概论篇

科学技术活动中形成的科技社会关系，要求以法律手段加以调节，从而导致了科技法的产生。"忽如一夜春风来，千树万树梨花开。"现在，科技法已成为部门繁多、自成体系的法律类型。在这一篇中，我们来探讨科技法的定义、特征、本质、地位、作用、体系和分类等总体性的问题。

第九章 科技法的定义

一、关于科技法的若干定义

关于科技法的定义，是科技法学研究中必然遇到的关键问题。这个问题不解决，各方面的意见不统一，进一步的研究便会受到严重的影响。但这是一个难度较大的问题。首先难在它是一个新问题，前人从未论述，也无国外学者的论述可供参考。其次难在许多专家学者甚至根本否定科技法的独立地位。他们把部分科技法规归入行政法，把另一些归入民法、经济法，不承认有什么科技法。然而这些"难"点，不是实质性的。"欲渡黄河冰塞川，欲登太行雪满山。"①李白诗中的"登""渡"之"难"，则是实质性的，因为客观上有"冰塞川""雪满山"。至于为科技法下定义之上述困"难"，解决思想问题应放在第一位：前人、外人未加论述的新问题，我们为什么就不能开拓创新论述在先呢？如果已有别人的正确论述，我们岂非无事可做了吗？又，别人否定科技法，要看是否有理。有理则服从；无理则不管你是古人、今人、名人、外人，一概不必理睬。总之是，要具备"敢为天下先"的精神在法学理论的研究上进行创新。不少同志确是这样做了，他们提出了关于科技法的若干定义，兹择有代表性的摘录如下：

1.科技法是反映统治阶级的意志和利益，经国家制定和认可，以国家的强制力保证实施的行为规范。

2.科技法是调整科技活动中形成的社会关系的法律规范。

3.科技法是调整在科技活动中形成的社会关系的法律规范总和。

4.科技法是由国家权力机关及其他受权机关制定、颁布，并以国家力量保证其实施的，以促进科技事业健康发展，科技研究成果的正当有效的利用，防止科技发现中可能的有害后果为目的的行为准则总和。

5.科技法是国家运用法律的形式规定发展科学技术的大政方针，法人和公民从事科

---

① 〔唐〕李白：《将进酒》。

学研究和技术开发的基本权利和义务，以及国家科学技术工作的组织管理体制等法规的总和。①

应当承认，上述种种定义，都从一定的侧面，对科技法的内涵或外延有所揭示，有助于启迪我们去为科技法探求一个科学的定义。但这些定义，都存在一些问题。在评析这些问题之前，我们先对定义方法问题谈两点看法。

第一个看法，在为部门法下定义时，没有必要在定义中重复叙述一般法律定义中的语句。《中国大百科全书·法学》以及流行的法学理论教科书为法、法律下了这样的定义：法，又称法律，是国家按照统治阶级的利益和意志制定或认可，并由国家强制力保证其实施的行为规范的总和。如果我们同意这个定义的话，那么，在给部门法下定义时，就不必再重复"是国家按照……行为规范的总和"的语句，只要指出"某某法是什么什么的法律（或加上'总和'）"就可以了。例如，"经济法是调整国家机关、企业、事业单位、社会团体等社会组织之间，它们同公民之间，以及社会经济组织内部领导机构、职能科室和生产单位之间，在国民经济管理和经济活动中发生的经济关系的法律规范的总称"②。"经济法是指调整一定经济关系的各项经济法律规范的总称。"③"行政法是规定国家各个方面行政管理的行政法规的总称。"④"婚姻法是调整一定社会的婚姻关系的法律规范的总和。"⑤"民事诉讼法是国家规定的处理民事诉讼程序的法律。"⑥这些典型的定义，撇开其内容正确性不说，其形式都是"某某法是什么什么的法律"。它告诉我们，"法律"是"种概念"，加上这一"种概念"之下各"属概念"之间的差别即"属差"，即可下定义。这就是我们前面说过的"种+属差"定义。在做"种+属差"定义时，不必画蛇添足地给"种概念"再下定义。如果要进一步说明"种概念"，可以另行再下定义。例如，在为"民事诉讼法"下定义后，怕读者不明白什么是"法律"，可进而下定义："法律是反映统治阶级利益和意志，经国家制定或认可，以国家强制力保证施行的行为规范。"这时，"法律"成了被下定义的"属概念"，而"种概念"是"行为规范"了。同理，在这一定义中，自不必再狗尾续貂地解释"行为规范"的含义。上述看法，与法律逻辑学有关。研究法学理论，包括科技法学理论，必须懂得法律逻辑学；法律逻辑学的部分内容，也应引进法理，成为其有机的成分。

第二个看法，定义总是相对的、有条件的，不能企求在一个定义里揭示事物的一切。

---

① 中国科技大学人文部技术论课题科研组编：《技术论研究动态》第3期；《科技法律手册》，光明日报出版社1987年版。
② 《经济法教程》，吉林人民出版社1986年版，第1页。
③ 《经济法学》，群众出版社1986年版，第3页。
④ 《中国大百科全书·法学》，第672页。
⑤ 同上书，第293页。
⑥ 同上书，第422页。

所以恩格斯说，唯一真正的定义就是事物本身的发展。列宁也指出过，如果要给对象下一个完整的定义，必须把人类的全部实践包括进去。这等于取消了定义。因此，关于科技法的定义，只要能揭示其最本质的属性，使之与其他部门法能够明确地区分开来就可以了。有鉴于此，我们来评析一下上引五种关于科技法的定义。

二、对科技法若干定义的评析

关于定义一。这一个定义，与关于"法律"的定义几乎逐字逐句雷同，只能说是关于"法律"的定义，而不是"科技法"的定义。在逻辑上，这一个定义犯了"属种概念混淆"的错误。

关于定义二。这是一个"种＋属差"定义，从形式上看，符合定义的逻辑要求。但是，定义中所揭示的"属差"有问题。

"科技活动中形成的社会关系"这个概念的含义是明确的，它泛指科技活动中形成的一切社会关系。那么，科技活动中形成的土地买卖关系、研究员与实习生之间的师徒关系、学派与学派之间不同观点的互相影响关系等等，是否也为科技法所调整呢？如果科技法不能调整这些社会关系而由别的法律调整，那么，该定义就成问题了。我们知道，不管在什么样的活动中形成的土地买卖关系，都是民法调整的，师徒关系、思想影响关系等社会关系甚至不是由法律调整而是由道德、政策来调整的。因此，该定义不能说是正确的。其错误，在逻辑上叫"定义过宽"。

关于定义三。这一个定义除和定义二一样犯了"定义过宽"的错误外，还多了"总和"二字。我们特地指出这一点是有原因的。在许多关于法律和部门法律的定义中，都喜欢用上"总和"二字。法学理论专著、法学概论教材、大百科全书法学卷、法学词典中，这样做的，比比皆是，而且从未见有人提出异议。现在我们假定这样下定义是对的，其结果会形成以下的推论：

科技法是调整科技活动中形成的社会关系的法律规范总和；

原子能法是科技法；

所以，原子能法是调整科技活动中形成的社会关系的法律规范总和。

推论过程完全符合逻辑规则，结论却显然荒谬，因为原子能法绝不可用来调整生物技术开发、海洋技术开发、科研院所组织管理活动中"形成的社会关系"。那么，这个推理的结论为什么错呢？只能从前提中去找原因。小前提"原子能法是科技法"无疑是正确的；错误出在大前提。

依此类推，关于基本法、一般法律、部门法的定义中，如果用了"总和"字样的，都属错误之列，应予改正。

关于定义四。这是一个"两栖定义"，前一半为"发生定义"，后一半为"功用定义"。但无论哪一半，都有错误。"发生定义"就是把只属于被定义事物而不属于任何其他事物的发生或形成的属性作为属差揭示的定义。"由国家机关制定……实施……"的，并不仅仅属于科技法，其他法也是"由国家制定……实施……"的。所以，该定义作为"发生定义"看，不能成立。

"功用定义"是以事物的特殊功用作为属差的定义。诚然，定义四揭示了科技法的最重要的三种积极作用。但是，科技法并不全部是积极的，也还有消极的、阻碍科技发展的。起码理论上还应列有因为立法意图错误或情况不明或认识偏差而导致制定了阻碍科技发展的科技法。美国国立卫生院最先制定的《DNA 分子重组实验准则》就是由于过分害怕生物技术的消极后果而制定的一个不恰当地限制生物技术发展的法律。因此，定义四作为"功用定义"也有很大的片面性。

关于定义五。这也是一个"功用定义"。由于没有揭示出科技法的主要"功用"，这也是一个很不理想的定义。

必须指出，"功用定义"作为定义，用语必须简洁。一个冗长的定义，往往反而会使人对有关对象的认识混乱或模糊起来。同时，要以简洁的语句为对象作"功用定义"，又是相当困难的，因为一种复杂事物的功用，通常都不是很单一、能够三言两语表达清楚的。

以上定义都有弊病，但对我们还是有启发的，我们可以从中提炼出一些有用的东西来。

三、科技法是调整科技社会关系的法律

根据对上述定义的分析以及关于科技社会关系法律调整问题的分析，我们认为：科技法是调整科技社会关系的法律。

这一定义包含两层意思：

第一层意思是，科技法是法律。既是法律，就是由国家按照法定的程序制定或认可，依靠国家的强制力保证其实施的行为规范。也就是说，科技法带有法律的一切共同特征。这些共同特征主要是：普遍性、稳定性、强制性。关于这些特征，一般的法学理论著作中已做了大量的阐述，这里从略了。但有的法学理论著作同时又将阶级性、客观性、科学性、规律性、实用性等作为法律的特征，有必要对此略加评述。关于阶级性，我们将在科技法的本质一节中详论。关于客观性、科学性和规律性，大致是一个意思的不同表达方式。法既有阶级性甚至只是"反动统治阶级"的意志的产物，就不会有真正的客观性、科学性等。同时，一般来说，人的认识相对于实践来说，总是"滞后"的，要做到"客观""科学"，符合"规律"，谈何容易？有客观而科学的立法，也必然有不客观、不科学的立法。所以，客观性、科学性等，不是法律的特性。关于实用性，属于多余的话，任何

法，都不是无用的；即使立法之始即意在骗人，这"骗"也就是一种"用"。所以，我们在考察、论述科技法时，将不把客观性、科学性、规律性与实用性作为科技法的属性或特点来论述。

第二层意思是，科技法是用来调整科技社会关系的。

据此，一切属于科技社会关系范畴的法律需求，都是科技法的调整对象；而科技法，也仅仅局限于调整科技社会关系的领域之内，对其他类型的社会关系不起调节作用。

这可以看作是确认某一法律规范是否属于科技法的标准。根据这个标准，原子能法、科研组织法、电子振兴法、高技术区建设法等等属于科技法自不待言，另一些原先属于民法、经济法论域的法律，今后也应"改换门庭""归口领导"，列入科技法论域。其中，主要有专利法、著作权法和环境保护法。

我们认为，专利法、著作权法都是为了保护科技研究成果的，是为了调整技术开发和科学研究活动中发生的权利义务关系，保障科技发展的法律规范。这和民法、经济法调整一般的财产关系、人身关系和其他经济关系有所不同。不同点即在它发生在科技活动之中，为着科技的发展。因此，专利法与著作权法属于科技法。

环境保护法在人类处于自然状态下时不会发生，在科技活动没有达到明显危害环境卫生与环境完美时也不会发展。古代社会的"不许在街道上倒灰"之类的禁令，不过是保护环境的法律的萌芽，成熟形态的环境保护法，纯然是科技活动达到相当大的规模的结果。环境保护法理应列入科技法的论域。

第十章　科技法的特征

一、关于科技法特征的若干观点

不少科技法的研究者论述过科技法的特征。其中有的人认为：

第一，立法主体多层次性。有资格制定科技法律的立法主体，不仅包括国家最高权力机关（全国人民代表大会及其常务委员会），包括地方权力机关（省市自治区人民代表大会及其常务委员会）；还包括国务院、国家科学技术委员会、各部、委员会、总局等行政机关。①

第二，法律通过多渠道实施。科技法律没有专门的实施和监督机构。它的实施方法既包括上级对下级的行政指挥与监督，还包括属于经济手段的奖励和惩罚和民事手段的损害赔偿；既包括调解与仲裁，也包括诉讼活动。对违反科技法律的行为，除了用行政、民事手段加以处分之外，对情节严重、触犯刑律的，还要依法科处刑罚。②

第三，调整程序的特殊性。因为科技法调整的内容具有高度的知识性，往往要听取专家学者的意见。现今有不少国家建有专门的科技法庭，其法庭成员都是由学有专长的人组成。③

第四，调整活动的间接性。因为科学活动是对未知事物的研究与试验，其结果是知识产品，所以它的一切活动不能事先一一加以规定，而其他领域的活动（如生产领域），总是对已知的、循环往复的活动予以法律调整。因此，科学法规对科学活动的调整是间接的。④

第五，科学法对科学活动调整的间接性。科学法大多通过调节与科学活动有关的条

---

① 武树臣等编著：《科技法律手册》，光明日报出版社1987年版，第2—3页。
② 同上书，第3页。
③ 转引自中国科技大学人文学部技术论课题科研组编：《技术论研究动态》第3期。《法学新学科手册》浙江人民出版社1988年版、《当代新学科手册》上海人民出版社1987年版，也有同论。
④ 杨国璋等主编：《当代新学科手册》，上海人民出版社1987年版，第530页。

件，促使发展科学的环境的形成，然后间接影响科学活动本身。这主要是因为科学活动的结果——表现为某种知识的客观事物的发展规律，是不受任何法律制约的。法律对已知、重复的过程（如经济领域）的调节，总是比对未知探索过程的调整要具体得多。①

二、对科技法特征若干观点的评析

上述关于科技法特征的观点，或者有根本性的错误，或者有论证方面的错误，或者有论述内容的错误。下面我们对这些错误略做评析。

1. 论域错误

这是根本性的错误。论域错了，该论的不论，不该论的却论，逻辑上叫作"偷换论题"。

上述特征1、特征2、特征3，都犯了偷换论题的论域错误。我们要论证的是科技法的特征。特征1指的却是科技立法的特征；而特征2、特征3则是论述科技司法的特征。

2. 内容错误

除论域外，特征1的内容也是错误的，因为它表现不了科技立法的特征。对于科技立法的特征来说，应是与其他部门法的立法有所不同。但特征1所揭示的科技立法"立法主体"的"多层次性"，对其他法规类型来说也是一样。例如经济立法，其"有资格制定"的"立法主体"同科技立法一样，"不仅包括国家最高权力机关……还包括国务院……"。

特征2论述内容的错误在于：第一，说"科技法律没有专门的实施和监督机构"，指的是中国还是外国？过去、现在还是将来？有的国家已经有了"专门的实施和监督机构"；中国现在没有"专门的实施和监督机构"，将来却必然会有。"没有专门的实施和监督机构"，不是"科技法律"固有的性质。第二，关于"实施方法"的论述也成问题。因为多种多样的"实施方法"，并非科技司法特有的现象。其他部门法的实施，也有采取多种方法的，如经济司法、家庭婚姻司法等。

3. 论证错误

特征4，芟夷枝叶，剔出主干为："一切科学活动不能事先一一规定，其他领域的活动则可以，因此，科学法规的调整是间接的。"这里，"因此"之前与之后，无必然的联系。因此，这样的"因此"是不合逻辑论证方法的"因此"。这是因为，能否"事先一一规定"，并不能决定调整是否间接。同时，实际上，对许多科学活动，科技法是"事先一一规定"的。例如DNA分子重组实验的标准、原子能安全操作的规定，以至著作权法、专利法的一系列规定，都具有"事先规定"的性质。

---

① 何勤华、徐永康编写：《法学新学科手册》，浙江人民出版社1988年版，第117—118页。

特征5的实际意思是："科学法间接影响科学活动，所以，它对科学活动的调整是间接的。"我们知道，"间接影响科学活动"与"对科学活动的间接调整"之间，也无必然性的逻辑关系。关键在于对"对科学活动的调整"这个概念的理解。在科技法学中，这个概念指的是科技法"对科技社会关系的调整"。实际上，科技法直接调整着科技社会关系，这同民法直接调整民事关系，经济法直接调整经济关系，行政法直接调整行政关系，是一样的。因此，如果有些同志想用"科学活动"这个概念来表达"科技社会关系"的话，那么，这种表达本身就是错误的了；有关科技法调整方法的间接性，当然站不住脚。

在结束上述评析时，我觉得有必要强调指出：由于科技法学研究对象的特殊性，对其论述的谨严性也应有较高的要求。在建立这门学科之始，就必须注意这一点。因此，基本的逻辑错误和语言错误，应尽力避免。

三、科技法的特征

我们认为，科技法的特征主要有：

（一）预期性

一般的法，大多是对既定的社会关系的肯定，从而使得到法律肯定的社会关系成为规范人们调整这类社会关系偏差的准则。奴隶社会末期，封建制的社会关系在奴隶社会的母体内逐渐成熟起来，导致封建地主阶级夺取政权，并凭借政权制定法律，肯定成熟了的封建制社会关系，使之成为调节封建社会关系的准则。这在封建制的行政法、刑法、民法、经济法和诉讼法等来说，东方与西方、中国和外国，都是如此。封建社会末期，资本主义社会关系在封建社会的母体内成熟起来。资产阶级夺取政权之后，仿效封建地主阶级的办法，立法以肯定资本主义社会关系，使之成为调节资本主义社会关系的行为准则。这同样在资本主义刑法、民法、行政法、经济法及诉讼法等等中得到明显的反映和表现。一句话，一般的法，带有"滞后性"。

科技法则不同，具有明显的预期性或如有些同志所说的"超前性"。一般来说，科技法都是"超前立法"。

这意味着，科技法所调节的科技社会关系，是正在形成但尚未定型，已经产生了一定的法制需求但又往往不太明确的社会关系。这时就以制定有关科技法的办法，使这种科技社会关系定型化，使它的法制需求明确化。也就是以科技法促进新的科技社会关系的确立，并保障它的正常发展。例如，著作权法制定之前，作者自己千方百计地保护自己的著作权，但社会并不理睬。后来，有的出版者与作者建立了"联合阵线"，这是为了他们自己的利益。"联合阵线"之外的出版商或个人，并不愿遵守"联合阵线"内部的各种规定。即使后来出版商的行会出面保护作者的著作权，往往也仍然无济于事。最后是国家以社会代表者的面目出现，承担了制定著作权法的任务。著作权法一经颁行，由于它具有一般法的普遍性、稳定性和强制性，有关著作权的社会关系，就被普遍地、稳定地、强制地加以调整了。我国在中国共产党的十一届三中全会后，一方面，文化事业空前繁荣，著作大量涌现；另一方面，计划经济正向有计划的商品经济转轨，社会生产包括精神财富的生产逐步纳入商品经济范畴，被导向市场，而人们包括著作者的商品经济意识也随之增强。与此同时，旧体制仍顽强地发挥它的作用，简单的产品经济的意识迟迟不肯退出社会舞台，因而，蔑视著作权的现象到处可见。在这种情况下，制定著作权法以调整著作、出版方面的社会关系，就显得非常必要了。现在，国务院有关部门正受权起草著作权法，以"预期"颁行之后合理地调整有关的社会关系。

科技法的预期性还表现在，有时并不存在某种社会关系，甚至连这种社会关系的萌芽状态都无所见，仅仅是由于有社会需要，就以制定具体的科技法来催生、建立新的适合社会需要的社会关系。日本制定《科学技术厅设置法》就是如此。20世纪50年代初，日本的科学技术发展工作是分散交由通商产业、农林水产、运输、邮政等各省去管理的。各省的科学研究与技术开发往往互相重复，浪费了人力、物力和财力，延缓了科技的发展。于是，产生了统一协调全国科技活动的需要。再加上当时又出现了发展原子能事业以充分供电的紧迫需要，于是在1956年由日本国会通过《科学技术厅设置法》，设科学技术厅于总理府之下，用以协调各省、厅的科技活动。在日本，总理府与各省的地位是平等的。省下设厅，厅下设局，局下设课，其地位与权限逐级递减。这是既定而行之已久的社会关系准则，且有法律规定作为保障。但科学技术厅之设，却使之具有"超级"的管理、协调全国科技活动的权力，无异于建立了一种新的社会关系及相关的行为准则。正因如此，《科学技术厅设置法》由国会以法律形式通过，而不是总理府颁布行政规章来建立。

（二）探索性

这是与科技法的预期性紧紧相连的另一特点。

科学研究是人们对客观世界及其规律性的探索活动，在大多数情况下，都不是一次性地完成的。技术开发则是应用科学知识于技术操作，探索新的方法、新的手段以实现改造世界的目的。技术开发大多也不是一次性成功的。由于认识能力的局限与偏差，由于方法不对或设备、仪器不适应，科技活动的探索性还包含着风险性。有时，这种风险性还是相当严重的。与科技活动的探索性与风险性相联系在科技活动中形成的具体的社会关系的发展方向和发展规律，也不易被人们从一开始就认识透彻。因此，有关调整这些社会关系的认识，也不可能从一开始就是十分准确、周密的。影响所及，为调整这些社会关系的法律措施，就具有探索的性质。它可能被实践证明为正确，因而长久推行；也可能被实践证明为错误或有欠缺，那就要及时修改、补充。美国和英国、联邦德国、日本等国在20世纪70年代中期制定的DNA分子重组实验准则，就是探索性科技法的例子。这些国家后来都纷纷修改了"准则",有的多达5次以上。与此相似,原子能法、著作权法、专利法和其他科技法的修改,一般都比较多。

刑法、民法等则不同。刑事关系、民事关系是无数多次地重复出现,因而久已熟知的社会关系。其调整方法也无限多次地重复着,经验极为丰富。所以,刑法、民法的"探索性"成分就相当少。罗马法至今仍是西方国家调节民事、经济关系的法律规范;俄国十月社会主义革命成功后仍然沿用旧民法典,直至1922年才制定新的民法典;如此等等,就是刑法、民法很少"探索性"的表现。

关于科技法的探索性特征,有的论文也提到了。但其论述是不正确的。例如有人说:"调整范围的探索性。因为科学是人们对客观世界(包括自然与社会)规律性的认识,这种认识不可能一次完成,所以它带有探索性。"上文中的"它"代指有"科学认识"。说"科学认识"具有探索性,与说科技法具有探索性,是两回事。撇开这类语义含混不说,论者的意见是:"科技法对科技活动的调节具有探索性。"这一论述其实也是不对的,因为科技法除由科技规范转化而来的那部分外,都不直接调整科技活动,而是通过调整科技社会关系来调节科技活动。我们必须始终记清:科技法是调节科技社会关系的法律。

(三)激励性

刑事法规具有强烈的惩戒性特点。一般的民事法规规定的法律责任,也总以经济制裁显示其惩戒性的特点。科技法则更多地带有激励性,而不是惩戒性。著作权法激励作者与出版家撰写、印行更多更好的著作。专利法激励科技工作者拿出更多的创造发明。高技术区法激励地方(政府和公众)为高技术区的建设投入更多的财力、人力和智力,并按规定建设既能发展高技术、又能防止生态失衡和环境污染的高技术区。试管婴儿法保护试管婴儿及其关系人的权益,激励人类更好地以新的科学方法优化后代的繁殖。器官移植法激励有益于人类、发扬人道主义的器官移植事业。

科技法的激励性特征,是法律功能发展的一种重要表现。法律功能之从警戒、惩罚为主,向激励为主发展,大大扩展了法律发生作用的范围和形式。法律本是人类用来为自己的发展而创造的。当人类对自然、对社会的认识水平十分低下时,不得不更多地采取惩戒手段来约束自己。这样,在阶级社会里就很容易异化为一部分人通过惩戒来约束另一部分人的手段。但当人类越来越成为自己的主人时,当人类对社会和自然的认识水平有了极大的提高时,法律就不但恢复了为人类自身服务的功能,而且越来越以激励性为特征,变得"可敬""可亲"起来。

(四)内容的综合性

《科技法律手册》一书正确地指出,"法律内容的综合性"是科技法律的一大特征。该书认为"科技法律从内容上看是综合性的。它不仅有大量的行政法规,而且还包括适用于科技领域的民事法律制度，比如合同制度、法人制度、专利制度、商标制度等等"①。

科技法具有的内容综合性特点，在民法、刑法、婚姻法、经济法或诉讼法中，是不存在的。这种综合性，来之于科技活动所涉及社会关系面之广，后者形成了多种多样的科技社会关系，因而必须以多种多样的科技法予以调整。但科技法不包括行政法，也不包括"民事法律制度"。准确的提法应当是，科技法包括科技行政法、科技民事法、科技国际法以及科技刑事法规等等。否则，说科技法包括行政法、民法等，就否定了科技法作为独立类型的部门法，而变成各种部门法的简单拼凑了。

（五）规范形式的齐全性

上述《科技法律手册》还正确地指出"法律形式多样化"是科技法的另一特征。但该书认为这表现在"它既包括法规、条例、细则、办法、规定，还包括通知、解释例"②。应当指出，刑法或民法也有其"法规、条例、细则、办法、规定"和"通知、解释例"。因此，这不能被看作科技法"法律形式多样化"的表现。

我们认为，科技法"规范形式的齐全性"，表现在既包括强制性规范，又包括任意性规范；既包括授权性规范，又包括义务性规范；既包括委任性规范，又包括准用性规范；等等。

凡规定人们必须作出某种行为的规范，称命令性规范；凡禁止人们为某种行为的规范，称禁止性规范。命令性规范与禁止性规范都是强制性规范。在涉及科技活动安全问题及环境保护问题的科技法规中，存在着大量的强制性规范。

前面我们把激励性列为科技法的特征之一，这同科技法规范中有强制性规范并不矛盾。我们说激励性是科技法的特征，是就科技法总体与发展趋势而言的，这并不排斥部分（或很少一部分）科技法规范的强制性。在科技法规范中，更多的是任意性规范、授权性规范、义务性规范、委任性规范与准用性规范。这些规范类型，更易容纳激励性的内容。

任意性规范所规定的权利和义务的内容，允许法律关系主体双方在法律准许的范围内自行商定。我国《技术合同法》③规定："当事人可以按照互利的原则，在技术转让合同中约定实施专利、使用非专利技术后续改进的技术成果的分享办法。"（第四十三条）"技术转让合同可以约定转让方和受让方实施专利或者使用非专利技术的范围。"（第三十五条）这些规定都属于任意性规范。

授权性规范指规定人们有权作出某种行为的法律规范。美国《国家科学基金会法》规定："基金会授权开创和资助与国际合作、国家安全以及科学应用对社会产生影响等方面事务有关的特殊科学活动。"（《美国法典》第四十三章第十九节第一千八百六十二条第二

---

① 武树臣等编著：《科技法律手册》，光明日报出版社1987年版，第3页。
② 同上。
③ 此处为《中华人民共和国技术合同法》(1987)。现已废止。全书同。——编者注

款。)基金会还"受权开创和资助学术机构和其他非营利研究机构的科学研究活动(包括应用研究)"(第一千八百六十二条第三款)。这类规定都属于授权性规范。

义务性规范指规定人们应该作出或不应作出一定行为的法律规范。法国议会1985年12月23日通过的《关于科研和技术发展的85-1376号法》第九条规定:"非工商性质行政机构的科研部门或国家的科研机构要在其就业预算中建立合作研究员的指标。"第十七条规定:"各个地区协助制定国家的科研和技术政策,对之加以估价和推行。"这些规定都属于义务性规范。

委任性规范指未确定行为规则的具体内容而委托某一专门机关加以确定的规范。美国于1965年颁布的《科学技术法》第六条和第七条授权国务大臣"可以法规性文件为形式的命令"处理一系列科技社会关系,就是一例。

准用性规范指规范的某一部分准许引用其他法规的法律规范。我国1986年8月颁布的《技术市场管理暂行办法》规定:"获得专利权转让和专利实施许可应当符合《中华人民共和国专利法》①的有关规定。"(第二十九条)1986年10月9日颁布的《国家自然科学基金委员会关于重大项目评审管理暂行办法》规定:"重大项目成果的登记、评价和奖励等,按《国家自然科学基金委员会资助项目研究成果管理办法》执行。"(第二十六条)这些都属于准用性规范。

(六)技术规范的法律化

规范一般分为技术规范与社会规范两大类。法律规范、道德规范、宗教规范、习俗规范等属于社会规范。技术规范指规定人们支配和使用自然力、劳动工具、劳动对象的行为规则。技术规范不具备法律约束力。但是,随着科技活动的繁杂化和风险性的增大,国家可以通过立法程序规定部分技术规范具有法律约束力,遵守这些技术规范则为科技人员的法律义务。这时,这些技术规范就成了社会规范中的法律规范。现在,科技法中由技术规范转化而来的这类法律规范,数量与日俱增。这种现象,是任何其他法律中所没有的。所以,技术规范的法律化,是科技法的一个重要特征。

与此相关,科技法就具有其他法律在阶级社会中所不易具有的社会性特征。

(七)社会性

在阶级社会中,刑法固不待言,行政法、民法和诉讼法等,也有明显的阶级性,但科技法却不然。

科技法中,从技术规范转化而来的那一部分,无疑都对科技活动过程中减少灾害、尽量获益发生作用而有利于社会;其他调整科技社会关系的科技法,也是达到人类社会科技

---

① 此处为《中华人民共和国专利法》(1984)。全书同。——编者注

进步的必要法律措施，有利于人类的进步和社会的发展，总体上是社会性的法律。这一点，我们在科技法的本质那一节里，还要详细分析。

科技法的上述特征中，有一些不是"纯然"的特征，和某些其他法律类型的特征有所交叉。这是由科技法是一种内容综合性的法律所决定的。但上述特征的综合，可以大体上描画出科技法与其他法律的区别点来，是毋庸置疑的。

第十一章　科技法的本质

一、关于法的本质

在其他部门法学中，可以根本不谈法的本质问题，甚至于本部门法的本质也可以不谈。但对于科技法学来说，却不能绕开科技法的本质问题。有意思的是，除笔者《重视科技法学的研究》[①]一文谈及这一问题以外，几乎所有的科技法学论文都避而不谈。这就更有必要在本书中对此略为详细地探讨了。

传统的法学观点是，法的本质在于它的阶级性，是统治阶级的意志和利益的反映，是为统治阶级维护其统治地位和经济利益服务的，等等。然而，人类创造法这一手段，绝不是用来自戕的。法并不是像传统观点认定的那样，起源于奴隶社会。奴隶社会的起点本身也是无法明确界定的。法起源于原始社会向奴隶社会过渡的时期。这一时期，原始共产主义制度日趋瓦解，私有制逐渐形成，战俘不再被大批杀食而豢养起来从事奴隶劳动；原始公社社员中的一部分人因债务也逐渐失去了平等成员的资格而被另一部分人所役使；但这时还未形成奴隶制的国家政权，国家的地域性特征也未得到体现。但这时已产生了有强制力保障其实施的社会规范。这种规范一方面维护着奴隶主的经济利益，另一方面也维护着战俘奴隶的生存利益。没有这一点，新型的奴隶社会不可能因能创造更多的社会财富而取代原始社会。也就是说，最初的法律倒是与战俘奴隶的利益密切相关的，同时也能促进社会生产力的发展。它维护新型的生产关系和社会制度。它是进步的法律，社会性即是其本质。即使从仅仅维护奴隶主阶级的政治统治和经济利益这样的角度看，也由于奴隶制形成的初期、奴隶社会的上升时期中，奴隶主阶级也是革命的、进步的阶级。正如毛泽东同志所说的那样，它是代表革命和进步的"铁老虎""真老虎"。连类而及，维护这一阶级的政治统治与经济利益，也就代表着维护社会进步的利益。这样，即使是在奴隶社会的初

[①] 倪正茂：《重视科技法学的研究》，《法学》1987年第2期。

期，奴隶制法律的本质也是社会性。① 奴隶制法律的社会性本质，是在奴隶主阶级沦为反动的、阻碍封建制生产关系发展的阶级时，异化为奴隶主阶级的阶级性的。封建社会与资本主义社会初期，封建制法律和资本主义法律也具有社会性的本质；同样，只是在封建社会、资本主义社会走下坡路，封建地主阶级、资产阶级逐渐失去革命性、进步性而成为阻碍社会发展的反动阶级时，封建制法律和资本主义法律才透浸了异化了的阶级性本质的。但即使是在这一阶段，法律也仍然具有社会性，是阶级性与社会性的对立统一体，而不是像人们说的那样，只有阶级性而无社会性。这是因为，社会并不是仅由剥削阶级构成的，而被剥削阶级也并不是毫无力量的。且不说被剥削阶级总是在积极地进行反抗斗争，从而显示其力量；仅仅是这一阶级存在本身，就是一种制约剥削阶级的强大力量，剥削阶级的国家不能熟视无睹，法律也不能对这一阶级的利益毫不过问。

既然如此，科技法的本质是其社会性，就比较容易理解了。

二、科技法的本质

科技法是对在科技活动中产生、为科技发展服务的科技社会关系进行调整的法律规范。除少量科技法由于多种原因起了阻碍科技发展的作用外，绝大部分的科技法都有利于科学技术的发展，从而有利于从根本上对经济繁荣起促进作用。因此，科技法的本质，显然是它的社会性。

有的同志也许会认为，科技法在阶级社会里虽然也有促进科技发展、经济繁荣的作用，但得益者却是统治阶级，因而其本质仍然是法的阶级性。这一看法之偏颇在于：第一，科技法之促进科技进步、经济发展，得益者并不仅仅是统治阶级。能说环境保护法只保护统治阶级吗？能说专利法不保护被统治者的发明专利权吗？第二，从根本上来看，科技法之促进科技发展、经济繁荣，恰恰为剥削阶级的灭亡创造了条件，不像刑法维护统治阶级的政治统治那样，阻碍剥削阶级的灭亡。

在谈到法的本质时，我们指出过，在剥削制社会的后期，法律的社会性发生了异化，阶级性成了这时的法律的本质。但科技法与一般法不同，即使是在剥削制社会走向没落的阶段，科技法仍然以促进科技的发展，而显现其社会性本质。在《重视科技法学的研究》一文中，笔者曾这样判断："科学技术法本质上的社会性，正是资本主义国家的生产力仍以相当高的速度发展，国家的经济比较繁荣，人民的福利比较优裕的原因之一。"该文发表迄今已有整整三年，未见任何文章批驳这一论断，看来已得到学术界的认可。但是，停留在这一论断上似已不够。笔者愿进一步断言：

正是在科技法的促进和保障下，通过对科技社会关系的调整，现代科学技术得到了突

---

① 倪正茂：《法律的起源》，《社会科学》1981年第1期。

飞猛进的发展。科学技术带给资本主义以新的生命力，使其经由国家资本主义而将进入社会主义时代。这样，人类将通过两种途径进入社会主义：一种途径为俄国十月革命的城市武装起义夺取政权和中国革命的农村包围城市最后夺取政权从而实现暴力革命方式的社会主义道路；一种途径便是发达资本主义国家中正在发生的以科技法促进和保障科技发展、经济繁荣，从而走向社会主义的道路。

这一论断应当展开论证，但这不是科技法学的任务。科技法学仅作上述简要论断，以显示科技法学与法学及整个社会科学的有机联系，也显示科技法学理论的革命性意义。

第十二章 科技法的地位

科技法的地位，可以从两方面看：一是科技法在法律体系中的地位；一是科技法在社会的规范体系中的地位。

一、科技法在法律体系中的地位

法律体系通常指由一个国家的全部现行法律规范分类组合为不同的法律部门而形成的有机联系的统一整体。科技法为法律体系的一个组成部分，在法律体系中占有一定的地位。

科技法在法律体系中的地位，反映在两个方面：一是反映在整个法律体系中；一是反映在与其他法的部门的关系中。

（一）法律体系中的科技法

从系统论的观点看，法律体系即法律系统，同任何系统一样，都有它的结构与功能。

稳定性、层次性、可变性和相对性，是系统结构的四个特点。系统结构的层次性，包括等级性和多侧面性两重含义。等级性是指任何一个复杂系统，都可以从纵向上把它分为若干个等级，即存在着不同等级的系统层次关系。系统结构的多侧面性，是指任何同一级的复杂系统，又可以从横向上分为若干互相联系和互相制约又各自相对独立的平行部分。

在法律系统结构中，宪法与其他法律属于不同的等级层次。宪法是母法、根本法，其他法律则是子法、依宪法制定的派生法。当然，科技法与宪法的关系，就是子法与母法、派生法与根本法的关系。由于科技法是子法、派生法，其具体规范就不能与作为母法、根本法的宪法相抵触；若有抵触，有关的科技法规范便自动宣告为无效规范。这一点，在全世界各国的法律体系中，都是一样的。

日本在第二次世界大战中战败。战后的日本宪法规定了和平建国的根本宗旨，其他法律的规定也就不得与这一根本宗旨相左右，科技法无疑也不例外。因此，日本国会于

1955年通过的《原子能基本法》在其第二条一开始就明确规定:"原子能的研究、开发与利用只限于和平目的,且以确保安全为前提,进行民主管理、自主经营,并公开其成果,进而促进国际合作。"其他国家由于在其宪法中也宣告了和平的国策,其原子能法一般也总是在第一条或第二条具体规定了和平利用原子能的宗旨。

《中华人民共和国宪法》是我国社会主义法律体系中的母法、根本法。科技法的制定,科技法的全部具体规范,都不得与宪法规定相抵牾。例如,宪法在公民的基本权利和义务中规定:"中华人民共和国公民有进行科学研究、文学艺术创作和其他文化活动的自由。国家对于从事教育、科学、技术、文学、艺术和其他文化事业的公民有益于人民的创造性工作,给以鼓励和帮助。"(第四十七条)正是据此,国家制定或修改了《中华人民共和国自然科学奖励条例》《中华人民共和国发明奖励条例》《中华人民共和国科学技术进步奖励条例》《合理化建议和技术改进奖励条例》和《国家星火奖励办法》等具体的科技法规。

前面我们提到过,美国在1787年制定的宪法中,就做了关于保护科技成果专利权的原则规定。不久以后,美国在1790年就据此颁布了专利法。这是世界上第一部名实相符的专利法。

总之,在法律体系或曰法律系统中,科技法是地位、层次低于宪法这一母法、根本法的子法、派生法;它的具体规范依宪法原则制定,不得与宪法相抵触;如果抵触,即自动无效。

但科技法不仅仅是低层次的子法而已。对于宪法来说,它还有积极的功能。这就是它以科技法具体规范,大大丰富了宪法的内容,使其原则规定具体化、可操作化。从这一方面来说,宪法是离不开法律,包括离不开科技法的。离开了科技法的具体规范,宪法的原则性规定将流为空洞的条文,不能在现实生活中起有效的作用。因此,宪法与法律,同样,宪法与科技法,无论从结构或功能方面分析,都是相辅相成的。虽然二者分属不同的层次,在法律效力上有地位高低的差别,但是,对社会来说,都是不可或缺的。没有宪法,或者没有科技法,法律系统都将失去平衡,不能发挥它的应有作用。

(二)部门法关系中的科技法

系统结构除等级性外,还有多侧面性。正是系统结构的多侧面性,决定着部门法关系中科技法的地位。

在法律系统结构中,宪法之外的各个部门法,属于同一层次的互相联系、互相制约而又各自相对独立的平行部分。也就是说,科技法与同一层次的行政法、刑法、民法、经济法、诉讼法等部门法,互相联系、互相制约而又各自保持相对的独立。

1. 科技法与行政法

行政法是国家行政机关在行政管理活动中形成的法规。

科技法是调整科技社会关系的法律。

行政法按调整行政关系的性质,可以分为经济行政法规、文化行政法规、教育行政法规、科技行政法规、军事行政法规、司法行政法规等等。

科技法按所调整的科技社会关系的内容,可以分为科技行政法规、科技民事法规、科技国际法规等等。

我们看到,从科技法与行政法在调整的社会关系类别来说,一为调整科技社会关系,一为调整行政社会关系,二者在总体上是互相不同的法律,各有相对的独立性,不能互相混淆;但二者又有联系,并互相制约。

其联系表现在:第一,共同调整社会关系。二者中的任何一种法律如果在调整社会关系方面失效,都会引起社会的不稳,从而波及影响到另一种法律的效用。第二,二者在调整科技行政关系方面的作用是互相重叠的,从而使得科技法与行政法表现出交叉性来。这种交叉性,有的同志称之为"兼容性"[①]。

其互相制约表现在:第一,行政法基本原则指导着科技行政法的制定,科技行政法的具体规定必须体现行政法的基本原则。正因如此,日本科学技术厅编的《科学技术六法》的第一篇,即为"行政组织",并把《国家行政组织法》《总理府设置法》放在最前面;罗列其后的《科学技术厅设置法》《科学技术厅组织令》《科学技术厅组织规则》等科技行政法,都丝丝入扣地遵从《国家行政组织法》等规定的行政法基本原则。第二,行政法体系中的科技行政法规,来之于科技法;没有科技法整体的发展,就不会有行政法体系中的科技行政法规。例如,如果日本不存在统一协调全国科技活动的需求,或者有这种需求而不制定《科学技术厅设置法》等科技行政法规,那么,日本行政法体系中就缺少了这一部分。正是科技行政法规的发展,丰富了行政法体系;但科技行政法规的发展、繁衍,从根本上说,不是由行政法决定,而是由科技社会关系的发展决定的。

总之,科技法与行政法,是相对独立,又互相联系、互相制约的。

2. 科技法与民法

民法是调整财产关系和人身关系的法律。这里所说的"财产关系",最初是指物质财富方面的财产关系;而"人身关系"也与物质财富相联系。所以在民法的典范罗马法中,物法、债法占了极大的比重。后来,当精神财富权利的保护问题被提出来时,移用了民法原则,把"财产关系"扩大到适用于精神财富财产关系的调整方法上去;"人身权利"也随之与精神财富发生了联系。但是,随着科学技术的发展,以一个统一的无所不包的民法形式,来调整以精神财富的法律保护为主要内容的科技社会关系,显得越来越困难了。于是科技法独立挑起了这副重担。当然,由于这种历史联系,科技法在调整科技民事关系时,必定要遵循民法的基本原则;民法中的合同制度、法人制度等,也被引进科技法作为

---

① 《科技法律手册》,光明日报出版社1987年版,第9页。

重要的制度。现在，科技法与民法也应看作是法律系统中同一层次的不同侧面，二者相对地独立，各自调整不同类型的社会关系；又相互联系、相互制约。我们相信，人类无限丰富的精神生活，迅猛发展的科技活动，以及日益繁复的科技民事关系，将促使科技法包括科技民事法变得越来越复杂；而从这一变化所提炼出来的科技民事法律原则，也将丰富民法的调整方法，使民法在新的水平上进一步发展。

3. 科技法与国际法

国际法是调整国际公私关系的法律。

科技法不参与调节一般意义上的国际公私关系；国际法一般也不参与调节具体国家内部的科技社会关系。因此，科技法与国际法，从总体上看，是互相独立、平行发展的，是法律体系即法律系统中同一层次的不同侧面。不能把科技法与国际法混淆起来。

但是，随着国际科技转让、国际科技合作的发展，以及随着空间技术、海洋技术这些极易涉及不同国家利益、引起纠纷的高技术的发展，随着环境保护、生态保护要求的提高，科技法与国际法双向接近地发展的情况，变得越来越频繁了。这样，这两种本来互不相干、了然无涉的法律，联系却越来越紧密。科技法中调节科技国际关系的规范大量地增加了；国际法大家族中，国际科技法规的种类也越来越多。

毫无疑问，科技国际法规必须遵循国际法的基本原则；而科技国际法的发展，也必将丰富并促进国际法一般原则的发展。

除上述之外，科技法与刑法、婚姻家庭法、诉讼法等，也都存在着同一系统、同一层次中不同侧面间的既相对独立又互相联系、互相制约的关系，这里就不一一具体分析了。

以上是关于科技法在法律规范体系中的地位的看法。

二、科技法在社会规范体系中的地位

这里所说的"社会的规范体系"，包括技术规范与社会规范两大部分。科技法在社会的规范体系中的地位，也可见诸两个方面：一为社会的规范体系中的科技法；二为规范关系中的科技法。

（一）社会的规范体系中的科技法

在社会的规范体系中，科技法占有特殊的地位。这一特殊地位反映在：

1. 科技法是联结技术规范与社会规范的纽带

技术规范的技术性、操作性及仅仅调节人与自然、人与物化智慧关系的作用的狭窄性，与社会规范的非技术性及调节人际社会关系的复杂性，是互不相涉的。技术规范与社会规范之划分本身，就表明了二者的独立性。在人类社会发展的漫长进程中，技术规范也曾仅仅是技术规范而已。但是，科技法的出现，尤其是科技法在近代以来的长足发展，却使得大量的技术规范变成了社会规范，成了丰富社会规范的极重要的源泉。这一点，无论是刑法、民法还是行政法，都不能取代科技法的这种纽带作用。

2. 科技法是社会的规范体系中最积极、最活跃、最革命的规范

由于科技法调整的是科技社会关系，而科技社会关系是在科技活动中产生的，人类的科技活动又是最积极、最活跃、最革命的活动，因此，科技法在人类一切规范中起的作用最伟大、最重要，是社会的规范体系中最积极、最活跃、最革命的规范。它吸取科学道德规范之精华，改造为科技法规；它转化技术规范为科技法规；它也吸取行政法、刑法、民法、国际法及其他法律的调整手段，作为自己的调整手段。其法规内容将越来越丰富而永不枯竭；其法规形式将越来越多样化而不断发展；其调节手段将越来越科学而更加有效。

由于科技法具有激励性、预期性、探索性、社会性等特点，如果有朝一日其他法律——消亡或淡化了它们的作用，那么，科技法却会朝相反的方向，绳绳继继，迅速繁衍，不断加强，不断完善。

（二）规范关系中的科技法

这里所要考察的，有技术规范、道德规范、宗教规范与习俗同科技法的关系，从中可从另一些侧面认识科技法的地位。

1. 科技法与技术规范

前面已经谈到，技术规范是指规定人们支配和使用自然力、劳动工具、劳动对象的行为规则。在生产力水平低下、科技不发达的情况下，人们只是在极有限的范围内使用自然力、劳动工具和劳动对象，简单的约定即可防止技术危险。但当科学技术活动变得极端复杂的近代，尤其是新技术革命蓬勃发展的今天，小小的技术操作错误，往往会导致严重的不可挽回的后果。这就有必要以法律赋予技术规范的强制性，使之变成法律义务。于是，大量的技术规范纷纷转变成了科技法律规范。这样，技术规范与科技法规范，就产生了源与流的关系，技术规范成了科技法规范的重要源泉，而科技法规范则处于技术规范之"流"的地位。

2. 科技法与道德规范

科技道德是一般道德的新发展。科技法与道德规范的关系，既表现在科技法与科技道德的关系上，也表现在科技法与一般道德的关系上。

在科技道德与科技法的关系方面，经常发生着某些科技道德被赋予法律约束力，成为科技法律义务，变成科技法规范的一部分的情况；同时也会发生在某些科技法律义务已成为人人能够自觉遵守的行为规范，从而不必特别加以规定，终于退出科技法的领地，重新成为科技道德的情况。因此，科技道德与科技法之间，存在着双向交流的关系。

在一般道德与科技法的关系方面，科技法规范的一些规定，有助于一般道德的实现。例如，我国《技术合同法》规定："下列技术合同无效：（一）违反法律、法规或者损害国家利益、社会公共利益的；（二）非法垄断技术、妨碍技术进步的；（三）侵犯他人合法权益的；（四）采取欺诈或者胁迫手段订立的。"（第二十一条）"订立违反法律、法规或者损害国家利益、社会公共利益的技术合同，进行违法活动的，依法追究行政责任或者刑事责任。"（第二十二条）毫无疑问，这一类科技法规范，对于诚实、互助、友爱、公平等一般道德的实现，起着重要而有力的保证作用。反过来也一样，诚实、互助、友爱、公平以及爱国等公德的模范遵守，也将有力地保证上述科技法规范得到顺利的贯彻执行。因此，一般道德规范与科技法规范之间，存在着互相制约、互相促进、相辅相成的共变关系。

3. 科技法与宗教规范的关系

科技法规范建立在高度严格地尊重科学的基础上，有神论、男尊女卑、宗法关系、宗派关系、封建的等级关系等等，与之无缘，为其绝对排斥。

宗教规范建立在有神论的基础上，有的宗教甚至强调男女不平等、宗法亲疏、宗派远近、等级高下、良贱相陵、弱肉强食的合理性。

因此，科技法规范与宗教规范是互不相容、互相排斥的。科技法规范性质先进，宗教规范性质落后；科技法规范地位革命，宗教规范地位保守。我们要努力发展科技法，促进科技更快进步，用科学的力量击败宗教的力量，以科学的事实摧毁宗教的神话。

4. 科技法同习俗的关系

人类习俗，精粗并存，高下同在，不可一概而论。封建迷信的习俗，有碍于科技社会关系的法律调整；诚实淳朴的民风，却有利于科技法规范的实施。"太岁头上不能动土"，不是"黄道吉日"不能远行，"男女授受不亲"是犯忌的事情等等习俗和说教，无疑与科技法对科技活动和科技社会关系的合理调节不相适应。因此，科技法规范在排除不良习俗对科技社会关系调整的干扰方面，起着重要的作用。科技法与习俗相比，前者无疑具有起指导与规范作用的地位。习俗相对于科技法，"顺之者存，逆之者亡"。

第十三章 科技法的作用

关于科技法的作用，可以从消极作用与积极作用、一般作用与特殊作用等不同的角度进行分析。为了理解的方便，我们从以下四个方面论述科技法的作用：科技法的消极作用；科技法的一般积极作用；科技法在新技术革命中的作用；科技法在我国科技体制改革中的作用。

一、科技法的消极作用

迄今为止，我们从未见到论及科技法的消极作用的文字。人们似乎有一种错觉，以为科技法所起的作用都是积极的；阻碍甚至破坏科技社会关系的合理调整，从而阻碍和破坏科技发展的科技法是不存在的。

这种看法，起码无法解释科技法需要不断地修改的事实。

我们认为，科技法的主要作用，或者说，科技法的主流，是其积极作用。但是，全部科技法中，确有部分法规起过阻碍科技进步的消极作用，其表现形式主要是：

（一）在法律条文中明确规定阻止科技发展的宗旨

例如，美国国立卫生院授权制定的《DNA分子重组实验准则》，就明确规定限制DNA分子重组的实验和有关技术的发展。1970年，美国科学家斯密特在实验室里首先人工合成了DNA，揭开了生物技术开发与利用的崭新一页。然而，由于对DNA重组技术可能带来的风险估计过高，几乎达到了恐怖的地步，生怕人类有朝一日会为自己的发明付出毁灭自己的代价，反而在其起步之初即加以限制。这就是美国国会于1975年通过的一项不向某些生物技术开发项目投资的法律。美国纽约州、马里兰州及剑桥、波士顿、伯克利、艾基维里、阿姆伯斯特、沃尔他姆、纽屯及贝尔蒙特等市，也纷纷制定了控制生物技术发展的法规。这就造成了一个全国与地方立法相互结合阻碍生物技术发展的局面。其高潮即是1976年的《DNA分子重组实验准则》的颁布。该《准则》规定："下列实验目前不得开始进行：(1) 不管所用的宿主——载体系统是什么，采用凡属于'以危险性为基础的病原物分类'中第三、四、五类的病原体，或者被癌症研究所列为中等危险的致癌病毒，或从已知被这类病原物感染的细胞而来的重组 DNA 的克隆系；(2) 故意构建含强烈毒素（如内毒杆菌素或白喉素、昆虫或蛇的毒液等）的生物合成的基因的重组 DNA；(3) 故意用植物病原构建可能提高其毒力和扩大寄生范围的重组 DNA；(4) 故意将任何含有重组 DNA 分子的生物体释放到环境中去；(5) 如果一种获得抗药性的微生物会妨碍药物在人类医疗、兽医或农业上防治病原物的应用，把其抗药性转移到不能自然获得这种抗药性的微生物上。"在关于物理防护、有关机构和科研人员的职责方面，也做了许多限制 DNA 分子重组技术发展的规定。加利福尼亚大学克莱茵教授，就曾由于没有得到国立卫生院的批准，自行决定对两名患有 B 型地中海贫血症的妇女试行基因疗法，而失去了该院提供的 15 万美元的研究经费，同时还失去了国立心脏血液研究所提供的 24.4 万美元的研究经费。十分明显，《DNA 分子重组实验准则》的宗旨及其实施结果都表明，它是阻碍生物技术发展的消极立法。正因如此，当人们重新估价了 DNA 分子重组的风险性，认识到先前的恐惧十分不必要时，就一而再、再而三地修改《准则》，放宽限制标准，使之不能再起消极作用。

（二）扩大原有科技立法的适用范围，使之具备阻止某一方面科技发展的作用

例如，美国的《有毒物质控制法》，主旨在于防止化学物质对人类健康及生存环境的危害，属于环境保护立法的一种，具有积极的作用。但美国在 70 年代曾对此法的一些条文做扩大解释，把脱氧核糖核酸即 DNA 也包括在"化学物质"之内；规定如果"制造、加工、销售、使用和处理"这些"化学物质"，环境保护局可以其"将造成对健康和环境的风险"，采取"(1) 禁止完全或部分制造、加工、销售该物质；(2) 限制制造、加工、销售有关物质的数额""(6) 禁止任何形式控制该物质的商业利用和任何形式的处理"等等方式，限制以至禁止其发展。这当然也起了限制生物技术发展的消极作用。

此外，禁止自由地进行科学技术活动的宪法规定、禁止科技人才自由流动的规定、禁止科技市场自由发展的规定、禁止或限制技术进出口的规定、错误设置科技行政的机构或科技研究机构的法规、与中央积极的科技立法相抵触的地方科技法规等等，都在阻碍科技发展的消极科技法之列。

造成消极科技法出现的原因，大致有二：

第一，统治阶级为了维护自身的利益，故意为科技进步设置障碍。

在国际科技转让法规中，一些发达国家长期地顽固坚持规定许多限制性条款。这对这些国家本身或许暂时无不利，甚至还有益处，但从人类科技进步以及从这些国家的长远利益来看，却起了阻碍科技发展的有害作用。

第二，人类认识水平的局限，是造成消极性科技立法的主要原因。上述美国《DNA

分子重组实验准则》的制定，就是囿于对 DNA 分子重组的错误认识而造成的。这当然只能通过科学技术的进步来提高认识，从而改变原先的法律规定，使其不再起消极作用。但人们的认识总是有局限的，错误认识的产生几乎是不可避免的。因此，应当有永远存在消极的科技法的思想准备，随时准备为修改科技法而努力。

二、科技法的一般积极作用

科技法的消极作用，在科技法总体中只是支流，是次要的。其主流是积极的，主要表现在以下几个方面：

（一）促进和保障科技进步

这是科技法最重要的积极作用。科技法通过调整科技行政关系，理顺科技劳动管理组织的隶属关系，使科技劳动的管理强劲有力、有条不紊，充分发挥科技劳动管理机构的作用，在科技政策的制定和执行、科技规划的制定和实施、科技劳动组织和科技人员积极性的调动方面，对科学研究和技术开发作组织保证、管理保证；科技法还通过调整科技民事关系，维护科技活动的自由，保护科技人员的权利，保证科技劳动管理机构、科技劳动组织和科技人员依法履行科技义务；科技法通过法律化的科技规范，保证科技活动的正常开展；通过调整科技开发机构与企业界的关系，有力地促进科技成果的应用与推广；等等。所有这一切，无疑都会对科技进步起促进和保障的作用。

（二）防止科技发展的消极后果

科技发展一方面成为生产力发展的决定性因素，对经济的繁荣、人民福利的增长和国家实力的增强产生巨大的影响；另一方面，还可能带来环境的污染、生态平衡的破坏，甚至会造成毁灭性的灾难，而在日常的科技劳动中，也常造成设备的毁损或人体健康的危害。

对于防止科技发展的一般消极后果，从科技规范转化而来的法律化科技规范，能起有力的"消灾弥难"的作用。人们由于遵守法定的操作规程，维护法定的科技标准，可以避免许多事故的发生。

对于严重的科技发展消极后果，专门的科技立法将起有力的防止作用。作为环境保护基本法的"环境保护法""公害对策性"和"自然保护法"，以及作为环境保护部门法的"水污染法""噪声防治法""空气污染法""海洋倾废法""放射线灾害防止法"等等，构成一个防止科技发展重大消极后果的科技法体系，有力地防止科技进步的有害后果。

（三）推动国际科技交流与科技合作

社会发展到 20 世纪，由于交通的发达与通信技术的发展，任何国家如果采取闭关锁国的政策，都只能迅速落后；只有实行开放的政策，积极扩大国际交流与国际合作，各方面的事业才可能日益发展。科技方面也是如此。国际的科技交流与科技合作，在人类的科技进步和每一个国家的科技水平提高方面的作用，已变得越来越重要、越来越巨大了。

科技法通过调整科技国际关系的法律规定，促进和保障国际的科技交流和国际的科技合作，在为一国的和全人类的科技进步方面，发挥了巨大的作用。正因如此，现在不仅国际间的双边或多边的科技交流、科技合作协定大量签订；而且像"尤里卡计划""科技进步综合纲要"等国家、集团性的科技合作计划也出现了；甚至联合国也积极在科技合作与交流中发挥作用，主持签订了许多全球的公约、协定、条约，促进和保障全球性的科技交流和科技合作。

除上述科技法的一般积极作用外，还有必要了解一下科技法在新技术革命时代的特殊的积极作用，和在我国科技体制改革中的特殊的积极作用。

三、科技法在新技术革命中的作用

新技术革命的迅猛发展，提出了新的法制需求。适应这种新的法制需求，科技法就表现出了超乎寻常的新作用。

新技术革命提出的新的法制需求主要有以下几种：

（一）进一步调整科技劳动组织之间和科技人员之间的关系

新技术革命带来的电子化、信息化以及产品的微型化、知识密集化等等，使得科技活动同时向两个相反的方向发展：一个方向是各个科技环节之间的有机联系更加紧密，任何一个中间环节的缺损都会导致整个科技活动的中断和失败，因此，要求加强科技劳动组织之间和科技人员之间的联系、交流与合作；另一个方向是科技劳动组织或科技人员单独活动的条件更加优越，因为信息的获取已经空前的方便，操作的自动化带来了个体活动的广阔天地。既要协作与集中管理，又要分散与发挥个人的积极性，二者的协调就要求适当改变科技劳动组织内部、科技劳动组织之间以及科技人员之间的联系方式，相应地，还要调整其权利义务关系等等。

（二）进一步改变社会、国家对科技活动的管理

集中全国的科技精英、财力和物力，协调主要的科技机构，以攻克诸如航天、超导、海洋和生物技术方面的重大科技课题；协调一切政府机关之间的关系，以保护上述任务的完成；联合科技研究力量（包括高等院校的科技力量）、产业界的力量，在政府的统一领导下共同攀登科技高峰；加强国际交流与国际合作；等等。这些都是新技术革命发展中对科技行政提出的新要求，它寄厚望于科技行政法律帮助建立新的科技行政关系，并保证调

整好这一关系。

（三）每一种新技术、高技术的发展，都要求以专门的科技法加以调整

例如，原子能事业的发展，提出了尖锐的原子能安全问题，从选址、建厂、操作、运输到废物处理，都必须有极严格的管理制度，并以法律的强制力作为后盾。

信息技术的发展，要求以法律规定计算机及信息的使用条件、目的、程序、范围、管理监督制度；获取信息的合法性条件及正当手段；使用、管理工作人员的挑选和保密规定；对破坏、销毁、窃取、扰乱计算机信息管理制度的犯罪行为的法律制裁办法；等等。

生物技术的发展，提出了父母子女血缘关系的界定办法；试管婴儿的家庭身份及亲子、抚养、继承和监护问题的法律调整手段；人工授精与通奸罪的传统规定的关系，脑死亡、安乐死等的合理认识和处理的法律规定；等等。

所有这些新技术、高技术的发展，各自都提出了传统的法律甚至以往一般的科技法所不能妥善解决的问题与法律需求，从而要求针对这些新技术、高技术的发展，一一制定新的科技法。

（四）进一步调整国际关系以适应新技术革命推动人类向浩瀚的海洋和广漠的宇宙空间进军而提出的新的法制需求

航天技术的发展，引起了宇宙空间的利用和占有的新的权利义务关系；海洋技术的发展，导致大陆架和海洋资源开发的纠纷日益增多；能源技术的发展又提出了国际环境污染的问题。

总之，从国际到国内，从宏观到微观，从集体到个体，由于新技术革命的发展，权利义务关系有了很大的改变。这就为科技法在新条件下发挥特殊作用创造了良好的条件。

科技法在新技术革命中的特殊作用，主要表现在以下几个方面：

第一，以新的科技行政法调整新的科技行政关系，保证新技术革命得到国家科学合理的政策、组织和财政等支持。

20世纪六七十年代以来，发达国家纷纷以新的立法来调整国家对科技活动实行领导的机构，使之不断强化、高效化，就是明显的例证。现在，以立法加强全国性的统一的科技领导机构，成了科技法发展的一种新的趋势。例如，苏联部长会议于1966年10月1日发布了《苏联国家科学技术委员会章程》。

该章程规定苏联国家科委的主要职能是：

（1）确定全国科学技术的基本发展方向；

（2）组织跨部门的科技发展工作，并协调各部所属组织的活动；

（3）对国民经济各部门的技术水平实行国家监督；

（4）组织和监督科技成果的推广。

根据这些规定，苏联国家科委就可把新技术、高技术发展的领导权置于自己的掌握之中。

法国总理府曾有科研国务秘书之设，内阁则有科研部、科学技术研究总代表处。1977年12月31日，法兰西共和国政府以"《77-1534号法令》(关于技术研究协调委员会的成立)，在科学技术研究总代表处下设立了"技术研究协调委员会"。这对协调、管理法国新技术革命的发展起了重要的组织保障作用。

美国国会于1976年5月11日通过《美国国家科学技术政策、组织和重点法》，对总统下设的科学和技术政策办公室的组织、职能、政策的制定，与其他机构的协调等做了明确的规定，使其得以对新技术革命实行有力的领导。

第二，以针对新技术、高技术部门的专门科技法，保证对该科技部门的特殊科技社会关系做合理调整。

例如，为了促进和保障信息技术的发展，发达国家纷纷制定了计算机法、计算机软件保护法、半导体芯片保护法、数据保密法、计算机犯罪对策法；为了促进和保障新能源技术的发展，许多国家制定了原子能基本法、能源开发法、石油开发法；为了促进和保障生物技术的发展，许多国家制定了基因重组实验准则、种苗法、植物新品种保护法、动物新品种保护法；为了集中科技精英、财力、物力协作发展新技术、高技术，许多国家制定了高技术区建设法；等等。

这些法律由于科学、合理地调整有关部门科技活动中产生的新的科技社会关系，对科技劳动组织集体、科技人员个人的权利义务做了合理的保护，从而大大促进了有关科技部门的发展。

第三，以针对调整新型的科技国际关系的科技法，保证协调国际的科技合作和防止科技纠纷、环境污染和生态失衡。

这在国际空间法和海洋法方面，得到比较突出的反映。联合国于1967年1月27日通过的《关于各国探测与利用包括月球和其他天体在内的外层空间活动所应遵守的原则条约》(简称《外空条约》)；1968年4月22日通过的《关于援救宇宙飞行员，送回宇宙飞行员及送回射入外层空间物体的协定》(简称《援救协定》)；1979年12月5日通过的《指导各国在月球和其他天体上活动的协定》(简称《月球协定》)；1975年5月21日签订的《关于转播由卫星传输的载节目信号公约》；1982年签订的《海洋法公约》《领海毗连区公约》《公海公约》《大陆架公约》和《公海捕鱼和生物资源养护公约》；等等。这些科技国际法，对空间与海洋新技术、高技术的发展，都起了积极的作用。

除以上三方面外，特别值得指出的是，新技术革命的发展，还使得科技法与刑法、婚姻家庭法发生了更深更密切的关系，使科技法不仅负有调整科技政关系、科技民事关系与科技国际关系的任务，而且承担起调整科技刑事关系等的责任。计算机犯罪对策法（或惩戒法）等的制定，就是一种明显的表现。这不仅扩大了科技法发挥作用的范围，也使科技法的形式得到了发展。科技法的功能与结构，正是在这样的互动中不断地发展。

四、科技法在科技体制改革中的作用

科技体制应当随着生产和科技的发展、适应社会改革的进程，动态有序地进行改革。我国科技体制改革，在中共中央和国务院的领导下，正如火如荼地发展，已经取得了一定的成效。科技工作的运行机制正在发生可喜的变化，出现了科技工作为经济建设服务的前所未有的活跃局面。在科技体制改革中，科技法发挥了它的特殊作用。

《科技法律手册》一书在论及这一点时指出，科技法在科技体制改革中的特殊作用主要表现在三个方面：

第一，通过科技立法指明科技体制改革的方向和策略，把党和国家的科技政策等具体化、条文化，让人们有所遵循，使科技体制改革在全国范围内有计划有步骤地进行；

第二，通过科技立法废止一些旧的科技管理制度，建立新的科技制度，并指明实施新制度的方法；

第三，通过科技立法总结科技体制改革所取得的经验，及时纠正改革中出现的偏差，用法律形式保护科技体制改革的积极成果，通过科技立法逐步建立健全新型的先进的科技体制。

该书关于科技法在科技体制改革中的特殊职能的论断，无疑是正确的。它指明了科技法在科技体制改革中可能发生积极作用的范围。那么，现实生活中，科技法对科技体制改革已经产生了怎样的作用呢？举其要者，大致有以下四个方面：

第一，发布《国务院关于科学技术拨款的暂行规定》，实施科技拨款管理制度的改革。

这一科技法规是国务院于1986年1月23日发布的。在此之前，我国科技拨款制度是"供给制"的，即地、市级以上的独立研究机构和开发机构，其经费靠政府财政供给。其弊病主要是造成科技与生产脱节，科技投资强度降低导致任务不足与人才浪费，研究项目低水平重复从而影响投资效益，不利于调动科技人员积极性从而影响研究水平与工作效率的提高，"大锅饭"造成了人才积压，不利于人才的发现与造就等等。

这一科技法规的发布，体现了科技事业费管理制度改革的基本原则。这些原则是：科研事业费实行归口管理；科研机构实行分类管理；广开经费来源，实现科技事业费来源的多渠道化；经费和任务挂钩，实行部分有偿使用；打破条块分割，提倡竞争，择优支持。

为了有效地实施《国务院关于科学技术拨款的暂行规定》，国家科委、财政部、税务总局、工商银行等相继制定了一系列配套的改革措施。

该《暂行规定》的实施，取得了可喜的成效。其一，科技机构因面向经济、面向社会取得了前所未有的效益，收入大大增加。其二，给科技机构带来了五个方面的变化：一为科研人员思想观念变化，开始重视科技的经济与社会效果；二为经营管理方式由封闭型向开发型转变；三为经济状况实现良性循环；四为科技人员知识结构有了变化，知识不断更新；五为人际关系变化，积极性得到更好的调动。

第二，发布《关于实行专业技术职务聘任制度的规定》，改革职称评定，实行专业技术职务聘任制度。

该《规定》是国务院于1986年2月18日发布的。《规定》所指出的专业技术职务聘任制度的基本内容是：专业技术职务是根据实际工作需要设置的有明确职责、任职条件和任期，并需要具备专门的业务知识和技术水平才能担任的职务岗位，不同于一次获得后而终身拥有的学位与学衔等各种学术、技术称号。《规定》发布后，中央职称评定工作领导小组陆续批准转发了21个系列的专业技术职务试行条例和实施意见及5个靠用系列的请示报告和实施细则。

《规定》和一系列"试行条例""实施细则"保证了专业技术职务聘任制的实行取得成功，主要表现在：激发了专业技术人员奋发向上的进取精神；使专业技术队伍的高、中、初结构比例趋向合理；一批优秀的中年专业技术骨干优先得到了晋升和聘任，一些青年科技人才脱颖而出；有利于人才的合理流动；各级领导和专业技术人员的岗位责任制开始得到加强；有利于离、退休工作，使整个科技队伍保持了生机和活力。

第三，1986年2月，国务院发出成立国家自然科学基金委员会的通知。

该通知具有法律约束力。随后，国家自然科学基金委员会受权陆续制定了《国家自然科学基金项目指导》《国家自然科学基金委员会关于申请项目评审工作暂行办法》《国家自然科学基金委员会关于重大项目评审管理暂行办法》《国家自然科学基金委员会青年科学基金暂行办法》《国家自然科学基金资助项目研究成果评议鉴定暂行办法》《国家自然科学基金资助项目财务管理暂行办法》等一系列有关业务的具体规定。

这些通知和规定明确了科学基金工作的指导思想和工作原则，规定了自由选择项目的择优条件、工作程序和要求、重大项目的组织实施以及国际交流合作方面的问题。这样，在实践中，正逐步形成具有我国特色的科学基金制度，并推动我国《自然科学基金法》的制定。

第四，制定《技术合同法》，推动我国技术市场的蓬勃发展。

《技术合同法》是1987年6月23日由六届全国人民代表大会常务委员会第二十一次会议通过的。该法于1987年11月1日起付诸实施。在这前后，中央发布了《技术市场管理暂行办法》；地方如广东、沈阳等省市制定了《广东省技术市场管理规定》《沈阳市技术市场管理暂行办法》《技术合同登记暂行办法》《专利许可证贸易管理暂行办法》《加强军转民技术市场管理的有关通知》《技术开发经营机构管理暂行规定》《技术出口管理暂行规定》等配套细则。

这些法规对我国技术市场的形成、发育、发展壮大，起了重要的推动、保障作用，从而促进了科学技术成果的推广应用；增强了科研单位自我发展的能力；促进了科技成果从实验室转移到工厂，从沿海转移到内地，从军工转移到民用，从技术密度高的地区转移到低的地区；促进了智力和人才的流动；促进了科研和生产的联合；等等。

我国科技法制建设起步较晚，但发展迅速，在科技体制改革中已经发挥了突出的作用。现在，原子能法、科学研究和技术开发机构法、科学技术学术团体法等正在加紧制定；科学技术基本法、科学技术组织法、科学技术劳动法、科学技术基金法、科学技术奖励法、科学技术评估法、防止不正当技术竞争法、技术成果推广法、新技术风险投资法等一系列科技基本法都正在计划制定之中。

毫无疑问，我国科技法的发展，将为进一步调整有计划的商品经济新秩序下的新型科技社会关系做出贡献，从而推动科技进步达到新的高度。

第十四章　科技法的体系

一、关于科技法体系的几种设想

科技法体系问题，是科技法学的一个基本理论问题，也是科技法制建设的一个重要实践问题。因此，我国科技法学研究之始，理论部门和实践部门就重视对这一个问题的探讨，各自提出了一些设想。其中，比较有代表性的是国家科学技术委员会作为科技法制建设的实践部门提出的设想，及西安交通大学技术经济法律研究中心作为科技法学理论部门提出的设想。下面我们介绍两家的设想，供研究科技法体系的同志参考。

（一）科技法制建设实践部门的设想

这一设想见诸国家科学技术委员会公布的"科学技术白皮书第2号"《中国科学技术政策指南》[①]。

有关设想的依据是我国法律效力等级递减的下列层次：宪法，基本法，基本法以外的法律，国务院行政法规，地方性法规和民族自治地区单行条例，国务院各部、委、直属机构的规章（亦称部门性法规）。

原国家科委政策局根据我国科技事业发展的需要，初步设想从两个方面完善我国科技法的体系。

第一个方面是逐步进行研究和制定下列科技法律：

1.科学技术基本法。这是同民法、刑法、国家组织法一样的效力等级，仅次于宪法的大法，是科学技术工作的"宪法"。该法包括国家发展科学技术的目的、基本方针、体制、科技管理机构和科技研究机构，及科技人员的权利义务、拨款制度、奖励制度及发展国际科技合作和交流的基本原则等。

---

① 科学技术文献出版社1987年版，第62—65页。

2. 科学技术组织法。这是一部以宪法和科学技术基本法为依据的科学技术行政法。该法规定国家科技管理机构和科技研究机构的建制、任务、职责、权限和相互关系，科技战略和计划的决策程序、执行方法、监督检查制度、工作人员的选拔、使用、招聘和奖励及惩罚制度等。

3. 科学技术劳动法。该法的任务是保护公民从事科技劳动的合法权益，鼓励发明创造，促进智力开发，保障学术自由，贯彻"各尽所能，按劳分配"的原则和尊重知识、尊重人才的精神。

4. 科学技术研究所法。

5. 科学技术学术团体法。

6. 科学技术基金法。

7. 科学技术奖励法。

8. 科学技术评价法。

9. 防止不正当技术竞争法或科技成果推广法。

10. 新技术风险投资法。

11. 原子能法。

第二个方面是完善行政法规和部门规章，使"七五"期间到20世纪末我国科技法形成一个不同层次的法律、行政法规和部门性法规组成的树状结构。设想特别加强以下几方面行政法规的制定工作：

1. 科学技术行政管理法规，包括规定关于国家和地方各级科学技术行政部门的体制、职责、权限和相互关系，以及科学技术行政人员使用、选拔、奖惩等方面的法规。

2. 科学技术计划法规，包括关于国家和地方发展科学技术的规划和原则、方法、内容和计划的管理体制、编制程序以及计划的执行、检查、监督和奖惩制度的法规。

3. 科学技术民事法规，包括关于调整公民、法人在科技活动中的财产权利、人身权利和著作权、专利权、商标专用权、发明权、发现权、科学技术成果权、技术革新权、数据权等知识产权关系的法规。

4. 科学技术刑事法规，包括关于科学技术活动中犯罪和刑罚规定的法规。

5. 科学技术劳动法规，包括关于公民从事科学技术劳动的权利、义务、学术自由等的法规和不同部门、职务、贡献的科技工作者的工资、津贴、休假、劳动时间、劳动方式、劳动条件、进修培训、安全保障、伤亡抚恤和奖惩制度的法规。

6. 科学技术条件法规。

7. 科学技术财政法规，包括关于拨款制度、预算和决算制度、税收制度、贷款制度、风险投资制度的法规。

8. 科学技术振兴法规，包括关于国家为了促进高技术、新兴技术和对国民经济具有重大意义的应用技术的开发、推广和发展制度的特别法规。

9. 科学技术标准的规范。

10. 国际科技合作法规，包括技术引进管理条例、技术出口管理条例、中外合作研究条例和对外科技合作的国际私法通则等。

（二）科技法学理论研究工作者的设想

这一设想见诸西安交通大学科研处科技情报室编的《科学技术报告》第86—319号，题为《试论我国科技法的体系》。

该文设想我国科技法体系首先宜有一个科技基本法，规定科技法的调整对象、总的科技立法方针和奖惩原则；认为该法除规定科技法的对象、范围外，至少还应包括关于科技法律关系的规定；奖惩的总原则和组织管理的基本规定；与有关法规的关系。

除科技基本法外，该文提出，我国科技法体系应包括下列几个方面的科技法规：

1. 科技成果权法规，这是保障科技成果权的基本法规，带有总则性。此外还应有一系列具体法规，如专利法、商标法、版权法、软件保护法、专有技术法、国家知识产权管理条例等。

2. 科技成果流通法规，包括技术合同法、技术开发合同实施条例、技术转让合同实施条例、技术服务合同实施条例、技术市场管理条例、科技人员业余兼职劳动条例、科技成果公证和鉴证条例、科技合同仲裁条例、防止不正当技术垄断条例等。

3. 自然资源和环境保护法规，除综合性的环保法外，还包括土地法、森林法、矿产资源法、水资源保护法、城市上下水道管理条例、城市噪声管理条例、文物古迹保护法、生物化石保护法等。

4. 能源法规，除能源基本法外，还包括节约能源管理条例、扶持节能产品条例、核设施安全管理条例、放射防护管理条例、矿产资源有偿开采管理条例、城乡集体和个人开矿管理条例、新能源利用和开发条例、电力工业振兴条例、石油工业振兴条例、集资办电管理条例、乡村电力管理条例等。

5. 标准化法规，除标准化法外，还包括标准化管理条例、采用国际标准管理办法、工业企业标准化工作管理办法、能源标准化条例、信息技术标准化条例、统一计量制度的命令等。

6. 信息技术法规。

7. 新技术开发法规，具体的有国家新科技发展计划条例、科学技术发展预测条例、科技开发可行性论证条例、科学技术评价工作条例、国家科技项目招标条例、科学技术攻关条例、新技术风险投资法、新技术税收优惠条例、生物工程开发条例等。

8. 科技管理组织法规，包括国家科委组织条例、科学社团条例、科学基金条例、技术引进条例、技术改造条例、科技成果申报与管理条例、科技成果鉴定条例、科学技术保密条例、科技情报档案条例、科技人员聘任条例、科技人员合理流动条例等。

9.科学技术涉外法规。除作总体规定的涉外科技法外，还包括国际科技合作的国际私法条例、技术引进管理条例、技术出口管理条例、生物资源出口管理条例、中外合作研究和开发条例、智力引进条例等。

二、对科技法体系的几种设想的评析

上述关于科技法体系的设想，对我们研究这一问题极有启迪意义。在我国科技立法起步不久，科技法学研究刚刚开始的情况下，对科技法学体系做内容如此丰富、体系如此庞大、结构如此复杂的设想，证明我国科技法学研究有巨大的潜力。

上述设想的特点如下：

1. 具有鲜明的中国特色

一家设想本来就是关于中国科技法的体系的阐述；另一家虽未标明是专指中国的科技法体系，但也显然是为中国科技法体系而规划的。因此，这两种设想都密切结合中国的实际，从中国的国情和科技法规的现状出发，具有强烈而鲜明的中国特色。

2. 带有强烈的实践性和可操作性

由于是为中国科技立法所做的设想，所以都注意了有关科技法制定的缓急、主次，并对每一主要类别的科技法内容提出具体的建议。这样，科技法体系的研究，对科技法制建设的实践就起了重要的指导作用。其操作化建议，完全有可能在我国科技立法实践中得到采纳。尽管两家关于某些科技法制定的先后次序设想不同，例如国家科委认为目前制定科技基本法的条件还不成熟，而西安交大方案认为迫切需要优先制定科技基本法，但是，体系研究注重了实践性与可操作性等，却是其共同特点与共同优点。

3. 吸取了发达国家科技法体系化的经验，借鉴了这些国家完善科技法体系的成果

从两类设想中都可以看出，许多科技法规是中国所没有而且客观实践尚未提出这类立法的需求的。那么，有关设想只有一个来源，就是参照国外科技立法的成果、借鉴其科技法体系的经验。毋庸置疑，在科技法体系的研究中，借鉴别国的成功经验，是完全必要的。

上述两设想比较而言，国家科委的设想比西安交大的方案更科学、更合理一些，这主要表现在如下方面：

1. 科技法部门划分的标准

国家科委的设想，采取了统一的划分标准。在一级划分中，按科技法的法律效力，分为科技法律和行政法规两大类。在二级划分中，关于科技法律，按法律调整的范围进行划分；关于行政法规，则按科技行政关系进行划分。在三级划分中，又各自根据每一部门法律或行政法规的内部特点进行划分。三级划分，层次自然，极少能有交叉重叠的现象。

西安交大的设想，在划分科技法的标准上是不统一的。例如，将信息技术法规单独列出，同时又并列划出了新技术开发法规，后者内有生物技术工程开发条例等，其实与信息技术法规是同一系列。能源法规一般来说也可列入新技术开发法规之内。能源法规中列有放射线防护管理条例与环境保护法规的大类也是冲突的。

2. 科技法性质的认定

也许，将专利法、商标法、环境保护法等列为科技法，会引起经济法学者，甚至会引起民法学者的不同意见。但是，在科技法学者之间，是不会有争议的。——分析国家科委设想中的全部科技法规，全都可以列为科技法学者心目中的科技法；但西安交大的方案却不能同作如是观。例如，该方案将矿产资源有偿开采条例、城乡集体和个人开矿管理条例、集资办电管理条例等列为能源法规（当然也是科技法规），就不恰当了。因为这些法规与科技社会关系的调整、与科技活动关系较远，应列入经济法规或行政法规的范畴之内。

那么，究竟怎样更好地确定科技法体系呢？

为了更好地确定科技法体系，我们不妨再来看一看日本科学技术厅编的《科学技术六法》。

三、日本"科技六法"及评析

日本内阁总理府科学技术厅编的《科学技术六法》分六篇，每一篇又分为若干部分，兹录如下：

第一篇　行政组织
　　第一部分　一般行政组织
　　第二部分　研究机关等
　　第三部分　定员
　　第四部分　委员会、市议会等
第二篇　法人
　　第一部分　特殊法人等
　　第二部分　公益法人
第三篇　国际科学技术博览会与技术士
第四篇　原子能利用
　　第一部分　通则
　　第二部分　核原料、核燃料与原子反应堆的规定
　　第三部分　辐射损伤的防止
　　第四部分　原子能损害的赔偿
　　第五部分　电源开发

  第六部分 其他
第五篇 有关法令
  第一部分 税制
  第二部分 补助金等
  第三部分 海洋
  第四部分 宇航事业
  第五部分 灾害对策
  第六部分 环境保护
  第七部分 技术引进
第六篇 条约
  第一部分 科学技术合作
  第二部分 原子能
  第三部分 宇宙开发
  第四部分 海洋
  第五部分 其他[①]

  上录日本《科学技术六法》每一篇的各个"部分"之下，都有若干个科技法规或别的部门法中涉及科技社会关系的法律规定。

  笔者作为中国赴日科技立法研修团的成员，曾对日本科学技术厅、日本众议院科学技术委员会等单位做过访问，与有关官员做过长时间的座谈，并与日本法学家就科技法制问题交换过意见。日本官方与学者大多不认为存在所谓科技法的独立法律部门。所谓《科学技术六法》，指科学技术厅活动的指导法规。在《通商产业六法》《农林水产六法》等"六法"中，也有相当数量的科技法规。但从《科学技术六法》的编辑中，我们也可以得到些许启发。

  第一，科技法体系中，包括一般行政法等部门法中对调整科技社会关系也起作用的法律规定。例如，首篇第一部分内，就有《国家行政组织法》《总理府设置法》。这些法律并没有特别规定诸如科学技术厅的设置等问题。但是，由于有关规定可以援引来调整科技行政机关的设置，于是被编入《科学技术六法》。

  这启迪我们，广义的科技法甚至于可将其领域扩展到一般行政法等方面。这当然不适合于具体的科技法立法工作，因为那必定要以狭义的科技法为限。但是，在讨论科技法体系的时候，不妨旁及这类"近亲"，以使科技法体系建立在一个更广泛的基础之上。

  同时还启迪我们，科技法是一个开放的体系，可以不断地吸取并行的部门法为己

[①] [日]科学技术厅编：《科学技术六法》，《科学技术六法》翻译组译，科学技术文献出版社1989年版。以上，笔者译自日文版《科学技术六法》1987年版。

所用。其实，别的部门法也应成为开放的体系，大可不必"以邻为壑"地弄得"壁垒森严"，这反而会使本部门法的发展受到限制。

第二，以法律所调整的社会关系作为划分科技法部门的标准。

上录日本科技六法大体上是按照所调整的科技社会关系划分的。第一编用于调整科技行政关系；第二编、第三编调整科技法人关系；第四编调整原子能事业发展中的社会关系；第五编调整与科技活动有关的其他方面的社会关系；第六编调整科技国际关系。虽然《科学技术六法》按科技社会关系划分科技法并不十分明晰、严格，但大略的轮廓与轨迹，确是如此。

这启迪我们，以科技社会关系的类别为标准，可以划分科技法，也可以构筑科技法的体系。

第三，日本科技六法把"关系法令"列入科技法的范围。这些关系法令，如《所得税法》《法人税法》《领海法》《飞机制造事业法》《气象业务法》等，与科技发展的某些方面都有重要的关系，虽然其本身不属于科技法的范围。

这启迪我们，在考虑科技法体系的建立时，不要忘记关系法令的健全，否则，孤立的科技法体系再完备，也可能因得不到关系法令的支持而事倍功半。

但是，日本《科学技术六法》的编纂，毕竟有其不符中国习惯的地方。例如，将环境保护方面的一系列法规，如噪音限制法、公害对策基本法等，排斥在基本的科技法之外而作为"关系法令"对待；将《飞机工业振兴法》《通讯、广播卫星机构法》等也排斥在基本的科技法之外，也作为关系法。不过，这在日本来说，是不必考虑的，因为他们还不认为有独立的科技法；而对我国研究科技法体系、建立和健全科技法体系，却必须认真对待。

四、科技法体系之我见

综上所述，我认为确定科技法体系时，首先必须统一对以下问题的认识。

（一）把科技法体系和中国的科技法体系这两个既有联系又不相同的概念区别开来

法律体系通常指由一个国家的全部现行法律规范分类组合为不同的法律部门而形成的有机联系的统一整体，但也可指一个国家计划制定的法律规范分类组合为不同的法律部门而形成的有机联系的统一整体。我国的科技法制建设起步不久，已经制定的现行科技法规数量甚少，自然难以"体系"相标榜。但从我国有关部门的科技立法计划来看，一个比较齐全的科技法体系，是有可能在若干年后逐渐形成的。这个科技立法计划，可以国家科委设想的方案为蓝图。但是，这毕竟只是中国的科技法体系。它应与一般的科技法体系大体相合，但绝不会那么齐全。因为无论哪一个国家，总有一些科技法部门不是必需的。而对于一般的作为科技法学研究对象的科技法体系来说，它应当是齐全完备、无所欠缺的。

正因如此，当我们从科技法学的理论角度来研究时，一方面，要参照我国的以及其他国家的科技法体系，另一方面，又要不拘囿于具体国家的特定科技法体系。我们所要探讨的，是既适用于这一或那一具体国家的关于科技法体系的一般描述，又与这一或那一具体国家的特定科技法体系不完全相同、不完全吻合的一般的科技法体系。

（二）把科技法体系的研究与科技立法的总体计划区别开来

关于科技法体系的研究，目的是弄清这一体系的范围、结构及其各组成部分之间的有机联系。科技立法的总体计划都是根据我国的需要，分缓急主次来进行科技立法的设想。这一设想要指明全部立法的范围，这与科技法体系密切相关；要注意各项立法之间的有机联系，这也与科技法体系的理论有关；但不必考虑"体系"的完整性和"结构"的齐全性，因为它只要与国家需要相符就可以了。因此，我们不能将科技立法的总体规划拿来当作我国的科技法体系，更不能当作一般的科技法体系。

在统一了以上两方面的认识之后，为了能确定一般的科技法体系，我认为还必须明确这样几点：

第一，我们只应确定科技法体系的框架，而不要试图把整个科技法体系的每一细枝末节都详尽无遗地描述出来，因为那实际上是办不到的。

第二，科技法体系是一个动态的复杂系统，它将随着科技发展的日新月异、随着所需调整的科技社会关系的变化而动态有序地变化。因此无论对一般的科技法体系来说，还是对一国的科技法体系来说，永远都在变动之中，今天的认识将会被明天的实践所更新。

第三，科技法体系是立体的网状结构，而不应是平面式的树状纵剖结构。具体来说，在科技法体系中，具体的科技法部门可能将是关系重叠、功能多重、联系广泛的科技法体系之网上的关节点；而不是树状纵剖平面图上的与其他枝叶不相干的一枝。例如，原子能法在国家科委的设想中，和在日本科技六法的分类中，都是作为科技法体系中的一个单独部门法提出来的；但实际上"原子能法"包含着许许多多分支，其中有的用以调整原子能行政关系，借以建立原子能事业的管理机构；有的用以调整原子能民事关系，借以具体促进和保障原子能科学研究与技术开发；有的用以调整原子能国际关系，用以促进国际原子能事业的交流与合作；有的用以调整原子能科技活动中的人与物（工具、劳动对象、劳动方法等）的关系，保证原子能科技活动的安全与顺利成功；有的用以调整环境保护方面的关系，防止环境污染；等等。因此，原子能法既可单独列为科技法体系中的一枝，又可与其他部门法相交叉地成为科技法体系之网中的一个点。这网中之点，四通八达地与各方都有紧密的联系和密切的关系。

第四，科技法体系作为一个系统，又是有其不同的层次区分的。这种不同的层次，必须按一定的标准划分。划分的标准可能是多种多样的，但每一次划分只能采用一个统一的标准。

最基本的划分标准有两类：一为法律效力划分标准；二为法律功能划分标准。

科技法律的法律效力，与其他部门法的法律效力一样，自高至低依次都是从有关的宪法规范、基本法、基本法以外的其他法律、地方法规到部门法规。因此，单纯按法律效力划分的意义不大。

如果按法律功能标准进行划分，还可将法律功能做进一步的分类，作为不同的功能标准对科技法体系做划分。这些标准及划分结果如下：

（1）按规范性质不同而造成的不同功能作为标准的划分。

科技法体系	①调整人与自然关系的科技法，即由科技规范转化的科技法 ②调整科技社会关系的科技法

（2）按所调整的科技社会关系不同而造成的不同功能作为标准的划分。

科技法体系	①调整科技行政关系的科技法 ②调整科技民事关系的科技法 ③调整科技国际关系的科技法 ④调整科技刑事关系的科技法等等

按所调整的科技社会关系进行划分会有若干弊病：其一，一些综合性的法律将无法归类，如科技基本法等；其二，大量跨类型的法律也无法归类，如前面所说的原子能法兼跨几类科技社会关系的调整。

但如一定要采用这一划分法，则可将科技基本法单独列出，并将科技部门的综合性法律置于其下（如将原子能法、信息技术基本法、生物技术基本法、海洋技术基本法等作为科技基本法的次一级法律），而将科技部门的非综合性法律分置于调整科技行政关系的科技法、调整科技民事关系的科技法等之下。这样，大体上还可以将科技法体系的轮廓描绘出来。

（3）按对科技发展的不同关系所显示的功能作为标准的划分。

科技法体系	基础性法律	①科技进步的宪法规范 ②科技管理机构法 ③科技研究机构法 ④科技基本法 ⑤科技财政法 ⑥科技劳动法 ⑦科技奖励法 ⑧科技评估法等等
	科技部门法	①原子能法 ②信息技术法 ③生物技术法 ④海洋技术法 ⑤空间技术法 ⑥新材料技术法 ⑦高技术区法等等
	关系法	①技术引进法 ②技术合作法 ③专利法 ④合同法 ⑤税法 ⑥环境保护法等等

按这一划分法，也有其弊病，主要是：其一，将具有母法、根本法意义的宪法规范与科技财政法等并列在一起，无法显示出法律效力的等级层次的不同；其二，将科技基本法与其他基础性科技法并列一起，无法显示它对其他基础性科技法的指导意义与法律效力的高层次性；其三，原子能法等科技部门法是综合性的法律，应做进一步的划分。

在对以上关于科技法体系的两家设想、日本科技六法分类的启示和我们的三种划分法进行比较、分析之后，我们不难发现，如果取各家之长，去各家之短，就可以得到一个比较全面又比较实用的科技法体系表了，如下图：

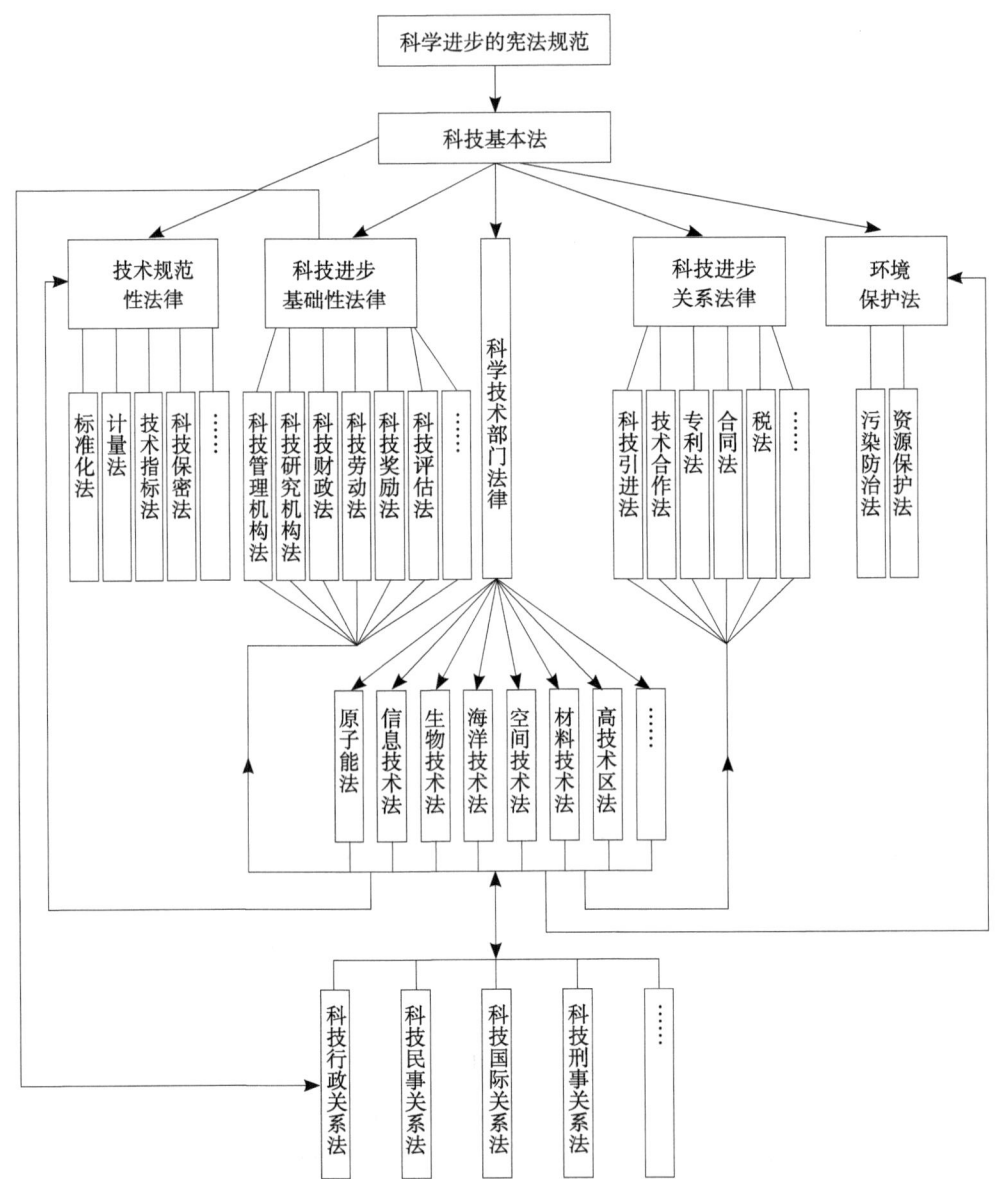

图 1 科技法体系图

五、发达国家科技法体系概述

科技法体系是一个动态发展的系统。在新技术革命时代，这一体系不断在扩大。发达国家科技立法起步较早，受到高度重视，其科技法比较齐全。但是就每一个具体的发达国家来说，既不可能、也无必要制定出科技法体系中的每一种具体的科技部门法。因此，这里所说的发达国家科技法体系，不是指特定的某个国家；而是综合概述各发达国家对科技法体系的特殊贡献，以便使我们将"科技法体系"这个概念进一步具体化起来。

笔者在《发达国家的新技术革命立法》一书中，用20余万字的篇幅介绍了发达国家新技术革命立法的三个层次：其一，基础性立法；其二，高技术立法；其三，相关性立法。

这三个层次的立法，大体上涉及了发达国家科技法体系的各个方面。如按图1来看，发达国家科技法体系的概况，大致如下：

（一）科技进步的宪法规范

各发达国家都十分重视以宪法这样的根本大法来保证科技进步。美国、日本、联邦德国、意大利、法国、瑞士和苏联等国的宪法，都以专条或专款规定科技进步的促进和保障措施。

从发达国家科技进步的宪法保证中，可以概括出以下几点重要特色：

一为早。如美国早在距今200余年前的1787年就在《美利坚合众国宪法》中做了关于专利权保护的规定。

二为优。如《意大利共和国宪法》规定，在科学方面有杰出成就而为国增光的人，可以由总统指定为终身参议员；波兰宪法规定，"对于有创造能力的"科技工作者要"给予特别的关怀"。

三为详。如苏联宪法以第三章的专章共九条对科技及有关问题做了规定，此外在第二章、第七章等中也做了十分详尽的规定。瑞士宪法甚至还具体规定了"航行立法权""保护地面水与地下水避免污染""原子能立法"及"防护离子放射线引起的危害"等。

（二）科技基本法

发达国家大多十分重视科技基本法的制定，如英国有《科学技术法》，奥地利有《科学研究法》，美国有《国家科学技术政策、组织和重点法》，苏联有《科技进步综合纲要法》。这些科技基本法涉及面虽有广狭不同，但对国家发展科学技术的目的、基本方针、体制、科技有关机构（管理与研究机构）和科技人员的权利义务、拨款制度、奖励制度及国际合作等，都做了比较原则性的有指导意义的规定。

有所例外的是日本。1960年，日本政府就提出了科技基本法的立法问题，经过朝野长期讨论，曾拟出法案草案于 1968 年提交国会讨论。但国会的讨论没有得到一致的肯定，于是搁置起来，直到 1976 年还有人重提此事，仍然无结果。近年来，日本法学家在其著作中还提出自己的一些设想。① 日本没有通过科技基本法，原因主要是其高等院校系统的科技活动受文部省领导，主要从事基础科学研究；其余的国家科技工作则归科学技术厅协调，主要从事应用科学的研究与技术的开发。前面谈过，日本在 50 年代曾因协调科技工作的需要而依法建立了科学技术厅。也许在不远的将来会由于科技进步的需要，要求统一协调基础研究与应用研究，加强合作，从而推动科技基本法的制定。从世界各国的情况来看，制定科技基本法是势所必然的。

（三）科技进步的基础性法律

1. 科技进步管理机构法

为了保证科技进步的组织工作和管理工作的有效性、系统性、有序性和科学性，各发达国家纷纷立法，依法设置科技管理机构。这些机构名称各异。苏联和东欧各国大多称国家科学技术委员会，有《国家科学技术委员会章程》作为法律依据；日本称为科学技术厅，有《科学技术厅设置法》作为依据；法国有技术研究协调委员会，以 1977 年 12 月 31 日法兰西共和国政府的《77-1534 号法令》作为设置依据；意大利政府以 1963 年第 283 号法令与 1965 年第 330 号法令，设置了三个机构——部际经济计划委员会、科学和技术研究协调部、国家研究委员会。有关法律规定了科技管理机构的地位、任务、组织、职责、权限以及它与相关部门的联系和分工等等。

2. 科技研究机构法

科技研究机构是科技进步的载体、实施者。各社会主义发达国家大多有相关的基本法。如苏联于 1970 年颁行的《科研、设计、规划设计和工艺组织总条例》，波兰于 1985 年颁行的《科学技术研究所法》，就是这种科技研究机构的基本法。这种基本法在资本主义发达国家中不多见，因为这些国家的科技体制与社会主义国家不同，十分分散，模式多样，而不是像社会主义国家那样基本上是"全民所有"、国家兴办的模式。

在发达资本主义国家里，科技研究机构法往往是特定的法而不是一般的基本法。如日本并无科技研究所法，但有《理化学研究所法》（1958）、《新技术开发事业团法》（1961）、《海洋科学技术中心法》（1971）、《日本科学技术情报中心法》（1957）、《日本原子能研究所法》（1956）等。美国的《美国国家工程科学院组织章程》，也是这样的特定科技机构立法，它对"工程科学院"的"机构的产生与完善""目的与意图""权力""主要办公室和活动范围""院士""理事会、组成和职责"等方面的问题做了具体规定。

---

① ［日］乾侑：《日本科技政策》，葛化东译，郭博校，科学技术文献出版社 1987 年版。

3. 科技进步计划法

这类法律规定了国家科技进步的规划和计划。法国于1982年6月经过全国公民投票制定了《法国科研指导与规划法》，保证逐年增加科技经费，科技管理权下放，提高科技人员地位等。在1985年，法国议会又通过了《法国1986—1988年科研与技术发展计划法》。捷克于1986年颁布的《科技发展计划法》，主要内容有项目控制、管理体制、行政监督、风险负担、成果鉴定、统计数据、推广应用等方面的规定。该法赋予国家指令性计划以与法律相当的地位，扩大了政府指令性计划的控制范围。这一类科技计划法，使国家的科技政策得到具体贯彻的法律保障。

4. 科技奖励法

科技奖励法的目的在于刺激科技人员从事科技创造的积极性。这类立法在社会主义国家中比较多见。苏联的《关于批准发明、创造与合理化建议的规则》（1973）、罗马尼亚的《按劳动数量和质量的付酬法》（1974）以及匈牙利部长会议于1974年发布的第38号法令等，都是科技奖励法性质的法规。比利时的《研究成果开发法》（1977）也是奖励法。这些科技奖励法大多旨在奖励科技人员的个人积极性。另有一类奖励法则旨在刺激企业集体或科技机构集体的积极性，如日本的《中小企业现代化促进法》、美国的《中小企业技术革新促进法》（1982）、波兰的《技术革新实施单位法》（1987）等。

5. 科技评估法

科技评估法的任务在于以法律规定每一项重大科技活动必须事先评估其经济与社会效益，有无严重的消极后果。1972年10月13日美国国会通过的《美国技术评估法》，开技术评估立法之先声，为各国所仿效。但迄今为止，具体制定并颁行科技评估法的国家，还为数甚少。《美国技术评估法》共12条，规定了技术评估法的目的、技术评估局的建立、机构、职责与权限、相关机构等问题。

除以上五种科技进步的基础性法律外，还有科技财政、科技劳动等方面的法律。

（四）科技部门法律

这一方面的法律，可以列举出很多很多，诸如能源法、空间技术法、海洋技术法、生物技术法、材料技术法、信息技术法等等。我们以能源法中的原子能法为代表略做说明。

在科技法体系略表中，我们以科技部门法与按所调整的社会关系分类的科技法之间的双向箭头，表示每一科技部门法都可分为若干个调整不同科技社会关系的法律，同时又表示每一调整某一类型科技社会关系的法律中也有不同科技部门的法律，例如日本的原子能法，其中：

《水户原子能事务所组织规则》（1963）、《原子能委员会及原子能安全委员会设置法》（1955）等，调整原子能事业中的科技行政关系，属于科技管理机构法；

《日本原子能研究所法》（1956）、《日本核动力船研究开发事业团法》（1963）、《动力反应堆、核燃料开发事业团法》（1967）等，调整原子能事业中的科技民事关系，属于科技研究机构法；

《日本原子能研究所的财务会计总理府令》（1956）、《日本核动力船研究开发事业团财务会计命令》（1963）等，调整原子能事业中的民事关系，属于科技财政法；

《日本国政府同加拿大政府之间和平利用原子能的合作协定》（1960）、《日本国政府同法兰西共和国政府关于和平利用原子能的合作协定》（1972）等，调整原子能事业中的国际关系，属于科技国际法；

《关于核燃料、核原料、原子反应堆与放射线定义的政令》（1957）、《关于防止辐射损伤的技术标准的法律》（1958）、《关于核原料的使用规则》（1968）等，调整原子能事业中人与自然的关系，属于科学技术规范性法律；等等。

同样，以科技行政关系法为例，它也可以涉及不同的科技部门，如日本的《宇宙空间开发委员会设置法》（1968）、《原子能委员会及原子能安全委员会设置法》（1956）、《海洋科学技术中心法》（1971）等，都属于科技行政关系法，但它涉及了原子能技术、空间技术与海洋技术等不同部门。其他如科技民事关系法、科技国际关系法、科技刑事关系法等，也莫不如此。科技法体系的纵横交错的网状结构，由此亦可见一斑。

（五）科技进步关系法

1. 技术引进法

技术引进是指为制造某种产品、应用某种工艺流程或得到某种服务，以一定的报酬，取得别国的专利技术、秘密技术或计算机软件等的购买技术的行为。当代世界是一个开放的世界，闭关锁国必定落后并被淘汰；同时又是一个发展不平衡的世界，发达国家与发展中国家的科技水平差距正在拉大。这样，在技术引进方面，发达国家的法律，就出现了两个方面的情况：一方面积极从别的发达国家引进先进的科学技术；另一方面又竭力限制向发展中国家转让高级的技术。这两方面的法律规定，有的国家在同一部法律中兼容并现，有的则分置于不同的法律中。有的国家虽未颁布专门的限制技术出口的法律，但可利用其他法律加以扩大解释达到目的。如美国管辖一般商品出口的《出口管理法》中，就能找到控制某些技术出口的法律依据。

但随着改革开放的世界性潮流的发展，以及随着东西方关系的缓和，大力发展技术引进的法律显得更加开放了，而技术出口的限制也正在放宽。日本在1949年制定的《外汇外贸管制法》，原则上禁止自由引进外国技术；但1980年新颁的该法，则取消了原有的对引进合同的分类控制方法，减少了许多审查程序。捷克于1980年发布的《对外经济关系法》、波兰于1985年制定的《科技成果进出口法》、阿根廷于1981年颁行的《技术转让法》等，都是技术引进方面有一定影响的法律。

2. 科学技术合作法

这一方面最有代表性的，是近年来出现的国家集团性的大规模科学技术合作法，如法国倡议，英国、联邦德国、比利时、意大利、丹麦、荷兰、希腊、土耳其等 17 国响应并签订的"龙里卡计划"，苏联和东欧各国的《经互会成员国 2000 年前科技进步综合纲要》。此外，还有大量的双边或多边的国际科学技术合作法，但这类合作法大多是在发达国家之间签订的，发展中国家从科技合作中收益不大，有时甚至受发达国家之损。为此，国际进步力量正联合斗争，试图改变这种状况。其积极成果是联合国于 1974 年通过的《建立新的国际经济秩序宣言》《建立新的国际经济秩序行动纲领》和《各国经济权利和义务宪章》。

3. 专利法

专利法在发达国家的科技进步中起着特别重要的作用，是其科技法体系中特别引人注目的一个重要方面。在发达国家中，现在只有苏联等极少数几个国家没有制定专利法了。

4. 税法

资本主义发达国家特别重视以税法和税制优惠政策来促进科学技术的发展。这一方面，日本是一个突出的典型。美国在 20 世纪六七十年代采取了高税率政策，阻碍了高技术产业较顺利发展。里根任总统后，一再降低税率，起了良好的作用。社会主义国家在近十年的改革开放浪潮中也已开始注意利用税法来促进和保障科学技术的发展，从而完善本国的科技法体系。

5. 环境保护法

环境保护法是科技法体系中有特殊作用的一大类法律，对防止和消除科技发展可能带来的环境污染、生态失衡，具有极其重要的意义，因此受到发达国家的重视。日本的《公害对策基本法》、美国的《国家环境政策法》、苏联的《自然环境保护法》、法国的《环境法法典》、丹麦的《环境保护法》等，都是环境保护的基本法。在环境保护基本法之下，还有大批的环境保护部门法，如《大气污染控制法》《水污染防治法》《噪声振动控制法》等防止环境污染的法律；《水体保护法》《土地保护法》《森林保护法》等保护自然资源的法律；《公害受害补偿法》《放射线损害赔偿法》等关于损害赔偿的法律。

发达国家的环境保护法，如按调整社会关系的范围，由于有的涉及环境保护管理机构的建置，有的涉及环境问题中的权利义务关系，有的涉及环境污染的犯罪及惩罚，有的涉及环境保护的国际合作，而分别与科技行政关系法、科技民事关系法、科技刑事关系法及科技国际关系法发生从属关系。

科技法概论是一个很大的题目。科技法的渊源、科技法的发展规律以及科技社会关系的法律调整的一系列比较具体的问题，如科技行政关系的法律调整、科技民事关系的法律调整、科技国际关系的法律调整等，都应在这个总题目下加以论述，但为了阅读的方便，我们将另列章节分开论述。

科技法的渊源和发展规律篇

"不积跬步,无以至千里;不积细流,无以成江海。"科技法的发展是一个从无到有、从少到多、从简单到复杂、从个别法规到齐全体系的过程。为了弄清科技法的渊源和发展规律,首先要了解它的历史发展过程。

第十五章　科技法的历史发展

我们已经说过，科技法是调整科技社会关系的法律。探讨科技法的历史发展，也就要探讨调整科技社会关系是怎样开始的，后来又是怎样演变和发展的。

科技社会关系是指由于科学技术活动而发生、为着科学技术的发展而形成的社会关系。因此，当科技活动处在极低的水平上，不过是个人的一些带有相当大的随机性、无计划性的活动时，一般不会因此发生与他人之间的权利义务关系，即形成不了科技社会关系。只有当科学技术逐步发展起来后，科技社会关系才会形成、发展，产生法律调节的需求，从而导致科技法的产生。

一、科技法的产生

人类有计划、有目的的科学技术活动，是在奴隶制得到相当发展，奴隶劳动的产品有相当多的剩余，除供给奴隶主穷奢极侈的生活之外，还有相当的财力与物力积蓄，因而有可能让一部分人专门从事脑力劳动的时候才开始的。但脑力劳动是相当艰苦的劳动，奴隶主一般不愿与闻其事。人类最初的有组织、有计划、目的的脑力劳动，倒是由奴隶中的智慧过人、天赋优异的一些人来进行的。奴隶主供养着他们，同时将他们的科技劳动成果据为己有，用来作为管理国家的方案、军事活动的技术手段，以及建造城墙宫殿、水利设施，制造纺织机械、器皿用具等，使自己在更高级的水平上得到政治、经济和生活方面的利益和享受。

在奴隶主组织大批（或人数较多）的奴隶从事互有一定联系的科学技术脑力劳动时，必定会产生以下几种关系和问题：

（一）奴隶主对科技奴隶（姑且以此名之）的管理关系问题

从奴隶阶级的本性来看，他们对来自奴隶主的压迫和统治与生俱来地要进行抵制和反抗；而从奴隶主阶级的本性来看，他们对奴隶的统治和管理又总是带有特别强烈的恣意性和暴虐性。这就会产生矛盾和对抗的关系。

科技奴隶的科技活动带有科学性和规律性，要求循序渐进、实事求是、井井有条、组织有序，但处于管理地位的奴隶主却往往急躁求成、主观唯心、随意指挥、朝三暮四。这样，也会造成管理问题上的强制与反强制的矛盾。

（二）科技奴隶之间的关系问题

奴隶主往往不亲自直接管理科技奴隶的科技活动，而从科技奴隶中择用一些人代行其事。代行其事者秉承奴隶主的旨意，也会与其他科技奴隶发生矛盾。其中有组织管理上的矛盾，也有权利义务上的矛盾和日常生活中的矛盾。

人数较多的科技奴隶之间，也会产生矛盾。其中包括共同从事一项科技工程而在合作中发生的矛盾。

（三）科技奴隶和科技工具、加工对象及技术要求之间的关系问题

奴隶主提供的科技工具如果被科技奴隶不正常地损坏，加工对象（如土地、木材、堤坝、其他原材料等）如果被科技奴隶耗用过度，奴隶主提出的要求如果没有实现，所规定的技术要求如果未被遵守（不管当时的这些技术要求是如何简单），都会使得奴隶主感到要以强制力迫使类似事件不再发生，而对已经发生的人、事实行制裁。

这样，就产生了最初的需要调整的三类科技社会关系：一为科技行政关系；一为科技民事关系；一为科技规范关系。后者由于人是主导因素，我们仍将它作为科技"社会关系"来看待，而且也便于叙述。

在奴隶制逐渐成熟的过程中，奴隶主阶级用强制手段迫使科技奴隶服从他的管理，哪怕是蛮横无理的管理，规定处理科技奴隶之间的权利义务关系的准则，规定有关的技术要求必须严格遵守，否则将受到惩罚。这样，最初的科技法就产生了。

在奴隶制国家形成以后，这种科技法开始以成文法、制定法的形式出现。在司法实践中，某些未被法律规定的科技活动中的纠纷，被司法官员裁定之后，就形成了科技判例。这样，科技判例也成了科技法产生的一种形式。

在奴隶制社会的条件下，交通、通讯都很不发达，不可能有国际性的科技合作和有组织的国际科技交流，因此，不会产生科技国际关系，当然也就不会有科技国际法了。

由于原始社会末期、奴隶社会初期的生产力水平和科学技术水平仍然相当低下，科技活动的规模是很小的：从事科技活动的科技奴隶人数不多，科技活动时断时续、零零星星、分散无序。因此，当时在科技活动中产生的科技社会关系，相对来说，比社会关系中的刑事纠纷和民事关系要简单得多。但是，为了调整上述科技社会关系，还是形成了最初的科技法。

关于科技法的产生，《法学新学科手册》一书的"科技法学"条认为："在人类社会漫

长的历史时期里，科学技术的发展曾经相当缓慢。科学活动在科学史的早期完全被视为一项私人活动，国家不予干预，也就不可能产生干预、调节的主要手段——科学技术法规。国家对科学活动的一般干预行为，也不能认为是有了科学法规，还必须有系统化、规范化了的干预、调节的准则——立法。科技立法的历史，是大大短于科学自身的历史的。"[1] 科技法史短于科学史，这是必然的。国家对科学活动的一般干预不等同于科学法，这也不错。但"一般干预"是一个比较含混的概念。如果释义为"非法律干预"，那么说"国家对科学活动的一般干预行为，也不能认为是有了科学法规"，就是同语反复，并无意义，说明不了问题；如果释义为"一般性的法律调节"，那么，全句就自相矛盾。因此，用这样的语句难以表述科学法的产生过程。而且很容易给人以这样的印象：在人类社会的漫长历史时期里，并无科技法；科技法是近代才产生的。这就与事实大大相悖了。我们认为，《科技法律手册》的下列提法，倒是有可取之处的："一般说来，有了人类生产活动，就有了最初的科学技术活动。随着阶级的划分、国家的产生，科学技术活动成了与体力活动相脱离的脑力活动。这种活动开始在一定的组织形式下进行，国家也就开始对科技活动进行管理。国家的这种管理，总是通过制定、颁布和实施一些法令、法规的形式来实现的。这种法令，在性质上属于行政法，在分类上属于科技行政法，它们是最初阶段的科技法律。"[2] 稍嫌不足的是，这段话没有能够指出，在最初阶段的科技法律中，除科技行政法外，科技民事法与科技规范法也已出现了。当然，所有这些法律史实，还有待科技法律史工作者做好发掘、考证工作，这是今后要做出努力的。

二、科技法的发展

科技法一旦产生，便开始了它的发展历程。毫无疑问，它是随着科技活动的日益活跃、日益多样化、日益频繁而发展起来的。因为科技活动的发展，必然使得科技社会关系变得越来越复杂，需加调整的事项越来越多。在科技法的发展中，不但所调整的科技社会关系发生了多样化和复杂化的变化，而且调整科技社会关系的法律手段、法律形式也多样化和复杂化了。

纵观科技法的发展历史，有这样几点应当掌握：

（一）出现了阻碍科学技术发展的消极的科技法

出现消极的科技法从而阻碍科技发展的原因主要有二：其一是神权法思想的作祟。神权法思想古已有之，起初并不直接影响科学技术的发展。这是因为最初阶段的科学技术水

---

[1] 何勤华、徐永康编写：《法学新学科手册》，浙江人民出版社1988年版，第116页。
[2] 武树臣等编著：《科技法律手册》，光明日报出版社1987年版，第4页。

平很低，有限的科学知识不会对神学、神权产生威胁和挑战，有限的技术活动也不影响神权的统治。但是，科学技术的进一步发展，却处处证明着神祇的虚无、神权的无力、神权法的荒诞和神学的反动。这就产生了科学与神学的对抗。在这样的情况下，为了维护自己的统治地位，反动的剥削阶级在神学与科学之间所做抉择的结果，往往是以强制命令严禁科学自由和技术创造的发展。这些命令有时以帝王的诏令发布，有时以宗教的戒条或宗教法规颁行，有时则以郑重其事地制定的成文法宣布。这样，就从神权法思想的作祟架起了通向制定消极的科技法的"难河桥"。这是法律对科技的一种反动。

其二是统治阶级为了维护既定的统治秩序的目的，而制定阻碍科技发展的消极的科技法。科学技术的发展，必定推动人们树立科学思想，推动人们观念的更新。人们观念的更新，往往形成对有利于统治阶级的现存社会秩序的挑战，例如统治阶级一向宣传"天圆地方"，但科学的发展告诉人们，地球也是圆的。这就说明统治者说教的不可信。还有许多被统治阶级宣布为"奇技淫巧"的发明创造，在他们看来，或者"有伤风化"，或者"蛊惑人心"，总之是有违他们所习惯了的"万世一系"、永恒不变的社会秩序的要求。于是，就制定一些法律来禁止科学家的自由活动，限制技术专家的发明创造，甚至摧残迫害科技知识分子的人身。哥白尼、布鲁诺之遭火刑，伽利略之长期被监禁等等，都是这样造成的。

但这毕竟不是科技法发展的主流。科技法发展的主流是：

（二）科技法扩大了调整科技社会关系的范围

科技法对科技社会关系调整范围的扩大，主要有以下几个方面：

其一，科技行政关系调整层次的增加。

最初的科技行政关系调整范围，在许多国家中，仅仅局限于宫廷里。被征集到宫廷里从事科技创造的能工巧匠和科技专家，受朝廷特派的官员管理、调遣；而这类官员则受其上司管辖。后来，科技行政的范围扩大到了农业生产、兵器制造和水利建设方面。这就不是少数官员在狭小的宫廷里吆五喝六管得了的事了。殷商甲骨文记载，商代有管理农业的官职"小耤臣"。《周礼》记载，周代有"司稼"官职之设，列为"司徒"的属官，其职责除征收农业赋税外，主要就是"巡邦野之稼，而辨穜稑之种，周知其名与其所宜地以为法，而县于邑闾"[1]。至于兵器的制造，就不仅有中央政府一级的，而且会有都、道、府、县逐级的管理机构，形成一个相当庞大的军事技术研制的行政管理体系。例如西汉除中央有专事管理"主作禁器物"的"尚方"[2]及其属吏外，甚至在蜀郡、广汉等郡置"工官"，主造武器，兼造日用金属器物和各项手工艺品，其下还设有护工卒吏等官。

---

[1] 《周礼·地官·司徒》。
[2] 《汉书》卷19《百官公卿表第七（上）》"少府·尚方"师古注："尚方主作禁器物……"

其二，科技行政关系调整事项的增多。

前面说到，从宫廷用器物的制造，到农业、水利、兵器方面的科技活动，范围显然扩大了。此外，医疗、天文、历法、算学、畜牧、植树、水上航运、陆上交通、食品、纺织……各业的发展，都有许多科学或技术问题要研究，也要自上而下加以管理。西汉有"水衡都尉"之设，兼掌"园囿、器物、铸钱、船只、马匹、仓库等事"[①]，其属官甚至有"辨铜"之职，主管辨别铜之种类，以供铸钱之用。这样，大类、小别的调整事项就十分繁杂多样了。相应地，其科技社会关系的法律调节需求也就会变得纷繁复杂起来。有关的法律规定如有增加，也就意味着科技法门类、条款的增多和复杂化。

其三，科技民事关系调整事项增加。

由于科技活动在全国的范围内到处都有所发展，门类越来越多，参与活动的科技知识分子也就越来越多。而且，地方与地方之间、科技或工艺小团体之间，同科技知识分子之间一样，会产生各种各样的矛盾、纠纷，需要以一定的规范来调整他们相互之间的权利义务关系。这样，一些新的立法就产生了。中世纪的欧洲，一些国家的君主特许工商业者在某些商品的制造和销售上拥有垄断特权。1474年，威尼斯第一次以法律形式给某些机器与技术的发明人授予十年的特权。这意味着专利法的萌芽。15世纪中后期，德国人古登堡在欧洲开始了活字印刷的应用。不久，威尼斯君主即对某些图书授予出版上的独占权。1534年，英国的出版商首次获得了皇家特许的保护。而在这之前约五个世纪，早在我国的宋代，就已有了调整出版界科技权利的法律规定。据清代陆心源的《皕宋楼藏书志》及叶德辉的《书林清话》记载，宋代眉山程氏宅刻王偁所著《东都事略》第一百三十卷的目录后有牌记写道："眉山程舍人宅刊行，已申上司，不许覆板。"

其四，科技规范转化为科技规范法律的数量逐渐增加。

由于科技活动面越来越广，科技活动的复杂性、艰巨性也有所发展，铸铁、冶铜、开凿河渠、修建城墙及道路、制造舟车等的要求也越来越高。不符合操作规程，不仅会带来人员的伤亡，而且会贻误统治者的需求；不符合技术标准，不仅会使既定科技活动的目的不能达到，技术产品制造不成，而且，误用了这样的产品，还会产生意外。这样，将某些科技规范、标准法律化，就是势所必然的了。随着科技的发展和时间的推移，这类科技规范法数量增加，也是不言而喻的事。

其五，出现了科技刑事关系法律调整的需要。

盗用技术、盗用技术设备的现象一旦出现，以刑事规范来制裁这种盗窃行为的需要，就会导致科技刑事法的产生。由于各种原因，还会出现破坏技术设备的事件，这同样会导致科技刑事法律的产生。在我国史籍中，有关于"盗版"即盗印书籍的记载，这就是一种侵犯版权的行为，情况严重的话，予以立法制裁就不是奇怪的事情了。

---

① 《汉书》卷19《百官公卿表第七（上）》注引应劭。

总之，科学技术的发展，势必引起科技社会关系的复杂化与多样化，从而扩大了科技法调整科技社会关系的范围，使科技法得到发展。

（三）科技法调整科技社会关系的规范形式得到了发展

在科技法产生的初期，其规范形式可能只有一种，就是帝王的诏令。尔后，在西方的民法和中国民刑合体的法律中，出现部分科技法规范的条款；在中国古代特别发达的行政法典中，则有较多的科技行政法条款。最后，出现了调整科技社会关系的专门立法。这在我国的秦代，就已有文字可考了。秦代的《工律》规定了产品的规格："为器皿物者，其小大、短长、广亦必等。"《秦律杂抄》中有一条法律规定："非岁功及毋命书，敢为它器，工师及丞赀各二甲。"也说明产品种类的规定，必须以朝廷的"命书"为依据。这"命书"就具有法律效力。秦律中的《工人程》则为专门规定手工业工场人员定额的法律。其中规定，技术不熟练的冗（杂）隶妾二人等于一名熟练的工匠；在一定期限内参加生产的更隶妾四人等于一名工匠；未成年的体力弱的小隶妾五人等于一名工匠；女子中的刺绣能手等于一名工匠；等等。此外，秦律中的《司空律》《均工律》《效律》等，也可说是专门的关于手工劳动和科技劳动的法律。其中有的属于调整科技行政关系的，有的属于调整人与技术规范的关系的。科技法规范形式的发展，也说明了科技法在逐步地演变得复杂起来了。

但总的来说，科技法的发展，在近代以前还是十分有限的。只是在近代以后，科学技术活动在社会和经济发展中的地位得到了空前的提高，科技社会关系几乎深入到社会经济生活的全部领域而且超出了经济法、民法调整手段的有效性范围，还发展了科技国际关系，只有这时，科技法才算是逐步地成熟了。

三、科技法的成熟

科技法的不成熟，有多方面的表现：一为零散而不系统；二为规范形式不齐全；三为科技法规范本身互相矛盾。

造成这种状况的原因主要是：第一，近代以前科学技术还不甚发达，科技活动中产生的科技社会关系的法制需求本身十分有限；第二，近代以前的封建社会，不是一个法治社会，以法律手段促进科技发展未受统治阶级的高度重视；第三，法律发展的渐进性、法学发展的不够成熟，也使人们未能熟练运用科技法手段去调整科技社会关系，促进科技发展。

这些主观的和客观的不利于科技法迅速发展的因素，在近代逐渐被一一排除了。尤其是在现代，科学技术高速发展、高度发达；多方面的科技社会关系包括科技国际关系空前发展，提出了系统、全面、周密地制定科技法，形成科技法体系的要求；人类的法治观念大大加强，以法律手段促进科学发展成了人们的共识；法学的发展也达到了比较成熟的阶段，从而为科技法体系的建立提供了立法人才、立法知识与立法技术。这样，可以肯定地断言，在现代，严格意义上的、独立的、齐全的科技法完全成熟了。它表现在如下几个方面：

（一）形成了包括宪法的科技法规范在内的科技法体系

这一科技法体系有以下特点。

第一，以宪法的科技法规范为纲。

我们说"形成了……科技法体系"，是从世界总体来看的，并不是说每一个国家都形成了科技法体系。但是，几乎每一个国家的全部科技法规范中，无不都有本国宪法中规定的发展科技的或详或略的条款；而且这些有关发展科技的宪法规定，成了本国发展科技、调整科技社会关系的纲，指导着科技法的制定。任何科技法规范如果与宪法的有关规定相抵触，将失去效力。

第二，全面调整一切科技社会关系。

除传统的科技行政关系、科技民事关系得到全面调整，扩大到了这些科技社会关系的一切领域外，还发展了调整科技国际关系等重要的调整领域。特别值得一提的是，只要出现国际科技合作、科技交流的需要，就会以最快的速度建立起相应的法律调整体制，制定相应的国际科技法。此外，出现了新的科技刑事关系和新的科技民事关系，随之而来的，便是各国制定有关科技刑事法的迅速反应。例如，针对计算机犯罪，制定计算机犯罪对策法；针对计算机软件保护的需要，制定软件保护法、半导体芯片保护法；等等。可以说，一有新型的科技社会关系出现，或一当某一科技社会关系的范围有所扩大，便会很快地立法予以调整。因此，科技法体系是在不断地完善化、齐全化的。

第三，这一科技法体系内的每一部门科技法也各自形成了自己的比较齐全周密的体系。

例如，科技行政法这一部门法，就包括了科技管理机构法、科技研究机构法、科技计划法、科技劳动法、科技奖励法、科技拨款法等等分支；科技国际关系法则包括了科技合作法、科技交流法、科技进出口法等等分支；而原子能法又包括原子能行政法、原子能民事法、原子能标准法、原子能危害防止法等等。

第四，这一科技法体系已经形成从宪法性规范到法律的实施细则、从中央立法到地方立法、从基本法到部门法、从科技成果保护法到科技成果危害消除法有机结合的周密网络。

由于这一网络的齐全性和周密性，各有关国家完全可以利用这一网络提供的指示，来制定本国的科技法，借以调整科技社会关系，促进科技发展，消除其消极后果的危害。

（二）科技法的独立性已明确显示

科技法在其发展的长途中，曾长期"蜗居"于其他部门法之中。其中许多科技法规范是"寄生"在民法中的，还有一些则"寄生"在行政法之中。近代，尤其是现代和当代，情况起了根本的变化。

变化之一是，单独为调整科技社会关系制定法律，这就是谁也无法否定的科技法，例如"科学技术基本法""原子能基本法""科技进步奖励法"等等。

变化之二是，一些原先混杂在其他部门法中的科技法规范分离了出来。如著作权法从民法中分离出来；计算机犯罪对策法从刑法中分离出来等。

变化之三是，大批技术标准、技术规范转化成为科技法，而这是任何其他部门法都不能取代的。

变化之四是，一些为传统的民法学、经济法学著作视为民法、经济法范畴的法律，正"投奔"科技法大军的"麾下"，成为科技法体系的成员，如环境保护法、专利法等。

变化之五是，新兴的高技术部门的立法，明显地以科技法面目出现而为万众瞩目，很少有人能否定它们的科技法性质，如"原子能法""生物技术促进法""宇宙开发促进法"等。

（三）消极性的科技法虽然还会不断出现，但能较快地被排除

在中世纪的漫长时期内，由于社会制度、思想观念、认识水平的局限，消极性的科技法曾对科技发展起阻碍作用，而且相当难以排除。为此，一批批的科技精英横遭迫害，怒目苍天，含恨而死。近代以来，尤其是现代和当代，任何消极性的科技立法，都会比较快地被废除或修改。这是由于法治观念的深入人心、科学思想的高度普及；也是由于科学技术水平的迅速提高，能很快纠正因认识错误而制定的错误科技法。例如前面提到的美国《DNA分子重组实验准则》颁行不到一年，便因生物科学家们认识的幡然改变而做了重大的修改，使之不能再阻碍生物技术的发展。

（四）科技法作为重要的部门法，在科技发展中所起作用越来越大，并由此推动经济和社会的迅速发展

这一点，已为事实所大量证明，这里就不再详述了。

由于科技法已经发展、成熟，成为独立的、齐全的、周密的法律体系，而不是零散的、少量的法律规范，探讨科技法的渊源和科技法的发展规律，就不仅十分必要，而且也完全可能了。

第十六章　科技法的渊源

在论及科技法学研究范围的问题时，我们曾经指出，科技法的渊源是科技法学的研究范围之一。而在比较了法学界关于法律渊源的多种观点后，我们认定，采用"法律形式渊源论"比较恰当。

所谓法律的形式渊源，是指把"表现法律规范的各种形式"作为"形式上的法律渊源"。

一、科技法的八种形式渊源

按照法律形式渊源的观点来看科技法的渊源，大致有以下八个方面：

（一）宪法规范

这是最高国家权力机关制定的具有最高法律效力的规范。任何其他法律的制定，都必须以宪法规定为依据，不得与之相抵触；若有抵触，则为无效。

宪法规范一般都比较简洁、比较原则，但是，其详略程度则因各国的宪法传统和实际需要而有不同。《日本国宪法》的有关规定仅一条七个字："保障学术之自由。"（第二十三条）《美利坚合众国宪法》的有关规定也只有一条中的一款，即第一条第八款："保障著作家及发明家对其作品或发明物于限定期间内的专有权，以奖励科学及实用技艺的进步。"但大多数发达国家及发展中国家的规定却比较详尽。南斯拉夫宪法涉及科技进步的宪法规定，分布在序言部分"基本原则"、第二部分"社会制度"、第三部分"联邦中的关系和联邦的权利和义务"等部分，除序言中的洋洋六七万字外，还有五条之多、一千余字对有关科技进步的目标、目的、方针、政策和权利义务关系等做了详细的规定。苏联宪法的有关规定也十分详尽。其"苏联的社会制度基础和政治基础"的第二章"经济制度"、第三章"社会发展和文化"，"国家和个人"的第七章"苏联公民的基本权利、自由和义务"，"苏联的民族国家结构"的第八章"苏联——联盟国家"等，共十三条，都涉及科技进步问题。

我国宪法的有关规定，也是比较详细的。宪法《序言》在肯定新中国成立以来"教育、科学、文化等事业有了很大的发展"后，提出了包括实现"工业、农业、国防和科学技术现代化"的国家"根本任务"；《总纲》第十四条规定"国家提高劳动者的积极性和技术水平，推广先进的科学技术，……以不断提高劳动生产率和经济效益，发展社会生产力"；第十九条规定"国家发展社会主义的教育事业，提高全国人民的科学文化水平""国家发展各种教育设施，扫除文盲，对工人、农民、国家工作人员和其他劳动者进行政治、文化、科学、技术、业务的教育，鼓励自学成才"；第二十条规定"国家发展自然科学和社会科学事业，普及科学和技术知识，奖励科学研究成果和技术发明创造"；第二十三条规定"国家培养为社会主义服务的各种专业人才，扩大知识分子的队伍，创造条件，充分发挥他们在社会主义现代化建设中的作用"；第二章《公民的基本权利和义务》的第四十七条规定"中华人民共和国公民有进行科学研究、文学艺术创作和其他文化活动的自由。国家对于从事教育、科学、技术、文学、艺术和其他文化事业的公民的有益于人民的创造性工作，给以鼓励和帮助"；第三章《国家机构》则规定了发展科学技术的领导管理机构问题。此外，第二十六条还规定"国家保护和改善生活环境和生态环境，防治污染和其他公害"；第一百一十九条和第一百二十条还规定了少数民族和少数民族地区的科技进步问题。这样详尽的规定，无疑对其他科技法规的制定有重大的指导意义。现在，党的十三大已明确提出把科学技术现代化放在发展经济的首要地位，极大地突出了科技的伟大作用。相应地，作为科技进步的保障，科技法规范在宪法中的地位也将会得到进一步的发展。

（二）法律

在世界各国的法律体系中，最高国家权力机关制定的法律，是法律效力仅次于宪法的法律规范。因此，法律是科技法形式渊源的一个基本组成部分。

由于各国的体制不同，有的国家的法律，还有基本法与基本法以外的其他法律的形式区别。在法律效力上，基本法大于非基本法；非基本法的规定必须以基本法为依据；如果有抵触，则非基本法的规定自动无效。

我国宪法规定，"制定和修改刑事、民事、国家机构的和其他的基本法律"之职权，属于全国人民代表大会（第六十二条）。因此，如果制定我国的《科学技术基本法》，则由全国人民代表大会行使此项职权。

我国宪法还规定，"制定和修改除应当由全国人民代表大会制定的法律以外的其他法律"的职权，属于全国人民代表大会常务委员会（第六十七条）。这样，诸如《技术合同法》《科学技术研究所法》《科学技术学术团体法》《科学技术基金法》等科技法律，则由人大常委会通过。

需要指出的是，我国人大常委会还有权"解释法律"（第六十七条）。国家权力机关的"法律解释",应视为法律的形式渊源之一。在科技法渊源问题上,也应这样看待。

(三) 行政法规

这是由国家最高行政机关颁行的法规。在我国,是由国务院;在苏联,是由部长会议;在美国,是由联邦政府(白宫);在日本是由内阁,根据宪法和法律来制定。其名称可以是"法",也可以是"法令""决定""命令"等。日本国会通过《科学技术厅设置法》后,内阁就依据此法制定了《科学技术厅组织令》。我国宪法规定,国务院行使"根据宪法和法律,规定行政措施,制定行政法规,发布决定和命令"的职权(第八十九条)。

(四) 地方性法规

科技法体系的完整性,体现在中央立法与地方立法的综合配套、同步发展上。没有地方立法的配合,全国性立法将难以具体贯彻,尤其是在联邦制国家和中国、印度等幅员广大、情况复杂、发展不平衡的国家里。

地方科技法规,如《上海市发展新兴技术和新兴工业暂行条例》(1987)、《上海市专利许可合同管理办法》(1987)、《上海市实验动物管理办法》(1987)、《上海市合理化建议和技术改进奖励实施办法》(1987)、《上海市青年科学基金暂行管理办法》(1987)、《上海市自然科学基金试行条例》(1987)、《上海市技术出口暂行办法》(1987)等,都是科技法形式渊源的一个组成部分。

由于地方性科技法结合地方的实际情况,施行的收效大多较好,是科技法的重要形式渊源。

同时,许多国家包括我国,考虑到立法条件、立法经验的成熟程度问题,往往先由地方制定某方面的法规,取得经验之后,综合各地的情况来制定全国性的这一方面的法规。因此,地方性科技法规作为科技法形式渊源,从立法这一角度看,又具有特殊的意义。

(五) 中央政府各部的部门性法规

各国中央政府之下都分部(但在日本称"省",我国和其他社会主义国家还有"委员会"等名称)。由部制定的科技法规,也是科技法的形式渊源之一。这样的部门性法规,数量最为庞大,种类极为繁多,构成了科技法体系的丰富内容。

我国宪法规定,"各部、各委员会根据法律和国务院的行政法规、决定、命令,在本部门的权限内,发布命令、指示和规章"(第九十一条)。

上述五类科技法的形式渊源,或为国家权力机关所制定,或由国家行政机关所产生。除此以外,大多数科技法学界人士都认为,科技法的形式渊源还应包括:

（六）科技机构与科技团体按法定程序通过的章程、规则等规范性文件

这些章程、规则，虽然是针对本机构、本团体的，但行之有效者，也可为其他机构与团体所借鉴，甚至上升为同类机构、同类团体的有普遍约束力的章程、规则。这样，它就成了科技法的一种形式渊源了。科技法正是这样不断地从科技机构、团体的章程、规则中汲取"源头活水"，而形成"汩汩清泉"，汇成"滔滔江河"，流入浩渺的科技法体系的"海洋"的。

（七）有关科学研究、技术开发、技术应用的科学技术规范

前面已经提到，从古到今，不断有一些科学技术规范被赋予法律效力，从而形成科技法规范。这种从科技规范到科技法律规范的转化，现代和当代发生得越来越经常、越来越频繁了。毫无疑问，科学技术规范是科技法重要的形式渊源。

（八）国际双边、多边的科技条约、联合国的科技公约

国际的双边、多边包括集团性的科技条约，有科技合作、科技交流、科技成果的进口与出口等方面的条约、协议；联合国关于科技合作与交流、环境保护等方面的公约，都是科技法的重要形式渊源。由于国际交流日益频繁，国际合作越益重要，更由于开放、和平合作成了世界发展的交流与各国的共识，科技国际条约成为越来越重要的科技法形式渊源了。

二、对另外三种"渊源"的看法

对于上述八类科技法形式渊源，科技法学界的认识是比较一致的，未见有任何异议。但对下列三种"形式渊源"，并未有统一的认识：一为"与科学技术有关的一切社会规范"；一为"人们的科技法律意识及科技伦理观念"；一为"传统惯例，即那些还没有明文规定的，但又为人们公认的习惯和传统准则"。

我们认为，把上述三种列为科技法的形式渊源，似乎范围过分宽泛了，以不列入为好，其理由如下：

第一，"与科学技术有关的一切社会规范"，如果被赋予法律效力，有的可能成为科技法规范，用以调节科技社会关系；有的则不可能成为科技法规范，不能用来调节科技社会关系。例如，教育、新闻、艺术、美术方面的一些规范，是"与科学技术有关的"，但是加以立法，就成了教育法规、新闻法规、艺术法规，而不是科技法规。再说，刑法、婚姻法、商法等能说它们与科学技术无关吗？显然不能。但同时又无论如何都不能把刑法、婚姻法、商法与科技法等同起来看待。所以，不能把"与科学技术有关的一切社会规范"

都列为科技法的形式渊源。

第二,"人们的科技法律意识及科技伦理观念"不具备"规范"的形式,作为科技法的"形式"渊源,也是不妥当的。与此同理,流行的法学理论著作把人们的法律意识、法学理论作为法律的"形式"渊源,同样是不妥当的。

第三,至于"传统惯例",在人类社会发展的初期,确有不少传统惯例、习俗转化为法律规范,但后来就日渐少见了。在科技社会关系的调整方面,"传统惯例"一般是不存在的。因为每当一种新的科技社会关系产生时,就必须有相应的科技法予以调整。尤其是在近现代和当代,新兴科技产生之日,"间不容发"地必须有科技法规加以调整。甚至还常有这样的情况:"兵马未动,粮草先行"——一种科技活动、一项科技工程尚未付诸实施,就必须预先设想、制定好调整可能出现的种种科技社会关系。因此,"传统惯例"很难成为科技法的形式渊源。而且,一般来说,既然久已成为"人们公认的习惯",也就不必要另作"多情"地专门为之立法了。

第十七章　科技法的发展规律

一、科技法发展规律研究的意义

科技法的发展规律，从未有人论述。原因可能有二：一是难度太大，在科技法学研究之始，论述这样的问题，是不大容易讨好的；二是对研究这个问题的意义认识不足。如要前进，关键是首先弄清研究科技法发展规律的意义。

（一）理论意义

第一，为科技法学研究奠定一块基石。

在阐述科技法学的研究范围时，我们曾指出，研究科技法发展规律是科技法学理所当然的任务。科技法学十五个研究范围的任务，都必须一一完成。犹如一块块基石，对于建筑科技法学的理论大厦来说，这十五个研究范围的任务包括科技法发展规律研究在内，都是科技法学大厦所不可或缺的。

特别指明这一点，是有感于法学基础理论的专著与教科书，都有意无意地回避法律发展规律这样一个带有根本意义的科学课题。连类而及，宪法学、刑法学、民法学、诉讼法学，甚至法律史学，都不去研究有关对象的发展规律。这就背离了科学研究必须抓住对象的内在规律这个根本原则了。

科技法学作为一门科学，在其建立之始，就不应回避这个难题。我们相信，经过反复的探讨，终将科学地解决这个难题，为科技法学的发展打下良好的基础。

第二，促进法学关于法的发展规律的研究。

科技法的发展规律与法的发展规律，有共同性与内在的联系。前者是后者的具体体现，后者是前者以及其他部门法发展规律的概括与抽象。法的发展规律寓于科技法的发展规律等等之中。因此，研究科技法的发展规律，可以促进和推动法的发展规律的研究，为求得法的发展规律的共识开通道路。

第三，为科技发展史上和当代社会发展中科技法的作用做出科学的解释。

科学技术在远古以来的漫长时代里，发展得十分缓慢。这无疑是由众多因素综合造成的结果。科技法也不能推卸其责任。但究竟怎样解释二者之间的关系呢？

当代社会、经济与科学技术，都以空前的速度一日千里地发展。这无疑也是由众多因素综合造成的结果。科技法当然也不能被视为无功。但究竟怎样解释二者之间的关系呢？

当代社会的发展又是不平衡的。其原因纷繁复杂。它与科技法关系如何？

研究科技法的发展规律，当有助于我们解决对这些问题的认识。科技法作为一种社会文化现象，与社会的发展有着千丝万缕的关系，研究其发展规律，正是解开社会谜团、认识社会的一种重要理论任务。

（二）实践意义

科技法的发展与科学技术的发展，二者之间存在着辩证的关系。我国科学技术发展的紧迫需要，寄厚望于科学技术法制建设。但我国科技法制建设存在着两大困难：其一是起步较晚；其二是经验不足。因此，现在我们极少有既懂科学技术又熟谙法学的专门人才；高等法律院校目前还培养不出这样的专门人才来，甚至于连师资、教材均付阙如；至于科技立法的经验总结，则既少又分散于各地，未能及时收集、整理、总结、提高。

在这样的情况下，研究各国科技法制的建设经验，掌握科技法的发展规律，可救我科技法制建设的燃眉之急，可以帮助我们少走弯路。

二、法学理论关于法的发展规律的论述

科技法作为法，其发展规律与法的一般发展规律，有其相同的共性。因此，了解一下法学理论关于法的发展规律的论述是完全必要的。前面说过，许多法理专著与教科书都回避这个问题，那么，谈及这个问题的，又是怎样论述的呢？

北京大学法律系法学理论教研室编写的《法学基础理论》[①]，以一个整章的篇幅论述了"法律发展的一般规律"，其详尽程度冠群书之首，对我们研究有关问题，是一种很有益的启迪。

该书对法律发展的一般规律问题，分三节论述。第一节为《法律的起源》，第二节为《法律的历史类型》，第三节为《法律的消亡》。这三节告诉我们，法律有一个产生、发展、消亡的过程，它遵循一切事物从无到有、由低级向高级、最后消亡的发展规律。在《法律的起源》一节里，该书指出，法律是随着私有制、阶级和国家的产生而产生的；原始社会没有法；从原始社会到奴隶社会的过渡时期里，氏族习惯逐渐演变为习惯法，最后发展为成文法。"当私有制最终成熟，从第一次社会大分工便开始的阶级矛盾和阶级冲突

---

① 北京大学出版社 1984 年版。

发展到不可调和的程度、时候和地方，国家和法律也最终产生了。"①在《法律的历史类型》一节里，该书指出，法律与奴隶社会、封建社会、资本主义社会和社会主义社会的依次更迭相适应，经由奴隶制法律、封建制法律、资产阶级法律发展到社会主义法律。这就是法律"由低级向高级地依次更替"②的规律。最后就是第三节所指出的"法律的消亡是历史发展的必然规律"③。

如果我们撇开"起源""消亡"不谈，显然能看到，法律的发展规律即是指法律的历史类型的依次更替。

但是，有意思的是，世界上还没有一个国家是典型地经历了原始社会、奴隶社会、封建社会、资本主义社会和社会主义社会这五种社会发展形态的。这样，起码对一个个具体的国家来说，这一历史类型法律发展规律论，便失去了立论的根基。其次，法律的历史类型的更迭，并未揭示法律发展的内在规律。如果法律的发展规律仅仅是依附在社会形态的更迭上，那么，它的内在发展机制何在呢？再次，如果将法律的历史类型作为法律的发展规律，那么，我们同样也可将道德的、文学的、经济的、政治的以及其他许多事物的历史类型，作为其发展规律。这就说明，这样做是不尽科学的。

那么，法律的发展规律究竟是怎样的呢？

三、法律发展规律之我见

在述及科技法的本质时，我们曾指出：法起源于原始社会向奴隶社会的过渡时期；法在其产生之初以及每一种社会形态的上升时期，其本质属性是社会性；阶级性不过是法在剥削制度、剥削阶级衰朽、没落时期本质异化的结果；即便此时，法仍然是阶级性与社会性的对立统一体；每一种新型社会制度的诞生、每一个新兴阶级的崛起，都意味着法的社会性本质的复苏；与一般法不同，科技法从总体来说，其本质始终是它的社会性。

基于上述观点，我们对法律的发展规律与科技法的发展规律提出自己的看法。

法律的发展规律是：法律的发展是其社会性与阶级性的辩证运动过程，始于社会性法律的产生，经由其社会性与阶级性的对立斗争、此消彼长，最后达到社会性法律的最终胜利。

由于没有一个国家典型地历经五种社会形态而发展，所以我们论述法律的发展规律时，是以人类的视野，站在世界性的高度上考察这一问题的。如果这样，那么，说整个世界在各地区、各国家发展不平衡的前提下，从原始公社制度，经由奴隶制度、封建制度、

---

① 《法学基础理论》，第51页。
② 同上书，第57页。
③ 同上书，第59页。

资本主义制度发展到社会主义制度，还是符合客观实际的。

从这样的世界总体性看法律的发展，我们可以得出如下认识：

第一，原始社会的末期，生产力得到了空前的发展，劳动力的无端耗损已是人所共知的蠢事。于是，不再杀食战俘而豢养起来当作"活的工具""会说话的工具"为奴隶主所役使、耕作，产生了三方面的好处：其一是奴隶主得到了奴隶创造的大量财富；其二是奴隶保存了性命；其三是社会保存了劳动力，这种劳动力从事两个方面的生产，一是物质财富的生产，二是人的生产即后代的繁衍。人的生产、后代的繁衍，也许是比新工具的创造更为伟大的事件。因为新工具的发明创造毕竟十分缓慢，而人的繁衍却成几何级数高速增长。在地域极为广大，自然资源极为丰富的古代，不存在人口过多的问题。甚至直到清代，仍然需要大量增殖人口以发展相当原始的农业。所以，我们以为，人的生产繁衍是人类社会发展初期最伟大的事件。而这，不是由别的什么，而是由当时的法律加以保障的。刚刚产生的法律，就是这样对人类做出了极其伟大的贡献的。它保存了人种，而且优化了人种。如果不是法律保障战俘不再被杀，那么，征战的结果，大批人死亡且不算，战胜部落的近亲繁殖，也足以使人类低能化而逐渐淘汰。法律保障战俘得以存活，则不仅增加了人口，而且奴隶主（战胜部落成员）与奴隶（战败部落的战俘）的杂交（这是必然发生的事），使人类的质量得到了可靠的提高。仅此而言，人类社会最初的法律，其本质就不能不是社会性的。

第二，在奴隶社会中，奴隶主占统治地位的国家，一方面立法以维护奴隶制生产关系、促进生产力的发展并使奴隶生命的法律保障成为法律传统；另一方面又立法以保证本阶级的特权，尽力把义务全然交给奴隶去履行，使人类的权利与义务逐渐分离。这样，法律的社会性本质便开始了逐渐的异化。社会性法律产生了自己的对立面——阶级性法律。

在奴隶制生产关系不再能够促进生产力的发展，而且阻碍生产力发展的情况下，封建制生产关系悄然在奴隶社会的母体内形成。对此，奴隶制国家便横眉怒目地立法以阻止其发展；同时，还立法对奴隶的反抗斗争实行残酷的镇压。即使不立新法，奴隶主阶级也会利用既定的法律来对付新的生产关系，对付奴隶的反抗斗争。这样，新的立法是对旧的立法的反动；旧法的他用，也改变了旧法先前的作用，从而造成了法律社会性本质的异化，阶级性逐渐成为法律属性的主流与本质。

尽管如此，由于奴隶阶级反抗斗争的存在，由于新兴地主阶级革命斗争的存在，由于奴隶制国家维持其本身存在的需要而对社会一般秩序进行法律调节，法律的社会性没有也不可能全然泯灭。因此，即使是在奴隶制社会走向衰亡的时期里，奴隶制法律，也是阶级性和社会性的对立统一，而不是纯然的阶级性的法律。纯然的阶级性的法律是不可能存在，不可能施行的。

第三，在封建社会与资本主义社会里，发生了大致类似奴隶社会里发生的那种法律性质的演变过程。简而言之，即每一剥削制社会形态初期的法律，维护新的生产关系，促进生产力的发展，也维护拥护这一新型生产关系的各个阶级，其中包括劳动人民，因而它具有社会性的本质；同样，随着社会的走向下坡路，法律的性质起了变化，阶级性成了法律社会性异化的结果；但同时法律的社会性又不可能消失殆尽，因而法律仍然是社会性与阶级性的对立统一体。

第四，社会主义之取代资本主义，彻底摒弃了法律维护个别阶级利益的性质，成了全体人民的利益与意志的反映；它在其发展的长途中，不断剔除不符合社会要求、不适应生产力发展需要的成分，从而永葆其社会性本质于始终。社会主义法律的产生与发展过程，就是法律的社会性摒弃其阶级性、克服其片面性的过程。

第五，社会主义将走向共产主义，这是必然的社会发展规律，但这并不意味着法律的消亡。由于社会关系变得越来越复杂多样，由于所需调整的社会关系以及人与自然的关系的领域变得越来越广阔，具有公共强制力保证的法律，不但不会消亡，而且还会不断发展、丰富、完善、周密。

有人认为，我们所说的法律，有特定的含义，在共产主义社会里，这种有特定含义的法律不可能存在。但这样研究问题本身就值得商榷。不应当人为地赋予法律以"特定的含义"，而应从法律本身的实际出发，抽象出它的含义。我们认为，法律就是得到强制力保证按法定程序制订的行为规范。这样的强制力，共产主义社会里不能没有；这样的法定程序，共产主义社会里不会废除；因此，这样的行为规范即法律，共产主义社会里不会消亡。法律如同时间、空间一样，只要开始，就不会有终点。

在科技法学著作中，我们用这么多的笔墨来论证法律的发展规律问题，是出于以下两方面的考虑：

其一，科技法学是法理学的一个分支，凡能因科技法学理论的探讨而引起对整个法理学的思考的问题，都应略为展开，使科技法学等部门法学与法规学衔接起来。

其二，科技法发展规律与法律的发展规律有同有异。因此，不阐明法律的一般发展规律，无法计同较异。

现在，我们可以来直接探讨科技法的发展规律了。

四、科技法的发展规律

科技法的发展规律在遵循法的一般发展规律的前提下，有自身的若干特点。因此，关于科技法的发展规律，可以这样表达：

（一）科技法的发展，为一社会性与阶级性的辩证运动过程，在这一过程中，社会性始终是其主导属性

作为法的社会性与阶级性的辩证运动过程，科技法的发展与法律的发展，呈现相同的规律性。科技法萌生之初，社会早已步入奴隶主阶级占统治地位的剥削制社会，其一般法律已逐渐地从社会性向阶级性异化。但是，科技法虽在这时萌生，却以其社会性本质而对社会、人类的发展起着独特的推动作用。

人类最初的科技法，可能只有一种类型，就是赋予技术标准以法律效力的技术规范法。例如，宫廷工匠制作器皿、用具、车轿的标准，河渠、道路、桥梁的修建标准等，起初是由工匠领班、工地技术指导人口授或以简单文字做规定的，虽有一定的约束力，但并无法律效力。在实践中，由于发生了不遵守这些标准而造成不良后果的情况，于是以法律形式作技术规定就被提到议事日程上来了。这类科技法，保证了工艺的标准化、工艺水平的稳定与提高，保证了交通、水利事业的发展，是对人类进步的促进与保障。毋庸置疑，技术规范法的本质是其社会性。至于它被奴隶主阶级利用来作为让奴隶生产更多、更好的享用品的保证，则如同饭可养活奴隶，也可养活奴隶主一样，不能当作这类科技法具有阶级性的根据。应当承认，技术规范法的产生，是人类社会发展史上的重大进步。

随着宫廷工匠的增多，修建河渠、道路、舟车任务的增加，管理任务必然变得复杂化起来。于是，建立有关的行政机构，就成了自然的事。当然，当时一般不会建立专事管理科学技术的行政机构，而是使有关机构在管理其他行政事务的同时，兼管科学技术任务的完成。这样的行政机构，有时是以法律形式规定其组织、编制、任务、奖惩及行政权力、行政义务、隶属关系等的。于是，最初的科技行政法也产生了。这时的科技行政法，对科技的发展、社会的进步，有重要的促进与保障作用，应当肯定它的社会性本质。

一般来说，在中世纪的封建时代，在神权统治猖獗或行将败落而垂死挣扎的情况下，出于对科学技术的恐惧与仇恨，才出现了一些阻止科学技术发展的法律。但这些法律仅仅是科技法中的一小部分。大量的技术合同，以民法加以调整。专利权、著作权、版权以及越来越多的技术标准，被赋予法律规范的形式。因此，从总体上说，这时的科技法仍以社会性为主导。

在资本主义时代里，民主与科学或者成为社会发展的主流，或者因工人阶级反抗斗争的强烈而使资产阶级不敢公然地弃民主、科学的口号，或者因资产阶级利益的驱使而注重发展科学技术。总之，这是一个一般来说科学技术始终得到重视、因而不断发展的时代。在这个时代里，曾经出现过少量的资产阶级立法，用以将科学技术成果、科技人员、科技机构控制在极少数垄断资本家的手中。这样的立法，与保障由广大人民群众并代表人民群众的国家来管理科技进步的立法相比，无疑有强烈的资产阶级的阶级性。但是，首先，垄断资产阶级致力发展科学技术的客观效果仍有其社会意义，虽然这是违背垄断资本家的主观愿望和利益的；其次，整个资产阶级社会的大量科技立法，并不受制于垄断资产阶级。因此，这一时代的科技法，有社会性立法与阶级性立法的不同与对立，但从整体上看，社会性仍是其主导属性。如果没有科技法社会性的主导作用，资本主义社会的科技与经济，不可能得到较大的发展，不可能有较高的劳动生产率；资本主义也不可能走出死胡同而向社会主义发展。当代资本主义发达国家仍以相当高的速度向前发展，也给广大人民群众带来了较多的社会福利，是与资本主义国家的科技法保证了科技的顺利发展分不开的。不管各种政治观点的人们如何评价，这都是无可否认的客观事实。

（二）科技法的发展，为一主观片面性与客观科学性的辩证运动过程，在这一过程中，客观科学性始终是其主导属性

这从科技法的不同部门法的历史发展中，可以看得比较清楚。

最先产生的技术标准法，虽然比较简单，但仍可能囿于技术水平与经验的不足，而有若干不正确的地方。大量实践的结果，必定会提出修改这类法规的要求；而修改又是有利于统治者利益的，因此修改的阻力几乎没有。技术规范法在以后的发展长途中，除始终存在人类认识由片面到全面、由主观到客观，因而由错误到正确这一影响其发展的因素外，还有另一因素也会导致技术标准及技术规范法的改进。这就是：随着技术、科学的进步，随着物质条件的改善，控制技术标准的条件会变得越来越全面，越来越完善，越来越周密。这样，原先的技术标准，就可以因控制技术发展的条件的改变而改变。当然，在必要的时候，以法律肯定技术标准的改变，就是不可避免的了。上述技术规范法的发展，显然是与人类、与立法者从主观片面性到客观科学性的进步紧密相连的。

比技术规范法产生得略晚的科技行政法，其发展过程中，也充满着主观片面性与客观科学性的辩证运动。许多国家在立法以设置一种科技行政机构之后若干年，又以新的立法设置新的科技行政机构，用以取代原先的机构，就是为了改进、改善科技行政机构，其中不无对原先立法的某些主观片面之处的修正。例如，1977年12月31日，法兰西共和国政府曾以《77-1534号法令》（关于技术研究协调委员会的成立），规定在内阁的"科学技术研究总代表处"下设立"技术研究协调委员会"；1981年5月，法国密特朗政府以法令规定设立"研究技术部"；1982年6月，法国政府的法令规定"研究技术部"与"工业部"合并为"研究和工业部"；1983年，又以法令改"研究和工业部"为"工业和研究部"。我们并不欣赏这种频繁变动最高科技行政机构的做法；由于这些变动是以法律规定的，更使人感到有失法律的稳定性与权威性。但是，法国在新技术革命形势下这样频繁地以立法改变最高科技行政机构的设置，是从更有利于科技发展的愿望和国情条件出发的，每一次变化，都使得科技行政立法更符合客观需要。1981年5月法国设立"研究技术部"后，紧接着在7月28日以《81-723号法令》（国务部长衔研究技术部长的权限）具体规定，"研究技术部长有权提出并联合其他有关部，实施研究和技术领域的国家政策"（第一条），"研究技术部长拟订关于向民用研究和技术发展活动拨给的由国家提供的资源和经费的政府政策"，"研究技术部长会同其他有关部长，负责制定和实施关于研究的国家机关和其他国家机构的组织和人员章程的一切改革方案以及影响到科学工作者就业政策的一切措施；研究技术部长签署在这些方面所制定的法律条文"（第二条）。这些规定，赋予研究技术部长以很大的科技行政权，比先前的有关规定更符合迎接新技术革命挑战的需要。稍事浏览《日本科学技术六法》的"行政组织"篇，可以看到，几乎每一种科技行政法都经过了修改：1956年3月31日制定的《科学技术厅设置法》，"最后修改"是在1980年11月29日；1956年5月18日制定的《科学调查官及科学研究官定员规定的政令》，"最后修改"于1978年7月1日；1956年5月18日制定的《科学技术厅组织令》，在1981年4月3日做了"最后修改"；等等。所有这些修改，无非都是为了使有关的科技行政法更客观、更科学、更有利于科技行政。

比科技行政法产生得还要晚的科技民事法，同样经历了由主观片面到客观科学的辩证运动。这也可从有关法律的制定和修改中得到证明。例如日本，早在明治八年（1875），美国人梯兹莱尔就曾向日本政府申请发明食品干燥设备的专卖专利权。明治九年（1876），又有德国法人伟尔德商社提出土制猎枪的专利申请。这些申请都被否决了。但科学技术的发展，迫使日本国会放弃了先前主观片面的想法，明治二十年（1887），日本政府发布了《特许局官制》的政令，据此设立了"特许局"即专利局。次年即1888年，日本皇帝以《敕令第八十四号》公布了《特许条例》。后来，在明治三十二年（1899）公布了《特许法》，共53条。10年以后，日本《特许法》经全面修订，增加到105条。此后，又经过了许多次修改。到1959年做了最大的一次修改，增加到147条。最近一次修改，是在1987年，从1988年1月1日起按新的《特许法》施行。这次修改的主要内容是：把药品专利的15年保护期延长为20年；一次申请可包括几项相关的发明，这在日本称"多项性改善"；等等。这些修改，无疑也使有关规定更科学、更客观了。此外，如著作权法、技术合同方面的立法等，也都是在不断修改中剔除不符合客观实际、客观要求的片面性成分，而逐渐臻于科学、合理的。

需加说明的是，尽管"最后修订"的科技法必定比最初制定的要科学、合理、客观得多，但并不是说最初制定的这一或那一科技法从总体上看即是主观、片面的。客观科学性是科技法总体的主要属性；任何主观片面性，都必将被科技法的发展所摒弃；实践中，这样的摒弃，往往是非常迅速的。

（三）科技法的发展，是从寄生到独立的运动过程

除少数科技法外，大多数科技法都经历了从寄生于别的部门法到独立于别的部门法的变化过程。这在科技行政法、科技民事法等科技部门法中表现得十分明显，而在科技规范法和科技国际法中则不十分明显。

早期的技术标准法，虽然现在不少人仍称之为"手工业标准法"，但这不过是人的价值评价而已。尽管简单，技术标准法还应视作当时的"高水平"的技术规范的法律保证。这种技术标准法，有时是与手工业法混合在一起的，有时则是单独制定、单独颁行的。后来的科技规范法，尤其是现代和当代的科技规范法，则大多为单独立法了。

各国初期的科技行政法,则无一例外的都是先出现在一般的行政法中。中国从汉代以来,行政法典就是相当齐全的,到了唐代,达到高度发达的程度。这些行政法典中,有不少是关于科技行政的法律规定。但是,历经宋、元、明代直至清代,在漫长的千年历史中,科技行政法律规范始终都寄生在行政法中。只是在辛亥革命以后,科技行政法才逐渐地从一般行政法中脱离出来。现在,独立的科技行政立法,已是司空见惯的了。

科技民事法从寄生到独立的运动过程,直至现在还在继续。著作权法长期寄生于民法之中,许多国家已为著作权单独立法,而我国的著作权仍在民法保护范围之内。技术合同从无到有地发展起来以后,最初也是依靠民法来保护的。《法国民法典》共有2278条,其中有1000条左右是关于合同的规定。这些规定,曾被援引来处理技术合同问题。我国的《经济合同法》,也曾被援引来处理技术合同问题。该法将经济合同分为购销、建设工程承包、加工承揽、货物运输、供用电、仓储保管、财产租赁、借款财产保险、科技协作等十类。其中关于科技协作合同即为有关合同的法律规范。现在,我国制定了《技术合同法》,这是独立于《经济合同法》的单独立法。我国正在制定《著作权法》,一旦颁行,也就从民法中独立出来了。

科技国际法大多是在现代出现的。或者由于各有关国家的有关科技法已经独立存在,或者由于科学技术的高度发达早已带来了各国对共同的科技法律调节手段的高度共识,所以,多数科技国际法一开始就以独立的立法形式出现。但国际科技法是在各国科技国内法基础上产生的,因此,这不影响我们从总体上认定科技法从寄生到独立的变化规律。

五、科技法的发展前景

科技法的发展前景,主要是实践问题,而不是理论问题。但根据现有的经验,我们认为,做下列推断,将为实践证明是正确的。

(一)无论在世界范围内,还是在一国范围内,科技法的数量都将成几何级数增加

现代世界的经济发展中,劳力密集型和资本密集型的产业,正迅速让位于技术密集型和智力密集型的产业,商品的附加价值越来越超出劳动力价值、原材料价值和能源价值等传统成本的价值。一句话,经济的发展,将主要取决于科学技术的发展。这样,促进和保障科技发展的法律,将格外受到各国的青睐。加上由于科技劳动的复杂化,大量的科技规范转化为法律,科技法的数量成倍地激增,是理所当然、势所必然的事。

由于改革和开放成了世界性的潮流,国际科学技术合作也将得到前所未见的迅速发展。这当然也会导致国际科技法数量的几何级数增长。

（二）科技法从寄生到独立的变化过程将大大加速，独立的科技法将成为鹤立鸡群的部门法

科技法从寄生到独立的迅速变化过程，在第二次世界大战结束以后就开始了。这一趋势已成必然，而且日渐加速。专利权、著作权、合同关系的法律保护，纷纷从民法调节手段中被离析出来。专利法、著作权法早已成为单独的立法。我国《技术合同法》的制定，必将推动其他国家的技术合同立法，从而使之与经济合同法分道扬镳。其他的科技行政法、科技民事法、科技国际法的变化，如前所述，也将如此。甚至科技犯罪的刑事制裁，如计算机犯罪的刑事制裁，也正从刑法中独立出来。长此以往，独立的科技刑事法也将出现在世人面前。

由于科学技术在经济发展、社会进步方面的作用越来越大，由于一般的民事纠纷、刑事案件越来越为熟谙法治的社会所娴熟处理，科技法在社会生活中的作用将越来越大，人们的注意力将在很大程度上为科技法所吸引。因此，独立的科技法将成为部门法的冠首，其地位将不但不再被人否定，而且会越来越高。

（三）科技法的社会性将战胜阶级性而成为它的唯一属性

这是同社会的进步分不开的。人们的民主意识的增强，民主力量的联合斗争的扩展，将迫使企图利用科技法为一己利益服务者步步退却。因此，羼入科技法的个别阶级的利益与意志，终将被完全排除出去，科技法将成为纯然为全国和全世界人民的利益服务的法律，社会性将成为科技法的唯一属性。

（四）随着科学技术的巨大进步，科技法将变得越来越客观，越来越科学

人类总是在实践中不断为认识的真理性开辟道路的。科学技术的迅速发展，将荡涤认识领域的愚昧无知。科技立法中的主观性和片面性，也会在科技实践以及调整科技社会关系的实践中，得到纠正。这样，人类的科技法将越来越客观，越来越科学。

（五）就各国来说，将向科技法的体系化迅速发展

我们在谈到科技法体系时，暂时还只能从世界范围来看。这是因为就许多国家来说，科技立法还起步不久，而起步较早的发达国家，也未形成完善周密的科技法体系，因此，在20年到50年内，各国的科技法将向体系化发展。一旦完成科技法体系化的过程，各国的科技社会关系得到科技法的全面调整，科学技术就必将得到更加迅猛的发展，新技术革命才会形成高潮。

第十八章 科技法在中国的发展

一、中国古代科技法的产生和发展

中国古代科技法是随着奴隶制的产生而产生，随着奴隶制法和封建制法的发展而发展的。

恩格斯曾经指出："只有奴隶制才使农业和工业之间更大规模分工成为可能，从而为古代文化的繁荣，即为希腊文化创造了条件。没有奴隶制，就没有希腊国家，就没有希腊的艺术和科学；没有奴隶制，就没有罗马帝国。没有希腊文化和罗马帝国奠定的基础，也就没有现代的欧洲。"[①]恩格斯这里所揭示的希腊科学文化发展的情景，在我国也大致如此。正是中国古代的奴隶制促成了科学文化的发展。

奴隶制是一个广泛的概念，它包括经济制度、政治制度、军事制度和法律制度等等。也就是说，奴隶制法律正是促成古代科学文化发展的制度性因素之一。

中国古代奴隶制度下科技法的产生和发展的详情细节，今天已难以考证了，我们只能从稀少的典籍中略窥其一鳞半爪。

传说舜时曾命令契教化百姓，皋陶用刑法制约苗民，弃播百谷养黎民。范文澜先生在《中国通史》中断言这"实际当是用刑法强迫苗民黎民耕种来养活受教化的百姓"[②]。但他后来又说舜时是原始公社制时代，"大酋长由部落公选，没有什么特别权利"[③]"禹以前是没有阶级，没有剥削，财产公有的大同社会"[④]。这就不无抵牾了。我们认为，从原始社会到奴隶社会是一个过渡时期，这一时期法律制度逐渐形成，传说皋陶制苗民以刑，倒是符合事实的。但此时的法律，还说不上是科技法的萌芽。它对科学文化的发展有重大作用，即"用刑法强迫苗民黎民耕种来养活受教化的百姓"，但与立法以调整科技社会关系还不是

---

① 《马克思恩格斯选集》第3卷，第220页。
② 范文澜：《中国通史》，人民出版社1978年版，第1册第23页。
③ 同上书，第25页。
④ 同上书，第29页。

一回事。

夏、商、周时期,生产力得到了比较迅速的发展。这一时期里,青铜农具和工具的使用、推广,使农业与手工业及手工业技术发展得十分迅速。手工业者之间,因制造对象不同、技术条件不同,已有较细的分工。手工业奴隶因有世代相传的专门技术,颇受奴隶主的重视。这样,立法以保护有专门技术的手工业奴隶,就成了最初的科技法的萌芽了。据《尚书》记载,周公教康叔杀违禁饮酒的人,唯独对手工业者可以宽恕不杀。①《周礼》记载:周代专门设立有典丝、典枲、典妇功和掌画缋之事的官吏。这是科技行政法的萌芽。据《诗经》记载:周文王祖父古公亶父率全族迁居岐山下,经营周原农业时的情景是"乃疆乃理,乃宣乃亩。自西徂东"②。这诗句讲的是土地整治和排灌沟洫的布置和要求。井田的规划有"方一里""方十里"或是"方百里"的,其中间开挖的灌溉系统称作遂、沟、洫、浍、川和与之相应的道路系统径、畛、涂、道、路。③《周礼·秋官》中还提出了四种消灭杂草的方法分春夏秋冬四季进行。纺织品的统一标准也出现了。计算纱支的单位叫"升",每"升"有八十根经线。据《仪礼》《晏子春秋》等记载,周代麻布最粗的三"升",较粗的七"升",最细的为十五"升"和三十"孔",专供奴隶主朝会晏享或制冕用。周代还设"酒正"官"掌酒之政令……辨五齐之名:一曰泛齐,二曰醴齐,三曰盎齐,四曰缇齐,五曰沉齐……""仲冬……乃命大酋,秫稻必齐,曲蘖必时,湛炽必洁,水泉必香,陶器必良,火齐必得,兼用六物,大酋监之,毋有差贷"。这些,既有科技行政法萌芽的成分,也有科技标准法萌芽的成分。从上述零星的资料看,最初萌芽的是科技行政法与科技标准法。但有关法律规定,不可能单独存在,只是混杂在其他法律之中。

这类科技法的萌芽,随着生产力和科学技术的发展,随着所需调整的科技社会关系变得多样化和复杂化,也日益多样化与复杂化起来。到西周时,数学已被规定为当时"士"阶层必修的"六艺"(礼、乐、射、御、书、数)之一;出现了专职会计,在政府机构中的会计叫"司会"④,在军队中的叫"法算","主会计三军营壁、粮食、财用出入"⑤。此外,还有世代相传专门掌管天文历法和掌握数学知识的所谓"畴人"。西周时还实现了医、巫分事分职。《周礼》把"巫祝"列于"春官大宗伯"的职官类,而"医师"则属"天官冢宰"管辖。当时医又分"食医"(为王室管理饮食卫生)、"疾医"(治病)、"疡医"(相当于外科、烧伤科医生)、"兽医"。据《周礼》记载,当时还建立了一套医政组织和医疗考核制度。"医师"总管医药行政,并在年终考核医生们的医疗成绩,从而确定其级别与俸禄。考核优劣的标准是"十全为上,十失一次之,十失二次之,十失三次之,十失四为

---

① 《尚书·周书·酒诰》。
② 《诗经·大雅·绵》。
③ 《周礼·地官·遂人》《考工记·匠人》。
④ 《周礼·天官冢宰》。
⑤ 《六韬》卷32。

下"①。这些说明政治法律制度所涉范围又有所扩大，以法律制度调整科技社会关系更为细密了。

值得注意的是，到西周末、东周初，奴隶制度业已衰朽，阻碍了生产力的发展。但当时的科学技术活动如天文历算、医药保健本来就是为奴隶主服务的，它的发展与奴隶主贵族的利益并不矛盾。所以，我们找不到奴隶主阶级在其衰败时期以消极立法阻碍科技发展的现象。法律对社会发展的影响，不能机械地看待，某些部门法在一种社会制度行将灭亡时仍有促进科技或其他若干事物继续朝有利于社会和生产力发展的作用，是完全可能的。科技法的社会性作用相异于行政法、刑法等，由此亦可见一斑。

"秦王扫六合，天下成一统"以后，中国进入中央集权的封建专制时期。秦始皇"焚书坑儒"，但不烧医工农桑之书。他在位时制定的秦律，有不少可以说是比较成型的科技法了。例如：商鞅变法时曾制定《为田开阡陌令》，这对田地管理、灌溉是有利的；秦始皇时有《厩苑律》，规定每年四月、七月、十月、正月搞四次耕牛生产大评比；《厩苑律》还规定借用铁制农具，如因破旧不堪使用，只要写出书面报告即可核销，即用法律保证国家以优惠条件提供铁制农具；《仓律》对种子用量做了明确而具体的规定："稻、麻亩用二斗大半斗，禾、麦一斗，菽亩半斗"；《田律》规定：春天二月不准进山砍伐树木，不准堵塞水田，不准烧草作肥料，不准采集刚发芽的植物等；《牛羊课》规定：十头成年的母牛中每年至少要产仔牛五头，十头成年的母羊每年至少要产仔羊四头，以促进提高牛羊的生殖率。最为明显地促进科技发展的是秦律中的《工律》《工人程》《均工律》和《效律》等。这些法律规定的内容大致为以下六个方面：其一为产品规格。《工律》规定"为器同物者，其小大、短长、广亦必等"，《秦律杂抄》中有一条法律规定，"非岁功及毋（无）命书，就为它器，工师及丞赀各二甲"（朝廷"命书"规定产品数量与规格，擅自生产或改变规格要受罚赔偿"二甲"）。其二为人员定额。《工人程》就是专门规定手工业工场人员定额的法律。如规定，技术不熟练的冗（杂）隶妾二人等于一名技术熟练的工匠；在一定期限内参加生产的更隶妾四人等于一名技术熟练的工匠；劳动时间短的冬天，三天等于劳动时间长的夏天两天的劳动定额；等等。其三为原材料定量。如《司空律》规定修缮一辆大车，用胶一两、脂三分之二两（八铢）。修理车辆开胶，按开离的多少分胶使用。《金布律》规定为"幏布一，用枲三斤。为褐以禀衣：大褐一，用枲十八斤，值六十钱；中褐一，用枲十四斤，值四十六钱；小褐一，用枲十一斤，值卅六钱"。其四为产品质量。《工律》规定，"为计，不同程（规格）者毋同其出"。其五为人员专责。秦律规定生产单位内部的官啬夫、工师、曹长、徒和城旦各有管理和生产责任；生产单位外的县令、丞、旦、史则各有监督责任。其六为赏罚定则。

秦以后，汉、唐、宋、元、明各代，在以法律手段促进科学技术的发展方面都做出

---

① 《周礼·天官冢宰》。

了相当大的努力。其中，以科技标准的法律规定最为突出。例如，《唐律疏议》之《杂律》规定：如果"器用之物，及绢布之属"制作不牢，以假充真，长短宽狭不合要求而擅自出卖者，"各杖六十"；如果主管官吏知情而不加处理，"各与同罪；不觉者，减二等"。又如，《大明律·户律》规定："凡造器用之物，不牢固真实，及绢布之属，纰薄短狭而卖者，各笞五十，其物入官。"

上述中国古代科技法的发展，并未达到专门的科技立法的程度，有关的法律规定都是混杂在统一的法典之中的。随着封建制度的衰朽、资本主义制度的萌芽，如果最后走向资本主义社会，那么资本主义的自由竞争机制一旦被导入科学技术活动和科技社会关系的调整，成型的专门性科技立法就会脱颖而出。但中国没有走向资本主义，腐朽没落的封建制度则阻碍了科技的发展。

二、没落的封建制度窒息了科技法的生机

明代末年开始，整个清代，是中国封建制度走向没落的时期。这一时期里，封建地主阶级加紧了对思想的控制，实行文化禁锢政策，把科技发明视为"奇技淫巧"，阻碍了科学技术的发展，也窒息了科技法发展的生机。

为了严密控制知识分子的思想活动，明代规定科举应试必须用"八股"文体，即做文章必须按照破题、承题、起讲、提比、虚比、中比、后比、大结这八段规定的格式进行，不得增加删减；同时规定文章内容为"四书五经"的章句含义。清代统治者继承了这一禁锢思想的"八股取士"方法，大加提倡与推广，使学术空气越来越沉闷，知识分子思想越来越僵化。知识分子为了博取仕途利益，不得不"皓首穷经"地死啃故纸堆，也就难以与言科学技术了。这样，这一时期里，不仅科学技术几无发展，连宋元时代高度发达的天文学、数学等，也日渐衰落了。明末著名思想家顾炎武曾痛斥八股取士制度毁坏了有才能的人，说道："八股之害，等于焚书。"[1]

清代的著名思想家龚自珍、魏源以及变法维新的领袖康有为、梁启超等，也先后以犀利的笔锋大肆抨击过"八股取士"对科学文化发展的扼杀作用。然而，当这种制度为当时的法律所肯定的时候，政治权力不改变、社会制度不改变，它也不可能改变。

清代除"八股取士"制严重阻碍了科学技术发展外，还以对汉族知识分子的错误政策及法律制度，而起更为恶劣的作用。康熙、雍正、乾隆三朝，因感到汉族知识分子中反清情绪仍很强烈而大兴文字狱，不仅著书人及其亲属横遭杀戮，甚至连刻字、印书以及卖书人都不能幸免。在这种情况下，知识分子不能自由思考，不得不转入考证古典文献一途，学术研究越来越脱离社会实践，包括脱离生产实践，科学技术的发展，也就无从谈起了。

---

[1]〔清〕顾炎武：《日知录》卷16。

此外，清代还厉行闭关锁国的政策，并以法律予以保障，其结果同样阻碍了科技的发展，因为闭关锁国必定导致中外科学文化交流的停顿。清朝统治者厉行海禁，封锁边疆，宣布汉人出洋即是"自弃王化"，一律杀头；有关的地方保甲也要被处死，上级官吏亦被治罪。这使得出洋学习西方先进科学技术之路被完全堵塞了。但其时还有西方传教士传入科技知识的情况，从明代到清代康熙大约一百余年间，西方传教士还能在中国活动，因而天文、数学、测地等方面的知识得以传入。但1723年，雍正皇帝下令将传教士赶出中国，从此直到1840年，西方科学技术知识的传入就完全停顿了。1793年（乾隆五十八年）英国要求互派使节和通商，被清王朝以"与天朝体制不合，断不可行"而回绝，并认为"天朝物产丰盈，无所不有，原不借外夷货物以通有无"，对增加贸易的要求也以"于定例之外多有陈乞，大乖仰体天朝加惠远人、抚育四夷之道"①等理由而拒绝。1816年（嘉庆二十一年）英国再度要求通商贸易，清王朝仍加拒绝，理由为"天朝不宝远物，凡尔国奇巧之器，亦不视为珍异"，"嗣后毋庸遣使远来，徒烦跋涉"②，这就进而把一切交往之路都断绝了。总之，顽固的闭关锁国政策和法制，使得学习外国科技成为完全不可能的事了。

鸦片战争以后，为大炮轰开的国门虽然已不能阻挡西方科学技术的传入，但是从那时起一直到中华人民共和国成立，神州大地战祸频仍，清末封建统治者以及辛亥革命后的外国殖民主义者的奴才政府，都竭其全力于维护反动的政治统治地位，整个中国又处于为帝国主义列强所"瓜分豆剖"的悲惨境地之中，科技进步、社会发展受到了严重的阻碍，更不用说以积极主动的科技立法来调整科技社会关系、促进科技发展了。只是在中华人民共和国成立以后，科技法的发展，才有了转机。

三、中华人民共和国成立后科技法的发展

中华人民共和国成立以后，虽然面临帝国主义武装侵略的严重威胁和国内阶级斗争的严重局面，但党和国家仍然高度重视发展科学技术，努力以科技法促进和保障科学技术的发展。

它首先表现在新中国成立伊始，即着手制定并颁行了一些科学技术发展所急需的法规。其中主要有：

1950年，中央人民政府政务院颁布了《保障发明权与专利权暂行条例》。这一《条例》对取得专利的条件、专利权人的权利范围、专利权保护期及侵权责任等做了规定。按照这个《条例》，曾批准过四项"专利权"和六项"发明权"，其中包括"侯德榜制碱法"的"发明权"。

---

① 《乾隆敕谕》。
② 《嘉庆敕谕》。

同年，政务院还颁布了《商标注册暂行条例》，随后又公布了有关的实行细则。该《条例》及其实施细则是适应当时五种经济制度并存的状况而制定的。此外，政务院财政经济委员会在1954年还发布过一个《未注册商标暂行管理办法》，承认未注册商标的合法性，但又要求它们也要在中央工商行政管理局登记。

1950年9月，全国出版会议作出了《关于改进和发展出版工作的决议》，规定"出版业应尊重著作权及出版权，不得有翻版、抄袭、篡改等行为""稿酬办法应在兼顾著作家、读者及出版家三方面利益的原则下与著作家协商决定""原则上不应采取卖绝著作权的办法"等。鉴于我国的特殊情况，该《决定》具有一定的法律约束力。1953年10月，出版总署发布了《关于纠正任意翻印图书现象的规定》。其中规定："一切机关团体不得擅自翻印出版社出版的书籍、图片，以重版权。"

上述知识产权方面的法律规定，都是在新中国刚刚诞生的情况下制定、颁行的，反映了党和国家尊重知识产权、发展科学技术的热切愿望。

1954年，新中国颁行了自己的第一部宪法。宪法规定保障科学技术的发展和繁荣，鼓励广大知识分子为科技发展做出贡献。正是在宪法规定的指导下，20世纪50年代至70年代，新中国的科学技术立法又得到了进一步的发展，其特点是扩展到了科技进步和科技社会关系调整的各个方面。

关于知识产权的立法，有了进一步的发展。1954年政务院公布的《有关生产的发明、技术改进及合理化建议的奖励暂行条例》，到1963年时发展为由国务院颁布的《发明奖励条例》和《技术改进奖励条例》。1963年4月，国务院公布了《商标管理条例》及其施行细则，同时废止了1950年的《暂行条例》与实施细则。此外，国务院还分别在1959年3月、4月和1963年3月发出了三个关于出口商品使用商标的通知，要求一切出口商品的商标都经过外贸部审查批准后才能使用。此外，1957年文化部还曾起草过一个《保障出版物著作权暂行规定》，但未公布过。

关于科研机构管理，1961年6月国家科委曾提出《关于自然科学研究机构当前工作的十四条意见》。科技行政方面，这一时期的其他规定还有：1972年6月财政部、国务院科教组《关于新产品试制、中间试验、科学研究补助费使用管理的几项规定》；1957年9月国务院《关于改进科学仪器生产、修配和供应的方案》；1957年9月国务院《改进化学试剂工作方案》；1957年9月国务院《关于改进档案、资料工作的方案》和《全国图书协调方案》；1964年11月第四机械工业部的《新产品研究、设计、试制工作条例》；等等。

在科技标准管理方面，有1957年10月国家计量局发布的《关于禁止英制和公、市制在度器上同器并刻的通知》；1959年6月国务院《关于统一我国计量制度的命令》（及1959年3月国家科学技术委员会《关于统一我国计量制度和进一步开展计量工作的报告》）；1959年6月国务院《关于统一我国计量制度和进一步开展计量工作的补充通知》等。

在科技成果管理方面，有1961年4月国务院制定的《新产品新工艺技术鉴定暂行办法》。

在科技协作方面，有1955年重工业部《关于加强生产企业与科学研究部门及高等学校协作的通知》，1956年1月中国科学院、高等教育部《关于高等学校和科学研究机关几项试行的合作办法的通知》等。

在自然资源保护方面，有1961年3月国务院转发的《中国科学院关于保护古脊椎动物化石问题的报告》，1965年12月国务院批转地质部制定的《矿产资源保护试行条例》等。

为了从多方面保证科学技术的发展，不仅在科技立法上，而且在其他立法上也采取了措施，例如在税收制度等方面就有若干规定是针对促进科技发展的。1958年6月全国人民代表大会常务委员会通过的《中华人民共和国农业税条例》规定："农业科学研究机关和农业学校进行农业试验的土地"所得到的农业收入，可"免征所得税"（第十七条）。

从1949年新中国成立到1976年粉碎"林彪、江青反革命集团"的近30年间，虽然因受法律虚无主义的影响和极左思潮的干扰，科技法制建设没有得到应有的发展，但相对于从1840年到1949年这漫长的停滞时期来说，我国科技法的发展成绩，还是应当加以肯定的。否则，新中国成立后近30年间所取得的科技进步成就，就得不到圆满的解释。与此同时，又必须如实地承认，直至1985年以前，我国的科技立法还只是处于尝试阶段。真正意义上的科技法制建设，是在粉碎"江青反革命集团"之后迎来科技立法的春天，做了必要的准备，开始于1985年全国首届科技立法工作座谈会之后。

四、科技法发展的春天

"文化大革命"的十年，使我国科技社会关系受到严重的破坏，科技立法陷于停顿。只是在粉碎"江青反革命集团"以后，才迎来了科技法发展的春天。从1977年到1985年间，重要的科技立法，见诸《中华人民共和国科学技术法规选编》[①]的就有：

科技工作管理方面，有铁道部、供销合作总社、商业部、地质部、国家物资总局、对外经济贸易部以及农牧渔业部等分别发布的七个关于科技工作的管理办法；

科研机构管理方面，有《中国科学院研究所暂行条例（草案）》（1979年12月）、《气象部门研究所条例》（1982年2月）、《建筑科学研究所试行工作条例》（1982年4月）等十八个法规性文件；

科技人员管理方面，有《科学技术干部管理工作试行条例》（1981年4月）、《实行科

---

① 国家科学技术委员会科技管理局编：《中华人民共和国科学技术法规选编》，科学技术文献出版社1985年版。

学技术人员交流的暂行办法》（1982年3月）、《聘请科学技术人员兼职的暂行办法》（1982年3月）等13个法规性文件；

计划管理方面，有邮电部、卫生部、轻工业部、中国科学院等部、委、院分别颁行的14个关于"计划管理"的法规；

经费管理方面，有财政部、地质部等分别颁布的21个重要法规，如《中国科学院科学基金试行条例》（1981年11月）等；

物资管理方面，有国家计委、国家科委、卫生部等发布的7个法规。

情报、资料管理方面，有煤炭部、国家科委、交通部等颁布的14个法规；

新产品试制方面，有化工部、各机械工业部、纺织工业部等颁行的7个法规。

此外还有关于技术革新、技术改造、工艺技术、标准与计量、成果管理、奖励制度、专利制度、技术转让、科技协作、环境保护、资源保护、学位等方面的约98个法规。其中，1979年7月国务院颁发的《中华人民共和国标准化管理条例》、1977年5月国务院发布的《中华人民共和国计量管理条例（试行）》、1979年11月国务院发布的《中华人民共和国自然科学奖励条例》、1978年12月国务院发布的《发明奖励条例》、1984年3月公布的《中华人民共和国专利法》、1979年9月全国人大常委会原则通过的《中华人民共和国环境保护法（试行）》等重要法律法规，都是有重大影响的科技立法，对这一时期及以后的科学技术进步产生重大的推动作用与保障作用。

显然，这一时期的科技立法是功不可没的重要尝试，具有全面进行、数量巨大的特点，是1976年以前所无法比拟的。

但是，这仅仅是我国整个法制建设久久停顿之后力图恢复的开始，绝大部分的科技法是行政法规，国务院的各部、委的部门规章，既无全国性的系统的科技立法规划作为指导，又缺乏相互间的有机联系，主要也不是全国性适用的科技法。

如我国"科学技术白皮书第2号"[①]所指出的那样，在科技立法的春天到来之后，科技法制建设真正起步的时间是1985年。具体说，是以1985年8月首届全国科技立法工作座谈会的召开为里程碑的。

这一会议是由全国人大教科文卫委员会和国家科委联合召开的。与会代表讨论了科技立法的地位、作用和意义；总结交流了科技立法的经验；结合当前和今后的改革任务研究了科技立法的长远规划；讨论、修改了《中华人民共和国技术合同法（草案）》。笔者也参加了这次会议。

这一会议的召开，使科技立法得到了各方面的重视。1986年，我国从改革和四化建设的实际出发，大力加强科技立法。全国人大常委会、国务院把制定科学技术法律、法规提上了重要的议事日程，国家科委把科技法制建设作为政府部门的重要职能，我国科技法

---

① 国家科学技术委员会编：《中国科学技术政策指南》，科学技术文献出版社1987年版，第1—2页。

制建设迈出了坚实的步伐，取得了重大成果。一个适应我国社会主义现代化建设要求的科学技术法律体系正逐步建立起来。

接着，在1988年10月底又召开了第二届全国科技立法工作会议。会上总结了三年间的科技立法经验，检阅了地方科技立法和全国科技立法软科学研究的成果，讨论了《原子能法》《科学技术研究所法》《民办科技机构暂行条例》等法律、法规草案，讨论、成立了我国科技法学研究会。笔者和其他与会代表的共同感觉是：我国科技法制建设的春天真正到来了！

五、我国科技法发展的展望

为了有计划、有步骤地健全我国科技法制，从1985年下半年起，国家科委会同全国人大教科文卫委员会对制定"七五"科技立法计划进行了调查研究。与此同时，迅速推开的科技立法软科学研究也为我国科技法的发展规划提出了可供参考的意见。根据科技事业发展的需要，今后将提上科技立法议事日程的是下列重要法律。

1. 科学技术基本法。这是效力等级仅次于宪法的大法，是科学技术工作的"宪法"，将就科技社会关系的全面调整做出原则规定。

2. 科学技术组织法。这是以宪法和科学技术基本法为依据的科学技术行政法。

3. 科学技术劳动法。它主要用于调整科技劳动中发生的纵向和横向的科技社会关系。

4. 已在草拟中的科学技术研究所法。

5. 已在草拟中的科学技术社团法。

6. 科学技术基金法。

7. 科学技术奖励法。1978年以来，我国先后颁布了《发明奖励条例》《自然科学奖励条例》《科技进步奖励条例》及《合理化建议和技术改进奖励条例》。四个《条例》施行多年，已取得了丰富的经验，在此基础上制定《奖励法》，可使我国对科技进步的奖励制度形成体系，更好地通过科技社会关系的调整，推动科技发展。

8. 科学技术评价法。这是保证国家科学技术发展战略重大政策和计划的决策民主化、科学化的法律。它将规定国家国民经济和社会发展计划以及重大决策的科学技术依据，提供和审查决策依据的机关、科学论证和可行性分析的程序，以及相应的法律责任。

9. 防止不正当技术竞争法（或科技成果推广法）。

10. 新技术风险投资法。

11. 已在草拟中的原子能法。

除上述重要科技法律外，还将尽力完善科技行政法规和部门规章，主要包括以下几个方面：

一为科技行政管理法规；二为科学技术计划法规；三为科学技术劳动法规；四为科

学技术条件法规；五为科学技术财政法规；六为科学技术标准规范；七为国际科技合作法规，其中包括技术引进管理条例、技术出口管理条例、中外合作研究条例、对外科技合作的国际私法通则等。

与此同时，地方科技立法将进一步依据与全国性立法紧密配合而又发扬地方特色相结合的原则而全面展开。

上述"七五"科技立法规划的展开，将在"八五""九五"期间继续进行。可以预言，到2000年前后，我国科技法制体系将全面健全地确立。这不仅包括完善严密的科技立法，而且包括科技司法、科技法制教育和科技法学研究的可观发展。

展望我国科学技术法的发展前景，我们可以满怀信心地断言：健全的科技法制，将保证我国科技社会关系得到科学、合理的调整，保证我国科学技术得到迅速的、持续的发展。正因如此，它大大地加重了科技法学工作者肩上的责任，我们要为此而不懈努力。

科技行政关系的法律调整篇

"水性虚而沦漪结,木体实而花萼振。"作为总概念的科学技术法,是附丽于"水""木"一类科学技术部门法的。从本篇起,我们依次剖析科技行政法等科技部门法。

第十九章 科技行政法律关系

一、科技行政法律关系的定义和特征

(一) 法律关系

要了解科技行政法律关系，首先要了解什么是法律关系。

法律关系是法定的权利义务关系。由于这种权利义务关系的法定性，因此，法律关系具有以下特征：

第一，法律关系属于上层建筑范畴，是一种意志关系即思想关系。

人们的生产关系、政治关系、财产关系、法律关系、道德关系、家庭关系、友谊关系等等，可分为物质社会关系和思想社会关系两大类。"思想关系只是不以人们的意志和意识为转移而形成的物质关系的上层建筑。"① 法律关系的思想关系性质，是由任何法律关系都根据法律规定、因法律调整某种社会关系而形成所决定的；同时，也是由具体法律关系因当事人的意思表示而成立所决定的。但法律关系归根结底是由经济关系决定的，"法的关系正像国家的形式一样，既不能从它们本身来理解，也不能从所谓人类精神的一般发展来理解"② "法权关系，是一种反映着经济关系的意志关系。这种法权关系或意志关系的内容是由这种经济关系本身决定的"③。

第二，法律关系的内容为法律上的权利和义务的关系。

一定的社会关系之成为法律关系，本质上就在于这种社会关系被赋予法律性质，以法律规定有关的权利义务；否则，就不成其为法律关系。政党、社团的章程，乡规、民约、家规、族矩，都包含着权利义务关系的内容，但都不是法律关系，因为这些章程、公约、

---

① 《列宁全集》第1卷，第131页。
② 《马克思恩格斯全集》第13卷，人民出版社1962年版，第8页。
③ 《马克思恩格斯全集》第23卷，人民出版社1972年版，第102页。

规定等,都未被赋予法律性质,不是法定的权利义务关系。

第三,法律关系得到国家强制力的保证。

这是法律关系与其他社会关系相互区别的一个重要标志。它表明,有关的权利得到法律的保障,任何侵权行为都会受到法律的制裁;同时,有关的义务必须履行,不履行义务也将受到法律的惩罚。其他社会关系则得不到法律的保证:家规、族矩只能得到家长、族长的权威的保证。这种权威虽然有时可以严厉到处死违犯家规族矩的人,但这种处分本身往往就是法律所严禁的。因此,一旦民主意识高涨,许多家规族矩就会被弃如敝屣了。社团和党派的章程也得不到法律的保证,不具有强制力。违反章程,充其量只能被开除出有关社团和党派,不可能给予更重的惩罚,不履行义务、未享受权利等等,只能"不了了之"。

第四,法律关系的存在以相应的现行法律为前提。

某一社会关系之成为法律关系,必须有相应的法律作为依据。婚姻、继承、契约等民事关系要成为法律关系,得以婚姻法、继承法、契约(合同)法的存在为前提,否则,就不成其为法律关系。正因如此,为了调整影响社会发展的一系列社会关系,明确当事各方的权利义务,就必须健全法制、完善立法。

综上所述,社会关系的法定性,是法律关系最根本的特征。所以,我们定义法律关系为法定的权利义务关系。

法律关系按其蕴含的权利义务关系内容的不同,可以分为行政法律关系、民事法律关系、刑事法律关系、国际法律关系等。

行政法律关系,是纵向的法律关系,是法定的行政上级与行政下级之间的权利义务关系。民事法律关系是横向的法律关系,是民事当事双方或多方之间的法定的权利义务关系。刑事法律关系,是法定的刑事犯罪人与刑事被害人之间的诉讼关系和社会对刑事犯罪人的制裁与被制裁关系。国际法律关系,是国与国之间的横向的法律关系,是国际法所规定的国与国之间的权利义务关系。

上述行政法律关系、民事法律关系、刑事法律关系、国际法律关系,又可各个细加分类。例如,民事法律关系可以分为财产法律关系、婚姻法律关系、家庭法律关系、科技民事法律关系等等;行政法律关系可以分为司法行政法律关系、军事行政法律关系、外交行政法律关系、经济行政法律关系、科技行政法律关系等等。每一种具体的法律关系,都可给出定义。《经济法的理论问题》[①]一书,就为经济行政法律关系不规范地下了这样的定义:"经济行政主体之间依照经济行政法规范所产生的各种具体的经济管理关系因而获得了法律关系的形式,成为经济行政法律关系。经济行政法律关系是实现国家领导和管理经

---

① 梁慧星等:《经济法的理论问题》,中国政法大学出版社1986年版。

济的职能,是上层建筑对经济基础发生影响的重要法律形式。"[1]我们说这一定义不规范,是因为它并未以典型的定义形式(如"种+属差"定义的形式)来表达;同时,第二句中的"经济行政法律关系是……法律形式"的提法,也是不尽妥帖的。但这一定义给我们为科技行政法律关系下定义,提供了有益的启示。现在,我们可以为科技行政法律关系试下定义了。

(二)科技行政法律关系

科技行政法律关系是科技行政主体之间依科技行政法产生的权利义务关系。关于这一定义,应掌握以下几点:

第一,所涉"权利义务关系",是在科技行政管理活动中发生的。

也许有人会认为"是在科技活动中发生的"更确切些,其实不然。"科技活动"的范围很大,包括科技管理活动而又不仅仅是科技管理活动。"科技活动"中发生的权利义务关系,大量的是民事关系而非行政关系。因此,精确地指明"是在科技行政管理活动中发生的",更有助于我们理解、把握科技行政法律关系。

但我们没有在定义中写上"是在科技行政管理活动中发生的"等文字。这与《经济法的理论问题》中给经济行政法律关系下定义时的做法是不同的。之所以如此,是因为"科技行政法律关系"发生于科技行政管理活动中,是"题中应有之义",可以不言自明。不具体写出,符合"定义要简明"的逻辑要求。

第二,科技行政法律关系发生于科技行政主体之间。

这说明,非科技行政主体之间不能发生科技行政法律关系,科技行政主体与非科技行政主体之间也不能发生科技行政法律关系。

不能把上述意思倒过来理解为"科技行政主体之间"发生的一切关系都是"科技行政法律关系"。实践中,科技行政主体之间还可能发生刑事关系甚至发生国际关系,而这些,都不是科技行政法律关系。

第三,科技行政法律关系是依据科技行政法而发生的。

科技行政主体之间的科技行政关系,还可能是依据国家的科技政策、个人的科技道德或意愿而发生的,这些都不能成为科技行政法律关系,不受科技行政法关于法定义务的约束,也不受科技行政法关于法定权利的保护。只有科技行政法明确规定了的权利义务关系,才能成为科技行政法律关系。

第四,科技行政法律关系的内容是法定的权利义务关系。

法定的权利义务关系构成了科技行政法律关系的内容。科技行政主体的法定权利,得因科技行政法的保护而实现;其法定义务,亦得因科技行政法的约束而履行。这种权利义

---

[1] 梁慧星等:《经济法的理论问题》,中国政法大学出版社1986年版,第230页。

务关系是由科技行政法规定的，与科技民事法规定的权利义务关系有根本的不同。为了解这一点，我们将进而论述科技行政法律关系的特征。

（三）科技行政法律关系的主要特征

1. 法定性

科技行政法律关系，具有法律关系的一般特征。前面我们说过："社会关系的法定性，是法律关系最根本的特征。"科技行政法律关系作为法律关系的一种，当然具有"法定性"的一般特征。据此，我们可以把科技行政法律关系与其他社会关系区分开来，也可以把它与科技行政道德关系、科技行政道义关系、科技行政政策关系等等区分开来。

由于科技行政法律关系的法定性，它得到国家强制力的保证，即有关的法定权利得到法律保障，任何侵权行为都将受到法律制裁；有关的法定义务必须切实履行，否则也会受到法律的惩罚。

由于科技行政法律关系的法定性，它的存在以相应的现行科技行政法为前提。正因如此，为了确切保证调整科技行政关系，就必须加紧科技行政立法，使之完善化、配套化、周密化。

2. 授权性

科技行政法律关系所包含的科技行政主体的权利和义务，不是科技行政主体平等协商的结果，而是根据国家发展科学技术的需要和科学技术发展本身的客观要求，由法律规定授予一些科技行政主体以管理权利，规定另一些科技行政主体以服从管理的义务。非授权性的权利，不是科技行政法律关系论域之内。这是科技行政法律关系与科技民事法律关系的一个重要区别。

3. 非对偿性

法定的科技行政上级机关与下级机关，其法律地位是不平等的，因此，其权利义务关系也不是对偿性的。在科技行政上级机关为法定权利的，必定产生科技行政下级机关的法定义务；但下级机关的法定权利却不一定对偿性地成为上级机关的法定义务。上级机关有法定的管理权，下级机关有法定的服从管理的义务，不得混淆、不得逾越这种非对偿性的权利义务关系。这也是科技行政法律关系与科技民事法律关系的一个重大区别。

4. 相对性

科技行政法律关系网中的特定主体，由于处在科技行政隶属关系的链条之中，除最高科技行政机关和最基层的科技行政机关外，都是它的上级的下级，同时又是它的下级的上级。也就是说，特定的科技行政法律关系主体的行政法律地位是相对的。相应地，其权利义务关系也是相对的。当它处于下级地位时，必定要承担更多的义务，至少要承担服从管理的义务；而当它处于上级地位时，又必定要享有更多的权利，至少有管理下级使之服从的权利。

当然，科技行政法律关系由于是在科技行政管理活动中产生的，必定与科学技术活动联系在一起；但没有必要因此而认为科技行政法律关系具有"科技性"。为了区别经济行政法与行政法，有的经济法学工作者把"经济性"列为经济行政法的首要属性；但"经济性"不是法律属性，这样认定是不妥当的。同理，"科技性"也不是法律属性，不应视作科技行政法律关系或科技行政法的特征。那么，这样一来，是否会与一般行政法律关系混淆起来了呢？这是不必担心的。因为我们在讲科技行政法律关系时，已经包含了这种行政法律关系是发生在科技管理领域、与科技活动紧密相关的意思。

二、科技行政法律关系的主体

科技行政法律关系的主体，是科技行政关系法律调整的主导方，因此，首先必须对此有所认识，主要应掌握科技行政法律关系主体的含义、科技行政法律关系主体的种类和科技行政法律关系主体的权利能力和行为能力。

（一）科技行政法律关系主体的含义

法律关系主体，亦称权利义务主体，是指在法律关系中依法享有权利和承担义务的人或组织，通常包括一国的公民、国家机关、社会组织、团体和国家，还包括居住在所在国的外国人和无国籍人。

科技行政法律关系主体，亦可称科技行政权利义务主体，是指在科技行政法律关系中依科技行政法享有权利和承担义务的组织或人。

法学理论的流行著作，把法律关系主体与权利主体相提并论。我们则认为以权利义务主体代称为宜。这是因为，行政法律关系也是法律关系，行政法律关系的特定主体却不像一般法律关系主体那样，每一方在该法律关系中享有对等的权利与义务。行政法律关系的特定主体在享有行政管理权利时，总是不负有相应的义务，而若负有服从行政管理的义务时，则总是不享有相应的行政管理权利。只有当某一特定的行政法律关系主体处在行政机构链条上，既是"上级的下级"，又是"下级的上级"，同时上下级之间因行政隶属关系而权力递减时，它才有大致相似的行政权利与行政义务。以权利义务主体代称法律关系主体，则可以指权利主体，或指义务主体。这样，当我们用科技行政权利义务主体代称科技行政法律关系主体时，才不致发生误解。

有鉴于此，我们可以从科技行政法律关系主体中析出科技行政权利主体和科技行政义务主体来。和科技民事法律关系主体不同，具体的科技行政法律关系的权利主体与义务主体，不能"一身而二任"地由一个具体的科技行政机关承当。科技行政法对科技行政法律关系的权利主体与义务主体各有特殊要求。只有那些由国家依据科技行政法授予科技行政管理权的科技行政机关，才能充当科技行政法律关系的权利主体；而没有被授权的科技行政法律关系主体，则为义务主体。

科技行政权利或科技行政义务，都应由科技行政法予以规定。《中华人民共和国自然科学奖励条例》[①]规定："请奖项目分别由中国科学院、教育部、中国科学技术协会、国家农业委员会、卫生部、国家经济委员会以及国防科学技术委员会、国务院国防工业办公室等单位归口组织初审。"（第六条）"国家科委统一领导自然科学奖励工作。国家科委设立自然科学奖励委员会，负责评定奖励项目和奖励等级，然后由国家科委核准、授奖。"（第七条）该《奖励条例》授予中国科学院、中国科协等科技行政管理机构以请奖项目初审权，授予国家科委设立自然科学奖励委员会、核准和授奖权，从而使之成为有关的科技行政法律关系的权利主体。《中华人民共和国发明奖励条例》[②]规定："各省、自治区、直辖市厅、局对收到申报的发明应及时进行审查，并将符合本条例第二条规定的报所在省、自治区、直辖市科委及国务院主管部门。"（第五条第二款）该《条例》规定"各省、自治区、直辖市厅、局"为承担一定科技行政义务的义务主体。上述权利主体与义务主体都由有关法律明确规定，权利或义务了了分明，互不混淆，也不兼容。

（二）科技行政法律关系主体的主要类别

科技行政法律关系主体的范围，因科技社会关系极为复杂，而且近代以来还扩大到了国与国之间，因此相当广泛，主要有以下几类：

1. 科技行政机关

科技行政机关是从事科技行政管理业务的行政机关。在一国之内，是运用国家权力组织和管理科技进步活动的专门机关。它依据宪法和有关的科技行政法设立。例如，日本《科学技术厅设置法》的第一条即规定："本法以明确规定科学技术厅管辖事务范围及权限，并规定该组织足以有效地完成其管辖的行政事务为目的。"第二条规定："根据国家行政组织法（1948年法律第120号）第三条第二款的规定，作为总理府的直属独立局。"第三条规定："科学技术厅的主要任务是为谋求科学技术的振兴和国民经济的发展做出贡献，综合推行科学技术（与人文科学有关的及与大学的科研有关的除外）的有关行政事务。"该法上述三条的规定，充分表明依法设立的科学技术厅是日本运用国家权力组织和管理科技进步活动的专门机关。

这类专门机关，各国都有。一般地说，各国的科技行政机关都从中央到地方自上而下层层设立，以便分层处理有关科技行政事务。同时，由于科技领域极为广阔，一个国家的科技行政机关不仅按中央到地方［省、市、县（区）、乡］的"块块"逐层设置，而且还按不同的科技部门的"条条"逐级设置。此外，还有超越国界的国际科技行政机关。这主

---

① 此处为《中华人民共和国自然科学奖励条例》（1979）。现已废止。全书同。——编者注
② 此处为《中华人民共和国发明奖励条例》（1993）。现已废止。全书同。——编者注

要存在于集团性的国际领域。例如，西欧十几国高技术合作发展计划，由18国协商成立的"欧洲研究协调机构"（European Research Coordination Agency）即"尤里卡"实施组织与管理，"尤里卡"就是一个国际科技行政机关。又如，《经互会成员国到二〇〇〇年的科技进步综合纲要》，也是集团性的高技术发展计划，按该《纲要》第三部分第十一条关于"经济互助委员会将定期研究与实施纲要有关的经济和科技合作的主要问题，并确定纲要进一步发展的主要方针"的规定，"经济互助委员会"就成了国际性的科技行政机构。

在科技行政法律关系中，科技行政机关或作为科技行政权利主体，或作为科技行政义务主体。在上下两级科技行政法律关系中，上级科技行政机关总是权利主体，而下级科技行政机关总是义务主体。日本的科学技术厅下辖官房长官及计划局、研究调整局、振兴局、原子能局和原子能安全局。在厅局之间的科技行政法律关系中，科学技术厅总是权利主体，而各局为义务主体。按日本《科学技术厅组织令》（1958年5月18日）的规定，局下设课，如计划局下设计划课、调查课、资源课；研究调整局下设调整课、综合研究课、生活科学技术课，宇宙空间规划课、宇宙空间国际课、宇宙空间开发课和海洋开发课。此外，日本的《科学技术厅组织规则》（1976年1月16日）还规定课下设室，如振兴局管理课设情报室。在局与课之间、课与室之间的科技行政法律关系中，局为权利主体时，课为义务主体；课为权利主体时，室为义务主体。厅、局、课、室的权利义务关系，不能逆向设定。

科技行政机关在其组织与管理科技行政事务的活动中，以行政权力的执掌者的资格出现，而不是以法人身份出现。这样，科技行政机关以国家名义从事科技行政管理活动时，对其他科技行政机关产生的是管理与服从管理的法律行为。这与科技行政机关以法人身份出现从事民事活动，例如签订科技合同、购置办公用品等，与其他科技民事法律关系主体成一般民事法律关系主体之间的以平等、有偿为特征的民事法律关系，是完全不同的。

2. 科技研究机构

科技研究机构是从事科学研究和技术开发的机构，是直接进行科技活动的社会组织。

科技研究机构的性质与形式极为多样。有国家直接管理的重点科技研究机构，它由国家拨给设备、经费，派遣或荐送科技人员，其科技成果由国家有偿或无偿使用。有附属于大中型企业的科技研究机构，其所有制性质依企业的所有制性质而定。在资本主义国家中，私人企业的科技研究机构都属于企业主所有，是私有的科技研究机构。在社会主义国家里，全民或集体所有制企业的科技研究机构也相应地为全民或集体所有。我国改革中涌现的民办科技研究机构，为个体性质或集体所有制性质。不管哪一种类型的科技研究机构，一般都不具有科技行政管理权，是科技行政机构的行政对象。因此，科技研究机构在进入科技行政法律关系时，一般只能是义务主体。我国科技体制改革之前，那种类似经济领域的"政企不分"现象，在科技研究机构中也存在，使它成了科技行政机关的附属物。这是不正常的。现在，随着科技体制改革的深入，这种不正常状况在改变，科技研究机构有了自主权，可以平等地参加科技民事法律关系，成为独立的科技民事法律关系的权利主体。但是，当它与科技行政机构依法发生科技行政法律关系时，仍是义务主体。这样规定是必要的，否则国家的科技发展政策、计划、方针和具体任务，都不能得到贯彻实施。

跨国的科技研究组织，既受跨国的科技协调组织管理，又受本国的科技行政机关管理，因此，也是科技行政法律关系中的义务主体。例如，苏联和东欧国家的许多重要科技研究机构，在被纳入《科技进步综合纲要》规定的高科技发展计划中时，就既要服从跨国的经济互助委员会的组织领导和管理，也要服从本国的有关上级科技行政机关的管理。

参加科技民事法律关系的科技研究机构，是以科技法人的身份出现的。但当它参与科技行政法律关系时，则失去了科技法人的独立性和平等交往的资格。这是科技进步的社会需要。在新技术革命时代，信息"爆炸"，科技发展瞬息万变，参与一定的科技行政法律关系而获得信息、指导与帮助，对科技研究机构本身来说，也是有利的。

3. 科技人员

除科技行政机关与科技研究机构外，科技人员是科技行政法律关系的另一重要主体。但科技人员在科技行政法律关系中，只能成为义务主体，而不能成为权利主体。这是因为科技人员在科技行政领域只能作为被管理者、被领导者与科技行政机关发生关系。

除上述科技行政机关、科技研究机构和科技人员外，可能成为科技行政法律关系主体的，还有各类社会组织如政党、社会团体、军队、一般国家机关、家庭以及在中国的外国科技人员及无国籍科技人员。他们在科技活动中与有关的科技行政机关发生科技行政法律关系，充当义务主体。

（三）科技行政法律关系主体的权利义务能力

科技行政法律关系主体的权利义务能力，指科技行政法赋予科技行政法律关系主体享有权利或承担义务的能力。

科技行政机关的权利义务能力，始于依法设立的该机关产生之日，终于该机关依法解散之时。例如，日本科学技术厅的权利能力，始于1956年3月31日；科学技术厅的计划局、研究调整局、振兴局、原子能局和原子能安全局的权利能力，也始于1956年3月31日；计划局下的计划课、调查课、资源课以及其他各局下辖各课的权力能力，则始于1956年5月18日，因为它们是在该年、月、日颁行的《科学技术厅组织令》授权下组织成立的。要加说明的是，设立某一科技行政机关的法律颁行之时，该科技行政机关不一定马上就"立法见影"地成立起来，一般总是"滞后"于法律法令，因为筹备、组织一个"五脏俱全"能够自如运转的机关，毕竟是要耗费时日的。但这不影响该科技行政机关在理论上从法律颁行之日起具有法定的权利能力。事实上，有不少国家采取边筹建科技行政机关、边制定法律的办法，使得二者同步发展、同时出台。

对于下级科技行政机构来说，由于不享有行政权利，只承担行政义务，因此，它在科技行政法律关系中承担行政义务的能力，也始于该机关产生之时，终于解散之日。

科技研究机构在科技行政法律关系中只承担科技行政义务，接受领导，服从管理，而无科技行政权利。它的科技行政义务能力始于该机构筹建之初，终于解散之日。这里，我们把科技研究机构的科技行政义务发生之时间上限，定在该机构筹建之时，是因为从筹建之日起，它就必须服从上级科技行政机关的领导与管理，同时，有关的筹建组织也有能力承担相当的科技行政义务。明确这一点，是十分必要的。因为一个科技研究机构筹建之始，就会对物资、设备、资金、人员提出要求，对环境、生态发生影响，也对未来将要全面发展成形的科技研究机构的能力、作用、效益发生深远的影响，如果不规定在筹建之始即须承担科技行政义务，往往会贻误大事。

科技人员在科技行政法律关系中也只承担科技行政义务，服从管理，接受领导，而无科技行政权利。其科技行政义务能力始于开始科技活动之时，终于丧失科技活动能力之日。一个具有一定学识和技术经验的人，一旦开始其科技活动，就进入了科技社会关系，从近代开始便是进入了科技行政法律关系。

因为近代以来的科技行政机关及其能力都已达到了密集覆盖全国的程度，可以控制、管理一切科技活动，使之纳入全国的计划之中了。从这时起，有关的科技人员便须承担科技行政义务，而且也具备了承担科技行政义务的能力。一个科技人员由于各种原因而停止了科技活动，是否就能宣告丧失科技行政义务能力呢？还不能。只要有关的"原因"并未导致科技人员丧失科技活动能力，他就仍然具备科技行政义务能力。所以，我们认为科技人员的科技行政义务能力，不是终于停止科技活动之时，而是终于丧失科技活动能力之日。根据这一点，科技人员可以按照自身的利益和意愿，要求履行科技行政义务，为科技进步贡献力量。

（四）科技行政法律关系主体的行为能力

行为能力是指法律关系的参加者能够以自己的行为依法行使权利和承担义务的能力。科技行政法律关系主体的行为能力，是指科技行政机关、科技研究机构和科技人员等在科技管理活动和科技活动中依法行使行政权利或承担行政义务的能力。

科技行政法律关系主体的行为能力与权利义务能力既有联系又有区别。具有行为能力者，必须先具有权利义务能力，才能在科技行政法律关系中享有权利或承担义务；但具有权利义务能力者，却可能丧失行为能力而不能在科技行政法律关系中享有权利或履行义务。

科技行政机关的行为能力来自该机关的有效组织、合理构成和其成员的通力协作。组织不健全、构成不科学、组成人员闹矛盾，都可能使其行为能力削弱甚至丧失，其权利享受也就成了一句空话。"文化大革命"造成了许多科技行政机关矛盾重重、摩擦不已、内耗严重，其行为能力也就大为减弱。机构重叠、人浮于事，往往造成文山会海、消极怠工，同样会使科技行政机关行为能力下降。因此，加快科技体制改革的步伐，精简科技行政管理机关，并使其领导人员知识化、专业化、年轻化、革命化，做到结构合理、配置科学，是增强科技行政机关行为能力的重要措施。唯其如此，才能使它最佳地实现管理科技进步的职能。

科技研究机构的行为能力，同该机构的人员素质、梯队结构、协作关系密切相关。一个人员素质好、领导力量强、老中青科技人员相结合、科技前方与后勤兼顾、全机构协作关系融洽的科技研究机构，就有较强的行为能力和强大的后劲，从而能够很好地承担起履行科技行政义务的任务来。

科技人员的行为能力，与其所受的教育和参加实践所获得的经验相关。其行为能力如同前面所说权利能力终于丧失科技活动能力之时一样。但其行为能力的存在，并不意味着被赋予了法定的义务能力。当他没有进入科技行政法律关系时，他既不是权利主体，也不是义务主体，因此，既不能享有权利，也不能履行义务。对于具有科技行政行为能力的科技人员，国家可以通过制定法律使其成为必须承担科技行政义务的科技行政法律关系的义务主体。

三、科技行政法律关系的客体

法律关系的客体，是指法律关系主体的权利和义务所指向的对象（标的），亦称权利义务客体。如果没有客体，那么，主体的权利或义务就失去了目标，成为无的放矢的虚假存在。因此，法律关系的客体是法律关系构成要素之一。具体到科技行政法律关系的客体，我们就要了解它的含义、类别及其功能。

（一）科技行政法律关系客体是指科技行政主体的权利和义务所指向的对象

科技行政权利主体和义务主体的权利或义务所指向的对象，主要是行为，其次是物，在某些情况下还包括精神财富。

这一看法，与一些经济法理论工作者在论述经济行政法律关系时表达的观点大相径庭。他们认为，经济行政法律关系的客体只是行为，而不包括物（及非物质财富）在内。其理由是，经济行政法所调整的社会关系，是国家授权的经济行政机关在对社会经济活动进行计划、组织、管理、监督、调整和干预中形成的经济管理关系。他们认为，经济生活中，物质财富及非物质财富的所有关系，不属于经济行政法的调整范围。对此，我们不加论列。但如果因此而认为科技行政法律关系的客体类似地也只是行为，而不包括物质及精神财富，我们就有必要进行商榷了。

如果认为科技行政法律关系的客体只是行为，那么，可以同样地认为所有权法律关系客体即所有者占有、使用和处分财产也只是行为。其实，所有者的占有、使用和处分既是行为，又达到了行为的对象——物。同理，科技行政法律关系主体的权利和义务所指向的对象，既有行为，也有物，甚至还有精神财富。由于科技行政法律关系的特殊性，其权利主体与义务主体所指向的对象即客体，又有与其他法律关系客体不同的地方。

（二）科技管理行为是科技行政法律关系的主要客体

对于科技行政权利主体来说，其客体是实行科技行政管理的行为。这种行为有作为与不作为之分。

制定科技行政规章、科技政策、科技发展规划、科技发展计划，组织、领导和管理科技研究机构，监督、检查科技研究机构并做出鉴定与奖惩决定，调节科技行政机构之间、科技行政机构与科技研究机构之间以及科技研究机构之间的关系，协调科技人员之间、科技人员与科技研究组织之间的关系，等等，都是科技行政权利主体的行政作为，即科技行政法律关系中的部分客体。

科技行政权利主体的行政不作为，如该制定科技行政规章而不制定，该制定科技政策而袖手旁观，该拟定科技发展规划而放任自流，该管理、协调、监督、检查而漠然置之等，都是行政不作为的表现。不作为也是一种行为，不过是消极行为而已。它也是科技行政法律关系中的部分客体。

科技行政义务主体也有其作为与不作为的行为。

对国家科技行政主管部门制定的科技行政法规、科技行政、科技发展规划与计划积极地贯彻执行，服从上级科技行政机关的领导与管理并做出反应，等等，都是科技行政义务主体的作为。

将国家科技行政主管部门制定的科技行政法规、科技政策、科技发展规划与计划束之高阁，对上级科技行政机关的指示、决定毫无反应等，都是科技行政义务主体的不作为。

科技行政义务主体的作为与不作为，就构成了它的部分客体。

上级科技行政机关的管理行为不仅指向下级的科技行政机关，而且指向科技研究机构，有时也直接指向科技人员或通过科技研究机构而指向科技人员。这样，双方就分别处于科技行政权利主体与义务主体的地位上，它（他）们所做出的与科技行政有关的反应（作为与不作为），同样构成了科技行政法律关系的部分客体。

苏联部长会议于1966年10月1日发布的《苏联国家科学技术委员会章程》规定，苏联国家科委的职能主要是：

1. 确定全国科学技术的基本发展方向；
2. 组织跨部门的科技发展工作，并协调各部所属组织的活动；
3. 对国民经济各部门的技术水平实行国家监督；
4. 组织和监督科技成果的推广。

苏联国家科委这一科技行政权利主体在完成上述法定职能中的一切活动即科技行政作

为，就是科技行政法律关系客体的具体表现。

罗马尼亚国务委员会于1973年3月11日发布的《关于国家科学技术委员会的组织和职能的法令》（法令第275号），规定罗马尼亚国家科委的主要任务为"保证党和国家的科技政策，遵循预测中确立的远景发展方向和五年计划的规定，为实现罗马尼亚共和国经济和社会发展重大目标，调配全部研究力量方面的工作，进行检查和指导"。这里，罗马尼亚国家科委相对于国务委员会和国家整体来说，是科技行政义务主体；对于它所领导的下级科技行政机关、科技研究机构和全国科技人员来说，又是科技行政权利主体。作为义务主体，它的"保证""遵循"的行为，是科技行政法律关系的客体；作为权利主体，它的"调配""检查"和"指导"行为，也是科技行政法律关系的客体。

（三）科技设备、科技研究经费等物的因素是科技行政法律关系的重要客体

科技行政权利主体与义务主体如果失去科技设备、科技研究经费等物的因素的依托，其管理行为是难以发生、难以存在的。把物的因素排除在科技行政法律关系之外，不仅在理论上，而且在实践上，会遇到许多困难。因此，我们认为科技设备、科技研究经费等物的因素是科技行政法律关系的重要客体。

上述《苏联国家科学技术委员会章程》在规定其职能之外，还规定了实现职能的三种主要方法：计划方法、组织方法和定额方法。关于计划方法，《章程》规定苏联国家科委有权参加国家计划委员会和国家供应委员会对重要科研物资的分配。这里"参加分配"是行为，被"分配"的"科研物资"是物，二者是不可分离的，不能只讲行为而不涉及行为的对象。因此，苏联国家科委依法在科技行政法律关系中作为科技行政权利主体把它的行政权利指向了"科研物资"，从而使"科研物资"成了这一科技行政法律关系的客体。

美国国会于1950年制定的《美国国家科学基金会法》规定，"授予研究资助金和科学领域的研究生奖学金""支持大学和其他非营利组织的应用研究"是美国国家基金会的主要职能之一。该基金会建立初期规模很小，1952年的经费只有350万美元，到1958年以后得到了迅速的发展，1985年的财政预算高达16亿美元。该基金会为了支持那些需要大型而又昂贵的仪器设备的基础研究，专门附设了一些研究中心如国立射电天文台，设在西弗吉尼亚州的格林班克，安装有300英尺（91米）的中天式抛物面天线，140英尺（42米）抛物面天线，3个85英尺（26米）天线组成的干涉仪。奥地利政府于1967年制定的《联邦科学研究促进法》和1980年修订的《科学研究组织法》，使奥地利"联邦科学研究基金会"和"联邦工业技术开发基金会"得以成立。这两个基金会从建立到1984年底，共出资108亿美元，向7888项研究计划提供了可观的资助，这些机构所管理和经手的设备和资金，无疑也是科技行政权利主体或义务主体的权利义务所指向的对象，也就是科技行政法律关系的重要客体。显然，没有这类客体，主体的行为是无法实现的。

（四）科技成果即精神财富也是科技行政法律关系的重要客体

科技行政活动与科技研究活动的最终目的是取得科学研究与技术开发的成果。科技成果的统计、鉴定、推广、应用或保密，以及用计算机将有关科技成果的数据存储、处理，或将科技成果通过报纸、杂志、书籍、电影、电视、广播介绍给国内外读者与听众、观众，都是科技行政机关、科技研究机构与科技人员这些科技行政法律关系主体的任务。有关主体或向下级布置任务要求上报科技成果并做鉴定，或向上级呈报并请求鉴定等等行为，无不与科技成果紧密联系。总之，科技成果是科技行政的直接对象之一。因此，它是科技行政法律关系的重要客体。

前面曾提到苏联国家科委的职能之一便是"组织和监督科技成果的推广"。我国国家科委的机构中有"成果局"的专门组织。日本科学技术厅的振兴局有"调查资料的发布和出版"的任务；原子能局有"关于原子能利用的统计事务"；官房长官的总务课有"出版公报"的事务；计划局的调查课有"有关科学技术的统计"的任务；等等。这些都说明，科技成果也是科技行政法律关系的重要客体。

四、科技行政法律关系的内容

法律关系的要素有三，除上述法律关系的主体、法律关系的客体外，法律关系的内容即权利义务，也是要素之一。同理，科技行政法律关系的内容，就是科技行政的权利和义务。

前面我们论及科技行政法律关系的特征时，指出了"法定性""授权性""非对偿性"与"相对性"四点。这也是科技行政权利义务的特征。

（一）科技行政法权利义务的法定性

作为科技行政法律关系的内容，科技行政权利和科技行政义务都必须依据科技行政法律来具体确定。任何科技行政机关不得在没有法律规定的情况下宣称自己享有某项科技行政权利，也不得在没有法律规定的情况下擅自决定其下级必须完成某项科技行政义务。作为科技行政义务主体的下级科技行政机关、科技研究机构和科技人员，如无科技行政法的明确规定，也不必承担某项科技行政义务而不管其科技行政管理机关采取什么态度。从另一方面看，由于科技行政权利和科技行政义务是依法规定的，有关的权利主体和义务主体又必须认真贯彻、认真履行。权利主体应利用法律赋予的权利积极实施科技行政管理工作，推动科技进步，否则就会造成失职。同时，权利主体的法定权利不允许受到侵犯，如果发生侵犯行为，可以依法处理。义务主体则应依据法律规定认真履行法定的义务，否则也会受到法律的惩罚。

苏联国家科委依据《苏联国家科学技术委员会章程》具有"协调各部所属组织的活动"的职能。这一规定赋予苏联国家科委的科技行政政权，是特指协调各部所属"科技管理活动"和"科技活动"，而不是其他活动。由于这是不言自明的，所以没有特别用文字做说明。如果在这一点上发生了分歧意见，那么，可通过立法解释或司法解释的办法加以明确。这一规定同时指明，"各部"和"各部所属组织"，负有服从苏联国家科委以"协调"的方式进行的科技行政管理的义务。这种义务如无其他法律详加规定，那么，《章程》的上述规定就是最高准则。一个科技立法体系完备的国家，是应当完善立法，进一步做出具体规定的。

我国国家科委、财政部于1987年2月27日发布的《关于科学事业费管理的暂行规定》①，把独立的科研单位划分为技术开发类型，基础研究类型，社会公益、技术基础、农业科学研究类型和多种研究类型四类，规定各种类型的科研单位的科学事业费和其他来源的经费统一核算、分别办法进行管理：属于技术开发类型的科研单位，实行差额预算管理；属于基础研究类型的科研单位，实行全额预算管理；属于社会公益事业等社会服务性质的科研单位，科学事业费仍由国家拨给，并按经费与任务挂钩的原则，实行全额管理、经费包干；属于多种类型的科研单位，按审定的科技活动分类比重、分别按同类型办法管理（第三条）。该《暂行规定》第六条、第七条还分别规定："各类科研单位必须实行科研课题经济核算""各类科研单位预算资金实行'分级管理'的原则"。这些规定，明确了科研单位按一定原则进行经费管理的义务。这些义务，都是法定的，必须切实履行。诸如此类的法律规定义务主体的义务的例子，所在多有，比比皆是。

（二）科技行政权利义务的授权性

科技行政权利义务的授权性，是科技行政法与科技民事法的根本区别之一。科技民事权利义务也是法定的，但不是授权的，有关的具体权利义务是科技民事当事双方之间平等协商的结果。科技行政权利义务则不是科技行政当事双方平等协商自愿达成的权利义务关系，而是国家根据社会需要和科技进步的客观要求而强制性地规定的。正因如此，才可能有权利主体与义务主体的截然分离，而在科技民事权利义务主体中，主体是既享有权利也必须承担义务的。

我国国家科委、国家工商行政管理局于1987年11月2日发布的《科技开发企业审批登记暂行办法》规定："本办法适用于国家科委、中国科学院、中国科协系统实行企业编制和企业管理，主要从事技术开发、技术转让、技术咨询和技术服务的独立机构。"（第二条）并规定："凡成立全国性科技开发企业、集团，由主管部门向国家科学技术委员会提出申请，经审查批准后，向国家工商行政管理局申请登记注册"（第三条第一款）。这些

---

① 现已废止。全书同。——编者注

规定，授权国家科委"审查批准"全国性科技开发企业、集团，而且同时授权国家工商行政管理局予以"登记注册"。该《暂行办法》第六条还规定："科技开发企业应在核准登记的经营范围内从事技术开发、技术转让、技术咨询和技术服务活动，可以兼营其他生产经营业务活动，但不得从事与其业务无关的商品贸易活动。"这是对"科技开发企业"在"经营范围"方面的授权性规定，明确了它作为义务主体的法定义务。

（三）科技行政权利义务的非对偿性

由于科技行政权利主体与义务主体的权利与义务不是平等协商的结果，而是法律授权的结果，同时，还由于科技行政机关上下级之间、科技行政机关与科技研究机构及科技人员之间是行政隶属关系，存在权利递减的原则，因此，科技行政的权利与义务不但分属不同的主体，即权利主体享有权利，义务主体承担义务，而且，主体的权利义务是非对偿的，即权利主体享有权利的同时不承担相应的义务，义务主体承担义务的同时不享有相应的权利。这也是同科技民事法律关系中的权利义务主体的权利义务对偿性截然不同的。

以上述《科技开发企业审批登记暂行办法》为例，国家科委有权"审查批准"申请开业的全国性科技开发企业，国家工商行政管理局则有权予以"登记注册"，而提出申请的科技开发企业却不能因此要国家科委或国家工商行政管理局履行什么义务；同样，申请开业的科技开发企业必须向国家科委提出申请要求，经审查批准后还必须向国家工商行政管理局申请登记、注册，否则就不能开业，这是它的法定义务，但不能因此而要求获得相应的权利。至于登记注册后获得的开业与经营权利，则是另一个问题，它不是由于"申请"而获得的对偿性的权利。例如，由于申请审查批准或登记注册，该企业付出了相当的费用（按规定），但结果或未被批准，或虽批准而未能登记注册，它不能因为曾经付出费用而要求获得对偿性的权利。

（四）科技行政权利义务的相对性

这是由科技行政机关地位的相对性决定的，我们在谈到科技行政法律关系的相对性特征时已做了说明。这种相对性的权利义务关系，只发生在科技行政机关之中，而不发生在科技研究机构和科技人员方面。

我们在介绍日本科学技术厅的机构设置时，曾指出，它是由厅、局、课、室四级组成的。从科学技术厅内部来说，厅是最高科技行政机关，它在科技行政法律关系中始终处于权利主体的地位；室是基层科技行政机关，它在科技行政法律关系中始终处于义务主体的地位；局对厅来说处于义务主体的地位，对课来说又处于权利主体的地位；课像局一样，对局来说是义务主体，对室来说又是权利主体。但从日本国家整体来说，科学技术厅属于内阁总理府的直属机关，室下还有它所管辖的科技研究机构和可以管辖的科技人员。这样，科学技术厅对内阁总理府而言，又是义务主体；而科学技术厅的各室，对于科技研究机构等而言，又是权利主体了。

罗马尼亚《关于国家科学技术委员会的组织和职能的法令》的规定，同样使罗马尼亚国家科委在科技行政法律关系中的主体地位具有相对性。即当它按法律规定"保证党和国家的科技政策，遵循预测中确定的远景发展方向和五年计划的规定"而对罗马尼亚国务委员会有所作为或不作为时，它是义务主体；而当它"调配全部研究力量方面的工作，进行检查和指导"时，对于下级科技行政机关、全国的科技研究机构和科技人员来说，又是科技行政法律关系中的权利主体了。

科技行政机关、科技研究机构和科技人员，其本身有多方面的功能、多方面的需求；同时，在与别的事物发生关系时，又会产生新的不同需求，发生不同的功能与作用。并非它（他）们的一切方面都可列入权利义务范围，只有当它（他）们进入科技行政法律关系时，才依法而享有科技行政权利或承担科技行政义务。只当它（他）们与外界或相互之间发生道德关系、道义关系或政策关系时，由这些关系所产生的相应的行为（作为或不作为），不能看作是科技行政权利或义务，一般地也不作为权利义务对待，因为权利义务是特定的法律用语。同样，当这些机构、人员相互之间或与其他机构、人员发生科技民事法律关系时，由此而形成的权利义务，也不属于科技行政权利或科技行政义务，其调整方法也是完全不同的。

科技行政法律关系中的权利主体与义务主体的权利、义务既然是在科技行政活动中发生的，必然与科技行政联系在一起；同时，它也与科技活动联系在一起。但没有必要因此而认定有关的权利、义务具有"科技性"。这是因为"科技"是作为科技知识和获取科技知识的活动来看待的，不成其为"性"；同时，科技行政权利与科技行政义务与科技行政活动、科技活动紧密相连的特点，已经由概念本身表明了，没有特别指出的必要；最后，还由于科技民事权利与科技民事义务也是与科技活动相联系的，如认定"科技性"是科技行政权利与义务的特征，就与科技民事法律关系混淆了。

科技行政法律关系的法定性告诉我们，科技行政关系必须由法律加以调整。因此，我们接着来具体研究科技行政关系的法律调整问题。

第二十章　科技行政法

一、科技行政法的定义

科技行政法是调节科技行政关系的科技法律。这一定义表明：

（一）科技行政法是科技法

懂得这一点似乎是无关紧要的，其实不然。

科技行政法究竟是行政法，还是科技法，决定着科技行政法的特征判断、本质认定、部门归属、作用认识和体系发展等重要问题。

我们曾指出，科技法具有预期性、探索性、激励性、内容的综合性和规范形式的齐全性等特点。其中，预期性、探索性、激励性等，是一般行政法所不具备的。

以探索性为例，科技行政法是调节科技行政关系的科技法，而科技行政关系是在科技活动中产生的，由于科技活动具有变动不居的性质（在新技术革命蓬勃开展的当代尤其如此），科技行政关系就带有相当大的不确定性，科技法对科技行政关系的调节就不像一般行政法对一般行政关系的调节那样稳定。与此相关，科技行政法的制定、修改或废除的周期，就要比一般行政法的变动周期短得多。前述法国20世纪80年代以来接连发布的几个法令，对国家的科技管理机构做设了又改、改了又并、并了又分的规定，就是这种探索性的反映。

再以激励性为例，科技行政法的一系列规定，常常以激励性条款促进下级科技行政机关或科技研究机构、科技人员以其主动性与积极性出色地完成任务、履行法律义务。最为明显的是，在科技行政法中，有关科技奖励的法规往往占了相当大的比重，而且其条文规定得十分具体。据我国国家科委所编"科学技术白皮书第2号"《中国科学技术政策指南》[1]，其中收集的法律、法规和部门规章共24个，而关于科技进步奖励的法规就有7个，

---

[1] 科学技术文献出版社1987年版。

占29.2%。如果仅看科技行政法律法规，那么，1987年白皮书里的7个科技行政法中，就有6个是科技奖励法，占85.7%。它们是《中华人民共和国自然科学奖励条例》《中华人民共和国发明奖励条例》《中华人民共和国科学技术进步奖励条例》《中华人民共和国科学技术进步奖励条例实施细则（试行）》《合理化建议和技术改进奖励条例》《国家星火奖励办法》。如果将当年颁布的《国家星火奖励办法实施细则（试行）》（1987年9月）和《关于鼓励科技人员参加大别山地区重点贫困县经济开发的试行办法》（1987年12月17日）等也计算进去，这类激励性的科技行政法数量就更多了。这种情况，在其他国家也是一样的。科技行政法的这种激励性特点，在一般行政法中也是难以见到的。

我们还曾指出，科技法的本质属性是其社会性。当然，科技行政法作为科技法，其本质属性也应当是它的社会性。但行政法却很不相同。在部门法中，一般行政法总是与统治阶级的统治行为紧密联系，一般行政法律关系的权利主体总是统治阶级的代表人物所组成的国家行政机关。这样，在阶级社会里，行政法的阶级性就比较突出，而在统治阶级走向没落阶段时，这种阶级性就变得腐朽与反动，更不可与科技法的社会性相提并论了。科技行政法却不同，作为科技法，其作用是在于调整科技行政关系，这种调整作用天然地带有为社会进步服务的性质，也就是具有社会性的本质。即使是在统治阶级走向没落的时代里，情况也大致如此。

关于科技行政法的部门归属，与它是行政法还是科技法，是一个问题的两种提法。但前者的侧重点是对科技行政法的地位的认识，后者则是对它的部门法性质的认识。认定科技行政法是科技法，有助于正确处理它同科技政策、科技道德、科技道义的关系；而如果把科技行政法看成行政法，就难以直接与科技政策、科技道德及科技道义做比较研究了。

作为科技法，科技行政法的作用在于调节科技行政关系、促进科学技术进步。而如果将科技行政法看成行政法，就越出了调节科技行政关系的范围，对促进科技进步的作用也只能是间接的了。

如实地认定科技行政法为科技法，还有助于建立齐全完整的科技法体系。科技法体系的建立，对当代及后代的科技进步、经济繁荣和社会发展的意义，是无可估量的。齐全完整的科技法体系，如果不包括科技行政法，就如同躯体被剔除了骨骼、建筑物被拆除了框架，整个体系将无从支撑、不能成形。

总而言之，认定科技行政法是科技法，无论从哪一方面看，都是符合实际的，也是必需的。因此，我们给科技行政法下的定义包含了它是科技法这一层重要意思。

（二）科技行政法的作用在于调整科技行政关系

我们关于科技行政法的定义是一个"种＋属差"式定义。其中，"调整科技行政关系"是"属差"，即科技行政法与科技民事法、科技刑事法、科技国际法、科技诉讼法等科技法的属性差别。懂得这一点的重要性，比懂得科技行政法是科技法的重要性，容易理解得多了。但是，仍有必要对科技行政法的作用做具体分析。

首先必须指出，科技行政法的作用有消极与积极之分。

所谓消极作用，是指由于错误的科技行政立法阻碍了科技行政关系的协调，从而阻碍了科技进步。历史上，这样的错误立法屡见不鲜，现在还有，今后也难绝迹。这是因为人们的认识总有可能落后于客观实际。以我国为例，新中国建立以来，由于总体指导思想上把发展商品经济与资本主义等同起来，对经济领域中的商品交易、商品市场一概排斥，而对科技领域的技术交易、技术市场更坚决反对。因此，在科技行政关系方面，采取了纯然的计划体制僵化模式；为发展科技而建立的科技行政机构，在有关法律的保护下，反而起了束缚科技行政法律关系的生动活泼的发展，阻碍科学技术通过技术商品的交易和技术市场机制迅速发展的作用。正因如此，中共中央做出了改革科技体制的决定，有关的科技行政立法当然也应随之而改弦更张。

所谓积极作用，是指合理的科技行政立法促进了科技行政关系的妥善协调，从而保障了科学技术的迅速进步。前述日本的《科学技术厅设置法》的积极作用，表现得特别明显。战后日本的科学技术发展任务分散地由通商产业、大藏、农林水产、运输、文部、邮政等省管理，不利于人力、资金、设备及其他科研条件的集中使用，不利于组织大规模的科技攻关，同时还使全国的科技研究在低水平上重复进行，浪费了人力、物力和财力，加上发展原子能事业的紧迫需要，于是以《科学技术厅设置法》的制定为契机，成立了统管全国科技行政的科学技术厅，从而大大促进了日本科学技术的发展。但日本的《科学技术厅设置法》规定，文部省属下的科技研究机构和高等院校的科技研究组织仍由文部省管理，科学技术厅与之不发生科技行政关系。这诚然是日本的科技发展传统所致，但将基础研究与应用研究（前者较为集中地由高等院校研究机构承担）截然分开，未必是一种妥当的事。因此，就日本的《科学技术厅设置法》来说，未必能够说是充分发挥了科技行政立法的积极作用；而对我国行将进行的科技行政基本法立法来说，就应该去其短而取其长了。

其次必须指出，科技行政法调节科技行政关系的作用，会因科技行政法律关系主体的不同而有所区别。

对于科技行政机关来说，它们是科技行政法和科技政策、规划、计划的直接负责者，严格依法办事，认真协调科技行政法律关系主体之间的权利义务关系是其职责。对这一部分科技行政法律关系主体，科技行政法的作用会发挥得更有效一些。但有效并不就是好。如前所述，消极的科技行政法，其作用的有效发挥，就会形成正反馈的消极后果放大效应，不能根据客观社会发展规律合理地协调好科技行政关系，从而严重阻碍科技进步。

对于科技研究机构和科技人员来说，由于是科技行政义务主体而不是权利主体，天然地具有被动应付的可能性；同时，还由于其活动整体的主流不是科技行政，而是科技活动，因此，对科技行政法就容易抱一种比较漠然的态度。因此，对这一部分科技行政主体来说，为了发挥好科技行政法的作用，就要有比较周全严密的法律对策。此外，从私有制科技研究机构来看，对有利于它的发展和利益的科技行政法，和不利于它的发展和利益的科技行政法，势必抱不同的态度。因此，同样要有缜密严格的科技行政法律对策。

再次，还必须看到，在新技术革命时代，科技行政法在我国的科技体制改革中将发挥特殊的作用。这一点，我们在"科技法的作用"一节中，已做了具体的阐述，不再重复了。

最后，科技行政法作为调整科技行政关系的科技法，还受外部环境因素的影响。其中，主要受社会的法制传统和人们的法律意识的影响。在一个法治盛行的社会里，和在一个人治猖獗的社会里，科技行政法调节科技行政关系的作用是大相径庭的。同样，对一个法律意识浓厚的权利义务主体，和对一个法律意识淡薄的权利义务主体，科技行政法调节科技行政关系的作用也会相差悬殊。这些，在对具体国家的具体科技行政法做出评价时，都应注意到。

二、科技行政法的特点

前面我们论及科技法的预期性、探索性、激励性、内容的综合性、规范形式的齐全性与技术规范的法律化等特征时，是就科技法整体而言的。其中，预期性、探索性、激励性等基本特征，也为科技部门法包括科技行政法所具有；但内容的综合性、技术规范的法律化等特征，却不是特定的科技部门法所必备的，科技行政法、科技民事法就绝不会有"技术规范法律化"的特征；至于规范形式的齐全性，也是就科技法总体而言的，科技部门法包括科技行政法情况如何，就应按各国的具体情况具体分析了。

科技行政法除具有上述科技法的预期性、探索性和激励性特征外，还有其本身的特点。这些特点，与科技民事法、科技刑事法等是不同的。和其他科技部门法相比较，科技行政法的主要特点是它的科技目的性、行政隶属性、行政法制性、行政政策性和功能综合性。

（一）科技行政法的科技目的性

由于有些论者容易将科技行政法与行政法混淆起来，而在以往的法律汇编中将科技行政法归入行政法一类已成惯例，指出科技行政法的科技目的性特点是必要的。

在科技行政法的发展历史中，我们看到，最初的关于科技行政的法律规定，往往并不是单独立法，而是与其他方面的行政管理的法律规定放在一起的。中国古代法律中有不少是"民刑不分"，更不用说"民行不分"了。大量的行政立法规定某一行政官员既管政治行政，又管经济行政、军事行政、文化行政、教育行政、司法行政和科技行政。只是在社会分工越来越细密而部门行政任务越来越复杂的情况下，才在中央行政机关中分出一批官员专管科技行政等部门行政，然后以立法予以肯定。这种情况，一直延续到了近代，近代科学技术的空前迅速的发展，使得科技行政独立化且自成系统的必要性大大增强了，于是科技行政法作为独立的部门法出现，才引起了人们的重视。而这时的科技行政法，在其立法意图、立法宗旨、法律指导思想、法律内容方面，都体现出科技目的性来，也就是立法的全部目的是为了发展科学技术而与其他无涉。诸如苏联和东欧国家的关于国家科委的法律规定，日本的《科学技术厅设置法》《科学技术厅设置令》和《科学技术厅组织规则》，法国的"关于技术研究协调委员会的成立"的《77-1534号法令》和"国务部长衔研究技术部长的权限"的《81-723号法令》，意大利关于设置国家"科学和技术研究协调部"等机构的《1963年第283号法令》和《1965年第330号法令》，以及美国于1976年5月11日由国会众参两院通过的《美国国家科学技术政策、组织和重点法》等，都是以科技为目的的科技行政法，舍科技目的而外，这些法律都别无其他目的。

科技行政是一个含义比较广泛的概念，诸如为发展科技而制定政策、设置机构、拟定规划、实施管理、进行检查与监督、给予奖励与惩罚等等，都在科技行政之列。但设置科技行政机构是一个关键。正因如此，美国的《国家科学技术政策、组织和重点法》这样一个涉及政策、规划的科技行政法，把科技行政机构的设置及有关规定放在十分突出的地位。该法第二章对总统下设的科学和技术政策等办公室的组织、职能、政策制定、分析与提出、和其他机构的协调、科学技术年度报告等做了规定；第三章对总统科学技术委员会的编制、成员，联邦政府对科学、技术、工程的调查以及委员会的连续性，人员及顾问的配备等做了规定；第四章对联邦政府科学、工程、技术协调委员会的编制和职能做了规定。所有这些规定说明，该法纯然是为了发展美国的科学技术而制定的，它是科技行政的立法，而不是一般政治行政或军事、文化、司法等其他行政的立法。

（二）科技行政法的行政隶属性

科技行政法的科技目的性，足以把它与其他类型的部门行政法区别开来；而科技行政法的行政隶属性，则足以把它与科技民事法、科技刑事法、科技国际法等区别开来。

科技行政法的行政隶属性，来源于它所调整的科技行政法律关系的行政隶属性。科技行政法律关系是一种科技管理关系，它产生于科技管理活动中以国家为最高层次权力纵向地逐级递减的行政管理链条。在这一链条中，各中间环节对上级来说是下级，对下级来说是上级，上下级之间存在行政隶属关系。由于这种关系，上级的管理，下级必须服从。由科技行政法所肯定的这种管理与被管理、领导与服从并逐级递减的行政隶属性，就成了科技行政法内容的一个特点。

这种特点不仅在科技行政法的内容上有所表现，而且还表现在它的形式上。我们知道，一般行政法的制定机构、法规名称，都与行政级别相关联的，这在科技行政法方面也是一样。日本由国会制定的《科学技术厅设置法》是法律，由内阁颁行的《科学技术厅设置令》是政令,而由内阁总理府发布的《科学技术厅设置规则》则为府令。其他的科技行政法,也有这种法律、政令、府令(或省令)之分。例如,国会审定的《原子能委员会及原子能安全委员会设置法》是法律,而内阁颁布的《原子能委员会及原子能安全委员会设置法施行令》则为政令;国会制定的《理化学研究所法》是法律,总理府发布的《理化学研究所法施行规则》则为府令。在我国,全国人民代表大会及其常务委员会可以制定科技行政基本法,国务院可制定科技行政法规,国务院各部、委、直属机构则制定科技行政规章。从法律到政令、府令,或从法律到法规、规章,其法律效力是逐级递减的,低层次科技行政法的规定如与高层次科技行政法的规定相抵触,便自动失效且应做修改。这就体现了科技行政法的行政隶属性特点。而这,在科技民事法、科技刑事法与科技国际法中,一般是不存在的。

(三) 科技行政法的行政强制性

这也是科技行政法与科技民事法等的一个重要区别。科技行政法的全部内容,带有行政强制的性质,显示国家发展科学技术的意志。这种意志以国家强制力为保证,必须贯彻到底。科技民事法的规定则不同,它设定原则,由科技民事法律关系的当事双方自行协商,在平等互利和完全自愿的基础上,按科技民事法规定的原则进行科技民事交往。

前述《苏联国家科学技术委员会章程》规定国家科委可采取"定额方法"展开活动。所谓"定额方法",是指颁发具有法律约束力的标准文件。苏联国家科委所颁发的标准文件和各项决议,各部和各主管部门都必须执行。尽管其他一些部门,如国家计委、财政部、国家标准委员会等,也承担某些有关国家科技进步的管理职能,但根据《苏联国家科学技术委员会章程》的规定,在国家科学技术发展的总体方面,必须接受国家科委的计划指导,由国家科委行使在各部门之间进行协调工作的权利,并进而组织全国的科技进步工作。这些规定是必须强制执行的,不得违反,也不能通过协商而改变有关的行政权限。罗马尼亚关于国家科委的立法规定:"国家科委在行使其权限时,可以合法地向各部、其他中央机关、专业科学院、中央研究所和科研单位,索取关于行使这一职权所必要的资料和文件。"(《1973年第275号法令》第五条)有关立法还规定,拨给国家科委的经费"占所指科学总预算资金的50%",并规定自《法令》生效之日起,"各部和其他中央机关范围内的中央科研工作协调委员会停止工作"。显然,这些规定具有针对性很强的行政强制性。

(四) 科技行政法的行政政策性

由于科技法具有探索性的特点,除非客观实际已经显示的趋势证明做出某种规定将行之有效或无太大的风险,因而可以做比较具体的规定外,其他的规定往往比较抽象、比较原则,采取政策性的法律规定。

最为典型的是美国的有关立法。前面提到的美国一项重要科技行政法，法律名称即为《科学技术政策、组织和重点法》。该法制定的目的，用法律文本上的话说，是"为了制定美国的科学技术政策，为了向总统提供科学和技术方面的建议和协助，为了向联邦政府提供综合性调查以改进科学研究和情报处理及其使用的方法，为了修订1950年的国家科学基金条例，以及其他目的"。在全部"目的"中，政策性立法的目的是放在第一位的。该法通过时，国会认为，随着时间的进展和国家情况的改变，需要对国家的科技政策进行修改，而当时的情况表明，已有必要和可能进行修改了。按照该法所做的第一个重大举动，就是恢复被尼克松政府撤销了的科学技术政策办公室。

奥地利于1967年制定的《科学研究法》，也是政策性很强的科技行政法。该法于1980年修改为《科学研究组织法》，更与科技行政法名实相符了。该法规定了七项原则与四项政策。七项原则是：科学研究自由，学术观点和研究方法多样化，科学研究面向社会，大学与企业合作，联邦与地方合作，发展国际合作及国家资助科研经费。四项政策是：发展科学知识，促进科学技术解决社会、经济、文化和生活问题，推广和应用科研成果，扶持和培养科学研究新生力量。

英国于1965年制定的《科学技术法》，被英国官方、企业界和科学技术界普遍认为是英国发展科学技术的基本依据。

苏联、东欧国家也有类似的以科技政策为主要内容的科技行政法。其他的科技行政法，也在相当大的程度上体现了国家的科技政策。

政策本身不具有法律意义。作为党派的政策，更不能以法律的强制性在全社会推行。因此，赋予国家的政策以法律约束力，或在立法上肯定这一或那一国家政策为社会必须遵行，就成了科技行政法的一项重要任务。这在不同社会制度的国家里，情况大体一样。这样，科技行政法的行政政策性，就是一种普遍适用的科技行政法特点了。

（五）科技行政法的功能综合性

科技民事法、科技国际法和科技刑事法的功能比较单一。科技行政法的功能按理也是单一的，因为其他行政法的功能都比较单一地集中在行政权利与行政义务的确定上。但科技行政法却不同，由于它具有探索性和行政政策性的特点，其具体规定往往超出对科技行政管理的范围。

《美国国家科学技术政策、组织和重点法》在第一章第一条即规定："要求在完成国家目标中有力地和明显地支持和使用科学技术"，"在国家决策的过程中，体现出科学和技术知识的作用"。奥地利的《科学研究组织法》宣布了"科学研究自由""扶持和培养科学研究新生力量"等原则和政策。这些都超出了"科技行政"的范围。因此，科技行政法的功能综合性特点，也必须引起重视。

三、科技行政法的调整对象

科技行政法的调整对象从总体上看是科技行政法律关系,而科技行政法律关系的主体是科技行政机关、科技研究机构和科技人员,因此,科技行政法的调整对象,就具体地落实在科技行政机关、科技研究机构和科技人员上面。

(一)科技行政法对科技行政机关的法律调整

科技行政法对科技行政机关的法律调整,是在科技行政法律关系上的调整,即对科技行政机关的权利和义务的调整。它可分为两个方面。

第一,科技行政法赋予科技行政机关以一定的行政权利。

科技行政法赋予科技行政机关行政权利,主要有两种形式。一为以法律条文明确规定特定科技行政机关的具体行政权限。《苏联国家科学技术委员会章程》规定苏联国家科委"组织跨部门的科技发展工作;并协调各部所属组织的活动";可依法支配国家科学技术预算拨款,确定科研机关工作人员的编制和工资基金;可颁发标准文件而各部和各主管部门都必须执行;等等,都是对其具体行政权限的明确规定。匈牙利部长会议于1975年12月30日通过的《关于全国技术发展委员会的组织和活动的第1045号决议》,规定全国技术发展委员会在技术发展问题上是部长会议的咨询、建议、协调机构,直接受部长会议领导与监督,设委员会主席,实行一长制领导,主席及他提名的副主席由部长会议任命,为委员会的活动和决定对部长会议负责。这些有关匈牙利全国技术发展委员会的行政职能、权限、组织的规定,也是十分具体明确的。日本的《科学技术厅组织规则》更具体到对科学技术厅、局、课下的各室的行政权限做出明确的规定。例如第五条规定:

1. 振兴局管理下设情报室。

2. 情报室掌管下列事务:(1)关于指导和监督日本科学技术情报中心事务;(2)关于科学技术情报的收集、处理及提供(只限于日本科学技术情报中心及与其进行合作的机关)制度的规划、计划等事务;(3)前项所列事务的调查及研究;(4)除前二项所列者外,关于促进日本科学技术情报中心的活动事项。

3. 情报室设室长。

4. 室长受命掌管情报室工作。

该《组织规则》对规划官、研究方法管理官、国际科学技术博览会规划管理官、地震预测研究调整官、原子能调查室、防灾环境对策室、原子能安全调查室、安全调查管理官、安全审查管理官、考查管理官等行政机构及其长官的行政权,都做了如情报室那样具体的规定。

二为以法律条文明确规定特定科技行政机关行政权限的原则范围。《美国国家科学技术政策、组织和重点法》第一条规定:"联邦用于科学和技术的资金是对未来的投资,是国家持续进步和人的环境改善所必不可少的。因此，应当对科学、工程技术进行持续不断的投资。"这就是给总统科学技术政策办公室这一全国性的科技行政最高机关做了行政权限的原则范围的规定。至于如何具体地实施"对科学、工程技术进行持续不断的投资"以及因此而与其他科技行政机关（联邦的和州的）、科技研究机构及科技人员发生科技行政法律关系，就由科学技术政策办公室自行决定了。苏联的有关法律性文件以科技进步"纲要法"的形式出现。全苏联的和各加盟共和国、各部各有其科技进步"纲要法"，它从政策性角度就科技行政法律关系作法律调节。苏联法学家 E.M.格维希尼阿等所著《科技进步法纲要》一书指出："专项纲要管理实质上是在新水平上的管理组织，它要求探索新的、适宜用法律组织管理的形式。"这就更为原则化了，它仅指明有关科技行政机关"探索新的、适宜用法律组织管理的形式"，至于具体的"组织管理的形式"，就由这些科技行政机关自行确定了。尽管这样地赋予科技行政机关以科技行政权是原则性的、抽象的，不像第一种形式那么"丁是丁，卯是卯"的十分具体，但仍不失为一种法律授权形式。而且，对具有探索性的科技行政法来说，这样的法律有授权形式是适宜的、有效的，今后还将大量采用。

科技行政法赋予科技行政机关的行政权利，主要包括以下几个方面：

1. 制定科技行政法规和部门规章，其内容主要包括科技行政管理法规、科学技术计划法规、科学技术民事法规、科学技术刑事法规、科学技术劳动法规、科学技术条件法规、科学技术财政法规、科学技术奖励法规、科学技术振兴法规、科学技术标准法规等等。

2. 制定科学技术发展方针、政策，其内容主要包括科学技术发展速度的方针政策，科学技术发展重点部门的方针政策，基础研究、应用研究与发展研究比重关系的方针政策，科技研究机构与产业界关系的方针政策，科技管理体制的方针政策，科技人员权利义务的方针政策，国内科技协作的方针政策，国际科技合作和交流的方针政策等等。

3. 制定科学技术发展规划与计划及年度计划、重点项目攻关计划。

4. 科学技术发展资金的使用方式与额度。

5. 设置下属科技行政机关的规定。

6. 委任下级科技行政官员的规定。

7. 管理下属科技研究机构的规定。

8. 管理与奖惩科技人员的规定。

9. 参与国际科技合作与交流的规定。

10. 与其他国家行政机关关系的规定。

所有这些权限，不是每一级科技行政机关都拥有的，越是基层的科技行政机关，其权限越小，权力越低。

第二，科技行政法赋予科技行政机关一定的科技行政义务。

科技行政法赋予科技行政机关的科技行政义务，主要也有两种形式。

一为以法律条文明确规定特定科技行政机关的具体科技行政义务。例如意大利《1965年第330号法令》规定，国家研究委员会（具体负责编制全国统一的计划）主席依据法律规定，必须在每年7月向总统提出关于国内科学和技术研究现状的总报告；美国的有关法律也规定科学技术政策办公室必须每年向总统提交年度科技发展情况的报告。

二为以法律条文明确规定特定科技行政机关的科技行政义务的原则和一般范围。我国《自然科学奖励条例》在授权中国科学院、国防科学技术委员会等机关组织初审请奖项目，国家科委设立的自然科学奖励委员会负责评定的同时，又规定："推荐和评定请奖项目，应当实事求是，严肃认真。对营私舞弊、弄虚作假的，应当根据情节轻重，严肃处理。"（第十条）这就是一种关于科技行政义务的原则规定。

科技行政法赋予科技行政机关的科技行政义务，主要包括以下几个方面：

1. 遵行国家的科技行政法律和法令，贯彻执行国家的科学技术发展方针和政策；

2. 遵行上级科技行政机关的指示和命令，当发现上级的指示和命令有悖法律法令或方针政策时，应及时向上级提出自己的异议与建议；

3. 及时总结所辖范围的科技行政情况并向上级报告；

4. 完成上级科技行政机关布置的其他任务。

要加以说明的是，各级科技行政机关的权利义务具有相对性。从最高级科技行政机关来说，科技行政权力较大，管辖事务范围较广；而所面对的上级是一般行政机关的最高层次即中央政府（如内阁、部长会议、国务院），其法定义务相对来说比较单一。但是，它的许多权利，同时也是它的义务。例如制定科技行政法规和部门规章的权利，下级科技行政机关是不具有的，但最高级科技行政机关的这一权利，同时又是它的义务，它不能不制定，也不能制定出一个不孚实用、不切实际、悖情违理的科技行政法规或部门规章来。至于下级科技行政机关本身，对于更下一级科技行政机关来说，又成了上级。这样，在权利与义务的理解上，又应具体分析、具体对待了。

还应说明的是，科学技术活动是最活跃、最革命的实践活动，每时每刻都在发生变化，而且不断地开拓、创新，停顿就不成其为科学技术进步了；因此，科技社会关系包括科技行政关系也将相当活跃的快速变化，不如一般行政那样往往是陈陈相因、变化不大；随之而来的，也就是科技行政权利与义务的应有的相应变化。但我们说过，科技行政法律关系是一种法律化的权利义务关系，非法律之规定，不成其为科技行政权利与科技行政义务。这就发生了一种矛盾，就是客观实践已经提出了新的权利义务要求，而法律还跟不上实践的变化。苏联法学家认为，这是一种辩证的矛盾，解决的办法是及时地修改有关的科技法。但仅仅如此是不够的。立法的滞后性不是随时都能纠正的。因此，十分重要的是，每一个科技行政机关，都必须以高度负责的精神，密切关注科技进步和科技行政关系的变化，以宪法规定的积极发展科学技术的原则和精神为依据，主动调整有关的科技行政权利和科技行政义务。

（二）科技行政法对科技研究机构的法律调整

科技研究机构是科技进步的载体，科技行政立法和科技行政都要落实到对科技研究机构的法律调整上去。

但科技研究机构与科技行政机关在组织和任务、职能上有很大的不同。科技行政机关在一国之内必须统一有序地组织起来，科技研究机构却五花八门、色彩纷呈，越是组织形式多样化，越能形成较同逐异、你追我赶，使竞争机制得到更好的实现，从而使科技得到迅速发展。科技行政机关的职能是实施科技行政；科技研究机构除内部少量的行政活动外，其功能集中在完成科技研究任务上；而且，科技研究机构内部的少量行政任务，也是直接服务于科技研究的，不像科技行政机关那样，有许多"纯"行政任务。因此，科技行政法对科技研究机构的法律调整，就与对科技行政机关的法律调整很不相同了。

最主要的不同点是，科技行政法仅仅赋予科技研究机构以科技行政义务，而不赋予它以科技行政权利。一些科技行政法有"罚则"的明确而具体的条款，但这不是科技研究机构本身的行政权，有关的惩罚权属于管理该科技研究机构的上级行政机关。例如，日本国会于1958年4月24日通过的《理化学研究所法》第七章有"罚则"四条，如规定："违反第三十五条之规定，不报告或做虚假报告，或拒绝、妨碍检查，或回避检查时，对研究所的官员或职员处以三万日元以下的罚金。"（第四十条）这一"罚则"规定的惩罚权属于日本科学技术厅，而不是理化学研究所的所长。对于理化学研究所的官员与职员来说，这一"罚则"的规定，就是要他们更认真严肃地履行第三十五条规定的他们的义务，这说明，科技行政法赋予科技研究机构的，主要是科技行政义务。这些义务主要有以下几个方面：

1. 遵守科技法律法令，贯彻国家的科技发展方针政策；
2. 落实和完成与本机构有关的科技发展计划和任务；
3. 管理好本机构的科技研究设施、科技研究资金（尤其是其中国家拨给的部分）；
4. 管理好本机构的科技人员，实施奖惩；
5. 依法规定向有关科技行政机关报告本机构的情况；
6. 依法缴纳税金；等等。

但科技行政法对科技研究机构的法律调节，不仅仅局限于赋予科技研究机构的行政义务。它还在以下方面对科技研究机构实施法律调节：

第一，对科技研究机构的设置做出规定。

由于社会制度的不同，各国的科技研究机构有不同的类型。

日本的科技研究机构大致可分为三个系统：一为民间企业科研系统；二为政府直辖科研系统，其中又分国立研究机构与公立研究机构，前者为中央政府管辖，后者为地方政府管辖；三为高等院校科研系统。此外，日本还有大批公益法人（分财团法人与社团法人），它本身不从事科技研究，主要对科技有功人员资助、授奖，同样促进着科技进步。

苏联的科技研究机构，据苏联科学院国家与法研究所B.A.拉苏多夫斯基博士《法和科学组织的管理》一书的介绍，苏联科技法学界在科技研究机构的分类方面，有不同的意见。有的学者根据科学活动的内容和目的的不同，把苏联的科技研究机构分为三类：属于一般科学领域的科学研究所；高等院校及其科学研究所、课题实验室；各部的科学研究、设计、规划设计和工艺组织，包括科学研究所（实验室），企业的设计、工艺部等。另一些学者则根据苏联1970年颁行的《科研、设计、规划设计和工艺组织总条例》的规定，把苏联的科技研究机构分为两类：一为一般科学专业的科学研究组织；二为部属专业的科学研究、设计和工艺组织。

社会主义国家在改革科技管理体制之后，出现了一些民办科技研究机构。可以预见，将来会在民营企业中出现一些这种类型企业的附属科技研究机构。

考虑到社会主义国家改革以后的发展情况，并考虑到科技行政的特点，我们认为，按国家建立的科技研究机构和民营科技研究机构的二分法，更便于探讨科技行政法对科技研究机构的法律调整。由此出发，可以看到，科技行政法对这两类科技研究机构的设置，采取的科技行政调节措施是不一样的。

对于公立的科技研究机构，有关的科技行政法的规定，往往从该机构的名称、组织到编制、甚至设立地点等，都十分具体。例如，日本的《理化学研究所法》规定："研究所的主要事务所设于埼玉县"（第三条），"研究所用章程规定下列事项：一、目的；二、名称；三、事务所所在地；四、资金、出资及资产有关事项；五、官员及会议有关事项；六、业务及其执行事项；七、有关会计事项；八、有关公告事项；九、有关章程的修改事项。"（第六条）"研究所设理事长一人，副理事长一人，理事五人及监事一人"（第十条），"理事长及监事，由内阁总理大臣任命"（第十三条）。又如，1979通过的《匈牙利科学院章程》，共分九章三十四条，分别就"匈牙利科学院的监督及其任务""科学院的领导人和机构""科学学部及其委员会系统""学术机构的领导人及其职权范围"等做了规定。

对于民营的科技研究机构，科技行政法对其设置的规定，一般仅要求它像企业设立那样申请、登记、注册。至于申请是否核准，则由别的法律另作规定。例如，环境保护法规定的环境保护要求，新设的科技研究机构必须有能力达到，否则不予批准成立。

第二，对科技研究机构的业务，按公立与民营的不同做分别规定。

对于公立科技研究机构，法律往往具体规定它的业务范围。例如，日本《理化学研究所法》以第三章的专章做了规定。日本《新技术开发事业团法》（1961年5月6日颁行）规定其业务范围为："一、关于企业化显著困难的新技术，委托企业实施开发；二、为了新技术的创造，进行探索性的基础研究；三、有关前两项所列业务的新技术开发及基础研究成果的普及；四、就新技术开发与企业斡旋；五、前各项业务的附带业务。"

对于民营科技研究机构的业务，则不做具体的规定。有关业务由这些民营机构自己提出，科技行政法对这一方面的调整，仅仅体现在核准其申请、登记与注册时的控制。

第三，对科技研究机构执行法律、政策、方针及国家发展科技的计划方面的状况进行检查与监督。

第四，促进科技研究机构应用与推广其研究成果。

第五，协调各科技研究机构之间的关系，促进其发展合作与交流。

第六，促进各科技研究机构与国外同行进行合作与交流。

第七，保障科技研究机构的权益和业务活动的正常开展。

科技行政法对科技研究机构的法律调节，有一般调节与特殊调节之分。

所谓一般调节，是指以一般性的非特定的科技行政法来调节数量众多的现有科技研究机构或可能出现的科技研究机构。1970年苏联部长会议委托苏联国家科学技术委员会批准颁行的《苏联科研、设计、规划设计和工艺组织总条例》就是这样的一般性科技行政法。该《条例》分"总则""各单位的财产和资金""各单位的科研、科技和经营管理活动""各单位的权利""各单位的管理"和"单位的管理和撤销"等6章共74条。《条例》规定"各单位实行集中领导和独立自主相结合的原则"（第一条），规定了各单位章程所应包含的内容（第四条），"各单位实行一长制"（第五条）；在第四章中，对各单位的"计划方面的权利""财务方面的权利""基本建设和大修方面的权利""物资技术供销方面的权利"和"劳动和工资方面的权利"也分别做了具体的规定。这是一个"包罗万象"的非特定科技研究机构的立法，它可以用来处理任何一个新设立的科技研究机构的组织、管理问题，有"牵一'法'而动全身"的作用。英国的《科学技术法》也是如此，该法是"为进一步规定有关科学研究的责任和权力，有关技术部部长、大臣、某些经特许的机构和其他组织在科学研究中的责任和权力的法规"。该法除条文明确规定特别指出"农业研究委员会""医药研究委员会"等以外，还适用于"其他为与科学研究有关之目的而建立的"科技研究机构（第一条）。我国国家科委会同十多个部门已在草拟的《科学研究和技术开发机构法》也是这样一个非特定的科技行政法。现在，我国县以上政府部门所属科技研究机构有5792个，县级政府部门所属科技研究机构有3200多个。这些研究院所，是我国科技进步的实体，是我国迎接新技术革命挑战的主导力量。该法的制定，将为所长负责制的领导体制、民主管理制度、学术评价制度以及以课题承包责任制为中心的研究开发制度等行政制度的确定，奠定重要的法律基础。该法是适用于除民办科技机构以外的一切科技机构的，所以它也属一般性的科技行政法。

所谓特殊调节，是指对特定的具体科技研究机构的科技行政法律调节，也就是以一个法律对一个科技研究机构的科技行政所做出的规定。日本这方面的立法特别发达健全，仅科学技术厅提出经国会通过颁行的特定立法即有《理化学研究所法》（1958）、《新技术开发事业团法》（1961）、《日本科学技术情报中心法》（1957）、《日本原子能研究所法》

（1956）、《日本核动力船研究开发事业团法》（1963）、《动力反应堆、核燃料开发事业团法》（1967）、《宇宙空间开发事业团法》（1969）、《海洋科学技术中心法》（1971）等。许多社会主义国家还有其《科学院章程》，这也是特定的科技行政调节的立法。

但是，社会主义国家的科学院，是一种兼具科技行政机关、科技研究机构的"两栖"单位。由于科学院是一个庞大的系统，地方科学院（分院）归其领导与管理。它在这一点上是科技行政机关，其行政任务由国家科学院的"院部机关"来完成。另一方面，科学院本身最大量的业务活动还是科学研究与技术开发，从这一点上来说，它又是科技研究机构。关于科学院的科技行政法律调节，因此也就必须"分而治之"、分别对待了。

（三）科技行政法对科技人员的法律调整

对科技人员来说，不存在科技行政权利。这是因为科技行政的法律关系是纵向的法律关系，科技人员作为科技行政链条上的终点和科技活动的最基层"细胞"，是科技行政法律关系的客体，科技行政管理的对象。科技人员除履行科技行政义务外，没有科技行政权利。至于社会主义制度下科技人员有监督科技行政机关及科技行政官员的权利，可以批评直至控告科技行政机关和科技行政官员，那是他们的民主权利，而不是行政权利。民主权利和行政权利是互有联系但又截然不同的两种权利。总之，科技行政法对科技法律人员的法律调整，最主要之点，即在赋予科技人员以科技行政义务。

科技人员的科技行政义务主要有以下几个方面。

一为贯彻执行科技法律法令和国家发展科学技术的方针政策。当然，科技人员之贯彻执行科技法律法令和方针政策，是就其个人而言的。例如，日本有《技术士法》的科技行政法。该法于1957年为日本国会通过，其第十四条规定："具有作为技术士资格者，为成为技术士，必须在技术士注册簿上，进行姓名及住所、办事处名称及所在地、年月日、正式考试及格的技术部门及其他以总理府令规定事项的注册。"这就是技术士的义务之一。此外，《技术士法》还有《技术士的义务》（第四章）的专章规定，所涉及的义务计有"禁止丧失信用与不法行为""保守秘密的义务""表示名称的义务"等三个方面。又如，我国《实验技术人员职务试行条例》（1986年3月）在第三章做了关于实验技术人员的"职责"的规定，分别对"实验员""助理实验师""实验师""高级实验师"的义务做了罗列式的说明。这是一些关于其义务的法律规定，科技人员必须从遵守科技行政法的角度认真遵守。

二为积极完成科技研究职责和任务。

三为向科技行政机关与所在科技研究机构报告科技进展情况。

四为与其他科技人员进行民间的合作与交流，共同为科技进步做出贡献。

科技行政法对科技人员的法律调整除赋予他们以科技行政义务之外，还有以下几点：

1. 向科技人员指明其职责、权利；

2. 明确规定科技人员的工资和福利待遇，保障他们的合法权益；

3. 给他们在职称评定、考核和奖励惩罚及退休等方面做出规定；

4. 给他们创造民间的科技研究环境和条件；

5. 组织科技人员进行科技合作与交流；

6. 提供科技人员学习、进修的条件；等等。

所有这些，既可说是科技行政机关的义务，但又与科技人员的活动与利益直接相关，所以又可说是科技行政法对科技人员的法律调整。例如为我国科技人员规定的一系列奖励办法，如《自然科学奖励条例》《发明奖励条例》《科学技术进步奖励条例》《合理化建议和技术改进奖励条例》《国家星火奖励办法》等等法规，就是与科技人员直接相关的科技行政法律调节措施。

科技行政法对科技人员的法律调整，既可通过科技行政机关，也可通过科技研究机构的行政领导发生作用；此外，还可通过其他国家行政机关，如通过工商行政管理机关、司法机关、税务机关等发生作用。无论通过什么机关发生作用，都是科技行政法对科技人员的法律调整。

（四）科技行政法调整对象与行政法调整对象的比较

这个问题，实际上我们在前面关于科技行政法律关系、科技行政法的特点等处的论述中，已经接触过。现在，通过科技行政法对具体体现科技行政法律关系的科技行政机关、科技研究机构和科技人员的调整的分析，对这个问题应有更明确、清晰的认识了。

显然，科技行政法调整对象与行政法调整对象有其共性，这种共性的基本特征是：二者都是纵向的法律关系，都是国家在实现其职能的活动中形成的管理关系。由这些基本特征出发，二者在行政隶属性、行政强制性、非对偿性、相对性等方面，也是相似的。

但是，科技行政法调整科技行政关系的科技目的性、探索性、预期性以及激励性，是行政法所缺乏的。正因如此，我们不应将科技行政法调整对象与行政法调整对象混淆起来。认清这一点，不仅对于把握科技行政法有重要的意义，对科技行政法制建设有重要意义，而且对于法学基础理论的发展与深化也有重要意义。

法学基础理论的流行观点是：在人类进入共产主义社会以后，法和国家一样，要逐步消亡。

这是一个在理论和实践上都不能十分令人信服的观点。关于这个问题的讨论，以前曾是禁区，不得越雷池一步；现在已经突破禁区，开展了讨论。但由于是泛泛而论，也未能得出令人信服的结论。

我们曾在前面提到，科技法、科技法学的研究，将有助于法学一般理论的发展与深化，在关于科技行政法调整对象与行政法调整对象的比较上，我们认为，确可帮助我们理清思路，廓清问题。

随着时代的发展，国家的许多职能确实是要消亡的。例如，国内阶级对立的消灭、阶级斗争的淡化，将使得政治行政管理关系简单化；国际冲突的缓和以至消失，将使得军事行政管理关系淡化以至消除；如果实现世界大同，那么，国家的一般行政管理职能将大大地变化。但是，社会越是向前发展，科技进步、经济发展、文化建设的任务，却与政治统治、军事竞争"背道而驰"地变得越来越复杂，越来越繁重。相应地，科技行政管理、经济行政管理和文化行政管理的任务也会变得越来越繁重。三者之中，尤以科技行政管理更为重要。因为在达到一定的社会繁荣程度以后，经济发展已经使得人类生活的享受与高级物质需求达到饱和；而人作为寿命、精力、体力都有限的动物，所能承受的文化教育信息接受量也会达到饱和；唯独人类的科学技术活动却要挣脱地球重力、磁场的束缚，冲破大气层的樊篱，向无限广阔的天宇进军。科技活动的领域将变得越来越宽广，科技社会关系也将变得更加丰富多彩，因此，其中的科技行政关系，也会变得越来越复杂、越来越重要。这样，科技行政法对科技行政关系，以及其他科技法对其他科技社会关系的调整，也将变得越来越丰富多彩、复杂多样。

于是，我们可以得出这样的结论：随着人类社会的发展，一般行政法将逐渐丧失其活动的场所，而科技行政法将扩大其用武的地盘。于是，我们可以进而得出结论：法不会消亡；消亡的是某些具体的部门法，但是与此同时另一些部门法却会得到前所未有的发展。

四、科技行政法的调整方法

统治者凭借其行政权力，可能采取多种多样的法律调整方法。但是，实践已无数次地证明，凭主观愿望恣意选择的调整方法，纵然依恃国家强制力的保护而横行一时，却不可能得意一世。如果硬要违抗社会道德与客观规律，激起了人民的反抗，其结果往往是统治阶级本身连同其国家政权、法律制度以及法律调整方法，通通被送进历史的博物馆。经过无数次的反复，经验告诉我们，法律调整方法必须与法律调整对象的本质特点相符。正如"一把钥匙开一把锁"那样，行政法、民法、刑法、经济法、国际法等的调整方法，是各不相同的，它们都由各自的调整对象的特点所决定。同样，科技行政法的调整方法，是由科技行政法律关系这一对象的特点所决定，与行政法、民法等等有所不同。

科技行政法律关系的特点，我们在前面已经简述过，是它的法定性、授权性、非对偿性与相对性。这些特点决定科技行政法的调整方法，是以行政指令为主、经济杠杆为辅并与民主科学精神的教育相结合的方法。

（一）以科技行政指令为主的科技行政法调整方法

行政指令调整方法，是强制性的调整方法。这种强制性的行政指令，发生在上级和下级之间。具体来说，行政指令发生在科技行政机关上级与下级之间，科技行政机关与科技研究机构之间，科技行政机构与科技人员之间，以及科技研究机构内部的行政领导部门与科技人员之间；是前者发给后者的指令，后者必须执行这种指令。但是发出指令的行政机关，必须使所发指令符合国家的法律法令、方针政策，符合科技发展的计划要求，符合下级行政机关或其他指令接受机构和人员的实际，具有科学性、合理性。否则，由于违反法律法令或国家的方针政策，指令本身将被取消，而且如果错误严重的话，还要追究发生错误指令的行政责任以及法律责任；同时由于不符合实际，指令接受单位无法实施，将导致指令的实际失败。

在上述关于指令发出方与接受方的要求明确的前提下，现在我们来看科技行政法的行政指令调整方法包括哪些具体种类。

1. 授权

这是指国家通过科技行政法规，授予科技行政主体一定的科技行政权利能力或某项具体权利。

授予科技行政主体以科技行政权利能力，只能发生在科技行政机关和科技研究机构的行政部门。科技研究机构的非行政部门（研究部门）和科技人员，不会被授予科技行政权利能力。日本《科学技术厅设置法》关于该厅"设置以及管理管辖事务直接必要的事务所等设施"、掌管"职员的任免及奖惩和其他人事管理""进行技术士考试及技术士登记""对有关行政机关的科学技术事务进行综合协调"等行政权利能力的规定〔第四条第3.6.10（2）、12等款〕就是日本科技行政法对最高科技行政机关的部分授权。这种授权，除上述内容具体、权利范围明确者外，还可以是概括性的授权，如该法第四条第二十二款的规定："除前列各项外，依据法律（包括依法制定的命令）属于科学技术厅的权限者。"这种概括性的授权，可以被灵活地运用，当情况发生变化，出现新的需要，制定了新的法律或发布了新的命令，就可援引上述规定行使新的法律法令规定的其他行政权利了。

授予科技研究机构的行政部门以科技行政权利能力的规定，往往是比较原则、比较抽象的，但也有规定得十分具体的。例如，日本《新技术开发事业团法》规定，事业团设立"开发审议会"，"审议会"对"制定有关新技术开发基本方针""选定应开发实施的新技术""确定实施开发新技术成果的成功与否""制定直接关系新技术研制基础研究的基本方针"等，得向事业团的领导提出自己的意见和建议（第二十二条）。这一系列规定，既明确了"审议会"的科技行政义务，也是对技术开发事业团的领导即行政部门的授权。

授予科技行政主体以某项具体权利，既可发生在科技行政机关，也可发生在科技研究机构和科技研究人员上。这是因为，科技研究机构（除其行政部门外）和科技人员虽为科技行政义务主体因而无科技行政权利，但其本身的非行政权利还是应当完整地具备的。因此，科技行政法可以用行政指令的授权方法，授予它（他）们以某种具体权利。例如，法国于1984年12月28日由总理洛朗·法比尤签署、发布了《1984-1207号法令》，规定了法国农业研究院公职人员的类别、任职期间研究成果的归属等问题，其中规定的各类公职人员的等级年资，就是科技人员的权利规定；日本《技术士法》关于技术士"预备考试的免试"和"技术士的资格"的规定（第六条、第八条），就是以《技术士法》授予日本科技人员的一种具体权利。

2. 命令

这是指国家通过科技行政法规赋予科技行政主体以作为性义务。

这里的义务，不仅仅指行政义务，也包括其他的义务。

科技行政法赋予主体以义务，往往显示出强烈的强制性和限期性。

承担义务的，包括科技行政机关、科技研究机关和科技人员三者。

赋予科技行政机关的，以实施科技行政管理方面的义务为主。如前所述，有关规定有时十分明确、具体，有时则比较原则、抽象。

赋予科技研究机关和科技人员的，主要是科技研究方面的义务和服从科技行政管理的义务。

3. 禁止

这是指国家通过科技行政法规赋予科技行政主体以不作为性的义务。作为性与不作为性，是行政指令的命令方法与禁止方法的区别。

日本国会于1959年2月20日通过的《科学技术会议设置法》第十条规定，科学技术会议"议员不得泄露职务上所了解的秘密，即使退出职务后也同样不得泄露"。第六条第一款第六项规定："担任专职的议员，在任职期间，除经内阁总理大臣许可的情况下，不得从事有报酬的其他职务和经营盈利事业，以及进行以金钱利益为目的的业务活动。"日本《科学技术情报中心法》（1957年4月30日本国会通过）第十七条规定："官员不得参与以盈利为目的的团体或自己从事盈利事业但经内阁总理大臣批准者，不在此限。"这些都是科技行政法以禁止方法实施行政指令的例证。

4. 许可

这是指国家通过科技行政法规，赋予科技行政主体在特定情况下以某种权利。

这里，"特定情况"是关键。对这一"特定情况"，有关的科技行政法一般应以明确的条文列出。

《日本科学技术情报中心法》（1957年4月30日本国会通过）第三十条第二款规定："情报中心依前款规定实行积累后，尚有剩余时，经内阁总理大臣认可，可将其余款分别按投资额向投资者分配。"

这一规定中的"经内阁总理大臣认可"，就是明文规定的"特定情况"。如果无此规定，就变成"授权"方法的行政指令了。

5. 免除

这是指国家通过科技行政法规，对于科技行政主体依法应履行的义务，在特定情况下予以免除。

《日本科学技术情报中心法》第三十一条第二款规定："前款规定之短期借款，须于该事业年度内偿还。但因资金不足无力偿还的金额，经总理大臣认可，可作为延期借款。"

"免除"的是本应履行的"义务"，"许可"的是本来不一定可以行使的"权利"。这是科技行政法的"免除"与"许可"的行政指令方法的区别。二者的相同点是，都必须"在特定情况下"才得实施。上述规定中的"经总理大臣认可"与"资金不足无力偿还"就是明文规定的"特定情况"。

6. 计划

这是指国家通过科技行政法为科技行政主体规定科技行政或科技研究某些方面的时间、经费额度、数量、质量界限。

有关的时间、经费额度、数量或质量界限，称为计划指标。

计划指标有指令性与指导性之分。对指令性计划指标，有关科技行政主体必须严格执行、如数完成。指令性计划指标具有法律约束力，不完成指令性指标将受法律制裁。指导性计划指标无法律明文规定的约束力，有关科技行政主体在执行时可视情况的变化做变通处理。

《日本原子能研究所法》（1956年5月4日日本国会通过）第四条规定："研究所的资金，是二亿五千万日元与研究所建立时政府以外所提供的投资额的合计额。"第二十五条规定："研究所的事业年度，为每年四月一日始至翌年三月三十一日止。"第二十七条规定："研究所每事业年度的决算必须于翌年度的七月三十一日前完结。"这些规定，都是计划指标。

在科技行政法中，计划指标出现得较少，这是由科技行政法作为科技法的探索性特点决定的。在经济行政法中，计划指标出现得较多。这也是科技行政法与经济行政法在行政指令调节上的一个区别。与此相反，科技行政法中的指导计划则出现得比较多。例如，日本《科学技术厅设置法》第四条的第一款规定："在预算范围内，担负管辖事务所需要的支出。"第二款规定："征收所得收入，支付管辖事务所需要的开支。"

7. 确认

这是指由国家授权的科技行政机关依法对特定的法律事实或法律关系进行认定，并确定其是否存在、是否有效。某种法律事实或法律关系之是否存在和是否有效，一经依法确认，即具有法律效力，下级科技行政机关或其他机构不得不承认或撤销之。

日本《原子能委员会及原子能安全委员会设置法》第十九条规定，原子能安全委员会得"依政令规定组成核燃料安全专门审查会"（第一款），"核燃料安全专门审查会接受委员长指示，对核燃料安全事项进行调查审议"（第二款）。这里"依政令规定组成"的"核燃料安全专门审查会"就是负有确认权的国家授权的科技行政机关；而"核燃料安全事项"即为待认定的法律事实；"调查审议"的结果，就是对有关事实的确认，即是否属于符合安全规定的核燃料。

日本《技术士法》第二十七条规定："科学技术厅设技术士审议会"，第二十八条规定：技术士"审议会审议关于技术士的重要事项以及技术士注册的撤销及其名称使用的停止"。这里，科学技术厅所设"技术士审议会"，就是"国家授权的科技行政机关"，它关于技术士的重要事项的审议决定，如某科技人员之能否成为技术士，或某技术士注册是否撤销、其名称是否停止使用等，就是对一定的法律关系之是否存在或是否有效的确认。

在我国科技进步奖励的有关法律规定中，都规定了授奖审议、核准单位，这里"国家授权的科技行政机关"的审议决定与核准决定，就是对有关法律事实的确认。

一些经济法学工作者把"撤销"列为经济行政法对经济行政关系进行调整的行政指令方法。但确认特定法律事实或法律关系的不存在或无效，实际上就是宣布对该事实与关系的"撤销"。因此，可以将二者合并在一起。把"撤销"看成是"确认"的否定。科技行政法中关于科技行政机关运用行政权力宣告某一法律事实或关系的取消、消灭的规定，也是很多的。

8. 协调

这是指国家授权的科技行政机关，就科技行政或科技协作，对下级科技行政机关或科技研究机构的活动做强制性的协调工作。

日本《原子能委员会及原子能安全委员会设置法》第二十一条规定："（原子能安全）委员会的庶务，由科学技术厅原子能安全局汇总处理。但有关科学技术厅原子能局或有关行政机关（科学技术厅除外）所辖事项，分别由科学技术厅原子能局及科学技术厅原子能安全局或科学技术厅原子能安全局及各行政机关的管辖部局共同处理之。"这里规定的有关机关的"共同处理"，指出了对"所辖事项"进行协调的原则，如何具体"共同处理"，有关机关可在具体事务中另行协商，但其中的一个部门不得擅自处理。

有关协调工作的内容，由于纷繁复杂而且千变万化，不可能在科技行政法中一一列出。通常，是以科技行政法确定负责协调的机关，授予协调的权利能力。具体的协调决定，则由这些授权机关以指示、命令或通知、规定办法等法律约束力的文件另行发出。

随着科学技术的进步，分工越来越细密。因此，协调各科技行政机关以处理好科技行政法律关系，协调各科技研究机构和科技人员以发展科技研究、攻克科技难关，将变得越来越重要。这样，科技行政法以具有强制力的协调作为行政指令方法来调整科技社会关系，将得到发展和重视。

9. 税收

这是指国家以科技行政手段通过税收来调节科技研究活动中发生的法律关系。

一些经济法学工作者把税收作为经济杠杆看待，而不认为它也是一种行政指令方法。这是值得商榷的。经济手段与法律手段的区别，在于是否具有法律效力。行政指令如果具有法律效力，就不是经济手段而是法律手段。我们这里说的"行政指令"也不是在"行政手段"的意义上使用的，而是在行政法的意义上使用的，税收实际上总是以法律规定为前提的，没有法律做出规定的税收是非法的摊派。正因如此，日本《科学技术六法》一书将《所得税法》《法人税法》《租税特别措施法》《物品税法》《印花税法》《注册执照税法》《地方税法》《关税临时措施法》等19种税法，收入在内。基于上述理论和事实，我们把税收列为科技行政法的行政指令调整方法之一。

美国政府在20世纪六七十年代采取了高税率政策，阻碍了高技术产业的顺利发展。有关税法规定，1969年美国的资本效益税为25%，后又增至35%，1976年甚至上升到49.1%。其后果是风险资本的直线下降：1969年的风险投资为1.71亿美元，1975年跌至1000万美元。因此，美国从1978年开始着手采取减税立法措施，国会立法降低投资效益税率，从49.1%降到28%，1981年1月31日里根总统签署了被称为"经济复兴税法"的新税法，将税率进一步降低到20%。这实际上是一项"科技复兴税法"，其中仅针对购买或租用计算机的特别条款就有109条之多。该法规定了增加试验研究费减税制度，扩大企业向大学赠送供研究用新设备的减税范围等等。这些规定大大地刺激了科学技术的发展。澳大利亚、联邦德国、日本都有这方面的税收立法。作为一种行政指令，税收是行之有效的从客观上控制、调节全国科技进步、理顺有关关系的科技行政法的重要调整方法。

10. 奖励

科技法的激励性特点，在科技行政法以奖励这一行政指令方法刺激科技进步、奖勤罚懒以调动积极性上，得到了很好的体现。

奖励，即国家通过科技行政法规，对科技进步有功的科技行政主体授予特殊的待遇，可分为精神奖励与物质奖励两类，但有的精神性奖励实际上附带着物质待遇的提高。

奖励的实施，既非当事人协商的结果，又非政策性的措施，而是列入科技行政法并得到行政权力的强制性保证的。因此，我们把它作为行政指令的调整方法来看待。

由于奖励被规定在科技行政法中，而且在各国都成了科技行政法的重要组成部分，甚至还成了各国宪法关于促进科技发展的重要原则，所以，现在奖励这一行政指令调整方法，得到越来越多的人的重视。

意大利宪法规定："共和国总统得指定在社会活动、科学、文学和艺术方面以高度成就为国增光之公民五人为终身参议员。"（1947年《意大利共和国宪法》第五十九条）我国1982年宪法也规定："国家发展自然科学和社会科学事业，普及科学和技术知识，奖励科学研究成果和技术发明创造。"据此规定或与此相关的科技进步奖励方面的立法，已经成了各国科技行政立法的一个重要部分。

（二）与经济杠杆和民主科学精神的教育相结合进行科技行政法的调整

科技行政法的调整作为一种法律调整手段，不能与经济手段或宣传教育手段相混淆。但这并不是说，在采用法律手段的时候，完全无须其他手段的配合。"一个篱笆三个桩，一个好汉三个帮。"科技行政法的行政指令方法这个"好汉"，只有在经济杠杆、民主精神、科学精神的帮助下，才能更好地实施。

首先是经济杠杆的帮助。

现在，许多国家都在采用配合科技行政指令的经济方法，主要有以下几种：

1. 拨款制度

在科技发展中，恰到好处的拨款制度有着极为重要的意义。美国众议院依法建立了拨款委员会，下设若干小组委员会，科技发展的拨款，由各小组委员会分别负责。由国家拨款资助研究的科技单位，由于得到大量的经费资助，通常都能在科技进步中做出巨大的成绩。美国的一些研究与发展中心承担重要的研究与发展课题，从国会获得全部或大部分经费，这些研究与发展中心由8个属公司管辖，22个由大学或大学集团管辖，后者仅1957年就获得10亿美元的研究拨款。在美国，科技研究与发展的工作量中，53%由政府提供资助；为基础研究提供的资助款项特别大，全国基础研究的68%的经费来自政府拨款的资助。加拿大以拨款制度促进科技进步，也做得十分出色。仅1985年一年，加拿大政府即拨款42亿加元资助科技发展，其中64%分配给政府所属科技机构，17%分配给工业界科技机构，13%分配给大学。日本有"专项支付经费制度"，对重要研究项目拨款资助。这些重要项目大多属于新技术、高技术领域，与日本的国际交往、社会发展有密切的关系，或对日本国际地位的提高有重大影响，如《综合海洋科学技术研究开发》《农林水产业生物工程学先进技术开发》《新能源技术研究开发》《产业用工业机器人的引用及安全卫生共同研究》等项目。为保证这些重要项目的顺利完成，日本政府制定了下列四项具体的专项支付经费制度：一为科学技术研究委托费制度；二为科学技术研究补助金制度；三为综合研究开发制度；四为科学技术振兴调整制度。①

2. 贷款制度

拨款是无偿的，贷款则是有偿的。从许多国家运用贷款帮助调整科技行政法律关系和促进科技发展的实践来看，贷款是行之有效的方法。

日本有"国产技术振兴资金贷款制度"。据日本学者乾侑在《日本科技政策》②一书中介绍，这个制度是由1951年创设的"新技术企业化"贷款和1964年创设的"重型机械开发"贷款两个制度合并起来，从1968年度起以这个名称开始实行的。其宗旨是：在长期和低利率的条件下，灵活地供给为减轻采用新技术的风险所需要的资金，以积极提高日本的技术水平。这就弥补了科技行政法以行政指令方法（如"授权""计划"等）调整科技行政关系时比较固定、刻板的不足。日本实行这项贷款制度时，主要用于新技术的企业化、企业化开发、试制新型机械的商品化和重型机械的开发等方面。贷款比率为拨款对象

---

① 关于这些"制度"的具体内容，参见拙文《发达国家的新技术革命立法》，《科技法学》1989年第1期。

② [日]乾侑：《日本科技政策》，科学技术文献出版社1987年版。

工程费的50%—70%，1980年5月时的贷款利息是：新型机械的商品化试制为年利9%；新技术的企业化等，年利为8.5%。其他国家在发展新技术方面，也采取多种方法、通过多种途径进行贷款，从而促进了科技进步。其贷款制度名目繁多，如新技术开发贷款、风险投资贷款、科学园建设特别贷款等等。

3. 合同制度

这是指政府通过科技研究委托合同或新技术产品订货合同，间接地向科技研究机构提供资金。

在利用合同制度帮助调节科技行政关系和促进科学技术发展上，美国的一些做法是值得借鉴的。美国从1962年开始对合同制度进行了深入的研究，从而改进了合同方式，采取了一些新的合同形式，收到了良好的效果。过去，科技合同最普通的形式是向研究和发展的卖主偿还其成本，并付给固定的利润。这种合同被称为成本加固定利润合同。在这种合同制度下，最后的成本往往大大超过预先估计的数字；同时，它不能鼓励卖主改进产品质量、按期或提前交货。据哈佛商学院1963年出版的《购买武器过程的经济分析》透露，美国12种武器体系的最后成本达到合同预计数字的3倍；核动力飞机计划经15年的努力，投资10万亿美元，由于无法使反应堆臻于完善而最后放弃。这样，1961年以来，"成本加固定利润合同"的数量大大下降。后来，美国采取了"固定价格合同""固定价格加奖励""成本加奖励及利润"等新的合同形式，改善了合同制度的效力。美国航空与航宇局1960年这类合同的总额仅为10万美元，1963年猛增至4.21亿美元。同期，国防部签订的这类合同的金额也上升了1倍。这种合同的优点在于鼓励卖主降低成本，加快工作制度，提高科研成果的质量。1963年7月，美国国防部长麦克纳·马拉说："每当我们用'公司固定价格合同'或'奖励合同'代替'成本加固定利润合同'时，我们就至少节约了10%的资金……"据悉，在"船帆座"核爆炸探测卫星的合同中，由于采用了一套复杂的奖励制度，从而节约了成本32%，而承包的科技机构增加了10%以上的利润。

此外，还有许多国家通过保险制度、价格制度、工资制度等经济方法，帮助调节科技行政法律关系，促进科学技术进步。尤其值得重视的是，诸如拨款制度、合同制度、贷款制度以及保险制度、价格制度、工资制度等经济手段，现在也出现了法律化的发展趋势。例如法国就以立法形式为科研人员的级别划分与工资定额加以固定。这当然同这些国家的物价与货币值稳定有关。但这种趋势在许多国家同样出现的事实告诉我们，科技行政法与经济手段的紧密结合，必然促成经济手段的法律化，从而保证科技行政法律关系的调节有更为可靠的法律后盾。

除经济杠杆的帮助外，其次还要依靠民主与科学精神的教育帮助科技行政法去调节科技行政关系。

民主精神的教育，可以使得各个科技行政法律关系的主体更为积极主动地为实现其法定权利、履行其法定义务而努力。科技行政中的管理与服从的纵向关系，如果没有民主精神作为思想依托，是永远不可能得到有效而持久的合理调整的。

科学精神的教育，将使各个科技行政主体从科学管理、科学艺术、科学方法的角度，更自觉地实现权利、履行义务。科技行政中的领导与被领导、管理与服从的必要性和最佳方法，都得在科学精神基础上去理解。

民主精神与科学精神的教育，似乎与科技行政法相距较远。但是，科技法制建设的系统，有其必要的良好的外部环境。认识到这一点，就不会把这些笔墨作为赘文了。当然，科技行政法的调整方法，主要的还是本身的行政指令方法，这又是不可略有疏忽的。总之，是要有主有从，主从结合，防止片面，防止从一个极端走到另一个极端。

第二十一章　科技行政法律责任

一、科技行政法律责任略论

科技行政的行政强制性不是自然发生的，它来源于科技行政法的法律强制力及其实施，而这同科技行政法律责任问题密切相关。为了把握科技行政法律责任，必须弄清法律责任的含义、法律制裁的含义与分类。

（一）法律责任的含义

法律责任是指违法行为人所应承担的带有强制性的法律规定的责任。

法律责任是和违法行为联系在一起的。没有违法行为，就无所谓法律责任。只有在发生了违法行为的情况下，才产生责任的追究问题，也才有法律责任的问题。

违法行为可能是个人的行为，也可能是集体的行为。后者在发生违法行为的情况下，可能由集体中的每一个人共同承担责任，也可能仅由该集体的代表承担责任，还可能由集体作为一个机构来承担责任而不追究任何成员的责任。由于违法行为与法律责任之间的联系是因果关系的联系，因此，凡是违法行为的实施者都要承担相应的法律后果即法律责任。

法律责任与其他社会责任如政治责任、道德责任、道义责任、家庭责任、经济责任以及一般的行政责任是不同的。法律责任的主要特点是：（1）在法律上有具体的规定；（2）由国家强制力保证其执行；（3）由国家投权的机关来依法追究法律责任，实施法律制裁，其他组织和个人无权行使此项权力。

由于违法行为的性质和社会危害程度的不同，违法者所承担的法律责任也不同。根据违法行为的性质的不同，可将法律责任分为不同的类型：刑事违法承担刑事法律责任；民事违法承担民事违法责任；经济违法承担经济违法责任；行政违法承担行政违法责任。根据违法行为的社会危害程度的不同，在违法责任的程度上有所区别，危害严重的将受严厉制裁。

在科学技术活动中,如同在其他社会活动中一样,也会发生违法甚至犯罪活动。可以按科技违法行为的性质,将科技违法分为科技刑事违法、科技民事违法、科技行政违法,违法人必须分别承担科技刑事违法法律责任、科技民事违法法律责任、科技行政违法法律责任。科技违法人,由于其违法的社会危害程度不同,也会受到不同程度的法律制裁。

(二)法律制裁的含义和分类

法律制裁有两方面的含义:一为对违法者依据法律实施的法律惩罚措施,这里指有关的法律规定;二为国家授权的特定机关对违法者实施法律惩罚的行为。法理专著大多是在前一种含义上使用法律制裁这个概念的,即当作名词来使用。但有时我们还会看到把这个概念当作动词在后一种含义上使用的情况。这里,我们在前一种含义上来使用这个概念。

法律制裁一般分为两大类。

一类为司法制裁,即由国家司法机关对违法犯罪行为人实施的惩罚性的强制措施。它又可分为刑事制裁、民事制裁、经济制裁。

一类为行政制裁,即由国家行政机关对违反行政法规者实施的强制性措施。它可分为行政处罚、行政处分、经济处罚等不同的种类。

行政处罚是由国家特定的行政机关给予犯有轻微违法行为而尚不够刑事处罚的违法者的制裁措施。无处罚权的机关和部门不得行使此项职权。

行政处分是国家机关按照行政隶属关系给予有违法失职行为者的制裁措施。

经济处罚是指国家授权的机关依法对违法者在经济上采取的惩罚性的强制措施。非授权机关或不依法律而自行规定的,不属于我们这里所说的经济处罚。

司法制裁与行政制裁都是法律制裁,都必须依法而行。这在科技行政法律责任的处理方面尤要注意。

在明确了上述两点以后,现在我们可以来看科技行政法律责任问题了。

(三)科技行政法律责任的含义

科技行政法律责任是指科技行政违法行为人所应承担的带有强制性的科技行政法规定的责任。

科技行政法律责任是由科技行政违法行为引起的。没有科技行政违法行为,也就没有科技行政法律责任。只有在发生了科技行政的违法行为的情况下,才产生责任的追究问题,也才有科技行政法律责任问题。

科技行政法律责任由科技行政违法行为引起,但惩处的不是违法行为本身。有的法学理论著作把违法行为与违法行为人混淆起来,认为惩处的也包括违法行为,这是值得商榷的。如果由此而认为科技行政法律制裁也包括科技行政违法行为,我们不能同意。实际上,惩处了违法行为人,违法行为自然得到制止。不能把制止违法行为与惩处违法行为人截然分开，也不能把二者混为一谈。对科技行政违法行为负责的违法者，应当承担相应的法律后果即科技行政法律责任。

科技行政法律责任不仅与政治责任、道义责任、道德责任、家庭责任、经济责任等等不同，而且与科技民事责任、科技刑事责任也不同，同时，与一般行政责任也不同。

科技行政法律责任与科技民事法律责任、科技刑事法律责任及一般行政法律责任的不同点是，科技行政法律责任由科技行政法律作具体规定，而科技民事法律责任、科技刑事法律责任、一般行政法律责任分别由科技民事法、科技刑事法、一般行政法作具体规定。

除上述关于科技行政法律责任的一般知识外，还应特别提出下面这个问题：科技行政法律责任的实质是依法剥夺科技行政违法行为人的行政权利、经济利益或其他利益，以达到惩戒违法行为人和保证科技行政法律关系的正确调节的目的。

法律责任的实质在于通过国家强制力对违法行为人实行一定的强制措施，使之承受某种不利后果。前面说过，违法行为的性质和社会危害程度的不同，决定违法行为人必须承受不同性质和不同程度的法律责任。科技行政违法行为的性质和社会危害程度，一般比刑事犯罪行为轻，所以一般不承受比刑事责任为重的法律责任。说是"一般"，是因为还有"特殊"。某些科技行政渎职行为，造成巨大的社会危害后果，与刑事犯罪无异，因而所应承受的法律责任也与刑事犯罪相同。

有的经济法学工作者认为：经济行政违法行为，其性质和危害性较犯罪为轻，比民事违法行为重；它所侵犯的不仅是其他主体的权益，而且是整个国家的权益，因此，法律使经济行政违法行为人承受的不利后果介于刑事责任与民事责任之间。这是值得商榷的。首先，经济行政违法行为的社会危害性和哪一种刑事犯罪的危害性比较呢？可以说，经济行政违法行为所造成的社会危害性，有时比一般刑事犯罪还要严重得多。董必武同志在20世纪50年代早就大声疾呼过要严肃处理经济建设工作中的责任事故。他认为："今后我们对责任事故一定要追究。过去只要不是政治问题就不大找责任。苏联就很严格，不问动机，依结果判罪。"① 他又说："有些干部对法律的严肃性认识不足，不按法律办事，不懂得如何运用法律武器来和违法犯罪现象做斗争，例如对于经济建设中发生的事故，常常只注意政治事故而很少注意追究责任事故；同时对责任事故，又常常只注意单纯的教育，而很少注意用必要的法律制裁，以便更有效地消灭和预防违法犯罪现象。"② 这里，董必武同志把责任事故提高到了违法和犯罪两种高度来对待。可惜的是，时至今日，对这个问题仍未引起足够的重视。董必武同志所谈的"责任事故"，无疑也包括经济行政责任事故。而且，在实际工作中，经济行政错误方面的责任事故所造成的损失往往比具体生产建设中的责任事故（如违反操作规定引起火灾或毁坏机器等）要大得多。其次，违法犯罪造成的危

---

① 董必武：《关于人民监察工作》，《董必武政治法律文集》法律出版社1986年版，第363页。
② 董必武：《五年来政治法律工作中的几个问题和加强守法教育问题》，同上书，第372页。

害性程度，不应以所侵犯的是个体权益还是国家权益作为区分的标准。有的违法犯罪行为侵犯的是国家的权益，但可能很轻；而有的违法犯罪行为侵犯的虽为个体权益，但可能很重。同时，究竟以个体为本位还是以国家为本位，抑或二者并重，抑或以个体为国家的根本因而视个体利益为国家利益的根本，这都是值得进一步研究的问题。我们认为，过去那种忽视个体利益，硬把个体利益放在无足轻重的地位上的观点，似应更新。总之，经济行政违法行为的性质和危害性，不一定比犯罪为轻。或者，按"不同质不能较量"的原理，不对经济行政违法责任与刑事、民事责任做比较。

我们在这里详尽地探讨了关于经济行政违法责任的轻重问题，不仅因为这是一个重要的法学理论问题，而且因为它与科技行政违法责任密切相关，如果把上述理论移用到科技行政法律责任的研究中来，得出科技行政法律责任比刑事犯罪为轻，比民事违法为重，那就错误了。我们只能使科技行政法律责任不同于刑事犯罪的法律责任和民事违法的法律责任，而不能在三者之间较轻计重。

不过，提出经济行政违法侵犯的不仅是其他主体的权益，而且是整个国家的利益，这对我们探讨科技行政法律责任问题，还是非常有启发的。

科技进步是生产力发展的决定性、先导性的因素，是其前提和决定性条件。今后的国际竞争，在很大程度上，不是取决于军事实力，甚至也不是取决于现有经济实力，而是取决于科技水平、科技实力与科技后劲。这样，调整好科技社会关系，就有决定国家命运、民族前途的极为重大的意义。因此，科技行政法律责任之与国家利益关系的紧密性程度，较之经济行政法律责任，只有过之而无不及。从这个意义上看，我们更应重视科技行政法律责任问题；同时也就更不应认为任何科技行政法律责任比任何刑事犯罪法律责任轻。

二、科技行政法律责任人

科技行政法律责任既是指科技行政违法行为人所应承担的带有强制性的科技行政法规定的责任，那么，科技行政法律责任人就与科技行政违法行为人有关，并进而要求我们对科技行政违法行为人及其违法行为略做探讨。现在我们先来看前一个问题。

（一）科技行政法律责任人的含义及分类

科技行政法律责任人与科技行政违法行为人有关，但二者不是一个概念，科技行政法律责任人并不就是科技行政违法行为人。

科技行政法律责任人是指在科技行政中可能因违反科技行政法而负法律责任的人。

这里所说的"人"，并不仅指作为个体的人，也不仅仅指法人，任何进入科技行政活动领域的方面，既包括个人，也包括法人，还包括不具有民事权利主体资格的社会组织，都是这里所说的"人"的范围。

也就是说，科技行政法律责任人是指在科技行政中可能因违反科技行政法而负法律责任的个人、法人和不具法人资格的社会组织。它可分为以下三类：

1. 科技人员

科技人员在科技行政中，如前所述，是作为义务主体的资格出现的。当他违反法律规定的义务时，他就必须为此而承担法律责任。但科技人员不仅仅是在违反法律规定的义务时，才成为法律责任人的。我们认为，当科技人员进入科技行政活动领域时，他就成为科技行政法律责任人。因为从他进入科技行政活动之始，就被科技行政法赋予了科技行政义务；而这就使他处于两种可能的状况：履行义务或违反义务规定。履行义务，自然不必承担法律责任；违反义务规定，必定要被追究法律责任。那么，只要科技人员存在着违反义务的可能，他就必须面对因此而承担法律责任的后果，而这种可能性，是时时刻刻都存在的。所以，我们认为科技人员即使是处在未违反法律规定的行政义务的情况下，也是科技行政法律责任人。这样认识，有利于增强履行科技行政义务的责任感。这是一种法律责任感。每一个科技人员都增强科技行政法律责任感，认真地服从科技行政管理，遵法守纪，有利于科技行政法律关系的调整，有利于科学技术的发展。

2. 科技研究机构

科技研究机构作为一种因科技活动而组成的社会组织，有多重属性和功能。它的主要功能是进行科学研究和技术开发，并因此而作为民事权利主体资格而对外发生民事法律关系；同时，它又是科技行政法律关系的主体，在科技行政法律关系的链条上，处于接受科技行政机关管理的地位，也是科技行政义务主体；而在科技研究机构内部，还对科技人员实行行政管理，以其行政部门享有科技行政权利。

科技研究机构作为科技行政链条上的义务主体，必须履行科技行政法规定的科技行政义务。当进入科技行政义务主体"角色"时，它就面对有关的科技行政法规定，必须认真地履行其义务了；它同时也就存在着违反义务的可能性，因而成了科技行政法律责任人。

在科技研究机构内部，其科技行政部门享有领导和管理本机构科技人员的权利，成了机构内部的科技行政主体。但相对于它的科技行政上级机关，它们也是科技行政义务主体，它在机构内部所享有的科技行政权利，正是履行其在科技行政链条上的法律义务的必需。因此，即使是享用其科技行政权利，也还是以科技行政法律责任人的要求来要求自己为好。在科技进步的实践中，这样认识问题比较客观、比较有益。

3. 科技行政机关

对于每一个科技行政机关来说，它都是科技行政权利的主体，因为它的科技行政总要有一定的对象。即使最基层的科技行政机关也是如此，它虽无下级科技行政机关，但都可得对科技研究机构、科技人员实施科技行政，从而成为科技行政主体，享有科技行政权利。

但是，除最高科技行政机关外，其余的每一级每一个科技行政机关，在对下级行使管理权利的同时，又必须服从上级的科技行政管理，因而也负有科技行政义务。所以，如前所说，科技行政机关总体上是科技行政权利主体，但同时又有科技行政义务。

最高科技行政机关，如社会主义国家的国家科学技术委员会、日本的科学技术厅、美国的总统科学技术政策办公室、法国的技术研究协调部等等，也不是"至高无上"因而不负有任何科技行政义务的。它们对中央政府（部长会议、内阁、国务院、总统等）的科技行政指令，必须忠实地执行。在这种情况下，最高科技行政机关也是科技行政义务主体。

同时，我们认为，对于科技行政机关来说，其科技行政权利与义务是相通的，有关权利使用得不好，就负有一定的法律责任，因此，这种权利与义务是不能截然分开的。也就是说，对于科技行政机关，包括最高科技行政机关，在其全部科技行政活动中，都必须关注并切实承担起一定的法律规定的职责，努力完成本职工作，而在完成得不好的情况下，就得承担法律责任，承受一定的法律后果。

（二）科技行政违法行为人

科技行政违法行为人是指在科技行政中实现了科技行政违法活动因而负有法律责任的人。它同样既包括个人，也包括法人，还包括不具有民事权利主体资格的社会组织。凡在科技行政中实现了科技行政违法活动的科技人员、科技研究机构和科技行政机关，都是科技行政违法行为人。

科技行政违法行为人和科技行政法律责任人的区别在于，前者实现了科技行政违法，而后者仅具备科技行政违法的可能。

将这二者区分开来是有必要的，这既有助于依法惩处科技行政的违法者，使已经造成后果的法律责任有人承担，而不致法律责任不明；并使已经开始的科技行政违法得到制止，而不致继续发展；同时也有助于提高对科技行政违法的警惕性和警觉性，以便"防患于未然"。实质上，这就是科技行政法的预防与惩戒科技行政违法这两种职能的体现。

明确了上述问题之后，我们可以进而对科技行政违法进行探讨了。

三、科技行政违法

（一）科技行政违法的实质

有的经济法学理论工作者认为，经济行政违法行为的实质在于违反经济行政法规所规定的经济行政义务。这一论断值得商榷。首先，从事实看，经济行政违法行为不仅违反了经济行政法规所规定的经济行政义务，而且也违反了经济行政法规所规定的权利。如果把经济行政违法看作仅仅是违反义务规定，那么违反权利规定该算什么呢？当然，可以把违反权利规定，看作是对国家的义务的违反，但似乎没有必要"转"这么一个"弯子"去谈论问题。其次，滥用科技行政权利有时并不能认为是对国家义务的违反。例如，应该行使的科技行政权利而不行使，固然可以看作是对国家的义务的违反；但管得过多、过死，致使下级行政机关或科技研究机构、科技人员无所适从，是不应看作违反对国家的义务的。所以，我们认为，经济行政违法行为的实质，不能简单地归结为违反经济行政法规所规定的经济行政义务，应当将权利义务联系在一起研究。这样，经济行政违法行为的实质，就是违反经济行政法规规定的权利义务关系，也就是破坏科技行政法律关系。

与此相仿，科技行政违法的实质，是破坏科技行政法律关系，即破坏科技行政权利义务关系。

科技行政违法的实质既是破坏科技行政权利义务关系，那么，科技行政权利主体与义务主体就都必须对有关的权利义务了如指掌，认真实现了。但在现实生活中，往往对本身的权利比较明确、比较关心而忽略了义务。在这一方面，科技行政机关，尤其是科技行政上级机关，更要注意义务的履行问题。为此，我们把注意力的重点，放在关于科技行政义务的认识上。

科技行政法关于科技行政主体的义务，有做具体规定的，也有仅做原则规定的。例如，我国1986年1月23日发布的《国务院关于科学技术拨款管理的暂行规定》第四条指出："国务院各部门科研事业费的年度计划，由各部门报国家科委审核后下达，抄送财政备案。国家科委应当向财政部报送科研事业费的年度预、决算和资金使用情况。"这里，具体规定了"国务院各部门"和"国家科委"关于报送科研事业费问题的要求，即有关科技行政机构的义务。该《暂行规定》第十条指出："国防科技拨款管理办法，由国防科工委另行制定。省、自治区、直辖市人民政府根据本规定的原则，结合当地实际情况，制定本地区科技拨款管理办法。"这里，具体规定了"国防科工委"和"省、自治区、直辖市人民政府"（科技行政管理部门）在拨款问题上进行立法管理的义务。而1981年4月23日发布的《科学技术干部管理工作试行条例》的一些规定，如"科学技术干部的培养、调动、考核、晋升、奖惩，由各级分管部门办理。对属于上级主管的科学技术干部，下级应当协助管理，提出建议"（第八条第一款）。对"下级"的义务性规定，就比较原则。"各单位要积极帮助他们解决生活中的实际困难。"（第十五条）也是比较原则的义务规定。

不管科技行政法关于科技行政主体义务的规定是具体的还是原则性的，都应当认真、积极地履行。凡违反义务规定的，都属于科技行政违法行为。对此，有两点必须注意；其一，科技行政违法行为的社会危害性有轻有重，不能不计轻较重，不分青红皂白地一律重处；其二，科技行政法关于义务的规定，以具体比原则为好，因为越具体越容易掌握与履行，在违反义务的情况下，也越容易明确法律责任，依法惩处。

（二）科技行政违法行为

科技行政违法的表现，是科技行政违法的行为，无科技行政违法行为，不成其为科技行政违法。

科技行政违法行为有作为与不作为之分，其根据是违反科技行政法规定的作为性义务或不作为性义务。

1. 作为性科技行政违法行为

科技行政违法人违反了科技行政法规定的不作为义务，实施了法律所禁止的行为，即作为性科技行政违法行为。例如，1979年3月3日发布的《铁道部科学研究工作管理办法》第二十六条规定："编制物资计划要严肃认真。分配到的物资，应用到原报的计划项目，不得随意挪用。""不得随意挪用"即该法规定的不作为义务，如果挪用就是作为性科技行政违法行为。又如，1963年6月8日颁行的《日本核动力船研究开发事业团法》第八条规定："事业团必须依政令之规定，进行登记注册。""按前款规定应登记的事项，如不登记，不得与第三者竞争。"这里的"如不登记，不得与第三者竞争"即为该法规定的不作为义务，如果在"不登记"的情况下去"与第三者竞争"，就是作为性科技行政违法行为。

2. 不作为性科技行政违法行为

科技行政违法人违反了科技行政法规定的作为义务，拒绝实施法律所要求实施的某种行为，即不作为性科技行政违法行为。例如上述《日本核动力船研究开发事业团法》第八条规定的前款："事业团必须依政令之规定，进行登记注册。"即为作为性义务，如果事业团不按规定"进行登记注册"而擅自开业，就是不作为性科技行政违法行为。又如，1979年8月10日发布的我国《供销合作总社科学技术管理暂行办法》第六条规定："凡要求列入国家、总社科技计划的重点研究项目，必须提前于每年8月底以前，将下一年度的项目计划任务书一式三份报送总社（结转项目要报补充进度计划）。计划任务书批准后，不得随意变更。如有必要变更时，必须按原报送程序重新履行审查批准手续。"这一条规定中，除"计划任务书批准后，不得随意变更"一处为不作为义务，如违反则为作为性科技行政违法行为外，其余均为作为义务，如不履行，则为不作为性科技行政违法行为。

无论是作为性或不作为性科技行政违法行为，都必须有行为人的过错，才构成科技行政违法。

过错责任原则是当代世界各国法律追究法律责任时以行为人有过错为原则的公认司法原则。这一原则是在罗马法上首先形成和确立的，勃兴于19世纪，再次勃兴于当代。[①] 按照过错责任原则，违法行为人只有在有过错时才负违法责任；如无过错，则虽然违法，都可不负违法责任。

所谓过错，是指违法行为人实施其违法行为时具有故意或过失的违法心理。因此，过错就包括故意和过失。

---

① 《过错责任原则：第三次勃兴》，《走向法治丛书》浙江人民出版社1987年版。

所谓故意，是指行为人预先知道自己的行为会引起某种违法后果，却有意促成或放任这一后果发生。

所谓过失，是指行为人应当预见或能够预见自己的行为会引起某种违法后果，但出于疏忽或自信而未预见到，或虽已预见到却轻信不会发生，以致造成违法后果的发生。

无论是故意还是过失，都造成了违法后果，都有一定的社会危害性，都应作为科技行政违法而受法律惩戒。但是，故意与过失，在违法性质上是不同的；也属于不同的违法情节，故意为较重情节，过失为较轻情节，在做科技行政违法处理时，必须分别轻重酌情处理。

（三）科技行政违法的制裁

关于科技行政违法的制裁，有以下问题应掌握：

第一，科技行政违法的制裁是对科技行政违法行为人的制裁。

明确这一点，是为了纠正一种把科技行政违法的制裁与科技行政违法的制止混淆起来的现象。常常有这样的情况：采取一定的措施，使得科技行政违法不能继续进行，制止它的发展，就认为是大功告成了。诚然，制止科技行政违法继续发展是很有必要的。但是，如果不对科技行政违法的当事人做必要的制裁，就不足以引起警戒，使以后也不能防止此类违法重演。由于仅仅制止了违法行为，不对违法行为人做惩处，常常造成漠视法制的心理，而使事故不断，违法行为重演。因此，必须就科技行政法对有关的违法人做出惩处，它包括科技人员、科技研究机构的负责人和科技行政机关的官员。

第二，科技行政违法的制裁不得免除。

在民事法律关系中，当事人可以通过协商，在互相谅解、各自让步的基础上，达成免除民事法律责任的协议。这是由于民事法律关系的当事双方是权利平等的主体，而且，有关的利益不涉及第三方。因此，协商免除法律责任，不影响第三方的利益，至于如果因此而损害他们自己的利益，那么，这是他们自愿承受的，旁人无须干预。但科技行政违法却不同，它或者损害一方的利益，或者损害第三方的利益，或者损害国家的利益，无论何者，都不允许免除责任、放弃应有的制裁。如果负有实施科技行政违法制裁权力的机关擅自免除对有关方面的制裁，即为渎职，应受渎职引起的处分。

第三，科技行政违法的制裁应由法律授权实施制裁的机关执行。

由于所进行的科技行政违法制裁有司法制裁与行政制裁两类，因此，科技行政违法的制裁是由司法机关和被授权的上级科技行政机关实施的。司法制裁由司法机关实施；行政制裁由被授权的上级行政机关实施。

第四，科技行政违法的制裁措施，主要有以下三类：

1.罚款。这是科技行政违法的常见制裁措施。罚款必须严格按照科技行政法的具体规定适用。因此，一些科技行政法以"罚则"具体规定了罚款的数额。例如，日本《理化学研究所法》规定:"符合下列各款之一时,对有违反行为的研究所的官员及职员处以三万日元以下的罚。"(第四十一条)"违反第八条之规定者,处以一万日元以下的罚款。"(第四十二条)

2. 刑罚。这是科技行政违法的重要制裁措施。例如上述《理化学研究所法》规定:"对违反第二十条之规定,泄漏或盗用职务上了解的秘密者,处以一年以下徒刑和三万日元以下的罚金。"(第四十条)在科技行政中直接对科技行政违法规定采取刑罚制裁措施,是日本有关科技行政法中所常见的。《新技术开发事业团法》第四十七条规定:"对违反第二十条(包括适用第二十七条的情况)规定,泄漏或盗用职务上了解的秘密,应处以一年以下的监禁和十万日元以下的罚金。"这些刑罚,往往是和罚金并用的,这是因为有关的违法行为同时也造成了经济损害。

3. 撤销职务。这也是对科技行政违法的重要制裁措施。可能受这种制裁的,有科技行政机关的官员、科技研究机构的负责人员和科技人员。对科技人员的这类制裁,还包括撤销其专业技术职称,限制其在专业技术范围内活动的自由等。例如日本《技术士法》规定:"科学技术厅长官在技术士违反第二十四条至第二十六条规定的情况下,可以删除其注册,或是规定二年以内的期间,命令停止使用技术士的名称。"(第十九条)

科技民事关系的法律调整篇

"泰山之溜穿石，殚极之绠断干。水非石之钻，索非木之锯，渐靡使之然也。"循着科技社会关系的法律调整的主线，我们渐次从科技行政法论及科技民事法。在本篇里，我们探讨科技民事法律关系的主体、客体和内容，科技民事法的定义、特点、调整对象、调整方法以及科技民事法律责任等问题。

第二十二章　科技民事法律关系

一、科技民事法律关系略论

（一）定义

科技民事法律关系是科技民事主体之间依科技民事法产生的权利义务关系。关于科技民事法律关系的这一定义，我们应从以下几个角度来理解和把握：

第一，科技民事法律关系是在科技民事活动中发生的。

和不能笼统地认为科技行政法律关系是在科技活动中发生的一样，也不能笼统地认为科技民事关系是在科技活动中发生的。这是因为，科技活动包括多方面的活动，各有不同的内容；这些不同的科技活动内容决定着发生不同的科技社会关系。科技行政管理活动决定科技行政关系的发生，科技民事活动决定科技民事关系的发生，科技国际活动决定科技国际关系的发生，相互之间不能混淆。

将科技民事法律关系限制于发生在科技民事活动中的范围内，有助于确认科技民事法律关系的特点。恩格斯认为："因为经济事实要取得法律上的承认，必须在每一个别场合下采取法律动机的形式。"① 虽然这里说的是关于经济事实的法律承认，但也可扩展到一切事实包括科技民事交往的事实上去。这样，对"每一个别场合"的理解，就可启迪我们从"科技民事活动"的"场合"的特殊性上，去探讨科技民事法律关系问题。

第二，科技民事法律关系发生于科技民事关系主体之间。

这说明，非科技民事主体之间不能发生科技民事法律关系，科技民事主体与非科技民事主体之间也不能发生科技民事法律关系。

但是，这不排斥科技行政机关参与科技民事法律关系。这是因为，科技行政机关主要从事行政管理活动，但也从事民事活动。但是，当科技行政机关参与科技民事活动，与别

---

① 《马克思恩格斯选集》第4卷，第249页。

的科技民事关系主体发生科技民事法律关系时,不是以科技行政关系主体而是以科技民事关系主体资格出现的。

不能从科技民事法律关系发生于科技民事关系主体之间这一判断出发,倒过来认为,凡是科技民事关系主体之间发生的一切关系都是科技民事法律关系。实践中,有的科技民事主体还以科技行政主体的身份参与科技行政法律关系,所有的科技民事主体之间都有可能发生刑事关系,在与国外交往时还会发生科技国际关系,而这些都不是科技民事法律关系。

第三,科技民事法律关系是依据科技民事法发生的。

我们这里说的是科技民事"法律关系",而不是科技民事的一般关系。科技民事主体间的一般关系,还可能因科技政策、科技道德、科技道义等等而发生,这些都不是科技民事"法律关系",不受科技民事法关于主体之间的权利义务规定的约束。只有科技民事法明确规定了的权利义务关系,才能成为科技民事法律关系。

第四,科技民事法律关系的内容是法定的权利义务关系。

法定的权利义务关系构成了科技民事法律关系的内容。科技民事主体的法定权利,得因科技民事法的保护而实现;科技民事主体的法定义务,亦得因科技民事法的约束而履行。这种权利义务关系由科技民事法所规定,与由科技行政法所规定的权利义务关系有根本的不同。为了解这一点,必须研究科技民事法律关系的特征。

(二) 科技民事法律关系的主要特征

1. 法定性

我们在谈科技行政法律关系的特征时,曾指出"法定性"是科技行政法律关系的特征之一。从表面看,科技民事法律关系与科技行政法律关系都有"法定性"的特征,因而"法定性"是它们的共性。但是,科技民事法律关系"法定性"之"法",与科技行政法律关系"法定性"之"法",是根本不同的。因此,表面的共同的"法定性",恰恰是实质上不同的特征。

科技民事法律关系的"法定性"特征,表明它与其他社会关系,如科技道德关系、科技道义关系及科技政策关系是不同的。正是由于它的"法定性",才使一般的科技民事关系上升为法律关系,从而使科技民事活动中的法定权利得到法律保障,使法定义务受到法律约束。这里,科技民事法对权利的保障与义务的约束,其后盾为国家的强制力,这正是"法定性"的最重要含义。由于国家强制力的保障,任何侵犯科技民事权利的行为,都会受到法律的制止与制裁;任何不履行科技民事义务的行为,也会受到法律的惩罚。

科技民事法律关系的法定性,要求有健全的科技民事立法。我国科技民事立法近年来已有长足的进步,1984年颁行了《专利法》,1987年颁行了《技术合同法》。但是,还有不少科技民事法律有待制定,其完善化、配套化、周密化,还要求我们做很大的努力。尤其是我国科技体制改革正在进行，有计划的商品经济正在发展，社会关系包括科技社会关系的性质、范围、形式等等，都在发生变化，使科技民事立法跟上改革开放形势的发展，更要求我们做出极大的努力。

2. 平等性

科技行政法律关系的"授权性"特征，在科技民事法律关系中是不存在的。科技民事法律关系所包含的科技民事主体的权利和义务，虽然有法律的明确规定，但法律的有关规定是关于权利和义务的原则范围，而不是具体的权利和具体的义务。具体的权利和义务，是科技民事关系主体平等协商的结果。参与协商的科技民事关系主体，不管其地位高低、权力大小、规模如何、所有制性质为公为私、是科技人员个体还是庞大的科技研究机构，地位是绝对平等的，任何强权在这里不起作用；如果发生权力干预，就不成其为科技民事法律关系。

由于科技民事法律关系的平等性，科技民事主体平等协商的结果，不允许强制一方接受而另一方不接受。平等性特征，是科技民事法律关系与科技行政法律关系的根本区别。

3. 对偿性

科技民事法律关系的对偿性特征由平等性而来。平等性是对偿性的基础。由于科技民事关系主体地位的平等，其权利义务就具有对偿的性质，即在一方为权利者，在另一方即为义务；但享受权利的同时，必须承担相应的义务。如果权利义务有不对偿的地方，当事人双方中的任何一方都可以予以否定，从而使有关的科技民事法律关系消除。这也是科技民事法律关系与科技行政法律关系的根本区别之一。

4. 任意性

由于科技民事法律关系具有平等性与对偿性的特点，从而使其在许多场合具有任意性的特点，即这种关系之是否建立、如何建立、权利义务关系如何处理，当事人双方可以自由选择，相互间可以充分协商。即使协商结果一方多享受一点权利而另一方多承担一些义务，由于是协商自愿的，也予以法律保护。这与对偿性并不矛盾，自愿放弃对偿的权利义务并不等于这种法律关系本身的非对偿性，何况在实际生活中，一般是不会有一方尽享权利而另一方尽行义务的情况的。

上述科技民事法律关系的平等性、对偿性与任意性，是科技民事关系主体从事科技民事活动所不可或缺的，只有这样，才能充分调动主体各方的主动性、积极性和创造性，为科技进步做出贡献。

5. 模糊性

在科技民事交往中形成的关系，是与科技活动紧密联系在一起的。在科技活动中，科技民事主体是就知识形态的商品进行权利义务关系平等、对偿的交换，这与一般经济活动和民事活动中就有形财产进行交换，有本质的不同。正是在这一点上，科技民事法律关系与经济法律关系及一般民事法律关系相区别。由于科技民事法律关系是与无形财产——

知识形态的商品联系在一起的，因此，这种关系不可能具有经济法律关系和一般民事关系那样清晰、可以计斤较两的性质，具有一定程度的模糊性。而这，又进一步带来科技民事法律关系的另一种特征，即相对的不确定性。

6. 相对的不确定性

所谓相对的不确定性，是指科技民事法律关系虽经主体平等协商而确定了双方的权利义务，但是科技活动本身的结果不可能精确预见和预计，这些权利义务的实现过程也就会在更大的程度上变动不居，其实现程度也可能与预想的有较大距离。对这种变动不居的情况和实现程度的距离，在平等协商双方的权利义务时，应予肯定。这样，科技民事法律关系就具有了相对的不确定性。当然，这是就一般而言，在某些简单的科技民事交往中，权利义务的实现过程和实现程度可能比较容易预见和预计。这就要求在平等协商时明确认定双方的权利义务，不必有太多的保留和回旋余地。而且，一般来说，也总是要求尽可能地赋予协商结果，即赋予双方同意的具体的科技民事法律关系，有更大的和更明确的确定性。

这种相对的不确定性，也是科技民事法律关系与一般民事法律关系的重要区别。在一般民事法律关系中，在处理财产关系与人身关系时，通常是不允许权利义务的模糊性与不确定性的。

二、科技民事法律关系的主体

科技民事法律关系的主体，是科技民事关系法律调整的主导方向。对它的含义、分类和功能，应有明确的认识。

（一）科技民事法律关系主体的含义

科技民事法律关系主体，亦可称科技民事权利义务主体，是指在科技民事法律关系中依科技民事法享有权利和承担义务的组织或人。

在科技民事法律关系中，享有权利的一方称为权利主体，负担义务的一方称为义务主体。但如前述，科技民事法律关系具有对偿性的特点，享有权利者必承担义务，承担义务者必享有权利。因此，科技民事法律关系的参加者，总是既为权利主体又属义务主体，"一身二任""一仆二主"。与科技行政法律关系的参加者不同，正是在这里得到了最鲜明的表现。

有的民法学者认为，在大多数情况下，民事法律关系的参加者既是权利的主体，又是义务的主体；但在少数情况下，民事法律关系的参加者，一方只享有权利，他方只承担义务。他们以借贷合同为例，认为出借人只享有到期请求偿还借贷物的权利，借用人则只有承担返还的义务。我们认为，这是把民事法律关系肢解了。其实，出借人在把借贷物交给借用人时，他就承担了义务，而借用人从出借人处获取借货物，他就享受了权利。一般来说，是借贷合同订立在前，借贷事实发生在后。既然如此，借贷事实依借贷合同发生时，出借方就履行了出借义务，借贷方则享有了借贷权利。不能把借贷事实的发生排除在以借贷合同形成出现的民事法律关系之外，只看到返还事实中的权利义务关系。

指出这一点，对认识科技民事法律关系中的权利义务关系、权利主体和义务主体等问题，是必要的。我们认为，在所有的情况下，科技民事法律关系的参加者，都既是权利主体，又是义务主体。

科技民事法律关系中的权利主体和义务主体的数目，不是特定的，既可以是一个，也可以是多个，既可为单数，也可为双数，只要权利义务关系双方认可即可，不必事先规定。但是，当某一方为多数时，组成多数的各个个体之间，应有在自愿、平等基础上的协议，他们之间的权利义务也应当是对偿性的。

科技民事权利或科技民事义务，都应由科技民事法予以规定，如前所说，这些由科技民事法规定的权利或义务，都带有原则性的特点，而不是具体的权利或具体的义务。例如，我国《技术合同法》（第二十八条）规定了委托开发合同"委托方的主要义务"，其中包括"按期接受研究开发成果"。这里的"研究开发成果"具体指什么，"按期"的具体所指日期，都是当事人双方另行具体协议决定的。该条还规定了研究开发方的主要义务，如"合理使用研究开发经费"。这里的"合理使用"的"合理"标准还有待当事双方另议。但不管当事双方如何协议、协议结果如何，都不能离开"按期接受研究开发成果"和"合理使用研究开发经费"之类原则性的义务规定。又如，该法第三十二条规定了"履行技术开发合同所完成的技术成果的归属和分享原则"，这些"归属和分享原则"，也都是比较笼统的，它指明了原则性的规定，具体确定如何归属、怎样分享，则在有关原则性规定的指导下，由当事双方另行协议。

科技民事法律关系的主体，既可以是组织，也可以是单个的个人。衡量是否可以成为科技民事法律关系的主体，标准是看其能否成为依法享有权利、承担义务者，也就是要看他（它）有无享有权利的能力和承担义务的能力，无此能力，就不能成为科技法律关系的主体，不能参与科技民事活动。

（二）科技民事法律关系主体的分类

具有科技民事权利能力和义务能力的科技民事法律关系主体，计有以下三类：

1. 科技人员

在科技行政法律关系中，科技人员只能成为义务主体，服从科技行政管理，而不能成为权利的主体，无权行使科技行政管理的职能。但在科技民事法律关系中，科技人员却是重要的科技民事权利主体，同时又是重要的科技民事义务主体。可以说，没有科技人员，一切科技活动都不可能进行，科技行政管理也变得毫无意义，科技民事法律关系也不可能发生。

科技人员充当科技民事法律关系的主体，可能以多种形式出现：或以单个的个人形式出现（如在依专利法或著作权法调整的法律关系中，科技人员大多是以单个的个人形式出现的），或以个人的自由集合体的形式出现（如在民办科技研究机构中），或以个人的组织集合体的形式出现（如在公立科技研究机构中）。但不管以何种形式出现，其基础与根本，都是科技人员个体，正因如此，"尊重知识，尊重人才"应当落实到"尊重知识分子"上去，并进一步落实到尊重这一个或那一个知识分子个体上去。

科技人员作为最重要的科技民事法律关系的主体，必须具有行使权利、履行义务的能力。这种能力体现在他的学识、技能上。因此，为了切实地成为名副其实的科技民事法律关系的主体，科技人员必须不断丰富和更新知识，提高和增强科技实践能力，否则，就无法履行义务，也无法享有权利。

2. 科技研究机构

在谈到科技行政法律关系主体时，我们已对科技研究机构的种类做了详细分析，这里就不再重复了。

在科技行政法律关系中，科技研究机构一般只能是义务主体。但在科技民事法律关系中，科技研究机构则可以法人身份出现，与其他科技研究机构、科技人员进行交往，成为科技民事关系的权利主体，享有充分的科技民事权利。当然，它同时也必须承担法定的义务，因而又是科技民事义务主体。

科技研究机构作为科技民事权利主体和义务主体出现，要求它是事实上的科技法人。

在民法中，法人指拥有自主经营的财产，并能独立地享有民事权利与承担民事义务的社会组织体。"拥有自主经营的财产"，是法人作为民事权利主体，广泛进行经济联系与活动的物质基础，是法人的最重要的特征。

但在科技民事法中，科技法人不一定拥有有形的物质性的财产。对于科技法人来说，最重要的是拥有知识形态的财产。这是一种无形的财产。一个科技研究机构，一般拥有许多仪器设备和必要的科技研究经费。但有的科技研究机构可以一无设备，二无财产（指有形财产），"穷得叮当响"，只是"几个头脑的集合"。这些"头脑的集合"却可以生产出价值连城的知识商品来，如设计出极有价值的方案、蓝图，总结出极有意义的经验，编写出鸿篇巨制，等等。

科技法人拥有的知识形态的财产，完全分散"保存"在组成这一法人组织的科技人员头脑里，看不见，也摸不着；但它却真实地存在着，不可无视，不可抹杀。因此，以一定的宗旨、结构和明确的分工以及有机的联系、有效的方法组织起来，是科技法人成为确有权利能力和义务能力的社会组织的关键。有鉴于此，科技法人的组织结构，就是一个重要的值得科技法关注的对象。

科技法人是作为整体参与科技民事法律关系的。不能因为科技研究机构由科技人员组成，而忽视科技法人的整体性。我们所说的科技法人的权利能力与义务能力，是就科技研究机构整体而言的。

3. 国家机关和其他社会组织

包括科技行政机关在内的国家机关，其主要职能是从事管理国家的行政活动。但这不排斥它有时以法人资格或以社会组织的资格进入民事活动领域，包括进入科技民事活动领域，即以平等的地位与科技研究机构或科技人员发生科技民事法律关系。例如，以国家机关为一方，与科技研究机构订立技术开发合同，或向科技人员购买某项发明的专利权。这时，国家机关对科技研究机构或科技人员不存在行政管理关系，不能强制它（他）们承担义务而本身不负任何义务，双方的法律地位是平等的，各有自己相应的权利与义务。在这种情况下，特定的国家机关可以是法人，也可以不是法人而仅仅作为一般的社会组织。但是，它却同样必须依法承担义务。

国家机关包括科技行政机关进入科技民事活动领域时，以平等的地位与科技研究机构或科技人员发生关系，这也和科技行政机关在科技行政关系中处于只享受权利不承担义务的情况完全不同。

如上所述，可能成为科技民事法律关系主体的，有两种法人即一般法人与科技法人，两种组织即科技研究机构与不以法人面目出现的国家机关。尽管四者互有交叉重叠，但指明这种情况是必要的，因为这有助于了解有关主体的权利能力与义务能力。

除国家机关以外，还有其他的社会组织也可以成为科技民事法律关系的主体，进入科技民事领域进行活动。

社会组织如公司、企业、军队、事业单位和其他某些集体，为了发展生产、提高战斗力、提高办事效率，而需要获得科技研究成果。它们同时又拥有一定的资金、设备或其他物质条件，可以使之成为科技研究手段，用来提供给科技研究机构或科技人员，以便获取其科研成果。

这些社会组织和国家机关一样，既可以法人资格进入科技民事法律关系，也可以一般组织的资格进行科技民事交往。但无论以何种资格出现，它都必须具有一定的科技民事权利义务能力。

（三）科技民事关系主体的权利义务能力

科技民事法律关系主体的权利义务能力指科技民事法赋予科技民事法律关系主体享有权利和承担义务的能力。

1. 科技人员的科技民事权利义务能力

科技人员在科技民事法律关系中的义务能力，始于开始科技活动之时，终于丧失科技活动能力之日；而其权利能力却可能远远地延续到丧失科技活动能力之后。例如，一个发明家的发明专利权在有的国家里长达70年，这就有可能使这一权利能力延长到这一发明家停止科技活动之后,甚至延长到他死后的相当长的时间。我们说科技人员在科技民事法律关系中的义务能力"终于丧失科技活动能力之日",而不是"终于停止科技活动能力之日",是因为"停止科技活动"不能说明他无力履行既定的科技民事义务。宣告"停止科技活动"而不履行既定义务,是不合理也不合法的;否则,任何企图逃避履行义务的科技人员都可以借口"停止"而逃避履行义务了。"丧失科技活动能力"却不同,这是无可奈何、身不由己的事情。

有特定职称的科技人员的权利义务能力,与一般科技人员的权利义务能力是有区别的。例如,在日本,有的科技人员在经过严格的考试以后,被授予"技术士"的称号。从被授予"技术士"的称号之日起,他就具有以技术士名义参加科技民事法律关系的权利义务的能力了。如果这个技术士保持这一称号直到逝世,他当然也始终保持以技术士名义参加科技民事法律关系的权利义务能力。但是,如果他后来又失去了技术士称号,其权利义务能力如何呢?《技术士法》第十九条规定:"科学技术厅长官在技术士违反第二十四条至第二十六条规定的情况下,可以废除其注册,或是规定二年以内的期间,命令停止使用技术士的名称。"按照这条规定,原有技术士称号的科技人员,可能永久地或暂时地(两年以内)失去技术士称号。我们认为,在这种情况下,该技术人员仍然拥有作为科技民事法律关系一般主体的权利能力和义务能力,但是,却失去了作为科技民事法律关系特定主体即"技术士"的权利能力,同时,又保持着技术士的义务能力。这是因为,一般来说,赋予科技人员以特定职称,即赋予他以特定的权利能力和特定的权利;至于其义务能力却不会因赋予特定职称而加大;其义务一般也不会因此而加重。根据上述分析,当一个科技人员失去特定职称之后,他所拥有的权利能力也随之丧失,但已经许诺的科技义务,还必须继续履行,直到兑现,不能借口已丧失某一职称而不履行既定的义务。

有的有特定职称的科技人员根本不具备与这一职称相符的义务能力。当他拥有这一职称时,他无法履行义务;当他失去这一职称时,又怎么可能履行与这一职称相符的义务呢?当然不能。但这并非由丧失职称造成,因为他原先就不具备这种义务能力。对此,只能认为是原先的职称认定错误,而不能据此来讨论有无权利义务能力或应否履行义务问题。

2. 科技研究机构的科技民事权利义务能力

科技研究机构的科技民事权利能力或义务能力,都始于该机构建立之初,终于该机构解散之时。

前面我们说过,科技研究机构的科技行政义务能力始于该机构筹建之时。科技研究机构的科技民事义务能力却不是始于筹建之时,而是始于建立之时。这一区别表明,只有当科技研究机构确实地建立起来之后,它才有自己的履行科技民事义务的能力和享有科技民事权利的能力。这是因为,在科技民事交往中,对科技研究机构的要求,是进行科学研究、技术开发并取得成果,筹建中的机构是不具备这种功能的,只有当该机构建立起来之后，才有这种功能，得以享受权利、履行义务。

我们常常听到"边筹建、边工作"的说法。应当说，这种说法是不严格、不科学的。既可开展工作，筹建就已得到了一定的成果。就开展"工作"的那一部分来说，已无"筹建"的问题；仍需"边筹建"的，是未筹建成功、不能工作的另一部分。例如，一个科技研究所，计划建立十个研究室，其中五个在建，五个已经建成，这时我们说"边筹建，边工作"，实际上是指五个已经建成的研究室开始了工作，同时继续其他五个研究室的建设工作。这种情况下，作为整个研究所，它不具备十个研究室协同一致发挥作用而进入科技民事法律关系，具有科技民事权利义务能力；仅其中五个研究室具有科技民事权利义务能力，而另外五个则不具备。

科技研究机构不像科技人员，在它解散之后，作为整体的科技民事法律关系主体，已不再存在，同时也完全丧失了科技民事权利义务能力，不可能再有所作为。因此不能要求它继续履行未了的科技民事义务。懂得这一点，我们可以在某项依法确定的科技民事义务未履行时，尽力制止有关科技机构解散，要求它在履行义务之后再行解散，或要求妥善处理未了事宜。

3. 国家机关和其他社会组织的科技民事权利义务能力

国家机关的科技民事权利义务能力，始于该机构建立之时，终于该机构解散之日。这一点，与科技研究机构是相同的。不同的是，特定的国家机关即使解散，其上级国家机关或下级国家机关未必都随之解散；即使是一个系统的国家机关上上下下地全行解散，例如某个部的撤销，其下属大大小小的局、处、室、科都随之解散，但其主管机关仍然存在。因此，随着有关国家机关的解散，其权利义务能力虽然丧失，但履行义务的义务，却不能宣告终止。也就是说，在既定的科技民事法律关系中，国家机关的既定科技民事义务的履行不得因该机关的解散而终止；未了义务，应由其他国家机关代位履行。这就是说，国家机关的科技民事义务能力，是无限的；除非发生了革命，整个政权被推翻。但即使是发生革命的情况下，如果新政府认为履行前政权的未了义务是有必要的，它也将继续履行。

其他社会组织的科技民事权利义务能力，视具体组织的具体情况而定。

一般来说，公司与企业的科技民事权利义务能力与其事实上的存在与否紧密联系。从存在之日起至注销之时止，为其具有科技民事权利义务能力的期限。

军队的情况与公司、企业略有不同。军队是国家政权的组成部分。军队（或某一部分军队）未建成时，当然不具备科技民事权利义务能力。但军队（或某部分）被解散后，并不等于其义务能力也随之散失。应当认为，军队的义务能力可以移转到国家政权机关的其他部分，直到义务履行完结，才可宣告义务能力结束。这样论定，是为了保障科技研究机构和科技人员的权益得到切实的保障，不致轻易丧失。

4. 科技民事法律关系主体的行为能力

科技民事法律关系主体的权利义务能力是法定的，其行为能力却不是法定的。正是这种区别,决定了上述科技民事法律关系各类主体在存在与否的不同情况下,有不同的权利义务。

科技人员、科技研究机构从事科学研究、技术开发的能力,即是其作为科技民事法律关系主体的行为能力。无此行为能力,即使赋予其权利义务能力,也不能享有权利、履行义务。科技人员被剥夺(或暂停)了某种职称,但并未丧失行为能力,所以未了义务应当继续履行。科技研究机构一旦解散,不负有科技研究的能力,所以也不再有义务能力,无法继续履行未了义务。

国家机关和其他社会组织参加科技民事法律关系,不是以其科技研究功能参加,而是以其掌握的信息、资金、设备、其他财力与物力以及可以调动的科技人员的力量参加的。因此,在该特定国家机关解散以后,其他国家机关仍然可以国家的信息、资金、设备等等,加以代偿,或代行有关的义务。也就是说,只要国家存在就应认为国家机关具有无限的无终止的参与科技民事法律关系的权利义务能力,因为它始终具有作为科技民事法律关系主体的行为能力。其他的社会组织则视具体情况具体分析。

三、科技民事法律关系的客体

科技民事法律关系的客体,是指科技民事权利义务所指向的对象。科技民事权利义务所指向的对象有三。

(一)科技研究行为是科技民事法律关系的主要客体

科技研究行为之所以是科技民事法律关系主要的客体,是因为没有科技研究行为,就没有科技研究成果;一切科技研究的条件(人力、物力、财力条件)都无所依附;科技民事权利无从实现;科技民事义务也无法履行。

但科技研究行为不可能由国家机关和其他社会组织做出,因此,它不是国家机关和其他社会组织作为科技民事权利义务主体的权利义务对象,而只是科技研究机构与科技人员的权利义务对象。

科技研究行为也有作为与不作为之分。

从事科学研究、技术开发,不断探寻新的知识和新的方法,把已经取得的科技成果推广应用到生产中去等等,都是作为性科技研究行为。作为性科技研究行为既可成为权利客体,也可成为义务客体。《日本核动力船研究开发事业团法》规定:"事业团为达到第一条之目的,推行下列业务:一、为开发原子能船,进行必要的研究及调查;二、进行原子能船的设计、建造及航运;三、依前项之规定,对建造原子能船的船员进行培训;四、对前三项所列业务成果的普及;……"这里所列各项业务之付诸实施,是该法赋予日本核动力船研究开发事业团的权利,同时,也可成为事业团的义务。至于在什么情况下以权利或义务形式出现，则应视具体情况确定。例如，当事业团得到国家或其他投资组织给予的必要经费并为此签订研究开发合同时，完成上述业务的行为就是事业团的义务；而当事业团与国家或其他投资组织签订研究开发合同之后，事业团就获得了使用给予的经费"进行必要的研究与调查""进行原子能船的设计建造及航运"等的权利。

作为性科技研究行为的自由性应当为宪法与法律所保障。日本宪法第二十三条规定"保障学术自由"，我国与其他国家的宪法和法律也有类似的规定，这是十分重要的规定。限制科技研究行为，是违反宪法和法律的。

停止科学研究或技术开发，是不作为性科技研究行为。不作为性科技研究行为，也既可成为科技民事权利客体，又可成为科技民事义务客体。仍以上述《日本核动力船研究开发事业团法》为例，如果国家或其他投资组织停止向事业团投资，事业团停止有关研究即表现出不作为性的科技研究行为，就成了它的科技民事权利；而如果国家或其他投资组织在不可抗力的影响下无法继续投资因而要求事业团停止"进行原子能船的设计、建造及航运"等工作时，停止有关工作，即表现出不作为性的科技研究行为，就成了事业团的科技民事义务。如果在这种情况下，事业团仍继续其设计、建造原子能船的工作，就无权向有关方面索取经费了。

科技民事权利主体与义务主体都可以表现作为性或不作为性的科技研究行为，使之成为权利或义务的客体。

（二）科技研究手段是科技民事法律关系的重要客体

科技研究手段包括科技活动场所、科学技术仪器设备、科技研究经费等。这是科学技术活动中的物的因素。没有物的因素作为物质基础，科技研究行为不可能发生。把科技研究的物质因素排除在科技民事法律关系之外，将使科技民事交往无法进行。在实践中，有关的科技民事合同往往详尽规定双方在科技研究场所、设备、经费等方面的支付与使用办法，这就是它成为科技民事法律关系客体的证明。

由于科技研究手段是科技民事法律关系的重要客体，所以在科技民事法律法规中，一般也都有关于科技研究手段的原则规定。《日本海洋科学技术中心的财务及会计的总理府令》（1971年8月17日）规定："中心……不得使用业务上的结余金额"（第十九条）、"中心对下列财产"（"土地及建筑"等）、"进行转让、交换，或者作为抵押时，必须得到科学技术厅长官的许可"（第二十条）等，就是因为有关"金额""土地"及"建筑"，都是科技研究的手段，都是科技民事法律关系权利义务主体的客体。

但是，在科技民事法律关系主体中，个别的科技人员一般不具有足够规模的科技研究手段。所以，作为客体的科技研究手段，大多是就国家机关，其他社会组织和科技研究机构而言的，是国家机构和科技研究机构民事权利义务所指向的对象。

（三）科技研究成果是科技民事法律关系的重要客体

通过科技研究活动获得科技研究成果，是科技民事交往的最终目的。国家或其他社会组织投资于科技研究机构或科技人员，是为了让他们在科技研究活动中取得成果以便使用这些成果于生产、发展经济、取得社会的进步。科技研究机构和科技人员从事科技活动，也是为了获得成果，以便服务于社会，并从社会领得合理的报酬。因此，科技研究成果也是科技民事法律关系的重要客体。

但国家机关和其他社会组织既不具有科技活动的功能，也就不可能以自身的行为获得科技成果。因此，在科技民事关系主体中，国家机关和其他社会组织不能以科技成果作为自己的义务的对象。国家机关和其他社会组织只能以科技成果作为自己的权利的对象，因为它只能以一定的资金或其他科技研究手段从科技研究机构或科技人员处获得科技成果。

四、科技民事法律关系的内容

科技民事法律关系的内容，就是科技民事主体的权利和义务。

科技民事权利是指科技民事主体实现某种利益的可能性。具体来说，就是科技研究机构和科技人员从事科技研究活动的自由权利，以其科技研究成果与民事关系对方进行有偿交换的权利；国家机关、其他社会组织、科技研究机构以科技研究手段（物力、财力）与民事关系对方进行有偿交换的权利。

科技民事义务是指科技民事主体为满足民事关系对方某种利益上的要求而履行一定的行为（作为与不作为）的必要性。这些行为包括提供（或不提供）科技研究手段、提供（或不提供）科技研究成果、进行（或不进行）科技研究活动。

科技民事权利义务也有自己的特征，主要有以下几个方面：

（一）科技民事权利义务的法定性

作为科技民事法律关系的内容，科技民事权利和科技民事义务都必须依据科技民事法来具体确定。如无法律依据，不得擅行某项科技民事权利，也不得要求对方履行某项科技民事义务。反之，如果是法律规定了的，就可以充分行使某项法定权利，同时也必须认真履行法定的义务。

但这里所谓"法定"，往往不是直接的法律规定。有关科技民事法律往往只是间接规定科技民事关系双方的原则性的权利义务，具体的权利义务，则由双方自行商定。有关科技民事法则保证双方自行商定的具体权利的实现和具体义务的履行，在发生侵权现象或不履行义务的情况下进行法律干预。

例如，我国《技术合同法》第四十五条明确规定了技术咨询合同当事双方的权利与义务。委托方的主要义务是："（一）阐明咨询的问题，按照合同约定提供技术背景材料及有关技术资料、数据；（二）按期接受顾问方的工作成果，支付报酬。"顾问方的主要义务是："（一）利用自己的技术知识，按照合同约定按期完成咨询报告或者解答委托方的问题；（二）提出的咨询报告达到合同约定的要求。"这里一方的"义务"即为对方的"权利"。这些关于权利义务的规定适用于任何技术咨询合同的当事人，是一些原则性的规定。至于具体的权利义务，如"阐明"何种"问题"，"提供"何种"技术背景材料"，"支付"多少"报酬"等等，则由双方自行商定，一经商定签约，则受该法的保护，任何一方不得限止对方行使权利，任何一方也不得不履行业已商定的义务。

又如，我国《专利法》第十五条规定："专利权人有权在其专利产品或该产品的包装上标明专利标记和专利号。"第十七条规定："发明人或者设计人有在专利文件中写明自己是发明人或者设计人的权利。"这是关于专利权人的权利的原则规定。第十六条规定："专利权的所有单位或者持有单位应当对职务发明创造的发明人或者设计人给予奖励；发明创造专利实施后，根据其推广应用的范围和取得的经济效益，对发明人或者设计人给予奖励。"这里关于专利权的所有单位或者持有单位的义务的原则性规定，关于上述权利、义务的原则性规定，在具体的专利发明、具体的专利权所有单位或持有单位处理有关问题时，得到具体化。

（二）科技民事权利义务的平等性

科技民事权利义务的平等性，是科技民事法与科技行政法的根本区别之一。科技民事权利义务虽然像科技行政权利义务那样都是法定的，但后者是授权性规定，前者却是科技民事关系双方平等协商的结果，绝不允许、也绝不可能由一方将主观意志强加给另一方，一方只享受权利而另一方只承担义务。

我国《技术合同法》在"总则"中就明确规定："订立技术合同，应当遵循自愿平等、互利有偿和诚实信用的原则。"（第四条）这种"自愿平等"的原则精神，在《技术合同法》的所有有关条款中，都得到了贯彻。

（三）科技民事权利义务的对偿性

由于科技民事权利主体与义务主体的权利与义务是平等协商的结果，同时，还由于每一权利主体同时又是义务主体，反之也一样，因此，科技民事关系双方的权利义务不像科技行政关系双方那样，不是非对偿的，而是对偿的。也就是说，在科技民事关系中，当事方都既享有权利，也承担义务；而且，权利与义务是相当的。如在科技咨询合同中，委托方支付一定的报酬（义务），同时取得咨询报告（权利）；顾问方收取一定的报酬（权利），同时得交出咨询报告（义务）。

但这种"对偿"不是"等价有偿"。我们在谈到科技民事权利时的措词是："科技民事权利……具体来说，就是科技研究机构和科技人员……以其科技研究成果与民事关系对方进行有偿交换的权利。"这与一般民事交往、经济交往中的"等价有偿"的规定，是完全不同的。在我国《技术合同法》中，也采用了"互利有偿"的提法（第四条），而不是"等价有偿"。这样措辞，是因为科技研究成果、科技咨询报告、科技研究活动的"价值"是难以精确计量的。一般来说，科技研究机构、科技人员的科技研究成果的价值，总是远远超过他们所取得的报酬的。

（四）科技民事权利义务的一定程度的随机性

在一般民事法律关系或经济法律关系中，权利义务不带任何随机性，事先协议确定的权利义务都必须如实兑现。而科技民事法律关系中的当事双方往往较难做到这一点。我们前面说到过科技民事法律关系具有模糊性和相对的不确定性，这是由科技活动的探索性决定的，而它又决定了科技民事关系中，双方的权利义务带有一定的随机性，即在科技实践中，允许根据情况的变化，双方随时协商对既定的权利义务做出若干修改。绝对不允许修改，是不现实、不科学、不合理的。在平等基础上，自愿、互利地做出修改，对双方都有好处。当然，这种随机性应通过人的主观努力，尽可能地限制在最小的范围之内；不做努力、不加限制，不但是错误的，而且对双方都会产生不利的后果。

第二十三章 科技民事法

一、科技民事法的定义

科技民事法是调节科技民事关系的科技法。这一定义表明：

（一）科技民事法是科技法

确认科技民事法是科技法，有重要的认识论意义与实践意义。

从认识论的角度看，确认科技民事法是科技法，就可从科技法的特征认定、本质判断、部门归属、作用认识和体系发展去研究科技民事法。

科技法与民法有不同的特征。科技法具有预期性、探索性、激励性、内容的综合性和规范形式的齐全性的特征。其中，预期性、探索性、激励性和内容的综合性等特点，一般来说，民法是不具备的。以激励性为例，科技民事法中的专利法、著作权法、技术合同法等，都有激励性的立法宗旨和法律条款。例如技术合同法中规定，技术合同的支付方式由当事人自行协商确定，这就有利于以最能激励科技开发方的方式确定酬金的支付。常见的支付方式有一次性总付、分期支付和提成支付等，在实践中就常采取提成支付的方式，这是因为这种方式可以激励开发方开发出经济效益和社会效益最好的技术，也可激励使用方（委托方）以最佳方式使用这些新开发的技术以获取最佳效益。甚至有不少技术合同的法律规定，直接确定采用提成支付的方式，直至规定提成的比率。

匈牙利于1974年发布的第38号法令，是一个激励科技人员通过合同形式进行技术革新的立法。该法规定的物质奖励的统一形式是"革新奖"，奖金额按革新项目的技术水平、效益、在国民经济中的意义、对劳动条件的影响、对外贸业务的影响等来确定。如果效益可用现金来大致衡量，该法规定，革新奖的最低额一般是采用革新项目的第一年所取得的效益的2%；投资方的革新奖则是1%。

比利时的《研究成果开发法》（1977），规定以专门技术开发合同的方式提供研究开发方以资金，激励研究开发者实施科技成果，在得到实施的情况下可以分享实施成果的效益。

再以探索性为例。科技民事关系是在科技活动中发生的。科技活动有相当大的风险性与不确定性，不仅预期的目标不是十分清晰的，而且实践的结果往往与预期目标大相径庭，在许多情况下还可能失败。因此，不能要求科技民事活动中的权利义务关系，像一般民事活动、经济活动中的权利义务关系那样严格地处理。首先是预先确定的权利义务关系本身有相当大的回旋余地；其次是实践结果的实际处理也允许有所变通。正因如此，我国《技术合同法》规定技术合同应当包括"风险责任的承担"的条款（第十五条第五款）；第十七条规定："当事人一方违反合同的赔偿责任，应当相当于另一方因此所受到的损失，但是不得超过违反合同一方订立合同时应当预见到的损失。"（第二款）第二十条规定："当事人因不可抗力不能履行技术合同的，免除其不能履行合同的责任。"第三十三条规定："在履行技术开发合同的过程中，因出现无法克服的技术困难，导致研究开发失败或者部分失败的，其风险责任由当事人在合同中约定。合同没有约定的，风险责任由当事人合理分担。"（第一款）"当事人一方发现前款所列可能导致研究开发失败或者部分失败的情况时，应当及时通知另一方并采取适当措施减少损失；当事人一方没有及时通知另一方并采取适当措施，致使损失扩大的，应当就扩大的损失承担责任。"（第二款）规定中的"无法克服的技术困难"等等，与一般经济合同中的"不可抗力"有质的差异，是知识形态商品生产中出现的特有情况。这样规定就是从科学技术研究的和科技社会关系的探索性特点出发而做出的。这些规定都在一定程度上与科技民事活动有较大的风险性和不确定性有关，从而显现了科技民事法的探索性。

科技法的本质是它的社会性。演绎而及，科技民事法的本质也是它的社会性，这一点，可以把科技民事法与一般民法区分开来而且具有重要的实际意义。

民法调整财产关系，也调整人身关系，而以其中的财产关系为有决定意义的部分。在私有制基础上的财产关系，无疑以阶级性为其本质。因此，在阶级社会里，民法在很大程度上带上异化了的阶级性特征。科技民事法却不同，它所调整的科技民事关系，由于这一关系发生于科技活动中，目的在发展科学技术，调整的结果也是促进科学技术的发展，因此，其本质属性始终是它的社会性。对于古代的、近代的、现代的科技民事法，我们都抱这种褒奖有加的态度。

在实际工作中，基于对科技民事法本质的这种认识，只要是适合我国传统、习惯、国情的国外科技民事法，都可直接移植过来，以加快科技民事立法的速度。

对科技民事法作为科技法的部门归属的制定，无疑有利于处理它同科技政策、科技道德、科技道义等的关系，也有利于科技法体系的建设和科技法制建设。完整齐全的科技法体系，是我国科技进步和经济繁荣的必需，如果把科技民事法割裂出去，所谓科技法体系就缺失了一个硕大的部分，无法使其他部分得到协调发展。科技法制建设不仅仅是科技立法一个方面，还包括科技司法、执法、守法、科技法学研究、教学与宣传等等。要健全科技法制,没有科技民事法同样是不可想象的。

总之,认定科技民事法为科技法,既符合科技民事法的实际,也是科技进步的必需。因此,在我们的科技民事法定义中包含了它是科技法这一层重要的意义。

(二) 科技民事法的作用在于调整科技民事关系

我们关于科技民事法的定义,也是一个"种+属差"式的定义。其中,"调整科技民事关系"是"属差",即科技民事法与科技行政法、科技刑事法、科技国际法的属性差别。这是比较容易理解的。

在谈到科技行政法时,我们曾指出它的作用有消极与积极之分;所谓消极作用,是指由于错误的科技行政立法阻碍了科技行政关系的协调,从而阻碍了科技进步。

这种情况,从理论上说,在科技民事立法中也会产生,因为人们的认识是容易落后于实践的。但是,在实际上,消极的科技民事立法一般不会有。这是因为科技民事立法与科技行政立法在立法时机上有所区别。科技行政立法一般是在建立某种科技行政关系之前进行的,而科技民事立法,多半是在有了实际的协调科技民事关系的经验之后。例如,专利法是在大量的授予发明创造以专利权的单个实例之后才产生的;著作权法是在大量存在作者与出版商之间的保护著作权的协议的情况下出现的;技术合同法也是在技术市场、技术交易得到迅速发展,已有大量的技术合同经验的情况下制定的。由于科技民事立法的这种后于实践经验的状况,使它在立法之始,就考虑到了一系列不利法律实施的因素,考虑到了法律不能协调科技民事关系、阻碍科技进步的情况,从而加以避免。

此外,科技民事法一般不存在消极作用,还同立法宗旨密切相关。所有的科技民事立法宗旨都在协调科技民事关系。这样,法规内容之促进科技发展,就是天经地义的了。立法者所追求的协调科技民事关系,促进科技发展的意图,必能在法规内容中体现出来。

最后,科技民事法一般不存在消极作用,还同科技民事法律关系的平等性特征有关。由于科技民事关系双方的地位是完全平等的,如果立法不利于其中一方,该方就可以不予接受,例如不交付出版、不申请专利、不签订合同。这就会使得有关科技民事法形同虚设。也就是说,立法者为了使所立的科技民事法有效,必须从科技民事法律关系主体的地位平等性出发,制定有利于主体双方协调相互的权利义务,从而促进科技发展。

总之,由于上述种种原因,科技民事法一般不会有消极作用。

但这是从总体上说的,所以我们始终用"一般"二字在加以限制。从科技民事法的个别条款、个别法律措施来看,仍然会有不尽恰当、因而不利于科技进步的情况。例如,关于专利保护期的规定,现在各国的专利法就大相径庭。究竟哪一种保护期限更有利于科技进步呢?不可能各国的不同规定都科学、合理。一般地说,可以肯定,过长或过短的保护期限,都不利于专利技术的发展。著作权保护年限问题也是如此。技术合同法的有关条款都比较原则,具体的合同条款都由当事双方自行商定,该不会有问题了。但是,具体的合同形式本身却还会影响技术合同作用的发挥。正因如此，美国开展了如前文所说的对合同形式的深入研究，不断改进合同形式。那么，后来采用的合同形式比之先前的，当然更科学、更合理；反过来看，先前的合同形式就有欠缺，它同样反映了技术合同法律规定的缺陷。

我们在谈科技行政法的作用时，曾谈到科技行政法律关系的不同主体对调整科技行政关系时的不同影响。在科技民事法对科技民事关系做调整时，也存在主体不同、影响有别的情况。一般来说，在科技民事法律关系的主体中，从国家机关（以及其他社会组织）到科技研究机构到科技人员，其社会地位、拥有实力以及其他条件，都决定它（他）们对调节科技民事关系的影响力，呈递减趋势，即国家机关影响最大，科技研究机构次之，科技人员最次。尽管三者在科技民事关系中地位是完全平等的，但国家机关可以在导向方面多起主导作用。这仅仅是加重了国家机关等协调好科技民事关系的责任，而不是给予国家机关以特权地位，破坏平等关系，不认真履行义务等等；不然的话，就会导致科技民事关系失调、阻碍科技进步。处于影响力最小的地位上的科技人员，在协调科技民事关系上，也不是无所作为的。科技人员应在捍卫自己与其他科技民事法律关系主体的地位平等和权利义务平等方面做出努力。在商品经济得到发展并将继续朝充分发展方向前进的今天，科技人员更应有这种权利本位的法律意识。

二、科技民事法的特点

科技民事法带有科技法的若干一般特征，如预期性、探索性、激励性等。对这些一般特征，我们不再论述了。这里所说的科技民事法的特点，主要是就它与民法、科技行政法、科技刑事法、科技国际法等相比较而确定的。

（一）科技民事法的科技目的性

这是科技民事法的首要特点，是它与民法、经济法之间的最重要的区别。

迄今为止，不承认科技法的同志，还把一些科技民事法归入民法的范畴，或归入经济法的范畴。例如，著作权法和专利法被归入民法，技术合同法被归入经济法。

诚然，著作权、专利权等，曾受民法、经济法的保护；但这并不能说明它们被列入民法、经济法就是绝对合理、永不变化的。在中国古代的法律中，"民刑不分"是一大特点，许多民事规范是放在刑法里的，但这不能成为民法应列入刑法范畴的理由。随着时代的发展，民法终于独立了出来。事物总是不断分化的。先是民法从刑法中分离出来；接着是经济法从民法中分离出来。现在，该是科技法从行政法、经济法中分离出来，科技民事法从民法、经济法中分离出来的时候了。

科技民事法之可以而且必然从民法、经济法中分离出来，最主要的原因就在于它的科技目的性。科技民事法的科技目的性，决定它所调整的是科技民事法律关系，而不是一般民事关系或一般经济关系。

科技民事关系与一般民事关系、一般经济关系的区别在于，前者产生于科技活动之中，是由知识形态的商品生产与交换关系引起，后者（一般民事关系与一般经济关系）则不是产生于科技活动之中，不是因知识形态的商品生产与交换关系引起的。

知识形态的商品的生产与交换，有其自身的特点，这些特点是物质形态的商品的生产与交换所不具备的。

段瑞春同志在《技术合同法原理和实践》一书中精辟地分析了"技术的基本特征"[①]。他指出，技术的基本特征有五：

一为"技术是人类精神劳动的产物，是智慧的结晶"，而这导致"技术的价值与研究开发成本之间并没有必然的成正比例的关系"，"技术的价值主要取决于它的经济效益和社会效益"。

这同民法、经济法所调整的物质财富关系是大不相同的。物质财富的价值与生产它的成本之间，存在着必然的成正比例的关系，可以比较精确地计量；其价值取决于社会必要劳动时间。

二为"技术本身是无形的，它的载体又是有形的"。而这，必定导致有关的财产关系和人身关系与物质财富生产与交换中的财产关系和人身关系大不相同。

三为"技术的开发只需要一次性劳动"，"技术开发不存在物质形态商品的周期性生产，反之应当避免重复研究和开发，加强技术成果的应用和推广"。物质形态商品却非做重复性的劳动则不能产生。

四为"技术可以同时为多个法律主体掌握和利用，这就使得技术的'所有权'和财产所有权很不相同。""对技术的'所有'，只意味着掌握了这种知识并取得了合法的使用和转让的权利。""对物质商品的处分，往往以主体和客体相分离为特征。""而对技术的处分，主要是转让，而不发生客体离开主体现象。"

五为"技术可以不经主体的处分而逸出其占有"，"要实现对知识形态商品的排他性占有，有两种方式可供选择：一是申请专利，凭借法律的确认取得实施发明创造的排他权利，但这要以公开自己的技术为前提，并且受专利法强制实施许可的约束；二是通过合法的保密措施和债权约定维持对技术的控制，但是不能对抗他人自行开发出同样技术和善意地取得并使用该项技术"。

《技术合同法原理和实践》一书得出的结论是："技术的上述特征决定了技术权益不适用民法通则和其他法律中有关财产所有权的规定。"[②]

[①] 段瑞春：《技术合同法原理和实践》，科学出版社1988年版，第45—46页。
[②] 同上书，第47页。

不仅是技术，科学知识大体也是如此。这样，科技民事法的科技目的性，就成了它与民法、经济法的种种区别的决定性因素，是它与民法、经济法的最重要区别。

著作权法曾列为民法的一个部门法。但是信息技术的迅速发展，使得民法的一系列原则不能再移用于著作权法来调整因信息技术发展而出现的新型的社会关系，于是各国出现了修改著作权法（不少国家称为版权法）的热潮，甚至还出现了新的立法，如《计算机软件保护法》《半导体芯片保护法》等。无论是著作权法的修改，或者是信息技术的新型方法，都表明它们在脱离一般民法的范畴。而这，是由有关法律的科技目的性决定的。

专利法的修改，也正变得日益频繁，同样地显示了脱离民法、经济法范畴的趋势。

技术合同法脱胎于经济合同法。经济合同法早先并无技术合同条款，它是后来才在经济合同法中出现的。但技术合同是一个相当复杂的问题，经济合同法的简单条款不能解决它的众多问题。于是，分道扬镳成了唯一可取的抉择。

总之，科技目的性使著作权法、专利法和技术合同法等从民法、经济法中分离了出来，自成一体地作为科技民事法的主要部门法出现在法苑之中。

（二）科技民事法的权利平等性和义务协议性

科技民事法的权利平等性，是指法律保护主体的地位平等和权利平等。

科技民事法的义务协议性，是指法律保证主体对各自所承担的义务经协议而自愿确定。

科技民事法的权利平等性与义务协议性，和科技行政法的行政隶属性与行政强制性，正好是互相对立、截然相反的两种属性。正是在这点上，我们可以将科技民事法与科技行政法明确地区分开来。

科技民事法的权利平等性和义务协议性，是得到国家强制力保证的。这有两层意思。第一层意思是：主体地位的平等和权利的平等以及经协议自愿地确定各自的义务，得到国家强制力的保证；不允许破坏主体地位的平等；不允许出现权利不平等；也不允许未经协议或非自愿地确定双方的义务。第二层意思是：既经确定的权利和义务，都得到国家强制力的保证；不允许侵权现象的发生；也不允许不履行义务，如果义务人不履行他应尽的义务，致使对方的权利受到侵犯时，权利人就可以向法院起诉，请求法院强制义务人履行义务以保证实现他的合法权利。显然，这种权利平等性和义务协议性在科技行政法中是不存在的。科技行政法也以强制力保证权利义务的实现，但有关的权利义务本身就不是平等的而是授权的，不是协议的而是强制的。

科技民事法的权利平等性和义务协议性，在任何社会制度下都一样。专利法、著作权法在剥削制社会里早已存在，同时也就存在专利发明人和著作者与民事关系对方的平等地位、平等权利及自愿协议确定义务的权利。排斥这些权利，或否定这些权利，就不成其为专利法或著作权法。退一步说，假使存在这样的专利法与著作权法，它们否定主体的平等地位与平等权利,否定义务的协议性与自愿性;那么,这样的专利法与著作权法,根本不可能得到实施,因为专利发明人与著作者可以不交出自己的专利发明和著作物。根本问题就在于知识形态的商品给予其生产者以平等的地位与权利。物质形态的财富可以剥夺,而知识形态的财富从本质上看是不可剥夺的。

科技民事法的权利平等性和义务协议性,再次证明科技民事法的本质是其社会性,这种社会性即使在阶级社会里也不致异化为阶级性。这同民法、经济法的情况有根本的区别。在阶级社会里,在私有制的基础上,民法、经济法所维护的私有财产权,到了该社会走下坡路时,其社会性就迅速丧失而异化为阶级性了。

(三) 科技民事法的不等价有偿性

民法、经济法中存在着等价有偿性,即民事关系双方在享受权利时必尽相应的义务,在尽义务时亦必享受相应的权利。这里的"相应"是"等价"的同义语,"有偿"是权利与义务的互换。

在科技民事法中,也保护主体的权利义务的有偿即互换,但却不可能是"等价"的有偿,而是"不等价"的有偿。其原因,前面已经说过,是由知识形态商品的价值不可能精确计量、其价值与研究开发成本不成正比例关系等因素决定的。

这样,科技民事法所保证的,只能是权利义务的模糊的、相对不确定的有偿,即不等价的有偿。

由于科技民事法的不等价有偿性,在实践中,根据实际情况修改科技合同、科技协议的比率要比修改一般民事、经济合同、协议的比率高得多。当然,这种修改要得到主体双方的一致同意。而实际上,主体双方在大多数情况下,也总是乐于进行修改的。

科技民事法的不等价有偿性,为人们探求最合理的比价有偿留下了一个很大的可能性空间。"不等价有偿"不是说可以任意确定知识形态商品的价值。知识形态商品的价值应根据其付出的劳动及经济效益与社会效益应大致相符来确定,虽然在这种情况下也不是采取"等价有偿"的办法。实际上,知识形态可能也不应等价偿付它的价值。例如,湖南农业科学院培育出的一种水稻新品种,推广后的价值为一百多亿元,当然不可能付给他们数以亿计的奖金或专利费。但是,如果其他人培育出的植物新品种推广应用后的效益不足亿元,是不是可以随意确定所得奖金或专利费与前者完全一样呢?当然不能,否则会挫伤人们为获取有最大经济效益的更新品种而努力的积极性。这样,确定"比价有偿制"就是必然的了。但究竟以何种"比价"而"有偿",就大有学问。美国改"成本加固定利润合同"为"固定价格加奖励合同""成本加奖励及利润合同"的原因,就在于求取"比价"的合理以获得"比价有偿"的最佳效果。一些国家为技术革新成果的推广,规定奖励推广所取得的效益的百分比(如匈牙利规定为2%,波兰规定为3%),也是对具体"比价"的一种尝试。

我们认为，不可能有最终确定、绝对合理的"比价"，但可以寻求大体接近于合理的"比价"。而无论如何，"有偿"这一点必须认真执行。至于暂时不能达到"合理"的情况下，偏高的比价比偏低的比价，更有利于科技社会关系的调整，更有利于科学技术的进步。

三、科技民事法的调整对象

科技民事法的调整对象从总体看是科技民事法律关系，而科技民事法律关系的主体是科技人员、科技研究机构、国家机关和其他社会组织。因此，科技民事法的调整对象就具体地落实到了科技人员、科技研究机构、国家机关和其他社会组织上了。

（一）科技民事法对科技人员的法律调整

科技人员在科技民事法律关系中，既是科技民事权利主体，又是科技民事义务主体。因此，科技民事法对科技人员的法律调整，也分为两个方面。

第一，科技民事法对作为权利主体的科技人员的法律调整。

总的来看，科技民事法对作为权利主体的科技人员的法律调整，是赋予他以一系列主体权利。其中主要有：

1. 在科技民事法律关系中享有与其他主体地位平等的权利。

这里的"其他主体"包括进入科技民事关系的科技研究机构、国家机关和其他社会组织。

科技人员与所在科技研究机构不仅有科技民事关系，而且有科技行政关系。他得服从本机构行政部门的领导与管理，这里无平等关系可言。但这是指科技行政关系。在科技民事关系上，情况完全不同，科技人员与所在科技研究机构的权利义务是平等的。正因如此，商品经济制度下，把科技人员作为所在科技研究机构的"私有财产"，实行"部门所有制"，不允许在机构内流动，更不允许流动到外单位去；不允许科技人员在完成本职工作的前提下兼任其他职务；不按科技人员贡献大小而凭"资格"定职称、定报酬等等，都不利于发挥和调动科技人员的积极性。其根源就在于剥夺了科技人员作为科技民事法律关系主体的平等地位，而把他当成了行政的附属物。应当把科技人员作为科技行政法律关系中的义务主体地位与作为科技民事法律关系中的权利主体地位加以明确的区分。当科技人员进入科技民事关系时，应当不打折扣地承认他的权利主体的地位，承认他与其他主体地位平等的权利。

一般来说，科技民事立法不会剥夺科技人员在科技民事关系中与其他主体地位平等的权利。只有在各种土政策和土规定中，才会出现剥夺其主体地位平等的权利。所以，科技民事立法应当加紧进行。

科技人员与国家机关和其他社会组织在科技民事关系上,也享有地位平等的权利。基于这种认识,科技人员关于自身权利上的谈判地位,与"高高在上"的国家机关是平等的。这是科技人员应有的商品经济新秩序即商品经济法律秩序的意识。

2.在科技民事权利受到侵犯的情况下,有寻求法律保护的权利。

例如,其专利权、著作权受到了侵犯,就可以诉诸专利法、著作权法,对侵权人提起诉讼,要求依法继续行使其权利,并使侵权人做出赔偿。各国的专利法和著作权法,都有权利保护条款之设,科技人员可以援引来保卫自己的权利不受侵犯。我国《专利法》有"专利权的保护"的专门章节,共有八条之多。如第六十条规定:"对未经专利权人许可,实施其专利的侵权行为,专利权人或者利害关系人可以请求专利管理机关进行处理,也可以直接向人民法院起诉。专利管理机关处理的时候,有权责令侵权人停止侵权行为,并赔偿损失;……"

又如,在技术合同关系中,合同的当事双方任何一方权利受到侵犯,都有权提起诉讼并要求赔偿。我国《技术合同法》第十七条规定"当事人一方不履行技术合同或者履行合同义务不符合约定条件,即违反合同的,另一方有权要求履行或者采取补救措施,并有权要求赔偿损失。"如果科技人员是有关技术合同中权利受损害的一方,就可以援引这一条的规定要求赔偿。

第二,科技民事法对作为义务主体的科技人员的法律调整。

科技民事法对作为义务主体的科技人员的法律调整,主要是规定了他的一系列义务。

履行与其他科技民事主体自愿协议的合同义务,这是最主要的一个方面。科技民事法不可能一一规定科技人员的具体义务。具体义务由科技人员在具体的科技合同中与对方自愿商定。科技民事法从原则上规定科技人员必须履行义务,如不履行,将予制裁。我国《技术合同法》规定:"技术合同依法成立,将具有法律约束力,当事人应当全面履行合同约定的义务,任何一方不得擅自变更或者解除。"(第十六条)"当事人一方违反合同的赔偿责任,应当相当于另一方因此所受到的损失,……"(第十七条第二款)"当事人都违反技术合同的,各自承担相应的责任。"(第十八条)该法还规定了"技术合同争议的仲裁和诉讼"(第六章第五十一、五十二条)从而完整地对科技人员作为义务主体必须履行合同义务做出了合理的法律调整。

除上述这一点外,科技民事法对作为义务主体的科技人员的法律调整还表现在:(1)对专利权人专利实施的强制许可上,如我国《专利法》规定"专利权人负有在中国制造其专利产品、使用其专利方法或者许可他人在中国制造其专利产品、使用其专利方法的义务"(第五十一条),"发明和实用新型专利权人自专利权被授予之日起满三年,无正当理由没有履行本法第五十一条规定的义务的,专利局根据具备实施条件的单位的申请,可以给予实施该专利的强制许可"(第五十二条);(2)对版权所有人的权利限制上,例如,为了防止版权所有人滥用自己的专有权,许多国家都规定了强制许可制度,从而构成了版权人接受强制许可制度的义务。

（二）科技民事法对科技研究机构的法律调整

在科技民事法律关系中，科技研究机构既是科技民事权利主体，又是科技民事义务主体。科技民事法对科技研究机构的法律调整，也是从它的权利主体与义务主体两方面进行的。

作为科技民事权利主体，科技民事法赋予它以开展其科学研究与技术开发的自由权利并保护其科技成果的所有权。按日本《宇宙空间开发事业团法》（1969年6月23日）规定，宇宙空间开发事业团的业务包括"人造卫星及发射人造卫星用火箭的开发和与此相关设施及设备的开发""有关开发的人造卫星等的发射、跟踪及与此相关的必要的方法、设施及设备的开发"等等。日本的《特许法》（即专利法）对这些业务活动的成果皆可授予专利权（"特许权"）就是赋予了宇宙空间开发事业团以从事上述科学技术活动的自由权利，并以特许法保护这些科学技术活动成果的专利权。

作为科技民事权利主体，科技民事法还赋予科技研究机构在民事交往中与国家机关和其他社会组织以地位平等的权利。某一具体的科技研究机构可能恰好在行政上是隶属于某一科技行政机关而又同它发生了科技民事关系。如要与之签订某项技术开发的合同，这时，该科技研究机构并不因为行政上隶属于该科技行政机构而丧失其科技民事关系上与之权利平等的地位。反之，该科技行政机关也必须平等对待该科技研究机构，平等地与之协商，在自愿的基础上签订比价有偿的协议或合同，并保证履行自己所承担的义务，不侵犯该科技研究机构的法定权利。

作为科技民事义务主体，科技民事法赋予科技研究机构以切实履行义务的严格要求。在与科技人员或国家机关及其他社会组织发生民事交往时，科技研究机构在享有民事权利的同时，必须承担相应的义务。我国《技术合同法》第三十条对"合作开发合同"合作开发各方的主要义务做了规定，这些义务是："按照合同约定进行投资，包括以技术进行投资；按照合同约定的分工参与研究开发工作；与其他各方协作配合。"第三十一条规定："合作开发各方中，任何一方违反合同，造成研究开发工作停滞、延误或者失败的，应当支付违约金或者赔偿损失。"这些规定就有关合作开发的科技研究机构在科技研究行为、科技研究手段以及科技研究成果归属与分享（第三十二条）方面，赋予其以明确的义务，有关科技研究机构必须切实地履行这些义务。

（三）科技民事法对国家机关和其他社会组织的法律调整

国家机关等不从事科学研究和技术开发，它们参与科技民事法律关系时，不是以其科技研究行为和科技研究成果与其他主体交往，而是以其掌握的科技研究手段（信息、资金、设备、场地等）与其他主体交往。尽管如此，国家机关等进入科技民事交往时，同时既是权利主体又是义务主体。其权利是要求科技研究机构和科技人员做出科技研究行为并提供科技研究成果；其义务是为此向科技研究机构和科技人员提供科技研究手段。其权利与义务是相应的，但只是"不等价有偿"的相应，而不是"等价有偿"的相应。

在国家机关等与其他科技民事主体交往时，必须特别注意双方地位的平等、权利义务关系的平等。因为国家机关握有重权，其中的科技行政国家机关对科技研究机构与科技人员还有行政领导与管理的关系，很容易犯不尊重对方权利地位平等的错误。事实上，在计划经济体制下，科技体制也完全产品经济化了，国家机关等往往忽视科技研究机构和科技人员的主体地位，漠视它（他）们的合法权利，随意支配其科技研究行为，随意掠取其科技研究成果，从而使对方完全丧失了主动性与积极性，只承担义务而不享受权利，最后导致机能萎缩，这是一个很深刻的教训。我们要切实加强科技民事立法，并切实按科技民事法的规定尊重所有的科技民事主体的权利和平等地位，用比价有偿的方式，互助互利、相互促进、相得益彰地发展自身的力量，并促进科技进步。

（四）科技民事法与科技行政法调整对象的比较

科技民事法与科技行政法的调整对象，粗略一看，是相差不多的。但仔细分析，却有很大的差别。这些差别是：

第一，在科技行政法中，科技行政机关是最重要的主体；在科技民事法中，它却不作为突出的主体，仅仅作为国家机关的一个部分而起主体作用，与之并列的有其他国家机关和其他社会组织；同时，在科技行政法中，除科技行政机关外的其他国家机关以及其他社会组织，是不能成为科技行政主体的。

第二，在科技行政法中，科技行政机关从总体上看是科技行政权利主体而非义务主体；但在科技民事法中，它既是权利主体，又是义务主体。

第三，在科技行政法中，科技研究机构和科技人员都是科技行政义务主体，而不是权利主体；但在科技民事法中，它（他）们却是重要的科技关系权利主体。

第四，在科技行政法中，科技研究机构、科技人员和科技行政机关虽然同为科技行政主体，但地位是不平等的，相互间有行政隶属关系，前者必须服从后者的领导与管理；但在科技民事法中，三者的主体地位是平等的，享有的权利义务关系也是平等的。

（五）科技民事法与民法调整对象的比较

这是一个比较复杂的问题，因为它涉及对民法调整对象本身的认识问题。我们认为，民法的调整对象是一定范围内的财产关系，即人们在物质资料生产、分配、交换和消费过程中所体现的财产所有关系。

有的民法学者把分配和消费过程中形成的关系剔出民法调整对象的范围，这是不科学的，因为分配和消费过程中恰恰最明显地体现了财产所有关系。如果把分配与消费剔出，那么,"公民生活资料所有权""赠与合同"以至"租赁合同""合伙合同""继承权"等等,都很难做出科学合理的分析了。

有许多民法学者又把人身关系列为民法的调整对象,从而把智力成果权列为民法的内容。这是有其历史原因的。但在智力成果权问题越来越复杂,所涉及的财产关系与人身关系已不是民法所能完全调节的情况下,将它分离出来,交由科技民事法调节,一定会更好一些。因此,我们认为,民法只调整人们在物质资料生产、分配、交换和消费过程中所体现的财产所有关系。

正是在这个前提下,我们来讨论民法与科技民事法调整对象的不同点。这些不同点主要是:

第一,民法调整的是体现在物质资料的生产、分配、交换和消费过程中的财产所有关系;科技民事法则调整精神财富的生产、分配、交换和消费过程中的财产所有关系。

第二,民法不调整或已不能充分调整与精神财富相联系的人身关系;科技民事法则可以而且必然以调整与精神财富相联系的人身关系为重要内容。

第三,民法调整遵循的是等价有偿的原则,科技民事法调整则遵循不等价(比价)有偿的原则。

第四,民法调整一般不允许权利义务关系的变动;科技民事法调整却以允许权利义务关系适当变动为前提。

四、科技民事法的调整方法

科技民事法的调整方法,主要有三种:

(一)科技合同保护方法

科技合同是合同的一种。"合同是当事人之间设立、变更、终止民事关系的协议。依法成立的合同,受法律保护。"(《民法通则》[①]第八十五条)合同随着商品经济的产生而产生,随着商品经济的发展而发展。正如马克思所说:"先有交易,后来才由交易发展为法制。……这种通过交换和在交换中才产生的实际关系,后来获得了契约这样的法的形式。"[②] 契约即合同。科技合同是随着科学技术的发展,在以科学技术成果为内容的商品交易中形成的一种新型合同。科技合同以科学技术成果为标的,在西方称为许可证协议。以科技合同来保护科学技术成果交易中的权利义务关系,就是我们这里说的科技合同保护方法。它是科技民事法调整科技民事关系的主要方法。

---

① 此处为《中华人民共和国民法通则》(1987)。现已废止。全书同。——编者注
② 《马克思恩格斯全集》第19卷,第423页。

科技合同保护方法，有其产生和发展的过程，在各国的实施情况也大有差别。为明确了解这一调整方法，有必要探讨它的特点。

科技合同保护方法与一般合同的保护方法有许多共同点，主要是：都是双方或多方的法律行为，须由民事主体意思表示一致才能成立；都是当事人之间的确立、变更、终止民事权利义务关系的协议，据此协议将产生一定的民事法律后果；签订合同的当事人在地位上是平等的；合同是在独立的民事主体之间、在自主自愿的基础上签订的；合同的内容具有法律效力，受法律保护。

但科技合同又有与一般合同不同的自身特点。这些特点是：

第一，科技目的性。科技合同发生在科学技术活动之中，目的在于以合同形式保证科技民事关系的合理调节，从而推动科技进步。

正是这种科技目的性，使得从一般的合同保护方法中逐渐产生和发展了科技合同这一特殊的保护方法。

奥地利一向用传统的民事合同制度来调整科技民事关系。其有关法律规定："在科学研究和技术开发中，当事人达成的具有权利和义务关系的协议，视同私法领域的合同。"即技术合同适用民法规定。但实践证明民法规定不能与技术发展的需要相适应，因此，1980年修改后的奥地利《科学研究组织法》中，增加了技术合同的审批权以及当事人权利和义务的特别规定；合同纠纷一般不经仲裁，直接向法院起诉。

英国无统一的民法典，合同关系依判例原则处理。自从20世纪60年代以来，政府部门以研究和开发合同形式将大量的科学研究和技术开发项目委托给专业研究协会和企业。为调整复杂的技术合同关系，英国内阁中央研究室于1972年制定了《应用研究合同条例》。《条例》颁布时，曾遭到科学界的普遍非难，引发了一场轩然大波。经过政府的坚持和多年的实践，应用研究合同制度逐渐为社会所接受。近年来，英国政府对工业的无偿拨款逐渐减少，代之以通过签订研究开发合同来促进科技研究成果在生产领域中的应用。合同的主要承担组织之一的研究协会（另一为企业）已发展到40多个。协会的收入30%来自会员企业的会费，14%来自出版、情报和其他技术服务，56%来自研究开发合同。其中，与政府部门的合同占15%，与国内企业的合同占23%，与外国公司的合同占4%。贸易工业部的澳伦斯普林实验室原来全部由国家拨款，现在70%的经费来自技术合同。与此同时，各种研究开发合同已成为大学和工业联系的纽带。大学区附近出现了由大学和工业企业合办的"科学园"，这是促进科研成果工业应用的新形式，其本质也是一种合同。此外，英国政府于1978年颁布的《不公正合同条款法》和1980年制定的《竞争法》，也分别提出了不少关于技术合同的处理办法。这表明，在英国的科学技术实践中，科技合同得到了发展；反之，科技合同的发展，来源于科技实践，来源于它的科技目的性。

第二，以知识形态的商品为合同标的。这是科技合同十分重要的特点。

知识形态的商品即科技研究成果，与物质形态的商品有本质的区别，这一点在前面已经说过。科技合同以知识形态的商品为标的，而一般民事合同却以物质形态的商品为标的，这是两类合同的本质区别。

1982年3月25日民主德国人民议院通过了《合同法》。根据该法，同日由部长会议主席颁布了《合同法第一号实施条例——关于科学技术的经济合同》。虽然该《条例》仍然冠以"经济合同"的名义，但是有关合同以知识形态的商品为标的这一点，是相当突出的。该《条例》共六章，第一章为《一般规定》，第二章为《科学技术成果的获得》，第三章为《转让科学技术成果供有偿利用》，其余三章分别为《测试工作》《责任》和《最终规定》。十分明显，《条例》所规定的合同是以知识形态的商品即科技研究成果作为标的。

匈牙利1974年发布的第38号法令，是一个激励科技人员通过合同形式进行技术革新的立法。该法最重要的规定涉及以下几方面：什么是"革新"；哪些人属于"革新者"；对革新的精神奖励和物质奖励；革新者和采用革新项目的企业间的合同；提出革新建议和评定革新项目的制度；有关革新项目的争议问题的裁决；国家机关和经营单位在革新方面的任务和职权范围等。虽然涉及面比较广泛，但核心是两点：一为实施革新；一为以合同作纽带将革新者与企业联系起来。无论是前者抑或后者，革新即科技成果的获得是目标。而作为合同标的的，已不是一般的财产权利，而是科技成果这一知识形态的商品。

第三，科技合同的标的，还包括科技研究行为即智力劳动，而不计这一行为即智力劳动的最终成果如何。一般合同的标的为财产权利，如果包括行为的话，也必要求有合乎财产利益需要的行为结果。这是科技合同与一般合同极不相同的一个重要特点。

科技研究当然是有目的、有计划、有组织并力求取得预期成果的。但它的探索性特点，常常带来毫无结果的"结果"。科学研究中的基础研究，可能终科学家毕生研究而毫无肯定性成果，也可能是一个甚至多个科学研究机构长期努力而又长期困惑、得不出预想结论的。技术开发也会发生这样的问题。许多次登月计划的失败就是大家都知道的实例。是否因为科技研究可能长期无成果或可能失败，而不采取合同形式让科技研究机构、科技人员实施科学研究与技术开发，即做出科技研究行为呢？在各国的实践中，不但不是这样，而且越是因为可能得不到成果，越要以合同形式保证科技研究机构与科技人员得到足够的经费与设备，毫无后顾之忧地进行科技研究。

科技合同这一特点的合乎逻辑的发展结果，便是扩展到以科技人员人身为中心的科技劳动合同的出现。例如，英国原子能署的全体职工都有依法签订的工作合同。非生产人员的工作合同在很大程度上是按照公职人员的待遇来签订的；生产人员的工作合同则由原子能署与工会自由商谈达成协议而签订。又如，日本从1981年开始实行"创造性科学技术推进制度"，以流动研究体制推进寻找革新性技术种子的探索研究，把从国外引进技术转变为独立开发技术。其做法是：以过去没有在基础研究方面充分发挥作用的民间企业的研究人员为中心，广泛集结散布于民间企业、高等学府、政府部门所属的科技机构的优秀研究人员，在一定期限内签订雇佣合同，利用既有研究设施进行研究，研究终了该组织即行解散，合同随之撤销，研究人员也返回原单位。日本把这种以人为中心的研究体制称为流动研究体制。在这种体制中，合同起着特殊的作用。这种合同以及上述英国原子能署的合同，都是以科技人员人身为中心的科技劳动合同。合同的标的，不是肯定性的科技研究成果，而是科技人员按合同做出的科技研究行为。

第四，科技合同的灵活性与变通性。

科技合同签订以后，发生变动的可能性较大，概率较高。鉴于科技研究的探索性特点，合同当事人对合同变更的容忍度也较大。而一般民事合同签订之后，除非发生不可抗力的影响，是不允许随意变更的。科技合同则比较灵活，允许变通解决。这种灵活性与变通性，有时以合同条款明确规定；有时则未做明确规定，但当发生不能按既定条款执行合同时，合同当事双方协议变更而不追究责任的可能性更大一些。

上述科技合同保护方法的特点表明，科技合同是调整科技民事关系的重要方法，而且也是各国实践业已证明行之有效的好方法。

关于科技合同保护方法的名称，现在主要的有三种：科技合同、科研合同、技术合同。有些同志认为，如果有关合同是当事人关于技术开发、技术转让、技术咨询、技术服务的协议，那么，应当认为它们属于技术合同，适用技术合同法。这是正确的。但如果由此出发，认为只有技术合同，而无科技合同；因而不能有科技合同的提法，就值得商榷了。尽管我国社会主义商品经济制度的条件下，科学成就并不都表现为商品，但商品经济的充分发展必将使一切科学研究的成果都商品化；也只有科学成就的充分商品化，才能促进科学研究的加速发展。因此，无论从现在已经大量存在科学研究合同，还是从科学研究成果商品化的必然趋势看，科研合同保护方法是必定要取得推广的。这样，它与技术合同一起，就成了我们所说的科技合同保护方法了。

（二）专利权保护方法

专利权保护方法在其产生之初，没有摆脱科技行政法律调整的影响，不能作为普遍适用的科技民事法的调整方法。早在1474年，威尼斯就曾以君主"非赐"形式而非法律的形式给某些机器与技术的发明人授予十年的专利权。后来，在1601年，英王伊丽莎白一世也曾授予发明者某些独占权，但仍为"非赐"形式，直到1623年《垄断法规》颁布，宣布以往君主授予的发明人的特权一律无效，并规定了发明专利权的主体、客体，可以取得专利的发明主题、取得专利的条件、专利权有效期以及专利权的无效条件等，使得专利权保护方法形成了系统化、成型化。但是，直到这时，专利权保护方法还没有使得专利的取得成为一种订立合同的活动，而是仅以法律保护发明专利权。至于发明专利权人以外的利益、发明专利权人与其他人（国家、社会、科技研究机构、科技人员和其他公民）的关系如何调整，仍然未能解决。

18世纪初，英国资产阶级革命后的专利法，开始要求发明人必须充分地陈述其发明内容并予以公布，以此作为取得专利的"对价"（consideration），从而使专利制度得以合同的形式反映出来，专利的取得，成了一种订立合同的活动。这样，发明人向公众公布他研制的新产品或新技术，公众则在一定时期内承认他对研制成果的专有权。这种双向的关系，实质上是合同关系。它有以下特点：

第一，目的在于发展科学技术。对于发明专利权人来说，由于可以取得专利权，因此大大提高了积极性；对于公众来说，由于发明人公布了新产品或新技术，得以更好地推广应用。

第二，发明人与公众作为科技民事关系主体，其地位是平等的，二者无行政隶属关系。发明人不公布其新产品或新技术就不能取得专利权；公众不给予发明人以一定年限的专利权，发明人就不会公布其发明。

第三，发明人与公众（或国家、社会）双方的权利义务关系是对偿性的。享受权利的，必须承担义务；承担义务的，必享受权利。但是，这是"不等价有偿"的"比价有偿"关系，而不是一般民事合同中的"等价有偿"关系。这是因为发明人所发明的新产品或新技术的价值，实际上是无法精确计算的，不像一般民事合同中的财产权那样可以计斤较两地分析清楚。

所有这些特点，都基于专利权保护方法所保护的是智力成果即知识形态的商品。

关于专利权保护方法，作为科技民事法的调整方法，有以下几方面的问题必须特别注意：

1. 专利权人的权利与义务问题

专利权人的权利一般包括以下内容：（1）禁止其他人未经许可而在保护专利的国家内实施权利人的发明；（2）权利人自己通过转让所有权、发放使用许可证等方式，利用自己的专利权，以收取使用费；（3）专利权人在专利产品上或包装上标明专利标记或专利号；（4）发表声明放弃专利所有权；（5）通过立遗嘱转移专利所有权。显然上述专利权人的权利，包含两方面的内容：一为智力产权，它与物质财富方面的利益紧密相关；一为科技人身权益，它与专利权人的姓名、名誉等等紧密相关。

专利权人的义务一般包括：（1）充分公布发明的内容；（2）在一定期限内在国内实施或准许他人实施该发明；（3）按时缴纳专利年费。

以上专利权人的权利和义务是对偿性的，但又不是等价对偿的。

值得注意的是，上述专利权人的权利与义务不一定属于发明人本人。发明人与专利权人不是一个概念。发明人只可能是一种人，即那些搞出发明来的人（个人或集体），但专利权人却可能有以下五种：发明人本人；发明人所在单位或雇主；发明权转让后的受让人；专利权转让后的受让人；以国家形式出现的法人。

2. 专利权的限制问题

专利权不是无限制的，无限制的专利权不利于科学技术的发展，更不利于科技成果的推广应用。因此，多数国家的专利法明确规定了对专利权的限制，另一些国家虽未明文规定，却有司法判例可以遵行。

对专利权的限制，主要有这样几个方面：一为在非商业性的科学研究、教学或个人对专利的有限的利用，不构成侵权；二为专利权"穷竭"（exhaustion）情况下的专利使用不构成侵权；三为在临时进入或通过一国领土（或领海、领空）的交通工具上，如果附带未经许可而根据该国专利技术所制的物品，而该物品是交通工具上不可缺少的，不构成侵权；四为强制许可；五为国家根据国防、公共卫生、公共福利或国民经济发展的迫切需要而以国家名义征用；六为专利保护期开始之前，已经在使用相同发明的人继续使用该发明，也不构成侵权。

专利权的限制，虽未构成专利权人作为科技民事法律关系主体平等地位的丧失，也不能认为是对其权利的侵犯，因为所有的限制，或者出于专利权人自身造成的原因（如强制许可），或者出于罕见情况下的客观需要。所有这些限制，都不影响科技民事关系的合法、合理调节。

3. 关于专利权保护方法的作用的认识问题

专利法被作为科技民事关系的法律调整方法，已有数百年的历史。到目前为止，世界上建立起专利制度的国家和地区已多达150多个。[①]但对专利法的作用的认识，却仍很不一致。

例如美国，就有两种截然相反的意见：一种认为，每项专利都意味着批准一个垄断项目，因此，专利制度并非促进科技发展的有效手段；一种认为，专利是鼓励企业对科技研究开发进行投资的基本刺激手段，对科技进步有重要的促进作用。

上述第一种意见虽然有很大的片面性与偏激性，但它同国家提供研究经费或给予重大资助的单位所取得的科技成果权利归属问题密切相关，因而不无价值。为此，美国总统肯尼迪在1963年10月10日宣布了专利权归属的四项原则：（1）合同内容涉及公共福利、公共卫生和公用工程时，政府保留其权利；（2）为防止某家公司获得垄断地位，在合同涉及主要由政府从国库提供经费的科技领域时，或在政府负担大部分发展费用时，承包人不得申请专利权；（3）在其他情况下，如发明的领域属于承包人具有技术能力并有稳固的商业地位的领域时，联邦政府可以放弃专利权；（4）在专利归私人所有的一切情况下，如企业不能发展该项发明，或阻止其使用或推广，政府保留一段时间内在一定条件下收回专利的权利。

但对于上述政府方针，仍然存在分歧。有些人支持专利权一律公有，其理由是：由政

---

① 《专利制度与我国科学技术的发展》，《人民日报》1983年9月7日。

府提供经费的科研，私人不得享有专利权；由政府推广以国家经费取得的知识最为合适；政府从而能够防止企业的集中，因为大部分政府科研合同都是同大公司、大企业订的，如公司获得专利权，力量就会大大加强。另一些人则反对专利权一律公有，其理由是：专利制度符合美国企业自由、财产私有的制度；专利私有是工业界接受政府研究与开发合同的条件，它能保证降低成本及合理分配科研的人力和财力；专利私有可以使发明尽快得到商业利用，并鼓励公司企业冒投资的风险；如果一律收归政府所有，承包合同的企业可能会不公布在类似领域的发现，以免落入政府之手，这尤其是因为企业往往难以区分本企业科研活动中的革新与政府科研活动中的革新。

1966年，美国总统专利制度委员会提交的报告中断言，一个成功的专利制度必须符合以下四条标准：（1）通过对发明者及其赞助者实行有意义的赞助办法来激发人们的新的发明动力；（2）促使新的发明尽早公布于世，以使其他人从中受益；（3）鼓励其他科技人员寻求解决关键技术的替换办法；（4）在发现和公布的过程中使顾客有更多的机会去选择质量更高、价钱更低的专利产品。这四条标准，客观上是对专利制度价值与作用的肯定。

1980年，卡特政府制定了联邦专利政策基本法。该法规定，受联邦政府委托进行研究开发的企业，可以获得优先实施其开发的但属于政府所有的专利的权利。与此同时，还开辟了受托者是大学或中小企业时，可以获得本来归政府所有的专利权的道路。

里根政府进一步推进了专利权私有化的方针。里根发表的声明宣称：将设法允许大企业也获得与政府委托研究开发有关的专利权。1983年2月18日，里根签署了一项备忘录，指示联邦政府在现行法律允许的范围内，准许任何机构或企业保留由政府资助进行的研究开发所获得的科技成果的专利权。

我们详述了美国关于专利权保护方法的作用的认识上的分歧意见，以及后来美国官方所采取的态度与政策。这样做，是因为在我国今后的发展道路上，也会遇到类似的问题。美国的道路终点，是承认专利权保护方法的巨大作用，并鼓励专利私有化。从科技发展的客观需要来看，这是必要的。我们要仔细研究别国的经验，分析他们走过的道路，尽早决策，而不临事张皇、踌躇不前。

4. 具体的专利权保护方法问题

各国关于专利权的具体保护方法是不尽一致的。例如，与其他国家的专利法相比，美国现行《专利法》（1984年修订）有以下不同之点：（1）实行"发明在先"原则，大多数国家实行"申请在先"原则；（2）正面规定专利保护范围，大多数国家从反面规定专利保护范围，即规定哪些项目不可以获得专利权；（3）对专利申请人的资格限制较少；（4）确认不公开审查的程序；（5）不实行强制许可证；（6）对专利局与法院做了明确的分工；（7）对植物新品种采取双重法律保护措施。美国的这些专利法特点，与其个人本位主义的文化传统有密切的关系，表现了对个人权利（在专利问题上则是对专利权人的专利权）的高度尊重和严格维护。这些规定的优劣是非，众说纷纭。但从许多国家的专利法制定与修改历程看，其中有的规定是被摒弃的。然而美国不放弃它的规定，而又没有减弱、损害它的科学技术的发展。因此，漫加评说，于事无补，且于理难明。对此，我们要从我国《专利法》实施的情况和美国以及其他国家的情况的对比中做研究，总结出符合我国需要的专利权保护的具体对策来。

专利权保护方法作为科技民事法的调整方法，将在实践中得到进一步的发展。科技法学工作者应当密切关注实践提出的新问题和新经验。

（三）著作权（版权）保护方法

"财产权"这个概念，在英国资产阶级革命后，扩大到了无形财产的处理上。1709年，英国下议院通过了世界上第一部版权法。因当时英国女王为安娜，所以称《安娜法》。该法确认"作者"是法律保护的主体；规定给予作品自出版之日算起的21年保护期，如果到期而作者尚未过世，还可续展14年。该法仅从经济利益的角度来保护版权。直到1789年，法国资产阶级革命中颁布的版权法里，才把法律保护从经济利益扩展到作者的精神权利，而且将后者放在首位。该法的法文名称"Droit d'auteur"及德语名称"Urheberrecht"、俄语名称"Abtopckoe npabo"直译则为"著作之权"或"著作之法"，反映了将作者精神权利包括在内的意思。著作权法与版权法互相代称也是从这时开始的。

著作权保护方法作为科技民事法的调整方法，与专利权保护方法的相同点是：都是专有权，非经权利人许可，其他人不得加以利用；二者都不保护任何一种思想或理论。著作权与专利权保护方法的不同点是：专利权可以保护按照一定的思想或理论研究出的具体技术、具体操作法，著作权不保护作品所反映的实质内容而只保护作品独创的"表达形式"，从这一点看，专利权保护方法的保护范围较宽。但专利权仅授予"申请在先"（有的国家是"发明在先"）的专利权人，著作权仅要求作品有"独创性"，并不要求其"新颖性"，即可同时授予两个或两个以上的人同时独立创作的作品而不管其内容是否相同、相似，从这个角度看，著作权保护方法的保护面更宽泛。

著作权保护方法对作者经济权利的保护主要有：复制权；改编、改写权；发行权；公演权；广播权；公开展出权；追续权等。它所保护的作者精神权利主要有：出版权；署名权；保证作品内容完整权；更改权等。作者的经济权利的保护期，一般比专利保护期长，但在同一个国家，对于不同的作品，保护期并不一样。文字作品的保护期较长，有的国家长达作者有生之年加死后80年（如哥伦比亚），短的也不少于有生之年加死后25年；摄影作品之类的保护期就短一些。精神权利可以独立于经济权利，所以有的国家规定其保护期为无限长（如南斯拉夫、塞内加尔、秘鲁），有的国家则与经济权利保护期相同（如日本、卢森堡）。

著作权保护方法现在仍被列为民法的范围。这是符合历史发展的情况的。但是，当著作权保护从经济权利扩展到精神权利（即人身权利）之后，在超出民法传统的财产权保护范围越来越远的情况下,以及科学技术的迅速发展,尤其是信息技术的迅速发展,使得著作权保护方法对诸如计算机软件、半导体芯片等的保护越来越困难的情况下,将以保护精神权利为主的著作权保护立法列入科技民事法的范围,是更为恰当的。从整体来说,将民法保护范围限于经济权利,而将人身权利及与人身权利有关的权利的保护划归科技民事法,可以使法律部门的划分更清楚一些,也使法学研究在学科划分、学科建立上更方便一些。

著作权保护方法在所保护的经济权利与精神权利的范围、保护期的长短、版权的归属、版权的邻接权、对版权的权利限制、版权的利用方式等问题上,各国的规定很不一致。这与各国的国情、传统有关。随着国际交往的迅速发展,这些不一致,将会减少。国际版权保护公约的实践,会使得各国在版权保护方法上逐步地统一起来。

我国正在制定著作权法,这对保护我国科学技术的发展,调整有关的科技民事关系,是一件十分重要的大事。在制定这样一部法律时,必须从我国实际出发,又兼顾国际惯例,力争做到尽善尽美。

第二十四章　科技民事法律责任

一、科技民事法律责任略论

（一）定义

科技民事法律责任是指科技民事违法行为人所应承担的带有强制性的科技民事法规定的责任。

关于科技民事法律责任的上述定义告诉我们：

第一，科技民事法律责任是由科技民事违法行为引起的。没有科技民事违法行为，也就没有科技民事法律责任。只有在发生了科技民事违法行为的情况下，才产生责任的追究问题，也才有科技民事法律责任的问题。

第二，科技民事法律责任是由科技民事法规定的。法律责任是法律上应负的责任。因此，无法律规定，便无法律责任。但无法律责任，不等于无责任，因为还有其他类型的责任，如行政责任、道德责任、道义责任等。科技民事法律责任有科技民事法规定的特点，要求我们处理有关问题时，以科技民事法为依据。因此，在社会主义商品经济日益发展，因而科技民事交往迅速增多的情况下，加紧科技民事立法，并在科技民事法中对科技民事违法做出明确的规定，是越来越迫切了。否则，科技民事活动无所依循，是否违法不得而知，一旦发生纠纷，也无追究法律责任的依据。

第三，科技民事法律责任是带强制性的。不能因为这是一种民事法律责任，便认为不是"硬责任"而是"软责任"，可以掉以轻心。任何法律责任都由法律的强制力予以保障，都是"硬责任"。科技民事法律责任也是带强制性的"硬责任"。

第四，科技民事法律责任的追究对象是科技民事违法行为人，即法律强制力的实施对象是科技民事违法行为人。通过对科技民事违法行为人的法律强制，达到使已经发生的违法行为得到制止，并使已经造成的损失得到补救，而如果受损的是科技民事关系的另一方，则使该方的损失得到赔偿。

(二）科技民事法律责任和科技行政法律责任的区别

第一，科技民事法律责任是由科技民事违法行为引起的，而科技行政法律责任是由科技行政违法行为引起的。

科技民事违法行为与科技行政违法行为可能造成同样的影响科技发展的结果，但前者破坏的是科技民事关系，后者破坏的是科技行政关系；对前者的制裁是要调整科技民事关系，而对后者的制裁却是为了调整科技行政关系。"殊途同归"于保证科技发展；但"同归"于"殊途"，"道路"不同，不能混淆。

第二，科技民事法律责任是由科技民事法规定的，科技行政法律责任则是由科技行政法规定的。

明确这一点的必要性在于：懂得运用不同的法律去解决不同的法律责任问题。现实生活中，由于科技行政机关除科技行政职能外，有时也像其他国家机关那样，参与了科技民事活动，作为科技民事主体出现与其他科技民事主体发生交往。当科技行政机关在工作中发生了差错，从而导致影响科技发展的后果时，究竟负什么责任呢？往往会出现以科技行政责任代替科技民事责任的情况。这样做，除违法行为性质认定的不准确外，还有法律适用掌握不当问题。其实，当违法行为性质认定难以把握时，不妨"反求"于法律，科技民事法与科技行政法的有关规定不可能含糊其词、模棱两可，可以用来解决法律责任的性质。

第三，科技民事法律责任追究的对象是科技民事违法行为人，科技行政法律责任追究的对象却是科技行政违法行为人。

追究对象不同，法律制裁措施也不同。对科技民事违法行为人的法律追究，是要重新协调科技民事关系，并对已经造成的民事损失做出补救；对科技行政违法行为人的法律追究，则是要重新协调科技行政关系，而对已经造成的行政错误予以制止。前者的处理往往与经济利益连在一起，后者的处理则大多与职能调整、职级升降互相联系。

第四，科技民事责任的法律制裁机关与科技行政责任的法律制裁机关不同。

科技民事责任的法律制裁机关可以是依法规定的科技民事仲裁机构、科技民事法庭，也可以由科技民事关系双方依据法律自行协商；科技行政责任的法律制裁则依法由上级科技行政机关或科技行政法庭做出，不能采取科技行政的上下级之间的"私了"的办法解决法律责任问题。

（三）科技民事法律责任与一般民事法律责任的区别

第一，法律责任发生原因不同。

科技民事法律责任的发生原因是科技民事违法行为，它引起了科技民事关系被破坏的后果，造成了科技活动的损失；一般民事法律责任的发生原因一般与科技无关（既与科技民事关系无关，也与科技活动无关），其发生原因是在于一般民事违法行为引起的一般民事关系的破坏，造成了财产纠纷，导致了经济损失。

第二，关于责任的法律规定不同。

科技民事责任由科技民事法做出规定；一般民事责任则由一般民事法做出规定。这两种规定在形式上可能完全一样，但在内容与实质上有较大差别。科技民事法规定的科技民事责任，由于与科技活动之从已知探索未知，带有探索性与风险性，往往比较笼统、比较原则、允许变通，有较大的灵活性；一般民事法规定的一般民事责任，则由于无科技活动的探索性与风险性问题，大多比较具体，不允许变通。

第三，追究法律责任的目的不同。

科技民事责任的法律制裁，目的在于保证重新协调科技民事关系以促进科技发展；一般民事责任的法律制裁，目的则在于重新协调一般民事关系，解决已经造成的财产权利纠纷与经济损失的赔偿问题。

科技民事法关于科技民事法律责任的规定，在各国是有所不同的。其原因在于科学技术发展水平不同，对科学技术发展中的科技社会关系、科技活动的探索性与风险性的认识不同，因社会文化传统、风俗习惯、心理特点以及法律意识不同造成的对以法律手段解决科技民事关系的目的、方法、措施的认识不一。

但是，随着国际科技交往的增多，随着信息传播的迅速化与普遍化，随着各国人民法制意识的加强，以及为了科技合作而采取相同法律调节手段的必要性的增强，科技民事法关于科技民事法律责任的规定，正出现趋同现象。总的趋势是，各个科技民事领域，都在联合国的主持下或国家集团组织的主持下，进行多国一致确认、共同遵守的科技民事立法，从而为解决以共同的法律制裁措施进行科技民事关系的合理处理奠定基础。《国际专利公约》《国际版权公约》之类的共同准则已经一一制定，它们成了各国国内有关立法的基本准则。为了发展国际科技交流与科技合作，我们要积极研究和参与这些国际性的科技民事立法。

不少部门法在一国之内往往有不同的适用方法。婚姻法在我国汉族地区与少数民族地区的贯彻与适用，是有所区别的。即使是刑法、民法这样的基本法，在不同地区、不同传统的民族中，适用方法也应有所变通。但是，科技民事法作为协调最后成型的科技社会关系的重要法律，在科技民事法律责任的处理上，不应有地域与民族的区别。这不仅有利于维护法律的统一性，更重要的是有利于科技的发展，从而为生产力的突飞猛进创造决定性的条件，而这是各民族的共同利益所在，也是少数民族的最大利益所在。

二、科技民事法律责任人

科技民事法律责任既是指科技民事违法行为人所应承担的带有强制性的科技民事法规定的责任，那么，科技民事法律责任人就与科技民事违法行为人有关，并进而要求我们探讨科技民事违法行为人及其违法行为。现在我们先来看前一个问题。

（一）科技民事法律责任人的含义及分类

科技民事法律责任人与科技民事违法人有关，但二者不是一个概念，科技民事法律责任人并不就是科技民事违法行为人。

科技民事法律责任人是指在科技民事活动中可能因违反科技民事法而负法律责任的人。这里指的是"可能"，而不是"现实"。之所以这样提而与一般关于法律责任人的提法不同（不少同志认为法律责任人即指已经违法而负有法律责任者），是因为：可能违法与已经违法不可混淆；未违法不等于永远不会违法；进入科技民事活动领域即应具有高度的科技民事法律责任心，这对协调好科技民事关系、搞好科技活动以及不因违法而受制裁，都有重大的好处。

科技民事法律责任人的"人"，与科技行政法律责任人一样，不仅指单个的个人，而且可以是组织——法人或非法人的机构。只要具有科技民事法律关系主体的资格，就是我们这里所说的科技民事法律责任人。因此，它的分类与科技民事法律关系主体的分类正好是一致的。

1. 科技人员

科技人员在科技民事法律关系中，既是权利主体，又是义务主体，在同一个科技民事关系中，其权利义务是相当的。

作为科技民事法律关系的权利主体，科技人员不能滥用权利。法国学者约瑟朗德认为："客观的权利是一种有用的权利，这些权利存在于将要实现其作用的范围内。超出这一范围，权利所有人便超出或滥用了这些权利。滥用权利的行为是一种与国家制度的目的和精神不相符合的行为。"①权利的"有用"性，在于它的正确使用，一旦滥用，则"有用"会走向它的反面。所谓"滥用"，就是超越法律规定的范围。其结果是损及其他人的权利，最后导致有关的科技民事关系被破坏，权利运用的基础也不存在了。

作为科技民事关系的义务主体，科技人员必须认真履行法定的义务。我国宪法规定："任何公民享有宪法和法律规定的权利，同时必须履行宪法和法律规定的义务。"（第三十三条）如果科技人员不依法履行其义务，直接结果就是损害科技民事关系对方的权利，从而破坏科技民事关系。而科技民事关系一旦被破坏，其本身的权利也失去了依存的基础，不复存在了。因此，履行义务正是为了享有权利，二者是相互依存，相得益彰的。在这一点上，科技人员在科技民事关系中，与在科技行政关系中仅为义务主体而不享有行政权利，是完全不一样的。

科技人员作为科技民事法律关系的主体，无论是滥用权利，或者是不履行义务，都不

---

① 《国际比较法百科全书·侵权行为，为自己之责任》，柏林，1912年版，第113页。

符合科技民事法，都是违反科技民事法的行为，都得负科技民事法律责任。因此，科技人员应时刻记住自己是科技民事法律责任人，力争避免违反科技民事法而堕为科技民事违法行为人。

2. 科技研究机构

和科技人员一样，在科技民事法律关系中，科技研究机构也既是权利主体，又是义务主体；在同一项科技民事关系中，其权利和义务是相当的。

无论作为科技民事法律关系的权利主体或义务主体，科技研究机构都必须依法而行，不滥用权利，不鄙弃义务而拒绝履行。

科技人员作为个体"势单力薄"，"滥用权利"的范围有限、可能性较小。科技研究机构作为一个有一定实力的整体，"滥用权利"的范围和可能性都比较大。同样，不履行义务的范围和可能性也比较大，其造成的社会危害性，当然也相应增大。为此，科技研究机构在享用权利与履行义务方面，更应增强守法的自觉性。

科技研究机构作为整体，在科技民事法律关系中的法律责任，应由全体科技人员共同承担。但是，其领导人员负有更大的责任。同时，如有滥用权利或不履行义务的违法行为发生，也大多是在领导人授意或默许下出现的。因此，在追究科技研究机构的科技民事法律责任时，首当其冲的是它的领导人员。

3. 国家机关和其他社会组织

国家机关等在科技民事法律关系中，并无特殊的地位，当然也不拥有特殊的权利。它同样既是权利主体，又是义务主体。

但是，由于传统的习惯势力，由于国家机关等在科技行政以及一般行政中的特殊地位，它特别容易忽视本身的科技民事法律责任，或越出科技民事权利范围，或不介意于不履行法定义务。正因如此，我国宪法特别规定：公民"对于任何国家机关和国家工作人员的违法失职行为，有向有关国家机关提出申诉、控告或者检举的权利"，"由于国家机关和国家工作人员侵犯公民权利而受到损失的人，有依照法律规定取得赔偿的权利"（第四十一条）。这些规定，当然也适用于科技民事关系中由于国家机关等不履行义务或滥用权利导致受损的其他民事关系主体。

在计划经济的旧体制下，国家机关习惯于发号施令，习惯于只作权利主体而不履行义务；同时，其行政职能的特殊性也使它容易忽视自身依法履行义务的必要性。因此，在科技民事关系日益发展的现在，在商品经济行将大发展的今后，国家机关等更应重视科技民事法律责任心的加强，自觉履行义务，严肃享用科技民事权利。

（二）科技民事违法行为人

科技民事违法行为人是指在科技民事交往中实施了科技民事违法活动因而负有法律责任的人。科技人员、科技研究机构和国家机关及其他社会组织，只要在科技民事活动中实施了科技民事违法活动因而负有法律责任者，都是科技民事违法行为人。

科技民事违法行为人与科技行政违法行为人的区别在于：前者实施了科技民事违法活动，后者实施了科技行政违法活动；前者触犯的是科技民事法，后者触犯的是科技行政法。

科技民事违法行为人与一般民事违法行为人的区别在于：前者实施了科技民事违法活动，后者实施了一般民事违法活动；前者违反的是科技民事法，后者违反的是一般民事法。

科技民事违法行为人与科技民事法律责任人的区别在于：前者实施了科技民事违法，而后者仅具备科技民事违法的可能。将这二者区分开来是有必要的，这既有助于依法惩处科技民事违法者，使已经造成后果的法律责任有人承担，不致法律责任不明，后果无人承担；并使已经开始的科技民事违法得到制止，而不致继续发展；同时，也有助于提高对科技民事违法的警惕性和警觉性，以便"防患于未然"。实际上，这就是科技民事法的法律预防与法律强制两种作用的具体化。

明确了上述问题之后，我们可以进而探讨科技民事违法问题了。

三、科技民事违法

关于科技民事违法，需加探讨的问题有以下三个方面：

（一）科技民事违法的实质

科技民事违法的实质是破坏法定的科技民事权利义务关系。

科技民事权利义务关系是一种对应的关系，享受权利者必须履行义务，承担义务者必定拥有权利。这样，无论科技民事违法表现在滥用权利、侵犯权利上，还是不履行义务上，都会造成权利义务失衡，即破坏法定的权利义务关系。

有的科技民事法仅对义务做出规定，而无权利规定的条文。例如我国《技术合同法》关于技术开发合同中的委托开发合同问题，仅就"委托方的主要义务"和"研究开发方的主要义务"各提出三项（第二十八条），而无委托方与研究开发方的权利规定。这是科技民事权利义务关系对应性的最典型表现，即一方义务即为对方权利。在这种情况下，科技民事违法即为违反法定的义务而破坏权利义务关系。这时，"破坏权利义务关系"的表现和途径，是不履行义务。

有的科技民事法既对义务做出规定，也对权利做出规定。也是在《技术合同法》中，关于合作开发合同的"技术成果的归属和分享原则"即有如下规定：

"（一）委托开发所完成的发明创造，除合同另有约定的以外，申请专利的权利属于研究开发方。研究开发方取得专利权的，委托方可以免费实施该项专利。

"研究开发方就其发明创造转让专利申请权的，委托方可以优先受让专利申请权。"

(第三十二条第一项)

"(二)合作开发所完成的发明创造,除合同另有约定的以外,申请专利的权利属于合作开发各方共有。一方转让其共有的专利申请权的,另一方或其他各方可以优先受让其共有的专利申请权。

"合作开发各方中一方声明放弃其共有的专利申请权的,可以由另一方单独申请,或者由其他各方共同申请。发明创造被授予专利以后,放弃专利申请权的一方可以免费实施该项权利。"(第三十二条第二项)

这里,关于合作开发合同所完成的技术成果的归属和分享原则实际上是关于双方权利和义务的原则规定。例如关于"研究开发方取得专利权的,委托方可以免费实施该项专利"的规定,便明确了"委托方"的"免费实施该项专利"的权利,也蕴含着"研究开发方"允许"委托方""免费实施该项专利"的义务。其他一系列规定,大致都是"权利规定蕴含义务"或"义务规定蕴含权利"。因此,任何一方对任何一种权利或任何一种义务的破坏,都意味着对双方的权利义务关系的破坏。

关于专利权、著作权的法律规定,同时是涉及专利管理机关、著作权管理机关与专利权人、著作者的权利义务关系的,任何一方对其中的权利或义务的破坏,即是对双方权利义务关系的破坏,从而构成违反专利法或违反著作权法的行为。

科技民事法关于科技民事权利或义务的规定,同样是有原则规定与具体规定之分,但以原则规定为多。至于与每一民事活动结合而形成的具体的权利义务,则由有关的科技民事合同、专利申请与核准书等做具体规定。不管是对科技民事权利义务的原则规定的违反,或是对具体规定的违反,都将构成科技民事违法。

(二)科技民事违法行为

科技民事违法行为有违反权利规定和违反义务规定两大类。其中,违反权利规定有两种表现:

一为益用权利,即超越权利规定的范围或程度而作为。

这是一种权利主体的行为。所谓"超越权利规定的范围",是指法律或依法制定的协议书、合同上没有规定的权利,而由权利主体擅自行使了。所谓"超越权利规定的程度",是指虽有法律或依法制定的协议书、合同上规定的权利,但在行使权利的时间、范围、对象等方面,超出了规定。例如专利权人有权利用自己的专利权收取使用费,但如超过了专利期限而仍在收取使用费,或超出了法律规定的收费标准,或对不该收费的人收取了费用,都是"超越权利规定的程度",属于科技民事违法行为。

行为有作为与不作为之分。作为性行为可能流为滥用权利;不作为性行为绝不会流为滥用权利。同时,不作为性行为,也不构成科技民事违法行为。在这一点上,科技行政违法行为与此不同。对于科技行政权利主体来说,不作为性的科技行政行为,就构成科技行政违法。

二为侵犯权利，即对权利主体的权利进行不恰当的干预，致使该权利主体丧失权利或限制了该权利主体的权利行使。滥用权利是权利主体的自为性行为，侵犯权利则是他方的行为。

值得注意的是，侵犯权利的"他方"，既可能是已经进入科技民事关系的对方，也可能是本身不属于该项科技民事关系的公民、法人或其他组织。当本来不属于该项科技民事关系的"他方"侵犯了科技民事权利主体的权利时，即为自然进入该项科技民事关系的特殊状态，同样要承担有关的科技民事法律责任。至于本已进入该项科技民事关系的对方的侵权表现，当然属于科技民事违法行为，应当承担由此引起的违法责任。

违反义务规定也有两种情况：

一为不作为性行为的违反义务规定，即法律规定或依法制作的协议、合同规定应当履行的义务而不履行。例如专利权人不在一定期限内在国内实施或准许他人实施专利发明；非专利技术转让合同的转让方不"按照合同约定提供技术资料，进行技术指导"；等等。

一为作为性行为的违反义务规定，即科技民事义务主体以其某种作为使得原定义务不能履行或错误地履行。例如，《技术合同法》第三十九条规定"非专利技术转让合同的转让方"有"保证技术的实用性、可靠性"，而"转让方"故意提供不实用或不可靠的技术；该法还规定"非专利技术转让合同的受让方"有"在合同约定的范围内使用技术"的义务，而"受让方"却在合同约定的范围外使用技术；等等。

无论是不作为性或作为性科技民事违法行为，都必须有行为人的过错，才构成科技民事违法。这里，主观上的过错，包括故意和过失，是构成民事责任的前提。这种主观上的过错，见诸行为（作为或不作为），从而造成违法后果，具有一定的社会危害性，因而必须作为科技民事违法而受法律制裁。当然，故意与过失在科技民事违法的性质上也是有所区别的，属于不同的违法情节，在做科技民事违法处理时，应该分清轻重，酌情处理。

（三）科技民事违法的制裁

第一，科技民事违法的制裁是对科技民事违法行为人的制裁。

对科技民事违法行为人的制裁，首先意味着制止科技民事违法行为的继续。因为无论是滥用权利、侵犯权利，或者是不作为性行为的违反义务规定与作为性的违反义务规定，都是科技民事关系中的"人"（公民、法人、其他组织）的行为，对科技民事违法行为人的制裁即制止其继续这种违法行为。其次意味着对科技民事违法行为人的惩罚，使其经济权利或人身权利遭受与违法行为造成的损失相应的损失，从而使受害方得到补偿。

强调科技民事违法行为的制裁是对科技民事违法行为人的制裁，对于破除那种不问青红皂白与是非曲直而进行"息事宁人"的"和稀泥"做法及与此相关的陈旧的为人哲学和法律意识，有重要的意义。"息事宁人""和稀泥"的结果是把矛盾掩盖起来，延期解决。

一旦矛盾积累得多了，反而会因"积重难返"，不好处理。"息事宁人"等等在法律制裁问题上的反映，实质上是法律虚无主义意识的流露，任其发展，会导致否定法制。商品经济的发展，要求确立与之相应的法制观念，讲公平、正直、诚信和法律原则，而不讲虚伪的"息事宁人"。

但这不是说任何科技民事纠纷都要诉诸法律甚至诉诸公堂对簿。如前所说，科技活动中的不可知因素使得它具有探索性与风险性，因而要求科技民事双方互谅互让、精诚合作，在发生纠纷的情况下共同寻找妥善的善后解决办法。但这与应予法律制裁而不予法律制裁是两回事。

不过，科技民事纠纷的处理与科技行政纠纷的处理，在法律责任是否免除方面，是不一样的。

第二，科技民事违法的制裁一般可以免除。

科技行政违法的制裁不得免除，而科技民事违法的制裁一般可以免除。如前所说，这是因为科技民事法律关系的当事双方是权利平等的主体，有关纠纷中的利益不涉及第三方，协商免除法律责任，不影响第三方的利益。但科技民事违法行为如果发生在国家机关、其他社会组织与法人、公民之间，而受损的是国家机关或其他社会组织，那么，其利害关系就不仅仅是某一具体的国家机关或其他社会组织，而是整个国家与社会了。例如，邮电部委托电信研究所开发新型遥感器，支付了巨额的开发经费；电信研究所却因纪律松散而没有按合同规定如期完成开发任务，同时又把开发经费吃光用尽。在这种情况下，电信研究所的法律责任不能卸却，应予相应的法律制裁。

第三，科技民事违法的制裁可以由当事双方协商自行实施。

科技行政违法的制裁，概由法律授权实施制裁的机关执行。科技民事违法的制裁，在双方无法达成协议的情况下，可由法律规定的仲裁机关执行，也可由法院执行。但如双方在互谅的基础上达成自行实施的协议，或虽不能互谅互让，而违法一方愿意接受对方提出的制裁办法，却可以自行实施科技民事违法的制裁。但无论何种形式的制裁，都要依法实施而不能违反法律。我们认为，科技民事纠纷双方通过协商自行实施对违法方的制裁，也属于科技民事法律制裁。这是因为协商和制裁的依据，都是法律或依据法律制定的协议书、合同的规定。

第四，科技民事违法的制裁措施，主要有以下几类：

1.赔偿。这是科技民事违法最常见的制裁措施。我国《专利法》第六十条规定："对未经专利权人许可，实施其专利的侵权行为，专利权人或者利害关系人可以请求专利管理机关进行处理，也可以直接向人民法院起诉。专利管理机关处理的时候，有权责令侵权人停止侵权行为，并赔偿损失。"第六十三条规定："假冒他人专利的，依照本法第六十条的规定处理。"我国《技术合同法》的第十七条、第二十九条、第四十条、第四十一条、第四十六条、第四十九条等，都规定了违反合同的赔偿责任，可以援用来作为法律制裁的赔偿措施的依据。各国的著作权法也规定了对有关违法行为人的法律制裁措施，其中之一便是赔偿。

赔偿可以货币支付，也有用实物支付的。英国1956年的《版权法》规定，将侵权人所占有的侵权复制品、制作该复制品的机器设备和工具等全部无偿移交给受侵害人。这一部分可作为实物赔偿看待，如不足以抵消受侵害人的损失，还可责成侵权人以货币赔偿或其他赔偿补足。

但科技活动中的损失往往难以准确计价，所以，有的国家对诸如侵犯著作权的侵权行为人规定了"法定损失赔偿额"，即只要侵权行为发生，不论它给权利人造成多大损失，甚至不论是否造成了实际经济损失，都按规定数额赔偿。

2. 刑罚。我国《专利法》第六十三条规定：假冒他人专利，"情节严重的，对直接责任人员比照刑法第一百二十七条的规定追究刑事责任"。第六十六条规定：专利局工作人员及有关国家工作人员徇私舞弊而"情节严重的，比照刑法第一百八十八条的规定追究刑事责任"。有些国家的著作权法规定，著作权侵权情节严重的，要予刑事制裁，如美国规定可以判一万美元以下的罚金或一年以下的监禁。从近年各国著作权立法及法律修订的总趋势看，对以假冒与抄袭方法侵犯著作权的人实施刑事处罚的规定，变得越来越重。

3. 行政处分。如我国《专利法》第六十五条规定："侵夺发明人或者设计人的非职务发明创造专利申请权和本法规定的其他权益的，由所在单位或者上级主管机关给予行政处分。"专利权、著作权管理机关的负责人或工作人员，在处理专利权、著作权问题上的失职导致专利权人、作者受损的，也可能给予行政处分。参与科技合同关系的国家机关、其他社会组织的有关人员，如果因滥用权利、侵犯合同对方权利或不履行义务而致使对方权益受损，从而构成科技民事违法的，也要视情节轻重给予恰当的行政处分。在这种情况下，这一行政处分不是作为科技行政法律责任而实施，而是作为科技民事法律责任而实施的。做这样的区分，是为了在法律制裁之后，从不同的角度继续考察有关人员并观其后效、恰当安排。一般来说，因受科技行政违法处分的，在掌握职务恢复方面要比受科技民事违法处分的严格一些。这是因为，科技行政违法更直接地证明有关人员不适宜从事该行政工作。

科技民事违法的法律制裁措施，在专利权保护方法、著作权保护方法和合同保护方法方面，实际上是很不同的，而且各国的有关规定，也极不一致。以上仅仅指出了法律制裁的大致措施类别，具体到各国的不同科技民事纠纷，则应具体考察、具体分析、具体对待，而不能一概而论。

科技国际关系的法律调整篇

"一尺之棰，日取半其，万世不竭。""日取"科学技术法、国际法之"半"，以"科技国际法"的构建，来认识科学技术国际化发展所提出的调整科技国际法律关系的需求问题，已成为当务之急。本篇试析科技国际法律关系的定义、主体、客体和内容以及科技国际法的定义、特点、调整对象、调整方法等问题。

第二十五章 科技国际法律关系

一、科技国际法律关系略论

(一) 定义

科技国际法律关系是国际科技民事主体之间依科技国际法产生的权利义务关系。这一定义包含以下几层意思：

第一，科技国际法律关系是在科技国际活动中发生的。

我们不说是"国际科技活动"而说是"科技国际活动"，目的在于突出科技国际法律关系不是产生于"科技活动"中，而是产生于科学技术的"国际活动"中。科技活动是一个含义较广的概念。在科技活动中，既有科技行政管理活动，又有科技民事交往活动，还有科技刑事犯罪活动。此外，还有科技国际交往活动，我们简称为科技国际活动。如前所说，不同内容的科技活动，决定着不同科技社会关系的发生，正如科技行政管理活动决定科技行政关系的发生，科技民事活动决定科技民事关系的发生，科技刑事犯罪活动决定着科技刑事关系的发生一样，科技国际活动决定着科技国际关系的发生。

这里所说科技国际活动，主要包括以下几种类型：一为科技国际交流活动。诸如举办国际学术会议、科学技术博览会，互派（或派遣）科技专家出国讲学、进修，进行科技专家出国访问，科学技术图书、情报交流等等都是。二为科技国际合作活动。例如合作开设科技研究机构，合作进行科学技术课题的研究，合作开展重大科技工程建设等。三为国际技术转让活动。包括技术进口与技术出口。四为科技国际协助活动。例如为他国的尖端科技活动提供人员救援、器件回收等。

在上述种种科技国际活动中，参与其事的可以是：

1.国家。即以国家身份进行科技交流、合作、转让活动。

2.法人。即各种具有法人资格的科技研究机构、企业、公司等与外国进行科技国际交往。

3. 公民。即不以国家身份或法人代表身份而以科技人员的个人身份与外国进行科技国际交往。

法人与公民在和外国的法人或公民进行科技交往时，虽不是以国家身份进行，但由于是发生在不同国家的法人或公民之间，而且，还由于法人或公民都受本国政策、利益的影响，所以我们仍视其为科技国际活动。

上述三种参与科技国际交往的主体，不一定对应地（如国家与国家、法人与法人、公民与公民）进入科技国际关系，完全可能交叉地发生科技国际关系，如一国的科技研究机构与另一国的科技人员发生科技交往等。

鉴于大量的科技国际活动发生在国家与国家之间，且最具科技国际法律关系的典型性，我们在下文的探讨中，仅以国家与国家的科技交往为例做分析研究，也就是把"科技国际活动"限制在国与国之间的科技交往的范围内。但这并不是说明科技国际法律关系的全部复杂问题可以归结为科技活动中的国家与国家的权利义务关系。这是首先必须申明的。

第二，科技国际法律关系发生于国际科技民事关系主体之间。

这说明，科技国际法律关系是民事关系主体之间产生的法律关系。与国际科技民事关系相对应的是国际科技行政关系，但后者极为罕见。科技国际关系通常只有一种形式，即科技国际民事关系。

现在存在的国家集团，如"北约"（《北大西洋公约》参与国）、"华约"（《华沙条约》参与国）、欧洲共同体、"经互会"（苏联和部分东欧社会主义国家的经济互助委员会），内部有一定的行政式的制约，但总的来说（或从形式上来说），各国之间的地位是平等的，以国家集团的名义，或以国家集团中的个别国家的名义参与国际交往，或在集团内部的交往中，所发生的科技国际法律关系，一般仍然是国际科技民事关系主体之间的法律关系，而不是科技行政法律关系。

总之，在科技国际法律关系中，参与国是以国家的名义作为民事法律关系主体资格出现的。

第三，科技国际法律关系是依据科技国际法发生的。

这说明，科技国际法律关系不是国际间的一般科技关系。国际间的一般科技关系，如科学思想、技术成就的影响、科技道德与道义关系等，都不受法律的约束。科技国际法律关系却必须有科技国际法的明文规定，在实践中必须受其约束。

这里所说的科技国际法，可以是双边的，也可以是多边的，还可以是联合国主持下大多数以至所有国家都参与的。

第四，科技国际法律关系的内容是法定的国家与国家之间在科技交往中的权利义务关系。

法定的权利义务关系构成了科技国际法律关系的内容。参与科技国际交往的国家，必须像遵守国内法那样严格履行其科技国际义务，同时，以此换取科技国际权利。如前所说，这种权利义务关系，是民事权利与民事义务的关系。不过它不是发生在一国之内，而是发生在各国之间。

（二）科技国际法律关系的特征

1. 国际性

科技国际法律关系是一种民事性的关系，它与科技民事法律关系的区别就在于国际性的特征，而我们所说的科技民事法律关系，是从一国之内出发确定的。

科技国际法律关系的国际性特征，要求我们在考察和处理有关问题时，必须与国家的社会制度、政治制度、经济制度、文化传统、民族特点等等联系起来，必须与国家形势、国际力量的对比以及各有关国家经济与科技的发展水平联系起来。

资本主义社会制度和社会主义社会制度的根本区别在于，前者是一种剥削制度，后者是一种消灭剥削的制度。不同社会制度国家间的科技交往及相互关系，不能不因此而留下烙印。同样，政治上的集权制度和民主制度，会给国家之间的科技关系带来巨大的影响；经济制度、文化传统、民族特点等也各有其作用。尤其是当上述情况与国家的经济科技实力结合在一起时，更可能给科技国际关系投下阴影，并在有关的科技国际法中表现出来。最明显的例证，便是关于技术转让的国际协定中，科技发达的国家往往强求设置许多限制性条款，而发展中国家则多半不得不接受。因此，科技国际法律关系的国际性特点表明，尽管它是一种民事性关系，但与国内民事法律关系有所不同，它受强权的影响比较深。

2. 民事性

科技国际法律关系不是行政性而是民事性的，这是一个重要特征。虽然如前所说，它受强权的影响比较深，但从形式上和发展趋势上看，它与国内的民事法律关系的形式与内容是大体一致的。

所谓"从形式上看"，就是参与科技国际法律关系的各个国家，其主体地位形式上完全平等。有关的国际科技条约可以不参加、不签署，从而不受制于别国。在参与讨论有关科技国际法时，可以指陈利弊、申述主张，与任何国家在形式上做平等的对话。表面上，所有的国家，在发生科技国际关系时，是完全平等的。因此，在确定其权利义务时，本身的权利与义务是对应的，与对方国家的权利义务是对等的。

所谓"从发展趋势上看"，是指在社会主义国家和进步人类的联合斗争下，国际强权已经越来越受到严厉的谴责，因而越来越行不通；同时发达国家发展经济与科技，已不可能脱离发展中国家的支持和帮助。因此，已经形成的趋势是，国家不分大小强弱，携手合作、平等相待、互助互利则共同进步，以强凌弱、尔虞我诈则两败俱伤，于是发达国家不得不寻求以平等的法律关系来处理与发展中国家的科技合作问题。

3. 法定性

科技国际法律关系的法定性，保证有关的权利得以依法实施，有关的义务必须依法履行。因此，任何科技国际交往，都必须有法可依，而且有法必依。

科技国际法律关系的上述特征的综合，可以将它与科技行政法律关系、科技民事法律关系和一般国际法律关系区分开来。为进一步了解科技国际法律关系，下文我们来分析它的主体、客体和内容。

二、科技国际法律关系的主体

（一）定义

科技国际法律关系的主体，是指在科技国际法律关系中依科技国际法享有权利和承担义务的国家组织。

显然，这一判断与我们论述科技行政法律关系、科技民事法律关系主体时所下的判断，有很大的不同。在这里，作为主体的，只有国家组织一种。

如前所说，在国际上发生科技交往的，不仅有以国家组织名义出现的，也有以科技研究机构的法人资格和以个人身份参加的。但是，当科技研究机构或科技人员个人参加科技国际交往时，或者是作为国家代表出现的；或者虽不代表国家，但当其参与有关活动时，实际上总是得到国家的允准，必须恪守国内有关法律的规定；而且在发生法律纠纷、引起法律责任的承担问题时，必有国家出面予以帮助；而在本身无法承担法律责任时，往往由国家代为承担。因此，可以将科技研究机构、科技人员个人参与科技国际活动，视为国家组织参与科技国际科技活动的一部分。这样，科技国际法律关系的主体，就可以归结为一种，即国家组织。

在科技国际法律关系中，国家组织既是科技国际关系的权利主体，又是科技国际关系的义务主体。同时，在科技国际法律关系中，国家组织的这种权利主体与义务主体的双重性，总是最清楚明确地以具有法律约束力的协议或合同、条约肯定下来。

科技国际法律关系的权利主体或义务主体，总是有两个或两个以上。这是因为，任何科技国际法都由两个或两个以上的国家组织签订，既然每个国家组织都既是权利主体又是义务主体，那么，每项科技国际法律关系就都有两个或两个以上了。

国际间，还有一种无偿的科技援助协定。在这种情况下，其中一方的国家组织如为义务主体的话，另一方则为权利主体；同时，权利主体不承担义务，义务主体也不享有权利。但是，这种科技援助协定不具有法律性质，没有法律约束力。它的签订，是基于科技国际道义。因此，严格来说，双方不能分别称为权利主体与义务主体，因为"权利""义务"云云，均为法律用语，无法律关系，便无权利义务关系。因此，即使称之为权利义务关系，其有权利主体与有义务主体并且二者不能得兼，也不能用以否定上述权利主体或义务主体各有两个或两个以上的论断。

科技民事关系中的权利义务规定都比较原则，具体的权利义务由具体的合同、协议确定。但在科技国际法律关系中，尽管它具有民事性的特点，由科技国际法所确定的权利与义务一般却不是原则性的，而是具体的；如果不得不是原则性的，也在有关法律文件中指明这些原则性规定的具体化方法。例如，《日本国政府同代表美利坚合众国政府的合众国原子能委员会签署特殊核物质租赁的协定》（1970年10月22日日本外务省告示第203号）中，日本为租赁者即承租方，美方为出租方。该《协定》具体规定了双方的权利与义务。如第四条规定："除租赁协定有特别规定外，租赁者在1970年12月31日或两个当事者相互同意的较晚的时间以前，有权占有并使用接受运用租赁协定的物质。"（第一款）"当租赁者本身不履行租赁协定规定的义务，并从该内容的书面通告发布之日起三十天以内不采取纠正措施时，除其不履行确因不可抗拒的力量，而不是租赁者的过失或疏忽外，委员会可通过向租赁者发布书面通告，随时在政府不负担其费用的情况下废除或停止租赁协定的一部分或全部。"（第五款）这里，关于承租方与出租方的权利的规定，显然是极为具体的。而在《日本国政府和美利坚合众国政府关于科学技术研究开发的合作协定》（1980年6月6日日本外务省公告第212号）中，诸如下列规定："两国政府为公平分配依本协定的合作活动而产生的工业所有权及其实施权，并利用其成果而考虑其他有关工业所有权的实施权，根据需要相互协商。"（第五条第二款）则为原则性规定并以此规定指明具体化的方法，此处所指示的方法是"根据需要相互协商"。

（二）科技国际法律关系主体的权利义务能力

科技国际法律关系主体的权利义务能力，是指科技国际法赋予科技国际法律关系主体享有权利和承担义务的能力。

国家组织作为科技国际法律关系主体的权利义务能力，一般地可说是无限的。之所以用"一般地"加以限制，仅仅是由于必须从理论上承认国家有灭亡的可能，以及国家有合并或消亡的可能。但在当代现实生活中，我们确认国家组织的无限的权利义务能力就可以了。

但国家组织的权利义务能力，实际上是由国家机关、国家所掌握的或影响力所及的科技研究机构和科技人员分担（或曰合力承担）的。这是因为国家组织在以其所拥有的科技研究手段（原有的科技实力、物力和财力以及空间等）参与科技国际法律关系外，只能依靠科技研究机构和科技人员的科技研究功能，它本身是不具备科技研究功能的。但国家组织所拥有的科技研究手段，在把原有的科技研究实力（它包括科技成果、仪器设备以至整个的工业基础）计算进去时，对许多国家来说，是极为可观的。因此，科技国际法律关系的发展领域极为宽广，科技国际关系主体的活动天地十分广阔，可以调动的资源非常丰富，进行科技国际交往的前景无比辉煌。

科技国际法律关系主体的权利义务能力是法定的。尽管主体拥有可观的科技实力、科技研究手段并掌握大批科技研究机构与科技精英，但具体的科技国际法所赋予的是具体的权利与具体的义务。因此，每一项具体的科技国际法律关系中，作为主体的国家组织的权利义务能力是不同的。

科技国际法所赋予的权利能力与义务能力，应与有关国家组织的行为能力相适应。否则，所赋予的权利，不能充分行使，所赋予的义务，又不能如实履行。其结果是使本身的利益遭受损害，同时也损害了对方的利益。而对方利益的损害，又要求给予赔偿，这就会带来双重的损失。所以，在科技国际法的签订中，必须反复权衡是否具有足够的能力以享用权利、履行义务。这就涉及主体的行为能力问题了。

（三）科技国际法律关系主体的行为能力

科技国际法律关系主体的行为能力，就是作为科技国际法律关系主体的国家组织，以其自身所为的行为，取得科技国际民事权利并承担科技国际民事义务的资格。只有当国家组织不复存在时，其行为能力才不复存在。

但科技国际法律关系主体的权利义务能力是法定的，而行为能力却不是法定的。因此，其权利义务能力始于有关法律的签订，终于法定时期届满。但法定义务如果届期未了，由于其行为能力尚存而不受法律限制，还应继续履行义务以满足对方的需要。

科技国际法律关系主体行为能力的范围应与权利义务能力的范围一致。即有关国家组织可从自己的行为取得权利和承担义务的范围，又不能超出它们的权利义务能力所限定的范围；否则，其行为为无效。如果由此损及对方利益的话，还需承担相应的法律责任。但是，这是就一项科技国际法律关系而言的。实际上，总是存在着许多项科技国际法律关系，而且国家组织还有其他的科技发展任务，因此，其行为只要不损及对方的利益，就不存在承担法律责任的问题。

科技国际法律关系主体的行为能力的实现，主要有两种情况：一为以自身的行为实现之，主要是指发挥其所掌握的科技研究手段的能力；一为通过科技研究机构或科技人员的行为实现之。当通过科技研究机构或科技人员实现其行为能力时，国家组织必须以法定的程序、法定的方式授权，否则无效。

三、科技国际法律关系的客体

科技国际法律关系的客体，是指科技国际关系主体权利义务所指向的对象。科技国际关系主体权利义务所指向的对象有以下几种：

（一）科技研究手段是科技国际法律关系的重要客体

这里所说的科技研究手段，包括下列内容：

1.科技研究原有水平（有时称为原有的科技研究实力，但不包括科技研究机构和科技人员在内）。这是指一个国家历史上积累下来的科学技术知识、经验、传统及其物质表现，如科技书刊的出版、科技情报的积累和工业基础等等。这是国家组织在享用权利或履行义务时不可须臾离开的，没有科技研究的原有水平，就不可能站在较高的起点上与别国发生科技交往关系，不可能享用权利、承担义务。这一方面的科技研究手段掌握在国家手中，可由国家随意调动。

2.科技研究设备，包括仪器设备、机器设备等等。

3.科技研究资金。

此外还有科技研究空间（如原子弹试验就必须有较大的空间）和其他物力、财力方面的科技研究手段。

在发生科技国际交往时，必定要充分考虑各有关国家的科技研究原有水平。只有如此，一旦以法律形式确定各自的权利义务时，才有实施权利、履行义务的可能。

（二）科技研究机构和科技人员是科技国际法律关系的"活"的客体

在科技行政和科技民事法律关系中，科技研究机构和科技人员都是主体，为什么在科技国际法律关系中被视为客体呢？这是因为，科技国际法律关系的主体是国家组织，它本身不是科技研究组织，没有科技研究的功能，但却可以调动国内的科技研究机构与科技人员为其行使权利或履行义务服务，成了它作为科技国际法律关系主体的权利义务所指向的对象。这样，科技研究机构与科技人员在科技国际法律关系中便成了"活"的客体。

科技研究机构与科技人员中，有的是国家机关直接掌握的，如国立与地方公立的大学、科技研究机构及其科技人员、领取国家薪金与科研经费的科技人员等；有的则不是国家机关直接掌握的，如企业的和私营的科技研究机构和科技人员等。对于前者，国家可以用行政命令使之成为代表国家对外发生科技交往的权利义务主体；对于后者，国家一般用合同的方式委托它与国外科技研究组织发生关系，同样使之成为科技国际法律关系中权利义务的主体。因此，科技研究机构与科技人员在不代表国家参与科技国际交往时，是国家组织权利义务的对象，是客体；在被授权代表国家参与科技国际交往时，又成了科技国际法律关系中权利义务的主体。这一个变化过程，是经由国家机关的授权实现的。在实现这一变化时，还需注意这样两点：第一，国家机关调动它直接掌握的科技研究机构与科研人员参与科技国际交往时，所发生的是科技行政法律关系，国家机关是权利主体，科技研究机关与科技人员则为义务主体；第二，国家机关以合同方式授权非它直接掌握的科技研究机构与科技人员参与科技国际交往时，国家机关与科技研究机构、科技人员之间所发生的是科技民事法律关系，双方都既是权利主体，又是义务主体。正因这是科技民事法律关系，双方的地位是平等的，科技研究机构与科技人员可以不接受授权，不签订合同，从而不代表国家参与科技国际交往。但是，这要以不妨碍国家利益和社会、公众利益为前提，否则，依据国内法的一般规定，还是应当服从国家的需要的。

（三）科技研究行为是科技国际法律关系最关键的客体

这是因为只有切实的科技研究行为，才产生具体的科技研究成果。

这种科技研究行为当然只能由科技研究机构与科技人员做出。但是，在科技国际法律关系中，科技研究行为不是被看作这一或那一科技研究机构与科技人员的行为，而是被看作参与科技国际交往的有关国家组织的行为。因此，科技研究机构与科技人员所行使的权利，被看作有关国家组织行使的权利；所履行的义务，同样被看作所属国家组织履行的义务。当发生滥用权利、侵犯权利或不履行义务从而损及对方、引起法律纠纷时，不是追究这些科技研究机构、科技人员的法律责任，而是追究它（他）们所属国家组织的法律责任。当然，这是就科技国际法律关系而言；至于在科技研究机构或科技人员与本国政府所结成的科技行政法律关系或科技民事法律关系中，它（他）们又应分别负科技行政法律责任或科技民事法律责任。这种国际与国内不同侧面的关系，必须分清，不能混淆。

在科技国际法律关系中，作为客体的科技研究行为，同样有作为与不作为之分。作为性科技研究行为与不作为性科技研究行为，都可成为权利客体或义务客体，其客体属性视有关科技国际法具体确定。

（四）科技研究成果是科技法律关系的最主要的客体

通过科技研究活动获得科技研究成果，是科技民事交往的最终目的。科技国际法律关系具有民事性，因此，通过科技国际交往获得科技研究成果，如通过技术转让获得技术，通过科技合作进行宇航试验并取得有关资料与数据等，也是科技国际交往的最终目的。通过科技国际交往而形成的科技研究成果，既可以是权利的对象，也可以是义务的对象。一般来说，对合作研究获得的科技成果，双方都有实施从而形成生产力的权利，都有把合作研究中的成果交给对方共享的义务，都有对第三国保守秘密的义务等。

四、科技国际法律关系的内容

（一）定义

科技国际法律关系的内容，就是科技国际关系主体的权利和义务。

科技国际关系主体的权利，是指主体实现某种利益的可能性。具体来说，就是主体

（通过科技研究机构与科技人员）与对方进行科技交流、科技合作的权利，动用本国科技研究手段的权利，享用对方科技研究手段的权利和获得科技研究成果的权利等。其中，除科技交流、科技合作外，其他的权利如获得合作科技研究成果等，也可以由当事国家组织直接行使。所获得的合作研究科技成果，在不违反有关科技国际法的前提下，国家组织可以自由支配，这已是国内问题了。

科技国际关系主体的义务，是指科技国际关系主体为满足科技国际关系对方某种利益上的要求而履行一定的行为（作为或不作为）的必要性。这些行为包括提供（或不提供）科技研究手段、提供（或不提供）科技研究成果、（实施或不实施）科技研究行为、实施（或不实施）合作科技研究成果、向（或不向）第三国提供科技研究成果等等。

（二）科技国际关系主体的权利义务的特征

第一，科技国际关系主体权利义务的法定性。

作为科技国际法律关系的内容，主体的权利与义务都必须依据科技国际法来确定。如无有关法律依据，绝不允许擅行某种权利，也不必履行或不得要求对方履行某种义务。

这里的"法定"的"法"，大多以条约、协议、合同的形式出现。如果参与一项科技国际法律关系的主体为许多个国家，则常以公约的形式出现，凡在公约上签字的都成为该项科技国际法律关系的参加国，而不管签字的时间早晚。

有关"法定"的内容，往往是比较原则性的规定，而且将权利与义务合并在一起，作为"合作事项"等列出。例如，《日本国政府同苏维埃社会主义共和国联盟政府关于科学技术合作的协定》（1973年11月10日日本外务省公告第257号）第一条规定："两国政府在各自法律及财产预算允许的范围内，根据互利原则促进以下方式的科学技术合作。""1.两国政府互派科学技术工作者。""2.召开有公共研究机构的科学技术人员参加的专题讨论会。""3.交换公共研究机构科研成果及有关情报信息。""4.进行公共科研机构的共同研究。""5.今后在两国政府取得一致意见的前提下，采用其他形式合作。"根据《协定》的这一规定，日苏两国即具有派遣科学技术工作者、召开专题讨论会、获取科研成果及情报信息、进行共同研究等的权利；同时，日苏两国政府又被赋予接受对方派遣的科学技术工作者、允许对方参与专题讨论会、提供科研成果及情报信息、进行合作研究等的义务。当然，有关权利义务的实施办法还将另行具体规定、逐项落实。但《协定》所规定的这些内容，仍不失为日苏两国作为科技国际关系主体的权利义务；这些规定也不失为"法定"之一例。

第二，科技国际关系主体权利义务的平等性。

科技国际关系主体权利义务的平等性，是由主体地位的平等性决定的。但这里的"平等性"带有理论性和理想化模式的特征，因为在实际生活中，这种"平等性"往往是被扭曲的。科技、经济水平较低的国家往往不得不向水平较高的国家做这样那样的让步，以换取科学技术援助或合作。只有在以下三种情况下,才可能体现真正的主体权利义务的平等:第一种是在发达国家之间的科技国际法律关系中;第二种是在不发达国家之间的科技国际法律关系中;第三种是在不发达国家放弃与要求让步的发达国家进行科技交往时。但就第三种来说,实际上是把双方的权利义务都取消了,受损的仍是不发达国家一方。

但一旦依法取得了主体权利义务的平等性,就必须如实付诸实施,否则,将受到法律制裁,为此承担法律责任。例如,《日本国政府同美利坚合众国政府关于能源开发研究合作的协定》(1979年5月14日外务省公告第139号)在第一条即宣告"两国政府按照平等互利的原则,维持和加强能源及相关领域开展研究的合作",把权利义务的平等,放在非常突出的地位。在整个《协定》中,都体现了"平等性",如规定设立"能源研究开发日美联合委员会",其成员由六人组成,"其中三名由日本政府指派,三名由美利坚合众国政府指派"(第五条);"各国政府将为确保本协定有效实施而采取的国内行政措施通报给对方政府"(第六条);"本协定可根据双方政府一致意见延长期限"(第十一条第二款);等等。这些体现主体权利义务平等性的规定,还将在"各领域合作细则及手续"上得到反映。所有这些原则性的和具体的规定,都必须兑现,否则,违反者当承担法律责任。

第三,科技国际关系主体权利义务的对偿性。

参与科技国际法律关系的国家组织的地位是平等的;其权利义务是平等协商的结果;每一权利主体同时又是义务主体;其权利的取得以履行义务为前提,其义务的履行又必能获得权利的行使,这四者决定了主体权利义务具有对偿的性质。也就是说,在科技国际法律关系中,主体既享有权利,也承担义务,而且权利义务是相当的。例如《日本国政府同中华人民政府关于科学技术的合作协定》规定,"两国政府在平等互利的原则基础上,发展和促进科学技术领域的合作",具体为"派遣和接受科学家、技术人员"等(第一条)。这里,每一方都有"派遣"的权利,又有"接受"的义务,不允许一方光"派遣",而另一方光"接受",或者相反。

但这种"对偿性"不一定是"等价有偿",也不一定是"等偿"。之所以不一定是"等价有偿",是因为科技交往中的权利义务很难计价;只有在支付科技研究资金、设备等时,才可能进行计价,并按一般民事交往的"等价有偿"原则进行。之所以不一定是"等偿",是因为没有"等偿"的绝对必要,例如"派遣"或"接受"的科学家、技术人员的人数、学术或技术水平就没有绝对相同的绝对必要性;当然,也可以在某些方面要求"对等"的权利义务。

第四,科技国际关系主体部分权利义务的一定程度的随机性。

科技国际关系主体相当大部分的权利义务不具有随机性,都由有关科技国际法做了明确的规定。但是与此同时,由于科学技术活动的探索性和风险性,也有一部分权利义务不得不在一定程度上允许随机变通。一般来说,在技术进出口、科技交流中的随机性程度较小,几近乎无。而在科技研究合作、科技工程建设的合作中,就不得不允许一定程度的随机变通。正因如此，为进行科技合作并随时处理可能出现的问题、及时调整双方的关系，往往在有关科技国际法中规定建立"联合委员会"之类的协调机构，或对处理随机性问题做出原则性规定；有时，还通过规定外交途径帮助解决；也有同时采取上述几种预防性措施的。日本和苏联的《科技合作协定》规定设立"日苏科学技术合作委员会"（第三条第一款），并规定"对两国科学技术合作，政府将通过外交途径随时磋商……"（第二条）；日本和法国的《科学技术合作协定》规定设立"日法科学技术合作混合委员会"（第三条第一款）等。这些措施都是为了解决随时出现的问题、随机协调主体的权利义务关系而采取的。

第二十六章　科技国际法

一、科技国际法的定义

科技国际法是调节科技国际关系的科技法。

（一）科技国际法是科技法

国际法的通行定义是："调整国际交往中国家间相互关系，亦即规定其权利和义务的原则和制度的总称。"[1]这一定义的弊病除前文曾指出的使用"总称"的不妥外，还与现行国际法、国际法专著及教科书的实际脱节。因为现行国际法有国际公法与国际私法之分；国际私法并不就"国家间相互关系"而"规定其权利和义务"，只是调整"具有涉外因素的民事法律关系"，这种"涉外民法关系"是仅"具有国际因素（或性质）的民法关系"[2]；至于国际公法，则一般是用以调整国家间的政治关系，而不能认为是调整一切种类的"国家间相互关系"的。正因如此，现在，国际经济法已脱颖而出，成为世界公认的法律部门。科技国际法的出现，正与国际经济法相同。

肯定、确认科技国际法为科技法，有重要的理论意义与实践意义。其理论意义是：

第一，从科技法的特征判断、本质判断、价值判断和体系归属的角度，去科学地研究科技国际法。

科技法的预期性、探索性、激励性、内容综合性和规范形式齐全性的特征，在科技国际法中都有所体现，而在流行的国际法（公法与私法）中，一般都不具备这些特征。例如预期性，几乎每一部科技国际法都是为协调预期中的科技国际关系而制定的；国际法却往往是既定国际关系的法律化。又如探索性，作为科技国际法主体的科学技术合作立法，大多是为了探索未知的科学技术领域及协调在此探索中可能出现的科技国际关系而制作的；

---

[1]《法学词典》，上海辞书出版社1980年版，第399页。
[2] 姚壮、任继圣：《国际私法基础》，中国社会科学出版社1981年版，第1页。

国际法则丝毫不具有这种探索的性质，即使是对未知的、未曾有过的国际关系的确定，也不过是强权硬性制定的性质，不是为了探索并在探索中加以调整。又如激励性，科技国际法中有相当大一部分，是为了激励形成新的科技国际关系、研究开发新的科学技术领域而制定的；国际法则不具有这种激励性，恰恰相反，在"强权即是真理"的时代，国际法几乎全部是对国际不平等关系的病态的肯定。

科技法的本质属性是它的社会性。关于国际法的本质属性，现在法学界有两种不同的意见，一种认为它具有社会性，一种认为其本质为阶级性。还有的认为是社会性与阶级性的对立统一，这可归入前一种。确认科技国际法为科技法，可以演绎推定它的本质属性是社会性。尤其是在当今世界上，"强权政治"的时代行将成为"明日黄花"，平等的科技国际关系终将建立，因此，科技国际法的社会性更将是了如指掌。

科技国际法作为科技法，用以调整科技社会关系，发展科学技术，对人类社会生产力的推动作用，是极为巨大的。其价值与国际法之维护现存国际关系不可同日而语。科技法是动态立法，国际法是静态立法。科技法是革命性的立法，国际法是保守性的立法。认定科技国际法的科技法属性与科技法价值，即肯定其革命的进步的意义。

科技国际法既为科技法，当然属于科技法体系，是科技法系统的一个有机组成部分。这是科技法系统中最有发展前途的一部分，人类社会的国际划分，可以因科技国际法所推动的科技进步而打破，从而走向世界大同。尽管今日的科技国际法还留有强权的阴影，有这样那样的不足与问题，但展望前程，却是十分光明的。

第二，通过对科技国际法的研究充实科技法学的内容。

科技国际法既是科技法，自然也是科技法学的研究对象。由于科技国际法具有与其他科技法不同的特点，由于科技国际法调整科技国际关系时采用了一些颇有特色的方法，对此做出研究，当然会对科技法学有所贡献。迄今为止，科技法学的专题文论，还都没有涉及这一领域，因此，把科技国际法作为科技法来进行研究，就更加具有理论上的迫切意义了。

肯定科技国际法为科技法的实践意义是：

1.可以促进我们按照科技法的特点与调整方法去积极发展与其他国家的科技交往，建立科技国际法律关系，签订科技国际法。

科技国际交往曾被列为我国外交事业的一部分，而又被作为十分次要的部分对待。直至今天，我们的驻外使馆中，大部分还未配备科技参赞。这一方面是与发展科技国际交往，推动我国科技进步的需要不相适应，另一方面也说明我们还未认识到科技国际交往与法律的关系。在明确了科技国际法属于科技法之后，我们应在驻外使馆、驻外其他机构和驻外人员中做适当的调整，最大限度地、最有成效地收集国外科技信息、科技社会关系信息息和科技国际立法信息，为我国发展对外科技交往及制定科技国际法服务。

2.可以帮助我们更好地执行业已签订的科技国际条约、协定和合同。

新中国成立以来，已经签订了 50 余件对外科技协定。我国的联合国席位恢复以来，更积极地参与了科技国际公约的制定活动。这些条约、公约、协定，对我国具有法律约束力，同时又有利于调整我国与国际社会的科技国际关系。掌握科技国际法的科技法特点，可以使我们更科学、更正确地去执行这些立法。而如果把科技国际法作为一般国际法看待，就很容易受国际法的静止性和保守性的束缚，不能更好地加以利用。

3. 可以帮助我们更好地进入科技国际大家庭中去。

由于以前将科技国际法当作国际法的一个部分，因此，深受国家的外交政策的影响，而这是不利于发展科学技术的。诚然，今后发展科技国际关系仍然应当注意对外政策的统一性，服从于国家利益的需要。但是，当我们把科技国际法如实纳入科技法范畴时，就比较容易与生产力标准统一起来，从发展生产、推进科技进步的角度，更积极、更大胆、更放手地在科技国际立法中发挥作用。随着我国科学技术的进步，我们将逐步打破"参加"既成科技国际公约、在上面签名以示同意的局面，成为发起制定科技国际法的主动积极的成员，长我中华民族志气，壮我社会主义声威。

（二）科技国际法的作用在于调整科技国际关系

我们关于科技国际法的定义仍是一个"种＋属差"式的定义。其中，"调整科技国际关系"是"属差"，即科技国际法与科技民事法、科技行政法的属性差别。

科技国际法所调整的科技国际法律关系具有民事性，地位平等的主体之间，权利和义务也是平等的。这样，从本质上决定了科技国际法调整科技国际关系时都是从积极作用的角度出发的。虽然在科技国际法中投下了"强权"的阴影，但是，即使是让步、吃亏的弱国一方，不得不参与的科技国际交往，也是为了发展本国的科技，并且必定有可望达到的收获才参与之。所以，科技国际法的调整科技国际关系，从总体来说，都是积极的。至于部分科技国际法有欠缺的一面，不能证明科技国际法本身有消极作用。

同时，科技国际法与科技民事法相比，在立法时间上有更大的"滞后"性，即科技民事法多半是在有了实际的协调科技民事关系经验以后才制定，而科技国际法更是在积累了大量的国内科技立法经验的基础上进行的。这种"滞后"性与前述"预期"性并不矛盾，因为"预期"性说的是对建立新的科技国际关系的预设；而"滞后"性说的是制定科技国际法的时间差。

科技国际法不会有消极作用还同立法的郑重性密切相关。作为国家与国家之间为调整科技活动中的关系而制定科技国际法，绝非"区区小事"，往往与国家的生存、命运、前途有相当紧密的关系，而且，其结果是导致大量的财力、物力和人力投入，为当事国各社会阶层以及国际社会所注目并引起议论。所有这些，自然决定科技国际法的制定只能是郑重而又郑重，不允许草率、马虎。因此，因认识错误、片面导致后果消极的情况，一般不可能发生。

最后，科技国际法不会有消极作用，与当事国的立法宗旨都在于探求本国科学技术进步的目的相关。由于科技国际法对科技国际关系的恰当调整，当事国双方的科学技术水平都会有所提高，就人类范畴来看则更是如此。

我们在谈到科技行政法定义时，曾谈到它作为调整科技行政关系的科技法，有积极作用，也会有消极作用；我们在谈到科技民事法的定义时，仅肯定它的"一般"的积极作用，而不否定它有时也会有消极作用。科技国际法的作用，我们认为，总体上只有积极作用而无消极作用。这是三者"属差"方面的一个重要区别。再加上科技国际法调整的是科技国际关系，与调整科技行政关系、科技民事关系截然不同，就很容易将三者区分开来了。

上述科技国际法的定义，虽然可将它与科技行政法、科技民事法等区别开来，但在揭示科技国际法的特征方面，还是很不够的。为此，下文将做补充说明。

二、科技国际法的特点

科技国际法作为科技法的特点，如科技目的性、预期性、探索性、激励性等，可以使它与一般国际法区分开来，但是它同科技民事法、科技刑事法、科技行政法的区别，除上述作用方面一点之外，还取决于它本身的下列特点：

（一）科技国际法调整科技国际关系的特点

科技民事法与科技行政法等都是用以调整国内科技社会关系的。科技国际法用以调整国家与国家之间的科技社会关系的特点，可以把它同科技民事法、科技行政法等很简便地区分开来。

由于科技国际法调整的是国家与国家之间的科技社会关系，它就必须遵守国际关系的基本准则。有关的主要准则是：

第一，国家主权原则。按照这一原则，国家各自根据主权行事，不接受任何其他权威的命令强制，也不容许外来的干涉；不得有别国或任何其他权威行使主权的任何权利；只有根据自愿，其主权的权利的行使才可受到一定程度的或局部的限制。国家主权原则以及根据这一原则确定的上述国家主权的权利，在科技国际法中应当得到充分的体现。因此，订立或不订立、参与或不参与科技国际法（公约、条约、协定、合同），属于国家主权，国家根据其主权自行决定，不接受任何其他权威的命令强制，也不容许外来的干涉；科技国际法的订立或参与，除非特别授权（在特殊情况下[①]），别的国家不得代行主权；只有根据自愿，订立或参与科技国际法的主权的权利才可受局部的或一定程度的限制。

[①] 例如流亡政府委托友好国家代行某些范围的国家主权，战争时期的特殊情况等。

第二，国际主权平等原则。按照这一原则，国际交往中当事国作为国际关系主体的地位和权利义务应该是完全平等的。据此，科技国际法所调整的科技国际关系主体双方的地位和权利义务也应是绝对平等的。

显然，这些准则在科技国际法中的体现，是科技国际法的一个特点，而它在科技民事法与科技行政法中是不会也无须涉及的。

（二）科技国际法的权利义务协议性

基于国家主权平等的国际关系准则，科技国际法所调整的科技国际关系主体之间的地位和权利义务应是绝对平等的。但是，在主体地位平等并承认权利和义务也应平等的前提下，当事国双方各自的具体的权利与具体的义务，又可通过协商，在自愿的基础上达成协议，一方多享受一些权利，一方多承担一些义务。这在科技国际交往中，是司空见惯的；在许多科技国际法中也得到了反映。例如，一些发达国家与发展中国家之间的科技援助协定中，就常出现科技先进的国家多承担若干义务（如多派出科技专家、提供科技设备仪器、提供科研资金、提供实验设施和科技情报、免收或减收科技研究费用等等），而科技落后国家多享受若干权利的规定。当然，这种情况多半是发生在一般的科技领域中，至于高科技领域，发达国家为了保持自己的优势，是不可能自愿无偿援助发展中国家的。

科技国际法的权利协议性，与科技行政法的授权性，是重要的区别。科技行政法的授权性特点，是因科技行政关系的隶属性而来的；科技国际关系主体之间却不存在隶属性，而是地位平等的，正因如此，才可能进行协议以确定权利义务。

科技国际法的权利义务协议性，与科技民事法的权利平等性与义务协议性也有区别。虽然二者同为主体地位平等所决定，但在科技国际法中，权利义务的协议表现得更多、更经常。这是因为科技国际法与科技民事法都不是孤立的存在，还受其他因素的影响。这里发生影响的主要因素，一为国际发展的不平衡，有不平衡，才有权利义务不平衡的协议的可能性；二为国际利害关系的不同。政治倾向相近的国家之间，意识形态不同的国家之间，集团利益、交通运输以至民族传统等等，都可能造成国际的亲疏远近，从而影响权利分配、义务承担上的协议结果。虽然这些已经在法律与法学的论域之外，但我们却由此得到一点启示：法律与法学都不应忽视系统外部对系统内部各组成部分的影响。

（三）科技国际法的不等价有偿性

这是将科技国际法与国际公法、私法区分开来的重要特点，也是将它与国际民事法律调整及国际经济法律调整区分开的重要特点。

无论从国际公法与私法的角度看，还是从国际民法、国际经济法的角度看，等价有偿性都是必须遵行的原则。但科学技术之"价格"不可确切估量，科技国际关系的"价值"更难以"价格"计算，因此，等价有偿的原则在科技国际法中难以实行。即使是在技术进口与技术出口方面，也是如此。技术进出口是要计价的，但无论如何不可能精确定。至于科技交流、科技合作中各方利益的价值计算，就根本无法进行了。所以，在科技国际法中实际上实行的是不等价有偿原则。之所以"有偿"，这是国际关系的一般要求，是国家利益使然的结果；但科技无偿援助及有关的条约、协定是例外的。

科技国际法的不等价有偿性，为科技国际交往开拓了一条为学的渠道，因为它留下了在"不等价"的间隙中寻求最大国家利益的方法、途径的问题。科技国际交往中的不等价有偿，与知识形态的科技商品的价值计算、科技成果的利用、国际政治利益的较量等等，有密切的关系。无论从外交、科技，或是从科技国际法的角度，都可对此进行一番研究。其目的，在于帮助国家的科学技术进步更加迅速一些。

三、科技国际法的调整对象

科技国际法的调整对象是科技国际关系，实际上是调整科技国际关系主体的权利义务关系。为此，有必要从科技国际关系、科技国际关系主体、科技国际关系主体的权利义务及权利义务关系等几个角度做些分析。

（一）从科技国际关系看

科技国际关系的发展，是在近代资本主义世界市场建立以后的事，以第一次世界大战以后为明显发展时期，第二次世界大战以后为迅速发展时期。

近代资本主义世界市场是资本主义列强以铁和火打开而建立的。资产阶级和殖民主义者贪得无厌地掠夺落后国家人民的劳动力与财富。他们所依靠的实力之一，就是在当时来说比较先进的武器和技术。为了保证掠夺的手段，这些国家在技术上采取了保守的态度。即使在国内，技术垄断与技术封锁也是相当严格的。但科学技术是没有国界的，人员的来往交流必然导致科学技术的交流。因此，随着资本主义世界市场的建立，科技国际关系就逐步发展起来了。当时比较多的，是科学研究中的合作；在许多情况下，还带有科学家之间私人合作的因素。但从国家之间的合作来看，军事、经济与科技实力较强的国家，对于与其他国家的合作，目的不全在于发展科学技术，而在于进行文化渗透、情报收集、联络关系以及利益掠夺。因此，当时的科技国际关系颇受资本主义侵略性的影响。如果当时制定一些科技国际法，势必有利于资本主义列强各国。但基于以下两种情况，当时的科技国际法不可能有大的发展：一是科技先进的国家与落后的国家差距太大，难以交流与合作；二是实力大致相当的国家大多采取保守态度，而他们在科技国际关系中的地位又不得不是平等的。

第一次世界大战以后，科学技术在军事较量、经济发展中的重要性得到高度的重视，加之科学技术发展积累到此时，已达到一个亟需国际交流、合作的阶段，因此，国际科技合作便变得日益频繁起来。相应地，科技国际关系也变得日益复杂化了。但这时对科技国际关系的法律调整，仍然受着强权的重大影响。为了保护自身的利益，各国纷纷援引国内法（如专利法、著作权法等）来处理科技国际合作中出现的一些问题。

第二次世界大战以后，科学技术革命进入了一个新的阶段，国际性的科学技术交流、合作及共建，变得越来越重要了。正是科技发展的这种状况，尤其是20世纪六七十年代以来新技术革命的发展，使得科技国际关系的正确处理变得更为迫切。与此同时，国际政治状况发生了极大的变化，其主要标志是：以中华人民共和国等一批新生社会主义国家的诞生为契机，形成了社会主义世界；殖民地半殖民地国家人民和帝国主义国家进步人民的联合斗争，为国际民主的发展开拓了新的天地。这对科技国际关系也产生了十分重大的影响。少数国家以一己之利凌驾世界各国之上的局面结束了。这样，科技国际法律关系的调整，就逐渐走上了主体地位平等、主体的权利义务平等的发展道路。

总之，科技国际关系的发展，与世界的政治形势发展是息息相关的；科技国际法律关系的处理，也与此紧密联系。但是，无论科技国际关系如何，无论科技国际关系的法律调整状况如何，从全人类的视野来看，只要是科学技术的交流和合作，只要是人类科技精英智慧的融合与启迪，都是有利于人类社会发展的。科技成果与物质财富的根本区别之一即在于，物质财富可以被剥削者一次性地消耗而不会"复活"，它吞噬的不仅仅是一个个工人、一个个农民所创造的劳动果实，而且连同工人、农民及其后代都"吞噬"了；知识财富却永远不会被"吞噬"消失，恰恰相反，往往是"吞噬"得最多的人，也"排泄"得最多。所以，科学技术的发展、科技国际关系的发展，只要不是因为科技国际法的破坏、阻碍而停滞，对人类总是有利的。加之当代国际社会的发展，使得科技国际关系主体地位的平等性得到了加强。因此，从科技国际关系的发展看，科技国际法的调整对象，与科技国际法的"法意"即其各项本质性的特点，是越来越吻合了。

（二）从科技国际关系主体看

科技国际关系的主体，如前所说，即各有关国家的国家组织。

第二次世界大战以后，从科学技术发展方面看，各国情况大体可以分为三类：一为科学技术领先的国家，这些国家的经济力量一般也居于领先地位，如美国、苏联、日本、英国等；二为科技发展迅速的国家，如中国和许多发展中国家以及原先比较发达的国家，这些国家的经济、社会发展一般也比较迅速；三为科技落后国家，其经济状况一般同样落后。

这三类国家之间以及各类国家相互之间，结成了六种科技国际关系。如以上、中、下相标志，则为上上、上中、上下、中中、中下、下下之间的六种关系。其中上上、中中、下下三者，不可能形成科技国际关系主体的地位不平等；而上中、上下与中下三者，有可能形成科技国际关系主体的地位不平等。这样，从科技国际关系的主体来看，实际上只能形成地位平等和地位不平等两种关系。对于前者，无须多加分析。对于后者来说，从实际情况来看，由于各国独立意识的增强，加之科技国际关系必须基于自愿才能形成，所以，不平等的科技国际法律关系，现在已基本不见了。倒是由于各种各样的原因，上中、上下、中下之间，常常出现科技发达的国家对落后国家的支持与帮助。这些支持与帮助，各有不同的动机。如果从动机的角度去分析，自可不必全然赞许。但是，从其客观后果来看，无论是对落后国家科学技术的发展，还是对全人类科学技术的进步，我们认为都是有好处的。

（三）从科技国际关系主体的权利义务看

科技国际法对主体权利的调整，主要包括以下几个方面：

第一，规定主体权利的范围。例如，根据日苏《科学技术合作协定》，苏联作为权利主体，即有下列权利：向日本派出科学技术工作者；召开有公共研究机构的科学技术人员参加的专题讨论会；向日本索要参与公共研究机构的科学技术人员的科研成果及有关情报信息；与日方合作建立公共科研机构进行共同研究；为商讨《协定》实施的有关问题而在必要的场合向日方提出适当的建议；自《协定》签字之日起两年内有权通知日方终止该协定；等等。（依据《协定》第一、三、五条）

第二，规定主体权利的实施方式。例如上述日苏《科学技术合作协定》所规定的主体权利实施方式实际上有三种：一为自行实施，如"召开有公共研究机构的科学技术人员参加的专题讨论会"，发出终止该《协定》的通知等；二为在协商一致的前提下实施上述权利，如"在两国政府取得一致意见的前提下，采用其他形式合作"等；三为对等措施，如派遣科学技术工作者等，要在亦接受对方派遣的科学技术工作者的前提下进行。

第三，规定主体权利的实施时间。上述日苏《科学技术合作协定》规定，一方发出通知终止该《协定》之后，"协定自通知之日起6个月内仍有效"（第五条）。这就是说，一方要求终止《协定》的通知发出后的6个月内，主体仍可实施其权利。

第四，规定主体义务的范围。主体义务大致有两种类型，一为与权利相对应，即享有权利，也承担相应的义务。如派遣科学技术人员到对方国家去为我之权利，接受对方派遣科学技术人员到我方来，即为义务。二为超出对应于权利的义务而承担更多的义务。这大多发生在科技先进国家对落后国家的技术援助协定上。如一国科学技术比较先进，在与别国签定的科技合作协定中，除有权利义务对应的规定外，另行规定科技先进国家向落后国家免费多派科学技术人员进行科技咨询，承担科技研究手段（资金、设备等）的无偿支援以及其他形式的支援等等。

第五，规定主体权利义务的实施与国内法律规定的关系。这一方面，毫无例外地都规定要尊重与执行本国的国内法。例如日美《科学技术研究开发的合作协定》即规定："依本协定规定开展的各项活动，以服从各国预算及法令为条件。"（第七条第一款）中日《科学技术合作协定》也规定:"本协定的实施服从于各国的有关法令。"(第六条)这样规定,是从主体地位平等以及尊重国际关系基本准则出发的。

(四)从与科技行政法调整对象的比较看

科技行政法调整对象是科技行政关系,这是一种纵向的隶属性的强制性的授权关系。与之比较,科技国际法在调整对象方面有以下几点不同:

一是科技国际法调整的是横向的非隶属性的科技国际关系。国家与国家之间,没有行政上的隶属关系,没有一国必须服从另一国管理的行政性规定。

二是科技国际法调整科技国际关系不具有强制性。在资本主义世界市场建立的初期,科技国际法调整科技国际关系时曾受强权的影响,但像科技行政法那样的强制性是不存在的,无论从有关科技国际法的条款本身或实施实际中,都不能说存在这种强制性,现代与当代,尤其如此。这一方面是由于主体地位平等所致,另一方面也与科技劳动是一种精神劳动,任何强制只能适得其反有关。

三是科技国际法调整科技国际关系不具授权性,所有的权利义务都是协商的结果,也不存在以科技国际法使一方主体授予另一方主体这样那样的权利的情况。

四是科技国际法调整的是"国际"的科技社会关系,而科技行政法调整的是"国内"的科技社会关系。

(五)从与科技民事法调整对象的比较看

科技国际法与科技民事法的调整对象,在许多方面是非常相似的,因为二者的调整对象都是地位平等的权利义务主体,都具有不等价有偿的调整特点。但是,二者的差别还是相当巨大的,主要是:

科技国际法调整的是科技"国际"关系,而科技民事法调整的是科技"国内"关系。

科技国际法调整的科技国际关系主体的权利义务可以是不对等的,一方的权利义务可与对方的不一致;但科技民事法调整的科技民事关系主体的权利义务是必须对等的,一方的权利义务必须与对方一致。

除上述各点之外,科技国际法与科技行政法、科技民事法的不同,还表现在它的调整方法上。

四、科技国际法的调整方法

科技国际法的调整方法,可以归结为两方面的问题。

（一）科技国际法的效力问题

科技行政法、科技民事法以及科技刑事法等，其强制力来自以军队、法庭、监狱、警察等等组成的国家政权机器，即国内法有国家暴力机器作为它的强有力的后盾。

科技国际法虽有强制力，却不具备像国家暴力机器这样的实体性的后盾，因为在国家之上，还没有其他的更高级、有力、有机的政权机关。联合国是目前世界上最具有普遍代表性的国家之间的组织，现有成员国近160个（至1987年底），几乎包括了世界上绝大多数独立国家，但它是国家之间的组织，并不是凌驾于国家之上的对国家有行政约束力的组织。它可以按其"维持国际和平及安全"和"促成全球人民经济及社会的进展"的宗旨起"协调""促进"的作用，但不能以行政的或法律的手段强制性地解决具体问题。

那么，科技国际法的效力，它的强制力来自何处呢？它来自以下国际惯例性的原则：

一为"条约必须信守原则"。国家不论以何种方式与别国缔结科技协定、条约或者在科技国际公约上签字以示参加，就受条约的约束。具体地说，条约签字国不得有违反条约规定的行为，并应采取条约所要求的执行措施，首先是履行条约为其规定的义务。履行科技国际义务，执行条约所要求的措施规定，就是实践自己作为缔约的一方的庄严诺言。这是传统的国际惯例，一向为理论与实践所确认而强调。正因如此，它就形成了一种道义上的强制力，使得科技国际法的效力有所保障。

二为"尊重条约义务原则"。各种国际文件都曾反复地庄严地确认这一原则。美国著名法学家肯特（Kent）曾这样说："条约对国家具有约束力，犹如契约对个人具有约束力一样。"

实际上，上述两项原则的道义上的强制力，来自长期的国际利害冲突和实力较量的总结。所有的国家，都从中得出教训，如果不遵守上述原则，必定会被国际社会所抛弃，其结果是更大的国家利益受损，所以，自觉遵守是上上策，不遵守则为下下策。

正因如此，科技国际法的调整方法，从最主要的方面看，即为自觉遵守。这与国内法如科技行政法、科技民事法等，是很不相同的。科技行政法的和科技民事法的种种调整方法，在这里实际上都不起作用。如果发生了科技国际法执行当中的问题，例如一国未履行其应当履行的义务，一旦被对方当事国指出而证实，在一般情况下，也会由该国自动补偿履行。

但是，有时也会产生对有关科技国际法因解释不同、认识不同而未遵行的情况，从而引起争端。在这种情况下，上述两项原则是不能起有效作用的，因为谁都不认为自己违背了这些原则。这就牵涉到了科技国际法调整方法的另一问题——科技国际争端的解决。

（二）科技国际关系争端的解决

科技国际关系争端的解决途径，主要有：

第一，代表国家积极参与科技国际关系的机构或人员协商解决。

通常，都是由科技研究机构、科技人员代表国家参与科学技术交流或科学技术合作。在这种情况下，这些机构和人员可以按一定的程序，正式地交换意见，协商解决所产生的纠纷与争端。许多科技合作协定中，都规定建立"合作委员会"，双方各派一定的人员参加（大多人数对等），以便随时协商解决可能产生的问题。日苏《科技合作协定》规定："两国政府为商讨本协定实施有关问题，并在必要场合向对方提出适当建议，设立日苏科学技术合作委员会"（第三条第一款）；并规定"委员会会议原则上定为每年一次在东京或莫斯科轮流举行"（第二款）。日法《科技合作协定》则规定在"日法科学技术合作混合委员会"下，另外再设立"分组委员会"，用以"负责调整促进具体部门的合作"（第三条第二款）。显然，这些"委员会"和"分组委员会"，都是为了随时协商解决有关科技国际法实施中的问题、纠纷、争端而设立的。

第二，通过外交途径解决。

如果"委员会"等本身也属于科技研究机构的组织解决不了的问题，则提到国家政府一级通过外交途径来磋商解决。日苏《科技合作协定》第二条规定："对两国科学技术合作，政府将通过外交途径随时磋商，就上述其他形式的合作计划达成协商。"第四十条规定："两国政府尽全力促进本国各团体、机构、个人之间的科学技术合作。"《日本国政府同加拿大政府之间和平利用原子能的合作协定》（1960年7月27日）第六条规定："两个当事国政府的代表须就本协定的适用所产生的事项随时进行协商。"《日本国政府与大不列颠及北爱尔兰联合王国政府关于和平利用原子能的合作协定》（1968年10月15日）第七条规定："两个当事国政府的代表，为相互协商由本协定的适用所产生的问题，随时举行会晤。"这些，都是通过外交途径解决有关科技国际法实施中的问题、纠纷、争端的规定。

通过外交途径解决科技国际法执行中的问题，通常仍以协商一致为原则，而不涉及国内法常见的制裁性措施。因此，科技国际法的调整方法，归根结底还是"自觉遵行"，随着科学技术的发展，随着国际紧张关系的缓和，这种"自觉遵行"的科技国际法调整方法，还会在更高的层次上得到体现。科学技术精美的国际大合作，是人类进步的希望。在这一方面，科技国际法将发挥其特有的功能，通过调整国际科技关系，大大推动科技的发展，大大推动人类社会的进步。

科技规范的法律保障篇

"泰山不让土壤，故能成其大；河海不择细流，故能就其深。"科学技术法的浩瀚海洋，是种种具体的科技部门法的涓涓细流汇聚而成的。其中的一脉，便是科技规范法。因此，科技规范的法律保障，成了科技法学的一个重要研究课题。本篇对这一课题的研究，主要涉及下列问题：科技规范与科技法的关系、标准化与标准化法、科技规范法律保障的发展。

第二十七章　科技规范与科技法的关系

一、科技规范是科技法的重要形式渊源

（一）科技规范的历史发展

在论及科技法的八种形式渊源时，我们曾把科技规范列为它的重要形式渊源之一。这是符合科技规范和科技法发展的历史事实的。

在科技规范的历史发展中，不断地发生部分科技规范转化为科技法的情况。这同科技规范的复杂化、科技规范重要性的增强、以法律手段保证科技规范带有强制性与统一性的必要性的增强相关，也同社会阶级斗争的发展相关，同人们对科技规范重要性的认识的提高相关，同进一步大规模地发展科学技术的迫切性相关。

早在远古时代，人类就产生了规范化思想的萌芽。原始语言与象形文字是无意识的规范化。不同地区相互交流用的作为样品的统一化的器物，就是人类最初的略具意识性的规范化。通过这种原始的规范化方式流传下来了许多制作器物的习俗与规则。"规范"的"规"，一解为"圆规"即画圆形的工具。《墨子·天志上》云："譬若轮人之有规。"《礼记·玉藻》云："周还中规。"《荀子·劝学》云："其曲中规。""规范"的"范"，一解为"模器"。《荀子·强国》云："刑范正，金锡美，工冶巧，火齐得。""规"与"范"的连用，即解作"标准""法式"。《北史·宇文恺传》云："宋《起居注》曰：'孝武大明五年立明堂，其墙宇规范，拟同太庙。'"这是把"太庙"当作"规范"了。到了这个时候，规范化已变得相当复杂。而在这之前，单项的简单规范则得到了不断的积累。这是由社会大分工引起的。手工业生产的发展，导致手工技术的复杂化，为求统一的工艺规程与统一的器物规范，最初的计量器具——度、量、衡出现了。度、量、衡是规范化的典型与里程碑。手工技术的进一步发展与交流的展开，使规范化得到进一步的普及与提高。我国春秋时期手工技术得到了长足的发展，其成就，在春秋末期齐人所著的《考工记》中得到了反映。该书记录了三十项手工业生产的设计规范、制造工艺等技术问题，对当时的手工业

生产和手工技术的发展起了指导作用。但是，尽管这类著作对一些规范化器物、工艺的记述相当严密，但还没有上升到法的程度。秦始皇统一中国以后，以政令或立法对计量器具、文字、兵器、建筑、舟车制造、桥梁道路建设等，进行了全国规模的统一化工作，才使规范化走上了法律化的道路。

近代的规范化是由于工业革命的发展促成的。生产和技术的高度发展，为规范化提供了大量的经验，而且提供了实验手段，从而使规范化进入了以严格的实验数据为根据的、定量化的阶段。它带给人类以极大的利益，从而使人们认识到规范的法律化的重要性；另一方面，由于忽视规范化而造成的巨大损失，也从反面告诫人们必须强迫所有的人尊重规范化。所有这些都使得规范的法律化进程加快了。当然，在资本原始积累的阶段，工人的捣毁机器的斗争以及故意违反规范化要求而造成机器破坏、产品毁损以带给资本家巨大损失的结果，也迫使资产阶级国家以立法形式赋予规范以法律效力。但是，应当看到，科技规范之转化为科技法，大多是人类认识提高、自觉而为的。

这样，在科技发展的历程中，就不断地发生科技规范转化为科技法的情况。随着科学技术的发展，这种转化，在更加广阔的范围内以更快的速度发展着，从而使科技规范成为科技法的重要的形式渊源。

（二）科技规范之转化为科技法的特点

1. 转化过程的渐进性

科技规范本身是人们在生产劳动和科学技术活动中逐步地形成的，是人们从事生产活动和科学技术活动的经验的结晶。在科技规范成型的过程中，有的较易为人们所接受、重视与遵循，而有的则不易为人们所习惯、重视与遵从。这就产生了适当强制人们遵守的需求。为了满足这种需求，一般地总是先以经济的或行政的奖惩手段加以激励或抑制。只有当经济手段或行政手段无效时，或者，根据以往的经验，以经济手段或行政手段处理还不足以使人们严格遵从有关规范的要求时，才会赋予这些规范以法律效力，使之成为法律规范。

但这仅仅是部分科技规范法律化的情况。另一部分法律化的科技规范是预设的。

2. 部分法律化科技规范的预设性

这主要是高技术发展以后产生的情况。

高技术的发展一方面带给人类以极大的利益，另一方面伴随着巨大的风险性。例如，原子能技术的发展，为人类提供了高效的能源，同时，它可能造成放射线辐射的严重危害。有鉴于此，发展原子能技术之始，就必须以严密的科学论证确定原子能技术规范。任何含糊或忽视预设原子能技术规范的情况，都必定会造成不可挽回的损失。因此，在原子能法中预设有关科技规范，就是天经地义的了。原子能技术规范如此，信息技术、生物技术、海洋技术、空间技术等等，莫不如此，都必须高度重视预设法律化的科技规范，以使有关技术的发展万无一失。从这个意义上说，诸如美国国立卫生院于1976年颁行的《重组DNA分子实验准则》，对重组DNA分子实验的规范做出极为严格的法律规定，是完全可以理解的。在高技术规范的法律化方面，宁失之严而不失之宽，宁失之繁而不失之简。

3. 转化过程的单向性

科技规范之转化为科技法，具有单向性的特点，即科技规范不断地转化为科技法，而不会发生科技法的有关规定转化为无法律约束力的科技规范。这同道德规范之转化为法律规范是很不相同的。后者的转化，是双向性的。有的道德规范转化为法律规范后，由于得到全社会的普遍遵行，久而久之，极少为社会成员所违反，成了社会成员自觉的行为规范。这样，继续赋予此类规范以法律的强制性就无必要了，于是，它重新被从法律中离析出来，成为一般的社会道德规范。科技规范的法律化则不同，它的转化是单向的。最简单的科技规范，往往反而是最重要的，这是使科技规范法律化不可逆转的重要原因。

正因如此，科技法中法律化的科技规范的比重将不断提高，但即使在现时期，法律化的科技规范，也早已成为科技法的重要内容了。

二、法律化的科技规范是科技法的重要内容

法律化的科技规范之作为科技法的重要内容，主要见诸以下两个方面：

（一）部分科技法本身就是法律化的科技规范

这一部分科技法，从整体上看，并不包含其他类型的法律规定，而仅仅是法律化的科技规范。它可以法律的形式出现，也可以单行法规、条例的形式存在。不管以何种形式表现，都是纯然的法律化的科技规范。

这种法律化的科技规范，早在公元前就已出现，而到近代，尤其是现代，已经变得十分普遍了。我国秦代有《田律》《仓律》《工律》《工人程》等，都是比较单纯的法律化的科技规范。《田律》规定：春天二月，不准到山林中砍伐木材，不准堵塞水道；不到夏季，不准烧草作为肥料，不准采刚发芽的植物，或捉取幼兽、鸟卵或幼鸟……《仓律》规定：稻如在谷子之后成熟，应把稻记在下一年的账上；上报产量时，应将籼米和糯稻区别开来；要把用以酿酒的籼稻和糯稻分开每年单独贮积，不要增积……又规定：种子，稻、麻每亩用二又三分之二斗，谷子、麦子每亩一斗；黍子、小豆每亩三分之二斗；大豆每亩半斗；如是良田，用不到这样数量，也是可以的；如田中已有作物，可酌情播种。《工律》规定：制作同一种器物，其大小、长短和宽度必须相同；县和工室由有关官府校正其衡器的权、斗、桶和升，至少每年应校正一次，本身有校正工匠的，则不必代为校正。

近代、现代的单纯以法律形式出现的科技规范，比比皆是。日本科学技术厅编的《科学技术六法》中，就有《关于核燃料、核原料、原子反应堆与放射线定义的政令》（1957

年)、《关于防止辐射损伤的技术标准的法律》(1958年)、《关于核原料、核燃料与原子反应堆的规则的法律》(1957年)、《关于核原料的使用规则》(1968年)、《关于利用气体色谱分析法电子捕捉检测器防止辐射损伤的技术标准》(1981年)等十几个重要的法律、法规。

上述纯然以科技规范为内容的科技法,随着科学技术的迅猛发展和科学技术领域的复杂化,将越来越多地出现。我国科技法制建设的规划中,就包含制定一批科技规范的法律,如《国家科学技术统计指标体系条例》《国家科学技术保密条例》以及各种专业技术标准和规格的法规。

(二) 部分科技法中含有一定数量的科技规范

相对于前者来说,这一部分科技法不那么纯然地是科技规范的法律规定。但有关的科技规范必定是该法的有机的组成部分,不可或缺。例如,许多国家的"原子能法"中都有关于该法所使用的术语的定义的规定,这些定义性规定,按其性质来说,就是法律化的科技规范。如规定"'原子能'是指在原子核结构发生变化的过程中,原子核放出的各种能量。""'放射线'是指按政令规定在电磁波和微粒辐射中具有直接或间接电离空气能力的物质。"(日本《原子能基本法》第三条第一、第五款)

上述两类法律化的科技规范之所以是科技法的重要内容,主要是由于:

第一,法律化的科技规范是科技法两大调整内容的一个方面。这两大调整内容是:调整人与人之间的关系;调整人与自然之间的关系。法律化的科技规范,主要是用以调整人与自然之间的关系的。这样,它就成了科技法的一个独立的而且是二者居一的"方面军"。

第二,法律化的科技规范在科技法中的比重将日益增加。这一方面是由于科学技术发展得越来越复杂、要求越来越高、越来越严密以及高技术可能带来的风险也越来越大、越来越严重所造成的;另一方面,则是由于人类社会的进步,阶级矛盾的渐趋缓和,道德水准的普遍提高,认识水平的不断提高,调整人与人之间的社会关系的法律规范将变得简单起来,相对而言,法律化的科技规范却不会因此而简单化,反而更加复杂化。

以上所说,都是就科技规范对科技法的单向关系分析的。那么,从科技法对科技规范的反向关系分析又是如何呢?

三、科技法是科技规范的保障

这里所说的"科技规范"是未经法律化的科技规范;已经法律化的科技规范,则属于科技法的一部分了。

从科技法对未经法律化的科技规范来看,其保障作用主要表现为两种形式。

（一）科技法有效调整科技社会关系，为自觉遵从科技规范创造了有利的条件

科技规范本身并无法律强制性，它得靠科技人员或生产工人自觉遵守。但是，由有力的科技行政法、科技民事法等等做了精心而有效地调整的科技社会关系，将变得井然有序，从而制约着整个科技活动，包括使科技规范得到自觉地遵守。

（二）部分科技法以适当的条文直接规定有关的科技规范必须认真遵守

如果这种规定是相当具体的，那么，有关的科技规范实际上获得了法律效力；如果这种规定并不具体而仅为原则，那么，有关的科技规范仍非法律化的规范。但不管在哪一类情况下，科技法的有关规定，都在不同程度上起了保证科技规范得被遵行的作用。

以科技法保证科技规范被遵行，相对来说，在更大的程度上依靠科技人员的自觉性，而不是主要依靠法律的强制性。但有关科技法的强制性作用仍然不应被忽视，必须赋予科技法以必要的足够有力的强制性。

第二十八章 标准化与标准化法

一、标准化的法律调整

在科学技术的发展中,技术规范以标准化形式出现,是近代工业和科学技术得到大规模发展的结果。在此以前虽然也有标准化活动,但那只不过是近代、现代严格意义上的标准化的萌芽与前奏。至于标准化的法律调整,则更是现代科学技术突飞猛进地发展的要求和结果。为了明确标准化的法律调整,必须掌握以下几点:

(一)关于标准化的一般知识

标准是对重复性事物和概念所做的统一规定。它以科学、技术和实践经验的综合成果为基础而取得;经有关方面协商一致、主管机关批准公布后,即成为共同遵守的准则和依据。有组织地实现统一标准的活动过程,叫标准化。标准化对科技发展的重要作用是:组织专业化科技活动以及进行协作从而使科技活动走向社会化的基础;促进科技产品品种的合理发展,使社会需要得到更好的满足;推动科学技术新成就的广泛应用,促进社会生产力的全面提高;加强国际科技合作和交流,使之更加规范化;等等。

我国从事标准化的实际工作者和理论工作者,总结了多年来的实践经验和理论研究成果,认为标准化的原理可以用"统一、简化、协调、优化"八个字来概括。所谓统一原理,是指为了保证科技发展所必需的秩序和效率,对事物的形成、功能或特性确定适合于一定时期或一定条件的一致规范。所谓简化原理,是指对标准化对象的结构、形式、规格或其他性能进行筛选提炼,剔除其中多余的、低效能的、可替换的环节,精炼并确定出为满足全面需要所必需的高效能的环节,保证整体构成精简合理,使之功能效率达到最高程度。所谓协调原理,是指通过有效的方式协调好系统内外相关因素之间的关系,确定为建立和保持相互一致、适应或平衡关系所必须具备的条件。所谓优化原理,是指按照特定的目标,在一定的限制条件下,以科学、技术和实践经验的综合成果为基础,对标准化对象的结构、形式、规格、性能参数等进行选择和设计,使之达到理想的效果。

我国标准的级别在《标准化法》颁布以前，分为国家标准、部标准（专业标准）和企业标准三级。由国家标准化主管机构批准发布，在全国范围内统一使用的标准，为国家标准；部标准是由部或相当于部级的主管部门批准、发布，在该部门范围内统一使用的标准；由企业或上级有关机构批准发布的标准为企业标准。部标准形式从20世纪50年代初期开始实行，现已不完全适应科技与经济发展的需要了。因此，国家标准局决定，从1983年起不再制定新的部标准；原有的部标准，一部分上升为国家标准，一部分过渡为专业标准。所谓专业标准是由专业标准化主管机构或专业标准化组织批准、发布的在某些专业范围内统一使用的标准。《标准化法》颁布以后，标准级别已经发生了变化，下文将具体述及。

标准有硬件标准与软件标准之分。硬件标准是指对一切具有实物形态的对象所制定的标准；软件标准是指对一切不具备实物形态的对象所制定的标准。此外，标准还有基础标准、方法标准，半成品标准、原材料标准、工装标准、检验方法标准、安全标准等等之分。

在标准化活动发展的基础上，标准化的国家组织也出现了。1901年英国工程标准委员会的应运而生，使得标准化步入了一个新的发展阶段。此后不久，荷兰、菲律宾于1916年，德国于1917年，美国、法国、瑞士于1918年，瑞典、比利时于1919年，奥地利于1920年，日本于1921年相继成立了本国的标准化组织。1926年，国家标准化协会国际联合会也成立了。从此，标准化越出了国家规模而进入国际规模。现代科学技术的高度发达，则将标准化的国际性推到新的高度，并反作用于生产与科学技术的发展。

但是，漫长的标准化历程与亿万次的标准化活动，并未提供我们以关于标准化的统一而确定的概念。由于对标准与标准化本质属性理解的差异，关于标准与标准化概念的定义，至今仍是多种多样的。

1972年国际标准化组织出版的桑德斯所著《标准化的目的与原理》，对标准所下的定义是："标准是经公认的权威当局批准的一个个标准化工作成果。它可采用下述形式：（a）文件形式：内容记述一整套必须达到的条件；（b）规定基本单位或物理常数，如安培、米、绝对零度等。" 1983年我国颁布的国家标准（GB3935·1-83）中对标准所下定义是："标准是对重复性事物和概念所做的统一规定。它以科学、技术和实践经验的综合成果为基础，经有关方面协商一致，由主管机构批准，以特定形式发布，作为共同遵守的准则和依据。" 1983年7月国际标准化组织发布的ISO第二号指令中，则对标准定义为："由有关各方根据科学技术成就与先进经验，共同合作起草，一致或基本上同意的技术规范或其他公开文件，其目的在于促进最佳的公众利益，并由标准化团体批准。"

关于标准化的定义，我国颁布的国家标准（GB3935·1-83）规定为："在经济、技术、科学及管理等社会实践中，对重复性事物和概念，通过制定、发布和实施标准，达到统一，以获得最佳秩序和社会效益。" 国际标准化组织于1983年7月发布的ISO第二号指令则定义为:"标准化主要是对科学、技术与经济领域内重复应用的问题给出解决办法的活动,其目的在于获得最佳秩序。一般来说,包括制定、发布与实施标准的进程。"

(二) 标准化法律调整的主要方面

标准化法律调整的主要方面是:

其一,明确标准化法律调整的目的。

标准化法律调整的直接目的是加强标准化管理,强化标准化监督,建立严密的管理体制和监督体制,制定一系列科学的完整的标准,保证标准在科技进步和生产建设中得到严格的实施。标准化管理与标准化监督,可以通过各种手段予以强化,经济手段、行政措施、道德规范都可用作积极的工具。但是,最强有力而且严密可靠的是法律手段。因此,世界各国无不把标准化的法律调整作为强化标准化管理与强化标准化监督的最重要手段。

标准化法律调整的根本目的,就是充分发挥标准化对促进科技进步、保证科技成果的质量、保证科技成果的推广应用的积极作用。正因如此,标准化的法律调整,成了科技法的重要方面,也成了科技法学的重要研究对象。

其二,明确标准化法律调整的主要范围。

标准化法律调整的主要范围有三:一为技术标准;二为经济标准;三为管理标准。其中技术标准的法律调整,是标准化法律调整的主体。经济标准与管理标准的法律调整也是标准化法律调整的重要组成部分,它们虽非技术标准的法律调整,但是与技术标准的法律调整密切相关,因此同样应予重视。

其三,明确标准化法律调整的主要要求。

这些要求是:(1) 与宪法、法律和其他法规组成统一的、和谐的、有机的整体;(2) 标准化的法律调整必须由国家机关组织制定、审批、发布;(3) 必须严格地贯彻执行,因此有关的法律调整手段必须是健全的,法律责任必须十分明确;(4) 标准化法律调整必须有法律的强制性,违反者必须受到严厉的制裁。只有明确上述要求,才能使标准化的法律调整成为积极的、有效的手段,促进科学技术的不断发展,促进"四个现代化"建设一日千里地迅速前进。

其四,向国际标准化要求靠拢。

采用国际标准和国外先进标准是我国的一项重要技术经济政策,是发展科技合作、科技交流和技术引进、技术出口的必不可少的环节。这是因为,采用国际标准和国外先进标准,有利于提高科技成果的质量,有利于开拓国际科技市场,有利于消除技术贸易的障碍,有利于提高我国的科学技术水平。因此,在我国的标准化法律调整中,必须向国际标准和国外先进标准靠拢。

当然,这是一个渐进的发展过程。操之过急,制定过高过严的标准,使我国的科技人员望而生畏、束手无策,反而会影响科技顺序渐进的发展。故步自封、自甘落后、因循保守，以低标准要求自己，又不利于科技水平的提高。因此，在向国际标准化要求靠拢时，必须从我国的国情、从我国的科技发展实际水平出发。

二、标准化法

标准化法律规范可以分为两大类。

（一）寄生于其他法律中的标准化法律规范

我国的《经济合同法》《环境保护法（试行）》《食品卫生法（试行）》《药品管理法》《统计法》以及国务院颁布的许多行政法规中，都寄生有标准化的法律规范。例如：

《经济合同法》第十七条规定："产品质量和包装质量，有国家标准或专业标准的，按国家标准或专业标准签订；无国家标准或专业标准的，按主管部门标准签订，当事人有特殊要求的，由双方协商签订。"

《环境保护法（试行）》第六条规定："各项有害物质的排放必须遵守国家规定的标准。"第十九条规定："一切排烟装置、工业窑炉、机动车辆、船舶等，都要采取有效的消烟除尘措施，有害气体的排放，必须符合国家规定的标准。"

《统计法》[①]第十条规定："国家制定统一的统计标准，以保障统计调查中采用的指标含义、计算方法、分类目录、调查表式和统计编码等方面的标准化。"

显然，这些寄生于其他法律中的标准化法律规范，具有间接性、原则性、指示性的特点，具体的有法律约束力的标准，还得由另一类直接规定标准的法规规定。这在国外也是一样的。例如，日本的《消费品安全法》中就规定："当该品种有日本工业标准时，以日本工业标准为基准；当没有日本工业标准时，应制定有关结构、材质、强度、耐久性的基准。有国际标准的，尊重国际标准。""安全基准的范围，对于产品的结构、强度、爆炸性、可燃性，以及与安全性有关的内容，都必须规定基准。"

（二）专门性的标准化法规

专门性的标准化法规大致有以下几种：

一为标准化法。这是标准化工作的根本大法，我们将在下文结合我国新近颁布的《标准化法》做比较详尽的说明。

二为标准化行政法规。我国国务院曾于1979年7月31日颁发了《中华人民共和国标准化管理条例》，这是我国二十多年标准化工作经验的总结，也是对1962年国务院颁布的《工农业产品和工程建设技术标准管理办法》的继承和发展。这个《条例》规定了有关标

---

① 此处为《中华人民共和国统计法》（1983）。全书同。——编者注

准化的方针、政策、任务、机构和管理体制等，是《标准化法》颁布前，我国标准化工作的指导性文件。国务院于1985年3月7日批准发布的《产品质量监督试行办法》，也是重要的标准化行政法规。

三为标准化规章。这是由我国国家标准局颁发的或国家标准局与国务院有关部门联合颁发的全国性标准化规章，分标准化管理规章（如《关于国家标准的计划编制、制定和复审工作程序的暂行规定》《专业标准管理办法》《工业企业标准化工作管理办法》《全国专业标准化技术委员会章程》《中国标准文献分类法》《采用国际标准管理办法》《机电新产品标准化审查管理办法》《技术引进和设备进口标准化审查管理办法》《国家标准科学技术成果奖励办法》《参加国际标准化组织技术活动的管理办法》等）、标准化技术规章（如《编写标准的一般规定》《出版印刷标准的规定》《标准体系表的编制原则和要求》等）、质量监督管理规章（如《国家级产品质量检验测试中心基本条件》《产品质量监督检验所的基本条件》《产品质量监督检验管理办法》《全国产品质量仲裁检验暂行办法》）等。

除以上三类外，还有地方立法机关和地方政府颁布的地方性标准化法规和规章。到1986年6月为止，经国务院批准、颁布的标准化行政法规有两个；国家标准局颁布的以及国家标准局与国务院有关部门联合颁布的全国性标准化规章共有30多个。由此可见，我国为发展科学技术和繁荣经济而进行的标准化立法，是相当积极、活跃的。

第二十九章　我国的标准化法和科技规范法律保障的发展

一、我国标准化的发展历程

近代中国标准化工作可从1931年3月国民党政府实业部（经济部前身）草拟《工业标准委员会简章》为起点。该《简章》于同年5月3日由行政院公布实施。是年12月正式成立了工业标准委员会。

1946年9月，国民党政府公布了《标准法》。同年10月，派代表参加了国际标准化组织（ISO）成立大会并成为理事国。ISO正式成立的时间为1947年2月23日，是世界上最大的非政府性标准化专门机构。

1947年，国民党政府宣布成立中央标准局。截至1947年底，共编写标准草案1500余个，但经审定公布的标准只有79个。

新中国成立后，于1949年10月即成立了中央技术管理局，内设标准化规格化处。当月，中央技术管理局制定的《中华人民共和国标准〈工程制图〉》，由中央人民政府政务院财政经济委员会审查批准，成了新中国第一个发布的标准。其意义首先在于推动了科技规范法律化的工作。1952年，颁发了我国第一批钢铁标准。接着，化工、石油、建材、机械等部门的标准也陆续颁发。

1956年，中央人民政府决定成立国家技术委员会即今之国家科学技术委员会。1957年，委内设立标准局，开始对全国的标准化工作实行统一领导。1958年颁布了第一号国家标准GB1-58《标准幅面与格式首页、续页与封面要求》，第一个五年计划期间，各主要工业部门先后建立了标准化管理机构。

1961年以后，标准化工作得到了加强。1962年国务院发布了《工农业产品和工程建设技术标准管理办法》，它成了我国第一个标准化管理法规。1963年4月召开了第一次全国标准化工作会议,编制了1963—1972年标准化发展的十年规划。但"文化大革命"使标准化工作受到了严重的破坏。直至粉碎"江青反革命集团"后,才得到了恢复。

1978年5月,国务院批准成立了国家标准总局,加强了国家对标准化工作的管理。1979年召开了第二次全国标准化工作会议。是年7月31日,国务院批准颁发了《中华人民共和国标准化管理条例》。

到1985年底为止,我国颁布的国家标准,累计已达7694个,各部门发布的专业标准(包括部标准)1300多个,地方发布的企业标准达9万多个。目前,管理标准化工作的干部队伍已达1.2万余人。1975年,还成立了中国标准化管理干部学院,许多高校也开设了标准化课程。

我国还分别于1957和1978年加入了国际电工委员会和国际标准化组织,与许多国家加强了交流与合作。

在此基础上,制定标准化基本法的条件成熟了。因此,经过长期的调查研究和酝酿起草的准备工作,终于在1988年12月29日通过了我国的《标准化法》,自1989年4月1日起施行。

二、我国的《标准化法》

《中华人民共和国标准化法》[①]是在第七届全国人民代表大会常务委员会第五次会议上通过的。在此之前,反复征求过专家、学者和标准化工作者及广大科技干部的意见。全国人大常委会委员在上一次的会议上提出了一系列的修改意见。全国人大法律委员会根据上述各方面的意见再次对标准化法草案做了修改。现在通过、颁行的《标准化法》,无论从立法宗旨、法律内容看,还是从普遍施行的实际效果看,都是比较好的。

该法分"总则""标准的制定""标准的实施""法律责任"和"附则"五章,共二十六条。

"总则"第一条规定了该法的立法宗旨是"为了发展社会主义商品经济,促进技术进步,改进产品质量,提高社会经济效益,维护国家和人民的利益,使标准化工作适应社会主义现代化建设和发展对外经济关系的需要"。

立法宗旨劈头提出的"为了发展社会主义商品经济"的规定,是意味深长的。它符合我国经济发展总体战略与经济体制改革不断深化的要求,符合将科学技术事业纳入商品经济秩序的需要,符合科技发展的客观规律。

该法第二条规定了应当制定标准的统一技术要求的范围,它包括:工业产品的品种、规格、质量、等级或者安全、卫生要求;工业产品的设计、生产、检验、包装、储存、运

---

① 此处为《中华人民共和国标准化法》(1988)。全书同。——编者注

输、使用的方法或者生产、储存、运输过程中的安全、卫生要求；有关环境保护的多项技术要求和检验方法；建设工程的设计、施工方法和安全要求；有关工业生产、工程建设和环境保护的技术术语、符号、代号和制图方法。

《标准化法》在第二章"标准的制定"中明确规定了制定标准的原则要求。这些要求是：(1) 有利于保障安全和人民的身体健康，保护消费者的利益，保护环境（第八条）；(2) 有利于利用国家资源，推广科学技术成果，提高经济效益，并符合使用要求，有利于产品的通用互换，做到技术上先进，经济上合理（第九条）；(3) 有关标准应协调配套（第十条）；(4) 有利于促进对外经济技术合作和对外贸易（第十一条）。上述四个方面的原则在标准制定的过程中，必须综合考虑、统筹兼顾、全面遵行。

在这一章里，对我国的标准体制、标准的审批、发布权限、标准的复审等做出了规定。我国的标准按该法规定分"国家标准""行业标准""地方标准"和"企业标准"。"国家标准"由国务院标准化行政主管部门制定；"行业标准"由国务院有关行政主管部门制定，并报国务院标准化行政主管部门备案；"地方标准"由省、自治区、直辖市标准化行政主管部门制定，并报国务院标准化行政主管部门和国务院有关行政主管部门备案；"企业标准"由企业制定，"国家鼓励企业制定严于国家标准或行业标准的企业标准，在企业内部适用"（第六条）。标准实施后，根据科学技术的发展和经济建设的需要，应适时复审现行的标准，"以确认现行标准继续有效或者予以修订、废止"（第十三条）。

这一章的第七条，专门对"强制性标准"与"推荐性标准"做了分类规定。"保障人体健康，人身、财产安全的标准和法律、行政法规规定强制执行的标准是强制性标准，其他标准是推荐性标准。"这一分类是标准工作重要的法律规定。它主要是针对有关安全、卫生的要求进行分类的，这是广大人民切身利益所在，因此国家给予了高度的重视。该法为此特地在第七条的第二款规定："省、自治区、直辖市标准化行政主管部门制定的工业产品的安全、卫生要求的地方标准，在本行政区域内是强制性标准。"这就对有关的地方标准的法律效力做出了强有力的保证。关于推荐性标准的规定，则为科技研究机构与生产建设单位在标准的选择上赋予了自主权，也是十分重要的。

第三章"标准的实施"特地对强制性标准的实施做出了明确的规定："强制性标准，必须执行。不符合强制性标准的产品，禁止生产、销售和进口。"（第十四条）这一规定在"维护国家和人民的利益"上，有重大的意义。关于推荐性标准，该法的修改稿原来是"推荐性标准可以自愿采用"，经过审议讨论，改定为"推荐性标准，国家鼓励企业自愿采用"。由于推荐性标准都是比较严格、先进的标准，因此，改定稿的"国家鼓励企业自愿采用"，具有积极的意义。

第四章关于"法律责任"的规定，为标准的实施做出了有力的保证。

可以预言，《标准化法》的实施，将为我国科技规范的法律保障开拓一条新的康庄大道。

三、科技规范法律保障的发展

如前所述,我国为发展科学技术与繁荣经济而进行的标准化立法,是相当积极、相当活跃的。但是,这并不是说这一方面的工作已经臻于顶峰、可以踏步不前了。

科技规范的法律保障,还将随着科学技术的发展,不断提出新的需求。在中国共产党第十三次全国代表大会把科技进步列为经济发展战略的首要地位之后,我国科学技术的发展在全球性的新技术革命浪潮的推动下,必将得到更加迅猛的发展。因此,科技规范的法律保障问题,应当得到更多的关注与重视。

关于科技规范法律保障的发展,我们认为今后还必须努力做到:

(一)认真学习国外的标准化立法

以国外在法律中引用标准为例,可以说明认真学习国外的标准化立法的必要性。

无论是发达国家还是发展中国家,普遍地都对标准化立法高度重视。例如英国,其安全保健委员会制定的《关于参照标准的将来政策》中,就规定了500个工作安全、保健标准。瑞典政府的11个机构从1974年以来在颁布的626项法规、条例中,有175条引用了729个标准,其中有三分之二是瑞典标准,三分之一是国际标准。瑞典制定的《电气法》《电气设备法》《电气设备的设计与维护法规》等,引用了大量的安全标准,使用了测试和认证的电器安全标准和规范就有180多个。日本通商产业省方面的有关法律、法令即有300多项,其中许多都规定了相应的技术基准或直接采用的标准。发展中国家印度在1937年就颁布了《农产品分级与标志法》,1940年颁布了《药品与化妆品法》,1952年颁布了《印度标准学会认证标志法》,1954年颁布了《防止食品掺杂的规定》,1955年颁布了《基本商品规定》等。① 这些国家在标准化专门性立法方面,更是积极活跃。如前所说,日本仅科学技术厅方面的有关立法即有十几个之多。因此,我们无疑应向这些国家学习,不仅学习其积极立法的精神,而且可以适当加以移植,以加快我国的标准化立法的进程。

(二)积极采用国际标准和国外先进标准

国际标准一般是指国际标准化组织(ISO)和国际电工委员会(IEC)所制定的标准,还包括列入国际标准化组织出版的《国际标准题内关键词索引》(《KWIC索引》)中的27个国际组织制定的标准。②

国外先进标准有:欧洲标准化委员会、经互会标准化常设委员会等区域性标准,美国国家标准、西德国家标准、日本国家标准等发达国家的标准和国际上通行的团体标准如美

---

① 李春田:《标准化概论》,中国人民大学出版社1982年版,第267—268页。
② 北京市标准情报研究所等编:《标准化基本知识问答》。

国试验与材料协会标准等。①

根据标准化专家的研究认为，在采用国际标准时，应采取"认真研究，积极采用，区别对待"的方针，同时贯彻下列原则：

1. 密切结合我国国情，符合国家的有关法规和政策，讲求经济效益，做到技术先进、经济合理、安全可靠；

2. 合理确定采用程度，有利于完善我国的标准体系，做到标准门类齐全，标准之间协调统一、相互配套；

3. 有利于促进标准水平不断提高，努力达到和超过世界先进水平；

4. 有利于推行综合标准化，从原材料、元器件、零部件到配套产品、检测仪器设备和方法以及产品包装等成龙配套地采用；

5. 先行采用国际标准中的基础标准、方法标准、原材料标准和通用零部件标准；

6. 选取国际上实际通行的标准为优先标准。

我国的标准化立法事业方兴未艾，对标准化法与标准化立法的研究，也只是处于起步阶段。因此，科技法学工作者在这一领域中所做和应做的事，还相当多。作为科技法学研究范围的一个重要方面，本章所涉，仅及万一。我们应在此基础上，对有关的理论与实践中提出的问题继续研究。

---

① 北京市标准情报研究所等编：《标准化基本知识问答》。

科技进步和环境的法律保护篇

"龟蚌有介,狐貉不能擒;蝮蛇有螫,人忌而不轻。故有备则制人,无备则制于人。"科技发展,尤其是现代新技术革命的疾风骤雨,既可造福人类,也可能带来巨大破坏。为求有备无患,必须注意环境的法律保护。本篇仅对研究有关问题提出一些简要的看法。

第三十章　科技法学的一个重要研究对象

一、环境法律保护问题的法学属性

环境的法律保护的法学属性，是本章必须首先解决的问题。这是因为此前的经济法学著作都把它作为经济法学的一个分支，在"各论"中做了简略的介绍。

但经济法学教材或专著并没有论证过环境保护法的经济法学属性问题。实际上，一旦接触这一问题，我们就会发现，把这一问题列入经济法学范畴，是不妥当的。

所有的经济法学工作者都认为，经济法是调整经济关系的法律。但是，环境保护法远非"调整经济关系"所能概括、所能解释的。例如，各国的环境保护法所规定的大多是国家保护环境的方针、政策、原则、范围，这里有涉及经济关系的地方，但远远超出了经济关系的范畴。它还涉及行政关系、民事关系、刑事关系、国际关系，这就更非经济法学所能囊括的了。

《经济法学》[①]一书认为经济法的调整对象包括"调整国民经济管理过程中所发生的社会关系""调整社会组织之间在经济活动中所发生的社会关系""调整国家机关、企业、事业单位和其他社会组织的内部经济关系"三个方面。显然，这三个方面不能把环境的法律保护问题囊括其中。首先，环境的法律保护问题，不全是在"国民经济管理过程中所发生的社会关系"问题。诸如指令性经济计划、指导性经济计划的制定，经济管理机关的职、责、权限和结构、功能，经济建设中的人、财、物与供、产、销等等，其本身不会产生环境的法律保护问题。其次，经济活动中产生的是经济社会关系，当以法律加以调整时，即为经济权利与经济义务关系。但环境的法律保护多在科学技术活动中产生，它由科学技术活动所引起，也需由科学技术手段帮助解决，所涉及的不仅有经济权利与经济义务，也有行政权利与行政义务、其他民事权利与民事义务，此外还涉及刑事责任、国际权利与国际义务，甚至与科技道德、科技道义相关。

[①] 法学教材编辑部编审：《经济法学》，高等学校法学教材，群众出版社1986年版。

我们认为,环境的法律保护问题,属于科技法学的研究范围,环境保护法是科技法学的一个重要研究对象。其理由主要如下:

(一) 环境的法律保护问题是由科学技术的大规模发展引起的

人类社会的诞生,迄今已有数百万年。在人类社会形成之后的漫长岁月里,人类起初"以采集现成的天然产物"①谋求生存,后来虽然逐步发展到"经营畜牧业和农业"②,以至发展了手工业和机器工业,使生活得到了极大的改善,但是,总的来说,生产力水平还是比较低下,生产力中所包含的科学技术因素,即人类以其智慧和经验改变自然所提供的条件的因素,并未达到引起环境严重破坏的可能地步。现代科学技术的大规模发展,一方面带来了生产力水平的极大提高,另一方面却又带来了严重的环境危机。据估计,20世纪80年代以来,世界各国每年排放二氧化碳高达200亿吨,排放有毒物质达10亿吨,每年约有6000多亿吨污水排入水体,有三分之一的化肥和农药被地表水冲刷到海洋中去。1981年,我国排放的废气中,各种有害物质约4200多万吨,其中二氧化碳为1400多万吨,是世界上排放量最多的国家之一;排放废水总量达303亿吨;等等。有毒物质的排放,与科学技术活动有极大的关系,没有科技活动,不可能产生经济活动中有毒物质的排放。这样,就自然地提出了以法律手段调节科技社会关系,保证科技活动既能促进生产力的发展,又不致带来环境的严重破坏。为了达到这个目的,有的国家甚至采取限制科学技术与生产建设进一步发展的措施。例如,瑞典在1988年10月份的大选中,政府做出了到2010年拆除所有核电站的决定,到1996年则首先停止使用现有12座核电站中的两座;英国正在准备采取立法措施来调节科技进步带来的一系列环境问题,连一向对此甚表反感的英国首相撒切尔夫人近年来也戏剧性地改变了态度,表示要以积极的立法来保护因科技发展而日益恶化的环境。

(二) 环境的法律保护实质上是以法律手段对科技社会关系进行调节

如前所述,所谓科技社会关系,是指由于科学技术活动而发生、为着科学技术的发展而形成的社会关系;它是以科学技术活动为中介,以科技劳动者、科技劳动组织与科技劳动管理机构为主体,以科技创造权利为本位的社会关系。同时,科技社会关系是纵向行政隶属关系与横向民事平等关系相结合的社会关系。

科学技术活动的目的,由于不同阶级的干预大致会衍化为两类:一类是为着发展生产力,增进人类的幸福;一类是为着特殊阶级、阶层的特殊利益,它以损害其他阶级、阶层的利益为前提。例如,原子能科学技术活动的目的,一类是为了夺得新型能源,为生产力的发展和人类幸福的增进而进行研究与开发;另一类则是为着垄断资产阶级、官僚阶层

---

① ②《马克思恩格斯选集》第4卷,第23页。

独霸世界，如制造核武器进行战争恫吓。无论哪一类目的的科学技术活动，都可能产生消极的后果，即对环境的污染和破坏。研制、生产原子弹用来杀人、侵略、颠覆别国政府固然会造成环境污染与破坏，即使是用来保卫国家、防止侵略与颠覆，也可能因核物质的泄漏、放射性物质的环境污染，造成消极的、不利于人类的后果。

这样，原子能研究开发之类科技活动中所形成的各种社会关系，就有必要从环境保护的角度加以调节。

例如，依法建立环境管理机构来处理科技活动中产生的环境污染问题，有关法律必须对环境管理机构的地位、作用、职责、权利与义务以及该机构的上下隶属关系、左右组织关系、协作关系做出规定，这就是对因科技活动而产生的环境问题做科技行政的法律调节；依法成立科技研究机构与其活动区域的居民、企业和其他社区的权利义务关系的协议、合约、合同，由此发生科技民事关系；依法处理因科技活动而引起的国际争端，依法共同防止因科技活动而造成的环境污染，由此而发生科技国际关系；等等，就都是从环境保护的角度进行的对科技社会关系的法律调整。

有关法律，如环境保护法、公害对策法、大气污染防治法、海洋倾废法、水污染法等，所调整的科技社会关系，是以科学技术活动为中介的。它虽然也发生在经济活动中，但它还发生在非经济的科技活动中；即使发生在经济活动中，也主要发生在经济活动过程的科学技术活动中。环境的法律保护，是以科技劳动者、科技劳动组织与科技劳动管理机构为主体实施的。它虽然也由经济组织如企业、公司及经济管理机构来实施，但是，在这些企业、公司及经济管理机构中，仍然是科技劳动者、科技劳动组织及科技劳动管理组织在发生作用，在充当有关权利义务关系的主体。最后，环境的法律保护，有纵向的行政保护方法与横向的民事保护方法，都同科学技术活动紧密相关。正因如此，我们认为，环境的法律保护，实质上是以法律手段对科技社会关系进行调节。这就是说，环境保护法是科技法，是科技法学的研究对象。

这当然不是说经济法学不可以也不必对环境进行研究。其实，行政法学、民法学以至宪法学、刑法学都可以对环境法进行研究。但所有这些法学部门对环境法所做的研究，都只涉及环境法的一个侧面。只有科学技术法可以全面地剖析、研究环境法的一切。

随着高技术的发展，环境保护的法律化，将变得越来越重要。现在，发达国家已普遍掀起了"环境热"。据社会学家和政治家们估计，环境的法律保护，将成为下一个世纪的中心问题之一。科技法学对环境的法律保护问题进行详尽的研究，是完全合理而且非常必要的。

二、科技法学的一个重要研究对象

科技法学的研究对象是科技法这一特定的社会现象及其发展规律。科技法作为调整科技社会关系的法律，或为达到促进科技发展的目的，或为防止科技发展带来的消极影响的目的，二者必居其一。环境的法律保护是"为防止科技发展带来的消极影响"而实施的，它成了科技法所要达到的两大目的之一。既然如此，环境的法律保护及环境保护法的发展规律，就不能不是科技法学的一个重要研究对象。

科技法学对环境的法律保护问题的研究，主要是在以下两个方面：

（一）对环境保护法的定义、地位、作用、原则的研究

环境保护法的研究者，对环境保护法下了不同的定义。

有人认为："环境保护法是调整人们在利用环境、保护环境的活动中所发生的社会关系的法律规范的总称。"[①]这个定义揭示了环境保护法作为法律而调整社会关系的实质，这是正确的。但是，有关的社会关系主要不是发生在"利用环境、保护环境的活动中"，而是发生在科学技术活动中。"利用环境、保护环境"本身就是积极的，不存在消极面。而科学技术活动却不同，如前所说，既有积极的造福人类的一面，又有消极的危害人类的一面，只有后者的存在，才会带来调节有关社会关系以求保护环境的问题。

又有人认为："环境保护法是解决环境问题，实行环境保护的法律工具。"[②]诚然，环境保护法最终是为了达到"解决环境问题，实行环境保护"的目的。但它本并不直接"解决环境问题，实行环境保护"，而是通过调整有关的社会关系来达到目的的。如果把环境保护法调整科技活动中环境保护方面的社会关系的根本点忽略了，那就在法学的基本问题上犯了不可轻视的错误了。我们认为，环境保护法的定义，应揭示它属于科技法的属性，揭示它调整社会关系的属性，揭示它所调整的社会关系发生于科技活动中、属于环境保护方面等特点。

综上所述，笔者认为，环境保护法大致可定义如下：环境保护法是调节科技活动中环境保护方面的社会关系的科技法。

当然，一个简单的定义绝不可能充分揭示对象的丰富内涵和全部特点。因此，科技法学应对环境保护法这一研究对象做进一步深入的剖析，诸如环境保护法作为科技法的一般性和特殊性是什么；它所调节的社会关系的特点、范围、表现如何；它通过怎样的方式、手段、途径达到立法目的；等等。

环境保护法的地位问题，可以从两个方面探讨：一是它在科技法中的地位；一是它在

[①]《经济法学》，群众出版社1986年版，第354页。
[②]《中国经济法教程》，中国人民大学出版社1985年版，第417页。

科技发展中的地位。环境保护法在科技法中处于特殊的地位，因为它并不只是单一的某种社会关系的调节工具，而是以综合调节环境保护方面的行政法律关系、民事法律关系、刑事法律关系和国际法律关系为内容的。不能把环境保护法放在科技行政法、科技民事法或科技国际法中论述，而要单独列出来探讨。环境保护法在科技发展中有极为重要的、不可离弃的地位。离开了环境保护法，科技的发展势必走向它的反面，不是造福人类，而是祸害人类。正因如此，当代世界各国，无不高度重视环境保护立法问题。几乎每一种新技术、高技术在孕育之中时，就同步开展着有关的环境保护法律措施的研究。鉴于各发达国家的这种经验，我国在科技发展中也应对此高度重视、具体落实，以健全的环境保护立法，保证科学技术的健康发展。

环境保护法的作用不是消极的对科学技术发展的限制。它通过对有关社会关系的调整，在两个方面促进科学技术的发展。一个方面是，限制和消除科技发展中的消极作用，保护环境不受破坏，从而使科学技术的积极作用得到更有力的促进与发展，并且为其创造最好的继续发展的条件。第二个方面是，促进和保护环境科学技术的发展。环境科学技术本身就是一种重要的科技领域。

在明确了上述问题之后，有必要指出，直接认定环境保护法的作用在于"保护环境"，是不科学的。因为法的作用是调整社会关系，环境保护法也不例外。正因如此，有的经济法学著作把环境保护法的作用限定在处理"人与自然的关系"上，显然不无偏颇。因为"人与自然的关系"就单个的个人来说，无论怎样处理都无可非议。但人是社会的人，个人与自然的关系，同样，一个企业、一个科学技术研究机构在经济活动、科学技术活动中所引起的"人与自然的关系"，必定会影响到其他的人、其他的企业、其他的科学技术研究机构和整个社会。所以，"人与自然的关系"，归根到底仍是人与人之间的社会关系。许多环境保护法的条文表面上看是调整"人与自然的关系"的，但其背后，其实质，还是调整人与人之间的社会关系。据此，有的经济法学著作基本正确地断定，环境保护法主要调整：因保护自然环境和自然资源而产生的社会关系；因防治污染和其他公害而产生的社会关系；环境保护管理机构的法律地位及其在环境保护工作中与各方面发生的工作关系；其他有关环境保护和环境管理的关系。① 之所以说是"基本正确"，是因为它所断定的环境保护法调整的是与环境保护联系在一起的社会关系，但又没有指明"环境保护"的要求是科技活动所引起的。我们必须牢牢掌握环境保护法是"调整科技活动中环境保护方面的社会关系"这个基本点。

环境保护法的原则，也是科技法学对环境的法律保护问题进行研究的一个重要内容。这些原则主要是：第一，科技进步、经济发展与环境保护及生态平衡相协调的原则；第二，防治结合、以防为主的原则；第三，以环境科学技术的进步保证环境保护的原则。关

---

① 《中国经济法教程》，中国人民大学出版社1985年版，第417页。

于第一、第二两点，已有不少同志进行过论述，这里从略了。关于第三点，我们略加说明。环境保护的目的在于造福社会、造福人类，如果用抑制经济与科技发展的消极方法来保护环境，那么，在一定程度上必定失去环境保护的意义。环境保护的手段多种多样，最主要的是依靠科学技术的进步，即以新的环境科学技术来对付环境污染和公害问题。这实际上是消极环境保护和积极环境保护的区别。正是从这个意义上看，瑞典等国撤除全部核电站的做法，只适用于有关国家的国情而无普遍意义，作为发展中国家，中国仍应积极地进行刚刚起步的核电站建设。

（二）对环境保护法的发展规律的研究

环境保护法的发展规律，涉及以下几个问题：

第一，导致环境保护法发展变化的内在因素是什么？

环境保护法发展变化的内因主要有两个方面。第一个方面是因科技发展而产生的环境保护方面社会关系的变化。这种变化，促成了环境保护立法需求的成熟，揭示了环境保护立法的范围和内容。例如，当环境管理方面的行政关系发生变化时，就会提出环境管理立法的需求，并为有关立法的范围和内容"划定"客观的界限。第二个方面是因环境保护立法引起的对立统一运动。环境保护立法有基本法与部门法、中央立法与地方立法等等之分。基本法、部门法之间，部门法相互之间，中央立法、地方立法之间，可能存在着三类关系：一类是完全一致，紧密配合，没有抵触；一类是部门法与基本法抵牾，地方立法与中央立法矛盾；一类是某一或某些部门法、某一或某些地方立法提供了新鲜的、更为切实有效的立法经验，更为可行的立法内容。在第一类情况下，自无相互矛盾因而做法律修改的必要；在后两类情况下，就产生了法律修改问题，即：或者基本法吸取部门法的优点，中央立法吸取地方立法的优点，一种部门法吸取他种部门法的优点，一个地方的立法吸取他地立法的优点而做出修改；或者修改部门法以保持与基本法的一致，修改地方立法以保持与中央立法的一致。无论是后两类中的哪一类，都引起了环境保护法的变化发展。

第二，导致环境保护法发展变化的外在因素是什么？

主要的就是科学技术的发展变化。当原子能科学技术大规模地发展起来时，自然产生了防治核污染的问题；当生物技术大规模发展起来时，同样会带来生物公害的防治问题。但这是外因，它必须通过社会关系的调整而起作用。也就是说，科技的发展引起了环境保护方面的社会关系的变化，从而促使环境保护立法的发展。此外，政治、经济、文化以至国际环境的变化，都可能引起环境保护法的若干变化。例如，日本的《公害对策基本法》就是日本人民展开大规模的民主斗争后制定颁布的。但是，之所以发生此类斗争，还得从科学技术的发展带来了环境污染问题上去寻找原因，所以，把科技发展作为导致环境保护法发展变化的主要外因是完全正确的。

第三，环境保护法的一般发展趋势如何？

各国的环境保护立法，或先立基本法，或先制定单行法规；或先有中央立法，或先有各地的地方立法，总之，情况很不相同，难以一种模式论定。但这不同模式、不同历程，又告诉我们，它们之间有一个共同点。这就是：环境保护立法必须与本国的国情与社会需求相一致，因此，它的发展趋势当与该国的科技进步同步并行。超越科技发展水平，或者滞后于科技发展状况，都不利于社会的发展、人民的幸福，也不利于科学技术本身的进步。由于科学技术的发展将变得日益迅速，分工将日益细密，新开拓的领域将越来越多，因此，有关的环境保护法规数量也将增多，条文将变得更加周全严密，环境保护法将形成一种基本法与部门法、中央立法与地方立法综合而成的严密而健全的体系。也就是说，环境保护法的发展趋势是：日益细密化、体系化。

关于环境保护法的一般问题，经济法学著作已做了较多的探讨，这里不再述及。科技法学对环境保护法的研究，应在科技进步和环境的法律保护的关系问题上进一步展开。下文我们将集中研讨关于高技术发展中的环境保护立法问题。

第三十一章　高技术发展和环境的法律保护

一、高技术发展对环境保护立法的影响

1985年，日本政府在《环境白皮书》中，采用"高技术社会中的环境保护"为副标题，表明了对高技术发展引起的环境保护问题的高度重视。众所周知，微电子、生物技术、新能源技术以及新材料技术、海洋技术、空间技术等，对科学研究与技术开发以及相关的生产建设，都有比较严格的要求，操作人员大多着白衫白裤、手套、拖鞋，进行"无尘操作"。这就给人一种假象，似乎高技术发展不存在环境污染问题，无须考虑环境保护。其实，这只是表面现象。美国硅谷地区严重的地下水大规模污染、苏联切尔诺贝利核电站事件等，都说明高技术发展带来的环境问题，比一般技术所带来的环境问题远远严重得多。日本于1985年在对工厂排水的调查中，发现与集成电路有关的工厂排水，三氯乙烯含量都超过规定的标准。由于微电子工业中大量使用磷、砷的化合物，造成水质与空气污染的可能性就相当大。正因如此，日本《环境白皮书》以"高技术社会中的环境保护"为副题，是用意精深而科学合理的。因此，高技术发展很自然地会对环境保护立法产生相当大的影响。为了明确这个问题，有必要对环境保护立法的变化历程略做了解。

（一）高技术发展时期到来前的环境保护立法

高技术发展时期的上限，现在大多界定为20世纪60年代末至70年代初。那么，60年代末之前的环境保护立法状况如何呢？

可以认为，当时的环境保护立法由来已久、初成体系。

早在19世纪，环境保护立法就引起了工业与科学技术先进国家的重视。瑞士在1874年宪法中做了关于环境保护的规定。1876年，英国制定了《河流防污法》。进入20世纪以后，新技术在企业中的运用造成了更多方面的环境污染，随之，环境保护立法也逐渐增多。例如法国就有《一九一七年十二月十九日法》《48-400号法》和《一九三七年五月四日法令》等关于防止大气或水污染的法；《一九三七年十月九日法令》则是关于放射性物

质的法令。

20世纪60年代，环境保护法逐渐形成为独立的法律部门，成为有初步形式的法律体系。它从宪法规范、环境保护基本法到专门性的环境保护法，从中央立法到地方立法，都得到了很大的发展。与此同时，环境保护的国际性法规也得到了重视与发展。到60年代，联邦德国的环境法规达160多种，美国达120多种。瑞典、英国、苏联、日本等国都有了各自的比较完整的环境保护法。在此基础上，有的国家于是提出了制定统一的综合性的环境保护法典的要求。日本率先提出了《环境六法》。但真正形成环境保护法的完整体系尚需时日，而当新技术革命浪潮到来，高技术蓬勃发展起来时，又出现了新的环境保护要求。

如前所说，高技术发展时期到来前环境保护法的体系已初步形成，它包括环境保护的宪法条款、环境保护基本法、环境保护部门法、环境保护标准法和环境保护国际法等重要组成部分。

环境保护的宪法条款，大多对国家保护环境的权力意图、政策、方针和基本要求做出规定，但也有对特定的环境问题做专门规定的。如前述1874年的瑞士联邦宪法就在第二十四条中规定："联邦得制定关于防护离子放射线引起的危害的条例。""联邦有权制定关于保护动物与植物生命的法律。"1949年的《德意志联邦共和国基本法》在第七十四条中规定："并行立法扩展到下列几方面：（1）为和平目的对核能的生产和利用，其设备的装置和操纵，对核能散逸或电离线所引起的危害的保护和放射性物质的消除……"

环境保护基本法的名称在各国不尽相同，如美国叫《国家环境政策法》，日本叫《公害对策基本法》，联邦德国叫《联邦污染控制法》等。但其主要内容大抵是相同的，主要分两个方面：一为国家保护环境的基本政策与基本原则；二为国家防止技术发展引起的环境污染的对策的基本方针与基本措施。这两个方面都涉及环境保护的管理机构、检查机构、监督机构以及违法制裁问题。因此，在有关法律中，这些问题占相当大的篇幅。例如，日本的《公害对策基本法》（1967年8月3日132号法），在第一章"总则"中规定了制定该法的"目的""事业者的责任""国家的责任""地方公共团体的责任""居民的责任"等；第二章为"关于防止公害的基本措施"，其中包括"环境基准""国家政策""地方公共团体的措施""特定地区的公害预防"等节；第三章为"费用负担及财政措施"；第四章为"公害对策会议和公害对策审议会"，就这些机构的设置、业务范围、组织结构等做了规定。

环境保护的部门性法规，数量较多，涉及面较广，内容、形式各异。从内容上看，大致有以下几类：一为环境保护行政法，如日本的环境厅设置法等；二为公害防治法，如大气污染控制法、水污染控制法、噪声防止法、恶臭防止法、有毒物质管理法等；三为自然资源保护法，如水体保护法、大气保护法、森林保护法、水产资源保护法、野生动植物保护法等；四为文化环境保护法，如自然区保护法、风景名胜保护法、绿化保护法等；五为环境保护责任法，如公害受害赔偿法、公害罪法等等。

环境保护标准法包括环境质量的标准（如大气质量标准、水质标准、环境噪声标准等）、污染物排放标准（如工业废气排放标准、汽车废气排放标准、工业废水排放标准等）。

环境保护国际法是不同国家之间为保护环境而签订的协议、条约以及国际公约。

此外，在行政法、民法、经济法和刑法中也有若干关于环境保护问题的条款。所有这些，构成了一个比较完整的环境保护法的体系。若不是新技术革命时期的到来引起高技术的迅速发展，从而在许多方面提出了调整环境保护方面社会关系的新的要求，上述环境保护法体系就可能变得比较稳定，而且大体上可以调节好有关的社会关系了。

（二）高技术发展引起的环境保护立法的变化

20世纪60年代以来，随着新技术革命的兴起，高技术异常迅猛地得到发展。不少国家由于不重视环境保护，造成了严重的环境污染，公害致使许多人的生命、健康受到摧残。全球性的污染问题甚至影响到了人类生态系统的平衡和人类的生存质量和生命质量。这首先引起了国际社会对全球性环境保护问题的关切。1977年在瑞典的斯德哥尔摩召开了"联合国人类环境会议"，发表了《人类环境宣言》，呼吁高度重视环境问题。接着，联合国在1980年又通过了《世界自然资源保护大纲》，进一步对高技术发展引起的自然资源破坏问题提出了忠告和法律保护的建议。与此同时，国家间的环境保护协定也频频签订。如美国与苏联在1972年制定了《环境保护合作协定》；丹麦、芬兰、瑞典、挪威等北欧四国于1974年订立了《环境保护公约》；东西欧33个国家于1974年制定了《防止大气污染公约》。这一切表明，环境保护国际法的大量涌现，是高技术发展引起的环境保护立法的一个明显变化。这一变化是与高技术发展的国际合作需求以及高技术发展影响范围广阔的特点相联系的。

高技术发展引起的环境保护立法的第二个重大变化是污染防止的部门立法大量涌现。例如，日本科学技术厅所编的《科学技术六法》所收集的11个环境保护法里，就有《大气污染防治法》《水质污染防治法》《关于防治海洋污染与海上灾害的法律》《关于防治农田土壤污染的法律》《噪声限制法》《振动限制法》《恶臭防治法》《关于废弃物处理及清扫的法律》等8个法律、法规。据不完全统计，20世纪70年代以来，日本的环境保护部门法达到70余种，美国有121种，联邦德国有163种。如此大量的环境保护部门立法，同高技术发展引起的具体环境问题密切相关。这些具体问题不可能全部预见，而当高技术发展引起这些具体问题时，就必须以及时的有关立法来加以防止或治理。

高技术发展引起环境保护立法的第三个明显变化是其重点从治理转向预防。60年代以前，大多是环境遭到一定程度的破坏，甚至是遭到严重破坏的情况下，才不得不以有关立法予以制止、促进治理的。60年代末以后，鉴于以下原因，转向了以预防为主：一为科学技术的进步已达到有可能在科技突破的酝酿阶段，至迟在其萌芽、初始阶段，即预见到可能造成的环境问题的范围和严重性程度；二为社会对环境质量的要求达到了前所未有的高度，抑制了资产阶级纯然以唯利是图的目的去追逐科技发展所带来的经济利益。

二、新兴高技术领域的环境保护立法

上文我们简略地考察了高技术发展对环境保护立法的影响，下文我们就新兴高技术领域的环境保护立法略做介绍，以便对高技术发展与环境保护立法有更加具体的认识。这里着重对原子能技术、微电子技术、生物技术、海洋技术领域的环境保护立法做些介绍。

原子能技术发展的初期，人们对有关的环境保护问题，远不如现在这么重视。美国三里岛事故和苏联切尔诺贝利核电站事故，更一次次地敲响警钟，迫使有关国家未雨绸缪，在建造核电站、发展原子能技术的前期，甚至在其预备阶段，即严格注意以立法保证核安全。现在，美国、苏联、英国、法国和日本等发达国家的核安全立法，大多已经形成严密的立法网络，从行政法律调节、民事法律调节、刑事法律调节等不同侧面，保证核电厂运行的安全，保证核试验不致带来污染。有关的法律法规大略包括以下几个方面：一为通则性的法律法令，如日本有《原子能基本法》《关于核燃料、核原料、原子反应堆与放射线定义的政令》《关于防止辐射损伤的技术标准的法律》等；二为关于核原料、核燃料与原子反应堆的规定，如日本有《关于核原料、核燃料与原子反应堆的规则的法律》《关于核原料或核燃料提炼事业的规则》《关于试验研究用原子反应堆的设置、运输等规则》《关于核原料的使用规则》《关于核燃料的使用规则》等；三为关于辐射损伤的防止的法律，如日本有《关于防止放射性同位素辐射损伤的法律》《关于车辆运输放射性同位素规则》等；四为原子能损害赔偿的法律，如日本有《关于原子能损害赔偿的法律》《关于原子能损害赔偿补偿合同的法律》等。日本及其他有关国家的这类法律法令，虽然有的是20世纪五六十年代制定的，但在七八十年代大多经过了多次的修改。这是与原子能技术高度发展引起的新的社会关系的调节需求相适应的。

微电子技术在20世纪70年代，尤其是在80年代，得到了非常迅速的发展。美国硅谷1982年发现的大片地下水严重污染，促成了各国政府对微电子技术发展引起环境污染问题的高度重视。60年代，日本曾制定过一个《关于化学品审定及制造等的法律》。1986年，日本对该法做了重大修订，使它所限制使用的化学物质达到2万种以上，而且规定有关化学物质使用之前即须依法严格管理，充实、完善了事先审查制度，增设了善后管理制度和对经营者的指导制度。美国在硅谷事件之后，也加强了对有关立法的修改工作。美国联邦政府及许多州政府所制定的新的法律，进一步严格地限制了微电子工厂排放于大气中的有机化合物的标准。例如硅谷地区半导体工厂向大气排放的有机化合物前期物质被从每天5吨限制为每天2.1吨以下。

生物技术的发展，也引起了各国对有关的环境保护、公害防止的立法的重视。美国于1972年、1975年、1978年多次修正了《联邦政府杀虫剂、杀菌剂、杀鼠剂取缔法》；1976年美国国会还通过了《有害化学物质管理法》，从而为生物技术发展可能引起的环境保护问题找到了法律对策。美国、英国、日本、法国对基因重组的法律规定及其多次修改的情况，更证明了生物技术发展与环境保护立法之间的密切关系。

海洋技术发展中引起的环境保护与公害防止问题，大多发生在国家之间。因此，有关的法律调节措施，也多由国际双边或多边的立法来实现。1972年2月，西北欧十二国在奥斯陆签订了《防止船舶和飞机倾废造成的海洋污染公约》。同年12月在伦敦召开的会议还通过了《防止倾倒废物和其他物质污染海洋的公约》。与此同时，各国还制定了在国内实施的防止海洋污染的法律。

新兴高技术领域的环境保护立法具有动态发展的特点，一法之立往往相当迅速，立法以后则比较频繁地进行修改，使之不断完善、更加周密。由此亦可见高技术发展对环境保护立法重大影响之一斑。

本章探讨了科技进步和环境的法律保护的若干重要问题，而未具体涉及环境保护法的一系列概念、原则、规范等。后者在大批环境保护法著作中已得到相当详尽的阐述，前者则为科技法学所应问津的课题，有关的探讨还只是大略的、初步的。作为科技法学研究的一个重要范围，还必须做进一步的探索。

高技术发展的法律调节篇

"试玉要烧三日满，辨材须待七年期。"在科学技术发展的法律调节方面，高技术发展的法律调节是一个比较特殊、因而有待长期探索的问题。这是因为高技术是在新技术革命兴起后新出现的，它的发展引起了新的科技社会关系的形成；但由于时间甚短，有关的科技社会关系形态不明，其内涵和外延都有待界定。因此，我们专设一章来论述已经发生的有关问题。科技法学是动态法学，永不保守在既定的概念、原则和原理的框框内。对于已经稳定的科技社会关系的法律调节，固然是其研究的主要领域，但也不放弃对正在出现、正在发展的新问题的探索。我们宁愿对这些新问题的探索结论被后人推翻，也不愿因为怕被推翻而不率先迈出幼稚的第一步。有鉴于此，我们不惮铺陈笔墨，对高技术发展的法律调节问题，做不系统的、不连贯的粗浅论述。

关于高技术，世界各国尚无统一的定义。美国不少经济学家认为，高技术是对企业及其产品的技术评价。当研究和发展经费占产品销售额的比例、科技人员在雇员中的比重、产品的技术复杂程度等指标超过一定的标准时，有关企业即为高技术企业。法国不少人把高技术归结为知识密集工业，即信息工业和以现代科学技术为基础的工业，如微电子器件、计算机、仪器仪表、通信技术、软件及其服务、遗传工程、医药、新材料、空间技术等等。日本则把以当代尖端科技和下一代科学技术为基础建立起来的技术为高技术。因此，不妨认为，高技术是指广泛利用现代科学技术的尖端成就及其产业化成果。

高技术由于具有高投资、高风险、高效益、高速度、高竞争性、高渗透性和高度的技术密集的特点，在经济建设中的作用与威力越来越大。因此，各发达国家都尽最大的努力来发展高技术。同时，也是由于高技术的上述"七高"特性，发展高技术的对策研究，也就成了各国政府智囊、经济学家、科技专家、法学家以及政治家最为关心的问题之一。其中，法学家以其特有的职业知识，对高技术发展的促进与保障的法律措施，做了卓有成效的探索，为高技术立法及有关的科技法学提供了新的经验与成果。他们总结的经验与取得的成果，是我们论述有关问题的基础。

高技术领域广泛，包括原子能技术、信息技术、生物技术、新材料技术、海洋技术与空间技术等等。海洋技术与空间技术因其特有的国际关联性，有关立法大多与科技国际法紧密联系，所以，我们已在科技国际关系的法律调节部分做了阐述。新材料技术立法的资料，我们几乎一无所有，难以论断。这一部分，我们仅就原子能技术法、信息技术法、生物技术法的问题做些探讨与介绍。此外，各国正在大力发展高技术区，有关立法方兴未艾，因此，我们在这一部分还附带对这个问题做些研讨。

第三十二章 原子能法

在高技术立法中，原子能法应视为起步最早、成熟最快、法规最全的部门立法。其主要原因在于它所调整的社会关系直接影响原子能技术的发展，而后者又与国际的军事斗争紧密相关。曾经有过一个时期，谁拥有了原子武器，似乎谁就可以主宰世界。虽然事实证明并非如此，但"唯武器论"发展的极致"唯核武器论"确曾喧嚣一时，迷惑了许多人，何况核武器超乎常规武器的威力又是真实的现实的问题。原子能法成熟快、法规全的另一些原因是：原子能技术带有极大的风险性，需要高昂的费用，有严重的社会后果。这一切决定原子能立法必须是齐全完整、不可疏虞的，否则，国家和社会都难以承受其可怕的后果。当然，原子能立法方面值得注意的绝不仅仅只是上述问题。因此，在这一部分，我们将探讨以下几个问题：发达国家原子能立法的比较；发达国家原子能立法的经验与启示；原子能法的科技法学问题。

一、发达国家原子能立法的比较

（一）美国的原子能立法

在世界各国中，美国的原子能立法是起步最早的。

1939年8月2日，著名科学家爱因斯坦在美国向罗斯福总统提出："我收到了一本新著的手稿……阅后我认为，铀元素可能即将成为新的重要能源。对于已出现的这种局势的某些方面，美国政府似应密切注意，而且，如有必要，似应采取迅速行动。"他的远见卓识促成了美国和全世界原子能时代的提早到来，当然也对原子能立法产生了深刻的影响。但是，由于原子能利用暂无任何经验，且有关的社会关系的方方面面全未显现端倪，因此，立法自然无从谈起。最初的有关原子能事业的社会关系调节，是以行政手段进行的，其中包括以行政手段来组织和推进原子能研究。

爱因斯坦的建议得到了美国政府的高度重视与迅速反应。不久，美国政府便制定了"曼哈顿计划",动员全国的科学技术力量进行原子能技术的研究。其最初成果,是在 1942 年 12 月实现了核裂变连锁反应实验,从而实现了人类能源利用的一次大革命。但当时正值第二次世界大战,这一能源技术革命被首先利用于军事目的。美国最先制造并于 1945 年 8 月在日本的广岛和长崎投掷了大规模杀伤武器原子弹。

美国的原子能立法,是第二次世界大战结束后开始的:

1. 1946 年的美国《原子能法》

第二次世界大战结束不久,美国陆军部向国会提出了《May-Johson 议案》,其中心为要求由美国原子能部队继续管理原子能技术。在国会两次否决该议案及其修正案后,1945 年 12 月 20 日,参议院原子能特别委员会主席 Mc.Machon 提出了《关于发展和管理原子能的法律》的议案,结果获得了国会的通过,不久即批准颁布,成为世界上第一部原子能法。但该法的主旨不在于发展原子能技术或防止原子辐射的危害,而是为了防止原子能武器制造技术及有关的情报资料泄密。该法规定:设立原子能委员会作为原子能管理机构(第二条);核裂变物质及其生产利用设施全部归政府所有(第四、五条);原子能情报作为保密资料加以管理(第十条);众、参两院共同设置原子能联合委员会(第十五条)。这样,美国就出现了两个与原子能有关的机构:一个是属于政府的原子能委员会,相当于执行管理任务的机构;一个是属于国会的原子能联合委员会,具有立法权。

建立原子能联合委员会并赋予立法权,是美国为发展原子能技术而实行的立法制度的突破性发展。它大大地简化了立法程序,避免了美国国会两院制通常会产生的权力重复从而延缓立法的弊病。立法程序的这一变化,有利于协调国会控制的原则与国家安全的需要这二者间的关系。根据 1946 年《原子能法》,政府所属的原子能委员会必须把它的活动情况及时并充分地通知原子能联合委员会,而原子能联合委员会则应负责定期审查原子能委员会的活动以及有关原子能的发展、利用和控制的问题。此外,国防部也必须把有关原子能的发展、使用和控制的所有活动通知原子能联合委员会,其他联邦机构如经要求也必须这样做。哈罗德·P. 格林与爱伦·罗森索尔所著《原子政府》①一书认为:原子能联合委员会已经在其管辖范围内消除了行政和立法的一切区别。

2. 1954 年的美国《原子能法》

1949 年,苏联成功地制造了原子弹,英国也成功实现了原子能发电。这些情况推动了美国政府对原子能和平利用的考虑。

1953 年底,美国总统艾森豪威尔在联合国总部发出了设立原子能国际联盟的呼吁。1954 年 2 月,美国国会提出特别咨文,强调对 1946 年《原子能法》要做大幅度修正。咨文的主要内容是:扩大与友好国家的协作;扩大对和平利用原子能的援助;民间企业可以参加原子能的和平利用;改善和放宽原子能请报管理的手续。

---

① 阿斯顿出版社,1963 年。

不久以后，即通过了1954年《原子能法》。该法在关于和平利用原子能方面提出：在政府许可的条件下，将一部分原子能设施转归民间所有（四十一条附则，一百零三条，一百零四条）；确认对于特殊核物质通过出借方式供民间使用（五十三条）；科学技术情报以及特定的非公开资料也可供民间使用（一百四十一条）；部分确认了可以提供有关原子能方面的发明特许权（一百五十一条）；根据政府间的协定，可向外国提供广泛的情报以促进国际协作。

1954年的美国《原子能法》在立法技术上颇具特色。该法由十九章一百二十五条组成，第一章到第十九章依次排列，每章不到十条，第一章从第一条开始，第二章从第十一条开始，其余类推。立法技术上的这种处理方法，目的在于有利条目的增加，新增的条目可利用有关章节的空条。

3. 美国原子能法的修改

1954年《原子能法》颁行后，又经过了多次修改。修改的重点是进一步放宽对民间利用原子能的限制，这对原子能发展起了很大作用。

1957年以前，美国政府即采取了一系列优惠措施，鼓励民间企业利用政府研制的技术来建造核电站。为打消民间企业对原子能的恐惧，美国政府采取与民间企业合作的办法，由政府承担核电站反应堆部分的建设，而由企业建造发电厂部分。但这仍然不能完全消除民间企业的忧虑，不敢做风险投资。于是，1957年，美国国会根据《安德森法》修订了许可证制度，重视公布安全审查资料以及在建设许可与运行许可申领的各个阶段，召开公众听证会之类的事前预防措施，确定了由企业损害赔偿责任保险与国家补偿协定组成的"事故后救济措施办法"，以及在发生不测事故时，缓和企业和公众双方的危惧等等措施。由于政府承担了核电站事故的保险责任，千方百计地为企业利用原子能技术提供方便，使企业有利可图。因此，美国的原子能和平利用得到了迅速的发展，实现了能源的自给有余。

1964年美国再次修改《原子能法》，删除了该法第五十二条，承认了特殊核物质的民间所有，但浓缩铀等特殊核物质的生产设施，仍由国家垄断。

1968年，因Calvert Cliffs核电站申请建造许可证而发生的纠葛，导致1971年对1954年《原子能法》的再次修改。其结果是美国《国家环境政策法》被规定为核管理委员会审批核电站厂址的主要法律依据，环境审查则延伸到运行执照申领的各个阶段。

上述立法活动对美国企业的原子能技术利用起了强有力的促进作用，美国的原子能反应堆堆型研究有了很大发展，达到20多种堆型，建造了10多种类型的反应试验堆。其中，轻水堆的发展，在政府的支持下，进展十分迅速，到20世纪60年代就垄断了国际市场。到1973年，美国的原子能发电能力已高达2500万千瓦，占世界的60%，并大量输出核技术。从1969年到1979年，美国的核发电能力增长了12倍，大大地超过了同一时期其他工业的增长速度。

4. 美国原子能法的特点

美国《原子能法》的特点之一是具体而详尽。例如，关于原子能设施，分别就生产设施、利用设施做了规定。一切从事生产设施或利用设施的制造、生产、转让、取得、占有、使用、输出、输入等方面活动的人，都必须得到原子能联合委员会的许可（第一百零一条）；这种许可分商业上的以及医学治疗、研究开发等方面的许可；商业上的许可，指某种生产设施或利用设施得到了充分的开发，在工业和商业上已具有了实用价值，而且得到了原子能联合委员会的确认（第一百零二条）。又如，其中在运行许可与建设许可两个关键方面做了十分详尽具体的规定。关于建设许可，分别就申请的提出、申请的受理、公众听证会的召开及建设许可证的颁发，又做了明确的规定。关于申请的提出，规定申请书必须有申请人的一般概况及安全分析报告等。其中，安全分析报告必须包括以下主要内容：所选场址将给设施设计带来的影响及安全性评价；设施概况，设计、运行特性，新设计及主要的安全考虑；符合主要设计指标的预备设计和最终设计的安全系数；以及为保证符合设计标准所需的建设资材、配置、规模的概况；对公众健康可能引起的危害性与安全性评价；设施的设计与能力的分析；技术参数的确认；申请人的组织、训练、运行计划；构造、部件、系统的设计、建设、试验所适用的质量保证计划评价；必须做进一步研究的构造、系统、部件的确认；申请人的技术资格；等等。如此具体而详尽的规定，无疑对协调有关社会关系、保证原子能技术安全，有重要的法律保障作用。

美国原子能法的特点之二是法规齐全、配套严密。例如，为了加强核电站和核燃料制造、运输、使用的安全，美国在20世纪70年代后新增订的与核能利用有关的主要法律就有：1972年《联邦水污染管理法》，1972年《海洋保护、研究和禁区法》，1986年《低放废物政策法》《核武器和特殊核材料奖励法》，1970年《国家环境政策法》《危险材料运输法》《出口管理法》，1978年《核不扩散法》，1982年《高放废物政策法》，1974年《能源改组法》《国际核协调法》《核事故赔偿法》《能源部组织法》及《铀矿尾矿辐射控制法》等。所有这些法律法规与原子能基本法形成了浑然一体的严密的原子能法体系，对因原子能技术发展而引起的社会关系问题做全面的协调。

美国原子能法的配套严密，还表现在地方（州）与国家（联邦）立法的协调、配套上。美国各有关的州都制定了一批原子能法规。现在，有25个州制定了核电站选址的法律。加利福尼亚州、俄勒冈州、佛蒙特州、威斯康星州等，还从辐射对健康和安全的影响，到核废物处理等方面，就核电站的建设制定了一些限制性法规。此外，联邦一级的其他机构，如环境保护局、国家海洋和大气管理局、河流流域委员会、联邦航空署等，还制定了一些行政法规，使原子能法的配套法规更加齐全。

当然，这不是说配套到"天衣无缝"因而无发展余地了。事实上，美国在1979年三里岛核电站二号机组发生事故后，就应急处理、选址与设计、运行安全、组织和管理等方面，又做了一些立法限制。这表明，原子能立法也只能在实践中发展，不可能"一步到位"地完成，不可能"一劳永逸"地制定齐全。

从理论上说，科技法包括原子能法，总是一个动态的发展过程，永无终结之日。

近几年来，不少西方国家的舆论界提出了停止核电站建设的意见，在有的国家里废止核电站建设甚至成了政治活动的内容，瑞士已决定在2010年前撤除全部核电站。这有其相当的理由，而不是心血来潮的盲动。它必然带来新的有关社会关系处理的问题，从而从另一个方向推动有关立法的发展。但从全世界范围看，尤其是从发展中国家的需要看，发展核能作为新型能源，还是不可缺少、不可忽视的重要方面。因此，借鉴发达国家原子能立法的经验，仍是迫切的需要。

（二）法国的原子能立法

法国从20世纪70年代末以来，以极大的积极性发展原子能技术并取得了巨大的成功。法国1979年核发电量仅居世界的第六位，现在已居第二位；1963年时，核电只占本国总发电量的0.9%，1978年增至13.3%，1981年猛增到超过水电与火电之总和，1983年达到48%，1985年为65%，现在已超过70%。这样迅速的发展，与法国重视有关原子能发展的立法是分不开的。

法国迄今仍无原子能基本法。它主要是在许多有关的原有法律的基础上加以修订，用以调整原子能发展中的各种社会关系。例如，在1917年《法国特定设施管理法》、1927年《法国放射线防护法》的基础上，就修订而成了关于原子能这一危险物的管理法。

法国原子能立法是相当活跃的。1945年10月18日，即第二次世界大战结束后仅数十天，法国就颁布了设立原子能委员会的法令《法国原子能委员会组织法》。此后的主要有关立法计有：1952年7月19日颁发的有关人工放射性元素的法律；1957年2月23日和6月3日发布的关于放射线防护措施的法令；1963年12月11日公布的基础核设施法令；1974年11月6日公布的关于气体放射性废物处理的法令；1974年12月31日公布的关于液体放射性废物处理的法令；1975年4月28日公布的关于保护基础核设施操作人员免受电离放射线危害的法令；1977年10月7日公布的对基础核设施进行定期管理的法令；1977年10月11日公布的关于基础核设施液体状排放物和已辐射完燃料的安全处置的法令；等等。

由于法国重视核电的发展，不仅改善了法国在国际贸易中的地位，为工业提供了充分的能源，而且还使法国为军用建立的核工业变成了赢利的部门。现在，法国的核能不仅满足了国内能源的需要，而且从1981年起就开始向邻国输出核电。1983年出口130亿度，到1984年就剧增到250亿度。

法国的经验表明，在原子能立法的保障下，稳步发展核电事业，对国民经济发展的意义是十分重大的。

由于法国十分注意核电安全的立法保证，几十年来，在法国的核电事业中，没有出现过大的放射性物质的污染、危害性事故。

(三) 英国的原子能立法

和法国高度重视以稳定的政策和核能立法来坚定不移地推动核电事业发展的情况大相径庭，英国在技术路线和政策上长期地左右摇摆，政府和议会之间、原子能总局和中央电力局之间长期争论不休，严重地阻碍了核动力的发展，削弱了在国际上的竞争能力。这种情况，也反映到了原子能立法上。

英国的原子能立法起步不晚。早在1946年4月6日，英国即颁布了《原子能法》，成为它的原子能基本法。该法在立法上授权主管国务大臣以促进和管理原子能开发的权力。最初，规定由供应大臣主管此项事业，负完全的责任。法律规定，供应大臣拥有勘探和采掘某一矿物的权力（第六、七条），强制取得指定物质及矿物的贮藏和设备的权力（第八条），规划原子能生产和使用的权力（第十条）。这些规定，明确了原子能工业的国家管理的性质。但是，由于行政机构的不断变化，致使有关规定的法定责任人也随之变化，从而影响了原子能事业的发展。关于原子能事业的主管大臣，《原子能法》制定时为供应大臣；1953年易为科学技术大臣；1957年为总理大臣；1959年为科学大臣；1969年为技术大臣；现在则为能源大臣。这样频繁的变动，是很容易导致政策上的不稳定的。

1948年，英国制定了《放射性物质法》。这是从安全卫生的角度出发的原子能相关法。该法规定：不论天然的、人工的，只要是由放射性元素构成的物质或含有放射性元素的物质，都在该法调整范围之内（第十二条）。这同作为《原子能法》管理对象的"特定物质"有所不同。该法还规定，放射性物质的输出、输入（第二条），销售或供应（第三条）以及医疗用射线照射装置（第四条），都必须符合安全卫生规定，因而要做严密的监管。该法在1960年做了修正。

1954年，英国颁布了《原子能公司法》。原子能公司是不属政府的私人企业，对原子能事业承担法律责任，不经主管大臣批准，即可开办原子能事业。这一范围广泛的放手发展核电事业的立法，可以大大促进原子能事业的发展。但是，1971年修订该法时，却把相当多的原子能企业、资产、权利和债务划归英国核燃料有限公司和放射性中心公司；1973年再次修订该法时，还将核武器制造方面的企业划归国防大臣管，使得现存的原子能公司只能从事原子能基础研究与应用研究。这大大不利于以民间的原子能公司形式促进原子能事业的发展。

1965年，英国制定了《原子能设施法》，就有关的设施管理以及发生事故时确保损失赔偿的措施，做了明确的规定。

英国的原子能立法，除一些基本的原子能事业法律保证外，隐藏着管理体制等方面的弊端，对原子能政策的摇摆不定和技术路线的暧昧态度，从而影响了原子能事业的发展。一方面，凭借国力、科技水平和原子能立法之助，英国于1952年、1957年先后引爆了原子弹与氢弹，1963年还建成了第一艘核潜艇；另一方面，英国的核发电量在世界各国中的地位却不断下降。从1956年到1968年，英国的核发电量曾占世界各国的首位，但由1956年占世界核发电总量的94%，下降到了1968年的36%；除20世纪60年代初向日本和意大利曾出口过一座气冷堆外，一直被排除在核出口国行列之外。

（四）联邦德国的原子能立法

联邦德国原子能立法的最大特点是，原子能事业用于和平目的。根据宪法第七十四条的规定，联邦德国于1959年12月23日制定了旨在和平利用原子能和防止原子能损害的法律，即《联邦德国原子能法》，从1960年1月1日开始实施。该法在1963年4月23日、1969年8月21日、1975年7月15日、1976年8月30日分别做了修改。

为补充《原子能法》的规定，1960年5月20日颁布了《核设施令》；1960年6月24日颁布了《放射线防护令》；1962年2月22日颁布了《填补准备令》；1964年7月18日颁布了《二次放射线防护令》；1976年10月13日又颁布了《新放射线防护令》，取代了以前的有关法令；1977年2月18日颁布了《原子能法手续令》，取代了《核设施令》。此外，在1971年曾通过《原子能法费用令》，1973年曾通过《x射线令》等。显然，除和平利用原子能外，以大批法令补充原子能基本法，也是联邦德国原子能立法的一个重要特点。

联邦德国原子能立法方面的另一特点是，有关立法规定的核电站审批手续相当烦琐，各州政府、议会、法院在核能管理上按各州自定的法律、程序及表决结果办事。其结果是导致核电事业发展的延宕。例如，一座核电站在法国五年即可建成，而在联邦德国却因手续的烦琐而需9年。

二、发达国家原子能立法的经验与启示

从美、法、英、联邦德国以及其他发达国家的原子能立法中，我们可以得到有益的经验与启示。

（一）原子能立法必须齐全完整、严密配套

美国的经验已如前述。法国虽无原子能基本法，但通过修订其他相关法律的办法，达到了原子能立法的齐全配套的要求。联邦德国以大批法令补充原子能基本法，其用意也在于齐全配套。除这些国家外，日本的原子能立法的齐全配套，也是相当突出的。据日本《科学技术六法》所统计，除《原子能基本法》外，1955年以来，还制定了《放射线医学综合研究所规划》(1955)、《原子能委员会及原子能安全委员会设置法》(1955)、《日本原子能研究所法》(1956)、《日本原子能船开发事业团法》(1963)等重要原子能法54个。

正是齐全配套的原子能立法，促成了有关国家原子能事业的迅速发展。

原子能法的齐全配套，是尊重原子能科技发展的客观规律的需要。原子能事业的发展，涉及严重的安全和卫生保障问题，稍一不慎，造成放射线污染，后果是不堪设想的。因此，在原子能事业发展伊始，就必须高度重视核污染防治的法律机制，齐全完整、配套严密是这一法律机制的基本要求。

原子能法的齐全配套，也是调整原子能事业发展中有关社会关系的需要。发展原子能事业，在西方国家不仅有政府机构，而且有私人企业。鉴于私人企业的巨大潜力和可能性，它们在西方国家原子能事业的发展中已经、并将越来越大地发挥其作用。社会主义国家虽然基本上将原子能事业交由国家管理，但从发展的趋势看，私人企业的介入也未必是绝对不可能的。同时，原子能事业的发展，涉及国际合作、生态平衡、环境污染以及相关科学、技术、产业部门的关系，所需调整的社会关系，范围广、方面多、层次复杂。这就决定原子能法必须特别注意齐全配套的问题。前述发达国家齐全配套的原子能立法，注意到了全面调整有关社会关系，因而起了立法的应有作用。尤其是美国随时注意以立法来调整私人企业发展原子能事业方面的社会关系，从而推动了这一事业发展的经验，是特别值得我们重视的。

反之，不齐全或不配套，就会影响原子能事业的发展。英国有关立法不齐全，联邦德国地方立法与联邦立法不配套，都影响了这些国家原子能事业的发展，这也是值得我们重视的。我国原子能事业虽然发展已有多年，但原子能立法，却刚刚起步。笔者参加起草的我国《原子能法》，还在不断修改之中。在这一基本法的基础上制定齐全完整、严密配套的原子能法，形成原子能法的体系，还需做极大的努力。在这一方面，我们不但要学习、借鉴发达国家的经验，而且也可结合我国国情加以移植，从而大大缩短立法时间，加快立法进程。

（二）应有原子能基本法，在基本法的基础上建立完整的原子能法体系

法国无原子能基本法，而其他发达国家大多有。之所以大多数国家都制定原子能基本法，自有其共同的原因和必要；而法国的做法仅仅适合法国的国情，未必可为其他国家所仿效。

原子能基本法是全面调整原子能事业发展中的科技社会关系的法律。它所涉及的范围，综合各发达国家的经验来看，主要包括：

国家原子能管理体制；

国家原子能安全监督和管理体制；

核资源开发和利用；

核领域的科学研究、技术开发和成果利用的管理与协调；

核原料、核燃料、核设施的管理；

放射性废物的处理、处置原则；

核损害赔偿制度；

专业人员培训、资格审查以及管理、使用的制度；

核能事业的国际交流和合作；等等。

这一系列基本问题的规定，大致可以从原则上确定如何调节有关的社会关系。在此基础上，制定相关的法规、法令，使之充实、完备，就可形成有机联系、互相补充、互相制约而又互相促进的法规体系整体。

在制定原子能基本法时，应全面考察发达国家所走过的立法路程。不少国家现行原子能基本法是比较切实、严整的，但其中有些国家，尤其是先行的国家，如美国就曾走过弯路。我们应借鉴其经验与教训，在原子能立法伊始，就避免先行者走过的弯路与教训。例如，美国的最初立法仅仅是为了防止原子能武器制造技术和有关情报的泄密，这对我国的原子能基本法起草来说，就不值得仿效。有些国家在原子能基本法起草后又频频修改，这是有关国家的需要，但在其实践中显然会造成损失。因此，我国的原子能基本法起草，应当一开始就注意法律的稳定性问题。但我国的经济体制、政治体制改革刚起步不久，大量的社会关系正在急剧变动之中，它当然也会影响到与原子能事业有关的科技社会关系的变动。所以，在起草、审定我国的原子能法时，必须从国情出发，力求在大量调查研究工作的基础上，比较准确地预见有关科技社会关系变动的趋势和方面，在原子能立法时做出积极的反应，以"预期立法"（有的同志称为"超前立法"）郑重、审慎地对待之。

（三）必须掌握立法繁简的"度"

立法齐全配套、详尽严密，并不是立法烦琐。烦琐的立法，仍然可能留下许多空隙。因此，必须掌握立法繁简的恰当的"度"。

同样，随着客观情况的变化而进行立法调整，也有一个繁简的恰当的"度"的问题。过于烦琐的立法调整，同样会妨碍社会关系的合理调节。在原子能立法方面出现烦琐立法调整，就会阻碍原子能事业的发展。联邦德国原子能立法就有失之过于烦琐的缺点，如前面所指出的核电站审批手续的法律规定，就有失之烦琐的问题，其结果是延缓了核电站建设的速度。

因此，必须在立法详尽齐全而又简明扼要、切实有用之间找到一个可靠、可行、有效的"临界点"或衔接点，形成一个有利于调整原子能科技社会关系的"度"。

在这一方面，还没有形成系统的科学理论用以指导立法实践。有鉴于此，如果我们能找到一个实际典型作为参照系，也还不失为一种好办法。笔者认为，日本的原子能立法，对我们学习国外有关立法经验、掌握恰当的繁简之"度"，是一个较好的实际典型。

日本是第二次世界大战的发动国与战败国。根据有关国际公约的规定，日本不得发展军事工业。因此，尽管其科技水平比较高，直到1954年以后，才真正问鼎于原子能科学的研究。而到1956年，它深感发展原子能发电的迫切性与必要性，于是在1956年制定了《原子能基本法》。此后，它从原子能和平利用的立场出发，针对有关的社会关系，在原子能事业的管理体制，原子能科学技术的研究、开发、应用，核安全的保障以及其他原子能事业的重要领域，制定了十分齐全的法律。其立法详尽而又具体，明确而又精当，在繁简之"度"上，掌握得恰到好处。加之，日本与中国有相同的文化传统，而它又同时借鉴了海洋法系的英、美原子能立法经验和大陆法系的德、法原子能立法经验，对我们原子能立法确是一个比较理想的学习对象与移植对象。

（四）原子能事业的立法调整手段必须与行政调整手段相结合

英国原子能立法中的一个重要教训就是主管原子能发展的行政长官频繁变动，导致行政与立法的脱节，影响了原子能事业的发展。日本与美国则做得比较好，立法手段与行政手段有机结合、有序运行，所以有力而有效地推动与保证了原子能事业的发展。

三、原子能立法的科技法学问题

原子能立法方面，已显然可见而值得研究的科技法等问题，主要者为以下几点：

（一）原子能法的调整范围

原子能法的调整范围，当然是在原子能事业及有关方面的界限之内，不可能以原子能法去调整生物技术或信息技术问题。但这里所说的"调整范围"是指法所调整的社会关系。

综观各国的原子能法，可以发现，它的调整范围，恰恰与科技法相当。也就是说，原子能法所调整的社会关系，既包括科技民事关系，也包括科技行政关系、科技国际关系和科技刑事关系；既包括环境保护的法律调整，也包括原子能科技标准的法律限制。

因此，在科技法体系中，原子能法不能与科技民事法或科技行政法等并列。它是科学技术法的缩影，既高于科技民事法等等科技部门法，又广于科技民事法等等科技部门法。所以，深入研究原子能法，同样可以答出整套的关于科技法学的理论问题；而科技法学的系统理论，又可以演绎而推之于原子能法的分析。可以说，科技法与原子能法之间，存在着哲学上的一般与特殊的关系，存在着逻辑学上的普遍概念与单一概念的关系。

既然如此，在原子能立法中，就必须以科技法学的一般理论作为指导。

（二）原子能法的性质

原子能法的性质有一个演变的过程。1946年美国《原子能法》的主旨在于保守原子能科学技术的秘密。这一主旨迄今为止在各国的原子能法中仍有表现。尔后的各国原子能法，普遍出现了以法律手段促进与保障原子能科学技术迅速发展的倾向。但发展原子能科学技术的目的，各国并不一致。第二次世界大战的战败国，如联邦德国和日本，在原子能法条款中就明确规定原子能用于和平的目的；其他一些国家，如社会主义的保加利亚等国，也明文规定了和平利用原子能的目的。但有一些国家并不做这样的规定，其实践也证明，它们发展原子能科学技术，在相当大的程度上，是为了增强其军事实力。但所有国家的原子能法都表现出确保安全、卫生和人类健康的强烈愿望。现在，各国的原子能法大多强调了原子能科学技术用于和平的目的，并为此而以法律手段促进国际合作。上述原子能法内容与主旨的演变，当然影响到它的性质。所以我们认为，原子能法的性质，经历了一个从为极少数国家（这些国家里垄断资产阶级掌握着统治权）的利益服务，向为人类利益服务的演变过程。这一过程仍在继续之中，总的趋势是越来越显示出原子能法对促进和保障原子能科技的发展的作用，越来越显示出原子能法对保障安全、卫生和人类健康的积极作用。

  由此可见，原子能法的性质，从总体来说，是它的社会性。也就是说，不应当把阶级性作为原子能法的基本性质。

  那么，诸如1946年美国的《原子能法》那样，旨在于保守原子能科学技术的秘密，其性质是什么呢？对此，人们很容易断定其为垄断资产阶级的阶级性。对于人们的这一论断，我们不必苟同。笔者认为，保守原子能科学技术的秘密，虽然仅仅有利于一国而不利于世界各国，但是，在高技术发展的初期，保守有关的科学技术秘密并不是不正常的。同时，这种"保守"有利于具备了有关科技知识与科技水平的国家，进一步集中力量发展原子能科学技术。最后，无论是"保守"科技情报也好，促进与保障科技发展也好，都是发展有关科技的一种积极手段。也就是说，无论从哪一方面看，原子能法都是发展原子能科学技术的法律保证。"保守"秘密的原子能法，仅仅是缩小了这一法律促进科技发展的作用的范围，并不改变它促进科技发展的性质和作用。因此，笔者认为，即使是1946年的美国《原子能法》，其性质也是社会性，加给它以阶级性的性质，并无充分的根据。

  一些国家的原子能立法大大促进了原子能科学技术和它的企业化之走向民间，由私人科技研究机构、私人企业来主宰原子能事业。美国、日本、英国的有关立法就起了这样的作用。能不能由此而否定原子能法的社会性而断言它的本质属性是阶级性呢？笔者认为，也没有必要。首先，不能依科学技术研究机构、高技术企业属"公"、属"私"为标准来论定性质。表面的"公"可能掩盖着实质的"私"。社会主义国家里的国营企业，可能演化为官僚特权阶层的淫侈享乐的物质来源；现代资本主义国家的私人企业却往往为社会提供了相当优厚的福利。其次，要以立法是否促进了科学技术的发展作为衡量其性质的主要依据。一些国家的原子能法推动并保证了原子能事业的民间化，由民间的私人科技单位、私人企业以其雄厚的经济实力来发展原子能事业。这是有利于原子能科技的发展的，事实早已证明并在继续证明这一点。因此，促进原子能事业民间化的原子能立法，根本性质仍是其社会性，而不是阶级性。

（三）原子能法的发展

从全人类的视野来看，原子能法的发展经历了从不完整到完整、从抽象到具体、从原则到明确的过程。例如，最初的原子能法只有美国1946年的《原子能法》，所调整的社会关系范围局限于科技行政关系；而现在，原子能法已成为体系完备、结构严谨、联系有机的整体。但从各个国家的范围看，原子能法的发展情况却大相径庭。有的国家是从极不完整而到达十分完整，有的国家却借鉴别国已经取得的立法经验，几乎是全盘地加以移植，因此一开始就比较完整。从原子能事业的发展起步较晚的国家来看，走移植先行国家的立法的路是一条捷径，没有必要另起炉灶、延宕时日，影响原子能事业的发展。

近几年来，许多发达国家中出现了一股反核的思潮，其中不少国家还发展为实际行动，游行示威要求停建核电站；还有一些国家如瑞士，决定全部撤除核电站。这是原子能科学技术发展与其他高技术发展中的一个极大不同点。它说明原子能法在调整有关社会关系时出现了一些新的问题。

原子能科学技术的发展，给人类带来了巨大的利益；同时，它已经带来以及还可能带来的对人类的危害、对人类生存的威胁，也是十分严重的。对后者，不能掉以轻心。但是，是否存在完全鄙弃、禁绝原子能科学技术和核电站建设的必要呢？我们认为，首先，这是一个实践的问题，不能取决于主观的愿望，不能为某种脱离客观实际的恐惧心理所左右。实践的进一步发展如果证明原子能科技的发展害大于利甚至根本上只有百害而无一利，那么，只能停建、撤除核电站。但即使如此，原子能科学的研究与技术的开发仍无停止的必要。原子能法在调整原子能科技发展中的社会关系的作用，仍然是巨大而不可或缺的。其次，从绝大多数国家来看，能源的缺乏是面临的严重问题，非从核能这一巨大能源中寻找出路不可。只有充分利用了核能，大大地促进了本国的工业的发展，繁荣了经济，具备了足够的实力，才可能游刃有余地投资于其他替代能源的研究开发。因此，在大多数国家中，原子能事业还将有一个大发展的势头。与此相应，原子能立法也还有极大的余地。总之，原子能法的进一步发展，是必然的事情。

对于我国来说，原子能事业方兴未艾，核电站建设刚刚起步，能源的严重缺乏要求大力发展核电事业；与此相应，我国的原子能立法也刚刚起步，有关法规几乎是一个空白。大力开展原子能立法，大力进行原子能法的研究，任务还很艰巨，因此，起码在我国原子能法的发展还是极有前途的事。

第三十三章 信息技术法

新技术革命兴起以来，微电子技术、计算机技术、计算机软件技术和现代通信技术等信息技术得到了飞快地发展。例如，对计算机技术发展有决定性意义的集成电路的集成度，20世纪70年代以来几乎以每年翻一番的速度发展。1975年，英特尔公司在一块印刷线路板上组装成一台完整的计算机。这比之1946年由约翰·穆奇里和帕里斯潘·爱开尔特设计制成的重达30吨的第一台计算机，无疑是一种天文速度的进步。但仅一年之后，英特尔公司竟又宣布在一块硅片上做成了包含两万只晶体管的8位计算机。

1978年，英国政府前任首席科学顾问马多克爵士，在伦敦召开的一次微电子技术讨论会上断言，微电子技术是"有史以来，人类遇到的最了不起的技术"。在马多克的影响下，英国政府采取实际步骤加紧研究微电子技术；开始执行一项应急计划以提高对微电子技术在工业中应用的认识；提供补助金，鼓励对这门新技术的投资；要求大学培养更多的电子工程师……这一年，澳大利亚、加拿大、丹麦、芬兰、法国、联邦德国、荷兰、意大利、日本以及瑞典等国，都步英、美、苏的后尘，开始了大规模的研究。这些国家所采取的一系列实际措施，同处理发展信息技术引起的社会关系新问题息息相关。这些新问题，涉及促进与保护信息技术的发展以及计算机犯罪预防等方面，于是，法律调节手段的运用，便提到了议事日程上来。根据我们所掌握的资料，现在介绍和评述以下几个问题：发达国家信息技术立法的积极态势；计算机软件的法律保护；半导体芯片的法律保护；数据保密的法律对策；计算机犯罪的法律对策。

一、发达国家信息技术立法的积极态势

发达国家信息技术立法的高度积极性及其可观的立法成果，提供了信息技术立法的有益经验。对它们发展信息技术立法的高度积极性和取得的经验，我们应当认真学习与借鉴。

(一) 发达国家信息技术立法的积极态势

例如美国，从 60 年代以来，与促进信息技术发展直接相关的立法，主要的就有 1966 年的《信息自由法》、1974 年的《国家保健计划与资源开发法》、1974 年的《保密法》、1976 年的《版权法》及以后的多次修正案、1980 年的《计算机软件保护法》、1984 年的《半导体芯片保护法》等。

又如日本，为了振兴信息产业，从 1957 年到 1978 年，先后制定了《机械工业振兴临时措施法》《电子工业振兴临时措施法》《特定电子工业和特定机械工业振兴临时措施法》《特定机械情报产业临时措施法》以及有关的《施行令》《实施细则》。近十年来，日本还采取了大量的政策性和法制性措施，推进信息产业的发展。在硬件振兴方面有：开发下一代电子计算机的促进费补助金制度；开发银行对日本电子计算机公司贷款；开发银行对改善电子计算机产业的贷款；高性能电子信息远程处理装置特别偿还制度；电子计算机买回损失准备金制度等。在软件振兴方面有软件生产技术开发计划；信息处理振兴事业协会运营费补助；信息处理振兴金融措施；通用软件开发准备金制度；程序保证准备金制度等。

其他发达国家，如英国、法国、联邦德国以及西欧的其他国家，在信息技术立法方面，也表现出高度的积极性。

如此积极活跃的立法活动和可观的立法成果，固然与这些国家发达的信息技术有关。但是，信息技术的发达，在相当大的程度上，又是信息技术立法所促成和保障的。科学技术发展和科技立法的这种作用和反作用、相互促进、相得益彰的关系，形成了良性循环。这与法律虚无主义的极左思潮影响了立法成效、从而影响了科学技术的发展，甚至造成恶性循环的状况，形成鲜明的对照。"悟已往之不谏，知来者之可追。"① 我们务必除旧布新，改革除旧的观念与做法，在信息技术起步发展的今天，就高度重视以信息技术立法来推动、保障它的迅速发展。科技法律，尤其是当代新技术法律，完全可以从发达国家那里移植过来。立法进程的缓慢、扯皮，应当尽快停止。而加快立法速度，移植不失为好办法。

那么，发达国家信息技术的立法经验主要是什么呢？

(二) 立法以保护本国信息产业的发展是发达国家有关立法的重要经验

美国在 1983 年设立了"工业竞争力总统咨询委员会"。该委员会于 1985 年 2 月 13 日向里根总统提出了一系列建议，对美国大力发展信息技术产生了很大影响。在这前后，美国采取了一系列法律措施保护本国的信息产业的发展。有关法律规定，美国所有的政府机关，除了国内不生产的产品、国产品价格提高或侵犯公共利益等情况外，都得尽义务优先购置国产品。我们知道，联邦政府是整个美国设置计算机总额 9% 的特大用户，1982 年的

---

① 〔东晋〕陶渊明：《归去来辞》。

设置金额为64亿美元，设置台数达21234台。美国的《购买法》规定，允许购买进口货与国产货的合理差额一般为9%（包括税）以上，由中小企业组成的行业或在失业率较大地区生产的产品为12%以上（包括税）。此外，优先供应国产品的29个州也有相同的立法。这些对信息产业无疑是十分有利的。对美国信息产业的发展起重要作用的，还有法院的判例。在实行判例法制的美国，这些判例起了立法作用。曾被称为"世界上最大的企业"、几乎垄断全美电话服务的AT&T公司，由于司法部的判决，实现了分割，从而实现了美国通信业界的大转变，促进信息产业更快地发展起来。

法国自密特朗执政后，把发展信息技术作为最优先项目定为国策。1982年7月的内阁会议，决定了电子五年计划，向电子领域投资达1400多亿法郎。1982年11月15日，法国举办了工业政策说明会，提出了以"研究开发的计划化与方向的法律"为基础的"动员计划"，从而实现了使电信产业等尖端领域成为优先产业的设想，使法国信息技术发展迈出了一大步。

其他发达国家如苏联、日本、意大利、英国等，在立法以发展本国的信息技术、保护本国信息产业免受他国侵蚀方面，也做了不少工作。

值得注意的是，作为发展中国家而在发展速度方面后来居上的巴西，也努力以立法来保证本国信息产业的发展。1984年7月，巴西前总统菲格莱特在国会上提出了《国内信息设备工业奖励法案》。这个法案的目的是把信息工业作为战略工业，针对具有强大资本的跨国企业的攻势而努力保护内资企业。根据该法案，小型机、微型机等中小型计算机工业市场，在未来的8年内，要确保国内厂商，把外资厂商实际地排除在外。根据该法，对国内信息产业的保护与发展，从税制与贷款两方面给予优惠。主要的具体措施是：国内资本系统企业在进行信息设备的研究、开发和制造中，当没有同类产品而需要进口设备、附件、零部件和原材料时，可免除进口关税；政府许可的设备出口时，可免除出口税；免除上述第一项工业产品税，同时也免除进口的货款交易税；在所得税方面给予优惠；在软件开发方面，对国内主要的生产系统和具有政府许可的计划项目的企业，实行降低所得税率等。

（三）立法以促进民间信息产业的发展

发达国家的信息产业（主要是电信事业）一度大多掌握在国家手中。鉴于这些国家资本主义私有制还有一定活力，它们在最近几十年纷纷立法使国营企业转化为民营企业，以求进一步利用资本主义私有制的尚存活力，促进信息产业的发展。

1984年4月10日，在日本国会第101次会议上提出了两个彻底改革电气通信法制的法案，即《日本电信电话股份有限公司法案》和《电气通信事业法案》。这些法案旨在使整个电气通信事业向民间开放。日本《法理学家》于1984年9月的增刊号上，刊载高田昭义先生所著《日本电气通信事业法案概要》一文认为这是"划时代的法案"；该法案

"是在以往的法的专有领域里运用了竞争的原理,并且灵活运用民间的活力";"最为有意义的是废除了现行的《有线电气通信法》《电波法》和《电气通信法》。法案的基本设想是利用民间的活力以达到电气通信事业的活泼化和效率化;另一方面,也确立了电气通信事业的大众性"。

英国在1981年制定了《电信公司法》。根据该法,从邮电公司分离出了电信公司,对一直被国营公司垄断的通信事业实行自由化政策,开辟了民办通信事业的广阔道路。英国还援引其他科技法律来保护和促进本国信息产业的发展。1984年6月,英国又开始实行《一九八四年电信法》,使国营电信公司成了民间经营的英国电信股份公司。到当年11月,政府卖出了其所有的51%的股份,增强了民间信息产业的发展动力和能力。

发达国家信息技术立法的积极态势及其经验,是我国有关立法所应学习与借鉴的。科学技术法作为调整科技社会关系的法律,对于促进与保障科技进步有重要作用,因此要高度重视。其调整科技社会关系的客观问题,是本国利益与国际利益的关系问题,以及国营和民营的关系问题。只有在处理好这些客观关系的前提下,才有科技行政法律关系、科技民事法律关系调整的法律问题。因此,发达国家的保护本国信息技术和信息产业发展的立法和保证发挥民营企业优势的立法,都是值得我国在做出发展信息技术和信息产业决策时特别注意的。

从上述分析中,提高到科技法学的角度来看,我们得到了一个新的启示:

科技法对科技社会关系的调整,有宏观层次、中观层次和微观层次的区别——科技国际关系的调整(包括立法保护本国信息产业发展等在内)、国营与民营科技产业关系的调整,属于宏观层次的科技社会关系的法律调整;科技行政法律关系、科技民事法律关系的调整,属于中观层次的科技社会关系的法律调整;科技行政机关内部、科技研究机构内部关系的法律调整,属于微观层次的科技社会关系的法律调整。

二、计算机软件的法律保护

计算机软件的法律保护,是科技社会关系法律调整的中观问题。它所要解决的是计算机软件这种知识形态的商品在生产、使用和流通中的权利义务关系问题。

计算机硬件生产、使用中的权利义务关系,与其他机械并无重大区别。计算机软件却是知识形态的产品,其中不少是无形的价值连城的财产,它可使软件类产品的附加价值达到天文数字;同时,它却又极易被迅速地、完全地、不留任何痕迹地复制,造成对软件开发者的严重损害。因此,保护计算机软件不受非法侵害,使开发者有利可图,让公众使用方便,就成了促进计算机软件产业发展的重大立法问题。

（一）计算机软件的多种法律保护方法

由于计算机软件保护是一个比较新的法律问题，可以说现在世界各国都处在探索阶段，还很难形成完全成熟统一的保护模式。从现有的保护方法看，主要有以下几种：

1. 利用商业秘密法保护；
2. 利用专利法保护；
3. 利用商标法保护；
4. 利用合同法保护；
5. 利用不正当竞争防止法保护；
6. 利用版权法保护。

所有这些保护方法，都是对既成的法律形式做若干变通，利用来保护计算机软件。既然这些方法为不同国家所使用，说明它在一定程度上确能起到保护作用。但是，从各国的实践看，它们又各有其缺陷。

例如，商业秘密法的保护方法。这是一种开发者将计算机软件当作商业秘密，以销售合同、雇用合同，对受让人规定保密义务，以保障计算机软件不致泄漏于世的法律保护方法。其长处有三：一是比较简单，没有版权、专利权那样严格的标准，无须论证"新颖性""实用性"；二是比较方便，没有版权、专利权那样的申请、注册手续，无须国家不同形式的认可；三是保护面广，举凡表述方法、制品、思想等等，均在保护之列，只要双方同意即可。这样，商业秘密法就成了一种有效的保护软件开发者权益的保护方法。但是，这一保护方法却会给社会利益带来损失，因为它的实质是封锁计算机软件的秘密。有人认为，这种保护方法与促进计算机软件的技术进步是背道而驰的。这个看法究竟对否，值得讨论，但商业秘密法保护法不是十全十美，却可以肯定。

又如，专利法保护方法。其优点是显然的。但它要求的"新颖性""实用性"等的审查，对成千上万的软件来说，是困难的。使用寿命较短的软件，也经不起专利审查的长时间等待。软件修改的经常性，在专利权限上也很难反映。因此，大多数国家都不采取专利法保护法。

再如合同法保护方法。它可保证合同双方不将计算机软件秘密扩散出去，但同时却存在严重缺陷：不利于计算机软件的社会利用；不能约束第三方不扩散软件秘密；势必造成重复开发。

不正当竞争防止法的保护范围有限，商标法的保护效果不佳……总之各种保护方法，都各有利弊。

为了找到最有效的计算机软件的法律保护方法，我们不妨换一种思路，先从考察一些具体国家的做法着手，然后进行比较分析，以求得结论。

（二）美国对计算机软件的法律保护措施

美国的计算机软件研究与开发利用，在世界上长期处于领先地位。美国法院开始时曾采取专利法和版权法来保护。后来，在20世纪60年代，法律界开始倾向于以单一的版权法来保护。国会不断收到《版权法修正案》，从1960年到1975年，美国参议院收到了8项《版权法修正案》，众议院收到了4项，都企图以修改版权法的办法，使之适用于计算机软件的保护。虽然这12项法案都未获国会通过，但对司法实践却产生了很大影响，法院此后大多援引版权法来处理有关案件。

1974年，美国成立了"利用新作品委员会"，对有关计算机软件的法律保护问题展开了调查。1978年7月，美国总统收到了该委员会的报告书。报告书提出了7项保护计算机软件的法律建议。这些建议是：

1.1976年联邦《版权法》第一百一十七条对计算机及计算机程序的使用，是否承认程序持有者的排他性权利不明确，该条应予废除；

2.把作品存入计算机，是复制计算机程序的准备行为，所以应看作是对程序版权的潜在侵犯行为；

3.必须明文规定计算机程序是作品；

4.由于是让计算机程序的正当持有人（得到许可使用程序的人）使用计算机，所以应该认为程序持有人有更改程序的权力，即该人更改程序不构成侵权行为；

5.应规定正当的计算机程序持有人可以为了一定的目的进行复制，并可使用复制品；

6.如果转让、出租时，需同时转让程序及所有副本，即通过禁止单独转让、出租复制品来保护程序持有者的权利；

7.不允许将修改后的程序制成复制品并转让，即只承认对程序的修改权，而不承认修改副本的转让性。

1980年，美国联邦《版权法》做修改时采纳了这些建议。该法在世界上第一次明文规定："计算机程序属于本法保护对象。"这就从立法上肯定了司法实践中以版权法保护计算机软件的先例。

这一修改，具有重大的意义。因为这样一来，作为能控制电子计算机操作的指令组合的计算机软件，以文字和数字为基础的创作，被承认为思想表达的一种方式；这种储存在记忆晶板中的软件，将受到与写在纸上的文学作品一样的法律保护。

1982年，美国的《版权法》再次做了修改。修改后的《版权法》，从1983年1月1日起实施。这就使得美国的《版权法》更加切合保护计算机软件的法律需求了。

综上所述，美国的经验是：肯定以版权法作为保护计算机软件的最佳方法。

(三) 美国修改《版权法》以保护计算机软件的影响

美国修改《版权法》，在国外产生了重大影响。按照相互承认著作权的《国际著作权条约》规定，在美国取得著作权的软件，在其他缔约国也自动取得著作权。这无异于同时修改了别国的版权法。

澳大利亚在1983年6月曾明确表示程序不是作品，准备用三四年时间制定新的法律。在原告苹果计算机、被告计算机边缘的案件[①]中，澳大利亚法院做出了程序不是作品的判决。对此，美国强硬提出，今后将不再向澳大利亚出口程序。其法律依据就是上述1980年的美国《版权法》修正案和《国际著作权条约》。这迫使澳大利亚采取应急措施，其议会于1984年6月8日修改了本国的《版权法》，使计算机程序和计算机程序汇编包括在"文学作品"定义的范围内。

其他国家也步美国后尘，纷纷修改本国的版权法以保护计算机软件。

例如英国，在1981年发表了有关修改著作权法的绿皮书。绿皮书明确规定，无论是写在书面上的，或记录在磁带、磁盘上的程序，均为著作物，可受著作权保护。

又如联邦德国，其"工业所有权、著作权协会"于1982年6月16日致函司法部，建议修改著作权法。司法部于同年9月8日公开答复称："按现行的著作权法，也可以把软件看作著作物，因而没有对该法进行修改的必要。"这等于是宣告以著作权法保护软件。

再如加拿大，于1984年公布了《著作权白皮书》，也对著作权法保护计算机软件做了肯定。

印度、匈牙利、菲律宾等国，也效法美国修改了本国的版权法，使之起保护计算机软件的作用。意大利、荷兰等国虽未修改，但在司法实践中也援引版权法，肯定计算机程序的著作物性质。

这一切说明，美国采用版权法保护计算机软件，造成了世界性的影响。

(四) 日本保护计算机软件的法律措施

日本对于像著作物那样保护计算机软件，各方面并无歧见。但在采用何种法律措施方面，通商产业省和文部省之间，却发生了一场激烈的争论。简单地说，文部省主张修改《著作权法》，通产省主张另订新的单独适用于计算机软件保护的《程序保护法》。

通产省的有关建议认为，《著作权法》保护的是小说、美术、音乐等，目的在促进"文化的发展"；而计算机程序却是"经济资产"，应该用程序权利法保护，以促进"经济的发展"。其立法建议包括"立法目的""保护对象""软件权利""保护权利""登记与公告制度""标准化""用户保护""裁定制度""侵权惩戒""诉讼程序"等。通产省同时还

---

① 1983年，美国苹果电脑公司控告澳商销售台湾生产的 APPLE II 仿制品——WOMBAT 微型电脑，后者抄袭了固化在 APPLE II 只读存储器（ROM）上的编译程序与操作系统，侵犯了著作权。

呼吁制定新的保护软件的国际协定,而不沿用《国际著作权条约》,其理由是该《条约》仅对软件技术领先的美国有利。

通产省的建议遭到了美国的强烈反对。美国认为有关建议将为盗窃美国软件大开方便之门。为此,美国提出了抗议,并威胁日本,如通过《程序权利法》,美国将实行报复。

文部省采取了与美国一致的态度,因为它怕本属它管的著作权从此易手他人。这样,日美矛盾、文部省与通产省的矛盾纠缠在一起,使得日本国会迟迟不能决策。直到1985年6月,日本才不得不屈从美国压力,通过了《著作权法修正案》,规定计算机程序也是著作,受《著作权法》保护,从而与美国及国际的立法相衔接。该法于1986年开始施行。

(五) 保加利亚对计算机软件的法律保护

1976年6月,保加利亚发布了《软件使用法》。其主要内容为:

1. 规定了适用范围:适用于一切在保加利亚境内依照合同使用计算机软件的活动;不适用于计算机厂家自己为计算机设计的基本软件。

2. 规定了登记手续:保加利亚的个人或单位在设计软件的过程中,如果完成初期设计,即须把软件提交到中央设计与程序库登记;该程序库收到软件后,应在十五日内对照库内已有的软件进行检索,查看有无重复,然后把意见书交给设计人或设计单位;在完成软件的后期设计后,设计方必须在两个月内,将软件的详细说明书提交中央设计与程序库备案。

3. 规定了使用手续:任何人如果希望使用已设计出的软件,都可请求中央设计与程序库提供,也可直接请求设计方提借。使用人必须向设计方支付使用费。在使用者使用有关软件的第一年内,设计方有义务应使用方的要求,修改软件中的差错。

此外,《软件使用法》还规定了争议的解决办法和对侵权行为的制裁办法;有关争议由国家科技发展委员会主席或其他授权的人解决。侵权行为一般按保加利亚《侵权及行政制裁法》的规定制裁;如果特别严重,则可按其他法律规定制裁。

(六) 世界知识产权组织关于计算机软件法律保护的意见

世界知识产权组织(WIPO)在1978年曾发表过《关于计算机软件保护的示范条例》,提出了一种介乎著作权与专利权之间的保护方法。《条例》要求受到保护的软件必须是独创的。《条例》规定受保护的软件所有人的专有权包括:

1. 在软件成为公开的材料以前,该所有人有权禁止其他人公布软件的内容,有权禁止其他人获得或保存这一软件。

2. 无论软件是否已公开,其所有人都有权禁止任何其他人以任何方式复制(包括录制与印刷)该软件,或使用、出售、出租、出口该软件,有权禁止其他人发放该软件的使用许可证。

对这一《条例》，有的国家曾准备仿行，将其主要内容作为本国有关立法的蓝本。上述日本通产省的《程序权利法》的许多条文就是从《条例》脱胎而来的。

1983年，世界知识产权组织又在《条例》的基础上提出《计算机软件保护条约（草案）》。该《条约（草案）》共六条，其核心是第四条，即参加《条约》的成员国国内法律必须达到的最低要求，其总原则是防止和制裁一切非法复制、使用或销售软件的行为。具体包括以下几个方面：

1. 未经软件所有人同意，不得向任何人披露软件内容，也不许任何人储存或复制有关软件，不得为披露、储存或复制创造任何条件；

2. 不得以任何工具、用任何方式复印他人的软件；

3. 不得利用一种计算机程序或程序说明书来制作（即设计）相同的（或实质上相同的）另一种计算机程序或程序说明书；

4. 不得把上一点所指的那种仿制的计算机程序储存在计算机中，也不得用它来操纵计算机；

5. 不得为出售、出租、进出口或发放许可证等目的提供或存放非法复制、复印、仿制的软件。

世界知识产权组织的上述建议，引起了各国的重视。但是，日内瓦专家会议上，专家们指出，目前利用版权法保护计算机软件已经足够，无须再制定特别法，因此，上述建议未被通过。

（七）对上述关于计算机软件法律保护方法的评论

我们认为，个别发达国家为保护本国在计算机软件方面的领先地位，利用科技实力来逼迫其他国家就范，是有损国际公德、不利各国计算机软件技术独立发展的。这种状况不可能永远保持。从政治角度看，进步人类和各独立国家联合斗争的力量最终必定取得胜利。从科技法学的角度来看，由于科技法是调整科技社会关系的法律，一切不利于调整科技社会关系的立法，终将为有利于调整的法律所取代；宏观层次、中观层次（以及微观层次）的立法必须协调，科技国际关系这一层次的法律调整必须与国内科技社会关系这一层次的法律调整相协调；因此，从一国利益出发来立法，总是要被国际互利出发的立法所取代。

我国计算机软件立法软科学工作者陈厚云同志认为，日本通产省从软件的特点与本国利益出发，提出制定专门的《程序权利法》，是独创的、有见地的、正确的。因为它不仅仅从软件保护的角度，而且从整个软件的发展来考虑立法，提出立法基本点；它把软件作为一种经济财富，作为一种工业所有权而吸收了专利法的一些规定，如15年的较短的保护期（美国为70年），实施强制许可，设立版权法和专利法所无的创设修改权、调停裁判制度和程序审查员处理纠纷的条款，这都是考虑到了程序的特点。

综上所述，我们认为，无论从发展我国科学技术的利益出发，还是从协调各个层次的科技社会关系法律调节手段的客观要求出发，还是从计算机软件发展的需要和特点出发，单独制定专门的计算机软件保护法，都是十分必要的。

据美国国会技术评估办公室（OTA）介绍，美国国内对计算机软件的法律保护问题，意见也不是"铁板一块"的。有关方面正在酝酿制定一种专门保护计算机软件的新法律，把版权法保护与专利法保护结合起来，综取二者之长，剔除二者之短，创造一种保护期限较版权短，像版权那样不需充分公开，又具有专利权那样的独占性质，使之既有利于软件领域的技术进步，又有利于保护开发者利益的新的知识产权制度。

我国著作权法正在起草之中，而计算机软件保护法也还没有。这种"空白"状态，为我们选择最佳方案提供了方便。因此，著作权法等的起草，应与计算机软件的法律保护问题，联系在一起，做通盘的考虑。

三、半导体芯片的法律保护

电子计算机的微型化，在相当大的程度上取决于电子电路的微型化、集成化。半导体芯片通过控制电子在其电路中的流动来发挥功效。它具有体积小、耗电省、耐震动、寿命长和可靠性程度高的优点，在电子计算机的微型化和整个信息技术的发展中具有特别重要的意义。半导体芯片主要有两种：微处理器（芯片上的计算机）和可以存储信息的存储器芯片。有的芯片还具有微处理和存储两种功能。

创作一个精巧的半导体芯片设计图，需要付出大量的艰辛劳动，耗时费日，代价非常昂贵。这种设计代表着制造者的极有价值的财产，也是制造者竭力保护以防他人窃取的对象。这种设计体现在一种掩膜作品中。半导体芯片的法律保护，就是以立法保护掩膜作品上的精神劳动及其价值。据统计，开发一种含有1200只晶体管的芯片，平均需50万美元，花费二至三年时间；而仿造这样一种芯片，却只需3万美元，三至六个月时间。这就要求以立法保护新的半导体芯片不受盗窃，维护开发者的利益，促进微电子技术的发展。

（一）美国的《半导体芯片保护法》

1983年，美国政府向国会提出了半导体芯片保护法案。次年，美国国会通过了《半导体芯片保护法》。这是近百年来知识产权领域的最新立法。

美国国会之所以通过《半导体芯片保护法》，是因为必须反映美国朝野对年销售额达140亿美元的半导体工业兴衰的普遍关注。美国的半导体工业在世界上处于领先地位，而半导体工业是整个计算机技术革命的基石。1981年以来，美国的半导体工业每年以20%至30%的速度增长。到1990年，预计集成电路可以翻三番。但是，由于半导体芯片处于专利法与版权法保护之外，其新型设计者的权益极易受到侵犯。如果不以立法保护，美国的半导体工业就有从顶峰跌落的危险。因此，国会制定了《半导体芯片保护法》。美国众议院在通过该法时指出："如果再不设法给半导体芯片制品某种法律保护，美国半导体工业昔日的领先地位将消失，最终连信息在社会存续的活力也将荡然无存。"美国总统里根在签署公布该法时强调："半导体芯片法将极大地提高企业投资于新技术的积极性。"

据美国国会技术评估办公室介绍，美国的《半导体芯片保护法》具有以下特征：

第一，跳出版权法与专利法的框框，从实际出发，对半导体芯片进行新的自成一家的独特法律保护。

按《半导体芯片保护法》规定，该法保护的客体是半导体设计，即固定在半导体芯片上的掩膜作品。

半导体芯片设计具有自己独特的属性。由于专利法只保护制品发明和方法发明；授予半导体芯片专利妨碍技术进步；专利法要求的"新颖性"标准过高；申请专利时间拖得过长，因此专利法不适用于半导体芯片。版权法适用于文学、艺术、科学作品，如果用版权法保护芯片设计，会限制以商业为目的的反向工程（reverse engineering）。版权法要求的"新颖性"标准过低，版权保护期过长（75年），所以用版权法保护半导体芯片设计也不适宜。《半导体芯片保护法》是介乎专利法与版权法二者之间的新的知识产权法律制度，综取了二者之长。

该法规定，半导体芯片设计的新颖性在于，不是在半导体工业中大量生产的、普通的和为人熟知的设计，或者不是这种设计改装的整体。

该法关于新的半导体芯片设计的登记，规定了实行一项、申请一项的注册原则；保护期为十年，即在法定的十年内，新芯片设计的创造者对其经过注册的新设计享有排他性权利，任何人未经创造者许可，不得使用、制造、销售；一切对芯片掩膜作品实质部分的复制，均构成侵权行为。

这些规定切实保护了半导体新芯片设计者的权益，大大促进了微电子技术的发展。

第二，兼顾新芯片创造者、国家和社会的利益，有利于技术的进步。

《半导体芯片保护法》的立法意图之一，在于保持开发者、国家、社会三者之间利益的平衡。国家依法授予新芯片设计创造者以十年排他性的权利。同时也以一些义务性和限制性的条款，使国家和社会从这些新技术的开发中得到巨大的利益。这可见诸以下几个方面：

1. 该法规定，新芯片设计在首次商业利用的两年内，必须向版权局申请注册，并向版权局对其新颖性做一般描述。这就是要求向社会做一定程度的公开，从而有利于社会的利用。

2. 该法为避免保护范围过大，阻碍技术进步，宣布对任何思想、程序、方法、体系、作用、发现或原理不做保护。

3. 该法规定，允许反向工程。即任何人均可对每个芯片层晶体点及其他元件的排列、联系、功能加以验证，并利用某些电子和物理功能，制造更优越的芯片，改善其性能，减小其面积，降低其生产成本。这当然大大有利于新芯片的开拓性发展。

4. 该法还规定，为了教学目的，或者为了分析评价掩膜作品、集成电路中包含的原理和技术而复制掩膜作品，不视为侵权。

5. 侵权芯片的无过失买方不对其在知道该掩膜作品受保护前发生的侵权行为承担责任，但他知道后应付合理的使用费。

所有这些都是为了促进半导体工业技术不断革新、不断发展。

第三，注意保护本国新技术的利益。

美国《半导体芯片保护法》千方百计地保护本国的新芯片设计，而不保护外国的新芯片设计。不把版权法保护扩大到新芯片设计的保护中去，原因之一就在于，这样做会给美国带来适当保护国际版权公约成员国新芯片设计的麻烦。

《半导体芯片保护法》规定，掩膜作品的外国所有人只在以下三种情况下，才能获得美国的保护：一为首次商业利用在美国；二为掩膜作品的一切权利完全转让给美国人；三为符合商业部长依照《商业部暂行条例》九百一十四条规定发布的扩大保护的命令。但《商业部暂行条例》为这种扩大保护规定了极为严格的条件和相当烦琐的程序，这就对外国的申请人设置了严重的障碍。

（二）日本对半导体芯片的法律保护

紧步美国的后尘，日本也加强了对半导体芯片法律保护的研究。

1984年10月，日本设立了研究半导体芯片法律保护问题的小组委员会，其成员包括科技界、企业界与用户。委员会举行了七次会议，于1985年1月提出了报告书，认为制定类似美国《半导体芯片保护法》的法律是十分必要的。

据此，通产省即着手起草有关法案。1985年3月19日的内阁会议，决定将通产省起草的《关于半导体集成电路的电路配制的法案》提交国会审议。当年5月31日，日本《半导体集成电路配置法》颁行。

该法在半导体集成电路配置的法律保护方面，与美国对半导体芯片的法律保护，有异曲同工之妙。关于权利客体，该法规定只保护电路配置，不保护制造工艺、电子线路和芯片的外观设计；关于权利主体，该法认为权利可以转移，但外国公民和法人与日本公民和法人一样可以成为权利主体；关于权利的判别标准，采用类似于版权法的判别标准来衡量，但也不像版权法那样仅仅要求原创性；采用注册制；保护期限同美国一样为十年。

该法提出了掩膜利用权效力的概念，规定了效力范围，其要点是：

第一，掩膜利用权的效力，不涉及对他人创作的利用。这意味着凡独立创作的掩膜均可受到保护，即使与他人的完全相同。

第二，掩膜利用权效力，不涉及为了分析和评价的目的而用他人登记的掩膜制造半导体集成电路芯片的行为。这有利于有关技术的研究与发展。

第三，当掩膜权利拥有者转让用登记的掩膜制成的半导体集成电路时，掩膜利用权效力将由于转让等行为而对其转让的半导体集成电路不起作用。

该法与美国《半导体芯片保护法》一样，都承认反向工程的合法性。

显然，日美两国有关立法，大体上是相同的，不同之点主要有二：一为对外国人、外国法人是否可以成为权利主体的不同规定；一为对掩膜利用权效力的不同规定。

我们认为，日本的有关法律，是更有利于促进半导体芯片技术发展的。高技术法在调整有关科技社会关系时，如果仅从本国利益出发而不兼顾国际利益，迟早要被唾弃。

四、数据保密的法律对策

计算机技术的发展和计算机的网络化，带来了一系列的社会问题。这些社会问题的法律调节，引起了法学界的高度重视。

问题之一是个人数据自动处理引起的私人秘密保护，即我们这里说的数据保密的问题。对此，一些国家或国家集团纷纷采取了相应的法律对策。

（一）美国的法律对策

美国的个人数据保密法律的制定，有一个漫长的过程。早在1970年，美国政府发布了《公正信用报告条例》，规定人们有权知道信用局和其他信用调整机构所保存的有关他们本人的资料。1974年，加利福尼亚州通过了《公正信息管理条例》，规定个人与州政府数据库发生争执时，个人有权：

1. 了解数据库内有关自己的资料；
2. 就储存数据的准确性、完整性、恰当性、适时性提出异议；
3. 要求复审私人数据；
4. 依法解决争端。

明尼苏达州等的有关立法，也包含了类似的内容。1974年末，联邦国会通过了《个人秘密条例》。1975年1月，福特总统签署该法，9月开始生效。

该《条例》是针对联邦政府数据库的某些弊端制定的，其中包括下列内容：

1. 个人有权查阅联邦数据库内除保密文件、职官档案、司法调查以外的所有有关自己的记录；
2. 个人可以指出有关自己的记录错误，并要求纠正；
3. 联邦机构必须定期公布被分类登记入档的人名及其被登录的档案目录；
4. 当联邦机构要求个人提供情况时，必须说明该情况的提供是法律要求还是自愿性质；

5. 未经法律特别批准，联邦机构不得出卖或出租私人数据材料；

6. 任何一级政府机构都不得用社会保险代码设计新的系统。

此外，美国还成立了一个"保护个人秘密研究委员会"来监督执法。

（二）英国的法律对策

英国在1984年颁布了《数据保护法》，对个人秘密的法律保护有重要的意义。

该法分五个部分，分别就下列问题做了规定：

第一，规定关键术语的定义、数据保护的原则和数据管理及监督机构。

对"数据"下的定义是：可以用自动处理装置依照指令进行处理的方式记录下来的数据信息。这是一个外延十分宽广的定义，因为现在几乎所有的数据都可以用自动处理的方式记录下来。

个人数据保护的总原则主要是：

（1）建立一个中央机构来管理和执行《数据保护法》；

（2）数据处理人和使用人都得进行登记；

（3）数据主人有存取个人数据、要求更正和取消其数据中的错误部分的权利；有就信息处理、被处理信息的性质、用途与数据管理员和单位取得联系的权利；

（4）对个人数据的使用、存档时间和向国外转移等施加限制；

（5）保证个人数据的安全，包括对擅自存取、使用和泄漏个人数据的行为加以禁止和制裁；

（6）为了执法和国家安全的原因以及其他合法的科研或政府的原因，应有若干免受约束的例外。

第二，规定数据管理人员和数据处理单位的登记与监督。

数据登记员是负责监督法律所规定的数据处理活动的。登记规则包括登记、存取和审查三个方面。

第三，规定数据主人应有的存取权利。这些权利包括：取得一份关于个人数据的报告、更正错误、取消非法取得的和非法保存的数据等。

第四，关于免受登记、存取和泄露条款约束的原则规定。这些原则是：

（1）国家安全的原因；

（2）损及政府的利益和行动；

（3）防止犯罪和进行侦查、逮捕和控告违法的需要；

（4）计税征税的需要；

（5）移民管理的需要；等等。

第五，综合性规定。包括机构与机构之间的关系、政府与政府之间的合作及政府储存的数据等方面的问题。

英国《数据保护法》的制定，时间上比较晚，它吸取了欧洲其他国家有关立法的经验，也遵从了经济合作与发展组织（OECD）的有关规定。

（三）《OECD准则》和《欧洲公约》

1973年，经济合作与发展组织（OECD）开始讨论数据保护的法律对策。从1977年起，欧洲共同体在科学技术政策委员会内，正式研究有关数据和秘密的保护与个人数据国际交流的基本章程。1980年9月，根据研究，提出了《关于在自动化处理中保护私人秘密的原则建议》，并被经济合作与发展组织采纳，因而被称为《OECD准则》。

1981年，欧洲共同体通过了《关于个人数据自动处理涉及的私人秘密的保护协定》，又称《欧洲公约》。

《准则》和《公约》成了大部分加盟国制定本国数据保密法的基准。英国《数据保护法》即是《OECD准则》的衍生物。

《OECD准则》分"建议"和"附件"两大部分。"准则"有二十二条，规定了"限制收集原则""数据正确原则""目的明确化原则""限制利用原则""安全保护原则""公开的原则""个人参加的原则"及"数据保管者有责任实施服从上述原则的措施"等重要原则。这些原则被认为是数据保护的最低标准。

《欧洲公约》的主要内容是：

1.序言部分规定了制定《公约》的目的：保卫私人利益和允许数据不受国界限制而自由流动。这一规定，保证了个人权益的保护，又兼顾了国际贸易中的商业壁垒。这样的规定，协调地处理了不同层次的社会关系问题，是值得肯定的。

2.第一章规定了保护的范围，其中包括个人的数据档案库和公营的数据处理机构。这将保护范围扩大了，因为一般是不包括个人的数据档案库的。

3.第二章对数据质量做了规定，严禁使个人数据的处理暴露种族血统、政治见解、宗教信仰或其他信念以及健康、性生活等。

4.《公约》规定了个人数据保密的一系列权利；同时又规定，从国家安全、公共安全、国家货币利益、镇压刑事犯罪等需要出发，而免受《公约》的约束。

《OECD准则》和《欧洲公约》是集团性的国际立法。这样的立法，对于协调科技国际关系是有必要的。它的发展，必然导致全球性的有关立法的出现。

数据保密的法律对策，是计算机技术高度发达后出现的个人权利保护的法律问题。计算机技术发展中出现的另一问题是利用计算机犯罪的问题。

五、利用计算机犯罪的法律对策

计算机犯罪，是指通过非法使用计算机，编制、篡改或盗用计算机程序、不正当输入计算机数据等手段，来达到侵吞公私财富、破坏计算机系统的正常运行、非法获取信息以及偷税漏税的犯罪行为。这种利用技术手段的"高级犯罪"，正呈有增无已、日渐发展的趋势，而现有的法律手段，对此束手无策。为此，各国正加紧计算机犯罪法律对策的研究。

日本成立了警视厅的"计算机设施安全对策研究会"。该会经过调查研究，提出了《关于情报设施安全对策指针》的报告。经研究，日本警视厅针对涂改计算机磁带、指令、程序和复制、窃取计算机数据库资料的犯罪行为，正在考虑制定包括计算机犯罪的处罚法。日本通商产业省则正在研究起草《信息化社会基本法》。据悉，其内容包括计算机系统事故对策；防止计算机犯罪措施；数据保护及软件保护的法律措施；等等。作为紧急的反应性对策，日本颁布了《计算机安全处罚条例》。

美国联邦政府和州政府在制定利用高技术来对付计算机犯罪的法律方面，也做出了相当大的努力。联邦政府制定了《计算机安全处罚条例》《伪造存取手段以及计算机诈骗滥用法》《1984年中小企业计算机安全、教育培训法》等。马萨诸塞州正在制定可严格定形的法律规范，确立用电子计算机的专门用语规定罪名。加利福尼亚州正在修改1979年制定的《计算机犯罪限制法》。

美国佐治亚州于1981年颁行的《佐治亚州计算机系统保护法》，可以用来作为美国各州有关立法的一个例子。该法为计算机行业术语下了定义，从而使得利用计算机犯罪能为有关法律所控制。例如，对"access"（接近）一词所下定义为："对某一计算机系统或计算机网络中任一资源的接近、指挥、与之通讯、向已存入数据、从其中获取数据或加以利用。"这一定义使"access"一词的外延极为广泛，从而可以把用电子手段利用一计算机（或其中某一部件）、或与之通讯的企图，都包括在内。这对有效控制利用计算机犯罪是针对性很强的。该法规定："任何未经批准即直接或间接地access，企图access任一计算机、计算机系统、计算机网络或其中某一部分，以及导致它们被access的人"都被认为是触犯了本法的有关规定"。该法还规定"任何未经批准即直接或间接地access、更改、损害、破坏或企图损害、破坏任何计算机系统、计算机网络、任何计算机软件或数据的人"，也被认为触犯本法的有关规定。犯罪者因此可能被判处15年监禁和5万美元以上的罚款。

这些立法，对打击计算机犯罪无疑起了相当大的作用。但是，计算机犯罪由于其相当大的特殊性，法律对策的研究和有关法律的制定，还是一个繁重的任务。

我国计算机犯罪虽然不如西方国家那么严重，但近年在大连、成都等地也发生过几起。无须怀疑，也毋庸讳言，这类犯罪活动今后还会有所发展。因此，研究国外的有关法律对策，制定我国的有关法律，也将被提到议事日程上来。

第三十四章　生物技术法

顾名思义，生物技术这一概念是生物学与工程技术二者结合而构成的，又称"生命科学""生物工艺学""生物工程""生物工业技术"等。日本科学技术厅科学技术会议及欧洲经济合作与发展组织把生物技术定义为"直接或间接利用生物体的机能生产物质的技术"。这里所说的"生产物质"是广义的，包括为消除环境污染而进行的物质分解。生物技术的外延一般包括能使生物学工业获得较大发展的基因重组、细胞融合、细胞大量繁殖和生物反应器等四大关键性技术。

20世纪60年代以来，生物技术异军突起，显示了它的巨大的经济与社会效益。70年代以来，随着分子生物学的发展而诞生的基因操作技术、细胞融合技术等，赋予生物技术以新的生命力，在医疗、化工、食品、农业、矿业、能源及环境等领域，酝酿着新的突破，一个以生物技术为主导的工业新时期，可能在不久的将来到来。因此，各发达国家现在纷纷把发展生物技术作为发展高技术的关键与重点，给予极大的关注。例如，日本将生物技术与微电子技术、新材料技术一起列为发展高技术的"三大支柱"，法国政府把生物技术列为产业技术开发中最重点的开发课题之一。为此，这些国家都在立法上采取措施，作为发展生物技术的最有效对策；同时，关于生物技术法的法学研究，也正发展为一个重要的法学课题。因此，科技法学无疑应对生物技术法的发展状况做出概述，并对其中的一些法律问题做出学理探讨与阐明。

一、生物技术立法的发展

发达国家发展生物技术的立法对策，随着对生物技术发展所带来的利弊认识的变化，大体上经历了两个阶段。

（一）生物技术立法发展的第一阶段

这一阶段始于生物技术勃然兴起的20世纪60年代，终于1978年。其特点是立法偏于限制生物技术的发展。我们以美国有关立法为例来加以说明。

1970年，美国科学家斯密特在实验室里首先合成了脱氧核糖核酸，即DNA，科学实验早已表明，一切生物的遗传物质都是核酸。核酸分子上的功能单位是基因。核酸分为两种：一为脱氧核糖核酸，一为核糖核酸（RNA）。生物体的生命活动过程，主要是通过蛋白质来实现的；而DNA→RNA→蛋白质的过程，就是生物体由遗传特征到生命活动特征的表现。因此，改变DNA的组合，便可以改变生物的特性。这就是基因重组技术的基础。斯密特的成功为基因重组技术开拓了宽广的道路。然而，由于对DNA重组技术可能带来的风险估计过高，几乎达到了恐怖的地步，生怕人类有朝一日会为自己的发现与发明所毁灭，反而在其发展的起步阶段即加以限制了。特别是在一次东京的学术会议对生物技术可能带来的灾难展开讨论以后，更增加了人们对生物技术的恐惧心理。因此，1975年，美国国会通过了一项不向某些生物技术开发项目进行投资的法律。

对生物技术开发进行控制和限制的现行美国全国性立法主要有三个：

1.《职业安全与健康法》。该法的主旨在于排除雇员工作地点的风险。它授予"职业安全与健康署"制定对有害物质的职业安全与健康标准，负责保障每个工人享有安全、健康的工作条件和权利。该法还授权"职业安全与健康署"的下属机构"职业安全与健康协会"收集资料、评价风险以及向"职业安全与健康署"提出关于职业安全与健康标准的建议。这样，该法就可用来控制与限制生物技术的发展，以减少因生物技术的开发而引起的风险。

2.《有毒物质控制法》。该法主旨在于防止化学物质对人类健康及生存环境的危害。对化学物质的扩大解释，也可以将脱氧核糖核酸包括在内。根据该法的规定，环境保护局有权要求从事生物技术开发的企业，报告由于遗传工程技术产品和副产品所引起的疾病和其他不利影响。如果"制造、加工、销售和处理"化学物质（包括脱氧核糖核酸）将造成对健康和环境的风险，环境保护局可以采取如下的措施：（1）禁止完全或部分制造、加工、销售该物质；（2）限制制造、加工、销售有关物质的数额；（3）警告和要求标示；（4）要求保存记录；（5）进行监视；（6）禁止任何形式控制该物质的商业利用和任何形式的处理；（7）命令制造商或加工者将不合理风险通知公众和销售者；并替换和回购由通知接受人已选购的物质。这些规定由于是建立在对未被验证的"风险"的基础上的，它必然严重阻碍有关技术的发展。

3.《公共安全保障法》。该法的立法目的之一是防止流行病的蔓延。如果法院认定包含于宿生细胞中的利用遗传工程方式合成的DNA不是化学物质，则由食品药物管理局根据该法第三百六十一条的扩大解释来控制这类产品的制造和销售，以保障公众不受流行病的侵害。这一立法对生物技术的发展显然有不利的因素。

除上述联邦立法外，美国纽约州、马里兰州及剑桥、波士顿、伯克利、艾基维里、阿姆斯特丹、沃尔他姆、纽屯及贝尔蒙特等市，也制定了控制生物技术发展的法规。这就造成了一个全国与地方立法相互结合控制生物技术发展的不利局面。这是美国对生物技术发展做立法调整的第一阶段的一般情况。这一阶段的"高潮",可以认为是1976年美国国立卫生院制定、颁行《重组DNA分子实验准则》一事。

1973年,美国一批生物学家写信给美国科学院,指出了重组DNA技术发展的潜在危险。后来,他们又建议科学院建立有关的委员会来研究和制定控制DNA重组的准则。1974年,美国科学院的一个由著名生物科学家组成的委员会,又建议由国立卫生院建立顾问委员会来制定上述"准则",1975年,各国科学家在美国加利福尼亚州的阿西洛马会议中心,举行了关于重组DNA技术的国际会议。与会者极力主张限制重组DNA的实验。阿西洛马会议之后不久,美国国立卫生院即着手制定基因重组实验准则。其结果是在1976年6月23日公布了世界上第一部室内重组DNA实验准则,即《重组DNA分子实验准则》。

美国国立卫生院虽然不是立法机构,也不是政府机构,但它所制定的《准则》却具有法律约束力。这是因为国会批准了这一《准则》,而国立卫生院又掌管着政府拨发的数亿美元的生物技术研究经费,高等院校、研究院所、民间企业要申请有关的研究经费,都必须得到它的审查批准。

《准则》规定,需要采取一定级别的安全防护措施的实验和一定规模的实验,必须经过国立卫生院或其下辖的"重组DNA分子研究计划委员会"的批准;有关研究人员必须遵守《准则》,否则,将受失去研究经费的惩罚。如前所说,加利福尼亚大学克莱茵教授,就曾由于没有得到国立卫生院的批准,自行决定对两名患有β-型地中海贫血症的妇女试行基因疗法,而失去了该院提供的15万美元的研究经费,同时还失去了国立心脏血液研究所提供的24.4万美元的研究经费。

《准则》的"引言"指出,制定《准则》的目的是"在于向支持此项研究的机构推荐关于重组DNA分子研究的防护措施","向研究部门以及从事实际工作的科学家们提供一套详细的指导原则"。这些"防护措施"和"指导原则",在相当大的程度上,是对DNA重组技术研究的限制。例如,《准则》规定严格禁止某些实验:"下列实验目前不得开始进行:(1)不管所用的宿主——载体系统是什么,采用凡属于'以危险性为基础的病原物分类'中第三、四、五类的病原体,或者被国立癌症研究所列为中等危险性的致癌病毒,或从已知被这类病原物感染的细胞而来的重组DNA的克隆系;(2)故意构建含强烈毒素(如内毒杆菌素或白喉毒素、昆虫或蛇的毒液等)的生物合成基因的重组DNA;(3)故意用植物病原构建可能提高其毒力和扩大宿主范围的重组DNA;(4)故意将任何含有重组DNA分子的生物体释放到环境中去;(5)如果一种获得抗药性的微生物会妨碍药物在人类医药、兽医或农药上防治病原物的应用,把其抗药性转移到不能自然获得这种抗药性的微生物上。"在关于物理防护、有关机构和科研人员的职责等方面,也做了许多限制DNA重组技术发展的规定。

之所以说美国国立卫生院的《准则》，是第一阶段即立法控制、限制生物技术发展阶段的"高潮"，不仅可以见诸《准则》的规定本身，见诸美国在《准则》颁行后的若干案例，而且可以见诸它在世界各国引起的巨大的连锁反应。紧随美国之后，联邦德国和法国在 1977 年制定了本国的重组 DNA 准则；英国、日本分别在 1978 年和 1979 年公布了同类准则。公布这类准则的国家还有意大利、加拿大、苏联、比利时、荷兰、瑞士、瑞典、丹麦、挪威、荷兰、澳大利亚、新西兰以及捷克、保加利亚、民主德国、匈牙利、波兰、南斯拉夫、巴西等国。其中有不少国家的《准则》，还是以政府名义颁行的，更加突出了限制 DNA 重组技术发展的坚决性。例如，日本《重组 DNA 实验准则》是以总理大臣名义公布的，联邦德国的《防止体外重组核酸危害准则》是经联邦政府批准而公布的。

（二）生物技术立法发展的第二阶段

这一阶段始于 1978 年，其特点是立法偏重于促进生物技术的发展。

事物发展的辩证法是波浪式的前进运动。"高潮"之后接着的便是"低潮"。对生物技术发展的莫名惊恐，不久即为科学实践及冷静的思考所代替。而这，又引起了立法对策的变化，使生物技术立法由偏重于限制转向偏重于促进。

1976 年前后，美国国会技术评估办公室和国立卫生院等机构组织了一系列重组 DNA 的风险评估试验，其结果与美国科学技术促进会的科学家们的认识一样，生物技术的风险或成就，都没有过去设想得那么大。重组 DNA 实验中用作宿主的大肠杆菌 K12，在 1976 年《重组 DNA 分子实验准则》中被规定为不得使用的"以危险性为基础的病原体"，但它在琼基培养基上共生活了几十年，抗原性已发生了变化，系非病原体，通常也不能在正常的肠道中形成菌落，大量摄入也极难繁殖。1977 年 6 月，里德研究所的福尔马尔公开了长期研究的结果：志愿者摄入大肠杆菌 K12 的重组体后，五天内全部排出，没有引起祸害；另一些评估试验表明：小鼠口服或注射携带病毒基因的重组 DNA 分子的细菌后，并未发生病毒感染；等等。同时，科学家们在高等与低等生物中都发现了自然发生的遗传基因的重组现象，可见重组 DNA 并非特别新鲜的事情。显然，生物技术发展的风险，实际上被过分地强调了。舆论界对生物技术风险的大肆渲染，公众的没有切实根据的恐惧，环境保护部门对用动物做试验的拦阻，政府对生物技术发展的种种限制，以及法官和律师的保守态度，都在一定程度上影响了生物技术发展的速度。

从 1976 年 6 月 23 日美国国立卫生院公布《重组 DNA 分子实验准则》到 1978 年 3 月，20 个国家中 180 个实验室所进行的 365 项重组 DNA 实验，都没有发生过生物危害的事故。事实教育了人们，问题不是考虑什么被夸大了的危险，而是要在安全的前提下，如何进行一场生物技术的革命，积极研制生物新抗体，培育动植物新品种，以便医治更多的"不治之症"，为人类创造更大的幸福。因此，在谨慎地预防生物技术可能产生的危害的同时，必须积极地从法律上保护、促进生物技术的发展，鼓励向生物技术开发积极投资，认真保护生物技术研究的知识产权。这些问题终于被提到法制建设的议事日程上来了。

最先采取的法律措施是，1978年美国国立卫生院修改取消了对五项实验的限制，这些限制项目占过去限制项目的三分之一；大多数仍受限制的研究项目的限制级别也降低了一级。

1980年1月29日，美国《联邦政府公告》公布了再次修改后的《重组DNA分子实验准则》，得到了公众评论的压倒性支持。1980年的修改，使得原有限制性条款的85%被放宽。从1976年到1983年，美国国立卫生院曾先后五次对《准则》进行修改，使之能更好地促进和保护生物技术的发展，而不是以过多的不必要的限制来阻碍它的发展。

与美国国立卫生院修改《重组DNA分子实验准则》的同时，美国联邦政府和州政府在以立法手段促进生物技术发展方面，都采取了十分积极的态度。马萨诸塞州剑桥市于1977年、1981年先后制定的法律，成为调整核蛋白体脱氧核糖核酸研究的重要地方法律。1981年法律规定了：（1）核蛋白体脱氧核糖核酸技术大规模运用的一系列义务要求的许可制度；（2）对微生物混杂释放于环境的保护措施；（3）对职业安全的保护措施。该法虽主要还着眼于控制，但已实事求是得多了。

1978年以来，先后提交给美国国会的有关生物技术的专门法案，有12个之多。这些法案虽未获得通过，但是探索以联邦法律调整生物技术发展的有关社会关系的积极性，由此可见一斑。

1979年，美国总统卡特提议创建一个对广大产业都有益处的遗传工程中心，认为这是刺激生物技术发展的有效手段。国会也收到了类似的议案。1980年10月21日，卡特署名提交了由企业和大学联合设立遗传工程中心的议案。

1984年12月31日，美国白宫科学技术办公室发表了《生物工程调整的协调结构建议》。该《建议》旨在使日益扩大的国际国内生物技术商业调整的标准化和协调化。

此外，美国政府还在税法、专利法的范围内，给予生物技术发展许多优惠条件。从1985年起，美国联邦政府大大增加了生物技术开发的财政支持。美国农业部对生物技术研究的竞争性财政资助，1985年达2000万美元。同年，国立卫生院对遗传工程研究的财政拨款即高达5600万美元，比1983年猛增了21%。同时，美国司法界对生物技术的知识产权，也采取了积极保护的态度。所有这一切，促进了美国生物技术开发的大步发展。到1985年底为止，美国新兴的生物技术公司已达300余家，投资总额超过了25亿美元；整个生物技术领域的研究、开发和利用，形成了蓬勃发展的态势，为美国在这一技术领域的世界领先地位奠定了良好的基础。

和美国同步发展，其他发达国家也进入了生物技术立法的第二阶段。

如联邦德国从1977年到1981年7月，就四次修改、放宽《防止体外重组核酸危害的准则》。现行《准则》规定，制定该《准则》的主要目的是，进一步促进科学、技术进步，研究开发合成新核酸，并在合成新核酸领域承担起联邦德国的国际义务。《准则》的规定以联邦推进的研究活动为对象,适用于研究机构及研究项目;规定的标准显示科学技术的开发状态。因此,除试管内的核酸合成、基因重组实验外,也可用于其他实验。这一《准则》共分12个部分:A. 引言;B. 目的;C. 适用范围;D. 概念定义;E. 安全措施;F. 实验分类;G. 审核研究计划的进展情况;H. 健康监督;I. 培训;K. 运输和发送;L. 暂行条例;M. 说明。其中"E. 安全措施"又细分为"a. 实验室安全措施;b. 生物安全措施;c. 保存试验动物和植物的措施"。《准则》在《引言》部分规定:"本准则应该每隔一定时间重新修正,以适应科学技术新情况。"在《说明》中强调"工作室应符合美国或联邦德国的标准"。

英国在1979年建立了一个由"应用研究开发咨询委员会"和"英国皇家学会"根据协议组成的"联合工作组"。联合工作组认为英国的学术研究和应用研究之间存在很大差距,建议政府要特别重视应用研究,和美国、日本一样采取资助、促进措施;还提出了培养生物技术专家、修改安全规定等二十四项建议。在联合工作组的推动下,英国生物技术开发活动迅速活跃了起来。1980年末,公私合资成立了"细胞技术公司",拥有1200万英镑资金。政府按照1965年《科学技术法》制定了很多研究开发生物技术的资助政策和各种补助金制度。特别值得一提的是,1982年英国制定了《基因操作法》,于同年8月1日起施行。法规内容非常简单,仅规定"任何人若不向保健和安全委员会(HSE)和基因操作的政府专门小组(GMAG)申报,即不得进行基因操作"。但是HSE和GMAG的认识、态度和依据的审批准则,在1978年以来美国等对生物技术开发规定发生变化后,已经并且将进一步变化,对基因操作持鼓励与促进的态度。所以,这一法规的高度原则性,显示了立法灵活性的特点。这同别的高技术立法要求较强的具体性有所不同,这是由生物技术本身的复杂性及人们对此认识的辩证性而造成的。现在,英国正在修订《基因操作法》。

法国总统密特朗于1982年6月5日在凡尔赛宫的首脑会议上做了《技术、就业和发展》的报告,强调了高速发展生物技术的极端重要性。现在,法国政府把生物技术作为产业技术开发中最重要的课题,认为到2000年,生物技术产业将发展为和现代电子工业规模同样巨大的产业。法国制定的生物技术十年发展规划,要求1990年其生物产业的销售额至少要占世界的10%。为了促进法国生物技术的发展,十年规划要求以立法保证优先投资措施、优惠价格政策、不断适当修改基因操作法规等。

日本从1979年8月27日公布《重组DNA实验准则》开始,到1983年9月8日,进行了5次修改,放宽了实验标准。1982年8月13日的第四次修改,内容包括:(1)降低每一级防护的物理封闭要求,使大部分试验能在具有安全柜的P2级通常实验室内进行;(2)使用的宿主——载体系统,可以从大肠杆菌、酵母和枯草杆菌扩大到其他微生物。1983年9月8日的第五次修改,原则上取消了对20升规模的限制,从而在实质上为基因工程制造干扰素等成果的商业化大开了绿灯。

如上所述，生物技术立法的发展，表明在尊重科学、尊重客观方面，为调整有关社会关系上做得更加符合生物技术发展要求，更加符合社会需要。这一发展过程，在科技法学方面也给出了有益的启示。

二、生物技术立法的科技法学启示

各国业已进行的生物技术立法，在科技法学上给我们的有益启示主要是：

（一）客观的科学规律与合理的科技立法之间存在着辩证的关系

我们已经阐述过，科技立法是随着科学技术的发展而发展起来的，二者之间存在着辩证的关系。通过对生物技术立法发展的考察，我们进一步认识到，客观的科学规律与合理的科技立法之间的辩证关系，必须认真把握。

客观的科学规律，由于其客观性与发展的内在必然性，不允许任何主观臆断的干预。如果发生主观臆断的干预，就会阻碍科学技术的发展。但科学技术的发展，可能被阻碍于一时，却不可能被断送于永久，它终将冲破主观羁绊的束缚而向前开拓自己的道路。作为调整科技社会关系的法律，必须符合客观的科学规律，否则，就不可能调整好有关的社会关系，从而阻碍科技的发展。而科技立法本身是人的主观活动的表现，它可能是科学、合理、正确的，也可能违背科学、不合理、不正确。出于对生物技术风险的错误认识，在生物技术立法第一阶段，许多国家的立法就阻碍了生物技术的发展。但生物技术终于冲破了立法的与人们主观臆断的其他障碍，以本身的成就证明原先的认识有误，从而导致生物技术立法的进一步发展。生物技术立法从偏于限制发展到偏重于促进生物技术发展，对调整有关社会关系从而对生物技术的发展，起了积极的作用。

这里，有两个问题必须着重加以说明。

其一，生物技术立法发展的第一阶段，尽管是片面的，存在着不少错误，但仍有其必然性与一定程度的合理性。

这里所说的"必然性"是指人类的认识总是遵循着由不知到知、由知之不多到知之较多的发展规律，在认识发展的初期有所失误是十分自然的。鉴于生物技术发展以至一切高技术发展一般都会伴随有相当的风险，因此，偏于保守的一面，谨慎对待有关问题，还是可取的。因而，大多数国家都以"准则"限制生物技术的发展，不是一件偶然的事。它由于有一定程度的合理性，所以人类自可不必因第一阶段的保守而后悔。相反，从中所悟出的高技术立法的道理是：对于不明后果的科学技术问题，对于不明其复杂性的科技社会关系问题，有关立法以偏于保守为上策。任何没有切实根据的促进高技术发展的立法，都应十分审慎地对待。

其二，对科技立法的政治干预要尽可能减少。

一些发达国家的生物技术立法，在其发展的第一阶段，除认识错误的干扰外，还受政治干预的影响。我们认为，科技立法应交给科学家与法学家去搞。政治干预科技立法，有时也可能起积极的作用，但它必须建立在对有关社会关系与立法调整的科学认识的基础上，而这，完全可以由科学与法学家来解决。除积极干预之外，所剩的就只是消极干预，它会带来有关科技社会关系的紊乱，从而影响科学技术的发展。因此，只有把科技立法交给科学家与法学家，才是唯一正确的办法。

有鉴于此，从事科技立法的人，应当是谙熟科学技术与法律的专家。这样，在我们的立法机构里，就应当有足够数量的科学家与法学家，或科技法学家。把科技立法交给纯然搞政治的专家，无疑会给科技立法带来不良的后果。像美国那样，把基因重组实验标准问题的立法交给国立卫生院那样的机构，是值得我国仿效的。也就是说，客观的科学规律与合理的科技立法的辩证关系的把握，要在立法的组织机构上得到落实。

（二）科学的诚实要求应带到科技立法中来，成为科技立法的一条准则

美国《重组DNA分子实验准则》的修改，与科学家们的诚实态度是分不开的。曾经积极反对放手发展生物技术的科学家们，后来都改变了态度，采取了尊重科学的诚实态度。阿西洛马会议的参加者、生物学家华生，曾在号召暂停重组DNA实验的公开信上签名。1978年，他在声明自己的签名为无效时说："在科学上我是一个傻瓜。认为重组DNA会造成哪怕是最轻微的危险的担心，是毫无根据的。"阿西洛马会议的发起人保罗·伯格无限感慨地说："今天，谁也不能使我们相信（会议提出的看法）能够阻挡研究工作的前进。它只能阻碍我们去做那些当时无论如何也办不到的事情。"

科学家们的坦诚谦恭的声明是感人至深的。科学是老老实实的学问，来不得半点虚假。作为真正的科学家，就应当具备科学的这种诚实品格与符合科学的这种诚实要求。美国科学家保罗·伯格与华生的诚实品格将与世长存、永受赞扬。同时，民主与法制应是科学的反映，是科学规律的制度化与法律化。当发现事物的真谛时，及时修改以至废弃旧有的法律，是对科学的负责态度，是对民众的忠诚态度，是真正的民主与法制的体现。囿于人为的原因而阻碍法律的修改，或许能暂行一时，却必须承担"暂行"的道义责任，也总是要被后人清算的。一切立法，都应以科学地反映客观规律为重要准则，科技立法尤其应当如此。

（三）科技立法的国际融合将成为不可阻挡的立法趋势

我们在所收集到的大量国外科技立法文件中，发现了唯一的一个立法案例。这就是前面提到的联邦德国现行《防止体外重组核酸危害的准则》最后一部分"说明"中的下列规定："工作室应符合美国或联邦德国的标准。"这是一个十分珍贵的立法案例，虽然仅仅只有一个。

一个主权国家在其立法中做这样的规定，不仅其简明性值得仿效，而且，更重要的是，它体现了科技立法的国际融合。而这，将来一定会成为一种立法发展的趋势，因此具有特殊的意义。值得注意的是，该《准则》不是在第二次世界大战结束不久，联邦德国还是美、英军队占领区的时候颁布的，而是80年代的立法。这时，联邦德国的立法主权早已不受美、英的直接控制了。

作为调整科技社会关系、促进科技发展的法律，科学技术法有较大的可能打破意识形态、社会制度的隔阂，实行更多的和越来越多的融合。这样，笔者认为，不但"移植"国外法律是合理的，而且直接借用国外的法律条文也是应予允许的。

（四）发展原有立法以适应调整新的科技社会关系的需要，是促进科技发展的需要和有效手段

专利法产生之初与现在所保护和调整的对象比较，已有了相当大的变化。但科学技术的发展，总是不断地为专利法的用武之地拓展范围。关于微生物新制法、新制品的开发者权益的保护就是如此。

微生物的新制法或新的微生物制品的产生，是生物技术发展的重要成果，对此，必须给予法律保护，以维护开发者的权益。1977年，《保护工业产权巴黎公约》的一些签约国，缔结了《（为申请专利的）微生物备案取得国际承认条约》。该《条约》在1980年生效。《条约》规定成员国之间取消微生物标本的进出口限制。这对于不易于保存的微生物标本进行不同国家的专利申请，是完全必要的。否则，由于微生物标本专利国际申请中的"进出口限制"的麻烦，这种申请实际上是很可能夭折的。因为在未提供标本之前，活标本已经由于移送期过久而丧失活力了。该《条约》还规定了统一的对标本的要求。更重要的是，该《条约》指定了一批"国际微生物备案机构"，凡在其中一个机构备案的，在其他国家申请有关微生物专利时，就不必另行提供活标本了。这就减轻了申请人的负担，促进了国际微生物新技术的交流与发展。到1985年为止，被指定为这种备案机构的有美国的"农业研究培育收集处""美国标本培育收集处""国际试管培育有限公司"；英国的"藻类与原生物培育中心""英联邦微生物研究所培育收集处""国家工业细菌收集处""国家标本培育收集处""国家酵母收集处"；联邦德国的"霉菌培育中心局"（设在新西兰）、"微生物收集处"；日本的"酵母研究所""氨基酸发酵研究所"；荷兰的"霉菌培育中心"；法国的"国家微生物收集处"等。

美国最高法院在1980年6月对涉讼两年之久的查克拉巴蒂"超菌株"专利申请案做出了终审判决：由于查克拉巴蒂用遗传工程技术研究、制造出新型的微生物"超菌株"，有权获得该微生物的专利。这一判决开创了美国授予微生物专利的先例。不久之后，美国专利局即正式宣布：从最高法院上述判决生效之日起，微生物发明在美国属于可申请专利的发明；如通过审查，即可获得专利。作为判例法治国家，美国最高法院的上述判决与专利局的公告，即起了立法作用，对微生物技术的发展起了法律保护与促进作用。同年8月，美国宣布参加《（为申请专利的）微生物备案取得国际承认条约》，为该《条约》作为推动生物技术发展的重要国际立法，增加了法律有效性的力量。

上述情况给我们以两方面的启示：

其一，专利法保护方法的国别性质正在被高技术的发展所打破。实际上，这是专利法的发展，它从单纯的科技民事调整方法向科技民事调整与科技国际关系调整相结合的道路前进了一步。

其二，专利法保护方法的立法形式，既可以是制定法的形式，也可以是判例法的形式。后者具有灵活、适时地调整的优点，因此，可以作为我国科技立法的重要借鉴对象。法学界已经开始讨论判例法制的引进问题，但在整个社会主义法制建设的范围内普遍实行，条件还相当欠缺，而在科技立法方面率先实行，却已有一定的条件，不妨一试。

除上述四点之外，以专门立法来促进和保障生物技术发展，将成为生物技术立法的一个重要手段。这一方面，已有先例，这就是植物新品种保护的专门立法。

生物技术的发展，使新型的植物品种源源问世。据统计，1970年至1980年，美国大豆新品种即增加了150种，小麦新品种增加了92种，棉花新品种增加了31种。这就引起了植物新品种的法律保护问题。

早在1961年，一些发达国家就曾缔结了《保护植物新品种国际公约》。《公约》要求签字国保护的植物品种，在范围上不加限制；一般植物新品种的保护期不能少于15年；藤本植物、果木、造林植物、观赏植物的保护期，不少于18年。《公约》还规定了新品种植物培育人的专有权利：许可或禁止其他出售或提供出售同一种植物；许可或禁止其他人为赢利目的生产同一种植物。

此后，联邦德国、比利时、瑞士、意大利、日本、法国、新西兰等国都按照《公约》的要求，制定了本国保护植物新品种的专门法规。这些法规规定，取得植物新品种的保护，必须依法履行一定的手续，培育人必须在主管部门提出专有权申请，经主管部门审查批准，发给"植物新品种证书"，才能得到法律保护。美国等原来就有有关专门法的国家，依照《公约》的要求调整了原有的法律。所不同的是，上述国家大多数增补规定了强制许可证制度，要求获得专利权的培育人推广实施自己搞出的新品种，否则将受到制裁。

匈牙利等国也制定了保护植物新品种的专门法。

这些《公约》与专门法，对有关国家以生物技术培育植物新品种，起了推动与促进作用。

生物技术的发展，是一个较新的问题。其复杂性的全面暴露，有关和社会关系的条分缕析，尚需时日。因此，以立法调整生物技术的发展，仍是一个重大的科技法学研究课题。

我国生物技术的发展已有多年，其中有不少方面居于世界领先地位。我们要密切关注发达国家生物技术立法的进展状况，同时及时调查我国发展生物技术中的各种经验、教训和现存问题，为生物技术立法的健康发展，创造有利的条件。

第三十五章 高技术区立法

一、高技术区和有关立法简介

随着高技术和高技术工业的发展，发达国家中出现了一些以高、精、尖科技研究、开发及应用为社会发展重点的地区。如美国20世纪50年代出现的硅谷、马省128公路地区和卡罗来纳州三角研究园等，就是最早出现的这类地区。我们在这里称之为"高技术区"。但它是被作为一个广义的概念来使用的，包括：科学园区或叫研究园区，通常以大学为核心，所从事的活动以研究开发和调试为主，一般不进行纯商业化的大批量生产；工业园区，或叫工业团地，是以进行高技术的工业生产为特色的地区；高技术地带，指没有确定的地界，也没有事先的规划和计划，自发或半自发形成的高技术科研生产集中地，硅谷、马省128公路和剑桥周围，都属高技术地带；科学城是以科研为中心的新型城市，如苏联的新西伯利亚、法国的索菲亚·安蒂波利斯和日本的筑波。

据上海市科委《上海高技术开发区研究》课题组的研究报告，一些发达国家已建成的高技术区数量为：

美国（1985年统计数）：80；

日本（1985年统计数）：20；

联邦德国（1985年统计数）：32；

英国（1986年统计数）：26；

法国（1984年统计数）：21；

韩国（1986年统计数）：7；

新加坡（1986年统计数）：1。

随着新技术革命的发展，随着美国硅谷、日本筑波巨大成就的名扬全球，各发达国家建设高技术区的积极性更趋高涨。例如日本，各省、厅和各都、道、府、县提出的技术城计划数，已多达96个。如邮电省提出了筹建"电子城计划"，建设省提出了筹建"智能城计划"，北海道提出了建设"农业城计划"。现在已经日本政府批准，到1990年，日本将兴建像筑波科学城那样的高技术城 14 个。其他发达国家建设高技术区的热潮，也正逐浪高涨。

为了保证高技术区的建设，一些发达国家努力以法律加以调节。著名的专门立法，有日本的《筑波研究学园都市建设法》《高技术工业集积地区开发促进法》（简称《技术城法》）和韩国的《高技术工业都市开发促进法案》。

《筑波研究学园都市建设法》是在筑波科学城的建设中制定的。

从 20 世纪 60 年代起，由于经济的高速发展，日本沿海大城市及其周围地区工业和人口高度集中，带来了严重的社会问题，疏散大城市工业和人口成为政府制定宏观经济政策的一大课题。同时，现代科学技术的迅速发展，要求相对集中科研机构、科研力量、科研设备和资金，并提供良好的科研环境。为此，日本内阁会议于 1963 年 9 月决定在距东京 60 公里，北依筑波山、东临霞浦湖的一块狭长地带建设筑波科学城。1968 年 10 月，工程建设正式开始。1980 年 3 月，筑波科学城基本建成，其中包括 53 个教育与科研机构；12 万人口中，有 6500 名科研人员，其中 2500 人有博士学位；该城集中了全国政府科研机构研究人员的 40%。因此，筑波科学城成了名闻世界的"博士之城""头脑城市"。为建设筑波科学城，日本于 1970 年 5 月 19 日公布了《筑波研究学园都市建设法》，该法于 1974 年 6 月 26 日进行了修改。与之相辅而行的是，日本内阁于 1970 年 8 月 11 日发布了《筑波研究学园都市建设法施行令》。

《建设法》分"总则""研究学园地区建设计划""周围开发地区整备计划""基于研究学园地区建设计划及周围地区整备计划的事业实"等 4 章，共 13 条，并在"附则"中规定了"从公布之日起施行"。

《总则》部分指明了本法律的目的，以及本法规定的"筑波研究学园都市""首都区的既成街市""研究学园地区"等概念的定义；"研究学园地区建设计划"部分，包括建设计划内容、建设计划的决定程序、建设计划的变更以及调整首都区整备计划等的规定。其他部分对事业的实施、协作、建议、实施状况、资金的确保等，做了原则性的规定。如第十条对"协作"的规定是："有关行政机构的领导、有关地方公共团体以及日本住宅公团和其他有关事业者，必须尽量地协作以实施关于研究学园地区的建设计划和周围开发地区的整备计划。"第十三条对"资金的确保等"的规定是："1. 政府，为了实施筑波研究学园建设事业，谋求确保必要的资金，并在国家财政允许的范围之内，努力促进其实施。2. 国家，为了促进筑波研究学园建设事业的实施而认为必要时，得要求有关地方公共团体，在财政、金融以及技术上，给予援助。"

《筑波研究学园都市建设法施行令》主要是就"研究学园地区的区域"以及"公共利用的设施"等做了具体的规定。

正是上述《建设法》及其《施行令》调整了有关的社会关系使之协调发展，因此，筑波科学城的建设，进展十分顺利。其建设成功，引起了全世界的关注，也鼓舞了日本朝野。1980年初，日本通产省提出了建立以发展电子技术、生物工程、新材料、机电一体化技术、情报信息系统等尖端技术产业为主，并以政府、民间企业和大学三位一体组成技术集约城市的新设想。这是日本政府为迎接新技术革命做出的重大决策之一。为在1990年建成一批技术城，日本国会于1983年通过了《高技术工业集积地区开发促进法》。该法涉及高技术区建设中的一系列问题，做了明确具体的规定。

二、高技术区立法的若干经验

从有限的国外高技术区立法资料来看，我们可以初步地从中总结出一些经验来。它们主要有：

（一）特定高技术区立法与普遍适用的高技术区立法相结合

首先是二者不可或缺。仅有特定高技术区的立法，那么，当要像日本那样在若干年内建设一批高技术区时，就缺乏一种通用的原则性立法做指导了。在这种情况下，特定高技术区的立法本身，也难以在有关的一般社会关系的调整上，做出比较科学、合理的规定。同时，如果仅有普遍适用的高技术区立法而无特定高技术区的立法，由于各特定高技术区的高技术发展内容、有关的社会环境与自然环境、在该地区发展某些领域的高科技的条件等等，毕竟总有差异，就会造成某些特殊的问题无法可依的状况。因此，特定高技术区立法与普遍适用的高技术区立法都是不可或缺的。日本为建设一批十四个高技术城而制定的《高技术工业集积地区开发促进法》与《筑波研究学园都市建设法》就是上述两类高技术区立法的典型。《促进法》规定了建立高技术城的五项原则：在经济上能对周围地区产生有效影响；能反映地区特点；有利于促进政府、大学和企业之间的共同开发研究；有利于扶植研究开发型和培养人才；能够促进尖端技术向本地区转移。

这些原则在法律上是普遍适用的，因此，对日本十四个新拟建设的高技术区都有法律意义。与此同时，特定地区的立法又在各自特殊的问题上做出规定，从而为解决特定地区发展高科技的特殊问题做出了法律保证。

其次是普遍适用的高技术区立法应在特定高技术区立法的基础上发展。日本是先有关于筑波的立法，然后才有普遍适用的《促进法》的。不在筑波取得建设与立法的经验，"普遍适用"云云，便无从谈起或难以达到合理的程度。

（二）普遍适用的高技术区立法，也不应失之笼统

由于要达到"普遍适用"的目的，因此，有关立法都仅顾及全部适用范围的社会关系的调整问题，至于特定适用范围的社会关系调整，则予舍弃。但这不等于"普遍适用"即是"笼统"。恰恰相反，有许多国家普遍适用的高技术立法，却是相当具体而不失之笼统

的。从日本《高技术工业集积地区开发促进法》关于高技术城建设选址的规定，即可略见一斑。该法规定的选址条件计有以下数端：

1. 在原政令（作者按：指1962年《新产业城市促进法》）规定的工业高度集中地区及周围地区以外的地区；

2. 从自然、经济、社会条件看谋求立足于高技术的工业开发区已达到相当程度的地区；

3. 在该地区存在一定数量的，能够适宜进行高技术开发或者把高技术应用于产品开发和生产上的企业；

4. 能够确保工业用地、工业用水及住宅用地的地域；

5. 在该地区或附近存在具备法令规定的必要的城市；

6. 在该地区或附近存在进行高技术有关的教育及研究的大学；

7. 确保与高速公路、机场及其他高速运输工具有关的设施的利用。

这些规定涉及经济、文化、教育、科学、交通及自然条件等具体方面，当计划建设某一高技术城时，就必须具体地按照法定的上述条件来选址，绝不会流于笼统而滥行。

（三）必须辅之以健全的配套法规

无论是特定高技术区，还是非特定的高技术区，其建设都涉及社会生活的许多方面，要求具备多方面的条件，需要调整的科技社会关系也是多方面的。因此，除主要的高技术区立法外，还应有一系列的配套立法。

据日本《现行法规》第二十二卷介绍，其"新都市建设"方面的法即有《新都市基础整备法》及其《施行令》《施行规则》，《新产业都市建设促进法》及其《施行令》《新产业都市建设促进法第三项第四条规定的新产业都市的区域》，《工业整备特别地域整备促进法》《关于新产业都市建设及工业整备特别地域整备的特别财政措施的法律》《地域振兴整备公团法》及其《施行令》和《施行规则》，《关于推进民间都市开发的特别措置法》。该卷还录有《筑波研究学园都市建设法》的《施行令》和《施行规则》。此外，在高技术城建设中，涉及土地问题的，有土地测量方面的《测量法》及其《施行令》《施行规则》，关于地价的《地价公示法》及其《施行令》《施行规则》，关于土地收用的《土地收用法》《土地收用法施行法》《土地收用法施行令》《土地收用法施行规则》以及《关于取得公共用地的特别措置法》等。甚至还有《防灾建筑街区造成法》《都市绿地保全法》《生产地绿化法》《驻车场法》等与之配套。

（四）必须辅之以齐全的其他配套措施

除上述法律外，为保证高技术城建设的成功，1984年日本政府还制定了技术集约城市的财政和税收制度，从1985年开始实行。《技术城促进税制》规定，在技术城地区，新创办的高技术产业在规定期间,其生产用资产可享受特别折旧率的优惠。具体规定如下:在自开发计划被批准之日起的五年内,在技术城地区,购置高技术工业用的机械、装置及其他折旧资产的企业或个人,其购置的生产用机械、装置、建筑物及附属设备(包括试验研究用建筑物及其附属设备),购进价在10亿日元以上者,可享受特别折旧率的优惠。其中,机械及装置的折旧率为30%,建筑物及附属设备为15%。可享受优惠的高技术工业,《技术城促进税制》明确规定为药品制造业、高质量药品制造业、工程塑料制造业、光纤及电缆制造业、高性能农机制造业、产业机器人制造业等70个行业。

日本以如此积极的立法措施和其他配套措施来保证高技术城的建设,无疑将大大推进日本新技术革命的发展,使日本的经济更加繁荣、科技素质更加增强、社会进步更加迅速。

其他发达国家借鉴日本的经验,也以一系列配套措施来辅助高技术区立法并取得了成效。但日本的某些税收优惠,是直接在高技术城的专门立法中规定的,如《高技术工业集积地开发促进法》第八条就规定了减税优惠;而其他一些国家的减税优惠则分散在别的法规中。例如,美国《1981年经济复兴法案》,规定了对研究开发活动的"低税政策",即企业用于研究开发的资金,其超过部分实行25%的低税。为了鼓励风险资本的发展,美国曾一度调低了税率。这也对高技术区的发展起了鼓励与促进作用。又如,新加坡的税法规定,凡属新兴工业,可豁免40%的公司所得税;凡属投资于高技术工业的企业,如果连续亏损三年,可获得50%的投资津贴。1980年以来,新加坡政府还规定,凡为制造业提供研究开发服务的公司,或利用研究开发成果从事产品生产、原材料改进或工艺革新的企业,政府都给予减税优惠;至于在科学园区投资进行研究与开发者,还可获得更为优惠的税制优惠。再如,美国撒尔福德高技术区,对该区的企业免征10年房屋土地税。这些免税、减税等税制优惠措施,或者直接,或者间接地有利于高技术区的建设。正是以上述政策措施配合有关立法,使发达国家的高技术区有了可观的发展。

三、我国高技术区立法的需求

高技术区立法对高技术区的建设,有极为重要的促进作用、保障作用和关系调节作用。所谓促进作用,是指立法以调整有关的社会关系,促进高技术区建设较早、较快、较多地上马。没有法律的促进,往往会为其他因素掣肘而放慢进程、降低速度,而这对我国集中力量在比较集中的地区发展高技术是不利的。国外的高技术区正在大批兴建,我们在这方面落后一天,就会对高技术发展和"四化"建设带来远非一天的严重影响。所以,立法加以促进是相当重要的。所谓保障作用,是指通过法律对有关社会关系的调整,对已建成并在发展的高技术区得以正常地运行。所谓关系调节作用,既有内部的,如科学研究、技术开发、企业生产的关系、各单位之间的关系等;又有外部的,如与非高技术区、其他高技术区等的关系等的调节作用。因此，我国高技术区立法，从现在起，就必须密切关注。

我国正在建设有中国特色的高技术区，如北京的中关村、上海的漕河泾以及天津、武汉、广州、深圳等地的高技术区，有的已近建成，有的正在上马。为这些高技术区的建设，采取了经济的、行政的、法律的措施。在法律方面，已制定了一些地方性法规，如上海市人民政府制定的《上海市漕河泾新兴技术开发区暂行条例》等。今后，我们应进一步密切关注国外高技术区的立法，以便加以借鉴，使我们的立法更切实、更有效。根据国外的经验以及我国的情况，笔者认为，对我国高技术区立法的下列需求，应该特别重视：

（一）早日制定我国的高技术区建设基本法

现在我国各地建设高技术区的地方立法，从所调整的范围、手段以及其他方面看，是互有区别、各有千秋的。这就涉及在一个统一的国家内，在建设高技术区方面，应该有一个基本一致的法律要求的问题。笔者认为，基本一致的法律要求应当有，因为即使是局部地区的高技术区，但毕竟是整体中的局部；它必须"照顾好左邻右舍的关系"，太不一致的法律要求，势必导致各高技术区内部及相互之间的不必要的矛盾。如果有一个基本法，确定了高技术区建设的总体原则与法律要求，各地的《条例》在"不逾"基本法之"矩"的情况下，就可"百花齐放""各显神通"了。这是统一性与多样性的对立统一，是事物发展中的有效控制的法学与哲学要求。

我国着手制定高技术区基本法，已具备相当的条件。条件之一是已有国外立法经验可供借鉴；条件之二是已有国内各地高技术区的《条例》和建设经验。"兵马未动，粮草先行"，这是我国古代军事行动恪守的重要原则。但在它之上，还应有一条更高的原则，即"兵粮未动，法令先定"。我们要建设社会主义法治的国家，在高技术区建设方面，当然也应如此。

（二）高度重视高技术区建设中的环境和生态的法律保护

据悉，目前已经确定的高技术区，大多选址于大城市边缘。这些"边缘"，早已并越来越成为人口稠密的居民点。上海的漕河泾、北京的中关村，都是如此。在人口稠密的居民点建设高技术区，很容易为环境污染所困扰。例如，发展微电子工业的高技术区，极易造成"电子污染"，根本不适应于居民集中地的生活要求。国外的高技术区，大多放在原先人迹罕至的地区。当然，这要求在交通、能源、水电、通讯等方面投入较多的基本建设资金。但这是百年大计、千年大计，必要的投入，可以收回远远高得多的利益。如果采取近视的政策，允许在居民点搞高技术区，造成的后果可能是不堪设想的。一旦高技术区建成，许多事情犹如"生米做成了熟饭"，要改也来不及了。

在工业不发达时代，不存在生态严重失衡问题。因此，经济运行的轨迹，是从生产开始，经过流通环节，到达消费阶段，即"生产—流通—消费"的运行公式。旧经济学的论域，也只是在"生产—流通—消费"范畴内做文章。但从20世纪30年代开始，经济学发生了重大的变化。经济学界的有识之士，开始将生态问题引入了经济运行图中，把生态平衡下的生产列为积极的生产。否则，就是消极的生产，它的结果不是导致人类消费质量、消费水平的提高，而是导致降低。这样，一门"生态经济学"也就应运而生了。但法学界却落后了整整一个时代，至今没有从"生产—流通—消费"的公式中走出，也没有建设起"生态经济法学"的新学科来。当然，建设一门新学科得做大量的耗工费时的工作。但在实践中高度重视经济发展、科技进步的生态问题，都不是难事。在居民点中或其周围建设高技术区，是很容易导致生态失衡的。因此，我们应在高技术区建设的环保与生态立法方面先行一步。

（三）重视高技术区建设中的外智与外资引进的立法

现在，所有的高技术区地方立法，都未对外智、外资引进的立法给予特别的重视，所遵循的是各有关地方一般性的外资立法文件（外智引进立法则几乎是一个空白）。我们认为，既然高技术区大大不同于它所在的地方，有关的立法，当然也应与地方有所区别。我国闭关锁国毕竟太久了；我国的科技水平、资金积累、智力条件，毕竟与国外有较大的差距。因此，以知识密集、技术密集、人才密集为其特点的高技术区的建设，就不得不考虑采取特殊的办法，来引进外智与外资。为此做出相应的专门立法规定，是完全必要的。高技术区应当比特区更"特"，才可能比特区发展得更快，取得比特区更大的效益。

（四）对民办科技机构在高技术区中的作用，给予特殊的立法保证

民办科技机构的潜力与活力早已昭然若揭。高技术区的建设如果纯然以国家办的高等院校、科技院所为组成部分，忽视民办科技机构在发展现代高技术、新技术中的作用，那就等于失去了一条胳膊。不仅如此，还会因为不存在民办科技机构而大大削弱竞争机制在高技术区中的作用。为此，应当在高技术区建设的立法中，明确规定民办科技机构的地位、作用与积极的扶持措施。

后 记

寒来暑往，三度春秋，匆匆又匆匆地逝去了。食不甘味、寝不安枕的笔耕生活暂时告一段落。所得者便是眼前这1200页的手稿；题在篇首的是大言不惭的"科技法学导论"六个字。

按理，现在该舒心地放松一下了。但是，与前此近20本著作脱稿时十分相仿，非但未见"舒心"，反而隐隐地更觉不安。其原因，简单说来就是，究竟"导"得如何，把诚挚的读者"导"向何方，实在并无很大的把握。于是乎，李白挥毫写下《将进酒》时的那种心情，也油然翻腾于寸心之间，大有"停杯投箸不能食，掷笔四顾心茫然"之势。

尽管如此，还是禁不住"发表欲"的诱惑而交付出版了。从客观需求上说，是感到科技法学研究者正与日俱增，大多亟盼有一部探讨科技法学基本问题的理论著作供参照；许多院校正迫切希望开设科技法学课程而又教材阙如。这样，不惮贻笑方家而抛出粗砖以引美玉，就成了第一位的动机。因此，如果有幸得到读者的惠顾而攻读至末页并提出批评，当日夜馨香祷祝以示恳切的谢忱。从主观状况上说，则是因为30余年的勤耕死读，早已预支了生命的若干，渐觉"无常"之悦耳歌声袅袅传来，"黄泉"之扑鼻香味翩然而至，而预定近几年内必须完成的书单却是长长的，因此，再要花三年五载为《导论》手稿做反复披阅，实在感到力不从心矣！

当然，"革命尚未成功，同志仍须努力"，神州大地的"四化"建设还要千百万志士仁人像无数先烈那样勇于献身。有鉴于此，笔者的全部剩余岁月，还是要奉献给法学，首先是奉献给科技法学，包括对《导论》做必要修改的。为此，真挚地盼望本书还能起到"以文会友"的作用，因它的问世而交结一批有志于或有助于科技法学研究的朋友。

"世之奇伟瑰怪非常之观，常在于险远，而人之所罕至焉，故非有志者不能至也。"王安石《游褒禅山记》中的这段话，当成为共勉之辞。

1990年3月27日
于上海东北郊糊涂斋

倪正茂全集

科技法学卷（中） 6

倪正茂 著

学苑出版社

科技法学原理

《科技法学原理》*题记

1990年发表《科技法学导论》之后，我与中国科学院科技政策研究所的于德胜先生颇多交往，我们都感到有必要深入研究科技法学的原理性问题。于是我将近七八年来对有关问题的思索整理成了《科技法学原理》一书，交由上海社会科学院出版社出版。我所供职的上海社会科学院法学所顾肖荣所长和《政治与法律》杂志封曰贤主编为本书撰写了《序》。本书"附录"了我对科技法学发展的一种展望——关于生命法学的最初的两篇论文：《生命法学研究略论》《试论生命社会关系的法律调节》。这些论文曾与其他论文一起以《生命法学论丛》的书名结集，由上海文汇报出版社出版。

倪正茂

---

* 上海社会科学院出版社1998年版。

第一章 科学技术发展与法的关系

科技社会关系的法律调整的理论，是科技法学的核心理论，整个科技法学的理论大厦应建立在这一核心理论的基础之上。为此，有必要从科学、科学技术的有关问题入手，解剖其作为"第一生产力"[①]的发展历程、规律、特点，进而研究科学技术发展与法律的关系，科学技术活动的特点及其与法律的关系，然后论述科技社会关系这一在科技活动中发生的社会关系的方方面面问题，首先是它的法律调整问题。

要了解科技社会关系的法律调整，首先必须了解科学技术发展与法的关系；而要了解这一关系，就必须对科学技术、法有所了解。

一、科学、技术和科学技术

邓小平同志在1988年的一次讲话中指出："马克思说过，科技是生产力，事实证明，这话讲得很对。依我看，科技是第一生产力。"[②]马克思揭示了科学技术在人类社会进步中的伟大意义，揭示了科学技术与生产力的关系。邓小平坚持和发展了马克思的这一观点，进一步揭示了科学技术在生产力发展中至高无上的地位。现在，"科技是第一生产力"已经成了全国人民的共识，成了推动科学技术发展的强大动力，成了我国社会主义现代化建设事业的一个重要精神支柱。但是，这不等于我们每一个人对科学技术已有了足够充分的、科学的认识。什么是科学？什么是技术？什么是科学技术？对这些最基本的入门问题有所了解，是掌握"科技是第一生产力"这一真理的前提。

马克思在阐述科技是生产力原理时，并没有使用"科学技术"这个概念，而是使用"科学"这一概念。在《政治经济学批判（1857—1858年草稿）》中，马克思写道："单是

[①]《邓小平1988年的一次讲话》，国家科委政策法规司编：《马克思 恩格斯 列宁 毛泽东 周恩来 邓小平论科学技术》，科学技术文献出版社1990年版，第195页。
[②]《马克思 恩格斯 列宁 毛泽东 周恩来 邓小平论科学技术》，科技文献出版社1990年版，第194—195页。

科学——即财富的最可靠的形式，既是财富的产物，又是财富的生产者——的发展，就足以使这些共同体解体。但是，科学这种既是观念的财富同时又是实际的财富的发展，只不过是人的生产力的发展即财富的发展所表现的一个方面，一种形式。"① 在《经济学手稿（1861—1863）》中，马克思写道："科学分离出来成为与劳动相对立的、服务于资本的独立力量，一般说来属于生产条件与劳动相分离的范畴。并且正是科学的这种分离和独立（最初只是对资本有利）成为发展科学和知识的潜力的条件。"② "科学的力量也是不费资本家分文的另一种生产力。"③ 显然，这里马克思是把"科学"作为"科学技术"的同义语来加以使用的，他实际上指的是"科学技术"。但是从今天科学术语的精确使用的要求看，还是把"科学"与"科学技术"分别使用为好。正因如此，邓小平同志谈及马克思的有关观点时，用的是："马克思说过，科技是生产力，……"（着重号由倪正茂所加。）

在《科技法学导论》④ 中，笔者曾探讨过"科学""技术"和"科学技术"三个概念的不同含义。

（一）科学

"科学"一词，源于拉丁文"scientia"。英文"science"、德文"wissenschaft"、法文"scientia"都是从拉丁文"scientia"衍生借用的，其本义为"学问""知识"。我国早在春秋战国时代的《礼记·大学》中就出现了关于科学的概念，所用语词是"格物""致知"，即所谓"致知在格物，格物而后知之"。这两个语词后来合并成为"格物致知"一个语词，比较准确地反映了"科学"这一概念所包含的全部内容，即科学活动与科学知识。1893年康有为译介日本有关著作时，首先使用了"科学"一词。1896年前后严复译介《天演论》和《原富》时，也用了"科学"一词对译"science"。此后，"科学"就取代"格物致知"而流行开来了。但也有不少人反而望文生义地把"科学"仅仅理解为"知识"。忘记了"格物"，即"科学活动"这另一层含义。实际上，科学包含关于客观事物的知识和觅取这些知识的实践活动两方面的内容，是"处于不断完善和发展中的能够反映客观事实与规律的知识体系的创造过程"⑤。

在同法联系起来对科学进行思考时，必须掌握以下两点：

第一，科学作为知识，可以加以应用而"转化为社会的直接实践力量"，因而具有类似于物质资料那样的价值。马克思指出："随着资本主义生产的扩展，科学因素第一次被有意识地和广泛地加以发展、应用并体现在生活中，其规模是以往的时代根本想象不

---

① 《马克思恩格斯全集》第46卷下，第34页。
② 《马克思恩格斯全集》第47卷，第598页。
③ 同上书，第553页。
④ 倪正茂：《科技法学导论》，四川人民出版社1990年版。
⑤ 杨沛霆：《科学技术论》，浙江教育出版社1985年版，第12页。

到的。"① 他说的"科学……即财富的发展所表现的一个方面,一种形式"② 则指明了科学"具有类似于物质资料那样的价值"。既然如此,这种价值就可以计量。但是,科学的价值却难以像物质财富那样"锱铢必较"地加以准确计算。马克思也曾谈到过这一点,他说:"对脑力劳动的产物——科学——的估价,总是比它的价值低得多,因为再生产科学所必要的劳动时间,同最初生产科学所需要的劳动时间是无法相比的,例如学生在一小时内就能学会二项式定理。"③ 尽管如此,科学既具有价值,又可以大体计量,也就可以进入流通领域,成为商品。

第二,科学作为实践活动和获取知识的创造过程,在其创造活动中必然产生人和人之间的权利义务关系,还会产生人和自然之间的关系。马克思在《经济学手稿(1861—1863)》中写道:"由于自然科学被资本用作致富手段,从而科学本身也成为那些发展科学的人的致富手段,所以,搞科学的人为了探索科学的实际应用而互相竞争。"④ 这里起码揭示了科学活动中的两种人际关系:一为资本家与科学家的关系,一为科学家与科学家的关系。马克思所说的虽然是资本主义社会里的情况,但它具有普遍意义。

科学活动既如上述导致社会关系中的种种问题,那么,它与以调节社会关系为执掌的法,就必然地直接或间接联系起来,产生以法律调节科学活动的要求,精确地说,是产生了以法律调节科学活动中的社会关系的要求。

(二)技术

和科学相比,技术的历史要长得多。人类制造第一把石刀,就是技术的萌芽。从人类早期起,技术与宇宙、自然和社会环境一起,构成了生活的四种环境因素,并且在很大的程度上不断改变着社会的面貌,也改变着人类本身。我国早在汉代就使用技术这一概念了,指的是技艺方术。如《史记·货殖列传》云:"医方诸食技术之人,焦神极能,为重糈也。"《汉书·艺文志》"方技类"曰:"汉兴有仓公,今其技术晻昧。"但这些语词并未揭示技术的确切含义。西方使用技术这一概念比我国要晚得多。1615年,美国出现了"technology"一词,按希腊文语源的原意,系指完美而实用的技艺,但同样未确切揭示技术这一概念的含义。

关于技术的定义,中外哲学家、经济学家、科学家、工程技术专家等所说的有多种多样,总计可达数百种之多。据《技术学导论》⑤一书认为,对技术所下的大量定义,概括起来大致有如下一些代表性的提法:(1)方法技能说。认为技术是"人在技术、艺术等任

---

① 《经济学手稿(1861—1863)》,《马克思恩格斯全集》第47卷,第572页。
② 《政治经济学批判(1857—1858年草稿)》,《马克思恩格斯全集》第46卷下,第34页。
③ 《剩余价值理论(1861—1863)》第1册,《马克思恩格斯全集》第26卷I,第377页。
④ 《马克思恩格斯全集》第47卷,第572页。
⑤ 邓树增:《技术学导论》,上海科技文献出版社1987年版。

何事情中采用的手段、技能"①;或者说,"技术是指人们使用工具完成某项科研和生产任务的方法和技能"②。也就是说,技术是技巧、技能或操作方法的总称,是人们在生产劳动经验基础上获得的主观能力,属于精神因素。(2)劳动手段说。如认为"技术是劳动手段的总和"③,是"所有劳动手段和工艺的总和——人手的创造物"④。(3)科学知识应用说。如认为"技术是客观的自然规律在生产实践中有意识地运用"⑤,是"根据生产实践经验和科学原理而发展成各种工艺操作方法与技能"⑥。这些提法反映了技术的不同侧面,但还未能完全揭示技术这一概念的内涵。

我们认为,技术是人类变革自然的经验、方法和运用这些方法、经验变革自然的活动。在同法联系起来考察技术时,应注意以下两个方面:

其一,技术作为人类变革自然的经验、方法,由于可以利用来创造物质财富,因而也具有可以非精确地计量的价值,可以进入流通领域,成为可以买卖的商品。

其二,技术作为运用既成经验与方法从事变革自然的活动,必然产生活动过程中人与人之间的权利义务关系以及人与自然之间的特定关系。

和科学一样,由于技术活动导致人与人之间的种种关系,它就与调节人际关系的法必然地联系起来,产生以法调节技术活动的客观需求,精确地说,是产生以法调节技术活动引起的社会关系的客观需求。

(三)科学技术

在人类的实践活动中,在漫长的历史时期里,在绝大多数场合,科学和技术总是紧紧地结合在一起的,近代以来则表现得特别突出。"几千年来,科学和技术形成了各自的传统,但从19世纪开始,它们发展到一新的密切联系的阶段。"⑦随着科学、技术和生产的发展,科学和技术之间的紧密联系导致出现了"科学技术化"和"技术科学化"。"科学技术化"反映了科学对技术的依赖状况与需要;"技术科学化"反映了现时代的技术在更大程度上取决于科学的发展和应用的水平。19世纪中叶以来的一系列重大发明,无论是电力技术、无线电技术、计算机技术,还是原子能技术、航天技术、激光技术等,都是在科学与技术交互为用、互相促进下取得突破性进展的。所以,在新技术革命突飞猛进、席卷全球的当代,越来越频繁地出现了合称"科学技术"的概念。邓小平同志论及有关问题

---

① 《科学技术辩证法》,1984年第2期,第65页。
② [日]星野芳郎:《现代技术史学的方法》,日本图书株式会社1956年版,第343页。
③ [苏]C.B.舒哈里京:《技术与技术史》,《科学与哲学研究资料》1980年第5辑,第161页。
④ 《科学管理研究》编辑部:《技术进步与经济效益》(内部发行),1983年版,第28页。
⑤ 《科学技术结构研究资料》,1981年第2辑。
⑥ 《辞海》缩印本,上海辞书出版社1980年版,第669页。
⑦ 《简明不列颠百科全书》,中国大百科全书出版社1985年版,第233页。

时，总是把"科技"即"科学技术"作为"科学"与"技术"的交融汇合、合而为一的概念加以使用的。

我们在进行对科学技术活动做法律调节的研究时，首先也是将两者的"合并"即"科学技术"活动所产生的社会需求来考察的。鉴于"科学""技术"与法联系起来考察时出现的有关情况，当我们把科学技术与法联系起来考察时，也必须注意：科学技术不可精确计算的价值及因此而具有的进入流通领域成为可以交换的商品的能力；科学技术活动中必然伴随发生的人际关系，尤其是人际的权利义务关系。这两点也正导致了以法律手段调节科学技术活动的需求。

以上我们粗略地介绍了什么是科学，什么是技术，什么是科学技术，并涉及了科学、技术、科学技术与法的关系。现在，还必须进一步深入地研究一下运用科学技术于生产实践中并由此而进入一定的社会关系，主要是权利义务关系时，科学技术有何特点。

（四）科学技术的特点

科学技术在进入社会关系层次时，主要表现出以下五个方面的特点：

第一，科学技术是人类精神活动的产物，是智慧的结晶。科技活动中必须投入适量的物力与财力，但科技成果的价值与研究开发成本之间，却并无必然的、成正比例的关系。"图籍纵横忽有得，神思起伏渺无端"，有的人毕生探索、皓首穷经而一无所得，有的人可能年方二八却灵感勃发、旦夕丰收。科技成果的价值主要并不取决于"社会必要劳动时间"[①]，而是主要取决于它的经济效益与社会效益。[②]

关于这一点，马克思曾这样写道："随着大工业的发展，现实财富的创造较少地取决于劳动时间和已耗费的劳动量，较多地取决于在劳动时间内所运用的动因的力量，而这种动因自身——它们的巨大效率——又和生产它们所花费的直接劳动时间不成比例，相反地却取决于一般的科学水平和技术进步，或者说取决于科学在生产上的应用。"[③]"对脑力劳动的产物——科学——的估价，总是比它的价值低得多……"[④]

第二，科学技术本身是无形的，它的载体则是有形的，或为科技人员本身，或为科学技术成果。传统技艺操作于艺人的心手之上，它是人的经验体现。

---

① 关于"社会必要劳动时间"，参见马克思《剩余价值理论》与《资本论》。马克思所论为物质财富的生产，科技活动及科技成果与之大不相同。

② 日本大分县知事平松守彦：《テケフポリスへの挑战——头脑立梁应めざす大分》，日本经济新闻社1983年版。平松在书中指出："以前电子计算机卖一亿日元的话，硬件费用占六千万日元；现在则是，硬件价格为二千万日元，其余为软件费用。"又，《科技法学导论》第70页："在美国，开发一件计算机软件产品，平均要花五年左右的时间，并投入50万美元的资金，而其产品的价值往往高达上千万美元以至数以亿计。"

③ 《政治经济学批判（1857—1858年草稿）》，《马克思恩格斯全集》第46卷下，第217页。

④ 《剩余价值理论（1861—1863）》第1册，《马克思恩格斯全集》第26卷I，第377页。

第三，科技的开发只需要一次性的成功劳动①。而物质形态的产品必须做周期性的生产、再生产。相反，科技开发应当尽力避免同一水平的重复研究与开发。

第四，科学技术可以同时为许多个法律主体掌握和利用，从而使技术的"所有权"大大不同于物质财富的所有权。对科学技术的"所有"，仅仅意味着掌握了这种知识并取得了合法的使用权与转让权。由此出发，对科学技术的处分，主要是转让，不发生客体离开主体的现象；而对物质商品的处分，通常是以主体和客体相分离为特征的。②

第五，科学技术可以不经主体的处分而逸出其占有，即掌握了科学技术的主体即使不作为、不付诸实施，他人也可能在类似的条件下做出完全相同的有效开发。因此，要实现对知识性形态商品排他性的占有，可以申请专利，也可以通过法定的保密措施和债权约定来维持对有关技术的控制，但不能禁止他人自行开发并使用该项技术。

正是科学技术的上述特点，决定它在进入社会关系层次时，会提出一些特殊的法制需求来，并由此决定有关的法律调节手段具有与其他方面的法律调节手段的不同特点。对此要进一步深入地认识，我们还必须考察科学技术活动的特点及科技社会关系的特点。这是因为对科学技术的考察不能停留在静态上，还必须做动态的考察；不能只做孤立的考察，还必须放在一定的社会关系中做全面的考察。

二、科学技术活动

（一）科技活动的发展历程

科学技术活动具有与其他人类活动（如政治活动、经济活动、军事活动、家庭生活、宗教活动等等）不同的或不尽相同的特点。为了对有关特点有比较深刻的认识，我们首先回顾一下近代、现代科学技术的产生和它的发展道路。

东方和西方曾在数千年的漫漫长夜里被封建政权、神权所统治，思想被禁锢在牢笼之中，知识一度"沦为神学的奴婢"。直至在文艺复兴运动兴起之后，西方才冲决了封建桎梏，使科学技术得到了新生（东方则落后了数百年）。但由于近代科学技术的发展直接动摇了封建神权统治的思想基础，所以一开始就遭到残酷的镇压，因而它的新生是在血与火的洗礼中获得的。早在13世纪，英国的科学家和哲学家培根（约1214—1292）认为实验是研究自然的最根本方法，但他不为当局所容，两次入狱，前后共坐了24年监狱。瑞士医生帕拉塞尔斯（约1493—1541）在医学理论和药物研究上都有杰出贡献，却被当局

---

① 科技开发往往是历经多次失败后才成功的。"601"是在失败600次后才试制成功的。此处所说"一次性的成功劳动"，不仅指第601次，而且包括此前的600次。但成功之后却不必再重复进行。前600次的失败，是"成功之母"，败而不废，与物质生产中出废品是两回事。
② 段瑞春：《技术合同法原理和实践》，科学出版社1988年版，第45、47页。

认为是"离经叛道",被迫到处流浪,后在萨尔茨堡被人暗杀。接近于发现心肺之间血液循环秘密的西班牙医生塞尔维托（1511—1553）,被处以火刑。法国陶瓷技师帕利西（约1510—约1590）被判无期徒刑,次年死于监狱。波兰天文学家哥白尼（1473—1543）被处以火刑。意大利物理学家伽利略（1564—1642）被判终身监禁。

但是上述的那些科学技术成果并未因发明人之死而湮灭,后代科学技术家继承了先辈的创造发明,继续开拓奋进。在伽利略（1564—1642）、开普勒（1571—1630）、笛卡儿（1596—1650）等人工作的基础上,英国物理学家牛顿（1642—1727）把物体的运动规律概括为三条基本运动定律和一条万有引力定律,并由此建立起了完整的力学理论体系。此后,无数科学家通力合作、精心研究,创立了微积分,发现了血液循环,发明了显微镜,确立了化学元素概念,创立了科学的植物分类体系,提出了氧化理论（取代了燃素说）。

18世纪60年代,瓦特发明蒸汽机,开创了第一个工业革命和科学技术革命的全新时代。其巨大成就就如1848年马克思和恩格斯在《共产党宣言》中所评价的:"资产阶级在它的不到一百年的阶级统治中所创造的生产力,比过去一切世代所创造的全部生产力还要多,还要大。"

进入19世纪,工业革命的发展势头更为强劲,从而带动了科学技术的大发展。19世纪科学技术上的最大成就是电能的开发和广泛应用,开创了一个电力时代,出现了第二次科学技术革命。第二次科学技术革命不同于第一次科学技术革命和以前的科学技术发明的是,它不是直接来源于工场或其他生产实践领域,而是来源于科学实验室。在第二次科技革命中,电报通讯、电镀照明、发电机、电话、内燃机、炼钢技术、有机合成化学、炼油（提炼出芳香族化合物）等等新发明、新技术大量涌现。

进入20世纪,科学技术在继承近代科技发展成就的基础上,又有了新的突飞猛进的进步。同19世纪及前几个世纪相比,20世纪科学技术的发展主要有以下几个突出的特点:

第一,科技发生全面的空前的革命。20世纪一开始,就出现了持续30年的物理学革命,建立了以相对论和量子论为支柱的现代物理学理论体系,它取代了由伽利略和牛顿奠定基础的古代物理学理论体系,使人类对物质、能量、空间、时间、运动、因果律等等的认识,都产生了根本性的变化。人们由此认识到,任何科学理论都不可能一成不变,随着科学实践的发展,理论必须不断发展,甚至要彻底更新。勇于创新、不断开拓的精神,从此成了科学技术一切领域的主旋律。以物理学革命为先导,化学、天文学、地学、分子生物学紧紧跟上,取得了诸如揭示遗传奥秘等划时代意义的革命性突破;电子技术、航空技术、信息技术、能源技术、新材料技术、海洋与空间技术等等,更是硕果累累,极大地改变了世界的面貌。目前,全世界正处于第三次科技革命的高潮之中。犹如加速度运动,新一轮的科技革命好似强烈的旋风,正越刮越猛。

第二,科学技术开始形成一个多层次的、综合的统一整体。交叉学科、边缘学科大量兴起，各门科学之间的"空隙"逐渐得到填补，特别是分子生物学的出现，使物理学和生命科学之间的鸿沟开始消失。控制论、信息论、系统论建立而且不断完善化、严密化，综合科学技术在技术领域逐渐起了主导作用。现在，科学与技术的紧密结合已深入、普及到任何一个领域，它突出地表现在：任何重大新技术的出现，不再来源于单纯经验性的创造发明，而来源于系统的、综合的科学研究。

第三，科技事业的社会化和社会的科学技术化双向互动日益明显。首先是科技事业的社会化。科技事业的加速发展，一方面成为现代国家的重要事业；另一方面也更加深了对社会经济发展的依赖和对国家的支持的需求。在20世纪，大量的科学研究工作从分散的单纯个人活动转化为社会化的集体活动，出现了所谓"大科学"，研究活动规模越来越大，发展到企业规模、国家规模，甚至国际规模。美国1942年8月为制造原子弹所组织的"曼哈顿计划"，其实施历时4年，耗资23亿美元，动员了15万人；1965年5月组织的"阿波罗计划"，历时11年，耗资240亿美元，动员了400万人。50年代建立的欧洲核研究中心和"1957年7月—1958年12月国际地球物理年"，就是国际规模的科技活动的典型。

同时是社会的科学技术化。生产企业越来越重视科学技术的作用。美国贝尔电话公司设立了规模庞大的"贝尔实验室"，雇用了包括3000名博士、7名诺贝尔奖奖金得主的22500人，每年研究费用高达16亿美元。社会生活的各个领域同样越来越依赖科学技术以提高其运行效率。

（二）科技活动的特点

科学技术发展历史上的大量事实告诉我们，科学技术活动有其与其他人类活动不同的特点。这些特点主要是：

第一，创造性与继承性的统一。不断求新的创造性，是科技活动的最重要特点。重复进行的科技活动，一般都意味着失败，而在一般的体力劳动中，重复进行则至少意味着财富在数量上的增殖。求新、开拓、向未知领域进取，从而获得新知识、新方法、新手段，便成了科技活动的主导因素。

科技活动的创造性是建立在继承性的基础上的。没有继承，就没有创造；每次都从零开始，相对整体，它则是倒退。只有站在科学巨人的宽阔肩膀上，才能摘取科技的桂冠。马克思主义认为，科学技术活动部分地以今人的协作为条件，部分的又以对前人成果的利用为条件，两者互相补充、不可缺一。对前人成果的利用，亦即对遗产的继承，可以使我们不必一切从头开始而前进得更加迅速。所以，科学技术活动是在继承与创新的对立统一中进行的。

第二，个体性与协同性的统一。科技活动的个体性特别鲜明。由于科技活动是以人的思维为基础的，思维发生在人的大脑深处，暂时还无人知晓、无法显示，难以检查与监督，带有一定的"神秘性"。因此，个体积极性的高低、自觉性的强弱、创造力的大小，对科技活动之能否取得成效、成效是大是小，有严重的影响。

在科技发展的最初时期里，古代科学家以单独研究为主要的活动方式，依靠个人的聪明才智发现新事物、新规律，发明新方法、新器械、新手段。在科技发展的现阶段，当科技水平得到极大的提高、科技活动的规模变得大而又大、科技活动的方式变得极为复杂时，仍然脱离不了科技专家的个体性活动的基础。因为任何规模的科技工程，都必须分解成细小的组成部分而由个别的人去一一完成。所以，无论古今，抑或中外，科技活动的个体性都是其最重要的特点之一。这样，尊重个体的科技活动，就应是发展科技的"题中应有之义"。所谓"尊重知识"，必须体现为尊重知识分子；尊重知识分子，又必须在尊重其整体的同时，落实到尊重一个一个具体的知识分子个人上去。这是从科技活动的个体性得出的必然结论。但是，随着科技活动的发展，其协同性变得越来越重要，个人的智慧、才能、精力、体力毕竟是有限的，认识世界与改造世界的任务又是无限的。没有科技专家群体的协同劳动，个人只能完成非常有限的科技研究任务。诸如美国的"星球大战计划"、欧洲国家的"尤里卡计划"，都是极为庞大的科技工程，需要无数科技精英全力以赴地精诚合作。因此，社会越往前发展，科技社会化的水平要求愈高，随着人类给自己提出的认识世界、改造世界的任务越宏伟，科技活动的群体协同性要求，就会变得越强烈。

第三，自主性与社会性的统一。这是从科技活动的个体性与协同性派生出来的特点。

个体性的科技劳动，要求赋予科技活动主体以充分的自主性，允许其自由想象、自主发挥、自由创造，不受任何外来的干扰。

但科技活动又因客观的要求而与社会息息相关。科学研究、科技开发课题的提出，越是符合社会的要求，就越能得到社会的承认。科技活动的时间、空间、资金、设备，也要由社会提供。连科技人才本身，也是由社会教育造就的。至于科技活动的组织、规划、管理、检查，科技成果的检测、试验、应用与推广，科技经验的国际交流，科技的进口与出口等等，更无一脱离得了社会。因此，科技活动的社会性，也是其显然的特点。随着社会的进步与科技的发展，科技活动的社会性也将变得越来越强烈。这样，在尊重科技活动自主性的同时，又必须兼顾它的社会性，使自主性与社会性完善地结合起来。

科学技术活动的上述特点告诉我们，与科学技术一样，它也提出了各种需求，其中包括法律需求，因为在无限复杂的社会生活中，必须依靠法律的调节来保证科技活动的开展。

三、科学技术发展与法的辩证关系

流行的观点认为，法是国家按照统治阶级的利益和意志制定或认可的，并由国家强制力保证其实施的行为规范的总和，包括宪法、法律（就狭义而言）、法令、行政法规、条例、规章、判例、习惯法等各种成文法和不成文法。由于国家并非与人类同生俱来,而是在原始社会末期才逐渐形成的。因此,法也不是与人类同生俱来的,而是一种历史现象。正因为它是一种历史现象,当它由原始社会的习俗而衍变、异化,就必然带有它所脱胎而来的"旧事物"的若干属性。嗣后进入阶级社会,出现了新生的奴隶主阶级(统治阶级)所代表的新的生产关系,当时它是新生产力的推动者,是革命的、进步的阶级,因此,它所制定的法律就具有社会进步意义,带有进步的社会性。尔后新生的地主阶级、新生的资产阶级,作为统治阶级,亦复如此。因此,上升时期的奴隶制法、封建制法与资本主义法,都具有不可抹杀的进步的社会性。认清这一点,对认清科学技术法的性质有至关重要的意义。

法作为行为规范的总和,其作用在于以强制力保证调整社会关系,它具有普遍性、权威性、强制性的特点。正是法的这些属性以及它所具有的作用,使它得以对科学技术的发展发生影响,具有制约力。

作为行为规范的总和,法不是静态地存在的,或者说,静态的法(例如已经制定的具体的成文法)、法的静态只是相对的,具有相对性;法是动态地存在的,动态的法、法的动态是绝对的,具有绝对性。认识这一点,对研究它与科技发展的关系也十分重要,因为只有动态的法才能真正有助于科学技术的发展。

动态的法与科学技术的发展同为动态社会这个大系统的两个子系统。两个子系统之发生作用,无论是其本身的作用或互动性的作用,都有两个共同的前提:

其一,两者都是在动态社会这个大系统内发生作用、产生关系。因此,社会发展的水平、社会制度的性质、统治阶级的活动与能量、经济繁荣的程度、社会思潮的主流等等"外在的因素",都对两者有所制约、有所影响。

其二,两者都得通过人的活动来实现。离开人的活动,法与科学技术不会自行起作用;离开人的活动,法与科技发展之间也不会发生任何关系。

在了解上述的前提之后,现在我们可以进而研讨科技发展与法的关系了。

(一)科技发展对法的影响

科技发展对法的影响是全方位的,它主要表现在改变人们的法律意识、促进立法工作的变化、大大丰富法的内容、促进司法工作的科学化、对法学研究的影响等五个方面。

1. 科技发展不断改变人们的法律意识

法律意识是人们对于法(特别是现行法)和有关法律现象的观点和态度的总称。它表现为探索法律现象的各种法律学说,对现行法律的评价和解释,人们的法律动机(法律要求),对自己的权利、义务的认识(法律观),对法、法律制度了解、掌握、运用的程度(法律知识),以及对行为是否合法的评价,等等。显然,在阶级社会里,不同阶级的人们的法律意识会因阶级属性的不同而各异。但这种阶级差异的存在,并不意味着同为社会成员的人的法律意识之共性完全泯灭。随着社会的愈益进步，人类法律意识之共性将扩展其存在的领域。同时，在阶级性愈不明显的领域，人们法律意识之共性会表现得愈充分。例如在与科学技术相关的领域里，人们法律意识之共性就表现得比较直接、比较明显、比较充分。

在人类历史上，科技发展引起人们法律意识改变的重要表现如下：

第一，科学技术的发展导致法律意识的日益科学化。神权法意识曾在相当长的历史时期里起着主导作用。虽然神权法观念是奴隶主阶级的法律观念，但奴隶阶级及自由民等级深受其影响。除少数出类拔萃者外，几乎人人都陷于神权法意识的泥淖之中而难以自拔。在神权法为皇权法所取代之后，法律思潮的主流仍是与神权法观念在本质上一致的唯心主义法律观。是科学技术的发展，日益强烈地有效地荡涤神学、唯心论的污泥浊水，使神权法学与各种唯心主义法学学派及其对人们的法律意识的影响日渐削弱。现在，除个别教会法（政教合一）控制的国家和地区外，神权法学几乎已经完全退出了历史舞台；各种唯心论的法学学派，都遭到了用科学思想武装起来的人们的有力批驳，因而很难再发生重大的社会影响。可以说，由于科学技术的发展，科学思想的深入人心，人们的法律意识中，神权法律观及其他唯心主义法律观已基本清除。

第二，科学技术的发展，使人们对现行法律的评价和解释发生许多重要变化。例如，无论在刑法还是在民法中，人的死亡都是法律关注的焦点之一，因为权利义务的调整与生命的存亡休戚相关。而生理学、医学的发展，使关于人的死亡的界定发生了极大的变化，一些国家已经接受了"脑死亡"的概念。这样，对死亡的法律鉴定及随之而来的对法律责任、民事权利、法律制裁等的确认，都发生了相应的前所未有的变化。《科技法学》一书指出："由于生理学、医学的发展，人们强调对于犯罪的精神病理因素持宽容的态度。"① 这也是一个有力的例证。《科技法学》一书还指出："随着通讯和交通技术的进步以及信息交换的加快，特别是许多发达国家在社会生活中广泛应用计算机和终端设备同现代化通讯相结合的技术，已经出现了向'信息社会'发展的趋向，这样，使各国之间的空间距离相对缩短，从而使不同社会之间的法律的相互影响以及人们关于法律时效和时限的观念大大增强。"② 时效、时限观念的改变，同样会影响关于法律规定的评价与解释。

第三，科学技术的发展对人们的法律要求提出的新的刺激。科学技术是一柄"双刃剑"，不但可以促进经济繁荣，而且也能导致环境破坏、生态失衡，造成巨大的灾难。因此，人们不仅要求立法以促进科技的发展，而且要求立法以预防科技发展的消极后果。在科学技术及生产力水平比较低下时，有"弃灰于街道者罚"之类的环境保护立法即可，但时至今日，环保立法已成为极其丰富繁密的立法体系、法律网络了，"水污染法""空气污

---

① 赵震江主编：《科技法学》，北京大学出版社1991年版，第16页。
② 同上。

染法""噪声防污法""放射性物质处置法""核废料处理法"……林林总总，不一而足。随着科学技术的进一步发展，有关的环境保护、生态保护立法的要求，还将不断提出。

第四，科学技术的发展，还使人们对自己的权利义务的认识发生重大变化。在科技水平低下的时代里，人们对"义务本位法律观"安之若素。但在今天，随着人类驾驭自然能力的大大提高，人们的主体意识大大增强了，"权利本位法律观"逐渐上升到矛盾的主要方面，人们更加重视捍卫自己的法律权利，并要求扩展法定权利的范围。近年来多次召开的法学理论讨论会，都传出了强调权利本位的强烈呼声。多数学者认为，法的真谛在于对权利的认可和保护；不应当把法理解为对人的手脚做束缚的工具；强调权利本位就是强调人的主动精神和创造活力。而这一切，都与科技发展对人的精神世界潜移默化的影响分不开。

第五，科学技术的发展，大大提高了人们对法、法律制度了解、掌握和运用的程度。在科技水平不高的时代里，法律的宣传教育只能以布告的形式进行，影响范围极其有限，中国古代常有帝王亲临讲坛解释法律而传为美谈之事。显然，这种讲解听者有限。印刷术的发明、书刊的出现，促进了法律宣传，为之提供了先进的条件。现在，无线通信技术的发展，电影、电视的广泛普及，更为法律知识的传播创造了方便的条件。因此，"普法教育"也就成效卓著，大大增加了人们的法律知识。

2. 科技发展大大促进立法工作的变化

立法即法的制定，是指国家机关依照其职权范围通过一定程序制定（包括修改或废止）法律规范的活动。这指的是一般的立法。随着科学技术的发展，立法工作从立法预测、立法规划到立法的体制与立法工作方式，都发生了重大的变化。

一百多年前，马克思曾提出过"法律要有自然科学的精确性"的命题。这在科学技术水平比较低下的情况下，无疑只能是一种良好的愿望而已。但科技的突飞猛进，使得对立法的这一要求，有了实现的可能。立法预测的科学化，就是依托科技的发展，尤其是依托计算机技术的发展而逐渐达到今天的高度的。所谓立法预测，就是运用一定的方法和手段，对立法的发展趋势和未来状况进行考察和测算。这样，全面地搜集、贮存、整理有关立法以及与立法相关的经济、政治、文化材料的工作任务，就变得极为繁重。正是计算机技术的发展，使得这些任务的完成有了比较可靠的保证。

立法规划是立法者关于立法工作以及与立法相关的工作的设想和部署。立法规划的主要任务和目的在于使立法工作有目的、有计划、有步骤地进行，从而使立法工作科学化、系统化。要使立法规划成为一个科学性强、逻辑结构周密严谨、轻重缓急主次先后有序的网络，在当今法律系统日益庞大复杂的情况下，仅凭拍脑袋、苦思冥想，已不可能与之适应了。因此，建立科学模型、进行模拟试验，运用多种现代科学方法进行筛选、检测，就是必不可少的了。这里同样离不开计算机技术的运用。

委托立法体制的发展是科学技术进步的必然要求。委托立法又称授权立法或委任立法，是指有关政权机关由于立法机关的委托而获得的一定的立法权。委托立法古已有之，但作为立法体制的一个组成部分而普遍存在，是在资产阶级取得政权以后；而其进一步发展则是科学技术的进步所促成的。《立法学》一书指出："随着科学技术和整个文化的发展，需要调整的社会关系中，愈来愈多的社会关系需要用技术性、专业性较强的立法加以调整，而完成这方面的立法任务，往往是专门的立法机关所不能胜任的，有必要委托有关机关行使一定的立法权。"[①]我国的科学技术法立法工作，就基本上是由全国人大或国务院授权国家科委完成的。国家科委则组织大批科技法学专家与科学家一起，共同进行调查研究、拟制法律草案，并反复提交广大科技工作者进行讨论。这些也是科技发展带来的重要变化。

3. 科技发展导致法的内容大大丰富

在拙著《科技法学导论》中，笔者将科技发展所导致的法的内容的丰富，概括为以下三个方面：

第一，导致在原有的法律形式中增加新的内容。例如，科学技术的发展提出了知识产权的保护要求，于是在一些国家的宪法中增添了专利权保护的条款。宪法是根本大法，较早制定宪法的国家里，其宪法中并无专利权保护的规定。但1787年的美国宪法，却在其第一条第八款中规定："国家有下列各权：……（8）保障著作家及发明家对其作品及发明物限定期间内的专有权，以奖励科学及实用技艺的进步。"

早在1859年，太平天国后期的杰出政治家洪仁玕，在其奉呈天王洪秀全的《资政新篇》中，就提出了专利权问题，主张立法以保障知识产权，促进工艺发明。如果不是太平天国运动不久即宣告失败，完全有可能立法以实现洪仁玕的建议。而这，当然是当时科学技术发展水平所提出的要求，而不仅仅是西方法律的影响所致。

在原有的法律形式中，由于科技的发展而增加新的内容，最突出的实例就是修改著作权法，增加关于保护计算机软件的条款。例如，计算机软件技术的发展，使得美国参议院从20世纪60年代开始到1975年先后收到了八个版权法修正案，众议院则收到了四个。据此，美国于1974年成立了"利用新技术作品委员会"，为1980年修改《版权法》提供了大量建设性意见。该法在世界各国中率先规定："计算机程序属于本法保护对象。"尔后，英国、联邦德国、加拿大、印度、匈牙利、菲律宾、日本等国，也先后直接或间接地修改版权法，使之包含保护计算机软件的内容。

第二，导致以促进新技术发展为主旨的新的法律类型的大量增加。最先出现的，当推专利法。在日本，专利法叫作"特许法"，归入"无体财产权法"一类。所谓"无体财产"，当然是同"有体（有形）财产"相对称，是科技发展提出了新型法律需求以后的一次重大法律概念的革命性变化。随之而出现的电力法、原子能法、生物技术法、电子法、

[①] 周旺生：《立法学》，北京大学出版社1988年版，第289页。

海洋技术法、空间技术法、信息技术法、科学园法等等，无疑都是科技大发展所带来的新的法律类型。作为全面调整科技社会关系的基本法，各国的"科技进步法"一类的法律，同样是科技发展所带来的新的法律类型。

第三，导致以防止科技发展消极后果为主旨的新的法律类型的大量涌现。其中有环境保护法、公害防止法等基本法，还有水污染法、海洋倾废法、噪声防止法、空气污染法、放射性物质处置法等等部门法。

此外，还导致科技行政法、科技财政法、科技劳动法、科技人事法、科技协作法、科技引进法、科技出口法及科技国际法等新型法律的大量增加。

4. 科技发展促进司法工作科学化

这主要是指新的科技知识为更加科学、更加严谨、更加有效地司法和执法提供了可靠的手段。可以见诸以下几点：

第一，对犯罪预防能力的提高发生影响。犯罪预防与犯罪预测、犯罪预防设备和器械有关。犯罪预测有统计预测与临床预测、静态预测与动态预测、先天因素与后天特征的统计分析等等区别，对预测过程中收集到的情况做统计分析，现在较普遍使用的伯吉斯方法、结构分析方法、多元回归、多判别式分析、对数线性分析、网络分析等等方法。这些预测与分析，都得求助于先进的科学仪器，求助于计算机。新型犯罪预防设备与器械的研制，对犯罪预防能力的提高无疑将发生积极作用。十分普及的在银行、大型自选商场里设置的摄像机，使扒手窃贼望而生畏、不寒而栗。

第二，为司法鉴定提供新的手段。例如，科学技术的发展，为血液的亲子鉴定、血型鉴别等等，提供了全新的方法。

第三，微电子技术、计算机技术等的发展，为司法、执法的自动化提供了新的手段。例如，运用电子计算机系统判案的方案正在设计中。这种方案的实施，绝不是不科学、不可能实现的。

5. 科技发展积极影响法学方法论

科学技术的发展，最广泛、最直接、最紧密地对法学研究发生影响的是它的数量精确性要求与尽可能量化的操作。众所周知，古代各国法学家的法学论述，即使是朴素唯物论法学家们的论述，也是建筑在逻辑演绎的方法论基础上的，更不用说神权法学家等等的客观唯心主义法学家以及主观唯心主义法学家们的纯然的虚假的演绎推理了。但对任何事物的研究，只有既顾及其质又顾及其量，才可能得出正确的结论；仅凭逻辑演绎，当然只能把研究局限在定性分析的范围内。这种定性分析是必要的，否则我们的认识便只能停留在感性的直观上，不能实现理性的飞跃。但以逻辑演绎为基础的定性分析，其概括性往往与模糊性并存，其抽象性往往脱离具体性。同时，定性分析、逻辑演绎很难直接利用现代科学研究手段如电子计算机等等。马克思曾指出，一种科学只有在成功地运用了数学之后，才算达到了完善的地步。①这对法学研究同样适用。科学技术发展对法学研究的积极影响，首先是定量分析的方法被广泛应用。其最新发展，便体现在司法统计学、司法会计学、计量法律学、犯罪统计学等等的出现。这里我们以计量法律学为例做点说明。计量法律学亦称数量法学，是指运用电子计算机等手段，将数量计算方法引入法律领域，对法律的制定、执行、遵守以及法律教育、法学研究进行数量计算、分析的科学。1949年，美国《明尼苏达州法律评论》上的一篇论文最先提到这个概念。现在，各资本主义国家在运用计量法律学开展对法律情报的统计、法官心理活动的分析、犯罪率的预测等方面，都取得了很大的成功，尤其是日本，计量法律学几成日常的法律学用语了。

科学技术的发展，最切近、最巨大、最深刻地影响法学研究的，要算控制论、信息论、系统论等"三论"了。控制论是以控制系统为研究对象的科学，研究控制系统中的控制问题。它研究系统的运动、状态、行为和功能。控制论方法首先表现为对这些范畴的理解、分析和使用的方式方法。这是对系统实现有效控制的必须。法律旨在实现对社会生活、社会关系的有效调控，"综合治理"就是进行法律的社会控制的重要决策。因此，控制论被引进法学研究是十分重要的。信息论是研究各种信息传输与变换系统的共同规律的科学，是研究复杂系统的不可或缺的方法。其作用和意义主要在于：用信息观点来考察控制系统的行为功能结构；从信息的获取、转换、传输和储存过程来研究控制系统的运动规律；利用信息加工的现代化技术，来实现认识和改造世界过程中的信息化和自动化。对法学研究的每一个领域，信息论都有重要意义。无信息，便无研究。系统论打破了传统的哲学思维方法，它遵循从整体到局部、从系统到元素、从总到分、从上到下的思维途径，形成系统、结构、功能、关系、模型等一系列范畴，强调整体观点、联系和制约观点、有序观点、动态观点和最佳观点。这对法学研究的各个方面同样十分重要。现在，甚至有学者专事研究"法治系统工程"，开创了"系统法学"。随着科学技术的发展，还会出现许多新的科学研究方法。近年来比较热门的"新三论"——协同论、耗散结构论与突变论，也正受到法学界的关注，这就是一个证明。

科学技术的发展对法的影响已如上述，但绝不仅限于上述各点。《科技法学》一书指出："科学技术的发展，对一些传统的法律部门提出了一系列新的问题。例如，现代医学的突飞猛进，使婚姻家庭和继承方面的法律受到很大冲击。人工授精、试管婴儿、人类胚胎移植等新技术的成功，无疑是现代科学技术的突破性进展，这标志着人们从此可以干预人类的生殖过程了。但是，人工授精的广泛应用和试管婴儿的大量诞生，为抚养关系和继承关系所带来的多元化，在许多国家带来了麻烦，甚至使司法界陷入了窘境。"②该书还指出了科技发展所引起的版权归属方面的问题。此外，空间技术、海洋技术、信息技术的发

---

① ［法］拉法格等:《回忆马克思恩格斯》，人民出版社1959年版，第72—73页。
② 赵震江主编:《科技法学》，北京大学出版社1991年版，第16页。

展,还引起了大量的国际法律问题。总之,科技发展导致的法律"冲击"是多方面的,而且会日益严重。这当然也会对法制建设(立法、司法、执法)以及法学研究产生莫大的影响。

(二)法对科技发展的影响

法对科技发展的影响,与科技发展对法的影响一样,也是全方位的。它主要表现在以下几个方面:

1. 法对科技发展的积极影响

法对科技发展的积极影响,可从直接与间接两个方面去看。

第一,法对科技发展的直接的积极影响。科学技术事业在国家各项事业中地位的高低,直接影响着它能否得到财政的、人力的以及决策的支持。这种地位如果仅仅是政策性的,那么,就可能"中央、地方不一样""初一、十五大变样"。这在我国是有深刻教训的。如果以法律规定科学技术事业的地位,由于法有普遍性、权威性、强制性的特点,就可以比较确切地保障科技事业的发展。正因如此,许多国家都十分重视以法律明确规定科学技术事业在国家各项事业中的优先发展的地位。这些国家首先以作为国家根本大法的宪法做出规定。如日本,在1946年公布的《日本国宪法》第二十三条第九款中规定:"(1)国家应奖励科学研究和发明创造。对科学技术的促进应在国民发展事业中占优先地位。"我国宪法的有关规定更为详尽:"今后国家的根本任务是集中力量进行社会主义现代化建设。……逐步实现工业、农业、国防和科学技术的现代化,把我国建设成为高度文明、高度民主的社会主义国家。"(序言)"国家发展自然科学和社会科学事业,普及科学和技术知识,奖励科学研究成果和技术发明创造。"(第二十条)"中华人民共和国公民有进行科学研究、文学艺术创作和其他文化活动的自由。国家对于从事教育、科学、技术、文学、艺术和其他文化事业的公民的有益于人民的创造性工作,给以鼓励和帮助。"(第四十七条)正是宪法的这些规定,保证了科技发展在我国具有举足轻重的崇高地位。

前文说过,科学技术活动的个体性特点与自主性要求特别强烈,因此,科技工作者的状况就直接与科技发展状况相关。法对科技发展的直接的积极影响,就体现在有关知识分子(特别是科技人员)的地位的规定上。意大利宪法规定:"共和国总统得指定在社会活动、科学、文学和艺术方面以高度成就为国增光之公民五人终身为参议员。"日本宪法规定:"对有特别才能的公民,应提供奖学金、补助金或其他形式的奖励。"1952年颁布的《波兰人民共和国宪法》规定:"波兰人民共和国对于有创造能力的知识分子——科学、教育、文学、艺术工作者,以及技术进步的革新者、合理化改造者、发明者,给予特别的关怀。"我国宪法也在这一方面做出了一些规定。笔者曾撰文论述法与科技现代化的关系问题,特地指出,根据我国的国情,应在宪法中明确规定知识分子的宪法地位。我相信,做出这样的规定,对我国科学技术与其他文化事业的发展,都会是只有百利而无一弊的。

法对科技发展的直接的积极影响，在很大的程度上与法定的科技发展拨款、税收率、物质奖励等有重要的关系。我国国家科委《欧洲共同体、比利时、法国、奥地利科技能力的考察报告》指出，这些国家对科技的重视，体现在对科技拨款的逐年增长上。如法国1982年度科技经费比1981年增加30%；奥地利1982年的科技经费为10亿美元，比1970年提高约2.5倍。"这些国家对科技经费的使用，各有一套完整的办法，而且严格执法。"日本文部省设有具备法律效力的《科学研究费补助金制度》，对大学和国家研究机关的研究人员主动地、有计划地开展基础性研究做有法律效力的资金鼓励。所补助的费用包括调查研究旅费、研究合作酬谢金、设备购置费、消耗品费、杂务费以及通讯运输费等。科学技术厅特设了《发明实施试验补助金制度》，该《制度》还包括一项《开放研究设备补助金制度》。中小企业厅、工业技术院、日本开发银行、商工组合中央公库还分别制定了《技术改善补助金制度》《重要技术研究开发费补助金制度》《国产技术振兴贷款制度》《新技术等贷款制度》。所有这些具有法律效力的《制度》，在财政支持方面对日本的科技进步起了积极的推动作用。

法对科技发展的直接的积极影响，最主要、最大量地是表现在法对科技社会关系的调整上。这种调整有国家科技管理中的纵向行政隶属关系的调整，有各科技部门及它们与其他企事业单位的横向民事平等关系的调整；有科技机构内部关系的调整；还有科技国际交流、国际合作、技术进口、技术出口等形式的科技国际关系的调整。由于下文将着重详谈这些问题，这里就从略了。这里要强调的是，正是法对所有这些方面的有效调整，才使得科技社会关系的合理性与科技发展相谐相合相促进。

第二，法对科技发展的间接的积极影响。科技发展与社会正常生活的一切方面一样，都需要一个良好的社会环境。烽烟迭起、战事频仍且不去说，即使是和平时期，种种危害社会安定团结、破坏社会秩序的犯罪一般都不可能绝迹，而犯罪活动是要同时破坏科技发展的环境的。因此，健全的法制，有法可依、有法必依，立法与司法处于良好的互动之中，从而创造出良好的社会环境来，使科技活动得以正常进行，科技秩序得到良好遵守，科技人员心身愉悦，必定能对科技发展产生积极的影响。

科技发展需要得到国家各种手段的有效调节。除法律手段外，最为重要的是各种经济手段与行政手段。但经济手段与行政手段还要依靠带有强制性的法律作为它们的后盾。因此，法律是经济手段与行政手段有效施行的保证。法律对科技发展的间接的积极影响，在这里也会得到体现。

法律观念的当否、强弱，法律知识的多少、深浅，对科技人员来说不是无关紧要的。例如，技术合同的订立对技术转让、技术交易、技术服务极为重要，如果科技人员法律观念淡薄，以为口头的许诺可以代替有法律约束力的技术合同，就往往会上当吃亏。某高校1992年转让了八项技术，其中一项产生了负效益，受让企业立即找到该校要求赔偿损失；另七项产生了良好效益，受让企业却一毛不拔，该校因未与之签订转让合同或合同不尽妥善，也只好干瞪眼睛徒唤奈何。因此，增强法制观念（首先是科技法观念），增加科技法知识，对科技人员来说是十分重要的事。由此也可见法对科技发展的间接的积极影响。此外，法律与道德的"边界"实际上是模糊的，许多法律规范由道德规范转化而来。因此，通过学法、用法，对科技道德的提高也有重要意义，从而对科技发展也会间接地发生积极影响。

2. 法与科技的交融

法与科技似乎是平行地发展的，但实际上，二者不时地会交叉发展，甚至会交融发展。法与科技交融发展的典型，就是科技规范的不断转化为法律规范。

早在古代社会，由于科技活动面日益广泛，科技活动的复杂性、艰巨性也有所发展。铸铁、冶铜、修城筑路、开凿河渠、架桥造船、制作车轿等等，有关的技术要求越来越高。不符合操作规程，不仅会贻误统治者的需求，而且会带来人员的伤亡；不符合技术标准，不仅会使既定的科技活动目的达不到、标准产品制不成，而且，误用了这种产品，还会发生意外损害。这样，使某些科技规范、技术标准法律化，以法律的强制力迫使人们遵守技术规范，就是势所必然的了。随着科学技术的发展，人类的活动已深入地底、太空，许多重大科技项目可能造成的严重后果，往往会产生毁灭人类生存环境直至毁灭人类的结局。这样，从这些科技项目的构思之始，就不得不首先严密思考如何避免可能产生的危害性后果，尽一切努力寻求最为安全的科学技术标准、操作方法，并把这些标准与方法用文字明确记载，赋予遵守这些标准与方法的法律强制力，从而使之跃升为法律规范。科学技术规范之成为法律规范的过程，就成了法与科技沟通、交融的过程。

法与科技交融的最明显表现是，部分科技法本身就是法律化的科技规范。这一部分科技法，从整体上看，并不包含其他类型的法律规定，而仅仅是法律化的科技规范。例如我国国家环境保护局于1988年3月11日发布的《辐射防护规定》[①]，有时被列入"环境保护法"的范畴中，有时被列入"中华人民共和国国家标准"中。这两种序列方法都不错，就因为有关标准已经法律化，而该法律却又仅仅是"标准"而已，并不包含其他类型的法律规范。该《规定》的每一条，既是"标准"又具法律效力。例如第2.4.2.5条规定："辐射工作人员由于事先计划的特殊照射所受的有效剂量当量在一次事件中不得超过100mSv（10rem），在一生中不得超过250mSv（25rem）；并同时受2.4.2.4中器官或组织的年剂量当量限值的限制。""事先计划的特殊照射必须得到本单位或上级辐射防护部门的批准，并应经过周密的计划安排。对接受这种照射的人员，应进行个人剂量监察和医学观察，结果应记入个人剂量和健康档案。""下列人员不得接受事先计划的特殊照射：过去已接受过有效剂量当量超过250mSv（25rem）的异常照射的工作人员；育龄妇女；年龄未满18岁者。"该条的以上三方面规定，既是"标准"，又是法律规定，二者的交融是不言自明的。

---

① 现已废止。全书同。——编者注

法与科技的这种交融，也可视作法对科学技术发展的积极的直接的影响。因为一旦严格忠实地执行这类法律法规，科技发展的危害就可消弭，科技发展就可步入正轨。

3. 法对科技发展的消极影响

法对科技发展的消极影响，可以从以下几个方面来看：

第一，法律环境的整体阻碍科学技术的发展。

例如清代的法制一方面保障禁锢思想、腐蚀灵魂、扼杀知识分子的"八股取士"之法，视科技发明为"奇技淫巧"，大兴文字之狱，迫使广大知识分子越来越脱离社会实践，脱离生产与科技；另一方面又保障闭关锁国的政策，厉行海禁，封锁边疆，宣布汉人出洋即"自弃王化"，一律杀头，有关的地方保甲也要连坐处死，而对西方商人、传教士的正当贸易与文化活动也横加禁止，使得国外先进科技难以传入闭塞的中国。

又如新中国成立以后，虽然封建法制已为社会主义法制所取代，诸如清代的那类阻碍科技发展的法律环境已经被彻底摧毁，但是由于采用了计划经济体制的根本国策，一切法律制度都为计划经济体制所囿，科学技术知识、科技成果不能成为可以进入市场的商品，也无技术合同法之类的法律来促进与保障科技发明及科技人员的权益，从而使得本可得到更大发展的科学技术不能达到预期的目的，与其他发达国家相比落后了一大截。这些情况是不必讳言的。现在，改革的深入已使我们摒弃计划经济体制，整个的法律环境也将转而适应社会主义市场经济发展的要求。只有这样，才能改进和消除我国法制对科技发展的消极影响。

第二，以错误的科技法直接规定了阻碍科技发展的内容。

我们称这类科技法为消极科技法。所谓"消极"，是指它直接阻碍科技的发展；而不是指像环境保护法那样阻止科技发展的消极后果的发生。环境保护法实质上是积极的科技法。而消极科技法大致有如下两类：

一类是错误地明文规定阻止有关方面的科技发展的宗旨。例如美国国立卫生院于1976年颁布的《DNA分子重组实验准则》就是这样的消极科技法。该法明确规定限制DNA分子重组的实验和有关技术的发展，指明："下列实验目前不得开始进行：（1）不管所用的宿主——载体系统是什么，采用凡属于'以危险性为基础的病原物分类'中第三、四、五类的病原体，或者被癌症所列为中等危险的致癌病毒，或从已知被这类病原物感染的细胞而来的重组DNA的克隆系；（2）故意构建含强烈毒素（如内毒杆菌素或白喉素、昆虫或蛇的毒液等）的生物合成的基因的重组DNA；（3）故意用植物病原构建可能提高其毒力和扩大寄生范围的重组DNA；（4）故意将任何含有重组DNA分子的生物体释放到环境中去；（5）如果一种获得抗药性的微生物会妨碍药物在人类医疗、兽医或农业上防治病原物的应用，把其抗药性转移到不能自然获得这种抗药性的微生物上。"在物理防护、有关机构和科研人员的职责方面，也做了许多限制DNA分子重组技术发展的规定。这些规定明显地阻碍了重组DNA分子技术的发展。所以，后来不得不一而再、再而三地修改

《DNA 分子重组实验准则》，放宽有关的限制标准，使之不能再起消极作用。

一类是扩大原有科技立法的适用范围，使之具备阻止和遏制某一方面科技发展的作用。在这种情况下，该法的整体仍是积极的科技法，只是"扩大"部分是消极的。例如美国的《有毒物质控制法》，主旨在于防止化学物质对人类健康及生存环境的危害，属于环境保护法一类，是积极的科技法。但美国在 20 世纪 70 年代曾对此法的一些条文做扩大性的解释，把脱氧核糖核酸即 DNA 也包括在"化学物质"之内，规定对"制造、加工、销售、使用和处理"这些"化学物质"的种种不合理限制。显然，这"扩大"的部分，就起了消极科技法的不良作用了。

综观各种消极科技法的产生原因，多半是由于认识水平不足所致。《DNA 分子重组实验准则》的颁布，就是由于当时对 DNA 分子重组技术可能带来的危险性估计过高，以至恐惧，害怕有朝一日会因 DNA 分子重组技术的发展导致人类自身的毁灭。后来发现这是个可笑的估计，就迅速修改《准则》了。

第二章 科技社会关系

当我们如实地把科学、技术作为动态与静态的辩证统一物看待时,尤其是从动态的角度来看待科学技术活动时,就必然会把目光投注在科学的发现者、技术的创造发明人和科学技术活动的承担者身上。当然,科学技术活动的承担者不是孤立如鲁滨孙般地活动的,他们有师承关系、互助关系、协作关系。如果把视野放得更宽广一些,还会发现进行科技活动的人们之间还有管理者与被管理者的关系、经济交往关系,以至通过国际交往而发生的关系。因毁损科技活动、科技成果、科技权益而发生的刑事关系,此外,还有因人与自然、器物的关系而产生的人与人之间的关系。我们还应进而把"科技活动的承担者"的范围从单个的科技劳动者扩大到科技劳动集体、科技管理机构。这样,因科技活动而发生的人际关系,就变得十分复杂而且可说是自成体系了。这些,就是我们在本章中要详加研究的科技社会关系。这是科技法学所由建立的核心理论——科技社会关系的法律调整理论的基石。以下从科技社会关系的定义、特点、分类,科技社会关系的构成——主体、内容、客体,以及科技社会关系的发生、演变等方面,对科技社会关系做多侧面的说明。

一、科技社会关系的定义

(一)科技社会关系的发生

科技社会关系是人类丰富多彩的社会关系中的一种。

社会关系是人在共同的实践活动中结成的相互关系的总称。物质资料的生产是人类社会赖以存在和发展的基础,所以,人在社会生产中结成的相互关系即生产关系,是一切社会关系的基础。人类的实践活动发生在诸多领域,除物质资料生产的领域外,还发生在政治活动领域、经济活动领域、军事活动领域、宗教活动领域、家庭活动领域等等之中,从而结成政治社会关系、经济社会关系、军事社会关系、宗教社会关系与家庭社会关系等等。此外,从国家与国家、民族与民族在交往活动中形成的关系看,还有国际社会关系和民族社会关系。这些社会关系是有所交叉、重叠或包容的。如家庭社会关系中包容着经济社会关系的成分；民族社会关系与国际社会关系有所交叉；军事社会关系与政治社会关系有所重叠。社会关系的分门别类的存在及其相互间的形形色色、多姿多彩的关系，构成了人类社会大千世界无限繁复的生活场景。正是在这种种关系中，人们才得以发挥或被抑制其作用。

在诸多社会关系中，随着科学技术的发展，独立形成了科技社会关系。我们来看几个简单的例子。

第一，晶体管的发明过程。20世纪30年代，美国的贝尔实验室在其国内工业发展中已起先导作用。当时，贝尔开展了多学科的研究，如物理学、有线传输、无线电、传输仪器、真空管、光电现象和实验室工程等。当时担任贝尔实验室研究部下属真空管分部主任的美国物理学家凯利（M. Kelly）在领导改进真空管的同时，一直在考虑用某种新的器件代替真空管，他认为半导体有可能成为这种器件的制作材料。他主张组织制定一个从事固体物理方面的理论研究规划，深入地认识半导体，先不考虑应用问题。1939年，凯利被任命为研究部主任，他集中了一批优秀的青年科学家，如萧克利、伍德利奇等，给他们以优越的研究条件和充分的研究自由。于是，他们在1939—1940年间用量子力学研究了大量有关固体物理学的问题。第二次世界大战后，凯利坚持在贝尔实验室加强固体量子理论研究。他制定了一个新的关于固体物理的综合性多学科规划，由萧克利主持研究。这个规划终于在1947年12月成功地实施了晶体管的研制。

在这个例子中我们看到了贝尔实验室作为一个科技活动的组织与凯利的研究部之间，凯利与萧克利之间所发生的种种关系。

第二，美国的科学技术情报服务工作。美国在国立科学基金会（NSF）下设立了科学情报服务局（OSIS），担当情报管理的计划方案、对各机关活动的资助等工作。在联邦科学技术会议（FCST）下设立了科学技术委员会（COSATI），致力于政府机关情报管理活动的联络工作。商务部的全国技术情报所（MTIS），进行着政府成为发起人所做的有关研究开发的技术报告等科学技术情报的收集和业务。斯密尼安科学情报交换所（SSIE），以实现各有关领域的研究情报的交换为目的。国立医学图书馆（NLM）对美国国内外生物医学领域的研究人员、教育家、开业医生等所进行的MEDLJNE等医学情报服务。

科学技术情报是科技活动得以有效开展的最高起点，是科技活动十分重要的一环。此例中的各个科技情报机构，上有国立科学基金会的科技情报服务局与联邦科技会议的科技委员会；下有向其索取情报的各个科技研究机构、科技研究工作者；横向的还有这些机构之间的情报交流（或封锁）。这样，也形成了复杂的科技社会关系。

这些科技社会关系，都是在科学技术发展的过程中形成的，而且，其目的也主要是为着促进科技活动的顺利进行，促进科技进步。此社会关系明显地不同于政治、经济、军事、家庭、宗教、民族、国际社会关系等等，是一种相对独立的社会关系。

（二）科技社会关系的定义及其含义

科技法学界对科技社会关系的定义多有歧见。我认为，科技社会关系是指由科学技术活动而发生，为着科学技术的发展，可据以协调科技劳动者、科技劳动组织和科技劳动管理机构内部关系及相互关系的一种社会关系。

这一定义指明了科技社会关系作为社会关系的属性，指明了科技社会关系的产生、目的和功能。

第一，科技社会关系是一种社会关系，而不是自然关系。自然关系是无目的、无意识、无计划地发生的，带有极大的盲目性与偶然性。其必然性的发展规律完全体现在盲目性与偶然性中。社会关系则不同，它是通过人的活动而形成的。由于人是有意识、能思维的动物，因此人的活动是有目的、有意识、有计划的。人也有"盲目"的时候，但细究"盲目"，它只是目标不明或目标混乱情况下的鲁莽行动的意思，目的还是有的，仅"不明"或"混乱"而已。因此，从总体上看，社会活动中形成的社会关系是有目的、有意识、有计划的。当然，它们体现在社会关系承载者——人的身上。

有人认为人们按一定的科技规范（这里暂时不涉及法律化的科技规范）行动，所产生的关系既非自然关系，亦非社会关系，而是"人与自然的关系"。例如，个人的遵守（或不遵守）安全用电规定的行为，只涉及特定的用电者个人，这里不存在"人与人之间的"社会关系。这是一种误解，它将贻患于我们对部分科技法（主要是环境保护法、标准化法、科技规范法）的认识。

从表现上看，个人对科技规范之是否遵守，只与这一特定个人的生死安危成败利害相关。但透过现象的表层深入其里，我们将发现，该特定个人与其他的人有着复杂的联系。他不是鲁滨孙。即使是鲁滨孙，如果胡乱用电，也会对"星期五"（鲁滨孙虏获的仆人）产生这样那样的影响，涉及双方的利害。因此，因科技规范而产生的也是社会关系。

需加说明的是，社会关系有显性与隐性之分。单个的个人之是否遵守科技规范，所产生的是隐性社会关系。一般来说，众多的人参与的科技活动并因此而发生的人际关系，是显性的社会关系，显性社会关系往往还伴随着不太重要的隐性社会关系。例如，两位科技人员合力研究超导技术，他们结成了显性社会关系。但这两位科技人员可能分别属于某科技机构，或其中一人利用了别人的科技成果。这时，他们就同时与科技机构或别的科技人员存在着隐性社会关系。

第二，上述科技社会关系的定义表明，它是由于科技活动而发生的。没有科技活动，就不会有科技社会关系；停止了科技活动，就停止了科技社会关系。不过，这里的"科技活动"是广义的。狭义的科技活动，仅指觅取知识、探求事物发展规律的科学研究，寻求新方法、新手段的技术开发活动。广义的科技活动，则还包括为科技进步进行规划、组织、管理，对科技成果做记录、应用、推广，以及科技的进口、出口和国际科技合作等国际的交流活动。由于科技社会关系是因科技活动而发生的，所以在人类历史上，只有当出现科技活动时，才产生科技社会关系；只有当科技活动变成全国范围内的频繁活动时，这种科技社会关系才会显得日益重要；只有当现代科学技术大发展以至形成技术革命浪潮时，科技社会关系才会显出与政治、经济、军事等社会关系相当甚至更强的重要性来。

由于科技社会关系是因科技活动而发生的，所以，它是动态的社会关系。当我们考察科技社会关系以及以各种手段（行政手段、经济手段、法律手段、道德手段等等）加以调节时，必须注意到它的动态特点。

第三，上述科技社会关系的定义还表明科技社会关系的建立，本质上具有促进科学技术进步的目的。不良的科技社会关系不利于科学技术的发展。但是，在科技活动中自然形成的科技社会关系，如无外力的羼杂、干预，它不会变质为不良的阻碍科技发展的东西。问题在于，不可能无"外力的羼杂、干预"。它表现为存在于科技活动之外的社会制度因素、政治斗争因素、经济利益因素以及传统的、道德的、宗教的因素等等的干扰。即使是在社会主义制度下不当的经济体制、行政干预、权力影响、政策失误也难避免。正因如此，必须有法律及其他手段予以调整。十分有意思的是，反动统治阶级为了维护其统治地位，为了压迫被统治阶级，为了更多地剥削被剥削阶级，甚至仅仅是为了发动战争、侵略别国，当他们把目光转向先进的科学技术，企求以先进科技更快达到其罪恶目的时，在这种情况下为开展科学研究、技术开发而结成的科技社会关系，其最切近的目的仍在于科技进步，尽管这种科技进步往往仅仅是局限于军事技术之类。当然，这时的科技社会关系非正常地"自然形成"，而它在形成过程中所受到的干扰及干扰所造成的恶果，不可能由这个社会及其统治阶级自觉地加以调整。于是，科学技术的发展也就被用于非人道的罪恶目的了。但是，这并不排除科技社会关系总体的进步性与社会性。

从总体上看，科技社会关系的形成机制、发展动因、运行目的，都在于促进与增强科学技术发展的吸引力。从人际关系来说，正是为着科技的发展，才结成了科技人际关系；从国际关系来说，也是为着科技的发展，才结成了科技国际关系。此外，还结成了国家对个人、集体对个人、国家对集体、集体对集体等等的科技社会关系。

最后，科技社会关系的定义还表明，科技社会关系的功能在于可据以协调科技管理组织、科技劳动集体、科技劳动者个人内部及其相互之间的关系。如要达到促进科技发展的目的，就必须协调这几方面的关系，即科技活动是创造性与继承性的统一、个体性与协同性的统一、自主性与社会性的统一。"统一"得严密而完美，科技活动就容易取得成功，否则很容易导致失败。因此，科技社会关系本身提供的这种调节功能的基础是十分重要的。

二、科技社会关系的特点

（一）以科学技术活动为中介

科技社会关系是因科学技术活动而发生的，它的第一个特点就是：以科学技术活动为中介。政治社会关系以政治活动为中介，经济社会关系以经济活动为中介，家庭社会关系以家庭生活为中介，国际社会关系以国际交往活动为中介，科技社会关系则以科技活动为中介。这里要略事讨论两个问题。

第一个问题，科技社会关系是否可以归纳到经济社会关系中去。诚然，科技社会关系的发生、发展与消失，常常与经济利益的权衡相关。例如，技术合同的订立、技术转让的发生，都牵涉经济利益的分配。但是，经济交往中的利益分配，除馈赠等以外，都是掂斤掂两对等交易、等价交换的；而科技活动中的交往，由于科技活动的价值、科技成果的价值极难精确计算，因而不大可能是对等的交易、等价的交换。有这样的情况：一个或一组科技专家终生辛勤探索，耗费了大量的物力与财力，但一无所获，然而，他们的劳动仍然是得到承认的，并且是有价值的，其价值在于：他们走错了路，后来者由此而知不应走这条路。失败就是他们的成功，别人不再同样的失败因而避免耗费相当的财力、物力就是他们创造的"价值"。这种计算方法，在经济交往中近乎"天方夜谭"，绝对行不通。

第二个问题，科技活动与经济活动等等有何不同。作为科技社会关系的中介的科技活动，如前所说，既是创造性与继承性的统一，又是个体性与协同性的统一，还是自主性与社会性的统一。这些，都与经济活动、政治活动等不太一样。科技社会关系之不能纳入经济社会关系范畴，这也是一条理由。

（二）以科技创造权利为本位

由于科技社会关系产生与存在的目的是为着有利于科学技术的发展，因此而形成了科技社会关系的第二个特点：是以科技创造权利为本位的社会关系。

1. 社会关系与权利义务关系

社会关系发生在人际及团体之间，其主要内容是权利与义务。由于社会制度、历史传统、人文背景、民族心理、风俗习惯等等的不同，有的民族、有的国家偏重于强调权利的重要性，另一些民族、另一些国家则偏重于强调义务的重要性。这样，就形成了权利本位与义务本位的区别。在义务本位的社会关系中，社会关系的一方（通常是多数者的一方、劳动者的一方）只承担义务而不享有权利，或者只享有很少的一点权利。从人类社会发展的历程看，奴隶制社会的国家与封建制社会的国家大多为义务本位的国家。奴隶社会里，占人口绝大多数的奴隶甚至平民都只尽义务而无任何权利。对于奴隶来说，不被杀死、吃掉，亦即保存承担义务的主体，这就是他们的"权利"。由于这种"权利"纯然地或主要地是为尽义务而由奴隶主赐予的（奴隶主仍然有权随时杀死奴隶而不受惩处、不负任何责任），因此，它不成其为权利。封建社会中的农民挣脱了奴隶的人身依附地位，获得了一定程度的解放，不会像奴隶那样被随意处死，也就算是比奴隶多了一些人身权利。但农民基本上还是对地主及地主阶级的国家尽义务。资本主义社会里，工人争得了相对的人身自由权，其他方面的权利也比农民多一些。在资本主义的发展过程中，由于工人阶级坚持不懈的斗争，工人的某些权利也有所增加。社会主义制度下，劳动人民得到解放，成了国家的主人，实行真正的平等制度和民主制度，其社会关系的内容是权利义务的完全对等。如上所述，社会制度的性质从根本上决定了权利义务关系的性质。但权利义务关系作为一种社会关系，不仅仅受社会制度的影响，历史传统、人文背景、风俗习惯、民族心理等等也发生一定的作用。因此，奴隶制国家、封建制国家与资本主义国家在不同的国别、不同的历史时期，权利义务关系的性质与表现也不尽相同。希特勒法西斯统治下的德国，就曾成为义务本位的国家，为军国主义的扩张侵略服务，成了德国人民必须将一切权利都让出的最高义务与唯一义务。在社会主义社会中，局部地、暂时地也会出现权力资本主义的复辟，使权力成为资本，公仆变成主人，从而使社会局部地暂时地倒退到社会封建主义，即披着社会主义外衣的封建主义。在这种情况下，全民所有的财产可能会以模糊的国家所有形式变成权力资本家们可以恣意挥霍的私有财产；全民所有制财产的主人即全体人民可能重新沦为权力资本家的奴隶；表面的平等、虚假的民主也许会把社会打扮得花团锦簇，而实际上大多数人仍然处在只承担义务而享有极可怜的一点权利的状况之中。社会运动的或进或退都表明，以义务本位为内容的社会关系，是低层次的社会关系；社会的前进运动是向以权利本位为内容的社会关系发展。因此，向权利本位发展，代表社会的前进方向，代表进步，是高层次的社会关系。以上说的是整个社会、社会关系总体的情况。从社会关系的各个不同组成部分看，情况又各个不同。

　　如前所说，有政治、经济、军事、家庭、宗教、民族等等社会关系的区别，正是所有这些具体的社会关系组成了一个国家的社会关系的总体。而社会关系的总体主要地、根本地取决于社会制度的性质。因此，各种不同的社会关系无疑都打上社会制度性质的深深烙印。但比较特殊的科技社会关系，也是社会关系的一种，既不可能不受社会制度性质的影响，又有它科技社会关系因科技活动而发生的特殊性一面。它必须是总体上以科技创造权利为本位的社会关系，如果剥夺了科技创造的自由权利，科技创造本身也会被一并埋葬。所以，任何以人为的力量强行剥夺科技创造的自由权利的结果，只能是扼杀科学创造、技术发明。懂得这个道理，即使在奴隶社会里，总体上十分愚蠢的奴隶主阶级，也会聪明地赋予科学家以一定的自由创造的权利。实际上，古代社会的许多科学家、技师、工匠、艺人，都出身于奴隶而为奴隶主所特宠，获得了一定的科技创造的自由权，从而为科技进步做出贡献。这在奴隶主阶级作为新生的革命阶级出现在人类历史舞台上时更是如此。在这一方面，中世纪的某些封建主远比奴隶主落后、愚蠢，他们用暴力强制剥夺科学家和技术专家的自由创造权利，把诸如布鲁诺、哥白尼等天才人物投入火刑场、断头台，其结果是同时焚毁了科学，绞杀了技术，严重地阻碍了社会的进步。深深地接受了教训的新兴的代表革命与进步的资产阶级，反封建主义之道而行之，重新赋予科技创造以自由权利，并以法律做保证。美国、法国、意大利、日本等国，都在各自的宪法中宣布保障学术自由，并严格地付诸实施。意大利宪法甚至在第五十九条中做出这样的规定："共和国总统可指定在社会活动、科学、文学和艺术方面以高度成就为国增光之公民五人为终身参议员。"这样以政治上的特殊荣誉作为保障科技创造的自由权利的标志，是意大利的发明，也表明了人类社会越来越充分认识到科技社会关系应以权利为本位，坚决保证科技创造的自由权。当然，当科技劳动者、科技劳动组织及科技劳动管理组织享受科技创造权利的同时，也得承担这样那样的义务。但这种义务与一般的权利义务关系中的义务不完全相同。科技活动中的义务不但不制约、束缚社会关系对方的科技创造权利，而且是直接为着增进科技创造权利的义务。因此，科技社会关系所具有的权利本位内容，是最彻底的权利本位主义，是最高层次的权利本位主义。正是由于人类社会在最近一百年中给予科技创造权利以强有力的法律保障，所以取得的进步比以往一千年、一万年累积的成果，还要大成千上万倍。而人类社会发展的不平衡性又明明白白地昭示，那些最不重视知识、最不重视知识分子、最不尊重人才，也就是最不重视保障科技社会关系中的科技创造权利的国家，都以惨重的落后为代价而失败了；正是那些尊重科技创造权的国家，科技进步最快，经济发展最繁荣。

2. 关于"权利"的思考

行文至此，具有一般法学基础知识的读者也许会指出："权利"是法律关系范畴的概念，上述游离于法律关系之外论"权利"，是否有点偏颇？

这是一个很值得探讨的问题。关于"权利"，权威的解释是："权利（right）法律关系的内容之一，与义务相对应，指法律对法律关系主体能够作出或者不作出一定行为，以及其要求他人相应作出或不作出一定行为的许可与保障。权利由法律确认、设定，并为法律所保护。当权利受到侵害时，国家应依法施用强制手段予以恢复，或使享有权利者得到相应补偿。离开法律的确认和保护，无所谓法律权利的存在。"[①]

但同是这个权威性的著作在对"法律关系"做诠释时又说："法律关系（legal relation）由法律规范所确认和调整的人与人之间的权利和义务关系。"[②]

对照这两个解释，我们会发现，当把"权利"作为"由法律确认、设定，并为法律所保护"之物时，已经把它纳入法律关系之中；而当为"法律关系"做诠释时，又用"权利和义务关系"来做说明。也就是说，这等于同时做出"法律关系是……权利义务关系""权利义务关系是……法律关系"这样两个判断。这就犯了逻辑上的"循环定义"之

---

① 《中国大百科全书·法学》，中国大百科全书出版社1984年版，第485页。
② 同上书，第99页。

忌。也许正因如此，在为"权利"做解释时，《百科全书》的撰稿人无意地留下了一个小小的疏忽，因为他写道："离开法律的确认和保护，无所谓法律权利的存在。"这里，他从解释"权利"变成了解释"法律权利"，在"权利"上面加上了"法律"这个限定词；而按理，是应当这样措辞的，即："……无所谓权利的存在。"

但在实际生活中，我们常常会发现，除法律权利、法律义务外，还有别的权利、义务，例如"道德义务"（与之对应当然就有"道德权利"）、"宗教义务"（与之对应的是"宗教权利"）等等。

显然，如果把"权利"当作"法律权利"之等同物，那么，"法律权利""法定权利"的提法就显得累赘多余了；而既有"法律权利""法定权利"之谓，"权利"就并不全为"法律权利""法定权利"。

关于"权利"，17 至 18 世纪资产阶级启蒙思想家和德国古典唯心主义思想家康德等人，曾有"天赋人权"之论。"天赋人权论"之"天"是子虚乌有的，并无科学的根据。但从"天赋人权论"中却可得到启迪，这就是"人的权利"其源未必尽出诸法律之规定。我以为人的权利是从人际关系即社会关系的客观需求中产生的，一定的社会关系要求赋予关系人以一定的权利。如果这些权利被道德所首肯，即成为道德权利；被宗教所承认，即成为宗教权利；被习俗所赞许，则成为习惯性权利；而如果为法律所规定，才成为法律权利。

这样看待权利的来源与权利的性质、特征、目的、功能等等，可以使我们更科学、更正确，也更方便地解释、说明与论述有关权利本位与义务本位的问题。

3. 权利与科技社会关系

权利既源于社会关系，与社会关系的性质、特点相联系，那么，就可断言，有什么样的社会关系，就应有什么样的权利。当然，"应有"与"实有"是两回事。在社会生活中，大量的"应有"之意被强奸了，尤其是被法律所强奸，不能化成"实有"。由政治社会关系所产生的政治权利，就最易被政治暴力与苛刑恶法所践踏而化为乌有，或确切地说，是化为富有与乌有的两个极端。部分人掌有一切政治权力与享有一切政治权利，而另一部分人则没有或少得十分可怜。

在一切社会关系中，科技社会关系是一个特例。科技社会关系所要求的科技创造自由权利，具有强大的生命力，它在很多情况下可以使得即便如法西斯强权者都不得不在一定的范围内、一定的程度上承认之、卫护之、促进之、充实之。至于希特勒党徒们如何运用科技专家们的发明创造为其野蛮的侵略扩张政策服务，却是另一回事。

"天赋人权"之"天"，不是神仙皇帝，而是社会关系本身。"法定权利"之"法"，还要从现实社会关系出发，否则就成为"非法之法"的"恶法"。这在对待科技创造的自由权利问题上，更加应作如是观。总之，科技社会关系的明显而重要的特点，是它以科技创造的自由权利为本位，不应以别的什么为本位，庶几才会有所谓尊重知识、尊重人才的科学认识。

（三）以科技劳动者、科技劳动组织与科技劳动管理机构为主体

每一种社会关系都各有自己特定的主体。政治社会关系、经济社会关系、军事社会关系、家庭社会关系、宗教社会关系、民族社会关系、国际社会关系等等莫不如此。科技社会关系同样有自己特定的主体。这些特定的主体，有时会"一身而二任"因而有所交叉，例如政治社会关系的某一主体也可能是军事社会关系或宗教社会关系的主体，但也仅仅是有所交叉而已。不会发生某一主体普遍地可以充任任何社会关系主体的情况。科技社会关系也一样。虽然科技劳动者置身于家庭之中也会成为家庭社会关系的主体，科技劳动组织进入经济生活领域也会成为经济社会关系的主体，科技劳动管理机构进入政治生活领域也会成为政治社会关系的主体。但是，第一，只有科技劳动者、科技劳动组织、科技劳动管理机构才是科技社会关系的主体，别的一切都不成其为科技社会关系的主体；第二，只有科技劳动者、科技劳动组织与科技劳动管理机构三者之同时存在，才构成科技社会关系的主体，否则，完整意义上的现代的科技社会关系就不存在，当然也无所谓它的主体等等问题的发生与认定了。

科技劳动者、科技劳动组织、科技劳动管理机构三者，作为科技社会关系的主体，从而带有科技社会关系的特点。例如，科技社会关系的两大特征，即"以科技活动为中介""以科技创造权利为本位"的特征，其同时也为科技劳动者、科技劳动组织、科技劳动管理机构这些科技社会关系的主体所具有。科技劳动者与科技劳动者之间，他们与科技劳动组织之间，科技劳动组织之间，科技劳动组织与科技劳动管理机构之间等等，无不以科技活动为中介、以科技创造权利为本位而发生一定的社会关系。

国家在进入科技国际关系时，也会成为科技社会关系的主体。但国家作为科技社会关系主体时，有其特殊性，即它仍要落实在科技劳动者、科技劳动组织与科技劳动管理机构的身上。因此，在谈及科技社会关系主体时，我们把国家"忽略不计"了。

1. 科技劳动者

科技劳动者作为科技社会关系的主体，在科技活动中的个体性、自主性与创造性，是其与其他主体有所区别的重要特征。科技劳动者无论是以个体劳动的状况出现（如伽利略的磨制眼镜镜片），还是以科技劳动组织中的一员的姿态存在（如各种科技规划课题组中的一员或某某实验中心的一员），都同样地以脑力劳动者的个体进行"神思起伏渺无端"的思索、推理而构成发明思路、创新意图的。因此，尊重科技劳动者的个体性，就成了科技社会关系的必然要求。人为的"一大二公"式地组织科技劳动者开展科技活动，只要并非出于他们的自觉要求、自愿申请，其实际效果必定不佳，必定事与愿违，必定事倍功半。科技劳动者作为科技社会关系的主体，其自主性同样应当得到尊重。如果形式上尊重了他们的个体性，但把他们的活动"计划经济"化，不尊重他们的兴趣、志向，不认从他们的科研习惯、所选择的课题或研究方向等等，同样会事倍功半、事与愿违地适得其反。

科技劳动者作为科技社会关系的主体，其创造性、创造力，是其存在的标志。无创造性，无创造力，只是机械地重复别人的劳动与发明创造，就不成其为真正的科技劳动者。严格意义上的工匠与工艺师的区别，和教书匠与教师的区别一样，工匠、教书匠是从事别人为他们设计好的劳动，而工艺师与教师则要思索，要呕心沥血地苦苦探求，要不断地提出新思想、新见解、新思路，要发明，要创造。当然，他们的创造性是建立在继承先行者的发明创造的基础上的，没有继承，就没有创新。

2. 科技劳动组织

作为科技社会关系的主体，科技劳动组织在科技活动中的协同性具有突出的意义。协同，或称协作，即协和合作的意思。小规模的，如"十几个人，七八条枪"的小型科技劳动组织，科技劳动者个人或二三人一组的小组，就是该科技劳动组织的序参量。大规模的，如重大攻关项目中的各个科技攻关小组，就是以典型的集体的面目出现的序参量。序参量的合作会形成一种宏观结构，而序参量的竞争终将导致只有一个模式存在。这种序参量之间的协和合作与竞争，决定着各序参量合组的系统从无序到有序的演化进程。无论什么系统都是作为序参量的大量子系统相互作用又协调一致的结果。这种结果将使系统达到最佳状态，得到最高效率。科技社会关系中的科技劳动组织，由于它的发展科技的目的相当明确，协同性也会得到较好的体现。而创造条件保障、促进与发展科技劳动组织的协同性，则是对外界的明确要求，这首先与科技劳动管理机构有重大而密切的关系。

这里的"科技劳动组织"主要是指专事科技项目而存在的劳动组织，其主要活动甚至唯一活动就是科学研究、技术开发活动。科技劳动的成果应用、推广等等，是这一活动的延伸。实际上，科技成果的推广、应用本身，除一般的组织任务外，也是科技活动的重要一环并以科技活动为侧重点，而从事完成"一般的组织任务"，非有一定的科技知识与技能，也难以胜任。因此，我们把从事科技成果的应用推广的劳动组织也看作"科技劳动组织"。

3. 科技劳动管理机构

科技劳动管理机构本身并不进行科技活动，但它的存在与活动对科技劳动者、科技劳动组织有极大的影响，这种影响有时带有决定性的意义。作为科技社会关系主体的科技劳动管理机构，在体现科技活动的社会性方面具有突出的意义。科技活动是因客观需求而与社会息息相关的。科学研究、技术开发课题的提出，越是符合社会的需求，就越能得到社会的承认与支持。由于科技劳动管理机构的组织特点与功能特点，它在课题的选择方面负有重大的责任，同时也比较易于掌握需求、选准课题。此外，科技劳动管理机构对科技活动的时间、空间、资金、设备以及科技劳动组织的设置；对科技活动的组织、规划、管理、检查，对科技成果的检测、评选、应用与推广；对科技人员的交流及与国际的合作；等等，都负有不可推卸的责任。它负有将科技劳动者的科技活动的自主性与社会性结合起来的使命。

(四) 纵向行政隶属关系与横向民事平等关系的结合

人们的社会关系的模式，早已引起人类学家、社会学家、政治学家、经济学家等的注意，法学家对此的研究却十分不够。其原因，在我国主要是由于偏重于阶级关系而忽略了其他。诚然，在阶级社会中，人们所处的阶级地位不同，会使他们与周围不同的人结成不同的阶级关系。阶级关系的分析方法，对政治斗争及其他社会生活的实际运行，都是十分重要的。但从另一些角度分析，还应有其他形式的关系。本书不可能详论社会关系模式问题，仅从有关科技社会关系的方面出发略涉几笔。

古代、近代、现代人们的社会关系，都是历史发展的结果，其源可以上溯到原始社会。在原始社会里，由于血缘，我们的祖先按其辈分而形成了一定的长幼管领与服从的关系；由于共同劳动，又形成了社会事务、礼仪、财富分配等等方面的平等交往的关系。前者出于人类自身的生产，后者出于维持人类存在的物质资料的生产。私有制、家庭与国家形成的过程中，因血缘而发生的管领服从关系，逐渐演变成为行政隶属关系；因共同劳动生产而发生的平等交往的关系，留存并演变为日益明显的民事平等关系。从此，行政隶属与民事平等就成了社会关系的两大类型、两种模式。其典型的表现就是政治社会关系、军事社会关系中的行政隶属性和经济社会关系中的民事平等性。家庭是一个小小的社会，所以也有同时存在着类似行政隶属与民事平等的两种关系。

在科学技术不发达的古代社会里，一方面，科学技术专家多半以独立的个体进行活动，互相发生交往时其地位平等，互相交流中发生的利益按民事平等原则分享；另一方面，被宫廷、官府掳掠而去，被强迫进行或利诱、笼络进行科技创造的科技专家与官府、宫廷之间，是以行政隶属关系的形式存在的。几乎可以说，行政隶属与民事平等两种关系，在科技社会关系中是分列而独立存在的。但在现代科学技术发达的社会里，科技社会关系的行政隶属与民事平等两种形式就以互相交织的模态存在了，两者互相结合、互相依存、互相促进、相得益彰地保障科技创造的自由权利，促进科学技术发展。

科技社会关系中的科技行政隶属关系，与政治社会关系中的行政隶属关系，是不可相提并论、等同视之的。政治社会关系中的行政隶属关系，具有强烈的政治统治性，其目的在于控制（以至镇压）被统治的对象，控制是居第一位的。科技社会关系中的行政隶属关系，一般并无强烈的政治统治性，而仅具行政管理性，其目的在于自我调节以使同一行政链条上的各个科技劳动管理机构更好地为科技进步服务。这种行政管理多半以协商、协调的方式进行，命令、指令不是其主要的管理方法。因此，政治行政隶属的双方有更多的对立性，而科技行政隶属的双方有更多的统一性。

科技社会关系中的科技民事平等关系，与经济社会关系中的经济民事平等关系，也并不雷同。经济社会关系中的民事平等关系，一般来说是绝对的对等关系，交往双方在人格上地位平等，在利益上锱铢必较，交往关系在利益分享完毕即告结束。科技社会关系中的民事平等关系，则往往不强调绝对的对等关系，交往双方在人格上地位平等，在利益上却无法锱铢必较，而且交往关系在利益分享完毕之后往往还进一步发展。

现代科技社会关系的完善与健康发展，有赖于行政隶属关系、民事平等关系的健全化、严密化、制度化、法律化，更有赖于二者的妥善、有机、严密、健全地结合，及其制度化与法律化。

（五）科技社会关系的基础是科技协作

1. 科技社会关系的基础

社会关系的发生、存在、发展，有其客观的基础。政治社会关系的基础是阶级矛盾与阶级斗争；军事社会关系的基础是军事对峙与军事冲突；经济社会关系的基础是经济交往；科技社会关系的基础是科技活动中的交往。但科技活动中的交往，最重要的特点便是交往各方的协作，因此，可以把科技协作看成是科技社会关系的基础。

科技协作的必要性是由科技活动的内在特点与内在需求决定的。社会越发达，生产越发展，科技水平越高，人类征服自然的规模越大，科技协作的需求就越强烈。

科技社会关系中的行政隶属关系与民事平等关系，都以科技协作为灵魂。从科技行政隶属关系来说，科技劳动管理机构要把自己的职责与注意力集中在协调好科技劳动组织之间、科技劳动组织与科技劳动者之间的协作关系上。舍此，科技劳动管理机构就失去了存在的意义，科技行政隶属关系就可能流于一般的行政隶属关系，合作性就得让位于强制性，统一性就得让位于对抗性。从科技民事平等关系来说，科技劳动管理机构的任务应是按照民事平等的原则协调好下属机构与人员的利益关系，使之心情愉悦地、卓有成效地进行协和的合作。这里，既要遵循民事平等的原则，又要从科技民事关系与科技活动的特点出发，注意调整各权益单位的利益要求，既不使之背离价值规律，又不拘泥于一般民事平等关系中的绝对的等价交换原则。所有这一切，都是从科技活动中的协作的必要性而来的。

科技协作当然以科技活动为前提、基础与中介，无科技活动便无科技协作。同时，科技协作也应以尊重协作各方的科技创造的自由权利，同样地以科技创造自由权为本位。

2. 科技协作的形式

作为科技社会关系的基础，科技协作的形式是极其多样的，主要有社会性、个体性、国际性等等。

社会性协作。任何科技专家的个体性活动，都离不开一定的社会条件，从科技活动的内容来说，就离不开科技社会条件。社会为他们的个体活动提出任务与课题，提供科技信息与条件，供给科研资金与设备，提供试验与应用的基地等等。这种社会性协作是"无形"的，很容易被忽略、被漠视。因此，在尊重科技专家的个体性活动的同时，科技专家应当明确认识到，决不能做"鲁滨孙"，也不应骄傲自满、狂妄自大、自以为是、目空一切地把自己孤立起来和与社会需求割裂开来，使自己的科技活动建筑在纯思辨的基础上，把自己关在远离生产实践的象牙塔里；否则，只能使自己的活动成了无源之水、无本之木，使自己的思路断绝了丰盈的源泉而迅速枯竭。每一个科技工作者都应重视这"无形"的社会性协作。

组织性协作。相对于社会性协作来说，组织性协作是"有形"的，它表现为若干个科技劳动者结成一定的科技劳动组织，彼此分工而又围绕一个或几个课题进行合作，共同攻克科研难题。官方、科研方、企业方的协作，也可看作是科技活动中的组织性协作。这时，官方所起的作用，主要是科技行政管理机构的作用，因而进入了科技社会关系，成为特定科技社会关系的主体之一。但这里的官方与一般科技劳动管理机构又有不同，后者为科技活动的行政管理，以科技行政为唯一职责；前者则为"兼职"，同时起科技行政管理机构的部分作用，还负责调拨资金、设备、物资、人员，起一般行政机构的作用。企业方在与科研方进行"有形"合作时，主要是提供资金、设备，提供中试基地，提供应用科技成果的条件，使之产业化。日本建立"官、产、学"三位一体的体制，苏联建立"科研——生产联合体"，都是组织性协作的典型形式。但组织性协作的主体部分，应是科技劳动组织，科技劳动者被组织在这种集体里开展科技活动。科技行政机构，即科技劳动管理机构的活动，主要也围绕科技劳动组织的活动进行，努力为其服务。

个体性协作。科技专家之间因志同道合而自动结合在一起，科技劳动组织内部每个个体之间的协作等，都是个体性协作。后者因有一定的组织要求，受制于组织管理，协作的稳定性比较强；前者则互相并无约束，离合自由，聚散无定，全凭自觉自愿。这种协作表面上十分松散，但往往形成极为广泛的联系网络，有时甚至越出国界。由于网络的庞大与广泛性，以及个体在这种松散网络中的充分自主性，个体性协作的作用是十分巨大的。正是认识到个体性协作能充分发挥个体的自主性、积极性和创造性，所以，现代各国越来越重视科技活动中科技专家的自由组合。日本的"创造性流动科研体制"的形成，与此不无关系。

国际性协作。这是国与国之间的科技专家、科技团体之间的合作。这种合作，越来越得到远见卓识的政治家的重视，他们在施政活动中采取了许多切实的步骤与措施来推动这种合作。法国总统密特朗提出的"尤里卡计划"就是一个生动的例子，也是值得借鉴的榜样。但国际性协作的基础仍是科技专家、科技团体的协作。

三、科技社会关系的性质与分类

（一）科技社会关系的性质

前面我们把科技社会关系界定为由科学技术活动而发生，为着科学技术的发展，可据以协调科技劳动者、科技劳动组织和科技劳动管理机构相互关系的一种社会关系。

在这样界定时，我们并没有指明科技社会关系的性质，而要对科技社会关系进行分类，是必须确认它的性质的。

作为一种社会关系，科技社会关系是人与人之间的物质关系，还是思想（或意志）关系呢？众所周知，作为物质关系的社会关系，是指与一定生产力发展水平相适应的生产关系，即人们在生产过程中结成的社会关系，这种社会关系的总和构成社会的基础；而作为意志关系的社会关系，是指通过人的意志而结成的社会关系，是属于社会上层建筑范畴的关系。在做了这种划分之后，《科技法学》一书指出："科技社会关系一般是指人们在促进科技发展的活动领域中结成的社会关系。"① 这里，与拙著《科技法学导论》一样，没有涉笔科技社会关系的性质，即属于物质关系还是思想关系（或意志关系）的问题。科技法学的发展要求我们回答这一问题。

邓小平同志曾经指出："大家知道，生产力的基本因素是生产资料和劳动力。科学技术同生产资料和劳动力是什么关系呢？历史上的生产资料，都是同一定的科学技术相结合的；同样，历史上的劳动力，也都是掌握了一定的科学技术知识的劳动力。我们常说，人是生产力中最活跃的因素。这里讲的人，是指有一定的科学知识、生产经验和劳动技能来使用生产工具，实现物质资料生产的人。"② 他又指出："马克思说过，科技是生产力，事实证明，这话讲得很对。依我看，科技是第一生产力。"③ 结合邓小平同志关于知识分子也是工人阶级的一个组成部分的论述，我们不能不认为：科技社会关系是一种物质关系，即它是人们在科技这种生产过程中结成的与一定生产力发展水平相适应的社会关系。

科技社会关系既然是一种物质关系性质的社会关系，那么它同一般社会关系一样，也受到各种社会规范的调整。当它受道德规范调整时，即形成科技道德关系；而受法律规范调整时，即形成科技法律关系。

科技法律关系以科技社会关系为前提，是对科技社会关系的法律调整。我们定义"科技社会关系"是"可据以协调……的社会关系"就是这个意思。因此，科技法律关系与科技社会关系是两个不同的概念，不能把科技法律关系与科技社会关系混为一谈。科技法律关系属于社会上层建筑的范畴，是通过人的意志而结成的关系；科技社会关系则是物质关系，属于社会的基础性关系，不以人的意志为转移。对科技社会关系加以法律调整，就是从外部强加进了人的意志。科技社会关系发展中可能发生的矛盾，不能以悖逆科技社会关系之必然要求的手段来解决，而只能、只应以随顺、迎合科技社会关系的必然要求的手段来解决。这对法律手段、道德手段、行政手段或经济手段来说都是如此。

科技社会关系作为社会的、基础性的、不以人意志为转移的关系，具有一系列的必

---

① 赵震江主编：《科技法学》，北京大学出版社1991年版，第130页。
② 国家科学技术委员会编：《论科学技术》，科技文献出版社1990年版，第157页。
③ 同上书，第195页。

然性要求。其以协作为基础，以科技创造的自由权利为本位，是纵向行政隶属关系与横向民事平等关系的结合等，既是科技社会关系的必然要求，也是它的必具特征。当以法律规范来调节科技社会关系从而形成科技法律关系时，由于掺入了人的意志因素，而且它又以法律的强制性，即政治暴力为后盾，就可能背离科技社会关系的必然的客观的要求。因此，科技社会关系是一种"应有"关系，其特征是"应有"的特征，其要求为"应有"的要求；与此不同，科技法律关系是一种"实有"关系，其特征是"实有"特征，其要求是"实有"的要求。总之，必须把科技社会关系与科技法律关系加以区别。

科技社会关系的性质与科技社会关系的分类紧密相关。有的科技法学论文把科技社会关系与科技法律关系混为一谈，在分类时就撇开科技社会关系不管，径直谈科技法律关系的分类了，这是不妥当的。

（二）科技社会关系的分类

从科技社会关系的形式看，主要有以下三类：

1. 科技行政关系

科技行政关系是在科技行政活动中发生，为科技发展服务，可据以协调科技劳动组织之间、科技劳动组织与科技劳动者之间、科技劳动者之间，以及科技劳动组织、科技劳动者与社会的其他团体或个人之间的关系的一种科技社会关系。

科技行政关系既是一种科技社会关系，就具有科技社会关系的一般特点，同时，又具有自身的特殊性。这种特殊性来源有二：其一，来源于科技行政关系的"行政"性要求，这里的"行政"，不是指那种由法律规范加以调节的行政活动，而是指科技劳动管理机构的管理活动；其二，来源于科技行政关系必然提出的不同于一般科技社会关系的"协调"功能的要求。一般科技社会关系的"协调"功能的要求，发生在各个科技社会关系的主体之间；科技行政关系的"协调"功能要求是发生在科技劳动管理机构与科技社会关系的其他主体之间。作为一种附带的协调功能要求，还发生在协调"其他主体"与其他社会团体或个人之间的关系上。

科技行政关系的特殊性在于：第一，行政隶属性。科技行政管理机构与科技劳动组织、科技劳动者之间，有行政隶属的关系；此外，科技行政管理机构的上下级之间当然地也有行政隶属关系。在行使"管理"行为时，科技劳动组织、科技劳动者以及下级科技劳动管理机构，必须服从上级科技行政管理机构。第二，权利义务的非对等性。科技行政隶属的双方，各有其权利与义务；这些权利与义务不是对等的，上级的某些权利恰是下级的某些义务，而上级在享有这些权利时并不对等地承担某种相应的义务。孤立地看待这种权利义务的非对等性，尤其是从被管理的机构、人员的角度看这种权利义务的非对等性，似乎背离了科技社会关系的某些特征。但是，从科技行政的总体看，从科技行政的最终目的看，都是为着科技的发展，为着最佳地体现科技创造的自由权利，为着最佳地进行科技协作。因此，它的权利义务非对等性本身，恰恰是科技创造权利本位主义的客观要求在起作用。第三，科技行政权的强制性。科技劳动管理机构对其下级（包括科技劳动组织与科技劳动者）可以发布命令，强行规定其下级可以做什么、不可以做什么。但是，这里的强制性与一般行政权的强制性并不完全一样。由于科技劳动管理机关是为科技发展服务的，必须在科学决策、民主决策方面表现得更突出、更鲜明；它在客观上不允许违背民主决策、科学决策的原则，否则只能导致失败。

科技行政关系中的主要内容是科技行政隶属关系，但在同级科技劳动管理机构之间，就是平等的行政关系了，谁也不能对谁发号施令。我国科技进步管理机构中的中国科学院、国家科委、国防科工委、国家教委、中国科技协会和各部委办的科技管理机构之间，就是"平级"的科技行政关系。这种状况的形成，有其历史的原因，也曾起过积极的作用。但从一个国家的角度看，这违背了科技行政关系的行政隶属性的客观要求，对科技进步的长远规划、实际运作并不有利，因为"群龙无首，各行其是"，必定会造成低水平重复或其他弊病。因此，在《中国科技进步法》起草过程的研究中，笔者在所主持起草的上海草案及在此前后发表的若干论文[①]中，都提出了"统一管理"的要求，认为应当调整国家科委的职能，使之在全国科技进步中起"龙头"与最高科技劳动管理机构的作用。

科技行政关系中的行政隶属性、权利义务的非对等性与科技行政权的强制性，都来自科技行政关系的"行政"性与"协调"要求，这些都是科技社会关系作为一种物质性社会关系的客观要求。这种客观要求在科技进步、在科技社会关系的发展长河中，必然地要得到体现，人的意志不可能改变这些客观要求的体现，否则便将阻止科技进步。为了保证这些客观要求的体现，使之不受其他因素的干扰，可以用道德规范、法律规范（在宗教盛行的民族和国家，如在伊斯兰世界，还用宗教规范）加以调节，从而形成科技行政法律关系等等，这将在下文中做出分析。

2. 科技民事关系

科技民事关系是在科技民事活动中发生，为科技发展服务，可据以协调科技劳动组织之间、科技劳动组织与科技劳动者之间、科技劳动者之间，以及科技劳动组织或科技劳动者与其他社会团体或个人之间的民事权利义务关系的一种科技社会关系。

科技民事关系是一种科技社会关系，它带有科技社会关系的一般特征，如发生于科技活动中、以协作为基础、以科技创造权利为本位，并与科技行政关系相结合等等。同时，它还有自身的若干特点。

其一，权利义务的对等性。社会关系中的民事关系属于私关系，而非公关系，都以权

---

① 《中国科技进步法研究》，专利文献出版社 1992 年版，第 61—71 页；《中国科技进步立法新的突破》，《科技与法律》1993 年 2 期。

利义务的对等为原则，它来源于民事关系双方地位、人格（包括团体性人格）的平等性。无地位、人格的平等，既无民事关系可言，更无民事关系中的权利义务对等可言。科技民事关系也是一种民事关系。发生科技民事关系的，不管是在科技劳动者之间、科技劳动组织之间、科技劳动管理机构之间，还是在三者之间，或三者与其他社会团体、个人之间，科技民事关系双方的权利义务都是对等的。这是科技民事关系与科技行政关系相区别的地方。当发生科技民事关系时，双方或各方相互之间并不发生隶属关系，没有什么"管理"与"服从"，但不能有任何强制。

其二，科技民事交往中的不等价有偿性。科技民事交往中，源于一般民事交往的主体资格与地位的平等和等价交换的原则，科技民事交往双方的权益必须是有偿而非无偿的。但是，用于交易的科技成果，其经济效益的计价与物质商品的计价有下列明显的不同点：一为计价的模糊性。科技成果由于是脑力劳动的产物，价值计量必然是模糊的、大略性的、不精确的。同时，有的科技成果的获得，与"灵感"关系密切，并非欲觅无处而踏破铁鞋，相反，却几近于"得来全不费工夫"；而有时，却是皓首穷经、铁鞋踏破而仍无觅处、一无所获或少有所获。这"少有"之"所获"用来交易时，一方面，无法精确计价；另一方面，即使"计"出精确之"价"，却仍无人问津、无人交易，因而不得不"削价处理"。这与由"灵感""顿悟"而"得来全不费功夫"的科技成果是无法比拟的。二为计价的可重复性。这是由科技成果大多可以几乎无限多次使用而决定的，不像物质商品那样只能一次性计价、一次性交易。只要没有更新换代从而把先前的科技成果淘汰，具体的这一或那一科技成果就可无限多次地进入民事交往，进行交易。这样一来，"得来全不费功夫"的科技成果与耗尽血本却"少有收获"的科技成果，其实际经济效益差距就可能拉得更大。总之，科技民事交往中，在"有偿"的前提下，是"不等价"式地进行的。拙著《科技法学导论》在谈及有关这一方面的科技民事特殊性时，使用了"科技成果经济效益的等价有偿性"的概念。这是指科技成果可计算的（虽非精确计算的）、已形成的经济效益，必须予以承认、予以等价交换。科技成果转让中那种以行政手段故意"压价"，或科技人员羞于"言利"而轻易"让利"，不考虑此种情况下的可以进行的"等价交换"，损害了科技创造发明人的权益，这未必是妥当的，不利于科技的发展。但"等价有偿"的提法，容易与科技民事交往中的实际上的"不等价有偿"混淆起来，形成矛盾。因此，本书改成为"科技民事交往中的不等价有偿性"，用以取代"科技成果经济效益的等价有偿性"。

3. 科技国际关系

科技国际关系是在科技国际活动中发生，为人类科技进步服务，可据以协调国际科技劳动者之间、科技劳动组织之间、科技劳动管理组织之间的关系，以及处理国际科技成果交易中的问题而形成的一种科技社会关系。

与科技行政关系、科技民事关系不同的是，科技国际关系发生在国与国之间，而不是发生在一国之内。因此，它深受社会制度不同、国家政治利益不同、科技发展水平不同、经济与军事实力不同的严重影响，往往带有明显的政治目的性。其鲜明的表现就是，一些发达国家在科技转让中设置了一系列的限制性条款，有时甚至附带其他的不平等条件。此外，有的国家为了达到其政治目的而无偿地转让某些技术，这也是国际科技关系中的一种特殊性。但是，从总体来说，科技国际关系形式上接近于科技民事关系，主体的权利义务是对等的；国际的科技交往中实行不等价有偿原则。因此，对于主权国家来说，完全可以不接受交易对方的不平等条件或限制性条款，这时，科技合作、交流以及科技成果交易即宣告停止。

科技国际关系在今后将显得越来越重要。以军事实力主宰世界的时代行将结束，以经济实力主宰世界的时代也必将结束，代之而起的将是以科技实力对世界形势的左右。这样，科技国际关系就会变得日益复杂、日益重要。

（三）附带的两点说明

关于科技社会关系的分类问题，还有两点应加说明。

第一，上述科技社会关系的分类，是以其形式为依据进行的逻辑划分。如以其他标准，则还可做另一些分类。根据科技社会关系的内容，有的科技法学工作者做了如下分类：1.科技行政关系；2.科技计划关系；3.科技民事关系；4.科技劳动关系；5.科技条件关系；6.科技刑事关系；7.科技财政关系；8.科技涉外关系；等等。根据科技社会关系范围的大小，有人这样分类：1.宏观科技社会关系；2.微观科技社会关系。

根据科技社会关系的存续时期，还可划分为长期、中期、短期科技社会关系等等。这些划分，都有一定的意义，可以从不同的侧面对科技社会关系做深入的剖析。同时，因有不同的分类，还会提出不同的法律需求，也有利于深入进行科技法的研究。但这些划分同按形式进行的划分都有联系或交叉、重叠。同时，在学术意义上，尤其是在法学、科技法学的意义上，这些划分都不是根本性的、关键性的。因此，我们只要探讨科技行政关系、科技民事关系与科技国际关系，就可以足够充分展开科技社会关系的法律调节的探讨了。

第二，有人把科技刑事关系作为科技社会关系的一个基本分类来看待。有同志撰文高度评价拙著《科技法学导论》时指出了一种"遗憾"，即未论述科技刑事关系。

对这一看法，可以分两个方面来加以分析：其一，《科技法学导论》全书未谈科技刑事关系，确是一个重大的缺憾。其二，科技刑事关系不能看作是科技社会关系的逻辑组成部分。只有当破坏科技民事关系或科技行政关系而发生侵权现象时，而且只有当这种侵权现象为科技刑事法律规范所禁止时，才有所谓"科技刑事关系"。

四、科技社会关系的演变

科技社会关系是一种动态的社会关系，有其发生、发展、成熟、健全、消灭的动态过程。这体现在科技社会关系的整体上，也体现在它的构成要素上，还体现在它与社会大系统的其他事物的关系上。

（一）科技社会关系整体的演变

科技社会关系是指由科学技术活动而发生，为着科学技术的发展，可据以协调科技劳动者、科技劳动组织、科技劳动管理机构相互关系的一种社会关系。随着生产力水平、科技发展水平的提高和社会成员、社会组织的逻辑发展，科技社会关系的整体就会发生相应的变化。

生产力水平的不断提高，会提出一个又一个新的征服自然的科学技术研究课题。一项新的研究课题的提出，意味着发生一种新的科学技术活动的主观方面前提条件已经形成。如果还同时具备了人力、物力等客观的物质条件，该项新的科技活动就可能被付诸实施。一旦实施一项新的科技活动，与之伴随的就是一系列新的具体的科技社会关系开始出现。因此，生产力水平的不断提高，引发新的科技研究课题——科技社会关系的不断发展，就是这样一种必然的过程。

生产力发展水平的提高，是呈阶段性的。从旧石器时代到新石器时代，从青铜器、铁器时代到蒸汽机时代，从电气化时代到原子能时代，这些已经出现过或现存的代表不同生产力水平的时代，各个延续了相当长的时期。在相应的时期内，由于生产力水平所能提供的科技活动物质条件与所能提出的研究课题水平比较相近，因此，所达到的科技发展水平处在同一个高度上，从而所能结成的科技社会关系的形式、结构、功能、目标等等，也比较接近，从而形成了大致同一类型的科技社会关系。旧、新石器时代里，萌芽状态的"科技活动"，带有相当多的偶然性；从事"科技活动"的"专家"相当有限，如中国古代的大发明家，"知名度"很高得以流芳百世的只有"神农氏""燧人氏"等极少几位；因此，所形成的"专家"们的相互关系一定是极松散的，并且带有非专职的"科技劳动者"个体与个体间的关系的性质。青铜器、铁器时代已有相当大的变化，可以称得上"科技活动"的人类活动，范围已大大拓展，从事科技活动的人数大大增加，不仅有专职与非专职的科技劳动者个体之间的科技交往，而且有了官府组织的科技劳动组织，随后还出现了专司其职的官府机构从事科技劳动组织与科技劳动者的管理工作。因此，这一时代可以看作是正式的科技社会关系形成与发展的时代。但是，只有到了近代，即蒸汽机时代，真正意义上的科学技术活动才以比较大的规模展开，从而形成较为复杂的近代科技社会关系。在这一时代里，协调科技劳动者、科技劳动组织和科技劳动管理机构之间的科技社会关系的手段，已经达到了成熟的程度。"成熟"的标志是：纵横交错形成网络状态的科技社会关系，由民间的、政府的各种组织在不同层次上加以协调。这种协调已形成了制度，并实现了法律化。到了现代，即电气化和原子能时代，从前局限于一国之内的科技社会关系越出了各国的国界，开始出现科技国际合作，从而形成科技国际关系。这样，科技社会关系的一切形态都已具备，庞大的科技社会关系网络，笼罩涵盖了全世界。这种状况将延续到大量发现"外星人"，并与外星社会结成全新的科技交往关系、科技宇宙关系时为止。所谓"为止"，并不意味地球上的科技社会关系的终结，而是说仅仅局限于地球人类的科技社会关系将大大"扩容"而包括星际科技社会关系。可以想见，这是遥远未来的事。因此，现代的健全的科技社会关系，将有大致相同的内容、形式、结构、功能与目标。在极长的历史时代里，人类的任务是使调整这一科技社会关系的手段更加科学化、合理化。因此在这一时期的全过程中，严格且严密的法律调节，将是不可或缺的；这种法律调节将越来越与道德规范的调节相结合；这种法律调节也越来越紧密地与高度精密的计算机相结合。

　　社会成员、社会组织的逻辑发展，也会引起科技社会关系整体的相应变化。当然，社会成员、社会组织的发展是与生产力水平紧密相关的。从社会成员的逻辑发展看，现代人的知识水平与智商无疑比古代人大大提高了。"现代自然科学和现代工业一起变革了整个自然界，结束了人们对于自然界的幼稚态度和其他的幼稚行为。"[1]现在，"学生在一小时内就能学会二项式定理"[2]。然而人类掌握与运用二项式定理，是花了数千年努力的。更加重要的是，社会成员中从事科技活动的人数，从古代到当代，几乎是成几何级数递增的。在一定的历史时期内，科技劳动者人数越多，科技社会关系的复杂程度必定越高，因此所涉及的个人权利义务关系因他们相互组合或单个交往的形式、程度而变得日益繁复了。从社会组织的逻辑发展看，越是接近于当代，社会组织的必要性与作用，就越为人类所重视。因此，社会组织的形式越来越多样，社会组织的程度越来越高，社会组织本身越来越严密，社会组织之间的交往也越来越频繁，社会组织的活动领域也从地方扩大到国家从而到国际。这样，因社会组织的发展变化而引起的科技社会关系的整体性变化，就是"题中应有之义"了。

　　科技社会关系整体的演变，必定引起对它的调节手段的演变，因此，了解这个问题不是没有意义的。科技法的发展，与科技社会关系整体的演变，正好是"成正比例"的。当科技社会关系在整体上处于个人的松散联系阶段上时，科技法的存在是没有必要的，因此，旧、新石器时代不会有什么科技法。青铜器、铁器时代首先出现调节科技劳动者个体之间的关系的法律，随之又出现了调节以宫廷官吏为一方（还很难说是形成了"科技劳动管理组织"），以在宫廷内进行科技活动的科技劳动者为另一方的关系的法律。蒸汽机时

---

[1] 马克思、恩格斯：《"新莱茵报政治经济评论"第2期上发表的书评（1850年3月）》，《马克思恩格斯全集》第7卷，第241页。
[2]《剩余价值理论（1861—1863）》第1册，《马克思恩格斯全集》第26卷Ⅰ，第377页。

代,则出现了全面调节科技劳动者、科技劳动组织、科技劳动管理机构的关系的法律。电气化与原子能时代,调节复杂、完整的科技社会关系的法律,则逐渐形成了体系。

(二) 科技社会关系构成要素的演变

科技社会关系的构成要素有三:一为主体,二为内容,三为客体。科技社会关系的主体(科技劳动者、科技劳动组织、科技劳动管理机构)及其演变,前文已述。科技社会关系的内容,是指科技社会关系主体之间的权利和义务。主体的权利一般表现为:其一,主体本身作出或不作出一定的行为;其二,要求关系的另一方作出一定的行为;其三,要求关系的另一方不作出一定的行为。这里的"行为"既可是科技活动一类的行为,也可是支付费用之类的行为等等。主体的义务一般表现为:其一,义务人作出一定的行为;其二,义务人抑制(不作出)一定的行为。

上述科技社会关系的内容即主体的权利和义务,是动态地演变的。演变的总体状态是:从初期的萌芽状态的权利义务对等、无约束,经由权利义务非对等、专制性约束,向权利义务对等并以法律规范调节发展,最后将演变为权利义务对等并主要以道德规范调节的状态。

生产力水平与科技水平低下的时代里,仅仅或基本上由极少数个人进行科技活动。这些人之间的交往中,并无现代意义上的权利、义务关系发生。但是,现代意义上的权利义务,并不是到了现代突然出现的。古代人们的科技交往中,有了萌芽状态的权利义务关系,即主体作出或不作出一定行为时,也会要求关系的另一方相应地作出或不作出某种行为,并得到对方的响应。这时,这种包含权利义务内容的科技交往,并无外在力量的约束,因此,既是随机的,又是随意的。这种随机与随意性,是初期的原始的科技社会关系的一个明显特点。随后,当科技交往羼入了行政干预,而且这种干预会变得越来越专横、擅意时,科技劳动者往往失去自由创造的权利、取得报酬或相应报酬的权利,而接近于只尽义务;颐指气使、专横跋扈的官吏迫使他们作出或不作出这样那样的行为;至于官吏们,则不承担或很少承担什么义务。这就是权利义务非对等与专制性约束。随着封建制度的消灭,科技交往中的权利义务对等要求日益得到重视;为了保障科技劳动者、科技劳动组织不受贪得无厌之徒的专横迫害与权益侵犯,以法律手段保证权利义务的对等性同时得到了重视。我们相信,权利义务对等并主要以道德规范调节的时代必将到来,但那是遥远未来的事。

科技社会关系的客体,是指科技社会关系中主体的权利和义务所共同指向的对象,通常有科技成果、科技行为、人物、环境等等。

科技成果是科技社会关系中最常见的客体。这里的"科技成果"是广义的,除科学发现、技术发明、制作工艺、商标设计等等之外,还包括科技著作等。无论以法律手段还是道德手段加以调整,都会把科技成果作为科技社会关系中主体权利义务所指向的对象。但在古代，往往并不重视主体的科技成果本身，而仅仅把科技成果的物化（如按某种技术而制造出来的新工具）当作权利义务的客体。

科技行为，如科学研究、技术开发的活动等，无论作为或不作为，都是科技社会关系中主体权利义务的客体。但与对待科技成果的态度十分近似，古代往往只把成功的科技行为列入客体范畴。只有到了近代，尤其是现代，才把一切科技行为列入客体范畴，只要主体按照有关规定作出或不作出某种科技行为，则不计其成败得失，一律视作符合有关权利义务的要求。这样，科技劳动者、科技劳动组织从事科技活动的风险保障才得到保证，才有利于科技的发展，因为许多科技活动的失败恰恰是"成功之母"，不无重要价值。

物是科技社会关系中必定涉及的客体，举凡一切天然之物、人造之物，都有可能成为具体的科技社会关系的客体。但越到近代、现代，人造之物如技术设备、技术产品等，具有被人们承认的重大的价值，成为科技社会关系中主体权利义务所指向的最主要的对象。

环境实际上是物的一部分，但它过去是自然之物的综合体（自然环境），后来越来越多地介入了人造之物或人造之废弃物，成了自然之物与人造之物的综合体（生态环境）。环境之成为科技社会关系主体权利义务所指向的对象，大体上是20世纪30年代以后的事。这是因为：第一，在此之前，由于科技水平不高，环境对科技活动的影响不大，科技活动引起环境恶化的情况也不明显；与此相应，第二，人们对环境价值的认识还较差。

上述科技社会关系主体、内容、客体的变化，显然与科技社会关系的演变紧紧相连，密切相关。

（三）科技社会关系与社会关系大系统其他事物关系的演变

"社会关系大系统其他事物"是一个极为广泛的概念，除"科技社会关系"外全都包括在内。举其要者，大略为经济社会关系、政治社会关系、国际社会关系三者。因此，本节以略论科技社会关系与以上三者的关系的演变为限。

经济社会关系是一切其他社会关系的基础，也是科技社会关系的基础。经济社会关系对科技社会关系的决定作用主要见诸：经济社会关系的社会性质决定着科技社会关系的社会性质。在奴隶制与封建制经济社会关系的基础上，宫廷工匠、艺人与监工、监管官吏的关系，不管表面上是强制性的奴役式的劳动关系，还是非强制性、奴役式的劳动关系，都是前者对后者的绝对服从。在资本主义的经济社会关系基础上，科技工作者之间，他们以及科技劳动组织与管理者、与政府之间的关系，在很大程度上是与自由经济相适应的比较自由的关系，以人身依附为特征的"绝对服从"为契约自由前提下的自愿服从所代替。但是，这里的"自愿服从"仍是资本主义制度下的"自愿服从"，它受"饥饿纪律"的约束。只有在社会主义制的经济社会关系基础上，才有可能真正实行科技劳动的彻底解放，科技劳动者才有可能真正成为科技社会关系中的权利主体。但这种可能要变为现实，还受政治社会关系的制约，这将在下文述及。

科技社会关系对经济社会关系并不是无所作为纯然消极被动的。在社会发展的过程中，由于科技发展的迫切需要，科技劳动者、科技劳动组织总是千方百计寻找新的有利于自身发展的社会关系形式。封建制社会条件下的科技劳动者绝不甘于强制性的奴役式的劳动，公开、半公开地进行自由组合、平等互利的科技交往，从而为科技发展做出贡献。这种自由、平等的科技交往，在适当的时候便与经济社会关系的大变革汇成洪流，彻底推倒封建制的关系并取而代之。

政治社会关系一方面为经济社会关系所决定，另一方面又在极大的程度上对科技社会关系起着制约作用。这种制约作用表现在，一定的政治社会关系通过行政手段强行干预科技社会关系的发展，后者则在相当大的程度上、相当长的时期内处于"无可奈何"、无能为力的状态。例如，德国希特勒执政时期实行法西斯主义，厉行高度的强权、集权统治，实施高压政策，其结果是，本该与自由资本主义经济相适应的科技社会关系的发展受到严重的阻碍，科技劳动者与科技劳动组织处于奴役式的劳动状态之下。这种政治干预可以是消极倒退的，也可以是积极前进甚至超前的。社会主义经济社会关系基础上的科技社会关系，可能因为政治干预而萎缩。例如，我国计划经济时期，通过政治干预，科技劳动者、科技劳动组织也曾一度不能成为科技社会关系的真正的权利主体，一切职务发明、非职务发明界限不清，即使是非职务发明也被当作职务发明对待，因而挫伤了积极性，丧失了应有的蓬勃活力。而在新中国成立初期，则又因政治干预而使"新民主主义制"经济社会关系基础上的科技社会关系带有社会主义性质，在崭新的科技社会关系乐土上，曾有一度极大地鼓舞了科技劳动者，使之迸发强烈旺盛的创造精神，为我国科学的发展做出很大的贡献。

科技社会关系对政治社会关系的反作用表现得极不明显，而且大多是间接的。因此，从二者的关系看，必须极其重视政治社会关系的优化，否则，对科技进步是极为不利的。

国际社会关系的发展对科技社会关系演变的影响十分明显。当国际交往不甚发达时，科技交流也很少，只有当国际交往大为发展时，科技交流才会增多；只有当国际社会关系正常、健康发展时，科技交往以及国际性的科技社会关系才可能正常、健康地发展。反之，科技社会关系的发展也对国际社会关系的发展有莫大的关系。有时，科技社会关系的发展会充当国际社会关系发展的前导。许多国家之间由于各种原因而一度对立，对立期间，尤其是后期，常常通过先行发展科技、经济、文化交流而改善双方关系，随之逐渐改善两国的政治关系。国际社会关系与科技社会关系的这种交织、互动，值得引起重视。

第三章 科技社会关系的法律调整

一、科技社会关系的调整与法律调整

(一) 科技社会关系的复杂性、动态性、具体性、矛盾性与调整需求

前面我们阐述了科技社会关系的一系列问题。在谈及这些问题时，一般都是从简单的、静态的、抽象的、协调的角度来考察的。但在实际生活中，科技社会关系却是复杂而不是简单的，动态而不是静态的，具体而不是抽象的，充满矛盾而不总是协调的，在现代社会中更是如此。

也许当代社会中还有极个别科技人员仍过着幽居独处的生活，终年厮守他的几本书、几件简单的仪器，鼓捣他的"科研"，似乎与世无涉，也就无"科技社会关系"可言。其实，不仅社会生活中，而且科技活动中，都不会有什么鲁滨孙。一切都是"千人糕"。因为他们的科研课题必须是取之于社会、取之于前人、有所继承的；他的"简单的仪器"多半也是由社会提供的；他如果有什么科技成果，并想得到社会的评价（不管正评价还是负评价），也就与社会发生了联系，产生了某种关系。如果我们只要略微审视一下当代的科技活动、当代绝对多数科技人员的科研状况，就很容易发现：全世界各国千千万万科技人员被组合在万千个科技劳动组织里，被控制在形形色色的科技劳动管理机构中，相互之间存在着千丝万缕的联系，发展着繁复多样的关系。这是一张无比复杂的巨大的网。随着科学技术的飞跃发展，这张"网"的国际性、复杂性将越来越明显，其中的矛盾、"风波"也会越来越层出不穷、复杂多样。科技人员个人之间的权利之争，科技人员与科技劳动组织之间的义务瓜葛，科技人员、科技劳动组织与科技劳动管理机构之间的摩擦争议，一国与他国科技人员、科技劳动组织之间的权利义务关系等等，都会成为"网"的一部分。

科技社会关系可以作为静态的社会关系来考察分析，但这只是"截取"运动中的科技社会关系一个"横断面"作为考察对象，而且仅仅是为了分析的方便而采取的措施。科技社会关系是动态发展的社会关系，不仅从它的总体的漫长的历史发展来看是如此，而且从

个别的具体的科技社会关系的发展来看也是如此。某甲与某乙签订了一份科技合作合同，合同存续期间，如果发生了违约情况，合同被破坏，双方的权利义务关系发生变化，也就产生了这一特定的科技社会关系的明显变动。而如果双方都很好地遵守合同，我们也应视此一科技社会关系在动态发展，因为合同规定的双方的权利义务正处在逐一履行的过程中。至于无限复杂的科技社会关系网的动态发展，更是不言而喻的了。

科技社会关系总是具体的而不是抽象的。世界上找不到一种独立存在的抽象的科技社会关系。正如我们可以手托一只苹果，嘴啃半片西瓜，而不可能吃既非苹果、西瓜又非杨梅、杏子等等的什么"水果"一样，我们面对的也总是一个个特定的具体的科技社会关系，如张某与李某的协作合同，王某与某某科研所的隶属关系，而不可能面对任何非具体的"科技社会关系"。当然，作为思维的对象，可以"剔去"具体事物的具体性而当作一种抽象物来考察，而且也非这样做不可，否则就不可能形成概念、做出判断、进行推理。但这只是在思维中进行的事情。神游八极，心骛四海，这只是人脑的"内省"。一旦进入现实社会生活，面对的就必须是有待协调处理的形形色色具体的科技社会关系，而这些社会关系是动态地发展着的，权利义务之争会使之时而风平浪静，时而风云突变，时而波涛险恶，时而惊雷大作、风雨交加。也就是说，科技社会关系不总是和谐协调的，矛盾、摩擦、冲突总是充斥其间。

现实生活中科技社会关系的复杂性、动态性、具体性与矛盾性，产生了调整科技社会关系的要求。

（二）科技社会关系的调整手段

社会关系的调整有多种多样的方法与手段，如行政手段、经济手段、道德手段、纪律手段、宗教手段、法律手段等等。其中，纪律手段指行业、集团、阶层等依据内部规定的规则、章程、守则、公约等对其成员（或成员单位）的纪律约束。行政手段所凭借的是行政权力，它可以用行政处分预先约束与事后制裁的方法协调社会关系。经济手段所凭借的是经济利益的处分，但经济利益处分也要凭借行政权力的支撑，否则，有关处分不可能很好地为各方接受与遵行。道德手段依靠的是社会舆论的力量，这在传统道德社会里颇有效力，但在传统道德被破坏的社会里就会发生效力衰减；而且，社会舆论的力量对每一个人所起作用是大不一样的。对于"面皮牢牢，肚皮饱饱"者，对于"天良丧尽，厚颜无耻"者，道德手段所起作用甚微。宗教手段只在宗教团体内部起作用。法律手段依靠的是凭借政治暴力的法律制裁的力量，最有权威、最稳定、最普遍。当道德手段运用到极高点而无所作为时，就会诉诸法律手段。当经济手段、行政手段无能为力时，也要诉诸法律手段。而在经济手段、行政手段有所作为的情况下，两者同时仍需法律手段作为它们的可靠后盾。因此，在社会关系调节的诸多手段中，法律调节是最高手段、最后手段、最有力手段、最可靠手段。

科技社会关系是社会关系的一个有机组成部分，调整社会关系的一切手段都可用以调节科技社会关系，但最高手段、最后手段、最有力手段、最可靠手段还是法律手段。

（三）科技社会关系的法律调整的定义及其含义

科技社会关系的法律调整，是指以法律手段来调节科技社会关系，使之协调发展从而有利于科学技术的进步。根据以上所述，可见其主要含义如下：

第一，科技社会关系的法律调整的对象是科技社会关系。述说这层含义似乎是赘言废语，其实不然，我们略为详尽地加以说明。概念本身蕴含着某种判断。"科技社会关系的法律调整"这一概念本身就蕴含着调整对象为科技社会关系。但概念自身蕴含的判断，是必须揭明才易于为人了解，所以，下定义时应予揭示。我们说"科技社会关系的法律调整的对象是……"，就旨在揭示"科技社会关系的法律调整"这一概念自身所蕴含的内容。但对这一点，有不少人并不明白。在好几本科技法学著作和许多科技法学论文中，都出现"科技社会关系的法律调整指的是以法律手段调整科学技术进步"一类的断语。这是显然错误的。错误，从法理学上来看，就是把法律调整对象的理论搞错了。法律手段的调整作用是发生在社会关系上，所谓"法律是调整社会关系的……手段"是也。从科技法学上来看，其错误就是否定了"科技社会关系的法律调整"这一概念本身，因为按照"……调整科学技术进步"的说法，就只能是给"科学技术进步的法律调整"这一概念下定义了。

强调"科技社会关系的法律调整的对象是科技社会关系"这一层含义十分重要，它可以帮助我们正确把握法律调整的"对象"而不致发生偏差或"越轨"。这一点的具体作用就在于，可以使我们集中全部注意力于"科技社会关系"上，而一旦"理顺"科技社会关系，科技进步就是必然会到来的事情了。反之，离开了对科技社会关系的调整，不但有关法律无所作为，而且从根本上说也不可能。

持"对象为科学技术进步"论者中，有些人以科技规范法为依据，认为科技规范是直接调整科学技术的（如计量法规定的计量要求，秦律《工人程》中规定的尺之短长、斗之大小等等），从而认为"科技社会关系的法律调整"这一概念至少指明法律调整的部分对象为"科学技术"。对这一问题我们将在有关科技规范法的章节里做详尽分析。这里仅先指出：科技规范法调整的不是人与自然的关系，而是人与人的关系，即社会关系。

第二，科技社会关系的法律调整的工具是法律手段。"法律手段"是一个内涵明确、外延甚广的概念。其内涵是：以法律为凭借的手段；其外延是：立法手段、司法手段、执法手段和守法手段。而有的科技法学文论谈到科技社会关系的法律调整时，认为经济手段、行政手段也是调整工具。这包含着明显的逻辑错误，绝不能把经济手段、行政手段等与法律手段混为一谈。

第三，科技社会关系的法律调整的目的是使科技社会关系和谐协调，从而有利于科学技术的进步。这里有第一层次的直接目的和第二层次的间接目的。直接目的与间接目的不能混淆。有的科技法学著作将两者混淆起来，甚至将间接的第二层次的目的前置为直接的第一层次的目的，认为法律所调整的首先是或简直就是科学技术，这当然是错误的。

科技社会关系的法律调整是科技社会关系调整的最有力手段、最高手段，然而不是唯一手段。科技社会关系调整也有一个"综合治理"的问题。为了调整好科技社会关系，除应求助于法律手段外，同时还应充分运用其他手段，而且要把各种手段的运用有机地综合起来，庶几才有望达到科技社会关系调整的最佳效果。但这已经越出"科技法学"的论述范围，而是"科技管理"一类问题了。

二、科技社会关系的法律调整的历史发展

为了深入了解科技社会关系的法律调整问题，我们应探讨它的历史发展过程。

科技社会关系的法律调整是从它的行政调整、经济调整、道德调整发展过来的。人类社会最初的科技活动十分简单，"纯洁""高尚"的道德调整就可使在这种简单科技活动中建立起来的科技社会关系比较协调与和谐。随着社会的发展，一般的道德调整逐渐为经济调整所渗入，即有关的科技社会关系逐渐地开始建立在经济利益的基础上，其间产生的矛盾也就用经济方法加以解决。但经济解决方法往往得不到落实、兑现，于是有时便求救于行政手段。这样，行政调整又渗入了经济调整，以至有时行政调整成了重要的、主要的手段。但在进行经济调整、行政调整的同时，并不排斥道德调整。

如上所说，在法律调整出现之前，调整科技社会关系的最强手段便是行政调整。由于当时高级的科学家、技术人才、能工巧匠大多为皇宫所掌握、控制，被搜罗集中在宫廷里从事研究开发，因此少数的行政官员用简单的行政命令即可实施管理，即可进行简单的科技社会关系调节。但越到后来，由于中央所聚集的科技人才队伍越来越庞大，地方官府也开始网罗人才从事科研开发，或因承接中央政权指定贡献的器物而不得不网罗人才统一工艺、划定规格，民间科技交流、合作事项也逐渐有所发展。因此，科技社会关系随着层层问题、重重矛盾的出现，权益纠纷，也越来越复杂化，仅凭行政调整就显得越来越困难了。主要的困难在于：第一，有关的行政命令因人而异，不同的科技行政长官（中央与地方的、不同地方的、不同时期同一地方的长官）可能就同一事项发出不同的指令；第二，行政命令的强制性有一定的限度；第三，行政命令的权威性因行政长官的级别而有所不同。也就是说，科技行政长官的行政调整缺乏总体上的权威性、高强制性、普遍性与稳定性。这样，部分科技行政命令就逐渐演变成了调整科技社会关系的法律规定。后来，这种法律规定涉及的领域越来越多，覆盖面越来越广，终于导致整部整部的科技法的出现。

科技社会关系的法律调整是一个由简单到复杂、由低级到高级、由约束机制到激励机制的发展过程。

(一) 从简单到复杂的发展

由简单到复杂的发展过程，主要表现在从最初的具体科技社会关系的个案处理逐渐发展到普案处理；从个别科技部门法发展为科技法的网络、科技法的体系，从科技行政关系的法律调整发展到科技社会关系的全面的法律调整。以原子能法为例，最初出现的原子能法主要用以防止放射性物质的危害，它涉及原子能研究机构以及原子能产业的选址、废弃物的处理、埋藏等，后来则扩展到发展原子能事业中必须调节的各种科技社会关系。现在，日本仅与原子能发电有关的法律，即如图2所示：

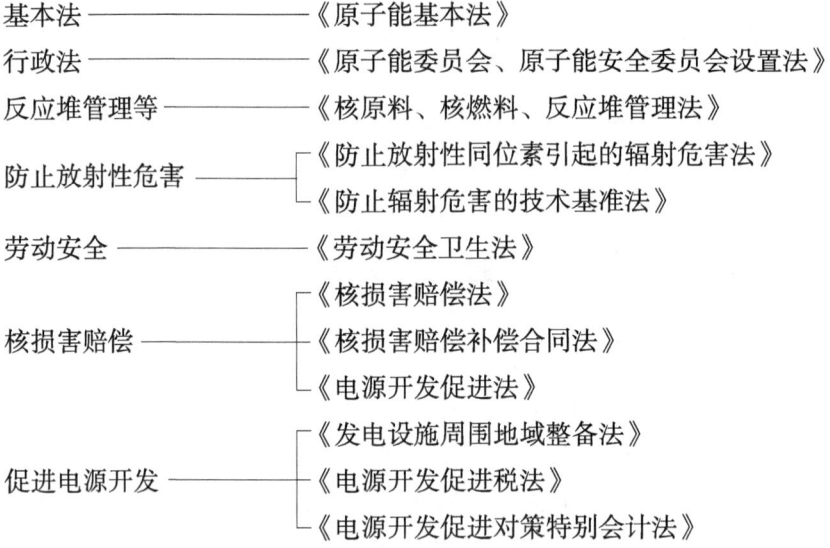

图2　日本与原子能发电有关的法律

由图2可以看出，仅仅为了调整原子能事业发展中的科技社会关系，第一，就必须有一整套的法律；第二，它应是从宪法规范直到金融、税收、环保等各个环节都予支持的法律体系；第三，其中所有的法律规定应形成有机的统一的整体。这当然与人类社会最初的科技法律规范大大不同，也与近代的个别部门的科技法有很大的不同了。这"不同"，显示出了科技社会关系法律调整之从简单向复杂的发展。

(二) 从低级向高级的发展

科技社会关系法律调整之从低级向高级的发展过程，主要见诸：

第一，调整内容方面之从单一调整向综合调整发展。

最初的科技社会关系法律调整主要是宫廷内科技行政管理官员以简单的法律规定调节与科学家、技术人员、能工巧匠们的关系，而且主要是集中在以科技规范的法律标准来处理有关的关系。《秦律·工人程》规定手工业工场人员定额，如技术不熟练的冗（杂）隶妾两人等于一名技术熟练的工匠；在一定期限内参加生产的更隶妾四人等于一名技术熟练的工匠；劳动时间短的冬天，三天等于劳动时间长的夏天两天的劳动定额；等等。又如《秦律·司空律》规定修缮一辆大车，用胶一两、脂三分之二两（八铢）等等。现在，有关科学技术人员定额以及用工、用料等的规定仍然比比皆是，同时还有调整科技人员之间、科技人员与科技劳动组织之间、科技劳动组织与科技管理机构之间的法律规定，用于处理科技发展可能带来的消极后果的有关法律规定，用于保证风险科技活动中科技人员权益的法律规定等等。总之，凡是有涉科技活动中的科技社会关系者，差不多都有了相应的法律规定来加以调整了。

第二，调整手段之从片面向全面发展。

科技社会关系的法律调整有立法调整、司法调整、执法调整与守法调整等手段。其中，科技社会关系的立法调整是从判例法调整向制定法调整发展的；司法调整是从行政长官司法向专职司法人员司法发展过来的；执法调整是从与司法调整混成一体而后独立出来的；守法调整则是随科技人员认识水平的提高与法律意识的增强而发展起来，并且在将来会成为主要的调整手段。而所有这些手段之全面地、综合地加以运用，同样是随各种手段渐臻成熟而出现的。

（三）从制约机制向激励机制发展

科技社会关系法律调整之从制约机制向激励机制的发展，主要见诸科技法发展的实际状况。最初的科技法大多是限制性的、约束性的，如前文所引《秦律·工人程》《司空律》中的规定，就是约束性的。试想，冗（杂）隶妾或更隶妾一定是技术不熟练的吗？如果其中有的手巧心灵，慧眼独具，因而技艺进步很快又怎么办呢？没有规定。又设想，劳动时间较短的冬天一定完成定额较少于夏天的吗？如果因为技术熟练反而比劳动时间长的炎炎夏日完成定额更多又怎么办呢？因此，诸如此类限制性、约束性的法律规定不是以调动科技劳动者的积极性为机制的，即不是一种激励机制，而是一种约束机制。专利法制的出现也许是激励机制成熟的一个里程碑。1474年威尼斯共和国官方颁行了专利法，该法在注重发明的实用性和新颖性的前提下，给发明人以专利权，承认其拥有十年的独占权。1624年，英国议会制定了《独占条例》（statute of monopolies），确定了只对真正的并且又是最先的发明人才能授予专利权的原则。后来，德国著名的专利法学者柯勒[①]称该条例为"发明人权利大宪章"。现在，人们已普遍认识到专利法是浇在"天才之火"上的"利益之油"。这些，都说明专利法的巨大的激励力量。我国在1984年前无专利法，一般的奖励手段对科技人员积极性、创造性的调动十分不力。自从1984年颁行专利法后，专利发

---

① 柯勒（Joseph Koler，1849—1919），新里格尔法学派早期代表人，曾任法官、柏林大学教授等。

明犹如雨后春笋到处出现。科技法的激励机制不仅表现在专利法上，而且表现在技术合同法、税法、金融法、信贷法等等上面。现在，正面临着科技社会关系的法律调整从约束机制向激励机制全面转轨的过程。

三、科技社会关系的法律调整的地位与作用

前文已述及科技社会关系的法律调整是一切调整手段中的最高手段、最后手段、最有力手段与最可靠手段。这是与道德手段、经济手段、行政手段等相比较而言的。科技社会关系的法律调整的地位问题就是由此而发生的。

（一）道德手段与法律手段

道德手段永远不可或缺。但道德手段有"天然"弱点：一，对"君子"有效而对"小人"无效。例如，剽窃科技成果一举，对许多道德高尚的科技人员来说，是嗤之以鼻的卑劣行径，自然不屑为之，而且对此深恶痛绝；但对一些不学无术而又孜孜以求沽名钓誉之徒来说，却似乎是一举成名、一鸣惊人的终南捷径。这样，道德手段就只能对谦谦君子有效，它不具有普遍的社会调控能力。法律手段不同，它对"君子"与"小人"同样有效，"法律面前人人平等"是也。二，道德手段的约束力有限。它的约束力仅仅限于社会舆论的批评指责与个人良心的内省觉悟。当社会舆论的指责与自我良心责备无法与重大利益相匹敌时，有些人往往会拜倒在金钱与利益的脚下，置舆论于不顾，昧着良心干他想干的诸如剽窃科技成果一类的事。而且，道德手段并无实际的制裁力，逆伦悖德就只是逆伦悖德而已，有关的人的实际经济利益、人身自由并不会受到重大的损害。法律手段则不同，其约束力、制裁力之大，可以达到剥夺违法犯罪者之全部经济利益、行动自由，直至剥夺其生命。

因此，在科技社会关系调整的发展过程中，往往会发生道德调整向法律调整转化的情况。当然，随着人们的觉悟、道德水准的提高，随着法制观念的增强，总有一天仍然可能发生法律调整向道德调整逆向转化的情况。但道德调整在可以预见的漫长岁月里还无可能全面取代法律调整，诸如涉及重大科技风险项目时，稍有不慎便会酿成极端严重的后果，那么，法律调整就必定不可缺失。有人以为，到了共产主义社会法律便不再需要了。窃以为从目前的认识与科学发展水平来推断，这是不可能的。也就是说，至少调整科技社会关系的法律必须在极长的历史时期里存在下去，否则，难免发生不可预料的毁灭性的风险。

（二）经济手段与法律手段

经济手段在市场经济充分发展的阶段，对科技社会关系的调整有极为重要的作用。实际上，通常的情况下，科技社会交往大多以经济利益为中介进行，交往双方的权利义务关

系也以经济价值进行折算。但经济手段不仅仅限于在科技社会交往双方的权益计较上起作用，国家、社会、团体也往往以经济手段对科技社会交往作支撑、作支援或制约。例如，当一项科技成果产业化时，就要计算其经济效益、环境损害程度等。经济效益的估算当然不是任意进行的，为确保国家、社会的投资效益，接受、采用该科技成果的企业如果对经济效益的评估有误，从而损害国家、社会利益时，就要对该企业做经济制裁；反之，要对该企业进行经济奖励。环境保护也是企业采用新技术时必须充分考虑的，如果危及环境，不仅国家要对企业进行经济制裁，而且公众也会提出损害赔偿的要求。但经济手段往往得不到遵守，因为它同样缺乏强制力。因此，不得不凭借法律，以法律手段作为它的后盾。日本公众曾饱受水俣病害之苦，所提出的经济制裁要求得不到企业主的同意，公众不得不起而游行示威抗争，其结果是以 1967 年日本国会通过《公害对策基本法》，并给受害公众以损害赔偿而告终，此后即以该法确保有关的经济手段的有效实施。由此可见，经济手段虽然有一定的效用，但它必须以法律手段为后盾。

（三）行政手段与法律手段

行政手段在高度集权的计划经济国家里有极重要的地位。由于一切都以"计划"为依归，"计划"的制定、实施、管理、检验以及实施计划后的奖惩，都是由行政长官决定的，因此，行政手段具有压倒一切的作用。但纯然的计划经济在目前阶段的社会里是行不通的，此其一；其二，长官意志往往会因人而异、因时而易，于是行政手段也就失去了统一性、稳定性，导致问题无法解决，最终必定转向市场经济。在市场经济充分发展的社会里，行政手段对科技社会关系的调节仍然有重要的意义。在科技社会交往中的一些违约事件，可以用行政制裁的手段加以解决。但是，第一，另有一些科技社会交往是行政力量无可抵达的，如两名个体科技人员的交往、两个民营科技劳动组织的交往，如果发生了权益纠纷，行政力量的干预很难奏效；第二，行政手段除行政强制力外，没有其他作用，例如没有经济制裁作用。行政首长或行政机关可以把某人的科研所长职务撤了，但却无能对此人做经济制裁。甚至于撤了他的所长职务，他仍然不离岗、不卸职、不让位，从而使行政手段也落空。在上述情况下，就非诉诸法律手段不可。因此，法律手段也是行政手段的有力后盾，不以法律手段为后盾的行政手段，实际上是无所作为的。

如上所述，与道德手段、经济手段、行政手段相比较，法律手段的地位是无可替代的，是更加重要与更加可靠的。

除此之外，法律手段本身还可兼有行政手段、经济手段与道德手段的作用。一些国家的科技进步基本法规定，每年投入科技开发的财政收入必须按一定的百分比递增，企业产值的一定百分比必须用来进行技术改造，这就使法律手段同时具备了经济手段的作用。有些国家的科技法还规定，凡有突出科技成果贡献的人，给予政治殊荣（如意大利规定赐予终身参议员的职位），而在科技方面尤其是环境保护方面出了问题的，同时追究其行政责任，这就是法律手段同时具备了行政手段的作用了。至于科技法律的一些规定被同时作为道德准则来接受，更比比皆是。因此，法律手段是"一身二任"甚至"一身多任"的。但我们不能因此成为法律至上、法律万能主义者。可以用行政、经济、道德手段而非用法律手段不可，其结果只会"贻误战机"，因为法律手段既要求可靠、有力，就不得不自行规定严格的程序，因而不一定如行政、经济、道德手段那么灵活、便捷。此外，科技社会关系的调整是一项系统工程，其复杂程度绝非法律一种手段所能完全解决的。至少，单一的法律手段会疲于应付层出不穷的权益纠纷事件，会有许多法律漏洞，因此，其他手段的存在与综合运用仍属必需。

四、科技社会关系的法律调整的性质与特点

科技社会关系的法律调整的特点源于它自身的性质，科技社会关系法律调整的性质是相对于其他社会关系的法律调整，以及相对于科技社会关系的其他调整手段而言的，它也反映在科技社会关系法律调整的特点上。因此，科技社会关系的法律调整的性质与特点是一而二、二而一的问题，我们就把两者"放在一个锅子里煮"，等量齐观地相提并论了。

（一）权威性与探索性的统一体

科技社会关系的法律调整是权威性与探索性的统一性。

权威性是法律调整的重要特性之一，科技社会关系的法律调整当然具有一般法律调整的权威性。这种权威性表现在它的神圣不可侵犯上，表现在人人必须遵守上。我国宪法规定："国家维护社会主义法制的统一和尊严。""一切国家机关和武装力量、各政党和各社会团体、各企业事业组织都必须遵守宪法和法律。一切违反宪法和法律的行为，必须予以追究。""任何组织或者个人都不得有超越宪法和法律的特权。"（第五条第一、三、四款）其他各国的宪法与法律也做了大致相同的规定。这表明了法律调整，其中包括科技社会关系法律调整的绝对权威性。这也是法律所设定的"禁区"，"禁区"如同"雷池"，令行禁止，任何人"不得越雷池一步"。《文汇报》曾讨论过"突破法律禁区"的问题。有人认为，时际改革攻坚阶段，必要时可以突破法律禁区。这是对法律的彻底无知。法律之成为法律，其根本特性之一就是它的权威性绝不允许侵犯，侵犯即为非法，要受法律制裁。既可"突破"，就不成其为法律了。当然，法律的稳定性往往流为"惰性"，要修改法律，就得经历一个费时耗日的过程。如果改革急需新的调整，而法律又跟不上，该怎么办呢？方法大致有三：一为尽快修正；二为由立法机关授权在局部地区试行新的办法，包括试行新的法律手段；三为司法机关的判例"立法"。但泛谈"突破"，是不允许的。

科技社会关系的法律调整另有它的探索性。科学研究是人们对客观世界及其规律性的探索活动，在大多数情况下，都不是一次性地完成的。技术开发则是应用科学知识于技

术操作，探索新的方法、新的手段以实现改造世界的目的。技术开发大多也不是一次性地完成的。由于认识能力的局限与偏差，由于方法不对或设备、仪器不够精良，科技活动的探索性还包含着风险性，有时这种风险性还是相当严重的。与科技活动的探索性与风险性相联系，在科技活动中形成的具体科技社会关系的现状、发展方向与发展规律，也不易被人们从一开始就透彻认识。因此，有关调整这些社会关系的认识，也不可能从一开始就十分科学、合理、准确、周密。影响所及，为调整这些社会关系的法律措施，就具有一定的探索性质，而不是绝对无问题、无漏洞、无可改进的。它可能被实践证明为正确，因而长久推行了也可能被实践证明为错误或有这样那样的欠缺，那就要及时修改、补充。美国和英国、联邦德国、日本等国在20世纪70年代中期制定的DNA分子重组实验准则，就是探索性科技法的例子。这些国家后来都纷纷修改了有关的"准则"，有的国家所做的修改多达5次以上。根据有关的"准则"，日本采取物理封闭①与生物封闭②两种封闭方法的配合，力图阻止DNA重组体向实验室外传播扩散，力求确保实验的安全性。据日本学者乾侑报告，日本1987年前进行了P1级（无危险性实验）、P2级（不太有危险性的实验）、P3级（有相当危险性的实验），而当时日本的化学研究所还计划在筑波科学园区进行P4级的实验（最有危险性的实验）。这引起了当地居民的抗议，筑波城的议会因此通过了反对P4级实验的决议。③一些有识之士指出，重组DNA分子的实验尽管采取了双重封闭措施，但仍有相当大的危险性。这些危险性主要是：被重组的杂种DNA的宿主细菌发生变化，可能导致对病原或治疗的抗性；遗传学家通过以抗生素抗性的遗传基因为实验指标，直到变成无抗性的毒性细菌以前，将使它的作用继承下去；有向产生白喉和霍乱等疾病和脱肠杆菌之类可怕毒素的细菌转换的危险；在研究中，遗传基因通过重组而获得细菌不能保证不将还没被确认的遗传基因一起搜集起来。这样，如何协调好DNA分子重组实验的科技活动中科技人员之间、主管的科技行政机构与当地居民之间等等的关系，就成了一项具有探索性的法律课题。一方面是为了推进科技发展必须组织实验，另一方面是要确保无社会危害性。其间的科技社会关系的法律调节，也就既有法律的权威性，同时有一定的科学探索性。这种探索性体现在，一方面，有关法律可能采取比较保守的稳妥的规定；另一方面，预留了一些可以适时修正、更改、补充的余地，从而使有关的探索有较大的成功把握。与DNA分子重组实验准则的反复修改相似，原子能法、著作权法、专利法和其他科技法的修改，一般都比其他非科技法的修改频繁。在这一方面，刑法、民法是相当明显地不同于科技法的。刑事关系、民事关系是无数多次地重复出现因而久已熟知的社会关系，其法律调整方法也无限多次地重复着，经验极为丰富。因此，具体国家的具体刑法、民法

---

① 物理封闭指通过实验室、设备的适当设计来管理封闭活细胞。
② 生物封闭指选择在培养装置外生存困难的活细胞用于实验。
③ ［日］乾侑:《日本科技政策》，葛化东译，科技文献出版社1987年版，第289页。

自身的"探索性"成分就相当少。数千年前的罗马法至今仍是西方国家调节民事、经济关系的基本法律规范；苏俄1917年十月社会主义革命成功后仍然沿用旧民法典，直至1922年才制定新的苏俄民法典；波兰等国直至20世纪60年代仍沿用旧民法典；适应市场经济发展的我国民法通则的基本原则也与罗马法的主要原则相符；等等。这些都是民法很少"探索性"的表现，刑法方面也大抵如此。

既然科技社会关系的法律调节具有一定的探索性，那么，一方面它不同于民法、刑法等其他部门法，从而显示了科技法的特点；另一方面，也使得科技法的权威性与民法、刑法等其他部门法的权威有所不同。民法、刑法的权威性是绝对地"不可侵犯"的，因为它本身就是现阶段的"真理"；科技法既然具有探索性，那么，它的真理性就必须随着科技活动及科技社会关系的变化而变化，因此，从服从真理、服从客观规律、服从科学的根本原则出发，在科技司法、执法中就必须有相对的灵活性。这样，新的判例的形成，往往就可能突破科技法既定规范的"禁区"，从而为科技法的修改开辟道路。但它的前提是严格遵守现行科技法，不是"突破"现行科技法本身；而只是在不违反现行科技法的前提下，合理地形成新的判例。

关于科技社会关系的法律调整的探索性特征，也有不少论文提到过，但其论述是不正确的。例如有人这样写道：科技法"调整范围的探索性。因为科学是人们对客观世界（包括自然与社会）规律性的认识，这种认识不可能一次性完成，所以它带有探索性"。这里的"它"代指"科学认识"。说"科学认识"带有探索性，与说科技社会关系法律调节的探索性，是互相联系却又截然不同的两回事。撇开这类语义含混不说，论者的意思是："科技法对科技活动的调节具有探索性。"这一论述其实正好暴露了论者的理论认识的严重偏差，因为任何科技法都不直接调整科技活动，而是通过调节科技社会关系来间接地调节科技活动。值得指出的是，笔者在《科技法学导论》中谈到这一点时曾经写过："这一论述其实也是不对的，因为科技法除由科技规范转化来的那部分外，都不直接调整科技活动……"①这一提法实际上等于承认有部分科技法是直接调整科技活动的，是关于科技社会关系法律调节理论不彻底的表现。现在看来，有必要加以修正。应当明确地认定：一切科技法都只调节科技社会关系；只是通过调节科技社会关系才能达到以科技法调节科技活动的最终目的。

（二）普遍性与特殊性的统一体

科技社会关系的法律调整是普遍性与特殊性的统一体。

普遍性也是法律调整的重要特性之一，民法、刑法、行政法、诉讼法等等，都以其覆盖全国、囊括一切领域的有关法律问题而呈现其普遍性的特点，从而与一般的行政调

---

① 《科技法学导论》，第98页。

节、道德伦理调节、宗教调节、经济调节相区别。科技社会关系的法律调整当然也具有一般法律调整的普遍性。但是科技社会关系的法律调整却同时还有其特殊性。这里的特殊性是指：其一，特定领域科技社会关系的法律调整；其二，科技社会关系的积极法律调整与消极法律调整；其三，科技社会关系法律调整的即时性与历时性；其四，科技社会关系法律调整的制定法性与判例法性；其五，科技社会关系法律调整中科技专家的有效干预；等等。现在我们略事阐述一下上述特殊性。

1. 特定领域科技社会关系的法律调整

信息技术立法调节就是一个相对特殊的领域。信息技术出现之初，有关法律调节是包容在著作权法之内的，但不久即发现仅有著作权法的调节已无法对付由此而产生的一系列新型社会关系方面的问题。信息技术的发展具有三个特点。

一为信息技术的发展速度比传统技术的发展速度快得多。以计算机技术为例，1946年至1957年，第一代计算机的运算速度为每秒几万次；1958年至1964年，第二代计算机的运算速度为每秒几十万次；1965年至1972年，第三代计算机的运算速度为每秒百万次至千万次；1973年迄今，第四代计算机的运算速度为每秒几亿次；现在以每秒几十亿次速度运算的第五代计算机正被研制出来。

二为信息技术的发展对其他技术具有强烈的渗透性。如传统产业引进信息技术成果，使老企业得到改造，机械加工中普遍采用数控机床、加工中心等自动化设备、机器人柔性加工系统，甚至无人化工厂也出现了，社会的生产方式因而出现了极为深刻的变化。

三为信息技术的发展对社会管理和公众生活产生了很大的影响。各种各样的信息系统不仅应用于一般的社会管理，而且应用于社会治安、金融、保险以及社会服务，甚至深入到家庭之中，引起家庭事务的自动化，使传统的家庭观念受到强烈的挑战。

这一切，引起了一系列新的社会关系的法律调节问题，其中主要为：(1)随着计算机系统的网络化和大型数据库的建立，个人信息机处理的实现使得某些机构和个人能轻而易举地收集、存储和处理个人信息，从而产生了隐私权等人权保护问题。(2)由于计算机系统的网络化，诸如金融管理系统、社会保险系统和档案系统等社会管理计算机系统的出现，一方面便利了人们的日常生活，另一方面却也产生了利用计算机密码盗窃银行存款和国家机密的犯罪问题。(3)数据的国际流通、卫星通信和卫星电视直播，在国际社会关系上带来了保护国家主权的一系列问题。涉及国家机密或商业机密的数据的国际流通，对所有国的主权、政治与经济利益无疑将产生权益方面的问题。[①] 上述一系列问题是著作权法所不能充分、有效、有力地加以调节的，甚至是不可能调节的。这样，就出现了以信息技术立法加以调节的需求。于是，信息技术立法调节（随之当然有信息技术司法、执法、守

---

① 张绍坤：《发达国家的信息技术立法》，国家科委政策法规司、上海社会科学院法学所编《科技立法研究文集（二）》，科学技术文献出版社1990年版，第185—190页。

法调节）就成了相当特殊的领域。但信息技术立法调节与著作权法调节又是一致的，因此，就有了著作权法的普遍性与信息技术各法的特殊性的有机统一问题。

这里，考察一下日本科学技术基本法的制定历程是十分有意义的。1960年10月，日本科学技术会议对内阁咨询第1号所做答询中指出，以10年后为目标的科学技术振兴的综合基本方针中应有关于科学技术基本法的研究；其后，有关方面提出了科技基本法的四个法案草稿。1965年8月，科学技术会议参考各家方案而带总括性地提出的法案中包括了如下重点：不仅自然科学，而且包括人文、社会科学的全面科学和技术，均应成为科技基本法的法律调整领域。但在1966年5月，有关方面提出的科技基本法方案中，却来不及把调节人文科学、大学的研究的立法意见包括在内，其原因是文部省与科学技术会议意见不一，前者认为不应将人文、社会科学研究包括在法案之中。日本政府于1968年2月提交第58次国会的法案则干脆在"前言"中指明"科学技术（和人文科学有关者及大学研究有关者除外）"。由于是否把人文、社会科学包括在法案之中各方面意见的不一致，从第58次国会审议到1968年12月的第60次国会都未取得结果，于是成了废案。这是一个科技社会关系法律调整的普遍性与特殊性未能统一的典型例子，从反面说明了这种统一性的存在。

2. 积极法律调整与消极法律调整

科技社会关系的积极法律调节与消极法律调节这个问题在法与科学技术发展的关系一节中已做过论述，这里不再赘述。所要补充说明的是：随着社会的进步，科技社会关系的积极法律调节将越来越占主要的地位。笔者在《发达国家新技术革命立法总论》[①]一文中考察了发达国家"高度重视科学技术立法""科技进步的基础性立法""高技术立法"与"促进高技术发展的其他法律调整手段"等，几乎每一部分、每一小点都谈及了科技社会关系的积极性法律调整问题。举其大者计有：日本以齐全完整、环环相扣、匹配成龙的法律，并以有法律效力的各种"制度""计划"与法律法令结合来促进科学技术的发展；各国纷纷在宪法中规定了科技进步的优先地位；为保证科技进步而在有关立法机构方面采取积极的法律措施；为保证科技进步而对科技进步领导机构进行积极立法；为保证科技进步而在科技研究机构的方法方面采取积极步骤；为科技进步而积极进行政策性立法、规划性立法、刺激性立法、企业科技进步立法以及综合性的科技进步促进立法；科技进步的基金立法（包括基金会立法、拨款立法、奖励性立法）；等等。

我们以美国合同法的某些演变来具体说明随着社会进步，科技社会关系的积极法律调整越来越占主要地位的问题。

美国学者认为，政府所制定、组织和领导的研究和发展规划构成一个庞大的整体，合

[①] 国家科委政策法规司、上海社会科学院法学所编著：《科技立法研究文集（二）》，科学技术文献出版社1990年版，第1—75页。

同法、专利法、税法等是用来实现规划的"动员的手段"。由于政府、企业界和高等院校及科研单位之间的分工意味着相当大的一部分研究与发展，是通过联邦政府与大学、研究机构或私营企业签订政府科研合同的形式进行的，因此，合同法就具备了特殊的促进高技术发展的意义。但合同法仅仅规定了合同的要求、签订合同的程序、违约的法律责任等问题，合同本身的促进科技进步的效率是合同法所不能企及的。因此，美国的学者对合同制度进行了深入的研究，从而使合同法的效能大大提高，为高新技术的发展起了重要的作用。

美国学者对合同法的这一方面研究始于1962年，此后即根据研究成果采取了一些新的合同形式，收到了良好的效果。过去，科技合同最普通的形式是向研究和发展的科技成果卖主偿还其成本，并付给固定的利润。这种合同被称为"成本加固定利润合同"。在这种合同制度下，最后结算的成本往往大大超出预先估计的数字；这种合同也并无鼓励卖主改进科技成果的质量或减少延期交货的积极措施。不少部门利润不足，因为利润取决于最初的成本估算。1956年平均利润为生产成本的6.3%，1963年下降至2.9%，失去了对科技开发承包人的刺激作用。据哈佛商学院1963年出版的M.J.佩克和F.M.谢勒著《购买武器过程的经济分析》透露，美国12种武器体系的最后成本达到预计数字的3倍；核动力飞机试制计划经15年努力，花费10亿美元，由于未获得使反应堆臻于完善的性能，不得不在1961年一度放弃。这样，1961年以来"成本加固定利润合同"的签订数量大幅度下降了。1960年至1961年，这类合同占国防部所签订合同的38%，而1964年只占不到12%。这时，另一些合同形式逐渐成了主要的合同形式，这就是"固定价格合同"与"奖励合同"。

在固定价格合同中，签订合同时规定一个价格，该价格在整个合同履行期间始终有效，成本如发生变化，概由承包人负责。这就要求卖主进行严格的成本核算，要求政府在估价时判断准确。这种合同对卖主的刺激在于，在承担成本上升风险的同时，可望通过降低成本的努力获得较高的利润。此类合同在1961年财政年度占国防部合同的31%，1964年上升至48%。

奖励合同有多种形式，如"固定价格加奖励""成本加奖励及利润"。后者不规定最高价格，像"成本加固定利润合同"一样照付成本，但双方事先商定最低利润与最高利润。在利润低于最低利润或高于最高利润时，利润与"成本加固定利润合同"一样，并不随成本而变化。利润在二者之间时，则按一个分成比例变化，以便为卖主提供奖励。例如某项合同的估计成本为1000万美元，估计利润为75万美元，最高利润为135万美元，最低利润为3万美元，分成比例是85：15。如果最后成本是900万美元，则节约成本100万美元。从节约的成本中，卖主提取15%的额外利润，政府则支付成本和估计利润以及新的额外利润（总计为990万美元）。这样，政府就节约了85万美元的估计成本，它所支付的金额不是1075万美元，而仅仅是990万美元。由于"奖励合同"具有强大的刺激力，

1961年以来迅速推广发展。美国航空与航宇局1960年这类合同的总额为10万美元，1963年达42,100万美元。同期，国防部签订的这类合同的金额也上升了一倍。这种合同的优点在于鼓励卖主降低成本，加快工作进度，提高科研成果的质量。1963年7月，美国国防部长麦克纳马拉说："每当我们用'公司固定价格合同'或'奖励合同'代替'成本加固定利润合同'时，我们就至少节约10%的资金，我甚至认为这还是低估了的数字。"据悉，在"船帆座"核爆炸探测卫星的合同中采用了一套复杂的奖励制度，从而使预计的成本节约了32%，而承包人的利润也增加了10%以上。

这仅仅是一个简单的例子，但已足以说明，随着科技发展、社会进步，科技社会关系的法律调节正越来越采取积极性手段。

但科技社会关系的消极法律调节绝不是可有可无的。科技社会关系的积极法律调节与消极法律调节是一个有机的统一的整体，只有当二者充分有效地综合运用时，有关的调节才可能发挥真正的法律调节威力。

3. 即时性与历时性

科技社会关系法律调整的即时性与历时性，涉及价值论的一个基本观点，即价值的时效性问题。事物价值是一个动态的概念，它必然随着主体、客体及条件的变化而变化，表现出价值在时间上的过渡或流变，即价值的时效性。价值的时效性是指每一事物的价值都具有主体的时间性，随着主体的每一变化和发展，一定客体对主体的价值都会发生性质、方向或程度上的变化。古代畜力车的巨大价值，在今天已变成不值一谈的历史。价值的时效性表现为人们价值水准的不断改变、更新、转移与提高。价值的时效性归根结底取决于主体、人的不断发展和需要的不断增长。价值的时效性也与客体有关，如果没有客体的相应属性，就不会产生这样那样满足主体需要的价值。价值的时效性主要有两种形式：一为即时性，一为历时性。价值的即时性是仅在一定时间内存在的价值；价值的历时性则具有持续存在的性质。

社会关系的法律调节这一客观事物也具有时效性，当然也有其即时性与历时性之分。相比较而言，刑事、民事社会关系的法律调节手段具有较强的历时性，而政治社会关系、科技社会关系的法律调节则具有较强的即时性。这当然不是说科技社会关系的法律调节只有即时性而无历时性，对此必须有明确的认识。科技社会关系的法律调节永远是即时性与历时性的统一体，这是毫无疑问的。科学技术是生产力发展中最革命、最积极、最先进、最富变动性的因素，科学技术活动中形成的科技社会关系也会比一般刑事、民事社会关系发生较迅速的变化，从而使得调整科技社会关系的法律手段也相对地显出了它的较强的即时性。民法、经济法范畴的合同法具有较强的历时性，因此，罗马法初创时的合同制度至今仍在合同法中起作用，而科技法范畴的技术合同法则具有较强的即时性。因此，合同制度的不断修改、进步、完善就成了必然的要求与已然的事实。

4. 制定法性与判例法性

科技社会关系法律调整有制定法性与判例法性。社会关系的法律调节，在许多国家都主要采取制定法的形式，而在英国等少数国家则主要采取判例法的形式。但有意思的是，几乎在所有的国家，科技社会关系的法律调节无一例外地都采取制定法与判例法相结合的形式。判例法的优点在于对最新出现的有关权益纠纷可以迅速地做出反应，而且一个错误的判例也容易得到纠正。这就与因科技活动的高度活跃性而迅疾变动的科技社会关系是否得到及时有效的法律调节有密切的关系。事实证明，判例法的普遍采用有利于及时调节新近形成的科技社会关系。因此，一方面，科技社会关系的法律调节有赖于郑重审慎的、有效的制定法；另一方面，又紧紧依靠随机的、高度灵活的判例法。如果考察一下各国的科技立法，一定可以发现判例法作为制定法的先导、判例法十分普遍地被采用的情况，从而在这一方面也显现了科技社会关系的法律调节既有普遍性，又有特殊性的特点。

5. 科技专家的有效干预

科技社会关系的法律调整过程中科技专家的有效干预。社会关系的法律调节通常是不允许公民或组织的介入与干预的，科技社会关系的法律调整当然也遵守这一一般的法律原则。但是，这里有一种特殊的情况，即科技专家对科技活动中的情况比较了解，对有关科技社会关系中的权益之争有独到的、值得重视的见解。因此，他们对有关法律调整的介入与干预是一个应予审慎对待的问题。日本科技社会关系的法律调节中，日本科学技术会议、日本学术会议等权威机构有极大的影响力，而这些机构的大多数成员都是功勋彪炳、成就卓著的科学家。我国科技社会关系的法律调节，无论是立法，还是司法、执法方面，都越来越重视倾听科技专家的意见，也说明科技专家的合法而有效的介入与干预是十分重要的。我国十分重视建立法学家与科学家的联盟，出版有《科技与法律》杂志，都是这一方面的明显反映。

由于科技社会关系的法律调整必定具有普遍性，同时又具有以上五个主要方面的特殊性，所以，它是普遍性与特殊性的统一体。

（三）稳定性与能动性的统一体

科技社会关系的法律调整是稳定性与能动性的统一体。稳定性是法律的特点之一，以此与比较多变的政策等相区别。科技社会关系的法律调整同样具有稳定性。

同为稳定性，却有相对的被动性与相对的能动性之分。生物体与非生物体都有一定的稳定性因而显现出相对静止的状态。非生物体的稳定性是被动的稳定性，生物体的稳定性则为能动的稳定性。同为生物体的稳定性，也有相对被动与相对能动之分。植物的稳定性含有更多的被动性，动物的稳定性含有更多的能动性，其中，人类的能动性更是"万物之王"的一种特性，非一切其他动物所可比拟。关于这一方面的哲学理论探讨，这里不便展开，以上所说只是简要申明笔者关于稳定性有相对的被动性与相对的能动性的区别的观点而已。而这，对我们阐明科技社会关系的法律调节的稳定性与能动性及两者的关系，是必需的。

社会关系的法律调整必须是稳定的，并且必须以稳定性见优见长见胜，否则，行政命令、政策措施都可取而代之了。刑事关系的法律调节最具稳定性。千百年来，"杀人抵命"这一人人认可的刑法规范几无所变。刘邦进抵咸阳初建汉室时，"与秦民约法三章"之一章即"杀人者死"，另两章为"伤人及盗抵罪"，也是刑法规范。迄今为止，这"三章"的要旨，在中外各国的刑事法规中都大体保存了。有的国家废除了死刑，但不久之后又予恢复。即使是没有恢复死刑制度的国家里，死刑存废之争也始终存在，有时则甚嚣尘上，可见死刑制度是何等稳定。民事关系的法律调节也具强固的稳定性。"借债还钱"是天经地义的民法债权理论的通俗表述，从古罗马法到今天中国社会主义市场经济法制，都不可能悖逆这一简单的原则。其他的刑事、民事法律调整措施，也大抵具有这种千年不变、"万古难朽"的稳定性。

科技社会关系的法律调节一方面具有一般法律调节必备的稳定性，另一方面却又表现出明显的相对的能动性来。这种能动性体现如下：

第一，部分科技法规范的政策性。许多发达国家都有其科技进步的政策性立法，这是一个非常值得研究的领域。前文已述及，政策以易变、多变而区别于稳定性较强的法律，那么，"政策性立法"是怎么回事呢？我们先来看一些具体法例。

1976年，美国国会通过了《美国国家科学技术政策、组织和重点法》。通过该法的目的，用法律文本上的话来说，是"为了制定美国的科学技术政策，为了向总统提供科学和技术方面的建议和协助，为了向联邦政府提供综合性调查以改进科学研究和情报处理及其使用的方法，为了修订1950年的国家科学基金条例，以及其他目的"。在全部"目的"中，政策性立法的目的是放在压倒一切的首位的。该法通过时，国会认为，随着时间的进展和国情的变化，需要适时修改国家的科技政策。按当时的情况，该法通过后的第一个重大举动就是恢复被尼克松政府撤销了的科学技术政策办公室（OSTP）。该法规定OSTP主任同时是总统科学顾问，确认科学技术在社会与经济生活中的重要地位。该法以第一章第一条明确宣布："要求在完成国家目标中有力地和明显地支持和使用科学技术"；"在国家决策的过程中，体现出科学和技术知识的作用"；"联邦用于科学和技术的资金是对未来的投资，是国家持续进步和人的环境改善所不可少的。因此，应当对科学、工程技术进步持续不断的投资……"这些规定都是"政策性"的，同时又是法律规定，也就是"政策性立法"。

所谓"政策性立法"，就是对政策的法律肯定。因为是法律，所以有法律所具的权威性、强制性、普遍性和稳定性；又因为是"政策性"的，所以能动性较强。上述1976年《美国国家科学技术政策、组织和重点法》的一系列政策性规定，是非贯彻执行不可的。一方面，这体现了它的稳定性，除非修改法律，否则就必须贯彻，不贯彻即为违法。另一方面，又体现了它的能动性，诸如"……有力地和明显地支持和使用科学技术""……对科学、工程技术进行持续不断的投资……"等，都留下了大量的广阔的政策性行为的可能性空间。这里的"有力的""明显的""持续不断的"等要求，就有很大的回旋余地。

第二，部分科技法规范的原则性。不少国家的若干科技进步促进法都规定得比较原则、比较笼统、比较抽象。在必须遵守的"原则"方面，体现了这些科技法规范的稳定性、不可移易性；而在"原则"的前提下，又留下了许多可供人们发挥主观能动性的地方。1983年4月，日本国会通过了《高技术工业集约地区开发促进法》，该法明确规定建立高技术集约城必须遵守以下五项原则：一为在经济上能对周围地区产生有效影响；二为能反映地方特点；三为有利于促进地方政府、大学和企业间的共同研究开发；四为有利于扶植研究开发型企业和培养人才；五为能够促进尖端技术向本地区企业转移。以上五项原则必须遵行，否则便不能在有关地区建立高技术集约城，这表现了该法的稳定性；在以上五项原则的前提下，对周围地区经济发展的有效影响的程度、反映地方特点的方式与程度等，都未做具体规定，可视客观条件与主观需求而做能动的对待与处置，这表现了该法的能动性。

作为稳定性与能动性的统一体的科技社会关系的法律调节，其能动性将越来越得到重视与发展，这是与迅速变动的科技社会关系分不开的，法律调节为要适应所调节的对象，就必须顾及对象的活跃变化。

此外，科技社会关系法律调节的能动性不仅表现在立法调节上，更表现在司法调节等方面，而后者又与科技专家的有效干预有关。

（四）强制性与激励性的统一体

科技社会关系法律调整是强制性与激励性的统一体。法律调节手段的强制性也是它与政策调节、道德调节、经济调节截然不同的重要特点。没有一定的强制性，就没有法律调节可言。在《中国科学技术进步法》的北京试写稿中，大多无"法律责任"的规定或虽有规定却不具体、不够有力。本人主持的《中国科技进步法》上海方案起草组，对此做过深入的讨论，在所起草的沪案中专设了"法律责任"一章，对科技劳动管理机构、科技劳动组织、科技劳动者的违法行为，规定了具体的法律责任。这一立法建议已得到肯定，并为现行《中国科学技术进步法》所接受。这是科技社会关系法律调节强制性的必然要求与必然贯彻，沪案不做此建议，其他方案也势必会提出来。但综观《中国科技进步法》，其中的明显特点就是它的激励性，即激励良好的、协调的、和谐的科技社会关系的建立。例如关于科技进步中技术成果商品化、科研机构改革、鼓励科技人员正当兼职、企业技术进步、农村科技进步、发展高新技术，以及科技的进出口、国际科技合作与交流等等，都有许多激励性的法律规定。如果综观全部中外科学技术法，同样可以得出这一结论。这里仅以发达国家激励企业科技进步的立法为例略做说明。

企业的科技进步对国家有重要的意义，所以各发达国家越来越重视激励企业科技进步的立法。1982年，美国制定了中小企业技术革新促进法。该法规定政府的十一个部、局必须把一定比例的科研经费用在中小企业方面，对每一科研项目发放补助费。1983年法国颁行了企业科研法令，规定国家的科研机构必须把科研经费的3%以上用于500人以下的中小企业技术开发性科研工作。法国的《1986—1988年科研与技术发展计划法》规定了采取税收补贴科研经费的办法。1982年的《计划法》所规定的税收补贴科研经费率为25%，而在新的《计划法》中，这个比率翻了一番，提高到50%。1986年起，法国政府拿出了增值税款中11亿至12亿法郎用于企业的科研经费投入，这对企业的科技进步无疑是极大的刺激与鼓励。日本在企业技术进步方面所采取的激励措施在世界各国中是最详尽、最具体、最有力、最有效的。早在1961年5月6日，日本即颁布了《新技术开发事业团法》，依据该法设立的日本新技术开发事业团是日本科技厅管辖下的特殊法人。该法规定："新技术开发事业团的目的是高效率地进行新技术的开发和有利于新技术之创制的基础性研究，普及开发和基础研究的成果。"该法于1981年5月26日做了修改，使新技术开发事业团在促进企业科技进步方面得以发挥更大的作用。事业团通过技术合同比较合理地解决了研究成果的分享和工业产权归属，有力地保护和激励了新技术所有者和开发企业的积极性。与此相配合，日本文部省所设的《科学研究费补助金制度》，科学技术厅的《发明实施试验补助金制度》和《开发研究设备补助金制度》，其他省厅的《技术改善补助金制度》《重要技术研究开发费补助金制度》《国产技术振兴贷款制度》《新技术等贷款制度》等等，都是以激励技术进步为宗旨的。

科技社会关系法律调节的这种激励性，与刑事、民事社会关系的法律调节形成了鲜明的对比。刑事法规具有强烈的惩戒性特点。一般民事法律规定的法律责任，也总以经济制裁显示其具有惩戒性。科技法则具有更多的激励性，而不是惩戒性。著作权法激励作家与出版家撰写、印行更多更好的著作。专利法激励科技工作者、发明家拿出更多更新的创造发明。高技术区法激励地方（政府和公众）为高技术区的建设投入更多的财力、人力和智力，并按规定建设既能发展高技术，又能防止生态失衡和环境污染的高技术区。试管婴儿法保护试管婴儿及其关系人的权益，激励人类更好地以新的科学方法优化后代的繁殖。器官移植法激励有益于人类、发扬人道主义精神的器官移植事业。

科技社会关系的法律调节的激励性，是社会关系法律调节功能发展的一种重要表现。法律调节功能之从警诫、惩罚为主，向以激励为主的发展，大大拓展了法律发生作用的范围与形式。法律本是人类用来为自己的发展而创造的。当人类对自然、社会的认识水平十分低下时，不得不更多地采取惩戒手段来自我约束。这样，在阶级社会里就很容易异化为一部分人通过惩戒来约束另一部分人的手段。但当人类越来越成为自身的主人时，当人类对自然和社会的认识水平有了极大的提高时，法律就不仅恢复了为人类服务的功能，而且越来越以激励性为特征，变得"可敬"且"可亲"起来。

但法律毕竟还是法律，我们始终必须牢记它的武器是凭借国家暴力机关的强制性。因此，对科技社会关系的法律调节的特点的论断，仍应限于它是强制性与激励性的统一体的范围内。

（五）阶级性与社会性的统一体

科技社会关系的法律调整是阶级性与社会性的统一体。法、法律、法律调节手段的阶级性早已是流行的观点，几成"舆论一律"的定论。然而，如实地观察、分析会发现，而且也应当承认，人类创造法律，运用法律手段，并不是为了自戕。法并不是像传统观点认定的那样起源于奴隶社会。奴隶社会的起点本身都是无法明确具体地界定的。法起源于原始社会向奴隶社会的过渡时期。这一时期，原始公社制度日趋瓦解，私有制逐渐形成，战俘不再被杀被吃，而是被豢养起来从事奴隶劳动；原始公社社员中的一部分人也因债务而逐渐失去了平等成员的资格，为另一部分人所役使；这时还未形成奴隶制的国家政权，国家的地域性特征也未显现。但这时逐渐产生了有强制力保障其实施的社会规范，尽管这些社会规范是口口相传而无明文记载的，尽管这种强制力还只是萌芽状态中的"公共权力"性质。这种规范一方面维护着奴隶主的经济利益，另一方面也维护着战俘奴隶的生存利益。没有后者，新型的奴隶社会不可能因创造更多的物质财富而取代原始社会。也就是说，最初的法律则是与战俘奴隶的最根本利益即生存利益密切相关的，同时也有利于促进社会生产力的发展。它维护新型的生产关系与社会制度。因此，它是进步的与社会发展规律相吻合的法律，社会性正是它的本质属性。即使从仅仅维护奴隶主阶级的政治统治和经济利益这样的角度看，也由于奴隶制形成初期、奴隶制社会的上升时期中，奴隶主阶级是革命的、进步的阶级，正如毛泽东所说的那样是代表革命和进步的"铁老虎""真老虎"。[①]连类而及，维护这一阶级的政治统治与经济利益，也就代表着维护社会进步的利益。这样，即使是在奴隶制社会里，在其初期与中期，其法律的本质也是它的社会性。奴隶制法律的社会性本质是在奴隶主阶级沦为反动的、阻碍封建制生产关系发展的阶级时，才异化为奴隶主阶级的阶级性的。封建社会与资本主义社会初期，封建制法律与资本主义法律也具有社会性的本质；同样，只是在这些社会走下坡路时，地主阶级、资产阶级日暮途穷，逐渐丧失革命性、进步性而演变成为阻碍社会进步的反动阶级时，封建制法律、资本主义法律才是浸透异化了的阶级性本质的。但即使在这一阶段，法律也仍然具有社会性，是阶级性与社会性的对立统一体，而不是像一些人说的那样只有阶级性，没有社会

---

① 《和美国记者安娜·路易斯·斯特朗的谈话》题注："毛泽东一九五八年十二月一日在中共八届六中全会期间写的《关于帝国主义和一切反动派是不是真老虎的问题》一文中指出：'同世界上一切事物无不具有两重性（即对立统一规律）一样，帝国主义和一切反动派也有两重性，它们是真老虎又是纸老虎。历史上奴隶主阶级、封建地主阶级和资产阶级，在它们取得统治权力以前和取得统治权力以后的一段时间内，它们是生气勃勃的，是革命者，是先进者，是真老虎。'"《毛泽东选集》第4卷。

性。① 既然如此,对科技社会关系的法律调整的本质属性认识,就会比较容易趋于客观公正了。

科技社会关系的法律调整与科技法,是在科技活动中产生、为科技发展服务的。除少量科技法由于多种原因起了阻碍科技发展的作用外,绝大部分的科技法都有利于科技社会关系的协调,有利于科学技术的发展,从而有利于从根本上对经济繁荣、生产力进步起促进作用。因此,科技法、科技社会关系的法律调整的本质,是它的社会性。正是在科技法的促进和保障下,通过对科技社会关系的调整,现代科学技术得到了突飞猛进的发展。但另一方面,科技法与其他法律一样,科技社会关系的法律调节与其他社会关系的法律调节一样,主其事者、掌其权者、左右其进退升降宽严繁简者,主要不是被统治阶级,而是统治阶级,因此,不能否定它所同时具有的阶级性。所以,我们认为,科技法、科技社会关系的法律调节,是阶级性与社会性的统一体。在这一方面,科技社会关系法律调节与其他社会关系的法律调节的区别在于,前者所带有的社会性更明显、更强烈,从而成为它的一个鲜明特点。

(六) 滞后性与预期性的统一体

科技社会关系的法律调整是滞后性与预期性的统一体。生活之树常青,而理论是灰色的。与此类似,一般地说,社会关系常新,而它的法律调节却往往是滞后的。如马克思所阐明的那样,法律是既成经济关系的记录,因此,只是在经济关系成熟发展了的地方,才会出现相应的有效调节这些经济关系的法律。但法律调节的滞后性并不是一成不变、僵死固定的。随着人们认识水平的提高,随着法律文化的发展和法制实践经验的积累和丰富,随着科学预测能力的提高与科学预测手段的高度现代化、精密化,法律调节的滞后性程度将日益减低。一般来说,科技社会关系的法律调节中,更多见的是科技法的"超前立法"。

这意味着科技法所调节的科技社会关系,往往是正在形成但尚未定型,已经产生了一定的法制需求但又往往不太明确的社会关系。这时就以制定有关科技法的办法,使这种科技社会关系定型化,使它的法制需求明确化。也就是以科技法促进新的科技社会关系的确立,并保障它的正常发展。例如,著作权法制定之前,作者自己曾千方百计地保护自己的著作权益,但社会并未理会、并未照顾。后来,有的出版者与作者建立了"联合阵线",这是为了保护他们自己的利益。"联合阵线"之外的出版商或其他人士,并不会遵守"联合阵线"内部的各种规定。即使后来出版商的行业公会出面保护作者与出版者的著作权与版权,往往仍然无济于事。最后是国家以社会代表者的"公正面目"出现,承担了制定著作权法的任务。著作权法一经施行,由于它具有一般法的普遍性、稳定性与强制性,有关

---

① 倪正茂:《法律的起源》,《社会科学》1981年第1期。

著作权的科技社会关系就被普遍地、稳定地、强制地加以调节了。

对具体的国家来说，科技社会关系的法律调整的预期性有时表现得更为突出。例如，发达国家针对计算机发展中的社会关系调节问题，业已制定了大批法律法规。这些社会关系调节问题在一些发展中国家目前并不存在，但以后会因发展计算机事业而出现。因此，这些发展中国家往往会未雨绸缪事先立法，以有关立法催生新的科技社会关系，促进与保障有关计算机事业的发展。

由此可见，科技社会关系的法律调节既不能完全摆脱一般法律调节的滞后性，又比一般法律调节有更多的超前性可能，并确已出现了许多"超前立法"，所以，它是滞后性与超前性、预期性的统一体。

科技社会关系法律调节的较强的预期性特点，表明人类创造的法律调节，其功能正逐渐发展得更适合人类的需要，更符合人类的利益，也更表现出了法律手段的积极意义。

五、科技社会关系法律调整的分类

科技社会关系的法律调整手段可以分为以下四类：

（一）科技社会关系的立法调整

科技社会关系的立法调整是指做出立法（或不做出立法）行为，从而对科技社会关系产生有影响的调节作用。

这一方面需要提出来加以讨论的，主要有以下几个问题：其一，立法调节的科学预测与超前立法；其二，立法调节的有机需求与配套立法；其三，科技社会关系立法调节中的立、改、废与科技法的移植；其四，科技社会关系立法调节的地位。现在我们分别研讨一下上述四个方面的问题。

1. 科技社会关系立法调节的科学预测与超前立法

科技社会关系的立法调节的科学预测，是指人们对某一科技法的制定与否及至制定后可能产生的各种效果和未来发展趋势，事先提出的符合客观规律的预见性判断。这种科学预测是立法决策的前提，是优化立法的基础，是改进与完善立法调节的必要的、有效的手段。如果没有科学的立法预测，就不可能正确决定应否就某一方面科技社会关系的调节进行立法，不可能对立法的效果及可能出现的问题、可能的发展方向做出判断，不可能在有关立法出现局部问题时适时地做出修改、废止等等的正确决定。

科技社会关系的立法调节的科学预测，要求充分掌握有关科技社会关系发展的客观规律，调节有关科技社会关系的法制需求，确切地、全面地、具体地估量制定某一科技法的法律调节价值，确定该法的具体目的，从宏观方面考察有关科技法对调节科技社会关系的特殊意义，以及从微观方面衡量有关科技法在调节科技社会关系的某一个或某一些方面的独特作用,从而使制定的科技法高度科学、高度正确、高度适用。

科技社会关系的立法调节的科学预测,要求遵循科学性、系统性、灵活性、连贯性、效能性与综合性等六项主要原则。这里的科学性原则最主要的是指预测的客观性与预测方法的科学性;系统性是指要求运用系统的预测方法,对系统的科技社会关系,进行系统的有机的预测;灵活性是指根据科技活动及科技社会关系的实际状况,不断地适当修正预测范围、预测方向、预测手段及预测结论;连贯性是指特定科技社会关系的预测在时间与空间上的衔接与连贯;效能性是指强调立法预测的效果、功能与作用,不使之流为形式;综合性是指有关预测的全面性、联系性、有机性与整体性。

科技社会关系的立法调节的科学预测的一般程序是:确定预测的目标;做预测前的资料准备、理论准备及其他准备;收集和分析有关科技社会关系及其法律调节需求的信息资料;选择科学预测的方法和技术;做出科技立法调节的法律预测方案;对上述方案进行筛选,最终确定科学预测的结论。此外,当立法工作进行之时,还应做好跟踪预测并及时地做出预测判断的科学结论。

科技社会关系立法调节的科学预测对超前立法有极为重要的意义。这种超前性不是人的头脑的凭空推断与天马行空式的臆想,必须有实际法律需求的根据,因而必须依照有关的科学预测而获得。

日本制定《科学技术厅设置法》的立法依据就是有关的科学预测。20世纪50年代初,日本的科学技术工作是分散交由通商产业、农林水产、运输、邮政等各省去管理的。各省的科学研究与技术开发往往互相重复,浪费了人力、物力、财力和时间,延缓了科技的发展。各省厅的有关指令又多有互相抵牾之处,因而影响了相互关系及本省厅政令的执行。于是,产生了统一协调全国科技活动管理工作的需要。再加上当时又出现了发展原子能事业以充分供电的紧迫需要,从而在科技行政社会关系上产生了一系列新问题、新矛盾、新需求。因此,日本国会在充分调查、科学预测的基础上,于1956年通过了《科学技术厅设置法》,设科学技术厅于内阁总理府之下,直属内阁总理府,用以协调各省、厅的科技行政管理活动。在日本,总理府与各省的地位是平等的。省下设厅,厅下设局,局下设课。各自的地位与权限逐级递减。这是既定而行之已久的科技行政社会关系准则,且有法律规定作为保障。依据科学预测通过法律而设立科学技术厅,使之具有"超级"的管理、协调全国科技行政关系的权力,无异于建立起一种新的科技社会关系及相应的行为准则。日本科学技术厅之设对该国的科技进步起了举足轻重的影响,超前的《科学技术厅设置法》为实践所证明是十分正确、十分及时的,而其基础就是有关立法的科学预测。

2. 科技社会关系立法调节的有机需求与配套立法

(1)日本的经验。科技社会关系的立法调节既不能"头痛医头,脚痛医脚",也不能"眉毛胡子一把抓"地不分主次轻重与前后缓急。其原因在于科技社会关系本身是一个有机的整体,它不是分散割裂的,不是支离破碎的,不是静止僵化的。因此,它的存在，由于它的存在所产生的矛盾、冲突、摩擦也是互相联系、互相依存、共荣同衰、此呼彼应的。科技劳动人员、科技劳动组织、科技劳动管理机构自身之间、相互之间所构成的错综复杂的科技社会关系形成一个繁杂的巨大网络。有关的立法调节必须顾及它们的相互联系、相互衔接、相互照应。因此，科技立法不应是单打一的，而应是配套成龙、形成网络、成为体系的。这一方面，日本是一个典型的佳例。笔者在《发达国家新技术革命立法总论》[①]一文中，曾对此做过比较全面的综述，认为日本之高度重视科技立法，有以下几点特别值得我们注意：

一是齐全完整。据初步统计，1986年前日本有关科技的法规有200多个，其内容包括：科技行政机关的设置法、组织令和组织规则（如《科学技术厅组织规则》等）；科学研究机构的设置法和组织法（如《航空宇宙技术研究所组织规则》《无机材料研究所组织规则》《水户原子能事务所组织规程》等）；科技行政机关和研究机构的定员法（如《行政机关职员定员法》《行政机关职员定员令》）；科技咨询机构的设置法和组织法（如《科学技术会议设置法》《海洋开发审议会令》《技术士审议会令》等）；关于科技法人团体的法令和规则（分"特殊法人"法，如《理化研究所法》《新技术开发事业团法》《日本原子力研究所法》等；"公益法人"法，如《内阁总理大臣管辖的公益法人的设立与监督规则》《许可认可等临时措置令》等）；关于科技发展的直接立法（如《原子能基本法》《核燃料物质的使用规则》等）；关于科技发展的相关法令（如《所得税法》《法人税法》《物品税法》等）；有关对外科技合作的立法（如《日本与法兰西科技合作协定》等）。此外还有发展科技或产业技术的各种重大措施和政策的法令。

二是环环相扣，匹配成龙。例如从时间序列来看，日本政府于1956年颁发了《机械工业振兴临时措施法》；1957年颁发了《电子工业振兴临时措施法》，原定施行五年，后来由于效果显著而一再延长；1971年3月，根据新的形势和要求，颁布了《特定电子工业和特定机械工业振兴临时措施法》，用以代替前者；1978年又颁发了《特定机械情报产业振兴临时措施法》。这一系列法规内容有联系，法规具有连续性，如《特定电子工业和特定机械工业振兴临时措施法》是针对发展电子工业和机械工业的要求制定的，当取得相当成就，具备了一定基础后，振兴重点应转移到以增进电子技术和自动化技术为内容的高效产品方面来，所以在1978年以新的立法予以取代。又如从法的制定、实施来看，几乎每一个重要立法，都有一整套的相关法令与之配合。如当颁布《防止由于放射性同位素引起的放射线病法》后，即颁行了有关的《施行令》和《实施细则》；颁布《海洋科学中心法》后，即颁布有关的《施行令》《实施细则》以及《关于海洋科学技术中心财务和会计的总理府令》。

三为以有法律效力的各种"制度""计划"与法律法令结合，使立法效果更为突出。

---

① 《科技立法研究文集（二）》，科学技术文献出版社1990年版，第1页。

如 1966 年日本颁布了《大型工业技术研究制度》，1980 年颁布了《下一代产业基础技术研究开发制度》，接着又推出《推进创造性科学技术制度》（1981）、《第五代电子计算机研究开发十年规划》（1982）、《原子能开发利用长远规划》（1982）、《关于研究开发生命科学中先导性、基础性技术的基本计划》（1984）、《宇宙开发大纲》（1984）、《激光研究五年计划》（1986）等等。

（2）立法机构方面的"三结合"。为了适应科技社会关系立法调节的有机需求，做到配套立法，窃以为必须注意以下几个"三结合"：

首先是中央立法领导机构、受委托的部门立法起草机构和地方立法机构的三结合。

健全的立法机构，是科技立法顺利进行的前提和基础。鉴于我国社会主义法制建设起步伊始、人员缺乏、机构不健全、经验不丰富，就立法机构问题做必要的探讨，在当前是十分重要的。

我国的宪法规定：全国人民代表大会行使制定和修改基本法律的职权；全国人民代表大会常务委员会行使"制定和修改除应当由全国人民代表大会制定的法律以外的其他法律"的职权（第六十七条第二款）；国务院行使"根据宪法和法律，规定行政措施，制定行政法规，发布决定和命令"的职权（第八十九条第一款）；国务院"各部、各委员会根据法律和国务院的行政法规、决定、命令，在本部门的权限内，发布命令、指示和规章"（第九十条第二款）；"省、直辖市的人民代表大会和它们的常务委员会，在不同宪法、法律、行政法规相抵触的前提下，可以制定地方性法规，报全国人民代表大会常务委员会备案"（第一百条）。

如果撇开国务院系统的行政法规不谈，有关科技进步的立法权，是由全国人大及其常委会、省与直辖市的人大及其常委会行使的。这样，就有了中央立法机构和地方立法机构两级行使立法权的代表机关。作为中央立法机构的我国全国人民代表大会及其常务委员会，不像美国国会那样，下辖许多分工明确、职能具体、专家云集的科学技术专业委员会，因此，对科技立法职权的行使，除最终的审议、批准之外，主要是对科技立法工作进行领导。而由此就在相当大的程度上，加重了受委托的部门立法起草机构的工作责任。因此，从我国立法机构的实际情况出发，首先应注重加强中央立法领导机构、受委托的部门的立法起草机构和地方立法机构的三结合问题。

以《技术合同法》为例，受委托起草《技术合同法》的国家科委政策局，在该法的起草工作中，起了特别重大的作用。该法起草工作完成后，应提交全国人大常委会审议通过，然后付诸实施。与此同时，以及该法颁行之后，省和直辖市的人大及其常委会可以而且应该依据该法，针对本省市的情况，制定相应的地方性法规。这里，受委托的《技术合同法》起草部门国家科委政策局，负有特别重大的责任；而全国人大常委会的有关部门（法制工作委员会）则起着领导作用。人大、科委、地方人大紧密配合，是使《技术合同法》得以顺利起草、通过、施行并取得实效的关键。如果科委政策局对人大委托起草该法的意图不明，或者人大对科委政策局的这一工作领导不具体、信息不沟通、支持不力，或者地方立法未予积极配合，都可能使技术合同的立法、技术合同法的实施受影响，从而阻碍科学技术的进步。《技术合同法》的立法问题如此，科技进步的其他立法也大体如此。

为了使中央立法领导机构、受委托的部门立法起草机构和地方立法机构的三结合得以奏效，收取科技立法之全功，我们认为，要注意以下三点：

第一，科技立法以至整个科技法制应有周密的统一规划。这一规划，责无旁贷地应由全国人大、人大常委会的有关机构承担。

第二，科技立法规则的实施，由国家科委在全国人大有关机构的领导下，负责组织各部、委或其他机构的相应部门（如条法局、研究所等），分工起草规划规定的科技法规。在起草过程中，全国人大有关机构应做及时的具体的指导，传递有关信息；国家科委有关部门如政策局，应负责汇总情况、检查督促、组织协调，并将有关信息及时向省、直辖市人大有关机关发布。

第三，地方立法机构应主动配合中央立法机构，提供信息、收集意见，并及时采取措施准备进行地方立法，使全国性立法一旦通过，地方立法能紧紧跟上，与之配套。地方立法机构与中央有关部门的信息沟通，由全国人大有关部门负责组织。

科技立法在我国基本上还是一个新问题，科技法律又有其与其他法律较大的区别，科技立法机构的建立、健全和配合、运行，也是一个新的问题。对此应加强研究，不断根据国外的成功经验与我国的具体实践加以调整，使我国的科技立法机构日臻完善，使我国的科技立法计日程功。

其次是关于立法规划的"三结合"。

科技立法的近期规划、中期规划、长期规划"三结合"，有两种含义：其一为制定科技法有时间上的安排；其二为所立的科技法实施期限。对这两方面做出精心设计，是科技立法工作的计划性、审慎性、科学性、预期性与严密性的体现。"头痛医头，脚痛医脚""临时抱佛脚"式的立法，对科技发展是不利的。鉴于新技术革命时代科学技术发展的迅速性，更有必要事先严密考虑上述两种含义上的近期立法、中期立法与长期立法三结合。

第一，在时间上对制定科技法的安排。

科技法的制定，要具备充分的先决条件，其中主要有两个方面：一为立法要求的成熟；二为有足够的立法工作者。

从我们的主观要求来说，当然最好是一下子就把凡能预见有必要制定的科技法全部制定出来，以备不时之需。但是，客观上科技法所调整的科技社会关系，有的已经形成，有的正在形成，有的则可能形成而尚未开始发生，也就是立法要求的成熟程度，是互有区别的。对于已经形成而且急需科技法予以调整的科技社会关系，必须加紧立法，列入近期立法的规划中去。对于正在形成而必定要求予以法律调节的科技社会关系，应当加紧调查研究，全面收集立法要求的信息，做好充分的立法准备工作，把有关的科技法列入中期立法的规划中去。对于尚未开始形成而有可能形成的科技社会关系，应当加强预测研究，广泛搜集国外同类科技立法的有关信息，列入长期立法的规划中去。把这三者紧密地结合起来，有目的、有计划、有部署地进行科技立法工作，经过相当长时间的努力，完全可能形成我国的科技法体系。

立法工作要靠人去做，如果缺乏足够的立法工作者，或者立法工作者的经验不够丰富，任何一部科技法都不可能制定出来，或者制定得不够理想。从我国实际情况来看，立法工作人员本来就是十分欠缺，而既懂法律，又懂科学技术，能够应付裕如地从事科技立法的专门家更为缺乏。这对科技立法规划的实现，无疑是一个严重的问题。为此，必须在制定科技立法规划时，按"有足够的立法工作者"作为立法先决条件、立法的可行性因素加以考虑，要加强科技立法工作者的培养，形成梯形结构，使近期立法、中期立法、长期立法都"行之有人""行之有效"。

第二，在实施期限上的科技立法规划问题。

科技法调整科技社会关系，受科技社会关系的稳定性程度的制约。法律只对必须调整的社会关系起调整作用，社会关系如果变化了，调整该社会关系的法律也随之改变。我国的政治体制改革、经济体制改革、科技体制改革和教育体制改革正在进行。改革的过程中，旧的科技社会关系必将为新型科技社会关系所取代，科技机构、科技人员等相互之间的权利和义务关系趋向于更加合理的构筑。同时，科技进步本身，尤其是新技术革命的发展，也会引致科技社会关系的变动。这样，就提出了以长期起作用的科技法调整稳定的科技社会关系，以中期起作用的科技法调整只是在若干年（如10年）以后才会起变化的科技社会关系，以短期起作用的科技法调整在变化中的科技社会关系的立法要求。而这，就形成了近期、中期、长期科技立法规划之分。把三者有机地结合起来，形成前后呼应、互相连贯、有机配合的科技立法结构，就能使我们在科学技术事业的发展中，始终有法可依。

从国家科委征求各地意见后提出的立法设想看，《科学研究联合体条例》《科学技术工作者聘任条例》《科学技术业余劳动条例》《国家重大科学技术项目拨款条例》《星火计划条例》《科学和技术成果推广应用条例》《引进技术消化、吸收和发展条例》《技术引进管理条例》《技术出口管理条例》《智力引进暂行条例》《技术市场管理条例》《关于扩大科研所自主权的规定》《关于改革科技拨款制度的暂行规定》《关于促进科技人员合理流动的规定》《关于选派出国留学生计划管理条例》《关于科技人员继续教育的暂行规定》等，由于所调整的科技社会关系受改革进程的影响较大，可以列入近期立法规划；《原子能法》《核设施安全管理条例》《激光安全防护条例》《国家科学技术振兴法》《国家科学技术基金法》《科学技术情报工作条例》《科学技术档案工作条例》《生物工程开发条例》《著作权法》《技术合同法》《国家科学技术委员会章程》《中国科学院章程》《科学院士条例》等，由于调整的社会关系比较稳定，要求以法律保护有关社会关系的长期稳定，可以列入长期立法规划。其他如《科学技术奖励法》《科学技术可行性论证条例》《科学技术评价工作条例》《科学技术劳动法》《科学研究所法》等，则可列入中期立法规划。

两种意义上的近期、中期、长期紧密地有机地结合的科技立法规划的设计，无疑要求有强有力的领导机构承担，全国人大的有关部门应积极做好这项工作或委托国家科委政策局做好这项工作。

再次是关于基础性立法、高技术立法与相关性立法的"三结合"。

新技术革命不是单一学科和单一技术部门的革命，它可能在某一个或某几个高技术领域取得突破性进展，从而带动其他领域以前所未有的高速度前进。但该高技术领域必定有其庞大而坚实的科学技术基础，其他领域也不可能与该高技术领域在水平上有天壤之差。可以说，新技术革命是科学技术全方位的立体式的推进和突变。因此，保证新技术革命的科技立法，也应是全方位的立体式的。发达国家新技术革命正是在基础性立法、高技术立法和相关性立法三结合健全发展的条件下取得初步成功的。

我国迎接新技术革命的法律调节措施方面，从当前来说，如前所述，不能急于求成地草率立法，不可能全面开展科技立法。但从长远来看，必须达到基础性立法、高技术立法与相关性立法三结合的全面发展。因此，从现在开始，就应当着手准备。

关于基础性立法，由于其"基础性"，因此应当先行。基础性立法主要包括宪法、科技进步领导机构法、科研机构法、科技进步促进法、教育立法、科技研究资金立法。除宪法外，我国的科技进步基础性立法基本上尚付阙如。我们认为，最基本的教育法是保证科技进步基础的基础，应当不遗余力地予以加强。日本在第二次世界大战后以坚定有力的教育立法保证了教育事业的发展，为尔后的科技飞跃发展造成了雄厚的人才基础。美国在第二次世界大战行将结束的时候，以及在苏联发射世界上第一颗人造地球卫星后的次年1958年至1965年，先后多次颁行特定的教育法，把大批美军战士培养成为大学生，而后又培养为博士生，对美国科技的发展起了重要的作用。我国现有2亿以上的文盲，且呈增加趋势；原计划将增加高等学校招生名额，又因为财政困难有时反比往年少招等等。这说明，教育事业的发展仍未被放在极端重要的位置上，以宁肯咬牙度日也要把教育搞上去的"破釜沉舟"的精神对待之，这样，教育立法的加强才会显得必要与紧迫了。此外，科技进步促进法作为科技发展的基本法，发达国家都十分重视，应放在第一位作为先决性立法措施予以加强。我们已经制定《科技进步法》这一基本法，现在应考虑它的配套之法。

高技术立法直接关系到特定高技术领域的发展。国外的高技术立法，如信息技术立法、原子能立法、海洋工程立法、空间技术立法、新材料技术立法、生物技术立法，以及高技术城区立法，都发展得比较迅速。我国在实施"星火计划"的同时，已决定在生物技术、海洋工程、空间技术、微电子技术等若干高技术领域大力攻关。这将对我国高技术发展产生重大的影响。为此，有关高技术领域的特定立法，必须紧紧跟上。我们认为，这些特定领域的高技术立法，必须以具体、详尽、周密、系统、完备为原则。某些方面立法的"原则性"方法，绝不应照搬到高技术领域的立法中来。在高技术立法中，应当牢固地、紧密地建立立法领导工作者、科技专家与法学家的三结合关系，有关立法必须丝丝入扣、一丝不苟地符合科技发展规律与法学原理。在这方面，任何"大而豁之""粗枝大叶"都是绝对要不得的。

科技进步的相关性立法，有的实际上是带基础性的，如专利法、标准化法；有的则与其他领域的社会关系的调整也相关，是一种调整各种社会关系的共同性立法，如税法、合同法、运输法等；还有的则与科技进步的消极影响的预防有较直接的关系，如环境保护法、生态平衡保护法等。科技进步的相关性立法，在我国已取得相当的发展，但还有进一步加强的必要。专利法仅仅是智力成果权的法律保护的一个方面，著作权法以及其他智力成果权保护法的配套法规，还应进一步健全。我们的税法、合同法与科技进步的关系中，还有一系列问题尚待解决。环境与生态的法律保护，有其一般性法律措施与特殊法律措施的分别。我国与高技术发展相关的环境与生态的法律保护措施，还相当不健全，这一方面的立法，无疑应予加强。

前面说过，新技术革命立法应是全方位、立体式地开展的，这就需要基础性立法、高技术立法与相关性立法不仅要各个加强，而且要紧密结合。例如，基础性立法应有专门部分对高技术发展做出促进和保障的规定，而高技术立法对特定高技术领域的促进，还有待相关立法给予支持。这样，基础性立法、高技术立法、相关立法的有机的三结合，就成了立法者与立法研究工作者应予注意的重心。

在这一方面，还应强调的是，迎接新技术革命的基础性立法、高技术立法和相关性立法，应当随着国情、国力的发展，结合新技术革命发展的客观规律与实际进程，以动态有序的态势相机发展，不能墨守成规，不能"一劳永逸"，三者的结合，是动态的结合，有机的结合，在发展中结合，在结合中发展。我们相信，经过一定时间的努力，完全可能建立有中国特色的新技术革命法律体系，从而为中华科技的振兴与腾飞做出特殊的贡献。

3. 科技社会关系立法调节中的立、改、废问题

任何法律部门的立法，都有立、改、废的问题。但由于科学技术是生产力发展中最活跃的、最革命的因素，新技术革命时代科技发展极其迅速，所有关于科技的社会关系的变动，都比别的方面社会关系的变动更加迅速。因此，科技立法中的立、改、废问题，比一般立法中的立、改、废问题更应引起重视，力求立、改、废及时地三结合式地进行。

这里，必须解决"法的稳定性"与科技立法迅速变化的矛盾问题。作为法，科技法当然应该遵循"法的稳定性"原则。但是，"法的稳定性"是相对的，管三百年是稳定的，管三百天未必就不是稳定的。观察"稳定"与否的标准，不在于时效的长短，而取决于所调整的社会关系是否变动。如果某一法律所调整的社会关系已经发生了质的变化而法律未予废弃或修改，那么，这样的"法的稳定性"起了适得其反的作用，成了社会关系调节的阻力。可见，随社会关系的质变而及时修改、废弃旧法与创立新法，是客观的需要；其时间尺度上即使为期甚短，也无可非议。

我们提到了"社会关系质变"的概念，包括科技发展所引起的社会关系某一方面或几个方面的质的规定性的改变。这不能理解为"阶级性关系的改变"，例如从"阶级剥削"变为非剥削关系，或者由非剥削关系变为"阶级剥削关系"。在我国"三大改造"完成以后，剥削阶级已渐趋消灭，科技领域的社会关系已不存在阶级剥削关系。但科技领域社会关系的变化仍有量与质的区分。例如，公有制度的量变，可能导致集体所有制关系变化为全民所有制关系，或者逆方向地由全民所有制关系变化为集体所有制关系；指令性计划关系可能变化为指导性计划关系，或者指导性计划关系转变为指令性计划关系；产品性关系转化为商品性关系，或者商品性关系转化为产品性关系；有偿合同关系转化为无偿协作关系，或无偿协作关系转化为有偿合同关系等。

当科技发展引起相关的社会关系发生质变时，调整过时的社会关系的科技法，就同样地过时了，必须及时地废弃、修改，并以新法取代旧法。

为了做到立、改、废的紧密结合、不失时机、行之有效，必须加强科技法制实施情况的跟踪调查、信息收集、问题分析。对策研究，从而为立、改、废做出决策。

由于科学技术发展近乎"瞬息万变"，某些方面的社会关系的调整对科技的进一步发展又有决定性的意义。因此，有关立法不应中断。这样，立、改、废的紧密结合就应特别重视。已立之法，不能与旧法并列，因而要求"废"得及时；一法之"废"，不能造成空白，因而要求"立"得及时；同样的道理，法的修改不能旷日持久、迟疑不决。日本在振兴机电工业方面三项重大立法环环相扣的经验，是值得认真学习的。如果我们也能做到科技立法的前后相随、有机连贯、互相呼应，使立、改、废得以紧密结合，那么，科技进步的成效，必将日益明显，与时俱增。

4. 国际立法经验的"三结合"

为了使我国科技社会关系立法调节中的立、改、废得以科学地、有效地进行，我以为应当认真总结社会主义国家、发达资本主义国家和发展中国家迎接新技术革命立法对策的三结合经验。

时处新技术革命浪潮汹涌澎湃的当代，世界各国无不因这一浪潮的猛烈激荡而纷纷采取各种法律对策，其中有成功的经验，也有失败的教训。为了使我国在新技术革命中求得最佳的法律对策，无疑应当借鉴国外的经验与教训。

作为借鉴对象的"外国"，大体可以分类三类：（1）社会主义国家（主要指发达社会主义国家）；（2）发达资本主义国家；（3）发展中国家。这三类国家在科技进步方面各有不同的特点，又有相同的情况。将这三类国家迎接新技术革命的法律对策的经验结合起来，可收"扬长避短""取长补短"之利，以"他山之石"来"攻我之玉"。清人阮元《吴兴杂诗》云："深处种菱浅种稻，不深不浅种荷花。"我们认为，利用国外经验的三结合，正可使我国在迎接新技术革命中采取法律调节手段时得心应手、应付裕如，适时适地"种菱""种稻""种荷花"，全面展开，全面得益。

借鉴国外经验教训时，首先必须考虑到这三类国家的不同特点。

一为社会制度不同。社会主义国家实行生产资料公有制或多种形式所有制，由无产阶级专政；发达资本主义国家实行生产资料私有制且走上垄断资本主义阶段，实行资产阶级专政；发展中国家大多处在资本主义制度下，实行生产资料私有制和资产阶级专政。从社会制度的不同点出发，凡与社会制度直接联系的迎接新技术革命的法律对策，我们一般适宜学习社会主义国家的。

二为管理体制的不同。社会主义国家在科技与经济的管理体制上，集权程度较高；发达资本主义国家情况不一，美英等国分权程度高，法国集权程度较高，但各国都处在改革的过程中，趋向于建立一种集权与分权适度结合的体制；发展中国家大多在经济上采取分权管理体制，而在发展新技术、高技术方面，又力求实行集权管理体制，以便集中人力、物力、财力于科技发展，与发达国家缩短差距。我国经济体制与科研体制的改革方兴未艾，怎样以法律手段肯定体制改革的成果，从国外借鉴什么经验，都应认真调查研究。

三为科学技术发展的基础与水平不同。发达资本主义国家的科技发展已经有了一二百年的基础，达到了较高的水平。美国的"星球大战计划"、西欧的"尤里卡计划"、日本的科技政策大纲，都建立在科技高水平的基础上，苏联的科技在世界各国中也曾处于领导地位。这些国家的科技法制与其他国家的科技法制，无论在立法目的、立法内容、立法措施上，还是在司法、守法上，都不可相提并论，同日而语。借鉴他们的经验时，尤其要谨慎鉴别、谨慎选择。此外，这三类国家由于科技发展的水平不同，其科技立法的起步早晚也大相径庭。起步早的，可能积累了比较多的经验；但这些经验又往往受时代的局限，未必都能为今天所用。起步晚的，可能已经总结、综合了别国的经验，特别值得我们重视。

5. 科技社会关系立法调节的地位

科技社会关系立法调节的地位问题，实际上就是它与司法调节、执法调节、守法调节的关系问题，这可以从以下几方面进行分析。

其一，法律调节的基础、前提和依据。

科技社会关系立法调节是司法调节、执法调节、守法调节的基础、前提与依据。司法、执法、守法之"法"，就是依靠立法而产生的。因此，立法是前提与先导，是科技社会关系全部法律调节手段的基础与依据。正因如此，几乎所有的发达国家都十分重视科技立法，在新技术革命时代到来之际尤其如此。我们以美国为例略做说明。美国之所以成为世界新技术革命立法的主导者，首先应归功于美国战后科技发展战略的奠基人万尼伐尔·布什。战后不久，应富兰克林·罗斯福总统委托，布什于1945年发表了《科学：无止境的前沿》政策研究报告。根据这一报告提出的基本思想与原则，美国联邦政府自1946年公布《原子能法》后开始了连续不断地促进新技术革命的立法活动。从对我国有借鉴意义的角度上看，美国新技术革命的立法可以大致分为基础性立法、综合与相关性立法、特定性立法。

所谓基础性立法，就是通过立法手段奠定与保障科学技术的"软件"与"硬件"基础，除宪法外，其主要内容有：

（1）颁布《1976年国家科技政策、组织与优先法》，弥补了宪法在科学条款方面的缺陷以确保科学技术在社会发展中的应有地位；指出科学技术基本政策与优先目标；确立在维护公民个人基本权益前提下，国家在发展科技方面的决定性作用与责任，并明确授权政府对全国科学活动予以必要的指导、协调与管理；建立、完善美国最高级的领导科技活动的组织体系并规定了科学化的管理与决策程度；规定了专家参与国家科技决策的原则。

（2）颁布《1969年环境政策法》等许多环境保护法律，防止新技术发展带来的不良后果并保障公众对政策决策的参与，使技术发展朝社会进步的方向发展。

（3）颁布《1972年技术评估法》，建立国会技术评价局，将技术评价纳入决策程序的基本环节中，以有助于最高领导层解决技术化社会中产生的无数新的决策难题。

（4）颁布《1958年国防教育法》《1984年经济保障教育法》等数十部科学教育法令，以加强对科学教育薄弱环节的重点连续投资，发展"新三艺"与计算机教育，对天才学生的优惠培养，进行以中小学与大学教育为主的多种形式科学教育活动（包括在职教育与终生教育），从而既保证基础科学知识普及以满足全社会对拥有新技能的一般劳动者的需求，又确保高级人才的特殊培养以提供前沿科技领域开拓所必不可少的后备力量。

（5）颁布《1950年国家科学基金会法》并予以多次修改以加强多功能的科学基金制度，授权国家科学基金会资助全国科学技术基础研究与关键性领域应用研究，奖励有杰出贡献的科研人员（特别是有发展前途的年轻人才），促进对外科技合作，协助政府科技决策。

（6）颁布《1965年政府科技服务法》等法令，建立国家科技情报管理体制与信息网络。

所谓综合与相关性立法主要以综合经济技术立法手段促进高技术发明与应用，激励与保护高技术产业的发展。其主要内容有：

（1）颁布《1980年政府专利政策法》《1980年专利与商标法修正案》等法令。允许同联邦政府订立合同的学术机构与小企业获得技术专利所有权及大企业的技术专利使用权，强制技术专利商业化应用。

（2）颁布《1980年斯蒂文生－威德勒技术革新法》，以确立政府技术革新基本政策，建立新技术应用推广的管理体制，开展大规模技术转让活动（特别是促使军事部门向民间企业转移技术成果与设备）。

（3）颁布《1981年经济复兴税法》，大幅度削减投资收益税，加速企业设备折旧，以激励高技术风险企业的创立与发展。

（4）运用反托拉斯法维护高技术企业的自由竞争，同时对反托拉斯法做重大修改，并颁布《1984年国家合作研究法》等法令以保护高技术企业的横向联合研究开发。

（5）修改《技术出口管理条例》《贸易扩大法》等法令与条例，加强尖端技术保密措施，改善高技术产品贸易环境。

所谓特定性立法，就是各高技术行业的专门立法，包括核能与新能源，海洋、空间、信息、生物科学技术立法。

（1）原子能与新能源立法。其主要内容有：

一为颁布《1946年原子能法》并在1954年予以修订，以这项基本法令为核心，建立了包括《1977年能源部组织法》《1978年能源税收法》《1978年铀矿尾矿辐射控制法》《1978年核能不扩散法》等数十项法令的原子能法律体系，并特别注重核安全法规系统的健全。

一为颁布《1974年太阳能研究、发展与实验法》《1974年太阳能加热与制冷实验法》《1978年地热蒸汽法》《1974年地热能研究、发展与实验法》《1974年国家海洋热能研究、技术发展与技术论证法》《1980年海洋热能转换法》《1975年联邦非核能源研究和发展法》《甲烷作为燃料免税使用法》《1980年风能系统法》《1983年可再生能源产业发展法》等数十项法令，投资与资助开展新能源研究开发与设备建造，责成联邦政府与州政府通过税收与信贷优惠等经济手段建立可再生能源产业。

（2）海洋科学技术立法。其主要内容有：

一为颁布海洋科技基本法——《1966年海洋资源与工程发展法》，确立海洋科学研究、资源开发与环境保护的基本政策，并通过它与其他联邦法令促进海洋科学研究，发展工程力量，改进海洋科学教育与技术训练。

二为颁布《1953年海底土地法》《1953年外大陆架土地法》，解决海洋石油开发所有权与管辖权纠纷。

三为颁布《1980年深海底固体矿物资源法》，在深海底开发国际制度建立前，通过国内立法手段管理与保护美国公民及其组织对深海底锰、钴等战略资源的勘探与商业性开发。

四为颁布《1972年海洋倾废法》《1972年联邦水污染控制法》等数十项法令，防止高技术发展可能对海洋自然环境造成的污染。

（3）空间科学技术立法。其主要内容有：

一为颁布《1958年国家航空与空间法》并予以多次修订，建立空间大科技研究开发管理体制、解决空间运载工具使用者责任保险与赔偿以及空间犯罪问题。

二为颁布《1962年通信卫星法》，由联邦政府与私人企业共同开展通信技术商业化应用活动。

三为在《1958年联邦航空法》及其修正案、《国家航空与空间法》、《武器出口管理法》及其修正案、《1934年通信法》、《1962年通信卫星法》等现行法令对太空工业与商业化活动进行调节的同时，积极酝酿和颁布了新的太空工业与商业化特定法令，如《1984年地面遥感商业化法》《1984年商业空间发射法》等。

（4）计算机立法。其主要内容有：

一为1976年、1980年、1982年三次修改《版权法》，将计算机软件列入版权保护范围内。

二为颁布《1984年半导体芯片保护法》，对半导体芯片知识产权给予保护。

三为颁布《1966年信息自由法》并在1974年予以修订，确立政府信息向民众公开化条例，并注意涉及国家安全的档案数据的保密。

四为颁布《1974年保密法》《1977年综合保密权利法》，以防止计算机技术应用可能造成的对公民隐私权的侵犯。

五为颁布《1977年联邦计算机系统保护法》《1978年联邦电子基金转换法》及其1979年与1983年的修正案，以防止欺诈性档案或数据进入计算机系统，防止非法使用与计算机有关设备，防止毁灭信息资料与档案，防止以电子手段或其他方式偷窃钱财、金融证券或资料等，特别是防止侵害电子基金转换系统。进入80年代后，又颁布了《1984年小企业计算机安全与教育法》《1984年仿造信息存取设备与计算机欺诈和滥用法》《1984年信用卡欺诈法》，以进一步充实计算机立法内容。

（5）生物科学技术立法。其主要内容有：

一为颁布《1976年国立卫生院重组DNA分子研究准则》以对重组DNA技术研究实验予以必要的控制与管理。随后根据技术进展对准则中的限制条款予以放宽或取消，保证生物技术研究在维护社会环境的前提下得以发展。

二为公布基因疗法准则条例，允许体细胞而不是生殖细胞的基因治疗。

三为通过地方初审法院禁止生物战争实验。

四为在运用《有毒物质控制法》等现行非特定法令调节重组DNA技术工业与商业应用，特别在数据收集、检查监督、风险评估等方面的同时，酝酿颁布了《生物工艺学条例》。

五为通过最高法院判例对含有重组DNA技术的活体微生物予以专利保护并加入《1977年（为申请专利的）微生物备案取得国际承认条约》，对某一类植物新品种发明提供专门法和专利法双重保护，对某一项发明提供专门法或专利法的非双重保护等。

六为将自发性脑活动丧失的死亡标准的规定列入大多数地方州法中。

七为允许人工授精技术运用的规定被列入联邦法典中。

八为胚胎转移、试管婴儿培育技术应用的合法性已为大多数地方立法认可。

其二，法律调节的价值体现。

科技社会关系的司法调节、执法调节与守法调节,是立法调节的价值体现。

"徒法不足以自行。"如果有了一个好的立法,却得不到认真的实施,无人认真遵守,那么,它就只是一纸空文。因此,必须依靠司法、执法人员去司法、执法,靠广大公众,首先是广大科技人员自觉地守法。这里,有一个立法调节的价值体现的理论问题。

马克思曾经说过,共产主义"从一开始就是现实的和直接追求实效的"[①]。1985年,在党的全国代表会议上,邓小平同志强调地重申了这一马克思主义的原则。他指出,在改革时期的各项工作中,一定要讲求经济效益和总的社会效益,要以社会效益为一切活动的唯一准则。这就是马克思主义价值理论中的实效原则。实效是在实践中形成的价值事实。"实效"与"虚效"(虚假效益)相对立。实效原则要求在评价中,特别是社会评价中,要注重实效、实绩、实践的结果和发展的需要。对于科技社会关系的立法调节的价值体现,就看它是否具有实效、实绩,而这种实效、实绩离开司法调节、执法调节与守法调节就必定无从体现。因此,一方面立法调节是司法调节等的前提;另一方面,立法调节又时时依靠司法调节来完成其价值实现。总之,这两个方面是相互依存、不可或缺的,应当相互促进、相得益彰。

(二) 科技社会关系的司法调整

科技社会关系的司法调节问题,有以下几个主要方面应予探讨:科技社会关系司法调节的必要性;科技社会关系司法调节的根本原则与主要依据;科技社会关系司法调节的方式与司法实践问题。

1. 司法调节的必要性

司法调节的必要性的道理,是简单浅显而且几乎是不言自明,应当人人皆知的。但是,在科技社会关系的法律调节的实践中,至少就我国此前的状况而言,真正痛切感受到并深刻认识到加强这一方面工作的必要性的人还不多。所以,我们提将出来予以论述。为了论述的方便与易于被读者认同,我们先看一些具体的例子。

北京市中级人民法院经济庭的吴铭先生在《审理技术合同纠纷案件的几点体会和看法》[②]一文中指出:自1987年到1992年8月底,北京市中级人民法院共受理技术合同纠纷案件110余件,其中技术转让合同(含专利实施许可合同)纠纷最多,近70件;专利申请权和专利权转让合同纠纷3件,其他技术合同纠纷(包括技术开发、技术咨询、技术服务)40余件。从审判实践看,虽然每案问题各异,但归纳起来主要是"合同性质的确定""无效技术合同的认定及处理""技术鉴定的适用"等三个方面。例如杜某与某化工厂技术转让合同纠纷案:杜某与化工厂口头商定转让丙烯酸亚光漆技术,杜某提供厂房设备

---

① 《马克思恩格斯全集》第42卷,第121页。
② 《科技与法律》1992年第4期,第13—17页。

图纸、设备选型、设备安装及技术配方，并培训了两人。后来杜某从报刊上获悉该化工厂试制丙烯酸亚光漆成功，年产值100万元，获利税近20万元，遂要求化工厂给付技术转让费5万元，但化工厂未予同意给付，于是杜某诉至法院。一审法院以双方口头协议无效为由驳回杜某的诉讼请求。杜某上诉后，二审法院认为：双方口头协议应属无效，鉴于杜某实际上完成了技术转让，化工厂也确实因此获利，故应从实际出发对该案改判，由化工厂支付杜某适当的经济补偿及技术泄露费。吴铭同志的文章还指出，在技术合同纠纷案件的审判实践中，常常会碰到一些因现行有关法律规定太笼统或因法无明文规定，造成审理困难。如我国《技术合同法》未对技术转让合同的转让费做明确的限度规定，关于技术中介的费用也缺乏明确而统一的规定。

吴文实际上涉及了科技社会关系的司法调节中的三个问题：一为已有法律明文规定的；二为法律规定虽有但不具体的；三为法无明文规定的。这三个问题，都涉及科技社会关系司法调节的必要性。

对已有法律明文规定的来说，非经司法实践，已定的法律条文不可能自动生效、自动解决有关的法律纠纷。北京市中级人民法院正是依据有关的科技法，在110余件受理案件中有三分之二判决审结，并对其余三分之一案件做调解处理。

对虽有法律规定但不具体的，显然也须依靠司法调节手段予以妥善处理。因为，当纠纷发生及案件提出之时，要求助于"立竿见影""立等可取"的立法调节一般是不可能的，这时也只好求助于司法调节手段的补救了。吴铭文章谈到了这样一个案例——某新技术公司诉余某、萧某的专利实施许可合同纠纷案：1989年1月，新技术公司与余、萧两人签订了一份技术转让合同，规定余、萧将其正在申请专利的"嵌码"技术在国内外独家转让给新技术公司，期限10年，余、萧负责技术培训及该项技术专利新产品的开发；新技术公司分4次付清技术转让费100万元。后双方又签订了两份关于开发"嵌码"专利技术的协作合同，规定余、萧接受新技术公司的委托开发"嵌码"技术的新产品——"PC机多存板"和"嵌码汉卡"，新技术公司负责购置开发器材并提供开发经费及工资。余、萧依约提供了技术资料，新技术公司交付了10万元技术转让费及5.1万元的开发费和工资，余、萧将开发出的"PC机多存板"样品交与新技术公司。1989年8月，新技术公司以该技术产品不受客户欢迎为由要求与余、萧终止合同并退还开发工具，未果而诉至法院。新技术公司以"嵌码"技术不实用、不先进，对合同存在重大误解、显失公平等为由，要求法院判处撤销合同，判令萧、余退还已付的转让费、开发费，并归还全部开发器材。法院经审理查明："嵌码"技术已于1989年3月28日被授予专利权，该专利技术产品不受欢迎主要是因许多客户不愿以此替代早已推广运用的"五笔"技术产品，而非该技术不先进、不实用。审理中，法院认为100万元的转让费明显偏高，但从现行法律规定及该案合同签订过程看，认定合同显失公平或有重大误解又缺乏足够的法律依据。为此，法院认为：新技术公司作为受让方在签订合同时不做具体的市场调查而盲目受让，以致遭受严重损失，责任主要在自身；新技术公司不按合同履行义务系违约行为。鉴于余、萧两人在审理中表示同意解除合同，法院经研究判决：解除双方所签合同；新技术公司返还技术资料；其现存余、萧处的开发器材归余、萧所有，作为因新技术公司违约对余、萧所造成的损失补偿。对判决结论，双方均感满意而表示服判息讼。吴铭同志在分析此案时指出：由此案看出，由于把阶段性技术成果应用于工业化生产，客观上存在着失败的风险，法律对此无规定，合同当事人对此也常常既无约定又无思想准备，遭到挫折或失败便诉诸诉讼，而法院在审理中也很难把握。吴铭文章还指出：我国《技术合同法》关于技术合同中的价款或报酬及其支付方式由当事人约定，但从技术转让合同的实际签订情况来看，转让方要价总是尽可能地高，而受让方的还价又带有很大的盲目性，待产生问题后诉至法院，法院也较难处理。

对吴铭先生的分析我们基本赞同，但应加补充的是：对转让费虽无具体数额性的限度规定，但"由当事人约定"本身即是一种"限度规定"，即"以当事人可以而且应允接受"为"限度"。做了这一修正性补充后，上述案例的分析可以是：当法律做了规定而不具体时，司法调节手段便可救立法之不足。上述案例中，浙江省中级人民法院实际上就做了这一工作，使司法调节发挥了应有的作用。显然，司法调节是非常必要的。

对法无明文规定的来说，司法调节更是必要的了。立法不可能绝对适应、绝对覆盖社会关系调节的一切领域、一切角落、一切枝节。科技立法虽然因其超前性而卓尔独立于一切立法之上，但也同样不可能覆盖科技社会关系调节的方方面面。在这种情况下，司法调节，尤其是司法判例，就可起立法调节所难起的作用了。例如：

大多数国家的法律对反向工程问题（反向工程又称反求工程，指把"总结借鉴"型的时间反求理论应用于引进、研究外国先进的生产技术方面）并无专门规定，因此只能在很大程度上依靠司法判例的解释与补充。美国马萨诸塞州法院判决的Lotus.V.Paperdack（1990）一案就是国际上的一个著名司法判例。在该案中，被告的VP-Planner程序被控侵犯了原告畅销的Lotus1-2-3表格扩展程序。该案法官采取了分三个阶段检验的系统方法，对原告要求保护的四个界面内容依次进行了检验。所得结论及判决意见为广大法律界人士及公众首肯。[①]该判例解决了有关法律未予专门规定的法律纠纷问题，为以后类似案例的司法所援行。

综上所述，司法调节的必要性可以概括为以下三点：一是有法必依，通过司法使立法产生实际的法律效果；二是遵循法律原则，通过司法使立法文件的原则规定具体化为可实用，得以调节具体的科技社会关系；三是在无法可依的情况下，通过司法实践，按照法律精神、社会需求和国家的有关政策，做出司法判决，形成有效的司法判例，以补救立法之不足。

---

① 张曙：《著作权·用户界面与反向工程》，《科技与法律》1992年第2期，第38页。

2. 司法调节的根本原则与主要依据

任何社会关系的司法调节的根本原则都是"以事实为根据,以法律为准绳";与此相应,最主要的依据是事实依据与法律依据。科技社会关系的法律调节,无疑也是如此,自然不必多说。这里要着重补充说明的,是以下两个问题,这些问题同科技活动的特殊性、同科技社会关系的复杂性以及由此产生的科技社会关系司法调节的困难性相关。这两个问题是:"事实依据"和"法律解释"。

事实依据。根据专门知识、技能对特定的科技问题进行分析、试验、检验而得出科学的判断,称为科技鉴定。英美法系国家称鉴定为"专家意见"。美国联邦证据法规定:"如果科学技术或其他专门知识有助于事实审判者理解证据或判断争议事实,一个因其知识、技能、经验、训练或教育而有专家资格的证人,可以以意见或其他形式提出证据。"

科技鉴定或专家意见,在司法调节的实践中是十分重要的。诸如计算机软件侵权、生物技术合同违约或材料技术合约侵权等等科技社会关系纠纷中,如何认定何者违约、何者侵权,都是有专门的科技知识方面的困难的。德国联邦法院曾针对一个计算机软件侵权案件指出,计算机程序语言一般人无法理解,其程序之机器码无法直接阅读,因此法官要根据自己的知识与感觉就有关问题做出评价十分困难,从而寻求专家帮助,按照专家意见修正判决结论,是必要的。

科技鉴定与一般司法鉴定的共同点是,两者都要运用专门的科技知识、科技手段作为鉴定的手段;不同点是,科技鉴定的鉴定内容是科学技术本身。北京大学科技法研究中心的谢学军同志在《试论科技鉴定中的若干问题》[①]一文中指出:科技鉴定一般是一种司法或准司法行为,其结论直接影响到当事人权利义务的分配;科技鉴定这一司法或准司法行为涉及"鉴定的指定""鉴定人的资格""鉴定的过程""鉴定的标准"和"鉴定结论"等主要问题。他对这些问题做了很好的分析。

关于鉴定人的资格,《科学技术成果鉴定办法》规定,鉴定委员会成员应有一定的代表性,并具备以下条件:具有该行业或者领域的高、中级专业技术职务;具有较高的学术、技术水平和较丰富的实践经验;具有良好的职业道德。这里的"科技成果鉴定"与"科技鉴定"并非一回事,前者对"科技成果"的"鉴定",主要是为推广应用等目的服务的,后者则主要是为司法实践服务的,所以被谢文称作司法或准司法行为。但是,科技成果鉴定人的资格可供确定科技鉴定人的资格作为参照。由于后者涉及权益分配,涉及法律责任,在资格标准的具体掌握上似应更高更严。

1988年美国发生 M.S.Association.V.Power 先决案。该先决案的主要事实是被告以编程师身份受雇为原告工作,后者生产 Basic 源编码与 C 语言之间的转换程序,原告指控被告随后独自开发经营的同类程序侵犯其著作权。法院在检查对照两份程序后确认,3000

---

① 《科技与法律》1993年第2期,第33页。

行内容中仅有43行相同。但法院同时发现，两者各种功能在文库中的组合方式完全一样，变量名在多处雷同，原告源编码中的错误、冗码与路径也被被告的源编码重复照搬。为此，法院请求一名独立的编程师做科技鉴定。该编程师提供的一份证明材料中指出，两份源编码的60进位制转换的路径完全相同，而他为实现同一功能设计的逻辑流程，与他事先未接触过的这两份编码完全两样。法院认为这份材料甚有说服力，并据此判定被告侵权。在这个案例中，法院本身做过科技鉴定，又请非司法人员（科技专家）再做科技鉴定，从而得出了科学的鉴定结论。这种科学的鉴定结论，对判明案情的事实极有作用，可使判案所"依据"的"事实"准确无误。

科技社会关系司法调节中充分依靠科技鉴定来查明"事实依据"的准确性、可靠性，正是它与一般司法调节不同的地方。

法律解释，即"法律依据"方面的法律解释问题。

"有法可依""有法必依"是立法、司法调节方面的问题，但如前所说，虽然"有法"却还存在一个"难依"的问题，这就产生了司法调节的必要性，同时还产生了如何正确理解、科学解释某些法律规定的问题。必要性问题前文已述，这里主要是谈谈"法律依据"的准确性、科学性，而这有求于法律解释。

法律解释有学理解释与司法解释之分，但如果学理解释被应用于司法实践，也就与司法解释合流互用了。我们先看几个具体的例子。

一为段瑞春先生所撰《论剽窃科技成果行为的构成要件》[①]一文。该文指出，剽窃科技成果是指采取某种手段取得他人所完成的科技成果后，背着完成科技成果的人，伪称自己是科技成果完成者，从而骗取科技成果完成者的称号、荣誉以至奖励的行为；对这种行为人，不仅要加舆论谴责，而且应予法律制裁。但是"科学技术的发展是一个继承和创新的矛盾运动。在科学研究和技术开发中，相互影响、相互启迪、相互借鉴、相互利用的情况十分普遍，不少科技成果是许多科技工作者的智慧结晶，包含了集体的经验成分。这就使得确认完成者身份，认定剽窃行为，常常成为一项十分复杂、敏感而且政策性很强的工作"。因此，段文探讨了剽窃科技成果所应具备的构成要件问题。他认为，有关的构成要件有四：一为剽窃行为的主体应当是科技成果完成者以外的个人，即剽窃者本人不是科技成果的完成者或共同完成者；二为剽窃行为所侵害的客体是科技成果完成者的身份权、荣誉权；三为剽窃行为应当是行为人亲自所为；四为剽窃行为的构成应当以行为人在由他人完成的科技成果文件上写明自己是该科技成果的完成者，或事实上骗取了科技成果完成者的身份、资格和荣誉为标准。

二为美国的环境诉讼权的确定的问题。美国公民或团体因环境污染而寻求法律帮助时，曾为环境诉讼权而困扰。环境诉讼权是指将环境纠纷提交司法解决所应具备条件的总

---

① 《科技与法律》1991年第3期，第1—2页。

和，也称环境诉讼资格。美国的《国家环境政策法》规定"每个公民都应当享受健康的环境"，联邦政府的责任之一是"保证为全体美国人创造安全、健康、富有生命力并在美学和文化上优美多姿的环境"，但未对公民的环境诉讼权做具体的规定。后来，美国联邦最高法院通过一些具体案例，以判例确立了环境诉讼权的构成条件。聂强在《略论美国的环境诉讼权》[①]一文中介绍了有关的几点条件："首先，原告必须证明自己有受到侵害的事实；其次，原告遭受的侵害事实应与（政府）的违法行为之间存在因果关系，尽管这种因果关系可以表现为一连串的连锁关系，而且可能很不严密，法院还是倾向于持宽容态度；再次，关于事实上的损害，原告可以不必举出身体上的侵害或经济上的损害，仅有美学价值上的损害就够了。"据聂文介绍，环境诉讼权问题是美国环境司法实践中常常遇到的问题，由于联邦最高法院一系列判例的指导，现在环境诉讼全面得到较稳定的解决。

上述两例，实际上一为学理解释，一为依据判例所做的解释，二者都是法律解释，都可成为或已成为司法实践的依据。

以司法调节来处理科技社会关系，还应遵循严守诉讼程序、公民在适用法律上一律平等、被告人有权获得辩护等重要原则。由于这与一般社会关系的司法调节完全一致，也无须做特别证明，就不一一赘述了。

3. 司法调节的方式与司法实践

《科技法学丛书》[②]中，有一本由蒋坡等撰著的《科技仲裁与诉讼》[③]，对科技社会关系司法调节的两种主要方式——科技仲裁与科技诉讼做了十分详尽的阐述。此外，实际上也谈到了另一司法调节的方式，即调解，如第七章第一节的《技术合同仲裁机构的调解》、第十章的《专利纠纷调处》等。这里，一方面，作为对"科技法学原理"的重要组成部分的阐释是不可或缺的；另一方面，还有一些值得研究的问题必须提出。因此，还要赘言一番，恳请读者体察谅解。我们分以下几个方面来研讨。

第一，司法调节方式的分类。

简单来说，科技社会关系的司法调节方式，主要可以分为诉讼、仲裁、调解等三类。

（1）关于科技诉讼

关于科技诉讼，《科技仲裁与诉讼》所下定义是：指人民法院根据国家的法律、法规和有关的科技政策，在双方当事人和其他诉讼参与人的参加下，审理和解决发生在科学技术活动中或与科技人员的劳动有关的案件的活动，以及由这些活动所产生的各种诉讼关系，是诉讼在科学技术领域中的专门活动。这一定义基本上正确地、比较全面地界定了科

---

① 《科技与法律》1991年第3期，第74—77页。
② 上海科技文献出版社1991年至1992年已出版第一辑，包括《科技法概论》《环境法学》《工业产权法》等5本专著。
③ 上海科技文献出版社1991年版。

技诉讼这一概念，揭示了它的内涵与外延。但此书印行后，我们发现还有若干不足值得研究、指出。

一为关于科技诉讼的任务的表述。按上述定义的提法是，科技诉讼的任务是"审理和解决……案件……以及由这些活动所产生的各种诉讼关系……"。这样的表述存在三个问题。

第一个问题是，未突出科技诉讼所要解决的是科技社会关系纠纷这一唯一的根本的任务。所谓"审理和解决……案件……"当然可以理解作"案件"所蕴含的科技社会关系中的纠纷，我想蒋坡等作者所指的也是这一点。但既然指的是此，那就以明言为好，一可使读者了然，二可突出科技司法（这里是科技诉讼）的任务。

第二个问题是，语意有含混不清之处。我们再来看一下该定义的节缩表述：科技诉讼是指人民法院……审理和解决……的活动，以及由这些活动所产生的各种诉讼关系。我相信这一节缩表述并没有曲解作者的原文。那么，"科技诉讼"就变成了"人民法院""审理""人民法院的活动所产生的各种诉讼关系"了。显然，这样措辞是错误的。

第三个问题是，关于科技诉讼的任务的性质的认定问题。上述定义的最后一句话的文意是：科技诉讼是"诉讼在科学技术领域中的专门活动"。对此，会产生三个不同概念如何正确使用的问题。这三个概念是："科学技术领域""科学技术活动领域""科学技术社会关系领域"。作者的本意，我相信指的是后者即"科技社会关系领域"，但在术语运用上却讹成了"科学技术领域"。所谓"科学技术领域"，是指诸如物理学、化学、生物技术、空间技术等等学术或技术领域，那里产生的问题是"概念""判断""推理""工艺""方法""器具"等等思维性的、方法性的以及工具运用方面的歧见纷争。"科技活动领域"是一种"活动领域"，是指诸如科学研究、技术开发等等的实践活动，其间会产生科技社会关系的纠纷，但它本身并不就是科技社会关系，法律手段也不是直接去调节这些实践活动，而是通过调节科技社会关系去调节科技活动。

二为科技诉讼的依据问题。前面已说过，科技社会关系的司法调节的根本原则是"以事实为根据，以法律为准绳"；主要依据一是"事实依据"，二是"法律依据"。《科技仲裁与诉讼》关于科技诉讼的上述定义提出的人民法院审理科技案件的依据是"国家的法律、法规和有关的政策"。如果这一点成立的话，那么，有关根本原则就可以改为"以事实为根据，以法律和政策为准绳"了。窃以为这里有两个问题必须研究。

第一个问题是，政策是否可以成为判案的依据。当这样明确而尖锐地提出问题时，我想，《科技仲裁与诉讼》一书的作者也会持否定态度的。政策毕竟不是法律，它有较大的随机性而缺乏稳定性，有较多的特殊性而缺乏普遍性，有一定的灵活性而较少强制性。在我国社会主义制度下，曾因过度依靠政策调节社会关系而发生了许多不应发生的事，时际全党全国痛定思痛、痛下决心奋力建设社会主义法治国家的今天，无论从矫枉过正的角度规划我们的行动，还是从法治社会应有的唯一正确的道路选择的角度为我们的行动定位，都应当反复强调"以法律为准绳",即决不旁骛地以法律为唯一准绳。关于科技诉讼的依据的提法,必须与我国一切诉讼的依据的提法绝对一致。

第二个问题是,政策如果不能成为判案的依据的话,那么,是否对判案毫无影响作用呢?笔者以为,辩证的看法应当是:科技政策仍然是科技诉讼的一个重大影响因素。这对今天科技体制改革仍在方兴未艾之际,更应作如是观。其理由主要有二:一为科技立法仍有一定的滞后性,科技法制建设有一个过程,还有许多科技法有待制定。也就是说,仍有许多科技社会关系方面的纠纷无法可依。二为改革进行之际会有许多突破既定法律"禁区"的问题产生。法律规定的不可为行为,当然是一种"法律禁区",即法律禁止作为的领域。但是,如果有的作为是"合理而不合法"的该如何处理呢?是"依法"判处"违法"而施罚呢,还是另觅他途呢?我以为,对于此类问题,宜作"冷处理",可以搁置一段时间再说。因为这样既不违法,又可等待时间老人的帮忙;如果有关政策为实践证明是正确的而且又有必要赋予强制性、普遍性与稳定性的话,就可使之法律化,从而使原先"合理而不合法"的转化为"既合理又合法"。此外,政策对有关法律在裁定合法或违法程度,从而在裁定奖励或惩罚的幅度上,也有重要的影响,而这种影响是仍不出"以法律为准绳"的范围的。

三为关于科技诉讼的主体问题。《科技仲裁与诉讼》一书在给"科技诉讼"下定义时,特地指出,它是"指人民法院……的活动"。但我们知道,科技诉讼既有诉讼的提出,又有诉讼的审理;既有诉讼的提起者即原告一方,又有在诉讼中被列为被告的一方;被告一方既有受诉的义务,又有反诉的权利,成为反诉的"原告";此外,还有诉讼的参与人,如证人、鉴定人和翻译人员等。也就是说,"科技诉讼"不仅仅是"人民法院"的活动。如果仅指人民法院的活动,那么,这一活动指的不是科技诉讼,而是指科技司法。对于诉讼参加人(原告与被告)与诉讼参与人来说,充其量只是参与科技守法(或违法),而不是参与科技司法。司法是司法机关的任务而不是一般公众的任务。科技司法同样是如此。反之,科技诉讼就还有人民法院以外的参加者、参与者。

根据上述分析,笔者认为,应将"科技诉讼"定义为:指依据科技社会关系纠纷的事实和有关的科技法律、法规,通过诉讼审理与解决纠纷的法律实践活动。

但科技诉讼又是科技司法的一种方式,因此,我们必须注意在科技诉讼这一科技司法方式中起主导作用的因素。当然,在科技诉讼中起主导作用的只能是人民法院一类的司法机关,而不是诉讼参加人或诉讼参与人。关于这一点,《科技仲裁与诉讼》有十分简明精当的阐述:"在整个科技诉讼过程中,将分成若干个阶段,每个阶段前后连接,各有其中心任务。只有当完成了前一阶段的任务,才能启动以后的法律程序,将诉讼推移到下一个阶段。尽管双方当事人的诉讼活动,对诉讼的开始、发展和终结,有着很大的影响,但是人民法院的审判活动,不论是在科技民事诉讼中,或是在科技行政诉讼中,始终起着主导作用，具有决定性的意义。"①

（2）关于科技仲裁

关于科技仲裁，《科技仲裁与诉讼》一书所下的定义是：指根据法律法规或当事人之间的仲裁协议以及当事人的申请，由专门的仲裁机构以第三者的身份，对双方当事人之间所发生的有关科技活动或科技人员的争议或纠纷，通过对事实的确认和判断，做出关于权利义务的裁决，并由当事人自觉执行的活动，是仲裁在科学技术领域的专门活动。对这一定义应当提出商榷的几点，几乎与前面关于"科技诉讼"的定义所商榷的几点毫无二致，也就不必多说了。当然，"仲裁"与"诉讼"不同，诉讼是审理机关、诉讼参加人与参与人的共同活动，人民法院一类审判机关只是诉讼的主导者而已；仲裁活动中虽然有当事人的参与，但参与的当事人不像诉讼参与人有诉讼权那样，他只有拒绝接受仲裁结论的权力，而无做出仲裁行为的权力。在仲裁活动中，只有"专门的仲裁机构以第三者的身份……做出关于权利义务的裁决"。因此，我们可以这样为"科技仲裁"下定义：它是指专门的科技仲裁机构对当事人提出的申请进行的有关科技社会关系纠纷的仲裁活动。

科技仲裁之所以被列为科技社会关系司法调节的一种方式，是因为仲裁的依据，除有关的科技社会关系纠纷及有关协议的内容等事实依据外，唯一的就是有关的法律。例如，一项科技转让合同所引起的纠纷，如果诉诸仲裁的话，所依据的就是《技术合同法》及其实施条例、实施细则。至于当事人原先的协议内容，是作为"事实依据"而起作用的。因此，科技仲裁由于所依据的是科技法律、法规，就被作为科技司法行为、科技社会关系司法调节的一种方式了。

（3）关于科技调解

关于科技调解，指的是依据科技社会关系纠纷的事实和有关的科技法律法规及当事人双方的自觉自愿所实施的科技司法活动。之所以称之为司法活动，列其为科技社会关系司法调节的一种方式，是因为调解的依据从根本上说还是有关的科技法律法规。由于调解不存在审判判决的强制性和仲裁裁决的外来强迫性，而是在很大程度上取决于当事人双方是否自觉自愿地接受，所以，有时被人们列为"准司法活动""准司法方式"。但"司法"也罢，"准司法"也罢，都必须依"法"而转、依"法"而"司"，所以，列为科技司法活动的一种方式，还是顺理成章的。

科技调解的主导机关，可以特设，犹如一般社会关系纠纷的调解组织一样。这是中国司法行为的一个重要特色，正越来越吸引各国法学家的重视。此外，专门的司法审判机关、仲裁机构也都有实施调解的义务，而且，在做出判决或仲裁之前，一般都先行调解，在调解中喻之以法，晓之以理，动之以情，力争不诉诸审判与仲裁。正因如此，《科技仲

---

①《科技仲裁与诉讼》第12—13页。

裁与诉讼》一书专列《技术合同仲裁机构的调解》《专利纠纷的调处》《上诉案件的调解与撤诉》等节，是十分自然而且论述得很有特色的。

（4）不同司法调节方式的关系

简言之，科技诉讼、科技仲裁、科技调解三类科技司法调节方式的关系是：科技诉讼是科技社会关系司法调节的最高形式；科技仲裁是科技非诉讼司法调节的最高形式；两者是科技调解的后盾，而科技调解一般是科技诉讼与科技仲裁的先行司法措施。

中国社会科学院法学研究所朱效亮先生在《论计算机软件著作权使用许可合同》[①]一文中谈到有关的"纠纷的解决"时指出："涉及软件使用许可的纠纷主要有合同纠纷、权利纠纷和行政纠纷三类。"

解决合同纠纷的方式有调解、仲裁和诉讼三种。调解分为行政调解、民间调解、仲裁调解和司法调解。行政调解和民间调解不具有法律效力。任何一方拒不执行调解协议或对调解结果反悔时，调解协议即告失效。仲裁调解与司法调解达成的调解协议具有一定的强制性，一方不履行时，另一方可以请求法院强制执行；仲裁裁决具有法律约束力，当事人一方不履行仲裁裁决时，另一方可以申请人民法院执行。但裁决也可能被法院所否决，根据我国《民事诉讼法》第二百一十七条规定，如果不履行仲裁裁决的一方提出证据证明仲裁裁决有下列情形之一的，经法院组成合议庭审查核实，可以裁定不予执行：当事人在合同中没有订立仲裁条款或者事后没有达成书面仲裁协议；裁决的事项不属于仲裁协议的范围或者有关的仲裁机构无权仲裁该事项；仲裁庭的组成或者仲裁的程序违反法定程序；认定事实的主要证据不足；适用法律确有错误；仲裁员在仲裁该案时有贪污受贿、徇私舞弊、枉法裁决行为；仲裁裁决被法院裁定不予执行的，当事人可以根据双方达成的书面仲裁协议重新申请仲裁，也可以向法院起诉。诉讼是当事人径直起诉的权利，人民法院应当受理此类起诉，如经司法调解无效，即可做出判决，判决具有不可移易的法律强制力。

解决科技社会关系纠纷中的侵权纠纷，主要有调解与诉讼两种方式。凡当事人不顾调解解决的，均可求诸诉讼方式解决。

有人在谈及科技社会关系纠纷的解决方式时认为：科学问题上发生的争议往往不宜采用强制性的法律规范和行政干预，而应当在自由、宽松的环境下，通过争鸣和评议来解决；在这一过程中，科技人员无疑应当遵守全球公认的道德规范，但违反者大有人在，例如有人剽窃科技成果；为此，有人建议成立"科技道德法庭"来处理。综观其全文，所要谈的其实是科技社会关系的司法调节方式，因为他也谈了许多关于调解、仲裁、诉讼方面的问题。由此可见，把"科学问题"与"科技社会关系问题"混淆在一起是何等错误。剽窃科技成果已构成科技侵权，诚然有道德问题，但已越出道德范畴而违法、侵权以至（严重的话）犯罪了。这时，越"自由、宽松的环境"越糟糕，即使是"道德法庭"也可能只

---

① 《科技与法律》1991年第3期，第3—8、18页。

起为虎作伥、助纣为虐的作用。因此，务必诉诸"真刀真枪"的法律强制力，求助于司法手段的有力解决。

（三）科技社会关系的执法调整

科技社会关系的执法调整具有重要的意义，它有其特定的程序，执法调整的管辖以及执法调整的具体措施也有一定的特点。这里我们研究一下有关执法调整的几个主要问题。

1. 执法调整的概念

科技社会关系的执法调整，是指有关的执法组织和执法人员，运用国家的强制力量，根据法院、仲裁机构或有关行政机构的有效法律文书的规定，强制科技社会关系当事人履行所负义务的活动。

这一定义与一般执法调节（通常名之以"执行"）的区别在于：科技社会关系的执法调节是围绕着科技社会关系进行的，目的在于调节科技社会关系，调节活动的主体与主导者是有关的执法组织和执法人员；而一般执法调节并无特定的具体目的，其主体与主导者也并不一定是有关科技社会关系调节的执法组织和执法人员。

科技社会关系的执法调节与立法调节、司法调节的关系是：立法调节是司法调节的直接法律依据，是执法调节的间接法律依据，而司法调节是执法调节的直接法律依据；执法调节则是立法调节目的的实现，是司法调节的实际完成。因此，在上述定义中指明的是，有关执法机关和执法人员并不是直接"根据法律"而是"根据法院、仲裁机构……的有效法律文书的规定……"。同时，由于执法调节以"强制科技社会关系当事人履行所负义务"而告终，所以，它可以是立法调节的目的在现实生活中实现，也可以是司法调节的实际完成的显示。

在已经出版的一些科技法学著作或发表的论文中，谈及有关问题时，把科技社会关系的执法调节与一般社会关系的执法调节完全混淆起来了。例如《科技仲裁与诉讼》一书在其第十六章《执行程序》中，以"执行程序的一般规定"开篇，经"执行的开始"到"执行的中止和终结"，几乎只字未提与科技社会关系的关系，这就与一般执法无所区别了。当然，科技执法是一般执法的有机组成部分，是其下位概念，共性是二者的主要关系与关系基础，但也正因此，它应有自身的特殊性。把二者等同相视，是不利于揭示其区别的。

科技社会关系的执法调节与一般社会关系的执法调节的主要区别在于：前者的调节目的是科技社会关系纠纷的调处解决，后者的调节目的是其他社会关系纠纷的调处解决。

2. 执法调节的必要性

从一般的角度看，科技社会关系执法调节的必要性在于：其一，切实保证科技法的贯彻执行；其二，切实保证科技司法的落实；其三，切实保证科技社会关系的正确调节，保护科技人员、科技劳动组织的正当权益，从而为科技进步做出贡献。

从特殊的角度看，则在于现实生活中还存着"执法不严"的严重问题。"执法不严"

甚至不认真执法的原因有二：其一，执法机构、执法人员执法不严、不认真；其二，当事人藐视执法调节，拒不履行义务。但后者之存在，其源盖出于前者。如果执法机构、执法人员"执法必严"，当事人是无所施其技的。所以，关键还是处于主导者、决定者地位的执法机构、执法人员之严于执法。湖北省人民检察院罗思慎、周理松同志在《司法人员执法不严的几种表现及法律思考》[①]一文中指出，执法中的利益驱动性是当前一些司法人员不严格执法的一个最集中、最突出的表现形式和特点。其具体表现是有利可图之案即办，利益微薄则不办。所谓利益，则涉及地方利益、部门利益与执法者自身利益三方面。此外，执法中的随意性也是当前执法不严的一个重要特点。其主要表现是合己之意即执行，不合则不执行，或不按法律程序办事。这里谈的虽是一般社会关系中的执法调节问题，但在科技社会关系的执法调节中也会反映出来，因此也要引起注意，未雨绸缪，预为防范。

3. 执法调节的程序

科技社会关系的执法调节的程序依次有以下几个主要环节。

第一，执法申请，又称申请执行。执法申请就是享有权利的科技社会关系一方当事人，在负有义务的对方当事人拒不履行业已生效的科技法律文书确定的义务时，在法定的申请执法的期限内请求人民法院依法强制执行的申请。这是科技社会关系执法调节程序的开始。

根据我国民事诉讼法及有关科技法的规定，享有权利的科技社会关系一方当事人，有权在法律规定的范围内处分自己的民事权利和诉讼权利，因此，他既可以申请执行，也可放弃申请执行的权利。同时，科技仲裁或判决都规定负有义务的科技社会关系一方当事人按仲裁或判决自动履行义务的具体期限，当事人是否在规定的期限内自动履行，人民法院不了解，因而需要由权利人向人民法院提出申请强制执行的要求。

综上所述，申请执法必须具备以下条件：

一为有关司法机关做出了有效的裁决并已公布生效。这反映了执法调节与司法调节的直接联系与密切关系，几乎所有的论著与论文都不提这一点，无疑是一个缺憾。

二为负有义务的科技社会关系当事人一方拒不履行业已生效的司法仲裁决定。如果义务当事人已经履行了仲裁规定的义务，权利当事人则既无必要也不应再申请执行。只有义务当事人在规定的期限内拒不履行有关义务时，权利当事人才可以向人民法院申请执行。

三为申请执行必须在法律规定的期限内提出。如超过规定期限又无正当理由，人民法院则不予受理。我国民事诉讼法第二百一十九条规定："申请人执行的期限，双方或一方当事人是公民的为一年，双方是法人或者其他组织的为六个月。""前款规定的期限，从法律文书规定履行期间最后一日起算；法律文书规定分期履行的，从规定的每次履行期间的最后一日起算。"

---

① 《法治论丛》1993 年第 5 期，第 44—47 页。

四为必须向有管辖权的人民法院申请执法。我国《技术合同法》规定，我国的技术合同仲裁机构，是由国家科学技术委员会批准成立的以仲裁方式解决技术合同争议的组织，其所做仲裁决定的执行管辖，依民事诉讼法的有关规定办理。我国《民事诉讼法》第二百一十七条第一款规定："对依法设立的仲裁机构的裁决，一方当事人不履行的，对方当事人可以向有管辖权的人民法院申请执行。"所谓"有管辖权的人民法院"，我国《民事诉讼法》[①]第二百零七条第二款的有关规定为："法律规定由人民法院执行的其他法律文书，由被执行人住所地或被执行的财产所在地人民法院执行。"根据执法惯例，当事人分别向被执行人住所地与被执行的财产所在地人民法院申请执行的，则由最先接受申请的人民法院执行。

根据我国《技术合同仲裁机构仲裁规则（试行）》[②]第四十九条的规定，权利当事人申请执行，既可由本人提出，也可通过作出仲裁决定的仲裁机构请求人民法院执行。

第二，开始执行。这里的"开始执行"包括两个阶段：第一阶段是人民法院根据权利当事人的执行申请和仲裁决定的内容进行审查，依法决定是否立案予以执行；第二阶段是人民法院在决定立案予以执行后，将案件交给执行人员执行。

在第一阶段的审查中，有时会产生经审理不予执行的问题。人民法院对于权利当事人的执行申请，有权做出不予执行的决定。有关的"不予执行的决定"的原因，前文已经介绍，这里不重复了。人民法院裁定不予执行时，应当将该裁定的裁定书送达有关的仲裁机构和双方当事人，裁定书的主要内容为：申明不予执行的裁定；说明不予执行的理由。当事人在接到人民法院不予执行的裁定书后，可以根据双方达成的书面仲裁协议重新申请仲裁，也可以直接向有管辖权的人民法院起诉。有关的仲裁机构在接到不予执行的裁定书后，也可根据权利当事人的请求，请人民法院重新裁定。

第三，执行完毕和执行的终结及中止。科技社会关系的执法调节开始于申请执行，结束于执行的顺利完成，即执行完毕之时，仲裁机构的仲裁决定事项已兑现，科技社会关系的权利当事人的权利得到了实现，而义务当事人也履行了他的义务。

执行完毕意味着具体科技社会关系的调节，经由法律程序，已得到妥善的解决，因而有利于科学技术的发展。

但执行过程中有时并不顺利，由于发生某些特殊情况而不能继续进行已经开始的强制执行，于是结束执行程序。这就是执行的终结或称终结执行。我国民事诉讼法规定终结执行的情况主要有以下几种：申请人撤销申请；据以执行的法律文书（如仲裁机构的裁定书）被撤销；被执行人死亡，无遗产可供执行，又无义务承担人；追索赡养费、扶养费、抚育费案件的权利人死亡；人民法院认为应当终结执行的其他情况。

---

① 此处为《中华人民共和国民事诉讼法》（1991）。全书同。——编者注
② 此处为《技术合同仲裁机构仲裁规则（试行）》（1991）。全书同。——编者注

上述第四种通常是指一般的民事诉讼案件的情况，但若科技社会关系纠纷案件也涉及这类问题，自然也是适用的。

与终结执行相近的有所谓中止执行，但中止执行只是暂时停止执行，停止执行前已经执行完毕的继续有效，暂时停止执行后造成中止执行的情况消失后，应当恢复执行程序。

4. 执法调节方面的其他问题

吴铭先生的《审理技术合同纠纷案件的几点体会和看法》[①]一文提出：在技术合同纠纷案件的审理中，有一些比较具体的问题有待立法加以明确，以减少司法操作的失误和偏颇。如技术合同的主体一般均可作为诉讼主体参加诉讼，但这种诉讼主体能否直接成为法院判决的被执行主体？科技专家组对外直接签订技术协议，履行协议规定的权利义务，专家组作为诉讼主体参诉，但执行时怎么办？执行谁的财产？专家组所属单位的财产能否直接被执行？又能在何种范围程度内被执行？我们试来回答一下吴铭先生文章提出的上述问题。

其一，作为诉讼主体的技术合同主体可否成为法院判决的被执行主体？技术合同主体为签订合同的双方当事人。当发生科技社会关系纠纷而诉诸法律时，当事双方中，一方为原告，另一方为被告。但被告可以提起反诉。因此，在反诉中被告起了告诉人的作用，处于反诉的"原告"地位，而被反诉的原告则相反，在反诉中处于"被告"的地位。人民法院判决时，如果原告胜诉，那么被执行人是被告一方；如果被告胜诉，而且被告的反诉也胜诉，那么，处于反诉中的"被告"地位的原告则必然成为法院判决的被执行人。这是确定无疑的。同时，这一点已无须另行立法做出规定，因为根据诉讼法已足可做此逻辑推理。

其二，科技专家组作为诉讼主体参诉时怎样执行？执行谁的财产？这要视专家组的组成状况确定，可以分成以下几点来看：

（1）即使"专家组"为诉讼主体，那么，参诉或是否为被执行主体的，都不是专家本人，而是作为整体的"专家组"。

（2）该"专家组"如果是由同一个单位的专家组成的，那么，该单位就必须承当可能的被执行主体的角色，当然，也就必须以该单位的财产来执行；如果是由不同单位的专家组成的，那么，组织该"专家组"的机构就应当承当被执行主体的角色。这种机构可能是具体的科技行政组织、企业、政府机关等等。

这一点也无须另行立法做出规定了，因为这其实已非诉讼法所涉问题，而是一般的社会分析法即可解决、认定的问题。

---

① 《科技与法律》1992年第4期，第13—17页。

（四）科技社会关系的守法调整

论及社会关系的法律调节时，通常都只谈立法、司法、执法，似乎法律调节只是"上面"的即立法机关、司法机关、执法机关的事，与"下面"的群众无涉。对此，应指出两点。

第一点，这是相当自然的事，不足为怪，因为历来的法律都是靠统治者去制定、施行，而公众只是被施行法律的对象，前者是主动者，后者则是被动者。这就造成了两种错觉：第一种错觉是，法律从来是而且永远是与广大群众对立的东西；第二种错觉是，法律调节不是群众的事。

另一点，这在社会进步时代，尤其是人类最进步的社会主义时代，又是错误的。

在社会进步时代，尤其是社会主义时代，社会关系的法律调节既不能须臾脱离、舍弃立法、司法、执法这三种方式，也不能须臾放弃守法这一方式。现在我们来讨论一下科技社会关系的守法调节的几个问题。

1. 守法调节的必要性

科技社会关系守法调节的必要性可从两个方面来看。

一是一般的必要性，即任何社会关系守法调节的必要性。守法调节与司法、执法调节有一个巨大的不同点：守法调节是社会关系当事人的自觉调节，法律的强制性在这里表现其隐性的作用；司法调节、执法调节是对社会关系当事人的强制调节，法律的强制性在这里表现其显性的作用。

当法律仅仅作为社会关系当事人的对立面出现时，只能依靠其强制性发挥作用。但法律并不总是作为社会关系当事人的对立面而出现的；即使对一部分人甚至大多数人是对立的，但对另一部分人却往往相反，不是其对立面，而是其利益的守护神。因此，在任何社会里，对任何法律、法律制度来说，都有一个守法调节问题。

这样，守法调节就是法律要求的本性。任何一种法律，如果没有守法调节，至少是一部分人的守法调节，就会成为毫无作用的东西，在社会主义制度下更是如此。社会主义法律是人民利益与意志的反映，只有广大人民群众自觉守法，法律才能发挥其最大的作用；自觉守法的人越多，守法程度越高，法律作用才能发挥得越大。

二是科技社会关系守法调节的特殊必要性。这是从科技社会关系法律调节的特殊性而来的。前面我们已经详细分析过科技社会关系法律调整的探索性、特殊性、能动性、激励性、社会性，其中探索性、能动性、激励性和社会性其实也是科技社会关系法律调节的特殊性。

由于科技社会关系法律调节具有探索性，因此，自觉地遵守科技法以求新型科技社会关系产生、形成之际不致产生混乱；由于科技社会关系法律调节具有能动性，因此，自觉守法、主动调节，使之产生最大法律效能；由于科技社会关系法律调节具有激励性，因此，自觉守法以觅得最大限度的物质的与精神的鼓励；由于科技社会关系的法律调节具有社会性，因此，全社会都自觉守法以求对社会进步产生最大作用；等等。这些就是由科技社会关系法律调节的特殊性而来的守法调节的必要性。

北京大学法律系温旭先生的《技术秘密的秘密》[①]一文对我们关于守法调节的探讨是很好的启发。他指出："随着科学技术和技术市场的不断发展，以'技术秘密'为武器保护自己的合法权利，以谋求比现有法律保护下的一般知识产权能获得更高的利润，并在激烈的竞争中立于不败之地，这已不是秘密的武器了，而且已日益得到人们的青睐。"但"以技术秘密为武器"并不是法律方法，只有把它同法律方法结合在一起时，才可能形成法律保护。如果这时是技术秘密持有人的自觉运用法律方法，就是守法调节了。温文谈到了"保护技术秘密"的十种主要方法：一为"防卫性保护"，二为"合同性保护"，三为"综合性保护"，四为"诉讼性保护"，五为"改进性保护"，六为"替换性保护"，七为"技术性保护"，八为"半成品保护"，九为"市场性保护"，十为"策略性保护"。其中只有"合同性保护"与"诉讼性保护"是法律保护。但这两种方法都与守法调节有关。

技术秘密的合同性保护是指在合同中签订保密性条款用以保护技术秘密。这时合同双方当事人达成的一致协议是受民法和技术合同法等有关法保护的。为达到保护技术秘密的目的，有关的保密条款应订得尽量详细、周密，考虑到一切可致泄密的因素。这时，懂得技术合同法，懂得如何利用该法的有关条款并在技术合同中予以规定，就是守法调节领域中的问题了。技术合同的诉讼性保护是指，当发生当事人的科技成果权受到剽窃、篡改、假冒等侵害时，及时通过诉讼程序诉诸法律保护，追回损失并阻止技术秘密的合法权益继续被侵犯损害。这种诉讼性保护当然要求有关当事人自动、自主开展，也就是要求进行自觉的守法调节，守诉讼法与有关科技法的自主性的调节。

2. 守法调节的可能性

科技社会关系守法调节的可能性源自所"守"之"法"、"守法"之人、"调节"的方式以及科技法的社会性与预期性特点等方面。从科技社会关系守法调节所"守"之"法"来看，用以调节科技社会关系的法律在总体上是有利于这一关系的和谐发展的。从早期的科技标准法，到后来的科技行政管理法、科技劳动组织法、专利法、技术合同法以及当代的高新技术法，几乎无一不是为了协调好科技社会关系。以技术合同法为例，其立法宗旨即是为了保护订立技术合同的双方当事人的权益。这显然与某地法律法规的宗旨截然不同，诸如从前的某些税法，就是公然损及穷苦人而维护富有者利益的；某些劳工法，就是公然维护资本家剥削童工、女工的。也就是说，科技社会关系守法调节是科技立法的必然要求。

用以调节科技社会关系的法律法规，一部分是用来限制、约束科技劳动者、科技劳动

[①]《科技与法律》1991年第3期，第19—26页。

组织与科技劳动管理机构的行为的,另一部分则是用来鼓励其行为的。无论是前者还是后者,都有守法调节的必然要求,因为遵守前者可以避害,遵守后者可以得利。

从科技社会关系守法调节的"守法"之人来看。进入科技社会关系的当事人,都有一定的目的性,都有一定的利益要求。正是这些目的与利益要求,驱使他们去遵守有关的法律法规。某甲为了获得浮法玻璃的生产技术而与此项发明的专利权人签订技术转让合同,按技术合同法的规定,甲必须支付技术转让费并保守技术秘密,乙必须转让技术并不得越出合同规定而再转让。这时,甲为了取得技术、保护专利技术产品的利益,乙为了取得转让费,一般各个都会自觉地去遵守合同的规定,遵守技术合同法。这就是利益机制在起作用了。相对来说,一些防盗防窃的法律,盗窃犯与被盗窃者并无利益上的一致性,前者为了其自身利益必然要去千方百计地犯法,而不是努力去守法。

从科技社会关系守法调节的方式来看。无论是积极守法,利用有关法律的规定谋求自身的最大利益,还是消极守法,保证不因触犯法律而失去利益招来损失、损害,都必须守法。在一切社会关系的守法调节中,科技社会关系守法调节的可能性空间最大。

此外,科技法的社会性、预期性等也要求并提供人们以条件去遵守它。因此,科技社会关系的守法调节是完全可能实现的。当然,这并不是否定科技法作为法律的强制性,从而取消其强制性,把法律责任条款弃置不顾。科技法以强制性与自觉守法的可能性是相辅相成的。

3. 守法调节的形式

科技社会关系的守法调节不仅表现为人们自觉守法的欲念、觉悟与要求,而且有其在社会现实生活中的具体表现形式。这些形式主要是:

第一,积极守法与消极守法。积极守法是指主动地以有关科技法律的规定来促进与维护自身的利益,保护有关科技社会关系的和谐发展。关于第三方保存源码合同方式的兴起与发展就是这一方面的一个很好例子。在软件贸易中,软件供方为了控制程序修改权而取得经济利益,软件使用方为了获得供方提供维持、维修服务及帮助修改程序的确切保证,在发放软件使用许可时,双方都对是否交付源码有所顾忌,因为无论怎样做(即供方对使用方交或不交付源码),都有潜在的利益受损的威胁。为了平衡双方的利益,消除潜在的利益损害危险,软件贸易实践中业已出现了新的合同保存形式,即第三方保存合同。按照这种合同,软件供方把程序源码交由独立的第三方保存,当该合同约定的有关情况出现时,该第三方即依约定把程序源码透露给软件的使用方。主动寻求并利用"第三方保存合同"的形式,就是积极守法的一种表现。这既是全社会性的积极守法,也是有关个人的积极守法。

消极守法是指,在不守法必定会带来损失的顾忌下,为了自身的利益而自觉地遵守有关法律规定,不去触犯它。诸如按著作权法的规定而不剽窃他人著作成果,按专利法规定不侵犯他人专利权,按环境保护法规定不乱排放污水、废气等等皆是。

第二，权利守法与义务守法。权利守法或曰护权守法是积极守法，但它表现为力争权利的实现、力争权利的扩展。当代各国的科学技术基本法大多规定了科学研究与技术发明的自由权利，并有鼓励科技开发的法律措施。按其规定努力进行科学研究与技术开发，排除各种阻力不断前进，这是权利守法的一种表现。当正当的权利受到侵犯、损害时，义正词严凛然不屈地起而反抗，依法力争，这也是一种积极守法。为此，就要不耻赴讼、勇于赴讼、善于赴讼。

义务守法或曰履约守法既是积极守法也是消极守法，是二者的统一体。因为当践约履行义务时，对等地可以享受相应的权利，所以是积极的；而不践约履行义务又会被诉诸法律解决，承担法律责任，因顾忌这一点而认真守法，又带有消极性，所以是消极守法。最消极的守法，有时可能体现在司法、执法阶段。这时是违约违法在先而被送上法庭成了被告。但当司法判决下达或在执法过程中，还有一个是否服判而履行判决规定的义务问题。这时如果继续抗拒，就无守法可言了；而认真服判，则还有守法的成分。这样看问题是因为，科技法律法规对不少科技人员来说是一比较陌生的事物，一些进入科技社会关系的企业家也大致如此，因此，由于认识不足及其他思想问题而偶然"触电"，被送上法庭，只要服判，也就算是勒马悬崖边、驻足深池畔，还有守法的一面了。

（五）科技社会关系法律调整的一体化

中共中央、国务院《关于加速科学技术进步的决定》（1995年5月6日），作出了"坚定不移地实施科教兴国的战略"的决策。为实施科教兴国战略，要综合运用行政的、法律的、经济的和思想教育的多元措施。其中，法律措施既有其自身蕴涵的促进与保障科技进步、教育发展的直接作用，又是行政、经济与思想教育手段的有力后盾，具有"一身二任"的特殊功能。"依法治国"之"法"，在我国社会发展中将发挥越来越积极、越来越巨大的作用。科教兴国战略的实施将进一步激活科技社会关系，使其内涵更深刻、更丰富，使其外延更博大、更宽广。随之而来的，必然是科技社会关系法律调节任务的更繁重、更艰巨。为此，未雨绸缪地先行探讨立法调节、司法调节、执法调节、守法调节的一体化，有重要的实践意义。由于执法调节实为司法调节的延伸，所以为简便起见，谨以立法、司法、守法调节的一体化代指立法、司法、执法、守法的一体化。

1. 科技法制系统与立法、司法、守法的一体化

作为科技社会关系立法调节的成果的科技法，包括制定法与判例法，但大多为制定法。即便像美国、英国这些特别钟情于判例法的普通法系国家，一涉科技社会关系法律调节也往往是以制定法为依据的。

科技法制系统的外延不仅包括法律、法规、判例这些属于制度法律文化的内容，而且包括司法、执法、守法等等行为法律文化的内容。

科技法制系统具有法的系统性。立法、司法、守法的一体化，是由法的系统性决定的。

法的系统性是指法是由相互区别的若干法的要素构成的集合体；各个法的要素之间存在着一定的联系和相互作用，形成特定的整体结构和适应社会大系统的整体功能。法的要素只有在组成有序结构的情况下，才能产生有效的社会控制功能。

关于法的系统究竟包含哪些要素，我国法哲学界有不同的看法，但在立法（及其成果）、司法（行为及机构）、守法（行为及观念）均为法的系统的要素这一点上，各家并无分歧。

所谓"从法的系统性看立法、司法、守法的一体化"是指：立法、司法、守法共存于法的系统之中，同为法的系统的要素，结成了关系特别紧密的群体，互相制约、互相作用而共同发展，因此，必须从三者的一体化着眼开展社会主义法制建设。科技法制建设当然不能例外。但是迄今为止，许多情况下，议论科技法制建设时，往往只及科技立法一端，甚至只及科技法律一隅，不仅把司法、守法排除于视野之外，连立法体制、立法活动也不予一顾。这种观念，是有其学术渊源的。控制论的创始人维纳是对法的系统进行论述的先驱者。他认为，法律的本质是一种信息通讯，是人的进行减熵努力的必要手段。他明确地把法律分为正义选择与技术处理两个方面。但他所谓"技术处理"，是指在正义选择的前提下，解决道德原则的法律化，即依照道德观念对语言进行控制，显然与司法、守法无关，充其量只是立法及其结果。布尔丁在《纠纷的一般理论》中也对法做了系统分析。他在研究"纠纷解决"的问题时，以完备的法律制度为背景，着重分析选择的条件和要素，不仅没有论及司法和守法过程，而且连立法过程也不加论列了。日本广濑和子在1970年出版的《纠纷与法——用系统分析方法研究国际法社会学的尝试》一书，已论及司法过程，如对苏伊士运河公司国有化纠纷的司法过程做了实例研究，从而把法的系统分析向前推进了一步。但是，将立法、司法、守法作为共存于法的系统中的要素进行具体研究的，仍然所见甚少。苏联学者 Л.Б.季乌诺娃在《谈谈把系统方法用于法的问题》[①]一文中说："不应当把法律系统的发展理解为外部干预（立法活动、司法实践等等）所引起的变化。"作者主张"把法本身的结构列入国家的整个法的系统，考虑法的系统性和立法分类之间的区别，在此基础上可能最终找到结束关于法律系统和立法系统的相互关系的争论的途径"。

诚然，可以把法律作为一个完整的系统看待、进行分析。这样的工作，对立法也是有重要作用的。正是通过这类分析，20世纪80年代我们找到过我国法律系统的一些空白，必须补充诸如科学技术法等子系统或要素。当把科学技术法作为一个系统看待时，即使仅从立法方面，也还可从中再找出更低一层次的子系统的缺失，例如找出生物技术立法

[①]《苏维埃国家与法》1986年第4期。

的空白。马奎蒙在《关于我国基因工程应用法规之探索》[①]一文中，就指出了这样的空白。但是，"徒法不足以自行"。犹如徒有优美的曲谱而无灵巧的妙手和优良的琴，不可能拨动出动听的音乐一样，法律文本即使再完备，如不付诸司法、守法行动，也不过是一纸空文。

社会主义法制与此前的剥削阶级法制的最大区别之一就是：社会主义法由于是广大人民根本利益与意志的反映，具有为公民自觉遵守的最大可能性；而剥削制度下的法，由于维护剥削者的利益，本质上就决定它不可能为所有公民自觉遵守。因此，剥削制法很难达到立法、司法、守法的一体化要求。社会主义制度下，出现了三者一体化的可能性，但从可能转化为现实，还有一个由此及彼的漫长距离，需要人们做不懈的努力。

作为科技社会关系立法调节成果的科学技术法，从本质上看，以其社会性为主导，在社会主义时代更是如此。作为促进和保障科学技术进步的法律调节手段的科技法，和社会发展的要求、人类的切身利益以及科技工作者的意志是基本一致的。因此，科技法最易为人们自觉遵守，科技司法与科技守法比一般的司法、守法有较小的难度。但这不等于说科技法制的立法、司法、守法一体化是天然生成、无须关注、不必努力促成的。因此，还有必要略事阐明科技法制的立法、司法、守法一体化的整体属性、三者的辩证互动及三者一体化的目标选择等问题。

2. 科技立法、司法、守法一体化的整体属性

列宁曾指出："要真正地认识事物，就必须把握、研究它的一切方面、一切联系和'中介'。"许多文章引用列宁这句话时，往往只注意列宁关于"把握、研究"事物的"一切方面"的观点，而忽视了他所说的要"把握、研究"事物的"一切联系和'中介'"的忠告。这样，是很容易把统一的事物加以肢解，最终认识不了事物的真相与全貌的。"把握、研究"事物的"一切联系"，要求我们认识事物的整体属性。系统方法的整体性原则，体现了列宁的这一辩证法思想并使之具体化了。

奥地利生物学家、系统论的创始人 L.V. 贝塔朗菲指出，机械认识论的错误之一，就是把认识的对象作简单分解并简单相加的观点；在生物学上的表现，就是把生物体分解为各个组成部分，并以这些组成部分的简单相加来说明生物体的一切。贝塔朗菲提出了"整体大于各孤立部分的总和"的著名定律。美国系统论学者 E. 拉兹洛更清晰地表述了复杂事物的整体性原则，指出"越来越多的研究者开始把整体性原则用作方法论"[②]。

以上述观点看科技立法、司法、守法一体化的整体属性，至少应把握这样两个基本点：

第一，离开"一体化"，无论是科技社会关系的立法调节，还是科技社会关系的司

---

① 《科技立法研究文集（二）》，科技文献出版社1990年版。
② ［美］E. 拉兹洛：《略评现代系统研究学派》，《科学学问题》（季刊）第8卷，波兰，1972年第2期。

法、守法调节,都将失去意义或丧失可能。

首先,没有科技立法制度、科技立法活动及其产生的结果即制定的科技法,科技司法与守法都无从谈起。1985年8月中国首届科技立法工作会议上,与会代表的共识之一是:我国科技立法"尚属空白";共识之二是:"抓紧科技立法是当务之急"。此后即加紧了《技术合同法》的制定,至1993年《中国科技进步法》出台,才算初步改变了科技立法空白状态。同样,仅有科技立法,科技司法跟不上或科技守法未实现,整个科技法的系统的社会控制功能就无法显现。所以,在我国科技立法之初,一些有识之士就不断呼吁"科技立法、司法应同步发展",并吁请及早准备"科技普法"以推动科技守法的切实进步。但仅此而已,还只是看到三者一体化的表层现象、抓住表面问题。

其次,科技社会关系的立法、司法、守法调节应是三者"一体化"中的立法、司法、守法调节。这一命题的含义是:(1)科技社会关系的立法调节本身就应从"一体化"要求出发,不仅研拟出法律文本来,而且研制之时就要认真细致地考虑到司法调节与守法调节的可能性。因此,部分领域的只有科技实体法立法而无相应的程序法立法,就不能看作是符合"一体化"要求的科技立法。日本科学技术法立法的配套齐全则体现了"一体化"的要求。如它在制定《科学技术厅设置法》不久,即颁行《科学技术厅组织令》《科学技术厅组织规则》。美国原子能立法也是体现"一体化"要求的立法典范。例如,为了加强核电站和核燃料制造、运输、使用的安全,美国在20世纪70年代中就新增订了有关主要法律。同时,作为一个联邦制国家,美国的原子能立法还注意了联邦(国家)立法与州(地方)立法的严密配套。[①]立法的齐全配套,不应仅仅看作是立法问题,而且应看作也是司法与守法问题,即看作是三者"一体化"的要求。基于对三者"一体化"的认识,我国科技立法已开始注意这一方面的问题。例如,我国的《原子能法》的立法工作,早在80年代即已着手进行,但至今仍未出台。此项立法自90年代以来,更多次列入全国人大常委会、国务院法制局、国家科委的立法规划,但考虑到国家原子能管理体制问题,因而一直搁置后台。1995年5月,国家科委对该法草案再次进行了修改并上报国务院审议。据悉,目前国家科委有关部门正配合国务院法制局,征求有关部门意见,进行修改,争取1997年审议通过。无疑,这是符合"一体化"原则的审慎立法行为。(2)科技社会关系的司法调节也要从"一体化"要求出发,不仅忠实地力"司"已立之法,而且把科技司法作为对科技立法效果的验证、为科技守法开辟道路的"一体化"的有机一环。(3)科技社会关系的守法调节同样要从"一体化"的要求出发,一方面,为科技立法效果的取得、科技司法工作的展开和科技司法任务的完成做出努力;另一方面,也要为科技立法和司法提供新的经验,开辟新的渠道。

第二,实现"一体化",无论是科技社会关系的立法调节,还是科技社会关系的司法

[①] 倪正茂:《科技法学导论》,四川人民出版社1990年版,第499页。

调节或者科技社会关系的守法调节，都将相得益彰而"超越自我"。因此，科技立法、司法、守法的一体化，作为调节科技社会关系的法律手段，将远远超出立法、司法、守法各行其是的力量相加的总和。美国历史上的罗斯福新政时期，提供了立法、司法、守法一体化的范例。1933年罗斯福执政时，正值1929—1933年大危机后的严重冲击。罗斯福上台伊始，三个月内先后向国会提出了70多个法案，对工业、金融、农业、劳工都加强了立法调整，被称为"新政"。他提出了一系列的法案，如《紧急银行条例》《金融改革法案》《产业复兴法案》《农业经济调整法和农业信贷法》《公共营造法案》《社会经济条例》等。围绕"新政"，垄断资本财团之间，尤其是联邦政府和最高法院之间展开了激烈的争吵。在垄断资本财团的怂恿下，最高法院于1935年5月和1936年1月，先后宣布"新政"的两个主要法令《产业复兴法》和《农业调整法》"违宪"而予废止。1936年美国总统大选，罗斯福利用压倒多数当选的有利时机，改组了联邦最高法院，增加法官人数。这样，就避开了烦冗的修宪程序。由于大部分旧法官辞职，罗斯福任命了8位拥护"新政"的最高法院新法官，从而使司法与"新政"立法保持了一致。"新政"使美国走出了困境，摆脱了大危机的阴影。这里，立法、司法、守法的一体化是起了应有的作用的。

3. 科技立法、司法、守法的辩证互动

科技社会关系的立法、司法、守法调节一体化的整体属性，是在三者的辩证互动中得到显现的。

系统论认为，任何系统都必须保持动态平衡，才能够维持并发展。法的系统作为社会关系的调整工具，由于所调整的社会关系是不断运动变化的，因此，它也必须随之而变化。这种运动变化中的法的系统，往往由于它所组成的各个部分、各个要素发展的不平衡，变得重心倾斜、关系失衡。这样，就必须特别注意立法、司法、守法三者的辩证互动，使法的系统保持动态的平衡，使可能出现的失衡得到有效防范，使已经出现的局部失衡迅速复衡，并求得新的动态平衡。这些在立法、司法、守法之间的联系，是互相制约、互相影响的互动的联系，是辩证的互动而非机械的互动或单向的作用。

就科技社会关系的立法调节与科技社会关系的司法调节的辩证互动来看，主要表现在以下几点：其一，科技立法指导科技司法、决定科技司法。科技司法之"法"，是由科技立法提供的；科技司法的方向与内容，是由科技立法指示与决定的；科技司法的程序，也是由科技立法文件所规定的。其二，科技司法弥补立法、发展立法。科技立法的成果不可能永远"天衣无缝"地覆盖科技社会关系因运动变化而不断提出的新需求，切近科技活动最前沿的科技司法，将不断提出新的矛盾、问题而要求立法的变动。这一方面，实行判例法制的普通法系国家占有一定的优势，其"法官立法"就是司法对立法的发展与补充。美国软件技术发展过程中一系列著名判例，就是对美国著作权立法、软件立法的发展与补充。

就科技社会关系的立法调节与科技社会关系的守法调节的辩证互动来看，既可通过科技司法的中介发生，也可由科技立法与科技司法的"交往"而体现。不通过科技司法的科技立法与科技司法的辩证互动主要表现如下：

其一，科技社会关系的立法调节为科技社会关系的守法调节提供法律依据与行为准则。科技人员所"守"之"法"是立法活动的结果，无此结果，便无"守法"可言。因此，在二者的辩证互动中，科技立法所起的是主导性的决定作用。《宪法》中有关科技社会关系调节的条款以及《中国科技进步法》，不仅为科技守法提供法律依据与准则，而且为其他科技法的制定提供法律依据。因此，《科技进步法》被称为"科技宪法"。在这种情况下，其他科技法律的制定即科技立法本身，转化成了科技守法行为，即既是立法又是守法。如果其他科技法律的立法活动违背了宪法或科技进步法，就成了不守法的、违法的行为，所立之法，当自动失效。

其二，科技社会关系的守法调节为科技社会关系的立法调节的发展奠定基础。这里所说的"守法"包括正负两面，即包括遵守与不遵守两种情况。普遍的不守法，将导致贻误立法的发展，或者使之走入歧途。普遍的守法则可推动立法的良性发展。我国科技立法的进程，近十几年来，可以说是始于专利法与技术合同法的制定。这两部重要法律颁行以后，绝大部分人对绝大部分条款都能认真遵守，同时也发现了一些不守法的情况，或从这些不守法的情况中可以推知，必须有一些新的手段调节比较隐蔽的、或比较复杂的、或比较新颖的科技社会关系，于是制定科技进步法这一基本法及科技社团法等的需求便被突显出来，从而推动了科技进步法与其他科技法的制定。

科技社会关系的司法调节与科技社会关系的守法调节的辩证互动是指：

其一，妥善的科技司法有利于导致普遍的科技守法，而不妥的司法将导致或明或暗的故意违法。当然，这是以有一个良好的立法为前提的，如无良好的立法前提，司法与守法都会陷入无序的紊乱状态。在良好立法的前提下，妥善司法之所以有利于导致普遍的守法是因为：对于能够自觉守法者来说，他将因妥善司法而得到实际的利益，感到欣慰；对于不能自觉守法者来说，他将因严格的司法而被迫就范，慑于法的威力而服从法律规定。不妥的司法之所以会导致或明或暗的故意违法是因为：对于本就不愿守法者来说，有了可乘之机，因而故意违法以售其奸；对于本愿守法者来说，守法倒有可能损害自己的利益，不如暗中违法以逃避不妥司法的危害。《技术合同法》施行过程中的一些案例很好地说明了这种情况。在那些严格施行《技术合同法》的地方，遵守该法蔚然成风，极少数私心严重者也无计可施；而放松该法实施的地方，技术侵权屡屡发生，科技人员的创造积极性严重受损，最后连他们中的一些人也转而成了该法的违法者了。

其二，科技守法行为直接制约科技司法活动。全社会普遍遵守科技法，必使司法机关可以集中力量对付极少数的违法犯罪活动；相反，如出现普遍的不守法，则司法机关必定疲于奔命，不得不集中力量对付重大的违法犯罪活动，如果进一步恶化，则连重大的违法犯罪也难以应付了。

当我们做以上论述时，止于从科技社会关系的立法、司法、守法调节一体化的法的系统中，抽取出两两成对的方面进行分析。如果同时观察三者的辩证互动，如果把三者放在科技社会关系不断发展变化的动态环境中加以考察，那么，事情就将变得更加复杂，三者的辩证互动形态及结果，就将变得更加丰富多彩了。

在科技社会关系的立法、司法、守法调节三者的辩证互动中，为求"步伐整齐、步调一致"，不因"内耗"而使科技法制系统失去平衡，非常重要的是要把握好三者一体化的目标选择。

系统论在分析和解决问题时，把目标选择放在极端重要的位置上，要求人们尽一切可能，从现实条件与社会需求出发，为系统确定最优目标。同样，为求科技立法、司法、守法一体化的最佳效果，也必须把最优目标的选择放在头等重要的位置上。我认为，根据我国科技发展的实际，分阶段确定最优目标，是比较科学合理的。此前的科技立法，做到了这一点。当技术需求因改革的发展日益"热门"，而科技人员的基本权益难以保障时，我国选择了专利法与技术合同法作为科技立法的起点；当科技社会关系的全面调节成为社会的普遍需求时，科技进步法被加紧制定。现在，当科教兴国战略提出之后，国家科委确定了"九五"期间的立法规划。据此规划所拟的"九五"科技立法工作的"总体目标"是："一为规范科研机构、科技工作者等科技活动主体的立法工作；二为规范科技投入保障方面的立法工作；三为关于促进科技进步和科技成果转化方面的立法工作；四为关于知识产权方面的立法工作。"按照这一总体目标，"九五"期间，除已制定的《促进科学技术成果转化法》（1996年5月15日审议通过，10月1日起施行）外，还将力争制定《科技基金法》《原子能法》《国家高新技术产业开发区法》《科技普及法》《科研院所法》等法律，以及《国家科技项目知识产权管理办法》《国家科技计划管理办法》《科技计划项目招标办法》《科技评估管理办法》等行政规章。显然，这些具体法律法规都是"九五"及2010年前后特别急需的。但按科技立法、司法、守法一体化的要求来看，目标选择的视野似乎还可进一步拓展。例如，由于科技法的激励性比一般法律要强，如何更好地运用激励机制促使司法更顺畅、守法更自觉，就是值得关注的问题。我在《开发"法"的"新大陆"》[①]一文中提出，我国社会生活之从政策调节向法律调节过渡，目前还只做了制止性规范的一半工作，还必须更多地关注激励性规范的另一半工作。只有当我们既注意了制止性规范的功能，又注意了激励性规范的功能，社会生活调节之向法律调节过渡，才是完整的。在这一方面，科技法制有其"天然"的有利条件，自可率先而行、做出榜样来。

---

① 《文汇报》1996年10月30日。

六、科技社会关系法律调整的要求

科技社会关系的法律调整，所调整的是科技社会关系，因此，有关要求是围绕着科技社会关系问题而提出的，可以分为以下五个方面。

（一）科技社会关系法律调整的总体要求

科技社会关系法律调整的总体要求是：协调科技社会关系，促进科学技术发展。这里，协调科技社会关系是促进科学技术发展的途径与前提，促进科学技术发展是协调科技社会关系的目的与结果。

所谓"协调科技社会关系"是指使科技社会关系井然有序地和谐存在、不断革新地动态发展。

科技社会关系混乱失序矛盾冲突的表现是：权利义务关系不清；侵权行为得不到制止；组织管理关系混乱；无计划或计划混乱的科研活动中产生了各种各样的矛盾，包括人际关系紧张，组织关系不顺；奖惩不明导致积极性下降；等等。科技社会关系同一切社会关系一样，是当事者（包括个人与组织）正常存在、活动的基础，如果失序混乱，当事者就无法正常存在并展开活动。因此，"协调科技社会关系"的要求就具体化为使之井然有序地和谐存在了。

但是，如同僵死固定、绝无波澜的一潭死水就会发臭一样，科技社会关系的静止不变、保守固定，也会导致它的日益失衡以至危机四伏、矛盾迭出。为此，就必须以革新的精神求得它的动态发展，通过革新消除矛盾，在新的基础上达到新的平衡、新的和谐。计划经济体制下的科研工作及其所产生的科技社会关系也被计划化，指令成了一切关系的调节器。当转轨到市场经济体制去时，原先的科技社会关系即使通过计划、指令被暂时地"理顺"了，在新的情况下，也应相应转轨，不仅在科技体制上做政策性的改革，而且通过以法律形式肯定成功的政策性改革来实行新的法律调节，以建立新的科技社会关系，或保护在改革中形成的新的科技社会关系。

以法律手段协调科技社会关系这一总体要求，可以见诸以下几个方面：

其一是以法律手段肯定现存的（既经形成的）有利于科学技术发展的科技社会关系；

其二是以法律手段排除现存的不利于科学技术发展的科技社会关系中的消极因素、致乱因素；

其三是以法律手段扶持、培植新型的具体科技社会关系，并使之与整个科技社会关系相协调。前述第三为保存源码合同制度的肯定与发展就是一个适例。我国技术合同法为世界上第一部关于技术合同的立法，它也是以法律手段扶持、培植我国的新型科技社会关系的一个范例。

（二）充分调动科技劳动者的积极性、主动性和创造性

科技劳动具有个体性的特点。不管多么庞大的科研计划，不管多么巨大的技术工程，不管参与这些科研计划、技术工程的科技劳动者人数如何之多，结构如何复杂，分工如何细致，组织如何严密，一切科技劳动最终都落在个人身上。因此，个体的能动性发挥得如何，对科技进步、科技成果的摘取、科技效益的大小，都有至关重要的决定性的影响。

科技社会关系的法律调节必须充分保护科技劳动者的积极性，其主要要求是保证赋予科技创造的自由权利、保证高度尊重科技劳动者的人格、保障科技劳动者对获得的科技成果的精神利益与物质利益的权利。

1. 保证赋予科技创造的自由权利

保证赋予科技劳动者以科技创造的自由权利，可以具体化为选择科技创造的空间、时间、方式方法与内容的自由权利。

（1）选择科技创造的空间的自由权利。选择科技创造的空间的自由权利，包括选择科技创造的地域空间、社会组织空间与国别空间的自由权利。

地域空间的自由选择权，对一般人来说也是重要的，对科技劳动者来说更是如此。我国历次宪法都规定了公民的迁徙自由，1982年的新宪法取消了这一规定。这当然是从我国国情出发不得已而为之的举措。但是，把科技劳动者也规范其中而不采取别的措施"网开一面"，似将失之僵硬。实际上，地域空间对科技劳动者与一般人来说，其环境意义是颇为不同的。一个研究水产的专家被禁锢在高山之上，一个开发信息技术的工程师被锁定在闭塞的穷乡僻壤，当然是不利于他们的科技创造的。因此，赋予其多于普通公众的地域空间自由选择权，并非无事生非、小题大做的事。

社会组织空间的自由选择权，主要是指科技劳动者对科技劳动组织的选择的自由权利。在我国的计划经济体制下，科技劳动者成为单位所有的会说话的"螺丝钉"被管卡得死死的。事实已经证明，这是特别不利于他们的积极性的发挥的。对科技劳动者，不仅不应管卡得如此僵死，而且还应主动创造条件促使他们流动到能够充分发挥其所长的单位去。因此"跳槽"现象应当得到欢迎和赞扬。

日本创行的科研流动体制，是赋予科技人员社会组织空间自由创造权的一个成功范例。1981年以前，日本科研管理体制上采取纵断式的管理，人事制度也是以组织为中心的封闭式的管理。所谓"纵断式"，即在一个系统内实行垂直领导、组织与管理。大学、研究机关以及企业都从各自立场出发立题、设计策划、研究开发，很少超出系统的框框，科技人员也成了没有流动自由的"套中人"。同时，日本实行终身雇佣制，其工资报酬、福利待遇等相应地实行"年功序列制"，这也阻碍了科研人员尤其是年轻人的自由选择余地。针对这些弊端，日本科学技术会议于1981年1月提出了以流动研究体制推进创造科学技术的探索研究的方案，此后以立法形式肯定了这一制度。流动研究体制打破了以组织

为中心的管理方式，采取以人为中心的研究方式，打破人事封闭的壁垒，让人自由流动。其具体措施是：研究员的聘请由每个科技项目下设的研究组负责人和总负责人商定。经拟聘的研究员在原单位同意后，与新技术开发事业团、原单位三方签订合同，规定在合同期内研究员为事业团职员，期满后回原单位；合同期间由事业团支付工薪、福利及科研经费，待遇与原单位一致，加薪晋级不受影响。这一体制是符合日本国情的赋予科技人员以一定的社会组织空间选择自由的法律措施，对日本科技社会关系的僵死性一面做了调整，大大推动了日本科学技术的发展。

国别空间的选择自由，涉及爱国主义和国际主义觉悟的关系。国家沙文主义发展到登峰造极的地步时就成了法西斯主义，希特勒德国当年把战火烧到哪里，就在那里掳掠卓有成就的科技人才，送往德国，关进集中营式的研究机构中，强迫他们为其侵略战争服务。真正的爱国主义者自会选择祖国作为他们贡献智慧才华的场所。但是有时人们由于各种原因宁愿选择别国作为科研的基地，又该怎样看待呢？从我国现行政策来观察，实际上是赋予了每一个科技人员以选择的自由权。于是，产生了关于"人才外流"的焦虑与议论。是之者振振有词谓为"宽广的胸怀""博大的爱心"，是"为人类做贡献"；否之者忧心忡忡以至"义愤填膺"，认为出走的人虽然不是什么"背叛"，却总是与爱国精神大相径庭。笔者拥护中国政府的目前政策与有关的法律规定。只要把眼光放得远一点，把国家建设得好一点，情况自然会改变，而赋予科技人员国别选择的自由权，确可"因材制宜""因地制宜"，充分发挥人的才华。也只有这样看、这样做、这样进行法律调节，才可能真正协调好科技社会关系，促进全国的全人类的科技进步。

（2）选择科技创造的时间的自由权利。越来越多的国家正趋向于采行"弹性工作时间制"。在这种制度下，不做"坐班"的硬性规定，只要完成规定的任务即可。实际上，劳动是人的天性与本能，怎样劳动得更好、更有成效，是教育、引导的问题。时际20世纪之末，信息技术的高速发展已使得自动化进入了家庭，自由选择科技创造的时间大多可收事半功倍之效。此外，上班时间与业余时间的硬性划分，对许多领域的科技工作者来说只是一种意义不大的规定。所以，应当赋予科技人员以科技创造时间的自由选择权。当然，这是指的权利规定。至于具体的措施，则要从具体情况出发做出具体的规定，而绝非一切放任自流。同时，实际的科技劳动时间、所创造的科技成果的量与质等，应与其所得到的报酬相联系，这样才能产生良好的效果，形成最佳的科研秩序。

（3）选择科技创造的方式方法的自由权利。现代科学领域繁多、分工细密。与此相联系的是可供选择的科技创造的方式方法也五花八门、千变万化。作为科技创造的主体，科技劳动者应有选择运作的方式方法的最大自由，否则即为挫伤、压抑他们的积极性。这本应是科技创造的常识，也是科技管理者的常识。但是在长期的计划经济体制的熏陶下，一些科技行政长官以至科技劳动组织的领导者也染上了"指令"的痼疾，形成了以我为主、唯我独尊的思维定式与命令式的行政指挥科技工作的习惯，于是，往往连科技创造的方式方法也被框死在固定的模式中了。这当然不利于科技人员的创造性活动。

（4）选择科技创造内容的自由权利。由于科学技术的发展和现代社会生活的越来越复杂化，科技创造的可供选择的内容也越来越丰富了，于是就产生了科技人员选择什么作为自己的研究开发课题的问题。而这，实际上牵涉到他所在的科技劳动组织、科技劳动管理机构如何对待他的选择的问题。日本创行流动科研体制的目的是"推动创造科学技术的探索"。所谓"创造科学技术"，是指在科学与技术二者的交叉点上进行探索、发掘，研究物质和生命的新特性，并为其研究结果开拓广泛应用领域的一种富于创造性的探索研究。创造性科学技术的目的首先不在于"物"，而是创造"新思想"，这些"新思想"则可能成为科学技术发展的强大的精神源泉。为保证"创造科学技术"而采行的流动科研体制，则为选择科技创造内容的自由权利提供了法律化的制度性规定。这对我国的科技劳动管理、指导，也是一种很好的启迪。

总之，无论在空间上、时间上，还是在研究开发的方式方法上与课题内容上，都要赋予科技人员以充分的自由权利，庶几才可使他们感到如鱼得水、草木逢春，心情愉悦、自由舒展地去尽情发挥自己的聪明才智。

2. 保证高度尊重科技劳动者的人格

"人格"的拉丁文词源persona有"人""个性""性格"等含义。汉语"人格""品格""个性""性格"等词，英文均为personality，法文均为personnalité，这说明这些词的含义的相近与关系的密切。人格的常见义项主要有三：一为伦理学上道德的权利和义务主体；二为心理学上的人的性格、气质、能力特征的总和；三为法律上的作为权利义务主体的资格，最早见于罗马法。

我国宪法规定："中华人民共和国公民的人格尊严不受侵犯。禁止用任何方法对公民进行侮辱、诽谤和诬告陷害。"宪法的这一新规定，对我国公民，尤其是对科技劳动者来说，是极为重要的。在长期的封建社会中，中国知识分子的人格根本得不到尊重，甚至被侮辱、蔑视到令人发指的地步。科技发明被斥为"奇技淫巧"，科技人才被诬为疯魔邪士。元朝公然把人分为十等，被称为"儒"的知识分子位列娼妓之后，所谓"九儒十丐"，地位略高于乞丐。新中国成立后，由于极"左"思想的作怪，科技人员也被置于"资产阶级知识分子"之列，作为"改造对象"对待。"文化大革命"中，更被直呼为"臭老九"，根本无人格尊严可言。痛定思痛，高度尊重知识分子的人格尊严，今天应成为全民的共识与法律保障措施的重点。

3. 保证科技劳动者获得科技创造的精神利益与物质利益

科技劳动者的科技成果不但给社会带来巨大的物质财富（有的计算机软件的设计，往往有价值连城的成果），而且还有巨大的社会效益，其中包括对陈旧的传统观念、迷信思想产生巨大的冲击，赋予人们以新的、科学的观念。因此，社会给予的物质财富回报，充其量也只是他所创造的财富的极小一个部分，这就只能靠适当的精神奖励予以补充了。以法律手段保证科技劳动者获得科技创造的精神利益与物质利益，这是天经地义的事。

物质利益比较容易理解。但在物质利益的数量、额度上，往往会有不同的意见。珠海"重奖"之初引起的轩然震动就是其反应。"红眼病"患者比比皆是也是一种反应。其实，在我国，与歌星、舞星、影星们动辄获得几十万、几百万"出场费"相比，对重大发明者的奖励实在是太少太少了。一项水稻杂交技术的发明，使得受益农田增产的产值达到100多亿元，实在是怎样高的奖励都不为过。

精神利益是指与科技成果完成者人身和创造性劳动不可分割的荣誉权、身份权等精神权利。它包括发明人、发现人、科技成果创造人的发明权、发现权、科技成果权等身份权和依法取得荣誉称号、奖章、奖励证书及奖金的荣誉权。"士为知己者死""义利相较，义居利上"。在中国的传统中，知识分子包括科技人员是极为重视精神鼓励的。其实这在国外也一样，只是各国相较，略有程度的差别罢了。以法律手段保护并保证科技人员获得应有的精神利益，对充分调动其进一步创造发明的积极性，是至关重要，丝毫不可掉以轻心、等闲视之的。西安电子大学王品华先生的《奖励法规、精神权利与科技进步》[①]一文，专题研讨了我国科技成果"奖励法规中造成一些科技人员精神权利显失公平之所在""奖励法规中精神权利的不公对科技进步的影响"等问题，指出：自然科学奖和发明奖既不设省、部级，又不分奖励等级的高低，一律限制为5人和6人，使得一些成果的主要完成人必然要失去应得的精神权利；国家自然科学奖和发明奖条例的规定，使第一研究者或发明人以外的其余所有发明人或研究者，都失去由国家承认并发给足以证明其应得证明书的精神权利；国家科技进步奖和星火奖的请奖人员数与其成果的实际工作不相适应，从而使部分科技人员得不到应得的精神权利。这是一篇很扎实的很有见地的研究论文，对保护科技劳动者精神权利的立法很有意义。

（三）充分发挥科技劳动组织的集体力量

科技劳动者的科技活动，在具有个体性的同时，也具有协同性。因此，科技劳动组织集体力量的正常发挥与充分发挥，无疑也是保证科技进步的科技社会关系科学合理调节中的重要方面：

科技社会关系的法律调节应努力达到充分发挥科技劳动组织的集体力量的目的，其具体要求是：保证科技劳动组织内部的优化结构、通力协作与后继有人。

第一，保证科技劳动组织的优化结构。科技劳动组织的结构可以是多种多样的：科学院、科研所、研究室、研究组、课题组等等。不同的结构当然有不同的特点，科技社会关系的法律调整应当与有关的不同特点所提出的要求相适应。这样，需加研究的方面就可能是无限复杂的了，篇幅既不允许，客观上也无太大的必要，因此，我们限于从各种科技劳

[①]《科技进步的法律问题》，专利文献出版社1992年版，第160—162页。

动组织的共同要求出发进行探讨。其共同要求之一是，科技社会关系的法律调节在这一方面首先要满足科技劳动组织结构优化的要求。

将几百个极具权威的著名科学家、发明家集中在一起，不一定能做成什么大事；反之，仅有初级科技人员，人数再多也难济事。关键是要有一个优化的合理结构。

科技劳动组织结构优化的要求是：一定数量的高级科技人才、学科的带头人必须具有权威性；其助手队伍必须足够强大；其辅助人员（后勤、资料、行政人员）必须能与科技研究的主力紧密配合。这里的"权威性"不仅仅是指其在科学、技术领域的成就方面的权威性，而且要赋予率领其他科研人员进行创造发明的实际条件，例如要赋予他足够的不可移易的财权和人事权，否则，仅凭声望，有时不足以有效管理。日本的流动科研体制下，由新技术开发事业团根据课题需要，挑选该课题所属研究领域中最卓越、最有声望的优秀科学家之一来担任课题总负责人；总负责人拥有财权与人事权，其财权可在事业团的预算内全权尽情支配，其人事权为由他组阁，挑选才干突出、富有创造精神的35岁以下的年青研究者以及外国专家，以签订定期合同的方式加以聘用。"助手队伍的足够强大"，在这里也得到了体现。这些，都由法律化的流动科研体制做了有力的保证。

科技劳动组织的结构优化及其法律调节问题，应有专门的著作进行详尽的研究，因为随着时间的进展和科学技术事业地位的提高，这个问题会越来显得重要。早在80年代，苏联科学院的B.A.拉苏多夫斯基教授就注意到了这个问题，并在《科技组织的劳动管理》[1]一书中提出了探讨有关问题的要求。他指出，对有关问题，只是在有关科研管理的法律问题的专著中以个别篇章做过探讨；无论是科技组织的整体结构，还是这些组织中各个单位，它们的结构和进一步发展的法律机制，都不够清楚；对科技组织中的分支机构、研究室、组、试验室，以及领导人员和科研人员的法律地位、学术委员会的权利等都研究得很不够；关于科技组织中科研人员和辅助人员人数的最佳比例，以及各种水平科研人员之间的比例，仍是一个有争论的问题。B.A.拉苏多夫斯基教授提出的问题是很有意义的。不过，诸如科技人员与辅助人员人数的比例之类，是科学管理学、组织结构学之类领域的问题，从法学、科技法学的角度看，所应研究的则是以何种法律机制去保证结构的优化问题。

第二，保证科技劳动组织内部的通力协作。科技劳动组织内部的协作是否和谐、成功，取决于各个组成部分、人员的法律地位的明确，分工的清楚，职责、权利、义务的明晰具体等等。这里，关键是最终的科技成果权属与利益分享问题的法律保障。这个问题处理得好，协作就有了动力，出现纠纷也容易调处。

北京大学科技法研究中心温旭同志的《共有科技成果的确认和分享及其纠纷调处》[2]

---

[1] 莫斯科科学出版社1980年俄文版。
[2] 《科技与法律》1991年第2期，第14—18页。

一文指出，在共有科技成果的确认与分享中，应结合具体情况注意处理好以下几方面的关系：一为课题负责人与具体研究者的关系；二为设计者与实验者的关系；三为指导者与研究者的关系；四为主要完成者与协助完成者的关系；五为资料占有者与资料总结者的关系；六为委托加工处理与委托研究的关系。除第六方面外，其他五个方面的关系都是该课题研究组织内部的关系。这些"关系"的关系人，都应有明确分工而且对最终成果的利益分享关系一开始就心中有数，只有这样，他们才可能互相协作、通力协作。

科技劳动组织内部的通力协作，可以显示集体的力量，发挥集体的智慧，各个取长补短、扬长避短，达到"群策群力""众人拾柴火焰高"的目的。因此，科技社会关系的法律调节，一定要注意到如何更好地保证科技劳动组织内部的通力协作问题。

第三，保证科技劳动组织的后继有人。这是科技活动是否具有强大后劲的关键。日本《智囊团年报》介绍，其有代表性的"智囊团"的研究人员的年龄构成是：男性研究员中，20岁至30岁的占23.1%，30岁至40岁的占45.6%，40岁至50岁的占22.1%，50岁以上的占9.2%；女性研究员中，20岁至30岁的占25.2%，30岁至40岁的占44.5%，40岁至50岁的占21.5%，50岁以上的占8.8%。又，按组织形态的不同，财团法人中，智囊团研究人员的平均年龄为38.8岁；社团法人中为37.7岁；株式会社（企业）中为34.7岁；全体平均为37岁。为了保证智囊团中的年轻人的能力不断增强、信心越来越足、永远立足于本单位，常采取各种措施吸引他们努力学习，其中包括定期派遣他们赴海外调研、进修、休假等等。这样，日本的智囊团就始终保持其强有力的活力与后劲。各种科技劳动组织的情况也大体与此相类似。而所有的主要措施，都是得到了法律、有法律效力的各种制度的保障的。

由于政治运动的严重冲击，"文革"后我国曾出现过严重的人才断层。目前，又因商海波涛的冲击再次出现了人才断层的严重威胁。解决人才断层问题，不是本书的研究任务。指出这一点，是为了说明保证科技劳动组织后继有人的重要。我国的立法，应当有足够有力的具体措施来保证做到为科技劳动组织源源不断地输送优秀人才。这是科技劳动组织内的科技社会关系问题，也是全社会的科技社会关系问题。

（四）保证科技劳动管理机构的权威性、协调性及其决策的科学性与民主性

科技劳动管理机构有中央与地方之分，系统与行业之分，城市与农村之分等等。为了叙述的方便，我们仅仅分析全国性的中央科技劳动管理机构的有关问题，其余则可比照参考。

科技劳动管理机构的权威性是其管理有效的前提；协调性是其管理有效的必要条件；而决策的科学性与民主性，则是实施有效管理的基础与关键。以下我们结合国际国内的情况，分科技劳动管理机构的权威性和协调性，科技决策的科学性与民主性等方面来展开研究。

1. 科技劳动管理机构的权威性和协调性

以法律调节手段确保科技劳动管理机构的权威性和协调在其管辖下的各个科技劳动组织的科技活动，对发展科学技术具有重要的意义。这对统管全国科技工作的中央政府有关部门来说，更是如此。因此，发达国家在这一方面都十分重视。

（1）国外的经验。日本以《科学技术厅设置法》《科学技术厅设置令》《科学技术厅组织令》《科学技术厅组织规则》等法律法令，在内阁总理府下设立了科学技术厅，负责全国科技活动的综合调整和管理。科学技术厅的主要任务是"负责有关于国民经济发展的整个科学技术的行政领导工作"，它有权对除文部省以外的各省、厅的科技发展计划和预算实行综合平衡，并进行组织和管理。同时，内阁总理府还设有科学技术会议等一套审议机构，负责科技政策的制定等工作。这些审议机构也是依据国会通过的法律设置的。由于法律的作用，日本科学技术厅和科学技术会议等一起，在组织管理国家科技活动的过程中，既互相联系，又明确分工、各司其职，发挥了权威性的协调作用，对日本科技社会关系的调整起了指挥中枢的作用。

意大利根据1963年第283号法令和1965年第330号法令，设置了中央政府的部际经济计划委员会、科学和技术研究协调部、国家研究委员会等三个国家一级的管理科技工作的机构。上述三个机构有明确的分工和具体的任务，并享有相应的权利。部际经济计划委员会的职责主要是草拟国家的经济计划，制定实施该计划的总方针，确定国内科技研究的总政策和总任务，确定为执行科研计划所必需的预算拨款。科学和技术协调部主要负责保证具有重大意义的科技任务的完成，同时对全国科技工作进行协调，并为科技研究与经济发展做各种联系、沟通的工作。国家研究委员会具体负责编制全国统一的科技计划，并逐年定期提出关于国内科学和技术研究现状的总报告。

德国于1955年建立了原子能部，1967年依法扩大成为科学研究部，1969年将部分高等教育机构并入，改名为教育和科学部。该部负责全国的科技工作，对全国的科技发展实行宏观控制，下设五个司：一司负责行政管理和科技政策；二司负责促进基础研究、研究协调和国际合作；三司负责能源学、生物学、生态学方面的科技工作；四司负责信息技术、生产技术、劳动和生活条件以及专业情报；五司负责促进空间研究和空间技术、原料、地球科学以及交通。该部还设有研究和政策顾问委员会，其成员包括各主要学术机构和科学顾问委员会（非常设性机构）的主席。委员会的主要任务是提出发展科学和技术的建议。

美国在总统办公厅下设立了四个部门和一个国家科学基金会。这四个部门是：一为总统科学技术政策办公室，其职责是就科学技术的角度对联邦政府的重大政策、计划、规划为总统提供分析判断意见，并与联邦预算管理局共同编制国家科研经费预算方案，其办公室主任参与国家科技、经济和安全事务的最高层决策会议；二为白宫科学技术顾问委员会，由总统科学顾问提名的13位知名科学家与工程师组成，对总统科学顾问负责，是美国政府重大科技问题及国家事务的常设咨询机构；三为联邦科学技术工程协调委员会，由政府各部、局负责科技工作的高级官员组成，主要负责协调联邦各机构的科研计划；四为联邦预算管理局，对联邦各机构的科技费用进行专门研究，以确定国家的各项科技经费投入。美国国家科学基金会的任务是：通过对基础科学研究的资助促进科学教育，发展科技情报工作，促进国际科技合作等。

以上各发达国家的科技发展水平不一，科技领导机构名称各异，机构设置的形式也不一样，但有一些共同点，即在这些国家中都有法定的科研领导机构，都有专门的法律规定这些机构的地位、任务、职责权限以及它们与相关部门的联系与分工。通过法律的强制、约束与激励，保证这些机构的权威性、协调性和工作的有效性。

（2）关于我国科技劳动管理体制的思考。以法律调节手段确保科技劳动管理机构的权威性和协调性，对我国来说，还有不少问题有待解决。从中央一级来说，确立一个管理中心对全国科技进步工作实行统一指挥，就是一项重要的任务。

长期以来，我国的科技管理体制一直未能理顺。中央一级的国家科委、国防科工委、中国科学院、国家教委、国家计委、国家经委（生产委）等各方面领导科技工作的职责权限模糊不清，互不协调，"群龙无首"，影响了科技人力、财力、物力的集中统一和合理使用。国家科委心有余而力不足，例如1990年全国103亿元的科技经费中，国家科委能够支配的仅3亿多，杯水车薪，难济于事。中央影响地方，基层科委更是有职无权，科技管理无法统一领导，有的区、县科委形同虚设，根本无力行使其职权。造成这一现状的原因何在？首先让我们回顾一下历史。

在我国，具体执行国家组织、管理科学技术工作职能的是国家科学技术委员会。它是1958年在国家技术委员会的基础上建立的。国家科委是国务院管理全国科学技术的综合性职能机构，它的主要任务是管理全国的科技工作、研究科技政策、会同有关部门提出重大的科学研究课题，组织协调科技力量进行攻关。但是我国除了国家科委之外，还有其他管理科学技术的部门，如国防科工委、中国科学院、国家计委、国务院所属的其他有关部委、地方科委。它们统帅着全国的科技力量，人称"科技五大系统"。

为了迎接新技术革命的挑战，进一步发展科学技术特别是高技术，加强国防科工委和其他民用科研系统的联系，根据中共中央1982年12月20日文件的精神，国务院于1983年成立了科技领导小组。国务院有关部委，如国家经委、国家计委、国家教委、财政部、中国科学院、中国人民银行、劳动人事部的主要负责同志任领导小组成员。每年通过召开领导小组会议，讨论国家发展科学技术的大政方针。

根据有关规定，国务院科技领导小组的任务有如下五条：统一组织和管理全国科技人员队伍，按需要调动集中使用；统一领导科学技术长期规划，包括行业和重点企业的技术改造规划，使各个规划之间相互渗透、互相衔接；研究重大技术改造的决策；决定重大技术的引进和消化；协调各部门的科技工作。其中第四条任务，在实践中因牵涉到外汇储备和利用外资等很多问题，经国务院讨论后，决定划归国家计划委员会。

由此，可以把我国科技工作领导机构划分为三个层次。第一个层次为国务院科技领导小组，第二个层次为国家科委，第三个层次为国防科工委等五个主管部门。此外还有全国科协，因其属群众团体性质，所以和工、青、妇一起，归中央书记处领导。

为了加快我国实现科学技术现代化的步伐，我国的科技领导机构尽责尽力，做了大量的组织、管理、协调工作，使我国的科技事业呈现出一派蓬勃向上的景象。几年来，我国科技战线所取得的成绩，和它们的工作是分不开的。但是毋庸讳言，由于历史的和其他方面的原因，我国科技领导体制的关系一直没有理顺，目前还存在着不少问题和缺陷，也不符合科学技术本身发展的客观规律。这些问题的存在将延缓我国科技进步的进程。

目前我国科技领导机构存在的问题主要表现为：机构设置不尽合理，各机构之间的关系没有理顺，致使各部门职责不明确，工作性质和任务重复较多；政出多门，各行其是，由此妨碍了这些机构充分发挥作用，造成了人力、物力、财力的很大浪费以及互相扯皮、推诿等现象的发生。这些问题主要具体来说是：

（1）国务院科技领导小组和国家科委之间职责不清、分工不明、重复过多。

前面，我们已经提到了国务院科技领导小组的任务，国务院也曾对国家科委的主要职责和任务做过有关规定。从中我们可以了解到这两个机构主要负责全国范围内的宏观指导和政策指导，而不从事具体的科研工作。与此同时我们也不难看出，这两个机构有相当一部分的工作是重叠的，如制定科技计划、管理科技队伍、协调科技工作等。举例说，协调是国务院科技领导小组的重要工作之一，为此，特设立了一个协调组负责有关工作。近几年来，一些高技术的攻关项目，便是由该机构组织、协调各方面的科技力量来完成的。同时，协调也是国家科委的主要任务之一。青藏铁路继续向前修建的问题、三峡工程的综合论证等，牵涉气象、水利、地理、规划等好些部门，最后均由国家科委出面来综合各方面专家的意见，组织、协调各方面的力量来完成。现在的问题是究竟哪些协调工作该由科技领导小组承担，哪些应由国家科委去进行，一直没有明确的规定；两者之间的关系，或隶属、或指导、或平行，也一直没有明确的规定和切实可靠的依据。这样从某种程度上，有可能影响国家科委工作主动性的充分发挥。重复劳动、人力物力的浪费，以及扯皮、推诿等现象也就在所难免了。

此外，这种现象不仅存在于中央，也存在于地方。尽管国务院科技领导小组不要求各地建立相应的机构，不要求形成系统，但目前全国省市一级，已有类似的机构二十几个，它们和地方科委的关系亦无章可循，因此在工作中难免会产生一系列的问题和矛盾。

（2）国家科委和五大主管部门之间的关系不明确，国家科委缺乏必要的权威性，无法充分行使职权。

如前所述，国家科委是管理全国科技工作，研究科学技术政策，组织协调科技力量的综合职能部门。它主要是从宏观上、总体上组织和管理全国的科技活动，它和其他主管部门在科技发展方面应该是指导与被指导、管理与服从的关系,这是我国的国情所决定的,也是科技社会关系调整与科技发展的客观要求。但在目前尚缺乏必要的规定,国家科委在组织、管理科技工作中,缺乏像日本科学技术厅那样的权威性,缺乏强有力的措施来保障其行使职权。

我国的国防科工委主要管理国防科技、国防工业工作,由于它直接隶属于中央军委,国家科委无权过问它的各项活动。中国科学院主要侧重于基础研究,科技力量雄厚。但它的归属问题,自1949年以来一直多变,直到现在还无明确的规定,国家科委往往无法对它行使组织和管理之职能。国务院各部委所辖的科研机构,主要从事开发和应用研究,由于目前还无必要的规定,各部委往往自成体系,互不通气。地方科委的职责是领导地方的科技事业,它和国家科委是一种业务上的指导关系,同时又受地方政府的领导。这五大科技系统的科研工作,在内容上既有联系,又有区别;在体制上,分别属于不同的系统。如果没有一个综合部门来加以协调,统一组织和管理,那么势必会产生一些消极后果和矛盾,有时还会造成很大的浪费。例如:军用科研成果和民用科研成果有着不同的要求和标准,一般来说,在不少方面,军用的科研水平要高于民用科研水平。有时候,某一技术作为军用,已列入淘汰之列,但在民用领域,却属尖端技术,这里有一个军转民的问题。如果没有一个掌握全面情况的机构从中协调,沟通两方面的联系,就有可能产生这样的现象:军用的将该技术成果弃之不用,民用科研系统则在花大力气组织攻关。这样,一方面造成了国家财富的浪费;另一方面,又拉大了与科技先进国家的差距。若把这些民用科研力量组织起来,投入新的技术领域,就有可能取得新的技术成果。

有一海洋工程方面的新技术研究课题,国家海洋局在从事研究,国防科工委从国防建设的需要出发,也投入了力量攻关,中科院的有关研究所也将此列入研究课题,而某高校也欲从事这方面的研究。如此"各自为战",造成了人力、物力、财力的大量浪费,对于我们这样一个经济还不发达的国家来说,这种现象的存在,无疑会拖我国科技发展的后腿。试想,如果由国家科委统一组织、协调,发挥各方面的优势进行攻关,那么就不仅能够为国家节约大量财富,而且还能加快工作进程,取得科学研究的最佳效益。

(3)科技五大系统的主管部门在科技活动方面无章可循,往往自成体系,各行其是。

由于没有专门的章程来规定它们在科技活动方面的职责范围,以及各系统之间的相互关系,因此它们往往自成体系,缺乏有组织的横向联系和信息交流,研究机构相互"撞车"的现象屡屡发生。国务院曾对各部委的主要职责和任务做过规定,其中也包括有关科技工作方面的规定,但是,因为它还不是法律,缺乏约束力;而且不少内容现在看来确已过时。

(4)国家科委和全国科协的关系不够科学、合理。

全国科协和国家科委属于不同的系统,但是,全国科协的领导岗位上的不少同志来自科委,因此两者之间有较多的联系和工作上的交流。近年来,随着经济体制和科技体制改革的深入，涌现出大量的民办科研团体和机构，拥有了一大批学有专长的科技人员，在科技工作中做出了很大的成绩，成为我国科技事业中的一支生力军。国家科委既然有权统一组织管理全国的科技工作，那么和科协仅有联系和交流是不够的，而应该协调和管理科协的科技工作，包括科技人才的流动、科研成果的推广和应用等等。

科技领导机构在一个国家科技发展中的作用至关重要，上述现象的存在无疑将给我国的科技发展带来不利的影响，将在某种程度上起到阻碍科技发展的消极作用。造成这种现象的原因是多方面的，有行政体制上的问题，有干部政策上的问题，还有历史的原因等等，但就目前来说，最根本的原因，是在科技领导体制上法制不健全。虽然国家曾有过一些政策和有关规定，但政策不同于法律，缺乏强制性和约束力。以前的一些规定内容也不完整，有些已不适应改革后的形势了，因此不能从根本上解决问题。

1985 年 3 月，党中央作出了《关于科技体制改革的决定》。这个决定对于我国的科技发展有着十分重大的意义。科技体制改革的重点在四个方面：一是改变拨款制度；二是开拓技术市场；三是强化企业技术吸收和开发的能力；四是改变科技人员管理制度。这些方面改革的成功，有赖于统一的权威的科技领导机构充分发挥作用。这在极大的程度上，要求予以立法。

鉴于国家科技领导机构在一个国家的科技发展中居于很重要的地位，因此加强科技立法的一个重要内容，就是要健全和加强科技领导机构的法制建设。在我国，首先就是要加强有关国家科委的立法。这是由国家科委在我国科技发展中的重要作用所决定的。根据我国的具体情况，应以《国家科委章程》的立法形式详尽、全面地确认国家科委的法律性质、法定地位，以及它在科技事业中的重要作用，要求具体、明确地对国家科委的职责、任务和它所享有的权利做出规定，使之成为国家科委行使组织、管理全国科技工作职能的可靠依据。

具体来说，《章程》的主要内容应包括：

第一，国家科委的性质、地位，国家科委与其他科技主管部门的关系。

《国家科委章程》首先应该阐明国家科委的性质，规定我国国家科委是国务院管理全国科学技术的综合性职能机构，是领导全国科技工作的最高行政机关，从而确立国家科委在国家科技事业中的领导地位。国家科委和各省、自治区、直辖市科委，和国务院有关部门的科技机构，如中国科学院、国家经委所辖的科研机构等，和我国驻外机构的科技处，虽然不是一种行政隶属关系，但负有业务上的指导责任，国家科委有权在全国范围内的科学技术活动中行使组织、管理、协调和监督职能。

应该说，国务院科技领导小组是一个决策机关，而不是职能部门，通过上述《国家科委章程》的这些规定，将理顺我国科技管理体制的关系，从法律角度保障国家科委依法行使职权。

第二，国家科委的主要职责和任务。

国家科委的主要职责和任务，是《国家科委章程》的主要内容之一。1983年3月，国务院办公厅制定的《国务院各部门的主要任务和职责（试行稿）》中，对国家科委的职责和任务做了10条规定。同年国家科委制定的《国家科委各厅局的职责任务（试行稿）》中又做了8条规定。这些任务归纳起来，主要有以下几个方面：一是管理全国的科技工作；二是研究、制定全国科技发展的方针、政策和计划；三是审查、确定重大攻关项目，提出重大科学研究课题；四是管理全国科技队伍，组织协调科技力量进行攻关。

经济体制和科技体制的改革，推进了我国科技事业的进一步发展，国家科委的任务也应随之做相应的调整，并增加新的内容。《国家科委章程》对科委职责任务的规定，除了上述四条规定外，还应增加如下几方面的内容：

一为具体组织全国的科技立法工作。健全和加强科技法制是健全和加强社会主义法制建设的重要组成部分，也是促进我国科技现代化的重要保障。国家科委在及时了解和掌握国外科技立法的情况和动态的同时，应负责组织和草拟须经全国人大及其常委会和国务院发布的重大科技法律、法令等，并负责编制全国科技立法的规划。

国务院法制局已做出决定，凡各部委制定的有关科技方面的法规、条例，除了和有关的部委互相通气外，还需送国家科委听取意见，然后报法制局。这个决定的实施，将使国家科委领导全国科技立法的职责更加切实可行。

二为对国家科技经费实行综合平衡。科技体制的改革改变了拨款制度，财政部的科技拨款应通过国家科委，由国家科委根据各研究机构和系统的具体情况，通过综合平衡，提出切实可行的方案，这样也有利于国家科委更有效地行使统一组织、管理的职能。

三为促进科技成果在国民经济中的应用。科技成果只有及时地转化为生产力，才能充分发挥经济效益，同时也才能加强科技与经济的联系。尽管技术市场的开拓有助于这方面的工作，但在宏观上加强指导还是十分必要的。国家科委应在部署重点科技项目的同时，组织好该成果的推广和应用，推动科研与生产的联合；汇集和传播科技信息，推动、组织、协调对外科技交流和合作。

四为国家科委的职权范围。《国家科委章程》应赋予国家科委一定范围的权利，以使其更好地完成法律所规定的任务。具体该有哪些权利，可以根据其主要职责和任务相应制定。

此外还有国家科委的组织机构，或叫建制。这部分的内容除了对科委行政机构、工作制度作出若干规定外，某些在实践中行之有效的做法也可以适当的法律形式在《章程》中予以体现，如国家教委、国家经委等机关内部，均设有专门主管科技工作的机构。目前，这些机构的负责人之一一般是由国家科委有关部门的同志担任的。这样，一方面加强了国家科委与教委、经委等系统之间的联系，沟通了信息；另一方面，也有利于国家科委及时掌握这些系统内科技研究的情况和动态，便于组织、管理和协调。

2. 科技劳动管理机构决策的科学化和民主化

科技劳动管理机构因其所处的特殊地位，对科技社会关系的整体协调有着举足轻重的作用，其决策之正确程度往往会有"差之毫厘，谬以千里"的影响。因此，如何以法律制度为其正确决策做出保证，是必须探讨的问题。

笔者在《科技决策程序的法律需求与对策》[①]一文中，曾对科技劳动管理机构决策的科学化和民主化问题做过比较详尽的探讨，认为科技决策科学化、民主化要求的提出，是中国科技决策的一大进步。它起了舆论动员作用和认识启发作用。但是，如果停留在满足于科技决策科学化、民主化的要求与口号上，那么事情还不会有任何变化。

长期以来，我国的科技决策受以下因素的严重影响而未达到科学化、民主化的要求。这些因素是：其一，新中国成立后，长期处于恶劣的国际环境之中。新中国成立初期，美帝国主义纠合其他帝国主义国家和仆从国家发动了侵略朝鲜的战争，一度打到鸭绿江边，并对东北狂轰滥炸；尔后又在台湾海峡制造严重的紧张局势；再接着就是苏中矛盾、印中矛盾的加剧直至发生严重的边境冲突，美国侵略越南并对我南部边境轰炸……这些情况，往往迫使我国政府不得不迅速地就某些重大的科技发展项目作出决策。其二，国内频繁地开展政治运动，尤其是反右斗争、"四清"运动和"无产阶级文化大革命"等全国范围内的大规模政治运动，使党、政府、广大科技人员和全国人民的注意力、精力，几乎全部集中到政治运动之上，科技决策的科学化、民主化也就无从谈起。其三，长期的战争环境、封建的历史传统，也影响了领导人就科学技术的发展进行科学决策、民主决策的自觉的意识。其四，我们也没有建立起实行科学决策与民主决策的机构、原则、制度，更无决策的法定程序可言。上述客观的或主观的因素，有的是无法避免的；有的虽然可以避免，但在缺乏经验的情况下，不得不付出学费。它造成了科技决策的某些失误。但是"瑕不掩瑜"，由于我国领导人有丰富的领导经验，在多数情况下也注意了集体领导的原则和民主集中制的原则，我国的重大科技决策在我国科技发展上所起的良好作用与因此而取得的重大成就，也是有目共睹、有口皆碑的。现在的任务是总结经验教训，努力做到：在特殊情况下，坚决由最高领导层集中全权迅速而果断地作出重大的决策；在通常情况下，坚持实行科技决策的科学化与民主化，坚决排除个人决策的随机性、主观性与随意性，从而使得我国的科技决策在任何情况下，都能立于不败之地。

科技决策的科学化、民主化要求，已提出多年。但是，科技决策科学化的内涵是什么？科技决策民主化的内涵是什么？至今仍是不甚了然的。这从把"科学化、民主化"笼统混谈就可看出若干痕迹。因此，必须研究什么是科技决策的科学化要求，什么是科技决策的民主化要求，科技决策科学化与民主化的关系是什么等等。

笔者以为：科技决策的科学化，是指科技决策要符合决策的科学规律，所"决"之

[①] 倪正茂主编：《中国科技进步法制研究》，专利文献出版社1992年版，第99—105页。

"策"要符合科技发展的规律。其中,前者是对科技决策过程的要求,后者是对科技决策目标、目的的要求。

关于决策,毛泽东同志曾提出过"提出问题、分析问题、下定决心"的公式。这一公式描述了决策的过程,其中"分析问题"大有科学地进行研究的价值。在"分析问题"的基础上下决心,也有重要的科学意义。但是,对"分析问题"这一最重要的环节,毛泽东同志没有在总结自己的极为丰富的经验的基础上做出更为详尽的说明。

现代西方科学哲学家们提出过"科学逻辑的五步法":(1)疑难的出现或暗示;(2)问题的设定;(3)提出解释问题的假设;(4)推论各种假设可能的含义与结果,并从中选出最可能解决问题的假设;(5)试证、即投入解决问题的实践,以求证明假设。虽然这是关于科学研究的"五步法",但它对科学决策也不无启迪,这就是:上述(3)的启迪是,在决策过程中,思维方式应当打破单一性、局限性、封闭性,而实现多样性、整体性与开放性,总之是"搜索枯肠""绞尽脑汁"地提出各种可供选择的决策方案。上述(4)的启迪是,对多种方案进行推论,并做分析;这种分析是全面的,即不偏于任何一种方案而对每一方案都进行分析;在分析的基础上进行比较与筛选,而不是随意决定、任意抉择。上述(5)的启迪是,对作出的决策的实践进行局部的验证,而不是一旦决定就全盘推开,这样可以避免大范围的损失。"一切经过试验"的要求,未免太过绝对,但其精神是可取的。

这些都说的是决策过程。在笔者看来,如要达到科技决策的科学化,在决策过程中,对决策方案的分析,既应有定性的分析,又要有定量的分析,像"科学逻辑的五步法"那样只做"推论"、只做定性的分析,是完全不够的。此外,在定性分析方面,还应十分重视"比较分析法"。我们不应拒绝接受国外的科技决策的先进经验。在发展科技方面,毕竟我们起步较晚,经验不多。发达国家的经验,我们应当尽力吸收;其教训,我们应当全力避免。鲁迅说过,我们要实行"拿来主义";他又说过,"比较是医治受骗的良方"。如果我们在科技决策过程中认真地"拿来",认真地比较,是比仅凭我们自己的经验进行决策要科学得多的。

科技决策的民主化,包括科技决策过程中要实行公开化,要广泛听取意见以集思广益,要坚决反对闭门造车与个人独断。

除涉及国家机密事项以外,科技决策的公开化是实现民主化的前提与必然要求。少数人的关门决策,当然无民主化可言。

所谓"广泛听取意见",首先包括听取广大科技工作者的意见,因为正是他们战斗在科技发展工作的第一线,最了解情况,最知道矛盾、问题、重点与难点之所在。由于现代社会已发展成为一个联系极为紧密的大系统,任何一个局部的变化都会引起其他方面的联动与互动;由于科技发展不仅涉及科技自身,而且与环境、生态以至社会思想、文化、教育、军事、外交、政治,尤其是与经济发展都有很密切的关系,因此,"广泛听取意见"

之"广泛"性，应当兼及自然科学界、工程技术界以及社会科学界，应当兼及与之相关的社会各界。

既然如此，科技决策的民主化与科学化一样，就不仅只是"民主化"三个字而已，它是与一套套的机构、原则、制度相联系的。没有完善的机构，没有严密的原则，没有严格的制度，"民主化"也不过是一种良好的愿望和不会实现的空话而已。

这样，就提出了科技决策科学化、民主化的保证问题。笔者把这方面的问题概括为科技决策科学化、民主化的法律需求。

为了了解这一点，我们不妨先看一看国外是如何解决有关问题的。由于日本是与我国"同文同种"有相同的文化传统的"一衣带水"的近邻，又由于日本从近代历史开始到当代，先后广泛吸取了大陆法系与海洋法系的法制优点，因而可以为我们简捷地借鉴，所以我们集中地来看一看日本的科技决策等问题。

日本学者认为，确定日本科技政策方向的因素可分为国际与国内两个方面。国际因素是，由于防卫需要而开发的军事技术，以及提高世界市场的占有率而开发的其他技术；国内因素是，加强经济力量、改善产业结构、提高公共服务、消除贫困、改善公共卫生等方面提出的发展科学技术的要求。根据这些要求，在政府、公共团体和企业方面，都产生了对科学技术的需要。这些需要可以分为国家需要、公共需要和市场需要等不同的方面。

在确定上述科技目标的社会共识的基础上，日本的科技决策分为"政策分析""政策战略""评价和反馈的系统"和"政策决定系统的再研究"等4个依次行事的方面。具体来说，开展科技决策的过程，分为以下10个步骤：

（1）由于政府提出的咨询，或科技政策机关的建议，研究科技政策的政策目标；

（2）对有关的情报进行收集、整理和分析；

（3）确定政策目标；

（4）对有关实施政策的基本观点进行选择和决定；

（5）对包括代替方案在内的可能实施的政策进行调查和研究；

（6）根据基本观点确定实施政策；

（7）对政府进行答询、劝告和建议等；

（8）制定有关省厅的实施计划要根据计划的概算；

（9）执行实施计划（设计）；

（10）对政策整体进行评价和修改（反馈）。

在决定政策的机关根据咨询进行答询的形式，或根据自己的提议以劝告和建议的形式，提出某种科技政策时，首先考虑的是需要（国家需要、公共需要和市场需要）；同时兼顾与之相关的国内外情况。有关情报要全面收集、有序整理并认真分析：各国对有关问题是如何设计对策的、当时所遇到的困难是什么、日本对类似问题是如何处理的、该问题的相关情况是什么、当时形成的问题何在等等。这里的"相关情况"，包括与科技政策相关的经济政策、产业政策、社会政策、教育政策等等。经过上述工作程序后，就进入科技政策目标的设定，即确定政策目标的重点，在确保国家安全、增强产品的国际竞争力、提高国民的生活素质、转换产业结构或改善环境等方面做出选择。

为设定政策目标，日本有关方面通常都较注意国民舆论的动向和外国的趋势。为了广泛获取国民的舆论意见，国家常将新的科技政策目标公诸报端。

在设定科技政策等目标之后，就对可能实施政策的基本观点进行必要的调查和研究。对有关的基本观点以及可能产生的问题都进行研究与审议后，再选择并决定最佳的实施政策的方案。

经过以上过程而决定的科技政策，以答询、劝告和建议的方式向政府提出。接受答询、劝告或建议的有关省、厅，为了实施政策，要制定实施计划。实施计划设定后，还要通过全面的技术鉴定，以便审查其对自然、社会和人类环境所发生的影响。

具体计划实施过程中，还要定期进行评价，根据需要进行适当的修改。

日本为制定科技政策而设立的政府机关，大致可分为四大类：其一为咨询、审议机关，其任务是对日本的科学技术政策进行审议或协议；其二为规划调整审议机关，其任务除审议外，主要是根据不同情况而采取决定；其三为执行行政业务的机关；其四为"荣誉机关"，即对功绩显著的科技人员实施奖赏的机关。

我们以日本的"科学技术会议"为例，对日本科技决策的程序做一说明。

科学技术会议任务是，根据内阁总理大臣的咨询进行答询，或者认为必要时，可在答询之后向内阁总理大臣陈述意见。具体步骤是：首先由内阁总理大臣提出咨询；接受咨询后在科学技术会议的专门部会上（或分科会上）进行审议；送交有关部会（或分科会）所提出的政策审查意见原案，一般都在科学技术厅计划局汇总；经过部会（或分科会）的审议，答询以科学技术会议的议案与最后确定阶段前的审议同时进行，对于有关部分应和有关省厅进行非正式的协议。所有这些事项都需事先联系。答询草案是在科学技术会议的正式会议上最后决定的，然后再向内阁总理大臣进行答询。对于答询内容繁多的各事项中的紧急预算，以科学技术厅为首的有关省厅估计其需要向大藏省主计局提出概算要求。对各省厅送来的概算要求，还要提交自民党的政务调查会，由该会确定自民党对有关科学技术预算的方针。大藏省主计局审定后，作为大藏省原方案提出，经过多次反复交涉之后，才决定政府方案。对于常有法律性质的预算，则与政府预算方案一起提交国会审议。

上述日本科技决策的过程、步骤告诉我们：首先，日本科技决策有一整套机构执行；其次，所有这些机构之间具有有机联系；再次，这些机构的科技决策具有程序性。

据了解，所有这些机构的设立，其组织、编制、职责、权能、权利、义务、工作程序、奖惩等等，都有专门的法律做出规定。如上述科学技术会议，就是按照《科学技术会议设置法》建立的。这样，这些机构在科技决策过程中，按照法定的程序既分工又合作，为日本的科技决策做有机有序的努力，自然能够取得比较科学的成果。

由于以下原因，强调科学决策、民主决策的"法定程序"是非常必要的。这些原因是：

首先，这是我国科技法制建设的要求。

科技法制建设的最重要之点，在于从以政策调节为主，向以法律调节为主的过渡。这样，政策制定本身的法定程序化，就成了势所必然的要求。这是从根本上改变政策制定过程中的主观性、随机性与随意性的关键性措施。要从政策调节过渡到法律调节，有一个相当长的过程。在这个过程中，政策仍然起着十分重要的作用。即使在确立了以法律调节为主的调节体制后，政策仍是不可缺少的一种必要手段。因此，无论是当前，还是今后，都必须确保政策的正确与科学，至少要减少政策失误。而要做到这一点，按法定程序决策，就成了根本的保证。而按法定程序进行科技决策，无疑会使科技法制建设得到顺利的发展。

其次，法律具有稳定性、普遍性、强制性与权威性的特点，确定科技决策"按照法定程序"进行，就保证了它的可靠性。法律的稳定性，可以保证科技决策不会因领导者的改变或领导者注意力的改变而改变。法律的普遍性，可以保证科技决策无论在中央，还是在地方，都能按既定的法律程序进行。法律的强制性，可以保证个人决策、"一言堂"的消失，因为一旦违法实行个人决策，决策人就必须负法律责任；而且，任何人都可按照法律规定，要求领导者、监督领导者的科学技术决策。法律的权威性，则是保证任何个人、团体、党派都不得超越它的要求与规定而进行科技决策。

按法定程序进行科技决策，这还仅只是一条原则。确定了这条原则之后，还应以其他的法规使之具体化。具体性是法律的生命，对今天的中国来讲，尤其是如此。

时当世纪之交国际风云变幻、中国独力支撑社会主义大厦的今天，发展科学技术已成头等急务。如果我们在科技决策方面不再失误，以法定程序保证科技决策的科学化与民主化，那么，前途是大可乐观的。

由于科技社会关系法律调整客观要求的存在，由于科学技术迅猛发展所引起的科技社会关系急剧变化的推动，我国的科技法制建设正如火如荼般发展。综观当今各国科技法制的发展，结合我国的情况，进一步探讨科技法的有关理论，正是"科技法学原理"研究的一项重要任务。在历经对科技社会关系法律调整这一核心理论的详尽研讨后，我们将进而围绕"科技法"这一概念展开论述。

第四章 科技法的调整对象与科技法的意义

科学技术法简称科技法,在前几章中虽屡屡提及,但还未来得及对其有关问题展开论述,包括科技法的调整对象和科技法的定义,科技法的渊源、历史发展及其发展规律论,科技法的体系、结构与科技法制建设,科技法律规范论,科技法律原则论,科技法价值论,等等。

对于科技法,我曾在《科技法学导论》中,专章讨论过"科技法的定义"问题。此后,我国科技法学界围绕科技法的定义,就科技法的调整对象展开了热烈的讨论。对科技法调整对象的讨论是科技法定义理论探索的深入,因此,我在这一节里将两者并在一起研究。为使探讨的脉络明晰化,便于读者掌握,我们分以下几个方面依次阐述。

一、关于科技法的调整对象的主要观点

上海大学法学院的芦琦在《关于科技法调整对象的法律探讨》[①]一文中,将"时下学术界对调整对象的各家之见",扼要地归纳为"概括说""流程说""纵横关系说"与"内外关系说"四类。持"概括说"者认为科技法是调整科技社会关系的法律,凡属于科技社会关系范畴的法律需求,都是科技法的调整对象。"流程说"又称"控制说",此说也认为科技法的调整对象是科技活动中形成的科技社会关系,包括科学技术研究和组织管理,科技成果的推广应用以及协调迅速发展的科技与人类生理、心理承受能力现状,协调科技巨大能量与人类控制能力的矛盾,并防止科技活动潜在有害后果的发生这三大方面。"纵横关系说"又称"宏观微观结合说",此说认为,科技法的调整对象应涉足宏观的科技决策、预测、规划和微观的科研、开发、管理等两大领域,并使两者在科技活动中达成协调。所涉对象主要兼容五大方面的社会关系,即国家发展科学技术的政策、规划和计划,以及组织管理整个科学技术活动中的纵向关系;不同科技部门,不同科技领域在研究、开

[①]《法律论丛》1991年第5期,第7—11、16页。

发、协作以及管理工作中发生的横向关系；作为科技活动的"细胞"的研究所以及科技人员在科技活动中形成的权利义务关系，即研究结构内部关系；科技活动中的人和自然的关系；国际科技合作关系。"内外关系说"又称"内容说"，该说主张科技法调整对象包括五大内容：一为科技事业发展与其他事业发展的比例关系，主要是国家发展科技的决策、规划、投资方向与投资比例；二为国家与科技机构的关系；三为科技机构的内部关系；四为科技机构与科技机构之间的关系，科技机构与其他企事业单位及公民之间的关系；五为涉外科技关系。

湖北省社会科学院法学所的吴越同志在《文明社会的双重属性与科技法调整的三层关系》[①]一文中，就"调整对象"问题上的各家之见也做了五点概括：一为调整科技活动中形成的社会关系；二为调整知识产权关系；三为调整统治阶级与其他社会阶级、阶层的阶级性社会关系；四为主要调整人与自然的关系；五为调整人们的社会关系与人和自然关系的结合。

中国科技法学会于1990年7月中旬在北戴河召开的"科技法学学科建设讨论会"上，学者专家们就科技法调整对象提出的观点计为：调整科技活动及其成果应用中所发生的各种社会关系；调整科技管理关系与科技协作关系；调整脑力劳动创造的各种科技成果引起的社会关系；结合调整人们的社会关系与人和自然的关系。

在1991年8月于黄山召开的"科技法学理论研讨会"上，一些学者提出的有关观点是：调整科技管理关系、科技协作关系以及科技权益关系；调整科技活动中形成的特定社会关系；调整以科技研究、开发及成果运用的纵向过程及由此产生的各种横向关系为全部内容的科技社会关系和依此产生的人和自然的关系。

此外，还有学者认为，科技法的调整对象是：社会对自然的关系；组织、推动与制导科技研究开发活动及其成果应用。

以上观点大致代表了中国科技法学工作者对科技法调整对象的全部主要看法，其中不无重复之处，如果进行"二度加工"，大概可以把各种观点归纳为以下六个方面：第一，调整对象为科技社会关系；第二，调整科技活动；第三，调整知识产权关系；第四，调整人与自然的关系；第五，调整统治阶级与其他阶级的关系；第六，调整国际科技合作关系。

之所以做如上归纳是因为：芦文所说"流程说"的"科技活动中形成的科技社会关系"，多了一个"科技活动中形成"的限定词，这一"多"，并不改变具有实质意义的中心词"科技社会关系"。至于这一"科技社会关系"包括哪些方面，首先，这是次要的问题，再者，无论如何罗列都不可能穷尽，还是以不列为上策，何况"流程说"所列学者论及的一些内容并不妥当。

---

① 《科技与法律》1993年第2期，第15—20页。

芦文所说"纵横关系说"的"两大领域""五大方面",仍然都是"社会关系"。

芦文所说"内外关系说"的"内""外""五大内容",如"国家与科技机构的关系""科技机构的内部关系""科技机构之间的关系""涉外科技关系"等等,仍然无一不是"科技社会关系"。

北戴河会上的"调整科技管理关系与科技协作关系""脑力劳动创造的各种科技成果引起的社会关系";黄山会议上的"调整科技权益关系""科技活动中形成的特定社会关系"等等观点,同样无一不属"科技社会关系"。

因此,上述第一方面的"调整对象为科技社会关系"论,是最具代表性的观点。关于这一点,下文还将详析。

关于"调整科技活动"一说,源于"调整人与自然的关系"。意即由于科技法调整"人与自然的关系",所以在对人与自然的关系产生作用的科技活动(及成果推广应用活动)中,科技法也有调整作用。因此,第二个方面(调整科技活动说)可以和第四个方面(调整人与自然的关系)相提并论。

关于"调整知识产权关系"一说,吴越同志的《文明社会的双重属性与科技法调整的三层关系》已做了很好的评论。他指出:"这种观点……缩小了科技'社会关系'的其他方面,扩大了其中的产权,覆盖面小了;而用知识产权取代现代科技在社会生活中所形成的庞大关系网络,含有否定科技立法本身及这一立法的社会价值与重要意义,其立论之偏颇是不言自明的。"

关于"调整统治阶级与其他社会阶级的关系"一说,完全越出了"科技法"的特定范畴,即使就一般法律而言,也早已为我国法学界所异议,在科技法学界几乎已无再议的余地了,因此可以存而不论。

至于"调整国际科技合作关系",不过是调整"科技社会关系"的国际延伸,同样可以列入第一说,即"调整科技社会关系"说。

这样,很显然,关于科技法调整对象的争论焦点,就在于它是否也调节"人与自然的关系"问题了。

现在我们着重介绍一下持第四说,即持"调整或主要调整或也调整人与自然的关系"论者的观点及其立论根据,在此基础上加以评论并阐述我对科技法调整对象的观点。

二、评"科技法调整人与自然的关系"说

吴越先生持科技法"也调整人与自然的关系"说,上海大学法学院曹昌祯同志持"科技法主要调整人与自然关系"说。不管"也"或"又",都涉及"调整人与自然的关系"的论域。其他同志中也有持此说的,但以他们的观点为最有代表性且有一定的理论深度,所以我们以述评他们的观点与论据为限。

曹昌祯先生认为"调整社会对自然的关系是科技法的主要属性"。在《科技法略论》及《再论科技法的概念及其调整双重关系的特征》等文[①]中，他阐述自己的有关观点时认为：科技法的概念应是法的共性与科技法个性的统一，科技法的个性特征是"科技法是以调整社会对自然的关系为目的"的行为规范；科技法"既调整社会对自然的关系又调整社会关系的二重性法律规范的存在，是历史事实"；现代科技的发展，使得许多原本是调整人与自然关系的技术规范上升为法律规范。

对曹昌祯先生的以上观点及其论据应做较详细的分析。我分以下三方面逐一说明。

（一）科技法调整的"目的"

关于"科技法是以调整社会对自然的关系为目的"的行为规范问题。

"社会"与人对"自然"当然存在这样那样的关系。这些关系一定要加以协调，否则，人类、人类社会必然遭受其害。在人类社会产生的初期，这种"协调"主要表现为人类征服自然的活动：包括生产活动和越往后越得到迅速发展的科技活动。由于自然界"威力"的强大，至今人类还常深受其害，如地震、海啸、暴风雨雪都还在肆虐人类、荼毒生灵，所以至今人类还不得不为"征服自然"实即"协调"人类社会与自然的关系而奋斗、而牺牲。但人类毕竟已基本走出了困境，在大多数领域、在基本的生存环境方面逐渐成了自然的主人。于是，事情又开始往另一个方面发展，人类开始践踏自然，因其活动而毁坏自然即毁坏自己的生存环境，导致环境的严重污染与生态失衡。这就要求从另一个角度去"协调"社会、人与自然的关系。

但这一切都只是"科学技术活动"所能效力、所直接起作用的"协调"，也是"科学技术活动"的目的。

当然，这并不排除科技法也"协调社会与自然的关系"的目的与作用，并以此为对象。问题是，科技法能起直接的协调作用吗？科技法的直接目的是协调社会与自然的关系吗？例如，科技行政法的直接目的、直接协调作用，不是制定科技政策、协调各科技劳动组织、科技人员之间的关系等等属于科技社会关系领域，而是诸如以什么仪器、输入何种数据、针对什么物品（动物、植物、非生物……）、采取什么技术之类的科技活动吗？再具体一点，如日本的《科学技术厅设置法》不是直接规定科学技术厅的机构设置、职责、权利、义务、组织（下属机构）等等，而是直接规定理化研究所、原子能研究所等等科技劳动机构用什么材料、什么仪器去研究什么问题等等吗？显然，答案是否定的。

[①]《法治论丛》1994年第4期、第6期与1991年第5期。后来发表的《科学技术法学原理》，曹的观点略有改变："科技法的调整对象中，既有国家直接干预和都是发展社会生产力的行为和国家在推动科技进步方面的义务性行为，又有人和自然的关系，又有在科学技术研究开发……中发生的社会关系，还有国家与国家之间的关系等等，非常复杂而广泛。不能简单地把科技法的调整对象归结为某种社会关系。"上海科学技术出版社1995年版，第39页。

这里牵涉到"目的层次论"的哲学问题。我认为，目的、价值、功能、作用等等范畴，都有层次不同的区别。从目的方面看，最简单的划分是：直接目的与间接目的。直接目的是第一层次的目的；间接目的是第二层次的目的。

将第一层次的目的与第二层次的目的混淆起来，必定无法讨论有关事物的目的论问题。如果可以混淆的话，其逻辑结论一定是：间接目的还可分层，那么，科技法不仅可以协调社会与自然的关系，依逻辑层次的顺序还可以认为它能够并以下列事物为调整对象：（科技社会关系→）社会与自然的关系→人类掌握财富的程度即社会对物质财富与精神财富的关系→正当消费与奢侈浪费的关系→奢侈与腐化的关系→因腐化而违法与因腐化而犯罪的关系→……这样，越往后推演，就越不是什么"科技法"了。于是，就必然要退回到仅仅涉足第一层次与第二层次目的的阵地上去。但退到第二层次就正确了吗？答案只能是否定的。因此，把调整对象的理论建立在"以协调社会对自然的关系为目的"的论据上，实际是"空中楼阁"。

尤其是，舍第一层次的目的不顾而突出第二层次的目的，将"协调社会与自然的关系"列为科技法主要的调整对象，更难谓之妥当。

（二）科技法调整的"历史事实"

关于科技法"调整社会对自然的关系"的"历史事实"问题。

曹昌祯同志列举的"历史事实"是：秦代的《厩苑律》《牛羊课》规定，每年正月举行牛马饲养的考核评比，成绩优秀者奖励；不按时参加评比或在评比中列为下等的，饲养者或考核者要受惩罚。

唐代的《厩苑律》规定，畜主宰杀自有牛马判一年徒刑；私人乘车驮运货物，载重不得超过规定限额，否则要受惩罚；还有关于追究对牛马的"医疗事故"的规定，责任人要受笞刑等。首先，应当指出，上述《厩苑律》《牛羊课》的大部分条款不能作为"科技法"看待，可作为科技法看待的是《工律》《工人程》《均工律》等。其次，退一步看，上述《厩苑律》《牛羊课》的规定，所贯穿的是维护国家经济利益的原则、集中统一管理的原则、责任分明的原则、经济效益的原则等。秦律的上述规定，对发生国家利益受损失的情况，首先总是诉诸赔偿，损失多少就要求赔偿多少；一切应归国家收入的财物，一定要上缴国家，一张狗皮、一条牛筋都不例外；朝廷对牛马饲养的考核管理，目的是适应其垂直的管理体制，而这又是大一统的集权制封建帝国的行政要求；责任分明的原则，直接表达的是协调"责任"；经济效益的原则，也是为了使法律调整服务于协调的结果能出现良好的计划管理与生产管理的情况。因此，"历史事实"所证明的恰恰不是"调整社会和自然的关系"，而是调整官府中上下级的关系以及老百姓与官府的关系等社会关系。

在论及"历史事实"时，曹昌祯同志的理论推导过程是：人类历史的每一阶段都会遇到"人和自然之间的交换"的自然关系和人们的社会关系这种"双重关系"；任何科学技术的实施都会遇到既要考虑经济效益、社会效果等社会关系，又要考虑保护环境、资源及其合理利用等人与自然的关系；个人对自然的关系，影响到其他人与自然的关系；这种双重关系的相互联结与相互制约，使上层建筑在调整社会关系的同时，必然要直接或间接地调整人与自然的关系。①

从这个推导过程的任何一步，我们都看不出可以得出科技法调整人与自然的关系的结论的理由。关键是这样几点：

其一，"考虑保护环境"等，是考虑"人与自然的关系"，这诚然不错。但是由此能得出科技法调整人和自然的关系吗？不能。当"考虑人和自然的关系"从而"考虑保护环境"时，人们制定了环境保护法。早已达成共识的环境保护法的定义是："调整因保护环境和自然资源、防治污染和其他公害而产生的各种社会关系的法律规范的总称，又称环境法。"②"环境法是调整一定范围环境关系的法律规范的总称。环境关系是因保护和改善环境、防治环境污染和其他公害过程中而产生的社会关系。"③也就是说，环境保护法是用以调整特定的社会关系的。它通过调整特定的社会关系，达到保护环境的目的，而并不直接去"保护环境"。

其二，"个人对自然的关系，影响到其他人与自然的关系。"这正好说明，这里"相互联结又相互制约"的"双重关系"，都是发生在人与人之间，都是社会关系而非人与自然的关系。这里所调整的第一层次的、直接的对象是某种特定的人与人之间的关系，第二层次的、间接的"调整"，才达到"个人对自然的关系"上。

（三）技术规范等问题

技术规范上升为法律规范问题是"现代科技的发展，使得许多原本是调整人与自然关系的技术规范上升为法律规范"的问题。既然"原本是……上升为……"，那就发生了对"原本是"做出否定的变化，即变成了调整人与人的关系，即调整社会关系的法律，这正好说明与曹文观点相反，它怎么可以用作论据呢？

吴越先生在《文明社会的双重属性与科技法调整的三层关系》④一文中指出，科技立法所要调整的有阶级性的社会关系、一般社会关系和人与自然之间关系三个层次。关于第三层次，他说："在当代中国，科技法除了包括无产阶级和劳动人民谋求经济上彻底解放的意图之外，就是'人定胜天'的行为规范。……人类调整自身的关系，目的是为了调整同自然的关系。因而这里主要表现为人与自然的关系。……随着科学技术的不断发展和科技产业的不断扩大，技术法规的种类和数量是会越来越多，必将成为庞大的科技法宝塔体

---

① 《再论科技法的概念及其调整双重关系的特征》，《法治论丛》1991年第5期，第4页。
② 《中国大百科全书·法学》，中国大百科全书出版社1984年版，第285页。
③ 陈仁：《环境法学》，上海科学技术文献出版社1992年版，第57页。
④ 《科技与法律》1993年第2期，第15—20页。

系的基础层级。这……是人类为自己建立的同自然关系的行为准则。"这是需加分析的是三条立论根据：

第一，"科技法……是'人定胜天'的行为规范。"这能成为科技法调整人与自然关系的观点的论据吗？不能，因为这种形容性的定义根本不能成为立论根据。何况，"人定胜天"的行为规范，含义也是不明确的。如果含义明确的话，那么，有的科技法不是"人定胜天"的行为规范，而是人暂时不能胜天，不得已而权宜为之的防范性行为规范。

第二，"人类调整自身的关系，目的是为了调整同自然的关系。"这一立论根据正好说明：首先是"调整自身的关系"，然后才是随着自身关系的调整而得到调整的同自然的关系。这一根据本身证明科技法不是调节社会关系，只是"调节社会关系"的"目的"才是调整同自然的关系。但是谁来同你讨论"目的"呢？我们讨论的是"调整对象"。如果从"目的"出发，或围绕"目的"讨论，那也一样，"目的"是"调整自身的关系"，实现这一"目的"的"目的"才是"调整同自然的关系"。两个不同的逻辑层次，万万不可混淆。

第三，"技术法规……是人类为自己建立的同自然关系的行为准则。"这一论据比曹文进了一层，不是说技术法规是从"原本……上升"而来，直接说成是调节同自然的关系的行为规范。笔者在《科技法学导论》的第八编《科技规范的法律保障》中，也有类似的提法，如："法律化的科技规范是科技法两大调整内容的一个方面。……主要是用以调整人与自然之间的关系的。"[①] 通过反复研究，现在我认为，科技法律规范或技术法规，根本上说是用以调整科技社会关系的，即用以调整科技活动中形成的人与人之间的关系的。《秦律·工律》规定：制作同一器物，其大小、长短和宽度必须相同；县和工室由有关官府校正其衡器的权、斗、桶和升，至少每年应校正一次，本身有校正工匠的，则不必代为校正。这些首先都是为着"有关官府"管理、检查的统一性而做的规定，是用以调整"有关官府"与工匠、县、工室之间的关系的行为规范。古今中外的技术法规，从《工律》《工人程》，到《核原料使用规则》《关于利用气体色谱分析法电子捕捉检测器防止辐射损伤的技术标准》（日本，1981年）等等，都同样是用于调整科技劳动管理机构与科技劳动组织或科技劳动者之间的关系，即调整科技社会关系的。为此，科技法调整对象的逻辑结论应当是科技社会关系。

三、论科技法的定义

（一）关于科技法的若干定义

科技法的调整对象既经确定，科技法的定义问题就比较容易解决了。我们先事述评近

[①] 倪正茂：《科技法学导论》，四川人民出版社1990年版，第447页。

年出版的一些科技法学著作对科技法所下的定义。

《中国科技法学研究的热区和焦点》一文中,比较集中地介绍了各家之言,谨转录其中较有代表性的如下:[①]

《应用科技法学》[②]一书中表述为:科技法是调整科学技术活动中所形成的社会关系的法律规范的总称。

《科技法学》[③]一书中的定义是:科技法,是国家调整科技领域社会关系的法律规范的总和。作者并着重强调指出,科技法调整的仅是科技领域中受到法律规范制约的那部分社会关系,不包括其中受道德规范等制约的那些社会关系。

《科学法概论》[④]下的定义是:科学法是由国家权力机关、执行机关及其他授权机关制定、颁布并以国家权威与力量保证其实施,以促进科学研究与技术开发事业的健康发展,正当而有效地利用科学研究成果,防止科学活动中可能出现的以危害社会的后果为目的的一般行为准则的总和。

《科技法学纲要》[⑤]一书给科技法下的定义是:调整在科技活动中形成的各种社会关系的法律规范的总和。

《科技法学导论》[⑥]所下定义则是:科技法是调整科技社会关系的法律。

中国科技大学人文学部技术论课题科研组编的《技术论研究动态》及光明日报出版社1987年出版的《科技法律手册》,也介绍过一些关于科技法定义的观点,拙著《科技法学导论》中曾择而录之。

在《科技法学导论》中,我曾就科技法定义问题对下定义的方法指出过一些"流行病"。但时至今日,仍然患者频仍。因此,重申那些意见还是必要的。

其一,在为部门法下定义时,没有必要在定义中重复叙述一般法律定义中的语句。为法、法律所下的通行定义是:法是国家按照统治阶级的利益和意愿制定或认可,并由国家强制力保证其实施的行为规范的总和。如果同意这个定义,那么,在给部门法下定义时,为避免概念上的混乱,只要指出"某某法是什么什么的法律"就可以了。"法律"是"种概念",加上这一"种概念"之下各"属概念"之间的差别即"属差",即可下定义。这就是形式逻辑上的"种加属差定义"。在做"种加属差定义"时,无须再给"种概念"下定义。

其二,定义总是相对的、有条件的,不能企求在一个定义中包罗事物的一切。所以

---

① 段端春主编:《科技进步的法律调节》,专利文献出版社1992年版,第366—378页。
② 周天红等编著:《实用科技法学》,吉林人民出版社1988年版。
③ 赵连玉:《科技法学》,浙江教育出版社1988年版。
④ 于得胜主编:《科学法概论》,科学出版社1989年版。
⑤ 丁邦开、赵芃主编:《科技法学纲要》,南京大学出版社1990年版。
⑥ 倪正茂:《科技法学导论》,四川人民出版社1990年版。

恩格斯说,唯一真正的定义就是事物本身的发展。列宁也指出过,如果要给对象下一个完整的定义,必须把人类的全部实践包括进去,这等于取消了定义。因此,给科技法下定义时,只要能揭示其最本质的属性("属差",这里是指科技法与其他部门法的属性差别),使之与其他部门法能够明确区分开来就可以了。

(二)上述若干定义的逻辑错误

关于《应用科技法学》等书所下的定义,归纳起来,有这样几条逻辑不足:

第一,定义过于宽泛和狭窄。"科技活动中形成的社会关系"这一概念泛指科技活动中形成的一切社会关系,诸如土地买卖关系、师徒关系、学派与学派之间不同观点的相互影响关系等等,都在其列。但其中的土地买卖关系是由民法调整的,师徒关系是由习惯、守则、公约(非法律性)等调整的,思想观点的影响关系是由习惯、道德、政策等调整的,都与"科技法"无关。如果给科技法做出"调整科技活动中形成的社会关系"的定义,就失之"定义过宽"了。

同时,有的科技法定义列举了科技法调整的一系列社会关系内容。但是我们知道,这种列举是很难穷尽社会关系的外延的,也是很难穷尽科技社会关系外延的。这样一来,把科技法本可调整的另一些社会关系(或科技社会关系)都排除在调节范围之外,从而犯了"定义过窄"的逻辑错误了。

第二,主宾概念核心词不相称。笔者曾在《科技法学导论》中提道:"科技法是调整在科技活动中形成的社会关系的法律规范总和。"

这一个定义除……犯了"定义过宽"的错误外,还多了"总和"二字。我们特地指出这一点是有原因的。在许多关于法律和部门法律的定义中,都喜欢用上"总和"二字。法学理论专著、法学概论教材、大百科全书法学卷、法学词典中,这样做的比比皆是,而且从未见有人提出异议。现在我们假定这样下定义是对的,其结果会形成以下的推论:

科技法是调整科技活动中形成的社会关系的法律规范总和;

原子能法是科技法;

所以,原子能法是调整科技活动中形成的社会关系的法律规范的总和。

推论过程完全符合逻辑规则,结论却显然荒谬,因为原子能法绝不可用来调整生物技术开发……活动中"形成的社会关系"等等。那么,这个推理的结论为什么错呢?只能从前提中去找原因。小前提"原子能法是科技法"无疑是正确的,错误出在大前提。

依此类推,关于基本法、一般法律、部门法的定义中,如果用了"总和"字样的,都属错误之列,应予改正。①

如上所录,当时的措辞是"……多了'总和'二字"。这"多了'总和'二字"算是

---

① 倪正茂:《科技法学导论》,四川人民出版社1990年版,第87—88页。

什么性质的错误呢？时时琢磨，终于认定以"主宾概念核心词不相称"名之为妥。

在判断"科技法是调整……的法律规范的总和"中，主概念是"科技法"，其核心词是"法"（即"法律"）；宾概念是"调整……的法律规范的总和"，其核心词是"法律规范的总和"。主宾概念的核心词应该相称，不相称，就必定导致判断失误，至少是表达不准确。如果这一判断改为"科技法是调整……的法"，就不成问题了。

根据以上分析，所录各家之科技法定义中若有"……总和"一类措辞的，均属犯了"主宾概念的核心词的相称"的逻辑错误。

第三，发生定义方面之失误。"发生定义"就是把只属于被定义事物而不属于任何其他事物的发生或形成的属性作为属差而揭示的定义。因此，如果在一个定义中，把既属于被定义事物又属于其他事物的发生的属性，作为仅属于被定义事物的属性来对待，就成问题了。有鉴于此，上录科技法定义中，以"由国家权力机关……制定、颁布的……法律……"来下定义，由于其他法律也是如此"发生""形成"的，所以，这些定义就有所失误，不能为科技法学所苟同了。

第四，功用定义方面之偏颇。"功用定义"是以事物的特殊功用作为属差的定义。当揭示"事物的特殊功用"时，至少应把主要的特殊功用加以揭示。如我在《科技法学导论》所说，科技法并不是全部积极的，也还有消极的、阻碍科技发展的。起码理论上还应列有因立法意图错误或情况不明或认识偏差而导致制定出阻碍科技发展的科技法。美国国立卫生院率先制定，尔后其他各国步其后尘而制定的关于重组DNA分子实验准则的法律，就是极不恰当地限制了生物技术发展的法律。因此，上录科技法定义中，凡以功用定义方式为科技法下定义，而不仅仅揭示其积极功用的，就有失偏颇了。

此外，定义必须语言简洁。一个语句冗长的定义，往往使人不得要领，而且也总是不敷实用。正因如此，恩格斯、列宁都不主张给对象下"完整的定义"。

（三）科技法是调整科技社会关系的法律

根据上述分析，笔者坚持在《科技法学导论》中提出过的定义：科技法是调整科技社会关系的法律。

这一定义所包括的"科技法是法律"与"科技法是用来调整科技社会关系的"这两层意思，是容易理解的，在《科技法学导论》中我也做了详尽分析，这里不做重复了。所要说明的，则是以下几点：

第一，"科技领域社会关系""科技活动中形成的社会关系"与"科技社会关系"三概念的选择问题。这是确定"属差"的核心问题。我以为，"科技领域社会关系"这个概念是不无弊病的。心细的人会问："科技领域"有"社会关系"吗？论者这时一定不得不声明：我之所谓"科技领域"，不是指生物科学、物理科学之类的科学领域，那里只有动物关系、动植物关系、生物链关系、能量守恒关系、万有引力关系……也不是指工程技术、手工技艺……我之所谓"科技领域"是指科技活动领域、科技管理领域。也就是说,"科技领域"是一个多义领域,如以"科技领域"措辞而冠于"社会关系"之上,就成问题。因此,相较而言,以"科技活动中形成的社会关系"措辞为宜。

但是前文所分析的,"科技活动中形成的社会关系"中,有师徒关系、土地买卖关系以及学派观点关系等等,以此措辞,会造成"定义过宽"的逻辑错误。这样,三者之中,还是以"科技社会关系"措辞为当。

也许有人会说:那你还得给"科技社会关系"下定义啊!是的,但那可放在科技法定义之外进行。否则,在该定义中,就不得不既对"法律",又对"科技",还对"社会关系"以及"科技社会关系"等等下定义了。人类思维本是在既成概念基础上做判断、推理、论证的过程,如果无此基础,人类思维根本不可能存在,不可能运思,不可能定势。因此,我们在科技法定义中不解释什么是"科技社会关系",而仅指出"科技法是调整科技社会关系的法律"就足够了。

第二,调整科技社会关系的手段的多样性与科技法功能的独特性问题。科技社会关系的调整手段具有多样性,经济的、行政的、道德的甚至宗教的手段,都可起一定的调整作用。就法律规范体系而言,民法、行政法、劳动法、经济法、刑法以及各种诉讼法,也参与对科技活动中产生的社会关系进行调整。但这里所说民法、经济法、刑法之"参与调整",调整对象是"科技活动中产生的社会关系"。这与我们指称的"科技社会关系"不是相同的概念。"科技社会关系"特指"由科学技术活动而发生,为着科学技术的发展,可据以协调科技劳动者、科技劳动组织和科技劳动管理机构内部关系及相互关系的一种社会关系"。民法、经济法、刑法等等一旦直接介入对科技社会关系的调节,有关的法律规范,就将以科技法规范相看待了。

至于科技法对科技社会关系的调节,应当视作它的独特功能,正是这一功能才使有关法律成为名为"科技法"的法律部门。

第三,科技法的独立地位问题。迄今为止,在科技法的独立地位问题上,我国法学界仍未达成共识,至于在世界范围的法学界中就更不用说了。因此,论述科技法的独立地位,对科技法学研究来说,是一项意义重大的任务。科技法的独立地位,是就科技法与行政法、民法、经济法、刑法、国际法以及诉讼法等等其他部门法而言的。科技法与行政法、民法、经济法、刑法以及诉讼法,是同属宪法这一根本大法之下,互相联系、互相制约又各自相对独立的平行性的法律。

有些人因其相互联系、相互制约而否定科技法的独立性。从一般理论上看,因事物的相互联系、相互制约而否定有关事物的独立性,是不合逻辑的。宇宙间万事万物的相互联系怎能泯灭这万千事物间的千差万别呢?当然,还必须就有关事物做具体分析。现在我们分别从科技法与民法、行政法等的关系来看科技法的独立性。

（四）从科技法与行政法的关系看科技法的独立性

科技法与行政法的互相联系、互相制约是客观存在的。两者的互相联系表现在：首先，同为宪法下属的部门法，因而都须恪守宪法的各项基本原则，与宪法规范相一致。其次，都是社会关系的调节器，因而共同承担着调节社会关系的重任。两者中的任何一种法律如果在调整社会关系上失效，都会引起社会的不稳，从而影响到另一种法律的效用。其三，行政法按其所调整行政社会关系的内容，可以分为经济行政法规、文化行政法规、教育行政法规、科技行政法规、军事行政法规、司法行政法规等等；科技法按其所调整的科技社会关系的内容，可以分为科技行政法规、科技民事法规、科技刑事法规、科技国际法规等等。其中，二者在调整科技行政关系方面的作用是互相重叠的，从而使科技法与行政法表现出交叉性来。这种交叉性，有的同志称之为"兼容性"。①

两者的互相制约表现在：首先，行政法基本原则指导着科技行政法的制定，科技行政法的具体规定必须体现行政法的基本原则。正因如此，日本科学技术厅编的《科学技术六法》的第一编，即为"行政组织"，并把《国家行政组织法》《总理府设置法》放在最前面；罗列其后的《科学技术厅设置法》《科学技术厅组织令》《科学技术厅组织规则》等科技行政法，都丝丝入扣地遵从《国家行政法组织法》等规定的行政制度。其次，行政法体系中的科技行政法规，以科技法的发展为源泉；没有科技法整体的发展，行政法体系中的科技行政法规就将日渐"枯竭"、消失。例如日本倘不存在统一协调全国科技活动的需求，或即使产生了这种需求而不制定《科学技术厅设置法》等科技行政法规，那么，日本的行政法体系中就少了这一大块。也正是我国改革开放以来，尤其是科技体制改革以来产生的客观需求，及其所导致的大量科技行政法规的出现，才使得我国行政法体系中增添了生气勃勃、多姿多彩的科技行政法规这一重要的组成部分。

从上述科技法与行政法的互相联系与互相制约中，已可看出二者的互相平行、互相独立了，而从科技法的独立性地位这一方面看，则是：

第一，科技法调整科技社会关系，而行政法调整行政社会关系。虽然在调整科技行政关系这一点上二者有所重叠、交叉、兼容，但除此之外，二者就都"分道扬镳""各人自扫门前雪"了。

第二，科技法是在科技活动中因协调科技社会关系的需求而发展起来的，行政法则是在行政管理活动中因协调行政社会关系的需求而发展起来的。

第三，科技法的法律调整手段越来越多地趋向于激励性，行政法的法律调整手段则基本上停留于行政强制的原则性与行政制裁的严厉性上。

第四，随着科技进步的加速、科技活动领域的拓展、参与科技活动的人数日益增加及

---

① 《科技法律手册》，光明日报出版社1987年版，第9页。

因此而产生的科技社会关系的日益繁多,科技法将变得更加复杂多样,其体系将越来越庞大(诸如生物技术法、原子能法、信息技术法、科学园区法等,都是现当代科技发展后形成的);行政法则将因阶级矛盾的缓和,从而使社会渐趋稳定,人类道德水准的提高、人类社会自组织水平的加强而缓慢地但却又是必然地越来越简化。从这两个趋势的"终点"看,科技法永存,行政法将因无"政"可"行"而消亡。

第五,科技法的大家族中有科技国际法一支,行政法则一般地只是国内法。

从以上五个方面看,显然,行政法包容不了科技法,科技法是相对独立于行政法而产生、存在、发展的。

(五)从科技法与民法的关系看科技法的独立性

科技法与民法的互相联系与互相制约,也是客观存在的事实。两者的互相联系表现在:首先,两者同为宪法下属的部门法,因而都须恪守宪法的各项基本原则,与宪法规范相一致。其次,两者都是社会关系的调节器,因而共同承担着调节社会关系的重任。两者有"共存共荣、兴衰相通"的关系,两者中任何一种法律如果在调节社会关系方面失效,而引起社会关系失衡、社会秩序失稳,那么,另一种法律的效力、作用都将受到不利的影响,有如"城门失火,殃及池鱼"。再次,科技法中的科技民事法与民法中的科技民事法,在科技法的发展初期几乎是完全重叠的。

两者的互相制约表现在:首先,民事法的基本原则指导着科技民事法的制定;民法中的合同制度、法人制度的发展,对科技民事法的发展有至关重要的影响,可作借鉴,可资移用。其次,反之,科技民事法的发展,也为一般民事法的发展提供借鉴以至移植的范例。前述美国关于合同制度的研究,并非肇始于一般的民事合同或其中的经济合同,而是肇始于科学技术合同,这就是一个明显的例证。但上述科技法与民法的相互联系与相互制约,丝毫也不影响科技法作为独立的部门法而名列法律大家族之中。民法是调整财产关系与人身关系的法律。这里所说的"财产关系",最初是指物质财富方面的财产关系,而其时的"人身关系"也与物质财富相联系。所以,在民法的典范罗马法中,物法、债法占了极大的比重。后来,当精神财富权利的保护被作为重大问题单独提出来时,移用了民法原则,把"财产关系"扩大到适用于精神财富财产关系的调整方面去;"人身权利"则与精神财富产生了不可分割的紧密联系。但随着科学技术的发展,以一个统一的无所不包的民法形式来调整以精神财富的法律保护为主要内容的科技社会关系时,显得越来越捉襟见肘、疲于应付了。于是,科技法独力挑起了这副重担。当然,如前所说,由于这种历史渊源,科技法在调整科技民事关系时,与民法共同遵守着一致的调整原则。但是,最重要的是:首先,民法偏重于调整物质财富权利方面的社会关系,科技法偏重于调整精神财富权利方面的社会关系,这两种不同的发展趋势是越来越明显了。其次,人类无限丰富的精神生活,日益加速的迅猛发展的科技活动,以及因此而发生的日益繁复的科技民事关系,将促使科技民事法变得越来越丰富多样，这必将导致科技民事法律原则的发展、创新，使一般民事法律原则得到启迪与发展、创新，从而改变往昔的以一般民事法律原则"输入"、规范科技法的发展的状况。再次，民法以经济制裁为主要调整手段的状况永远不可能改变，而科技法则越来越倾向于以经济激励、精神激励为主要调整手段，从而使科技法与民法的分野越来越明显。

由此可见，经济法之从民法逐渐分立而出，科技法之从民法、经济法分立而出，既是客观事实，又是历史必然，还是明显趋势。

此外，科技法的大家族中，还有科技行政法、科技国际法等一般民事法所包容不了的重要内容，所以，科技法之与民法相区别，科技法之独立地位，是明明白白的清楚事实。

（六）从科技法与国际法的关系看科技法的独立性

科技法与国际法的相互关系、相互制约也是十分明显的。科技法与国际法的相互联系表现在：首先，二者有部分的共同调整的社会关系，这就是科技国际关系。诸如国际科技合作、国际科技交流、国际技术转让等等活动中所产生的社会关系，有关的国际法与科技法都参与调整。其次，随着国际科技合作、国际技术转让的发展，以及随着空间技术、海洋技术这些极易涉及不同国家利益、较易引起权益纷争的高技术的发展，随着环境保护、生态保护的要求的提高，科技法与国际法双向接近地发展的情况，变得越来越司空见惯、日见频繁了。这样，这两种原先互不相干、了然无涉的法律，联系越来越紧密了。一方面，科技法中调节科技国际关系的法规大量增加，这从我国有关国际科技合作、交流、转让的法规大量增加中可以看出；另一方面，国际法大家族中，国际科技法规的数量、种类也越来越多，这从近年来各种全球性科技公约、多边双边科技交流协定的大量签订即可看出。

科技法与国际法的相互制约表现在：任何一国的科技法，只要涉及国际关系，就必须遵守有关的国际法准则；任何国际法规范的施行，如果涉及该国的科技社会关系领域，都必须与该国的科技法相衔接，必须尊重、恪守该国科技法的全部规定。

但所有这些相互联系、相互制约的表现，都不影响科技法作为独立的法律存在。首先，科技法仅仅调整科技社会关系，它所调整的科技国际关系只是全部调整对象中的一小部分；国际法则除调整国际科技关系外，还调整国际的其他关系，而且，从目前来看，主要还在于调整国际的其他关系。其次，科技法主要调整一国国内的有关社会关系，国际法则纯然是为着调整国际社会关系的，它与一国国内的社会关系调节有关，却不能参与调节。因此，科技法比独立于民法、行政法更独立于国际法。然而需加补充的是：

随着科学技术的发展，不但环境保护、生态保护方面的问题日益突出，而且，利用尖端的科学技术手段犯罪的社会问题也日益突出了。因此，现在科技法与刑法的联系正变得日益紧密；

随着科学技术的发展,尤其是器官移植、试管婴儿、借腹妊娠、脑死亡与安乐死手段的发展,在家庭、婚姻、继承等方面产生了大量的新鲜问题,从而使科技法与婚姻家庭法的联系变得日益紧密;

随着科学技术的发展,利用尖端的科学技术手段用于侦查、鉴定、审判、执法活动,已成大势所趋、群心所向、乐观前景,从而使得科技法与诉讼法的联系也变得日益紧密……

因此,科技法与刑法、婚姻家庭法、诉讼法的关系,也成了值得探讨的问题。但这同样不妨碍科技法作为独立的部门法的地位。

总之,科技法是法律规范体系中相对独立的部门法。

在阐明科技法的独立地位后,我们可以进而阐明它在整个法律体系中的地位了。

四、科技法在法律体系中的地位

法律体系通常指由一个国家全部现行法律规范分类组合为不同的法律部门而形成的有机联系的统一整体。科技法作为法律体系的一个独立的组成部分,在法律体系中占有重要的地位,它主要可从以下三方面去看,即对宪法的主从地位、对其他部门法的平等地位、自身网络性结构下的动态发展地位。

从系统论的观点看,法律体系即法律系统。同任何系统一样,都有它的结构与功能。稳定性、层次性、可变性和相对性,作为系统结构的四个特点,也反映在法律系统即法律体系上。系统结构的层次性,包括等级性与多侧面性两重含义。等级性是指,任何一个复杂系统,都可以从纵向上把它分为若干个等级,即存在着不同等级的系统层次关系。系统结构的多侧面性,是指在复杂系统的任何同一等级内,又可从横向上分为若干互相联系和互相制约但又各自相对独立的平行部分。各平行部分因稳定性而静止、而区分,因可变性而运动、而渗透、而转化。这些基本原理,是指导我们探讨科技法对宪法、对其他部门法及对自身内部的关系进行分析的基础。现在我们略事分析一下以上所说的几个方面问题。

(一)宪法与科技法的主从关系

在法律系统结构中,宪法对一切其他法律之间的关系是不同层次的主从地位的关系。宪法是母法、根本法,其他法律则是子法、依宪法原则制定的派生法。当然,科技法与宪法的关系,就是子法对母法、派生法对根本法的关系。由于科技法是子法、派生法,其全部具体规范就不能与作为母法、根本法的宪法相抵触;若有抵触,有关的科技法规范便自动宣告为无效规范。这一点,在全世界各国的法律体系中都是一样的。日本第二次世界大战中作为战争祸首而失败。此后的日本宪法规定和平建国的根本宗旨,其他法律的规定也就不得与这一根本宗旨相左右,科技法无疑也不能例外。因此,日本国会于1955年通过的《原子能基本法》在其第二条一开始就明确规定："原子能的研究、开发与利用只限于和平目的，且以确保安全为前提，进行民主管理、自主经营，并公开其成果，进而促进国际合作。"其他国家由于在其宪法中也宣布了和平国策，其原子能法一般也总是在其第一条或第二条具体规定和平利用原子能的宗旨。

几乎所有的论述宪法与法律的关系的论文中，都只述及二者的主从关系并把这种关系局限于法律规定必须与宪法相一致，否则即为无效这一个方面。笔者在《科技法学导论》一书中涉笔宪法与科技法的主从关系时，也未越出这一樊篱。现在看来，应当跳出上述主从关系的消极面来观察有关问题，即积极地看待宪法与法律包括科技法的关系。这种积极关系就是：一切法律都可以依据宪法规定的允许范围，做出调整有关社会关系的积极鼓励性的或消极限制性的规定。这里，法律的"消极限制性的规定"，由于是宪法规定所允许的，因此，从法律与宪法的关系看，又是一种"积极关系"，是宪法"鼓励"或"允许"法律"自行其是"地做出规定的。

《中华人民共和国宪法》是我国社会主义法律体系中的母法、根本法。科技法的制定、科技法的全部规范，一方面不得与宪法规范相左、相抵牾；另一方面，又可在宪法允许的范围内，将宪法的原则性规定，在科技法中具体化。实际上，我国科技法由于宪法提供的积极立法的宽阔的可能性空间，因而得以迅速发展，这是世人有目共睹、交口赞誉的。例如，在我国宪法关于公民的基本权利的规定方面有："中华人民共和国公民有进行科学研究、文学艺术创作和其他文化活动的自由。国家对于从事教育、科学、技术、文学、艺术和其他文化事业的公民有益于人民的创造性工作，给以鼓励和帮助。"（第四十七条）正是据此，国家制定或修改了《中华人民共和国自然科学奖励条例》《中华人民共和国发明奖励条例》《中华人民共和国科学技术进步奖励条例》《合理化建议和技术改进奖励条例》和《国家星火奖励办法》等具体的科技法规。

美国在1787年制定的宪法中，有关于保护科技成果专利权的原则规定。不久之后，美国在1790年据此制定了专利法。这是世界上第一部名实相符的专利法。

这些实例都表明，宪法与科技法的主从地位的关系，可以做积极的利用，即以科技法将宪法关于发展科学技术的一系列规定具体化，更好地去调整科技社会关系。从这一方面来说，宪法离不开法律、同样离不开科技法。离开了科技法，宪法的有关原则规定很容易流为空洞的条文，难以在现实生活中起有效的作用，因此，宪法与法律、与科技法，无论在结构方面还是在功能方面分析，都是相辅相成的。虽然两者分属不同层次，在法律效力上有地位高低、能量大小的区别，但对社会来说，都是不可或缺的。没有宪法，或者没有科技法，法律系统都将失去平衡，不能发挥其应有的作用。

（二）科技法与其他部门法的平等关系

这个问题，前文已经涉及。这里要加补充的是：

首先，平等地位下的兼容与从属关系。

系统的各个子系统，在理论上，或为了审视分析的方便，都是当作独立的组成部分来对待的。但在实际上，事物的"边界"常常是模糊的。碗与杯子是明显不同的，但变细的碗与变粗的杯子有时会成为非杯非碗、亦杯亦碗的容器。人与猿也应是类别不同的，但什么时候才是"人猿相揖别"①的关节点呢？谁也找不出，也永远不可能找出。法律系统的各个子系统也有类似的情形。前述行政法与科技法中的科技行政法就是如此，它说明：科技法与行政法有兼容关系；科技法中的科技行政法有时可从属于行政法，而行政法中的科技行政法有时也可列入科技法之属。但是，两者的平等地位是基本的、主要的方面，兼容与从属是局部的、次要的。

其次，互相平行、各自独立前提下的互相转化。

系统的各个子系统既是稳定的、静止的，其独立又是相对的，其静止又可能为可变性的运动所改变，其表现就是子系统间的互相转化。人类已不可能转化为猿类，猿类也已不可能转化为人类了。但一切依时间、地点和条件而转移。如果人、猿的生存条件彻底改变、转换了呢？至少，在理论上应当推断：不可知论的人猿逆转是可能的。而在人类实际的生活中，个别返祖现象从人逆转为人形猿性，却是人人皆不可否认的。行政法总体及科技法总体的转化当然不可能，因为无此法律需求。但在行政立法或科技立法中，某些行政法或科技法的互相转化，或民法与科技法的互相转化，却日见其多。最为著名的就是著作权法与科技法的关系了。科技法学论文、著作中，目前还有一个问题，也是一种混乱的现象：著作权法由于"出身"于民法大家庭，一向是被作为民法看待的，但现在许多科技法著作却将它列为科技法一员。尽管如此，据我接触的科技法学工作者，对此同时又都中心怵惕、多所犹豫。很显然，著作权法的绝大部分内容是用以对文学艺术作品的著作权方面的权利义务做出规定，那是很难列为科技法内容的。打消此种顾虑的唯一学理解释方法只能是，从互相平行、各自独立的前提下，民法与科技法正发生互相转化加以说明。著作权法正向科技法转化，它的部分内容正转化为科技法规范。其最明显例证是，许多国家著作权法中都包含了计算机软件的保护条款；但许多国家更趋向于将有关条款单独列出，制定成单行的计算机软件保护条例，我国就是这样做的。有鉴于此，在科技法学著作中，以著作权法为科技法一员，并非大错特错的事。

再次，科技法自身网络性结构下的动态发展。

动态发展既不是"地位"问题，又是"地位"问题。说"不是"，是因为它基本上不属于与其他法律的关系；说"是"，则是因为动态发展使得科技法在法律系统中的地位不断变动。

科技法自身网络性结构下的动态发展对它在法律系统中的地位发生的影响主要是：一

---

① 毛泽东：《贺新郎·读史》，《毛泽东诗词集》中央文献出版社1996年版，第145页。

为，科技法不断从行政法、民法系统中吸收"同盟军"加以"融化"，使之成为自己的成员。现在，科技行政法已无可挽回地被科技法"收编"了；计算机软件管理、保护法已一去不复返地"加盟"于科技法了；等等。二为，科技法大家庭中，不仅不断地增加纯属科技民事法或科技行政法或科技国际法的法律法规，而且，随着现代高新技术的发展，出现了诸如原子能法、生物技术法、空间技术法、海洋技术法等等综合性的法律群体，从而使科技法的网络结构变得更加庞大、更加复杂。如在"原子能法"的名下，既有科技民事法，也有科技行政法，还有技术规范法，更有科技国际法。

五、科技法在社会规范体系中的地位

"社会规范体系"包括技术规范与社会规范两大部分。科技法在社会规范体系中的地位包括两个方面：一为科技法与整个社会规范体系的关系；一为科技法与社会规范体系各组成部分的关系。

在整个社会规范体系中，科技法是联结社会规范与技术规范的纽带；科技法是其中最积极、最革命、最活跃的规范。

就科技法与社会规范体系各个组成部分的关系看：大量的技术规范因被赋予法律的强制性而转化成了科技法规范，技术规范与科技法之间形成了"源"与"流"的关系；科技道德常被赋予法律强制力而经由科技法律义务转化成科技法，某些科技法律义务因人人自觉遵守也会转化为科技道德；科技法规范与宗教规范因建立在截然不同的哲学基础上而互不相容，互相排斥，发展科技法规范将导致否定宗教规范的革命性后果；等等。但除上述外，还必须指出以下几点：

其一，科技法作为法律，属于社会规范；与此同时，科技法的一部分，又是法律化的技术规范。因此，科技法不仅是技术规范与社会规范的纽带，而且还是社会规范体系中"一身二任"的特殊规范。科技法在社会规范体系中的这一地位，是行政法、民法、刑法、国际法以及任何其他法律部门都不可能取代的。

其二，科技法在人类社会的整个社会规范体系中所起作用最重要、最伟大，而且行将变得越来越重要、越来越伟大。科技法吸取科技道德之精华，改造为科技法规；转化技术规范为技术法规；它也吸取行政法、民法、刑法、国际法及其他法律的调整手段，作为自己的调整手段。其法规内容将越来越丰富而永不枯竭；其法规形式将越来越多样化而不断发展；其调节手段将越来越科学而更加有效。

其三，科技法规范将起着淘汰迷信、落后的其他社会规范的作用，一切有神论、男尊女卑、宗法关系、封建等级关系以及一切腐败陈朽的社会关系，都与科技法无缘，科技法都与之格格不入且必欲从科技社会关系中驱之而去。因此，科技法在社会规范体系中是推陈出新的最积极、最革命的力量。

由科技法定义所生发的主要问题已如上述，对科技法已算有了一个大略的认识，现在我们可以进而论述有关科技法的其他问题了。

第五章　科技法的渊源、历史发展及其发展规律论

一、科技法的渊源

关于科技法的渊源，我们将探讨以下几个问题：科技法的渊源与法律规范的表现形式；科技法的本质渊源；科技法的形式渊源；我国科技法的形式渊源；科技法渊源的若干其他问题。

（一）评法的渊源与法律规范的表现形式

研究科技法的渊源必须了解法的渊源的一般知识。

法的渊源（sources of law）简称法源。其语源为罗马法的 fontes juris，意即法的源泉。法的渊源这一术语在法学中的使用，主要有两种：一为在法的本质意义上使用，即指法形成的力量从何而来。如说法是出于神的意志，法是出于君主的意志，法是出于人民的"公意志"等等；一为在法的形式意义上使用，指这样那样的法的形式的创立的方式和来源途径。后者被称为法的形式渊源，前者则被称为法的本质渊源。

关于法的创立方式，有的著作解释为"即由何种国家机关，通过何种方式创立的，表现为何种法律文件的形式，抑或是被国家认可的习惯"[1]。这一说法，对成文法、不成文法都是适用的，然而对法理却不适用。同一著作作者同时将法理列为法的渊源，但法理却不是"由何种国家机关，通过何种方式创立的"。法理不过是法学家的理论思维结晶。因此，上述两个方面是自相矛盾的。

有人认为法律渊源一词"在法学上一般指法律规范的各种表现形式"[2]。这里产生了一些难以解答的问题：究竟法律规范的各种表现形式反映了法律渊源呢？还是法律规范即为法的渊源呢？先有法的渊源即法的源泉呢？还是先有法律规范的表现形式而以后才有"法

---

[1]《中国大百科全书·法学》，中国大百科全书出版社1984年版，第86页。
[2]《科技法学》，北京大学出版社1991年版，第48页。

的渊源"呢？既成的法律规范，总是这样那样地源于法的源泉，那么，怎么可以把法的源泉又倒转过来认作是既成的法律规范呢？如果是法律规范的各种表现形式反映了法的渊源，那么，作者所说"在法律渊源的分类中……尚有国家政策、法理等类别"中的"国家政策"与"法理"是以什么样的"法律规范"，以怎样的方式来反映法的渊源的呢？"国家政策""法理"难道也是"法律规范的各种表现形式"之一吗？如果法律规范即为法的渊源，那么，法律规范的渊源又是什么呢？这里不会产生循环往复无法理喻的连环哑谜吗？如此等等。

我以为，法的渊源中的"形式渊源"一解，即法的形式的创立方式和来源途径，是最好的注释。鉴于此，可以把"法律规范的表现方式"改为"法律规范的创立方式和来源途径"。

（二）科技法的本质渊源

如前文所说，关于法的渊源有神的意志说，有君主意志说，有民众意志说。神的意志说只不过是一种想象、一种虚构，因为上帝及神根本就不存在。但曾在相当长的历史时期里，神的意志说几成占统治地位的压倒一切的思潮。其原因开始时是由于认识水平的局限，后来则加上统治阶级及御用思想家的有意歪曲。如属想象，则多半出于认识水平的局限；如为虚构，则属故意的捏造。西方有"捏造一个上帝出来"（伏尔泰）解释"自然法"的合理性的理论。但既称"捏造"，已足见不过是一种托词了。至于早期社会的想象与虚构，却与后来公然宣称要"捏造"者大相径庭的。总之，在法的渊源问题上，神的意志说可以存而不论。君主意志说，有其合理的依据。因为奴隶社会与封建社会里，君主意志与国家意志是二而一、一而二，密不可分，难以拆解的。当然，君主意志说又有其很不科学的根本弊病，因为此说很容易被理解为君主个人的恣意决断就可成为全部法律的根本来源与终极的决定因素。但是我们知道，"君主意志"只不过是他所代表的阶级的意志，而这个阶级的意志，又是由社会物质条件、社会生产方式，一句话，由社会经济基础决定的。民众意志说，在剥削阶级占统治地位的社会里不过是一种梦想的理论阐释。这个梦想就是，民众可以成为法律的主人。但在那样的社会制度下，民众不可能成为法律的主人；法律的主人是民众的统治者。不过，这并不排斥以下两点：其一，民众通过声势浩大的坚持不懈的斗争而显示其不可轻侮的伟力，从而对立法、司法、执法产生一定的影响；其二，在与社会进步关系密切的科技进步立法问题上，统治阶级与民众的意志殊途同归地在很大的程度上并无二致。因此，有关立法既是统治阶级意志的反映，也是民众意志的反映。由此，科技法的本质渊源，如果采用君主意志说或民众意志说，也不必大加挞伐，而应做具体分析。从马克思主义的法学观点来看，法是社会发展到一定阶段上的产物，是由于经济发展、阶级矛盾不可调和而产生的，是统治阶级通过国家政权表现出来的自己的意志。根据此说，科技法的本质渊源是：当社会生产力与科学技术发展到一定的水平时，由于科技社会关系调整的客观需求，统治阶级通过国家政权表现出来的以法律手段调整科技社会关系的意志。

但是，关于法的渊源的学说，现在多半不采用本质渊源说而采用形式渊源说了。我在《科技法学导论》中也曾指出过："在比较了法学界关于法的渊源的多种观点后，我们认定，采用'法律形式渊源论'比较恰当。"①

（三）科技法的形式渊源

1. 成文法

成文法是科技法的直接形式渊源，即由一定的国家机关按一定程序制定的、以规范性文件的形式公布的法。成文法法源直接具有法律效力，是科技法形式渊源的最基本、最主要部分。据《科技立法》一书介绍，联邦德国自第二次世界大战以来制定的与科技社会关系的调节有关的法规即达2000多件；奥地利仅由联邦科学研究部发行的《科学技术法令汇编》中，就收录了现行科技法规2万多件；日本在推行"科技立国"国策的同时，颁布了1万多件经济技术法规，日本科学技术厅编的《科学技术六法》中录有240多项科技法律、法令。②

作为科技法形式渊源的成文法，可以分为以下八类：

（1）宪法规范。有的科技法学著作将"宪法"列为科技法的第一形式渊源，这不无道理，却又有失偏颇。说"不无道理"，是因为现代一切科技法律规范都来源于宪法的有关规定，如无这些规定，现代科技法就难以制定，也不可能发展。说"有失偏颇"，是因为仅仅只是宪法的部分规定才是科技法渊源。因此，我认为以提"宪法规范"为妥。宪法规范是国家权力机关制定的具有最高法律效力的规范。任何其他法律包括科技法的制定，都必须以宪法规定为依据，不得与之抵触。从现代各国的宪法看其科技进步的宪法保证，大致有以下几个特点：

"早"，例如美国早在1787年，就以宪法条文做了有关规定。当年颁行的《美利坚合众国宪法》第一条第八项规定："国家有下列各权：……（8）保障著作家及发明家对其作品及发明物于限定期间内的专有权，以奖励科学及实用技艺的进步。"瑞士联邦也较早地以宪法规定对科技进步的保障。1874年的《瑞士联邦宪法》在总则中以较多的条款规定了保障科技发展的立法权与具体规范。在以后的修正案中，又加进了原子能立法与工业发明保护立法条款。

"优"，即以宪法规定科技进步的优先地位。1946年公布的《日本国宪法》在第二十三条第九款中规定："（1）国家应奖励科学研究和发明创造。对科学技术的促进应在

---

① 《科技法学导论》，第178页。
② 国家科委政策局编：《科技立法——一个新的开拓领域》，光明日报出版社1986年版，第64—65页。

国民发展事业中占优先地位。"

"特"，即规定给予在科技进步方面有特殊贡献的人以特殊荣誉。如1947年的《意大利共和国宪法》第五十九条非常具体地规定："共和国总统得指定在社会活动、科学、文学和艺术方面以高度成就为国增光之公民五人终身为参议员。"日本宪法规定："对有特别才能的公民，应提供奖学金、补助金或其他形式的奖励。"1952年颁布的《波兰人民共和国宪法》则规定："波兰人民共和国对于有创造能力的知识分子——科学、教育、文学、艺术工作者，以及进步技术的革新者、合理化改造者、发明者，给予特别的关怀。"

宪法规范一般都比较简洁、比较原则，论详略程度，却又因各国的宪法传统和实际需要而有所不同。《日本国宪法》的有关主要规定仅"保障学术之自由"七个字（第二十三条第一项）。美国宪法也仅上述一项。但大多数国家的有关宪法规定却都比较详尽。前南斯拉夫宪法涉及科技进步的规定分布在《序言部分·基本原则》《第二部分：社会制度》《第三部分：联邦中的关系和联邦的权利与义务》等部分，除序言洋洋六七万字中有的可涉及科技进步外，还有五条之多一千余字对有关科技进步的目的、目标、方针、政策和权利义务关系等做了详细的规定。苏联宪法的有关规定也十分详尽。其"一、苏联的社会制度基础和政治基础"之第二章《经济制度》与第三章《社会发展和文化》，"二、国家和个人"之第七章《苏联公民的基本权利、自由和义务》，"三、苏联的民族国家结构"之第八章《苏联——联盟国家》等，共十三条，都涉及科技进步问题。

（2）法律。从科技法的形式渊源看，法律是科技法的成文法渊源中最重要、最基本的部分。在世界各国的法律体系中，法律通常规定社会政治、经济以及其他社会生活中最基本的社会关系和行为准则，由国家最高权力机关制定，其法律效力仅次于宪法。由于各国法律体制不同，有的国家的法律还有基本法与非基本法的区分；基本法的法律效力大于非基本法；非基本法的规定必须与基本法相一致，如有抵触，则自动失效。此外，对有的国家来说，基本法还有层次之分：第一层次是科技进步基本法；第二层次是基本法外的其他法律，其中一部分法律为某领域的基本法；第三层次是该领域基本法下属的法律。不过，第三层次的法律仅与上属的领域基本法有制约关系，与第二层次的基本法外的其他法律，又是平行的地位平等的关系。例如，美国有《美国国家科学技术政策、组织和重点法》，这是美国科技进步的基本法；同时，美国又有《原子能法》，这是美国在原子能领域的基本法，其他国家也大多有原子能基本法；在美国的原子能基本法下，又有一系列其他法律法规，从而形成了庞大的原子能法律体系，如图3所示：

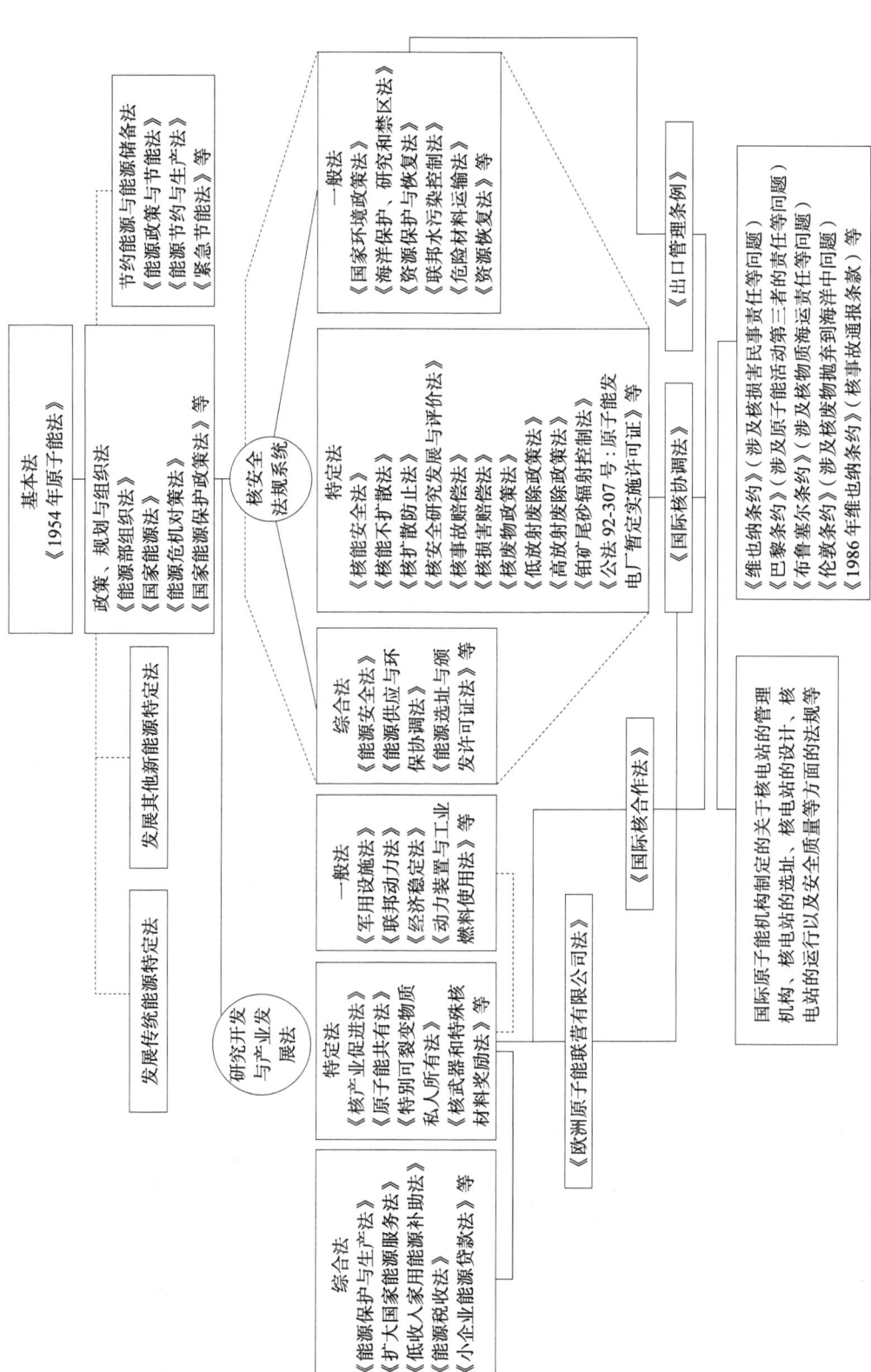

图 3 美国原子能法律体系

资料来源：《美国的新技术革命立法》《〈科技立法研究文集(二)〉，科学技术文献出版社 1990 年版，第 109 页）

上图中的一些法律并不属于原子能基本法下的法律，但另一些却是，如《核产业促进法》《原子能共有法》《特别可裂变物质私人所有法》《核武器和特殊核材料奖励法》等。

（3）行政法规。行政法规泛指国家行政管理机关制定和发布的法律规范性文件。国家行政机关为执行宪法和法律而颁布具有普遍约束力的行为规则，是行使其职权的需要。各国的行政法规的名称有"法""法令""决定""命令""条例""章程""办法"等。在我国则为"条例""章程""办法"等。行政法规以宪法和法律为依据而制定，不能与之抵触，否则即为无效。然而绝大部分科技行政法都是科技行政法规。因此，在科技法的形式渊源中，行政法规具有举足轻重的地位，研究科技法，要十分重视其形式渊源的行政法规部分。

（4）地方性法规。地方性法规泛指地方国家机关依照法定职权制定和发布的、实行于本地区具有法律效力的规范性文件。科技法体系的完整性，体现在中央立法与地方立法的综合配套、同步发展上。没有地方立法的配合，全国性立法将难以贯彻，尤其是在联邦制国家和像中国、印度等幅员广大、情况复杂、发展不平衡的国家里更是如此。

许多国家，包括我国，考虑到立法条件、立法经验的成熟程度以及国内各地区科技教育文化水平的不平衡，往往先由若干地方制定某方面的法规，取得经验后，综合各地的情况来制定全国性的这一方面的法规。因此，地方性科技法规不仅是科技法的重要形式渊源，而且从立法的角度看，还有特殊的积累经验的意义。

（5）自治法规。自治法规指自治机关或自治团体依照法定的自治权制定的规范性法律文件。一般属于地区性和局部性的法规，其法律效力仅限于自治权管辖的范围，并不得与宪法和全国性法律相抵触。采取地方自治管理制度的国家，其宪法规定自治地方的自治机关有制定自治法规的职权。意大利宪法规定："遵照宪法所规定的原则，省为具有自己权力和职能的自治单位。"（第五章第一百一十五条）"在国家法律所规定的基本原则的范围内，省得颁布立法性规范。"（第一百一十七条）《日本国宪法》规定："地方公共团体有管理财产、处理事务以及执行行政的权能，得在法律范围内制定条例。"（"地方自治部分"第九十四条）

自治法规因其自治范围与自治权限，对科技社会关系的法律调整也有重要意义，是科技法的重要形式渊源。

（6）中央政府下辖各部的部门性行政规章。各国中央政府一般都下设部（日本称"省"，我国和其他一些国家都有"委员会"的名称）。部政府机关依据宪法与法律规定的权限，可以制定与发布与其权限相称的行政规章。部政府机关制定的科技法规，也是科技法的形式渊源之一。由于这类法规数量极为庞大，种类相当繁多，构成了科技法的重要形式渊源，也是科技法体系的重要内容。

部政府机关的科技行政规章，因其制定过程比较简单，因此，有反应迅速、适应性强且便于修改的优点。但由于各部政府机关必有"部情"的不同与信息沟通方面的不便，往往会产生各部科技行政规章之间的矛盾抵牾，这是要特别加以注意的。

（7）科技机构与科技团体按法定程序通过的章程、规则等规范性文件。这些章程、规则，虽然是针对本机构、本团体的，但行之有效者也可为其他团体、机构所借鉴，甚至上升为同类机构、同类团体的有普遍约束力的章程、规则。这样，它就成了科技法的一种形式渊源了。科技法正是这样不断地从科技机构、团体的章程、规则中吸取"源头活水"，而形成"汩汩清泉"，汇成"滔滔江河"，流入科技法体系的"浩渺海洋"的。

（8）国际条约。国际条约是国际法主体间依据公认的国际关系基本准则所缔结的据以确定其相互权利与义务的协议。按照缔约国的数目，可分为双边条约与多边条约。此外还有联合国通过的公约，其覆盖面最广，几乎涉及一切国家。根据国际实践，国际条约的名称主要有条约、公约、专约、宪章、协定、议定书、换文、宣言、联合公报、联合声明等等，其法律性质与法律效力是一样的。国际的双边、多边包括集团性的科技条约，有科技合作、科技交流、科技进口或出口方面的条约、协议；联合国关于科技合作与交流、环境保护方面的公约等，都是科技法的重要形式渊源。由于国际交流的日益频繁，由于科技进步引起的国际科技合作的日见重要，科技国际条约也越来越成为科技法的重要形式渊源了。

除上述外，有关科学研究、技术开发、技术应用的科学技术规范，当被赋予法律约束力、强制人们遵行时，也成了科技法的形式渊源。随着科学技术的发展，随着科学技术日益迅速地进入人们的日常生活领域，从科技规范到法律化的科技规范的演进情况，变得越来越经常，越来越大量，因此，法律化的科技规范将越来越成为科技法的重要形式渊源。

2. 不成文法

不成文法又称间接渊源，即虽然未经国家制定，但经国家认可和保障的调整人与人之间关系的行为规则，如习惯、判例、政策、法规等。这些法源本身不具有法律效力，经国家认可后才具法律效力。由此可见，成文法源与不成文法源的形式区别在于有无文字表达，而本质区别则在于是否经过国家机关按法定程序加以确认与公布。

（1）习惯法。习惯法由习惯而来。习惯是在社会生活中经过长期实践而形成的为人们共同信守的行为准则。习惯大多为道德规范，不具法律约束力，其约束力来自社会舆论。当具备一定条件时，习惯可能转化成为习惯法。这些条件是：相当长时期来确有人们惯于遵行的事实；其内容有比较明确的规范性；现行法没有关于该项行为的规定，且与现行法基本原则无抵触；经国家认可并由国家强制力保证其实施。

如果把长期科学研究、技术开发及其推广中逐渐形成的人们惯于遵行的一些技术性行为赋予国家强制力，从而转化为科技规范法，不作为成文法看待，而作为习惯法看待，是否可以呢？我以为，习用的科技规范与习惯是很相似的，它可能转化为习惯法，但必须具备以下两个条件：一为未做文字表达；二为未经国家机关按法定程序制定，而仅仅为国家所认可并赋予强制力的保障。然而，现代社会中，科技规范转化为科技规范法，几无不是用文字表达的，也几无不是经法定程序由国家制定的。因此，可以不把科技规范转化为科技规范法当作不成文法的渊源来看待。

（2）判例。判例是指法院可以援引，并作为审理同类案件的法律依据的判决和裁定。它具有拘束本法院和下级法院的法律效力，是法的形式渊源。判例在现代都是成文的，但它不具备法律的条款结构形态，仍被当作"不成文法"来对待。

判例是在法律并无具体明文规定的情况下，根据法律的精神，对有关案件做出的判决实例，其判决不能与现行法律抵触，却又对法律未予规定的事项做出富有新意的裁决。因此，判例又被有的学者叫作"法院立法""法官立法"。这种"立法"在英美法系国家，尤其是在美国，是十分流行的。

判例作为科技法的形式渊源，有着特别重要的意义，因为科技的迅猛发展引起了科技社会关系的急剧变动，以成文法来应对调节科技社会关系，必有程序方面引起的时间问题，即"立法的滞后性"。而判例却是"立竿见影""立等可取"的。

美国司法机关根据1980年国会通过的著作权法修正案，判决了一系列有关计算机软件、计算机程序纠纷方面的案件，其中的三个代表性案件，被称为"里程碑案例"。其中之一为美国Apple公司诉Franklin公司案。Apple公司制造和销售Apple Ⅱ型微机和配套的150多种软件。Franklin公司制造和销售与Apple公司Ⅱ型机兼容的CD100微机。实现兼容的办法是复制Apple Ⅱ的以目标代码固化在ROM中的操作系统。Franklin公司认为目标代码程序、操作系统和固化在ROM中的程序并不拥有著作权。该案的审理，引起了极大的争论。因为著作权法并未对诸如计算机软件、程序方面的问题做直接的具体的可据以断案的规定，如何裁决成了颇费踌躇、大伤脑筋的难题。宾州东部地方法院作为一审法院不支持Apple公司的诉讼请求，第三巡回上诉法院作为二审法院终审判决支持Apple公司胜诉，判令Frankin公司赔偿250万美元。此案涉及的有关三种程序，从此被确认应受著作权法的保护。

（3）法理。法理指形成某一个国家全部法律或某一部门法律的基本精神和学理。法理作为法律的形式渊源，目的在于弥补法律规范的空隙。但许多国家，尤其是现代国家，对弥补法律空隙更愿采取成文立法或判例的方式去解决，因为法理往往有较大的主观随意性。对同样一种学说、原理，理解起来也见仁见智、大相径庭。法理作为法的形式渊源带有间接的性质，它一般不能作为直接的判案根据，而是依据法理做出的判决，才成为以后判案的根据，而这已是"判例"了。

法理之作为直接的法的形式渊源，主要有两种情况：一为，如古罗马以盖尤斯、保罗等五大法学家的著作为判案依据；汉代的以儒家经典为判案依据（如董仲舒的"经义折狱"等）。这种情况，是为当时的国家政权所公开允许的。二为，司法人员擅自征求法学家的意见（包括从法学著作、论文中吸取法律学理）并据以断案。这种情况，并不为国家政权所公然允许，然而在现实生活中却时有发生，尤其是在法制不健全的国家里。后者当然不能作为典型的、规范的、合理的法的形式渊源来看待，但现实生活中却客观存在着，因而又不能充耳不闻、熟视无睹而不予理会。

法理之作为科技法的形式渊源，有两种形式：一为不成文的思潮形式；一为成文的著作物形式。但法理的思潮形式或著作物形式，都不是经过国家政权依据法定程序制定出来的，所以被归类到"不成文法"一类的形式渊源中去。

科技法是否也以法理为形式渊源呢？这要根据各国的不同情况而论定。在我国，法理不能作为法的形式渊源。但是，科技法学家的意见，其著作中所阐明的学理，受到司法界的高度重视，会对司法实践产生很大的影响。

以上是关于法的形式渊源的基本观点，现在我们结合我国的情况做进一步的考察。

（四）我国科技法的形式渊源

1. 宪法规范。我国宪法的有关科技进步的规定是比较详细的。宪法"序言"中提出了"科学技术现代化"的纲领性任务。"总纲"第十四条规定"国家提高劳动者的积极性和技术水平，推广先进的科学技术，……以不断提高劳动生产率和经济效益，发展生产力"；第十九条规定"国家发展社会主义的教育事业，提高全国人民的科学文化水平""国家发展各种教育设施，扫除文盲，对工人、农民、国家工作人员和其他劳动者进行政治、文化、科学、技术、业务的教育，鼓励自学成才"；第二十条规定"国家发展自然科学和社会科学事业，普及科学和技术知识，奖励科学研究成果和技术发明创造"；第二十三条规定"国家培养为社会主义服务的各种专业人才，扩大知识分子的队伍，创造条件，充分发挥他们在社会主义现代化建设中的作用"。第二章"公民的基本权利和义务"的第四十七条规定："中华人民共和国公民有进行科学研究、文学艺术创作和其他文化活动的自由。国家对于从事教育、科学、技术、文学、艺术和其他文化事业的公民的有益于人民的创造性工作，给以鼓励和帮助。"第三章"国家机构"则规定了发展科学技术的领导、管理机构问题。此外，第二十六条还规定"国家保护和改善生活环境和生态环境，防治污染和其他公害"；第一百一十九条和一百二十条则对少数民族与少数民族地区的科技进步问题做了重要规定。这些宪法规范，就是我国科技法最具法律权威、具有最高法律效力的形式渊源之一。

我曾在《突出科技现代化的宪法地位》[①]一文中指出："宪法作为具有最高权威的国家根本大法，对其他法律的制定有指导意义和制约作用。以宪法规定来突出科学技术现代化的优先地位，将在其他法律中得到反映。同时，在法制观念日渐加强的今天，突出科技现代化的宪法地位，可以使全国人民观念一新、耳目一新、行动一新，造成人人重视科学技术，个个努力学习和掌握科学技术的风气；可以动员整个中华民族以极大的决心、极高的

---

① 《科技立法研究文集（二）》，科学技术文献出版社1990年版，第386—395页。

热情、极强的毅力，投入发展科学技术现代化的热潮中去。"为此，我在该文中提出了一系列关于修改涉及科技进步的宪法规定的意见，其中包括在《序言》中将"四化"序列重新安排，将"科学技术现代化"置于"四化"序列的首位；在《总纲》中写入"国家发展中，科学技术进步处于优先地位"等。我相信，突出科学技术现代化的宪法地位，将对中华腾飞起到不可估量的伟大作用，同时，也可使我国科技法的这一形式渊源发挥更大的作用。

2. 法律。在我国，作为科技法的形式渊源的法律，可以分为三种类别。

（1）科技进步基本法，即《中华人民共和国科学技术进步法》（全国人民代表大会第八届常务委员会第二次会议于1993年7月2日通过）。该法被称为我国科技进步的"宪法"，它统驭一切其他科技法。在《科技进步法》颁布前制定的一切其他科技法，如有与之抵触的，一律以《科技进步法》为准，或作废，或即行修改。

（2）全国人民代表大会常务委员会通过的科技基本法以外的其他科技法，以《中华人民共和国专利法》《中华人民共和国技术合同法》《中华人民共和国商标法》以及《中华人民共和国海洋环境保护法》《中华人民共和国水污染防治法》《中华人民共和国大气污染防治法》《中华人民共和国药品管理法》等等。

（3）科技法以外的其他部门法中包含的科技法律规范，如我国《民法通则》中的关于知识产权的规定等。

此外，我国人大常委会还有权"解释法律"（宪法第六十七条），所作"解释"具有与有关法律规定同等的法律效力，应作为法律的形式渊源来看待，在科技法的形式渊源问题上也是如此。

3. 行政法规。我国宪法规定，国务院行使"根据宪法和法律，规定行政措施，制定行政法规，发布决定和命令"的职权（第八十九条）。《中华人民共和国自然科学奖励条例》《中华人民共和国发明奖励条例》《中华人民共和国科学技术进步奖励条例》等，就是由国务院制定、发布的。

4. 地方性法规。我国地方各级人民代表大会及其常设机关（常务委员会），有权制定地方性法规包括地方性科技法规。依宪法第一百条和地方组织法第七条、第三十八条规定，地方性法规分省一级和市一级两种：省、自治区、直辖市的人民代表大会及其常务委员会，根据本行政区域的具体情况和实际需要，在不与宪法、法律、行政法规相抵触的情况下，制定和颁布地方性法规，并报全国人大常委会和国务院备案；省、自治区人民政府所在地的市和经国务院批准的较大的市的人民代表大会及其常务委员会，根据本市的具体情况和实际需要，在不同宪法、法律、行政法规和本省、自治区的地方性法规相抵触的前提下，制定适用于本市的地方性法规，报省、自治区人大常委会批准后施行，并由省、市人大常委会报全国人大常委会和国务院备案。

地方性科技法规是我国科技法的重要形式渊源之一，数量最多，涉及面最广，在调整科技社会关系方面反应最迅速、形式最多样。现在，几乎所有有权制定地方法规的省、市都在努力从事此项工作，其数量已逾千件以上。《上海市发展新兴技术和新兴工业暂行条例》《上海市专利合同管理办法》《上海市实验动物管理办法》《上海市合理化建设和技术改进奖励实施办法》《上海市技术出口暂行办法》《沈阳市技术市场管理暂行办法》《广东省技术市场管理规定》《河南省科技进步条例》等等，都是科技法的成文的形式渊源。

5. 自治条例和单行条例。我国宪法第一百一十六条和《中华人民共和国民族区域自治法》第十九条的有关规定，授权民族自治地方的人民代表大会依照当地民族的政治、经济和文化特点，制定自治条例与单行条例。其中，尤其是单行条例制定权，可用来为调整科技社会关系服务，所制定的推动少数民族自治地区的科技进步、培养少数民族的科技干部、发展少数民族地区科技文化等的单行科技条例，是我国科技法的重要形式渊源。

6. 地方政府的科技规章。我国宪法及地方人大、地方政府的组织法等，明确规定了地方政府发布规章的权限。地方政府所制定的规章不得与宪法、法律、行政法规、地方性法规和上级政府（部、委、办）规章相抵触。地方政府所制定的科技规章，对当地的科技行政有重要意义，也是我国科技法的形式渊源。

7. 判例。地方司法机关的判例对下级司法机关有法律约束力。有关的科技案件的判决，如有典型意义，且不与宪法、法律相抵触的，可以成为判例（法），从而成为科技法的一种形式渊源。

8. 国际条约。随着我国国际地位的提高，经济与科技实力的增强，与其他国家的科技交流、合作以及技术的进出口业务，正与日俱增，快速发展。这样，调整科技国际关系的法律措施，对中外各国都显得越来越重要了。现在，我国每年都与发达国家及发展中国家签订了许多科技国际条约，在调整双方、多方间的有关关系方面起了良好的作用。我国参与联合国科技公约的签字，也正与日俱增。因此，国际条约成了我国科技法形式渊源的一个重要方面。

在做了上述介绍后，有必要讨论一下国家的政策是不是我国科技法的形式渊源的问题。

（五）我国的科技政策不能视作科技法的形式渊源

政策之代替法律起调整社会关系的作用，是我国政治生活中的一个突出问题。对这个突出问题的看法，应是辩证的。

1949年2月，中共中央发布了《关于废除国民党的六法全书与确定解放区的司法原则的指示》，明确宣布废除国民党的六法全书，强调指出，解放区的人民司法工作必须以人民政府的法律为依据，"在人民新的法律还没有系统地发布以前，应该以共产党的政策以及人民政府与人民解放军所已发布的各种纲领、法律、条例、决议作依据。目前，在人民的法律还不完备的情况下，司法机关的办事原则，应该是：有纲领、法律、命令、条例、决议规定者，从纲领、法律、命令、条例、决议之规定；无纲领、法律、命令、条例、决议规定者，从新民主主义政策"。

当时的这一司法原则，由于实际情况是很少法律，因此，把政策作为司法依据放在相当突出的地位。这在当时是符合客观的司法需求与法制建设的实际状况的，舍此而外，别无选择。但这并不是说既有政策可资依据，就可放弃加紧立法的努力，更不是说可以永远地用政策去代替法律。

然而，新中国成立初期政治管理的巨大成功、社会秩序的高度稳定以及对法律的认识的严重不足，导致出现了大大放松立法努力、把政策作用夸大过头的失误。其结果是长期地以政策代替法律，除宪法、刑法等少数几个法律的制定外，民法、行政法、民事诉讼法、刑事诉讼法等重要的基本法的制定都一再延宕，迟迟未能制定出来。直至"文革"时期，更把既成的宪法、法律肆意践踏，以"革命造反"做标榜，以"无法无天"相号召，国家治理、社会秩序都走到了"政策调节为主"的反面。

粉碎"四人帮"后拨乱反正，痛定思痛，全国上下一心努力建设社会主义法制，力求从"以政策调节为主"过渡到"以法律调节为主"的新型社会调控体制上去。

综上所述，对政策调控的作用，辩证的分析是：在新中国成立之后的一段时间里，政策之作用相当巨大，也发挥得相当成功；但不思改进，代之以法律调控为主；在社会关系调节方面，政策仍有其特定的作用，但不能代替法律，相反，应尽快过渡到以法律调节为主的体制上去。

也正因此，提出以政策为法律的形式渊源是不妥的。我们应以宪法、成文法律、地方法规、行政法规、判例等等为法律的渊源，却不能以政策为法律的渊源。当然，这不是说，成熟的、行之有效的政策，必要时赋予其法律效力，使之法律化也不行。但这与以政策为法律渊源不是一回事。正如法理是否成为法律渊源必须区别以下两种情况一样：当盖尤斯等五大法学家的著作被皇帝宣布为"与法律有同等效力"时，当董仲舒的"经义折狱"为汉朝中央政府定为司法原则时，他们的"法理"（盖尤斯著作及儒家经典中的"法理"）也就成了法律的形式渊源；而当代中国法学家著作中阐明的法理，是不能看作为法律的形式渊源的，即使有的理论结论在尔后的立法中被采纳了也是如此。

政策之于法律不成其为形式渊源，同样，政策之于科技法，也不成其为形式渊源。至于在科技社会关系的调节中，在科技体制改革过程中如何举措，运用政策与否，怎样运用，那是另一个问题，与科技法的形式渊源不能混为一谈。

二、科技法的历史发展

在《科技社会关系的法律调整的历史发展》一节里,我们谈到了以下问题:从道德调节、经济调节、行政调节到法律调节的发展;法律调节由简单到复杂、由低级到高级、由约束机制到激励机制的发展。由简单到复杂的发展的主要表现是,由个案到普案处理,由个别科技部门法到科技法体系,由科技行政关系调节到科技社会关系的全面调节;从低级到高级发展的主要表现是,调整内容之从单一性向综合性发展,调整手段之从片面向全面发展;从约束机制向激励机制的发展则见诸科技法发展的实际状况。这些问题一则是从"科技社会关系的法律调节"的角度阐述的,再则,虽然已涉及科技法的概念,却还未予阐明,因此,有必要从"科技法的历史发展"的角度加以深化。这样,一方面会有若干与前文重复之嫌,必须请读者原宥;另一方面,则力求从新的角度展开论述,与泛泛地以"史"为纲的时代顺序式论述略有不同,则请惠予注意。

科技法的历史发展,经历了它的产生、发展、成熟等三个阶段。

(一)科技法的产生

关于"科技法的产生",在拙著《科技法学导论》中曾专列一节阐述,所谈问题主要是:由于奴隶主组织成批奴隶从事互有联系的科学技术脑力劳动,产生了"奴隶主对科技奴隶的管理关系""科技奴隶之间的关系"及"科技奴隶和科技工具、加工对象及技术要求之间的关系";为处理上述简单的科技行政关系、科技民事关系和科技规范关系,科技法应运而生,其中包括科技判例;此外,还比较评论了《法学新学科手册》与《科技法律手册》二书关于科技法的产生的两种提法。在该书里我们将从较新的角度、较深的视野详尽地展开对"科技法的产生"的探讨。关于"科技法的发展""科技法的成熟"等节,也大致如此地展开探讨。

1. 科技法出现前的科技社会关系状况及其调节问题

"人猿相揖别,只几个石头磨过,小儿时节。"①毛泽东这样描述"两手空空"的先民刚刚与猿分手时的科技水平。但这"几个石头磨过"的意义却是十分重大的,它标志着"人猿相揖别",即人作为能制造和使用劳动工具的动物而独立成类与猿分手了。我国先民能够制造砍砸器、尖状器、石锤、石砧、刮削器、两端刃器、斧状器等等,史称"旧石器"的时代,由于材料来源丰富(俯拾即是,至今依然)、加工方便,估计不会产生什么"科技社会关系"。到了新石器时代,就大大不同了。由于智力发展的高低不同、经验积累的多寡有别,出现了少数应当说比当今的"原子弹之父"功劳还大的"科技精英",其

---

① 毛泽东:《贺新郎·读史》,《毛泽东诗词集》中央文献出版社1996年版,第145页。

中有"钻木燧取火，教民熟食"①的"燧人氏""伏羲"②"黄帝"③；有"作陶冶斤斧，为耒耜锄耨，以垦草莽"的"神农氏"④；有儿时即"好种树麻菽"而"麻菽美"，长成人后"好耕农，相地之宜，宜谷者稼穑焉"的"弃"即"后稷"⑤；等等。这些"科技精英"与其他先民的关系是十分和谐友好的："燧人氏""教民熟食"并未见"收费"之举的记载；"后稷"稼穑有成，他并未宣布这是独家"专利"，而听凭"民皆法则之"⑥。显然，其时的社会关系包括科技社会关系的调节，丝毫不可能有强制力的羼入，当然也就不可能有什么"科技法"可言了。当时社会状况的全面写照是："大道之行也，天下为公，选贤与能，讲信修睦。故人不独亲其亲，不独子其子。使老有所终，壮有所用，幼有所长，鳏寡孤独废疾者皆有所养。男有分，女有归。货恶其弃于地也，不必藏于己。力恶其不出于身也，不必为己。是故谋闭而不兴，盗窃乱贼而不作，故外户而不闭，是谓大同。"⑦

2. 科技行政关系的形成及科技行政法的产生

科技行政关系的形成，以普遍的奴隶劳动为基础，以宫廷科技奴隶的管理为主要内容，是科技行政法产生的前提。当原始人类的生产力水平十分低下，无剩余物资可言时，豢养奴隶是不可思议之事。只有在生产力有了相当的发展，物质财富相对来说比较丰富，私有制处处滋生，奴隶劳动可以提供远远超出其自身消耗的财富时，奴隶制才成为事实。奴隶制的普遍发展，使得社会物质财富进一步迅速增加，除供给奴隶主穷奢极侈的生活之外，还有相当的物力、财力积蓄，因而有可能让一部分人专门从事精神财富的生产。其时因生产工具的革新需求，迫切需要不断改进冶铁、炼钢技术；因农业的发展，迫切需要天文知识、水利专家；因手工业的发展，迫切需要纺织技术的创新；而达官贵人、皇亲国戚更是无情苛求提供精益求精的器皿、织物、车轿舟船，要求建造高大坚固宏伟堂皇的宫殿、桥梁，更要求及时地设计、制造日益先进的武器……为了垄断能工巧匠及富有才智的科学家，便把他们集中到宫廷里去从事研究、开发、制作、生产。而为了管理这些人，就设置官职、委派吏员并逐渐形成了一些管理制度。这些制度有涉及管理官吏对工匠艺人科学家关系的，有涉及各级管理人员之间的关系的，有涉及各管理机构之间关系的，也有涉及管理人员与朝廷、皇帝的关系的。范文澜先生谈到古代中国的奴隶时，指出"任何一个贵族（国君、卿、大夫）都要占有奴隶，因为奴隶是手工业商业方面的剥削对象"。"奴隶大致分为三类，……第二类奴隶用在手工业生产，生产品供贵族享用。一个国家有

---

① 《韩非子·五蠹》。
② 《绎史》卷3引《河图挺佐辅》："伏羲禅于伯牛，钻木作火。"
③ 《太平御览》卷79引《管子》："黄帝钻燧生火，以熟荤臊，民食之，无肠胃之病。"
④ 《绎史》卷4引《周书》。
⑤ 《史记·周本纪》。
⑥ 同上。
⑦ 《礼记·礼运》。

管百工的大官称为宫正、工师或工尹,一个宗族里也有工正。工正管理多种手工业,最重要的是车工、金工。车工制造战车与贵族所用的车舆,金工制造兵器与礼器乐器,这些手工业不仅是因为需要专门的技术,更重要的原因还在贵族独占武器制造,借以巩固自己的统治地位。有关贵族生活的饮食衣服及用具,也必须有专门技术的工作者,才能制造出合适的器物"①。因此,像古代中国这样的分封制国家里,还有不同等级的宗主国、附庸国宫廷间的工匠技师的管理关系。所有这一切,形成了科技行政关系。

这种科技行政管理关系虽然形成伊始,但已蕴含着内在的基本矛盾,这就是《科技法学导论》业已述及的两个方面:一方面,从奴隶阶级的本性来看,他们对来自奴隶主的压迫和剥削与生俱来地要进行抵制和反抗;而从奴隶主阶级的本性来看,他们对奴隶的统治和管理又总是带着特别强烈的恣意性和暴虐性,这就会产生矛盾和对抗的关系。另一方面,科技奴隶的科技活动常有科学性和规律性,要求循序渐进、实事求是、组织有序、井井有条;但处于管理地位的奴隶主及其奴才(委派的官员)却往往急躁求成、主观唯心、随意指挥、朝三暮四,这样,也会造成管理问题上的强制与反强制的矛盾。②

为了将上述矛盾及其可能造成的不良后果限制在一定的范围里、一定的程度上,不致对整个奴隶主阶级的统治造成根本性的危害,就必须:一方面以有国家强制力作为后盾的行政规范,迫使科技奴隶依照奴隶主及其代表的意志行事;另一方面也要以同样的手段规范、约束奴隶主阶级的成员及其代表的管理行为。于是,原先零散的随机而定的一些管理措施,逐渐地、陆续地被固定化为法律规范,终至科技行政法脱颖而出。

3. 科技民事关系的形成及科技民事法的产生

奴隶社会里除科技奴隶外,还有一批出身于自由民的或从被释放的奴隶中产生的科技人才。此外,管理科技奴隶的人员往往本身也有技艺在身,也有技术发明及其与他人的科技交流活动。这同奴隶社会中期、后期手工业的迅速发展密切相关。我国殷墟曾发现石工、玉工、骨工、铜工场所。石工、玉工主要制造艺术品。骨工、铜工主要制造工具、武器。此外,皮革、酿酒、舟车、土木营造、饲蚕、织帛、制裘、缝纫等都有工匠技师。这些人中为奴隶者,被"百工"所统领、管理;"百工"又为"百姓"所统领、管理。也有"百姓"仅仅是自行从事科技、工艺活动的。殷商早有商业,手工业制品可用来交易,交易中的"货币"有产于东方海滨的贝壳和产于西方边陲的玉,可见其相当发达。据史籍记载,殷商亡后,周初的商代遗民中,有索民(绳工)、长勺民与尾勺民(酒器工)、陶民(陶工)、施民(旗工)、繁民(马缨工)、锜民(锉刀工或釜工)、樊民(篱笆工)、终葵民(椎工)等。他们大多从事私人生产,其间也有私人的科技活动。《论语·子张》所说"百工居肆以成其事",墨家门徒执掌技艺周游天下……这些都说明,当时已有了民间的科技

---

① 《中国通史》第1册,人民出版社1978年版,第112—113页。
② 倪正茂:《科技法学导论》,第164页。

交流活动，因而就会产生这样那样的科技民事关系。范文澜先生谈及东周的情况时写道："东周时鲁齐两国手工业在诸侯国中最为著称。战国时山东各国手工业更见发展。……官府制造大量兵器及军用品，需要很多的工人（工业奴隶）与很大的工作场所，民用器物不得不让民间百工自由制造，自由交易。东周后期本已存在着'百工居肆''工肆之人'的民间手工业者，到战国愈益发达起来。孟子说农与百工间纷纷交易，相互依赖，不可或缺，特别是陶工、冶铁工、木工、车工对农业生产的关系更是密切。民间百工一般是小规模制造，制成物品后，即在肆（摊）上出卖，小手工业者兼作小商人。"①其实，他们中的相当一部分人还兼为科技劳动者。在他们的"交易"活动中，必定产生技术交流的价值计算与权利义务分配关系问题，也就是产生了科技民事关系的萌芽。这种科技民事关系的萌芽渐次发展，也会导致处理协调办法的产生，于是就有了最初的科技民事法。

关于科技民事法的产生问题，有三点要加说明。一是，在奴隶社会，尤其是在其初期，正如哲学包容了自然科学与社会科学的全部内容，彼此不分，界限不明一样，农业、手工业与科学技术，尤其是手工业与科学技术活动之间的界限也是不甚分明的。因此，手工业者之间的交流关系，也包含了科技交流的关系。二是，传说与文字记载方面都未能找到关于科技民事法产生的资料，上述阐述只是推论而已。而且，也许年代久远，史事湮没不可复得，也只好靠推论了。但这样的推论只要是合乎逻辑的，就应认其为真理。三是，绝不能拿今天的发达形态的科技民事关系和成熟形态的科技民事法去比况、衡量当时的科技民事关系和科技民事法，否则，一切都无从谈起了。

4.科技规范的形成及科技规范法的产生

科技规范是在科技劳动（最初是手工业劳动）中逐渐形成的，形成的过程中必定有"流血牺牲"然后才作为教训而怵怵惕惕地恪守。此外，手工业工具的爱护、加工对象的节约使用以及恰当有度的使用，都可能在手把手地传授以及口口相传中变成为比较确定的规范。我国的科技规范形成大约在"夏后之世"。《墨子》曰："夏后开使蜚廉折金于山川，而陶铸之于昆吾。""采金""陶铸"没有规范是不能成其事的。据《周礼·考工记》记载，春秋时期民间的漂染业有所谓"湅丝""湅帛"及三染成浅绛色、五染成帛青赤色、七染成帛黑色等。这三染、五染、七染就是一种规范。《管子·山国轨》有云："田有轨，人有轨，用有轨，乡有轨，人事有轨，币有轨，县有轨，国有轨。"可见"轨"即规范已是实践中形成了的常见概念与实际生活必须遵行的法则了。

科技规范在民间的流传，是实际操作的需要，人们有自觉遵守的可能与自觉性。但是科技规范既经形成且在宫廷的科技奴隶劳动中强制推行，则会产生因奴隶反抗奴隶主而故意予以破坏的情形。为此，奴隶主就将这些科技规范法律化，使其在强制推行时有所依据。此外，不同等级的奴隶主诸侯国家，也有逐级颁行科技规范法，以使附庸国、从属国

---

① 《中国通史》第1册，人民出版社1978年版，第208—209页。

所进贡的科技产品合乎规范的必要，于是科技规范法便到处出现了。

科技法最初是以习惯法的形式出现的，奴隶制社会初期的成文法，以调节当时紧迫需要调节的政治社会关系、刑事社会关系为主。在奴隶制国家形成以后，这种科技法开始以成文法、制定法的形式出现，这或许是奴隶制社会后期的事。因为在司法实践中，某些未被法律规定的科技活动中的纠纷，被司法官员裁定之后，就形成了科技判例。这样，科技判例也成了科技法产生的一种形式。[1]

（二）科技法的发展

我们把"科技法的发展"界定在科技法"产生"之后直到近代的终结即20世纪初。从中国来看，"科技法的发展"大致始于秦始皇时代，这已经可以从有文字记载的《秦律》竹简上略知一二了。

1. 科技行政关系的复杂化和科技行政法的发展

科技行政关系与整个科技社会关系一样，是随科技水平的提高、科技活动的活跃而发展的。战国时期，铁器普遍使用，耕作技术、农具与工具的制作技术得到了发展。《孟子》云"深耕易耨"，《韩非子》云"耕者且深，耨者熟耘"，表明深耕技术受到人们的高度重视。《荀子》谓："修堤梁，通沟浍，行水潦，安水臧，以时决塞……"水利灌溉工程技术的发展由此可见一斑。《考工记》记载"攻木之工七""攻金之工六""攻皮之工五"，表明手工业工种越分越细。这些，使得有关的科技行政关系复杂化，都要求对有关事务的管理紧紧跟上。因此，见诸《秦律》的就有《田律》《工律》《均工》《工人程》《牛羊课》《厩苑律》等，以法律手段来规范科技行政了。

秦的《田律》见诸青川秦墓木简。简文有，武王"命丞相戊，内史匽，民臂，更修为田律，田广一步，袤八，则为畛。亩二畛，一陌道。百亩为顷，一阡道，道广三步。封高四尺，大称其高。埒高尺，下厚二尺。以秋八月修封埒、正疆畔，及发阡陌之大草"。这里十分具体地规定了田间小道的修法、田界（封）的阔度、田埂（埒）的高度与厚度等等。《田律》还规定生长季节不得滥伐山林，不得任意捕捉鸟兽鱼鳖，春天不得堵塞水道等等。为了实施《田律》的规定，设置了大大小小的官职，如"中长""田典""部佐""田啬夫""都官"等等。有关官吏要负责报告农业生产、天气变化以及应对措施等等情况。《田律》规定："雨为澍，及秀粟，辄以书言澍稼、秀粟及垦田畴无稼者顷数。稼已生后而雨，亦辄言雨少多，所利顷数。旱及暴风雨、水潦、蚤蚄，群它物伤稼者，亦辄言其顷数。近县令轻足行其书，远县令邮行之。"农田受灾、抽穗等情况，都要及时报县，而且还规定了文书专人递送或驿站传送的办法。农事优劣要加评比，奖优罚劣，赏罚分明。《秦律杂抄》规定：漆园被评为下等的，罚漆园啬夫一甲，县令、丞及佐各一盾；漆

---

[1] 倪正茂：《科技法学导论》。

园三年连评下等,罚啬夫二甲,并抑职永不叙用,县令、丞各罚一甲。

秦的《厩苑律》《牛羊课》规定,牛马死亡,要及时上报所在县;用牛耕田,牛的腰围减瘦了,每减一寸笞十;刚刚奔驰停歇的马,如不及时卸套,也要受罚;每年四、七、十月和正月评比耕牛,成绩优秀的,赏田啬夫酒一壶,干肉十条,免除养牛者一次更役,赏赐牛长资劳三十天,而成绩劣等的,申斥田啬夫,罚饲牛者资劳二月。秦代规定中央设内史、太仆、大仓分管厩牧事务;地方由各县令、丞管理,并设田啬夫、厩啬夫、皂啬夫、佐、史、牛长、田典、皂和徒等分级管理。

手工业方面,有关冶炼、铸钱、煮盐、建筑、兵器制造以及其他官民日用器物的生产技术等都在《秦律》中有所规定。其管理部门,朝廷由内史监管,各郡、县由郡守、县令及县丞监管。具体管理手工业技术与生产的,不同行业分别为工官、吏、佐、曹长、太官、右府、左府、右采铁、左采铁和啬夫等,在各生产单位内部则是工师、工、徒等。工、徒已是直接的劳动者,不是管理层次上的人了。

以上是科技行政关系复杂化和科技行政法发展的初始时期。往后,就发展得更为复杂、周详、严密了。汉代出现了二牛三人耦耕法、三牛共一犁法、利用山陵起伏掘沟而耕的"区种"法、沟垄相代的轮番耕作法等等新兴农业技术;沛郡(安徽宿县)出现十三个手工业工人鼓铸用十一个鼓风炉,有的地方还使用水力鼓风的技术。据《氾胜之书》记载,依"区种法","凡区种黍,令相去二寸一行,一沟容五十二株,一亩凡四万五千五百五十株,卷上土令厚二寸","凡区种大豆,令相去一尺二寸,一沟容九株,一亩凡六千四百八十株"。唐代作为中国古代文明发展的高峰时期,其科学技术活动随生活的发展而更形活跃,这从唐代官营、私营手工业的管理及手工技术的发展情况可以看出。唐代的官营手工业,宫中、朝廷的用具以及军需、营造,凡属"百工"的事业,都设有专官掌管。少府监、操作监是各工官的长官。少府监总的职掌是管理"百工"技巧的行政事务,其中包括训练工匠。各种工匠训练期长短不一,精细刻镂工四年,车舆、乐器工三年,刀槊工二年,矢镞、竹漆等工一年,冠冕等工九个月。教者传授像传技艺,每季由官署考试一次,年终大考一次。少府监所属各工官的管理官署是:中尚署、左尚署、右尚署、织染署、掌治署等。将作监总的职掌是管理土木工匠的行政事务,所统率的官署有:左校署(掌木工)、右校署(掌土工)、中校署(掌舟车工)、甄官署(掌石工、陶工)、军器监(掌制造弩甲)等。《唐律》则对各官署的行政事务的职责、权限、赏罚等的原则做了明确规定。

需要重申的是,古代独立的如今天这样的科学技术活动并不存在,它仅寓于农业、手工业生产与科技活动中。与此相应,有关的科技行政关系寓于农业生产、畜牧业和手工业生产的管理关系中;科技行政法则寓于一般行政法律法规中。对那一时期,要把一切分得十分清楚,实际上是不可能的,也不合情理,不合科学。达成这一共识之后,我们可以得出以下几点结论:

一为古代的科技行政法随科技行政关系调整事项的增多、调整范围的扩大而发展。宫廷器物行政制造，农业、水利、军工方面的生活与科技活动、天文、医疗、历法、算学、畜牧、植树、水上航运、陆上交通、食品、纺织……各业的发展，都有必须协调处理的科技社会关系方面的事务，管理者应做管理的事项越来越复杂繁多了。因此，用法律手段作为强有力后盾参与调控就是很自然的事了。

二为古代科技行政法随科技行政关系层次的发展而发展。最初的科技行政关系调整范围，如前所说，可能局限于宫廷内部；以后势必越出宫廷，扩展到宫外、地方。如兵器的制造，不仅有中央政府一级的，而且有都、道、府、县逐级设置的管理机构，形成一个庞大的兵器技术研制的行政管理体系。

封建社会的上升时期里，由于发展生产力的需要，对科学技术进步也是重视的。但越到后来，封建社会越往没落阶段发展，统治者对科学技术就越不重视，甚至斥之为"奇技淫巧"了。影响所及，科技行政法发展的积极势头受到了阻碍，萌芽状态的科技行政法，不但未能从一般行政法中独立出来，反而渐渐地沦落为与科技行政关系日远的一般行政法甚至刑法了。同济大学蒋晓伟君所赠新著《中国经济法制史》，是一本工力雄厚的佳作。浏览一过，其中所说：秦汉时期有关科技行政的管理关系及法律规定，着墨颇多；而越往后，经唐、宋、明直至清代，则越来越少了；取代手工技艺、科学技术管理方面的法律规定的，是政治行政法律规范与日见其血腥气味增多的刑事法律规范。这当然不是该著的"疏忽"，而是缘于客观实际就是如此。

在漫长的封建制没落的时代里（在欧洲中世纪的愚昧时代里），出现了阻碍科学技术发展的消极的科技法。其原因一在神权法思潮的作祟，二是统治阶级为了维护其日见动摇、正在没落、必将崩溃的反动统治。神权法思想古已有之，起初并不直接影响科学技术的发展。这是因为最初阶段的科技水平很低，有限的科学知识，不会构成对神学、神权的威胁和挑战，小规模的技术活动也不影响风靡各地的神权的统治。但是，科学技术的进一步发展，却时时处处证明着神祇的虚无、神权的乏力、神权法的荒诞和神学观的反动。这就造成了科学与神权的对抗。在这样的情况下，为了维护自己的统治地位，反动的剥削阶级在神学与科学之间抉择的结果，往往就是以强制命令严禁科学技术的发展。这些命令有时以帝王的诏令发布，有时以宗教戒条与宗教法规面世，有时则以郑重其事地制定成文法宣布。于是，从神权法思想就架起了通向制定消极的科技法的桥梁。这是法律对科技的一种反动。同时，科学技术的发展必定推动人们树立科学思想，推动人们观念的更新，从而形成对有利于统治阶级的现存秩序的挑战，什么"万世一系"、永恒不变的社会秩序，都成了荒诞无稽的谬论。于是，反动统治阶级就制定一些法律来禁止科学家的活动自由，限制技术专家的发明创造，甚至摧残迫害科技知识分子的人身。哥白尼、布鲁诺遭受火刑，伽利略之被长期监禁等等，都是这样造成的。①这是一些消极的阻碍科技进步的科技法，而且，多半是属于科技行政法范畴的。

但是，跨越过封建制时期，到了近代，因资本主义社会关系的发展，有利于科技进步，有利于科技社会关系的协调发展的科技行政法又"东山再起"风流法苑了。

1787年《美利坚合众国宪法》规定了"对于著作家及发明家保证其作品及发明物于限定期间内之专有权利，以奖励科学与实用的技艺的进步"（第一条第八项）。这是对国会所做的职权的规定，凭借此法，国会与政府即可以制定具体的科技行政法规来协调有关的科技社会关系了。1919年的德意志共和国宪法（魏玛宪法）规定："智识上之工作，著作权、发明权、美术权，同享受国家之扶持扶助。""德国科学上、美术上、技术上之创作品，应依照国际条约，使其在国外亦享受保护。"（第一百五十八条）这同样对德国科技行政法的制定起了重要的指导作用。我国资本主义社会关系萌芽于明末清初，但遭受封建专制的重压而发展缓慢。可以一说的是太平天国革命时期。太平天国把一部分从军的手工业者集中起来，组成了由起义军或政府直接管辖的"诸匠营"和"百工衙"。"诸匠营"随军行动，"百工衙"设在天京和地方政府治所。由于实行集体劳作，因而"百工技艺，各有所归，各效其职役，凡军中所需，咄嗟立办"；"各储其材，各利其器，凡有所需，无不如意"②。这里就存在着科技行政管理问题，并按当时的法令规定协调有关的科技行政关系。由于集中了大批名匠高手，其结果当然是有利于科学技术的交流与提高。此外，从太平天国干王洪仁玕的《资政新篇》可以知道，为发展资本主义经济，当时提出采取"民办"与"专利"两项政策，凡是创造发明都可获专利权：发明人"自专其利，限满准他人做"，凡能制造"精奇利便"器皿者，"准其自售"，专利年限"器小者赏五年，大者赏十年，益民多者年数加多"，在年限以内仿造的人要受罚，如制造"无益之物"，则"有责无赏"。这里的管理、赏罚，都要有行政管理措施紧紧跟上。遗憾的是太平天国不久即告夭折。但是发展科学技术，以科技行政法调整科技行政关系之积极要求，已可见端倪了。

2. 科技民事关系的复杂化与科技民事法的发展

科技民事关系的复杂化早在我国的秦汉时期已有所见，到唐代则发展到了相当的程度。唐代为保证产品的技术性能与质量，沿袭前代"物勒工名，以考其诚"而规定"其造工矢长刀、官为立样，仍题工人姓名，然后听鬻之，诸器物亦如之，以为监之物交易者设官，短狭不中量者还至"，"凡营军之器，皆镌题年月及工人姓名，辨其名物"。③这里虽然说的是"设官"之类的管理规定，但同时还有"题名""听鬻"的规定，可见必有有关的民事活动、民事交往，也就必然存在民事方面的权利义务关系问题，而有关的交易法，就

---

① 倪正茂：《科技法学导论》，四川人民出版社1990年版，第168—169页。
② 中国史学会主编：《太平天国（三）》，上海人民出版社1957年版，第323页。
③ 《唐律疏议·擅兴律》。

成了处理民事关系的重要法律规定。据清代陆心源的《皕宋楼藏书志》及叶德辉的《书林清话》记载，我国中世纪的宋代时，眉山程氏宅刻王偁所著《东都事略》一百三十卷的目录后均有牌记写道："眉山程舍人宅刊行，已申上司，不许覆板。"可见其时已有著作权的法律规范了。到近代，如前所说，太平天国关于专利权的规定的设想，当然是科技民事关系的法律调节范围的事了。

科技民事关系的复杂化与科技民事法的发展，在西欧各个科技发展较快的国家，表现得更为明显。我们以有关的工业产权关系及工业产权法为例加以说明。

工业产权中的专利权制度的起源，可以追溯到中世纪甚至更古远的年代。据史籍记载，早在公元前，雅典国王就授予一位厨师独占其烹调方法的特权；1236年英国亨利三世国王授予波尔多一位市民以制作色布8年的垄断权；1474年3月，意大利的威尼斯共和国颁布了世界上第一部专利法，规定"在十年期限内，未经发明人的同意或许可，其他人不得再制造与该发明相同或相似的装置，若他人贸然伪制，则应赔偿专利权人金币百枚，并立即将伪制品销毁"。

近代以来，工业产权关系以及工业产权法的发展更受到各国的青睐。1624年，英国詹姆斯一世主持制定了英国第一部专利法（Statute of Monopoly），规定：专利权授予第一个真正的发明人；专利权在国内有制造、使用发明的物品或方法的垄断权；专利权不得用于提高物价、阻碍正常交易等违法行为或损害国家利益；专利权有效期为14年。

尔后，1790年美国制定了第一部专利法；1791年法国制定了第一部专利法；1877年德国制定了统一的专利法，1891年还制定了实用新型法；日本在1885年颁布了《专利特许条例》；等等。

这一切，都表明科技民事关系的复杂化，当然也表明，为调整而制定的科技民事法有了长足的发展。

3. 环境保护方面权益关系的复杂化与环境保护法的发展

科技法产生之时，绝不可能是规范齐全的。例如，当时科技水平低下，不可能因科技活动而造成对环境的破坏，当然也不可能引起权益纠纷。当科技水平提高时，情况就不同了，于是随环境保护的权益纠纷增多，环境保护法也产生、发展起来了。例如，在我国，《秦律》的《田律》中就出现了一条比较完整意义上的自然环境保护的法律规范："春二月，毋敢伐材木山林及壅堤水；不夏月，毋敢应草为灰，取生荔、麛卵壳，毋□□□□□□毒鱼鳖，置网，到七月而纵之。唯不幸死而伐棺椁者，是不用时。邑之近皁及它禁苑者，麛时毋敢将以犬之田。百姓犬入禁苑中而不追兽及捕兽者，勿敢杀；其追兽及捕兽者，杀之。"这条律文规定：春天的二月，不准到山林中砍伐木材，不准堵塞水道。不到夏季，不准烧草取肥，不准采伐刚发芽的植物，或提取幼兽、鸟卵和幼鸟，也不准毒杀鱼鳖，或设置捉鸟兽的陷阱和网罟，到七月解除禁令。如因死亡而须伐木制造棺椁的，则不受季节限制。居住的村庄靠近牧场或其他禁苑的，在幼兽繁殖时不准靠狗去狩猎。老百姓的狗进入禁苑而没有追捕野兽的，不准打死；如追兽捕兽，则要打死。这是世界历史上最早的关于环境与生态保护的规定。秦代以后，汉唐宋元明清各代，都有一些关于环境保护方面的法律规定。《唐律》规定，诸部内"其穿垣出秽污者，杖六十，主司不禁，与同罪"；《明律》也规定："穿挟而出秽污之物于微巷口，笞四十。"

在国外，环境保护的法律规定可以追溯到公元前18世纪，《汉穆拉比法典》中就有防止污染水源和空气的规定，如规定制鞋匠必须住在城外。后来，环境保护的法律规定渐渐普及到各国。英国1215年颁布的《英国大宪章》第五条规定了对渔业水体、池沼的保护；日本于1896年颁布了以防止污染河流为内容的《河川法》以及《矿业法》；美国于1864年颁布了防治空气污染的《煤烟法》，1899年颁布了防止河流污染的《河川港湾法》；等等。

4. 科技规范法律化的发展

科技活动领域的拓展，随科技水平提高而增剧的科技风险的发展，越来越引起科技劳动者和广大公众的注意。不符合操作规程，不仅会带来人员的伤亡，而且会贻误统治者的需求；不符合技术标准，不仅会使既定科技活动的目的不能达到，技术产品制造不成，而且，使用了这样的产品，还可能发生意外。因此，各国的科技规范法律化工作得到了发展。

前述《考工记》主要内容就是手工业生产技术的总汇。书中记录了30种手工工艺的设计规范和制造工艺方面的规定。以车轮的技术要求和检验方法为例，该书记载了以下几方面的规定：一为要用规校准轮子，检验其外形是否正圆；二为轮子的平面必须平整，检验时把轮子放在同轮子等大的平整圆盘上，视其是否彼此密合；三为用悬垂线察看相对应的辐条是否笔直；四为将轮子放在水中，看其沉浮是否一致，以确定轮子的各部分是否均衡；五为一辆车的两个轮子的尺寸大小和轮重都要相等；六为轮子的整体结构必须坚固；七为毂的长短、粗细要适宜，不同用途的车辆，选用不同尺寸；八为轮子的直径要适中，依省力和上下车方便为原则确定其尺寸；九为轴的材质要好，坚固耐用转动灵活；十为及时选伐坚实的木材。这样严密而科学的车轮质量标准，今天看来也是令人叹为观止的。

前面已经提到过，《秦律》的《工律》规定，制造同一器物，大小、长短、宽狭必须相等。此外，秦律还规定手工业生产要按照朝廷的"命书"进行，无"命书"而擅自制作者要受惩罚；工匠在选料、用料时不得浪费，把尚能使用的材料定为不可用也要受惩罚。度量衡与经济生活及科技进步均有密切关系，早在《秦律》的《工律》中就有了若干规定，至唐代，在《关市令》等中更有所发展。《关市令》规定，凡持有斛、斗、秤、度的人，必须"每年八月诣太府寺校。不在京者，诣所在州、县校，并印置，然后听用"。如果平校时发现不符国家的度量衡规格的，要按《唐律》规定"杖七十""监校者不觉，减一等；知情，与同罪"。而"私作斛、斗、秤、度不平，而在市执用者"，则要"笞五十"，甚至"其在市用斛、斗、秤、度虽平，而不经官司印者"，也要"笞四十"。可见对有关规范法律化要求严厉之一斑。被称为"标准化发展的里程碑"的活字印刷术，是北宋时代的毕昇在 1041—1048 年间首创的。毕昇非常成功地运用了标准件、互换性、分解组合、重复利用等方法和原则。自毕昇以后，我国的印刷业和出版事业空前划一、空前成功地得到了发展，令世界各国望其项背而感叹不止、钦羡莫名。虽然我们至今未发现有关的规范的法律化文件，但可以推断，若无此类法规，要做到举国皆然地划一标准，几乎是绝不可能的。尔后，明代的《工律》九条中，有一条专门对"造作不如法"做了规定："凡造作不如法者笞四十，若承造军器不如法及织造缎匹质量粗糙不合格者，各笞五十。"

在国外，技术规范的法律化也随着科技进步及有关社会关系的复杂化而发展。1798年，美国人艾利斯·惠特尼（Eli.Whitney）在制造武器的过程中，运用了互换性原理，成批地制造了具有互换性的零部件，为大量生产开辟了一条有效途径。而要大量生产互换性零件，就必须有相应的公差与配合标准。估计其时或稍后即有有关规范的法律性文件出现。现在可以肯定并可见诸文字的是 1902 年英国纽瓦尔公司编辑出版的"纽瓦尔标准"——《极限表》，接着，英国于 1906 年颁布了国家公差标准"BS27"。此后，螺纹、各种零件和材料等也先后实现了标准化。世界上第一个国家标准化组织是 1901 年于英国诞生的英国工程标准委员会。此后不久，荷兰（1916）、菲律宾（1916）、德国（1917）、美国（1918）、瑞士（1918）、法国（1918）、瑞典（1919）、比利时（1919）、奥地利（1920）、日本（1921）也先后成立了国家标准化组织，这些组织的标准化规定，是有法律约束力的。

如上所述，科技规范的法律化的增加，也为科技法的发展添砖加瓦、铺路架桥，从而使之日益向体系化、严密化迈进。

5. 科技法律规范形式自身的发展

上述科技法的发展，基本上是从所调整的社会关系内容方面着眼的。但科技法的发展还有其他许多方面可资说明，其中之一便是法律规范形式的发展。拙著《科技法学导论》提及：在科技法产生之初，其规范形式可能只有一种，就是帝王的诏令。尔后，在西方的民法和中国民刑合体的法律中，逐渐出现了科技法规范的零星条款；在中国古代特别发达的行政法典中，则有较多的科技行政法条款。最后，出现调整科技社会关系的专门立法。《秦律》中的《工律》《工人程》《司空律》《均工律》《效律》等，大体上接近比较专门的科技立法。

在国外，科技法的规范形式大体上也经由"诏令——法律中的科技法规范——科技法专门立法"的途径发展。英国一位波尔多市民被授予制作色布 8 年的垄断权，就是以英国国王亨利三世的诏令发布的；威尼斯共和国 1474 年颁布世界上第一部专利法，才改变了君主以诏令授权的法律规范形式。

（三）科技法的成熟

截至20世纪初年，科技法还只是处在它的发展过程中，谈不上成熟。因此，也许会有读者怀疑以上所说"科技法"的可信程度。笔者认为，科技法如有"成熟"之时，必有其产生、发展的阶段，正如一切人类不可能没有胎儿、婴儿阶段，没有童年、少年、青年时期，便有成熟的成年、壮年时期一样。只是囿于资料的缺乏，我们的阐述显得略为苍白肤浅罢了，而这，并不等于科技法产生、发展本身也是如此苍白、肤浅。但是，科技法在近代及近代以前的不成熟则是肯定的，它的表现归纳起来就是：零散而不系统；规范形式不齐全；专门的科技立法甚为稀罕。造成这种状况的原因，我在《科技法学导论》中曾总结为如下几点：其一，近代以前，科学技术还不甚发达，科技活动中产生的科技社会关系的法制需求本身十分有限；其二，近代以前的封建社会，不是一个法治社会，以法律手段促进与保障科技发展未受统治阶级的高度重视；其三，法律发展的渐进性，法学发展的不够成熟，也使人们未能熟练地运用科技法手段去调整科技社会关系，促进科技发展。[①]

随着近代尤其是现代科学技术的迅速发展，上述不利于科技法发展的因素被一一排除了：科技社会关系的全面发展，包括科技国际关系的发展，提出了全面协调科技社会关系的法制需求，因此，系统、全面、周密地制定科技法、形成系统性的科技法网络，成了各国的当务之急；人类法治观念的大大加强，以法律手段促进与保障科技进步，成了普遍的共识；法学的发展也臻于成熟，从而为科技法体系的建立、科技法制的建设，提供了立法、司法、执法的人才、知识与技术；人类精神劳动方面的权益关系日益显得比物质财富生产方面的权益关系更为重要，也使得科技法有可能得到长足的发展。这样，科技法的成熟阶段，就适时应运翩然到来了。

科技法成熟的主要表现，我曾归纳为以下几个方面：一为形成了包括宪法的科技法规范在内的科技法体系；二为明确显示了科技法的独立地位；三为消极性的科技法即使出现也能较快排除；四为科技法作为重要的部门法，在科技进步中所起作用越来越大，并由此推动着经济和社会的迅速发展。[②] 对上述几个方面在本书里将展开论述。

1. 科技法的成熟过程

科技法的成熟是一个渐进的过程。但这一渐进过程不是在时间上平均地等分速度的，而是越接近当代、越往前发展，成熟并臻于圆满的程度则越是增强与加快。这一过程不会完结，也就是说，科技法还将继续发展、永不终结、永无止境。但是，迄至目前为止，可以说基本上已臻"圆满"，可以称为"成熟"了。

科技法在各国的成熟过程，大多是起始于专利制度法律化与技术合同制度的法律化；然后扩展至各科技部门行政管理组织、措施的制度化、法律化；接着便是科技法律制度的

---

① 倪正茂：《科技法学导论》，第173页。
② 同上书，第173—177页。

全面发展，其中包括科技进步基本法的制定，科技规范法的系统形成，科技国际法的大量产生，高新技术法成批诞生，从而使该国的科技法形成网络、形成体系，臻于成熟圆满。

日本的科技法成熟过程是体现这一特点的一个典型。日本最早颁行的科技法是1885年4月18日公布的《专卖特许条例》。该条例以后不断被补充、修改。1887年日本政府发布了《特许局官制》的政令；1888年日本皇帝以《敕令第八十四号》公布了《特许条例》；1899年公布了《特许法》。与特许法（专利法）几乎同时颁行的有意匠法、商标法等。1893年日本颁布了《版权法》，1890年颁布了《电信电话线建设条例》，1900年颁布了《电信法》。1910年至1949年间，日本还制定了《无线电信法》（1915）、《电气事业法》（1931）、《人工石油制造事业法》（1937）等；此外，还在1921年、1927年、1929年、1938年、1948年反复修改了特许法。这是日本科技法成熟过程的起始阶段，即从专利与技术合同的权利义务关系着手进行法律调整。第二次世界大战结束后，日本大力着手科技行政法制建设，至60年代末，日本先后制定颁布了《日本学术会议法》（1948）、《原子力（能）基本法》（1955）、《科学技术厅设置法》（1956）、《科学技术会议设置法》（1959）等，并依据有关法律成立了科学技术厅、原子力（能）委员会和原子力（能）安全委员会等机构。60年代至80年代，是日本科技法的全面发展阶段，陆续制定了《新技术开发事业团法》（1961）、《中小企业近代化促进法》（1963）、新《著作权法》（1970）、《有线电视放送法》（1972）、《筑波研究学园都市建设法》（1970）、《石油代替能源开发导入促进法》（1980）、《高技术工业集约地区开发促进法》（1983）、《电气通信事业法》（1984）、《关于半导体回路的回路配置的法律》（1985）、《基盘技术研究圆滑化法》（1985）等。此外日本还与其他国家陆续签订了大量的国防科技条约。在这一阶段里，日本举国讨论过科技进步基本法的问题而未取得一致意见，这是与日本国情、传统有关的，并不妨碍我们认定日本科学技术法的成熟。关于这一问题，我在赴日本任成蹊大学亚太研究中心客座研究员时，曾略做研究并写了《中日科学技术立法比较研究》[①]一文可供参考。

2. 科技法独立地位的显示

科技法成熟的主要标志之一是其独立地位的显示。科技法在其发展的长途中，曾长期"蜗居"于其他部门法中。其中许多科技法规范是"寄生"在民法中的，还有一些则"寄生"在行政法之中。这种状况，至今仍有所见。这就是国外法学界还不承认科技法的独立性的主要原因。对此，我们在《论科技法的定义》一节里，通过对科技法与行政法、科技法与民法、科技法与国际法的关系的分析，已经做了自信颇为有力的说明。这里我们还可补充的是，科技法"蜗居"于其他部门法中的状况，近代尤其是现代和当代，已经起了根本的变化。

变化之一是，单独为调整科技社会关系而制定的法律，是谁也无法否定的独立的科

---

① 日本成蹊大学亚洲太平洋研究中心：《亚洲太平洋研究（1992）》。

技法。例如在许多国家显然已制定、颁行的科学技术基本法就是。尽管各国对这种"基本法"称名不一,如英国是称"基本法",我国称"进步法",但作为全面调整一国科技社会关系的基本法律的性质则是一样的。我国《科学技术进步法》于1993年7月2日由第八届全国人大常委会第二次会议通过,内容有:总则、科学技术与经济建设和社会发展、高技术研究和高技术产业、基础研究和应用基础研究、研究开发机构、科学技术工作者、科学技术进步的保障措施、科学技术奖励、法律责任、附则等等。其各章所调节的社会关系内容,已非行政法或民法或国际法或刑法等等所能单独调节得了的了。它所调节的社会关系领域,可以当之无愧地名之为"科技社会关系",据此确认科技法的独立性自无问题。

变化之二是,原先"寄生"在其他部门法中的科技法规范陆续"破门而出""自立门户"。其中最典型的要算是技术合同法从合同法中独立出来,计算机软件保护法从著作权法中分离出来。

合同法规范古已有之。《合同法》[①]一书对合同法的发展做过比较详细的追述论证。该书指出:"在资产阶级的第一部民法典——法国民法典(拿破仑法典)中,合同法是作为'取得财产的各种方法之一'而列在第三编中的,与遗嘱、夫妻财产制、时效等并列,还未取得独立的地位。到德国民法典中,合同法就成为债法的主要部分,而债法则独立成编。"[②]"在大陆法国家,没有一个独立的、完整的、自成体系的'合同法',所有关于合同的规定都包括在民法典、商法典和各种单行法中。我们通常说的'合同法',即指这种规定的总和。"[③]英、美、法等国家的"合同法"则主要是判例法的汇编,既无法典,也无比较完整的成文法。这就是说,"合同法"本身大体上就是一种"寄生法"。但是,在我国《技术合同法》却堂而皇之地昂首阔步于法坛之上了。技术合同是当事人双方就技术开发、技术转让、技术咨询和技术服务所订立的合同,其内容与"技术"——科技社会关系紧密相关、不可分割,具有不同于一般民事合同、经济合同的特定性。技术合同发生在科技活动之中;其标的或对象是知识形态的商品;其中所包含的权利义务关系主要不是围绕财产所有权和与财产所有权有关的财产权利的分配,而是表现在知识产权和技术权益由谁享有、如何使用和转让,以及由此产生的权益怎样分配。因此,技术合同是新技术革命浪潮中出现的新型的合同形式,技术合同法是可以而且一定会越来越成为人们普遍接受的法律形式。技术合同法之完全从合同法——民法中脱离出来,当然从一个方面标志着科技法的独立。

著作权法规范原先是"寄居"在民法之中的,当它独立出来后,又因现代科学技术

---

① 王家福等:《合同法》,中国社会科学出版社1986年版。
② 同上书,第43页。
③ 同上书,第53页。

的发展引起的新的科技社会关系的出现,而无法包罗万象地容纳一切了。于是又有计算机软件法等等的科技法从著作权法中独立出来。这同样是科技法独立于其他部门法的一个适例。

变化之三是大批技术标准转化成为科技法,这是任何其他部门法所不能取代的。

技术标准是指规定和衡量标准化对象的技术特性的标准,有产品标准(产品的适用范围,产品的品种、规格和结构形式,产品的物理性能、化学性能、电磁性能、使用特性、稳定性、质量等级等性能,产品的试验、检验方法和验收规则)、工作标准(工作的范围、目的,工作的构成、程序,工作的质量要求和效果,与相关工作的协作关系,工作的检查办法)、方法标准(该方法的适用范围,该方法的原理、步骤、做法、必要条件,使用的装备、仪器、材料,结果的计算、分析、评定)、基础标准(通用技术语言标准、数字数据标准、精度和互换性标准、环境条件标准、技术通则标准)等等。在科学技术已达到相当高度并且仍然迅速发展的今天,这些标准对科技活动的成功和风险的减弱,有十分重要的意义。因此,它的法律化是必然的要求,而且已经成了事实。一切国家对此都十分重视,而且越来越重视。科技法以外的任何其他部门法,都不能包容科技规范方面的法律法规。这也是科技法作为独立的法律部门出现的一个有力证据。

变化之四是,新兴的高技术部门的立法,明显地以科技法面目出现而为万众瞩目,很少有人能否定它们的科技法性质。如"原子能法",虽然它在各国的立法文件形式、内容有很大的不同,但一般都包含了有关发展原子能事业的政策、规划、安全对策、公害防止、机构设置、有关科技活动中的权利义务关系等等内容,民法、行政法或其他部门法同样不能将原子能法视为己出。"生物技术促进法""宇宙开发促进法"等等也大体如此。随着科学技术的迅猛发展,前所未闻的新兴领域、新兴部门将日见其多,需要调节的新型科技社会关系也将层出不穷。新兴的高技术部门的立法也将日见兴旺。

3. 科技法体系的形成

科技法的历史发展,在其产生与成长时期,由于只是以一些单个的法律面目出现,甚至还只是"寄生"在其他部门法中,当然不可谓为"成熟"。近现代科技法的成熟的一个重要标志是,综观各国的科技法,已然可见世界总体上的科技法体系。这一体系的特点是以宪法的科技法规范为纲,形成了全面调整一切科技社会关系的比较全面的科技部门法,而各科技部门法内部也个个包含一批分管更细密的法律法规系统。从一国来看,还形成了从中央到地方的立法的结合;而从国际来看,则形成了国内科技法与国际科技法的结合。从科技法的功能方面看,则是形成了科技成果保护法、科技权益保障法、科技事业促进法与科技活动的危害性后果的防止、消除的法律的结合。这个周详严密的网络或曰体系,显示了它的成熟阶段的到来。对此下文还将详谈,这里从简了。

三、科技法的发展规律

关于科技法的发展规律，我在《科技法学导论》中曾做过比较详尽的考察，从法的发展规律谈起，述及研究科技法的发展规律的理论意义和实践意义，并归纳指出：第一，科技法的发展，为一社会性与阶段性的辩证运动过程，在这一过程中，社会性始终是其主导属性；第二，科技法的发展，为一主观片面性与客观科学性的辩证运动过程，在这一过程中，客观科学性始终是其主导属性；第三，科技法的发展，是从寄生到独立的运动过程。以上三点，第一点是从科技法性质方面考察的，第二点是从科技法的立法方面考察的，第三点是从科技法的表现形态方面考察的。这样的考察不是没有必要的，但深熟思之，更完整地表述科技法的发展规律似应是：科技法遵循从无到有、由简单向复杂、由低级向高级并永恒存在、不断更新的规律发展。

（一）科技法遵循从无到有的规律发展

万物从无而来，所有的法亦从无而来，科技法也不例外。这可见诸以下几点：

第一，科技法从"寄生"到独立的运动过程，是其遵循从无到有的规律而发展的表现。

从科技法的总体来看，无疑是经历了从"寄生"到独立的发展过程的。如果科技行政法不从一般行政法中独立出来，如果技术合同法不从民法中独立出来，如果著作权法不从民法中独立出来而计算机软件法不从著作权法中独立出来，如果技术规范法不从行政法以至刑法中独立出来，如果科技进步基本法不从宪法规范中演变出来，所有这些如果一如往昔地处于"寄生"的地位，就无科技法可言了。仅仅是为了论述科技法的历史发展，探索它的形成源头，我们才把"寄生"状态的一些法律规范当作科技法来分析的。说它们是科技法诚然不错，说它们是科技法的"无"的表现也属有理，这是辩证的。因此，科技法总体之从"寄生"到独立，正是从无到有发展规律的一种表现。

第二，从全球范围来看，科技法的发展也遵循着从无到有的发展规律。

我们谈及科技法体系时，基本上是从全球各国科技法的总体来看的。对许多国家来说，或者并无科技进步的基本法，或者并无专利法、技术合同法等基本的科技民事法，或者科技行政法十分简陋稀少，或者还未与他国发生科技交流、合作关系，从而无科技国际法可言。但从全球来看，就大不一样了，综而合之，早已可见科技法体系的庞大网络。此一体系性网络性的科技法从无到有，这就是客观的事实。这一事实当然表明了科技法在全球的从无到有的发展。

第三，从每一个国家的角度看，科技法同样遵循从无到有的发展规律。

明治维新以前，日本是无科技法可言的。而今，日本的科技法已是"齐全完整""环环相扣""匹配成龙"自成体系了。

此外，从每一个具体的部门科技法来看，就不言自明，更是如此了。诸如原子能法、DNA 分子重组实验标准、环境保护法、专利法、技术合同法等等，无不是从无到有地发展起来的。这就不用赘言了。

（二）科技法遵循从简单到复杂的规律发展

前述科技社会关系的法律调整之从简单到复杂的发展，体现在科技法之从个别科技部门法到科技法体系的发展等方面。科技法之从简单到复杂的发展，反过来也可见诸科技社会关系的法律调节之从简单到复杂的发展。这样看我国的科技立法工作，可以 1985 年的第一次全国科技立法工作会议为里程碑。这次会议前后发表的大批有关论文几乎异口同声地指出，新中国的科技立法领域几乎还是一个空白地带。这样说当然略有偏颇，但极少量的科技法，只能说是接近于无。一切事物都是链上的环，每一个环不在链的这头，就在链的那头。如果链的两端分别为"无"与"有"，那么，"几乎空白"当然近于"无"或干脆属于"无"了。

如果将"我国"从 1949 年 10 月 1 日算起，问题就更加一目了然、无可争议了。

其他国家也莫不如此。本人曾与日本东京大学法律系高见泽磨博士共同撰著过《日本科技法研究》书稿。高见泽博士所提供的日本科技法发展资料充分说明，在 1867 年之后形成了一个周而复始、循环往复的问题，使有关规律的解释变得似乎不可理解起来。对此，应说的是，一方面，这是一个类似于"先有鸡，还是先有蛋"的问题，本可互为论证的，不必因此而怀疑；另一方面，确应找出证明科技法之从简单到复杂地发展的特殊表现来。我想，这种特殊表现除上述以外主要是：

第一，科技法整体之从简单到复杂的发展。

这只要将古代科技法之"整体"与当代科技法之整体做个比较，或将近代科技法之整体与当代科技法之整体做个比较，就可一目了然了。应当说，古代之科技法还无"整体"可言，只是到了近代才形成了"整体"的雏形，然后才有现代科技法的整体和当代科技法比较周详严密的网络与体系。当代科技法整体之复杂景象，从前文所附"美国原子能法律体系"的图表，已粲然可见。上海科技情报研究所的张媛在其《发达国家高技术发展中的环保立法》[①]一文中所提到的"环境保护法规的主要形式"，也可见科技法整体之从简单到复杂的发展的景象。她指出，现行的环境保护法规大致有以下几种形式：

1. 宪法中有关环境保护的条款。

2. 基本的环境保护法，如美国的《国家环境政策法》、日本的《公害对策基本法》、我国的《环境保护法》等。

3. 专门的环境保护法规，从内容上划分有防治公害方面的《大气污染控制法》《水污

[①]《科技立法研究文集（二）》，科学技术文献出版社 1990 年版，第 334 页。下引见该书第 336—339 页。

染防治法》《噪声振动控制法》《恶臭防治法》《固体废弃物处理法》《有毒物质管理法》等；保护自然资源方面的，有《大气保护法》《水体保护法》《土地保护法》《森林保护法》《野生植物保护法》《水产资源保护法》等；保护文化环境方面的，有《自然保护区法》《自然公园法》等；其他一些特别法，如《环境厅设置法》《公害受害补偿法》《公害罪法》等。

4. 法律化的环境标准，如《大气质量标准》《水质量标准》《飞机噪声标准》等。

5. 行政法、民法、刑法、经济法中有关环境保护的条款。

6. 国际条法，如《世界自然资源保护大纲》《丹麦、芬兰、挪威、瑞典环境保护公约》等。

张嫒还特地探讨了"环境保护法规的发展变化"，认为可分为 18 世纪第一次工业革命前、19 世纪后半叶和第二次世界大战以来迄今这样三个发展阶段，每一阶段，环境保护法规都变得比前一阶段丰富、复杂了。

第二，每一具体的科技部门法之从简单到复杂的发展。

"科技部门法"这个概念具有相对性，其最大概念为科技民事法、科技行政法、科技国际法等"一级"科技部门法；相对于科技民事法来说，技术合同法、专利法等则为"二级"科技部门法；相对于技术合同法来说，技术中介合同法则为"三级"科技部门法；如此等等。如果仔细分析一下每个最低一级的科技部门法，我们都可找到它从简单向复杂发展的轨迹。我们以日本专利法的发展为例做一说明。

早在明治八年（1875），美国人梯兹莱尔就曾向日本政府申请发明食品干燥设备的专卖专利权。明治九年（1876），又有德国法人伟尔德商社提出土制猎枪的专利申请。这些申请当时都被否决了。但科学技术的发展，终于迫使日本政府于明治二十年（1887）发布了《特许局官制》的政令，据此设立了特许局。次年公布了比较简单的《特许条例》。该《条例》于明治三十二年（1899）增改为 53 条，以《特许法》的专门法律形式公布。10 年以后，日本《特许法》经全面修订，增加到 105 条。此后又经多项修改，到 1959 年时已增加到 147 条。最近一次修改是在 1987 年，于 1988 年 1 月 1 日起施行。这次修改的主要内容是：把药品专利的 15 年保护期延长为 20 年；一次申请可以包括几项相关的发明，这在日本称为"多项性改善"；等等。且不说具体内容，仅从条款数量之不断增加，即可见该法从简单向复杂的发展。

很有意思的是美国原子能法的条款形式。该法分章，章下设条。全部法律条文的编码不相连贯而仅统属于有关的篇章，每章不到十条，次章的条文编码，不顺接前一章的条文编码，而从头开始，如第六章后第七章从第七十一条开始。立法者一开始就预计将会有新增条款，干脆预先在各章都留出空条来。这说明立法者认定该法必将从简单向复杂发展。

第三，各国科技法之从简单到复杂的发展。

这在各国来说都是如此。每一个国家，都是从本国实际出发，根据客观需要，先将紧迫性强的有关科技法制定出来，然后旁及其他，枝枝蔓蔓，繁生不已。这一方面，最简明的例子是美国科技法的发展。美国立国于1774年，其时当然无科技法可言。最先出现的是1787年宪法中的有关条款，接着是1790年的专利法。其最初之"简单"，可以一项宪法条款与一部专利法说明。而现在，美国的科技法已发展成完整的体系。据陆卡君的研究，美国新技术革命立法的基本框架可以如图4①所示：

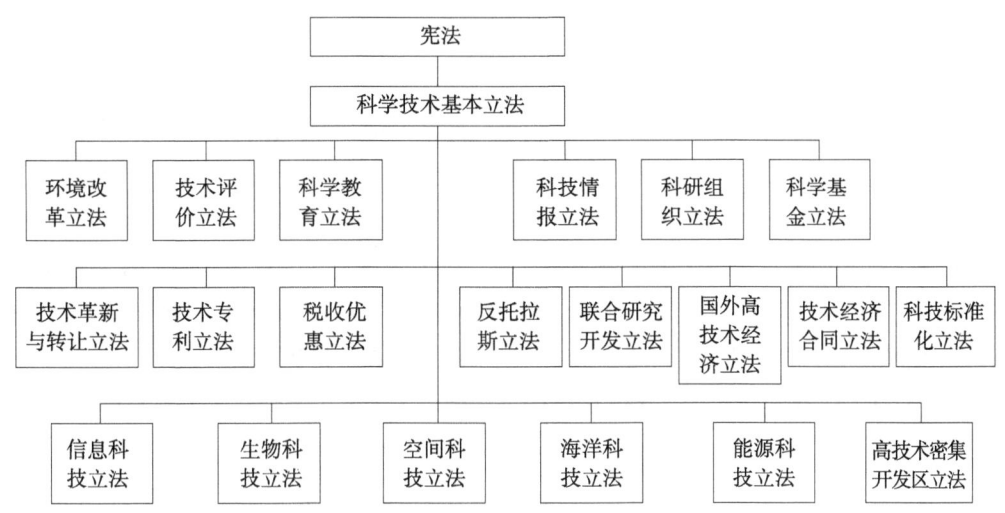

图4 美国新技术革命立法基本框架

美国如此，他国亦然，综观全球，更不用说了。总之，我们可以从各个角度明显看出，科技法是遵循着从简单到复杂的规律不断发展、日臻完善的。

（三）科技法遵循从低级到高级的规律发展

科技法从低级向高级发展，除前文谈及的"调整内容之从单一性向综合性发展""调整手段之从片面向全面发展"以外，还可见诸地位日见提高、功能日见齐全、属性更趋科学、本质更趋"纯净"、作用更加巨大等方面。

1. 科技法地位日见提高

科技法地位的提高，不仅可以见诸从不独立到独立，而且可以见诸独立之后在整个法律体系中的地位的不断提高上，见诸各国政府对科技立法的高度重视上。

科技法独立后，在整个法律体系中的地位的不断提高，在我国的表现最为明显。1985年全国科技立法工作第一次会议以来，我国的科技立法呈空前积极、快速的态势发展。1987年颁行的《技术合同法》不仅在世界上是有关技术合同的第一部立法，而且就我国

---

① 《科技立法研究文集（二）》，第83页。

市场经济的发展来说，可以认其为市场经济法制的先声。此前此后我国的科技立法，从中央到地方，从法律到行政法规，从科技行政立法到科技民事立法，从科技国内法到科技国际法，都得到了迅速的发展，在所有的部门立法中是走在最前列的。迄今为止，我国的科技法律、法规和规章，主要的大致有以下六大类、近百项之多。

（1）推动科技体制改革方面的法律法规或有法律效力的决定。

1985年3月，中共中央作出了《关于科学技术体制改革的决定》，确立了"经济建设必须依靠科学技术，科学技术工作必须面向经济建设"的战略方针，对科技的运行机制、组织结构、人事制度等方面的改革做了原则性规定。同年，国务院确立了有关能源、交通运输、通信、农业、消费品工业、机械工业、材料工业、建筑材料工业、城市建设、村镇建设、城乡住宅建设和环境保护等12个领域的技术政策，并于次年5月公开发布了有关的技术要点。1990年12月，在国家完成"七五"科技发展计划的基础上，中共中央对科技体制改革和促进科技进步做了进一步部署，国务院确定了我国中长期科技发展纲要。1991年4月第七届全国人民代表大会第四次会议通过了我国在第八个五年计划内以及到20世纪末的科技发展规划。有关的"纲要"与"规划"有法律约束力。

为了完成科技体制改革的任务，国务院先后发布了《关于科学技术拨款管理的暂行规定》（1986年1月）、《关于扩大科学技术机构自主权的暂行规定》（1986年4月）、《关于进一步推进科技体制改革的若干规定》（1987年1月）、《关于推进科研设计单位进入大中型工业企业的规定》（1987年1月）、《关于深化科技体制改革若干问题的决定》（1988年5月）等法规。与此同时，国务院有关主管部门也单独或联合发布了与此相应的一系列部门规章。这些法规和规章的内容主要是围绕改革科技拨款制度、开拓技术市场、扩大科研机构自主权、推动科研与生产联合等方面做出规定的。

（2）有关科技研究开发机构和科技社团管理方面的法规。

主要有由国务院批准、国家科委发布的《自然科学研究机构建立、调整的审批试行办法》（1983年3月）等。此外，中国科学院和中国科协分别制定了《试行章程》（1981年5月）和《协会章程》（1986年6月）。

（3）为关于科技人员的培养和管理方面的法规。

目前，这方面的法律、法规和规章主要有：《关于从工人、农民及其他劳动者中选拔和培养各种技术人才的意见》（由国家科委、劳动部、人事部等部门共同拟定，国务院1988年2月批转）、《关于开展大学后继续教育的暂行规定》（国家科委、国家教委等部门1987年12月共同发布）、《企业科技人员继续教育暂行规定》（国家经委、国家科委等部门1987年10月共同发布）、《中华人民共和国学位条例》（1980年2月全国人大常委会通过）、《科学技术干部管理工作试行条例》（1981年4月由中共中央办公厅和国务院办公厅联合发布）、《关于科技人员合理流动的若干规定》（1983年7月国务院发布）、《关于实行专业技术职务聘任制度的规定》（1986年2月国务院发布）以及有关主管部门就本行业或专业职务聘任制度而规定的一系列条例、《关于发挥离休退休专业技术人员作用的暂行规定》（1986年9月由中共中央办公厅和国务院办公厅联合发布）、《回国留学人员工作安排暂行办法》（国家教委、国家科委1987年10月联合发布）、《聘请科学技术人员兼职的暂行办法》（国务院科技干部局1982年3月发布）、《实行科学技术人员交流的暂行办法》（国务院科技干部局1982年3月发布）、《关于科技人员业余兼职若干问题的意见》（国务院批准，国家科委1988年1月发布）等等。

（4）关于开拓技术市场，促进技术成果的商品化和实际应用，加强技术市场和技术成果管理方面的法律法规。

在这方面，我国除全国人大先后制定了《专利法》《技术合同法》《统计法》《计量法》等法律以及在有关法律中就环境保护、食品卫生、医药安全、卫生检疫等方面做出技术标准的规定以外，国务院还先后发布或批准了《关于技术转让的暂行规定》（1985年1月）、《专利法实施细则》（1985年1月）、《技术合同法实施条例》（1989年2月批准）、《技术引进合同管理条例》（1985年5月）及其《实施细则》（1987年12月批准）、《核材料管理条例》（1987年6月）、各类产品质量方面的管理法规等等。此外，国务院有关主管部门还先后发布了一些重要规章，如《关于加强技术市场管理工作的通知》（国家科委1989年2月发布）、《技术成果鉴定办法》（国家科委1987年10月发布）、《技术引进工作暂行办法》（1987年10月由国家经委、国家科委等联合发布）、《技术合同管理暂行规定》（国家科委1988年2月发布）、《国家分析测试中心暂行管理办法》（国家科委1987年11月发布）、《关于科学技术研究成果管理的规定》（国家科委1984年发布）、《民用核设施安全监督管理条例》及其《实施细则》、《国家秘密技术出口审查暂行规定》（国家科委、国家保密局1989年12月联合发布）等等。

（5）关于知识产权保护和科技成果奖励方面的法规。

1984年以来，国务院先后修订或新订了下列奖励法规：《自然科学奖励条例》（1993年6月28日第二次修订发布）、《发明奖励条例》（1993年6月28日第二次修订发布）、《科学技术进步奖励条例》（1993年6月28日修订发布）、《合理化建议和技术改进奖励条例》（1986年6月修订发布）。此外，国家科委还在1993年5月8日发布了《自然科学奖励条例实施细则》。

（6）关于经费、物资、税收方面的法规。

主要有《关于科学事业费管理的暂行规定》（国家科委、财政部1987年2月联合发布）、《关于科研单位征收奖金税问题的通知》（财政部、国家科委1987年3月联合发布）、《关于科研单位建立三项基金的规定》（国家科委、财政部1987年9月联合发布）、《关于科研单位减少科学事业费拨款比例的核定办法》（国家科委1987年6月发布）、《科学研究机构会计制度》、《关于申报国家级新产品试制鉴定计划及办理新产品减免税的通知》（国家科委1988年1月发布）、《科研单位实行经济核算制的若干规定》（国家科委、财政部

1988年9月联合发布)、《关于加强信贷工作促进农业科学技术开发和应用的联合通知》(国家科委、中国农业银行1988年3月发布)、《关于进入大中型工业企业科研单位科学事业费管理办法》(国家科委1989年5月发布)、《科学事业费调节管理办法》(国家科委1989年7月发布)及其《实施细则》、《"八六三"计划统配物资管理暂行规定》(国家科委1989年12月发布)、《关于实行零额预算管理的技术开发型科研单位交纳"两项基金"计算办法的通知》(国家科委、财政部1989年12月联合发布)、《关于科研单位中试产品免征所得税问题的若干规定》(国家税务局、国家科委1989年12月联合发布)、《关于科学技术拨款管理的暂行规定》(国务院1986年1月发布)等。

最为重要的是《中华人民共和国科学技术进步法》的制定与颁行。在七届全国人大三次会议上,杨浚等172名代表提出了"关于抓紧制定《科技进步法》的提案"(第127号)。我国有关方面立即采取了十分积极的步骤,在大量调查研究工作的基础上,开始了中国科技进步法的起草工作。北京大学、中国科协等单位在国家科委的具体组织下,拿出了三个试写稿。中国科技法学会于1990年11月在桂林召开会议讨论这些试写稿。会后,上海成立了我所主持的一个起草小组,拿出了第四个方案。此后又经反复比较、分析、综合、探讨、修改,终于拿出了中国科技进步法的正式草案,提交1993年7月2日举行的八届全国人大常委会二次会议通过,并于同日公布。这是中国科学技术进步的基本法。它的制定,是中国科技法制建设的一个里程碑,同时也表明我国在这一领域的立法工作,在国际上处于领先地位。

我国如此,外国也是如此。日本、美国科技立法的积极态势前已提及,这里我们来看一看法国的部分情况。

法国总统密特朗上台后,发动过一场空前的全国性的科技大讨论。在1982年1月召开了一次全国3000名科技人员、经济专家和社会专家参加的科技讨论会上,拟出了科技政策大纲。而后,于1982年6月经过全国公民投票,正式产生了新的科技政策,并使之成为《法国科研指导与规划法》的重要组成部分。其主要内容有:(1)法律保证逐年增加科技经费,每年增加20%(扣除通货膨胀率);科技经费占国民生产总值的比重,由1981年的1.8%增加到1985年的2.5%。(2)法律保证科技管理权力下放,把科研机构的领导权逐渐下放给地方。(3)扩大民主权利,成立中央政府和各地方政府派代表参加的高级委员会,利用这个高级委员会的影响,促进国会采取有力措施,发展科学技术。(4)提高科技人员的地位,一方面从政策措施上保证他们工作的永久稳定性——只要他们愿意努力工作,可以在一个部门长期工作下去;一方面在法律上给他们自由流动的权利——他们可以随意在研究所、大学、企业之间调动。同时保证他们的工资福利不断提高,以利科研工作迅速发展。(5)成立科研和工业部门感兴趣的共同利益小组,以保证科技工作同经济发展密切结合。

法国政府还连续制定以三年为期的科研与技术发展计划法与上述政策及《规划法》相

辅而行。1985年，法国议会通过了《法国1986—1988年科研与技术发展计划法》。先在当年2月由科技部工作小组召开会议，起草参考性文件，3月内阁正式宣布准备起草为期三年的计划法，任命了起草小组，4月起草小组草成初稿并附说明报告，5月国家行政法院通过这一法案，6月内阁通过法案，提交国民议会审议。该法案共五编十六条，其内容要点为：A.科研经费指标。80年代末，全国科研经费要占国内生产总值的3%；1988年企业科研经费要占国内生产总值的1.2%。B.优先权。在科研经费与科研人才的分配上，要优先照顾基础研究，特别是国家科研单位和高等院校的科研项目、工业企业的科研工作。C.科研重点。重点发展生产技术、信息技术、生物技术等具有重大经济与战略意义的研究项目。D.税收贴补科研税制。E.计划合同。F.企业委员会。G.科研假。如无论在什么类型单位工作的科研人员均可享受科研假。H.科研人才流动。企业的科研人员通过签订的合同，可在国家科研单位和高等院校中进行科研工作；国家科研单位的科研人员，通过签订合同，可与企业合作科研，设置"合股研究员"。I.退休科研人员的名誉称号。J.国家科研经费拨款。列入民用预算的开支，在1986—1988年期间，按平均年4%的速度增长。K.国家科研单位科研人员长远规划。1986—1988年，每年新增科研人员1430名，其中研究员与工程师755名，其他人员675名。L.科研计划的评审工作。M.科技发展报告。N.科研民主。O.科技政策的评审。P.本法是国家社会、经济、文化发展计划的不可分的一部分。

随着时间的进展，科学技术实力越来越受国际社会的青睐，以科学技术法协调科技社会关系从而促进科技进步，理所当然地受到各国的高度重视。因此，科技法地位日见其高，也如江河行地、日月经天般无可怀疑了。

2. 科技法功能日见巨大

这可见诸初期科技法基本上是用来约束、限制有关的科技活动，而现在已发展到包括相当数量科技法之重在激励方面，这一点前文已经提到过了；这可见诸初期科技法基本上是用来预防科技活动的消极后果，而现在则是以其主要部分来保障、促进科技社会关系的协调发展，从而推动科学技术的发展方面；这可见诸初期科技法极少预期性立法，而现在预性期立法日见其多；这还可见诸初期科技法几无探索性功能，而现在的科技法则十分重视并日见其强的探索性功能的发挥；这还可见诸初期科技法仅有调节本国之内的科技社会关系的功能，而现在已大规模地开始发挥其调节国际科技社会关系的功能上；等等。

以上各点如一一列举说明，当成洋洋洒洒的长文宏论，这里仅以信息技术立法的功能和环境保护立法的功能为例略做说明。

关于信息技术立法的功能。信息技术立法是最近几十年才发展起来的。这一状况本身就说明了科技法功能日见巨大、日见齐全。现在，发达国家的信息技术立法的功能，大体上可以归纳为以下三个方面：

（1）促进信息技术的发展。

信息技术的技术范围广、综合性强，信息技术开发要求人才集中而且投资巨大、风险性很高。因此，各国政府常常以立法手段保证集中一定的人力物力，有计划、有重点地推动本国信息产业以较快的速度发展。

20 世纪 50 年代中期开始，日本政府相继制定并执行了发展信息技术的《电子工业振兴临时措施法》《特定电子工业和特定机械工业振兴临时措施法》和《特定机械信息产业振兴临时措施法》。三项法律历时 28 年，既强调不同历史时期的不同目标，又互相衔接，使得项目开发保持连贯性。这三个法律带指导性质，主要是利用经济手段来帮助实施，并非强迫每一个公司照章执行；并且充满灵活性，三法都明确规定，在情况发生变化时可以修改。按照这些法律的规定，负有具体执行职责的通商产业大臣如果认为由于电子技术的显著进步或生产条件等情况明显变化而有必要修改某些法律条文时，他可以在听取电子信息处理振兴审议会意见的基础上，更改基本计划或实施计划。由于正确地拟定了信息技术发展各个阶段的目标、方向和重点，落后的日本信息工业迅速地赶上了世界先进水平。

除日本外，欧洲共同体为了加强本地区信息技术实力，提出了为期 4 年的 ESPRIT 计划，得到共同体国家的积极响应。共同体各国还纷纷制定本国的信息技术发展战略，努力提高各自国家的信息技术水平。1982 年，英国发表为期 5 年的 Alvey 计划，重点发展软件工程、超大规模集成电路、计算机辅助设计、人机接口、人工智能系统和通信等项目。同年，联邦德国提出为期 3 年的促进微电子科研发展的资助准则，3 年之后又提出旨在发展计算机辅助设计和机器人的"专门性资助准则"。法国总统密特朗提出"尤里卡计划"，已经得到 20 多个国家和共同体科学技术委员会的支持，目前计划已经确定了 100 多个合作研究项目。和这些计划相辅而行的是，各国都纷纷制定本国的保护和促进信息技术、信息产业发展方面的法律。

一些发展中国家也不甘落后，积极推动本国信息产业的发展，巴西就是一个典型。80 年代初，巴西政府认识到长期进口外国信息技术产品可能造成的危害，积极扶持本国信息产业，限制进口，保护国内市场。1984 年，巴西国会通过为期 8 年的限制进口外国信息技术产品的法令，促进了巴西信息产业的发展。据统计，在全国拥有的 15 万台以上的计算机中，国产率已占 95%。

（2）保护信息技术发展。

知识密集型技术的信息技术，加工对象是数据和信息，小而又小的软件和半导体芯片掩膜上凝聚着人类大量的智慧和劳动。它不同于传统技术，因此利用怎样的方式适当地保护信息技术开发成果，特别是软件类产品，成了有关国家政府、科技界和法律界十分关切的重要问题。软件类产品是在一定设计思想指导下创造的由固定在载体上的数字信号组成的含有高附加价值的高技术产品。软件类产品的开发具有投资大、需要技术人员多和周期长等特点，但开发出的产品又具有极易复制和复制成本低的弱点。随着软件类产品开发和需求量的不断增加，产品保护成为全世界关注的越来越重要的问题。目前世界各国普遍采用版权法保护计算机软件。对半导体掩膜技术的保护迟于软件技术，直到 80 年代初才引起国际社会的重视，但进展非常迅速，占世界集成电路产量三分之二以上的美、日两国已经相继制定了掩膜保护法。

（3）调节新的社会关系。

有关的立法实践主要涉及以下几个方面：

其一，随着计算机系统的网络化和大型数据库的建立，个人信息计算机处理的实现使得某些机构和个人能轻而易举地收集、处理和存储个人信息，因此，人们忧虑人权将受到侵害。从 70 年代初开始，许多国家和国际组织逐渐认识到这些问题的严重性，并制定了有关法律来保护数据主人的合法权益。

其二，由于计算机系统的网络化，诸如金融管理系统、社会保险系统和档案系统等社会管理计算机系统的出现，一方面方便了人们的生活，另一方面也出现了利用掌握的密码盗窃银行和国家机密、破坏计算机系统正常运行等犯罪活动。在信息技术发达的国家，利用计算机犯罪已经成为一个日趋严重的社会问题，但是对付犯罪的现有法律显然存在许多不适合的地方。因此，怎样对付利用计算机进行犯罪活动就成为各国法学界讨论的一大课题，有些国家正在酝酿制定包括各种计算机犯罪形式的专门处罚法。

其三，数据国际流通、卫星通信和卫星电视直播在国际法上存在一个如何保护国家主权的问题。涉及国家机密或商业机密的数据的国际流通对所有国的主权、政治和经济利益无疑将造成损害。卫星电视直播如果不能征得接受国事先的同意，实际上是强迫其他国家接受卫星所有国发射的电视信号，侵害了它们选择节目的自由。同时，电视节目常常带有政治倾向，这对别国主权和内部事务是一种明显的干涉。基于这样的认识，许多国家特别是发展中国家纷纷要求限制数据国际流通，要求卫星电视直播遵守"事前征得同意"的原则，这些要求在有关数据保护的国际公约和第三十七届联大通过的关于卫星直播的国际公约中得到体现。

关于环境保护法律法规的作用，更可见其从局部保护环境、全面保护环境的保护功能向预防为主的功能的发展。

18 世纪第一次工业革命前，人类与环境的关系主要表现在对自然资源的利用上。这一阶段，陆续出现了一些零星的、互不相干的环境保护条文。它们大多夹杂在其他法规中，仅起保护局部环境的作用。19 世纪后半叶以来，随着科学技术的迅速发展，资本主义大工业的出现，生产力水平的不断提高，人类的活动对环境的影响也越来越大。此时，环境污染问题已在局部地区暴露出来，主要表现在点源污染及区域污染。于是，在法律上，就相应出现了一些单项的环境保护法规和地方性的环境保护法规，对废气、废水、废渣等一些主要污染物质加以限制。第二次世界大战后，特别是 20 世纪 50 至 70 年代以来，科学技术急速发展，现代工农业生产突飞猛进，生产力空前提高。不少国家为过于重视发展生产、忽视环境保护付出了沉重的代价。大区域甚至全球性环境污染问题的出现已严重威胁到人类生态系统的平衡及人类自身的健康与安全。1972年在瑞典的斯德哥尔摩召开了联合国人类环境会议，专门讨论该问题，呼吁各国高度重视环境保护。此后，很多国家创设了环境保护行政机构，环保法制的建设及完善达到了一个新的高潮，涌现了大量环保的单项法规，并出现了一些能够代表或综合这些单项法规的《环境保护基本法》。在国际环境法方面，首先有1972年的《人类环境宣言》，接着是1980年的《世界自然资源保护大纲》。美国等一些西方国家为了解决大气及水质的跨国污染问题，由21个国家达成一个"30%俱乐部"协议，意即参与国一致同意从1980至1990年的10年中，把硫化物的排放量削减30%。在国内环境法方面，一些国家的环境法规内容日趋丰富，形式日趋完备，除基本法以外，单项法规也大量问世。如美国有121种，日本70余种，联邦德国163种。其他如苏联、瑞士、英国等的环境法规也数量繁多。70年代以后，发展中国家的环保立法也有了较大进展，如泰国、马来西亚、新加坡、印度尼西亚、菲律宾等都先后颁布了环保法，健全或制定了单项法规。这一时期的环境保护法除了考虑对人体健康的影响及解决局部地区的污染问题，对已得到确认的公害发生源加以严格限制外，还包括了对文化的、历史的环境资源的保护及创造舒适的生活环境等内容，并且明显地开始强调以预防为主的环境影响评价。

3. 科技法属性日见科学

这从科技法的不同部门的历史发展中，可以看得比较清楚。

最先产生的技术标准法，虽然比较简单，但仍可能囿于技术水平与经验的不足，而有若干不正确的地方。大量实践的结果，必定会提出修改这类法规的要求；而修改又是有利于统治者利益的，因此修改的阻力几乎没有。技术规范法在以后的发展长途中，除始终存在人类认识由片面到全面、由主观到客观因而由错误到正确这一影响其发展的因素外，还有另一因素也会导致技术标准及技术规范法的改进。这就是：随着技术、科学的进步，随着物质条件的改善，控制技术标准的条件会变得越来越全面，越来越完善，越来越周密。这样，原先的技术标准，就可以因控制技术发展的条件的改变而改变。当然，在必要的时候，以法律肯定技术标准的改变，就是不可避免的了。上述技术规范法的发展，显然是与人类、与立法者从主观片面性到客观科学性的进步紧密相连的。

比技术规范法产生得略晚的科技行政法，其发展过程中，也充满着主观片面性与客观科学性的辩证运动。许多国家在通过立法以设置一种科技行政机构之后若干年，又以新的立法设置新的科技行政机构，用以取代原先的机构，就是为了改进、改善科技行政机构，其中不无对原先立法的某些主观片面之处的修正。例如，1977年12月31日，法兰西共和国政府曾以《77-1534号法令》（关于技术研究协调委员会的成立），规定在内阁的"科学技术研究总代表处"下设立"技术研究协调委员会"；1981年5月，法国密特朗政府以法令规定设立"研究技术部"；1982年6月，法国政府的法令规定"研究技术部"与"工业部"合并为"研究和工业部"；1983年，又以法令改"研究和工业部"为"工业和研究部"。我们并不欣赏这种频繁变动最高科技行政机构的做法；由于这些变动是以法律规定的，更使人感到有失法律的稳定性与权威性。但是，法国在新技术革命形势下这样频繁地以立法改变最高科技行政机构的设置，是从更有利于科技发展的愿望和国情条件出发的，每一次变化，都使得科技行政立法更符合客观需要。1981年5月法国设立研究技术部后，紧接着在7月28日以《81-723号法令》（国务部长衔研究技术部长的权限）具体规定，"研究技术部长有权提出并联合其他有关部，实施研究和技术领域的国家政策"（第一条），"研究技术部长拟订关于向民用研究和技术发展活动拨给的由国家提供的资源和经费的政府政策"，"研究技术部长会同其他有关部长，负责制定和实施关于研究的国家机关和其他国家机构的组织和人员章程的一切改革方案以及影响到科学工作者就业政策的一切措施；研究技术部长签署在这些方面所制定的法律条文"（第二条）。这些规定，赋予研究技术部长以很大的科技行政权，比先前的有关规定更符合迎接新技术革命挑战的需要。稍事浏览《日本科学技术六法》的"行政组织"篇，可以看到，几乎每一种科技行政法都经过了修改：1956年3月31日制定的《科学技术厅设置法》，"最后修改"是在1980年11月29日；1956年5月18日制定的《科学调查官及科学研究官定员规定的政令》，"最后修改"于1978年7月1日；1956年5月18日制定的《科学技术厅组织令》，在1981年4月3日做了"最后修改"；等等。所有这些修改，无非都是为了使有关的科技行政法更客观、更科学、更有利于科技行政。

科技法属性之日见科学，不仅见诸它的反复修改方面，还可见诸科技法尤其是高技术法制定时的极端审慎上。这一点，在生物技术立法方面表现得相当突出。

一方面，生物技术在农业、食品、医药、化工、能源、采矿、环保及医疗等行业，具有广阔的应用领域，它的发展可给人类社会创造巨大的福利。另一方面，人类目前还难以排除生物技术的应用可能带来的危害。因此制定保证生物技术安全实施的技术法规并且慎之又慎就是理所当然的了。由此，也可见科技法科学性日见加强之一斑。我们较为详细地来述说一下有关的问题。

生物技术是一门由基因工程、细胞工程、酶工程和发酵工程等技术组成的综合技术。基因工程又称基因拼接技术或重组DNA技术，是70年代初问世的新技术。它同其他生物技术的根本区别在于科学家应用它可设计、创造出自然界中不存在的，具有新的遗传特性的新物种，蕴藏着巨大的应用潜力，因而被视为生物技术的核心。科学家在应用基因工程创造新的物种时，既可采用安全的载体宿主系统，也可采用危险的载体宿主系统；既可能创造出用于增加工农业生产和治理环境污染的新物种，也可能创造出用于发展生物武器的新物种；这类新物种被人们无意或有意地放入自然环境，经过自身的复制或繁殖，对环境、人类健康和生态平衡，既可能不会产生危害作用，也可能较快产生危害作用或潜伏着危害作用，造成所谓不可逆转的影响；运用基因工程既可能治疗遗传病，也可能做出违背人类伦理道德的行为。基因工程的发展同人类及其生存环境的发展密切相关。基因工程的

"两重性"必然引起社会各界人士的严重关切。

争论最激烈的是关于限制与放开发展重组DNA实验的两种意见。其结果是主张限制发展者占据压倒优势。

从1976年《重组DNA分子实验准则》公布的前后起,随着基因工程研究成果商业化的来临、田间试验的提出及基因疗法的进展,这场争论从学术界扩及生态和环境保护团体、慈善机构、教会以及政府机构。针对国立卫生研究院批准一些高校及企业在田间试验基因工程的研究成果,不仅社会人士向法院提出控告,法院裁决不准进行这类试验,而且环保局也以缺乏对环境影响的评估为理由加以反对。

这样,在美国政府与国会面前,就提出了一个既要发展基因工程,为社会增添新的福利及知识,又要防止滥用基因工程,将可能发生的危险控制在最小范围和最低程度,以取信于社会,争取各界人士及公众广泛支持发展基因工程的重大任务。因此,通过立法,制定相应的法规来协调社会各方行动,"寻求科学的社会责任与科学对新知识探求的适当平衡",以推动技术、经济和社会同时进步,就势在必行。

1976年美国公布的《重组DNA分子实验准则》的"引言"对当时制定法规的背景做了这样的概括:国立卫生研究院"收到了各个学科的科学家们提出的大量的文字和口头的意见。在许多情况下,向我们表达的各种观点是互相矛盾的。目前,重组DNA分子产生的危险性可能是猜测的、假设的,甚至是表决通过的,但是在缺乏过硬的实验数据(遗憾的是所需的数据多半是得不到)时,就不可能完全知道其危险性。因此,我们的问题是,必须制定出这样的准则,它既要考虑到实现这项技术的前景,又要看到其潜在危险而需要提倡持慎重的态度"。

1976年6月23日,美国公布了《重组DNA分子实验准则》,这是世界上第一部。

继美国之后,联邦德国和法国在1977年,英国在1978年,日本在1979年相继公布了这类准则,意大利、加拿大、苏联以及比利时、荷兰、瑞士、瑞典、丹麦、挪威、芬兰、保加利亚、捷克斯洛伐克、民主德国、匈牙利、波兰、南斯拉夫、澳大利亚、新西兰、巴西、墨西哥、以色列和南非等国家也陆续制定或起草了这类准则。从制定的情况看,前面的八个国家是独自起草制定本国准则的,后面的国家是将美国、英国、苏联等国家的准则加以修改后作为本国准则的,其中绝大多数以美国《重组DNA分子实验准则》为蓝本。

这类准则的制定机构与实施大体上分为两种类型。一是由政府部门制定,在法律上规定是要实施的。例如,日本的《重组DNA实验准则》是科学技术会议(议长是总理大臣)制定,以总理大臣的名义公布的,显然具备行政上的约束性。联邦德国的《防止体外重组核酸危害的准则》是联邦政府的研究技术部制定,经过联邦政府批准而公布的,在公布的告示中明确宣布,此条例对直接或间接由联邦政府资助的研究开发工作均有约束力,并由州的科教部对高校执行此条例;这些都是有法律约束力的文件。二是由国立的权威科研机构制定，并由其决定实施的程度，但在实质上对该领域的研究工作也具有法律的约束力。例如美国《重组 DNA 分子实验准则》是由国立卫生研究院制定的。美国政府数以亿元计的生命科学研究经费基本上都由该机构掌管，由它审核后资助给有关的高校、研究所及企业。该机构实际上主持着美国的基因工程研究，具有权威性。在准则中规定，需要采取一定级别安全防护措施的实验和一定规模的实验必须经过国立卫生研究院或其管辖下的重组 DNA 分子研究计划咨询委员会（简称重组 DNA 咨询委员会）的批准，该院的科研人员和接受该院资助的科研人员必须遵守准则，否则将受到失去科研经费的惩罚。其他部门有关研究机构对所属的科研人员，以备忘录的形式，或在交付科研经费时提出的注意事项中，要求遵守准则。不接受政府资助的私营企业也要根据准则的要求，设立类似生物（实验）安全委员会的机构，制定类似的准则。使用以国家科研经费取得的基因重组技术专利的私营企业，也得许下遵守准则的诺言。

各国制定室内基因工程实验准则的基本指导思想是保证实验安全，促进重组 DNA 研究。美国《重组 DNA 分子实验准则》的"引言"指出，制定准则的目的是"在于向支持此项研究的机构推荐关于重组 DNA 分子研究的防护措施"，"向研究部门以及从事实际工作的科学家们提供一套详细的指导原则"。日本《重组 DNA 实验准则》的第一章总则第一条"目的"宣称："本准则的目的是为了促进重组 DNA 研究，确保重组 DNA 实验的安全。"联邦德国《防止体外重组核酸危害准则》的"B 目的"表明，"本条例的目的是为了（1）保护人、动物和植物的生命和健康，不受 DNA 重组体及其供体和受体的危害；（2）促进在科学技术方面开辟研究、开发和应用重组 DNA 的各种可能途径；（3）保证履行德意志联邦共和国在重组 DNA 导域中的义务"。

为了保证安全，各国实验准则的内容一般都包含如下内容：

重申遵守现有的有关法规。例如，日本规定在邮送含有需要 P3 级以上物理封闭的重组体的材料时，要遵守国内邮政规则第八条三款，国际邮政规则第六十八条及六十九条。

实行物理防护（将实验室的结构及装备按实验的危险程度分为 P1、P2、P3 和 P4 四级），生物防护（按实验采用的生物材料，将宿主——载体系统分为 EK1、EK2 和 EK3 或 B0、B1 和 B2 三级）及两者相结合的防护措施。规定用安全的大肠杆菌 K12 构建宿主——载体系统，实验采取的防护措施级别必须同预料的实验危险程度相一致。

严格禁止某些实验。例如，美国规定下列实验目前不得开始进行：（1）不管所用的宿主——载体系统是什么，采用凡属于"以危险性为基础的病原物分类"中第三、四、五类的病原体，或者被国立癌症研究所列为中等危险性的致癌病毒，或从已知被这类病原物感染的细胞而来的重组 DNA 的克隆系；（2）故意构建含强烈毒素（如内毒杆菌素或白喉毒素，昆虫和蛇的毒液等）的生物合成基因的重组 DNA；（3）故意用植物病原构建可能提高其毒力和扩大寄主范围的重组 DNA；（4）故意将任何含有重组 DNA 分子的生物体释放到环境中去；（5）如果一种获得抗药性的微生物会妨碍药物在人类医疗、兽医或农业上防治病原物的应用,把其抗药性转移到不能自然获得这种抗药性的微生物上。

明确规定有关人员或机构的职责。例如美国规定,主要研究人员的职责是"确定研究项目的真正的和潜在的生物危险性""确定适当的生物防护等级和物理防护等级"等。国立卫生研究院初检组的职责是"根据本准则单独评价已拟定的研究工作的真正的和潜在的生物危险""确定经规定的生物安全委员会证明的已计划的物理防护措施对控制其生物危险是否适宜"等。国立卫生研究院重组DNA咨询委员会的职责是"向卫生部的正副部长和国立卫生研究院院长报告关于评价重组DNA分子潜在生物危险和生态学危险的意见""检查和批准采用已知能产生有害产物的重组DNA进行大规模的实验(即超过10升以上的培养)"等。国立卫生研究院本部的职责是"保证对凡是不履行本准则、未经适当检查和推荐而不适当地执行协议和协定备忘录的重组DNA研究,都不拨给经费或签订研究合同""在必要时,可对P4级物理防护设施及其他设施进行现场视察"等。

随着DNA分子重组实验的反复进行,科学家们发现,不但所进行的风险评估试验表明并无生物危害,而且一般试验也得到相类似的结果。例如,重组DNA实验中普遍用作宿主的大肠杆菌K12,虽然是能引起热血动物肠道传染病的大肠杆菌的变种,但是在1976年规定用作宿主前,已在实验室的琼脂培养基上生活了几十年,其抗原性已发生变化,系非病原体,通常也不能在正常的肠道中形成菌落,大量摄入也极少能繁殖。1977年6月,里德研究所的福尔马尔公布了用5年时间取得的实验结果:虽然重组的大肠杆菌K12确实表达了志贺氏痢疾杆菌的抗原特性,但是志愿者摄入此重组体后,5天内全部排出,没有引起病害。

此外,科学家们还发现,无论在低等或高等生物中都自然发生遗传基因的重组,使人们感到重组DNA也不是什么特别新颖的事物。

从1976年6月23日美国《重组DNA分子实验准则》公布到1978年3月这段时间,在20个国家的180个实验室中进行了365项有关重组DNA的研究(其中安全防保级别,5个为高级,75个为中级,其余为低级)。从1979年8月到1982年8月,全世界进行了数以万计的重组DNA实验。在所有这些实验中不曾发现过所谓生物危害的事故。从那时以来,重组DNA实验从广度和深度都有了进一步发展,也都不曾发现事故。大多数科学家都确信在开展基因拼接研究工作时,从未产生过哪怕是最轻微的有害后果。

评估试验的结果和实验工作的深入展开使科学家及公众逐渐认识到"重组体具有的危险性没有超过组入的DNA和宿主本身的危险性""重组DNA实验中所产生的多数随机与有意的基因组合不会造成特殊危险,在自然界中,这种基因组合不大可能是唯一的,它们在自然环境中不大可能生存,不见得会带来危害",重组DNA实验并不像当初所设想的那么可怕,"基因拼接试验不比其他生物学研究更危险"。

这些新的认识促使科学家和公众重新评价实验准则的价值。于是各国科学家纷纷要求有关部门修改和放宽实验准则,公众也积极支持这些要求。当1980年1月29日美国《联邦政府通告》公布国立卫生研究院修正过的《重组 DNA 分子实验准则》后，公众的评论以压倒多数支持新准则。

此后各国政府为了加速本国基因工程的研究开发，都审慎地一次一次修改、放宽实验准则。

从 1976 年到 1983 年，美国国立卫生研究院在卫生部的批准下，五次修改、放宽《重组 DNA 分子实验准则》。1978 年的修改取消了对五项实验的限制（这些限制项目占过去限制项目的三分之一）；大多数受限制的研究项目的限制要求都比原实验准则降低了一级，原来规定在 P4 级物理封闭实验室进行的实验可在 P3 级进行；将各地方的生物安全委员会中公众代表的比例增至 20%。1980 年的修改对在 P1 级物理封闭实验室采用大肠杆菌 K12 进行的大部分实验，降低了有形防护要求，并且免除了进行这类试验必须向国立卫生研究院登记的要求，管理这类试验的全国办事机构对大多数试验工作不再进行审核、登记或批准，把这些职责交给地方生物安全委员会。原有条款的 85% 被放宽。此外，1983 年，重组 DNA 咨询委员会裁定，试验基因工程处理过的植物，不再需要得到该委员会的正式批准，只要求得到由该委员会的成员和地方生物安全委员会的成员组成的植物研究小组的批准。

联邦德国从 1977 年到 1981 年 7 月，四次修改、放宽《防止体外重组核酸危害的准则》。

日本《重组 DNA 实验准则》的制定虽然比欧美国家迟，但是其严格程度却超过当时欧美国家的实验准则。日本政府在欧美国家放宽实验准则的推动下，从 1979 年 8 月 27 日公布之日起，到 1983 年 9 月 8 日，五次修改、放宽《重组 DNA 实验准则》。其中，1982 年 8 月 13 日的第四次修改内容包括：（1）降低每一级防护的物理封闭要求，大部分试验能在具有安全柜的 P2 级通常实验室内进行；（2）使用的宿主——载体系统可从大肠杆菌、酵母和枯草杆菌扩大到其他某些微生物。在最后一次修改中，原则上取消了 20 升规模的限制，实质上为基因工程制造干扰素等成果的商业化开了绿灯。日本通过五次修改，使其实验准则的严格程度大体上降到了欧美国家的水平。

各国政府或有关机构在修改实验准则时所采取的谨慎态度，充分表明，科技法的科学性，是随科技活动及科技社会关系调整活动的发展而发展的。由于它与科学技术的关系是如此紧密，因此，其科学性的日见提高，也是必然的。

4. 科技法本质之日趋"纯净"

这里所谓"纯净"是指，科技法作为调整科技社会关系从而促进科学技术发展的法律部门，其本质应是社会性，而不应像其他法律部门那样掺杂进阶级性甚至一度变得以阶级性为本质属性。如果掺杂进了阶级性，就是混杂不纯。

在论及科技法发展的社会性与阶级性的辩证运动过程时，我曾这样写过："作为法的社会性与阶级性的辩证运动过程，科技法的发展与法律的发展，呈现相同的规律性。科技法萌生之初，社会早已步入奴隶主阶级占统治地位的剥削制社会，其一般法律已逐渐地从社会性向阶级性异化。但是，科技法虽在这时萌生，却以其社会性本质而对社会、人类的发展起着独特的推动作用。"

人类最初的科技法，可能只有一种类型，就是赋予技术标准以法律效力的技术规范法。例如，宫廷工匠制作器皿、用具、车轿的标准，河渠、道路、桥梁的修建标准等，起初是由工匠领班、工地技术指导人口授或以简单文字做规定的，虽有一定的约束力，但并无法律效力。在实践中，由于发生了不遵守这些标准而造成不良后果的情况，于是以法律形式做技术规定就被提到议事日程上来了。这类科技法，保证了工艺的标准化、工艺水平的稳定与提高，保证了交通、水利事业的发展，是对人类进步的促进与保障。毋庸置疑，技术规范法的本质是其社会性。至于它被奴隶主阶级利用来作为让奴隶生产更多、更好的享用品的保证，则如同饭可养活奴隶、也可养活奴隶主一样，不能当作这类科技法具有阶级性的根据。应当承认，技术规范法的产生，是人类社会发展史上的重大进步。

随着宫廷工匠的增多，修建河渠、道路、舟车任务的增加，管理任务必然变得复杂化起来。于是，建立有关的行政机构，就成了自然的事。当然，当时一般不会建立专事管理科学技术的行政机构，而是使有关机构在管理其他行政事务的同时，兼管科学技术任务的完成。这样的行政机构，有时是以法律形式规定其组织、编制、任务、奖惩及行政权力、行政义务、隶属关系等的。于是，最初的科技行政法也产生了。这时的科技行政法，对科技的发展、社会的进步，有重要的促进与保障作用，应当肯定它的社会性本质。

一般来说，在中世纪的封建时代，在神权统治猖獗或行将败落而垂死挣扎的情况下，出于对科学技术的恐惧与仇恨，才出现了一些阻止科学技术发展的法律。但这些法律仅仅是科技法中的一小部分。大量的技术合同，以民法加以调整。专利权、著作权、版权以及越来越多的技术标准，被赋予法律规范的形式。因此，从总体上说，这时的科技法仍以社会性为主导。

在资本主义时代里，民主与科学或者成为社会发展的主流，或者因工人阶级反抗斗争的强烈而使资产阶级不敢公然抛弃民主、科学的口号，或者因资产阶级利益的驱使而注重发展科学技术。总之，这是一个一般来说科学技术始终得到重视、因而不断发展的时代。在这个时代里，曾经出现过少量的资产阶级立法，用以将科学技术成果、科技人员、科技机构控制在极少数垄断资本家的手中。这样的立法，与保障由广大人民群众并代表人民群众的国家来管理科技进步的立法相比，无疑具有强烈的资产阶级的阶级性。但是，首先，垄断资产阶级致力发展科学技术的客观效果仍有其社会意义，虽然这是违背垄断资本家的主观愿望和利益的；其次，整个资产阶级社会的大量科技立法，并不受制于垄断资产阶级。因此，这一时代的科技法，有社会性立法与阶级性立法的不同与对立，但从整体上看，社会性仍是其主导属性。如果没有科技法社会性的主导作用，资本主义社会的科技与经济，不可能得到较大的发展，不可能有较高的劳动生产率；资本主义也不可能走出死胡同而向社会主义发展。当代资本主义发达国家仍以相当高的速度向前发展，也给广大人民群众带来了较多的社会福利，是与资本主义国家的科技法保证了科技的顺利发展分不开的。不管各种政治观点的人们如何评价，这都是无可否认的客观事实。

如果说资本主义国家的科技法还多少带有资产阶级的阶级性的话，那么，社会主义国家如我国的科技法，则纯然是以社会性为其本质了。

（四）科技法将永恒存在而又不断更新地发展

1. 科技法将永恒存在

歌德曾这样写道："一切产生出来的东西，都一定要死亡。"[①] 人们自然产生了这样的想法：也许还会经过几百万年，也许会有几十万代生了又死，然而无情地会到来这样的时期，那时候日益衰竭的太阳热能将不再能融解从南北两极逼近的冰山，那时候人们愈来愈多地猬集在赤道周围，但是人们就是在那里也不再会找到足以维持自己生存的热能，那时候有机生命的最后痕迹也将逐渐消失；而地球，一个像月球一样的死了的冻结了的球体，将在深深的黑暗里沿着越来越狭小的轨道绕行在同样死了的太阳周围，并且最后落到它上面。其他的行星也将遭到同样的命运，有的比地球早些，有的比地球迟些；代替和谐地排列着的、光明的、温暖的太阳系的，不过是一个冷的、死了的球体在宇宙空间里循着自己孤独的道路行走着。并且我们的太阳系所遭遇的命运，我们的宇宙岛的其他一切星系也或早或迟地会遭遇到，其他一切宇宙岛的星系也会遭遇到，甚至于那样的一些星系也会遭遇到，这些星系发出的光在地球上还有人的眼睛去接受时是永远不能到达地球的。这就是说，人类将灭亡！地球将灭亡！太阳将灭亡！太阳系将灭亡！太阳系所在的宇宙岛将灭亡！一切宇宙岛都将灭亡！这就是歌德借梅菲斯托菲尔所说的："一切产生出来的东西，都一定要死亡。"

果真如此吗？果真如此的话，那么恩格斯在《自然辩证法》中所说的在宇宙的"另外的某个地方"——那"重新产生""最高花朵——思维着的精神"的"某个地方"不是也不存在了吗？果真如此的话，"世界末日""末日审判"之类的荒诞预言不是成为绝对的真理了吗？

因此，我的简单想法是：人类社会科学技术的进步已经证明，人类完全可以克服太阳的冷寂之类的困难，永远在地球上、在其他星球上存在下去，而且生活得比太阳下的生活更加美好。这一简单的想法久久令我激动，我以为，不仅人类不会灭亡，而且，这里还有一些深刻的哲学问题值得研究：

如果一切都是"有始"的话，是否一切皆"有终"呢？

从任一点开始画一条线，不管是直线还是曲线，不管是实线还是虚线，它有"终"

---

① ［德］歌德：《浮士德》第1部第3场中梅菲斯托菲尔所说的话。

吗？可以无"终"吗？

时间有无"终点"？1994年2月13日晚上8点35分开始的计时，不可以无限地往下计算吗？

我从"1"或"0"开始记数，不管我将记到几亿几兆几兆兆，不是都可以继续记下去吗？数的有始无终（即无穷大）难道不是客观实际的反映而是子虚乌有的臆断吗？

从一点发出的光，难道有它消失的终点吗？如果有其终点，不是可以把它找回吗？

如此等等。

几十年来，我不再搞哲学，先搞过几年逻辑学，后来则"归队"搞法学。别的哲学问题多少淡忘了，这个"有始未必有终"的问题，却总是萦绕心头。

现在，科技法的发展规律问题上又碰到了它。我的观点依然是：有的事物，是有始无终的，科技法的发展将与人类同在而永存；科技标准法永远不会消亡，因为科技标准永远需要；科技行政法永远不会消亡，因为科技行政关系——科技劳动组织、科技劳动者的管理关系——将永远存在而且永远需要科技行政法来加以调节；只要国家关系存在，科技国际关系、科技国际法就将永远存在；环境保护、生态平衡的需求永远存在，因此，环境保护法、生态平衡法也将永远存在；等等。

2. 科技法将不断更新

科技行政关系的内容、科技民事关系的内容、科技国际关系的内容等等，都将随着科学技术活动的发展而变化，因此，科技法的内容以至形式等等，将不断更新。在《科技法学导论》中，我曾预测过"科技法的发展前景"：无论在世界范围内，还是在一国范围内，科技法的数量都将成几何级数增加；科技法从寄生到独立的变化过程将大大加速，独立的科技法将成为鹤立鸡群的部门法；科技法的社会性将战胜阶级性而成为它的唯一属性；随着科学技术的巨大进步，科技法将变得越来越客观、越来越科学；就各国来说，将向科技法的体系化迅速发展。这些，是"在20年到50年内"的"不断更新"的情景。至于更久远的将来的事，就只能让实践去下结论了。

第六章 科技法的体系、结构和科技法制建设

一、科技法的体系

关于科技法的体系问题,曾一度成为中国科技法工作者议论的热点,近年则渐渐沉寂了。但究其实际情况,可以发现,问题并未解决。因为当时的议论,不过是各个亮出自己的观点而已。我在《科技法学导论》中也曾专列一章讨论"科技法的体系"问题,介绍、评析了科技法制建设实际部门、科技法学理论工作者的几种关于科技法体系的设想,对比了日本的"科技六法",提出了自己的看法。拙著出版后,在一些学术讨论会上,仍有一些同志继续发表自己的看法。因此,在本书中重新议论一下这个问题是必要的。为供阅读本书的同志比较方便地全面了解各家之言,拟将有关言论择其有代表性的略做介绍;其次就科技法体系的研究探讨的方法问题做一些说明;再次谈谈我对科技法体系的观点。

(一) 关于科技法体系的代表性观点

1. 按科技法律法规的效力等级不同而形成的科技法体系

我国国家科学技术委员会公布的"科学技术白皮书第 2 号"《中国科学技术政策指南》[①]中提出的关于我国科技法体系的设想是,这一体系由"宪法中的科技法律规范 — 科技基本法 — 基本法以外的科技法律 — 国务院的科技行政法规 — 地方性科技法规和自治地区单行科技条例 — 国务院各部、委、直属机构的部门性科技法规"组成。

《科技法学》[②]一书认为"科技法法源由不同效力等级的规范性文件组成了一种层次结构",因而"科技法的不同法源构成了科技法体系的大框架",这一层次结构—体系是:"宪法 — 科技法律 — 科技行政法规 — 地方性科技法规 — 其他部门法中有关科技的条款 — 技术规范与科学团体章程 — 涉外科技法规和科技条约"。作者赵连玉还指出:"科技

---

① 国家科学技术委员会编:《中国科学技术政策指南》,科学技术文献出版社 1987 年版,第 62—65 页。
② 赵连玉:《科技法学》,浙江教育出版社 1988 年版。

法的体系不是不同法源的板块结构的简单拼接，而是不同层次的互相渗透和互相协调，不同调整手段的互相补充及其在功能、目标方面的统一。"①

2. 按科技法律法规的独立性程度不同而形成的科技法体系

《科学法概论》的作者认为，科学法（即科技法）体系由三大部分组成：一为宪法中关于科学的条款。二为专属于科学法部门不能兼属于其他法律部门的法律规范，这是科学法的本体，是科学法的核心部分。这一部分是由专门制定的科技法律构成的，以调整科学活动为其专职目的。三为科学法以外其他法律部门中关于科技的法律规范。②

3. 按科技法律法规所调节的科技社会关系领域不同而形成的科技法体系③

这是我在《科技法学导论》中所涉及的一种观点，大意是：科技法体系包括调整科技行政关系的科技法，调整科技民事关系的科技法，调整科技国际关系的科技法等等。但同时我也指出了这一观点的弊病：一为综合性法律（如科技基本法）无法归类；二为跨类型法律（如原子能法）也无法归类。

在1990年7月召开的科技法学学科建设讨论会上，也有代表发表大体类似但略有不同的观点，认为从科技法调整科技活动中特定社会关系的过程出发，应包括科技组织法、科技研究与开发法、科技传播与应用法、科技成果保护法、科技合作法；科技法体系即是由这些调整"特定"的社会关系的科技法组成的。

4. 按科技活动的发展和科技成果形成、消费过程来看科技法体系

《实用科技法》一书的作者认为，科技法律体系应在科技基本法的总领下，由以下六个部分组成，即：科技主体法，包括科技组织法和科技人员法；科技条件法，包括科技计划法、科技经费法、科技物资法、科技财税法、科技档案法、科技保密法、科技监督法、涉外科技管理法等；科技成果法，包括科技成果管理法、科技奖励法、专利法等；技术贸易法；科技纠纷法，包括科技仲裁法、科技诉讼法；领域科技法，包括各产业、行业、学科领域的科技法；等等。④

与此类似的是，有同志认为科技法体系"从科技成果生命历程出发，应包括科技成果生产法、科技成果流转法、科技成果消费法"。

5. 按法律体系的共性（即法的体系的一般结构：根本法 — 部门法 — 具体的法律制度）和科技法的个性（科技活动的规律及特性）的结合来看科技法的体系

持此观点的同志认为，科技法的体系应是：（1）科技决策法律制度，包括科技基本法和科技进步法（企业科技进步、农村科技进步、技术引进的消化吸收、高科技方面的法

---

① 赵连玉：《科技法学》，浙江教育出版社1988年版，第53—58页。
② 于得胜主编：《科学法概论》，科学出版社1989年版。
③ 倪正茂：《科技法学导论》。
④ 陶叙良、许涛主编：《实用科技法》，专利文献出版社1991年版，第25—27页。

律法规等）；（2）科技主体法律制度，包括科技组织法和科技人员法；（3）科技条件法律制度，包括科技资金法、科技物资器材法、科技情报资料及档案法；（4）科技实施法律制度，包括计划管理法、标准化法、计量法、环境保护法、资源保护法等；（5）科技成果法律制度，包括科技成果鉴定登记、奖励、推广、专利技术保护、科技著作权等；（6）技术转移法律制度，包括技术合同法、技术市场管理、科技纠纷的仲裁和诉讼等；（7）科技国际交流和合同制度。

6. 按系统论的观点，从科技自身发展及科技与经济、社会、自然环境的协调发展出发，来考虑科技法体系问题

持此观点的同志认为，科技法的体系应是：（1）科技基本法；（2）科技发展方面的立法，如科技投资法、科技基金法；（3）科技与经济协调发展方面的立法，如科技发展法、科技市场法；（4）特殊领域的立法，如原子能法、信息产业法等；（5）国际交流方面的立法等。

此外还有一些别的观点，但或与上述几种比较接近，或实在缺乏基本的法理学与科技法学知识，拟不予论述。

（二）怎样研究科技法体系问题

科技法体系之异议纷纷，有其客观原因，主要是：科技法本身独立不久，我国科技法制建设起步甚晚，立法工作还有待进一步大大加强，从有限的科技法律法规出发，就较难形成比较全面的看法；对国外的科技立法情况了解不够，掌握的资料也较缺乏。从主观方面来说，主要的原因则是人人都盼标新立异自成一家，因而竭力构建新型的与众不同的体系，于是匠心独运地提出了各种观点。

窃以为，在研究科技法体系之前，需有两个准备工作要先行做好：一为收集比较丰富的关于科技法的资料；二为力求标新立异而又不悖常理，因而尽可能仔细地分析研究他人观点，取人之长，补己之短。

有鉴于上述各点以及各家关于科技法体系的看法，对怎样研究的问题，谨提出以下看法。

1. 科技法体系与法的体系的共同点必须掌握

相对于法的体系来说，科技法体系是下位概念，因此，凡为上位概念（法的体系）所有的特点，都可移用在科技法体系这一下位概念上。这样，就必须掌握科技法律体系与法的体系的共同点。

法的体系（legal system）通常指由一个国家的全部现行法律规范分类组合为不同的法律部门而形成的有机联系的统一整体。这是关于法的体系的狭义定义。从广义来看，法的体系则是指人类社会法律规范分类组合为不同的法律部门而形成的有机联系的统一整体。

就一个国家内部的法制建设来说，当针对该国的法制建设状况来研究问题时，以采取狭义定义为好。如英国现行法中并无成文宪法，如果脱离这一实际而非议英国法的体系不齐全、不严密等等，就不切实际也无法真正深入探讨问题了。但是，法理学、法哲学作为普遍性的学科，在讨论"法的体系"的概念时，不能从英国无成文法却也自成体系出发，更不能从我国前30年无民法、民事诉讼法等基本法律出发研究法的体系问题。法理学、法哲学一般地讨论"法的体系"时，必须撇开具体国家，就人类社会的法律发展状况（一般是现状）来看问题。因此，现在在我们应从广义的法的体系的定义出发探讨，即从"法的体系是人类社会法律规范分类组合为不同的法律部门而形成的有机联系的统一整体"的定义出发来进行探讨。

由此出发，必须掌握三点：

（1）"法律规范的分类组合"，因此，必须将非法律规范排除在外。有些同志将科技政策也列入"科技法体系"的论域之中，显然是有悖法的基本理论的。

（2）"不同的法律部门"的组合，因此，必须划清"不同的法律部门"的界限，不能将各种法律放在一起"一锅煮"，弄得"体系混乱"。

（3）"有机联系的统一整体"，因此，必须强调法律体系内部各法律部门的有机联系及整体的统一性。如果将法的体系割裂成一个个互不联系的独立部门，至少，在叙述上把有机联系的整体割裂开来看待，是不恰当的。上述关于科技法体系的某些观点，就有肢解割裂之嫌。

科技法体系既是法的体系的下位概念，那么，就应是具有法的体系定义所包含的上述几层意思的。如果要给科技法体系下（广义）定义，那么就应是：

科技法体系是人类社会科技法律规范分类组合为不同的科技法律部门而形成的有机联系的统一整体。

根据这个定义，在描述科技法体系时，就不应以仅仅指出科技法包括哪些方面为限，而应同时指出这些"方面"之间的"有机联系"及如何构成为"统一整体"。从这个角度看前面提到的那些关于科技法体系的观点，不少是成问题的。

2. 必须把科技法体系与中国科技法、中国科技法体系区别开来

科技法体系与中国科技法当然是有联系的。但是，一方面，我国科技法律法规数量还不够多，门类也不齐全，还不能形成我国的科技法体系；另一方面，即使形成了我国的科技法体系，也应将它与一般的科技法体系区别开来。当我们从科技法学理论的角度来研究科技法体系时，既要联系具体的国家的科技法与科技法体系，又要不拘囿于这一个或那一个具体国家的科技法与科技法体系。我们所要探讨的是既适用于这一或那一具体国家的科技法体系的一般描述，又与这一或那一具体国家的特定科技法体系不完全相同、不完全吻合的一般的科技法体系。

3. 把科技法体系的研究与科技立法的总体计划区别开来

关于科技法体系的研究，目的在于弄清这一体系的范围、结构及其各组成部分之间的有机联系。科技立法的总体计划则是根据我国的需要，分轻重主次缓急先后进行科技立法的设想。这一设想要指明全部科技立法的范围，这与科技法体系密切相关；要注意各项立法之间的有机联系，这也与科技法体系的理论有关；但不必考虑"体系"的完整性和"结构"的严密性。因此，前面所说各家关于科技法体系的观点中，有的将我国科技立法的规划当作体系来看，显然也是有失妥当的。

4. 对科技法体系研究的复杂性应有充分的认识，既不要力图将这一复杂问题的研究简单化，也不要不恰当地做烦琐复杂的叙述而使表述不能尽量简明

尽管科技法体系是法的体系的下位概念，但实际上，科技法体系反而比法的体系更为复杂一些，正如大树的主枝主干倒是比分枝分干上的枝枝丫丫、杈杈芽芽更简单分明些一样。这是因为，在科技法大家族中，诸如原子能法、生物技术法等等高技术领域的法律法规，不仅涉及科技行政法、科技民事法，而且涉及科技规范法、科技国际法，还涉及环境保护法、生态平衡法等等。所以，如果将科技法体系的研究想得过于简单，以为为之分分类、确定一下外延就算大功告成，那就有失偏颇了。

但是，在叙述这一复杂的体系并力求读者较易了解时，却不能不尽量简明一些。

有鉴于此，我曾提出，我们只应确定科技法体系的框架，而不要试图把整个科技法体系的每一个细枝末节都详尽无遗地描述出来，因为那实际上也是办不到的。

除上述四点外，还应注意：科技法体系是一个动态的复杂系统，它将随着科技发展的日新月异、随着所调整的科技社会关系的变化而动态有序地变化。因此，无论对一般的科技法体系来说，还是对一国的科技法体系来说，永远都在变动之中，今天的认识将被明天的实践所更新。

（三）关于科技法体系之我见

在拙著《科技法学导论》中，我曾比较分析过1990年前一些科技法制建设的实践工作者和理论工作者以及日本等国的关于科技法体系的设想、设计，概述过"发达国家的科技法体系"，指出发达国家的新技术革命立法分为以下三个层次：基础性立法；高技术立法；相关性立法。

并指出，发达国家科技法体系是这样组成的：科技进步的宪法规范；科技基本法；科技进步的基础性法律，包括科技进步管理机构法、科技研究机构法、科技进步计划法、科技奖励法、科技评估法、科技财政法、科技劳动法等；科技部门法律，包括能源法、空间技术法、海洋技术法、生物技术法、材料技术法、信息技术法等；科技进步关系法，包括技术引进法、技术出口法、科技合作法、专利法、税法、环境保护法等。

以上概述是根据我所领导的一个课题组——"新技术革命立法研究"课题组的一份长达60万字的研究报告（该报告中的40万字后来以《科技立法研究文集（二）》的书名出版）所做出的，现在看来，不无欠妥之处。其一，技术进口、出口法，科技合作法，专利法等，应作为"科技进步的基础性法律"来看待；其二，环境保护法是科技进步法中单独的一大类，是科技法，而不是"关系法"；其三，科技规范法被忽略了。

在《科技法学导论》这一部分的最后，我列出过一张"科技法体系图"[①]（图5）。现在已记不清，为什么在这张图的后面没有任何文字说明了，而不略做说明，是不易看懂的。此外，这张图本身也有不尽妥当之处，现谨做如下调整并予说明：

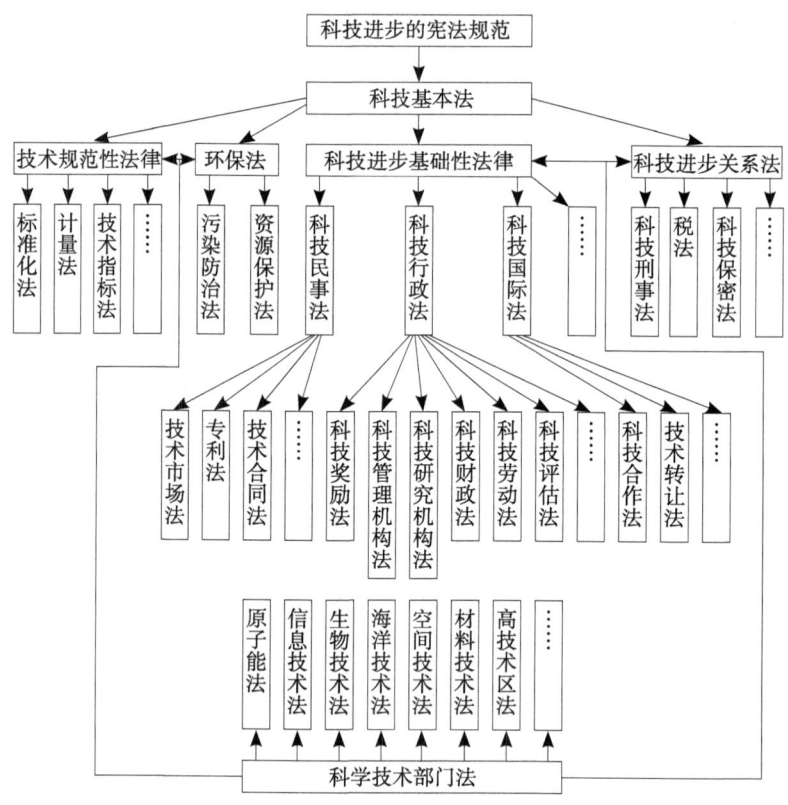

图5　科技法体系图

在上列图示的网状结构下，具体的部门科技法内部，可能是关系重叠、功能多重、联系广泛的，而部门科技法本身是科技法体系之网上的关节点，而不是与其他不相干的分支。因此，在科技进步的宪法规范下的基本法有技术规范性法律、环保法、科技进步基础性法律、科技进步关系法四大类；在基础性法律下列出科技民事法、科技行政法、科技国际法三大类；这三大类下又各列出一系列具体的科技法。至此，该表还可看成是树状纵剖式的。但是从科学技术部门法（原子能法等）这儿开始，情况就不同了。每一科技部门法

---

① 倪正茂：《科技法学导论》，四川人民出版社1990年版，第150页。

都包含许多分支，或为技术规范性法律，或为环保法律，或为科技民事法、科技行政法、科技国际法（科技进步的基础性法律），并与税法、保密法等科技进步关系法有关。所以，如我们在上表中看到的，科学技术部门法全体都与其他科技法相关。因此，每一科技部门法都可单独列为科技法的一部分，又可与其他部门法相交叉地成为科技法体系之网中的一个点。这网中之点，四通八达地与各方都有紧密的关系。

从开始议论科技法体系问题迄今，有关的理论认识和体系构想，已大大地深入了。但这个问题的研究还将随科技法学研究的深入而发展，我们期待有更多的科技法学工作者共同携手来加以探讨，以期达成最终的共识，因为这是科技法制建设的需要。没有成熟的关于科技法体系的设计，科技法制建设的战略目标、宏大蓝图是无法书就的。

二、科技法的结构

关于科技法的结构的文章，所见甚少，但在少量论文中所呈现的分歧却很大。这涉及如何看待"法的结构"的概念问题，所以，我们从"法的结构"开始探讨。

（一）法的结构和法律结构

苏联法学家C.C.阿列克谢耶夫所著《法的一般理论》[①]一书，将"法的结构"与"法律的结构"相提并论，认为法的特点在于有复杂的、多层次的结构；法的部门是法的结构的基本部分；还可以从整体上，即从法的全部构成要素——法本身、法律实践、法律意识形态——的统一和相互作用中来说明法的结构。

显然，阿列克谢耶夫把法的结构与法的体系混淆起来了，甚至于把法的结构与法律文化体系混淆起来了。

我以为，如果法的结构与法的体系是同义的，那么，只要使用一个概念就可以了。或者，最多只是在"法的体系"是从整体上去看法、而"法的结构"是从法的各个构成局部去看法等角度去使用。

为避免这一类混淆，以将"法的结构""法律结构"同"法的体系"明确区分开来为上策，应确认"法的体系"是从整体上、从法的有机联系上去看法，而"法的结构""法律结构"是指具体的法律，如民法、刑法、技术合同法等的"内部"结构。

同时，为避免这一类混淆，以不用"法的结构"而只用"法律结构"概念为上策。因为使用"法律结构"的概念，比较容易理解作具体法律的"内部"结构，而不易误解为法

[①] ［苏］C.C.阿列克谢耶夫：《法的一般理论》，黄良平、丁文琪译，法律出版社1988年版，以下引文见第247—275页。

的体系问题。以下我们讨论一下《科技法学》一书第一章第四节《科技法的结构》①的一些观点。

该书指出:"法律结构"一词,在我国法学中是可以从不同角度理解的。一种是从法律渊源的角度理解,从这一角度出发,科技法结构无疑可以分为宪法性规定、法律、法规、规章、条约等不同层次,即科技法部门是由这些不同层次的法律规范构成的整体。另一种是从法律规定的形式内容(非实质内容)的角度来理解法律结构的。从这一角度出发,科技法同其他法律一样,通常是由法律概念、法律原则、法律规范和技术性的法律规定这四部分内容构成的,其中,法律规范是主要的构成部分。再一种是从某一部门法是由哪些较小的部门或哪些主要法律、法规类别构成的角度来分析"法律结构"的。一般来说,分析某一部门法的结构或组成主要是从后一角度出发的。以上,实际上是我国法理学界关于"法律结构"的一般理论。对这我的意见是:

其一,我国法学界应努力从同一角度使用"法律结构"一词,这是形式逻辑关于"概念同一性"的基本要求;否则,很容易造成"公说公有理,婆说婆有理"的无谓争论的局面,不利于学术讨论的深入。

其二,如果要"从不同角度理解",那就对"法律结构"加以限制,分别使用"法律渊源结构""法律形式结构""法律类别结构"的下位概念。这实际上也还是要求统一使用"法律结构"的概念,因为在此情况下,只有"法律渊源结构"等三个下位概念,而无上位概念"法律结构"了。

其三,至于上位概念"法律结构",实际上法理学界另有一个比较统一的看法。这可以北京大学周旺生同志《立法学》一书的以下观点为例证明。周旺生同志认为:"每一个法律都是由若干部分构成的一个统一整体。这些构成法律整体的各个组成部分,称为法律内部结构的要件。""通常包括下列要件:一是法律的名称;二是法律的内容,其中包括规范性内容和非规范性内容;……三是表现法律内容的符号,其中主要包括名称下方的括号,各部分的标题、目录、序言、卷、编、章、节、条、款、项、目、附则,有关人员的签署,附录和语言文字。"②

需要指出的是,法理学界对有关"法律结构"的概念,除"法律结构"外另有"法律内部结构""法律外部结构"这样两个概念,但在使用时,往往又是界限不清的。周旺生同志在"法律内部结构的要件"一节里,一面使用"法律内部结构"的概念,一面又常使用"法律结构"的概念,而且二者是指同一个东西,例如他在上引文字之后,紧接着就分析了"作为法律结构中"第一、二、三层次的要件,还另写了《简单的法律结构》《复杂

---

① 《科技法学》,北京大学出版社1990年版,第44—47页。
② 周旺生:《立法学》,北京大学出版社1988年版,第411—412页。

的法律结构》与《一般的法律结构》等三节，① 可见，在他那里，"法律结构"与"法律内部结构"不过是同义语而已。这样处理，也可以苟同，因为法律"外部"何在、何指，实在不太清楚，又何来"法律外部结构"可与"法律内部结构"相对指对称呢？既然没有，又何不仅用"法律结构"了呢？

总之，我认为，当我们讨论具体的法律的结构时，不应当使用"法的结构"的概念，也不宜使用"法律内部结构"的概念，只应当使用"法律结构"的概念。而"法律结构"是指：构成一个统一整体的法律的各个组成部分及其有机联系。

这一定义包含以下几层意思：其一，"法律结构"是指每一个具体法律而言的，不是指法律总体，更不是指全部法文化；其二，"法律结构"有其"结构"的"各个组成部分"，即有的同志指称的"法律内部结构的要件"；其三，这"各个组成部分"之间处于"有机联系"的状态，而不是彼此割裂、互相孤立的。指出这一点尤为重要，因为按照结构学原理，即使某些事物的"各个组成部分"完全一样，但如果结构形式即其相互联系的形式不同，功能也会有差别，甚至截然不同。

必须加以说明的是："构成一个统一整体的法律的各个组成部分"，是有其形式与内容之区别的。因此，"法律结构"就有"法律形式结构"与"法律内容结构"的划分。徐承敏主编的《立法理论与立法技术》一书指出："法律结构，通常分为形式结构和内容结构两个方面。法律形式结构所要解决的，一是在法律、行政法规、地方性法规、行政规章等各个层次的法律、法规中，选择什么样的表现形式的问题；二是在一个法律、法规中关于编、章、节、条、款、项的设置与运用问题。法律内容结构解决的，是立法的理由、目的和任务，行为规范的设置，废止其他法律或法规，法律公布和生效时间等内容的编排问题。这两种结构虽然在立法时的编排顺序大体一致，但两者所起的作用却大不相同。法律形式结构解决的是法律规范表现得好与不好的问题，而法律内容结构解决的则是法律规范表述得是否合理，是否准确的问题。"②

这段引文中，正确地表明了法律"形式结构"与"内容结构"的含义，但关于二者所要"解决"的任务的表述，却不尽科学。因为"法律规范表现得好与不好"与"法律规范表述得是否合理"等，含义是相近甚至相同的，"好与不好"与"是否合理"的区别何在呢？我以为，应当这样认定：法律形式结构要解决的是结构形式的合理性，法律内容结构要解决的是结构内容的合理性。

在做了上述分析后，现在我们回过头来再看一下上引《科技法学》关于"科技法的结构"的一段文字。

这段文字表明，对"科技法的结构"，作者拟从科技法"是由哪些较小的部门或哪些

---

① 周旺生：《立法学》，北京大学出版社1988年版，第412—417页。
② 徐承敏：《立法理论与立法技术》，法律出版社1989年版，第225页。

主要法律、法规类别构成的角度来分析'法律结构'的"①。接着，作者对科技法结构做了具体的分析，指出："科技法作为一个新兴的法律部门，主要是从行政法、民法等部门法中分离出来的。就我国目前的立法来说，科技法除了一些正在有计划地制定的以外，大部分还栖身于行政法、民法、劳动法、财政法等部门中。从这种现实出发，有人提出科技行政法、科技民法、科技劳动法的概念是可以理解的，对于中国人来说，也能明白其缘由和含义。但是，如果以科学的标准来衡量的话。这类概念还是尽量不使用为好。"接着，作者还对"科技法部门"做了分类，一类是"分为一般科技法"和"特别科技法"；一类是"从现实出发的分类方法"②。这样，就产生了两个问题：一个是，科技法是否还存在？如果"这类概念还是尽量不使用为好"，那么，连"科技法"这个概念也"尽量不使用为好"了，整部《科技法学》的阵地就会全线动摇，以至不能成立、不能存在。一个是，"科技法结构"是否可以科技法的分类来替代？如果可以，那么，不必提"科技法结构"，否则便会令人困惑；如果不可以，那就要另行分析"科技法结构"，但书中并未分析。

我以为，既然讲"科技法学"，以"科技法的结构"立题，就必须承认有科技法。同时，既然以"科技法的结构"立题，就必须具体分析作为统一整体的科技法的组成部分以及这些组成部分的"结构方式"即其有机联系，而不能以科技法的分类取而代之。

（二）科技法的形式结构

法律的形式结构是很重要的，在法律发展史上，法律形式结构问题颇受法学家与立法者的注意。我在《中华法苑四千年》中曾指出：《魏律》在中国古代法制体例的改进方面，有很大的贡献。《魏律》将《具律》改为《刑名》，列为篇首。这种结构形式一直被后世的封建法典所沿用。《晋书·刑法志》所保存的《魏法序略》指出，李悝所造《法经》，《具律》为第六篇，汉初增加了户、兴、厩三章，没有改动《具律》的位置，仍放在第六篇；而《具律》内容是刑名，相当于现在的《刑法总则》，因此，"罪条例既不在始，又不在终，非篇章之义"。就是说汉初《九章律》的结构是不合逻辑的，《魏律》将《刑名》列于篇首，是一大进步。③可见北魏的法学家与立法者已注意到了法律形式结构的重要性。这里的形式结构的重要意义，不仅在于《刑名》(《具律》)的位置是在篇首还是在篇末的方面，而且更重要的是在于相当于"刑法总则"的《刑名》与"刑法分则"的关系（有机联系）方面。

科技法的形式结构与一般法的形式结构大体上并无二致。但由于科技法发展的特殊性，在形式结构上有时也会有所不同、有所创新。可以引以为例的是：美国原子能法的篇

---

① 赵震江主编：《科技法学》，北京大学出版社1991年版，第44页。
②《科技法学》，北京大学出版社1991年版，第45—46页。
③ 倪正茂等：《中华法苑四千年》，群众出版社1987年版，第49—50页。

章结构有一个与其他立法不同的特点，这就是：该法由十九章一百二十五条组成，第一章到第十九章依次排列，每章不到十条，第一章从第一条开始，第二章从第十一条开始，其余依此类推。立法技术上的这种处理方法，目的在于便利增加条目，新增条目可利用有关章节的空条。

日本《水户原子能事务所组织规则》则仅仅只有两条，一条规定该事务所的住址，一条规定该事务所成立的具体时间。

一般地说，科技法的形式结构与其他法的形式结构一样，都必须注意以下几点：

一为，编、章、节、条、款、项的设置，必须服从、服务于法律内容。为达到表述明晰和使用方便的目的而恰当设置，以避免法律规范表述上的混乱。这就是"按需设置"的原则。

二为，条文内容较少的法律、法规，一般只设条、款、项，条以上的层次不应再设。以免冲淡了法律法规的连贯性。

三为，编、章、节、条、款、项的设置，编排、段落、使用的数字、符号等，应做到规范、统一。

日本《水户原子能事务所组织规则》只有两条，自然很容易处理其"形式结构"。有的科技法略为复杂，就要十分注意其形式结构问题了。《奥地利联邦科研组织法》有三章，第一章下设 A—F 六节，第 E 节《C.联邦的研究资助与研究委托》下有五条，每条之下又分设几款。《联邦德国研究与技术部对工商企业研究与革新项目基本费用的资助管理原则》的每一条下面都有款、项、目，详细阐释有关的法律规定。至于一些综合性的法律，既有科技行政方面的规定，又有科技民事方面的法律规定，还有环境保护、法律责任等等方面的法律规定，其编章条款的安排就更为复杂了。

科技法的形式结构是为其内容服务的。由于科技法具有预期性、探索性的特点，其形式结构的特色将会在科技法的发展过程中逐渐显露出来。

（三）科技法的内容结构

和一般法的内容结构一样，科技法的内容结构必须注意以下几点：

其一，法律内容协调一致的原则。即必须在遵守立法宗旨的前提下，根据法律内容的性质和内部之间的联系，妥善安排有关的规定。

其二，法律内容严谨对应的原则。例如，总则内容与分则内容的对应；鼓励性、禁止性、义务性法律规范与奖励、制裁措施的对应；等等。

此外，还应注意所制定法律的内容与其他法律尤其是与母法内容的严格一致。在科技法体系中，根据宪法的有关科技法律规范制定的基本法，可以看作是一般科技法的"母法"。我国的《科学技术进步法》就是被称为"科技宪法"的。因此，一切其他科技法，都必须与《科学技术进步法》保持一致。

为调节有关的社会关系，一般法的内容结构由假定、处理、制裁三部分组成。从科技法来说，就是要解决：该科技法调整法律关系主体的什么行为？这一行为在何种条件下可以发生或者应该发生？违反这一规则的人应承担何种法律后果？例如，我国《技术合同法》在《总则》中规定了所调整的社会关系主体是一切"法人"与"公民"，其行为是"就技术开发、技术转让、技术咨询和技术服务"而订立"确立民事权利与义务关系的合同"的行为；在以下各章中规定了有关行为发生的条件、前提；最后一章则规定了"技术合同争议的仲裁和诉讼"，以便通过仲裁或诉讼明确当事人各方应负的法律责任。

又如日本的《技术士法》。该法的假定部分规定了技术士的资格，即在科学技术方面具有高等专业能力，可以承担计划、研究、设计、分析、试验、评价或指导关于技术业务的工作者，他们必须通过正式考试，合格后经过专门的登记注册而取得技术士资格。该法规定六种人不得做技术士，如"禁治产人或准禁治产人""曾被判处过监禁以上刑罚的人"等。该法的处理部分，针对不同情况，着重规定了取得技术士资格者必须履行的义务，如：禁止技术士丧失信用行为，技术士不得进行损害技术士信用或造成全体技术士不名誉的行为（第二十四条）；技术士负有保守秘密的义务和"表示名称的义务"（即出示其所登录的全部技术部门或部分技术名称，但不得表示未接受其登记的技术部门的名称）等（第二十五、二十六条）。《技术士法》在制裁部分根据各种形式的违法行为分别给予刑事处分或行政强制。如第四十条规定，违反保守秘密义务者，判处一年以下惩役或一万元以下罚金。假定、处理、制裁三部分内容相互呼应，紧密联系，构成了一个有机统一的整体。

前已述及，在我国科技进步法起草的过程中，原拟的几份试写稿都未列入"法律责任"一章，后来上海小组的试写稿中详尽地增写了这一章并做了充分的说明。现在，全国人大常委会通过颁行的《中华人民共和国科学技术进步法》，以第九章《法律责任》共四条，明确规定了制裁措施。如第五十九条第一款规定："在新技术、新产品开发和科学技术成果申报中采取欺骗手段，获取优惠待遇或者奖励的，取消其优惠待遇和奖励，并给予行政处罚或者行政处分。"

以上所说是科技法与一般法在内容结构上大体一致的方面。由于科技法具有激励性的特点，因此，其内容结构比形式结构更易显示出一些特色来。最明显的便是：科技法的法律后果部分，往往肯定式的法律后果比否定式的法律后果更加重要。

否定式的法律后果，是指法律对行为人的违法行为做出制裁性的规定，即前面所说的制裁部分。肯定式的法律后果，则是指法律肯定合法的行为的有效性，并规定予以保护、赞扬或奖励。我国《自然科学奖励条例》《发明奖励条例》《科学技术进步奖励条例》以及《国家星火奖励办法》等，都在法律后果部分做出了明确的关于"奖励"的具体规定。我国《科学技术进步法》则以第八章的专章《科学技术奖励》共五条，规定了肯定式的法律后果。如第五十二条规定："国家建立科学技术奖励制度，对于在科学技术进步活动中做出重要贡献的公民、组织，给予奖励。"第八章之后的第九章为《法律责任》。这样，该法就包含了肯定式与否定式法律后果的两个方面，有赏有罚，有奖有惩，对科技社会关系的法律调节的有效性与激励性，都做了有力的保障。

三、科技法制建设

科技法体系与科技法结构的研究，目的在于为科技法制建设提供科学的依据。恩格斯曾经指出："在现代国家中，法不仅必须适应于总的经济状况，不仅必须是它的表现，而且还必须是不因内在矛盾而自己推翻自己的内部和谐一致的表现。"[①] 科技法体系的研究，可以帮助我们在宏观的层面上为法的"内部和谐一致"提供科学依据；科技法结构的研究，则可以帮助我们在微观的层面上为法的"内部和谐一致"提供科学依据。现在我们从科技法体系、科技法结构与科技法制建设的关系的角度，来探讨一下我国科技法制建设问题。

（一）科技法体系与我国的科技法制建设

科技法体系的研究告诉我们，科技法制建设的远期目标，是形成基本上能够覆盖全部科技社会关系法律调节的"内部和谐一致"的系统性科技法网络。但是，就科技法制建设的发展历程看，由于各级立法机关在不同时间制定单行的科技法，往往会疏忽各种法律文件间的系统联系与内部和谐，因此，未雨绸缪先行研讨与熟悉科技法体系，是科技立法工作机关、科技立法工作者的一项重要任务。

对我国的科技法制建设来说，由于起步较晚，一方面，为适应科技现代化与迎接新技术革命的迫切需要，科技立法的任务非常紧急而重要；另一方面，却也因此可以借鉴许多发达国家在科技法制系统化方面的经验与教训，从而加快我国科技法体系的建立进程。

前面我们曾详细介绍过日本和美国的科技法制建设的状况，并指出其"齐全完善""环环相扣、匹配成龙"等是其可资我们借鉴、学习的特点。这些，应是我国科技法制建设中应予充分注意的。除此之外，我国的科技法制建设还应抓好立法规划、科技法汇编、科技法编纂和科技判例汇编等方面的工作。立法规划的问题，在"科技社会关系的立法调节"一节中已详尽分析，这里着重谈谈科技法律汇编、科技判例汇编与科技法编纂等问题。

1. 科技法律汇编

科技法律汇编是科技法律法规系统化的一种重要形式，即按一定顺序把现行科技法汇编成册，如1984年由国家科委主编的《中华人民共和国科学技术法规汇编》。

---

① ［德］恩格斯：《致康·施米特（1890年10月27日）》，《马克思恩格斯选集》第4卷，第483页。

日本科学技术厅每年都出版《科学技术六法》，这就是日本的科技法汇编。日本《科学技术六法》分六篇，每一篇又分若干部分，具体是：

第一篇，行政组织。分四部分，分别为一般行政组织，研究机关等，定员，委员会、市议会等。

第二篇，法人。分两部分，分别为特殊法人等、公益法人。

第三篇，国际科学技术博览会和技术士。

第四篇，原子能利用。分六部分，分别为通则，核原料、核燃料与原子反应堆的规定，辐射损伤的防止，原子能损害的赔偿，电源开发，其他。

第五篇，有关法令。分为七部分，分别为税制、补助金等、海洋、宇航事业、灾害对策、环境保护、技术引进。

第六篇，条约。分为五部分，分别为科学技术合作、原子能、宇宙开发、海洋、其他。

1988年，笔者作为中国赴日本科技立法研修团的成员，1991年，笔者应成蹊大学、骏河台大学之邀赴日本讲学、研究中日科技法制，曾先后对日本众议院科学技术委员会、科学技术厅等科技法制机构做过广泛的访问，与有关官员及著名的日本专利法学者纹谷畅男教授等深入地交换过意见。日本官方与学者大多不认为有所谓科技法的独立法律部门。所谓《科学技术六法》，是科学技术厅活动的指导法规。但既以"科学技术六法"名之，那么，作为"科技法汇编"来看待，当是无可非议的。日本《科学技术六法》的这一系统化内容与编排次序，大致是按所调整的科技社会关系来确定的：第一篇用于调整科技行政关系；第二、三篇用于调整科技法人关系；第四篇调整原子能事业发展中的社会关系；第五篇调整与科技活动有关的其他方面的社会关系；第六篇调整科技国际关系。但这是我们中国学者的看法，日本学者认为《科学技术六法》只是"与科学技术有关的法律法规"。他们的看法不无道理，正因如此，诸如《法人税法》《所得税法》《领海法》《气象业务法》等在我们看来不属于科技法，而且，如果汇编科技法时也不会作为"正文"收入的法律法规，他们也收入了。

科技法汇编不是新的立法活动，只是对现行科技法进行外部整理，使之系统化；对具体的法律法规，无论在形式结构上，还是在内容结构上，一般都不做任何改动。但是，它同样是科技法制建设的一个重要内容，因为通过科技法汇编，可为查阅、适用和研究现行法提供方便。

通常认为科技法汇编或可按其颁布的时间顺序，或按法律部门，或按法规名称的拼音首字母顺序加以排列，汇编成册。但我认为：如按时间顺序排列，那么会发生要找同类科技社会关系法律调节手段时的重重困难；如按法律部门编排，又会发生要探求相同阶段的科技立法情况的困难；而按拼音首字母编排，更会同时发生上述两种困难。因此，我以为，可以参照日本《科学技术六法》的编排方式，正文基本上按科技社会关系法律调节的分类来编排，同时，附以按时间顺序编排及按拼音首字母顺序编排的目录。这样，读者就可根据各自的需要来寻找与阅读、适用了。正文的编排，之所以说"基本上"按科技社会关系法律调节的分类来进行，是因为诸如宪法中的科技规范、科技基本法以及综合性的科技法（主要是原子能法等高科技法）是很难归类的。这一些难以归类的，就只能越出"基本上"的框架之外了。当然，科技宪法规范、科技基本法等，一般应置于科技法汇编之首，而高科技法等综合性科技法则应殿后而编列。从正文编排中的这些问题来看，按时间顺序或拼音首字母顺序排列，也是不甚妥当的。

2. 科技判例汇编

《中国大百科全书·法学》谈到过法律汇编，周旺生同志的《立法学》及徐承敏主编的《立法理论与立法技术》等著作也谈到过法律汇编，赵震江教授主编的《科技法学》中也有若干文字涉及科技法规汇编，但都没有提及判例汇编与科技判例汇编问题。我认为这是一个很大的缺憾。这是因为，首先，判例法制度早已是与制定法制度"平起平坐"的一种立法制度。"法院立法"与"法官立法"是无可回避的客观事实，而且也早已经法学界首肯为主要立法形式、立法制度之一。其次，科学技术的迅猛发展，科技社会关系的急剧变动，使得科技立法一方面不仅要有预期性，而且也确有相当数量的预期性科技成文立法，另一方面，却又总是跟不上调节科技社会关系的法律需求。因此，根据宪法的科技规范、基本的科技法原则及科技进步的客观需要而相机判断一些科技权益纷争的案件，并以此作为判决同类案件的范本，也就是形成科技判例，已经成为科技立法的一个不可或缺的方面了。这样，科技判例的汇编，就有了与科技法律汇编同样重要的意义。有鉴于此，笔者谨建议全国人大常委会的法制工作委员会、国务院法制局及最高人民法院等机构，应及早组织班子，对科技判例做收集、整理、分类，"爬梳剔抉"，进行"科技判例汇编"方面的工作。

科技判例汇编绝不能按时间顺序或按拼音顺序排列，因为用这两种方法编成的汇编，很难用于查阅，当然不利于适用。最好的方式仍然是按调整科技社会关系的分类来编排，同时辅以按时间顺序编排的目录。后者之所以需要，是因为某一阶段发生的科技案例会有某些共同性。拼音首字母顺序在科技判例汇编中几乎是毫无用处的，因为科技判例不像科技成文法，科技成文法的名称一般都是非常确切地与其内容相一致的，大量的科技判例却很难像科技成文法名称那么冠以恰当、准确的题目。

如果说进行科技法汇编时要注意其"内部的和谐一致"的话，那么，进行科技判例汇编时就更要注意这一问题了。道理很简单，数量有限的科技法汇编比数量十分庞大的科技判例汇编要简单得多；大量的科技判例又是在很大程度上出诸许许多多水平参差不齐的"判官"对科技基本法律的理解、把握，其结果往往会千差万别、沙泥混杂。因此，汇编的准备工作必须十分充分，要有一个精干的选编队伍，先将大量科技判例进行筛选，然后才做十分审慎、细致的汇编工作。

3. 科技法律编纂

科技法律编纂是指重新审定科技法的全部现行法律规范，废除已经陈旧的、修改相互抵触的部分，弥补其缺陷或空白，使之成为基于既定的共同原则、内容协调一致、有机联系的统一的法律。新的经编纂而成的法律法规一经颁布施行，原有的法律法规就自动失效。由此可见，科技法律编纂是重要的立法活动，是科技法制建设的一项重要内容。但从目前我国的情况来看，由于科技法律数量并不太多，而且立法之时本已十分重视各个法律文件的统一性与有机联系，因此，目前还不必强调科技法律编纂的工作。

（二）科技法结构与我国的科技法制建设

1. 科技法的形式结构与我国的科技法制建设

科技法制建设是一项艰巨复杂的系统工程，是一项历时相当长久的任务。参与立法的机构、人员，都可能在这个时间内发生变动。因此，有必要在科技法制建设的初期，即行对有关的形式结构做出必要的统一规定，以便今后长时期内有章可循。当然，这种规定也可不由科技法制建设的有关权力机构自行做出，而由全国性的统一的立法权力机构做出。罗马尼亚社会主义共和国的《规范性文件草案的制定和系统化的立法技术总方法》[①]，就是这样一个对一切立法都有法律效力的文件，它可同样用于科技立法。其中有不少关于法律的形式结构方面的规定，如：

"规范性文件草案的基本结构成分是条文。为了明确地排列，条文的顺序用阿拉伯数字表示。在规范性文件的对象为修改或补充其他文件时，条文的顺序用罗马数字表示，对被修改或被补充的条文仍用阿拉伯数字表示。"（第七十九条）

"条文可以由若干款组成。建议不要在条文中设过多的款。""为了更明确的排列，各款的顺序可以用带括弧的阿拉伯数字表示。"（第八十二条）

"在规范性文件本文中，条文可以根据其篇幅并考虑到各项规范之间的有机联系，分为节、段、章、编。对于法典或其他篇幅较大的法规，可以分册成卷。"（第八十四条）

现在，在我国的科技立法中，已发现了不少形式结构上的不一致，例如：

《中华人民共和国发明奖励条例》第二条规定了该条例所说的"发明""必须同时具备"的"三个条件"："（1）前人所没有的""（2）先进的""（3）经过实践证明可以应用的"。这里的"三个条例"逐一用了"（1）（2）（3）"。《中华人民共和国科学技术进步奖励条例》[②]的第四条规定"可以申请国家级科学技术进步奖"的"四个条件"。这"四个条件"逐一用了"（一）（二）（三）（四）"的序码。同为"条例"，同为"条件"，似

---

① 罗马尼亚社会主义共和国国务委员会于 1976 年以第 16 号法令批准，公布于《罗马尼亚社会主义共和国公报》1976 年 2 月 13 日第 14 期。
② 此处为《中华人民共和国科学技术进步奖励条例》（1984）。现已废止。全书同。——编者注

应统一序码的形式，又如：

《中华人民共和国发明奖励条例》第五条规定的"发明的报批程序"六条，逐一用的是"（1）（2）（3）（4）（5）（6）"的序码，而《中华人民共和国科学技术进步奖励条例》第八条规定的"国家级科学技术进步奖的审批程序"三条，逐一用的却是"（一）（二）（三）"的序码。

有意思的是，上述两例所涉的法规，都是国务院于1993年6月28日"修订"发布的。可见，事先明确规定统一的形式结构，对科技法制建设以至整个社会主义法制建设，不是可有可无的。为增强科技法制的严谨性、统一性，有必要未雨绸缪，预做统一形式结构的规定。

2. 科技法的内容结构与我国的科技法制建设

如果说形式结构的严谨性对科技法制建设十分重要的话，那么，内容结构就更是如此，绝不可等闲视之了。

每一具体的科技法，其内容结构的协调一致、严谨对应以及该法与母法内容的严格一致，是我国科技法制建设中应予高度重视的问题。这对科技大法如《科学技术进步法》来说如此，对科技小法如《技术合同法》来说也是如此。

在《中华人民共和国科学技术进步法》[①]的立法过程中，参与立法的专家、学者以及立法机关成员，都十分注意该法内容结构的严谨性。这从现在我们所见之《科学技术进步法》与草拟中的各个试写稿的对比中，可以看得非常清楚。这里试举一例。在试写稿的撰写和讨论过程中，大家都认为，必须就"科技进步的社会责任"写上些什么，因为它不仅仅是科技人员的事，仅靠科技人员也不够。有一个试写稿写上了一条："科技进步是全国人民的共同事业，全社会都应关心科技进步。"这一条得到各个试写单位的赞同，后来的一些试写稿就都有了这一条，只是措辞略有不同而已。但深入讨论时，又感到"全社会都应关心"云云比较笼统，因而付诸实施时容易流为具文。因此，后来就具体指明"全社会"包括国家机关、企业与事业单位、各个社会团体乃至全体公民。这就是《科学技术进步法》总则第六条第二款（"国家鼓励机关、企事业组织、社会团体和公民参与和支持科学技术进步活动"）的由来。而这一条"总则"，在分则的各章和大多数条款中，又相互对应地得到了细化的体现：整个第二章"科学技术与经济建设和社会发展"的每一条（从第十条到第二十一条），都与之对应——第十条、第十八条、第二十一条都以"国家鼓励……"起首，第十五条、第十六条都指明"地方各级人民政府""应当鼓励……"，第十九条对"企业"在"科技进步的社会责任"方面做了具体规定；第三至第六章又分别做出有关规定；甚至在第九章"法律责任"中，也做了相应的规定。

科技法制建设在我国几乎是一项全新的事业，从迈出第一步开始就注意形式结构、内

---

① 此处为《中华人民共和国科学技术进步法》（1993）。全书同。——编者注

容结构的严谨性,对今后的发展是十分重要的。不仅如此,我们所说"科技法制建设",既包括科技立法,又包括科技司法,还包括科技守法,是一项全方位的工作,每一环节都必须抓好,前文已略述及,这里就不再赘言了。

(三) 科技法制建设中的法律效力投资及其价值选择

制定法律的本身并非目的,其直接目的是法律的实行。美国社会法学家庞德说:"法律的生命在于它的实行。"法律一经制定,便产生了法律效力,但法律效力不等于法律实效。"法律的效力是指法律本身的存在,它具有这样一种特征,对凡行为受法律调整的人都有某种约束力,不仅对一般公民、组织,而且对执法、司法机关或人员都有约束力。……法律的实效……指法律在实际上被遵守和适用。"法律的实行,是法律效力转换为法律实效的必由过程。为使法律实行最佳地体现法律效力向法律实效转换,应当深入探讨法律效力的投资及其价值选择问题。这是我国社会主义法制建设,也是科技法制建设中的一个重大的理论问题。

1. 法律效力的投资

泛泛而谈法律的实行,如仅仅提出"有法必依""违法必究""执法必严",是远远不能使法律效力转化为法律实效的,必须对法律效力进行投资。弗里德曼在《法律制度》一书中,对法律效力的投资的必要性做了探讨。他指出:"……执行取决于投入的资源。繁忙街道上10名警官会比5名抓到更多的超速驾驶人。"[①]他认为,执行反映了两个阶段的决定:首先,社会愿意为法律执行投资多少;其次,这些投资如何发放。司法的质量和性质取决于这些决定,弗里德曼的论述,以称职、尽责的警官为前提;如果像我们常见的那样,三五成群的警官自管自地闲聊,那么再多也无济于事。

法律效力投资的必要性在于:第一,使法律效力不致随着时间的流逝而淡化、虚化、弱化。法律效力既是客观的,又是主观的。某一部科技法的具体规定(如我国科技进步法规定"滥用职权,压制科学技术发明或者合理化建议,情节严重的,对直接责任人员给予行政处分")一旦做出并予公布,就成了不以人们的意志为转移的客观存在,因而是客观的。它的客观性使所有的人,尤其是与此法可能相关的人,切实地感受到了它的约束力和威慑力。这种客观性为人所接受、反映时,经过了人的"消化"。因此,不同的人所理解、所感受的约束力、威慑力是不尽相同的。而如果该法律条文长期未被严格执行,尽管从客观性的层面看,法律效力依旧,而从主观性的层面看,法律效力却很容易在广泛的人群范围内被淡化、虚化、弱化。从这一点出发,对"法律效力"即"法律本身的存在"及其"约束力"的论断,是值得商榷的。不过这是另一论域的问题,这里只要认清法律效力有可能淡化、虚化、弱化就可以了。要使法律效力不致淡化、虚化、弱化,给予投资,使

---

① [美] 弗里德曼:《法律制度》,李琼英、林欣译,中国政法大学出版社1994年版,第112页。

之"保值",当然是必要的。我国科技进步法制定过程中,为设置"法律责任"专章,是颇费了一番周折的。该法颁行多年,从未见有关违反该法因而诉诸法律制裁的,也许一直执行得极好,从无违法的。但若不是如此,那就会导致该法效力的淡化、虚化与弱化。

第二,使法律规定得以顺利实行并保证这种实行得以持之以恒。弗里德曼在谈到上述"两个阶段的决定"后指出:"做这些决定者不仅要权衡交通和盗窃、坏事的轻重需要,还要权衡大街交通控制的需要,白人居住区的坏事和黑人居住区的坏事,等等。民事方面也存两个阶段的决定,如多少法院,哪一类法院,给穷者原告多少补助,离婚法庭投资多少……"

我国的立法工作成果辉煌,在短时期内基本上改变了"无法可依"的局面,这是令人高兴的。但在立法过程中,在大力开展全面性的立法工作的同时,我们在相当大的程度上忘记了或漠视了法律效力的投资问题。哪一部法律在立法之时就比较仔细地(哪怕是粗略地)估算过该法的实行所应投入的资源(人力、物力、财力)呢?恐怕没有。至少,在笔者参与的技术合同法、原子能法、中国科技进步法以及一些地方性立法的过程中,根本无人提起,更不用谈实际地研究、测算并实际地关注法律效力的投资问题了。《森林法》《食品卫生法》的实施,极明显地需要大量的资源投入。显然,对此事先考虑欠周,这些法律实施情况不佳,原因之一即在对法律效力投资无所细虑。

法律效力的投资,主要涉及以下几个方面:

一为实施法律的机构设置的投资。要实施《森林法》,必须加强森林管理机构、巡警机构,必须配备必要的交通、通讯、监控器材。要实施《食品卫生法》,必须加强、增设食品卫生检查机构,必须设置专门的食品卫生检测、化验机构,配备比较齐全、先进的有关设备。

二为实施法律的人员培养、训练的投资。"实施法律的人员"分为作为遵守法律者的一般公民、司法人员与执法人员等不同的层次。对公民要进行法律教育,对此必须有所投入。《文汇报》曾发表《为山杠爷的公开辩护词》一文,引起了学术界与一般公众的莫大兴趣。显然,法律教育投资的雨露,不但没有洒到山杠爷身上,而且也还未及滋润该文作者刘大吉身上。后者恳切地说:"对于数十年一心为了国家利益和村民利益,只是因为文化水平低,以朴素而简单的方法处理问题,乃至触犯现行法律的山杠爷,我请求多给一点宽容,多给一点关怀,多给一点教育。"这里的"多给一点教育"就必须投资,因为山杠爷漫山遍野,成千上万!

三为惩戒罪犯的投资,某市传媒惊呼"一个转速加速、气旋加大的'恶风圈'正在侵袭着本市的社会环境。'犯罪—改造—再犯罪—再改造'的恶性循环已成为危害社会日甚的突出问题"。该市如此,全国皆然。对此,司法界人士要求劳改部门区别初犯、累犯及案件性质,做到分类关押、分层管理,因人施教、隔离恶源、防止"交叉感染";还要求劳动、人事部门在刑释人员的就业安置方面给予考虑;现在,科技侵权(侵犯专利权,随意撕毁技术合同而导致技术成果发明人的知识产权被侵犯)的事件所在多有,虽禁不力,因而屡禁不止,等等。这些,都要求必要的投入,都属法律效力投资的范畴。

此外还有法律实施的跟踪调查以及为法律的修改而做的投资等法律效力的直接投资。至于间接投资,如法学教学、法学研究、法律书籍的出版等,也应有适当的考虑。

仅以上述,很容易产生一个功利性的错觉,即把法律效力投资的视觉,仅仅局限于具体法律条文的实施,甚至仅仅局限于社会秩序的维护方面,因此,有必要进一步深入研究。

2. 法律效力投资的价值选择

(1) 形形色色的选择。

人类在长期的实践活动中形成并遵循着两大基本原则,即真理原则和价值原则。真理原则的基本内容就是人类必须按照世界的发展规律在现实的客观世界基础上去认识世界和改造世界,包括认识和改造人类本身。价值原则的基本内容就是改造世界使之适合于人类社会进一步发展,或按照人的尺度和需要去认识世界和改造世界。真理原则和价值原则在人类的实践活动中,由于作为主体的人的努力,是可以互补并统一起来的。列宁曾这样写道:认识只有在它反映不以人为转移的客观真理时,才能成为对人类有机体有用的认识,成为对人的实践、生命的保存、种的保存的有用的认识。由此可见,价值选择不仅与真理选择密切相关,而且,科学的真理选择才是正确的价值选择。这样,法律效力投资的价值选择,首要的是考虑真理选择。

实用主义者的真理就是实用。"实用即真理",杜威就是这样说的。实用主义者的姻亲——功利主义者的真理就是功利。"功利即真理",边沁等人的法哲学主张可以这样概括。当然不是说不实用、非功利即真理,但是,也不能因此而断定真理选择即实用选择与功利选择。和法律效力投资的价值选择联系起来考虑时,其结论之一便是,实用选择与功利选择不等于真理选择,也不等于价值选择。那么,法律效力投资的"真理选择"的"真理"为何物呢?

(2) 法律效力投资的"真理选择"。

我们正在努力建设与健全社会主义法制,期盼早日成为有中国特色的社会主义的法治国家。当我们这样考虑问题时,法的权威性、法治的重要性、法治的必要性就是第一位的;人们的法律意识的调整、法律观念的增强、社会法律思潮的纯化就是第一位的。这是应当树立的信念,这是应当承认的真理。真理选择及以真理选择为前提的价值选择,都应建立在这样的信念与真理的基础上。由此出发反思我们的法制建设进程,无论是从经验的层面,还是从教训的层面看,都应承认这样两个方面的基本事实:凡高度重视法的权威性的确立,高度重视法律意识、法律观念的增强的一切法律举措,包括法律效力投资,都可以而且已经收到了事半功倍的好效果;与此相反,则事倍功半甚至劳而无功。以"普法教育"为例,对"普法教育"的投资(实际上也就是所"普"之有关法律的效力的投资),

着眼点即价值选择，如果是法律权威、法制观念方面，那么就可收到举一反三的作用，不仅有关法律的知识普及了，而且提高了人们对整个法律体系的权威性的认识，增强了自觉遵守一切法律的观念；与此相异，着眼点即价值选择如果仅为某法律条文、法律规定的了解，那么，能背即止、"走过场"等等弊端就成了最大收获。虽属同样的投资，但不同的价值选择，产生了不同的效果。

（3）法律效力投资的具体体现。

法律效力的投资，体现在立法、司法、执法与守法等主要方面。与此相应，法律效力投资的价值选择也反映在立法、司法、执法、守法等主要方面。

立法总要追求最终的法规详备、体系完整，从而使一切方面都做到"有法可依"。这里，我们撇开法的动态发展、法律体系总是在完备与不完备的矛盾中运动、发展不谈，只是从静态的视角加以分析。那么，作为从无到有而又到全的一个立法发展过程，怎样把握立法过程进度快慢的关节点，亦即怎样分别主次、缓急呢？这就牵涉到法律效力投资的价值选择问题。可供选择的方案是多种多样的，集中全力加快立法进程，加大立法力度，力争在最短的时间内高奏全面完成立法的凯歌；"成熟一个制定一个"；"巩固一批制定一批"；随机，即哪一方面社会需要呼声最高先立哪一个，哪一方面立法人才最齐备先立哪一个……不管选择何种方案，都应把最有利于法律效力向法律实效转化放在第一位。道理很简单，不能转化为法律实效的法律效力，是虚的、是乌有之物。它只能带来损害法律权威、淡化人们的法律意识与法制观念的负面作用。因此，无力付诸实施的法律，宁可暂不制定或暂不宣告生效（即制定并公布，但宣布生效日期为若干年月之后）。但在实际社会生活中的问题并不是可以简单地是是否否的。实施条件完全不具备的情况几乎不存在。正因如此，几乎一切法律都可"超前"制定出来。但也正因存在着既不眉毛胡子一把抓，又不是简单地是是否否，就有了价值选择的必要。这样，不可能就每一部法律的立法条件、立法必要性等一一详论其价值选择，但至少要指出以下两点：第一，无论哪一部具体法律的制定，放在价值选择的第一位的，应是该法以及受该法影响的整个社会主义法律体系的权威性问题；第二，在考虑价值选择时，尤其是与法律权威性相联系考虑价值选择时，应把法律效力投资的可能性系数放在第一位，最好是建立起数学模型，做比较精确的数量分析。

司法是实施法律的关键一环。法律效力投资在司法这一环体现最具体，投入的数量最可观、比例最大。立法者的智慧如果以"智多星"相况而应力避"智多星无（吴）用"的话，那么，司法方面的投入如果以"及时雨"相况，就必须力避"及时雨送（宋）江"。这里，同样有一个价值选择的问题。它反映在以下几个方面：第一，为某法而司法，还是为社会主义法律体系而司法。司法总是具体的，如果人触犯了刑法，予以定罪量刑等等。但具体是抽象的具体，特殊是普遍之特殊，不能离开抽象与普遍来孤立看待具体与特殊。价值选择在这儿就要求做到：把为社会主义法律体系法律实效的实现与为整个社会主义法治的实现而司法作为具体法律的司法的前提与指导思想。第二，在司法的社会效益、经济效益、文化效益以至国际效益上，在司法的近期效益、中期效益和长期效益上，做出恰当的价值选择，并在此基础上恰当分配法律效力的投资资源。这是一个复杂的问题，不仅要做定性分析，还要做定量分析。

执法可以看作司法的延伸，许多学术著作把二者作为一个问题概定以"司法"以便论述。本书前面论及"科技立法、司法、守法的一体化"时，就是将二者作为一个整体以"司法"而综论的。执法的价值选择问题也可与司法的价值选择等量齐观。

守法一词，很少出现在剥削阶级法哲学家、法律思想家的笔下纸上。这同剥削制法律作为人类所创造的法律工具的作用严重异化分不开。在社会主义社会里，法律反映人民的意志，维护人民的利益，守法的自觉性、可能性与现实性是社会主义法制、社会主义法治的"题中应有之义"。因此，在论述法律效力投资的价值选择时，守法作为价值选择的关键环节的地位，是不应稍有忽视的。为使社会主义社会的绝大多数人能够自觉或比较自觉地守法，所做的投资，其"回报率"很可能要远远超出在打击犯罪等方面的投资的"回报率"。当然，打击犯罪也兼有对广大群众的教育作用，这里的界限并不是了了分明的。但我们起码应当承认，在守法方面的投资是少得十分可怜、低得不成比例的。这就会影响整个法律效力投资的实际效果。今后，为法律效力充分地转换为法律实效，是很需要研究一下守法投资问题的。十分自然的是，务必把守法投资作为重要的价值取向，价值选择的天平应当向守法投资方面倾斜。前面我们谈到实用选择、功利选择与真理选择的问题，守法投资作为价值选择的重心，我认为应避免实用选择、功利选择之短，而扬真理选择之长。

法律效力的投资及其价值选择问题，不仅限于上述若干方面，它涉及对法律的性质、地位、结构、功能等一系列问题。例如，弗里德曼论及"法律制裁"时，把"制裁"这一概念的外延从"惩罚"扩大到了"奖励"，意即"奖励"也是一种"制裁"。"制裁"成了中性的概念。这是不无新意的。在拙著《科技法学导论》与《法哲学经纬》中，我都谈到了法律的性质与功能问题，指出：法、法律不是人类从地底唤出折磨自身的魔鬼，而是人类用以帮助自身求得全方位解放的个人创造；法、法律的功能中，不仅有惩罚机制，而且有奖励机制；法、法律的发展，是一个从以惩罚机制为主逐渐向以奖励机制为主的运动过程；等等。仅此一个方面，就漫及到了与法律效力投资及其价值选择的许多值得深入探讨的问题。这些，笔者将在第八章中展开论述。

第七章 科技法律规范论

科技法的内容由科技法律原则、科技法律概念、科技法律规范与科技法律技术规定四要素组成。其中，科技法律规范是科技法内容的基础，是主要的内容。为进一步探索科技法学原理，必须深入研究科技法律规范这一主要内容。

一、科技法内容四要素与科技法律规范

科技法律原则、科技法律概念、科技法律规范和科技法律技术规定四要素的有机联系、紧密结合，构成了科技法的完整内容。四者缺一不可，相辅相成。其中，科技法律原则是科技法内容的核心，科技法律概念是科技法内容的细胞，科技法律规范是科技法内容的基础，科技法律技术规定是科技法内容的必要辅翼。

（一）科技法律原则

法律原则是法律内容的核心和灵魂。不同社会制度的法律，有不尽相同的法律原则，例如，《中国大百科全书·法学》的"资本主义法"条[1]指出，资本主义法的基本原则与特点是：私有财产神圣不可侵犯，契约自由，法律面前人人平等，法治，等等；"社会主义法"条[2]指出，社会主义法的原则可以归结为民主原则、法制原则、国际主义原则、社会主义原则等等。我们不拟讨论上述概括是否科学、准确，仅想借以说明，法律有其原则，这些原则是贯穿于同一类型的全部法律之中的。这是就法律的整体而言。

对于部门法来说，又存在特定的法律原则，例如我国的刑事诉讼法原则为：职权原则，司法机关同群众相结合的原则，以事实为根据、以法律为准绳的原则，审判独立的原则，分工负责、互相配合、互相制约原则，使用民族语言原则，审判公开原则，不告不

---

[1]《中国大百科全书·法学》，中国大百科全书出版社1984年版，第821—822页。
[2] 同上书，第516—517页。

理原则,一事不再理原则,直接原则,不间断原则,辩论原则,等等;我国的民事诉讼法主要原则为:辩论原则,诉讼权利平等原则,国家干预原则,社会干预原则及处分原则,等等。

科技法作为部门法,同样有自身的特定原则。这些原则是对科技法精神的概括性规定,最集中地体现着科技社会关系、经济社会关系的总要求、总规律和科技法本身的性质。

要注意的是,不能把科技法律原则与科技立法原则混淆起来,正如不能把法律原则与立法原则混淆起来一样。河南省人大教科文卫委员会的赵忠远同志在《科技立法的若干方法原则》中指出,科技立法的主要原则是:实事求是,从实际出发的原则;适应改革开放的需要,坚持积极慎重的原则;原则性与灵活性相结合的原则;稳定性与适时修订相结合的原则等。① 赵忠远在这里谈的是一切科技法的立法原则。关于具体的科技法的立法原则,北京市科学学研究中心穆素娉同志的《企业科技进步法律调节的特点及原则》②一文已经涉及。文中指出,在运用法律手段对企业科技进步进行宏观调节时,应遵守"干预性和诱导性相结合的原则""专业性与综合性相结合的原则""超前性与现实性相结合的原则"与"稳定性与灵活性相结合的原则"。虽然该文未明确指出这是"立法原则",但在具体分析时,确是将这些作为立法原则看待的。例如,文中写道:"企业科技进步是一件长期的战略方针,不是权宜之计,必须有稳定的立法保证其实现,但它又要受科技发展、经济发展的影响与作用,随着科技与经济体制改革会不断提出新问题和新要求,企业科技进步立法也要做适当修改……"这是该文对"稳定性与灵活性相结合"的原则的解释,显然指的是立法原则。以上是关于科技立法原则的适例。

但有时,我们从一些关于"科技立法原则"的文章中看到的,却不全是"科技立法原则",而有不少是"科技法律原则"。这就说明,人们把二者混淆起来了。例如,纪荣荣同志在《论科技进步法的立法原则》③一文中指出,我国科技进步法的立法原则应包括:科技进步和经济建设协调发展的原则、国家与社会共同参与的原则、鼓励竞争的原则、适当超前的原则、优先发展的原则以及奖励原则等。这里,似乎已出现了一些混淆法律原则与立法原则的问题。我以为,除"适当超前"可视作或可建议作为我国科技进步法的立法原则外,其余各点,均应作为科技进步法的法律原则来看待。《科技法学》一书指出:科技法律原则"对于确立、理解、掌握和执行科技法律规范具有十分重要的指导性意义。法律原则本身并不直接调整科技关系,但对科技关系发挥着独立的影响。一般来说,科技法律、法规的总则部分和宪法中有关科技的条文,大都是有关科技法律原则的规定。"④ 这些

---

① 《科技进步的法律调节》,专利文献出版社1992年版,第121—128页。
② 同上书,第75—81页。
③ 《中国科技进步法制研究》,专利文献出版社1992年版,第10—19页。
④ 《科技法学》,北京大学出版社1992年版,第64页。

观点是十分正确的。据此来分析纪荣荣同志提出的科技进步法"立法原则"，比较容易看出问题之所在。

科技法律原则作为科技法内容的核心和灵魂，应当贯串法律全文。例如，我国《技术合同法》的总则第三条、第四条、第五条、第六条的规定，确定了"订立技术合同，必须遵守法律、法规"的原则；必须"有利于科学技术的进步"的原则；必须"加速科学技术成果的应用和推广"的原则；必须"遵循自愿平等、互利有偿和诚实信用的原则"以及保密原则、奖励原则等等。这些原则，在《技术合同法》的其他具体条文中都得到了体现。例如第十四条规定："为订立技术合同提供服务的中介机构，应当遵守本法的有关规定，遵循诚实信用的原则，可以收取合理的费用。"第二十九条规定："委托方违反合同造成研究开发工作停滞、延误或者失败的，应当支付违约金或者赔偿损失。"这是"互利有偿"原则的一种体现。

（二）科技法律概念

科技法律概念是科技法内容的"细胞"，无此"细胞"，任何科技法律原则无从表现，任何科技法律规范不得形成，甚至连科技法律的技术性规定也无所附丽。

法律的基本作用之一是理顺社会关系，使人们的行为有所规范。为了达到这一目的，必须在法律制度中形成一些有助于对社会生活中的多种多样的现象进行分类的专门概念。因此，法律概念就应运而生了。"法律概念可以被视为是用来以一种简略表述方式识别那些具有相同或共同要素的典型情形的操作工具。"例如，"当一个人向另一个人许诺一种行为以得到后者的某种允诺时，这种情形在法律术语上就被称之为'合同'，并受制于广泛的规范制度"①。

科技法律概念就是在科技法律制度中形成的有助于把握科技社会关系及其法律调节的专门概念。诸如"专利权""职务发明""非职务发明""专利侵权""技术合同""技术中介合同""技术转让合同""科技成果""科技人员""商标""知识产权"等等，都是科技法律概念。

《科技法学》一书认为："科技法律概念是指对有关法律术语的确切含义所做的界定性规定……"并指出，诸如《专利法》对"创造发明"的规定，对"新颖性""创造性"和"实用性"的规定等，就是"科技法律概念"。②窃以为这里有两个问题值得商榷。

其一，"科技法律概念"与"科技法律术语"的关系。按《科技法学》一书的意见，"科技法律概念"是用以解释"科技法律术语"的。我认为，科技法律术语是科技法律方面的学术用语，诸如"科技法""科技社会关系""科技社会关系的法律调节""专利

---

① ［美］E.博登海默：《法理学——法哲学及其方法》，华夏出版社1987年版，第462页。
② 《科技法学》，北京大学出版社1992年版，第64—65页。

权""职务发明""科技违法责任""专利侵权"等等都是，其内涵较小、外延甚大，包括了"科技法律概念"，也就是说"科技法律概念"本身就是"科技法律术语"。这样，用"科技法律概念"去"界定""科技法律术语"，就变得不恰当了。

其二，对"创造发明""新颖性"等等的规定，可否称为"科技法律概念"？我以为，"创造发明""新颖性"等等，本身就是科技法律概念，而有关的规定，是对这些科技法律概念内涵或外延的揭示，即对有关科技法律概念所做的解释，或者说是对它的确切含义的"界定"。但正因如此，这些"界定"只是"界定"而已，不能认其为"科技法律概念"。

但科技法律概念是必须阐明才能使人们了解、把握的，因此，在科技法中对关键性的科技法律概念常常做出有关其含义的界定。这种界定，有时是定性式的，有时是定量式的，有时则兼二者而有之。

我国《专利法》规定："本法所称的发明创造是指发明、实用新型和外观设计。"（第二条）"新颖性，是指在申请日以前没有同样的发明或者实用新型在国内外出版物上公开发表过、在国内公开使用过或者以其他方式为公众所知，也没有同样的发明或者实用新型由他人向专利局提出过申请并且记载在申请日以后公布的专利申请文件中。""创造性，是指同申请日以前已有的技术相比，该发明有突出的实质性特点和显著的进步，该实用新型有实质性特点和进步。""实用性，是指该发明或者实用新型能够制造或者使用，并且能够产生积极效果。"（第二十二条）这些，就是对"发明创造""新颖性""创造性""实用性"等专利法律概念的定性式的界定。

我国《自然科学奖励条例实施细则》第三条对"获得国家自然科学奖的科学研究成果"这一概念做了界定。其中，有定性式的界定（"对自然现象和规律的新发现，或者在科学理论、学说上有创见，在研究方法、手段上有创新，以及在基础数据的搜集和综合分析上有创造性和系统性的贡献"等），也有定量式的界定（"主要论著已在国内外公开发行的学术期刊上发表或者作为学术专著出版一年以上"）。

科技法律概念既是科技法内容的"细胞"，那么，科学地拟制科技法律概念与做出明确、具体的界定是十分重要的。

我们先来看科学地拟制科技法律概念的问题。

现在，对"专利法""专利权"这些概念，人们的理解已趋于一致了。但是，就在不久之前，"……对'专利权'的看法，更确切地说，对'专利权'的理解，美国和日本是大为不同的"①。我们知道，在日本，专利法被叫作"特许法"、专利权则被称为"特许权"的。这在很大程度上与日本专利制度的形成过程的特点有关。日本政府曾长期拒绝给予发明创造以专利，后来迫不得已才设立处理发明创造的政府机构，称为"特许局"。在"特

---

① ［日］菊池诚：《半导体》，日本六月社1959年版，转引自［日］竹田和彦：《专利基础知识》，上海翻译出版公司1986年版，第9页。

许局"的基础上,才慢慢地衍生、发育形成了"特许法"。这个形成过程,使得日本的专利法带有很强的科技行政法的特性,其重心是放在专利权的授予上的。直至现在,日本的专利法仍以"特许法"相称。欧美国家则不同,对创造发明的专利权,威尼斯共和国、英国、美国的政府重在促进与保障,重在发明创造者的"专利"而不是政府的"授予"。因此,我国译为"专利法",并以"专利法"之名立法,是比较科学的。当然,现在日本虽然仍以"特许法"相称,但已与各国同步、同调、同取"促进与保障"专利权的重心了。

我国科学技术基本法的立法过程中,曾经有两种意见争论得很热烈。一种意见认为应将该法定名为"科技基本法",一种意见认为应将该法定名为"科技进步法"。如大家所看到的,现在已经以《中华人民共和国科学技术进步法》立法。采取"科技进步法"这一概念,是经过反复权衡而拟定的。这一概念并不排除"基本法"的含义,而又有"重在促进"科技进步的含义,因此为立法机关所接受了。

在我国《技术合同法》的起草过程中,曾就"技术服务合同"与"技术咨询合同"这两个概念合并提出、还是分别提出进行过认真的讨论。现行《技术合同法》是分别提出的,该法第四十四条规定:"技术咨询合同是当事人一方为另一方就特定技术项目提供可行性论证、技术预测、专题技术调查、分析评价报告所订立的合同。"第四十七条则规定:"技术服务合同是指当事人一方以技术知识为另一方解决特定技术问题所订立的合同。"段瑞春同志在《技术合同法原理和实践》一书中特意对这两个科技法律概念的异同做了分析。他指出:"技术服务合同和技术咨询合同常被人们统称为技术咨询服务合同。二者都是社会服务类型的合同,都是一方利用技术知识为解决另一方的特定技术问题提供服务。但二者服务内容不同,技术咨询是对项目进行可行性论证、分析、评价和调查,提出决策建议和方案;技术服务则要进行具体的技术工作,解决实际技术问题。正因为如此,这两种合同当事人所承担的责任迥然不同。"[①] 这一解释使得人们对"技术服务合同"与"技术咨询合同"这两个科技合同法律概念的内涵更清楚了。应当承认,合并提出"科技咨询服务合同"的概念,有混淆不同的合同、难以论定法律责任的弊病,分别提出则是比较科学的概念拟制。

科学地拟制科技法律概念,实际上是科学地反映客观事物并加精确表达的问题。这里的"客观事物"是指科技社会关系和科技社会关系的法律调节。如"科技咨询合同"就是一种科技社会关系,这是一种合同关系,合同的内容是有关"科技咨询"方面的行为。所谓"科学地反映",包括如实反映、高度概括等含义。所谓"精确表达",是指所用以表达该概念的术语应当是精确的。例如,我国采用的"专利法"这一科技法律概念,是从英语"patent law"翻译而来的。英语之"patent"则源于拉丁文"litterae patents",拉丁语意有"公开"的含义,原指盖有国玺印鉴、不必拆封即可打开阅读的一种文件。如果我们

[①] 段瑞春:《技术合同法原理和实践》,科学出版社1988年版,第174页。

从日文汉字的"特许法"直接移用,就不如"专利法"更能精确地表达有关专利权益的法律调节的概念了。

现在我们再来看对科技法律概念做出明确、具体的界定的问题。

在科技立法中,对科技法律概念的界定不应当是含糊其词、模棱两可的。因此,抽象、笼统、原则的表述,不应作为对科技法律概念的规定。我国《技术合同法实施条例》第二条规定:"技术合同法第二条所称的法人,是指机关法人、事业单位法人、社会团体法人和企业法人。""该条所称的公民,是指具有中华人民共和国国籍的人。"之所以在《实施条例》中对"法人""公民"做出规定,就是为了界定这两个概念。

在主编《中国科技进步法制研究》一书以及主持起草《中国科技进步法》试写稿(沪案)时,我们都曾试图对一系列科技法律概念做出界定。当时曾组织了一个小小组,花了相当多的时间,对选出的60多个在《科技进步法》中出现的概念进行阐释。初稿写成之后,曾做过反复的修改。但后来我们放弃了这一努力,不仅未作为《科技进步法》上海试写稿的附件交出,而且在《中国科技进步法制研究》一书中也未收入,原因就在于感到没有把握对这些概念做出明确、具体、毫不含糊的解释或界定。

对那些一时还无法明确、具体界定的科技法律概念,宁可暂不予以界定。现在,我国的《科学技术进步法》业已出台,整部法律中出现了大量的科技法律概念,但都未做界定。但未做界定不等于永远不做界定,也不做解释。因此,我国的科技法制建设.在科技法律概念的界定与解释方面的任务,还是相当繁重的。

(三)科技法律的技术性规定

科技法律的技术性规定是科技法内容的必要辅翼,如无这一辅翼,科技法内容不但是不完整的,而且,对一切科技法来说是绝对行不通的。

我所说的"科技法律的技术性规定",是指在科技法律法规中有关与其他法律法规的关系、解释权与解释方法、生效日期等方面的规定。例如,我国《技术合同法实施条例》[①]的第一条就是一种"技术性规定":"根据《中华人民共和国技术合同法》(以下简称技术合同法)第五十四条的规定,制定本条例。"以此回溯,《技术合同法》第五十四条本身也是技术性规定:"国务院科学技术主管部门可以根据本法制定实施条例,报国务院批准施行。"该法第五十三条的规定——"本法施行以后订立的技术合同,不适用经济合同法。"——也是"技术性规定"。又如《技术合同法实施条例》第九章《附则》的全部条款,即从第一百三十一条到第一百三十四条,都属"技术性规定"。其中第一百三十三条规定"本条例由国家科学技术委员会解释",第一百三十四条规定"本条例自发布之日起施行"。这样,该《条例》标题下以括号注明的"(1989年2月15日经国务院批准,

---

① 此处为《中华人民共和国技术合同法实施条例》(1989)。全书同。——编者注

1989年3月15日国家科委发布实行)"也成了"技术性规定"的内容了。

有的同志认为,技术性法律规定是指在科技法律、法规中有关生效日期、科技产业税务计算公式、产品质量检验标准、产品技术标准等一类内容的技术性规定。他们所举实例中有我国《专利法》第二十八条中对"申请日"的规定,《技术合同法实施条例》中对技术合同价款、报酬和使用费的确定方式、计算方式、支付方式等的规定。对此,笔者不敢全盘苟同。

《技术合同法实施条例》第十四条规定:"技术合同的价款、报酬和使用费,由当事人根据技术成果的经济效益和社会效益、研究开发技术的成本、技术成果的工业化开发程度、当事人享有的权益和承担的责任,协商确定。""价款、报酬、使用费中包含非技术性款项的,应当分项计算。"第十五条规定:"技术合同价款、报酬和使用费的支付方式由当事人协商议定,可以采取一次总算、一次总付或者一次总算、分期支付,也可以采取提成支付或者提成支付附加预付入门费的方式。"诸如此类的规定,我以为不能作为科技法律的"技术性规定"来看待,而应作为科技法内容中的"科技法律规范"来看待。不然的话,该《实施条例》中至少有一半条款可以划入"技术性规定"的范畴中去,那就太过宽泛了。

(四)科技法律规范

科技法律规范是科技法内容的主要构成部分,因而是科技法内容的基础,任何科技法都不能离开科技法律规范。

法律规范是国家机关制定或认可、由国家强制力保证其实施的一般行为规则。它所针对的不是个别的、特定的事或人,而是适用于大量同类的事或人;不是适用一次就完结,而是多次适用的一般规则。

科技法律规范是国家机关制定或认可、由国家强制力保证其实施的从事科学技术活动的行为规则。前述"技术合同价款、报酬和使用费的支付方式由当事人协商议定,可以采取一次总算、一次总付或者一次总算、分期支付,也可以采取提成支付或者提成支付附加预付入门费的方式"等规定,就是"从事科学技术活动的行为规则"。因此我们不以其为科技法内容中的技术性规定,而视作"科技法律规范"。

然而,这一"科技法律规范"又是科技法律的条文。那么,二者的关系如何呢?

科技法律规范与科技法律条文既相联系,又相区别,是两个不同的概念。其联系是,在成文法制的国家中科技法律规范总是以法律条文来表达的。因此,二者是内容与形式的关系,科技法律规范是科技法律条文的内容,而条文则是规范的形式。但科技法律条文并不总是表达科技法律规范的,因为它还身负表达科技法律原则、科技法的技术性规定或表达对科技法律概念的解释、界定之责。顺便提及,有的同志认为科技法律条文有时表达科技法律概念,这是不妥当的。科技法律概念如"专利权""技术合同""新颖性"等,不可能也不必要用一个条文来表达。

此外,科技法律条文与科技法律规范也不是一一对应的,即一条条文表达一个规范,一个规范只用一条条文表达。在科技法内容中,往往有一条科技法条文表达几个科技法律规范,而一个法律规范又用几条法律条文表达的情况。例如,我国《科学技术进步奖励条例》第四条规定"具备以下条件之一的,可以申请国家级科学技术进步奖"。所说"以下条件"一共有四条。这样,该《条例》第四条的条文,实际上包括了四个科技法律规范。这是一条条文表达几个规范的例子。又如,《技术合同法》第二十八条第一款规定了委托方的主要义务,而第二十九条第一款则规定"委托方违反合同造成研究开发工作停滞、延误或者失败的,应当支付违约金或者赔偿损失"。前者所规定的是委托方的行为,后者所规定的是委托方的法律后果,在两条条文中表达了一个法律规范。

(五)科技法内容四要素的有机联系

科技法律原则、科技法律概念、科技法律的技术性规定与科技法律规范这科技法内容四要素,在科技法中紧密结合、有机联系,构成一个统一的整体。科技法之成为科技法,科技法之得以发挥调整科技社会关系的作用,从其自身来说,就在于四要素构成了一个统一的整体。

贯穿科技法全文的科技法律原则,主要体现在一个个科技法律规范中。这些法律原则以及它的载体——科技法律规范,又是由科技法律概念这一"细胞"组成的。具体地行使调整科技社会关系的作用的,是科技法律规范。但是,第一,科技法律规范数量有限,覆盖面有限,而科技活动迅速发展,科技社会关系日新月异,层出不穷的新问题、新矛盾要求用法律手段加以解决,这时,科技法律原则与有关的科技法律规范所体现的精神就共同承担起指导法律调节的作用;第二,科技法律的技术性规定,使得有关科技法律规范有了明确的生效日期、解释方法等等,两者也是相辅相成的。因此,在科技法整体中,科技法内容的四要素是应当形成有机联系的浑然整体的。

科技法内容四要素的有机联系应是有序的,而这种有序性体现在以下几方面:

1. 科技法律概念的有序出现与有序解释、界定

作为科技法内容的"细胞",科技法律概念本身相互之间有一定的关系。这种关系主要是纵向的上下位概念的统属关系与横向的同位概念的并列关系。当一部科技法中出现互有统属关系的上下位概念时,上位概念的出现或界定、解释在前,下位概念的出现或界定、解释在后。例如,在我国《技术合同法》中,"技术合同"是上位概念,首次出现在该法第三条中;"技术开发合同""技术转让合同""技术咨询合同"与"技术服务合同"是下位概念,依次出现在第三条之后的第二十七条(第三章起)、第三十四条(第四章起)、第四十四条与第四十七条(在第五章)中。有关的界定与解释,也是依上述次序先后排列的。

当一部科技法中出现互有并列关系的同位概念时,有关概念的出现按这些概念的价值、功能,或主次,或轻重,或时序,或空间序列等的关系有序地先后出现或做界定、解释。例如"技术开发合同""技术转让合同""技术咨询合同"与"技术服务合同"四个概念是同位的并列概念,之所以"技术开发合同"出现在先而"技术转让合同"出现在后,是因为在时序上一定是先有"开发",后才有对开发成果的"转让"。《技术合同法》第二章为《技术合同的订立、履行、变更和解除》,"订立""履行""变更""解除"为有并列关系的同位概念,都是"技术合同"运行的一种具体状况,由于时序上总是"订立"在先、"履行"在后,因此,二者就依次在该法中"各就各位"了。"变更"与"解除"有时是时序上的先后,有时并无此种时序关系,即有的技术合同未做任何变更却须解除。因为无论何种状况,"解除"总是"技术合同"运行的终点,因此,必须也只能放在最后。此外,诸如"委托"在前,"开发"在后,所以"委托方"概念出现在前,"开发方"概念出现在后,"委托方的义务"概念与"开发方的义务"先后出现。

任何一部稍具规模的科技法,同样,任何一部稍具规模的法律,其法律概念的逻辑结构都应是有序的,如果加以研究,都可得到一篇很好的法律逻辑学论文。囿于篇幅,我们不做展论,仅就《技术合同法》的主要概念列一示意图(图6)以窥一斑:

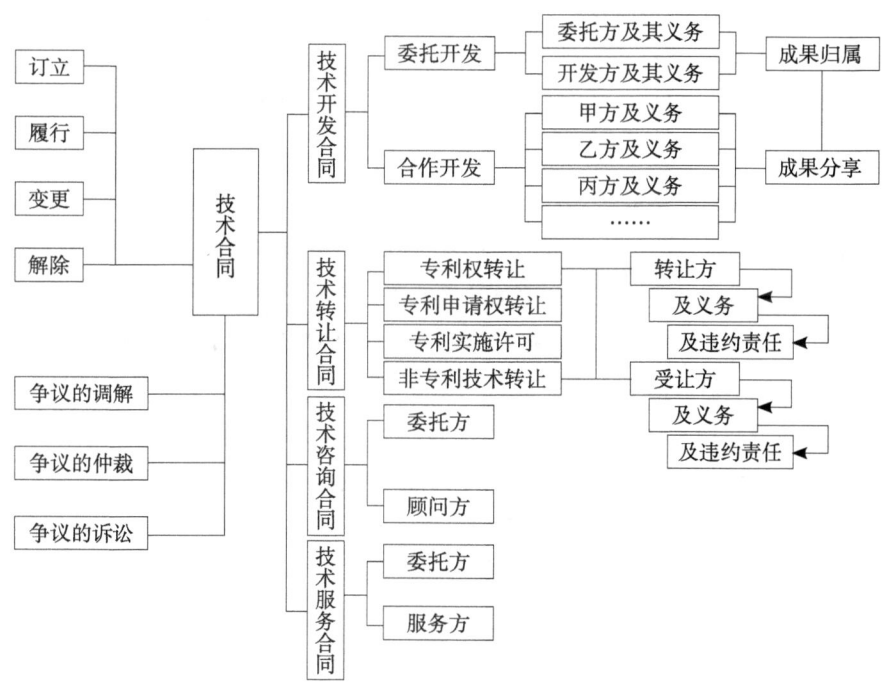

图6 《技术合同法》结构图

2. 科技法律规范的有序排列

科技法律规范有序排列的依据是这些规范的内在的有机联系及其逻辑结构。

《科技法学》一书指出："在逻辑构成上说来，法律规范是由两部分构成的，即行为模式和法律后果。任何一个完整的法律规范，都离不开这两个部分。"[①] 科技法律当然也是如此。同时，法律后果是法律行为的法律处置，当然总是法律行为在前，法律后果在后。但科技法律规范中，还有相当大一部分是一些各个独立的并不存在这种"行为→后果"式关系的规范，这些各个独立的规范并不乏内在的有机联系，一般也应有序排列。例如，关于订立技术开发合同与订立技术咨询合同或订立技术服务合同，就是各个独立的法律行为，相互之间不存在"行为→后果"式的关系，但也应有序排列。这是一个饶有兴味的问题：为什么关于订立"技术开发合同"的规范排列在关于订立"技术咨询合同"的规范的前面？一定要这样排列吗？其实，一个拥有相当技术力量的科技劳动组织或具有一定技术知识的科技劳动者，大量的工作是接受技术咨询，而非"开发"在前，"咨询"在后，因为有不少"咨询"内容，是可以以其书本知识、其他来源的间接经验予以解答的。但《技术合同法》硬是将有关订立"技术开发合同"的行为规范排列在前了。其原因不在别的，而在于"技术开发"的价值、功能更大，更具开拓性，就人类社会科技进步的整体行为来看，还是"开发"在先的（不管是何因、何人、何年何月开发）。不过，我们使用了"一般也应……"的措辞，这表明，（具体来说）如果将订立"技术咨询合同"的规范排列在前也是可以的。但是，有关订立"技术咨询合同"的规范与有关订立"技术服务合同"的规范，就必须前后相连，不能拆开而在中间插入有关订立"技术开发合同"的规范了。

3. 科技法律原则的有序排列

一部稍具规模的科技法，往往有两个或两个以上的科技法律原则。这些科技法律原则之间，存在科技法律意义上的或社会学意义上的主次关系，或其他足以提出排列顺序要求的关系。因此，任何一部科学合理的科技法，其法律原则的排列都会是科学、有序的。

我国《科学技术进步法》包含一系列科技法律原则，其中居于统帅一切地位的原则是"国家实行经济建设和社会发展依靠科学技术，科学技术工作面向经济建设和社会发展的基本方针"（第二条），因此，这一项原则置于该法包含的各项科技法律原则的最前面。该法从第三条到第五条依次是关于"科学研究的自由"的原则，"改革和完善科技体制"的原则，鼓励科技研究、开发、成果推广与应用的原则，普及科技知识的原则，科学决策的原则，科技主管部门的统筹协调原则，对外科技交往的原则等。这些重大科技法律原则的排列，仔细分析一下，其逻辑是相当严密的，或递进，或并列，条分缕析，极为清晰。

[①] 赵震江主编：《科技法学》，北京大学出版社1991年版，第75页。

4. 科技法律技术性规定的有序排列

科技法律的技术性规定不但是不可或缺的，而且有时是十分重要、占有相当篇幅的。例如 1986 年 1 月 23 日由国务院发布的《关于科学技术拨款管理的暂行规定》，总共十二条，其中第一条和第九至第十二条一共五条，全部为技术性规定，占该科技法条款数的近 42%。这些条文的排列当然也是有序的。如第一条是关于制定该法的法律依据的说明，毫无疑问应放在最前面。第九条为"国家自然科学基金的拨款办法"的规定，如有具体的拨款办法，这一条就成了"科技法律规范"，但有关"规定"是"另行规定"，于是就成了"技术性规定"。第十条也一样。同时，"国防科技拨款管理办法"的"地位"低于"国家自然科学基金的拨款办法"，因而置于第九条之后。第十一条为解释权的规定，第十二条为施行日期的规定。施行日期的规定永远是放在最后的，关于解释权的规定当然置于它的前面。《技术合同法实施条例》由于条文较多，内容比较复杂，所以专列末章共四条作为"附则"，全部为技术性规定，其排列顺序可作大致如上的分析。

（六）科技法附加内容及其排列

科技法内容除上述科技法律原则等四要素之外，往往还有其他一些非要素的内容。从各国的科技法看，这些非要素的内容主要有目录、注释、附录、索引等。

有的国家的部分科技法由于内容很丰富，规定极详尽，为查找方便，往往在法律文本的前面附有目录，如《奥地利保护微电子半导体产品芯片的联邦法》的正文前便有目录。

附录当然置于法律文本的后面，而且都放在正文最后一条的后面。这是附录与附则的不同，附则是法律文本的正文，附录则不是。但附录不是与该法无意义、与该法无关的。《意大利关于调整国家研究委员会 1945 年 3 月 1 日第 82 号法令的修改令》《日本高技术工业密集区开发法》及其《政令》《施行令》《联邦德国研究与技术部接受资助者与承办人间的研究与革新合同标准格式》《法国科研与技术部关于对外技术合同原则的条例》以及我国的《科学技术进步法》都有附录。

我国《科学技术进步法》所"附"者，为"法律有关条文"，分"有关行政责任的条文"（其中包括"国务院关于国家行政机关工作人员的奖惩暂行规定有关条款""专利法有关条款""会计法有关条款"）、"有关民事责任的条文"（包括"民法通则有关条款""著作权法有关条款""专利法有关条款"）和"有关刑事责任的条文"等三个方面。

附录的形式主要计有关的法律条款、图表、文件格式、有关机关或人员名单、计算表、价目表等。

科技法之援引其他法律文件作为附录，主要有两种情况。

一为援引其他法律文件的有关规定，作为本法调整科技社会关系的手段的补充。如《意大利 1982 年 8 月 7 日第 526 号法》（《发展经济的紧急措施》）第二条："1982 年 4 月 26 日第 181 号法律的第十二条第三款及后面各条有关观念也适用于各大学的科研所及各高级研究所。凡与本法律规定不相符的法律规定,上述研究所均按本法规定进行管理。"第八条第二款:"前面所提到的捐助,按照1969年12月24日第990号法律第十条规定,应由大区或提供资金的企业之股份代替,国家卫生部门对责任承担人或企业指定的承担人负责,以抵销由于交通事故向受害者提供资金。"我国《科学技术进步法》附录所援引的全部法律条款,都起这种补充调整手段的作用。

二为援引其他法律文件的有关规定,以便指出与这一法律的关系,这是一种解释性的援引。

二、科技法律规范的特征

《科技法学》一书列有专节讨论"科技法律规范的一般特征",指出"科技法律规范的特征可以从不同角度加以探讨",而其"一般特征"则为:概括性,因而具有普遍性;权威性,它表明"一切合法行为都将受到法律的肯定、支持、鼓励或奖励,一切违法行为则将受到法律的否定、撤销或制裁";可预测性,即"当事人可以相互预测对方的行为""人们可以事先预见到某种行为的可为性及其在法律上的结果"。[①]

我以为,只要讲到"科技法律规范"的"特征",不管是"一般特征"也好,还是"非一般特征"也好,就应与其他部门法律有所区别。上述"概括性——普遍性""权威性"及"可预见性"等,在很大的程度上是一般法律规范的特征,一般法律规范以此与其他社会规范如道德规范等相区别,因而很难作为科技法律规范的特征来看待。这里,笔者试提出以下几点来,作为引玉粗砖,供研究者参考。

(一)科技法律规范渊源的广泛性

关于科技法渊源问题,前文已做比较详细的分析,不拟重复,这里是从科技法律规范渊源的广泛性的角度来阐述的。

科技法律规范渊源的广泛性是十分显然的。

其一,科技法律规范中的一个大类是从技术规范转化而来的。技术规范是人类社会两大规范中的一类,另一类为社会规范。技术规范之转化为法律规范,没有一条一款进入其他部门法(如民法、刑法、诉讼法等)的范畴,而全部进入了科技法律规范的范畴。这就使这一点成了科技法律规范的一个"绝对"的特征。

其二,科技法律规范中有不少是从科技团体的章程或规范性决议转化而来的。由于科技进步事业的知识密集程度在一切事业中是最高的,同时,它又总是带着开拓性、探索性与一定程度的风险性,为了更好地按照科学技术发展的客观规律办事,为了更好地调整科

[①] 赵震江主编:《科技法学》,北京大学出版社1991年版,第68—74页。

技社会关系，国家与地方政府在调整科技社会关系时，常常借助科技社团所制定的章程、规则之力。于是，赋予享有依据法律制定某些规范性文件权力的国家科学院或高级学术团体，依据法律规定或政府权力机关批准所制定的章程和规范性决议，对科技人员具有法律约束力。这些科技团体的章程、规则、决议就成了科技法律规范的渊源。日本学术会议于1980年4月通过的《科学和宪章》就是一例。日本学术会议并非立法机关，《科学和宪章》自然只是一种被赋予"伟大的字眼"的章程。但它却被日本科技界视为行动准则，其内容并为科技立法文件所吸收，从而成为科技法律规范的渊源。这种从某类社团章程转化为法律规范的情况，在其他部门法中已基本绝迹了，因此，可以看作是科技法律规范渊源广泛特征的表现。

其三，科技政策的法律化已越来越频繁地出现。这一点最明显的领域性例证是高技术方面。高技术是人类千万年来智慧发展的当代结晶，现在更关系到每一个国家的经济、政治、军事实力与社会发展，因而受到各国政府的高度重视。为促进与保护高技术的发展，各国以制定相应政策做出快速反应。为了保证这些政策的贯彻，又常在政策实施比较成功的基础上赋予法律效力，从而使之法律化。美国的《国家科学技术政策、组织和重点法》是一个比较典型的例子。我国《科学技术进步法》中的"高技术研究和高技术产业"一章（第三章）五条，几乎每一条、每一个字都是从高科技政策中转化而来的。

科技政策以及计划、方针等的法律化的最明显的国别表现，当首推日本。日本的"政策大纲""制度"中，有许多都被赋予了法律效力，如1978年8月制定的《宇宙开发政策大纲》，1978年8月制定的《能源研究开发基本计划》，1969年7月制定的《海洋科学技术总计划》以及1973年制定的《第二次实施计划》，1977年的《研究和开发大陆架资源的十年规划》等等。

科技政策之法律化也是科技法律规范的一大特色，这在其他部门法中是比较少见的。

（二）科技法律规范内含科技知识的丰富性

每一科技法律规范都与一定的科技知识联系着，尤其是高技术法律与科技知识联系得更紧密，而且知识含量最高，从而表现出了与其他部门法有所区别的内含科技知识丰富性的特征。

所有的技术法规，无疑全部都是科技知识的结晶。在高技术发展为社会带来巨大利益的同时，也可能带来极大的风险与危害。高技术设备的技术安全的法律保障、技术风险的法律预防、技术恶果的法律责任等方面的问题，现在越来越突出了。它所涉及的化工、核技术设备的审核、批准程序；化学及放射性元素的监控；生物技术的社会危害及与传统伦理道德的冲突；高技术发展引起的环境保护与生态平衡问题等等，无不要求立法调节，而所立之法势必与有关知识密切相关。信息技术的发展带来了有关的法律调节需求，在信息立法中大量出现了"计算机软件""半导体芯片""掩膜""集成电路"等等字眼，不具备有关知识，简直根本无法与之交流该领域的立法。生物技术立法方面也是如此，例如美国《DNA分子重组实验准则》的一条规定为："下列实验目前不得开始进行：（1）不管所用的宿主——载体系统是什么，采用凡属于'以危险性为基础的病原物分类'中第三、四、五类的病原体，或者被国立癌症研究所列为中等危险性的致癌病毒，或从已知被这类病原物感染的细胞而来的重组DNA的克隆系。"这里出现的"宿主""载体系统""病原物""DNA""克隆系"等等，都不是仅具中等知识水平的人所能全然知晓的。由此可见科技法律规范内含科技知识丰富性之一斑。

民法、刑法所调节的民事社会关系、刑事社会关系以及调节手段，都是人们千百万次重复过的东西的概括，是日常知识就可了解的，因此，民事刑事法律规范等等所包含的科技知识明显低于科技法律规范。两相比较，科技法律规范内含科技知识的丰富性也是它的一个特征。

论者或许会认为，这并不是什么法律特征。诚然，孤立来看，知识含量的多少本身并不是法律特征；但当它与法律结合在一起，融进了科技法律规范时，便成了法律特征了。如果不这样看，那么科技社会关系法律调整过程的一种特殊性就无法理解了。这一特殊性是：科技立法、司法、执法越来越依靠科技专家的参与、介入。目前，在国内外技术交易中发生权益纠纷越来越频繁，而这些纠纷的处理大多与技术成果的鉴定、评价相关。某一技术成果水平如何、是否成熟、是否先进，缺乏科学知识是无法贸然判断的。这样，司法、执法过程中就必须依靠科技专家。同时，科技立法，尤其是高技术立法，离开了高科技专家，几乎寸步难行。既然如此，以知识含量的丰富性作为科技法律规范的一个特征，我想是言之成理的。

（三）科技法律规范的配套性

这个标题也许不大恰当，因为其他部门法也有其配套性，因此不能以此作为科技法律规范的一个特征。但是，科技法律规范的配套性要求特别强，在配套性的"程度"上与其他部门法颇有差异，所以我们仍视其为特征之一。

以日本的原子能法为例，除《原子能基本法》外，该国原子能科技行政法有《原子能委员会及原子能安全委员会设置法》《原子能委员会及原子能安全委员会设置法施行令》《资源调查所组织规则》等；原子能法人机构方面的法规有《日本原子能研究所法》《日本原子能研究所法施行令》《日本原子能研究所的财务会计总理府令》《日本核动力船研究开发事业团法》《动力反应堆、核燃料开发事业团法》《水户原子能事务所组织规则》等；原子能安全方面的法规有《关于防止辐射损伤的技术标准的法律》《关于核原料、核燃料与原子反应堆的规则的法律》《关于试验研究用原子反应堆的设置、运转等规则》《关于电用原子反应堆的设置、运转规则》等；关于环境保护方面的法规有《关于确定发电用核燃料技术标准的省令》《受放射性同位素或放射性同位素污染物污染的工厂或事务所运输技术标准细则》《关于核原料的使用规则》等。还可列出一大串。据统计,从1955年到1980年,25年间日本共制定74部关于核能利用的法规,其详备、配套可想而知。

由于高技术的风险性以及与其他部门的关系的紧密性,科技社会关系法律调整手段的配套性要求特别强,因此,科技法律规范的配套性程度高于其他法律规范,并成其为一个特征了。

(四) 科技法律权利保护的特殊性

科学技术事业是一种精神劳动,其产品是精神产物,有关的法律权利与一般的物质财富权利不一样,因而其保护也就有别于物质财富权利的保护。这一点,在信息技术权益保护方面表现得最为明显。

信息技术的特点决定了信息技术权益目前还必须采用多种方式加以保护。联合国教科文组织的专家认为,保护与集成电路有关的权益的重任,不仅仅是工业产权法一家所能承担的,也不单纯是版权法问题,而是涉及版权法、专利法、外观设计法、不公平竞争法的综合性法律调整手段问题。信息技术本身,被有的专家称作"边缘保护对象"。实际上,计算机软件等信息技术的权益由何种法律加以保护,在许多国家一直是悬而未决的问题。对此类问题,不少国家通过修订或增补有关成文法的部分条款来处理,同时又采取其他相关法律来保护,从而形成了保护方法的多样性。这也决定了相同的或相近的法律需求以多种科技法律规范予以满足的情况。但多重保护手段本身也存在不少问题,因此,有的专家建议对这种"边缘保护对象"以"边缘知识产权法"来加以保护,即把已有的几种知识产权法的特点结合起来并增加一些新的内容,以形成对"特殊对象"的特殊保护。据此设想,现在业已构思出了一些特别法,如1978年世界知识产权组织颁布的《保护计算机软件的示范法条》、日本的《软件权法》、保加利亚的《关于软件应用的法令》等,都有这种综合保护的特征。

无论是分别以多种法律规范的形式,还是以特殊立法形成单一法律规范的形式,都表明科技法律规范本身的与其他部门法律规范的不同。这就是科技法律规范对科技权益保护的特殊性之一。

(五) 科技法律规范的国际化趋向

在一切事业中,科技进步事业的国际化趋势表现得最突出、最明显。这是因为随着科技水平的提高和科技事业范围的扩展,全球性合作的需求越来越强烈,因此,美国有了"星球大战计划",欧洲有了"尤里卡计划"等。"尤里卡计划"要求欧洲各国联合起来携手协作完成首期的"五项行动计划"如下:

1. 欧洲电子计算机,包括巨型电子计算机、并行体系结构、人工智能和专家系统、快速硅、砷化镓;

2. 欧洲机器人,包括第三代机器人、全自动化工厂及产品设计与生产管理、激光;

3. 欧洲通信,包括研究网络、宽带网络设备;

4. 欧洲生物技术,包括人工育种、生物→医学工程;

5. 欧洲材料:陶瓷涡轮发动机。

按照"尤里卡计划"的全部设计,几乎欧洲各国的一切科学研究、技术开发组织、全体科技人员都得投入共同的科技工作。这就势必产生千丝万缕的科技国际关系。

撇开这一点不谈,许多科技项目已无法在一个国家的范围内完成,或者即使以一国的科技力量足以承担,但有关的科技活动还涉及他国的权益,因此,也会产生科技国际关系的妥善协调问题。

这样,科技法律规范中的国际性部分会变得越来越多,这在空间技术科技法与海洋技术科技法方面得到最直接的体现。诸如1967年1月27日联合国通过的《关于各国探测与利用包括月球和其他天体在内的外层空间活动所应遵守的原则条约》、1968年4月22日联合国通过的《关于援救宇宙飞行员,送回宇宙飞行员及送回射入外层空间物体的协定》、1972年3月29日通过的《外空物体所造成损害的国际责任公约》、1975年1月14日通过的《关于登记射入外层空间物体的公约》、1979年12月5日通过的《指导各国在月球和其他天体上活动的协定》、1974年5月24日通过的《关于转播由卫星传输的载节目信号的公约》及1963年8月5日通过的《禁止在大气层、外层空间和水下进行核武器试验条约》等等空间技术科技法就是。其中的法律规范当然都属"国际化"了的。毫无疑问,科技法律规范的国际化趋势会越来越明显地表现出来,这当然也是它的一个特点。

除上述五个方面外,科技法律规范的量化趋势以及比其他部门法律规范具有更大的变动性等,也可能成为它的特征,这里就不详述了。

三、科技法律规范的分类

(一) 科技法律规范分类的标准

任何逻辑划分,都必须依据同一标准进行,否则就会造成划分结果的概念交叉现象,而这是一种逻辑错误。因此,研究科技法律规范的分类,首先必须明确其划分依据即划分的标准。之所以着重提出这个问题,是因为我们发现一些著作对法律规范、科技法律规范的分类不无抵牾之处。例如,《科技法学》一书认为:"根据法律规范的内容划分,可以分为授权性规范和义务性规范。"而"义务性规范可分为两种:一种是命令性规范,……另一种是禁止性规范……"[①]《立法理论与立法技术》一书认为:"按法律规范的基本要求,

---

[①] 赵震江主编:《科技法学》,北京大学出版社1991年版,第79—80页。

分为禁止性法律规范、义务性法律规范、授权性法律规范。"① 又例如,《科技法学》一书认为:"从法律规范的效力强弱程度分,可分为强行性规范和任意性规范两类。"② 而《中国大百科全书·法学》的"法律规范的种类"条认为:"按法律规范本身的一些特征可以分为强行性规范与任意性规范、授权性规范与义务性规范,在强行性规范中则分为命令性规范与禁止性规范。"③

我们从以上很少几对划分中,已可见到惊人的混乱:

其一,有的将义务性规范与禁止性规范当作上下位概念而有统属关系;有的则看作是同位概念而并列处置。

其二,有的将禁止性规范当作义务性规范的一种;有的则将它当作强行性规范的一种。

其三,有的将命令性规范当作义务性规范的下位概念,有的则将它当作强行性规范的下位概念。

出现这些混乱,除别的原因外,我以为与"划分标准"的不一致、不明确有关。上述划分中,可以发现明显的划分标准不明确的现象。《立法理论与立法技术》的上述一处划分的标准界定在"按法律规范的基本要求"上,《科技法学》的上述一处划分标准则为"根据法律规范的内容分"。我们不免要问:这"基本要求"是什么意思,而那"内容"又是什么意思呢?它们本身的含义都不具体、不清楚、不明确,又怎么可能用作划分标准呢?

为了科学地对科技法律规范进行分类,现在我们强调两个前提条件:

第一,一次划分只能使用一个标准,而不能使用两个或两个以上的标准。

可以作为特例的是:如提出了两个或两个以上的标准,那么,它们必须是实质上同一的,即仍然只是"一个标准"。例如,有一种分类是"按法律规范制定的机关和效力不同"将它分为"宪法性法律规范""法律性法律规范""行政法规性法律规范""地方性法律规范"和"行政规章性法律规范"。这里,"法律规范制定的机关不同"与"效力不同"实质上是一回事,因为"效力不同"就是由"制定机关不同"而造成的。

第二,划分标准必须具体、明确,而非其辞含糊、模棱不清。

(二)科技法律规范分类种种

由于每一次划分的标准不同,所得的科技法律规范类别也会不同。分类种种,略有以下数端:

---

① 徐承敏主编:《立法理论与立法技术》,法律出版社1989年版,第99页。
② 赵震江主编:《科技法学》,北京大学出版社1991年版,第80页。
③《中国大百科全书·法学》,大百科全书出版社1984年版,第101页。

第一，按调整科技社会关系对象的不同，分为科技行政法律规范、科技民事法律规范、科技国际法律规范等；

第二，按调整国际还是国内科技社会关系对象的不同，分为国际科技法律规范、国内科技法律规范；

第三，按法律规范制定的机关和效力不同，分为宪法性科技法律规范、法律性科技法律规范、行政法规性科技法律规范、地方性科技法律规范和行政规章性科技法律规范；

第四，按法律规范涉及权利还是义务的不同，分为授权性科技法律规范和义务性科技法律规范及权利义务兼具性科技法律规范；

第五，按法律规范的强制性程度，分为强制性科技法律规范和约定性科技法律规范；

第六，按法律规范是否直接确定行为规则，分为确定性科技法律规范和非确定性科技法律规范等等。

对上述科技法律规范的种种分类，有的比较简单易晓，如第一类、第二类；有的前文已较多谈及，如第三类，因此，不另分析了。下文仅就第四、第五、第六类科技法律规范分别略予探讨。

（三）授权性与义务性科技法律规范

授权性科技法律规范与义务性科技法律规范，是一对彼此对应的科技法律规范。这里要探讨的是以下三点：

1. 授权性科技法律规范

授权性科技法律规范通过具体的法律条文规定人们享有某种科技法律权利。

这里的"授权"，有两种含义：其一为"允许"，其二为"授予"。既然是法律所允许的或直接授予的，那么，人们是否行使此种权利，当然是应由其自行决定的。这样，人们自行决定是否行使权利，就成了授权性科技法律规范的一个特点。

"允许"性的授权科技法律规范的典型用语形式是"××有××权利……""××可以××××"。例如，我国《科学技术进步法》规定："科学技术工作者有依法创办或者参加科学技术社会团体的权利。"（第四十二条）"国家实行专业技术职称制度。科学技术工作者可以根据其学术水平、业务能力和工作实绩，取得相应的职称。"（第四十一条）《技术合同法》规定："非职务技术成果的使用权、转让权属于完成技术成果的个人，完成技术成果的个人有权就该项非职务技术成果订立技术合同。"（第六条第二款）

"授予"性的授权科技法律规范采取陈述式的判断语句加以表达。例如我国《科学技术进步法》规定："国家的重点实验室向国内外开放。"（第三十条第二款）"研究开发机构实行院长制或者所长负责制。"（第三十四条第一款）《技术合同法》规定："当事人因不可抗力不能履行技术合同的，免除其不能履行合同的责任。"（第二十条）

关于"授权性法律规范"，法理界早已谈得不少，是耳熟能详的"ABC"。以上，仅仅是以科技法条文为例移用至"授权性科技法律规范"上而已。我们所可提供的新意，除上述将"授权"析为"允许"与"授予"并探讨了它们的语言形式外，还有一点：以前所说"授权性法律规范"以及本文所提及、列举的"授权性科技法律规范"都是"显性"式的"授权"。窃以为，还有一类"隐性"式的授权法律规范，而这似乎尚未有人论及。

所谓"隐性"授权法律规范，是指被授权者所受的权利，是体现在另一主体的权利、职责或义务规范中的。我们先看几个实例。《科学技术进步法》规定："国家鼓励在国外的科学技术工作者回国参加社会主义现代化建设，或者以其他形式为国家建设服务。"（第四十三条）这一规定中的主体是"国家"，而"在国外的科学技术工作者"是被动者，是"主体"行为的对象。但因为对"国家"做了这样的规定：作为被动者的"在国外的科学技术工作者"同时也成了"被授权者"，其权利是：首先，可以"回国参加社会主义现代化建设……"；其次，当他们实施这一权利时还可以得到"国家鼓励"。

这种隐性式授权法律规范（包括科技法律规范）是政治社会法律规范的机智的表达形式。试将该条改为"在国外的科学技术工作者可以回国参加社会主义现代化建设……并得到国家的鼓励"这一显性授权法律规范，除原来的主体"国家"被改变（因而国家责任无由表达）外，还会发生一系列不必要的政治性非议。而像《科学技术进步法》第四十三条那样做隐性授权的规定，则十分主动，十全十美，"天衣无缝"。

2. 义务性科技法律规范

义务性科技法律规范通过具体的法律条文规定人们承担某种科技法律义务。

关于义务性法律规范，流行的法理学解释是："义务性规范指规定人们必须作出或者不应作出一定行为的法律规范。"[①] "所谓义务性规范，顾名思义，其内容是规定人们在法律上的义务，即规定人们应该作出或不作出某种行为的规范。"[②] 根据这些流行的解释，论者将义务性规范划分为"命令性规范"与"禁止性规范"。所谓"命令性规范"是指"法律要求人们作出一定的行为，其行为模式是应当或者必须这样行为的模式"。所谓"禁止性规范"，是指"其内容是法律要求人们不做出一定行为或禁止作出一定行为。其行为模式是禁止人们这样行为的模式……"例如《药品管理法》中关于禁止生产、销售劣药、假药的规定，《国家秘密技术出口审查暂行规定》中关于禁止绝密级技术出口的规定等。[③]

上述流行的对义务性规范的法理学解释，一般来说，是可以接受的；但是，深入考究，不无问题。我们来看宪法上的两条规定：其一，"中华人民共和国公民有维护祖国安全、荣誉和利益的义务，不得有危害祖国的安全、荣誉和利益的行为。"（第五十四条）"保卫祖国、抵抗侵略是中华人民共和国每一个公民的神圣职责。"（第五十五条第一款）

[①]《中国大百科全书·法学》，大百科全书出版社1984年版，第101页。
[②]《法理学研究》，上海人民出版社1990年版，第216页，又见《科技法学》，第80页。
[③]《科技法学》，北京大学出版社1991年版，第80页。

第五十四条的规定，既有正面的表述，又有反面的表述。这里可以深究的问题有二：一为，为什么既然已做正面表述，还要做与之相对应的反面表述？为什么有的义务性规范只有正面表述而无反面表述？例如，"夫妻双方有实行计划生育的义务"（第四十五条第二款）这一义务性规范为什么没有反面表述？二为，第五十四条中的"维护……"，应是"作为"，而不是"不作为"；同时，这一"作为"应是积极的肯定式的"作为"，而不是否定式的"作为"，因为否定式的"作为"已为下文的"不得……"所否定。但是，既然如此，如果出现另一种"作为"，即既非"积极的肯定式的作为"，又不是否定式的反作为，而是不作为，例如，某公民面对"祖国的安全、荣誉和利益"受到损害时，既不采取积极行动去"维护"，也不加剧这种损害，而是漠然置之，法律上该怎么对待对他的"承担义务"的要求？同样，按第五十五条的规定，"保卫祖国、抵抗侵略"显然是中华人民共和国公民的义务，但如果某公民既无为虎作伥、助纣为虐的行为，又不做出"保卫""抵抗"的行动，例如，一股劲儿地去逃难，漠河边界炮声一响，他已逃到舟山群岛海岸线边儿上，法律上又该怎么对待对他的"承担义务"的要求？显然没有任何法律要求与法律对策。这样一来，"命令性规范"与"禁止性规范"就无法包容全部"义务性规范"的内容了。也就是说，除"命令性规范"与"禁止性规范"外，还有某些其他的义务性规范。因此，似乎可以将上述流行的若干"义务性规范"的观点略做修正，即将"义务性规范"划分为"命令性规范"与"非命令性规范"，而"命令性规范"又划分为"肯定式命令性规范"与"否定式命令性规范"，后者即为"禁止性规范"。

"非命令性义务规范"是一种与其权利相对应的，从享受权利而对应生成的义务。正因中华人民共和国公民享有国家主人公的种种权利，这些权利又得到国家的全力保护，那么，自然对应生成了公民的应尽义务——维护国家利益、保卫祖国、抵抗侵略的义务。

根据这样的法理解释，我以为可以更好地理解法律上的义务性规范。例如，《技术合同法》规定："技术咨询合同的委托方的主要义务是：（一）阐明咨询的问题，按照合同约定提供技术背景材料及有关技术资料、数据；（二）按期接受顾问方的工作成果，支付报酬。"（第四十五条第一款）几乎所有的与权利相对应而规定的关于义务的条款，都是这种既非"命令性"又非"禁止性"的义务性规范。

细析"义务性法律规范"，并提出"非命令性义务规范"的概念，还将"非命令性义务规范"作为"权利性规范"的对应生成物看待，其意义在于：首先，将流行的既成的关于义务性法律规范的法理学观点予以稍稍地推进与深化；其次，可由此试图为法律规范与道德规范的衔接点找到某种实例，或者径直说是找出法律规范与道德规范的衔接点。

对此，我想略做说明：法律规范与道德规范是泾渭分明的不同概念。但任何概念的边界都是模糊的，因此，某些法律规范十分接近于道德规范，如公民保卫祖国的义务就是十分接近于社会公德的法律规范。同时，许多法律规范是从道德规范转化而来的，因此，它的实施，在很大的程度上依靠人们的道德自觉，这样，以"命令"或"禁止"相喻而述，就不太妥当。提出"非命令式义务性法律规范",可能成为一种略能自圆其说的"法律规范与道德规范的衔接点"。

其三,给以激励性为其特征之一的科学技术法、科学技术法律规范中的"义务性规范"做出更加合理的说明。要知道,社会的发展、科学技术的突飞猛进,将把科学技术法推上法苑的主角地位,如果这种"激励性"总是以"命令""禁止"的形式出现或表述,将显得不可思议、难以接受,理论上也是说不通的。

3. 权利义务兼具性科技法律规范

《中国大百科全书·法学》的"法律规范的种类"条,认为授权性法律规范的内容"一种是赋予公民以某种权利","另一种是授予国家机关的某种职权……这种职权是必须执行的,它对国家机关来说,不但是权利,也是义务"①。《科技法学》一书认为:"授权性规范又可以分为授予人们权利和授予人们职权的规范……后者的特点在于授权是与职务相联系的,既是职权,又是职责……是兼具授权性和义务性双重性质的规范。"②

对比上述关于"授权性规范"的解释,可以发现二者的细微差别:《中国大百科全书·法学》所说"授权"的对象是"国家机关",《科技法学》所说"授权"的对象则是"人们"。《科技法学》一书的提法显然比较合理,因为实际上许多授权性规范不是向"国家机关"授权,而是向"人们"授权。例如1958年卫生部发布试行的《综合医院工作人员职责》,经1978年修订,于1981年9月再次修订并以《综合医院工作人员守则》的名称正式颁行,其中规定了一系列的工作人员"职责",如"临床主任医师职责"包括:"在科主任领导下,指导全科医疗、教学、科研、技术培训与理论提高工作。""担任教学和进修、实习人员的培训工作。""定期查房并亲自参加指导急、重、疑、难病例的抢救处理与特殊疑难和死亡病例的讨论会诊。""总住院医师的职责"则包括"负责节日假日排班及书写各种手术通知单"等。这里,被授权的当然不是"国家机关",而是"人们"。

不过,引述《中国大百科全书·法学》与《科技法学》的上文,主要是想讨论这样一个问题:

既然"授予"的"职责"(或"职权")既是"权利",又是"义务",既然都郑重说明这种规范是"兼具授权性和义务性双重性质的规范",那么,有什么"权利"、什么理由把它归类在"授权性法律规范"之中,把它排斥在"义务性法律规范"之外?

论者可能说,这种规范的文字表述是从"职权""权利"的角度显示的。

对此,我的异议是:不管如何表述,其中所显示的"权利"成分与"义务"成分的分量,是平起平坐的"半斤对五两",可以相提并论,可以"平分秋色"。而且,从"国家

---

① 《中国大百科全书·法学》,大百科全书出版社1984年版,第101页。
② 《科技法学》,北京大学出版社1991年版,第79—80页。又见《法理学研究》,上海人民出版社1990年版,第216页。

机关"（它要体现在在其中供职的官员身上）是"人民的公仆"的角度看，从被赋予"职权"的"人们"是"为人民服务的勤务员"的角度看，更应强调的倒是其"义务性"的成分。总而言之，这种规范归类在"授权性规范"之下是不妥当的，不过，也不能归类在"义务性规范"之下。既然如此，我以为还是以"权利义务兼具性法律规范"概括为好。

这种"权利义务兼具性法律规范"在科技法中是大量存在的。换句话说即是，科技法中有大量的权利义务兼具性科技法律规范。

从"授权性法律规范"与"义务性法律规范"中析出"权利义务兼具性法律规范"的意义在于：

其理论意义是，深化与细化法理学关于此类规范的理论内涵与阐释。顺便一说，几十年甚至几百几千年地停留、满足于既成理论的现状，是不能令人满意的。理论工作者的任务是不断地完善、深化既成理论并做开拓创新。如果说幻想是自然科学家的翅膀的话，那么，标新立异当是社会科学家的生命。法学家如果只是承袭前人的结论而唠叨不已，那就无异于坐堂叫卖的店小二，无异于吃别人嚼过的馍，无异于画地为牢，无异于跪着跳舞。因此，我把我的使命始终定位在推进与深化理论研究上；为此，不惮犯理论错误，不惮贻笑方家。

其实践意义是，让每一个被赋予法律职责的人在明确这不仅是"权利"而且是"义务"，而且是"权利义务兼具并重"的前提下，从法律职责上重视自己的义务。值此腐败现象到处蔓延而且难以根除的世情下，把"达摩克利斯之剑"高悬在"公仆"们的眼前、头上，是极有好处、极为重要的。理论家、政治家们一致认为，要根除腐败，必须进行制度建设，以制度与法律来限制、铲除腐败。那么，明明是"权利义务兼具性的法律规范"，却要说成是"授权性法律规范"，显然不合时宜。

（四）强行性和约定性科技法律规范

强行性科技法律规范和任意性科技法律规范也是一对彼此对应的科技法律规范。

1. 强行性科技法律规范

《中国大百科全书·法学》中"法律规范的种类"条关于"强行性规范"的释义是："指规定人们必须作出或禁止作出一定行为的法律规范，它所规定的义务，不允许法律关系主体一方或双方随便加以改变。……在强行性规范中，凡规定人们必须作出某种行为的规范，称命令性规范；凡规定人们禁止为某种行为的规范，称禁止性规范。"①《法理学研究》与《科技法学》的有关释义都是：指不问当事人意愿如何，都必须加以执行或适用的法律规范。②这两本书同时都指出："义务性规范都属于强行性规范。"

---

① 《中国大百科全书·法学》，中国大百科全书出版社1984年版，第101页。
② 《法理学研究》，上海人民出版社1990年版，第217页。《科技法学》，北京大学出版社1991年版，第80页。在《法理学研究》中的措辞是"不问个人意愿如何……"

以上观点，都是正确的吗？

众所周知，在法律规范包括科技法律规范中，有相当一部分采用了"××应当……"的句式，这种句式究竟如何看待，是值得分析的。从中可以分析出上述观点是否完全正确。例如，《科学技术进步法》第四十二条第二款规定："科学技术社会团体应当在推进学科建设、普及科学技术知识、培养专门人才、开展咨询服务、促进学术交流、维护科学技术工作者的合法权益等方面，发挥积极作用。"第四十四条规定："科学技术工作者应当遵守职业道德，完成本职工作，努力提高自身的科学技术水平。"这里都采取了"××应当……"的句式。

据《法理学研究》一书的观点，这些都属于义务性规范中的命令性规范，因为命令性规范"即法律要求人们应该作出一定行为。其行为模式是应该或必须这样行为的模式……"而"义务性规范都属于强行性规范"[①]。

毫无疑问，上引《科学技术进步法》的规定，指明的是"科学技术社会团体""科学技术工作者"的义务，因而是义务性规范。但它们是命令性规范吗？尤其是，它们同时还属强行性规范吗？如果是"命令"的话，那么，谁命令？如果是强行性规范的话，那么，如不履行，如何"强"制执"行"？

十分有意思的是，有许多法律规范，显然是为主体履行一定的义务而规定的，它可以略去"应当"二字，也可以加上"应当"二字，二者无任何含义上的区别。例如，《科学技术进步法》规定："国家和全社会尊重知识、尊重人才，尊重科学技术工作者的创造性劳动，保护知识产权。"（第三条第二款）"国家帮助少数民族地区、边远贫困地区加速发展科学技术事业。"（第八条第三款）在"国家（和全社会）"之后加上"应当"二字，与现行法律无"应当"二字，毫无二致。那么，这类科技法律规范作为义务性规范的同时，是"命令性规范"吗？谁在命令？是"强行性规范"吗？如何"强行"？不履行又如何"强"而"行"之呢？

我们又碰到了一个老问题：义务性规范中有一部分并不是"命令性规范"，而是"非命令性规范"。这种"非命令性规范"不是强行性规范。

于是，倒过来，我们会发现，强行性规范不能涵盖一切义务性规范，义务性规范并不完全属于强行性规范。

2. 约定性科技法律规范

一切法理专著中，与强行性法律规范并提的是任意性法律规范。关于任意性法律规范的流行定义是："所谓任意性规范，是指行为人可以根据自己的意志选择是否适用或如何适用的法律规范。"[②] 据此，任意性科技法律规范可以定义为：是指行为人可以根据自己的

---

① 沈宗灵：《法理学研究》，上海人民出版社1990年版，第216页、217页。
② 《科技法学》，北京大学出版社1991年版，第81页。《法理学研究》，上海人民出版社1990年版，第218页。

意志选择是否适用或如何适用的科技法律规范。但这样定义似乎有流于过宽之失，或容易导致流于过宽之失。例如，关于"科学技术工作者有依法创办或者参加科学技术社会团体的权利"（《科学技术进步法》第四十二条第一款）的规定，很容易被认为是"任意性科技法律规范"，因为科技工作者可以"依法创办……"，也可以不"创办……"，即放弃上述权利。

《中国大百科全书·法学》的有关文字是："任意性规范所规定的权利和义务的内容允许法律关系主体双方在法律许可的范围内自行商定。"[①] 这段文字未取下定义的行文方式，此其一；其二，它隐含着作者的这样一种观点：任意性规范是关于法律关系主体双方（或多方）的共同规范，即这种规范总是涉及两个或两个以上的当事方的意愿的。

我以为，应当把任意性规范的外延限定在涉及当事双方或多方的范围内，至于有关单方（或单个的个人）意愿自由的规范，则不必列入任意性规范的范围内。

但既然其外延限定在涉及当事双方或多方的范围内，而且，其内容又是涉及以"约定"的方式表达其意愿自由的，那么，我认为，为避免误解并通俗易晓，不如改"任意性规范"为"约定性规范"。

我给约定性规范下的定义是：指法律关系主体双方可以依法自行商定其权利义务的法律规范。

那么，约定性科技法律规范就是法律关系主体双方可以依法自行商定其权利义务的科技法律规范。

我国《技术合同法》规定："当事人可以约定技术合同的担保。"（第十一条）"技术合同中的价款或者报酬及其支付方式由当事人约定。"（第十三条）"技术合同的条款由当事人约定。"（第十五条）"经当事人协商一致，技术合同可以变更或者解除。"（第二十三条）这些规定，都是我所说的"约定性科技法律规范"。

从上述实例中的最后一个可以明显看出，有的"约定"，被规定得比较严格，内有"协商一致"字样，可见只是"约定"而已，并非漫无边际、毫无限制的"任意"。其实，上引其他实例无一不隐含对"约定"的实质限制与必然限制，任何"约定"，既有"自行商定"的自由意愿的体现，同时又有相互制约、限定的非自由成分。因此，以"约定性规范"与"强行性规范"对称对举，我以为是更妥当的。

（五）确定性和非确定性科技法律规范

《立法理论与立法技术》一书认为："按照法律规范的确定程度，可以把它分为确定性规范、委任性规范和准用性规范。"[②] 这一划分显然是有悖逻辑划分的要求的。这里同时

---

① 《中国大百科全书·法学》，大百科全书出版社1984年版，第101页。
② 徐承敏主编：《立法理论与立法技术》，法律出版社1989年版，第248—249页。

采用了两个划分标准，一为确定程度，二为确定方式。按确定程度划分出了"确定性规范"，按确定方式划分出了"委任性规范"和"准用性规范"。正确的合乎逻辑的一级划分应是确定性规范和非确定性规范；在此基础上所做的二级划分才是委任性规范和准用性规范。

1. 确定性科技法律规范

确定性科技法律规范是指内容明确规定而无须援引、参照其他规范，或无须经委托立法而援引、参照其他规范来确定的科技法律规范。这个定义包含以下几层意思：

其一，确定性科技法律规范的内容是已经做了明确规定的。例如，我国《医院工作制度》（1982年4月卫生部正式发布）规定："输血前，需经两人查对，无误后，方可输入；输血时须注意观察，保证安全。"（第二十八条第五款）"血型鉴定和交叉配血试验，两人工作时要'双查双签'，一人工作时要重做一次。"（第二十八条第一款）《药品管理法》①规定："县以上卫生行政部门行使药品监督权。"（第四十五条）日本《技术士法》规定："技术士负有保守秘密的义务和表示名称时的义务。技术士无正当理由，不得将其处理业务上得知的秘密，泄露于他人或者进行盗用。即使不充当技术士之后亦同。"（第二十五条）这些都是内容已经做了明确规定的科技法律规范。

其二，确定性科技法律规范无须援引、参照其他规范。这是不言自明的。

其三，确定性科技法律规范无须经委托立法而援引、参照其他规范。这一点与前一点的区别是：前者"无须援引、参照"的其他规范是已经存在的现行法律规范；后者则是尚未形成而需委托立法之后才形成的法律规范。指出这一点是必要的。有的著作把确定性法律规范定义为"内容已十分确定，不必再援引或参照其他规范来确定的法律规范"，未明确把"委托性（委任性）规范"包括在内，是一缺憾。

确定性科技法律规范又可分为绝对确定性科技法律规范与相对确定性科技法律规范两类。绝对确定性科技法律规范的内容是绝对确定、不得选择或更改的。如日本《医师法》（1948年公布）规定："禁止医师不经检查诊断即给予治疗或出具诊断书、处方笺，不亲自到场出具出生证明书或死亡证明书，不亲自调查出具调查书。"（第二十条）

相对确定性科技法律规范的内容是相对确定的，所涉事项有一定的回旋余地。例如日本《医师法》规定："从事医疗的医师，有人请求诊治时，如无正当理由，不得拒绝应诊。"（第十九条第一款）这里，"医师"的行为规范是明确确定了的，但是，"如无正当理由"的措辞，提供了行为人"拒绝应诊"的可能性与选择、回旋的余地；如无"如无正当理由"的限定，它就成了"绝对确定性的科技法律规范"了。

2. 非确定性科技法律规范

非确定性科技法律规范是指规范内容未具体确定，有待援引、参照其他规范，或经委

---

① 此处为《中华人民共和国药品管理法》（1984）。全书同。——编者注

托立法而援引、参照其他规范来具体确定的科技法律规范。

援引、参照其他现行科技法律规范作为本规范具体内容的，是准用性科技法律规范。我国《技术合同法》规定："订立专利权转让合同或者专利申请权转让合同，应当遵守专利法的有关规定。"（第三十六条）该法未具体确定有关内容，但在专利法中已有这些内容，司法实践中可作参照而不必赘文，所以采取了准用性条款的表达方式。

有时，这种准用性条款以明确列举所准用的法律来表述，如上例；有时则仅抽象指明"依照有关法律……"云云。例如我国《科学技术进步法》第六十条规定："剽窃、篡改、假冒或者以其他方式侵害他人著作权、专利权、发现权、发明权和其他科学技术成果权的，非法窃取技术秘密的，依照有关法律的规定处理。"这里，"有关法律"是较抽象的措辞。之所以这样表述，是因为"有关法律"涉及面较广，简明表述可以起到同样的作用。我国已有著作权法、专利法、技术合同法、国家秘密法等，可作该条所说侵权、违法事项的处分依据，所以这儿采用了准用性条款。

经委托立法而援引、参照其他科技法律规范来确定本规范具体内容的，是委托性科技法律规范。例如，我国《计量法》①规定："中国人民解放军和国防科技工业系统计量工作的监督管理办法，由国务院、中央军事委员会依据本法另行制定。"（第三十三条）《技术合同法实施条例》规定："涉及国防的技术合同的实施办法，由国防科学技术工业委员会合同国家科学技术委员会参照本条例，另行制定。"（第一百三十二条）

---

① 此处为《中华人民共和国计量法》（1985）。全书同。——编者注

第八章　科技法律原则论

在上一章论述"科技法律规范"时，我们已涉笔"科技法内容四要素"之一的"科技法律原则"，指出：法律原则是法律内容的核心和灵魂；不能把科技法律原则与科技立法原则混淆起来。正因为科技法律原则的重要性，这里以专章展开论述。

曹昌祯在《科学技术法学原理》一书中谈及"科技法的基本原则"时指出："科技法的基本原则问题，是当前我国科技法学研究极少涉及的一个基本理论问题。……关于科技法基本原则的研究，则是关系到科技法学的深化与趋向成熟的问题。因为只有在这一方面的研究取得切实的成就，科技法学才能真正起到指导科技立法与科技法运行的作用。"[①] 这些观点显然是正确的。科技法律原则的研究，既是科技法学发展的需要，也是科技立法、科技司法、科技执法与科技守法的需要。

一、略论科技法律原则的研究

关于"科技法的基本原则"，曹昌祯提出了四点：一为"有利于科技与经济结合的原则"；二为"有利于科技持续进步的原则"；三为"尊重科学技术规律和尊重知识的原则"；四为"控制科学技术不当利用的原则"。[②]

与"科技法的基本原则"近似的是关于"科技立法原则"的论述。《科技法学》一书论及"我国的科技立法"时，认为"应当遵循以下主要原则"，即"效益原则""实事求是原则""吸收古今中外有益经验的原则""协调原则""激励原则"。[③] 而《科学技术法学原理》一书对"科技立法的基本原则"的概括是："一、从具体国情出发的原则""二、专门机关拟制与专家咨询相结合的原则""三、稳定性、变动性与连续性相统一的原则""四、

---

① 曹昌祯编著：《科学技术法学原理》，上海科学技术出版社1995年版，第70页。
② 同上书，第73—86页。
③ 赵震江：《科技法学》，北京大学出版社1991年版，第117—125页。

总结本国经验与借鉴外国经验相结合的原则""五、协调原则"。①

以上关于科技法原则、科技立法原则的珍稀议论,大致相近而又不尽相同。对此,我以为有必要先事略论研究"科技法律原则"的"原则"。

(一)涵盖一切科技法的普遍性"原则"

所概括的"科技法(律)原则"应涵盖基本合理、科学的科技法。这一命题逻辑地蕴涵着还有"不合理、不科学的科技法"的内容。一切抹杀科技进步或贬低科技价值、科技人才价值的"科技法"都在其列。一些国家因患"DNA重组技术恐惧症"而修订的《DNA重组技术实验准则》,就是"不合理、不科学的科技法"。至于某些科技法总体虽科学合理,其部分条款却不科学不合理,则所在多有。因此,所概括的"科技法(律)原则",应能涵盖除此而外的一切科技法。

这就提出了一个问题:"经济原则""效益原则"是否能够成立。实际上,众所周知,许多尖端科技的研究,尤其是尖端性的基础科学的研究,是很不符合"与经济结合的原则"或"效益原则"的。甚至可以说,如果把"与经济结合的原则"或"效益原则"放在第一位,有时恰恰会扼杀科技的发展。当然,一切科学技术的发展,即一切新发现与新发明最终都可能带来经济效益。但强调"与经济相结合的原则"或"效益原则",着眼点并非远大到包括遥远的未来,而是急功近利的,是非常功利主义的。正是在对急功近利的否定的基础上,我提出"经济原则""效益原则"是否能够成立的问题。这一问题的逻辑推论是:我反对把这一类原则列为科技法律的原则或科技立法的原则。

这样一来,就必须面对如下的问题:难道我国科技的发展不应当强调与经济的结合,不应当强调经济效益吗?我认为:

其一,所谓"科技法(律)原则"不仅仅是"中国的科技法(律)的原则"。因此,中国可以以此为原则,但不是一切国家的科技法都可以或必须以此为原则的。我们不能忘记大前提的主概念是"科技法",而非"中国的科技法"。因此,所概括的"科技法(律)原则"应能涵盖一切国家的"科技法"。

其二,所谓"科技法(律)原则"不仅仅是现时的,还应涵盖古今甚至孕育中的亦即未来的科技法。因此,十分显然的是,不可能以"与经济相结合""经济效益"为原则去概括许多古代、近代的科技法律中所体现的原则。

其三,所谓"科技法(律)原则"不仅仅是涉及经济建设中的科技活动的科技法,还应涉及军事活动中的科技活动的科技法。后者当然最终也与经济利益相关,但是,从短期的目标看,许多军事科技活动是无法考虑"与经济相结合",甚至根本不可能考虑"经济效益"的。

---

① 曹昌祯编著:《科学技术法学原理》,上海科学技术出版社1995年版,第222—226页。

我在前文中提到了中国可以以此即以"与经济相结合""经济效益"为科技法的原则。审慎的读者会注意到，我的措辞是"可以"，而不是"必须"。这是基于以下的想法：中国作为一个人口多、底子薄的发展中国家，建设资金十分紧张。在这样的前提条件下，在发展科学技术方面侧重于经济效益，是可以理解的。

但尽管如此，我国的科技法也并没有简单地以"与经济相结合"及追求"经济效益"为原则。

可以用作最典型的分析材料的，当然首推1993年7月2日八届人大常委会第二次会议通过的《中华人民共和国科学技术进步法》的有关规定。

1. 我国科技进步法关于科技工作"面向经济建设"的规定

在我国《科学技术进步法》的一系列规定中，都涉及科技工作与经济建设的关系问题。粗看这些规定，是很容易得出以"与经济相结合"甚至以"经济效益"为科技进步法"基本原则"的结论的。其实不然。我们来做一些具体分析。

该法《总则》第一条规定："为了促进科学技术进步，在社会主义现代化建设中优先发展科学技术，发挥科学技术第一生产力的作用，推动科学技术为经济建设服务，根据宪法，制定本法。"这一关于该法立法宗旨的表述，第一，把"促进科学技术进步"放在最前面，而不是把"促进经济繁荣"之类放在最前面；第二，强调"优先发展科学技术"，而不是"优先发展"其他；然后第三，才规定"推动科学技术为经济建设服务"，却也不是简单的"与经济相结合"，更不是强调"效益"。

该法《总则》第二条规定："国家实行经济建设和社会发展依靠科学技术，科学技术工作面向经济建设和社会发展的基本方针。"这一关于基本方针的规定表明：第一，强调了经济建设和社会发展要依靠科学技术，实质上具体化了立法宗旨关于"发挥科学技术第一生产力的作用"的规定；第二，它才是关于科技工作面向经济建设和社会发展的规定。这里，应特别注意以下几点：

其一，"科学技术是第一生产力"这一邓小平同志首先阐明的极为重要的原理，绝不能做急功近利的曲解。否则，除非是应用技术、适用技术，其他的高新技术，尤其是高新科学、尖端科学、基础科学，通通有被排拒于作为"第一生产力"的"科学技术"之外。原子能科学和技术在其作为科学技术被发展之初，同后来的"和平利用"，是不可相提并论的两回事。居里夫人发现镭、研究X射线，为今天人类的经济建设立下了旷古未有的卓越功劳，然而在居里夫人其时，后来的一切，包括原子弹的罪恶制造与使用，包括原子能发电站的发展，都是她始料未及的。我们务必不要简单化地理解"科学技术"和"科学技术是第一生产力"的思想。

其二，有关规定使用了"面向"的措辞，而不是使用"与……结合"的措辞。二者当然是有联系的、方向一致的。但"面向"与"与……相结合"毕竟不完全是一回事。二者的区别在于"距离"。"结合"是"二位一体"，即无距离；"面向"则有两种可能，一为无距离地"面向"实即"结合",二为"面"虽"向",而仍有距离,即不一定就是直接的"结合"。"面向"的规定,可以端正钻牛角尖地去"深究"诸如"永动机"之类久已被证明违背科学原理的课题的极端做法,可以拨正广大科技工作者的努力方向,同时又避免了急功近利式地曲解科学技术工作与经济建设的关系,尤其是避免了对科技进步对经济建设的间接作用的漠视、忽视与轻视。

其三,这一方针提出之始,原为"经济建设依靠科学技术,科技工作面向经济建设",后来才改为并作为法定方针定为现在的条文。其中的巨大变化是多了两处"社会发展"。这一改动,强调的是科技工作不仅要"面向经济建设",而且要"面向社会发展"。这是一个非常重要的改动,表明了当代人类包括中国人对"现代化"的认识提高到了一个全新的层次。经济建设诚然是重要的,但人类生活质量的提高,并不仅仅在于物质生活的丰富,尤其不能破坏环境的优美,不能破坏生态的平衡,更不能竭泽而渔地耗尽子孙后代赖以生存的资源基础。

该法《总则》第三条规定:"国家保障科学研究的自由,鼓励科学探索和技术创新,使科学技术达到世界先进水平。"(第一款)"国家和全社会尊重知识、尊重人才、尊重科学技术工作者的创造性劳动,保护知识产权。"这些规定自然不能说与"与经济相结合的原则"相悖。但是,十分明显的是,这里强调的是"科学研究的自由""鼓励科学探索"等等,而不是"与经济相结合",也没有什么关于"经济效益"的指示。显然,如果一旦将"经济效益"之类作为"原则"加以确定,那么"自由"的"探索"如果不至夭折、窒息的话,至少也是要大打折扣的。这一规定强调了科学探索的自由,丝毫不妨碍对科技工作者努力为经济建设做贡献的导向。正因如此,该法第四条规定要努力"改革和完善科学技术体制",要"建立科学技术与经济有效结合的机制"。说到底,我们应当努力于"面向经济",但不把一切归结于"经济效益"之类。

2. 一种科技法原则的概括的启迪

段瑞春同志在分析我国"科技进步法的基本原则"时概括为以下几点:

"树立科学技术是第一生产力的战略思想,确定科学技术在社会主义现代化建设中优先发展的战略地位。""确定了经济建设和社会发展必须依靠科学技术,科学技术工作必须面向经济建设和社会发展的基本方针。""明确'尊重知识,尊重人才'的基本政策""明确鼓励科学探索和技术创新的政策。""确立按照国民经济建设和社会发展、高技术研究和高技术产业发展、基础研究和应用基础研究三个层次推进科技事业全面发展的原则。"等等。[①]

上述概括,忠实于我国科技进步法的规定,无简单化、片面化之嫌,是极好的启迪,

---

① 段瑞春:《科学技术进步法简论》,北京大学出版社1994年版,第25—34页。国家科学技术委员会编:《中国科学技术政策指南》,科学技术文献出版社1995年版,第68—70页。

可为研究科技法律原则的导向。

以上是关于研究"科技法律原则"的首要"原则",即所概括的"科技法律原则"必须涵盖基本合理、科学的一切科技法。简而言之,是一种强调普遍性的"原则"。

(二)等同于"最高命令"的刚性"原则"

所概括的"科技法律原则",必须等同于"最高命令",无可争议、不可违背、必须遵守,因而具有"刚性"而非"柔性"。

《法理学教程》一书论及"法的原则的概念"时指出,法的原则必须具有"最高命令性",而"所谓最高命令性,意味着基本原则是无可争议的、必须遵守的,它比那些非基本原则和从原则中引申出的规定的必须遵守性还要强"[①]。

以此相视,曹昌祯所概括的"有利于科技持续进步""尊重科学技术规律和尊重知识分子""控制科学技术不当利用"等三项"科技法的基本原则",无疑都是可以苟同的等同于"最高命令"的刚性原则。至于"吸收古今中外有益经验的原则""专门机关拟制与专家咨询相结合的原则"等,却未必具有"最高命令"的"刚性"。虽然,提出这两条时,是作为"科技立法原则"而非"科技法原则"看待的,但倡议者的"立法原则"是要在"法律原则"中加以体现的。因此,如果"吸收古今中外有益经验"及"专门机关拟制与专家咨询相结合"等在一定程度上为"柔性"的非"最高命令"式的"原则",不一定会在一切科技立法过程中得到遵循,也就不会在科技法中得到体现。许多(精确地说是所有)高新科技法的立法及其成果即所立之法,都是一国先行,然后才是他国跟上。这时,也就不存在吸收"中外有益经验"的可能。此外,拟制科技法的"专门机关"本身往往包括了大批专家,所以"专门机关拟制与专家咨询相结合"也就只是特定情况下的"原则",不具普遍性,不具"最高命令"的"刚性"。

(三)科技法律原则的法律性

所概括的应是有法律性的"科技法律原则"。

我把科技法律原则分为两大类:一类为社会性原则;一类为法律性原则。法律性原则当然具有社会性,但它更多的是法律技术性;社会性原则则不然,不具有法律技术性。在对科技法进行分析,从中概括科技法律原则时,我以为十分重要的是要归纳出一些法律技术性的原则来,庶几科技法的独立地位、科技法学的独立地位才能巩固,庶几所概括的科技法律原则方有普遍性及"最高命令"的刚性。

1. 关于"法律技术性"

什么是法律技术性呢?我以为,其主要之点为法律概念的具体性与明确性。

---

① 孙国华主编:《法理学教程》,中国人民大学出版社1994年版,第181页。

关于科技法律概念，前文已做较详尽的论述。在论证"法律技术性"时，我们着重强调它的具体性与明确性的必要。"法律概念是指对有关法律术语的确切含义的界定性规定，有时是定性规定，有时则是定量的规定，有时则两者兼而有之。"① 在一切法律包括科技法中，全面地使用界定了"法律术语的确切含义"的法律概念，是极为重要的原则。E.博登海默认为："法律概念可以被视为是用来以一种简略表述方式识别那些具有相同或共同要素的典型情形的操作工具。""概念是解决问题所必需的和必不可少的工具。没有限定的专门概念，我们便不能清楚地和理智地思考法律问题。"②

法律概念的具体性与明确性，正是法律技术性的最基本要求，也是对确定法律原则的最基本要求。在概括科技法律原则时，就必须注意有关法律概念是否达到了具体、明确的标准，此其一。

其二，法律原则的内部和谐性。恩格斯曾指出："'法发展'的进程大部分只在于首先设法消除那些由于经济关系直接翻译为法律原则而产生的矛盾，建立和谐的法体系，然后是经济进一步发展的影响和强制力又摧毁这个体系，并使它陷入新的矛盾⋯⋯"③ 法律原则的内部和谐性，是拟制法律包括科技法时必须充分注意的。因此，当我们概括科技法律原则时，也必须而且只能将那些构成、具备了内部和谐性的法律精神概括为法律原则。

法律原则的内部和谐性，不仅指由"经济关系""直接翻译为法律原则"者，而且还有诸众法律原则之间的"内部和谐性"。前者是指法律原则不得与所由"翻译"即所反映的"经济关系"相悖；后者则是法律原则之间的互相支撑而非抵牾。这种抵牾，可以分为作为性抵牾与不作为性抵牾两类。前者是显性的，指在一部或几部法律中出现的法律原则互相冲突；后者为隐性的，如在一部法律中规定了"必须""应当"如此这般，但对不按规定去做的，没有任何制约、制裁措施。这"必须"与"应当"就没有着落，本质上就是法律原则的内部不和谐。《中国科技进步法》起草过程中，最初的几个草稿大多无关于"法律责任"的规定，就是一种法律原则的内部不和谐。

其三，法律制度、法律原则的稳定性。

稳定与否，是法律与政策的基本区别。法律制度与法律原则以至整部法律，都应建立在稳定性的基础上。当然，这是相对于某一特定时期的。在该时期之内，必须保持法律及其所包含的法律原则、法律制度的稳定性，不允许突破既定法律、法律原则与法律制度之"禁区"。当随着时间的流逝，情况发生了变化时，当新型的社会关系逐渐形成过程中陆续提出新的法制需求时，则应按法定程序修改法律、修正有关法律制度或法律原则。但

---

① 沈宗灵主编：《法理学研究》，上海人民出版社1990年版，第196—197页。
② [美] E.博登海默：《法理学——法哲学及其方法》，邓正来等译，华夏出版社1987年版，第462、464页。马克斯·莱因斯坦在《法律技术之教育》一文中指出："在思考中抛弃概念的倡议就像建议作曲不用调子，说话不发声，看而不见形象一样无意义。"《衣阿华法律评论》，1945年第30期。
③ 《马克思恩格斯选集》第4卷，第484页。

是，当法律还在生效的时候，稳定性是主导的、决定性的。

2. 国际沟通性和其他社会性原则

科技法律原则除法律性原则外，还有一些社会性原则。科技法律原则的社会性原则中，最容易被人忽视而且从未有人论及的，是它的国际沟通性。当人类社会进步到国与国之间的交通与通讯相当便捷，地球几成"小小的村庄"时，国际科技交流与合作，已经成为加快科技发展的必要条件。即使某些暂时不能进行国际交流与合作的科技领域，也必须借鉴与运用别国的科技成果，必须为可能条件下的未来合作做准备。因此，在研究科技法律原则时，必须注意它的国际沟通性。现在，许多科技规范、计量标准等，都是以国际性为原则、为优先的。无视此点，等于作茧自缚、作法自毙。

在研究科技法律原则时，还必须注意其他的社会性原则。但一般说来，其他的原则就更多地与具体国家的具体国情、具体利益联系在一起了。例如，关于"优先发展科学技术"的原则，在中国是被列为科技法律原则的，但在某些国家，例如在一些刚刚从战乱中摆脱出来的国家，在一些灾害频仍、饥民遍野的穷困国家，就不可能以"优先发展科学技术"为该国的科技法律原则。而在一些经济高度发达、已经达到全社会普遍富裕或比较富裕的国家里，也未必一定要或一定会把"科技工作面向经济建设"列为他们的科技法律原则。

因此，当考虑到所概括的科技法律原则必须涵盖一切合理、科学的科技法时，就不得不把诸如"优先发展科学技术""面向经济建设"等等排除在一般的科技法律原则之外，仅在论述我国科技法律原则时予以概括了。

在大体论述了"科技法律原则的研究"问题之后，现在我们可以进入本题即对科技法律原则本身的探讨了。

二、保证科技创造自由权利的原则

（一）当代若干国家的有关规定

这一原则几乎已经成为当代世界各国宪法或科技法律一致肯定的科技法律原则。

如前所引，我国《科学技术进步法》规定："国家保障科学研究的自由，鼓励科学探索和技术创新，使科学技术达到世界先进水平。"（第三条）这一规定的依据是我国宪法的下列规定："国家……奖励科学研究成果和技术发明创造。"（第二十条）"中华人民共和国公民有进行科学研究、文学艺术创作和其他文化活动的自由。国家对于从事教育、科学、技术、文学、艺术和其他文化事业的公民的有益于人民的创造性工作，给予鼓励和帮助。"（第四十七条）

日本国宪法第二十三条简明地规定"保障学问的自由"。

德意志联邦共和国宪法第五条第（3）款规定公民"有自由从事艺术、科学、教育和研究的权利"。

希腊宪法第十六条第一款规定"艺术和科学、研究和教学自由，国家应鼓励和促进它们的发展"。

意大利宪法第三十三条规定了"艺术与科学自由，以及艺术、科学教育自由"。

厄瓜多尔宪法第一百四十四条规定"科学研究、艺术创造及其成果的公开发表是自由的"。

土耳其宪法第二十一条规定"每个人都有权得到和享受科学和艺术，有权进行实践、传授和宣传科学和艺术的知识，以及从事这些领域的各种研究"。

泰国宪法第十二条规定"学术自由受到保护"。

虽然还有许多国家的宪法并没有做学术自由方面的直接规定，但这些国家的法律，尤其是其科技法，实际上都保证了科技创造的自由权利。据荷兰比较法学家亨利·范·马尔赛文与格尔·范·德·唐对142个当代国家成文宪法的比较研究，以宪法规定了学术自由的国家有34个，占23.9%，而没有规定的有108个，占76.1%。[①]但是这些没有以宪法规定学术自由的国家，其专利法、著作权法、技术转让法、标准化法以及其他的科技法的颁行，都表明其尊重与保障科技创造自由权利的态度。可以说，"保证科技创造自由权利"已经成为当代国家科技法律的主要的和基本的原则。

那么，当代以前的，包括古代的科技法，是否保证科技创造的自由权利呢？

（二）古代科技法与科技创造自由权利的保障

人类的科学技术活动，在旧石器的制造与火的应用及弓箭的发明等活动中，就开始了。正是这些在当时来说是"开天辟地"的卓越成就（其实，即使在今天历史地考量，这些成就的伟大意义也绝不在原子能技术、航天技术成就意义之下），使社会得到了飞跃的进步，使人类社会从"野蛮"的"蒙昧时代"步入"文明"的"开化时代"，亦即从原始社会步入奴隶社会。一旦进入奴隶社会，奴隶主在剥夺奴隶劳动产品并加享用之余，已注意到了发展科学技术的重要性。因此，奴隶主便把艰苦的科技创造活动交给了奴隶中的一些佼佼者，为此而规定要求并为他们创造一定的条件，包括免除科技奴隶的苦役性体力劳动，提供一定的研究经费和比一般奴隶好得多的生活条件（包括衣、食、住、行等方面的条件）。于是科技行政社会关系、科技民事社会关系便随之有所发展，最终导致科技行政法、科技民事法的产生。我在《科技法学导论》[②]一书的"科技法的历史发展"一章中，对科技法的产生做过初步描述，又在本书[③]的第五章做了进一步的深入地探讨。与本节相

---

① ［荷兰］亨利·范·马尔赛文等：《成文宪法的比较研究》，陈云生译，华夏出版社1987年版，第161页。
② 倪正茂：《科技法学导论》，四川人民出版社1990年版。
③ 倪正茂：《科技法学原理》，上海社会科学院出版社1998年版。

关而可以得出的结论是，作为代表新型的生产关系的奴隶主阶级，一方面自己不愿从事艰苦的科技劳动，另一方面又需要科技奴隶为之创造新的生产力，因此，他们宁愿鼓励并保证其科技创造的一定程度的自由权利。如果没有受法律保障的这种科技创造自由权利，灿烂的古代中国、希腊、罗马和印度的文化，和在当时来说是相当先进的科技水平与相当发达的经济水平，是无由达到、不可想象的。

在漫长的封建时代里，确曾出现过阻碍科学技术发展的消极的科技法。在拙著《科技法学导论》中我曾指出，出现消极的科技法从而阻碍科技发展的原因主要有二：

第一，神权法思想的作祟。

神权法思想古已有之，起初并不直接影响科学技术的发展。这是因为最初阶段的科学技术水平很低，有限的科学知识不会对神学、神权产生威胁和挑战，有限的技术活动也不影响神权的统治。但是，科学技术的进一步发展，处处证明着神祇的虚无、神权的无力、神权法的荒诞和神学的反动。这就产生了科学与神学的对抗。在这样的情况下，为了维护自己的统治地位，反动的剥削阶级在神学与科学之间所作抉择的结果，往往是以强制命令严禁科学自由和技术创造的发展。这些命令有时以帝王的诏令发布，有时以宗教的戒条或宗教法规颁行，有时则郑重其事地制定成文法宣布。这样，就从神权法思想的作祟转向了制定消极的科技法。这是法律对科技的一种反动。

第二，统治阶级为了维护既定的统治秩序的目的，而制定阻碍科技发展的消极的科技法。

科学技术的发展，必定推动人们树立科学思想，推动人们观念的更新。人们观念的更新，往往形成对有利于统治阶级的现存社会秩序的挑战。例如，统治阶级一向宣传"天圆地方"，但科学的发展告诉人们，地球也是圆的。这就说明统治者说教的不可信。还有许多被统治阶级宣布为"奇技淫巧"的发明创造，在他们看来，或者"有伤风化"，或者"蛊惑人心"，总之是有违他们所习惯了的"万世一系"、永恒不变的社会秩序的要求。于是，就制定一些法律来禁止科学家的自由活动，限制技术专家的发明创造，甚至摧残迫害科技知识分子的人身。哥白尼、布鲁诺之遭火刑，伽利略之长期被监禁等等，都是这样造成的。

但这毕竟不是科技法发展的主流。科技法发展的主流是：科技法扩大了调整科技社会关系的范围，随着科技社会关系调整范围的扩大，对科技创造自由权利的尊重也有所增强。

科技法对科技社会关系调整范围的扩大，主要有以下几个方面：

第一，科技行政关系调整层次的增加。

最初的科技行政关系调整范围，在许多国家中，仅仅局限于宫廷里。被征集到宫廷里从事科技创造的能工巧匠和科技专家，受朝廷特派的官员管理、调遣；而这类官员则受其上司管辖。后来，科技行政的范围扩大到了农业生产、兵器制造和水利建设方面。这就不是少数官员在狭小的宫廷里吆五喝六管理得了的事了。殷商甲骨文记载，商代有管理农业的官职谓"小耤臣"。《周礼》记载，周代有"司稼"官职之设，列为"司徒"的属官，其职责除征收农业赋税外，主要就是"巡邦野之稼，而辨穜稑之种，周知其名与其所宜地以为法，而县于邑间"①。至于兵器的制造，就不仅有中央政府一级的，而且会有都、道、府、县逐级的管理机构，形成一个相当庞大的军事技术研制的行政管理体系。例如西汉除中央有专事管理"主作禁器物"的"尚方"②及其属吏外，甚至在蜀都、广汉等郡置"工官"，主造武器，兼造日用金属器物和各项手工艺品，其下还设有护工卒吏等官。

第二，科技行政关系调整事项的增多。

前面说到，从宫廷用器物的制造，到农业、水利、兵器方面的科技活动，范围显然扩大了。此外，医疗、天文、历法、算学、畜牧、植树、水上航运、陆上交通、食品、纺织……各业的发展，都有许多科学或技术问题要研究，也要自上而下加以管理。西汉有"水衡都尉"之设，兼掌"园圃、器物、铸钱、船只、马匹、仓库等事"③，其属官甚至有"辨铜"之职，主管辨别铜之种类，以供铸钱之用。这样，大类、小别的调整事项就十分繁杂多样了。相应地，其科技社会关系的法律调节需求也就会变得纷繁复杂起来。有关的法律规定如有增加，也就意味着科技法门类、条款的增多和复杂化。

第三，科技民事关系调整事项增加。

由于科技活动在全国的范围内到处都有所发展，门类越来越多，参与活动的科技知识分子也就越来越多。而且，地方与地方之间，科技或工艺小团体之间，同科技知识分子之间一样，会产生各种各样的矛盾、纠纷，需要以一定的规范来调整他们相互之间的权利义务关系。这样，一些新的立法就产生了。中世纪的欧洲，一些国家的君主特许工商业者在某些商品的制造和销售上拥有垄断特权。1474年，威尼斯第一次以法律形式给某些机器与技术的发明人授予10年的特权。这意味着专利法的萌芽。15世纪中后期，德国人古登堡在欧洲开始了活字印刷的应用。不久，威尼斯君主即对某些图书授予出版上的独占权。1534年，英国的出版商首次获得了皇家特许的保护。而在这之前约5个世纪，早在我国的宋代，就已有了调整出版界科技权利的法律规定。据清代陆心源的《皕宋楼藏书志》及叶德辉的《书林清话》记载：宋代眉山程氏宅刻王偁所著《东都事略》一百三十卷的目录后均有牌记写道："眉山程舍人宅刊行，已申上司，不许覆板。"

这些保护科技创造成果的法律规定，涉及专利权、著作权、出版权，无疑是对科技创造自由权利的鼓励与保障。

第四，科技规范转化为科技规范法律的数量逐渐增加。

---

① 《周礼》《地官·司徒》。
② 《汉书》卷19《百官公卿表第七（上）》"少府·尚方"师古注："尚方主作禁器物……"
③ 《汉书》卷19《百官公卿表第七（上）》注引应劭。

由于科技活动面越来越广，科技活动的复杂性、艰巨性也有所发展，铸铁、冶铜、开凿河渠、修建城墙及道路、制造舟车等的要求也越来越高。不符合操作规程，不仅会带来人员的伤亡，而且会贻误统治者的需求；不符合技术标准，不仅会使既定科技活动的目的不能达到，技术产品制造不成，而且，误用了这样的产品，还会产生意外。这样，将某些科技规范、标准法律化，就是势所必然的了。随着科技的发展和时间的推移，这类科技规范法数量增加，也是不言而喻的事。

第五，出现了科技刑事关系法律调整的需要。

盗用技术、盗用技术设备的现象一旦出现，以刑事规范来制裁这种盗窃行为的需要，就会导致科技刑事法的产生。由于各种原因，还会出现破坏技术设备的事件，这同样会导致科技刑事法律的产生。在我国史籍中，有关于"盗版"即盗印书籍的记载，这就是一种侵犯版权的行为。情况严重的话，予以立法制裁就不是奇怪的事情了。科技刑事法作为直接保障科技创造自由权利的法律调整手段，其意义是十分明显的。

总之，科学技术的发展，势必引起科技社会关系的复杂化与多样化，从而扩大了科技法调整科技社会关系的范围，使科技法得到发展。

此外，科技法调整科技社会关系的规范形式也得到了发展。在科技法产生的初期，其规范形式可能只有一种，就是帝王的诏令。尔后，在西方的民法和中国民刑合体的法律中，出现部分科技法规范的条款；在中国古代特别发达的行政法典中，则有较多的科技行政法条款。最后，出现了调整科技社会关系的专门立法。这在我国的秦代，就已有文字可考了。秦代的《工律》规定了产品的规格："为器物者，其小大、短长、广亦必等。"《秦律杂抄》中有一条法律规定："非岁功及毋命书，敢为它器，工师及丞赀各二甲。"也说明产品种类的规定，必须以朝廷的"命书"为依据。这"命书"就具有法律效力。秦律中的《工人程》则为专门规定手工业工场人员定额的法律。其中规定，技术不熟练的冗（杂）隶妾二人等于一名熟练的工匠；在一定期限内参加生产的更隶妾四人等于一名工匠；未成年的体力弱的小隶妾五人等于一名工匠；女子中的刺绣能手等于一名工匠；等等。此外，秦律中的《司空律》《均工律》《效律》等，也可说是专门的关于手工劳动和科技劳动的法律。其中有的属于调整科技行政关系的，有的属于调整人与技术规范的关系的。科技法规范形式的发展，也说明了科技法在逐步地演变得复杂起来了。

科技法调整科技社会关系的规范形式的发展，表明原先的规范形式已不足以达到保障科技创造自由权利的要求了。新形式的倡行，使有关的法律保障得以及时化、更加有效化。

但总的来说，科技法的发展，在近代以前还是十分有限的。只是在近代以后，科学技术活动在社会和经济发展中的地位得到了空前的提高，科技社会关系几乎深入到社会经济生活的全部领域而且超出了经济法、民法调整手段的有效性范围，还发展了科技国际关系，只有这时，科技法才算是逐步地成熟了。

正是科技社会关系及科技法制需求在封建时代仍然不可逆转地发生日新月异的变化，促使了封建时代的科技法在总体上仍然起着保障科技创造自由权利的作用。否则，便不会有如中国盛唐时期极为繁荣的封建经济，也不会有世界各国之最终步入资本主义时代。

（三）保证科技创造自由权利的原则的内涵

1. 主要的科技创造自由权利

关于科技创造的自由权利，我们在《科技社会关系的法律调整》一章中已议及选择科技创造的空间、时间、内容、方式方法的自由等四个方面。这里我们换个角度，从以下六个方面再事探讨。

其一，学派师承的自由权利。

不少自然科学都有在不同理论渊源、学术风格、研究手段、治学方法等基础上形成的不同学派。这些学派的争奇斗艳、争长斗胜，是学术发展内部矛盾的表现，也是科学发展的动力。师承何种学派作为自己的研究起点或常用指导方法，应成为科技工作者的自由权利。诸如非米丘林、李森科不予承认和不做支持甚至横加干涉、粗暴迫害的时代，应当永远结束了。

其二，独创学派以及独创方法的自由权利。

科学技术上的发现、发明、创造，从具体的学科或技术手段上说，初始阶段总是"真理掌握在少数人的手里"，因此往往很容易被视为怪僻的"异端"。但正是与众不同的"异端"的不断被论证、求真、证实，才使之被多数人承认并广为流布。因此，给予科技人员独创学派、独创方法，甚至大力鼓励科技人员插上幻想的翅膀、力争"标新立异"，是十分重要的，更不用说以科技法律原则首肯这一自由权利的绝对必要了。

其三，选择研究方向、研究课题的自由权利。

研究方向与研究课题的选择，只能从科技人员自身的志趣、意向及业已具备的知识技能基础出发。一般来说，对此最为了解的总是科技人员自己。因此，越俎代庖指定研究方向、研究课题，或者虽是科技人员自己择定却绝不允许中途修改、变更，都是无益于研究开发，无益于科技进步的。长期受计划经济僵死观念影响，科技人员为国家科技机构统包统管的传统做法，很容易造成对科技人员自由选择研究方向与研究课题权利的干预、侵扰，这是我国科技立法中应予注意而又未做明确规定的。

其四，科技活动中"自由结社"的权利。

为使科技劳动达到预期的成果，科技人员队伍的结构合理是重要保证。因此，尊重科技人员自由组合的意愿，确认这是其法定权利，是十分必要的。日本之建立科研流动体制，就是赋予与保障科技人员在科技活动中自由结合的具体措施。

其五，保证科技创造成果公开发表的自由权利。

科技创造成果的公开发表，既是推动科学技术发展的需要，也是科技劳动价值及科技人员自身价值的体现。因此，保证科技人员公开发表其科技创造成果的自由权利，是科技创造自由权利的重要内涵。

其六，开展国际科技交流、国际科技合作的自由权利。

科学无国界。无国界的科学才能臻于无国界的即国际性的先进水平。国际科技交流与国际科技合作是发展科技的捷径与必由之路。因此，应当赋予科技人员以自由参与国际科技交流、国际科技合作的权利。任何以政治的、性别的、资历的、种族的及其他非实际科技水平条件的限制而加干预和阻挠，都是不恰当的，都应为科技法律的保证科技创造自由权利的原则所禁止。

当然，以上第五、第六两点，在当今还存在国家利益，还有尖锐复杂的国际斗争的情况下，科技人员自身应当有崇高的爱国精神、民族精神和保密观念、防范意识；但这与保障科技人员的科技创造自由权利，属于不同的论域，不可相互混淆，不能相提并论，不应以此为由限制、取消科技人员在科技活动中的自由创造的权利。

以上几个方面，在日本的科技法律制度中是体现得较好的，因此，下面我们略述日本的有关制度。

2. 日本保证科技创造自由权利的措施

20世纪70年代末，日本确定了"科技立国"战略的国策，日本的科技发展由模仿和追随时代迈入首创和领先的文明、开拓时代。在这一事业中，日本科技人员科学技术首创精神的发扬，无疑是关键。为此，日本政府建立了与"科技立国"国策及保障科技创造自由权利相联系的科研体制，称为"创造性科学技术推进制度"。1981年，在日本科学技术进步中十分活跃，曾经起过十分重要的作用的新技术开发事业团根据同年5月26日公布的修改后的事业团法，承担起创造性科学技术推进事业的新业务。

"创造科学技术推进制度"于1981年开始实行，是新技术开发事业团的一项主要业务。它的核心内容是流动研究体制，它的目的在于：通过基础研究，培养出成为今后科学技术之源泉的新思想，创造出革新技术的萌芽。这是为了弥补日本科技人员的终身雇佣制和研究体制的"纵断式"（即在一个垂直管理系统）的缺陷而创立的新制度。

战后日本采取"模仿"战略，在经济大幅度发展的同时造成严重的"后遗症"：一是日本技术的加工型缺乏自己的创造性的科学技术研究；二是日本虽然在经济上迅速发展取得了成就，然而它在世界上的形象却很差，被称为"经济动物""经济战争贩子"。这种不雅的国际形象引起日本人的担心"如果长此以往，将难以存身。资源小国的日本怎样才能立身于世界"的问题引起日本国内各界的广泛重视和讨论。

与此同时，日本与欧美国家的经济矛盾也出现了，还形成了与原来的技术出口国的竞争局面，不可避免地引起经济贸易摩擦，引起技术出口国家的不满，从而导致了对技术出口的限制，日本引进技术日趋困难。日本人明显地感到，单纯依靠学习外国不行了，必须把眼光从国外转向国内，独立创造新技术，这就要特别注意保障科技创造的自由权利。

面对这样的国际形势，日本国内各界经讨论得出的结论是：应充分利用本国的"智力"资源，积极地进行创造性的科学技术研究，以此来保持其科学技术的世界领先地位。但日本当时的科研体制不利于创造性研究。日本科研体制的特点是管理上的纵断式，人事制度上的封闭式，重解决具体技术问题和轻探索性基础研究，以组织为中心，以民间为主导。所谓"纵断式"的管理，即日本的科研体制是在一个系统内进行垂直管理。大学、研究机关以及民间企业都从各自的立场出发进行研究，其研究活动很少超出系统的框框。此外，传统的人事封闭制度使得研究人员很少超出本单位的范围而流动。所谓以"组织为中心"，即无论是公立研究机关、国立大学，还是民间企业，都是实行以组织为中心的研究体制，研究活动是在组织安排之下进行的，这样显然难以进行基于自由思想的创造性科学技术方面的研究。日本科研体制的另一个特点是民间研究主导型，不重视基础研究。在研究总投资中，民间的占80%，国家只占20%，可见在这方面国家作用之小。而在占主导的民间研究投资中，基础研究仅占5%，其余绝大部分都被用于吸收和改良引进技术。民间企业讲究经济实效，实用主义思想根深蒂固。这些都必然导致企业只重视解决具体问题型的技术开发，而风险大、研究时间长、见效慢、成功率低的基础研究则不重视、不投资，这也阻碍了创造性的培养，不利于探索性的研究和开发。同时，日本实行终身雇佣制，实行"年功序列制"，在研究机构中，研究人员的待遇、升级、晋职大部分按照一定的工作年度顺序自动进行。因此，青年研究人员主动开展研究活动的机会不多，特别是在风险大的创造性研究中，优秀的青年研究员几乎没有发挥创造精神的机会，年轻人富于创造性的见解往往得不到重视。与欧美相比，日本是一个集团主义、平均主义的社会，对于个人的才能和个性尊重不够，在教育制度上也是平均主义，不利于创造性人才的培养。

总之，由于体制上的弊病，束缚了创造发明，再加上对外国尖端技术的依赖倾向，造成了日本科学技术缺乏独创性的弱点。在创造性科学技术方面，日本远远落后于欧美，没创造出较多有突破性的科学技术成果。据1976年美国全国科学基金会调查，从1953年开始的27年里，美国的发明有265项，英国有45项，而日本只有27项，而且90%是改良型的，创造发明型的新技术只7%（美国占25%，英国占55%）。因此，如何在充分发挥现有制度长处的基础上建立一种新的研究体制，以顺利推进创造性科学技术事业成为全日本所广泛重视的问题。

日本科学技术会议于1981年1月正式提出了以流动研究体制推进创造科学技术的探索研究的方案。3月19日，科学技术会议正式将创造科学推进事业委托给新技术开发事业团。还决定了科学技术振兴调整费使用的基本方针，规定其用途为：加强尖端、基础性的研究领域的力量；推进多数研究机关的合作；加强官、产、学合作，促进国际共同研究。1981年10月创造科学技术推进制度正式开始实施。

所谓创造科学技术推进制度，即为了发掘将成为未来技术革新源泉的科学技术种子，利用流动研究体制推进富于独创性的探索研究的一项促进科学技术发展的制度，它的中心内容是流动科研体制。创造科学技术,即在所谓科学与技术两者的交叉点上进行探索、发掘,研究物质和生命的新特性,并为其研究结果开拓广泛应用领域的一种富于创造性的探索研究。日本将这种介于科学与技术边缘上的创造活动称为"创造科学技术",创造科学技术的研究对象是在包括从物质到生命的广泛领域,在科学向技术过渡的过程中,选择出成为革新性技术种子的可能性大的课题作为研究主题。创造性科学技术的目的不是创造"物",而是创造"新思想",而这些新思想将成为未来科学技术发展的源泉。因此,创造科学技术推进制度以开展围绕一定研究主题的探索研究为重点,研究过程中不设固定的研究目标,研究人员围绕研究主题自由思考、自由研究。因此,这种制度归根到底是采取以个人为中心、最大限度发挥富有独创精神的研究人员个人才能的研究方法。由此可见,日本的创造科学技术推进制度,已越出了一般的保障科技创造自由权利的范围,而跃向了激发、弘扬科技独创精神的新的高度了。

创造科学技术推进制度的核心内容是流动研究体制,即由事业团根据课题需要集合该研究领域里卓越而有声望的优秀研究人员(多为科学家)作为课题总负责人,总负责人拥有财权和人权,但不超过事业团预算。课题组由总负责人组阁,由他挑选富于才能和创造精神的年轻研究者(35岁以下)以及外国专家,以签订定期合同的方式与事业团建立雇佣关系。流动研究体制的宗旨是发挥研究人员的独创精神。具体做法是,打破以组织为中心的研究方式,采取以人为中心的研究方式;打破人事封闭的壁垒,采取人才流动方式;不受官、产、学限制,广泛吸收优秀人才参加;打破僵硬的管理方法,不固定研究目标,研究人员的意向可自由发挥;重视研究过程中出现的新想法,以提高发现革新性新技术种子的概率。

为实施创造科学技术推进制度,考虑到流动研究体制的灵活性和官、产、学人才的流动性及鼓励企业研究人员积极参加等基本要素,决定利用特殊法人作为实施机关。它由国家直接支出研究费用,直接管理。但这个特殊法人又不能是自由拥有研究人员、研究设施的,否则有可能在选题方面受到现有组织、设施及人员专业的限制,外部研究人员不愿参加。因此选择了新技术开发事业团作为新研究体制的具体实施机关。新技术开发事业团自己设有固定的研究设施和人员,它广泛了解国内外科技发展动向,能够吸引官、产、学的研究人员积极参加,同时也有组织推进研究的充分经验。1981年新技术开发事业团内部成立了一个专门负责这一新制度实施的机构——创造科学技术推进室。1982年改组为"创造科学技术推进部",专门负责有关创造技术推进方面的事务处理、财务处理、规划研究、相互调整等业务。

根据法律规定,新技术开发事业团所设的开发审议会是创造科学技术推进制度实施时的最高审议机关。开发审议会由多个科学技术领域中有威望、学识丰富的专家组成。事业团首先要听取开发审议会的意见以决定实施的基本方针。根据审议会的意见选择几个出现革新性技术种子可能性大的研究领域,在分别听取审议会的意见后,确定研究主题项目,并选定各个主题项目的总负责人。

研究员的聘请由每个主题项目下设的研究组负责人和总负责人商定。经拟聘研究员原单位的同意后,研究员与事业团、原单位三方分别签订合同,规定在合同期间,研究员为事业团职员,期满后回原单位,合同期间的费用由事业团支付,待遇标准与原单位一致,加薪晋级等不受影响。研究成果的发明者与事业团共有。研究员的选择标准,首先须有独创精神,年龄为35岁以下。工作两年后对其独创精神做出评价,确无创造性者解除合同,另聘他人,也可根据实际成绩进行调整。为了便于国立大学、研究所等有公务员身份的研究人员参加,考虑了兼职、休职等各种措施。

研究成果原则上都公开发表,以利于下一阶段的研究开发,所取得的专利为事业团与发明者共有。其他单位要使用专利,须向事业团申请。研究员原所属企业要使用该专利,可得到为期三年的优先实施权,即事业团在此期间不再向其他企业发放专利实施许可证。

该制度实施多年的结果表明,它具有相当大的优点,主要是:

这项新制度以及为开辟未来产业新领域而选定的这些主题项目,对富于创造精神的青年研究人员有很大吸引力。首先,以个人为中心的体制尊重个人的独创性,重视研究人员的提案,又有个人与事业团共享成果的好处(财产和名誉),同时在这期间又可不受任何干扰和束缚,畅所欲为地开展研究活动,容易出成果、容易成名。

该制度对于企业也有很大魅力:平时不能提出的基础研究得以进行;本企业研究人员容易得到最新技术情报;优先利用研究成果;可以取得基于本企业研究员的发明而取得的专利权中属于发明者那一部分的继承权,事实上发明者所得到的专利权在回原单位后都转让给原单位了。

该制度给年轻有为的研究人员发挥创造性的机会,突破年功序列等传统习惯的束缚。

该制度打破纵断式框框,超组织界限,把分散在官、产、学以及国外的优秀人员吸收进来。

该制度对积极开展不明确因素多、风险大的研究课题,有较大的促进作用。研究过程中不拘泥于原定目标,重在研究人员从研究过程中派生出来的好想法、新见解,实行灵活的研究管理。参加研究的人员通过实际研究活动可以从优秀学者那里学到判断力、洞察力、分析力和指导能力。因此,这一体制也是培养下一代创造科学技术和指导人才的有效途径。

(四)科技创造自由权利的比较

前引我国宪法关于公民进行科学研究等的自由权利的规定,并无其他的限制,行文上也无但书。日本国宪法第二十三条的规定十分简洁:"保障学问的自由。"我在日本访问时,东京大学博士高见泽磨告诉我,在日本,议论以至反对天皇也是自由的,更不用说"学问的自由"了。为计算机程序之是否受著作权法保护,是否修改著作权法以应美国之要求在该法中保护计算机软件，日本的通产省与文部省可以持截然对立的意见并对舆论界公开。前述日本科学技术创造推进制度与流动科研体制更在保障科技创造自由权利的基础上，激发与弘扬科技人员的自由创造精神。其他国家的科技创造自由权利的宪法规定也是十分明确具体而无保留的。

但是，也有一些国家的宪法规定与此不尽相同。希腊宪法在规定科研自由的同时规定："学术自由和教育自由必须忠诚于宪法。"（第十六条第一款）土耳其宪法规定："教育在国家的主持和监督之下是自由的。"（第二十一条）泰国宪法规定："学术自由受到保护。但不得与公民的义务相违背。"（第四十二条）伊朗补充的宪法性法律规定："科学的研究与讲授、教育和艺术是自由的，但由宗教法禁止的除外。"（第十八条）

以上这些国家关于保障科技创造自由权利的限制性条款，可以分为这样几类：一为强调权利与义务的一致；二为强调国家干预的必要性；三为宗教关系的处理与限制。

各自有各国不同的国情，有关规定本可多姿多彩。但是科技创造自由权利的保障，应是越少禁忌，越小阻碍越好。例如宗教方面的禁忌就是。科学与宗教是互相否定的。宗教教条的至高无上，就等于科学的死亡，因此，只要有可能，摆脱宗教的束缚，才可能有真正的科技创造的自由权利。

科技劳动既有个体的，又有集体的。现代化重大科技项目，单独一人无论如何都不可能顺利完成。而有组织的集体科研项目，和谐合作、有序组织、规范管理，都极必要。但是，这些都应建立在保证科技创造自由权利的基础之上。因此，国家主持、监督之类的必要措施，尤须谨慎，切不可造成干预、干扰。

权利义务的一致，是二者良性互动的前提，不很好地履行义务，权利的实现往往会落空。但是，在科技创造活动中，我以为，科技创造的自由权利是第一位的。在有关的权利、义务方面若平分我们的注意力，就有可能削弱权利的保障。像日本那样简洁宣告"保障学问的自由"，而又采取一系列具体的、有效的措施去激发科技人员的自由创造精神，实在是值得学习的典范。

（五）科技创造的自由权利与科技成果的运用

科技创造的自由权利与科技成果的运用，是两个不同的概念。前者指知识的获取、知识领域的开拓、技术方法的创新的权利；后者指有关科技知识、技术成果在实际生活中的运用。

人类关于自然、社会和自身的知识越多越好，知识的掌握领域越宽广越好，能够应用的征服自然的手段越高明越好。然而，科技是一柄"双刃剑"，其成果之运用，可能带来两种结果：一为造福于人类；一为对人类造成危害。例如原子能技术，既可运用于发电、诊断和治疗疾病等造福人类的事业，也可用以制造原子弹这一威力巨大的杀人武器。现在，世界一些国家的核武库如果全部用于战争，可以把整个地球地毯式地轰炸20遍以上，人类也就必定毁灭无疑了。但我们不能因此就禁止原子能科技的发展。又如克隆技术的发展也是如此。现在各国各界对克隆技术议论纷纷,莫衷一是。对此,法律界感到一点无所措于手足,似乎陷入了进退两难的境地。法律界如此,政治界也是如此。

据同济大学蒋晓伟教授的《人类的"克隆"与人类社会的理性和法治》①一文的介绍,美国总统克林顿1997年3月4日下令,禁止联邦政府机构拨款资助人体克隆试验项目。他同时要求,在政府对存有争议的克隆问题进行审查的同时,科学家个人主动地暂停人体克隆试验。他认为,人体克隆势必导致人类对一向信守的宗教信仰和人类的概念产生深深的忧虑。日本学术审议会日前就制定有关无性繁殖研究的指导方针举行全体会议,并决定禁止使用公共科研经费研究与人类有关的无性繁殖即克隆技术。中国卫生部也宣布不支持克隆人的试验。中国工程院院士、中国基因研究的元老李载平教授认为,克隆技术对人类的贡献不小,但恰如水能载舟也能覆舟一样,如果将克隆技术运用人体自身时,那就大逆不道了。意大利卫生部长罗萨莉娅·宾迪宣布,将在三个月内暂时禁止任何形式的同人体或动物克隆有关的试验。据悉,目前世界上已有德国、西班牙、丹麦、澳大利亚等少数国家制定了关于禁止人类克隆的相关法律。英国科学家、诺贝尔和平奖得主洛布拉特表示:无论科学家如何感到不快,科学必须得到控制,否则人类的前途都将岌岌可危。他建议设立一个国际伦理委员会监督此项研究的后继发展。

但是部分法律界人士的意见却与上述所引大致相反。蒋晓伟就认为"全面禁止'克隆'人是不可能的,也是不明智的"。华东师范大学教授蒋德海在《克隆恐惧症和法的人道主义》一文中进而提出了对隆克技术究竟是持积极态度还是遏止立场的问题。他认为,有不同层次的人道主义,"如果遇到两种不同层次人道主义的冲突,我们的法律就应当义无反顾地选择一种更高级、更深刻的人道主义"。因此,他主张法律要以不阻碍克隆之类新技术的发展和进步为前提,但不反对立法禁止克隆技术的滥用。上海大学芦琦教授等也主张"以科学、客观和辩证的态度来认识对待克隆技术及其立法,以法律手段有效控制克隆技术的消极影响"。她"相信克隆技术及未来可能出现的其他生物工程技术会成为造福人类的科学使者"。②

我以为,要在克隆技术的问题上达成共识,必须分清科学技术发展与科技成果的运用、科技创造的自由权利与科技成果运用的社会影响这一类不同的问题。人类既然在其"童年时代"的今天就发明了克隆技术,今后当还会发展出更为高级的技术来。无论从科技发展的自身规律看,还是从人类社会进步的需要看,科学技术的日新月异都是无可怀疑、无法阻挡、不应遏制的。但是科技成果的应用,却又得防止其消极面的作祟。因此,一方面应当义无反顾地立法坚持并扩大、增强对科技创造自由权利的保障;另一方面,则

---

① 蒋晓伟:《人类的"克隆"与人类社会的理性和法治》,1997年6月10日上海社会科学院《生命法学理论研讨会论文》。
② 芦琦:《有关克隆技术的法律思考》,1997年4月2日上海交通大学《克隆技术的法律对策讨论会论文》。

立法保证防止科技成果的滥用，努力保护环境与自然、社会的生态平衡。具体到克隆技术上，我主张大力保障克隆科技的自由创造权利，同时谨慎对待克隆人。

三、保证对科技创造实行激励的原则

保证对科技创造实行激励的原则，是很值得深究的理论问题与实践问题。在本节中我们从以下几个方面展开论述：法理学的宏观研究与"激励学派"；科技法的激励原理；科技法的里程碑——专利法；科技法律激励原则的要求。

（一）法理学的宏观研究与"激励学派"

风雨昨日，法理学几至"山穷水尽"。当哲学大城失火而落入"贫困"窘境时，法理学也遭池鱼之殃，被人讥为"幼稚"。但中国的法理学工作者并不气馁，老一辈皓首穷经，笔耕不辍；新一代焚膏继晷，刻意创新。于是，我们看到：昔日热烈议论过的一些重要问题，如人治与法治、政策与法律、权力与法力、批判与继承的关系，法律的起源，法的本质属性，法律面前人人平等，法律的借鉴与移植，权利本位与义务本位等等，现在已延伸并在更深的层次上进一步展开探讨；面对计划经济体制向社会主义市场经济体制转轨，又开展了新体制下新的法理学问题的研究；此外，大批译介了国外法理学研究的最新成果……显示了"法理学的中观研究硕果累累"。然于法理学宏观研究与微观研究领域，尚嫌寂寥。在立法、司法、执法、守法实践中，在社会主义市场经济体制建立的过程中，科技进步导致的科技社会关系的变动中，外来思想与传统思想的冲突中，大规模对外开放和国际事务的发展中，都会日新月异地提出各种各样的法制需求和其他法律、法学问题，追踪深究这些问题，当对法理学的宏观研究与微观研究指示方向、提供思路、提出课题，而广大群众的实践也会给我们以启迪，提供解决问题的经验。有志于中国法理学发展、中国社会主义法制光大者，应该做一名构建法理学学科理论大厦的孜孜以求的拓荒者。而有志于中国科技法学的深入研究者，也应该关注、参与法理学的创新，从中汲取新的法理思路与拓展科技法学的新天。

古往今来，法学流派林立。即便是两千多年前的春秋战国时期，也曾有过儒家、墨家、道家、法家、阴阳家、五行家、杂家等，尔后还有它们的变种，如理学家、心学家等。然而，如今的法学界包括法理学界，却无学派可言。有鉴于此，我们不妨寻根溯源先来看看"家底"——老祖宗遗赠的中华法系。

这"家底"，是中国人引以为自豪的。几乎所有的专著论及中华法系时，无不冠以"光辉灿烂""绚丽夺目""流播广远""影响深巨"等等褒美之辞。然而，一言及近代的中国法制，却大多认为中华法系"日暮途穷"，竟至要"毅然与之决裂"，"抛弃固有法制传统"，以"继受西方法学思潮"。一向被引为骄傲的中华法系，怎么一下子如此惨不忍睹

了呢？鲁迅说"比较是医治受骗的良方"，我们不妨拿中华法系与罗马法系、英美法系做一粗略的比较。

陈朝璧先生认为，中华法系的首要特点是：重视成文法典，并惯于把有关社会规范的思想意识和制度用文字记载下来。[①] 这是中国法律史学界公认之论，外国的中国法律史学者也一致首肯。而罗马法系之与英美法系相区别的最大特点，即是其"法典成文化"。在这一点上，我们可以说，中华法系与罗马法系旗鼓相当。

中华法系的主体是古代中国的法律制度。除法典成文化外，中国古代法律制度的一大特点是律、例并行。"例"，即唐代以后作为判案依据的判例、事例、成案。源于唐时的"敕"及唐中叶以后至五代的"指挥"。南宋的断例、指挥可代敕。明清两代，正式规定、全面实施了律、例并行之制；清代甚至发展到"有例不用律"或"因例破律""或一事设一例，或一省一地方专一例，甚至因此例而生彼例"。[②] 而英美法系之与罗马法系相迥异的最主要标志，即是其为"判例制法"。在这一点上，我们丝毫不必怯于断言：中华法系比英美法系不稍逊色。

中华法系的"礼刑结合""德主刑辅"实为中国今日"综合治理"之滥觞；中华法系之"伦理入法"对中国当代法制也颇有影响，宪法与法律中一定数量的精神文明条款为大多数外国所无，彭真还专门详论了宪法"关于社会主义精神文明"的规定[③]；中华法系之"融合了以汉民族为主体的各民族的法律意识和法律原则"的特点[④]，堪成全球比较法学界梦想的"世界统一法"的楷模……这里仅择中华法系雄厚"家底"中的一个鲜见论及的问题稍事分析。

这个问题就是激励机制在中华法系中的运用。我们分两个方面来看。

第一，从法律制度方面看。

中华法系几乎一直被当作刑事法系的同义语。影响所及，现今流行的中国法制史教材或专著，大体迹近刑事法制史。在这种情况的影响下，千千万万人脑子里的"法律"几乎只是一部刑法，至于"法网恢恢，疏而不漏""法律是无情的"之类司空见惯的警语，更像在活画出中华法系乃至当今中国法律的冰冷面孔。但究其实，法、法律绝非人类从地狱唤出折磨自己的狰狞厉鬼，而是帮助自己摆脱自然淫威、社会桎梏，增进人类福祉的天使。法律确有无情惩恶一面，但也有热情奖善的另一面，中华法系重视奖善一面，更高出其他法系一筹。

---

① 陈朝璧：《中华法系特点初探》，《法学研究》1980年第1期。
② 《清史稿·刑法志》。
③ 彭真：《关于中华人民共和国宪法修改草案的报告》，《中华人民共和国第五届全国人民代表大会第五次会议文件》人民出版社1983年版。
④ 张晋藩：《再论中华法系的若干问题》，《法史鉴略》群众出版社1988年版。

法制史专著谈及夏代时曰"夏刑三千"①"夏后氏正刑有五,科条三千"②"夏后肉辟三千"③。主其事之"首恶"是夏禹的儿子夏启,所有的法制史著作都要引录夏启的一条(也是夏启唯一流传至今的一条)"军令":"今予惟恭行天之罚,用命,赏于祖,弗用命,戮于社,予则孥戮汝。"④《中国法制史》一书引此军令后解释说:"所谓孥戮就是除本人外,罪及其子,用作祭社的牺牲",并概括"这条法律清楚地表明""法是以国家强制为后盾的、强迫人们必须遵行的暴力,否则就将戮及自身和子辈""阶级社会国王的威权,就是建立在对奴隶进行残酷的刑罚镇压的基础上的""为了加强法的威慑力量,夏统治者还假借天的名义进行'天罚''天讨'"。⑤论者对置于"弗用命,戮于社"前面的"用命,赏于祖"五个字,完全视而不见了。

"魏文侯师"李悝,被誉为中国第一部较为系统的成文法典的撰著者。该法典即《法经》,"以惩罚侵犯地主阶级的政治、经济利益的各种行为,作为根本的指导思想"⑥,《法经》当然被称为"刑法典",李悝脸上也就尽是杀气了。其实,《法经》之"杂律"就未必全是刑法方面的内容;桓谭之《新论》谓《法经》之"具律"中有"减律"即减轻罪刑的规定,张警对此做过考证而表深信。⑦这表明《法经》在一定程度上运用了激励机制。更重要的是,李悝有一条重要治国原则,他认为:"为国之道,食有劳而禄有功,使有能而赏必行、罚必当。"⑧

秦律,给人最深刻的印象恐怕要算"秦法严苛,繁于秋荼"一语了。但秦简《为吏之道》规定,"五善"毕至"必有大赏";《徭律》《仓律》规定允许"黔首自实田";《厩苑律》《工人程》等中有耕牛课、马劳课、添园生产课、采山生产课、新献(新产品)课等等关于"课"即今"评比"的规定,每年四、七、十月一小"课",正月一大"课","课"而居于榜首者可获重奖,居于末尾者则重罚……

秦亡以后,两汉、魏晋南北朝、隋唐五代、宋元明清,其律、令、格、式、诏、敕、诰以至大量的判例之中,也多有奖励之法。从法律这一中华法系之主体来看,激励机制的运用,激励性规范的大量存在,无疑是该法系的重要特点。

第二,从法律思想方面看。

遍览中外法律思想家的著作,中国法律思想家特别重视激励性法律机制,即可视其为

---

① 《尚书大传》。
② 《隋书·经籍志》。
③ 《扬子·法言》。
④ 《尚书·甘誓》。
⑤ 张晋藩等编著:《中国法制史》,中国人民大学出版社1981年版,第24页。
⑥ 同上书,第97页。
⑦ 张警:《〈七国考〉〈法经〉印文真伪析疑》,《法学研究》1983年第6期。
⑧ 《说苑·政理》。

重要特点，也可断之为与外国法律思想家的主要不同点。但可惜的是，我们的法律思想史专著或教科书，都忽略了这一点。这也包括本人的《中国法律思想简史》①及合著《中华法苑四千年》②等书。这里我们信手拈出几点，即可知先贤是何等重视奖赏立法了。

商鞅一向被铁定为"重刑主义者"的典型，其实，他在秦国主持的第一次变法，三项主要内容中，有两项是奖赏之法：一奖军功，二奖耕织。他力主"壹赏"③"信赏"，认为"民信其赏，则事功成"④。所以后人评说"商君治秦，法至令行，公平无私，罚不讳强大，赏不私亲近"⑤。应当说，商鞅既是重刑主义者，又是而且首先是重赏主义者。

管子在中国最先提出"以法治国"的口号："威不两错，政不二门，以法治国，则举措而已。"⑥他认为必须做到"宪律制度必法道，号令必著明，赏罚必信密"，并说"此正民之经也"⑦。他强调："有功而不能赏，有罪而不能诛，若是而能治民者，未之有也。"⑧

先秦法家之集大成者韩非子，更是一个重视法律激励的思想家。他认为缘法而治是国家根本，主张"刑过不避大臣，赏善不遗匹夫"⑨，突出"赏誉同轨，非诛俱行"⑩的极端重要性。

法家如此，儒家、墨家、阴阳五行家、杂家、名家，甚至主张"清静无为"的道家也如此，连尔后的理学家、心学家等等也十分重视庆赏奖功。之所以如此，可用韩非子的这段话概而言之："若夫厚赏者，非独赏功也，又劝一国。受赏者甘利，未赏者慕业，是报一人之功而劝境内之众也。欲治者何疑于厚赏。"⑪

以上从中华法系的制度载体与思想灵魂两个方面，说明激励性规范是古代中国法律的重要规范内容，中华法系的一大特点就是重视奖赏、重视法律的激励性。

由此，我们至少可以得到两个结论。第一，对中华法系的宝贵遗产应当精心研究，一可弘扬中华法系、中华文明；二可为今天的社会主义法制建设提供营养；三可拓展法理学研究的宏观天地。第二，中华法系之高度重视信赏必罚启迪我们，奖赏与刑罚同样都是调整社会关系的重要法律手段，同样不可或缺。

关于法律的激励机制，中外法学界鲜有论及者。我认为：激励机制是法律调节的"半

---

① 《中国法律思想史》，同济大学出版社1988年版。
② 倪正茂等：《中华法苑四千年》，群众出版社1987年版。
③ 《商君书·赏刑》。
④ 《商君书·修政》。
⑤ 《战国策·秦策一》。
⑥ 《管子·明法》。
⑦ 《管子·法法》。
⑧ 《管子·七法》。
⑨ 《韩非子·备内》。
⑩ 《韩非子·八经》。
⑪ 《韩非子·六反》。

片天"；奖赏之法是法律体系的"子系统"；重视奖赏之法和法律的激励机制的研究，可以说是法理学宏观研究的"新大陆"。在这"新大陆"上，我们可以：

1. 改写法律思想史。重点是搜罗汇集各家各派各人各时所阐述的赏罚并行的治国论、法律观、立法观、司法观以及法律激励的哲学指导思想、策略思想、具体方针、政策、措施、方式等等。

2. 重新探讨法的本质、属性、地位、结构、作用等重大法理学问题。关于阶级社会的法的本质属性，我一向认为是阶级性与社会性的对立统一；在每一社会形态的上升时期，社会性是其主导方向，研究奖赏之法可使我们发现，每一社会形态的上升时期，奖赏立法往往比较多；而其衰落时期，惩戒立法则不断增多。

3. 更全面地认清法的发展规律。用社会形态类型的法的更替表达法的发展规律，有明显的弊端；迄今为止，世界上没有一个国家完整无缺地经历了既定的"五种社会形态"。而从奖赏立法视角，也许可以尽窥法的发展规律之"全豹"。法的消亡，绝非始于社会主义时代而完成于共产主义社会。

4. 为当代中国的社会主义法制建设提供新的思路。其中之一，即是加强奖赏立法，充分运用法律的激励机制，走出法制发展的新路子来。

鉴于上述认识，我认为，法理学的宏观研究应形成一个可以名之为"激励学派"的法理学派，在发扬中华法系法律激励的特点及其他精华的基础上，借鉴其他法系的优点长处，或可形成我名之为"发展法系"的新法系，以综取一切法系之长，最终取代一切法系。

（二）科技法的激励原理

法既有激励之"理"，当在一切法中贯而彻之，科技法自不例外。但科技法与一般民法、刑法、行政法有一个很大的不同点，即一般民法以当事人双方等价有偿、平等交易的冷漠性为显著特点，刑法以毫无情面的严厉镇压这一强制性为主导特征，行政法以上下级等森严的支配与服从关系为根本特点；科技社会关系虽也采用民事、刑事或行政调节手段，但是，科技民事法律调节多半不得不偏离等价有偿而实行"比价有偿"等不等价有偿的方式进行，刑事强制性只是科技社会关系法律调节的一种次要手段，在科技行政的上下级关系中，命令性少而协商性多，指令性弱而指导性强，与这些相联系的是，科技社会关系以法律激励为主要的调节手段。因此，如果对科技法做深入研究，可以发现科技法是在激励机制的影响下形成的，是以激励原理为其灵魂的。

科技法的激励原理，植根于法的激励功能，植根于科技社会关系调节过程中的保障科技创造自由权利的需求，植根于发展科学技术的需要，植根于科技劳动的脑力性特点。

1. 科技法的激励原理植根于法的激励功能

科技法的激励原理，根植于法的激励功能。这点前文已结合中华法系的特点详尽地做

了分析。这里要补充的是:

其一,对"制裁"的法律分析。

"制裁"是一个使用频率很高的法律用语,同时又是一个几乎未加研究的法学概念。浏览多种法学辞典、法理学专著,很难找到关于制裁的解释或论述。

流行于口头的"制裁"一词,显然是贬义词,如"××怙恶不悛,罪有应得,受到了法律的无情制裁"等。但从汉语辞源上看,"制裁"却是一个中性词。《荀子·成相》:"臣谨修,君制变。"《韩非子·难二》:"管仲善制割。""制"即"裁断"的意思。"制""裁"连用,指的是裁定、断决。既然如此,就不一定是惩罚性的"无情制裁",还可以有奖励性的善意嘉许。美国斯坦福大学法学院劳伦斯·M.弗里德曼教授在《法律制度》[①]一书中,对"制裁"一词就做中性的理解。

根据对法的结构的分析,我认为,有静态的法与动态的法。在静态的法中,制裁有其预警功能与许诺功能;在动态的法中,制裁有其惩罚功能与奖励功能。

许诺作为静态的法的功能,虽是未兑现的奖励,但其存在是客观的。这种客观而又未兑现的功能,是由法律对人的影响及人对法律的感受交互作用而形成的。自然科学奖励条例、技术革新奖励条例之类科技法的有关奖励的许诺,必对科技工作者产生影响,而科技人员因有此项法律激励也"感之于心""动之于情"。

法律被付诸实施时,它像在传送带上一样开始"活动"。首先是与案情事实(在科技奖励法的实施中则是立功事实)一起"输入"司法机构(在科技奖励法的实施中则是"输入"评奖机构),然后是对有关的法律与事实的交接点的思考、较量以及"判决"并予以宣布或公布,即"输出";"输出"之后还会收到当事人及关系人的反应,即"反馈"。这是一个动态的过程。在这一过程中,法律在行动,静态的法变成了动态的法,静态的许诺变成了动态的奖励,潜在的以许诺形式体现的奖励规则变成了现实的奖励行为。奖励的行动又强化了奖励的许诺,从而增强了科技法律激励原则、激励规范的权威性。

其二,科技法律激励功能的两重性。科技法的静态许诺具有法律功能与道德功能的两重性。许诺的法律功能表现为,凡行为与许诺规范的有关规定相符,行为人应得到奖励,还应受到法律的强制性保护。许诺的道德功能表现为,许诺规范的有关规定驱人向善、催人趋利。

科技法的动态奖励,不仅对受奖者有激励作用,使之更加努力地按奖励规范的要求行事,而且对其他人也有激励作用,使之向受奖者看齐,也就是向奖励规范的有关规定靠近。

其三,法的激励功能自始即有,后因法的异化而削弱。随着人类社会的进步,法的激励功能将与日俱增。弗里德曼指出:"法学研究总的来说对奖赏注意不多。"其原因是"表

---

① [美]弗里德曼:《法律制度》,李琼英、林欣译,中国政法大学出版社1994年版。

面上看，法律制度似乎使用惩罚比奖赏多。从某种意义上说，惩罚似乎更有效。仅仅威胁要惩罚就有制止作用，而奖赏的希望则刺激很小"。[①] 这里所说法学研究较少注意奖赏是客观的，中外皆然。法律制度使用惩罚确也多于奖赏。但"法律制度"是一个历时性的概念，古往今来以及日后的法律制度在"使用惩罚与奖赏"上，不可能一成不变。人类社会越是向前发展，法律制度使用奖励的量会越来越增加。我认为，由于惩罚越来越让位于奖赏，而奖赏与许诺一样，既有法律功能又有道德功能，是法律功能与道德功能的对立统一体，因而架起了一条由法律规范通往道德规范的桥梁，一旦达到一定的数量，法律规范就会发生质的变化，总体上转化为、让位于道德规范，这就是法的消亡之日的来临。由此可见，法的消亡，从奖励规范的出现就开始了，这是一个从量变到质变的过程，不可能也不应当设想有那么一个日子，此前法律犹存，此后法律消失。近代专利法、著作权法以及其他大量科学技术法的涌现，是奖励规范迅猛发展、越来越对惩罚规范较量计功并呈现极大优势的表现。

其四，大多数公民对惩罚与奖赏的态度。前引弗里德曼所说"惩罚似乎更有效……而奖赏的希望则刺激很小"，是"从某种意义上说"的。他没有说明"某种意义"的具体所指，我谨释析为"从对占人口少数的有违法犯罪倾向的人的意义上"。在我国的"普法教育"中，我发现这样一种现象：曾有一度，由于过度宣传"普法"对惩戒犯罪的作用，许多人因此不屑一顾，他们认为"违法、犯罪"云云与己无涉，不学法也是个好公民，因而参加"普法"的积极性不甚高。这一现象的客观原因就是，占人口绝大多数的公民，一般来说都是愿意，也能守法的，违法犯罪者总是人口中的极少数。正因如此，"威胁"要加"惩罚"，对大多数人来说并不造成很大的刺激。实际上，倒是奖赏对他们的"刺激"更大，因为他们的思想、要求、志趣、荣誉感以及整个的生活习惯等等，更接近于法定奖赏这一个方面，而不是相反。正因如此，在科技人员中，专利法所能引起的关注与刑法所能引起的关注，无论从人数还是从关注程度上看，重心都倾斜于专利法而不是刑法。

所有这一切，都决定了作为法的科技法，以激励为己任，大大地开拓了法的激励功能的范围。

2. 科技法的激励原理植根于保障科技创造自由权利的需求

对科技创造自由权利的保障，有积极与消极之分。消极保障，其主要特点是对科技创造的自由权利不予干涉；积极保障的主要特点则在于采取种种措施以便：第一，扩大科技创造的自由权利；第二，提高科技创造自由权利的质量；第三，强化对科技创造成果卓著者的奖励。从科技工作者的愿望及发展科学技术的社会需求来看，积极保障当然优于消极保障。因此，人类社会越是向前发展，积极保障就越是得到重视。而这，正是科技法尤其是科技奖励法日见其多、日见其详的原因。近代竞争法的出现就是一例。

---

① [美]劳伦斯·M.弗里德曼：《法律制度》，李琼英、林欣译，中国政法大学出版社1994年版，第97页。

为了维护公平竞争，为竞争创造良好环境，保障科技工作者在竞争中得以自由地创造科技成果，不少国家制定了竞争法，其中以美国的有关立法最为积极主动、详尽周全。在美国，有关竞争的法律称作反托拉斯法（Autitrust Law）。最早的美国反托拉斯法为1890年制定的《谢尔曼法》（Sherman Act）。该法第一条即宣布："任何旨在限制各州之间或者与外国的贸易或者商业的合同、以托拉斯形式或者其他形式的组合，或者此种密谋，在此被宣布为非法。"第二条规定："任何人进行垄断，或试图垄断，或与任何其他人组合或密谋，以垄断各州之间或与外国的贸易或商业的一部分，将被判为重罪。"尔后，1914年的《克莱顿法》（Clayton Act）和《联邦贸易委员会法》（Federal Trade Commission Act）及1936年的《罗宾逊-帕特曼法》（Robinson-Patman Act）等对《谢尔曼法》做了补充与完善。虽然这些立法的初衷在于保护贸易的自由与正当的竞争，但是，它对保障科技创造的自由权利发生了积极的影响。受惠最明显的是对计算机硬件的保护。与计算机硬件有关的是垄断行为、限制性商业惯例以及不正当竞争等三种反竞争行为，三者都损害了计算机科技创造的自由权利。例如限制性商业惯例就直接限制研究和发展技术，不允许技术转让的受让方对技术进行研究发展，还间接地通过以下方法限制科技创造的自由权利：一为搭售，即强迫对方接受一些不需要的技术、原材料等；二为限制从其他方获得技术，限制受让方的原材料来源；三为限制受让人产品的销售价格和销售地区。这些，都足以束缚受让方的手足，使其科技创造自由权利不能充分发挥甚至根本不能发挥。因此，竞争法无异于对科技创造自由权利的积极鼓励。事实上，美国的这些立法，对美国计算机科技人员积极性的发挥，是起了很大的激励作用，从而大大促进了美国计算机技术的发展。

3. 科技法的激励原理植根于发展科技的需要

社会需求是一切社会行为包括立法行为的出发点与归宿。当代社会中，科学技术的进步已具有越来越重要的地位，首先是经济发展的要求。劳动力密集型或资金密集型的企业，在竞争中必定败北于技术密集型企业。新的产业领域的形成与进一步开拓，完全取决于高新科技的开发成功。其次是社会发展的要求。人类已不仅仅满足于物质资料的丰富，对人类所处的环境质量的要求变得越来越高，对人类生命质量的要求（健康、长寿）也越来越高，社会生活的信息化、自动化要求也水涨船高地急速发展，这些，都要求高新科技的同步甚至超前的发展。再次，当代世界的国际竞争，已从军事实力、经济实力的竞争发展为科技实力的竞争；而军事实力与经济实力也多半仰仗于科技实力的提高。因此，立国于世界强大民族之林，欲求不被动挨打，唯有积极发展现代科技一途。这样，激励科技工作者尽心竭力、全心全意地充分发挥其聪明才智，为社会贡献出他们的天才创造，就是势所必然的。立法予以激励，正是调动科技人员积极性的根本途径与有力、有效的措施。

美国于立国之初，即于1790年就颁布了专利法。1856年，稍稍浸染了一点资本主义知识的太平天国后起之秀干王洪仁玕在进呈给天王洪秀全的《资政新篇》中，曾提出过保护专利权以激励知识精英积极创造科技新品。但新中国成立之后30多年内，竟无专利法的制定颁行。科技工作者的积极性因此严重受挫，其创造力也陷于停滞、萎缩。直至1984年，我国才制定了第一部专利法。这不能不说是一个很沉痛的教训。在颁行专利法后，我国的科技立法呈现急起直追的勇猛态势，先后制定了《技术合同法》《商标法》《著作权法》《科学技术进步法》及一系列科技奖励法、技术革新法等，对我国科学技术的进步，起了十分重要的作用。

现在，我国又提出了"科教兴国"的伟大战略，科技进步的要求会越来越高、越来越具体。为此，我们不仅要有诸如科技进步法之类的基本法，而且还应有原子能技术及其他能源技术、新材料技术、信息技术、生物技术、空间技术、海洋技术、生命科学技术等等高新科技的单项立法，规范科技社会关系的法律调节，激励从业科技人员的主动性、积极性与创造性。可以预期，21世纪的中华民族将因科技立法的激励而重铸辉煌。

4. 科技法的激励原理植根于科技劳动的脑力性特点

科技劳动，个人的不用说，即使是集体项目，最后也要落实到个人，落实到个人的脑力劳动中去。与体力劳动不同，脑力劳动具有以下特点：

其一，必须建立在继承先人脑力劳动成果的基础上。知识的积累越丰富，智慧的火花越容易得到激发、燃烧。牛顿认为，只有站在巨人的肩上才能看得更远、走得更快。如果一切从零开始而无人类知识的积淀，脑力劳动将寸步难行，更不可能会有什么现代的高新科技。而要日积月累大量知识，舍"学而优则奖"外，不可能有更好的办法。

其二，脑力劳动具有连贯性的特点。从人类的整体看，知识是人类脑力劳动成果的长链。从人类的个体看，个人所拥有的用以进行科技创造、获取科技成果的知识，也是他的脑力劳动成果的长链；而这脑力劳动舍连贯的思索、探求之外，不可能获得重要的成果。这样，在脑力劳动的过程中，既需要可以前瞻的激励性许诺，又需要在其取得成果时予以现实的奖赏，用来刺激其进一步劳作的积极性。

其三，必须连贯进行的脑力劳动同时又具有非重复性的特点。体力劳动是可重复且以大量的重复为特点的。农民的"日出而作、日入而息"，年复一年地重复劳动，年复一年地"春种夏收，不违农时"；工人的按部就班、周而复始，有的工人一辈子天天如此、月月如此、年年如此地开同一部钻床，钻同样孔眼，都是人所共知的重复性劳动。这重复性的体力劳动，时间越久，累积的产品——成果就越多。脑力劳动则不同，重复的脑力劳动毫无意义；大量重复性脑力劳动意味着严重的浪费；年复一年周而复始地做全然相同的"脑力劳动"，不是神经病，就是白痴。而连贯进行的脑力劳动，是需要不断"加油"即不断得到鼓励的。当脑力劳动取得成果时，及时地给予奖赏，会使后继的脑力劳动积极性更高。

其四，脑力劳动的情绪性。"情绪"，是一尚未充分加以研究、未能充分揭示其机制、机理的心理现象。我们知道的是情绪高涨时，如同运动员之"进入竞技状态"就可能发挥得好些一样，脑力劳动获得成果的概率就会大一些；情绪低落时，脑力劳动往往难以获得成果。与此相关，得到激励时的情绪总会好一些，相反，应得奖赏而不予奖赏，情绪就易低落。因此，从脑力劳动的情绪性，也引致科技劳动以激励为上的科技法律激励原则。

其五，脑力劳动及其成果不仅具有继承性的特点，而且具有传递性的特点。前人的成败利钝，会成为后来者是否仿效或传承的决定性因素，前人的得到肯定、受到奖励的脑力劳动及其成果，很容易甚至必然成为后人仿效的楷模与承继的范本。而如果前人的辛勤劳动得不到肯定，前人的脑力劳动成果得不到肯定，或虽肯定却无奖励，或虽奖励却量小质差，后继者看了就会寒心，就会"骑着马儿跑到别处去"。这样，传递就告中止，脑力劳动及其成果的长链就会中断。"读书无用论"在"文革"中甚嚣尘上，就是因为脑力劳动及其成果得不到肯定而被否定。"读书无用论"在经济大潮冲击下又沉渣泛起，就是因为给予"学而优"者的社会奖赏比不上给予体力劳动者的多，更比不上给予下海从商者的多。

其六，脑力劳动的跳跃性特点。脑力劳动的传递性是从总体上说的，在脑力劳动的过程中，往往会有灵感的出现，即所谓"顿悟"。钱学森先生将人类的思维分成抽象思维（即逻辑思维）、形象思维（即直感）和灵感思维（即顿悟）三大类。[①] 脑力劳动的传递性与逻辑思维关系较为密切；它的跳跃性则直接源于灵感、顿悟的存在。"灵机一动"所感悟的科学知识，往往会成为重大科学发现、技术发明的直接先导。瓦特之受壶烧开水的启示而发明蒸汽机，牛顿之观苹果落地而构思万有引力定律，都与灵感、顿悟直接相关。思维的跳跃性特点与体力劳动的循序渐进性特点是了不相同的。"图籍纵横忽有得，神思起伏渺无端。"如同每秒30万公里速度的"电光石火"，思维之速度可以极快进行而且一跃亿万里、数千年。这种跳跃性的特点，在情绪高昂时可以发挥至峰巅，而情绪低落时则可能使人进入"目无所见、耳无所闻、心无所思"的迷迷糊糊、浑浑噩噩的虽生犹死、似生似死、非生非死的状态，什么科技创造也无从谈起了。因此，有所谓"气可鼓而不可泄"的古训。这就要特别注意给予科技劳动、科技劳动者以有效的鼓励，使之处于精神振奋、情绪高昂的状态，以求"举一反三""左右逢源"的跳跃式地摘取科技成果。

其七，脑力劳动的隐秘性特点。脑力劳动的劳动场所虽有外在的如实验室、书房、图书馆等，但是第一，离开这些外在场所，如静坐家中甚至倒卧榻上，仍可殚精竭虑"冥思苦索"；第二，即使是在实验室等有形场所，思维仍在脑子里默默地进行。总之，脑力劳动是隐秘的活动，在大脑皮质的万千亿个细胞间进行，时至今日，人类对其机理仍所知极少。这种隐秘的脑力劳动，无由直接显示、无由直接监督、无由直接检查，因此，只能通

---

① 钱学森：《现代科学技术的结构（Ⅱ）》《人体科学》《从脑科学研究到思维科学》《大脑与心理学研究》《立足本行、放眼未来》《当代科学前沿——人体科学》《语言、思维与人体科学研究》《人工智能与思维科学》《巨系统与人体科学研究》等文。《人体科学与现代科技发展纵横观》，人民出版社1996年版。

过间接的渠道，从脑力劳动的成果上观察、检查、考核。这样，只要是努力从事脑力劳动的，尤其是取得成果的，就得加以奖励。

上述法的激励功能、保障科技创造自由权利的需求、发展科学技术的需要以及科技劳动的脑力性特点，正是科技法激励原理的基础。科技法以激励为原则，据此原则，科技法的激励功能不断发扬；科技法也以激励为原理，据此原理，科技法在近代有了长足的发展。而专利法的诞生，正是法的激励功能大发扬的里程碑，正是科技法发展的里程碑。

（三）科技法发展的里程碑——专利法

专利法诞生前的科技法律规范，大多散处、混杂于其他部门法中，而以单行的专门法规来调节科技社会关系，最成熟、影响最大的要算专利法。

专利法是用以调节由发明创造活动产生的智力劳动成果所引起的各种社会关系的法律规范的总称。专利法之"专利"，英语中作"patent"，辞源为国王亲自签署的带有御玺印鉴的独占权利证书。牛津英语字典中对"patent"的解释是：官方授予的某种权利（专利权）、对发明创造的制造使用和出售的一种独占权（专卖权）、对发明和工艺的保护、专利发明物、专利证书、特许状、执照等。总之，是与"独占""独享"某种利益相联系。这种"独占""独享"某种利益的"专利权"具有专有性（亦称独占性、排他性、垄断性）、地域性与时间性的特点。专有性是指同一内容的发明创造，官方只授予一项专利权；未经专利人许可，他人不得制造、使用、销售、进口专利产品，也不得使用专利方法或使用、销售、进口依照该专利方法直接获得的产品。地域性与时间性则指在一定的地域与一定的时间内享有专利权。

专利权人权利之一的"独占权"包括制造权、使用权、销售权、进口权；专利权人权利之二即"许可实施权"可分独占许可、排他许可、普通许可、分许可、交叉许可等；专利权人权利之三"转让权"以及其他权利如"标记权""放弃权"等，无不与专利发明人的直接的、间接的经济利益休戚相关。因此，专利法的实质是法的激励原则的社会性实施。专利法的颁布不是如某一嘉奖令之对专人、专事而发布，而是对整个社会的激励性"许诺"。凡是有所发明创造而符合专利法的，均可"对号入座"享有专利权，获得十分可观的经济利益。因此，有专利法之颁布"如同给天才之火浇上利益之油"的说法。

科技法的最重要特点之一即是它的激励性，以对科技创造及其成果给予奖励为科技法律原则。专利法之成为科技法发展的里程碑，是由于：

第一，专利法是以整部法律体现科技法律激励原则的最成熟、影响最大的法律。

第二，自专利法诞生之后，人类更加重视科技法律的激励原则的巨大威力，与专利法相辅而行的各种科技奖励法纷纷被拟制出来。

第三，专利法的诞生，使人类对法的尤其是科技法的激励功能有了新的认识。在专利法的发展过程中，曾出现过多种试图阐发专利法基本理论的学派。如自然权利论，认为人的创造性思想是一种精神财产，人们对自己的这种创造性思想享有不可剥夺的当然可以获得的产权；非物质财产论，认为发明作为精神产品是一种非物质性的无形的财产，是发明人投入生命的创造物，因而发明人拥有此项不可侵犯的无形财产权利；专利契约论，认为发明人根据与社会的契约而公开其创造物同时从社会换取一定时间内加以独占使用之权利；等等。所有这些不同的理论学派，尽管千差万别，但都无不承认必须对发明创造者给予奖励即授予专利，使其获得实际的经济利益。

第四，专利法的诞生，使知识成为商品，使科技人才进入市场，从法律上迫使人们正视、承认客观经济规律以及客观的科技发展规律，并依靠法律主动地利用客观经济规律和科技发展规律为社会发展服务、为自身利益服务。

因此，专利法之诞生，不仅是科技法发展的里程碑，而且是法的激励功能大发扬的里程碑。

专利法也包括对专利侵权的法律责任的规定，即一系列的制止性、惩戒性措施。但这些制止性、惩戒性措施是为激励性措施服务的，扮演的是虽然不可或缺却属于"配角"的角色。这如同自首从轻、立功受奖等激励性措施在刑法中处于从属的"配角"地位是一样的，它为在刑法中占主导的"主角"地位的惩戒措施服务。

（四）科技法律激励原则的要求

科技法律激励原则的要求主要是：

1. 相当性要求

相当性要求，即给予的奖赏要与科技创造为社会带来的利益相当。但这一要求的贯彻带有可行性与难以在量上精确化的特点。

所谓可行性是指人类对一切科技创造最后都会找到给予奖赏即加以激励的法律措施。专利法、商标法、著作权法以及各种形式的科技创造奖励法，都有一个逐渐发展、渐次成熟的过程，由简单到复杂，由单一到全面，由粗略到周详，由不成熟到成熟。相当性的可行性，在于有关的科技法如专利法等，把科技成果为社会带来的利益的大小以及与此直接相关的社会究竟给予多大奖赏，由社会实践而不是某一个人加以评定。这里的社会实践，是指应用某一科技成果、实施某项专利的活动过程。在这一过程中，例如在实施某项专利的过程中，在得到社会承认（如某一专利产品之为顾客接受、喜爱）的情况下，专利权人就可获利；社会承认面越广（等同于消费该专利产品的人数越多）、越持久，专利人所获利益就越大。这样，社会给予专利权人的奖赏就与其专利发明带给社会的利益相当了。社会实践的这种自动调节，已经为世界各国的市场经济所一再证明，也就是科技法律奖励原则的相当性要求是屡试不爽地被证明了可行性。

所谓难以在量上精确化，是指科技创造成果如专利发明所带给社会的利益，绝不像体力劳动的产品（如杯子、手表、电视机）那样，其价值由马克思所阐明的"社会必要劳动时间"所决定。科技成果往往并不是由"社会必要劳动时间"决定其价值的。某个小学生来了灵感,发明了茶壶之茶、水自动分离法并申请了专利,由此,她获得了极大的专利技术收入。一位水稻专家因创造了一种水稻杂交技术,在20世纪60年代就创造了高达几百亿元人民币的价值。这些,都很难用"社会必要劳动时间"价值论做解释。因此,调节民事权利义务关系的民法、经济法以"等价有偿"为原则,调节科技民事权利义务关系却不能实行"等价有偿",而只能实行"比价有偿"。"有偿"是一定要实行的,但不能"等价",因无法做量的精确计算,所以只能是"比价",以大致相当的奖赏予以激励即算达到了要求。这里的"比价"是一个约略性的模糊概念,只说明有一定的比值,不确指这比值究竟是几比几,更不是指一比一。如果确指几比几,就说明是可量化的、可以精确化的。如果是一比一,更是精确的量了。比值的大小由多种不确定的因素决定,其中包括社会报偿的可能性因素。假定在一个发达的富裕的经济实力强大的国家里,给予估算价值为1亿元的科技成果的一次性奖励为100万元,即比价为1%的话,在一个不发达的贫穷的经济实力低弱的国家里,给予同样估价的科技成果的一次性奖励就可能只有10万元即比价为1‰甚至更低。尽管有高低不同,但仍有一定的比率,因而还是比价有偿。

在众多社会报偿的可能性因素中,有一些因素涉及公平性问题,它大体上属于科技法律激励原则的公平性要求。

2. 公平性要求

公平性要求,即给予的奖赏要有大致的公平性。

所谓公平性,是指切忌厚此薄彼,否则就可能导致科技创造积极性的受挫从而引发具体的不良后果。有两种公平性:

一为国内公平性。社会给予科技创造者以奖赏的"社会",或表现在法律制度上,或表现在政策性文件里,而在一个集权的人治社会里还可能表现在当权者的个人决定中。

如果表现在法律制度上,由于法律具有普遍性的特点,本身就意味着一定的公平性。但是,同期施行的同样是对科技成果实施奖励的此法律与彼法律,也可能出现奖额大小差距悬殊之类的弊病。其时,就此法律或彼法律自身来说,并无不公平。但是此法律与彼法律两相比较,就显出了法律的不公平了。如果此法律是为特定科技领域发布的,彼法律又是为另一特定科技领域发布的,那么,就可能导致人心的不稳与人才的科技部门流动,从而造成科技发展中的不应有损失。

如果此类情况表现在政策性文件里,那么,它造成的人心不稳与人才"盲流"情况,可能会更加严重。

如果此类情况是由当权者个人决定的因素造成的,那么,它会带来对科技创造激情的极大破坏。

二为国际公平性。在交通、通讯极为发达的今天,资讯的公开化已经成为不可阻挡的洪流。这样,大致同等价值的科技创造成果在不同国家的际遇不公平,例如在一国的比值为1%，另一国为1‰，前者为后者的10倍，就很可能导致科技人才的国际流动。发展中社会的人才在"二战"以后曾一度大量流往发达国家。部分发展中社会后来乘龙快上，人才又从国外回流。这在很大程度上与知识价值的涨落相关，其中主要是与社会奖励的"比值"高低相当。

这里，我仅对公平性问题做质的描述、做定性式的逻辑分析，如果大量搜集资料，做量的表述，做定量分析，当更具说服力。但仅此定性分析已可大致说明问题，当政者也可大致据此决策，多些法律性的奖励，少些政策性的奖励，杜绝想当然的个人随机奖励了。

3. 必行性要求

古人讲"信赏必罚"。"信赏"就是指该赏的一定赏，即赏之必行。如果关于奖励的是法律的规定，那就是"有法必依"。

这里有一个法治和人治的关系问题。法治盛行，奖惩的必行是确定无疑的。人治淫滥，奖惩之行取决于掌权的人的感情用事，奖与不奖，奖多奖少，都随领导人的意志转移。不过仅止于泛论法治与人治的关系，问题会变得非常简单，当代社会的共识只能是法治而非人治。但实际上此一问题非常复杂。权大还是法大的争论，在我国从一开始表面上就一边倒地解决了：法大于权。但是，在实际操作中此一问题往往得不到理想的解决，症结就在于：我国的封建主义人治传统有极长的历史，有深远的影响，以至新中国成立后的一段时间里忽略了民主政治建设，忽略了法制建设；以至"文革"时期无法无天的造反行动竟然畅行无忌，把公、检、法砸了个"稀巴烂"；以至其贻害流毒至今未能肃清涤尽。

科技法律的激励原则要求坚决按照法律规定该赏即赏、有法必依、有律必行，否则，朝三暮四、时续时停、"三天打鱼两天晒网"，就会造成疑云忌雾、蒙蔽眼睛、搅乱人心，从而挫伤科技人员的积极性，使之情绪波动甚至低落，严重影响科技创造成果的获取。

必行性要求的一个具体方面是及时性。

劳伦斯·M.弗里德曼著《法律制度》一书，总共十章，其中有两章的题目都是"法律何时有效"。他提到的有关本节的（科技法律激励原则的必行性、及时性要求的）观点有："法律确实会放假"；"进行惩罚或奖赏的速度和它的必然性及严厉程度同样重要。立即执行的惩罚和奖赏比拖延的影响大"[①]。

所谓"法律放假"是指种种事故造成法律暂停执行。他以"警察罢工"为例做了说明。实际上，不仅"罢工"，一般的怠工、渎职，都可能导致"法律放假"；甚至拖拖拉拉的工作作风都会导致"法律放假"。联系弗里德曼的后续观点即关于奖赏的"速度"的观点，我们就更易了解依法及时奖赏的必要性了。综观我国科技奖励立法，平心而论应当认为已趋齐全周详。但同样也毋庸讳言，在许多情况下，奖赏显然不如惩罚之受重视，"速度"也绝不如惩罚之快捷。很难说这不会影响科技创造的积极性。我以为，要营造成

---

① ［美］劳伦斯·M.弗里德曼：《法律制度》，李琼英、林欣译，中国政法大学出版社1994年版，第97页。

一种你追我赶的热气腾腾地从事科技创造的气氛与局面，奖赏立法及时、奖赏行动及时，是十分重要的方面。我也相信，科技法的逻辑发展，有一天会在自己的轨迹转弯处加快奖赏立法、司法、执法的速度。这是科技法律激励原则之使然。

4. 动态性要求

科技法律的激励原则应做动态的理解，以动态性要求对待之。

所谓动态性要求，是指在法的稳定性包括科技法的稳定性的基础上，做辩证的动态司法、动态执法。前文所述美国对合同制度的深入研究使得在不改变合同法的同时，使有关的科技合同更加合理（节约成本、加强对技术开发方的利益刺激等等），就是动态对待激励原则的适例。

曾经有过一些科技奖励法，非常具体地规定了奖金的等级与奖额。这就限制了动态性地贯彻激励原则的可能。由于物价是变动的，而且一般总是逐渐攀高的，原先规定的奖金数额往往到后来就大大贬值了。于是不得不由领导人临时做一些改变。这既破坏了法的稳定性和权威性，又使法律调节倒退到了政策调节甚至个人意志调节。因此，只应规定奖赏的级别和原则性的奖额。如以科技创造成果的价值的百分比或产值的百分比为基准，这就可随物价指数的跳动而升降了。

我国科技法已成批颁行，在此基础上深入研究具体的动态的司法措施，当可使科技法大放异彩，当可使科技法律的激励原则更吐辉煌。

四、有利于科技可持续发展的原则

曹昌祯在《科学技术法学原理》[①]一书中非常简明地阐述过科技法律的"有利于科技持续进步的原则"。他指出，此一原则是"科学技术是第一生产力"的指导思想在科技法中的具体化；其含义是要求从科技发展的社会规律和本身固有的规律来考虑科技法的规范。他认为，发展科技体现社会的长远利益，与发展生产以实现社会的眼前利益；发展基础研究与应用研究体现科技进步的长远利益，而开发研究则重在眼前利益，从而在财力、物力与人力的安排时，会造成矛盾。"有利于科技持续进步的原则"要求妥善处理此类矛盾。这些意见无疑是正确的。可惜的是，该书未充分展开有关论述。我以为，关于这一原则，可以涉笔以下问题：社会可持续发展与科技可持续发展；科技可持续发展的基础理论；科技可持续发展原则的要求；科技可持续发展原则的动态考察。

[①] 曹昌祯：《科学技术法学原理》，上海科学技术出版社1995年版。下引参见该书第77—179页。

（一）社会可持续发展与科技可持续发展

1."发展"与"可持续发展"

"发展"与"可持续发展"是从属关系的两个概念，后者从属于前者，即"可持续发展"也是"发展"，但二者只是从属关系而不是重合关系，因此是互有区别的。王葆青在考察"发展的内涵及沿革"问题时，对此做了很好的说明。他指出："发展问题是当今中国的首要问题，对于我国现代化的实现尤为重要。发展是历史范畴，是随历史进程而变化的，经历了注意于经济到社会最终到人的发展历程。大致分为四个阶段：人的最初对发展的理解是走向工业化社会或技术社会的过程，也就是物质财富的积累或经济增长的过程，这一时期从工业革命延续到 20 世纪 50 年代前期。第二阶段到 20 世纪 70 年代初，随着工业化进程，人们将发展看作为经济增长和整个社会变革的统一，即伴随着经济结构、政治体制和文化法律变革的经济增长过程。第三阶段，在 1972 年的联合国斯德哥尔摩会议通过《人类环境宣言》以来，人们将发展看作为追求和社会要素（政治、经济、文化和人）和谐平衡的过程，注重人和自然环境的协调发展。第四阶段。20 世纪 90 年代后期以来，人们将发展看作为人的基本需求逐步得到满足、人的能力发展和人性自我实现的过程，以可持续发展观念形成和在全球取得共识为标志。"[①] "可持续发展"无论作为一个概念、一种理论，或作为一个实践过程，都是"发展"概念、理论与实践的前行性演变。这是人类发展观的重大变革、重大进步。

既然如此，在确定科技法律的有关原则时，是以"科技持续发展（进步）原则"还是以"科技可持续发展原则"命题，就是一个值得讨论的问题了。

"持续发展"即简而言之的"发展"与"可持续发展"的重大的、可说是带有根本性质的区别在于："持续发展"有可能破坏人类生存的物质基础，从而导致"发展"的反面即不能持续发展，"发展"于是成了倒退；"可持续发展"则保证使人类的经济和社会发展限定在资源、环境与人类自身的承载能力之内。

在"多利"羊问世即克隆人成为现实可能之前，中外各国一切关于"可持续发展"的理论，都只涉及对人类的经济和社会发展之资源与环境承载力限定。现在，我特别指出"人类自身承载力"问题并认为此一问题必将被列入"可持续发展"的承载力限定内容。囿于篇幅及本书的论域，这里不做展开论证。

综上所述，我认为，科技法律的有关原则，应以"科技可持续发展原则"为命题。

2. 社会可持续发展

关于社会可持续发展，政治家、经济学家、生态学家、环境学家、人类学家、社会学家和哲学家在相当长的时期内没有达成定义上的共识。在全球性的热烈讨论中，曾有过一

---

① 王葆青：《科技引导社会可持续发展》，《〈中国 21 世纪议程〉纳入国民经济计划培训班教材》，1995年，第 15 页。

些较具代表性的界定。

一为着重于从自然属性上界定可持续发展。可持续性的概念是首先由生态学家提出来的。在1991年11月由国际生态学联合会（INTECOL）和国际生物科学联合会（IUBS）联合召开的关于可持续发展问题专题研讨会上，有人将可持续发展定义为："保护和加强环境系统的生产和更新能力。"还有人从生物圈概念出发加以定义，认为可持续发展是寻求一种最佳的生态系统以支持生态的完整性和人类愿望的实现，使人类的生存环境得以持续。①

一为着重于从社会属性上界定可持续发展。1991年由世界自然保护同盟（INCN）、联合国环境规划署（UNEP）和世界野生生物基金会（WWF）共同发表的《保护地球——可持续生存战略》，这样界定可持续发展："在生存于不超出维持生态系统涵容能力之情况下，改善人类的生活品质。"

一为着重于从经济属性界定可持续发展。如E.B.Barbier在《经济、自然资源、不足和发展》中定义可持续发展为"在保持自然资源的质量和其所提供服务的前提下，使经济发展的净利益增加到最大限度"②。

一为着重于从科技属性界定可持续发展。如有的学者认为："可持续发展就是转向更清洁、更有效的技术——尽可能接近'零排放'或'密闭式'工艺方法——尽可能减少能源和其他自然资源的消耗。"③有的学者认为："可持续发展就是建立极少生产废料和污染物的工艺或技术系统。"④

上述界定各有侧重，未能成为各方的共识。1987年挪威前首相布伦特兰夫人，在她所主持的联合国世界环境与发展委员会的调查报告《我们共同的未来》中做出的界定——"满足当代人的需求，又不损害子孙后代满足其需求能力的发展"，则得到了广泛的赞同，现已成为多数人的共识性定义。

3. 科技可持续发展

社会可持续发展与科技可持续发展的关系极为密切，但二者也不是同一概念。前者讲的是社会，后者讲的是科技，主体不同，内容也不同。

科技可持续发展，不仅要"满足当代人的需求，又不损害子孙后代满足其需求能力"，而且要"满足当代人发展科技的需求，又不损害子孙后代满足其发展科技需求的能力"。前者为经济、环境、生态等方面的社会性的需求，后者侧重科学技术自身的需求。前面我强调过发展不能超越人类自身的承载能力，在科技可持续发展方面，也应计入。

---

① R.T.T.Forman. Ecologically Sustainable Landscape，1990.
② Economics，Natural Resources，Scarcity and Development. Conventional and Alternative Views，1985.
③ James Gustave Spath. The Enviroment: The Greening of Technology.
④ The World Resource Institute. World Resources，1992—1993.

科技之可持续发展面对的是以下几对矛盾：

其一，科技工作之满足社会眼前需求与长远需求的矛盾。如果只求满足社会的眼前需求，就可能导致环境、生态的破坏，导致社会长远利益的破坏，从而使社会对科技的长远支撑力削弱以至破坏，最终使科技衰落。例如，现代科技的发展，使得煤炭、石油等不可再生能源的开采较前简便得多了。然而煤炭、石油等资源的竭泽而渔，可能导致人类可利用的自然能源的耗尽，最终严重影响人类的未来生活。但是，只求满足长远需求而不顾眼前需求，却又可能造成科技发展推动力与经济支撑力的削弱，同样会影响科技发展。因此，求得社会眼前需求与长远需求的平衡与协调，就成了科技可持续发展原则的必然要求。

其二，科技工作自身之当前发展能力与长远发展后劲的矛盾。如果只顾当前的科技发展能力，那么，就要"倾斜政策"包括倾注物力、财力、人力于科技的应用研究，从而削弱基础理论的研究，使科技发展后劲弱化。同样，如果只注重基础研究而忽视应用研究，眼前的科技发展就难见其效。因此，既注意科技的当前发展的需求，又注意科技的长远发展的需求，也成了科技可持续发展的必然要求。

以上两点的要义，是曹昌祯同志在《科学技术法学原理》中业已阐述了的。我想着重说明的是第三对矛盾。

其三，后续技术与先行技术的矛盾。这是客观存在的矛盾。后续技术的出现往往导致先行技术的淘汰。建立在十进位制基础上的算盘及其拨算方法，已接近为建立在二进位制和逻辑演算基础上的计算机及其操作方法所淘汰；刻板印刷为活字印刷所淘汰，活字印刷又将为电脑印刷所淘汰；等等。但这些后续技术之淘汰先行技术，并不构成更后续技术的发展的障碍，相反，倒是为技术的不断发展开拓更宽广的道路。诸如百亿次计算机的开发，当然会彻底淘汰用手操作的算盘在高科技发展中的作用，但它却为数学、天文学、航天技术、宇航技术、通信技术的发展开拓了无限广阔的前景。但这种良性淘汰只是后续技术与先行技术的矛盾的一种表现形式。

由于一切技术都是在人作为主体的情况下发展起来并继续发展的，而人作为体力、精力有限尤其是作为生命力有限的技术发展的主体，当所开发的技术超出人类自身所能控制的范围，即超出我在前文中所说的人类自身的承载力时，后续技术就可能给人类带来无穷的灾难，以至有可能毁灭人类自身，当然也使一切"人类的"技术失去了存在或在这里进行论述的意义了。

DNA重组技术的发展，曾造成过莫大的恐慌。因此，美国国立卫生院匆忙修改了DNA重组的实验准则。事后发现当时的恐惧远远超过了可能出现的危险程度，于是又放宽了控制DNA重组实验的技术标准。今天人们津津乐道的是"放宽"。这或许不无理由，但是，DNA重组技术的进一步发展是否可能造成新的、现实的、灾难性的危害呢？以此审视克隆技术的发展问题，除前文我述及的将该技术的研究、开发与该技术的应用、利用加以区分之外，对各国所宣布的严格控制克隆技术研究持慎重对待的态度，还是科学的、合理的。到克隆技术的发明，人类已处在科技可持续发展的"临界点"上，稍一不慎，人类就可能面临以自己的后续技术尽行毁灭先行技术直至人类自身的危险。

人类的文明史还只有数千年。人类还处在它的童年时代。人类的继续发展，所能发现的科学真理，所能发明的技术技能，一定会比今天的计算机技术、DNA重组技术、克隆技术等等先进得多、高明得多。这就不得不步步设防，预构对策，保证后续技术之可容性、可接受性。

（二）科技可持续发展的基础理论

科技可持续发展的基础理论，主要包括以下几方面的内容：

1. 社会承载力论

科技的发展，所要取得的成就越大，应予投入的物力、财力、人力就越多。美国"星球大战计划"、欧洲国家的"尤里卡计划"等规模巨大的科技发展计划，拟投入的财力高达上千亿美元。美、俄、加、日与欧洲空间组织的十一国签署的一项太空合作计划将耗资600亿美元，其中美国分担450亿美元。美国国会于1993年批准了该合作计划。但在合作的过程中，美国国内争论不断，起因是：俄罗斯在该项计划中承担相当重要的角色，美国国会和一些科学家一直担心俄罗斯可能力量不足而中途告退。这就会使美国遭受极大的损失。1997年6月25日，作为该合作计划的重要一环的俄罗斯"和平号"轨道空间站在一次意外的碰撞事故中，在它的舱体和太阳能电池板上撞出了一个窟窿。这一事故又引发美国国内关于该合作计划的新的争论。毫无疑问，如果该计划所需投入的不是600亿美元，而是6亿或更少，那么，争论不致出现。因此，争论的实质就是该计划有关技术发展的社会承载力问题。

社会承载力不仅涉及国家的经济实力，而且还与科技项目的风险程度密切相关。越是尖端性的高新技术，风险性就越大；也就是说，无法完成研究开发的计划的可能性就越大。不能完成的科技项目，从"失败是成功之母"的意义上说，并不是无意义的。其局部成果总有成功的，此其一；其二，其失败的道路，后人可以避开；其三，循根问底，找到失败的原因，将来可以"反败为胜"。因此，即使有风险，也还要干，即进行高新科技的风险投资。但从项目本身来说，又不能说不是失败，在该项目上所有的投资是无法回收了。这就涉及高新科技的风险投资的社会承载力问题。

在特殊的情况下，政治因素也会介入社会承载力理论。如果要维持社会的稳定，同时，如果一个特别重大的科技项目未能取得多数社会代表的共识，那就可能引致政治攻讦、政治风波而造成社会不稳。

2. 环境承载力论

环境承载力是指环境系统对人类社会发展活动包括科学技术活动的支持力。叶文虎先生认为:"人类赖以生存和发展的环境是一个具有维持其稳态效应能力的系统,它既为人类活动提供资源并容纳废弃物,又为人类活动提供空间和载体。由于环境系统的组成物质在数量上存在一定的比例关系,在空间上有一定的分布规律,所以它对人类活动的支持能力就有一个限度,或者说,存在一个阈值。我们把这个阈值定义为环境承载力,确切地说,环境承载力是指'某一时期,某种环境状态下,某一区域环境对人类社会经济活动的支持能力的阈值'。这里,'某一区域'是广义的,可以大到整个地球。"①

人类的社会经济活动包括科技活动,有无限膨胀的可能性需求,它来自对物质财富的永不餍足、对解开自然与社会之谜的无限高涨的热情,对开发人类自身的潜能及对健康与长寿的永无止境的追求等等。然而,环境系统所能提供的资源,所能容纳的废弃物,所能提供给人类整体的空间舞台与所能提供给人类个体的时间,都不是无限制的。如果不顾及这种客观的限制,或者遭到的是即时性的失败,或者是留给子孙后代以难以承载的危害。环境承载力论就是对环境承载力阈值的科学分析与诚实接受;否则,将受到环境的"报复"。人类的科技活动也必须科学分析、诚实拘守环境承载力的阈值,坚决不做逾越雷池的蠢事。

3. 精神承载力论

一项社会承载力、环境承载力开放绿灯的科技活动,还会遭遇精神承载力的信号指挥问题。所谓精神承载力是指主流社会的伦理道德观念、宗教观念、传统与习俗的承载力。

伊朗补充的宪法性法律第十八条规定:"科学的研究与讲授、教育和艺术是自由的,但由宗教法禁止的除外。"据对世界142个国家的成文宪法的调查分析,在宪法中有关于宗教或国家教会的规定的,共有43部宪法,占33.3%。恰为三分之一。其中就有部分国家的宗教对某些科技是持排斥态度的,如关于堕胎技术就是如此。在这些国家里,主流社会就是宗教社会。

涉及死亡标准与医疗技术的"安乐死",之所以在许多国家不被接受,在另一些国家甚至立法允许又废法否定,都是由于精神承载力在起作用。

当今克隆技术的发展,最大限度地引起了科技发展的精神承载力思考。对克隆人持否定态度的国家和科学家中,相当大部分国家和个人提出的理由都是伦理性的。"人将非人""伦理沦丧"的惊呼、哀号,使人似见涕泪横流、顿足搔胸。精神上无法承载克隆人,于是不少国家因此宣布停止甚至禁止克隆人的继续试验。

但对精神承载力问题,人们不可能持雷同的态度。完全可能是"公说公有理,婆说婆有理",众说纷纭,莫衷一是。因此。我设定精神承载力是"主流社会……的承载力"。

---

① 叶文虎:《可持续发展:理论与方法的思考》,《〈中国21世纪议程〉纳入国民经济计划培训班教材》,1995年,第85页。

在这个问题上,接近"无真理可言",科技法律必须与主流社会的精神承载力做"同路人"。

科技可持续发展之所以还必须以精神承载力为基础理论,是因为非如此不能为持续发展取得最基本的条件。

在这一方面,坚持马克思主义、坚持辩证唯物主义、坚持实事求是的思想路线的中国,具有特别巨大的优势。接受了马克思主义、辩证唯物主义与实事求是思想路线的长期的深刻教育的中国人民,具有无可比拟的巨大的精神承载力。因此,一般地说,中国在这一方面,科技活动很少甚至不会遭遇不可克服的阻力。但是,这不等于否定精神承载力问题的客观存在。

4. 协同发展论

我借用叶文虎先生在《可持续发展:理论与方法的思考》中提出的"协同发展论"这一概念。他所指"协同发展论"又称"环境场论",是指社会、经济、环境三大系统的协同发展。由于已提出科技可持续发展的社会承载力论、环境承载力论、精神承载力论,科技发展与社会、经济、环境发展的协同性一定程度上已包括其中。我已借用"协同发展论"于科技可持续发展,是指尊重科技发展的规律,协同发展科学与技术,协同发展基础科学与应用科学,协同发展高新技术与实用技术,等等。①

1995年5月6日公布的中共中央、国务院《关于加速科学技术进步的决定》指出,在实际工作中要把握好"坚持长远目标和近期目标相结合,合理部署技术开发及推广、应用研究和基础研究工作"的原则。在《决定》的第六部分《切实加强基础性研究》中特别指出了基础性研究的重大意义:"基础性研究是人类文明进步的动力,是科技与经济发展的源泉和后盾,是新技术、新发明的先导,也是培养和造就科技人才的摇篮。基础性研究的使命是探索自然界的规律、追求新的发现和发明、积累科学知识、创立新的学说,为认识世界、改造世界提供理论和方法。基础性研究的重大突破,将带动新兴产业群的崛起,引起经济和社会的重大变革。"基础性研究是科技可持续发展的不可或缺的极其重要的保障,无基础性研究,无科技发展的后劲可言。但是,倾全力(物力、财力、人力)于基础性研究,忽略、漠视应用性研究,就会导致科学技术转化为生产力方面的失误,影响经济发展,减弱经济实力,最后则无力支持基础性研究。因此,协同发展科学与技术,协同发展基础性研究与应用性研究,协同发展高新技术与实用技术等等,可以造成科技发展的良性循环;否则,就必定会造成恶性循环,不能达到科技的持续发展。

(三)科技可持续发展原则的要求

科技可持续发展原则的要求主要是:

---

① 《〈中国21世纪议程〉纳入国民经济计划培训班教材》,1995年,第91页。

第一，发展。发展是科技可持续发展原则的首位要求。一切科技法律制度、科技法律规范，首先考虑的都应是发展问题。因要发展，所以高度重视科技创造的自由权利，尊重知识，尊重人才；因要发展，所以高度重视奖赏科技创造有成者，充分运用激励机制，有功必赏，奖励及时；因要发展，所以才在条件成熟的时候将发展科技放在优先的战略地位上，从人力、物力、财力及其他一切方面保证科技先行。

第二，可持续。发展而不可持续，只是一时的发展而非长期的永久的发展，因而不是真正意义上的发展。可持续发展本身就在发展的范畴之内。虽然在一定意义上可能会降低发展的速度，在一定的时期内减缓发展的步伐，但是从总体看、从长期（的平均速度）看，因有强大的、持久的发展后劲，与短视的、竭泽而渔式的不可持续的发展相较，发展的程度不是低了而是高了，发展的步伐不是慢了而是快了。

第三，从实际出发。关于社会可持续发展问题，曾经在发达国家与发展中国家间有过一场争论，其中包括可持续发展的指标体系问题。经济合作开发组织（OECD）曾提出了要建立一套具有"技术存在性、可比性和政治可接受性"的指标的概念。但要做到并在具体指标上达成全球共识，远非易事。其根本原因在于国情不同。《中国21世纪议程》[①]特别指出："必须牢记，如果在不同的发展中国家实施相同的环境标准，可能会造成严重的经济和社会代价。"当然，更不用说在发达国家与贫穷落后的国家实施相同的环境标准了。与社会可持续发展问题一样，科技可持续发展也要从实际出发。离开一国国情的具体实际情况，"可持续发展"有可能走向它的反面，危害到第一位的"发展"。这是必须充分注意的。最明显的例子是，日、美等发达国家掀起了一场规模不小的反对兴建原子能核电站的浪潮，瑞士则决定在2010年前拆除全部核电站，而中国、印度、巴西等发展中国家却兴致勃勃、大兴土木、加紧兴建核电站。应当说，各方都有其社会需要，其做法都是合乎国情的实事求是举措，都与可持续发展的要求并行不悖。

第四，兼顾多元性利益。国际利益、国内群体利益和国际国内的代际利益都具有多元性，都应兼顾。

国际利益的多元性将长期存在。北半球与南半球相较，北富南贫，利益不同、需求也就不同。由于历史的原因，也由于当今某些发达国家只顾一己利益的政策性原因，南北差距不但仍然作为一个冷酷的现实存在着，而且还在不断地扩大。非洲撒哈拉沙漠以南的大部分国家，连年遭受天灾人祸的袭击，饥民遍野，饿殍盈地，甚至还可能因为艾滋病肆虐而成为"孤儿世界"。这与发达国家形成了悬殊的落差。同时，当代世界各国的利益越来越趋向一体化，南半球的继续贫穷落后，也会拖累北半球的发展速度。因此，科技和社会

---

① 1992年在巴西里约热内卢召开的联合国环境与发展大会，成了人类社会迈步走向可持续发展的一个里程碑。会议通过了《里约环境与发展宣言》《21世纪议程》等重要文件。中国政府积极响应会议原则要求，历时一年多率先制定了第一部国家级的《中国21世纪议程——中国21世纪人口、环境与发展白皮书》。《〈中国21世纪议程〉高级国际圆桌会议文集》，科学出版社1995年版。

的可持续发展，必须兼顾全球各国的多元性利益，兼顾一体化发展的利益。

国内群体（因民族、种族、阶级、阶层、文化、地域等等不同而分别形成的群体）利益也是不尽相同的。因此，即令是在一国之内，可持续发展的决策、可持续发展的有关法律规定，也必须兼顾不同群体的利益的多元性。

全球或单独一国，代际利益也是不同的。后代自然无法制约前代，前代却可决定后代的命运。因此，当代人必须肩负兼顾代际利益的全部重任。

布伦特兰夫人所作《我们共同的未来》的报告，定义"可持续发展"为"满足当代人的需求，又不损害子孙后代满足其需求能力的发展"，其根本原理就在于兼顾多元性利益。对此，刘培哲先生以"可持续发展的公平性原则"加以表述，他这样阐释"公平性原则"：

可持续发展强调"人类需求和欲望的满足是发展的主要目标"。然而，在人类需求方面存在很多不公平因素。可持续发展所追求的公平性原则，包括三层意思：一是本代人的公平。可持续发展要满足全体人民的基本需求和给全体人民机会以满足他们要求较好生活的愿望。当今世界的现实是：一部分人富足，而另一部分人——特别是占世界人口五分之一的人口处于贫困状态。这种贫富悬殊、两极分化的世界，不可能实现可持续发展。因此，要给世界以公平的分配和公平的发展权，要把消除贫困作为可持续发展进程特别优先的问题来考虑。二是代际间的公平。要认识到人类赖以生存的自然资源是有限的。这一代不要为自己的发展与需求而损害人类世世代代满足需求的条件——自然资源与环境。要给世世代代以公平利用自然资源的权利。三是公平分配有限资源。目前的现实是，占全球人口26%的发达国家，消耗的能源、钢铁和纸张等都占全球的80%。美国总统可持续发展理事会［PCSD（President's Council on Sustainable Development）］在一份关于《美国可持续发展战略概要》中也承认："富国在利用地球资源上有优势，这一由来已久的优势取代了发展中国家利用地球资源的合理一部分来达到他们自己经济增长的机会。"联合国环境与发展大会通过的《关于环境与发展里约热内卢宣言》（简称《里约宣言》），已把这一公平原则上升为国家间的主权原则："各国拥有按照其本国的环境与发展政策开发本国自然资源的主权，并负有确保在其管辖范围内或在其控制下的活动不致损害其他国家或在各国管辖范围以外地区的环境的责任。"[1]

第五，服从、尊重与充分利用科技发展的客观规律。科学技术的发展有其客观存在的规律性，这种规律性是不依人的意志为转移的。人可以利用科技发展的客观规律，但不能改变之。因此，服从、尊重与充分利用科技发展的客观规律，成了贯彻科技法律之可持续发展原则的必然要求。

---

[1] 刘培哲：《可持续发展的概念与趋势》，《〈中国21世纪议程〉纳入国民经济计划培训班教材》，1995年，第64页。

首先是"服从",即决不违背科技发展规律。例如,科学与技术的对立统一、辩证互动,就是科技发展的重要规律。只有科学发现、科学理论达到一定的水平,才可能有技术的重大突破;也只有技术、技艺发展到一定的水平,才会提供科学研究以一定的手段,帮助科学研究实现理论层次的重大提升。没有光学、材料科学及其他科学理论的指导,高倍、超高倍显微镜,远距离、超远距离天文望远镜制造技术的发展是难以奏效的;而后者又是微生物学、天文学等基础科学的必要手段,没有这些手段,微生物学、天文学的一些假设可能永远停留在假设的水平上。

其次是尊重,即坚决按照客观的科技发展规律办事,尽可能周全、妥善地处理科学与技术之间、学科之间、技术之间的关系。

再次是充分利用科技发展的客观规律。服从与尊重在一定意义上是对科技发展规律的消极的利用,积极地利用则是在地域上、时间上以及其他条件上为科技发展规律的实现做努力,从而使科技发展规律充分发挥作用,充分为人类福祉的增进服务。科技可持续发展原则就是在长远利益上、在持久的时期内(几代人甚至几十、几百代人的历史时期内)对科技发展的客观规律加以充分的利用。

(四)观念更新与科技可持续发展原则的动态考察

联合国开发计划署(UNDP)在其散发的一本宣传小册子中写道:"当今关于发展的论述反映了许多新思想。它比过去的说法更具有不确定性,因为它的结果更难预测。"事实上,过去认为是无关紧要的一些想法如今受到了越来越多人们的认识,由此使论述的各种要素得到扩展。为了不使问题过于简单化,我们相信下列关于发展的传统的观点和新近产生的可供选择的观点(不只在"南部"世界)之间的对照是有用的。前者在过去一直处于主导地位并将继续得到分析家和实践者这类人的支持。后者则是在过去许多年中随着对传统发展观的不断反省而逐渐发展起来的。

传统发展观和正在产生的新的发展观的区别	
传统的观点	新的观点
线性的	非线性的
统一	多样的
效仿榜样	发明创新
反传统的	亲传统的
组织结构	人的能动作用
短期	长期
与历史无关的	历史的
物质资本	社会资本

传统的关于发展的观点是线性的。它假设只有一条单一的轨道供所有的国家循其发展。那些在这一轨道上落后的国家所面临的挑战就是要赶上其他国家，于是最便利的发展方法就是效仿那些走在前面的国家。资金和技术的转化就是达到这一目标的手段。由于人们大都注目于人类的经验，因此传统的发展观鼓励发展中国家摈弃他们的传统。组织结构是需要克服的一个障碍，它是对进步所需的物质资本的一种投资，由这种投资所产生的组织结构将对人类社会带来发展。传统的发展观对于变化的看法一般认为是短期的。

新的发展规则注重多样性，即有可能存在许多并行的发展轨道。在很多层次上，即使有共同的长期的发展目标，不同的国家很可能会找到实现这一目标的不同路线。这就促使对创新能力而非效仿能力加以奖励。发明创新并不是无中生有，而是源自人们自身的经验。因此，传统并不是一种依靠而是一种财富。……新的发展观还将人的能动作用放在中心位置，重视人类自身的开发、教育以及建立使协同工作更加有效的体制。发展所依赖的资本在很大程度上是社会资本，而非物质资本。

以上看法至少给我们这样的启迪：必须不断地更新观念，并在此基础上动态地实施科技可持续发展的原则。

1. 观念更新的必要性

生活之树常青，理论总是灰色的。人们的观念落后于奔腾向前的社会实践，是常有的事。因此，力求紧紧跟上时代的进步，跟上实践的发展，就必须不断地更新我们的观念。从实施科技可持续发展的原则的要求看，观念更新之必要性表现在以下几个方面：

第一，发展观更新的必要性。上引 UNDP 宣传小册子所列"传统发展观和正在产生的新的发展观的区别"从八个方面对比了"传统发展观"与"新的发展观"的差异。所有这八个方面的差异都呈逆反性。既是逆反，当然是质的不同。分析"新的发展观"的八种具体表现，可以分为这样几类：一为更加科学，如非线性的发展观、多样性的发展观、注重长期利益的发展观以及珍重与继承历史（经验）的发展观；二为更加现实，如注重依靠社会资本的发展观；三为更加革命，如发明创新的发展观、注重人的能动作用的发展观。

具有不同质的、更加科学、更加现实、更加革命的新的发展观，是一种"正在产生"的新观念。但凡新观念产生之始，总只是少数社会精英首先掌握，要使之为社会大多数成员普遍承认、普遍接受并普遍运用与熟练运用，是一个渐进的过程。渐进有迟速之分。缓慢的更新往往会带来损失。因此，要加快更新的速度，尽早接受与运用新的先进的发展观，以使科技可持续发展早日成为社会多数成员的自觉行动，在认真恪守科技法律的科技可持续发展原则的基础上，求得科技可持续发展的成功。

第二，环境观更新的必要性。环境保护虽然早在古代就已引起人们的重视，甚至有先贤颁行法令保护环境。但其时之环境观停留在"卫生"与"安居"即保持居住地区的无害的水平上。真正开始感受到环境破坏的巨大危害是在 20 世纪 70 年代之前。从 50 年代、60 年代到 70 年代，曾先后出现了震惊世界的"八大公害"事件，公害问题严重显现使各国人民和政府开始注意公害的防治并把它与环境保护联系在一起加以考虑。这时环境观的更新，可概括为国家性环境警觉观的出现。到80年代，臭氧层破坏、沙漠化加剧、生物品种锐减，全球变暖导致水旱灾更加频繁等等问题变得日益严重。这些问题已不是一国警觉、着手防治公害所能解决的了。环境问题已经成为世界性的共同性的问题，只有全球各国精诚合作才能解决。因此，80年代环境观念的更新，可概括为世界性环境警觉观的出现。有人称其时为"全球环境问题挑战和全球应对"时代。到90年代，召开了有183个国家首脑参加的联合国环境与发展会议，通过了《21世纪议程》，形成了联合整治环境的现实可能性。因此，90年代环境观念的更新，可以概括为全球环境联合整治观的出现。

正是对这种最新的环境观的自觉接受，中国率先推出了国家级的《中国21世纪议程》。

社会可持续发展包括科学技术可持续发展原则之提出，在很大程度上是环境观更新的结果。随着社会、经济、科技的不断发展和加速发展，环境观还可能（或者说一定会）继续更新，我们必须紧紧跟上，才能更好地更有力地保证科技可持续发展原则的实施。

第三，生活质量观更新的必要性。人类社会的一切活动，其目的都应落实到提高人的生活质量、增进人的幸福上。但对人的生活质量观是不断变化的。从原始社会到奴隶社会，人的生活质量以"生存"为基准，从战俘之可以随意杀死、吃掉，到成为奴隶而可以活下来，在当时来说就是很大的进步了。这种以"生存"为基准的生活质量观，影响极为绵长深远。在漫长的封建时代，苟活于不如猪马的生活而逆来顺受，曾是许多人的法律观、道德观、宗教观以至人生观的基础。时至近现代，生活质量观从以"生存"为基准演变为以"温饱"为基准。在这种基准上，居住、生存的环境是否清新、舒适、优美，是次要的问题。当代的生活质量观发生了进一步的变化，环境、生态平衡等自然性生活质量与政治、思想、社会自由等精神性生活质量标准都得到了强化。只有在更新生活质量观的基础上，才可能真正认同与恪守社会和科技的可持续发展原则的要求。

2. 科技可持续发展原则的动态考察

社会可持续发展概念的提出时间还不过10年，科技可持续发展概念问世的历史更短，因此，对它的动态考察以及对有关的法律原则的动态考察，首先是一个实践性的问题。之所以"未雨绸缪"先事探讨，是因为已经有了一些实际的案例可供分析；同时，逻辑推理，永远都不失为人类理性思维的一位伟大助手。

1987年我国颁布对中国第一部《大气污染防治法》。至1992年联合国环境与发展里约热内卢会议签署《21世纪议程》，推动了我国进一步重视对以烟尘和二氧化硫为主的城市大气环境污染的防治。至1994年3月25日我国国务院常务会议原则通过了《中国21世纪议程（送审稿）》，已经就我国的大气污染防治达成了高水平的共识。正是在此基础上，对1987年《大气污染防治法》做了重大修改，内容有了很大的充实。主要体现在六个方面：理顺管理体制、严格管理监督、完善管理制度、强化经济手段、推行有效措施与明确法律责任。我国《大气污染防治法》的制定、颁布、修改，正是在观念更新（发展观、环境观、生活质量观）的基础上进行的，也是科技可持续发展原则之被动态贯彻的表现。

由此可以得出的一个结论就是：为动态贯彻科技可持续发展的原则，除必须及时更新观念外，还应及时修订有关法律。在这一方面，美国的立法是值得借鉴的。1985年以前，美国"只有一个州有一条含有污染预防内容的法律。到六年后的1991年，含有污染预防内容的州法律差不多有50条之多，且其中一半以上是1990年制定的。换言之，到1991年4月1日止美国各州一半以上已有了自己的污染预防法，有的州还不止一条。"①

国际《21世纪议程》公布之时，"多利"羊尚未问世，克隆人的研究还处于秘密进行的状态。现在，克隆人问题已经闹得全球沸沸扬扬，自然会在各方面产生重大的影响。有鉴于此，我在前文中提出了后续技术与先行技术的矛盾问题。在"多利"羊问世前，后续技术之淘汰先行技术，第一不会造成技术的倒退，第二不会形成全球性的全人类性的危机。"多利"羊的问世，却提出了后续技术与先行技术的矛盾从差异演进为对立的严重问题。因此，科技可持续发展原则的恪守，就不仅仅是一般性的问题了。无论克隆技术是一个国家掌握、少数几个国家掌握，还是多数国家掌握，克隆人都会遭到空前的反对。现在的情况是，许多国家都已掌握了，或者根据其研究水平与目前的进展情况，可以预见不久即能掌握人的克隆的技术。这样，科技可持续发展原则是否能够得到忠实的恪守，就远不是来自环境破坏、生态失衡等等的冲击了；而来自克隆人的冲击则可能是根本性的、致命性的、毁灭性的。这就不得不在一开始就严加关注了。

由此，我提出了"生命法学"的概念，组建了"生命法学研究中心"，于1997年6月10日主持了上海社会科学院法学研究所发起的"上海市生命法学理论研讨会"。会上我发表了《生命法学研究略论》与《试论生命社会关系的法律调节》等论文。我在论文中定义生命法为部门科技法，定义生命法学为研究生命法这一特定社会现象及其发展规律的部门科技法学。为尽快反映科技法学的这一新发展，谨将此两篇论文作为附录奉呈本书本章的读者。

附录一：生命法学研究略论

生命法学是研究生命法这一特定社会现象及其发展规律的部门科技法学。其核心是生命社会关系（简称"生命关系"）的法律调节理论。关于生命关系的探讨、立法及司法实践，古已有之、广亦有之。当代以前的生命关系法律调节基本停留在保卫生命与健康的水平上，当代则发生了突破性的变化，开始进入"创生"的高度，从而使得生命法学的研究领域有突破性的拓展。

1. 震动全球的克隆技术的最新发展，为人类福祉的增进，提供了无限广阔的前景。但

---

① 段宁：《持续发展的国内案例分析》，《〈中国21世纪议程〉纳入国民经济计划培训班教材》，1995年。

是凡事都有其复杂的多面性,生命科学革命越是向前发展,所提出的生命关系问题也越来越多而且越来越复杂。人类为捍卫生命、保障健康,曾制订过一些简单的法律法令。近代以来关于生命关系的调节,开始出现了专门性的单项立法。第二次世界大战以后,随着生物工程技术的进步,引发了前所未闻的与生命相关的新型社会关系的出现并迅速复杂化,从而推动有关立法的发展,并使得这一方面的司法实践越来越丰富、繁杂。以20世纪70年代为例,各国有关生命的立法,至少涉及20多个方面的问题:(1)初级卫生保健立法;(2)卫生管理立法(包括卫生组织和管理、卫生经济、卫生教育等方面的立法);(3)公共卫生、职业卫生、劳动卫生立法;(4)卫生服务与卫生资源包括卫生人力、医院和有关机构的卫生服务方面的立法;(5)疾病控制包括传染性和非传染性疾病的控制和药物治疗等的立法;(6)口腔保健立法;(7)家庭卫生立法;(8)生育和人口政策立法;(9)老年人保健与康复方面的立法;(10)精神卫生立法;(11)控制吸烟、饮食和吸毒包括麻醉剂、精神药物和滥用药物等方面的立法;(12)死亡和有关问题(包括尸体解剖、处理)和安乐死方面的立法;(13)营养和食品安全方面的立法;(14)药品及医疗器械管理方面的立法;(15)环境保护立法;(16)放射安全立法;(17)医疗事故预防立法;(18)卫生统计方面的立法;(19)卫生保险、健康保险方面的立法;(20)器官移植方面的立法;(21)堕胎方面的立法;(22)性病防治方面的立法;(23)人工授精方面的立法;等等。

有鉴于此,研究这些立法及相关的司法实践,就成了法学工作者热切关注的问题。80年代以来,国内外学者编写的有关著作已蔚成大观。从这些著作可以看出,生命法学的研究方面,人们关注的热点,已逐渐移至由高新科技发展引起的与生命尤其是与"创生"相关的社会关系的急剧变动上,正努力寻找有效、合理的法律调节手段,并从法理上予以阐述。但是,尽管如此,我们还只能说,生命法学被"推向了"法学园苑的突出地位,而不能说被"推到了"法学园苑的突出地位。现在的任务,就是将现成的研究成果收集起来并增添上新的研究成果,使生命法学从理论框架到学科分支都进一步科学化、系统化。做到这一点,将大大有助于生命关系的法律调整,大大促进生命科学沿着更加有利于人类的共同利益的方向迅速发展。

2.生命法学是研究生命法这一特定社会现象及其发展规律的部门法学,属于科技法学的一个分支。部门法学的大家庭中,甚至在科技法学的大家庭中,生命法学都是最新的成员。但是,对生命法的研究,如前所述,却是古已有之、广亦有之的。

生命法是调整生命关系的法律。生命法这一概念是邓公平先生在1988年出版的《医疗卫生法学》一书中提出的。曾有过所谓"医疗卫生法""医疗法""卫生法"等等的概念与定义。它们所涉及的都只是与生命的存在及健康等相关的社会关系的调节。关于新技术革命引致的与生命的长存、与创生相关的社会关系,却无法涵盖。用"生命法"这个概念涵盖也许恰当一些。生命法学的核心是生命社会关系的法律调节理论。

所谓"生命关系",是指与人的生命存在、健康、长寿相关的社会关系。

"与人的生命存在相关的社会关系",是指血缘关系、血缘伦理关系、类血缘法定关系。这些关系早在古代就受到思想家、道德家与法律学家的关注。思想家从国家、社会、经济、历史、政治等等不同角度加以论述；道德家设定种种道德戒条加以约束；法律学家则通过立法、释法及法理阐述加以规范。其中，类血缘法定关系，诸如监护关系、收养关系等，同样地受有关血缘关系的法律调节。

"与人的生命健康相关的社会关系"，是指为保护人的生命健康，群体中的生命个体在处理自身尤其是对待与处理群体中的其他人的利益过程中所结成的社会关系，如医师与病人的关系、医药机构与公众的关系、环境管理中形成的关系等等。

一般的长寿与健康关系更密切一些，但超常的长寿则接近于与永生的关系更密切一些。这里，我在两种意义上使用"永生"这一概念。第一，人体器官的永生，指人体整体死亡之前，某些器官的无疾保证、有疾必治、失而复得等等。断指再植已臻巧夺天工的境地，眼球、脏器的移植已有很高的成功率。因此，当人体整体未死亡时，可以视这些器官为有永生之能力。第二，人类个体的永生，指人的复制及一切器官均可复制并调换情况下现存个体的永不消失。与人的生命超常长寿及永生相关的社会关系，是指因器官移植、复制及人体复制而发生的社会关系。

生命关系的无序化，将会导致社会的严重混乱。因此，历来就有相应的或详或略、或严或宽、或当或谬的法律予以调节。生命关系的法律调节即指以法律手段调节与生命的存在、健康、永生相关的社会关系。除此而外，还有道德调节、政策（行政政策、经济政策等）调节、宗教调节等等调节方法。相较而言，最普遍、最有效、最统一、最稳定的是法律调节手段；同时，法律调节还是道德、政策、宗教调节的后盾，当它们失效时总是诉诸法律调节手段的援助。

生命关系法律调节的具体手段有四：一为立法调节，它是生命关系法律调节的基础；二为司法调节，它是生命关系法律调节的关键；三为执法调节，它是生命关系法律调节的保障；四为守法调节，它是生命关系法律调节的不可或缺的组成部分。以上四点中，司法调节具有特殊的意义。当代科技的迅猛发展，往往使得立法呈现滞后状态，而且为慎重起见，也有意等待、观察有关科技成果所引起的生命社会关系的变化，调查、研究由此提出的法律调节需求，或费时耗日地寻找恰当可行的法律措施，从而使得立法"姗姗来迟"。在许多国家里，面对现实的生命关系问题而又无法可依时，司法调节就起了重要作用。其时，法官的判决往往造成"法官立法"即造成新型的判例，这种判例在相当长的时间里，在新的立法尚未形成之际，就成了判例法。此外，由于人类文化水平的提高，自觉守法意识的增强，守法调节的意义正日渐增大。传统的法学理论几乎是毫不涉足守法理论的。随着人们对法的社会性的认识日新日深，随着科技法学包括生命法学的发展，守法理论将会越来越受重视。而在生命关系的法律调节中，人们的自觉守法以及绞尽脑汁的有意规避法律问题，都将有所发展，同样应为生命法学所深入研究。

生命关系的法律调节可以分为行政法律调节、民事法律调节、刑事法律调节、国际法律调节四大类。其中，行政法律调节，是用行政法律手段调节与生命关系相关的法定行政上级与行政下级之间的权利义务关系；民事法律调节，是用民事法律调节与生命关系相关的民事当事人双方或多方之间的法定的权利义务关系；刑事法律调节，是用刑事法律调节与生命关系相关的刑事犯罪人与刑事被害人之间的诉讼关系，以及社会对刑事犯罪人的制裁与被制裁关系；国际法律调节，是用国际法调节与生命关系相关的不同国家生命个体或群体之间的权利义务关系。

3. 与生命关系有关的立法、司法实践古已有之。早在我国的奴隶制时代，就有了这一方面的立法与司法，现存典籍，以《周礼》记载为上限。《周礼》篇首之《天官》篇即详细规定了医官的分工、职责、权利与义务。医官有医师、食医、疾医、疡医及兽医之分。医师"掌医之政令"，食医"掌和王之六食、六饮、六膳、百羞、百酱、八珍之齐"；疾医"掌养万民之疾病"；疡医"掌肿疡、溃疡、金疡、折疡之祝药劀杀之齐"。《周礼》规定医官得依实绩予以奖惩："岁终则稽其医事，以制其食。十全为上，十失一次之，十失二次之，十失三次之，十失四为下。"封建时代的生命立法与司法有了长足的发展。秦有太医令丞主事医药。秦始皇焚书坑儒，但《焚书令》规定"所不去者，医药、卜筮、种树之书"①，《晋书》载："暴秦燔书，六经残灭，天官星占，存而不毁。"这里的"天官……不毁"，就包括医官医书之类。秦律还规定"同母异父相与奸弃市"，即近亲不得"相奸"（包括结婚）以维护种族之生存健康。自汉至清，封建制时代的生命关系立法、司法不断发展。汉代淳于意医术高明，但他有时十分任性而不给病人治病，造成"民怨"，汉文帝得悉之后曾下令押赴长安准备处以极刑。唐代的生命关系法律调节已相当发达，医官有详尽分工，用药有严格规定，庸医要严厉惩处。清代则集历代之大成，不仅以成文法详细规定了对生命关系的法律调节，而且承继明代的判例制度，以大量的判例法辅律甚至破律而行。近代，生命关系立法进入了专项立法的阶段，旧中国时期的《医师法》《药师法》等即为生命关系的专项立法。

与生命关系有关的立法与司法实践广亦有之，不仅我国，而且世界各国，早就逐渐发展了调节生命关系的法律手段。近代以来，尤其是当代，更走到了我们的前面。现在，发达国家的器官移植和利用、人造器官、试管婴儿、病人权利、艾滋病防治、脑死标准等方面的立法与司法实践，已显得十分复杂、丰富，取得了十分可贵的经验。在此基础上，有关生命关系的国际立法也得到了发展。1946年，第一届世界卫生大会即通过了《世界卫生组织法》。

当代以前的生命关系立法，大体停留在保卫生命与健康的水平上；当代则发生了根本性、突破性的变化，跃入了创生性的促进人类永生的立法与司法实践。它主要有以下几个

---

① 《史记·秦始皇本纪》。

方面：

其一，生殖工程方面。人工授精、试管婴儿、代理母亲等等涉及生殖问题的高新科学技术发展所引起的社会关系变化，导致有关立法的发展。20世纪60年代后半期起，美国的纽约州、乔治亚州（1964）、加利福尼亚州等纷纷制定了人工授精方面的法律；1972年，美国颁行了《统一亲子法》。瑞典、丹麦等国也制定了人工授精法。

其二，器官移植与利用方面。自1954年美国哈佛大学博士约瑟夫·E.默里成功地完成了将双胞胎之一的一个肾脏移植给双胞胎的另一个人（这一肾脏存活了24年）之后，器官移植与利用不仅已经变得可能，而且得到了广泛的推广，现在已有许多一般的医院都能做此类手术了。这样，关于器官移植的立法就应运而生。1976年，法国颁行了规定器官移植为医学使用的法令；1978年，新加坡颁行了《人体器官移植法》；1975年，民主德国颁布了器官移植法令；1978年，罗马尼亚也颁布了有关器官移植的法令；等等。

其三，人体复制方面。这是最近的科技发展所提出的立法需求，虽未因此而制定法律，但是各国公众呈请立法的呼声极高。因此，有关立法已是势在必然、呼之欲出了。

此外，堕胎、优生等事关计划生育的立法，也得到各国的重视。关于堕胎的立法，许多国家早已颁行，优生优育的立法也已相当普遍，总体性的计划生育立法则在人口众多的发展中国家中得到高度的重视。

当代创生性生命科技的发展，打破了传统的以血缘为基础的家庭社会关系与其他的人际社会关系，引发了一场关于权利义务、道德伦理、人类前途的热烈争论。克隆技术的突破更把这种热烈争论推向了新的高潮。学术界各抒己见，新闻媒体争相报道，各国政府及有关机构也做出相应的反应，讨论有关克隆技术的法律、伦理问题。到目前为止，在克隆人的问题上，国际社会和世界卫生组织已达成共识，认为克隆人这一做法是不人道的，在道德和伦理上都是不能被接受的。许多国家的首脑和负责科研事务的官员都纷纷表示要绝对禁止克隆试验朝这个方向进行，并立法对克隆技术的研究加以限制。尽管如此，多数人的上述意见远非定论，不同的声音正纷纷而起。不管争议的结论如何，立法予以适当的调节已成势所必然。如此种种，势将推动生命关系立法、司法和生命法学的发展。我以为，生命法学研究的主要内容为：生命法制史；生命法学的定义、研究对象与范围，生命法学的研究方法、研究意义；生命关系的法律调节理论；生命关系法的定义、特征、本质、地位、作用、分类、体系；生命关系法的渊源与发展规律；生命关系的行政法律调节；生命关系的民事法律调节；生命关系的刑事法律调节；生命关系的国际法律调节；生命关系的科技规范法律调节；生命关系的立法调节；生命关系的司法、执法调节；生命关系的守法调节；生命关系犯罪学；生命关系法哲学；等等。

显然，如上所述的生命法学内容，远未为法学工作者所全面问津。因此，一方面，迫切需要建立起生命法学科学以应社会实践之需求；另一方面，从事生命法学研究也是天地广阔、大有可为的。

附录二：试论生命社会关系的法律调节

第一，法律以调节社会关系为神圣使命。

人们的社会关系，按不同的标准可以进行不同的分类。传统的法学按社会关系的内容把它分为政治社会关系、经济社会关系、军事社会关系、家庭社会关系、国际社会关系等等；从而形成调节政治社会关系的宪法和行政法，调节经济社会关系的民法、经济法，调节家庭社会关系的家庭法、婚姻法，调节国际社会关系的国际法，等等。横跨上述各种社会关系的还有刑事社会关系、诉讼社会关系等，与之相应的则有刑法与诉讼法。以上大致可以视为第一层次的社会关系及因法律调节而来的相应的法律。还有第二、第三以至更多层次的范围较小的社会关系，因之形成的法律所调节的范围当然相应缩小。这就是法律体系所由形成的基础。

人们的社会关系是随着社会的发展而日益广泛、复杂、繁多、丰富的。例如，随着科学技术的迅速发展，科技社会关系在当代就变得十分多姿多彩了。原子能的发现、信息技术的发展、激光技术的进步，都引起了科技管理、科研劳动中的人际关系的变化，从而要求以新的法律手段进行有效的调节，于是科学技术法就应运而生、呱呱坠地。

如果说科技社会关系主要是在经济社会关系的基础上发展起来的第二层次的社会关系的话，那么，生命社会关系大致可以说是由科技社会关系因生命科学的发展而衍生的第三层次的社会关系。

根据对科技社会关系的界定[①]，我们可能这样给生命社会关系下定义：生命社会关系是由于生命科技活动而发生、为着生命科技的发展而形成、可据以协调生命科技劳动者、劳动组织和劳动管理机构内部关系及相互关系的社会关系。但仅仅指出这些显然不够。从逻辑学来说，科技社会关系是种概念（上位概念），生命社会关系是其属概念（下位概念），因此，二者之间还有"属差"。它就是：与人类生命的存在、健康、长寿相关。"属差"是一种限定，这样的限定与其他的限定合在一起，就可以既把生命社会关系与科技社会关系等区别开来，又与刑事社会关系等区别开来（后者部分地也与生命的存在密切相关）。

这样，所谓生命社会关系，就是指因生命科技活动而发生，为促进生命科技的发展并保障人类生命的存在、健康与长寿而形成，可据以协调生命科技劳动者、劳动组织和劳动管理机构内部关系及相互关系的社会关系。

关于这一定义，我做了以下几个方面的说明：

1.生命社会关系是一种社会关系，而不是自然关系。自然关系是无目的、无意识、无计划地发生的，常有很大的盲目性与偶然性；其必然性的发展规律体现在盲目性与偶然性

[①] 倪正茂：《科技法学原理》，上海社会科学院出版社1998年版，第2章。

中。社会关系则不同，它是人际关系，是通过人的活动而形成的。由于人是有意识、能思维的动物，因此，人的活动就是有目的、有意识、有计划的。这样，人们的社会关系就具有目的性、意识性与计划性。但人们的目的、意识、计划，由于种种原因，可能是千差万别的，于是就会产生龃龉、矛盾、冲突，从而提出了调节矛盾、消弭冲突的要求，其中包括法制需求。

2. 生命社会关系是因生命科技活动而发生的。没有生命科技活动，就不会有生命社会关系。这里的生命科技活动是广义的。狭义的生命科技活动，仅指觅取与生命相关的知识，发现与生命相关的事物发展规律的生命科学研究，寻求新方法、新手段的与生命相关的技术开发活动；广义的生命科技活动，则包括为生命科技进步进行组织管理，对生命科技成果做应用、推广或防止其消极影响的发生、蔓延等等。由于生命社会关系是由生命科技活动而发生的，所以在人类历史上，只有当出现生命科技活动时，才产生生命社会关系；只有当生命科技活动日益频繁、复杂、高级化时，生命社会关系才变得日益重要、复杂和高级化。例如，正是由于试管婴儿、器官移植、克隆技术的发展，才会引起相应的社会问题和人际关系问题；而在古代生命科技活动相当简单、生命科技水平十分低下的情况下，生命社会关系也就显得十分简单。但简单不等于没有，因此，即使是在远古的时代里，生命社会关系也是存在的，同样也会提出相应的法制需求来的。

3. 生命社会关系的形成机制，在于促进生命科技的发展并保障人类生命的存在、健康与长寿。"促进生命科技的发展"与"保障人类生命的存在、健康与长寿"两者不可偏废或缺。只有当两者都受重视时，生命社会关系才处于正常的状况，才能形成良性循环。但生命科技是一面"双刃剑"，既可能保障与促进生命的存在、健康与长寿，也可能危害之。现在对克隆技术的发展，人们就有分歧看法，多数人的倾向性意见是它可能造成对人类的危害，带来严重的社会问题，因而主张限制克隆技术的发展。

以法律手段调节生命社会关系，无疑是各种调节手段中最有力、最有效、最稳定、最普遍的。

第二，生命社会关系的主要特点。

1. 以生命科技活动为中介。

政治社会关系以政治活动为中介，经济社会关系以经济活动为中介，军事社会关系以军事活动为中介，家庭社会关系以家庭生活为中介，科技社会关系以科技活动为中介。作为科技社会关系的大系统的子系统，生命社会关系则以生命科技活动为中介。没有古代医师的对疾、疡及食、饮、膳、羞、酱、珍的研究活动，就没有《周礼》所记载的关于医师的分工、职掌、奖惩的规定[①]；而后者正是当时存在有关生命社会关系的证明。如今，如果没有克隆技术活动，也就不会产生相应的生命社会关系。

---

① 《周礼·天官冢宰》。

和一般的科技活动一样，生命科技活动具有创造性与继承性的统一、个体性与协同性的统一、自主性与社会性的统一等特点。这些特点对生命社会关系的结成、发展产生巨大的影响，并成为生命社会关系某些法制需求所由产生的重要因素。

2. 以生命科技劳动者、生命科技劳动组织、生命科技劳动管理机构为一方，以人类社会成员为另一方，结成了生命社会关系的主体。

科技社会关系以科技劳动者、科技劳动组织、科技劳动管理机构为主体。[①] 一般来说，科技活动与社会、与社会成员的关系也是极为密切的，但它带有间接性。唯其有明显的间接性，才会越来越多地涌现如美国硅谷、日本筑波那样远离烦嚣都会而"遗世独立"的科学城。生命科技活动一方面具有一般科技活动的特点，可以自行"封闭"，因而生命社会关系在这一"封闭"范围内，仅以生命科技劳动者、劳动组织、劳动管理机构为主体；另一方面，生命科技活动直接影响，甚至直接联结着人类生命（的存在、健康与长寿），因而生命社会关系就有人类社会成员之介入，成为该关系主体的另一方，处于与科技劳动者等相对立又相统一的关系之中。

生命社会关系主体的这种独特性，是其与一般科技社会关系的不同之点，同样是其提出独特法制需求的重要因素。

3. 是生命科技创造权利与保障人类生命（的存在、健康、长寿）的义务的对立统一体。

社会关系的内容，主要是权利与义务关系。生命社会关系因以生命科技活动为中介，无生命科技活动，便无生命社会关系，而生命科技活动与一般科技活动一样必须有自由创造的权利，否则便无活力可言，所以必须保证生命科技的创造权利。从这一角度看，应实行权利本位主义。但生命社会关系又有其不同于一般科技社会关系的独特性，这就是它必须严格地、严肃地保障人类生命的存在、健康与长寿，否则生命科技活动便失去其应有的意义。因此，生命社会关系就同时要兼及保障人类生命的存在、健康与长寿的义务。这也是它与一般科技社会关系的巨大不同点，由此而发生的法制需求，也与科技社会关系的强调科技创造权利而大相径庭。在议论克隆技术时，人们特别关注这一点。

4. 生命社会关系是纵向行政隶属关系与横向民事平等关系相结合的社会关系。

社会关系大致可分为行政隶属与民事平等两种类型，其最典型的表现就是政治社会关系、军事社会关系的行政隶属性与经济社会关系的民事平等性。家庭是一个小小的社会，所以同时存在类似行政隶属与民事平等两类关系。世界则是一个"大大的社会"，同样有类似行政隶属与明确的民事平等两类关系。生命社会关系是与生命的存在、健康、长寿相关的社会关系，在部分范围内形成的是行政隶属关系，在另一些范围内则形成民事平等关系。

---

① 倪正茂：《科技法学导论》，四川人民出版社1990年版，第70页。

5. 生命社会关系以社会全体成员的整体利益为基础。

这一点，从它兼及保障人类生命（的存在、健康、长寿）的义务，已可略知大概。强调生命社会关系必须以社会全体成员的整体利益为基础，在当代更为重要，更形迫切。当生命科技发展到克隆技术的巨大进展时代，不强调这一点，有关的法律调整不顾及这一点，就可能造成难以预计的不良后果。

这里所谈的"社会全体成员"，在当代，与"人类社会全体成员"可谓同一概念。在古代，一方面生命科技水平低下，另一方面，关山阻隔、通讯不发达，大大小小的国家多半处于割地而王、不相往来的封疆锁国状态，所以，"社会全体成员"只是一国范围而已。尽管如此，仍是"社会全体成员"而非部分成员，如奴隶社会的奴隶和奴隶主贵族。因为其时奴隶虽然地位不如牛马，但同时又是社会不可一日无之的劳动人手，是奴隶主贵族不可须臾离之的役使对象。所以，《周礼》的规定涉及了对民间疾疫的诊疗，而到汉代更设置了专理民间疾疫的官署。时移世易，当今则远远越出了森严的国界，重大的生命科技成果所影响的已经绝非小国寡民的个别"社会"的成员，而是整个人类的命运与前途了。克隆技术的发展就是如此。

以上生命社会关系的种种特点，都与一定的法制需求相联系，以法律手段调节生命社会关系，成了古往今来社会调节的共同需要。

第三，生命社会关系所提出的法制需求，大略有以下两端：

1. 以法律手段促进生命科技的发展。

窃以为，这是最本质的需求。人类的生命力在于有所发展、有所创造、有所前进，停滞绝非人类的包括人类生命的本质性要求。因此，不断推动生命科技的发展，是人类进步成员最关心以至情愿为此赴汤蹈火、出生入死的事业。"神农"之甘冒生命危险"遍尝百草"，就是为了寻求生命之存在与健康的最佳途径。现代科技开发中同样存在巨大的危险，同样需要有献身精神，也同样有千千万万的现代"神农"在不断努力。因为有人类的这一本质需求，所以，生命科技的发展是不可阻挡的。克隆技术由于有许多后果不明的社会、伦理问题存在，遭到了很多人的反对。梵蒂冈一如既往地对高新科技抱敌视态度。现任教皇约翰·保罗的密友、道德神学家吉诺·康赛蒂致函报纸表示"强烈希望政府迅速通过立法来禁止人体克隆"。梵蒂冈连试管婴儿、借腹生子等均表"义愤填膺"的"强烈反对"。但试管婴儿等生殖工程技术并未因此而夭折。科学技术作为生产力的火车头，自有其内在的发展动力。但是，人为立法予以阻止，却可延缓它的发展速度。因此，十分重视生命社会关系关于促进生命科技发展这一本质要求，立法予以保障，才是抓住了事物的根本。美国政府委托的一个委员会主席、诺丁汉大学校长柯林·康贝尔爵士在指出克隆所"潜藏的危险"的同时，总是满怀激情地肯定"克隆对医疗健康的贡献和带来的美好的前景"，他指出："本国的科学发展以及任何一国的科学发展都不会被阻止，我们也无力阻挡。"应当说，柯林·康贝尔指出了事物的本质问题。在全球一片反对发展克隆技术的嚷嚷声中，埃及卫生部部长依斯梅尔·沙勒尔强调说："我们使用真主安拉创造的活细胞，它们受神圣的生命规则的支配。"美国 ABC 电视"深夜热线"节目所调查的 519 名成人中，有 6% 的人说他们喜欢被克隆，71% 的人说如果克隆研究导致医疗技术、药物研制的飞跃，则表支持。这些，都透露了以法律手段促进生命科技发展的人类本质性需求。

以法律手段促进生命科技发展的法制需求，具体来说主要有以下几点：立法保证生命科技的自由创造的权利；立法保障生命科技劳动的知识产权；立法保证科学合理的生命科技行政关系，排除对生命科技研究的干扰；立法保证提供生命科技活动以必要的人力、物力、财力；立法保证科学合理的生命科技民事关系的调节；在司法与执法上的法制需求；等等。

2. 以法律手段防止生命科技发展可能带来的消极影响。

生命科技发展所形成的产业，有可能造成环境污染，严重的可能导致自然生态失衡。例如大规模的化学制药工业造成的废水、废气就可能严重污染环境。某些有利于防病、治病的物理、化学诊疗手段和某些药物，同时可能会有其副作用、负作用。前者有利于人类生命的存在、健康、长寿，后者则起危害作用。如与之相关的过强的电场、磁场对人体的损害，药物本身的副作用等。

试管婴儿、代理母亲、器官移植、安乐死、克隆等方面的技术的发展，可能带来一系列社会问题、伦理问题，处理得不好，则会危害社会的安定、损伤人的精神世界。

在肯定生命科技发展的正面作用时，必须同时考虑它的负面作用。"两害相权取其轻""两利相权取其重"。以法律手段调节生命社会关系时，必须照顾到这两个相反相成的方面。为此，就必须从具体的时间、地点、条件等实际状况出发。例如，在伊斯兰世界，代理母亲之类暂时还根本无法接受，强制准许则可能引致社会问题，其法律调节手段、方式和具体内容，就应与一个十分开放的社会有所不同。

根据上述法制需求，生命社会关系的法律调节必须包括以下四个方面：

（1）立法调节。这是生命社会关系法律调节的基础。克隆技术引起的争论中，几乎所有的人都把眼光投向了立法问题，因为这是法律调节的起点。丹麦富龙胚胎技术中心宣布暂停使用从成年动物细胞中转移胚胎的技术，停止有关试验。该中心主任亨利克·卡勒森说："我们在等待丹麦政治、法律和道德的决定。""政治""法律""道德"三者中，只有法律是有强制性约束力的，所以实际上是等待法律的"决定"。意大利卫生部长罗茜·宾蒂表示人体克隆应当被立法禁止。宾蒂认为，缺少立法的限制会导致有关实验脱离保证公众健康的轨道。欧盟许多成员国的科学家纷纷建议制定相应的国际条约防止克隆研究。

是否先行制定成文法则是一个可以讨论的问题。成文法的规范比较稳定，这是它的优点。但是，当一种法制需求所涉及的问题不甚清楚时，稳定性过强的成文法往往反而有碍于合理调节有关的社会关系。美国国立卫生院曾急急忙忙地制定了一个《DNA 重组实验准则》，严格限制有关试验，原因是担心DNA重组技术的发展会严重危害人类。事后发现那些担心是多余的，于是又修改了《准则》。现在克隆问题有点类似于20世纪70年代关于DNA重组问题。我认为，应当吸取判例法制的优长，先以判例试行调节，在取得大量的经验后再制定法律为上。这样会比较主动一些、客观一些。

（2）司法调节。这是生命社会关系法律调节的关键。就已经制定的法律来说，司法调节是立法实效的体现。因此，立法之时，就必须考虑到司法的可能性；立法之后，司法必须同步发展，大力落实。同时，司法还有其独特的作用，即面对无限复杂的新问题、新矛盾和新的法制需求，可以通过司法提供判例，以弥补立法难以涵盖一切的不足。

（3）执法调节。这是生命社会关系法律调节的保障。执法实际上是司法的延伸，因此，我在《法哲学经纬》[①]和一些论文中，都只讨论"立法、司法、守法的一体化"。不严格执法，司法即为纸上谈兵、画饼充饥。生命社会关系执法调节的落实，才是法律过程的完整体现。

（4）守法调节。生命社会关系的一个重要特点就是，全体社会成员都是生命社会关系的主体。这样，守法调节在这里就比一般情况下的意义更为重大。守法有积极与消极之分。生命社会关系的守法调节，更加需要的是积极的态度与积极的行动。

---

① 倪正茂：《法哲学经纬》，上海社会科学院出版社1996年版。

第九章　科技法价值论

著名的美国法学家庞德曾指出："在法律史的各个经典时期，无论是在古代和近代世界里，对价值准则的论证、批判或合乎逻辑的适用，都曾是法学家们的主要活动。"[①] 这是符合法律史、法学史事实的论断。我国科技法制建设起步虽晚，科技法学虽属新兴学科，但涉笔科技法的作用、功能的长文短论早已发表了不少。当我们谈及科技社会关系的法律调整是一切调整手段中的最高手段、最后手段与最有力手段，并与行政手段、经济手段以及道德手段做比较时，实际上也与科技法的价值论有关。但是，科技法价值论应是一个比较完整的理论论域，迄今还未见有人专门论述。本章拟试探讨科技法价值论的一些主要问题。

一、科技法价值的一般理论

科技法价值是法律价值这个上位概念在科技法学研究中的具体应用，是研究和反映科技法这个特定法律现象的法律价值问题的一个范畴。为此，科技法价值的一般理论问题，必须从法律价值谈起。

（一）法律价值略论

法律价值是事物价值的特殊形态，既带有一切事物价值的共性，又有其自身的特殊性。对价值的认识，中外学者颇多歧见，具体到法律价值上，更是如此。迄今为止，法学界关于法律价值这个概念的使用，舟车驴马，北辙南辕，不但很不统一，而且有时还截然相异。因此，有必要简介一下法学界不同派别、不同思想家对法律价值概念的不同用法。

早在古希腊，著名的思想家柏拉图便使用了法律价值这个概念。他说："每个人都清楚，立法工作是很重要的事情，可是，如果在一个秩序良好的国家安置一个不称职的官吏

---

① ［美］庞德：《通过法律的社会控制·法律的任务》，商务印书馆1984年版，第55页。

去执行那些制定得很好的法律，那么这些法律的价值便被掠夺了，并使得荒谬的事情大大增多，而且最严重的政治破坏和恶行也会从中滋长。"[1]中世纪时的著名基督教哲学家托马斯·阿奎那也谈到过法律价值，他说："人类的意志可以根据共同的同意使本身并不违反自然正义的任何事情有法律价值。"[2]近代，德国著名哲学家黑格尔指出："这些法律既然按当时情况都有其意义和适当性，从而只具有一般历史的价值，所以它们是实定的，因此之故，它们又是暂时性的。"[3]从这些言论看出，他们所讲的"法律价值"，是指法律的作用、法律应具有的性质和存在的意义、必然性等。

近现代新自然法学家、新康德主义法学家、存在主义法学家、社会法学家、政策法学家们，也多有论及法律价值的。

自然法学被认为是西方专事研究法律价值的学派。他们研究的主要问题是法律的根源和基础、目的和意义以及法律的评价标准，无不围绕着法律价值。在他们看来，法律价值就是"正义"二字。

新康德主义法学家如施塔勒姆、拉德勃鲁赫等，对法律价值的论述，彼此略有不同。前者偏重于从法律形式方面论述法律价值，后者则把法律价值看作是法律的理想境界，看成是只能凭信仰把握的"应然"领域，其内容就是分配正义的原则。

社会法学家庞德站在社会实证主义的立场上来论述法律价值问题，把法律价值理解为社会制定和评价法律所依据的标准。

政策法学家们认为法律是权力价值的一种形式，认为只有建立"世界共同体"，法律价值才能得到民主分配。

上述西方法学家们的一个共同点是，把法律分为事实和价值，或"突然"和"应然"两个范畴，而法律价值体现在"应然"上。这也许是西方社会的"法律正义"普遍无从实现引发的法律思想折光。

批判、借鉴西方法学家关于法律价值的观点，40年以来，我国法学界对法律价值开始了初步的研究，其成果比较集中地体现在西北政法大学严存生先生的《法律的价值》[4]一书上。该书认为，法律价值是标志着法律和人的关系的一个范畴。这种关系就是法律对人的意义、作用或效用，和人对这种效用的评价。这就是关于法律价值的定义。

"法律对人的意义、作用或效用"可以一言以蔽之，即法律的功能。因此，在我看来，法律价值就是法律功能与法律功能评价。

该书还研究了"法律价值的特殊性"，认为：（1）法律是人制定的，是"人造物"，

---

[1] 法学教材编辑部、西方法律思想史编写组编：《西方法律思想史资料选编》，北京大学出版社1983年版，第26页。
[2] 《阿奎那政治著作选》，马清槐译，商务印书馆1982年版，第138页。
[3] [德]黑格尔：《法哲学原理》导论，商务印书馆1979年版，第7页。
[4] 严存生：《法律的价值》，陕西人民出版社1991年版。

因而有更多的制定者的主观意志的内容和标志,从而,法律价值取决于人,人们可以制造好的法律,也可以制造坏的法律;(2)法律是一种工具性的东西,法律价值是工具性的价值,具有依附性,即依赖于国家机关的活动及其他条件。①

法律价值的这种特殊性是相对于其他事物的价值而言的。当论及科技法价值时,其特殊性就应是科技法价值与其他部门法的不同点,而不是与法律以外的事物价值的比较了。

(二) 科技法价值的定义

科技法价值是标志科技法与人的关系的一个范畴,这种关系的内容是科技法的功能及对科技法功能的评价。

法理学界似有一种倾向,即以法律的作用为法律的功能,以法律的功能取代法律价值。影响所及,谈部门法时,只谈该部门法的作用而不谈它的功能,更不谈它的价值。这也包括对科技法的认识。

上述科技法价值的定义,可以帮助我们避免对科技法价值的狭隘化的认识或对科技法的作用的扩大化认识。"过犹不及",无论是狭隘化,还是扩大化,都不是事物的本来面目,都应纠正。

把科技法价值界定为包括科技法功能及其评价的科技法与人的关系的范畴,需加探讨与阐述的,有以下三点:

1. 科技法价值是反映科技法与人的关系的范畴

科技法价值定义的这一概括性表述,表达了科技法价值的客观社会性和具体的主体性的辩证统一。

科技法价值不是一个实体性的范畴,它不表示科技法、人之外的第三种实体,不能把它作为独立存在物看待。只有在科技法与人的关系,在科技法与人的关系的客观社会性与具体的主体性的辩证统一中,才能正确地认识。

马克思曾经指出,财富、价值等等"这种语言上的名称,只是作为概念反映出那种通过不断重复的活动变成经验的东西,也就是反映出,一定的外界物是为了满足已经生活在一定的社会联系中的人的需要服务的""他们可能把这些物叫作'财物',或者叫作别的什么,用来表明,他们在实际地利用这些产品……"②"使用价值表示物和人之间的自然关系,实际上是表示物为人而存在"③。由这些经典论断得到的启示是:科技法价值是科技法及其属性在人的实践——认识活动中所形成的为人这一主体服务的效果。作为科技法与人之间的关系统一的价值,是以人的需要的满足、人的评价的体现为实质内容的。这种

---

① 严存生:《法律的价值》,陕西人民出版社1991年版,第30—32页。
② 《马克思恩格斯全集》第19卷,第405、406页。
③ 《马克思恩格斯全集》第26卷Ⅲ,第326页。

"人的需要的满足"表现为科技法的功能,而人的评价即是指人对科技法功能的评价。这是科技法功能的两个基本内容。

2. 科技法功能的客观性、社会性和历史性

科技法功能是科技法价值的重要内容,也是科技法价值中最根本的东西。科技法功能是科技法制这种社会现象在参与社会实践,更精确些说是作为一种必不可少的因素进入社会实践领域,从而与人发生关系时,其属性对人的作用或效用。显然,这种效用如同科技法、科技法制本身一样,是客观存在的,它不以人们是否承认、是否认识、如何评价为转移。既然如此,尽管科技法是由人制定的,但当科技法存在于社会之中并作为一种必不可少的因素进入实践活动时,就不再以某些个人的意志为转移了。这就是科技法功能的客观性。这种客观性有时甚至悖逆科技法制定者的意图顽强地表现出来。例如,环境法被资本主义国家的当权者制定出来时,就要被强制力所保护,强加在一切资本家的头上,迫使其尊重人类的环境保护需求了。

科技法功能的社会性体现在,该科技法与人发生关系时,所指的"人",不是单个的个体,而是作为人群的整体,指的是一个国家的人,一个民族的人,一个完整社会的人,而且,这是参与制定与实施科技法的人。人是有其利益要求的,耻言利益、禁言利益是错误的。耻言利益、禁言利益的时代已经一去不复返了。马克思主义者应当把"利益"这两个大字公开写在自己的旗帜上。马克思本人就曾坦然直言,精辟地指出:"过去的一切运动都是少数人的或者为少数人谋利益的运动。无产阶级的运动是绝大多数人的,为绝大多数人谋利益的运动。"①在各种利益之中,可以划分出两种利益类型来,其一为个人利益、个别利益,其二为整体利益、普遍利益。这两种利益有时会发生矛盾以至冲突,其调节机制多种多样,以法律调节最为有力。科技法制作为科技社会关系领域个人利益与整体利益、个别利益与普遍利益的最有力调节器,体现了它的社会性价值,其中包括社会性功能。

科技法功能的历史性指的是,科技法功能是随着主体需要的变化而发展的。这源于科技法功能是动态功能、发展功能的原理。很显然,如果某物的功能不是动态地发展的,它的功能就会日渐衰减,直至功能丧失。这是因为作为满足人的需要的功能,必须随着人的需要的改变而改变,随着人的需要的发展而发展。人的需要可以满足于一时而不能满足于永久。永久的、永恒的满足,意味着人类进步的停止,意味着人类的衰朽。人类既然不至衰朽而不断更新其需要,就会促使科技法时时发展、不断更新,从而使其功能新陈代谢,显示出历史性来。正因如此,当代的科技法与古代的科技法不可相提并论而不分彼此;当代科技法的功能不可与古代科技法的功能同日而语、不分高低。也正因为科技法功能的历史性,当我们具体论及有关问题时,基本上不再以古代科技法为例而仅以当代科技法为例了。

---

① 《马克思恩格斯选集》第1卷,第262页。

3. 科技法功能的评价问题

科技法功能的评价，是从人这个主体方面向科技法所提出的价值要求。它包括以下两个方面：其一，科技法的目的或所要达到的目标，即所要追求的价值。科技法是人制定的，是人为了一定的目的或理想而"生产"的"人造物"。这目的与理想，实际上是人对科技法的希望。其二，对科技法的评价及评价标准，这是人们对业已制定的科技法价值的测量。这种测量的前提是原先寄予科技法的希望、希望值，而进入测量过程的被测量物是科技法在实际生活中的实施状况。但测量标准不仅仅是这些，还有诸如该科技法律的条文是否简洁明了，逻辑结构是否严密等等。当然，后者与前者不是没有关系的，因为简明的条文、通俗易懂的语言、结构严谨的逻辑，会使科技法实施得更好，更易达到制定该法的初衷；否则，便会影响科技法功能的体现。

科技法功能的评价及评价标准仍然是以主体为轴心的。因此，要达到客观、公正、科学的评价目标，必须排除评价主体的非客观因素、非科学因素。诸如形而上学、唯心主义以及它们的种种变态观念，都会影响科学评价，都应驱而除之。

（三）科技法价值的特殊性

科技法价值的特殊性在于：

第一，由于它所调整的是科技社会关系，因而与科学技术的进步有最密切的关系，从而，在社会生产力的发展、在物质财富的创造上，比其他部门法所起作用更直接。

民法、刑法、劳动法、婚姻法、行政法等等，远远近近的都与科技进步有关系，但绝无科技法那么密切、那么重要。而科学技术的进步是"第一生产力"，是直接与物质财富的量的增加与质的提高相联系的，因此，科技法比任何其他部门法在物质财富的创造上，起更大的更直接的作用。

但是，科技法并不以科学技术为"载体"。有些同志也许是由于过于"沉湎"于科技法价值的这一特殊性，因而把科技法价值越过调整科技社会关系这一层次，与科学技术直接挂钩，这是不对的。科技法如有什么"载体"的话，那么，只能是科技社会关系，而不是科学技术。当然，也不能把科技社会关系看成是科技法的"载体"。科技法的"载体"是科技法制的实践活动。狭义地看，即科技司法；广义地看，则包括科技立法、司法、执法、守法以至科技法研究与教学等等。如前提及的，法律价值的特殊性之一在于它的工具性，具有依附性，依赖国家机关的活动、人们的法律意识等文化心理因素以及其他条件。科技法作为法律工具当然也有这种依附性。

第二，由于参与科技社会关系法律调整的主体是科技劳动者、科技劳动组织与科技劳动管理机关，他（它）们长期与科学技术这"第一生产力"与社会进步中最革命、最积极的因素相依为命，素质就比参与一般法律调整的主体更高、更好。因此，科技法价值与其他部门法价值如能量化体现，则前者之量一定要比后者高得多。我相信，这"量化"工程总有完成或接近完成之日,而现在可以说的则是,科技法因其实施而体现的价值,比其他部门法实施所体现的价值要高。也就是说,在一切部门法的实施方面,科技法实施的阻力最小,实施率将会是最高的。以原子能法为例,参与原子能科技劳动的个体与集体都充分懂得,必须最认真地遵守原子能法,丝毫都不应做规避的打算。守之唯恐不及,唯恐不严,丝毫都不能疏忽,哪里还敢违反之从而招致杀身之祸呢?相对来说,企图规避其他部门法的人必定要多得多。这不仅与各个部门法本身的内容有关,也与参与该部门法实施的人员素质相关。

第三,由于科技法具有探索性、激励性、预期性的特点,科技法价值的体现有时不是即时性的,而是历时性的。

这里的即时性即当即可体现性;历时性指随着时间历程的推移而逐渐显现。

价值有其时效性。价值时效的变化,通常通过"刷新式"即价值的新陈代谢与"积淀式"即价值的量的积累与升华而呈现其多姿多彩。无论通过何种方式,都有即时体现与历时体现之区别。许多部门法价值的体现,如民法、刑法、行政法价值的体现,比科技法价值的体现具有更大程度的即时性,而后者则具有更大程度的历时性。对预期性程度更高的科技法来说,就更是如此。

二、科技法功能论

科技法功能是科技法价值所标志的科技法与人的关系的主要内容。那么,科技法功能何在呢?

(一)科技法的规范功能

科技法的规范功能是指,科技法作为一种法律规范所能够、所应当对人们的行为、对社会组织的行为发生何种影响。从这个意义上看科技法的规范功能,主要有以下几个方面:

1. 规范性整合功能

著名的美国法学家 R. 庞德曾对法律原则和法律制度做出系统化的解释,用法律的功能性概念取代法学家们的法律逻辑性概念,并强调指出,法律是社会凝聚力的核心,法律保障社会的凝聚力和有秩序的改变,其方法是使相互冲突的利益得到平衡。庞德的这些观点,已十分接近于提出法律的整合功能了。

法国社会学家 E. 杜尔克姆把分析法律原则作为他研究社会凝聚力的途径。他认为,现代社会是一个凝聚力永远困难重重但可勉强维持的社会。他提出了"社会整体化"的概念。在他看来,法律所负有的特殊任务之一,就是把支离破碎的道德环境,重新组合为一个结构严密的社会统一体,法律是"社会整体化"得以实现的有效工具。这样,杜尔克姆也接近于提出法律规范的整合功能的理论了。

法律的整合功能是指,法律具有协调社会关系、平衡互相冲突的权利义务从而使社会整体化目标得到实现的功能。

科技法的整合功能是指,科技法具有协调科技社会关系、平衡相互冲突的科技权利义务从而使科技界整体化目标得以实现的功能。

科技法的整合功能由两个方面组成:一为规范性整合功能,二为社会性整合功能。这里我们略事考察科技法的规范性整合功能。科技法的规范性整合功能,主要体现在科技法规范体系的整体作用上。科技法的其他规范功能,如指引功能、预测功能、强制功能、教育功能、激励功能等等,主要不是从科技法规范体系的整体作用上着眼的。但科技社会关系一方面分散地表现为单个的矛盾、单个的权益之争、单个的协调关系,另一方面却又通过千丝万缕的联系,成"片"成"网",盘根错节,瓜葛纠缠。如果不是所有的科学技术活动联成为一个整体(不管它是国家、政府、企业有意识有计划活动的结果,还是科技活动自身自发地形成的结果),当代科技进步的突飞猛进是无由取得、无法想象的。由于科技活动整体化的结果,科技社会关系也趋于整体化。那么,是什么使这种整体化不至崩溃呢?是什么成了这种整体化的胶粘剂呢?是什么起了协调整体化中的种种矛盾与纠葛,将"剪不断、理还乱"的一切整理得井井有条,从而使科技社会关系网络整合得真正可能保障与促进科技进步呢?单个的科技法规范显然无能为力。但科技法规范体系却可起这种规范性的整合作用。这是在规范层次上的整合作用。先有规范性层次上的整合作用,才会有社会性层次上的整合作用。

2. 指引性功能

《科技法学》指出:"科技法的指引功能是科技法规范功能的重要表现之一,指的是它能够指引行为人的行为。"[1]

规范指引是一般性的行为指引方式,与个别性的行为指点不同,它着眼于对一类人的行为指引,并为其他人对这一类人的行为做出评价性指引。

科技法的指引功能除上述一般性即普遍性之外,还具有权威性、强制性与稳定性。这些,都与其他部门法是一样的。

科技法的指引性功能表现为必行性指引与非必行性指引两类。

必行性指引是义务性科技法律规范和权利义务兼具性科技法律规范所具有的功能。前者比较容易理解,也为其他科技法书刊所已谈及。后者,即权利义务兼具性科技法律规范之所以属于必行性指引的范畴,是因为这类科技法律规范授予的权利是一种职权,实施有关权利的同时也是履行义务,与义务不可分割。由于它与义务的不可分割,所以它就进入了必行性指引的范畴。

---

[1] 赵震江主编:《科技法学》,北京大学出版社1991年版,第85页。

3. 预测性功能

科技法的预测性功能是指，行为人可以根据有关科技法预测对方可能采取的行为，同时可以根据有关科技法预测自己的行为的法律意义与法律后果。

例如，当科技人员进入科技创造时，完全可以根据科技进步的奖励法规，来预测自己的创造性活动与创造性成果可以得到何种奖励，也可以根据其他科技法规，来确定自己的某种活动要承担何种法律责任。同样，当一份技术开发合同签订之时，委托方可以根据该合同条文及《技术合同法》的规定，预期开发方做出某种行为，并预测，如果开发方不履行义务，可以对开发方采取何种对策，而开发方也可以做类似的预测。

4. 评价性功能

《科技法学》一书谈及科技法的预测功能时指出，"实例之一是，由于技术合同法的存在，当事人依法订立合同后可预知法律对该合同采取保护态度，一方当事人在履行合同之时可以合理地预期另一方当事人相应地履行合同，如果一方当事人非法定原因而不履行合同，则可预测到另一方当事人的求偿行为以及法律对自己的违约行为的态度"。但该书谈及科技法的评价功能时又指出："科技法的评价功能表明，人们根据科技法可以判断、衡量……如果是违法的话，……必定招致何种制裁等等。"[①] 这里，"法律对自己的违约行为的态度""……必定招致何种制裁"，两者其实都是"预测"，不存在预测与评价的区别。

我这里所说的评价性功能，主要是指科技法中的科技规范法律如标准化法、计量法等，以及技术评估法的评价功能。所有的法律化的科技规范，都具有评价功能，即有关条文可以用来"对号入座"地评价科技活动中采用的技术、仪器、方法、工艺等等，是否是规范性的。

关于技术评估法的评价功能，可以美国1972年的《技术评估法》为例加以说明。该法的基本要点之一是设立技术评价局的建制。技术评价局成立以后，所做的《癌症实验技术》《有限核战争后果》《技术与东西方贸易》《生物工程能源》《电子通信系统》《空间技术应用》等报告，成了技术评估的重要依据。该法规定"技术评价局提出的任何情报、概况、研究项目、报告、调整结果也须适用于社会"。这就为技术评价局所做报告等的评价性功能的发挥提供了法律依据。

5. 强制性功能

科技法的强制性功能一方面表现在科技法律的法律责任条款规定中，另一方面表现为科技法规范如遭违反，不但破坏了科技社会关系而要受到制裁，而且因为同时违反了自然规律，因而受到自然的"报复"。前一种强制性功能由社会通过国家机关发挥，后一种强制性功能直接由自然界显示其威力。对于前一种强制性功能的作用，有的人可能企图规避；对于后一种强制性功能，人们则会十分自觉地服从。

---

① 赵震江主编：《科技法学》，北京大学出版社1991年版，第87—88页。

6. 激励性功能

科技法的激励性功能是指，有关科技规范对积极从事科技进步事业并做出贡献者的激励规定，会鼓舞科技劳动者努力奉献自己的聪明才智。这一点已详论，就不重复了。

7. 教育性功能

科技法的教育性功能是指，通过科技法律规范本身及其实施对人们思想与行为发生影响的作用。如果把通过科技法律规范的实施对人们思想与行为发生影响的作用看成教育性功能的唯一表现，那就把科技法律的规范性功能与一般法律的规范性功能等量齐观、无所区别了。我以为，谈科技法的教育性功能，必须强调，至少必须提到科技法律规范本身的教育性功能。科技法律规范中的相当大的一部分，极具科学知识性，由此而产生了它的与一般部门法不同的教育性功能。几乎所有的高新技术法，所有的科技规范法，都由科学知识构成其主要内容。例如，环保法规定掺杂剂中不得有砷、磷的气体化合物；在屏蔽物及半导体的清洗工序中不得使用三氯乙烷、2a-甲氧乙醇等；在硅半导体处理工艺中不得使用氟酸、硝酸、盐酸、硫酸，以避免致癌。这些，既是法律规定，违反者要受到制裁；又是科学知识，法规制定、公布本身就起了教育作用。

（二）科技法的社会功能

科技法的社会功能是指科技法对社会发挥何种作用及作用程度。

科技法的社会功能与社会制度、社会状况本身直接相联系，因此，作为社会功能发挥的条件，对科技法社会功能发生着反作用。当我们谈科技法功能时，只能撇开科技法的社会环境，做抽象分析与一般分析。

从总体上看，科技法的社会功能主要有以下表现：

第一，协调科技社会关系，造成科技界稳定、和谐的秩序。科技界的权益纠纷实际上牵涉到社会秩序的稳定，科研秩序和工作秩序、教学秩序等等的安定。因此，科技法用来合理有效地协调好科技社会关系时，就促成与加强了整个社会的安定团结。

第二，协调科技社会关系，从而保障与促进科学技术的进步，并以此推动生产力的发展。《科技法学》一书对此谈到了以下四个具体方面：其一，确立科技发展在现代化建设中的优先地位、科技发展的基本战略及战略目标，确立科技发展的基本方针及在各个具体领域中的科技发展方针；其二，保障和促进科技体制改革，确认有利于科技进步的新体制；其三，确认科技组织和科技人员的法律地位、权利和义务，调动各种积极因素以利科技发展；其四，建立科技决策的法律程序，保障科技决策的科学化、民主化和制度化。①

保障与促进科学技术的进步，可以分为科技发展与科技成果的推广应用两个方面。后者实际上是在生产实践中淘汰旧的科技成果，应用新的科技成果，这是企业科技进步的一

---

① 赵震江主编：《科技法学》，北京大学出版社1991年版，第94—97页。

个最重要方面。当然,由于科技成果的推广应用,生产力得到了提高,取得了实际的社会效益与经济效益,也可单列对待。

第三,预防科技发展的消极后果,保护环境与生态平衡。科技法中的相当大部分涉及环境保护与生态平衡。20世纪70年代以来,环境保护问题越来越受到人们的重视,世界各国纷纷立法以确保环境不受污染,确保生态平衡不受破坏。

在环境与生态问题上,行政手段、经济手段与道德手段的作用显得十分微弱,最得力的非环境保护方面的科技法莫属。因此,科技法在这一方面的社会功能正越来越受到人们的重视。

第四,协调国际科技关系,保障和促进国际科技交流和合作。科学技术事业正越来越成为国际性的事业,闭关自守只能成为鼠目寸光的落伍者,必须大开国门对外进行科学技术交流和合作。科技法在协调国际科技关系,保障与促进国际交流与合作方面的功能,将使科技法成为一切部门性国际法中的佼佼者。

三、科技法评价论

法律评价这个概念,对我国法学界来说还是比较陌生的,显然难以提出得到一致认可的定义来。也许,从具体的法律部门着手,可以帮助我们达成共识。本节试做这一方面的努力。

(一)科技法评价的定义与分类

1.关于科技法评价的定义

严存生同志谈到法律评价问题时指出:"从对这一概念的使用情况看,我国法学界大都是从法律意识的角度上去理解它,把它作为法律意识的一种看待。一般认为这种法律意识包括两个方面:其一是对人的行为的合法性评价,即用法律做标准来评价人们的某一行为;其二是对法律的评价,即人们依据某种价值标准对某一法律的好与坏及其程度等所做的价值判断。"他认为:"国内学术界这种对法律评价概念的理解,把两种评价即用法律评价和对法律评价混为一谈了。"[①]

具体到科技法上来,我们就可能面对三个不同的概念:其一为"用科技法评价";其二为"对科技法评价";其三为"科技法评价"。"用科技法评价"与"科技法评价"是两个不同的概念。前者指,把科技法作为一种评价标准即所谓"以法律为准绳",对人们的行为是否符合科技法做出判断;判断的对象是人的行为。后者指,对科技法进行客观的与主观的检验并做出判断;判断的对象是科技法。

"对科技法做评价"与"科技法评价"也有区别。《法律的价值》一书指出,就"对

---

① 严存生:《法律的价值》,陕西人民出版社1991年版,第207页。

法律评价"来说,"也失之过窄了。因为它只把法律评价理解为一种人们内心的价值判断活动,而且是一种低级的价值判断活动"①。同理,"对科技法评价"也是"人们内心的价值判断活动"。例如,"对《技术合同法》评价",就是一种主观评价。在我国《技术合同法》出台前,有不少人撰文评价,该法的出台、该法必然规定的某些内容何等有意义、有何等意义等等,显然是属于"内心的价值判断活动",因为这时根本无"实践检验"可言。即使是在《技术合同法》出台之初也一样。该法出台之初,我国报刊上发表了数以百计的长文短论,对该法进行评价。其时同样并无客观的材料可资说明该法之实际价值,所有的评价都是基于对有关条文的理解、解释与逻辑推理。

我们所说的"科技法评价"是指对科技法价值的主观评判与实践检验的统一,这一定义指出了科技法评价的三层意思:

(1)科技法评价的一个要素是对科技法价值的主观评判。一说"主观评判",有的人就会摇头。其实大谬不然:"主观评判"与"主观主义评判"是两回事。任何"评判"都是主观性的、主观的评判;"主观主义评判"则根本不讲科学、不讲客观规律与实际,纯然是主观臆想臆断。没有"主观评判",人类社会的一切活动几乎都无法进行;相反,"主观主义的评判"却要不得,因为它只能把人类的实践、思维推到错误的道路上去。

主观评判是指使用科学的标准进行严谨的逻辑思维并做出判断的活动。段瑞春同志所著《技术合同法原理和实践》一书,有相当大一部分为主观评判。这在"技术合同法的中国特色""技术合同法的重要作用"两节,表现得最为明显。在"技术合同法的重要作用"一节中,段瑞春同志指出:"它将巩固和发展我国改革的成果,用法律保障技术市场健康蓬勃发展。""它将促进我国科技体制改革在运行机制上实行的新的拨款制度的实施,使更多的从事技术开发的科研机构面向经济建设,为振兴经济服务,通过技术合同收入,发展为经济自主的研究开发实体。""它有利于进一步调动科学技术人员的才能和智慧,使广大专业技术人员在为经济建设服务的主战场上大显身手。""随着技术合同法的实施,我国技术市场将步入社会主义法制轨道,必将向新的深度和广度发展。"②该书出版于1988年5月,写作当在1987年底之前,即在《技术合同法》颁行前后。文中用了几个"将""必将",可见还属逻辑思维与推理性活动的结果,是对《技术合同法》价值的"主观评判"。这些"主观评判"是科学的、合理的,为后来的实践证明是正确的。

(2)科技法评价的另一要素是对科技法价值的实践检验。科技法颁行以后,必定产生一定的社会效果,或好或坏,有无价值,价值大小等等,都会在该法的实施过程中显示出来。对科技法价值的实践检验,就是人们以实施科技法的实践活动来检验科技法的规定是否符合实际的法制需求,能否协调好有关的科技社会关系,是否受到人们的欢迎,

---

① 严存生:《法律的价值》,陕西人民出版社1991年版,第207页。
② 段瑞春:《技术合同法原理和实践》,科学出版社1988年版,第5—6页。

等等。我国国家科学技术委员会发表的"科学技术白皮书第 4 号"《中国科学技术政策指南》指出:"1987 年 11 月 1 日颁布实施的《中华人民共和国技术合同法》,是我国技术成果商品化的基本法律。它确立了技术市场的基本准则,规范了技术市场的交易活动,保护了当事人的合法权益,执行情况和实施效果都是好的。"[①] "1988 年技术交易成交项目数和成交金额都创历史新水平,1989 年持续增长,技术合同成交额达 81.46 亿元,比上年增长 12.38%,连续三年保持良好的增长势头。"[②] 这些,就是对《技术合同法》价值的实践检验"白皮书"。

(3) 对科技法价值的主观评判与实践检验的有机统一,才是我们所讲的"科技法评价"。这里的"有机统一"包括三方面意思:其一,"主观评判"与"实践检验"二者缺一不可;其二,"主观评判"与"实践检验"互相联系在一起,才成为"科技法评价",二者南辕北辙或风马牛不相及,互不联系,不能构成统一的"科技法评价";其三,"主观评判"与"实践检验"作为科技法评价的统一体的两个要素,其相互联系是有机的联系。关于后者,我们略做说明:"主观评判"如果是科学的、合乎逻辑的,就不应是纯然"主观"的,而应是从国外的、从前的实践经验所得知识出发进行的思索,因而,渗透着"实践检验"的精髓,只是这种"实践检验"在这儿表现为间接性形态罢了;"实践检验"如果要顺利进行,每一步都离不开主观的意识活动,也就是离不开"主观评判",渗透着"主观评判";作为科技法评价,则应将二者在科技法价值有无、高低等方面结合起来考虑。

2. 科技法评价的分类

有的同志将法律评价区分为客观评价与主观评价两大类,我以为是不妥当的。如果承认这种划分是正确的话,那么,逻辑结论是,主观评价也是法律评价。这就把"对法律的评价"与"法律评价"视同一物了。

循着客观评价与主观评价的划分思路,他们又将主观评价划分为"法律预测"与"法律评判","理性的法律评价"与"非理性的法律评价"。由于不能将主观评价与法律评价等同起来,因此,这样的第二层次的划分,仍然有失偏颇。

我以为,下列划分是可以说得通的:

(1) 宏观法律评价与微观法律评价。宏观科技法评价如科技法律体系评价、中国科技法评价、日本科技法评价;微观法律评价如中国科技合同法评价、美国原子能法评价、企业科技进步法评价、科技法原则评价等等。由于"宏观"与"微观"是相对而言的,因此,只在具体对象的评价的比较上才可分出"宏观"与"微观"来。

(2) 科技法内容评价与科技法形式评价。

(3) 科技法原则评价、科技法概念评价、科技法律规范评价、科技法律技术性规定

---

① 国家科学技术委员会编:《中国科学技术政策指南》,科学技术文献出版社 1990 年版,第 51 页。
② 同上书,第 42 页。

评价。这是对科技法内容的分解性划分。

（4）科技法外部形式评价与内部结构评价。这是对科技法形式的分解性划分。

在上述划分中，可能还有未了的部分，如对科技法内容评价的划分，就未计入附加成分的划分，而附加成分同样是某些科技法的内容。这些，就不展开详论了。

（二）科技法评价的标准

著名的英国哲学家罗素在谈到道德评价的准则时，陷入了不可知论。他说："只要那个终极的善被假定为是已知的，制定道德准则就是科学的事情了。"然而，要想拿出证据来证明"终极的善"是什么或不是什么、这样或那样，都根本不可能，因此，"解决价值的分歧的方法甚至是不可想象的"①。罗素之所以陷入迷茫怅惘的不可知论，是因为他自己给自己套上了一条"终极的善"的绳索。为什么要以"终极的善"作为道德准则呢？"终极的善"根本不存在，一切善都是有时代性的，都是实践性的，都是必须综合考察的，都是必须不断发展的。

我以为，科技法评价的标准问题，也应作如是观，即科技法评价标准应坚持其时代性原则、实践性原则、综合性原则与动态性原则。

第一，科技法评价标准的时代性原则。其具体含义是：每个时代都有该时代的科技法制需求，凡与之相符相适的，都应得到肯定的评价；否则，必将得到否定性的评价。

第二，科技法评价标准的实践性原则。其具体含义是：必须在实践中评价科技法价值，注重科技法的实效、实绩、实践的结果和发展的需要。只重动机、不问效果，只讲耕耘、不讲收获，是错误的。

第三，科技法评价标准的综合性原则。其具体含义是：必须综合地、全面地评价科技法的价值。某一科技法对有关科技社会关系的协调确有作用，从而确能促进相关领域的科学技术的发展，是否就可对该法做肯定性评价呢？从综合性原则出发就未必。例如，它如果未同时注意防止环境污染，那么就只能予以否定。这一点，在当代世界是越来越受重视了。最早制定发展原子能事业法规的国家如瑞士，现在已在准备销毁核动力工厂、原子能发电站。有关计划决定在2010年前全部拆除原子能发电站。在这种情况下，不遵循综合性原则来评价有关科技法的价值，就大成问题了。

第四，科技法评价标准的动态性原则。其具体含义是：要从动态的、发展的要求出发，着眼于评价价值关系的发展；评价及其标准本身也要不断地发展。

科技法价值的评价是一个十分重要的问题。这里提出的仅是几个粗略的方面。我们相信，随着科技法制建设与科技法学的发展，科技法评价及有关的理论研究，也将迈向科学的高峰。

---

① ［英］罗素：《宗教与科学》，徐奕春、林国夫译，商务印书馆1982年版，第122、127页。

后 记

《科技法学原理》(以下简称《原理》)是在拙著《科技法学导论》(以下简称《导论》)的基础上撰成的。既有基础必须要有一定提高,这是笔者所力求达到的目标。现在《原理》行将付梓,衷心厚望是,此后还有机会进一步努力思索、发掘、开拓、全面阐释科技法学的原理,为中国以至人类的科技法制建设奉献绵薄之力。

在《导论》的"后记"中,曾有其时"渐觉'无常'之悦耳歌声袅袅传来,'黄泉'之扑鼻香味翩然而至"一段话,当时确有呜呼哀哉的可能矣!然而,"无常"把勾魂铁索叮叮当当耍弄一回,又跳跳蹦蹦离我远去,"黄泉"路径也不辨依稀了,于是又有了精力、有了兴致、有了干劲……有了这一本《原理》。这些精力来自慈母、爱妻以其辛勤于家务所付出的精心照顾;这些兴致来自师友的热情鼓励与无私帮助;这些干劲来自邓小平南方谈话、举国大力推进改革开放的大好形势的巨大激励。值此《原理》出版之际,一方面,爱妻满头青丝已渐染白雪,慈母几度病危,现今被束缚病榻苦苦挣扎;另一方面,中国的现代化建设则蒸蒸日上、一日千里,形势越来越好。人生多有无奈,乐观放达如我者,也不时黯然神伤以至彻夜难眠!但事有大小、理有短长,中华民族的振兴与腾飞,是高于一切、重于一切、大于一切的,老母与爱妻也总是能理解我的理想与志趣,因此,只有加倍努力于法学园苑的耕耘才是正途。

《导论》与《原理》的许多资料是师友们的劳动成果;为《原理》的出版,国家又支出了大笔经费;审编过程中,评审的先生们、编辑和印务的同志们,都付出了他们的汗血精力即付出了他们的部分生命;主管其事而又默默无闻地做了大量工作的朋友们,更是无私奉献了他们对事业、对本人的厚爱,我将永远铭记并感谢他们!

倪正茂
1997年于沪上西北郊懋村

科技创新与法制建设(节选)

《科技创新与法制建设》*（节选）题记

1998年国内关于"科技创新"的议论轰然而起、纷然杂陈。其时正值我在九三学社中央委员会政法委员会副主任任上，于是起意组织编写一本《科技创新与法制建设》的书。所以，该书的"编著"者，以"九三学社中央政法委员会"与"科技创新与政策法制建设课题组"为名。其中，根据政法委员会原主任赵伟之的建议，由我代王选副主席写了《序》，以我的笔名"龙思岱"发表了《前言》。全书分三篇。其中《学理篇》《借鉴篇》由我一人独立完成（原书正文第9页到344页），《务实篇》则由我主持的课题组集体分头完成。（全集收入我个人撰写的《学理篇》与《借鉴篇》）。

倪正茂

---

* 学苑出版社1999年版。

前　言

　　人类社会的一切成果无不经过渐进式的量变而获得，但若无质变，量的积累便无根本性的意义。因此，在争取进步的每一个量变阶段，智者总是力图探索可否由此达成质变。科技创新便是这种探索质变的努力，其成果则是科学技术的一次次创新性飞跃。

　　历经数千年的努力，人类已在科学技术的万千个领域内取得了大量的成果。这些成果相对于无数未知领域来说，仍可视之为"量"。因此，今天人们有比往昔更多的机会与可能来探求新的质变，探求科学技术的新的飞跃，力争在科技创新方面做出更大的贡献。

　　为此，人们在努力积累知识、勤奋改进技艺、积极探寻新的方法的同时，还孜孜不倦地殚精竭虑于与狭义的"科学技术"有关的各种问题，如社会制度、国家政策、法律制度等等。近代以来这一方面积极思索的最大成果便是以一整套知识产权法来促进与保障科技进步与科技创新，其中心便是被誉为"为天才之火浇上了利益之油"的专利法。正是以专利法为中心的整套知识产权法，促进与保障了近代以来科学技术突飞猛进的发展。而后者又带动了科技社会关系的剧烈变动、日新月异，并由此进一步要求快速更新科技法制。于是，科技进步与科技法制有可能形成一股双向互动、强劲推拉、急速旋转、快速前进的飓风。人类正处在这股飓风的包围之中。

　　认清这一点万分重要。且不去谈怠惰者躺倒在既有的科技成就上势必被历史淘汰，即便是勤奋者，如果不认真关注科技进步、科技创新与科技法制的休戚与共的密切关系，也难免止步不前、事倍功半以至日渐落伍，最终不免也被淘汰。

　　有鉴于此，以热心讲求科学技术为职责的九三学社同仁们，不仅废寝忘食于讲坛、书本、实验室和工程基地，而且精心钻研促进与保障科技进步的科技法制问题。1999年5月在上海召开的"九三学社科技创新与政策法制建设研讨会"，就是一个实际的反映。

　　在这次研讨会上，与会的社内外专家提交了18篇论文，这些论文的结构大体一致：述评科教兴国一个领域的概况；指明现行法制在进一步促进该领域发展方面的不足之处；对此国外的有关经验，结合我国的国情，提出法律对策。这些论文大都有很强的务实性，因此，在本书中，我们将其列在《实务篇》的名目之下。

编辑本书《实务篇》时，所收的17篇论文，从题目到内容，都做了较大的调整。例如研讨会论文《我国基础研究创新的政策法制问题》，易题为《基础研究创新的法制设计》，增加了对"我国基础研究创新中存在的问题"进行分析的内容与篇幅，把有关的"对策和建议"改作"基础研究的法制设计"。有关的"法制建设"包括以下6个方面：

1. 调整有关基础研究的政策和法律，体现鼓励基础研究创新的时代精神。指出："在科学环境法指标中，我国具有相对优势的仅有基础研究，1998年，在46个国家和地区中，排名世界第10位。这和我国长期实行计划经济密切相关。但是，在市场经济条件下，如果不通过法律的手段将基础研究，包括基础研究创新的内容巩固下来，这一优势就很难长期保持下去。"为此，必须"调整政策、修改法律、补充法律，使基础研究在创新方面的措施法定化……例如，国家动用法律手段，简化高校教师、研究所研究人员创办研究机构的手续，赋予其法人资格，并制定政府采购计划加以扶持……"

2. 通过立法，建立科学的项目评价体系。参照日本的做法，制定我国的项目评估法或行政法规，使对基础研究成果的评价科学化、法定化。

3. 提高经费的使用效益。指出，在科研基金日益重要的今天，弥补基金立法的空缺已是当务之急，通过立法，以资金导向为手段，激发高校在基础研究方面应有的活力。

4. 加强对基础研究人员的队伍建设，提高基础研究人员的创新积极性，实现"稳住一头"的方针。

5. 改革现行科技体制，创造有利于基础研究创新的环境，通过立法，形成开放式、社会化、网络化的管理模式，建立机构开放、人员流动、公开竞争、择优支持、评价从严、动态调整的新机制。

6. 立法加强基础研究的国际合作。

这些修改与调整，是研讨会的成果。《实务篇》的论文作者们，在撰写论文时大量阅读了国内外的有关资料，分析对比了中外各国科技创新活动的经验教训，解剖研究了促进与保障科技创新的法制问题，提出了冥思苦索的初步结果。研讨会前，九三学社中央政法委员会和九三学社上海市委政法委员会召开了一系列座谈会，发出了一批批调查研究问卷表，咨询了许多著名科技专家。研讨会上，50多位专家学者聆听作者报告后又提出了不少修改意见。作者们根据大家的意见重新修改了论文。因此，《实务篇》不仅饱含着论文作者的心血，而且汇集着九三学社广大社员的卓识高见。可以说，有关论文是社内外专家学者共同的脑力劳动成果，对科技创新与科技法制建设，必有重要的启迪意义。

由于"科技创新与法制建设"的各项"实务"涉及一系列科技法制的"学理"问题，我们撰写编选了《学理篇》。其内容包括："一、科技创新：动力和灵魂"，对古往今来人类科技发展做了"回眸""鸟瞰"与"展望"；"二、科技创新的两项重大政策"；"三、科技创新、科技社会关系与法制建设"。重点是第三部分。在这一部分里作者阐明：科技社会关系的法律调整，是科技法制建设与科技法学的理论核心问题；把握科技活动中产生的科技社会关系及其法律调整方法,是掌握科技创新与法制建设关系的关键。作者分析了调整科技社会关系的多种手段对科技创新的作用,指出其中法律手段是最有效、最有力的一种,不可忽视。作者还从立法、司法、执法、守法四个方面全方位地论述了"科技创新与科技社会关系的法律调整"的关系及具体措施,作为理论创新,论述了科技社会关系法律调整的一体化问题。对于科技社会关系的立法调整、司法调整、执法调整与守法调整,作者也提出一些创见,如不仅提出了"科技社会关系的守法调整"问题,而且深入地剖析了"消极守法"与"积极守法"的截然不同,力主"积极守法"。

更有新意的是《学理篇》的"科技创新与法律的激励功能"一节。作者提出了一种全新的法律学观点并做了比较详尽的阐述。这就是关于"激励法学"的理论。作者指出:法律的功能有二,一为惩戒,二为激励;但古往今来的法学理论几乎完全忽视了法的激励功能。时至当今科技大发展的时代,以弘扬个体主体性为特征的智力劳动在人类的生产劳动中所起的作用越来越大,所创造的财富也越来越大。因此,开掘与发挥法的激励功能越来越重要了。科技法律正是在这一方面最有作为。我们相信,科技管理工作者、科技劳动组织,以至每一个科技人员,如能深谙法的激励功能,以弘扬法的激励功能为务,当可在推动科技创新方面做出非同寻常的贡献。

了解科技创新的法制需求以及从事科技法制建设,虽不可能一蹴而就,却有捷径可寻。这就是认真借鉴发达国家的经验。拒绝借鉴只能徒然浪费我们的宝贵时间,贻误当今和平发展的良好机遇。因此,科技创新与法制建设中的一项不可或缺的工作,即为借鉴与学习。为此,我们撰写编选了《借鉴篇》,对"发达国家的科技创新立法"做一鸟瞰式介绍,同时重点介绍了日本、美国、法国、欧盟和韩国的一些具体立法,还详尽介绍了发达国家科技创新的评价制度及有关立法。《借鉴篇》的编撰,为从事科技创新活动的同志提供了这一方面的便利。

我国还是一个发展中国家,在对科技创新与法制建设的关系的认识及对策上还落后于发达国家;我们的学习与研究也只是初出茅庐,所说"学理"的开掘,"借鉴"的内容,"实务"性对策,不免粗疏、幼稚。进取之道,只有如履薄冰、如临深渊般继续学习、继续努力、继续探求。因此,我们恳切地希望得到读者的批评指教。

学理篇

第一章　科技创新：动力和灵魂

一、人类科技发展回眸

东方和西方曾在数千年的漫漫长夜里被封建政权、神权所统治，思想被禁锢在牢笼之中，知识一度"沦为神学的奴婢"。直至在文艺复兴运动兴起之后，西方才冲决了封建桎梏，使科学技术得到了新生，东方则落后了数百年。但由于近代科学技术的发展直接动摇了封建神权统治的思想基础，所以一开始就遭到残酷的镇压，因而它的新生是在血与火的洗礼中获得的。早在13世纪，英国的科学家和哲学家培根（约1214—1292）认为实验是研究自然的最根本方法，但他不为当局所容，两次入狱，前后共坐了24年监狱。瑞士医生帕拉塞尔斯（约1493—1541）在医学理论和药物研究上都有杰出贡献，却被当局认定为"离经叛道"，被迫到处流浪，后在萨尔茨堡被人暗杀。接近于发现心肺之间血液循环秘密的西班牙医生塞尔维托（1511—1553），被处以火刑。法国陶瓷技师帕利西（约1510—约1590）被判无期徒刑，次年死于监狱。波兰天文学家哥白尼（1473—1543）被处以火刑。意大利物理学家伽利略（1564—1642）被判终身监禁。

但是上述的那些科学技术成果并未因发明人之死而湮灭，后代科学家继承了先辈的创造发明，继续开拓奋进。在伽利略、开普勒（1571—1630）、笛卡儿（1596—1650）等人工作的基础上，英国物理学家牛顿（1642—1727）把物体的运动规律概括为三条基本运动定律和一条万有定律，并由此建立起了完整的力学理论体系。此后，无数科学家通力合作、精心研究，创立了微积分，发现了血液循环，发明了显微镜，确立了化学元素概念，创立了科学的植物分类体系，提出了氧化理论（取代了燃素说）。

18世纪60年代，瓦特发明蒸汽机，开创了第一个工业革命和科学技术革命的全新时代。其巨大成就就如1848年马克思和恩格斯在《共产党宣言》中所评价："资产阶级在它的不到一百年的阶级统治中所创造的生产力，比过去一切世代所创造的全部生产力还要多，还要大。"

进入19世纪，工业革命的发展势头更为强劲，从而带动了科学技术的大发展。19世纪科学技术上的最大成就是电能的开发和广泛应用，开创了一个电力时代，出现了第二次科学技术革命。第二次科学技术革命不同于第一次科学技术革命和以前的科学技术发明的是，它不是直接来源于工场或其他生产实践领域，而是来源于科学实验室。在第二次科技革命中，电报通信、电灯照明、发电机、电话、内燃机、炼钢技术、有机合成化学、炼油（提炼出芳香族化合物）等等新发明、新技术大量涌现。

进入20世纪，科学技术在继承近代科技发展成就的基础上，又有了新的突飞猛进的进步。同19世纪及前几个世纪相比，20世纪科学技术的发展主要有以下几个突出的特点：

第一，科技发生全面的空前的革命。20世纪一开始，就出现了持续30年的物理学革命，建立了以相对论和量子论为支柱的现代物理学理论体系，它取代了由伽利略和牛顿奠定基础的古代物理学理论体系，使人类对物质、能量、空间、时间、运动、因果规律等等的认识，都产生了根本性的变化。人们由此认识到，任何科学理论都不可能一成不变，随着科学实践的发展，理论必须不断发展，甚至要彻底更新。勇于创新、不断开拓的精神，从此成了科学技术一切领域的主旋律。以物理学革命为先导，化学、天文学、地学、分子生物学紧紧跟上，取得了诸如揭示遗传奥秘等划时代意义的革命性突破；电子技术、航空技术、信息技术、能源技术、新材料技术、海洋与空间技术等等，更是硕果累累，极大地改变了世界的面貌。目前，全世界正处于第三次科技革命的高潮之中。犹如加速度运动，新一轮的科技革命似是强烈的旋风，正越刮越猛。

第二、科学技术开始形成多层次的、综合的统一整体。交叉学科、边缘学科大量兴起，各门学科之间的"空隙"逐渐得到填补，特别是分子生物学的出现，使物理学和生命科学之间的鸿沟开始消失。控制论、信息论、系统论建立而且不断完善化、严密化，综合科学技术在技术领域逐渐起了主导作用。现在，科学与技术的紧密结合已深入、普及到任何一个领域，它突出地表现在：任何重大新技术的出现，不再来源于单纯经验性的创造发明，而来源于系统的、综合的科学研究。

第三，科技事业的社会化和社会的科学技术化双向互动日益明显。

首先是科技事业的社会化。科技事业的加速发展，一方面成为现代国家的重要事业；另一方面也更加深了对社会经济发展的依赖和对国家支持的需求。在20世纪，大量的科学研究工作从分散的单纯个人活动转化为社会化的集体活动，出现了所谓"大科学"，研究活动规模越来越大，发展到企业规模、国家规模，甚至国际规模。美国1942年8月为制造原子弹所组织的"曼哈顿计划"，其实施历时4年，耗资23亿美元，动员了15万人；1965年5月组织的"阿波罗计划"，历时11年，耗资240亿美元，动员了400万人。50年代建立的欧洲核研究中心和"1957年7月—1958年12月国际地球物理年"，就是国际规模的科技活动的典型。

同时是社会的科学技术化。生产企业越来越重视科学技术的作用。美国贝尔电话公司设立了规模庞大的"贝尔实验室",雇用了包括3000名博士、7名诺贝尔奖奖金得主的2.25万名科技人员,每年研究费用高达16亿美元。社会生活的各个领域同样越来越依赖科学技术以提高其运行效率。

二、当代科技革命鸟瞰

1978年邓小平同志在全国科学大会上,提出了"现代科学技术正在经历着一场伟大的革命"这个精辟的论断。他认为:"近三十年来,现代科学技术不只是在个别的科学理论上、个别的生产技术上获得了发展,也不只是有了一般意义上的进步和改革,而是几乎各门科学技术领域都发生了深刻的变化,出现了新的飞跃,产生了并且正在继续产生一系列新兴科学技术。"

邓小平同志这里所使用的是"科学技术"的统合概念。论者常以"高新技术"偷换取代,这是不恰当的。

马克思在阐述科技是生产力原量时,并没有使用"科学技术"这个概念,而是使用"科学"这一概念。在《政治经济学批判（1857—1858年草稿）》中,马克思写道:"单是科学——即财富的最可靠的形式,既是财富的产物,又是财富的生产者——的发展,就足以使这些共同体解体。但是,科学这种既是观念的财富同时又是实际的财富的发展,只不过是人的生产力的发展即财富的发展所表现的一个方面,一种形式。"[①]在《经济学手稿（1861—1863）》中,马克思写道:"科学分离出来成为与劳动相对立的、服务于资本的独立力量,一般来说属于生产条件与劳动相分离的范畴。并且正是科学的这种分离和独立（最初只是对资本有利）成为发展科学和知识的潜力的条件。"[②]"科学的力量也是不费资本家分文的另一种生产力。"[③]显然,这里马克思是把"科学"作为"科学技术"的同义语来加以使用的,他实际上指的是"科学技术"。但是从今天科学术语的精确使用的要求看,还是把"科学"与"科学技术"分别使用为好。正因如此,邓小平同志谈及马克思的有关观点时,用的是:"马克思说过,科技是生产力。"

在人类的实践活动中,在漫长的历史时期里,在绝大多数场合,科学和技术总是紧紧地结合在一起的,近代以来则表现得特别突出。几千年来,科学和技术形成了各自的传统,但从19世纪开始,它们发展到一个新的密切联系的阶段。随着科学、技术和生产的发展,科学和技术之间的紧密联系导致出现了"科学技术化"和"技术科学化"。"科学技术化"反映了科学对技术的依赖状况与需要;"技术科学化"反映了现时代的技术在更

---

① 《马克思恩格斯全集》第46卷。
② 《马克思恩格斯全集》第47卷。
③ 同上。

大程度上取决于科学的发展和应用的水平。19世纪中叶以来的一系列重大发明，无论是电力技术、无线电技术、计算机技术，还是原子能技术、航天技术、激光技术等，都是在科学与技术交互为用、互相促进下取得突破性进展的。所以，在新科技革命突飞猛进、席卷全球的当代，越来越频繁地出现了合称"科学技术"的概念。邓小平同志论及有关问题时，总是把"科技"即"科学技术"作为"科学"与"技术"的交融汇合、合而为一的概念加以使用的。

当代的科技创新导致了新科技革命（一般也称新技术革命）。新科技革命是人类历史上古往今来规模最大、发展最快、影响最深的一次科技革命。它突出表现为高新科学理论、高新技术的迅猛发展和高技术产业的高速繁荣。

技术创新素以科学理论的发展为先导。邓小平同志指出："现代科学为生产技术的进步开辟道路，决定它的发展方向。"[①]这一论点揭示了科技发展的规律。有人认为，在20世纪以前，科学、技术与生产的关系是按照"生产→技术→科学"的顺序发展的。这是一种表面化的认识。没有科学做指导的生产与技术是不存在的。当然，有经验科学与上升为理论的科学的区别。不能排斥经验科学之为科学。但是，理论科学之优于经验科学是毋庸赘言的，它具有普遍性和指导性的特点。因此，一旦理论科学从经验科学中独立出来，从生产与技术中独立出来，就导致生产与技术循着正确的方向和道路以更高的速度发展。进入20世纪以后，科学理论已经走在技术和生产的前面，绝大多数高技术及其产业都遵循着"科学→技术→生产"的发展路线。例如，量子理论的确立与运用，使半导体技术和电子技术蓬勃兴起，促进了电子计算机的飞速发展；运用相对论和原子裂变原理发展核技术，促进了核能在军事、航空、发电等领域的应用；运用光量子理论，形成了激光技术，建立了激光产业；运用分子生物学、生物化学、遗传学等新成就，发展了基因工程，派生出现代生物技术，广泛运用于农业、医药和食品工业等领域。

当代科技创新导致了高科技的互相渗透。高科技各个领域互相交叉、组合，形成了一批批高技术群，并促成一系列高技术产业的发展，如生物工程产业、生物医药产业、光电子信息产业、智能机械产业、软件产业、超导产业、空间产业、海洋产业等。高技术还能够渗透进传统产业，对其进行革命性的改造，提高其技术水平和劳动生产率。日本的汽车和钢铁工业之所以能赶超美国，重要原因之一就在于它更早更普遍地应用计算机和柔性加工系统等高技术。1992年初邓小平同志视察南方时激动地指出："近一二十年来，世界科学技术发展得多快啊！高科技领域的一个突破，带动一批产业的发展。"[②]这里所说的"一批产业"，既包括高技术产业，也包括传统产业。

鸟瞰当代高新科技革命，可以见诸以下几个方面：

---

① 邓小平：《在全国科学大会开幕式上的讲话》，《邓小平文选》第2卷，人民出版社1994年版。
② 邓小平：《在武昌、深圳、上海等地的谈话要点》，《邓小平文选》第3卷，人民出版社1993年版。

1. 信息科技方面

包括感测技术、通信技术、智能技术、控制技术，主要由现代通信技术、计算机技术和微电子技术组成，是当代高新科技最活跃的领域。

主要以大容量宽频带系统作为其传输系统的现代通信技术传输功能飞速加快。光纤通信的传输速度在过去10年中增加了100倍。目前，商用光通信系统的最高速度已相当于3万条话路。发达国家的通信网已基本实现数字化，其传输技术正达到数字系统、卫星通信和微波通信系统同步发展。其终端设备采用了多媒体技术，可以发送和接收动画、话音、图像、文字、数据等不同形式的信息。在通信网络中，智能网的出现，引入了诸如语言识别、话音合成、人工智能、神经网络等新技术，大大增加了网络的功能。

以开放系统、网络、多媒体、小型化为其主要特征的计算机技术的发展，达到了前所未有的速度。运算速度最快的计算机已达每秒几百亿次甚至几千亿次。计算机之采用语音输入方式将导致信息传输的革命。微型计算机进入了各行各业和普通家庭。1981—1995年间，计算机软件年发展速度平均超过20%，硬件的年发展速度平均在15%左右。1991年世界计算机市场销售额达1900亿美元，1996年达到2930亿美元，1998年达到4100亿美元。

应用微细加工工艺在硅或砷化镓等半导体材料上制造半导体器件或集成电路的微电子技术，发展极为迅速，电路的集成度以18个月翻一番的速度提高，工艺设备以4年左右为周期更新。集成电路从1985年诞生以来，经历了中小规模、大规模、超大规模和甚大规模四个发展阶段，基本上每10年出现一次飞跃。目前世界上集成电路生产线已达到8英寸圆片、0.5微米的工艺水平，16M（M=百万）位动态存取存储器（DRAM）、32位微处理器已投入生产。科研水平已达到256M位DRAM，0.25微米工艺，单片集成5亿多个元件。1993年世界集成电路产量已达到450亿块，销售额达770亿美元。2000年集成电路产量可望达1600亿块，销售额将达2000亿美元。

显示技术、光盘技术、激光技术、光输入输出设备的光电子技术及其产业从1960年以来，一直在飞快地发展着，实践已经表明，既利用电子又利用光子的光电子技术在存储、传输信息方面，比电子技术密度更高、速度更快；在图像的收集、处理、显示、输出等方面，前者比后者具有更多的优越性。

2. 生物科技方面

现代生物技术包括基因工程、细胞工程、酶工程、发酵工程和蛋白质工程，对农业、医药、化工、环境保护以至整个人类生活都有很大的意义，已经并将进一步带来重要的变革。

基因工程的问世、癌基因的发现，继之基因治疗的临床应用，使治疗遗传性疾病和基因异常疾病成为可能。各国已开始对人类全部基因组图谱的测定，借以阐明大约10万个人类基因的结构与功能。各种生物技术，尤其是细胞工程和遗传工程的应用，将使各种生物技术，尤其是细胞工程和遗传工程的应用，以及药物的生产发生剧变。克隆技术的发展可能导致人类生存状态的本质性变化。计算机在新药开发中的广泛影响，为分子结构的设计和合成提供了有力的工具，使人们可以从疗效来反向设计药物的结构。各种内源性的微量生物活性物质，包括生长因子、细胞因子、活性肽、神经递质和激素，已成为开发某些新药的出发点。

现代生物技术之进入动物、植物、微生物改良，促进了农业的发展。试管苗木、家畜胚胎，以及通过基因工程生产的延熟番茄、牛生长激素、微生物农药等都已批准上市。1986—1994年全世界批准进行田园试验的转基因植物达1467例，包括油菜、玉米、棉花、大豆等作物。近年来，这类试验正加速度发展。

3. 新材料科技方面

包括新金属材料、新无机材料、新有机材料和复合材料四大类的新材料，比传统材料具有更优越的使用性能、更高的使用价值和更好的经济效益，是发展高技术产业和支柱产业的基础，为产品升级换代、新产品开发和提高产品的综合性开拓了广阔的前景。

1986年以来，在世界范围内出现的"超导热"使新材料技术发生了革命性变化，现已发现转变温度超过77K的新型超导材料。为了提高材料性能，降低成本，诸如表面技术、薄膜技术以及目前正在兴起的纳米（10^{-9}米）技术等材料制备与合成技术都得到进一步的重视和加强研究。美国商务部预测，美国2000年新材料市场规模将达500亿美元。2000年日本新材料的年产值预计将达9.5万亿—12.6万亿日元。

4. 空间科技方面

研制并成功发射人造地球卫星、各种应用卫星、飞船、空间站和探索太空的飞行器以来，空间技术发展得更加迅速，现已成为影响科技和经济发展乃至国际间实力平衡的带头科技领域之一。

近年来，空间技术产业的重要组成部分是卫星和卫星应用的发展。利用卫星可以组成全球的卫星应用系统，为广播电视、通信、导航定位、环境和气象的预报和监测、资源利用和国土规划、灾害事件的监测报警以及司法侦查等任务服务。目前，通信、广播卫星已经实现商业化，世界上三分之二的跨洋电信业务和几乎全部洲际电视转播业务都是由国际通信卫星承担的。对地观测和遥感（包括气象、资源等）卫星已产生巨大社会综合效益，导航型卫星已投入使用。人类的近地轨道飞行业已开始，主要用于开展生命科学、材料科学的探索工作。可以收回做多次发射的航天飞机已在美国建成并投入使用。

5. 海洋科技方面

由多国合作的一项庞大的"全球观测系统"计划正在实施之中，以进一步推动海洋资源勘探。美国、日本和俄罗斯采用遥感、声呐及各类载人与遥控深潜器等手段，已形成了太空、大气层、陆地、海面、海底立体探测系统，对海洋环境进行长期持续探测。为了开发深海矿产资源，国外正在集中力量研制深海潜水器、水下居住舱和海底采矿装置，以与水面浮式结构共同组成海底采掘系统或遥控海底生产系统。海水利用的两大主题是海水淡化和从海水中提取出人类所需的元素资源。海水淡化过去主要采用蒸馏法，80年代中后期开始研制渗透膜和分离膜。同时，利用太阳能技术得到突破后，太阳能蒸馏法正提上议事日程。

6. 新能源科技

核聚变是新能源技术的标志之一。核聚变释放的能量为普通有机燃料的1000万倍。目前，核聚变研究工作已取得很大进展。另外太阳能转换效率已有明显提高，太阳能大规模商业化利用将成为现实。

目前在世界范围内，高科技产业的分布很不平衡，绝大部分集聚在发达国家中。包括27个成员的OECD各国，集中了世界的主要高科技产业；在OECD内部，又集中在美、日、德、英、法五国。五国高科技产品产值之和占OECD各国产值之和的90%以上，占世界高科技产品总产值的80%以上。

三、21世纪高新科技发展展望

邓小平同志高瞻远瞩地指出："下一个世纪是高科技发展的世纪。"① 这告诉我们一条真理：高科技的发展对21世纪的世界来说有着决定性的意义，必须尽速抢占高科技发展的制高点，只有占领制高点才能在未来的国际较量中稳操胜券。西方发达国家正调整战略部署，纷纷制订高科技发展计划，力图凭借其雄厚的经济、技术实力，独占高科技领先地位，继续实施其在军事、经济等方面的垄断。

美国于1993年底成立了国家科技委员会，由克林顿总统亲自担任主任，戈尔副总统担任副主任。美国还强化了设立已久的科技政策办公室，成立了产业竞争委员会，计划在政府与工业界之间建立一种"新伙伴关系"。1993年9月，美国还推出了"信息高速公路计划"，加上以前出台的"国家关键技术计划""国防重要技术计划""新技术计划"和"重要基础技术计划"等四项计划，开始了一个以建设信息高速公路为先导的科技革命新阶段。

日本在1978年就提出的"技术立国"国策的基础上，进一步推出了"技术全球化"政策，先后在欧美各国建立了270多个研究开发中心。它还相继推出了"下一代产业基础技术研究开发制度""高性能电子计算机计划""生命科学技术开发计划""先导性研究开发制度"和"信息技术计划"等。其中实施"下一代产业基础技术研究开发制度"的目的是"在确保经济发展及技术立国的科技政策指导下，让'官、产、学'各界充分发挥自己的优势，克服技术上的各种障碍，在确保传统工业优势的同时，下一世纪形成产业规模的

---

① 邓小平：《中国必须在世界高科技领域占有一席之地》，《邓小平文选》第3卷，人民出版社1993年版。

高技术工业"。

英国在继续加强基础研究的同时，于1992年成立了科学部，并在内阁设立科学技术办公室，加强政府对全英科技工作的宏观指导和统一管理。欧洲共同体各国共同制定了"框架（Frame-work）计划""欧洲先进通信技术发展（RACE）计划""尤里卡（EUREKA）计划"和"欧洲科技领域协作（COST）计划"等，构成了欧洲科技竞争战略的整体部署。

所有的新兴工业化国家和地区近年来都在新科技革命浪潮的影响下，加紧发展高科技，为下一世纪进入发达国家和地区的行列积极创造条件。例如韩国，已制定了高科技发展的"G-7计划"，重点发展微电子、机电一体化、生物工程、精细化工、新材料、航空和激光等七大尖端技术产业，将其作为核心战略产业，争取到2000年成为世界第七个科技强国。

新科技革命在80年代形成了一股浪潮。这一浪潮虽有起伏，但总体趋势却几乎是持续高涨。可以预言，高科技领域在21世纪将会出现更大的突破，以高科技研究、开发方面的重大突破为主要标志的新科技革命，将会发展成为以高科技广泛产业化引起产业结构重大变更为主要标志的新产业革命。展望未来，下一世纪将会在以下一些高技术领域，出现研究、开发和产业化方面的突破性进展，对人类的发展前景产生重大的影响。

一为信息技术。美国提出的"信息高速公路"的构想激起了世界性的热潮。所谓"信息高速公路"就是一个主要采用通信网络（光纤通讯网、卫星通信网和计算机网）、通信设备、计算机、数据库、多媒体家用电器等，建立跨越美国东西海岸，纵横美洲大陆，最终与全球通讯网相连的宽频带、大容量和高速度的电子数据传输系统，成为具有多功能、多媒体、智能化的数据通信网络。美国在这方面具有其他国家难以匹敌的优势：芯片产业有很大优势、电话通话次数占全世界42%、拥有世界最大规模的Internet网络和占有计算机软硬件市场的最大市场份额。建成信息高速公路预计要花费二三千亿美元。要攻克一系列高技术难题，形成一批新兴产业，预计所推出的各种技术产品将会创造高达3.5万亿美元的市场价值。它在生产和办公室工作中广泛应用后，将使全美劳动生产率提高20%—40%。

为发展信息技术，日本也投入了越来越多的经费。面向21世纪，日本确立了VIP的目标，即实现通信可视化（visual）、智能化（intelligence）和个人化（personal），"无论何时何地，同谁均可通信"的战略目标。1994年9月，日本建立以村山首相为首的"高级信息和远程通讯社会促进指导部"。日本电话电报公司于1994年宣布了一个宏大的计划，要在2015年前在全日本完成光导纤维电缆的铺设，其费用高达4000亿美元。该公司的12个研究中心每年将30亿美元投入用于21世纪的最新科技的研究。

为发展信息技术，欧洲共同体各国制订统一的行动计划。欧洲议会最高级会议于1994年7月发表了题为《欧洲通向信息社会之路：行动计划》的报告。与Internet网络在美国的地位相似,欧洲的主要通讯支持是一体化服务数字网络(ISDN)。欧洲远程通信研究的核心是高级通信技术和服务计划(ACTS)。此二网络、计划的实现,将极大地提高欧共体的信息技术水平与产业化程度。随着信息高速公路的成功建设和信息技术产业化、市场化的进一步发展,数据通信网络的终端将广泛伸入各个机关、工厂、银行、学校、商店、医院、影视等文化娱乐场所以至家庭和个人,成为他们共享信息、互通信息的快速和便捷的手段。电子数据交换(EDI)使大量单据处理通过计算机信息系统,大大改变金融、贸易、邮政等部门传统的运营方式。美国海关从1997年起,已使其业务完全实现EDI化。AT&T公司已在与政府用户进行提供电子化社会保险付款的试验。电子书籍、电子报纸将使传统的图书出版业的生产条件和载体发生重大改变。电子银行使人们能够足不出户通过电脑存、取、结、转资金。电视购物使人们能够在家选购自己所需物品。学生可以运用信息技术选读远处学校讲授的课程。医生通过交互式多媒体联网,可以远距离咨询和诊断疾病。电视会议将成为经常使用的会议形式。由于有了现代信息技术的帮助,人们可以在家做成许多事情,传统的人群聚集的工作、社交场合将大大减少,家庭将由单纯的生活场所重新成为重要的工作场所。据估计,1991年美国已有400万人在家工作,实行电子通勤。这一切,无疑将引起社会关系的重大变动。

二为生物技术。生物技术在21世纪将会取得新的突破性进展,成为异军突起的支柱产业,是提高人类健康水平和改善人类生存环境的希望所在和有力保障。

21世纪前叶,可望完成人类基因图谱计划。因此人们将从分子水平来认识人类生命的奥秘和致病的原因,从而大大提高整个医疗科技水平。通过基因工程方法开发新药,将实现医药工业革命,拓展"生物治疗"新领域。用高技术基因工程药物,可以治疗当今很多的不治之症。如把杀死癌细胞的毒药、抗癌药同单体抗体结合在一起投入体内,它就会像导弹一样专门对准癌细胞攻击,从而征服大部分的癌症。人工合成具有生物适宜性的高分子,可制成完全取代人体脏器的人工脏器。克隆技术的发展将有效地再造一具完整的器官。长寿与健康已经有了更可靠的保证。

邓小平同志指出:"将来农业问题的出路,最终要由生物工程来解决,要靠尖端技术。"① 生物科技将推动"绿色革命",在21世纪30年代全面开展。通过生物工程实现基因转移的植物具备抗逆、增产、优质的特性。抗逆包括抗病、抗虫害、抗病毒、抗干旱、耐低温等。抗虫的棉花、抗病毒的马铃薯、抗除锈剂的大豆、抗腐烂的西红柿等已进入实用化阶段。

三为高温超导材料的发展。预计21世纪前期将可制成在零电阻下输电的超导电缆;建造具有型小、量轻、输出功率高和损耗小的超导电机;建造成时速达1600公里的高速超导列车;研制成功超导电子计算机,做到速度快、容量大、体积小、功率损耗小;制造

---

① 邓小平:《科学技术是第一生产力》,《邓小平文选》第3卷,人民出版社1993年版。

出空前灵敏的传感器,用于医学诊断和宇宙空间的遥感测量;把超导磁体应用于受控热核反应等。已故超导材料专家马梯阿斯曾说,如果在常温下,例如300K左右能实现超导电现象,则现代文明的一切技术将发生变化。这种变化将在21世纪实现。

四为核聚变的创新。核聚变能的利用将是人类最终解决能源问题的出路。但是,核聚变需要在上亿度高温下进行,要实现受控热核反应困难还很大。近年来,国际上聚变堆研究取得了较大进展,聚变—裂变混合堆设计已具有科学可行性论证的基础。混合堆的研究和开发将推动核聚变技术的进展。在21世纪将可能实现把核聚变能作为人类重要能源的宏伟设想。

五为海洋科技应用将大大拓宽领域。海洋资源开发在21世纪将会提升到更重要的位置。目前海洋石油总产量已占世界石油总产量的30%左右,海洋天然气总产量已占世界天然气总产量的20%以上。这个比重在21世纪显然会进一步提高。深潜水器、水下居住舱和海底采矿装置已在研制中,这些装置和水面浮式结构将共同组成海底采掘系统或遥控海底生产系统。据预测,海底多金属结核资源的商业生产可能在2010年后开始。预计到21世纪,对海洋水体开发微量和痕量物质的分离富集新技术的研究,特别是海水提铀、锂、氘的研究将会有新的突破,为人类新能源开发提供燃料。陆地上淡水资源的匮乏也使海水淡化日益显示其重要性,预计廉价的海水淡化技术将在21世纪突破,从而把海水淡化作为重要的淡水来源。

《发展高科技,实现产业化——一项关系到长远发展利益的战略任务》[①]一书认为:高技术的发展将对21世纪的社会产生巨大的影响,这主要表现在以下三个方面:

1. 产业结构的变化

新科技革命将引发新产业革命,一大批高技术的产业化将建立许多过去所没有的新兴产业;同时,高技术又广泛渗透到传统产业中,大大改变传统产业的面貌,使它们有可能步出衰退,获得新的生机。第一、二、三产业的比重将进一步发生变化,第三产业在国民经济中的比重在提高,而第一、二产业的比重则降低。

2. 生产要素结构的变化

高技术的发展使生产要素结构中的物质资料的作用和资本的作用相对降低,人的智力、创造性的作用相对增强。放眼21世纪,最大的资源是智力,最大的财富是智慧。生产要素结构的变化又导致管理形式的变化,适合高技术产业的纵向横向结合的"网络管理"将得到广泛的发展。

3. 社会结构的变化

生产结构的变化必然引起社会结构的变化。由于信息技术的发展和交通条件的改进,

---

① 夏禹龙、周良毅、谭大骏:《发展高科技,实现产业化——一项关系到长远发展利益的战略任务》,上海人民出版社1997年版。

在21世纪，城市集中化的趋势将会逐步转为分散化的趋势。家庭从自然经济解体开始丧失其生产功能而成为单纯的生活场所，又会由于信息技术的高度发展而重新成为工作场所。以体力劳动为主要特征的"蓝领"减少，以脑力劳动为主的"白领"增加，不仅后者人数日益超过前者，而且它们之间的差别也日渐消失，劳动作业趋于知识化、间接化。高技术的发展还将大大拓展人们的信息来源，加速社会各方面国际化的进程，从而深刻地影响人们的思想、生活方式和交往方式。

这里所说"社会结构的变化"，首先将体现在社会关系的变化上，而社会关系的变化，将要求法律适时地予以合理调节。这是本书最为关注的问题，将在后文做专门的详尽分析。

四、科技创新：动力和灵魂

邓小平同志在1978年9月18日听取中共鞍山市委负责同志汇报时说："引进技术改造企业，第一要学会，第二要提高创新。"[①]他在1984年初视察上海时，又为宝山钢铁公司题词："掌握新技术，要善于学习，更要善于创新。"[②]他的话虽是针对钢铁公司说的，但却有普遍的指导意义。

时际20世纪90年代，国际高新科技的竞争更加激烈了。在这种形势下，江泽民同志把科技创新提到了更加重要的地位上来。1995年5月26日，在全国科学技术大会的讲话中，他高瞻远瞩地强调指出："我们也必须清醒地认识到，世界上有些最先进的技术是买不来的。当代世界科技进步日新月异，技术更替不断加速。今天称得上先进的技术，不久就有可能变为落后的。创新是一个民族进步的灵魂，是国家兴旺发达的不竭动力。如果自主创新能力上不去，一味靠技术引进，就永远难以摆脱技术落后的局面。一个没有创新能力的民族，难以屹立于世界先进民族之林。作为一个独立自主的社会主义大国，我们必须在科技方面掌握自己的命运。我国已经具有一定的科技实力和基础，具备相当的自主创新的能力。我们必须在学习、引进国外先进技术的同时，坚持不懈地着力提高国家的自主研究开发能力。"

1998年6月1日，江泽民同志在接见出席中国科学院第九次院士大会和中国工程院第四次院士大会部分院士与外籍院士时的讲话中，全面论述了有关科技创新的思想。他说："迎接未来科学技术的挑战，最重要的是要坚持创新，勇于创新。我说过，创新是一个民族的灵魂，是一个国家兴旺发达的不竭动力。今天我还要说，科技创新已越来越成为当今社会生产力的解放和发展的重要基础和标志。中华民族是勤劳智慧的民族，也是富有创新

---

① 邓小平：《用先进技术和管理方法改造企业》，《邓小平文选》第2卷，人民出版社1994年版。
②《邓小平文选》第3卷，人民出版社1993年版。

精神的民族。希望两院院士和各条战线上的广大科技工作者进一步弘扬我们民族的伟大创新精神，加快建立当代中国的科技创新体系，全面增强我们科技创新能力。这对于实现我国跨世纪发展的宏伟目标，实现中华民族的伟大复兴，是至关重要的。

"我所以一再强调科技创新，这是从我国现代化建设的需要和世界科学技术飞速发展的形势考虑的。80年代初，我在电子工业部担任领导工作。当时，我们梦寐以求的就是搞成自己的'集成电路'，开始搞的是46K和256K。现在，世界集成电路的制造水平已取得突破性的进展。去年我访美时看了贝尔试验室，他们介绍说线条宽度的制造水平，现在已做到了0.25微米，到2010至2012年可能达到0.05微米。科技进步真是永无止境。用数学方式表示，那就是宇宙是无穷大的，而微观世界就是无穷大分之一。庄子哲学里就有这样的思想，'一尺之棰，日取其半，万世不竭'。去年我到哈佛大学演讲，就引述了庄子这个话，说明中国远古时代的先人就已认识到事物的发展变化是无限的，说明那时他们对自然界的认识就已达到相当的水平。我在高中二年级学微积分时，老师第一课就给我们讲了庄子的这个思想，很形象地给我建立了极限的概念。当今世界科技发展的事实印证了这一思想。前几年提出了'信息高速公路'，随后又提出'知识经济'，最近美国副总统戈尔又提出了'数字地球'的概念。真是日新月异啊！

"我国要跟上世界科技进步的步伐，必须千方百计地加快知识创新，加快高新技术产业化。而创新关键在人才，必须有一批又一批的优秀年轻人才脱颖而出，必须大量培养年轻的科学家和工程师。我国许多重大科技成果的取得，同老一辈科学家一生的辛勤耕耘是分不开的。同时，在老一辈科学家的帮助和带动下，许多年轻科技人才不断成长和成熟起来，并已担当重任，成为推动我国科技进步的中坚力量。这是非常可喜的现象。

"综观世界科学技术发展史，许多科学家的重要发现和发明，都是产生于风华正茂、思维最敏捷的青年时期，这是一条普遍性的规律。哥白尼提出日心说时是38岁。牛顿和莱布尼茨发明微积分时分别是22岁和28岁。我看过牛顿的名著《自然哲学的数学原理》，他写出这本书时才43岁。达尔文开始环球航行时是22岁，后来写出了著名的《物种起源》。爱迪生发明留声机时是29岁，发明电灯时是31岁。贝尔发明电话时是29岁。居里夫人发现镭、钍、钋三种元素的放射性时是31岁，由此得了诺贝尔奖，后来又由于发现钋和镭，并提炼出纯镭，第二次获得诺贝尔奖，时年44岁。爱因斯坦提出狭义相对论时是26岁，提出广义相对论时是37岁。爱因斯坦阐述相对论的手稿，现在收藏在以色列的图书馆里，我向以色列总理要了一份复制件。我的德文水平不高，不能完全看懂其中的论述，但从中可以看出手稿是经过了多次修改的。这说明，一个正确思想的形成、一个科学原理的提出，总是要经过反反复复的思考，研究和修订的过程。李政道和杨振宁提出弱相互作用下宇称不守恒定律时分别为30岁和34岁。1953年，美国生物学家沃森和英国生物学家克里克提出DNA分子结构的双螺旋模型时分别是25岁和37岁。我对科学技术的进步是关注的，对科学家们的发明创造，不管是历史上，还是现代的，不管是国内的，还是国外的，都希望能有所了解。现在无论是生物工程还是宇宙科学，无论是宏观世界研究还是微观世界研究，发展变化都很快，新的发明创造层出不穷，天外还有天啊！科技界应该编一些介绍世界著名科学家和各种科学发现、技术创新的书籍，以利于向广大干部群众特别是青年人普及科学技术方面的基本知识。

"自然科学是如此，许多杰出的社会科学家和政治家，他们的杰出功业也大都是在年轻时期就基本创立了。《共产党宣言》发表时，马克思是30岁，恩格斯是28岁。《共产党宣言》发表11年以后，马克思写出了《〈政治经济学批判〉序言》，也不过41岁。中国共产党第一次代表大会召开时，毛泽东同志是28岁；陈独秀当选党的中央局书记是42岁，此前他早就是北京大学的著名教授了。新中国成立时，毛泽东同志也只有56岁，邓小平同志是45岁。再说，我国历史上许多文人学士，也都是在青春韶华之时就已功成名遂。西汉的贾谊死时32岁，毛泽东同志称赞他的《治安策》是'西汉一代最好的政论'。王勃写下了千古名篇《滕王阁序》，其中'落霞与孤鹜齐飞，秋水共长天一色'等名句，文采与意境都是杰出的。我读书时，古文老师讲王勃写这篇文章时只有十几岁，那是说得太年轻了。他是在去南方探望父亲途径南昌时作的此文，后在途中溺水身亡，死时才27岁。

"我今天所以要列举以上这些事例，无非是要说明一个基本道理，就是科学技术的发展，社会各项事业的进步，都要靠不断创新，而创新就要靠人才，特别要靠年轻的英才不断涌现出来。

"我们的改革开放和现代化建设正在不断向前发展，继续促进干部队伍和各种专业人才队伍的年轻化十分重要。去年，我们召开了党的十五大，在考虑人事安排时，有一个重要的指导思想，就是要努力实现中央领导层的年轻化。这一届中央委员换了一半，新进中委的大都是年轻的和比较年轻的。长江后浪赶前浪，世上新人换旧人，李白有一篇文章叫《春夜宴桃李园序》里面说：'夫天地者，万物之逆旅也；光阴者，百代之过客也。'李白是个大文学家，但他已意识到四维空间，X、Y、Z，再加上一个时间。

"新陈代谢，不舍昼夜。年轻的总要代替年老的，'青出于蓝而胜于蓝'。这是自然界和人世间的一般规律。人的思维创造活动的最好年龄，一般是二十几岁至三十几岁。年轻人不但思维敏捷，精力旺盛而且对知识、经验的积累和掌握也最为快捷，又最少包袱，敢想敢干，再加上其他的有利条件，所以新的发现、新的创造出在青年时期居多。当然，大器晚成的事例也有。比如，摩尔根创立基因学说的年龄，是在49至60岁之间，这所以说属于特殊现象。我们一定要大力培养和任用年轻人。这应成为我们推动科技创新、知识创新和其他各个方面的创新工作的重要指导思想。年轻的同志要立志学习、赶上并超过年长的同志，年长的同志则要热情帮助、勉励并真诚提携年轻的同志。我相信，建设有中国特色社会主义的伟大时代，必将是知识不断创新，新事物、新业绩不断涌现的时代，必将是百舸争流、人才辈出的时代。"

仅仅时隔几个月，江泽民同志在俄罗斯新西伯利亚科学城会见科技界人士时的重要讲话中，再次详尽阐述了科技创新的重要意义以及必要的具体举措。他说："人类文明的进程越来越深刻地证明，科学技术是第一生产力，是经济发展和社会进步的重要推动力量。人类在认识和利用自然方面取得的每一项重大成就，莫不与科学技术的发展密切相关。人类的智慧无有穷尽。科学技术作为这种智慧的一座光芒四射的灯塔，经过无数科学家们的艰辛努力，正在不断地透过层层叠峰照耀到更高的群峰之上。

"20世纪是科学技术空前辉煌和科学理性充分发展的世纪，人类创造了历史上最为巨大的科学成就和物质财富。本世纪前期相对论和量子论的诞生，50年代半导体技术的突破和脱氧核糖核酸双螺旋结构的发现，引发了世界科学技术的迅猛发展。本世纪中叶以来，原子能技术、空间技术、微电子与信息技术、生物工程技术、新材料研究等都取得了重大进展，极大地提高了人类对自然和社会的认识能力。知识经济已初见端倪，新兴产业层出不穷。人类正在经历一场全球性的科学技术革命。

"现在，世界科技发展又出现了一些重大的新的方向。物质科学的研究重点转向极端条件下的物性和相互作用，为创造新材料、新能源和清洁高效的工艺提供了新的基础知识；以分子生物学为核心的生物工程技术酝酿着新的重大突破，为农业、医药和人类健康开辟了全新的前景；信息技术向最广泛的应用领域进军。同科技、经济和文化相结合形成了新的产业；认知科学、心理学和行为科学的进展，为科技教育和经济社会发展带来了新的推动；宇宙科学大大深化了人们对宇宙起源和演化的认识，为了解物质结构和相互作用提供了新的统一图景；地球科学愈来愈趋向综合化，为人类探索、保护和合理利用资源和生态环境增加了新的能力。科学技术发展的交叉性、前沿性、多样性，科技知识空前快速的生产、传播和转化，推动了经济社会的巨大进步，使人类文明显示出光明灿烂的前程。

"新的科技革命，给各国人民带来了难得的发展机遇，也带来了严峻挑战。一个国家，一个民族，如果不紧紧跟上科技进步的时代潮流，不结合本国发展的实际努力提高科学技术水平，就会落后，就会陷入极为被动的境地。

"要迎接科学技术突飞猛进和知识经济迅速兴起的挑战，最重要的是坚持创新。创新是一个民族的灵魂，是一个国家兴旺发达的不竭动力。创新的关键在人才，人才的成长靠教育。教育水平提高了，科技进步和经济发展才有后劲。科学技术实力和国民教育水平，始终是衡量综合国力和社会文明程度的重要标志，也是每个国家走向繁荣昌盛的两个不可缺少的飞轮。中国是世界文明的发源地之一，中国的教育和科学都有过辉煌的历史。以著名的四大发明——造纸术、火药、印刷术、指南针为标志的中国古代科学技术，曾经极大地影响人类文明发展的进程，深刻地改变了世界文明的面貌。

"新中国成立以后，特别是改革开放20年来，中国政府一直高度重视发展科技和教育事业。邓小平同志提出的'科学技术是第一生产力'的著名论断，正在成为中国发展的一个重要指导思想。我们在规划现代化建设蓝图时，把科教兴国战略和可持续发展战略放在十分突出的位置。最近我们又决定,由中国科学院率先进行建设国家知识创新体系的试点工程,就是要从下个世纪中国发展的战略需要和世界科学前沿的前景出发,明确新的科技目标,调整现有的运行机制,力争取得更多更大的科技创新成就,真正搞出中国的创新体系来。在21世纪里,我们将实现科学和教育的腾飞,使中国的现代化建设始终沿着依靠科技进步和提高劳动者素质的轨道不断前进。"

在马克思主义发展史上,革命领导人如此高度地重视,并详尽论述科技创新的意义以及有关问题,这还是第一次。这些经典性的论述,将成为指导我国科技创新和经济发展的纲领与指针。正如科技创新是科技进步、经济发展的动力和灵魂,邓小平和江泽民同志有关论述本身,就是科技创新的动力和灵魂。

第二章 科技创新的两项重大政策

一、引进与创新的政策定位

依靠科学技术的力量发展我国经济，这是确定无疑、不可改变的大政方针。近代以来以至目前，我国的科学技术水平同发达国家还有很大差距。"由于受林彪、'四人帮'的干扰，我们的发展耽误了十年。……而这十几年来，世界有了突飞猛进的发展，差距就拉得很大了。"①为了赶上发达国家，邓小平同志指出："我们要以世界先进的科学技术成果作为我们发展的起点。"②

在谈到我国科学技术近代以来日益落后时，邓小平同志指出："在科学技术方面，我国古代曾经创造过辉煌的成就，四大发明对世界文明的进步起了伟大作用。"③而"中国在西方国家产业革命以后变得落后了，一个重要原因就是闭关自守。"④"如果从明朝中叶算起，到鸦片战争，也有近二百年。长期闭关自守，把中国搞得贫穷落后，愚昧无知。"⑤

新中国成立以后的相当长时间里，我们又丧失了许多机会。"六十年代我们有了同国际上加强交往合作的条件，但是我们自己孤立自己。"⑥特别是到了"文化大革命"时期，"林彪、江青反革命集团"的倒行逆施，更使中国远离了人类文明发展的康庄大道。"四人帮"不允许中国运用世界上的先进技术、先进成果，把这说成是"洋奴哲学""爬行主义"，导致科技与经济方面与发达国家的差距越来越大。

邓小平同志语重心长地强调："科学技术是人类共同创造的财富。任何一个民族、一

---

① 邓小平：《实行开放政策，学习世界先进科学技术》，《邓小平文选》第2卷，人民出版社1994年版。
② 邓小平：《用先进技术和管理方法改造企业》，《邓小平文选》第2卷，人民出版社1994年版。
③ 邓小平：《在全国科学大会开幕式上的讲话》，《邓小平文选》第2卷，人民出版社1994年版。
④ 邓小平：《建设有中国特色社会主义》，《邓小平文选》第3卷，人民出版社1993年版。
⑤ 邓小平：《在中央顾问委员会第三次全体会议上的讲话》，《邓小平文选》第3卷，人民出版社1993年版。
⑥ 邓小平：《社会主义也可以搞市场经济》，《邓小平文选》第2卷，人民出版社1994年版。

个国家,都需要学习别的民族、别的国家的长处,学习人家的先进科学技术。"①"科学技术本身是没有阶级性的,资本家拿来为资本主义服务,社会主义国家拿来为社会主义服务。中国古代有四大发明,世界各国后来不是也利用了嘛!现在世界上的先进技术、先进成果我们为什么就不能利用呢?"②为什么利用了就变成信奉"洋奴哲学"了呢?如果拒绝利用世界上的先进技术、先进成果,"世界在发展,我们不在技术上前进,不要说超过,赶都赶不上去,那才真是爬行主义"③。

"四人帮"还恶意制造所谓"风庆轮事件",借风庆轮远航成功一事歪曲事实,大造舆论,污蔑国务院、交通部不支持国内造船,热衷于买船,是"崇洋媚外""投降卖国"。邓小平同志当时就进行抵制和批驳,1991年初视察上海时又指出:"闭关自守不行。'文化大革命'时有个'风庆轮事件',我跟'四人帮'吵过架,才一万吨的船,吹什么牛!1920年我到法国去留学时,坐的就是五万吨的外国邮船。现在我们开放了,二万、二十万吨的船也可以造出来了。"④

邓小平同志强调要把引进国际上的先进技术作为中国发展的起点。他指出,第二次世界大战以后,一些破坏得很厉害的国家,包括欧洲、日本,都是主要采用贷款的方式引进技术、专利搞起来的。⑤日本,就是一个典型的例子。它的许多高新技术产业就是在引进国外成果的基础上发展起来的。它从美国引进生产半导体元件的有关技术,通过政府组织企业、大学和国家科研机构联合攻关,其半导体芯片迅速赶上并一度超过美国。日本生产的新式平面显示器,在国际市场上供不应求,其最基本的液晶显示技术也是从美国引进的。日本许多在国际上抢手的产品,如录像机、电传设备、数控机床、机器人、复印机等,其所需的高新技术都是美欧国家首先发明的,而日本用这些技术生产的产品,却在销售、生产规模和利润上超过了欧美。

但是,引进技术是要付出代价的,而且难免会产生一些负面效应,所以,邓小平同志要我们"权衡利弊、算清账"⑥。

《发展高科技,实现产业化》一书算了这样几笔账:

首先,国外技术不一定都是先进的,有的可能已处于衰退期,所以,在引进国外技术时,要认真地进行比较、辨别。邓小平同志提醒我们:"凡是引进的技术设备都应该是现代化的。"⑦

---

① 邓小平:《在全国科学大会开幕式上的讲话》,《邓小平文选》第2卷,人民出版社1994年版。
② 邓小平:《实现四化,永不称霸》,《邓小平文选》第2卷,人民出版社1994年版。
③ 邓小平:《用先进技术和管理方法改造企业》,《邓小平文选》第2卷,人民出版社1994年版。
④ 邓小平:《视察上海时的谈话》,《邓小平文选》第3卷,人民出版社1993年版。
⑤ 邓小平:《关于经济工作的几点意见》,《邓小平文选》第2卷,人民出版社1994年版。
⑥ 同上。
⑦ 邓小平:《用先进技术和管理方法改造企业》,《邓小平文选》第2卷,人民出版社1994年版。

其次，外国愿意对中国进行技术转让，总是要有利可图才行。越是先进的技术，引进时所要付出的代价就越大。有时，为了引进一项先进的而又对国民经济作用较大的技术，不仅要付出较为高昂的费用，而且需要让出一部分国内市场，实行以市场换技术，这就会对同类的民族产业产生一定的影响。同时，随着从国外引进技术的增加，在一定时期内会相应地提高对国外技术依存度。国际上通常用技术引进费用对研究与开发经费的比例来综合衡量一个国家技术依赖于外国的程度，称之为国外技术依存度。据测算，80年代末，发达国家国外技术依存度为10%左右，技术输出大国美国只有1.6%；新兴工业化国家韩国为22%；而中国则在50%以上。如果不在大量引进国外技术的同时，相应地增加国内研究与开发的经费，那么，国外技术依存度还会继续提高，使中国处于技术附庸的地位。

最后，引进的国外技术是要带动面比较广的。中国的资金有限，对引进国外技术要有选择，尽量用在对国民经济作用较大、能带动一些行业发展的技术引进项目上。邓小平同志指出："引进项目必须是能够带动我们自己的。就是说，引进的项目里有好多东西我们能自己干的，都用我们自己的，有些则用它的图纸，用它的规格，由我们来制造。这样，引进一个项目，可以带动一些行业的发展。引进的技术我们掌握了，就能够用到其他方面。"[①] 这里面，就包含着引进项目逐步国产化的思想。[②]

邓小平同志为权衡和算账确定了一条原则，那就是："略微吃点亏也干"，"但是，特别吃亏的我们不干"。[③] 技术转让国为了维护自己的竞争优势，总是要使技术引进国与它们保持一定的技术差距，不会轻易将较先进的技术转让出来。从北约炸我南斯拉夫联盟使馆可以看到，帝国主义亡我之心不死，他们是不可能将最新科技转让给我们的。我们只有认真权衡利弊，才能在引进技术方面既不期望过高，也不盲目引进，力求做到不吃大亏，力求得到最大利益。

引进高新科技，最根本的要求是消化吸收，所以，邓小平同志强调对引进的先进技术，"要善于学习""第一要学会"。这里的"学会"，当然不只是对引进的先进技术设备会使用，而是包括对技术的消化、吸收。改革开放以来，中国把引进国外先进技术作为缩短与国际差距的第一重大举措，取得了显著的成效。以上海为例，"七五"期间，共引进国外先进技术1500多项，总金额达11亿多美元，产生了很好的社会效益和经济效益，许多企业的装备水平和产品水平一下子上了几个档次，与国际先进水平的差距缩短了一二十年。但是，在引进国外先进技术时，我们往往是引进国外先进技术设备；而引进了国外先进技术设备，又主要利用来进行生产，往往没有配置必要的技术研究力量，进行消化、吸

---

① 邓小平：《关于经济工作的几点意见》，《邓小平文选》第2卷，人民出版社1994年版。
② 夏禹龙、周良骏、谭大毅：《发展高科技，实现产业化——一项关系到长远发展利益的战略任务》，上海人民出版社1997年版。
③ 邓小平：《关于经济工作的几点意见》，《邓小平文选》第2卷，人民出版社1994年版。

收。这样,花了许多钱,引进却对提高中国研究和开发水平的作用不大。

在论及引进的国外先进技术时,邓小平同志指出:"引进先进技术设备后,一定要按照国际先进的管理方法、先进的经营方法、先进的定额来管理"。①宝山钢铁(集团)公司正是按照邓小平同志的这一要求去做,创造了值得肯定的经验。据介绍宝钢是在1978年底从国外成套引进技术装备开始建设的。当时,有人担心宝钢员工能否掌握好这样先进的装备,担心能否对这些装备进行有效的管理。事实有力地回答了这个问题。宝钢一期工程自1985年9月15日建成投产以来,生产连续8年保持"安全、顺行、持续"。宝钢之所以能做到这一点,坚决推行国际先进的现代化管理是一个非常重要的因素。原来,宝钢在引进国外现代化技术装备的同时,就引进了整套现代化管理方式,共花了8000万美元引进了包括管理资料在内的各种管理软件。为了展开自主管理活动,除了消化日本新日铁有关技术资料外,还派人赴日本新日铁考察、实习。在引进国外现代化管理方式的基础上,按照中国不同的社会条件、文化传统等,探索出一条具有中国特色的管理现代化企业的新路子。②宝钢的这些经验具有普遍意义。

邓小平同志在谈到"第一要学会"之后,紧接着就指出:"第二要提高创新",既提出"要善于学习",又强调"更要善于创新"。这为我们对引进技术的消化、吸收和创新的政策定位提供了极好的指导。中国是一个发展中国家,要在产品的技术水平上赶上发达国家,不引进国外先进技术是不行的;单引进国外先进科技,而不进行科技创新,也是不行的。

发达国家将技术转让给发展中国家,目的是要获取利润、占领市场,并不是"无私援助"。它们愿意转让的技术,一般地不会是最先进的,为了保持它们的技术优势,所转让的技术总是要比它们所掌握的最先进的技术,落后五到十年或者相差一至二代。据韩国在1992年对300多家国内企业进行的技术引进调查,其引进技术的水平按技术的新旧程度划分:一年内开发的技术占3.2%,一到五年内开发的占26.1%,六到十年内开发的占31.4%,开发已达十年以上的占39.4%。按技术生命周期划分:处于开发期的占1.6%,处于成长期的占15.4%,处于成熟期的占79.4%,还有3.5%已处于衰退期。发达国家对韩国转让的技术水平是如此,更不用说是社会主义的中国了。邓小平同志说:"从发达国家取得资金和先进技术不是容易的事情。有那么一些人还是老殖民主义者的头脑,他们企图卡住我们穷国的脖子,不愿意我们得到发展。"③

正因如此,江泽民同志1995年5月26日在全国科学技术大会上的讲话中提醒我们:"必须清醒地认识到,世界上有些最先进的技术是买不来的。"江泽民同志强调指出:"当

---

① 邓小平:《用先进技术和管理方法改造企业》,《邓小平文选》第2卷,人民出版社1994年版。
② 黎明、朱尔沛、莫臻:《企业改革主要是搞活国有大中型企业——宝山钢铁(集团)公司的探索》,上海人民出版社1994年版。
③ 邓小平:《我国经济建设的历史经验》,《邓小平文选》第2卷,人民出版社,1994年。

代世界科技进步日新月异，技术更替不断加速。今天称得上先进的技术，不久就有可能变为落后。创新是一个民族进步的灵魂，是国家兴旺发达的不竭动力。如果自主创新能力上不去，一味靠技术引进，就永远难以摆脱技术落后的局面。一个没有创新能力的民族，难以屹立于世界先进民族之林。作为一个独立自主的社会主义大国，我们必须在科技方面掌握自己的命运。……我们必须在学习、引进国外先进技术的同时，坚持不懈地着力提高国家的自主研究开发能力。"江泽民同志把创新提到关系国家和民族的命运的高度来进行阐述，这为我们对引进创新的政策定位提供了英明的决策指导。

新中国成立以来，在特殊的历史条件下，中国在科技的自主创新方面，进行了艰苦卓绝的努力，曾取得举世瞩目的成就。邓小平同志在1982年向利比里亚国家元首多伊介绍中国的经验时说："中国的经验第一条就是自力更生为主。我们很多东西是靠自己搞出来的。苏联在斯大林时期对我们有些帮助，赫鲁晓夫上台后，不仅不帮助我们，反而对我们采取敌视的态度，以后苏联又在中苏边境陈兵百万，威胁我们。在很长一个时期内，美国也敌视我们，直到1972年以后才有些变化。从50年代中期到70年代，即在建国32年多的时间里大体有二十几年，我们完全或基本上处于没有外援的状况，主要靠自力更生。没有外援也有好处，迫使我们奋发努力。在这种精神的激励下，我们在此期间搞出了原子弹、氢弹、导弹，发射了人造卫星等等。"[①]加强自主创新，发扬自力更生、奋发图强的精神，是我们永远立于不败之地的根本保证。

当然，"这并不是说不要争取外援"[②]。有条件地引进国外先进技术，再加上自主创新，双管齐下，"两条腿走路"，我们就能如同添上双翼的猛虎。但是我们的基点要放在自主创新上，因为要形成和发展自己的民族产业，必须提高技术创新能力。首先，要有强烈的创新意识。九三学社中央副主席、北大方正集团创始人王选说得好："我国科研成果转化成商品的比例明显低于发达国家原因是多方面的，我认为其中一个原因是缺乏创新意识。有些成果基本上是仿制国外已经在市场上大量销售的产品，花费了很大力气做出样机时，国外新一代的产品已经问世；尽管鉴定会上可以得到诸如'80年代末或90年代初国际水平''填补了国内空白'等好的评价，可以申报奖励，但大家都知道，即使再投资，再经历一段艰苦的过程把这一成果变成商品，也无法与国外新产品在市场上抗衡。

"我很欣赏索尼公司名誉董事长井深大的一句话：'独创，决不模仿他人，是我的人生哲学'，'需要'和已有技术的'不足'是创造的源泉。北京大学在开创华光和方正激光照排系统过程中一直坚持高起点和创新。20年前我们抓住了这样一个机遇：当时日本流行的是光机式第二代照排机，欧美流行的是阴极射线管第三代照排机。我们于1976年作出了一个比美国、日本早许多年的决策，就是跳过二代、三代，直接发展第四代激光照排系

---

① 邓小平：《我国经济建设的历史经验》，《邓小平文选》第2卷，人民出版社1994年版。
② 同上。

统，而激光照排到1985年国外才流行。针对汉字字数多、字形信息量大这一特点，我们用了一个独特的方法即信息压缩的数学方法来解决信息量大的问题，所以一到市场上就显示出很强的生命力，占领了国内外中文照排的大部分市场。

"1991年我们又抓住了一个重要机遇，即彩色出版系统的市场。传统的电子分色机是一个专用的封闭系统，价格昂贵；而新一代的彩色激光照排系统在价格、灵活性和功能，尤其是文图合一的处理功能方面是传统电分机所望尘莫及的，但国外这些新系统均不能处理中文。抓住这一机遇，我们使方正彩色激光照排系统于1992年1月21日在澳门日报投入生产性使用，取代电分机，这是世界上首次实现彩色图像和中文的合一处理，并整页输出彩色报纸版面。过去人工剪贴彩报的一版需一个半小时到两小时，现在只需十多分钟就能输出一版的四张分色片，使时效要求高的新闻版也能登彩色照片。接着我们又用创新的设计，研制成0.7微米线宽的专用超大规模集成电路，使处理彩色照片、图形和字形的速度均居世界领先水平。"[①]

日本在第二次世界大战后振兴经济的一条成功经验就是首先把主要力量放在引进基础上的创新上。日本人引进了一项技术之后，很快就能使它更简便、更实用、更适于生产、更适应市场需求，在开发改进产品方面具有很强的创造能力。因此，就能够反过来向该项技术的诞生国大量输出产品。在这一方面，宝钢也创造了同样的经验。

宝钢是靠成套引进国外设备建设起来的。但是，宝钢在引进、消化国外先进技术的同时，就坚持自主开发创新。它抽调三分之一的科技人员，专门从事研究和开发。高炉耐火组合砖技术是日本开发成功的。宝钢人经过8年奋战，不但掌握全部奥秘，而且发明用电脑计算画图的绝招，速度比日本的人工计算画图快8至10倍。截至1993年底，宝钢已申请技术发明专利51项，授权14项，取得237项重要科研成果，试制成功可供市场的新品种66个。正因如此，宝钢科技进步对经济增长的贡献率已达60%，依靠技术进步创造的效益超过100亿元。它在劳动生产率、产品质量等方面都达到世界一流水平。[②]

在大力加强引进基础上创新的同时，应高度重视独创性科技的研究和开发。日本政府在1985年提出"应从重视应用和开发的追赶型科技体制向重视创造性、基础性研究的体制转变"，大力加强基础研究，开发独创性技术，力争在新开辟的高技术领域多取得一些基本专利。日本的这一决策，对我国科技创新是有重要启迪意义的。

本书的一份研究报告指出了科技创新的政策定位问题，认为在经济发展的不同阶段，社会对技术创新的需求程度不同。据研究表明，人均GNP在1000美元以下的状况下，是以引进技术、仿制技术为主；超过1000美元后，是以技术消化、吸收、引进为主；当技

---

① 王选：《坚持高起点创新——从北大方正谈科研成果产业化的体会》，《高新技术产业报》1995年7月4日。

② 《如此反差为何缘由》，《解放日报》1996年3月26日；《企业改革主要是搞活国有大中型企业——宝山钢铁（集团）公司的探索》，人民出版社1994年版。

术开发经费能够占到 GNP 的 2% 时，才有可能进入创新为主的阶段。例如，日本虽然在 60 年代就提出技术创新政策，但直到 90 年代才逐渐使"科技立国"从口号变为现实。通常，后发国家从技术引进为主向技术引进与自主创新并重的时间大约为 30 年左右。我国要告别"模仿与改革"的时代，走上"开拓型"科技进步之路，必须考虑到我国的国情，在科技开发经费只占 GNP 0.5% 的情况下，单纯追求科技创新就会造成政策定位与现实的不相容。

为此，该研究报告建议"建立创新与引进并重的政策取向"。经济的发展有其客观规律，注重实际应是我国科技政策的基本立足点。因此，在鼓励科技创新方面应树立创新与引进并重的政策取向。基本内容是：（1）坚持创建国家创新体系。要充分调动企业、科研机构、大学、中介服务机构、相应的金融机构和政府部门的积极性，使企业真正成为技术创新的主体，科研机构和大学成为创新的知识源，中介机构成为知识传播的桥梁，同时，使政府的政策越来越有利于科技创新。（2）改善技术的引进和吸收。在加强技术创新、加速科技产业化的过程中，技术的引进和吸收是一项重要的内容。以往的经验和教训表明，针对国情，有重点、有选择、有目标地引进国外先进技术，加大二次开发研究的投入力度，能够促使科学技术在短期内有重大的发展。例如，地膜覆盖、旱育稀植等技术的引进即是很好的证明。同时，技术的重复引进、滞后引进主要是由于引进机制的不合理。因此，建议国家重大技术引进项目要经过科研机构、大学有关专家的科学论证，并由企业、科研机构和大学共同进行消化、吸收和创新。

二、科技创新与经济发展相结合问题

发展高新科技的另一重大政策定位问题是，它与经济发展的关系。邓小平同志明确地指出："现在要进一步解决科技和经济结合的问题。所谓进一步，就是说，在方针问题、认识问题解决之后，还要解决体制问题。"[1] 从科技创新与经济发展相结合的角度思考，对"解决体制问题"至关重要。

"技术创新"这一概念是由经济学家熊彼特于 1911 年首次提出的。他认为，创新是生产函数或供应函数的变化。根据这个定义，创新包括技术创新（产品创新和工艺创新）和组织管理上的创新，因为两者都可以导致生产函数或供应函数的变化。科技创新的含义更广，还涉及科学研究，就不只是技术与组织管理的创新了。但科学研究的创新，归根到底是为了经由技术创新达到推动经济的高速发展。所以，我们着重从技术创新的角度来讨论与经济发展的结合。

---

[1] 邓小平：《改革科技体制是为了解放生产力》，《邓小平文选》第 3 卷，人民出版社 1993 年版。

《发展高科技,实现产业化——一项关系到长远发展利益的战略任务》[①]一书指出:技术创新有四个要素,它们是机会、环境、支持系统和企业家。在中国的条件下,企业家可以来自企业经营管理人员、科研单位负责人、政府计划主管人员和独立的科技工作者。企业家根据市场信息和技术进步信息,抓住创新机会,在合适的经营环境和创新政策(包括合理的价格体系、公平的竞争条件、对技术创新的各种鼓励政策等)下,利用可以得到的资源(包括资金、科技人员等)和发挥内部的组织功能(研究、开发、中试、工程设计、生产和营销功能等),就有可能把技术创新顺利地推进。这四个要素对技术创新的作用如下图(图7):

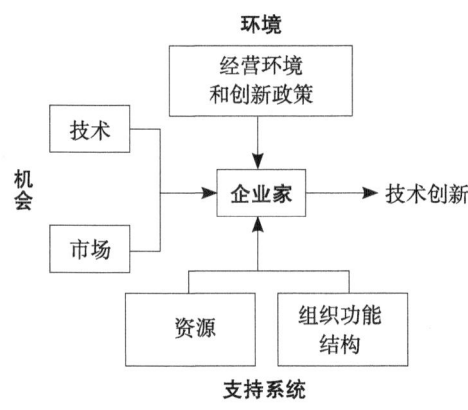

图7　技术创新四要素关系图

技术创新作为一个从科学发现、技术发明向商品化、产业化不断逼近的过程的中介性与关键性一环,是科技资源转化为经济效益的重要途径。

科学成果、技术成果和经济效益这三者只有通过技术创新才能连接成为一个造福社会的有机整体,三者的关系可以用下图(图8)来表示:

图8　科学成果、技术成果、经济效益关系图

从图8可见,技术创新是科技长入经济,贯彻中央关于"经济建设必须依靠科学技术,科学技术必须面向经济建设"方针的一条有效途径。

有鉴于此,我们认为:第一,科技创新必须以技术创新为中介而与经济发展相结合。第二,科技创新应与经济发展并重并举、相互促进、相互保障、相互依存、相得益彰。

---

① 夏禹龙、周良毅、谭大俊:《发展高科技,实现产业化——一项关系到长远发展利益的战略任务》,上海人民出版社1997年版。

第三章　科技创新、科技社会关系与法制建设

一、科技创新与科技社会关系

当我们如实地把科学、技术作为动态与静态的辩证统一物看待时，尤其是从动态的角度来看待科学技术活动时，就必然会把目光投注在科学的发现者、技术的创造发明人和科学技术活动的承担者身上。当然，科学技术活动的承担者不是孤立如鲁滨孙般地活动的，他们有师承关系、互助关系、协作关系。如果把视野放得更宽广一些，还会发现进行科技活动的人们之间还有管理者与被管理者的关系，经济交往关系，以至通过国际交往而发生的关系，因毁损科技活动、科技成果、科技权益而发生的刑事关系。此外，还有因人与自然、器物的关系而产生的人与人之间的关系。我们还应进而把"科技活动的承担者"的范围从单个的科技劳动者扩大到科技劳动集体、科技管理机构。这样，因科技活动而发生的人际关系，就变得十分复杂而且可说是自成体系了。这些，就是我们在这里要详加研究的科技社会关系。科技社会关系是科技法学所由建立的核心理论——科技社会关系的法律调整理论的基石，也是科技创新的法律保障的关键理论。

（一）科技社会关系的发生

科技社会关系是人类丰富多彩的社会关系中的一种。

社会关系是人在共同的实践活动中结成的相互关系的总称。物质资料的生产是人类社会赖以存在和发展的基础。所以，人在社会生产中结成的相互关系即生产关系，是一切社会关系的基础。人类的实践活动发生在诸多领域，除物质资料生产领域外，还发生在政治活动领域、经济活动领域、军事活动领域、宗教活动领域、家庭活动领域等等之中，从而结成政治社会关系、经济社会关系、军事社会关系、宗教社会关系与家庭社会关系等等。此外，从国家与国家、民族与民族在交往活动中形成的关系看，还有国际社会关系和民族社会关系。这些社会关系是有所交叉、重叠或包容的，例如家庭社会关系中包容着经济社会关系的成分；民族社会关系与国际社会关系有所交叉；军事社会关系与政治社会关系有

所重叠。社会关系的分门别类的存在及其相互间的形形色色、多姿多彩的关系，构成了人类社会大千世界无限繁复的生活场景。正是在这种种关系中，人们才得以发挥或被抑制其作用。

在诸多社会关系中，随着科学技术的发展，独立形成了科技社会关系。我们来看几个简单的例子。

其一，晶体管的发明过程。20世纪30年代，美国的贝尔实验室在其国内工业发展中已起先导作用。当时，贝尔开展了多学科的研究，如物理学、有线传输、无线电、传输仪器、真空管、光电现象和实验室工程等。当时担任贝尔实验室研究部下属真空管分部主任的美国物理学家凯利（M. kelly）在领导改进真空管的同时，一直在考虑用某种新的器件代替真空管，他认为半导体有可能成为这种器件的制作材料。他主张组织制定一个从事固体物理方面的理论研究规划，深入地认识半导体，先不考虑应用问题。1939年，凯利被任命为研究部主任，他集中了一批优秀的青年科学家，如萧克利、伍德利奇等，给他们以优越的研究条件和充分的研究自由。于是，他们在1939—1940年间用量子力学研究了大量有关固体物理学的问题。第二次世界大战后，凯利坚持在贝尔实验室加强固体量子理论研究。他制定了一个新的关于固体物理的综合性多学科规划，由萧克利主持研究。这个规划终于在1947年12月成功地实施了晶体管的研制。

在这个例子中我们看到了贝尔实验室作为一个科技活动的组织与凯利的研究部之间，凯利与萧克利之间所发生的种种关系。

其二，美国的科学技术情报服务工作。美国在国立科学基金会（NSF）下设立了科学技术情报服务局（OSIS），担当情报管理的计划方案，对各机关活动的资助等工作。在联邦科学技术会议（FCST）下设立了科学技术委员会（COSATI），致力于政府机关情报管理活动的联络工作。商务部的全国技术情报所（MTIS），进行着政府成为发起人所做的有关研究开发的技术报告等科学技术情报的收集和业务。斯密尼安科学情报交换所（SSIE），以实现各有关领域的研究情报的交换为目的。国立医学图书馆（NLM）对美国国内外生物医学领域的研究人员、教育家、开业医生等所进行的MEDLINE等医学情报进行服务。

科学技术情报是科技活动得以有效开展的最高起点，是科技活动十分重要的一环。此例中的各个科技情报机构，上有"国立"科学基金会的科技情报服务局与联邦科技会议的科技委员会，下有向其索取情报的各个科技研究机构、科技研究工作者，横向的还有这些机构之间的情报交流（或封锁）。这样，也形成了复杂的科技社会关系。

这些科技社会关系，都是在科学技术发展的过程中形成的，而且，其目的也主要是为着促进科技活动的顺利进行，促进科技进步。此社会关系明显地不同于政治、经济、军事、家庭、宗教、民族、国际社会关系等等，是一种相对独立的社会关系。

（二）科技社会关系的定义及其含义

科技社会关系是指由科学技术活动而发生，为着科学技术的发展，可据以协调科技劳动者、科技劳动组织和科技劳动管理机构内部关系及相互关系的一种社会关系。

这一定义指明了科技社会关系作为社会关系的属性，指明了科技社会关系的产生、目的和功能。

首先，科技社会关系是一种社会关系，而不是自然关系。自然关系是无目的、无意识、无计划地发生的，带有极大的盲目性与偶然性。其必然性的发展规律完全体现在盲目性与偶然性中。社会关系则不同，它是通过人的活动而形成的。由于人是有意识、能思维的动物，因此人的活动是有目的、有意识、有计划的。人也有"盲目"的时候，但细究"盲目"，它只是目标不明或目标混乱情况下的鲁莽行动的意思，目的还是有的，仅"不明"或"混乱"而已。因此，从总体上看，社会活动中形成的社会关系是有目的、有意识、有计划的。当然，它们体现在社会关系承载者——人的身上。

有人认为人们按一定的科技规范（这里暂时不涉及法律化的科技规范）行动，所产生的关系既非自然关系，亦非社会关系，而是"人与自然的关系"。例如，个人的遵守（或不遵守）安全用电规定的行为，只涉及特定的用电者个人，这里不存在"人与人之间的"社会关系。这是一种误解，它将贻患于我们对部分科技法（主要是环境保护法、标准化法、科技规范法）的认识。

从表面上看，个人对科技规范是否遵守，只与这一特定个人的生死安危、成败利害相关。但透过现象的表层深入其里，我们将发现，该特定个人与其他的人有着复杂的联系。他不是鲁滨孙。即使是鲁滨孙，如果胡乱用电，也会对"星期五"（鲁滨孙俘虏的仆人）产生这样那样的影响，涉及双方的利害。因此，因科技规范而产生的也是社会关系。

需加说明的是，社会关系有显性与隐性之分。单个的个人是否遵守科技规范，所产生的是隐性社会关系。一般来说，众多的人参与科技活动并因此而发生的人际关系，是显性的社会关系，显性社会关系往往还伴随着不太重要的隐性社会关系。例如，两位科技人员合力研究超导技术，他们结成了显性社会关系。但这两位科技人员可能分别属于某科技机构，或其中一人利用了别人的科技成果。这时，他们就同时与科技机构或别的科技人员存在着隐性社会关系。

其次，上述科技社会关系的定义表明，它是由于科技活动而发生的。没有科技活动，就不会有科技社会关系；停止了科技活动，就停止了科技社会关系。不过，这里的"科技活动"是广义的。狭义的科技活动，仅指觅取知识、探求事物发展规律的科学研究，寻求新方法、新手段的技术开发活动。广义的科技活动，则还包括为科技进步进行规划、组织、管理，对科技成果做记录、应用、推广，以及科技的进口、出口和国际科技合作等国际的交流活动。由于科技社会关系是因科技活动而发生的，所以在人类历史上，只有当出现科技活动时，才产生科技社会关系；只有当科技活动变成全国范围内的频繁活动时，这种科技社会关系才会显得日益重要；只有当现代科学技术大发展以至形成科技革命浪潮时，科技社会关系才会显出与政治、经济、军事等社会关系相当甚至更强的重要性来。

由于科技社会关系是因科技活动而发生的，所以它是动态的社会关系。当我们考察科技社会关系以及以各种手段（行政手段、经济手段、法律手段、道德手段等等）加以调节时，必须注意到它的动态特点。

再次，上述科技社会关系的定义还表明科技社会关系的建立，本质上具有促进科学技术进步的目的。不良的科技社会关系不利于科学技术的发展。但是，在科技活动中自然形成的科技社会关系，如无外力的羼杂、干预，它不会变质为不良的阻碍科技发展的东西。问题在于，不可能无"外力的羼杂、干预"。它表现为存在于科技活动之外的社会制度因素、政治斗争因素、经济利益因素以及传统的、道德的、宗教的因素等等的干扰。即使是在社会主义制度下，不当的经济体制、行政干预、权力影响、政策失误也难避免。正因如此，必须有法律及其他手段予以调整。十分有意思的是，反动统治阶级为了维护其统治地位，为了压迫被统治阶级，为了更多地剥削被剥削阶级，甚至仅仅是为了发动战争、侵略别国，当他们把目光转向先进的科学技术，企求以先进科技更快达到其罪恶目的时，在这种情况下为开展科学研究、技术开发而结成的科技社会关系，其最切近的目的仍在于科技进步，尽管这种科技进步往往仅仅是局限于军事技术之类。当然，这时的科技社会关系非正常地"自然形成"，而它在形成过程中所受到的干扰及干扰所造成的恶果，不可能由这个社会及其统治阶级自觉地加以调整。于是，科学技术的发展也就被用于非人道的罪恶目的了。但是，这并不排除科技社会关系总体的进步性与社会性。

从总体上看，科技社会关系的形成机制、发展动因、运行目的，都在于促进与增强科学技术发展的吸引力。从人际关系来说，正是为着科技的发展，才结成了科技人际关系；从国际关系来说，也是为着科技的发展，才结成了科技国际关系。此外，还结成了国家对个人、集体对个人、国家对集体、集体对集体等等的科技社会关系。

最后，科技社会关系的定义还表明，科技社会关系的功能在于可据以协调科技管理组织、科技劳动集体、科技劳动者个人内部及其相互之间的关系。如要达到促进科技发展的目的，就必须协调这几方面的关系：即科技活动是创造性与继承性的统一、个体性与协同性的统一、自主性与社会性的统一。"统一"得严密而完善，科技活动就容易取得成功，否则很容易导致失败。因此，科技社会关系本身提供的这种调节功能的基础是十分重要的。

（三）科技社会关系的特点

科技社会关系的主要特点如下：

1. 以科学技术活动为中介

政治社会关系以政治活动为中介，经济社会关系以经济活动为中介，军事社会关系以军事活动为中介，家庭社会关系以家庭生活为中介，而科技社会关系则以科技活动为中介。作为科技社会关系之中介，科技活动具有以下主要特点：

（1）创造性与继承性的统一。不断求新的创造性，是科技活动的最重要特点。重复进行的科技活动，一般都意味着失败；而在一般的体力劳动中，重复进行却意味着财富在量上的增加。求新、开拓，向未知领域进军，不断地取得新知识、新方法、新手段，成了科技活动的主导因素与主要目标。

但科技活动的创造性是建立在继承性的基础上的。没有继承，就没有创造。从零开始，意味着倒退。只有站在科学巨人的肩上，才能在更高处摘取科技的桂冠。马克思主义认为，科学劳动部分地以今人的协作为条件，部分地以对前人创造的成果的利用为条件。正是"对前人创造的成果的利用"亦即对遗产的继承，可以使我们不必一切从头开始而前进得更加迅速。

（2）个体性与协同性的统一。科技活动的个体性特别鲜明。由于科技活动是以人的思维为基础的，思维发生在大脑的深处，暂时还无人知晓，无法显示，难以检查与监督。"图籍纵横忽有得，神思起伏渺无端"，带有某种神秘的色彩。因此，个体积极性的高低、成效是大是小，对科技活动有明显的影响。

在科技发展的最初时期里，古代科学家以个体研究为主要的活动方式，依靠个人的聪明才智发现新事物、新规律，发明新方法、新器械、新手段。在科技发展的现阶段，当科技水平得到极大的提高，科技活动的规模极为巨大，科技活动变得极为复杂时，仍然脱离不了科技专家的个体性活动的基础。因为任何规模的科技工程，都必须分解成细小的组成部分而由个别的人去一一完成。所以，无论古今，抑或中外，科技活动的个体性都是最重要的特点之一。这样，尊重个体的科技活动，就必然成为处理好科技社会关系的一个关键。所谓"尊重知识"，必须体现为尊重知识分子；而尊重知识分子，又必须在尊重知识分子整体的同时，落实到尊重一个一个具体的知识分子身上。这是从科技活动的个体性得出的必然结论。

但随着科技的发展，科技活动的协同性变得越来越重要。个人的智慧、才能、精力、体力毕竟是有限的，认识世界与改造世界的任务又是无限的。没有科技专家的协同劳动，个人只能完成非常有限的科技研究任务。诸如美国的"星球大战计划"、欧洲国家的"尤里卡计划"，都是极为庞大的科技工程，需要无数科技精英全力以赴、精诚合作。因此，社会越往前发展，科技水平发展得越高，随着人类给自己提出的认识世界、改造世界的任务越益宏伟，科技活动的协同性要求，就越强烈。

当正确理解、妥善处理科技活动中的个体性与协同性的关系时，二者可以相辅相成、互相促进。因此，科技活动中个体性与协同性的统一，就成了科学研究和技术开发组织管理工作的重要任务。

（3）自主性与社会性的统一。这是从科技活动的个体性与协同性派生出来的特点。

个体性的科技劳动，要求赋予科技活动主体以充分的自主性，允许其自主发挥、自由想象、自由创造，不受任何外来的干扰。

但科技活动又因客观的要求而与社会息息相关。科学研究、技术开发课题的提出，越是符合社会的要求，就越能得到社会的承认。科技活动的时间、空间、资金、设备，也要由社会提供。连科技人才本身，也是由社会教育造就的。至于科技组织、规划、管理、检查；科技成果的检测、试验、应用与推广；科技经验的国际交流；科技的进口与出口等等，更无一脱离得了社会。因此，科技活动的社会性，也是显然的特点。而且，随着社会的进步与科技的发展，科技活动的社会性也将变得越来越强。这样，在尊重科技活动的自主性的同时，又必须兼及它的社会性，使自主性与社会性完善地结合起来。

2. 以科技劳动、科技劳动组织与科技劳动管理机构为主体

政治社会关系、经济社会关系、军事社会关系及家庭社会关系各有自己特定的主体，虽然会有所交叉，但仍可明确区分。科技社会关系也一样，虽然科技劳动者置身家庭之中也会成为家庭社会关系的主体，科技劳动组织进入经济生活领域也带有经济社会关系的某些特征，科技劳动管理机构也会与政治社会关系、军事社会关系发生瓜葛；但是，科技劳动者、科技劳动组织、科技劳动管理机构属于科技社会关系的主体，具有科技社会关系的特点，是毋庸置疑的。

科技劳动者所从事的科技活动已如上述。它同科技劳动组织一起或各自所取得的科技成果，是思维的创造性产物，是一种与物质财富本质不同、迥然相异的"无体财产"；它的物化，即所谓"智力密集型产品"，价值要远远高出一般的物质财富。计算机软件开发的某些成果，就是价值连城的珍宝，但它往往只体现在几平方厘米、甚至几平方毫米的掩膜作品上。在美国，开发一件计算机软件产品，平均要花5年左右的时间并投入50万美元的资金，而其产品价值往往高达上千万美元以至数以亿计。

科技劳动组织、科技劳动管理组织的结构、功能、职能、权利、活动方式，也大多与其他组织不同。

3. 以科技创造权利为本位的社会关系

社会关系的内容，主要是权利义务关系。在以义务为本位的社会关系中，社会关系的某一方（通常是多数者的一方、劳动者的一方）只承担义务而不享有权利，或者只享有很少一点权利。社会运动的或进或退都表明，以义务本位为内容的社会关系，是低层次的社会关系；社会的前进运动是向权利本位为内容的社会关系发展。因此，向权利本位发展，代表社会的前进方向，代表进步，是高层次的社会关系。

科技社会关系由于科技活动的特殊性，必须是以科技创造权利为本位的社会关系，因为如果剥夺了科技创造的自由权利，科技创造本身也会被一并埋葬。所以，任何以人为的力量强行剥夺科技创造的自由权利的结果，只能是扼杀科学创造、技术发明。由于懂得这个道理，即使在奴隶社会里，总体上十分愚蠢的奴隶主阶级，也会聪明地赋予科学家以自由创造的权利。实际上，古代社会的许多科学家、技师、工匠、艺人，都出身于奴隶而为奴隶主所特宠，获得了科技创造的自由权，从而为科技进步做出贡献。这一点，中世纪的某些封建主远比奴隶主落后、愚昧，他们强行剥夺科学家和技术专家的自由创造权利，把诸如布鲁诺、哥白尼等等天才人物投入火刑场、送上断头台，其结果是同时焚毁了科学、绞杀了技术，严重地阻碍了社会的进步。深深地接受了教训的资产阶级，反封建主义之道而行之，重新赋予科技创造以自由权利，并以法律做保证。美国、法国、意大利、日本等国，都在本国的宪法中写上了大意为"保障学术自由"的庄严条款。意大利宪法甚至在其第五十九条中做这样具体的规定："共和国总统可指定在社会活动、科学、文学和艺术方面以高度成就为国增光之公民五人为终身参议员。"这样以政治上的特殊荣誉作为保障科技创造的自由权的标志，是意大利的创造，也表明了人类社会充分认识到科技社会关系应以权利为本位，坚决保证科技创造的自由权。

当然，科技劳动者、科技劳动组织及科技劳动管理组织在享受科技创造权利的同时，也得承担这样那样的义务。但这种义务与一般的权利义务关系中的义务不同。科技活动中的义务，不但不限制社会关系对方的科技创造权利，而且是直接为着增进科技创造权利的义务。因此，科技社会关系所具有权利本位内容，是最彻底的权利本位主义，是最高层次的权利本位主义。正是由于人类社会在最近一百年中给予科技权利本位以强有力的法律保障，所以，取得的进步比以往一千年、一万年累积的成果，也要大成千上万倍。而人类社会发展的不平衡性，又明明白白地昭示，那些最不重视知识、最不重视知识分子、最不尊重人才，也就是最不重视保障科技社会关系中的科技创造权的国家，都以惨重的落后为代价而失败了；正是那些尊重科技创造权的国家，科技进步最快，经济发展最繁荣。

4. 科技社会关系是纵向行政隶属关系与横向民事平等关系相结合的社会关系

社会关系的形式大致分为行政隶属与民事平等两种类型，其最典型的表现就是政治社会关系、军事社会关系中的行政隶属性与经济社会关系中的民事平等性。家庭是一个小小的社会，所以也有同时存在的类似行政隶属与民事平等的两种关系。

科技社会关系在现代的发达阶段里，同时具有行政隶属关系与民事平等关系。二者互相结合，其目的在于互相促进，从而保障科技创造的自由权利。因此，科技社会关系的行政隶属关系与政治社会关系中的行政隶属关系的政治统治性，是不可相提并论的。政治统治的目的在于控制以至镇压被统治的对象；科技行政隶属关系则是为了自我调节以使隶属的下级一方更好地为科技进步服务。因此，政治行政隶属的双方有更多的对立性，而科技行政隶属的双方有更多的统一性。

5. 科技社会关系的基础是科技协作

科技协作的必要性是由科技活动的内在特点决定的，这在前面已经述及。作为科技社会关系的基础，科技协作的形式是极其多样的，主要有：

（1）社会性协作。任何科技专家的个体活动，都离不开一定的社会条件；从其科技活动的内容来说，就离不开科技社会条件。社会为他们的个体活动提出任务与课题，提供科技信息与条件，供给科研资金与设备，提供试验与应用的基地等等。这种社会性协作是"无形"的，很容易被忽略、被漠视。

（2）组织性协作。官方、企业方、科研方的协作是这种协作的典型。这在日本叫"官、产、学"三位一体；在苏联则以建立"科技—生产联合体"的形式出现。

（3）个体性协作。科技专家之间因志同道合而自动结合在一起；科技劳动组织内各个个体之间的协作等，都是个体性协作。这种协作表面上十分松散，但往往形成极为广泛的联系网络，它甚至会越出国界。由于网络的广泛性，个体在这种松散网络中的充分自主性，个体性协作的作用是极为巨大的。正是认识到个体性协作能充分发挥个体的自主性、积极性和创造精神，所以，现代各国在科技活动中越来越提倡自由组合。日本的创造性流动科研体制的形成，与此不无关系。

（4）国际性协作。这是国与国之间的科技专家、科技团体的合作。这种合作，越来越得到远见卓识的政治家的重视，他们在其施政活动中采取了许多切实的步骤来推动这种合作。法国总统密特朗提出的"尤里卡计划"就是一个生动的例子，也是值得仿效的榜样。

（四）科技社会关系的性质与分类

1. 科技社会关系的性质

前面我们把科技社会关系界定为：由科学技术活动而发生，为着科学技术的发展，可据以协调科技劳动者、科技劳动组织和科技劳动管理机构相互关系的一种社会关系。

在这样界定时，我们并没有指明科技社会关系的性质，而要对科技社会关系进行分类，是必须确认它的性质的。

作为一种社会关系，科技社会关系是人与人之间的物质关系还是思想（或意志）关系呢？众所周知，作为物质关系的社会关系，是指与一定生产力发展水平相适应的生产关系，即人们在生产过程中结成的社会关系，这种社会关系的总和构成社会的基础；而作为意志关系的社会关系，是指通过人的意志而结成的社会关系，是属于社会上层建筑范畴的关系。在做了这种划分之后，《科技法学》一书指出："科技社会关系一般是指人们在促进科技发展的活动领域中结成的社会关系。"[1] 这里，与拙著《科技法学导论》[2]一样，没有涉笔科技社会关系的性质，即属于物质关系还是思想关系（或意志关系）的问题。科技法学

---

[1] 赵震江主编：《科技法学》，北京大学出版社1991年版。
[2] 倪正茂：《科技法学导论》，四川人民出版社1990年版。

的发展要求我们回答这一问题。

邓小平同志曾经指出:"大家知道,生产力的基本因素是生产资料和劳动力。科学技术同生产资料和劳动力是什么关系呢?历史上的生产资料,都是同一定的科学技术相结合的;同样,历史上的劳动力,也都是掌握了一定的科学技术知识的劳动力。我们常说,人是生产力中最活跃的因素。这里讲的人,是指有一定的科学知识、生产经验和劳动技能来使用生产工具、实现物质资料生产的人。"[①] 他又指出:"马克思说过,科技是生产力,事实证明,这话讲得很对。依我看,科技是第一生产力。"[②] 结合邓小平同志关于知识分子也是工人阶级的一个组成部分的论述,我们不能不认为:科技社会关系是一种物质关系,即它是人们在科技这种生产过程中结成的与一定生产力发展水平相适应的社会关系。

科技社会关系既是一种物质关系性质的社会关系,那么,它同一般社会关系一样,也受到各种社会规范的调整。当它受道德规范调整时,即形成科技道德关系;而受法律规范调整时,即形成科技法律关系。

科技法律关系以科技社会关系为前提,是对科技社会关系的法律调整。我们定义"科技社会关系"是"可据以协调……的社会关系"就是这个意思。因此,科技法律关系与科技社会关系是两个不同的概念,不能把科技法律关系与科技社会关系混为一谈。科技法律关系属于社会上层建筑的范畴,是通过人的意志而结成的关系;科技社会关系则是物质关系,属于社会的基础性关系,不以人的意志为转移。科技社会关系不以人的意志为转移,对科技社会关系加以法律调整却是从外部强加进了人的意志。科技社会关系发展中可能发生的矛盾,不能以悖逆科技社会关系之必然要求的手段来解决,而只能、只应以随顺、迎合科技社会关系的必然要求的手段来解决。这对法律手段、道德手段、行政手段或经济手段来说都是如此。

科技社会关系作为社会的基础性的不以人的意志为转移的关系,具有一系列的必然性要求。其以协作为基础、以科技创造的自由权利为本位、是纵向行政隶属关系与横向民事平等关系的结合等,即是科技社会关系的必然要求,也是它的必具特征。当以法律规范来调节科技社会关系从而形成科技法律关系时,由于掺入了人的意志因素,而且它又以法律的强制性即政治暴力为后盾,就可能背离科技社会关系的必然的客观的要求。因此,科技社会关系是一种"应有"关系,其特征是"应有"的特征,其要求为"应有"的要求;与此不同,科技法律关系是一种"实有"关系,其特征是"实有"特征,其要求是"实有"的要求。总之,必须把科技社会关系与科技法律关系加以区别。

科技社会关系的性质与科技社会关系的分类紧密相关。有的科技法学论文把科技社会关系与科技法律关系混为一谈,在分类时就撇开科技社会关系不管,径直谈科技法律关系

---

① 国家科学技术委员会编:《论科学技术》,科技文献出版社1990年版。
② 同上。

的分类了，这是不妥当的。

2. 科技社会关系的分类

从科技社会关系的形式看，主要有以下三类：

第一类，科技行政关系。

科技行政关系是在科技行政活动中发生，为科技发展服务，可据以协调科技劳动组织之间、科技劳动组织与科技劳动者之间、科技劳动者之间以及科技劳动组织、科技劳动者与社会的其他团体或个人之间的关系的一种科技社会关系。

科技行政关系既是一种科技社会关系，就具有科技社会关系的一般特点，同时，又具有自身的特殊性。这种特殊性来源有二。其一，来源于科技行政关系的"行政"性要求。这里的"行政"，不是指那种由法律规范加以调节的行政活动，而是指科技劳动管理机构的管理活动。其二，来源于科技行政关系必然提出的不同于一般科技社会关系的"协调"功能的要求。一般科技社会关系的"协调"功能的要求，发生在各个科技社会关系的主体之间；科技行政关系的"协调"功能要求是发生在科技劳动管理机构与科技社会关系的其他主体之间。作为一种附带的协调功能要求，还发生在协调"其他主体"与其他社会团体或个人之间的关系上。

科技行政关系的特殊性在于：

第一，行政隶属性。科技行政管理机构与科技劳动组织、科技劳动者之间，有行政隶属的关系；此外，科技行政管理机构的上下级之间当然地也有行政隶属关系。在行使"管理"行为时，科技劳动组织、科技劳动者以及下级科技劳动管理机构必须服从上级科技行政管理机构。

第二，权利义务的非对等性。科技行政隶属的双方，各有其权利与义务；这些权利与义务不是对等的；上级的某些权利恰是下级的某些义务，而上级在享有这权利时并不对等地承担某种相应的义务。孤立地看待这种权利义务的非对等性，尤其是从被管理的机构、人员的角度看这种权利义务的非对等性，似乎背离了科技社会关系的某些特征。但是，从科技行政的总体看，从科技行政的最终目的看，都是为着科技的发展，为着最佳地体现科技创造的自由权利，为着最佳地进行科技协作，因此，它的权利义务非对等性本身，恰恰是科技创造权利本位主义的客观要求在起作用。

第三，科技行政权的强制性。科技劳动管理机构对其下级（包括科技劳动组织与科技劳动者）可以发布命令，强行规定其下级可以做什么、不可以做什么。但是，这里的强制性与一般行政权的强制性并不完全一样。由于科技劳动管理机关是为科技发展服务的，必须在科学决策、民主决策方面表现得更突出、更鲜明；它在客观上不允许违背民主决策、科学决策的原则，否则只能导致失败。

科技行政关系中的主要内容是科技行政隶属关系，但在同级科技劳动管理机构之间，就是平等的行政关系了，谁也不能对谁发号施令。我国科技进步管理机构中的中国科学院、国家科委、国防科工委、国家教委、中国科技协会和各部、委、办的科技管理机构之间，就是平级的科技行政关系。这种状况的形成，有其历史的原因，也曾起过积极的作用。但从一个国家的角度看，违背了科技行政关系的行政隶属性的客观要求，对科技进步的长远规划、实际运作并不有利，因为"群龙无首、各行其是"，必定会造成低水平重复或其他弊病。因此，在《中国科技进步法》起草过程的研究中，笔者在所主持起草的上海草案及在此前后发表的若干论文[①]中，都提出了"统一管理"的要求，认为应当调整国家科委的职能，使之在全国科技进步中起"龙头"与最高科技劳动管理机构的作用。

科技行政关系中的行政隶属性、权利义务的非对等性与科技行政权的强制性，都来自科技行政关系的"行政"性与"协调"性要求，这些都是科技社会关系作为一种物质性社会关系的客观要求。这种客观要求在科技进步、在科技社会关系的发展长河中，必然地要得到体现，人的意志不可能改变这些客观要求的体现，否则便将阻止科技进步。为了保证这些客观要求的体现，使之不受其他因素的干扰，可以用道德规范、法律规范（也有民族和国家使用宗教规范）加以调节，从而形成科技行政法律关系等等。

第二类，科技民事关系。

科技民事关系是在科技民事活动中发生，为科技发展服务，可据以协调科技劳动组织之间、科技劳动组织与科技劳动者之间、科技劳动者之间以及科技劳动组织或科技劳动者与其他社会团体或个人之间的民事权利义务关系的一种科技社会关系。

科技民事关系是一种科技社会关系，它带有科技社会关系的一般特征，如发生于科技活动中、以协作为基础、以科技创造权利为本位并与科技行政关系相结合等等。同时，它还有自身的若干特点。

其一，权利义务的对等性。社会关系中的民事关系属于私关系，而非公关系，都以权利义务的对等为原则，它来源于民事关系双方地位、人格（包括团体性人格）的平等性。无地位、人格的平等，即无民事关系可言，更无民事关系中的权利义务对等可言。科技民事关系也是一种民事关系。发生科技民事关系的，不管是在科技劳动者之间、科技劳动组织之间、科技劳动管理机构之间，还是在三者之间，或三者与其他社会团体、个人之间，科技民事关系双方的权利义务都是对等的。这是科技民事关系与科技行政关系相区别的地方。当发生科技民事关系时，双方或各方相互之间并不发生隶属关系，没有什么"管理"与"服从"，更不能有任何强制。

其二，科技民事交往中的不等价有偿性。科技民事交往中，源于一般民事交往的主体资格与地位的平等和等价交换的原则，科技民事交往双方的权益必须是有偿而非无偿的。但是用于交易的科技成果，其经济效益的计价与物质商品的计价有下列明显的不同

---

① 《中国科技进步法研究》，专利文献出版社1992年版。《中国科技进步立法新的突破》，《科技与法律》1993年第2期。

点。一为计价的模糊性。科技成果由于是脑力劳动的产物,价值计量必然是模糊的、大略性的、不精确的。同时,有的科技成果的获得,与"灵感"关系密切,并非欲觅无处而踏破铁鞋,相反,却几近于"得来全不费工夫";而有时,却是穷经皓首、铁鞋踏破而仍无觅处、一无所获或少有所获。这"少有"之"所获"用来交易时,一方面,无法精确计价;另一方面,即使"计"出精确之"价",却仍无人问津、无人交易,因而不得不"削价处理"。这与由"灵感""顿悟"而"得来全不费功夫"的科技成果,是无法比拟的。二为计价的可重复性。这是由科技成果大多可以几乎无限多次使用而决定的,不像物质商品那样只能一次性计价、一次性交易。只要没有更新换代、从而把先前的科技成果淘汰,具体的这一或那一科技成果就可无限多次地进入民事交往,进行交易。这样一来,"得来全不费功夫"的科技成果与耗尽血本却"少有收获"的科技成果,其实际经济效益差距就可能拉得更大。总之,科技民事交往中,在"有偿"的前提下,是"不等价"式地进行的。拙著《科技法学导论》在谈及有关这一方面的科技民事特殊性时,使用了"科技成果经济效益的等价有偿性"的概念。这是指科技成果可计算的(虽非精确计算的)、已形成的经济效益,必须予以承认、予以等价交换。科技成果转让中那种以行政手段故意"压价",或科技人员羞于"言利"而轻易"让利",不考虑此种情况下的可以进行的"等价交换",损害了科技创造发明人的权益,这未必是妥当的,不利于科技的发展。但"等价有偿"的提法,容易与科技民事交往中的实际上的"不等价有偿"混淆起来,形成矛盾。因此,应改成为"科技民事交往中的不等价有偿性",用以取代"科技成果经济效益的等价有偿性"。

第三类,科技国际关系。

科技国际关系是在科技国际活动中发生,为人类科技进步服务,可据以协调国际科技劳动者之间、科技劳动组织之间、科技劳动管理组织之间的关系,以及处理国际科技成果交易中的问题而形成的一种科技社会关系。

与科技行政关系、科技民事关系不同的是,科技国际关系发生在国与国之间,而不是发生在一国之内。因此,它深受社会制度不同、国家政治利益不同、科技发展水平不同、经济与军事实力不同的严重影响,往往带有明显的政治目的性。其鲜明的表现就是,一些发达国家在科技转让中设置了一系列的限制性条款,有时甚至附带其他的不平等条件。此外,有的国家为了达到其政治目的而无偿地转让某些技术,这也是国际科技关系中的一种特殊性。但是,从总体来说,科技国际关系形式上接近于科技民事关系,主体的权利义务是对等的;国际的科技交往中实行不等价有偿原则。因此,对于主权国家来说,完全可以不接受交易对方的不平等条件或限制性条款,这时,科技合作、交流以及科技成果交易即宣告停止。

科技国际关系在今后将显得越来越重要。以军事实力主宰世界的时代必将结束,以经济实力主宰世界的时代也必将结束,代之而起的将是以科技实力对世界形势的左右。这样，科技国际关系就会变得日益复杂、日益重要。

关于科技社会关系的分类问题，还有两点应加说明：

第一，上述科技社会关系的分类，是以其形式为依据进行的逻辑划分。如以其他标准，则还可做另一些分类。根据科技社会关系的内容，有的科技法学工作者做了如下分类：（1）科技行政关系；（2）科技计划关系；（3）科技民事关系；（4）科技劳动关系；（5）科技条件关系；（6）科技刑事关系；（7）科技财政关系；（8）科技涉外关系；等等。

根据科技社会关系范围的大小，有人这样分类：（1）宏观科技社会关系；（2）微观科技社会关系。

根据科技社会关系的存续时期，还可划分为长期、中期、短期科技社会关系等等。这些划分，都有一定的意义，可以从不同的侧面对科技社会关系做深入的剖析。同时，因有不同的分类，还会提出不同的法律需求，也有利于深入进行科技法的研究。但这些划分同按形式进行的划分都有联系或交叉、重叠。同时，在学术意义上，尤其是在法学、科技法学的意义上，这些划分都不是根本性的、关键性的。因此，我们只要探讨科技行政关系、科技民事关系与科技国际关系，就可以足够充分展开科技社会关系的法律调节的探讨了。

第二，有人把科技刑事关系作为科技社会关系的一个基本分类来看待。有同志撰文高度评价拙著《科技法学导论》时指出了一种"遗憾"，即未论述科技刑事关系。

对这一看法，可以分两个方面来加以分析。其一，《科技法学导论》全书未谈科技刑事关系，确是一个重大的缺憾。其二，科技刑事关系不能看作是科技社会关系的逻辑组成部分。只有当破坏科技民事关系或科技行政关系而发生侵权现象时，而且只有当这种侵权现象为科技刑事法律规范所禁止时，才有所谓"科技刑事关系"。

（五）科技社会关系的演变

科技社会关系是一种动态的社会关系，有其发生、发展、成熟、健全、消灭的动态过程。这体现在科技社会关系的整体上，也体现在它的构成要素上，还体现在它与社会大系统的其他事物的关系上。

1. 科技社会关系整体的演变

科技社会关系是指由科学技术活动而发生，为着科学技术的发展，可据以协调科技劳动者、科技劳动组织、科技劳动管理机构相互关系的一种社会关系。随着生产力水平、科技发展水平的提高，随着社会成员、社会组织的逻辑发展，科技社会关系的整体就会发生相应的变化。

生产力水平的不断提高，会提出一个又一个新的征服自然的科学技术研究课题。一项新的研究课题的提出，意味着发生一种新的科学技术活动的主观方面前提条件已经形成。如果还同时具备了人力、物力等客观的物质条件，该项新的科技活动就可能被付诸实施。一旦实施一项新的科技活动，与之伴随的就是一系列新的具体的科技社会关系开始出现。

这样，生产力水平的不断提高，引起科技研究课题——科技社会关系的不断发展，就成为一种必然的过程。

生产力发展水平的提高是呈阶段性的。从旧石器时代到新石器时代，从青铜器、铁器时代到蒸汽机时代，从电气化时代到原子能时代，这些已经出现过或现存的代表不同生产力水平的时代，各自延续了相当长的时期。在相应的时期内，由于生产力水平所能提供的科技活动物质条件、所能提出的研究课题水平比较相近，因此，所达到的科技发展水平处在同一个高度上，从而所能结成的科技社会关系的形式、结构、功能、目标等等，也比较接近，从而形成了大致同一类型的科技社会关系。旧、新石器时代里，萌芽状态的"科技活动"，带有相当多的偶然性；从事"科技活动"的"专家"相当有限，如中国远古的大发明家，"知名度"很高从而得以流芳百世的只有"神农氏""燧人氏"等极少几位；因此，所形成的"专家"们的相互关系一定是极松散的，并且带有非专职的"科技劳动者"个体与个体间的关系的性质。青铜器、铁器时代已有相当大的变化。可以称得上"科技活动"的人类活动，范围已大大拓展，从事科技活动的人数大大增加，不仅有专职与非专职的科技劳动者个体之间的科技交往，而且有了官府组织的科技劳动组织，随后还出现了专司其职的官府机构从事科技劳动组织与科技劳动者的管理工作。因此，这一时代可以看作是正式的科技社会关系形成与发展的时代。但是，只有到了近代，即蒸汽机时代，真正意义上的科学技术活动才以比较大的规模展开，从而形成较为复杂的近代科技社会关系。在这一时代里，协调科技劳动者、科技劳动组织和科技劳动管理机构之间的关系的科技社会关系，达到了成熟的程度。"成熟"的标志是：纵横交错形成网络状态的科技社会关系，由民间的、政府的各种组织在不同层次上加以协调；这种协调已形成了制度并实现了法律化。到了现代，即电气化和原子能时代，从前局限于一国之内的科技社会关系越出了各国的国界，开始出现科技国际合作从而形成科技国际关系。这样，科技社会关系的一切形态都已具备。庞大的科技社会关系网络，笼罩涵盖了全世界。这种状况将延续到大量发展"外星人"并与外星社会结成全新的科技交往关系、科技宇宙关系时为止。所谓"为止"，并不意味地球上的科技社会关系的终结，而是说仅仅局限于地球人类的科技社会关系将大大"扩容"而包括星际科技社会关系。可以想象，这是遥远未来的事。因此，现代的健全的科技社会关系，将有大致相同的内容、形式、结构、功能与目标。在极长的历史时代里，人类的任务是使调整这一科技社会关系的手段更加科学化、合理化。因此，在这一时期的全过程中，严格而且严密的法律调节，将是不可或缺的；这种法律调节将越来越与道德规范的调节相结合；这种法律调节也越来越紧密地与高度精密的计算机相结合。

社会成员、社会组织的逻辑发展，也会引起科技社会关系整体的相应变化。当然，社会成员、社会组织的发展是与生产力水平紧密相关的。从社会成员的逻辑发展看，现代人的知识水平与智商无疑比古代人大大提高了。"现代自然科学和现代工业一起变革了整个自然界，结束了人们对于自然界的幼稚态度和其他的幼稚行为，……"①现在，"……学生在一小时内就能学会二项式定理。"②然而人类之掌握与运用二项式定理，是花了数千年的努力的。更加重要的是，社会成员中从事科技活动的人数，从古代到近代到现代到当代，几乎是成几何级数递增的。在一定的历史时期内，科技劳动者人数越多，科技社会关系的复杂程度必定越高，因为所涉及的个人权利义务关系因他们相互组合或单个交往的形式、程度而变得越益繁复了。从社会组织的逻辑发展看，越是接近于当代，社会组织的必要性与作用，就越为人类所重视。因此，社会组织的形式越来越多样，社会组织的程度越来越高，社会组织本身越来越严密，社会组织之间的交往也越来越频繁，社会组织的活动领域也从地方扩大至国家及国际范围。这样，因社会组织的发展变化而引起的科技社会关系的整体性变化，就是"题中应有之义"了。

科技社会关系整体的演变，必定引起对它的调节手段的演变，因此，了解这个问题不是没有意义的。科技法的发展，与科技社会关系整体的演变，正好是"成正比例"的。当科技社会关系在整体上处于个人的松散联系阶段上时，科技法的存在是没有必要的，因此，旧、新石器时代不会有什么科技法。青铜器、铁器时代首先出现调节科技劳动者个体之间的关系的法律，随之又出现了调节以宫廷官吏为一方（还很难说是形成了"科技劳动管理组织"），以在宫廷内进行科技活动的科技劳动者为另一方的关系的法律。蒸汽机时代，则出现了全面调节科技劳动者、科技劳动组织、科技劳动管理机构的关系的法律。电气化与原子能时代，调节复杂、完整的科技社会关系的法律，则逐渐形成了体系。

2. 科技社会关系构成要素的演变

科技社会关系的构成要素有三：一为主体，二为内容，三为客体。科技社会关系的主体（科技劳动者、科技劳动组织、科技劳动管理机构）及其演变，前文已述。科技社会关系的内容，是指科技社会关系主体之间的权利和义务。主体的权利一般表现为：其一，主体本身作出或不作出一定的行为；其二，要求关系的另一方作出一定的行为；其三，要求关系的另一方不作出一定的行为。这里的"行为"既可是科技活动一类的行为，也可是支付费用之类的行为，等等。主体的义务一般表现为：其一，义务人作出一定的行为；其二，义务人抑制（不作出）一定的行为。

上述科技社会关系的内容即主体的权利和义务，是动态的演变。演变的总体状态是：从初期的萌芽状态的权利义务对等、无约束，经由权利义务非对等、专制性约束，向权利义务对等并以法律规范调节发展，最后将演变为权利义务对等并主要以道德规范调节的状态。

---

① 马克思、恩格斯：《〈新莱茵报政治经济评论〉第 2 期上发表的书评（1850 年 3 月）》，《马克思恩格斯全集》第 7 卷。
② 《剩余价值理论（1861—1863）》第 1 册，《马克思恩格斯全集》第 26 卷上。

生产力水平与科技水平低下的时代里，仅仅或基本上由极少数个人进行科技活动。这些人之间的交往中，并无现代意义上的权利、义务关系发生。但是，现代意义上的权利义务，并不是到了现代突然出现的。古代人们的科技交往中，有了萌芽状态的权利义务关系，即主体做出或不做出一定行为时，也会要求关系的另一方相应地做出或不做出某种行为，并得到对方的响应。这时，这种包含权利义务内容的科技交往，并无外在力量的约束，因此，既是随机的，又是随意的。这种随机与随意性，是初期的原始的科技社会关系的一个明显特点。随后，当科技交往羼入了行政干预而且这种干预变得越来越专横时，科技劳动者往往失去自由创造的权利、取得报酬或相应报酬的权利，而接近于只尽义务；颐指气使、专横跋扈的官吏迫使他们做出或不做出这样那样的行为；至于官吏们，则不承担或很少承担什么义务。这就是权利义务非对等与专制性约束。随着封建制度的消灭，科技交往中的权利义务对等要求日益得到重视；为了保障科技劳动者、科技劳动组织不受贪得无厌之徒的专横迫害与权益侵犯，以法律手段保证权利义务的对等性同时得到了重视。我们相信，权利义务对等并主要以道德规范调节的时代必将到来，但那是遥远未来的事。

科技社会关系的客体，是指科技社会关系中主体的权利和义务所共同指向的对象，通常有科技成果、科技行为、人物、环境等等。

科技成果是科技社会关系中最常见的客体。这里的"科技成果"是广义的，除科学发现、技术发明、制作工艺、商标设计等等之外，还包括科技著作等。无论以法律手段还是道德手段加以调整，都会把科技成果作为科技社会关系中主体权利义务所指向的对象。但在古代，往往并不重视主体的科技成果本身，而仅仅把科技成果的物化（如按某种技术而制造出来的新工具）当作权利义务的客体。

科技行为，如科学研究、技术开发的活动等，无论作为或不作为，都是科技社会关系中主体权利义务的客体。与对待科技成果的态度十分近似，古代往往只把成功的科技行为列入客体范畴。只有到了近代，尤其是现代，才把一切科技行为列入客体范畴，只要主体按照有关规定做出或不做出某种科技行为，则不计其成败得失，一律视作符合有关权利义务的要求。这样，科技劳动者、科技劳动组织从事科技活动的风险保障才得到保证，才有利于科技的发展，因为许多科技活动的失败恰恰是"成功之母"，不无重要价值。

物是科技社会关系中必定涉及的客体，举凡一切天然之物、人造之物，都有可能成为具体的科技社会关系的客体。但越到近代、现代，人造之物如技术设备、技术产品等，具有被人们承认的重大的价值，成为科技社会关系中主体权利义务所指向的最主要的对象。

环境实际上是物的一部分，但它过去是自然之物的综合体（自然环境），后来越来越多地介入了人造之物或人造之废弃物，成了自然之物与人造之物的综合体（生态环境）。环境之成为科技社会关系主体权利义务所指向的对象，大体上是20世纪30年代以后的事。这是因为：第一，在此之前，由于科技水平不高，环境对科技活动的影响不大，科技活动引起环境恶化的情况也不明显；与此相应，第二，人们对环境价值的认识还较差。

上述科技社会关系主体、内容、客体的变化，显然与科技社会关系的演变紧紧相连，密切相关。

3.科技社会关系与社会关系大系统其他事物关系的演变

"社会关系大系统其他事物"是一个极为广泛的概念，除"科技社会关系"外，全部包括在内。举其要者，大略为经济社会关系、政治社会关系、国际社会关系三者。因此，这里以略论科技社会关系与以上三者的关系的演变为限。

经济社会关系是其他一切社会关系的基础，也是科技社会关系的基础。经济社会关系对科技社会关系的决定作用主要见诸：经济社会关系的社会性质决定着科技社会关系的社会性质。在奴隶制与封建制经济社会关系的基础上，宫廷工匠、艺人与监工、监管官吏的关系，不管表面上是强制性的奴役式的劳动关系，还是非强制性、奴役式的劳动关系，都是前者对后者的绝对服从。在资本主义制度的经济社会关系基础上，科技工作者之间，他们以及科技劳动组织与管理者、与政府之间的关系，在很大程度上是与自由经济相适应的比较自由的关系，以人身依附为特征的"绝对服从"仍是资本主义制度下的"自愿服从"，它受"饥饿纪律"的约束。只有在社会主义制度的经济社会关系基础上，才有可能真正实现科技劳动的彻底解放，科技劳动者才有可能真正成为科技社会关系中的权利主体。但这种可能要变为现实，还受政治社会关系的制约。

但科技社会关系对经济社会关系并不是无所作为、纯然消极被动的。在社会发展的过程中，由于科技发展的迫切需要，科技劳动者、科技劳动组织总是千方百计寻找新的有利于自身发展的社会关系形式。封建制社会条件下的科技劳动者绝不甘于强制性的奴役式的劳动，公开、半公开地进行自由组合、平等互利的科技交往，从而为科技发展做出贡献。这种自由、平等的科技交往，在适当的时候便与经济社会关系的大变革汇成洪流，彻底推倒封建制的关系并取而代之。

政治社会关系一方面为经济社会关系所决定，另一方面又在极大的程度上对科技社会关系起着制约作用。这种制约作用表现在，一定的政治社会关系通过行政手段强行干预科技社会关系的发展，后者则在相当大的程度上、相当长的时期内处于"无可奈何"、无能为力的状态。例如，德国希特勒执政时期实行法西斯主义，厉行高度的强权统治、集权统治，实施高压政策，其结果是，本该与自由资本主义经济相适应的科技社会关系的发展受到严重的阻碍，科技劳动者与科技劳动组织处于奴役式的劳动状态之下。这种政治干预可以是消极倒退的，也可以是积极前进以至超前的。社会主义经济社会关系基础上的科技社会关系，可能因为政治干预而萎缩。例如，我国厉行计划经济体制时期，通过政治干预，科技劳动者、科技劳动组织也曾一度并未成为科技社会关系的真正的权利主体，一切职务发明、非职务发明界限不清，即使是非职务发明也被当作职务发明对待，因而挫伤了积极性，丧失了应有的蓬勃活力。而在新中国成立初期，则又因政治干预而使"新民主主义制"经济社会关系基础上的科技社会关系带有社会主义性质，在崭新的科技社会关系乐土上,曾有一度极大地鼓舞了科技劳动者,使之迸发强烈旺盛的创造精神,为我国科学的发展做出很大的贡献。

科技社会关系对政治社会关系的反作用表现得极不明显,而且大多是间接的。因此,从二者的关系看,必须极其重视政治社会关系的优化,否则,对科技进步是极为不利的。

国际社会关系的发展对科技社会关系演变的影响十分明显。当国际交往不甚发达时,科技交流也很少,只有当国际交往大为发展时,科技交流才会增多;只有当国际社会关系正常、健康发展时,科技交往以及国际性的科技社会关系才可能正常、健康地发展。反之,科技社会关系的发展也对国际社会关系的发展有莫大的关系。有时,科技社会关系的发展会充当国际社会关系发展的前导。许多国家之间由于各种原因而一度对立,对立期间,尤其是其后期,常常通过先行发展科技、经济、文化交流而改善双方关系,随之则逐渐改善两国的政治关系、国际社会关系与科技社会关系的这种交织、互动,是应引起重视的。

二、调整科技社会关系的各种手段对推进科技创新的作用

鉴于科技社会关系的上述一系列特点,行政手段、经济手段、思想教育手段各起着一定的促进与保障科技创新的作用。但十分明显,与法律手段的特殊作用相比,都大相径庭。下面分别做一些简要分析。

1. 行政手段的作用

科技社会关系的一系列特点,如科技劳动组织、科技劳动管理机构的主体性,科技社会关系的行政隶属性,科技社会关系基础的科技协作性等,以及科技活动的一系列特点,如科技活动所必要的协同性与社会性、科技活动主体必须履行的义务等,都决定行政手段对科技发展乃是不可或缺的。

同时,行政手段的运用最能体现社会主义制度的特点与优越性。重大科技创新课题的确定,其人力、物力、财力资源的保证,有关方面的密切配合与协同攻关,攻关全过程中的严密组织、严格要求、严肃纪律等等,非行政手段难觅其效。社会主义制度"天然"地保证了行政手段的最佳运用。我国在极乏外援、"一穷二白"的困难情况下,独立自主、自力更生地造出了"两弹一星",解决了一系列国际性的科技难题,取得了科学技术的重大进步,赢得了进步人类的交口赞誉。由于其时尚未建立甚至还处于排拒市场经济体制的阶段,经济手段几无用武之地,因此,所依靠者,就是强劲有力的行政手段和威力强大的思想教育手段。在摒弃计划经济体制、改行社会主义市场经济体制的今天,有的同志认为计划手段也可以放弃了,行政手段不再有用。这显然是极大的误解。摒弃计划经济体制与放弃计划完全不是一回事。实际上,即使是长期实行资本主义市场经济体制的欧美、日本等国家,也从来没有放弃过科技进步的国家计划。当然,也从来没有放弃过运用行政手段

来推动、组织、领导科技创新。美国"星球大战计划"与以法国为首的欧洲国家"尤里卡计划"就是以国家计划为主的。考察一下近二三十年来这些国家运用行政手段推动科技进步、追求科技创新的事实，我们看到，行政手段更加具体、细致、有力了，有关的行政组织更加严密、更加强化了。因此，我国实施科技创新战略，就必须强调行政手段的重要性，在这个问题上，务必澄清模糊思想，纠正错误观念。

2. 经济手段的作用

我国实行社会主义市场经济体制，当为科教事业的快速发展和科技创新事业平添强有力的双翼。世界各国科技进步的事实早已证明而且还不断更加充分有力地证明，市场经济并非资本主义国家的"专利"，社会主义制度下实行市场经济体制，既可充分发挥这一体制的内在积极因素，又可排除资本主义市场经济体制的弊端。当前运用经济手段大力推动科技与教育事业的进步，促进科技创新以占领世界科技制高点，正是欣逢其时，如沐春风，如沐春雨。经济手段对科技创新的作用，也是与科技社会关系的特点紧密相关的。科技工作者个人积极性的调动、创造性的发挥、自主性的增强都与应有的经济权利的兑现及必要的物质刺激有不可分割的联系。在极左路线下，个人利益被完全漠视，科技人员殚精竭虑、苦心孤诣的创造成果被无偿占有，因而积极性被严重挫伤。社会主义市场经济体制的确立，将为科技人员应有权利的实现创造有利的条件。科技社会关系既是与行政隶属关系相结合的民事平等关系，在行政隶属之外，科技人员、科技劳动组织以独立的民事主体出现，进行有偿的服务，就是理所当然的事。因此，在科技创新事业中，不但不排斥经济手段，而且应比任何时候都要更好地运用经济手段。

3. 思想教育手段对科技创新战略的实现，关系也极为密切

1996年10月10日，中共中央的《关于建设社会主义精神文明若干重要问题的决议》指出："从1996年到2010年，是建设有中国特色社会主义事业承前启后、继往开来的重要时期。在这个时期，要巩固和发展十一届三中全会以来取得的伟大成就，促进经济体制和经济增长方式的根本性转变，推动经济发展和社会全面进步；要面对世界范围各种思想文化相互激荡和科学技术的迅猛发展，迎接综合国力剧烈竞争的挑战；要在前进道路上战胜各种困难，坚持党的基本路线不动摇。这一切，不仅要求物质文明有一个大的发展，而且要求精神文明有一个大的发展。必须指出，社会主义精神文明是社会主义社会的重要特征，是现代化建设的重要目标和重要保证。建设社会主义精神文明，关系跨世纪宏伟蓝图的全面实现，关系我国社会主义事业的兴旺发达。物质文明是基础，经济建设这个中心必须牢牢把握，毫不动摇，但是精神文明搞不好，物质文明也要受破坏，甚至社会也会变质。在把物质文明建设搞得更好的同时，切实把精神文明建设提到更加突出的地位，认真解决当前一系列紧迫问题，进一步开创新形势下精神文明建设的新局面，已经成为全党和全国各族人民极其关注的大事。"抓好社会主义精神文明建设，强化思想教育手段为实现科教兴国战略服务，是今后长时期内须臾不可掉以轻心的重要工作，也是科技创新这一永无止境的过程中必须时刻关注的关键性问题。任何把科技创新与思想教育割裂开来的观点与做法都是错误的；同样，任何把思想教育手段与行政手段、教育手段、法律手段割裂开来的观点与做法也是错误的。

4. 法律手段的特殊作用

行政手段、经济手段和思想教育手段的作用是巨大的，但三者都是"单功能"的，即行政手段仅仅是行政手段而已，经济手段仅仅是经济手段而已，等等。法律手段的作用却不同，它是"多功能"的：第一，它是法律手段；第二，它是行政手段、经济手段及思想教育手段的后盾；第三，无论是制止性法律规范，还是激励性法律规范，法律都具有思想教育的功能。行政手段、经济手段等，也往往以法律、法规的手段表现出来。法律手段像钥匙串一样，把几种手段串了起来，这是特殊手段。

当然，法律手段首先是起它的"本位作用"。直接调节科技社会关系的科技法的积极作用主要是：

（1）促进和保障科技创新。这是科技法最重要的积极作用。科技法通过调整科技行政关系，理顺科技劳动管理组织的隶属关系，使科技劳动的管理强劲有力、有条不紊，充分发挥科技劳动管理机构的作用；在科技政策的制定和执行，科技规划的制定的实施，科技劳动组织和科技人员积极性的调动方面，对科学研究和技术开发作组织保证、管理保证；科技法还通过调整科技民事关系，维护科技活动的自由，保护科技人员的权利和利益，保证科技劳动管理机构、科技劳动组织和科技人员依法履行科技义务；科技法通过法律化的科技规范，保证科技活动的正常开展；通过调整科技开发机构与企业界的关系，有力地促进科技成果的应用与推广；等等。所有这一切，无疑都会对科技进步、科技创新起促进和保障的作用。

（2）防止科技发展的消极后果。科技发展一方面成为生产力发展的决定性因素，对经济的繁荣、人民福利的增长和国家实力的增强产生巨大的影响；另一方面，还可能带来环境的污染、生态平衡的破坏，甚至会造成毁灭性的灾难，而在日常的科技劳动中，也常造成设备的毁损或人体健康的危害。对于防止科技发展的一般消极后果，从科技规范转化而来的法律化科技规范，能起有力的"消灾弥难"的作用。人们由于遵守法定的操作规程，维护法定的科技标准，可以避免许多事故的发生。

与一般的科技活动相比，科技创新通常都属高科技范畴，常有较大的风险性，包括不利于人类生态平衡、可能导致环境破坏或者危及生命安全的风险。只有严格遵守法律化的科技规范，才能有效避免这类风险或限制风险的危害范围与危害程度。

对于严重的科技发展消极后果，专门的科技立法将起有力的防止作用。作为环境保护基本法的环境保护法、公害对策法和自然保护法，以及作为环境保护部门法的水污染法、噪声防治法、空气污染法、海洋倾废法、放射线灾害防止法等等，构成一个防止科技发展重大消极后果的科技法体系，有力地防止科技进步的有害后果的发生。

（3）推动国际科技交流与科技合作。社会发展到 20 世纪，由于交通的发达与通信技术的发展，任何国家，如果采取闭关锁国的政策，都只能迅速落后。只有实行开放的政策，积极扩大国际交流与国际合作，各方面的事业才可能日益发展。科技方面也是如此。国际的科技交流与科技合作，在人类的科技进步和每一个国家的科技水平提高方面的作用，尤其是在科技创新方面的作用，已变得越来越重要、越来越巨大了。

科技法通过调整科技国际关系的法律规定，促进和保障国际科技交流和国际科技合作，在为一国的和全人类的科技进步方面，发挥了巨大的作用。正因如此，现在，不仅国际间的双边或多边的科技交流、科技合作协定大量签订；而且像"尤里卡计划""科技进步综合纲要"等国家集团性的科技合作计划也出现了；甚至联合国也积极在科技合作与交流中发挥作用，主持签订了许多全球性公约、协定、条约，促进和保障全球性的科技交流和科技合作。

当代世界高新科技的迅猛发展，提出了新的法制需求。适应这种新的法制需求，科技法就表现出了超乎寻常的新的作用。

（一）科技创新提出的新的法制需求

科技创新提出的新的法制需求主要有以下几种：

第一，进一步调整科技劳动组织之间和科技人员之间的关系。

当代高新科技革命带来的电子化、信息化以及产品的微型化、知识密集化等等，使得科技活动同时向两个相反的方向发展：一个方向是各个科技环节之间的有机联系更加紧密，任何一个中间环节的缺损都会导致整个科技活动的中断和失败，因此，要求加强科技劳动组织之间和科技人员之间的联系、交流与合作；另一个方向是科技劳动组织或科技人员单独活动的条件更加优越，因为信息的获取已经空前的方便，操作的自动化带来了个体活动的广阔天地。既要协作与集中管理，又要分散与发挥个人的积极性，二者的协调就要求适当改变科技劳动组织内部、科技劳动组织之间以及科技人员之间的联系方式，相应地，还要调整其权利义务关系等等。

第二，进一步改变社会、国家对科技活动的管理。

集中全国的科技精英、财力和物力，协调主要的科技机构，以攻克诸如航天、超导、海洋和生物技术方面的重大科技课题；协调一切政府机关之间的关系，以保护上述任务的完成；联合科技研究力量（包括高等院校的科技力量）、产业界的力量，在政府的统一领导下共同攀登高峰；加强国际交流与国际合作；等等。这些高新科技革命发展中对科技行政提出的新要求，寄厚望于科技行政法律帮助建立新的科技行政关系，并保证调整好这一关系。

第三，每一种高新科学技术的发展，都要求以专门的科技法加以调整。

例如原子能事业的发展，提出了尖锐的原子能安全问题，从选址、建厂、操作、运输到废物处理,都必须有极严格的管理制度,并以法律的强制力作为后盾;信息技术的发展,要求以法律规定计算机及信息的使用条件、目的、程序、范围、管理监督制度,获取信息的合法性条件及正当手段,使用、管理工作人员的挑选和保密规定,对破坏、销毁、窃取、扰乱计算机信息管理制度的犯罪行为的法律制裁办法,等等;生物技术的发展,提出了父母子女血缘关系的界定办法,试管婴儿的家庭身份及亲子、抚养、继承和监护问题的法律调整手段,人工授精与通奸罪的传统规定的关系,脑死亡、安乐死等的合理认识和处理的法律规定。1997年,生物技术的一项重大突破,是成功克隆了"多利羊"与"波利羊"。为规范克隆技术发展带来的一系列问题,也要加紧有关立法。所有这些新技术、高技术的发展,各自都提出了传统的法律甚至以往一般的科技法所不能妥善解决的问题与法律需求,从而要求针对这些新技术、高技术的发展,一一制定新的科技法。

第四,进一步调整国际关系以适应新科技革命推动人类向浩瀚的海洋和广漠的宇宙空间进军而提出新的法制需求。

航天技术的发展,引起了宇宙空间的利用和占有的新的权利义务关系;海洋技术的发展,导致大陆架和海洋资源开发的纠纷日益增多;能源技术的发展又提出了国际环境污染的问题。

总之,从国际到国内,从宏观到微观,从集体到个体,由于科技创新的推进,权利义务关系有了很大的改变。这就为科技法在新条件下发挥特殊作用创造了良好的条件。

(二)科技法对科技创新的特殊作用

科技法对科技创新的特殊作用,主要表现在以下几个方面:

第一,以新的科技行政法调整新的科技行政关系,保证科技创新得到国家科学而合理的政策支持、组织支持和财政等支持。

20世纪60至70年代以来,发达国家纷纷以新的立法来调整国家对科技活动实行领导的机构,使之不断强化、高效化,就是明显的例证。以立法加强全国性的统一的科技领导机构,成了科技法发展的一种新的趋势。例如,苏联部长会议于1966年10月1日发布了《苏联国家科学技术委员会章程》。该章程规定苏联国家科委的主要职能是:确定全国科学技术的基本发展方向;组织跨部门的科技发展工作,并协调各部所属组织的活动;对国民经济各部门的技术水平实行国家监督;组织和监督科技成果的推广。根据这些规定,苏联国家科委就可把新技术、高技术发展的领导权置于自己的掌握之中。

法国总理府曾有科研国务秘书之设,内阁则有科研部、科学技术研究总代表处。1977年12月31日,法兰西共和国政府以《77-1534号法令》(关于技术研究协调委员会的成立),在科学技术研究总代表处下设立了"技术研究协调委员会"。这对协调、管理法国新科技革命的发展起到了重要的组织保证作用。

美国国会于1976年5月11日通过《美国国家科学技术政策、组织和重点法》,对总统下设的科学和技术政策办公室的组织、职能、政策的制定，与其他机构的协调等做了明确的规定，使其得以对新科技革命实行有力的领导。

第二，以针对新技术、高技术部门的专门科技法，保证对该科技部门的特殊科技社会关系做合理调整。

例如，为了促进和保障信息技术的发展，发达国家纷纷制定了计算机法、计算机软件保护法、半导体芯片保护法、数据保密法、计算机犯罪对策法；为了促进和保障新能源科技的发展，许多国家制定了原子能基本法、能源开发法、石油开发法；为了促进和保障生物科技的发展，许多国家制定了基因重组实验准则、种苗法、植物新品种保护法、动物新品种保护法；为了集中科技精英、财力、物力协作发展新技术、高技术，许多国家制定了高技术区建设法；等等。

这些法律由于科学、合理地调整有关部门科技活动中产生的新的科技社会关系，对科技劳动组织集体、科技人员个人的权利义务做了合理的保护，从而大大促进了有关科技部门的发展。

第三，以针对调整新型的科技国际关系的科技法，保证协调国际的科技合作和防止科技纠纷、环境污染和生态失衡。

这在国际空间法和海洋法方面，有比较突出的反映。联合国于1967年1月27日通过的《关于各国探测与利用包括月球和其他天体在内的外层空间活动所应遵守的原则条约》（简称《外空条约》）；1968年4月22日通过的《关于援救宇宙飞行员，送回宇宙飞行员及送回射入外层空间物体的规定》（简称《援救规定》）；1979年12月5日通过的《指导各国在月球和其他天体上活动的协定》（简称《月球协定》）；1975年5月21日签订的《关于播送由人造卫星传播的载有节目信号公约》；1982年签定的《联合国海洋法公约》；等等。这些科技国际法，对空间与海洋新技术、高技术的发展，都起了积极的作用。

除以上三方面外，特别值得指出的是，新科技革命的发展，还使得科技法与刑法、婚姻家庭法发生了更深更密切的关系，使科技法不仅负有调整科技行政关系、科技民事关系与科技国际关系的任务，而且承担起调整科技刑事关系的任务。计算机犯罪对策法（或惩戒法）等的制定，就是一种明显的表现。这不仅扩大了科技法发挥作用的范围，也使科技法的形式得到了发展。

除上述对科技发展的"本位作用"外，法律手段还有其"移位作用"，即前文提及的法律手段作为行政、经济、思想教育手段的后盾的作用，以及它直接作为思想教育手段的作用。这里，以法律手段对经济手段的作用为例做一说明。笔者在《市场经济应是法制经济》[①]一文中曾发表下述意见：

---

① 《文汇报》1993年3月13日。

即使在资本主义社会制度下，市场经济也应是法制经济。资产阶级经济学界占有权威地位的美国学者萨缪尔森，曾详尽探讨过资本主义国家的经济。他指出，市场经济"不是混乱而是经济秩序"，"竞争的市场和价格制度……不是一个混乱和无政府的制度。它有一定的秩序，是有条不紊的"。这里的"一定的秩序"，是由资产阶级政权制定的多如牛毛的、网罗严密的、钢铁一般的法律法规加以维护的。如果没有严格的严密的法律，资本主义国家的市场经济一天也不能存在。因为在那里贪得无厌的剥夺者无时无刻不觊觎着立法和司法上疏忽之处，而若出现了法制的"真空"或"黑洞"，当然是他们趁火打劫的"天赐"良机。

由于萨缪尔森研究的是经济发展的内在规律，所以他较少谈及经济与法律的关系。但从他长达1284页的巨著《经济学》中，我们已可概括出这样几个观点：其一，正是法律规定了经济制度、财产制度、分配制度等一整套社会经济关系；其二，正是法律制约着违反经济关系、经济秩序的事件搅乱整个社会经济的发展。这些观点虽然出自资产阶级学者的著作，但并不可因此而低估了它所包含的合理性。

我们所得到的启示是，社会主义市场经济更应是法制经济。也就是说，社会主义市场经济应有其良好的外部法律环境和坚实的内在法律基础。

没有一定的良好法律环境，任何社会生活都不能正常进行，这是不言自明的。那么，社会主义市场经济的内在法律基础主要是指什么呢？

1. 社会主义市场经济体制性质的法律定位

有一种误解（或故意歪曲），似乎讲"不要被姓'社'姓'资'的抽象争论束缚住自己的思想和手脚"，就是打开"资"门，因而资本主义制度下司空见惯的尔虞我诈、弱肉强食、巧取豪夺，都可成为社会主义社会中的"经天日月""行地江河"，任我爱怎么干都是"理所当然"的了。

江泽民同志在《在中国共产党第十四次全国代表大会上的报告》中明确指出："社会主义市场经济体制是同社会主义基本制度结合在一起的。"这一重要命题的主要内涵有三：其一，在所有制结构上，以公有制为主体，国有企业要在平等竞争中发挥主导作用；其二，在分配制度上，以按劳分配为主体；其三，在宏观调控下，要把人民的长远利益、整体利益与当前利益、局部利益结合起来。因此，一切损害公有制经济的主体地位、国有企业作用的主导性、按劳分配原则的主体性，损害人民的长远利益与整体利益的举措，都是对我国市场经济的社会主义性质的否定，都应为法律所严格禁止。

2. 社会主义市场经济体制下的法定财产制度

一切经济活动的出发点与归宿都在于取得经济利益，形成一定的财产归属。

资产阶级的口号是"私有财产神圣不可侵犯"，与之截然对立的口号是"公有财产神圣不可侵犯"。有学者认为，社会主义国家也应承认"私有财产神圣不可侵犯"。笔者以为，财产，只要是以非法手段取得者，都必须依法重新处置，只有依法取得的财产，才可以是"神圣不可侵犯"的。因此，在社会主义宪法上应当书写的是"依法取得的财产神圣不可侵犯"。只有当社会主义市场经济体制具有这一内在法律基础时，它的健康发展才能得到保障。因为只有产权界限的明确划分，财产归属的正确与明确认定，才能激发进一步创造财富的热情，才能赋予财产所有人以安全感。也只有当社会主义市场经济具有这一内在法律基础时，一切假公济私、或明或暗的巧取豪夺才能得到有效的法律制裁。这是因为法定的财产制度是对诸如"一平二调"、化大公为小公、化公为私等等的绝对排斥，而明明暗暗地巧取豪夺也必将受法律的追究。

3. 社会主义市场经济体制下的法定经济关系

这里的"经济关系"既包括宏观的，如不同所有制经济之间的关系、不同所有制企业之间的关系、国际经济交往关系等等；也包括微观的，举凡一切具体经济交往活动中发生的关系，都在其列。当然不可能为一切具体的经济关系一一制定法律法规予以明确认定，但是完全有可能以法律形式肯定有关经济关系的法律性质、法律特征、法律地位、法律作用、法律权利、法律义务；确定维护和保障有关经济关系及上述诸多侧面的法律原则和法律手段；明确破坏或损害法定经济关系的法律责任与制裁措施。

4. 社会主义市场经济体制下的法定经济秩序与经济活动规则

经济活动必须遵循公认的科学合理的秩序与规则，才能达到预期的目的，产生预期的效益。尤其是在当今无限丰富繁杂的经济规模下，无序的多种规则并存的经济活动，必定造成市场混乱。轻则少数唯利是图者乘虚而入、浑水摸鱼成为暴发户；重则往往导致整个社会的经济崩溃。

由于我国改革的进程是逐步发展、渐趋成熟的，因此，我们曾经不得不面对两种经济体制即计划经济体制与市场经济体制并存的局面，这就严重地影响了经济活动的有序性与规范化。今天，当大政已定，方向已明，要坚决地转轨到单一的社会主义市场经济体制上去时，以明确的法律来规范经济秩序、确定经济活动原则，已是"题中应有之义"了。

上述四者，毫无疑问都提出了加紧社会主义市场经济立法的法制需要，同时也表明社会主义市场经济尤应成为法制经济，它不仅要求加紧切合市场经济发展的立法活动，而且要求相应地加紧司法建设。可以预期，当市场经济立法与司法都得到高度重视、切实加强、同步发展而且有效实施时，我国的社会主义市场经济建设就可计日程功、兴旺发达了。

如上所述，几可断言，离开了法律手段，经济手段根本不可能发挥作用，其中包括不可能有效地对科技创新发挥作用。

有鉴于上述情况，我们认为，为了实现科技创新，首先，必须综合运用行政的、法律的、经济的和思想教育的手段。四者不可或缺，不可偏废，都应同样重视，同样加强。第二，必须充分调动法律手段的多重功能，使之更好地为科技创新服务。为此，必须借鉴发达国家的经验，加强科教立法，重视科教立法与科教司法、守法的同步发展。

三、科技创新与科技社会关系的法律调整

1. 科技社会关系的复杂性、动态性、具体性、矛盾性与调整需求

前面我们阐述了科技社会关系的一系列问题。在谈及这些问题时,一般都是从简单的、静态的、抽象的、协调的角度来考察的。但在实际生活中,科技社会关系却是复杂的而不是简单的,动态的而不是静态的,具体的而不是抽象的,充满矛盾而不总是协调的,在现代社会中更是如此。

也许当代社会中还有极个别科技人员仍过着幽居独处的生活,终年厮守他的几本书、几件简单的仪器,鼓捣着他的"科研",似乎与世无涉,也就无"科技社会关系"可言。其实,不仅在社会生活中,而且在科技活动中,都不会有什么鲁滨孙。一切都是"千人糕"。因为人们的科研课题必须是取之于社会、取之于前人、有所继承的;他的"简单的仪器"多半也是由社会提供的;他如果有什么科技成果,并想得到社会的评价(不管是正评价还是负评价),也就与社会发生了联系,产生了某种关系。只要我们略微审视一下当代的科技活动、当代绝大多数科技人员的科研状况,就很容易发现:全世界各国千千万万科技人员被组合在万千个科技劳动组织里,被控制在形形色色的科技劳动管理机构中,相互之间存在着千丝万缕的联系,发展着繁复多样的关系。这是一张无比复杂的巨大的网。随着科学技术的飞跃发展,尤其是在科技创新活动中,这张"网"的国际性、复杂性将越来越明显,其中的矛盾、"风波"也会越来越层出不穷、复杂多样。科技人员个人之间的权利之争,科技人员与科技劳动组织之间的瓜葛,科技人员、科技劳动组织与科技劳动管理机构之间的摩擦争议,一国与他国科技人员、科技劳动组织之间的权利义务关系等等,都会成为"网"的一部分。

科技社会关系可以作为静态的社会关系来考察分析,但这只是"截取"运动中的科技社会关系一个"横断面"作为考察对象,而且仅仅是为了分析的方便而采取的措施。科技社会关系是动态发展的社会关系,不仅从它的总体的漫长的历史发展来看是如此,而且从个别的具体的科技社会关系的发展来看也是如此。某甲与某乙签订了一份科技合作合同,合同存续期间,如果发生了违约情况,合同被破坏,双方的权利义务关系发生变化,也就产生了这一特定的科技社会关系的明显变动。即使双方都很好地遵守合同,我们也应视此一科技社会关系在动态发展,因为合同规定的双方的权利义务正处在逐一履行的过程中。至于无限复杂的科技社会关系网的动态发展,更是不言而喻的了。

科技社会关系总是具体的而不是抽象的。世界上找不到一种独立存在的抽象的科技社会关系。正如我们可以手托一只苹果、嘴啃半片西瓜而不可能吃既非苹果、西瓜又非杨梅、杏子等等的什么"水果"一样,我们面对的也总是一个个特定的具体的科技社会关系,而不可能面对任何非具体的"科技社会关系"。当然,作为思维的对象,可以"剔去"具体事物的具体性而当作一种抽象物来考察,而且也非这样做不可,否则就不可能形

成概念做出判断进行推理。但这只是在思维中进行的事情。神游八极，心骛四海，这只是人脑的"内省"。一旦进入现实社会生活，面对的就必须是有待协调处理的形形色色具体的科技社会关系，而这些社会关系是动态地发展着的，权利义务之争会使之时而风平浪静，时而风云突变，时而波涛险恶，时而惊雷大作、风雨交加。也就是说，科技社会关系不总是和谐协调的，矛盾、冲突总是充斥其间。

现实生活中科技社会关系的复杂性、动态性、具体性与矛盾性，产生了调整科技社会关系的要求。

2. 科技社会关系的法律调整的定义及其含义

科技社会关系的法律调整，是指以法律手段来调节科技社会关系，使之协调发展从而有利于科技进步与科技创新。根据以上所述可见其主要含义是：

其一，科技社会关系的法律调整的对象是科技社会关系。述说这层含义似乎是赘言废语，其实不然，我们略为详尽地加以说明。概念本身蕴含着某种判断。"科技社会关系的法律调整"这一概念本身就蕴含着调整对象为科技社会关系。但概念自身蕴含的判断，必须阐明才易于为人了解，所以，下定义时应予揭示。我们说"科技社会关系的法律调整的对象是……"，就旨在揭示"科技社会关系的法律调整"这一概念自身所蕴含的内容。但对这一点，有不少人并不明白。一些科技法学著作和许多科技法学论文中，都出现"科技社会关系的法律调整指的是以法律手段调整科学技术进步"一类的断语。这显然是错误的。从法理学上来看，是把法律调整对象的理论搞错了。法律手段的调整作用是发生在社会关系上，所谓"法律是调整社会关系的……手段"是也。从科技法学上来看，其错误是否定了"科技社会关系的法律调整"这一概念本身，因为按照"……调整科学技术进步"的说法，就只能是给"科学技术进步的法律调整"这一概念下定义了。

强调"科技社会关系的法律调整的对象是科技社会关系"这一层含义十分重要，它可以帮助我们正确把握法律调整的"对象"而不致发生偏差或"越轨"。这一点的具体作用就在于，可以使我们集中全部注意力于"科技社会关系"上，而一旦"理顺"科技社会关系，科技进步就是必然会到来的事情了。反之，离开了对科技社会关系的调整，不但有关法律无所作为，而且从根本上说也不可能。

持"对象为科学技术进步"论者中，有些人以科技规范法为依据，认为科技规范是直接调整科学技术的（如计量法规定的计量要求，《秦律·工人程》中规定的尺之短长、斗之大小等等），从而认为"科技社会关系的法律调整"这一概念至少指明法律调整的部分对象为"科学技术"。但应指出：科技规范法调整的不是人与自然的关系，而是人与人的关系即社会关系。

其二，科技社会关系的法律调整的工具是法律手段。"法律手段"是一个内涵明确、外延甚广的概念。其内涵是：以法律为凭借的手段；其外延是：立法手段、司法手段、执法手段和守法手段。而有的科技法学文论谈到科技社会关系的法律调整时，认为经济手段、行政手段也是调整工具。这包含着明显的逻辑错误。绝不能把经济手段、行政手段等与法律手段混为一谈。

其三,科技社会关系的法律调整的目的是使科技社会关系和谐协调,从而有利于科技进步、科技创新。这里有第一层次的直接目的和第二层次的间接目的。直接目的与间接目的不能混淆。有的科技法学著作将两者混淆起来,甚至将间接的第二层次的目的前置为直接的第一层次的目的,认为法律所调整的首先是或简直就是科学技术,这当然是错误的。

科技社会关系的法律调整是科技社会关系调整的最有力手段、最高手段,然而不是唯一手段。科技社会关系调整也有一个"综合治理"。为了调整好科技社会关系,除应求助于法律手段外,同时还应充分运用其他手段,而且要把各种手段的运用有机地综合起来,庶几才有望达到科技社会关系调整的最佳效果。

(一)科技社会关系的法律调整的历史发展

为了深入了解科技社会关系的法律调整问题,我们应探讨它的历史发展过程。

科技社会关系的法律调整是从它的行政调整、经济调整、道德调整发展过来的。人类社会最初的科技活动十分简单,"纯洁""高尚"的道德调整就可使在这种简单科技活动中建立起来的科技社会关系比较协调和谐。随着社会的发展,一般的道德调整逐渐为经济调整所渗入,即有关的科技社会关系逐渐地开始建立在经济利益的基础上,其间产生的矛盾也就用经济方法加以解决。但经济解决方法往往得不到落实、兑现,于是有时便求救于行政手段。这样,行政调整又渗入了经济调整,以至有时行政调整成了重要的、主要的手段。但在进行经济调整、行政调整的同时,并不排斥道德调整。

如上所说,在法律调整出现之前,调整科技社会关系的最强手段便是行政调整。由于当时高级的科学家、技术人才、能工巧匠大多为皇宫所掌握、控制,被搜罗集中在宫廷里从事研究开发,因此少数的行政官员用简单的行政命令即可实施管理,即可进行简单的科技社会关系调节。但越到后来,由于中央所聚集的科技人才队伍越来越庞大,地方官府也开始网罗人才从事科研开发,或因承接中央政权指定贡献的器物而不得不网罗人才统一工艺、划定规格,民间科技交流、合作事项也逐渐有所发展。因此,科技社会关系随着层层问题、重重矛盾的出现,权益纠纷,也越来越复杂化,仅凭行政调整就显得越来越困难了。主要的困难在于:第一,有关的行政命令因人而异,不同的科技行政长官(中央与地方的、不同地方的、不同时期同一地方的长官)可能就同一事项发出不同的指令;第二,行政命令的强制性有一定的限度;第三,行政命令的权威性因行政长官的级别而有所不同。也就是说,科技行政长官的行政调整缺乏总体上的权威性、高强制性、普遍性与稳定性。这样,部分科技行政命令就逐渐演变成了调整科技社会关系的法律规定。后来,这种法律规定涉及的领域越来越多,覆盖面越来越广,终于导致整部整部的科技法的出现。

科技社会关系的法律调整是一个由简单到复杂、由低级到高级、由约束机制到激励机制的发展过程。

1. 从简单到复杂的发展

由简单到复杂的发展过程，主要表现在从最初的具体科技社会关系的个案处理逐渐发展到普案处理；从个别科技部门法发展为科技法的网络、科技法的体系，从科技行政关系的法律调整发展到科技社会关系的全面的法律调整。以原子能法为例，最初出现的原子能法主要用以防止放射性物质的危害，它涉及原子能研究机构以及原子能产业的选址、废弃物的处理、埋藏等，后来则扩展到发展原子能事业中必须调节的各种科技社会关系。现在，日本仅与原子能发电有关的法律，如下所示：

（1）基本法：《原子能基本法法》；

（2）行政法：《原子能委员会与原子能安全委员会设置法》；

（3）反应堆管理等：《核原料、核燃料、反应堆管理法》；

（4）防止放射性危害：《防止放射性同位素引起的辐射危害法》《防止辐射危害的技术基准法》；

（5）劳动安全：《劳动安全卫生法》；

（6）核损害赔偿：《核损害赔偿法》《核损害赔偿补偿合同法》；

（7）促进电源开发：《电源开发促进法》《发电设施周围地域整备法》《电源开发促进税法》《电源开发促进对策特别会计法》。

可以看出，仅仅为了调整原子能事业发展中的科技社会关系，第一，必须有一整套的法律；第二，它应是从宪法规范直到金融、税收、环保等各个环节都予支持的法律体系；第三，其中所有的法律规定应形成有机的统一的整体。这当然与人类社会最初的科技法律规范大大不同，也与近代的个别部门的科技法有很大的不同了。这"不同"，显示出了科技社会关系法律调整之从简单向复杂的发展。

2. 从低级向高级的发展

科技社会关系法律调整之从低级向高级的发展过程，主要见诸：

（1）调整内容方面从单一调整向综合调整发展。

最初的科技社会关系法律调整大致主要是宫廷内科技行政管理官员以简单的法律规定调节与科学家、技术人员、能工巧匠们的关系，而且主要是集中在以科技规范的法律标准来处理有关的关系。《秦律·工人程》规定手工业工场人员定额，如技术不熟练的冗（杂）隶妾二人等于一名技术熟练的工匠；在一定期限内参加生产的更隶妾四人等于一个技术熟练的工匠；劳动时间短的冬天，三天等于劳动时间长的夏天两天的劳动定额；等等。又如《秦律·司空律》规定修缮一辆大车，用胶一两、脂三分之三两（八铢）等等。现在，有关科学技术人员定额以及用工、用料等的规定仍然比比皆是，同时，调整科技人员之间、科技人员与科技劳动组织之间、科技劳动组织与科技管理机构之间的法律规定，用于处理科技发展可能带来的消极后果的有关法律规定，用于保证风险科技活动中科技人员权益的法律规定，等等。总之，凡是有涉科技活动中的科技社会关系者，差不多都有了相应的法律规定来加以调整了。

（2）调整手段从片面向全面发展。

科技社会关系的法律调整有立法调整、司法调整、执法调整与守法调整等手段。其中，科技社会关系的立法调整，是从判例法调整向制定法调整发展的；司法调整是从行政长官司法向专职司法人员司法发展过来的；执法调整是从与司法调整混成一体而后独立出来的；守法调整，则是随科技人员认识水平的提高与法律意识的增强而发展起来，并且在将来会成为主要的调整手段。而所有这些手段之全面地、综合地加以运用，同样是随各种手段渐臻成熟而出现的。

3. 从制约机制向激励机制发展

科技社会关系法律调整之从制约机制向激励机制的发展，主要见诸科技法发展的实际状况。最初的科技法大多是限制性的、约束性的，如前文所引《秦律·工人程》《秦律·司空律》中的规定，就是约束性的。试想，冗（杂）隶妾或更隶妾一定是技术不熟练的吗？如果其中有的手巧心灵、慧眼独具因而技艺进步很快又怎么办呢？没有规定。又设想，劳动时间较短的冬天完成定额一定较少于夏天吗？如果因为技术熟练反而比劳动时间长的炎炎夏日完成定额更多又怎么办呢？因此，诸如此类限制性、约束性的法律规定不是以调动科技劳动者的积极性为机制的，即不是一种激励机制，而是一种约束机制。专利法制的出现可说是激励机制成熟的一个里程碑。1474 年威尼斯共和国官方颁行了专利法，该法在注重发明的实用性和新颖性的前提下，给发明人以专利权，承认其拥有十年的独占权。1624 年，英国议会制定了《独占条例》（Statute of Monopolies），确定了只对真正的并且又是最先的发明人才能授予专利权的原则。后来，德国著名的专利法学者柯勒①称该条例为"发明人权利大宪章"。现在，人们已普遍认识到专利法是浇在"天才之火"上的"利益之油"。这些，都说明专利法的巨大的激励力量。新中国在 1984 年前无专利法，一般的奖励手段对科技人员积极性、创造性的调动十分不力。自从 1984 年颁行专利法后，专利发明犹如雨后春笋到处出现。科技法的激励机制不仅表现在专利法上，而且表现在技术合同法、税法、金融法、信贷法等等上面。现在，正面临着科技社会关系的法律调整从约束机制向激励机制全面转轨的过程。

（二）科技社会关系法律调整的性质与特点

科技社会关系的法律调整的特点源于它自身的性质。科技社会关系的法律调整的性质是相对于其他社会关系的法律调整以及相对于科技社会关系的其他调整手段而言的，它也反映在科技社会关系法律调整的特点上。因此，科技社会关系的法律调整的性质与特点是

---

① 柯勒（Joseph Koler，1849—1919），新里格尔法学派早期代表人，曾任法官、柏林大学教授等。

一而二、二而一的问题，我们就把两者"放在一个锅子里煮"，等量齐观地相提并论了。

1. 权威性与探索性的统一体

科技社会关系的法律调整是权威性与探索性的统一体。

权威性是法律调整的重要特性之一，科技社会关系的法律调整当然具有一般法律调整的权威性。这种权威性表现在它的神圣不可侵犯上，表现在人人必须遵守上。我国宪法规定："国家维护社会主义法制的统一和尊严。""一切国家机关和武装力量、各政党和各社会团体、各企业事业组织都必须遵守宪法和法律。一切违反宪法和法律的行为，必须予以追究。""任何组织或者个人都不得有超越宪法和法律的特权。"（第五条第一、三、四款。）其他各国的宪法与法律也做了大致相同的规定。这表明了法律调整，其中包括科技社会关系法律调整的绝对权威性。这也是法律所设定的"禁区"。"禁区"如同"雷池"，令行禁止，任何人"不得越雷池一步"。《文汇报》曾讨论过"突破法律禁区"的问题。有人认为，时际改革攻坚阶段，必要时可以突破法律禁区，这是对法律的彻底无知。法律之成为法律，其根本特性之一就是它的权威性绝不允许侵犯，侵犯即为非法，要受法律制裁。既可"突破"，就不成其为法律了。当然，法律的稳定性往往流为"惰性"，要修改法律得经历一个费时耗日的过程。如果改革急需新的调整而法律又跟不上该怎么办呢？方法大致有三：一为尽快修正；二为由立法机关授权在局部地区试行新的办法，包括试行新的法律手段；三为司法机关的判例"立法"。但泛谈"突破"，是不允许的。

科技社会关系的法律调整另有它的探索性。科学研究是人们对客观世界及其规律性的探索活动，在大多数情况下，都不是一次性地完成的。技术开发则是应用科学知识于技术操作，探索新的方法、新的手段以实现改造世界的目的。技术开发大多也不是一次性地完成的。由于认识能力的局限与偏差，由于方法不对或设备、仪器不够精良，科技活动的探索性还包含着风险性，有时这种风险性还是相当严重的。与科技活动的探索性与风险性相联系，在科技活动中形成的具体科技社会关系的现状、发展方向与发展规律，也不易被人们从一开始就透彻认识。因此，有关调整这些社会关系的认识，也不可能从一开始就十分科学、合理、准确、周密。影响所及，为调整这些社会关系的法律措施，就具有一定的探索性质，而不是绝对无问题、无漏洞、无可改进的。它可能被实践证明为正确，然而长久推行了也可能被实践证明为错误或有这样那样的欠缺，那就要及时修改、补充。美国和英国、联邦德国、日本等国在20世纪70年代中期制定的DNA分子重组实验准则，就是探索性科技法的例子。这些国家后来都纷纷修改了有关的"准则"，有的国家所做的修改多达5次以上。根据有关的"准则"，日本采取物理封闭[①]、与生物封闭[②]两种封闭方法的配合，力图阻止DNA重组体向实验室外传播扩散，力求确保实验的安全性。据日本学者

---

① 物理封闭指通过实验室、设备的适当设计来管理封闭活细胞。
② 生物封闭指选择在培养装置外生存困难的活细胞用于实验。

乾侑报告，日本1987年前进行了P1级（无危险性实验）、P2级（不太有危险性的实验）、P3级（有相当危险性的实验），而当时日本的化学研究所还计划在筑波科学园区进行P4级的实验（最有危险性的实验）。这引起了当地居民的抗议，筑波城的议会因此通过了反对P4级实验的决议。① 一些有识之士指出，重组DNA分子的实验尽管采取了双重封闭措施，但仍有相当大的危险性。这些危险性主要是：被重组的杂种DNA的宿主细菌发生变化，可能导致对病原或治疗的抗性；遗传学家通过以抗生素抗性的遗传基因为实验指标，直到变成无抗性的毒性细菌以前，将使它的作用继承下去；有向产生白喉和霍乱等疾病和脱肠杆菌之类可怕毒素的细菌转换的危险；在研究中，遗传基因通过重组而获得的细菌不能保证不将还没被确认的遗传基因一起搜集起来。这样，如何协调好DNA分子重组实验的科技活动中科技人员之间、主管的科技行政机构与当地居民之间等等的关系，就成了一项具有探索性的法律课题。一方面是为了推进科技发展必须组织实验，另一方面是要确保无社会危害性。其间的科技社会关系的法律调节，也就既有法律的权威性，同时有一定的科学探索性。这种探索性体现在，一方面，有关法律可能采取比较保守的稳妥的规定；另一方面，预留了一些可以适时修正、删改、补充的余地，从而使有关的探索有较大的成功把握。与DNA分子重组实验准则的反复修改相似，原子能法、著作权法、专利法和其他科技法的修改，一般都比其他非科技法的修改频繁。在这一方面，刑法、民法是相当明显地不同于科技法的。刑事关系、民事关系是无数多次地重复出现，因而久已熟知的社会关系，其法律调整方法也无限多次地重复着，经验极为丰富。因此，具体国家的具体刑法、民法自身的"探索性"成分就相当少。数千年前的罗马法至今仍是西方国家调节民事、经济关系的基本法律规范；苏俄1917年十月社会主义革命成功后仍然沿用旧民法典，直至1922年才制定新的苏俄民法典；波兰等国直至60年代仍沿用旧民法典；适应市场经济发展的我国民法通则的基本原则也与罗马法的主要原则相符等等，这些都是民法很少"探索性"的表现。刑法方面也大抵如此。

既然科技社会关系的法律调节具有一定的探索性，那么，一方面它不同于民法、刑法等其他部门法，从而显示了科技法的特点；另一方面，也使得科技法的权威性与民法、刑法等其他部门法的权威有所不同。民法、刑法的权威性是绝对的"不可侵犯"的，因为它本身就是现阶段的"真理"；科技法既然具有探索性，那么，它的真理性就必须随着科技活动及科技社会关系的变化而变化。因此，从服从真理、服从客观规律、服从科学的根本原则出发，在科技司法、执法中就必须有相对的灵活性。这样的新判例的形成，往往就可能突破科技法既定规范的"禁区"，从而为科技法的修改开辟道路。但它的前提是严格遵守现行科技法，不是"突破"现行科技法本身；而只是在不违反现行科技法的前提下，合理地形成新的判例。

---

① ［日］乾侑：《日本科技政策》，葛化东译，科学技术文献出版社1987年版。

关于科技社会关系的法律调整的探索性特征，也有不少论文提到过，但其论述是不正确的。例如有人这样写道：科技法"调整范围的探索性。因为科学是人们对客观世界（包括自然与社会）规律性的认识，这种认识不可能一次性完成，所以它带有探索性"。这里的"它"代指"科学认识"。说"科学认识"带有探索性，与说科技社会关系法律调节的探索性，是互相联系却又截然不同的两回事。撇开这类语义含混不说，论者的意思是："科技法对科技活动的调节具有探索性。"这一论述其实正好暴露了论者的理论认识的严重偏差，因为任何科技法都不直接调整科技活动，而是通过调节科技社会关系来间接地调节科技活动。值得指出的，笔者在《科技法学导论》中谈到这一点时曾经写过："……这一论述其实也是不对的，因为科技法除由科技规范转化来的那部分外，都不直接调整科技活动。"①这一提法实际上等于承认有部分科技法是直接调整科技活动的，是关于科技社会关系法律调节理论不彻底的表现。现在看来，有必要加以修正。应当明确地认定：一切科技法都只调节科技社会关系；只是通过调节科技社会关系才达到以科技法调节科技活动的最终目的。

2. 普遍性与特殊性的统一体

科技社会关系的法律调整是普遍性与特殊性的统一体。

普遍性也是法律调整的重要特性之一，民法、刑法、行政法、诉讼法等等，都以其覆盖全国、囊括一切领域的有关法律问题而呈现其普遍性的特点，从而与一般的行政调节、道德伦理调节、宗教调节、经济调节相区别。科技社会关系的法律调整当然也具有一般法律调整的普遍性。但是科技社会关系的法律调整却同时还有其特殊性。这里的特殊性是指：其一，特定领域科技社会关系的法律调整；其二，科技社会关系的积极法律调整与消极法律调整；其三，科技社会关系法律调整的即时性与历时性；其四，科技社会关系法律调整的制定法性与判例法性；其五，科技社会关系法律调整中科技专家的有效干预；等等。现在我们略事阐述一下上述特殊性。

第一，特定领域科技社会关系的法律调整。

信息技术立法调节就是一个相对特殊的领域。信息技术出现之初，有关法律调节是包容在著作权法之内的，但不久即发现仅有著作权法的调节已无法对付由此而产生的一系列新型社会关系方面的问题。信息技术的发展具有三个特点：一为信息技术的发展速度比传统技术的发展速度快得多。以计算机技术为例，1946年至1957年，第一代计算机的运算速度为每秒几万次；1958年至1964年，第二代计算机的运算速度为每秒几十万次；1965年至1972年，第三代计算机的运算速度为每秒百万次至千万次；1973年迄今，第四代计算机的运算速度为每秒几亿次；现在以每秒几十亿次速度运算的第五代计算机正被研制出来。二为信息技术的发展对其他技术具有强烈的渗透性。如传统产业引进信息技术成果，

---

① 《科技法学导论》，四川人民出版社1990年版。

使老企业得到改造,机械加工中普遍采用数控机床、加工中心等自动化设备、机器人柔性加工系统,甚至无人化工厂也出现了,社会的生产方式因而出现了极为深刻的变化。三为信息技术的发展对社会管理和公众生活产生了很大的影响。各种各样的信息系统不仅应用于一般的社会管理,而且应用于社会治安、金融、保险以及社会服务,甚至深入到家庭之中,引起家庭事务的自动化,使传统的家庭观念受到强烈的挑战。这一切,引起了一系列新的社会关系的法律调节问题,其中主要为:(1)随着计算机系统的网络化和大型数据库的建立,个人信息机处理的实现使得某些机构和个人能轻而易举地收集、存储和处理个人信息,从而产生了隐私权等人权保护问题。(2)由于计算机系统的网络化,诸如金融管理系统、社会保险系统和档案系统等社会管理计算机系统的出现,一方面便利了人们的日常生活,另一方面却也产生了利用计算机密码盗窃银行存款和国家机密的犯罪问题。(3)数据的国际流通、卫星通信和卫星电视直播,在国际社会关系上带来了保护国家主权的一系列问题。涉及国家机密和商业机密的数据的国际流通,对所有国的主权、政治与经济利益无疑将产生权益方面的问题。[①] 上述一系列问题是著作权法所不能充分、有效、有力地加以调节的,甚至是不可能调节的。这样,就出现了以信息技术立法加以调节的需求。于是,信息技术立法调节(随之当然有信息技术司法、执法、守法调节)就成了相当特殊的领域。但信息技术立法调节与著作权法调节又是一致的,因此,就有了著作权法的普遍性与信息技术各法的特殊性的有机统一问题。

这里,考察一下日本科学技术基本法的制定历程是十分有意义的。1960年10月,日本科学技术会议对内阁咨询第1号所做答询中指出,以10年后为目标的科学技术振兴的综合基本方针中应有关于科学技术基本法的研究;其后,有关方面提出了科技基本法的四个法案草稿。1965年8月,科学技术会议参考各家方案而带总括性地提出的法案中包括了如下重点:不仅自然科学,而且包括人文、社会科学的全面科学和技术均应成为科技基本法的法律调整领域。但在1966年5月,有关方面提出的科技基本法方案中,却来不及把调节人文科学、大学的研究的立法意见包括在内,其原因是文部省与科学技术会议意见不一,前者认为不应将人文、社会科学研究包括在法案之中。日本政府于1968年2月提交第58次国会的法案则干脆在《前言》中指明"科学技术"(和人文科学有关者及大学研究有关者除外)。由于是否把人文、社会科学包括在法案之中各方面意见的不一致,从第58次国会审议到1968年12月的第60次国会都未取得结果,于是成了废案。这是一个科技社会关系法律调整的普遍性与特殊性未能统一的典型例子,从反面说明了这种统一性的存在。

第二,积极法律调整与消极法律调整。

[①] 张绍坤:《发达国家的信息技术立法》,载国家科委政策法规司、上海社会科学院法学所编:《科技立法研究文集(二)》,科技文献出版社1990年版。

随着社会的进步，科技社会关系的积极法律调节将越来越占主要的地位。笔者在《发达国家新技术革命立法总论》[①]一文中考察了发达国家"高度重视科学技术立法""科技进步的基础性立法""高技术立法"与"促进高技术发展的其他法律调整手段"等，几乎每一部分、每一小点都谈及了科技社会关系的积极性法律调整问题。举其大者计有：

日本以齐全完整、环环相扣、匹配成龙的法律，并以有法律效力的各种"制度""计划"与法律法令结合来促进科学技术的发展；各国纷纷在宪法中规定了科技进步的优先地位；为保证科技进步而在有关立法机构方面采取积极的法律措施；为保证科技进步而对科技进步领导机构进行积极立法；为保证科技进步而在科技研究机构的方法方面采取积极步骤；为科技进步而积极进行政策性立法、规划性立法、刺激性立法、企业科技进步立法以及综合性的科技进步促进立法；科技进步的基金立法（包括基金会立法、拨款立法、奖励性立法）；等等。

我们以美国合同法的某些演变来具体说明随着社会进步，科技社会关系的积极法律调整越来越占主要地位的问题。

美国学者认为，政府所制定、组织和领导的研究和发展规划构成一个庞大的整体，合同法、专利法、税法等是用来实现规划的"动员的手段"。由于政府、企业界和高等院校及科研单位之间的分工意味着相当大的一部分研究与发展，是通过联邦政府与大学、研究机构或私营企业签订政府科研合同的形式进行的，因此，合同法就具备了特殊的促进高技术发展的意义。但合同法仅仅规定了合同的要求、签订合同的程序、违约的法律责任等问题，合同本身的促进科技进步的效率是合同法所不能企及的。因此，美国的学者对合同制度进行了深入的研究，从而使合同法的效能大大提高，为高新技术的发展起了重要的作用。

美国学者对合同法的这一方面研究始于1962年，此后即根据研究成果采取了一些新的合同形式，收到了良好的效果。过去，科技合同最普遍的形式是向研究和发展的科技成果卖主偿还其成本，并付给固定的利润。这种合同被称为"成本加固定利润合同"。在这种合同制度下，最后结算的成本往往大大超出预先估计的数字；这种合同也并无鼓励卖主改进科技成果的质量或减少延期交货的积极措施。不少部门利润不足，因为利润取决于最初的成本估算。1956年平均利润为生产成本的6.3%，1963年下降至2.9%，失去了对科技开发承包人的刺激作用。据哈佛商学院1963年出版的M.J.佩克和F.M.谢勒著《购买武器过程的经济分析》透露，美国12种武器体系的最后成本达到预计数字的三倍；核动力飞机试制计划15年努力，花费10亿美元，由于未获得使反应堆臻于完善的性能，不得不在1961年一度放弃。这样，1961年以来"成本加固定利润合同"的签订数量大幅度下降了。1960年至1961年，这类合同占国防部所签订合同的38%，而1964年只占不到

[①]《科技立法研究文集（二）》，科技文献出版社1990年版。

12%。这时，另一些合同形式逐渐成了主要的合同形式，这就是"固定价格合同"与"奖励合同"。

在"固定价格合同"中，签订合同时规定一个价格，该价格在整个合同履行期间始终有效，成本如发生变化概由承包人负责。这就要求卖主进行严格的成本核算，要求政府在估价时判断准确。这种合同对卖主的刺激在于，在承担成本上升的风险的同时，可望通过降低成本的努力获得较高的利润。此类合同在1961年财政年度占国防部合同的31%，1964年上升至48%。

"奖励合同"有多种形式，如"固定价格加奖励""成本加奖励及利润"。后者不规定最高价格，像"成本加固定利润合同"一样照付成本，但双方事先商定最低利润与最高利润。在利润低于最低利润或高于最高利润时，利润与"成本加固定利润合同"一样，并不随成本而变化。利润在二者之间时，则按一个分成比例变化，以便为卖主提供奖励。例如某项合同的估计成本为1000万美元，估计利润为75万美元，最高利润为135万美元，最低利润为3万美元，分成比例是85比15，如果最后成本是900万美元，则节约成本100万美元。从节约的成本中，卖主提取15%的额外利润，政府则支付成本和估计利润以及新的额外利润（总计为990万美元）。这样，政府就节约了85万美元的估计成本，它所支付的金额不是1075万美元，而仅仅是990万美元。由于"奖励合同"具有强大的刺激力，1961年以来迅速推广发展。美国航空与航宇局1960年这类合同的总额为10万美元，1963年达4.21万美元。同期，国防部签订的这类合同的金额也上升了一倍。这种合同的优点在于鼓励卖主降低成本，加快工作进度，提高科研成果的质量。1963年7月，美国国防部长麦克纳马拉说："每当我们用'公司固定价格合同'或'奖励合同'代替'成本加固定利润合同'时，我们就至少节约10%的资金，我甚至认为这还是低估了的数字。"据悉，在"船帆座"核爆炸探测卫星的合同中采用了一套复杂的奖励制度，从而使预计的成本节约了32%，而承包人的利润也增加了10%以上。

这仅仅是一个简单的例子，但已足以说明，随着科技发展、社会进步，科技社会关系的法律调节正越来越采取积极性手段。

但科技社会关系的消极法律调节绝不是可有可无的。科技社会关系的积极法律调节与消极法律调节是一个有机的统一的整体，只有当二者充分有效地综合运用时，有关的调节才可能发挥真正的法律调节威力。

第三，即时性与历时性。

科技社会关系法律调整的即时性与历时性，涉及价值论的一个基本观点，即价值的时效性问题。事物价值是一个动态的概念，它必然随着主体、客体及条件的变化而变化，表现出价值在时间上的过渡或流变，即价值的时效性。价值的时效性是指每一事物的价值都具有主体的时间性，随着主体的每一变化和发展，一定客体对主体的价值都会发生性质、方向或程度上的变化。古代畜力车的巨大价值，在今天已变成不值一谈的历史。价值的时效性表现为人们价值水准的不断改变、更新、转移与提高。价值的时效性归根结底取决于主体、人的不断发展和需要的不断增长。价值的时效性也与客体有关，如果没有客体的相应属性，就不会产生这样那样满足主体需要的价值。价值的时效性主要有两种形式：一为即时性，一为历时性。价值的即时性是仅在一定时间内存在的价值；价值的历时性则具有持续存在的性质。

社会关系的法律调节这一客观事物也具有时效性，当然也有其即时性与历时性之分。相比较而言，刑事、民事社会关系的法律调节手段具有较强的历时性，而政治社会关系、科技社会关系的法律调节则具有较强的即时性。这当然不是说科技社会关系的法律调节只有即时性而无历时性，对此必须有明确的认识。科技社会关系的法律调节永远是即时性与历时性的统一体，这是毫无疑问的。科学技术是生产力发展中最革命、最积极、最先进、最富变动性的因素，科学技术活动中形成的科技社会关系也会比一般刑事、民事社会关系发生较迅速的变化，从而使得调整科技社会关系的法律手段也相对地显出了它的较强的即时性。民法、经济法范畴的合同法具有较强的历时性，因此，罗马法初创时的合同制度至今仍在合同法中起作用；而科技法范畴的技术合同法则具有较强的即时性，因此，合同制度的不断修改、进步、完善就成了必然的要求与已然的事实。

第四，制定法性与判例法性。

科技社会关系法律调整有制定法性与判例法性。社会关系的法律调节，在许多国家都主要采取制定法的形式，而在英国等少数国家则主要采取判例法的形式。但有意思的是，几乎在所有的国家，科技社会关系的法律调节无一例外地都采取制定法与判例法相结合的形式。判例法的优点在于对最新出现的有关权益纠纷可以迅速地做出反应，而且一个错误的判例也容易得到纠正。这就与因科技活动的高度活跃性而迅疾变动的科技社会关系可否得到有效的及时的法律调节有莫大的密切关系。事实证明，判例法的普遍采用有利于及时调节新近形成的科技社会关系。因此，一方面，科技社会关系的法律调节有赖于郑重审慎的有效的制定法；另一方面，又紧紧依靠随机的高度灵活的判例法。如果考察一下各国的科技立法，一定可以发现判例法作为制定法的先导、判例法十分普遍地被采用的情况，从而在这一方面也显现了科技社会关系的法律调节既有普遍性，又有特殊性的特点。

第五，科技专家的有效干预。

科技社会关系的法律调整过程中科技专家的有效干预是十分重要的。社会关系的法律调节通常是不允许公民或组织的介入与干预的。科技社会关系的法律调整当然也遵守这一一般的法律原则。但是，这里有一种特殊的情况，即科技专家对科技活动中的情况比较了解，对有关科技社会关系中的权益之争有独到的值得重视的见解。因此，他们对有关法律调整的介入与干预是一个应予审慎对待的问题。日本科技社会关系的法律调节中，日本科学技术会议、日本学术会议等权威机构有极大的影响力，而这些机构的大多数成员都是功勋彪炳、成就卓著的科学家。我国科技社会关系的法律调节，无论是立法还是司法、执法方面，都越来越重视倾听科技专家的意见，也说明科技专家的合法而有效的介入与干预是十分重要的。我国十分重视建立法学家与科学家的联盟，出版有《科技与法律》杂志，都是这一方面的明显反映。

由于科技社会关系的法律调整必定具有普遍性，同时又具有以上五个主要方面的特殊性，所以，它是普遍性与特殊性的统一体。

3. 稳定性与能动性的统一体

科技社会关系的法律调整是稳定性与能动性的统一体。稳定性是法律的特点之一，以此与比较多变的政策等相区别。科技社会关系的法律调整同样具有稳定性。

同为稳定性，却有相对的被动性与相对的能动性之分。生物体与非生物体都有一定的稳定性因而显现出相对静止的状态。非生物体的稳定性是被动的稳定性，生物体的稳定性则为能动的稳定性。同为生物体的稳定性，也有相对被动与相对能动之分。植物的稳定性含有更多的被动性，动物的稳定性含有更多的能动性，其中，人类的能动性更是"万物之王"的一种特性，非一切其他动物所可比拟。关于这一方面的哲学理论探讨，这里不便展开，以上所说只是简要申明笔者关于稳定性有相对的被动性与相对的能动性的区别的观点而已。而这，对我们阐明科技社会关系的法律调节的稳定性与能动性及两者的关系，是必需的。

社会关系的法律调整必须是稳定的，并且必须以稳定性见优见长见胜，否则，行政命令、政策措施都可取而代之了。刑事关系的法律调节最具稳定性。千百年来，"杀人抵命"这一人人认可的刑法规范几无所变。刘邦进抵咸阳初建汉室时，"与秦民约，法三章"之一章即是"杀人者死"，另两章为"伤人及盗抵罪"，也是刑法规范。迄今为止，这"三章"的要旨，在中外各国的刑事法规中都大体保存了。有的国家废除了死刑，但不久之后又予恢复。即使是没有恢复死刑制度的国家里，死刑存废之争也始终存在，有时则甚嚣尘上，可见死刑制度是何等稳定。民事关系的法律调节也具强固的稳定性。"借债还钱"是天经地义的民法债权理论的通俗表述，从古罗马法到今天中国社会主义市场经济法制，都不可能悖逆这一简单的原则。其他的刑事、民事法律调整措施，也大抵具有这种千年不变、"万古难朽"的稳定性。

科技社会关系的法律调节一方面具有一般法律调节必备的稳定性，另一方面却又表现出明显的相对的能动性来。这种能动性体现在：

第一，部分科技法规范的政策性。许多发达国家都有其科技进步的政策性立法，这是一个非常值得研究的领域。政策以易变、多变而区别于稳定性较强的法律，那么"政策性立法"是怎么回事呢？我们先来看一些具体法例。

1976年，美国国会通过了《美国国家科学技术政策、组织和重点法》。通过该法的目的，用法律文本上的话来说，是"为了制定美国的科学技术政策，为了向总统提供科学和技术方面的建议和协助，为了向联邦政府提供综合性调查以改进科学研究和情报处理及其使用的方法，为了修订 1950 年的国家科学基金条例，以及其他目的"。在全部"目的"中，政策性立法的目的是放在压倒一切的首位的。该法通过时，国会认为，随着时间的进展和国情的变化，需要适时修改国家的科技政策。按当时的情况，该法通过后的第一个重大举动就是恢复被尼克松政府撤销了的科学技术政策办公室（OSTP）。该法规定 OSTP 主任同时是总统科学顾问，确认科学技术在社会与经济生活中的重要地位。该法以第一章第一条明确宣布："要求在完成国家目标中有力地和明显地支持和使用科学技术。""在国家决策的过程中，体现出科学和技术知识的作用。""联邦用于科学和技术的资金是对未来的投资，是国家持续进步和人的环境改善所不可少的。因此，应当对科学、工程技术进步持续不断地投资。"这些规定都是"政策性"的，同时又是法律规定，也就是"政策性立法"。

所谓"政策性立法"，就是对政策的法律肯定。因为是法律，所以有法律所具有的权威性、强制性、普遍性和稳定性；又因为是"政策性"的，所以能动性较强。上述 1976 年《美国国家科学技术政策、组织和重点法》的一系列政策性规定，是非贯彻执行不可的。一方面，这体现了它的稳定性，除非修改法律，否则就必须贯彻，不贯彻即为违法。另一方面，又体现了它的能动性，诸如"有力地和明显地支持和使用科学技术""对科学、工程技术进行持续不断的投资"等，都留下了大量的广阔的政策性行为的可能性空间。这里的"有力的""明显的""持续不断的"等要求，就有很大的回旋余地。

第二，部分科技法规范的原则性。不少国家的若干科技进步促进法都规定得比较原则、比较笼统、比较抽象。在必须遵守的"原则"方面，体现了这些科技法规范的稳定性、不可移易性；而在"原则"的前提下，又留下了许多可供人们发挥主观能动性的地方。1983 年 4 月，日本国会通过了《高技术工业集约地区开发促进法》。该法明确规定建立高技术集约城必须遵守以下五项原则：（1）在经济上能对周围地区产生有效影响；（2）能反映地方特点；（3）有利于促进地方政府、大学和企业间的共同研究开发；（4）有利于扶植研究开发型企业和培养人才；（5）能够促进尖端技术向本地区企业转移。以上五项原则必须遵守，否则便不能在有关地区建立高技术集约城，这表现了该法的稳定性。在以上五项原则的前提下，对周围地区经济发展的有效影响的程度、反映地方特点的方式与程度等，都未做具体规定，可视客观条件与主观需求而做能动的对待与处置，这表现了该法的能动性。

此外，科技社会关系法律调节的能动性不仅表现在立法调节上，更表现在司法调节等方面，而后者又与科技专家的有效干预有关。

4. 强制性与激励性的统一体

科技社会关系法律调整是强制性与激励性的统一体。法律调节手段的强制性也是它与政策调节、道德调节、经济调节截然不同的重要特点。没有一定的强制性，就没有法律调节可言。在《中国科学技术进步法》的北京试写稿中，大多无"法律责任"的规定或虽有规定却不具体、不够有力。本人主持的《中国科技进步法》上海方案起草组，对此做过深入的讨论，所起草的沪案中专设了"法律责任"一章，对科技劳动管理机构、科技劳动组织、科技劳动者的违法行为，规定了具体的法律责任。这一立法建议已得到肯定，并为现行《中国科学技术进步法》所接受。这是科技社会关系法律调节的强制性的必然要求的必然贯彻，沪案不做此建议，其他方案也势必提出来。但综观《中国科技进步法》，其中的明显特点就是它的激励性，即激励良好的、协调的、和谐的科技社会关系的建立。例如关于科技进步中技术成果商品化、科研机构改革、鼓励科技人员正当兼职、企业技术进步、农村科技进步、发展高新技术以及科技的进出口、国际科技合作与交流等等，都有许多激励性的法律规定。如果综观全部中外科学技术法，同样可以得出这一结论。这里以发达国家激励企业科技创新的立法为例略做说明。

企业的科技创新对国家有重要的意义，所以各发达国家越来越重视激励企业科技创新的立法。1982年，美国制定了中小企业技术革新促进法。该法规定政府的11个部、局必须把一定比例的科研经费用在中小企业方面，对每一科研项目发放补助费。1983年法国颁行了企业科研法令，规定国家的科研机构必须把科研经费的3%以上用于500人以下的中小企业技术开发性科研工作。法国的《1986—1988年科研与技术发展计划法》规定了采取税收补贴科研经费的办法。1982年的《计划法》所规定的税收补贴科研经费率为25%，而在新的《计划法》中，这个比率翻了一番，提高到50%，1986年起，法国政府拿出了增值税款中11亿—12亿法郎用于企业的科研经费投入，这对企业的科技创新无疑是极大的刺激与鼓励。日本在企业技术创新方面所采取的激励措施在世界各国中是最详尽、最具体、最有力、最有效的。早在1961年5月6日，日本即颁布了《新技术开发事业团法》，依据该法设立的日本新技术开发事业团是日本科技厅管辖下的特殊法人。该法规定："新技术开发事业团的目的是高效率地进行新技术的开发和有利于新技术之创制的基础性研究，普及开发和基础研究的成果。"该法于1981年5月26日做了修改，使新技术开发事业团在促进企业科技进步方面得以发挥更大的作用。事业团通过技术合同比较合理地解决了研究成果的分享和工业产权归属，有力地保护和激励了新技术所有者和开发企业的积极性。与此相配合，日本文部省所设的《科学研究费补助金制度》，科学技术厅的《发明实施试验费补助金制度》和《开发研究设备补助金制度》，其他省厅的《技术改善补助金制度》《重要技术研究开发费补助金制度》《国产技术振兴贷款制度》《新技术等贷款制度》等等，都是以激励技术进步尤其是创新为宗旨的。

科技社会关系法律调节的这种激励性，与刑事、民事社会关系的法律调节形成了鲜明的对比。刑事法规具有强烈的惩戒性特点。一般民事法律规定的法律责任，也总以经济制裁显示其具有惩戒性。科技法则具有更多的激励性，而不是惩戒性。著作权法激励作家与出版家撰写、印行更多更好的著作。专利法激励科技工作者、发明家拿出更多更新的创造发明。高技术区法激励地方（政府和公众）为高技术区的建设投入更多的财力、人力和智力，并按规定建设既能发展高技术，又能防止生态失衡和环境污染的高技术区。试管婴儿法保护试管婴儿及其关系人的权益，激励人类更好地以新的科学方法优化后代的繁殖。器官移植法激励有益于人类、发扬人道主义精神的器官移植事业。

科技社会关系的法律调节的激励性，是社会关系法律调节功能发展的一种重要表现。法律调节功能之从以警诫、惩罚为主，向以激励为主发展，大大拓展了法律发生作用的范围与形式。法律本是人类用来为自己的发展而创造的。当人类对自然、社会的认识水平十分低下时，不得不更多地采取惩戒手段来自我约束。这样，在阶级社会里就很容易异化为一部分人通过惩戒来约束另一部分人的手段。但当人类越来越成为自身的主人时，当人类对自然和社会的认识水平有了极大的提高时，法律就不仅恢复了为人类服务的功能，而且越来越以激励性为特征，变得"可敬"且"可亲"起来。

但法律毕竟还是法律，我们始终必须牢记它的武器是凭借国家暴力机关的强制性。因此，对科技社会关系的法律调节的特点的论断，仍应限于它是强制性与激励性的统一体的范围内。

5. 阶级性与社会性的统一体

科技社会关系的法律调整是阶级性与社会性的统一体。法、法律、法律调节手段的阶级性早已是流行的观点，几成"舆论一律"的定论。然而，如实地观察、分析会发现，而且也应当承认，人类创造法律，运用法律手段，并不是为了自戕。法并不是像传统观点认定的那样起源于奴隶社会。奴隶社会的起点本身都是无法明确具体地界定的。法起源于原始社会向奴隶社会的过渡时期。这一时期，原始公社制度日趋瓦解，私有制逐渐形成，战俘不再被杀被吃而是被豢养起来从事奴隶劳动；原始公社社员中的一部分人也因债务而逐渐失去了平等成员的资格，为另一部分人所役使；这时还未形成奴隶制的国家政权，国家的地域性特征也未显现。但这时逐渐产生了有强制力保障其实施的社会规范，尽管这些社会规范是口口相传而无明文记载的，尽管这种强制力还只是萌芽状态中的"公共权力"性质。这种规范一方面维护着奴隶主的经济利益，另一方面也维护着战俘奴隶的生存利益。没有后者，新型的奴隶社会不可能因创造更多的物质财富而取代原始社会。也就是说，最初的法律是与战俘奴隶的最根本利益即生存利益密切相关的，同时也有利于促进社会生产力的发展。它维护新型的生产关系与社会制度。因此，它是进步的与社会发展规律相吻合的法律，社会性正是它的本质属性。即使从仅仅维护奴隶主阶级的政治统治和经济利益这样的角度看，也由于奴隶制形成初期、奴隶制社会的上升时期中，奴隶主阶级是革命的、进步的阶级，正如毛泽东所说的那样是代表革命和进步的"真老虎"[①]，连类而及，维护这

[①] 《和美国记者安娜·路易斯·斯特朗的谈话》题注："毛泽东一九五八年十二月一日在中共八届六中全会期间写的《关于帝国主义和一切反动派是不是真老虎的问题》一文中指出：'同世界上一切事物无不具有两重性（即对立统一规律）一样，帝国主义和一切反动派也有两重性，它们是真老虎又是纸老虎。历史上奴隶主阶级、封建地主阶级和资产阶级，在它们取得统治权力以前和取得统治权力以后的一段时间内，它们是生气勃勃的，是革命者，是先进者，是真老虎。'"《毛泽东选集》第4卷。

一阶级的政治统治与经济利益，也就代表着维护社会进步的利益。这样，即使是在奴隶制社会里，在其初期与中期，其法律的本质也是它的社会性。奴隶制法律的社会性本质是在奴隶主阶级沦为反动的、阻碍封建制生产关系发展的阶级时，才异化为奴隶主阶级的阶级性的。封建社会与资本主义社会初期，封建制法律与资本主义法律也具有社会性的本质；同样，只是在这些社会走下坡路时，地主阶级、资产阶级日暮途穷，逐渐丧失革命性、进步性而演变成为阻碍社会进步的反动阶级时，封建制法律、资本主义法律才浸透异化了的阶级性本质的。但即使在这一阶段，法律也仍然具有社会性，是阶级性与社会性的对立统一体。而不是像一些人说的那样只有阶级性，没有社会性。① 既然如此，对科技社会关系的法律调整的本质属性认识，就比较容易趋于客观公正了。

科技社会关系的法律调整与科技法，是在科技活动中产生、为科技发展服务的。除少量科技法由于多种原因起了阻碍科技发展的作用外，绝大部分的科技法都有利于科技社会关系的协调，有利于科学技术的发展，从而有利于从根本上对经济繁荣、生产力进步起促进作用。因此，科技法、科技社会关系的法律调整的本质，是它的社会性。正是在科技法的促进和保障下，通过对科技社会关系的调整，现代科学技术得到了突飞猛进的发展。但另一方面，科技法与其他法律一样，科技社会关系的法律调节与其他社会关系的法律调节一样，主其事者、掌其权者、左右其进退升降宽严繁简者，主要不是被统治阶级，而是统治阶级，因此，不能否定它所同时具有的阶级性。所以，我们认为，科技法、科技社会关系的法律调节，是阶级性与社会性的统一体。在这一方面，科技社会关系法律调节与其他社会关系的法律调节的区别在于，前者所带有的社会性更明显、更强烈，从而形成它的一个鲜明特点。

6. 滞后性与预期性的统一性

科技社会关系的法律调整是滞后性与预期性的统一体。生活之树常青，而理论是灰色的。与此类似，一般地说，社会关系常新，而它的法律调节却往往是滞后的。如马克思所阐明的那样，法律是既成经济关系的记录，因此，只是在经济关系成熟发展了的地方，才会出现相应的有效调节这些经济关系的法律。但法律调节的滞后性并不是一成不变、僵死固定的。随着人们认识水平的提高，随着法律文化的发展和法制实践经验的积累和丰富，随着科学预测能力的提高与科学预测手段的高度现代化、精密化，法律调节的滞后性程度将日益降低。一般来说，科技社会关系的法律调节中，更多见的是科技法的"超前立法"。

这意味着科技法所调节的科技社会关系，往往是正在形成但尚未定型，已经产生了一定的法制需求但又往往不太明确的社会关系。这时就以制定有关科技法的办法，使这种科技社会关系定型化，使它的法制需求明确化，也就是以科技法促进新的科技社会关系的确

---

① 倪正茂：《法律的起源》，《社会科学》1981年第1期。

立，并保障它的正常发展。例如，著作权法制定之前，作者自己曾千方百计地保护自己的著作权益，但社会并未理会，并未照顾。后来，有的出版者与作者建立了"联合阵线"，这是为了保护他们自己的利益。"联合阵线"之外的出版商或其他人士，并不会遵守"联合阵线"内部的各种规定。即使后来出版商的行业公会出面保护作者与出版者的著作权与版权，往往仍然无济于事。最后是国家以社会代表者的"公正面目"出现，承担了制定著作权法的任务。著作权法一经施行，由于它具有一般法的普遍性、稳定性与强制性，有关著作权的科技社会关系就被普遍地、稳定地、强制地加以调节了。

对具体的国家来说，科技社会关系的法律调整的预期性有时表现得更为突出。例如，发达国家针对计算机发展中的社会关系调节问题，业已制定了大批法律法规。这些社会关系调节问题在一些落后的发展中国家里目前并不存在，但以后会因发展计算机事业而出现。因此，这些发展中国家往往会未雨绸缪事先立法，以有关立法催生新的科技社会关系，促进与保障有关计算机事业的发展。

由此可见，科技社会关系的法律调节既不能完全摆脱一般法律调节的滞后性，又比一般法律调节有更多的超前性可能，并确已出现了许多"超前立法"，所以，它是滞后性与超前性即预期性的统一体。

科技社会关系法律调节的较强的预期性特点，表明人类创造的法律调节，其功能正逐渐发展得更适合人类的需要，更符合人类的利益，也更表现出了法律手段的积极意义。

（三）科技社会关系的立法调整

科技社会关系的立法调整是指作出立法（或不作出立法）行为，从而对科技社会关系产生有影响的调节作用。

这一方面需要提出来加以讨论的，主要有以下几个问题：其一，立法调节的科学预测与超前立法；其二，立法调节的有机需求与配套立法；其三，科技社会关系立法调节中的立、改、废与科技法的移植；其四，科技社会关系立法调节的地位。现在我们分别研讨一下上述四个方面的问题。

1. 科技社会关系立法调节的科学预测与超前立法

科技社会关系立法调节的科学预测，是指人们对某一科技法的制定与否及至制定后可能产生的各种效果和未来发展趋势，事先提出的符合客观规律的预见性判断。这种科学预测是立法决策的前提，是优化立法的基础，是改进与完善立法调节的必要的、有效的手段。如果没有科学的立法预测，就不可能正确决定应否就某一方面科技社会关系的调节进行立法，不可能对立法的效果及可能出现的问题、可能的发展方向做出判断，不可能在有关立法出现局部问题时适时地做出修改、废止等等的正确决定。

科技社会关系立法调节的科学预测，要求充分掌握有关科技社会关系发展的客观规律，调节有关科技社会关系的法制需求，确切地、全面地、具体地估量制定某一科技法的法律调节价值，确定该法的具体目的，从宏观方面考察有关科技法对调节科技社会关系的特殊意义，以及从微观方面衡量有关科技法在调节科技社会关系的某一个或某一些方面的独特作用，从而使制定的科技法高度科学、高度正确、高度适用。

科技社会关系立法调节的科学预测，要求遵循科学性、系统性、灵活性、连贯性、效能性与综合性等六项主要原则。这里的科学性原则最主要的是指预测的客观性与预测方法的科学性；系统性是指要求运用系统的预测方法，对系统的科技社会关系，进行系统的有机的预测；灵活性是指根据科技活动及科技社会关系的实际状况，不断地适当修正预测范围、预测方向、预测手段及预测结论；连贯性是指特定科技社会关系的预测在时间与空间上的衔接与连贯；效能性是指强调立法预测的效果、功能与作用，不使之流为形式；综合性是指有关预测的全面性、联系性、有机性与整体性。

科技社会关系立法调节的科学预测的一般程序是：确定预测的目标；做预测前的资料准备、理论准备及其他准备；收集和分析有关科技社会关系及其法律调节需求的信息资料；选择科学预测的方法和技术；做出科技立法调节的法律预测方案；对上述方案进行筛选，最终确定科学预测的结论。此外，当立法工作进行之时，还应做好跟踪预测并及时地做出预测判断的科学结论。

科技社会关系立法调节的科学预测对超前立法有极为重要的意义。这种超前性不是人的头脑的凭空推断与天马行空式的臆想，必须有实际法律需求的根据，因而必须依照有关的科学预测而获得。

日本制定《科学技术厅设置法》的立法依据就是有关的科学预测。20世纪50年代初，日本的科学技术工作是分散交由通商产业、农林水产、运输、邮政等各省去管理的。各省的科学研究与技术开发往往互相重复，浪费了人力、物力、财力和时间，延缓了科技的发展。各省厅的有关指令又多有互相抵牾之处，因而影响了相互关系及本省厅政令的执行。于是，产生了统一协调全国科技活动管理工作的需要。再加上当时又出现了发展原子能事业以充分供电的紧迫需要，从而在科技行政社会关系上产生了一系列新问题、新矛盾、新需求。因此，日本国会在充分调查、科学预测的基础上，于1956年通过了《科学技术厅设置法》，设科学技术厅于内阁总理府之下，直属内阁总理府，用以协调各省、厅的科技行政管理活动。在日本，总理府与各省的地位是平等的。省下设厅、厅下设局，局下设课。各自的地位与权限逐级递减。这是既定而行之已久的科技行政社会关系准则，且有法律规定作为保障。依据科学预测通过法律而设立科学技术厅，使之具有"超级"的管理、协调全国科技行政关系的权力，无异于建立起一种新的科技社会关系及相应的行为准则。日本科学技术厅之设对该国的科技进步起了举足轻重的影响，超前的《科学技术厅设置法》为实践所证明是十分正确、十分及时的，而其基础就是有关立法的科学预测。

2. 科技社会关系立法调节的有机需求与配套立法

（1）日本的经验。科技社会关系的立法调节不能"头痛医头，脚痛医脚"，也不能

"眉毛胡子一把抓"地不分主次轻重与前后缓急。其原因在于科技社会关系本身是一个有机的整体，它不是分散割裂的，不是支离破碎的，不是静止僵化的。因此，它的存在，由于它的存在所产生的矛盾、冲突、摩擦也是互相联系、互相依存、共荣同衰、此呼彼应的。科技劳动人员、科技劳动组织、科技劳动管理机构自身之间、相互之间所构成的错综复杂的科技社会关系形成一个繁杂的巨大网络。有关的立法调节必须顾及它们的相互联系、相互衔接、相互照应。因此，科技立法不应是单打一的。而应是配套成龙、形成网络、成为体系的。这一方面，日本是一个典型的佳例。日本之高度重视科技立法，有以下几点特别值得我们注意：

其一，齐全完整。据初步统计，1986年前日本有关科技的法规有200多个，其内容包括：科技行政机关的设置法、组织令和组织规则（如《科学技术厅组织规则》等）；科学研究机构的设置法和组织法（如《航空宇宙技术研究所组织规则》《无机材料研究所组织规则》《水户原子能事务所组织规程》等）；科技行政机关和研究机构的定员法（如《行政机关职员定员法》《行政机关职员定员令》）；科技咨询机构的设置法和组织法（如《科学技术会议设置法》《海洋开发审议会令》《技术士审议会令》等）；关于科技法人团体的法令和规则（分"特殊法人"法，如《理化研究所法》《新技术开发事业团法》《日本原子力研究所法》等；"公益法人"法，如《内阁总理大臣管辖的公益法人的设立与监督规则》《许可认可等临时措置令》等）；关于科技发展的直接立法（如《原子能基本法》《核燃料物质的使用规则》等）；关于科技发展的相关法令（如《所得税法》《法人税法》《物品税法》等）；有关对外科技合作的立法（如《日本与法兰西科技合作协定》等）。此外还有发展科技或产业技术的各种重大措施和政策的法令。

其二，环环相扣，匹配成龙。例如从时间序列来看，日本政府于1956年颁发了《机械工业振兴临时措施法》；1957年颁发了《电子工业振兴临时措施法》，原定施行五年，后来由于效果显著而一再延长；1971年3月，根据新的形势和要求，颁布了《特定电子工业和特定机械工业振兴临时措施法》，用以代替前者；1978年又颁发了《特定机械情报产业振兴临时措施法》。这一系列法规内容有联系，法规具有连续性，如《特定电子工业和特定机械工业振兴临时措施法》是针对发展电子工业和机械工业的要求制定的。当取得相当成就，具备了一定基础后，振兴重点应转移到以增进电子技术和自动化技术为内容的高效产品方面来，所以在1978年以新的立法予以取代。又如从法的制定、实施来看，几乎每一个重要立法，都有一整套的相关法令与之配合。如当颁布《防止由于放射性同位素引起的放射线病法》后，即颁行了有关的《施行令》和《实施细则》；颁布《海洋科学中心法》后，即颁布有关的《施行令》《实施细则》以及《关于海洋科学技术中心财务和会计的总理府令》。

其三，以有法律效力的各种"制度""计划"与法律法令结合，使立法效果更为突出。如1966年日本颁布了《大型工业技术研究制度》，1980年颁布了《下一代产业基础技术研究开发制度》，接着又推出《推进创造性科学技术制度》（1981）、《第五代电子计算机研究开发十年规划》（1982）、《原子能开发利用长远规划》（1982）,《关于研究开发生命科学中先导性、基础性技术的基本计划》（1984）、《宇宙开发大纲》（1984）、《激光研究五年计划》（1986）等等。

（2）立法机构方面的"三结合"。为了适应科技社会关系立法调节的有机需求，做到配套立法，窃以为必须注意以下几个"三结合"：

首先是中央立法领导机构、受委托的部门立法起草机构和地方立法机构的三结合。

健全的立法机构，是科技立法顺利进行的前提和基础。鉴于我国社会主义法制建设起步伊始、人员缺乏、机构不健全、经验不丰富，就立法机构问题做必要的探讨，在当前是十分重要的。

我国的宪法规定：全国人民代表大会行使制定和修改基本法律的职权；全国人民代表大会常务委员会行使"制定和修改除应当由全国人民代表大会制定的法律以外的其他法律"的职权（第六十七条第二款）；国务院行使"根据宪法和法律，规定行政措施，制定行政法规，发布决定和命令"的职权（第八十九条第一款）；国务院"各部、各委员会根据法律和国务院的行政法规、决定、命令，在本部门的权限内，发布命令、指示和规章"（第九十条第二款）；"省、直辖市的人民代表大会和它们的常务委员会，在不同宪法、法律、行政法规相抵触的前提下，可以制定地方性法规，报全国人民代表大会常务委员会备案"（第一百条）。

如果撇开国务院系统的行政法规不谈，有关科技进步的立法权，是由全国人大及其常委会、省与直辖市的人大及其常委会行使的。这样，就有了中央立法机构和地方立法机构两级行使立法权的代表机关。作为中央立法机构的我国全国人民代表大会及其常务委员会，不像美国国会那样下辖许多分工明确、职能具体、专家云集的科学技术专业委员会。因此，对科技立法职权的行使，除最终的审议、批准之外，主要是对科技立法工作进行领导。而由此就在相当大的程度上，加重了受委托的部门立法起草机构的工作责任。因此，从我国立法机构的实际情况出发，首先应注重加强中央立法领导机构、受委托的部门的立法起草机构和地方立法机构的三结合问题。

以原《技术合同法》为例，当时受委托起草《技术合同法》的国家科委政策局，在该法的起草工作中，起了特别重大的作用。该法起草工作完成后，应提交全国人大常委会审议通过，然后付诸实施。与此同时，以及该法颁行之后，省和直辖市的人大及其常委会可以而且应该依据该法，针对本省市的情况，制定相应的地方性法规。这里，受委托的《技术合同法》起草部门国家科委政策局，负有特别重大的责任；而全国人大常委会的有关部门（法制工作委员会）则起着领导作用。人大、科委、地方人大紧密配合，是使《技术合同法》得以顺利起草、通过、施行并取得实效的关键。如果科委政策局对人大委托起草该法的意图不明，或者人大对科委政策局的这一工作领导不具体、信息不沟通、支持不力，或者地方立法未予积极配合，都可能使技术合同的立法、技术合同法的实施受影响，从而阻碍科学技术的进步。《技术合同法》的立法问题如此，科技进步其他立法也大体如此。

为了使中央立法领导机构、受委托的部门立法起草机构和地方立法机构的三结合得以奏效，收取科技立法之全功，我们认为要注意以下三点：

其一，科技立法以至整个科技法制应有周密的统一规划。这一规划，责无旁贷地应由全国人大、人大常委会的有关机构承担。

其二，科技立法规则的实施，由国家科技部在全国人大有关机构的领导下，负责组织各部、委或其他机构的相应部门（如条法局、研究所等），分工起草规划规定的科技法规。在起草过程中，全国人大有关机构应做及时的具体的指导，传递有关信息；国家科技部有关部门如政策法规司，应负责汇总情况、检查督促、组织协调，并将有关信息及时向省、直辖市人大有关机关发布。

其三，地方立法机构应主动配合中央立法机构，提供信息、收集意见，并及时采取措施准备进行地方立法，使全国性立法一旦通过，地方立法能紧紧跟上，与之配套。地方立法机构与中央有关部门的信息沟通，由全国人大有关部门负责组织。

迄今为止，科技立法在我国基本上还是一个新问题，科技法律又有其与其他法律较大的区别，科技立法机构的建立、健全和配合、运行，也是一个新的问题。对此应加强研究，不断根据国外的成功经验与我国的具体实践加以调整，使我国的科技立法机构日臻完善，使我国的科技立法计日程功。

（3）关于立法规划的"三结合"。科技立法的近期规划、中期规划、长期规划"三结合"，有两种含义：一为制定科技法有时间上的安排；二为所立的科技法实施期限。对这两方面做出精心设计，是科技立法工作的计划性、审慎性、科学性、预期性与严密性的体现。"头痛医头，脚痛医脚""临时抱佛脚"式的立法，对科技发展是不利的。鉴于新科技革命时代科学技术发展的迅速性，以及国家对科技创新的紧迫要求，更有必要事先严密考虑上述两种含义上的近期立法、中期立法与长期立法三结合。

首先来看在时间上对制定科技法的安排。

科技法的制定，要具备充分的先决条件，其中主要有两个方面：第一为立法要求的成熟；第二为有足够的立法工作者。

从我们的主观要求来说，当然最好是一下子就把凡能预见有必要制定的科技法全部制定出来，以备不时之需。但是，客观上科技法所调整的科技社会关系，有的已经形成，有的正在形成，有的则可能形成而尚未开始发生，也就是立法要求的成熟程度是互有区别的。对于已经形成而且急需科技法予以调整的科技社会关系，必须加紧立法，列入近期立法的规划中去。对于正在形成而必定要求予以法律调节的科技社会关系，应当加紧调查研究，全面收集立法要求的信息，做好充分的立法准备工作，把有关的科技法列入中期立法的规划中去。对于尚未开始形成而有可能形成的科技社会关系，应当加强预测研究，广泛搜集国外同类科技立法的有关信息，列入长期立法的规划中去。把这三者紧密地结合起来，有目的、有计划、有步骤地进行科技立法工作，经过相当长时间的努力，完全可能形成我国的科技法体系。

立法工作要靠人去做，如果缺乏足够的立法工作者，或者立法工作者的经验不够丰富，任何一部科技法都不可能制定出来，或者制定得不够理想。从我国实际情况来看，能够应付裕如地从事科技立法的专门家，十分缺乏。这对科技立法规划的实现，无疑是一个严重问题。为此，必须在制定科技立法规划时，将"有足够的立法工作者"作为立法先决条件、立法的可行性因素加以考虑，要加强科技立法工作者的培养，形成梯形结构，使近期立法、中期立法、长期立法都"行之有人""行之有效"。

再来看在实施期限上的科技立法规划问题。科技法调整科技社会关系，受科技社会关系的稳定性程度的制约。法律只对必须调整的社会关系起调整作用，社会关系如果变化了，调整该社会关系的法律也随之改变。我国的政治体制改革、经济体制改革、科技体制改革和教育体制改革正在进行。改革的过程中，旧的科技社会关系必将为新型科技社会关系所取代，科技机构、科技人员等等相互之间的权利和义务关系趋向于更加合理的构筑。同时，科技进步本身，尤其是新科技革命的发展，也会引致科技社会关系的变动。这样，就提出了以长期起作用的科技法调整稳定的科技社会关系，以中期起作用的科技法调整只是在若干年（如10年）以后才会起变化的科技社会关系，以短期起作用的科技法调整变化中的科技社会关系的立法要求。而这，就形成了近期、中期、长期科技立法规划之分。把三者有机地结合起来，形成前后呼应、互相连贯、有机配合的科技立法结构，就能使我们在科学技术事业的发展中，始终有法可依。

从国家科委征求各地意见后提出的立法设想看，《科学研究联合体条例》《科学技术工作者聘任条例》《科学技术业余劳动条例》《国家重大科学技术项目拨款条例》《星火计划条例》《科学和技术成果推广应用条例》《引进技术消化、吸收和发展条例》《技术引进管理条例》《技术出口管理条例》《智力引进暂行条例》《技术市场管理条例》《关于扩大科研所自主权的规定》《关于改革科技拨款制度的暂行规定》《关于促进科技人员合理流动的规定》《关于选派出国留学生计划管理条例》《关于科技人员继续教育的暂行规定》等，由于所调整的科技社会关系受改革进程的影响较大，可以列入近期立法规划；《原子能法》《核设施安全管理条例》《激光安全防护条例》《国家科学技术振兴法》《国家科学技术基金法》《科学技术情报工作条例》《科学技术档案工作条例》《生物工程开发条例》《著作权法》《技术合同法》《国家科学技术委员会章程》《中国科学院章程》《科学院士条例》等，由于调整的社会关系比较稳定，要求以法律保护有关社会关系的长期稳定，可以列入长期立法规划；其他如《科学技术奖励法》《科学技术可行性论证条例》《科学技术评价工作条例》《科学技术劳动法》《科学研究所法》等，则可列入中期立法规划。

两种意义上的近期、中期、长期紧密地有机地结合的科学立法规划的设计，无疑要求由强有力的领导机构承担,全国人大的有关部门应积极做好这项工作或委托国家科技部政策法规司做好这项工作。

(4)关于基础性立法、高技术立法与相关性立法的"三结合"。科技创新、新科技革命不是单一学科和单一技术部门的事。它可能在某一个或某几个高科技领域取得突破性进展,从而带动其他领域以前所未有的高速度前进。但该高科技领域必定有其庞大而坚实的科学技术基础,其他领域也不可能与该高科技领域在水平上有天壤之差。可以说,新科技革命是科学技术全方位的立体式的推进和突变。因此,保证新科技革命的科技立法,也应是全方位的立体式的。发达国家新科技革命正是在基础性立法、高技术立法和相关立法三结合健全发展的条件下取得初步成功的。

我国在科技创新的法律调节措施方面,从当前来说,如前所述,不能急于求成地草率立法,不可能全面开展科技立法。但从长远来看,必须达到基础性立法、高技术立法与相关性立法三结合的全面发展。因此,从现在开始,就应当着手准备。

关于基础性立法,由于其"基础性",因此应当先行。基础性立法主要包括宪法、科技进步领导机构法、科研机构法、科技进步促进法、教育立法、科技研究资金立法。除宪法与科技进步法外,我国的科技进步基础性立法基本上尚付阙如。我们认为,最基本的教育法是保证科技进步基础的基础,应当不遗余力地予以加强。日本在第二次世界大战后以坚定有力的教育立法保证了教育事业的发展,为尔后的科技飞跃发展造成了雄厚的人才基础。美国在第二次世界大战行将结束的时候,以及在苏联发射世界上第一颗人造地球卫星后的次年1958年至1965年,先后多次颁行特定的教育法,把大批美军战士培养成为大学生,而后又培养为博士生,对美国科技的发展起了重要的作用。我国现有2亿以上的文盲,且呈增加趋势;原计划将增加高等学校招生名额,又因为财政困难有时反而比往年少招;等等。这说明,在实际工作中,教育事业的发展仍未被放在极端重要的位置上。以宁肯咬牙度日也要把教育搞上去的"破釜沉舟"的精神对待之,这样,教育立法的加强,才会显得必要与紧迫了。此外,科技进步促进法作为科技发展的基本法,发达国家都十分重视,应放在第一位作为先决性立法措施予以加强。我们已经制定《科技进步法》这一基本法,现在应考虑它的配套之法。

高技术立法直接关系到特定高技术领域的发展。国外的高技术立法,如信息技术立法、原子能立法、海洋工程立法、空间技术立法、新材料技术立法、生物技术立法以及高技术立法,都发展得比较迅速。我国在实施"星火计划"的同时,已决定在生物技术、海洋工程、空间技术、微电子技术等若干高技术领域大力攻关。这将对我国高技术发展产生重大的影响。为此,有关高技术领域的特定立法,必须紧紧跟上。我们认为,这些特定领域的高技术立法,必须以具体、详尽、周密、系统、完备为原则。某些方面立法的"原则性"方法,绝不应照搬到高技术领域的立法中来。在高技术立法中,应当牢固地、紧密地建立立法领导工作者、科技专家与法学家的三结合关系,有关立法必须丝丝入扣、一丝不苟地符合科技发展规律与法学原理。在这方面，任何"粗枝大叶"都是绝对要不得的。

科技进步的相关性立法，有的实际上是带基础性的，如专利法、标准化法；有的则与其他领域的社会关系的调整相关，是一种调整各种社会关系的共同性立法，如税法、合同法、运输法等；还有的则与科技进步的消极影响的预防有较直接的关系，如环境保护法、生态平衡保护法等。科技进步的相关性立法，在我国已取得相当的发展，但还有进一步加强的必要。专利法仅仅是智力成果权的法律保护的一个方面，著作权法以及其他智力成果权保护权的配套法规，还应进一步健全。我们的税法、合同法与科技进步的关系中，还有一系列问题尚待解决。环境与生态的法律保护，有其一般性法律措施与特殊法律措施的分别。我国与高技术发展相关的环境与生态的法律保护措施，还相当不健全，这一方面的立法，无疑应予加强。

前面说过，新科技革命立法应是全方位、立体式地开展的。这就需要基础性立法、高技术立法与相关性立法不仅要各个加强，而且要紧密结合。例如，基础性立法应有专门部分对高技术发展做出促进和保障的规定，而高技术立法对特定高技术领域的促进，还有待相关立法给予支持。这样，基础性立法、高技术立法、相关立法的有机的三结合，就成了立法者与立法研究工作者应予注意的重心。

在这一方面，还应强调的是，迎接新科技革命的基础性立法、高技术立法和相关性立法，应当随着国情、国力的发展，结合新科技革命发展的客观规律与实际进程，以动态有序的态势相机发展，不能墨守成规，不能"一劳永逸"，三者的结合，是动态的结合、有机的结合，在发展中结合，在结合中发展。我们相信，经过一定时间的努力，完全可能建立有中国特色的新科技革命法律体系，从而为中华科技的振兴与腾飞做出特殊的贡献。

3. 科技社会关系立法调节中的立、改、废问题

任何法律部门的立法，都有立、改、废的问题。但由于科学技术是生产力发展中最活跃的、最革命的因素，新科技革命时代科技发展极其迅速，所有关于科技的社会关系的变动，都比别的方面社会关系的变动更加迅速。因此，科技立法中的立、改、废问题，比一般立法中的立、改、废问题更应引起重视，力求立、改、废及时地、三结合式地进行。

这里，必须解决"法的稳定性"与科技立法迅速变化的矛盾问题。作为法，科技法当然应该遵循"法的稳定性"原则。但是，"法的稳定性"是相对的，管三百年是稳定的，管三百天未必就不是稳定的。观察"稳定"与否的标准，不在于时效的长短，而取决于所调整的社会关系是否变动。如果某一法律所调整的社会关系已经发生了质的变化而法律未予废弃或修改，那么，这样的"法的稳定性"必起适得其反的作用，成了社会关系调节的阻力。可见，随社会关系的质变而及时修改、废弃旧法与创立新法，是客观的需要；其时间尺度上即使为期甚短，也无可非议。

我们提到了"社会关系质变"的概念，包括科技发展所引起的社会关系某一方面或几个方面的质的规定性的改变。这不能理解作"阶级性关系的改变"，例如从"阶级剥削"

变为非剥削关系，或者由非剥削关系变为"阶级剥削关系"。在我国"三大改造"完成以后，剥削阶级已渐趋消灭，科技领域的社会关系已不存在阶级剥削关系。但科技领域社会关系的变化仍有量与质的区分。例如，公有制度的量变，可能导致集体所有制关系变化为全民所有制关系，或者逆方向地由全民所有制关系变化为集体所有制关系；指令性计划关系可能变化为指导性计划关系，或者指导性计划关系转变为指令性计划关系；产品性关系转化为商品性关系，或者商品性关系转化为产品性关系；有偿合同关系转化为无偿协作关系，或无偿协作关系转化为有偿合同关系等。

当科技发展引起相关的社会关系发生质变时，调整过时的社会关系的科技法，就同样地过时了，必须及时地废弃、修改，并以新法取代旧法。

为了做到立、改、废的紧密结合、不失时机、行之有效，必须加强科技法制实施情况的跟踪调查、信息收集、问题分析、对策研究，从而为立、改、废做出决策。

由于科学技术发展近乎"瞬息万变"，某些方面的社会关系的调整对科技的进一步发展又有决定性的意义，因此，有关立法不应中断。这样，立、改、废的紧密结合就应特别重视。已立之法，不能与旧法并列，因而要求"废"得及时；一法之"废"，不能造成空白，因而要求"立"得及时；同样的道理，法的修改不能旷日持久、迟疑不决。日本在振兴机电工业方面三项重大立法环环相扣的经验，是值得认真学习的。如果我们也能做到科技立法的前后相随、有机连贯、互相呼应，使立、改、废得以紧密结合，那么，科技进步的成效必将日益明显，科技创新果实必将与时俱增。

4. 国际立法经验的"三结合"

为了使我国科技社会关系立法调节中的立、改、废得以科学地、有效地进行，我以为应当认真总结社会主义国家、发达资本主义国家和发展中国家迎接新科技革命立法对策的三结合经验。

时处新科技革命浪潮汹涌澎湃的当代，世界各国无不因这一浪潮的猛烈激荡而纷纷采取各种法律对策，其中有成功的经验，也有失败的教训。为了使我国在新科技革命中求得最佳的法律对策，无疑应当借鉴国外的经验与教训。

作为借鉴对象的"外国"，大体可以分类三类：（1）社会主义国家（主要指发达社会主义国家）；（2）发达资本主义国家；（3）发展中国家。这三类国家在科技进步方面各有不同的特点，又有相同的情况。将这三类国家迎接新技术革命的法律对策的经验结合起来，可收"扬长避短""取长补短"之利，以"他山之石"来"攻我之玉"。清人阮元《吴兴杂诗》云："深处种菱浅种稻，不深不浅种荷花。"我们认为，利用国外经验的三结合，正可使我国在迎接新技术革命中采取法律调节手段时得心应手、应付裕如，适时适地"种菱""种稻""种荷花"，全面展开，全面得益。

借鉴国外经验教训时，首先必须考虑到这三类国家的不同特点。

一为社会制度不同。社会主义国家实行生产资料公有制或多种形式所有制，由无产阶级专政；发达资本主义国家实行生产资料私有制而且走上垄断资本主义阶段，实行资产阶级专政；发展中国家大多处在资本主义制度下，实行生产资料私有制和资产阶级专政。从社会制度的不同点出发，凡与社会制度相直接联系的迎接新科技革命的法律对策，我们一般适宜学习社会主义国家的。

二为管理体制的不同。社会主义国家在科技与经济的管理体制上，集权程度较高；发达资本主义国家情况不一，美英等国分权程度高，法国集权程度较高。但各国都处在改革的过程中，趋向于建立一种集权与分权适度结合的体制。发展中国家大多在经济上采取分权管理体制，而在发展新科技、高科技方面，又力求实行集权管理体制，以便集中人力、物力、财力于科技发展，与发达国家缩短差距。我国经济体制与科研体制的改革方兴未艾，怎样以法律手段肯定体制改革的成果，从国外借鉴什么经验，都应认真调查研究。

三为科学技术发展的基础与水平不同。发达资本主义国家的科技发展已经有了一二百年的基础，达到了较高的水平。美国的"星球大战计划"、西欧的"尤里卡计划"、日本的科技政策大纲，都建立在科技高水平的基础上，苏联的科技在世界各国中也曾处于领先地位。这些国家的科技法制与其他国家的科技法制，无论在立法目的、立法内容、立法措施上，还是在司法、守法上，都不可相提并论、同日而语。借鉴他们的经验时，尤其要谨慎鉴别，谨慎选择。此外，这三类国家由于科技发展的水平不同，其科技立法的起步早晚也大相径庭。起步早的，可能积累了比较多的经验；但这些经验又往往受时代的局限，未必都能为今天所用。起步晚的，可能已经总结、综合了别国的经验，特别值得我们重视。

5. 科技社会关系立法调节的地位

科技社会关系立法调节的地位问题，实际上就是它与司法调节、执法调节、守法调节的关系问题，这可以从以下几方面进行分析。

首先，科技社会关系立法调节是司法调节、执法调节、守法调节的基础、前提与依据。司法、执法、守法之"法"，就是依靠立法而产生的。因此，立法是前提与先导，是科技社会关系全部法律调节手段的基础与依据。正因如此，几乎所有的发达国家都十分重视科技立法，在新科技革命时代到来之际尤其如此。我们以美国为例略做说明。

美国之所以成为世界新科技革命立法的主导者，首先应归功于美国战后科技发展战略的奠基人——万尼伐尔·布什。战后不久，应富兰克林·罗斯福总统委托，布什于1945年发表了题为《科学：无止境的前沿》的政策研究报告。根据这一报告提出的基本思想与原则，美国联邦政府自1946年公布《原子能法》后开始了连续不断地促进新科技革命的立法活动。从对我国有借鉴意义的角度上看，美国新科技革命的立法可以大致分为基础性立法、综合与相关性立法、特定性立法。

所谓基础性立法，就是通过立法手段奠定与保障科学技术的"软件"与"硬件"基础，除宪法外，其主要内容如下：

（1）颁布《1976年国家科技政策、组织与重点法》，弥补了宪法在科学条款方面的缺陷以确保科学技术在社会发展中的应有地位；指出科学技术基本政策与优先目标；确立在维护公民个人基本权益前提下国家在发展科技方面的决定性作用与责任并明确授权政府对全国科学活动予以必要的指导、协调与管理；建立、完善美国最高级的领导科技活动的组织体系并规定了科学化的管理与决策程序；规定了专家参与国家科技决策的原则。

（2）颁布《1969年环境政策法》等许多环境保护法律，防止新科技发展带来的不良后果并保障公众对政府决策的参与，使科技发展朝社会进步的方向发展。

（3）颁布《1972年技术评估法》，建立国会技术评价局，将技术评价纳入决策程序的基本环节中，以有助于最高领导层解决技术化社会中产生的无数新的决策难题。

（4）颁布《1959年国防教育法》《1984年经济保障教育法》等数十部科学教育法令，以加强对科学教育薄弱环节的重点连续投资、发展新工艺与计算机教育、对天才学生的优惠培养、进行以中小学与大学教育为主的多种形式科学教育活动（包括在职教育与终生教育），从而既保证基础科学知识普及以满足全社会对拥有新技能的一般劳动者的需求，又确保高级人才的特殊培养以提供前沿科技领域发展所必不可少的后备力量。

（5）颁布《1950年国家科学基金会法》并予以多次修改以加强多功能的科学基金制度，授权国家科学基金会资助全国科学技术基础研究与关键性领域应用研究，奖励有杰出贡献的科研人员（特别是有发展前途的年轻人才），促进对外科技合作，协助政府科技决策。

（6）颁布《1965年政府科技服务法》等法令，建立国家科技情报管理体制与信息网络。

所谓综合与相关性立法主要以综合经济技术立法手段促进高科技发展与应用，激励与保护高科技产业的发展。其主要内容如下：

（1）颁布《1980年政府专利政策法》《1980年专利与商标法修正案》等法令，允许同联邦政府订立合同的学术机构与小企业获得技术专利所有权及大企业的技术专利使用权，强制技术专利商业化应用。

（2）颁布《1980年斯蒂文生—威德勒技术创新法》，以确立政府技术创新基本政策，建立新技术应用推广的管理体制，开展大规模技术转让活动（特别是促使军事部门向民间企业转移技术成果与设备）。

（3）颁布《1981年经济复兴税法》，大幅度削减投资收益税，加速企业设备折旧，以激励高技术风险企业的创立与发展。

（4）运用反托拉斯法维护高技术企业的自由竞争，同时对反托拉斯法做重大修改，并颁布《1984年国家合作研究法》等法令以保护高技术企业的横向联合研究开发。

（5）修改《技术出口管理条例》《贸易扩大法》等法令与条例、加强尖端技术保密措施，改善高技术产品贸易环境。

所谓特定性立法，就是各高技术行业的专门立法，包括核能与新能源、海洋、空间、信息、生物科学技术立法。

（1）原子能与新能源立法。其主要内容有：

A. 颁布《1946年原子能法》并在1954年予以修订，以这项基本法为核心，建立了包括《1977年能源部组织法》《1978年能源税收法》《1978年铀矿尾矿辐射控制法》《1978年核能不扩散法》等数十项法令的原子能法律体系，并特别注重核安全法规系统的健全。

B. 颁布《1974年太阳能研究、发展与实验法》《1974年太阳能加热与制冷实验法》《1978年地热蒸汽法》《1974年地热能研究、发展与实验法》《1974年国家海洋热能研究、技术发展与技术论证法》《1980年海洋热能转换法》《1975年联邦非核能源研究和发展法》《甲烷作为燃料免税使用法》《1980年风能系统法》《1983年可再生能源产业发展法》等数十项法令，投资与资助开展新能源研究开发与设备建造，责成联邦政府与州政府通过税收与信贷优惠等经济手段建立可再生能源产业。

（2）海洋科学技术立法。其主要内容有：

A. 颁布海洋科技基本法《1966年海洋资源与工程发展法》，确立海洋科学研究、资源开发与环境保护的基本政策，并通过它与其他联邦法令促进海洋科学研究，发展工程力量，改进海洋科学教育与技术训练。

B. 颁布《1953年海底土地法》《1953年外大陆架土地法》，解决海洋石油开发所有权与管辖权纠纷。

C. 颁布《1980年深海底固体矿物资源法》，在深海底开发国际制度建立前，通过国内立法手段管理与保护美国公民及其组织对深海底锰、钴等战略资源的勘探与商业性开发。

D. 颁布《1972年海洋倾废法》《1972年联邦水污染控制法》等数十项法令，防止高技术发展可能对海洋自然环境造成的污染。

（3）空间科学技术立法。其主要内容有：

A. 颁布《1958年国家航空与空间法》并多次修订，建立空间大科技研究开发管理体制，解决空间运载工具使用者责任保险与赔偿以及空间犯罪问题。

B. 颁布《1962年通信卫星法》，由联邦政府与私人企业共同开展通信技术商业化应用活动。

C. 在《1958年联邦航空法》及其修正案、《国家航空与空间法》、《武器出口管理法》及其修正案、《1934年通信法》、《1962年通信卫星法》等现行法令对太空工业与商业化活动进行调节的同时，积极酝酿和颁布了新的太空工业与商业化特定法令，如《1984年地面遥感商业化法》《1984年商业空间发射法》等。

（4）计算机立法。其主要内容有：

A. 1976年、1980年、1982年三次修改《版权法》，将计算机软件列入版权保护范围内。

B. 颁布《1984年半导体芯片保护法》，对半导体芯片知识产权给予保护。

C. 颁布《1966年信息自由法》并在1974年予以修订，确定政府信息向民众公开化条件并注意涉及国家安全的档案数据的保密。

D. 颁布《1974年保密法》《1977年综合保密权利法》，以防止计算机技术应用可能造成的对公民隐私权的侵犯。

E. 颁布《1977年联邦计算机系统保护法》《1978年联邦电子基金转换法》及其1979年与1983年的修正案，以防止欺诈性档案或数据进入计算机系统，防止非法使用与计算机有关设备，防止毁灭信息资料与档案，防止以电子手段或其他方式偷窃钱财、金融证券或资料等，特别是防止侵害电子基金转换系统。进入20世纪80年代后，又颁布了《1984年小企业计算机安全与教育法》《1984年仿造信息存取设备与计算机欺诈和滥用法》《1984年信用卡欺诈法》，以进一步充实计算机立法内容。

（5）生物科学技术立法。其主要内容有：

A. 颁布《1976年国立卫生院重组DNA分子研究准则》，以对重组DNA技术研究实验做必要的控制与管理。随后根据技术发展对准则中的限制条款予以放宽或取消，保证生物技术研究在维护社会环境的前提下得以发展。

B. 公布基因疗法准则，允许体细胞而不是生殖细胞的基因治疗。

C. 通过地方初审法院禁止生物战争实验。

D. 在运用《有毒物质控制法》等现行非特定法令调节重组DNA技术工业与商业应用，特别在规范数据收集、检查监督、风险评估等方面的同时，酝酿颁布了《生物工艺学条例》。

E. 通过最高法院判例对含有重组DNA技术的活体微生物予以专利保护并加入《1977年（为申请专利的）微生物备案取得国际承认条约》，对某一类植物新品种发明提供专门法和专利法双重保护，对某一项发明提供专门法或专利法的非双重保护等。

F. 将自发性脑活动丧失的死亡标准的规定列入大多数地方州法中。

G. 允许人工授精技术运用的规定被列入联邦法典中。

H. 胚胎转移、试管婴儿培育技术应用的合法性已为大多数地方立法认可。

其次，科技社会关系的司法调节、执法调节与守法调节，是立法调节的价值体现。

"徒法不足以自行。"如果有了一个好的立法，却得不到认真的实施，无人认真遵守，那么，它就只是一纸空文。因此，必须依靠司法、执法人员去司法、执法，靠广大公众，首先是广大科技人员自觉地守法。这里，有一个立法调节的价值体现的理论问题。

马克思曾经说过，共产主义"从一开始就是现实的和直接追求实效的"[①]。1985年，在党的全国代表会议上，邓小平同志强调地重申了这一马克思主义的原则。他指出，在改革时期的各项工作中，一定要讲求经济效益和总的社会效益，要以社会效益为一切活动的

---

① 《马克思恩格斯全集》，第42卷。

唯一准则。这就是马克思主义价值理论中的实效原则。实效是在实践中形成的价值事实。"实效"与"虚效"（虚假效益）相对立。实效原则要求在评价中，特别是社会评价中，要注重实效、实绩、实践的结果和发展的需要。对于科技社会关系的立法调节的价值体现，就看它是否具有实效、实绩，而实效、实绩离开司法调节、执法调节与守法调节就必定无从体现。因此，一方面立法调节是司法调节等的前提；另一方面，立法调节又时时依靠司法调节来完成其价值实现。总之，这两个方面是相互依存、不可或缺的，应当相互促进、相得益彰。

（四）科技社会关系的司法调整

科技社会关系的司法调节问题，有以下几个主要方面应予探讨：科技社会关系的司法调节的必要性；科技社会关系的司法调节的根本原则与主要依据；科技社会关系司法调节的方式与司法实践问题。

1. 司法调节的必要性

司法调节的必要性的道理，是简单浅显而且几乎是不言自明，应当人人皆知的。但是，在科技社会关系的法律调节的实践中，至少就我国此前的状况而言，真正痛切感受到并深刻认识到加强这一方面工作的必要性的人还不多。所以，我们提将出来予以论述。为了论述的方便与易于被读者认同，我们先看一些具体的例子。

北京市中级人民法院经济庭的吴铭先生在《审理技术合同纠纷案件的几点体会和看法》[①]一文中指出：自1987年到1992年8月底，北京市中级人民法院共受理技术合同纠纷案件110余件，其中技术转让合同（含专利实施许可合同）纠纷最多，近70件；专利申请权和专利权转让合同纠纷3件，其他技术合同纠纷（包括技术开发、技术咨询、技术服务）40余件。从审判实践看，虽然每案问题各异，但归纳起来主要是"合同性质的确定""无效技术合同的认定及处理""技术鉴定的适用"等三个方面。例如杜某与某化工厂技术转让合同纠纷案：杜某与化工厂口头商定转让丙烯酸亚光漆技术，杜某提供厂房设备图纸、设备选型、设备安装及技术配方，并培训了两人。后来杜某从报刊上获悉该化工厂试制丙烯酸精亚光漆成功，年产值100万元，获利税近20万元，遂要求化工厂给付技术转让费5万元。但化工厂未予同意给付。于是杜某诉至法院。一审法院以双方口头协议无效为由驳回杜某的诉讼请求。杜某上诉后，二审法院认为：双方口头协议应属无效，鉴于杜某实际上完成了技术转让，化工厂也确实因此获利，故应从实际出发对该案改判，由化工厂支付杜某适当的经济补偿及技术泄露费。吴铭同志的文章还指出，在技术合同纠纷案件的审判实践中，常常会碰到一些因现行有关法律规定太笼统或因法无明文规定，造成审理困难。我国《技术合同法》未对技术转让合同的转让费做明确的限度规定，关于技术中

---

① 《科技与法律》1992年第4期。

介的费用也缺乏明确而统一的规定。

吴文实际上涉及了科技社会关系的司法调节中的三个问题：一为已有法律明文规定的；二为法律虽有规定但不具体的；三为法无明文规定的。这三个问题，都涉及科技社会关系司法调节的必要性。

对已有法律明文规定的来说，非经司法实践，已定的法律条文不可能自动生效、自动解决有关的法律纠纷。北京市中级人民法院正是依据有关的科技法，已对110余件受理案件中的三分之二判决审结，并对其余三分之一案件做调解处理的。

对虽有法律规定但不具体的，显然也须依靠司法调节手段予以妥善处理。因为，当纠纷发生及案件提出之时，要求助于"立竿见影""立等可取"的立法调节一般是不可能的，这时也只好求助于司法调节手段的补救了。吴铭文章谈到了这样一个案例——某新技术公司诉余某、萧某的专利实施许可合同纠纷案：1989年1月，新技术公司与余、萧两人签订了一份技术转让合同，规定余、萧将其正在申请专利的"嵌码"技术在国内外独家转让给新技术公司，期限10年，余、萧负责技术培训及该项技术专利新产品的开发，新技术公司分四次付清技术转让费100万元。后双方又签订了两份关于开发"嵌码"专利技术的协作合同，规定余、萧接受新技术公司的委托开发"嵌码"技术的新产品——"PC机多存板"和"嵌码汉卡"，新技术公司负责购置开发器材并提供开发经费及工资。余、萧依约提供了技术资料，新技术公司交付了10万元技术转让费及5.1万元的开发费和工资，余、萧将开发出的"PC机多存板"样品交与新技术公司。1989年8月，新技术公司以该技术产品不受客户欢迎为由要求与余、萧终止合同并退还开发工具，未果而诉至法院。新技术公司以"嵌码"技术不实用、不先进，对合同存在重大误解、显失公平等为由，要求法院判处撤销合同，判令萧、余退还已付的转让费、开发费并归还全部开发器材。法院经审理查明："嵌码"技术已于1989年3月28日被授予专利权，该专利技术产品不受欢迎主要是因许多客户不愿以此替代早已推广运用的"五笔"技术产品，而非该技术不先进、不实用。审理中，法院认为100万元的转让费明显偏高，但从现行法律规定及该案合同签订过程看，认定合同显失公平或有重大误解又缺乏足够的法律依据。为此，法院认为：新技术公司作为受让方在签订合同时不做具体的市场调查而盲目受让，以致遭受严重损失，责任主要在自身。新技术公司不按合同履行义务系违约行为。鉴于余、萧两人在审理中表示同意解除合同，经研究判决：解除双方所签合同，新技术公司返还技术资料；其现存余、萧处的开发器材归余、萧所有，作为因新技术公司违约对余、萧所造成的损失补偿。对判决结论，双方均感满意而表示服判息讼。吴铭同志在分析此案时指出：由此案看出，由于把阶段性技术成果应用于工业化生产，客观上存在着失败的风险，法律对此无规定，合同当事人对此也常常既无约定又无思想准备，遭到挫折或失败便提起诉讼，而法院在审理中也很难把握。吴铭文章还指出：我国《技术合同法》关于技术合同中的价款或报酬及其支付方式由当事人约定，但从技术转让合同的实际签订情况来看，转让方要价总是尽可能地高，而受让方的还价又带有很大的盲目性，待产生问题后诉至法院，法院也较难处理。

对吴铭先生的分析我们基本赞同，但应加补充的是：对转让费虽无具体数额性的限度规定，但"由当事人约定"本身即是一种"限度规定"，即"以当事人可以而且应允接受"为"限度"。做了这一修正性补充后，上述案例的分析可以是：当法律做了规定而不具体时，司法调节手段便可救立法之不足。上述案例中，浙江省中级人民法院实际上就做了这一工作，使司法调节发挥了应有的作用。显然，司法调节是非常必要的。

对法无明文规定的来说，司法调节更是必要的了。立法不可能绝对适应、绝对覆盖社会关系调节的一切领域、一切角落、一切枝节。科技立法虽然因其超前性而卓尔独立于一切立法之上，但也同样不可能覆盖科技社会关系调节的方方面面。在这种情况下，司法调节，尤其是司法判例，就可起立法调节所难起的作用了。例如：

大多数国家的法律对反向工程问题（反向工程又称反求工程，指将反映"总结借鉴"型的时间反求理论应用于引进、研究外国先进的生产技术方面）并无专门规定，因此只能在很大程度上依靠司法判例的解释与补充。美国马萨诸塞州法院判决的 Lotus.V. Paperdack（1990）一案就是国际上的一个著名司法判例。在该案中，被告的 VP-Planner 程序被控侵犯了原告畅销的 Lotus1-2-3 表格扩展程序。该案法官采取了分三个阶段检验的系统方法，对原告要求保护的四个界面内容依次进行了检验。所得结论及判决意见为广大法律界人士及公众首肯。① 该判例解决了有关法律未予专门规定的法律纠纷问题，为以后类似案例的司法所行。

综上所述，司法调节的必要性可以概括为以下三点：一是有法必依，通过司法使立法产生实际的法律效果；二是遵循法律原则，通过司法使立法文件的原则规定具体化为可孚实用，得以调节具体的科技社会关系；三是在无法可依的情况下，通过司法实践，按照法律精神、社会需求和国家的有关政策，做出司法实践，按照法律精神、社会需求和国家的有关政策，做出司法判决，形成有效的司法判例，以补救立法之不足。

2. 司法调节的根本原则与主要依据

任何社会关系的司法调节的根本原则都是"以事实为根据，以法律为准绳"；与此相应，最主要的依据是事实依据与法律依据。科技社会关系的法律调节，无疑也是如此，自然不必多说。这里要着重补充说明的，是以下两个问题，这些问题同科技活动的特殊性、同科技社会关系的复杂性以及由此产生的科技社会关系司法调节的困难性相关。这两个问题是"事实依据"和"法律解释"。

"事实依据"与科技鉴定。根据专门知识、技能对特定的科技问题进行分析、试验、检验而得出科学的判断，称为科技鉴定。英美法系国家称鉴定为"专家意见"。美国联邦

---

① 张曙：《著作权·用户界面与反向工程》，《科技与法律》1992年第2期。

证据法规定:"如果科学技术或其他专门知识有助于事实审判者理解证据或判断争议事实,一个因其知识、技能、经验、训练或教育而有专家资格的证人,可以以意见或其他形式提出证据。"

科技鉴定或专家意见,在司法调节的实践中是十分重要的。诸如计算机软件侵权、生物技术合同违约或材料技术合约侵权等等科技社会关系纠纷中,如何认定何者违约、何者侵权,都是有专门的科技知识方面的困难的。德国联邦法院曾针对一个计算机软件侵权案件指出,计算机程序语言一般人无法理解,其程序之机器码无法直接阅读,因此法官要根据自己的知识与感觉而就有关问题做出评价十分困难,从而寻求专家帮助,按照专家意见修正判决结论是必要的。

科技鉴定与一般司法鉴定的共同点是,两者都要运用专门的科技知识、科技手段作为鉴定的手段;不同点是,科技鉴定的鉴定内容是科学技术本身。北京大学科技法研究中心的谢学军同志在《试论科技鉴定中的若干问题》[①]一文中指出:科技鉴定一般是一种司法或准司法行为,其结论直接影响到当事人权利义务的分配;科技鉴定这一司法或准司法行为涉及"鉴定的指定""鉴定人的资格""鉴定的过程""鉴定的标准"和"鉴定结论"等主要问题。他对这些问题做了很好的分析。

关于鉴定人的资格,《科学技术成果鉴定办法》规定,鉴定委员会成员应有一定的代表性,并具备以下条件:具有该行业或者领域的高、中级专业技术职务;具有较高的学术、技术水平和较丰富的实践经验;具有良好的职业道德。这里的"科技成果鉴定"与"科技鉴定"并非一回事。前者对"科技成果"的"鉴定",主要是为推广应用等目的服务的;后者则主要是为司法实践服务的,所以被谢文称作司法或准司法行为。但是,科技成果鉴定人的资格可供确定科技鉴定人的资格作为参照。由于后者涉及权益分配,涉及法律责任,在资格标准的具体掌握上似应更高更严。

1988年美国发生 M.S.Association. V. Power 先决案。该先决案的主要事实是被告以编程师身份受雇为原告工作,后者生产 Basic 源编码与 C 语言之间的转换程序,原告指控被告随后独自开发经营的同类程序侵犯其著作权。法院在检查对照两份程序后确认,3000行内容中仅有 43 行相同。但法院同时发现,两者各种功能在文库中的组合方式完全一样,变名在多处雷同,原告源编码中的错误、冗码与路径也被被告的源编码重复照搬。为此,法院请求一名独立的编程师做科技鉴定。该编程师提供的一份证明材料指出,两份源编码的六十进位制转换的路径完全相同,而他为实现同一功能设计的逻辑流程,与他事先未接触过的这两份编码完全两样。法院认为这份材料甚有说服力,并据此判定被告侵权。在这个案例中法院本身做过科技鉴定,又请非司法人员(科技专家)再做科技鉴定,从而得出了科学的鉴定结论。这种科学的鉴定结论,对判明案情的事实极有作用,可使判案所"依

---

① 《科技与法律》1993 年第 2 期。

据"的"事实"准确无误。

科技社会关系司法调节中充分依靠科技鉴定来查明"事实依据"的准确性、可靠性，正是它与一般司法调节不同的地方。

法律解释即"法律依据"方面的法律解释问题。

"有法可依""有法必依"是立法、司法调节方面的问题，但如前所说，虽然"有法"却还存在一个"难依"的问题，这就产生了司法调节的必要性，同时还产生了如何正确理解、科学解释某些法律规定的问题。必要性问题前文已述，这里主要是谈谈"法律依据"的准确性、科学性，而这有求于法律解释。

法律解释有学理解释与司法解释之分，但如果学理解释被应用于司法实践，也就与司法解释合流互用了。我们先看几个具体的例子。

一为段瑞春先生所撰《论剽窃科技成果行为的构成要件》[1]一文。该文指出，剽窃科技成果是指采取某种手段取得他人所完成的科技成果后，背着完成科技成果的人，伪称自己是科技成果完成者，从而骗取科技成果完成者的称号、荣誉以至奖励的行为；对这种行为人，不仅要加舆论谴责，而且应予法律制裁。但是"科学技术的发展是一个继承和创新的矛盾运动。在科学研究和技术开发中，相互影响、相互启迪、相互借鉴、相互利用的情况十分普遍，不少科技成果是许多科技工作者的智慧结晶，包含了集体的经验成分。这就使得确认完成者身份、认定剽窃行为，常常成为一项十分复杂、敏感而且政策性很强的工作"。因此，段文探讨了剽窃科技成果所应具备的构成要件问题。他认为，有关的构成要件有四：其一，剽窃行为的主体应当是科技成果完成者以外的个人，即剽窃者本人不是科技成果的完成者或共同完成者；其二，剽窃行为所侵害的客体是科技成果完成者的身份权、荣誉权；其三，剽窃行为应当是行为人亲自所为；其四，剽窃行为的构成应当以行为人在由他人完成的科技成果文件上写明自己是该科技成果的完成者或事实上骗取了科技成果完成者的身份、资格和荣誉为标准。

二为美国的环境诉讼权的确定问题。美国公民或团体因环境污染而寻求法律帮助时，曾为环境诉讼权而困扰。环境诉讼权是指将环境纠纷提交司法解决所应具备条件的总和，也称环境诉讼资格。美国的《国家环境政策法》规定"每个公民都应当享受健康的环境"，联邦政府的责任之一是"保证为全体美国人创造安全、健康、富有生命力并在美学和文化上优美多姿的环境"，但未对公民的环境诉讼权做具体的规定。后来，美国联邦最高法院通过一些具体案例，以判例确立了环境诉讼权的构成条件。聂强在《略论美国的环境诉讼权》[2]一文中介绍了有关的几点条件："首先，原告必须证明自己有受到侵害的事实；其次，原告遭受的侵害事实应与（政府）的违法行为之间存在因果关系，尽管这种因果关

---

[1] 段瑞春：《论剽窃科技成果行为的构成要件》，《科技与法律》1991年第3期。
[2] 聂强：《略论美国的环境诉讼权》，《科技与法律》1991年第3期。

系可以表现为一连串的连索关系，而且可能很不严密，法院还是倾向于持宽容态度；再次，关于事实上的损害，原告可以不必举出身体上的侵害或经济上的损害，仅有美学价值上的损害就够了。"据聂文介绍，环境诉讼权问题是美国环境司法实践中常常遇到的问题，由于联邦最高法院一系列判例的指导，现在环境诉讼全面得到较稳定的解决。

上述二例，实际上一为学理解释，一为依据判例所做的解释，二者都是法律解释，都可成为或已成为司法实践的依据。

以司法调节来处理科技社会关系，还应遵循严守诉讼程序、公民在适用法律上一律平等、被告人有权获得辩护等重要原则。由于这与一般社会关系的司法调节是完全一致，也无须做特别证明，就不一一赘述了。

3. 司法调节的方式与司法实践

由蒋坡等编著的《科技仲裁与诉讼》[①] 对科技社会关系的司法调节的两种主要方式——科技仲裁与科技诉讼已做了十分详尽的阐述。此外，实际上也谈到了另一司法调节的方式，即调解，如第七章第一节的《技术合同仲裁机构的调解》、第十章的《专利纠纷调处》等。这里，一方面，作为对"科技法学原理"的重要组成部分的阐释是不可或缺的，另一方面，还有一引起值得研究的问题必须提出。我们分以下几个方面来研讨。

（1）司法调节方式的分类。

简单来说，科技社会关系的司法调节方式，主要可以分为诉讼、仲裁、调解等三类。

首先，科技诉讼。

关于科技诉讼，《科技仲裁与诉讼》所下定义是：指人民法院根据国家的法律、法规和有关的科技政策，在双方当事人和其他诉讼参与人的参加下，审理和解决发生在科学技术活动中或与科技人员的劳动有关的案件的活动，以及由这些活动所产生的各种诉讼关系，是诉讼在科学技术领域中的专门活动。这一定义基本上正确地、比较全面地界定了科技诉讼这一概念，揭示了它的内涵与外延。但此书印行后，我们发现还有若干不足值得研究、指出。

一为关于科技诉讼的任务的表述。按上述定义的提法是，科技诉讼的任务是"审理和解决……案件……以及由这些活动所产生的各种诉讼关系"，这样的表述存在三个问题：

第一个问题是，未突出科技诉讼所要解决的是科技社会关系纠纷这一唯一的根本的任务。所谓"审理和解决……案件……"当然可以理解作"案件"所蕴含的科技社会关系中的纠纷，我想蒋坡等作者所指的也是这一点。但既然指的是此，那就以明言为好，一可使读者了解，二可突出科技司法（这里是科技诉讼）的任务。

第二个问题是，语意有含混不清之处。我们再来看一下该定义的节缩表述：科技诉讼是指人民法院……审理和解决……的活动，以及由这些活动所产生的各种诉讼关系。我

[①] 蒋坡等编著：《科技仲裁与诉讼》，上海科技文献出版社1991年版。

相信这一节缩表述并没有曲解作者的原文。那么"科技诉讼"就变成了"人民法院""审理""人民法院的活动所产生的各种诉讼关系"了。显然，这样措辞是错误的。

第三个问题是，关于科技诉讼的任务的性质认定问题。上述定义的最后一句话的文意是：科技诉讼是"诉讼在科学技术领域中的专门活动"。对此，会产生三个不同概念如何正确使用的问题。这三个概念是"科学技术领域""科学技术活动领域""科学技术社会关系领域"。作者的本意，我相信指的是后者，即"科技社会关系领域"，但在术语运用上却讹成了"科学技术领域"。所谓"科学技术领域"，是指诸如物理学、化学、生物技术、空间技术等等学术或技术领域，那里产生的问题是"概念""判断""推理""工艺""方法""器具"等等思维性的、方法性的以及工具运用方面的歧见纷争。"科技活动领域"是一种"活动领域"，是指诸如科学研究、技术开发等等的实践活动，其间会产生科技社会关系的纠纷，但它本身并不就是科技社会关系，法律手段也不是直接去调节这些实践活动，而是通过调节科技社会关系去调节科技活动。

二为科技诉讼的依据问题。前面已说过，科技社会关系的司法调节的根本原则是"以事实为根据，以法律为准绳"；主要依据，一是"事实依据"，二是"法律依据"。《科技仲裁与诉讼》关于科技诉讼的上述定义提出的人民法院审理科技案件的依据是"国家的法律、法规和有关的政策"。如果这一点成立的话，那么，有关根本原则就可以改为"以事实为根据，以法律和政策为准绳"了。窃以为这里有两个问题必须研究。

第一个问题是，政策是否可以成为判案的依据。当这样明确而尖锐地提出问题时，我想，《科技仲裁与诉讼》一书的作者也会持否定态度的。政策毕竟不是法律，它有较大的随机性而缺乏稳定性，有较多的特殊性而缺乏普遍性，有一定的灵活性而较少强制性。在我国社会主义制度下，曾因过度依靠政策调节社会关系而发生了许多不应发生的事，时际全党全国痛定思痛、痛下决心奋力建设社会主义法治国家的今天，无论从矫枉过正的角度规划我们的行动，还是从法制社会应有的唯一正确的道路选择的角度为我们的行动定位，都应当反复强调"以法律为准绳"，即决不旁骛地以法律为唯一准绳。关于科技诉讼的依据的提法，必须与我国一切诉讼的依据的提法绝对一致。

第二个问题是，政策如果不能成为判案的依据的话，那么，是否对判案毫无影响作用呢？笔者以为，辩证的看法应当是：科技政策仍然是科技诉讼的一个重大影响因素。其理由主要有二。其一，科技立法仍有一定的滞后性，科技法制建设有一个过程，还有许多科技法有待制定。也就是说，仍有许多科技社会关系方面的纠纷无法可依。其二，改革进行之际会有许多突破既定法律"禁区"的问题产生。法律规定的不可为行为，当然是一种"法律禁区"，即法律禁止作为的领域。但是，如果有的作为是"合理而不合法"的该如何处理呢？是"依法"判处"违法"而施罚呢？还是另觅他途呢？我以为，对于此类问题，宜做"冷处理"，可以搁置一段时间再说。因为这样既不违法，又可等待时间老人的帮忙；如果有关政策为实践证明是正确的而且又有必要赋予强制性、普遍性与稳定性的话，就可使之法律化，从而使原先"合理而不合法"的转化为"既合理又合法"。此外，政策对有关法律在裁定合法或违法程度，从而在裁定奖励或惩罚的幅度上，也有重要的影响，而这种影响是仍不出"以法律为准绳"的幅度上，也有重要的影响，而这种影响是仍不出"以法律为准绳"的范围的。

三为关于科技诉讼的主体问题。《科技仲裁与诉讼》一书在给"科技诉讼"下定义时，特地指出，它是"指人民法院……的活动"。但我们知道，科技诉讼既有诉讼的提出，又有诉讼的审理；既有诉讼的提起者即原告一方，又有在诉讼中被列为被告的一方；被告一方既有受诉的义务，又有反诉的权利，成为反诉的"原告"；此外，还有诉讼的参与人，如证人、鉴定人和翻译人员等。也就是说，"科技诉讼"不仅仅是人民法院的活动。如果仅指人民法院的活动，那么，这一活动指的不是科技诉讼，而是指科技司法。对于诉讼参加人（原告与被告）与诉讼参与人来说，充其量只是参与科技守法（或违法），而不是参与科技司法。司法是司法机关的任务而不是一般公众的任务。科技司法同样是如此。反之，科技诉讼就应有人民法院以外的参加者、参与者。

根据上述分析，笔者认为，应将"科技诉讼"定义为：指依据科技社会关系纠纷的事实和有关的科技法律、法规，通过诉讼审理与解决纠纷的法律实践活动。

但科技诉讼又是科技司法的一种方式，因此，我们必须注意在科技诉讼这一科技司法方式中起主导作用的因素。当然，在科技诉讼中起主导作用的只能是人民法院一类的司法机关，而不是诉讼参加人或诉讼参与人。关于这一点，《科技裁与诉讼》有十分简明精当的阐述："在整个科技诉讼过程中，将分成若干个阶段，每个阶段前后连接，各有其中心任务。只有当完成了前一阶段的任务，才能启动以后的法律程序，将诉讼推移到下一个阶段。尽管双方当事人的诉讼活动，对诉讼的开始、发展和终结，有着很大的影响，但是人民法院的审判活动，不论是在科技民事诉讼中，或是在科技行政诉讼中，始终起着主导作用，具有决定性的意义。"

其次，科技仲裁。

关于科技仲裁，《科技仲裁与诉讼》一书所下的定义是：指根据法律法规或当事人之间的仲裁协议以及当事人的申请，由专门的仲裁机构以第三者的身份，对双方当事人之间所发生的有关科技活动或科技人员的争议或纠纷，通过对事实的确认和判断，做出关于权利义务的裁决，并由当事人自觉执行的活动，是仲裁在科学技术领域的专门活动。对这一定义应当提出商榷的几点，几乎与前面关于"科技诉讼"的定义所商榷的几点毫无二致，也就不必多说了。当然，"仲裁"与"诉讼"不同，诉讼是审理机关、诉讼参加人与参与人的共同活动，人民法院一类审判机关只是诉讼的主导者而已；仲裁活动中虽然有当事人的参与，但参与的当事人不像诉讼参与人有诉讼权那样，他只有拒绝接受仲裁结论的权力，而无做出仲裁行为的权力。在仲裁活动中，只有"专门的仲裁机构以第三者的身份……做出关于权利义务的裁决"。因此，我们可以这样为"科技仲裁"下定义：它是指专门的科技仲裁机构对当事人提出的申请进行的有关科技社会关系纠纷的仲裁活动。

科技仲裁之所以被列为科技社会关系司法调节的一种方式,是因为仲裁的依据,除有关的科技社会关系纠纷及有关协议的内容等事实依据外,唯一的就是有关的法律。例如,一项科技转让合同所引起的纠纷,如果诉诸仲裁的话,在《合同法》颁布之前,所依据的就是《技术合同法》及其实施条例、实施细则。至于当事人原先的协议内容,是作为"事实依据"而起作用的。因此,科技仲裁由于所依据的是科技法律、法规,就被作为科技司法行为、科技社会关系司法调节的一种方式了。

再次,科技调解。

关于科技调解,指的是依据科技社会关系纠纷的事实和有关的科技法律法规及当事人双方的自觉自愿所实施的科技司法活动。之所以称之为司法活动,列其为科技社会关系司法调节的一种方式,是因为调解的依据从根本上说还是有关的科技法律法规。由于调解不存在审判判决的强制性和仲裁裁决的外来强迫性,而是在很大程度上取决于当事人双方是否自觉自愿地接受,所以,有时被人们列为"准司法活动""准司法方式"。但"司法"也罢,"准司法"也罢,都必须依"法"而转、依"法"而司,所以,列为科技司法活动的一种方式,还是顺理成章的。

科技调解的主导机关,可以特设,犹如一般社会关系纠纷的调解组织一样。这是中国司法行为的一个重要特色,正越来越吸引各国法学家的重视。此外,专门的司法审判机关、仲裁机构也都有实施调解的义务,而且,在做出判决或仲裁之前,一般都先行调解,在调解中喻之以法,晓之以理,动之以情,力争不诉诸审判与仲裁。正因如此,《科技仲裁与诉讼》一书专列"技术合同仲裁机构的调解""专利纠纷的调处""上诉案件的调解与撤诉"等节,是十分自然而且论述得很有特色的。

(2)科技社会关系的三类司法调节方式的关系。

简言之,科技诉讼、科技仲裁、科技调解三类科技司法调节方式的关系是:科技诉讼是科技社会关系司法调节的最高形式;科技仲裁是科技非诉讼司法调节的最高形式;两者是科技调解的后盾,而科技调解一般是科技诉讼与科技仲裁的先行司法措施。

中国社会科学院法学研究所朱效亮先生在《论计算机软件著作权使用许可合同》[①]一文中谈到有关的"纠纷的解决"时指出:"涉及软件使用许可的纠纷主要有合同纠纷、权利纠纷和行政纠纷三类。"

解决合同纠纷的方式有调解、仲裁和诉讼三种。调解分为行政调解、民间调解和司法调解。行政调解和民间调解不具有法律效力。任何一方拒不执行调解协议或对调解结果反悔时,调解协议即告失效。仲裁调解与司法调解达成的调解协议具有一定的强制性,一方不履行时,另一方可以请求法院强制执行。仲裁裁决具有法律约束力,当事人一方不履行

---

① 朱效亮:《论计算机软件著作权使用许可合同》,《科技与法律》1991年第3期。

仲裁裁决时，另一方可以申请人民法院执行。但裁决也可能被法院所否决。根据我国《民事诉讼法》第二百一十七条规定，如果不履行仲裁裁决的一方提出证据证明仲裁裁决有下列情形之一的，经法院组成合议庭审查核实，可以裁定不予执行：当事人在合同中没有订立仲裁条款或者事后没有达成书面仲裁协议；裁决的事项不属于仲裁协议的范围或者有关的仲裁机构无权仲裁该事项；仲裁庭的组成或者仲裁的程序违反法定程序；认定事实的主要证据不足；适用法律确有错误；仲裁员在仲裁该案时有贪污受贿、徇私舞弊、枉法裁决行为。仲裁裁决被法院裁定不予执行的，当事人可以根据双方达成的书面仲裁协议重新申请仲裁，也可以向法院起诉。诉讼是当事人径直起诉的权利，人民法院应当受理此类起诉，如经司法调解无效，即可作出判决，判决具有不可移易的法律强制力。

解决科技社会关系纠纷中的侵权纠纷，主要有调解与诉讼两种方式。凡当事人不愿调解解决的，均可求诸诉讼方式解决。

有人在谈及科技社会关系纠纷的解决方式时认为：科学问题上发生的争议往往不宜采用强制性的法律规范和行政干预，而应当在自由、宽松的环境下，通过争鸣和评议来解决；在这一过程中，科技人员无疑应当遵守全球公认的道德规范。但违反者大有人在，例如有人剽窃科技成果。为此，有人建议成立"科技道德法庭"来处理。综观其全文，所要谈的其实是科技社会关系的司法调节方式，因为他也谈了许多关于调解、仲裁、诉讼方面的问题。由此可见，把"科学问题"与"科技社会关系问题"混淆在一起是何等错误。剽窃科技成果已构成科技侵权，诚然有道德问题，但已越出道德范畴而违法、侵权以至（严重的话）就是犯罪了。这时，越"自由、宽松的环境"越糟糕，即使是"道德法庭"也可能只起为虎作伥、助纣为虐的作用。因此，务必诉诸"真刀真枪"的法律强制力，求助于司法手段的有力解决。

（五）科技社会关系的执法调整

科技社会关系的执法调整具有重要的意义，它有其特定的程序。执法调整的管辖以及执法调整的具体措施也有一定的特点。这里我们研究一下有关执法调整的几个主要问题。

1. 关于执法调整的概念

科技社会关系的执法调整，是指有关的执法组织和执法人员，运用国家的强制力量，根据法院、仲裁机构或有关行政机构的有效法律文书的规定，强制科技社会关系当事人履行所负义务的活动。

这一定义与一般执法调节（通常名之以"执行"）的区别在于：科技社会关系的执法调节是围绕着科技社会关系进行的，目的在于调节科技社会关系，调节活动的主体与主导者是有关的执法组织和执法人员；而一般执法调节并无特定的具体目的，其主体与主导者也并不一定是科技社会关系调节的执法组织和执法人员。

科技社会关系的执法调节与立法调节、司法调节的关系是：立法调节是司法调节的直接法律依据，是执法调节的间接法律依据，而司法调节是执法调节的直接法律依据；执法调节则是立法调节目的的实现，是司法调节的实际完成。因此，在上述定义中指明的是，有关执法机关和执法人员并不是直接"根据法律"而是"根据法院、仲裁机构……的有效法律文书的规定……"同时，由于执法调节以"强制科技社会关系当事人履行所负义务"而告终，所以，它可以是立法调节的目的在现实生活中实现，也可以是司法调节的实际完成的显示。

在已经出版的一些科技法学著作或发表的论文中，谈及有关问题时，把科技社会关系的执法调节与一般社会关系的执法调节完全混淆起来了。例如《科技仲裁与诉讼》一书在其第十六章《执行程序》中，以"执行程序的一般规定"开篇，经"执行的开始"到"执行的中止和终结"，几乎只字未提与科技社会关系的关系，这就与一般执法无所区别了。当然，科技执法是一般执法的有机组成部分，是其下位概念，共性是二者的主要关系与关系基础，但也正因此，它应有自身的特殊性。把二者等同相视，是不利于揭示其区别的。

科技社会关系的执法调节与一般社会关系的执法调节的主要区别在于：前者的调节目的是科技社会关系纠纷的调处解决，后者的调节目的是其他社会关系纠纷的调处解决。

2. 执法调节的必要性

从一般的角度看，科技社会关系执法调节的必要性在于：一是切实保证科技法的贯彻执行；二是切实保证科技司法的落实；三是切实保证科技社会关系的正确调节，保护科技人员、科技劳动组织的正当权益，从而为科技进步做出贡献。

从特殊的角度看，则在于现实生活中还存着"执法不严"的严重问题。"执法不严"甚至不认真执法的原因来自两个方面：一为执法机构、执法人员；二为当事人藐视执法的调节，拒不履行义务。但后者之存在，其源盖出于前者。如果执法机构、执法人员"执法必严"，当事人是无所施其伎的。所以，关键还是处于主导者、决定者地位的执法机构、执法人员之严于执法。湖北省人民检察院罗思慎、周理松同志在《司法人员执法不严的几种表现及法律思考》[①]一文中指出，执法中的利益驱动性是当前一些司法人员不严格执法的一个最集中、最突出的表现形式和特点。其具体表现是有利可图之案即办，利益微薄则不办。所谓利益，则涉及地方利益、部门利益与执法者自身利益三方面。此外，执法中的随意性也是当前执法不严的一个重要特点。其主要表现是合己之意即执行，不合则不执行，或不按法律程序办事。这里谈的虽是一般社会关系中的执法调节问题，但在科技社会关系的执法调节中也会反映出来，因此也要引起注意，未雨绸缪，预为防范。

3. 执法调节的程序

科技社会关系的执法调节的程序依次有以下几个主要环节：

（1）执行申请，又称申请执行。执法申请就是享有权利的科技社会关系一方当事人，

---

① 罗思慎、周理松：《司法人员执法不严的几种表现及法律思考》，《法治论丛》1993 年第 5 期。

在负有义务的对方当事人拒不履行业已生效的科技法律文书确定的义务时，在法定的申请执法的期限内请求人民法院依法强制执行的申请。这是科技社会关系执法调节程序的开始。

根据我国民事诉讼法及有关科技法的规定，享有权利的科技社会关系一方当事人，有权在法律规定的范围内处分自己的民事权利和诉讼权利。因此，他既可以申请执行，也可放弃申请执行的权利。同时，科技仲裁或判决都规定负有义务的科技社会关系一方当事人按仲裁或判决自动履行义务的具体期限，当事人是否在规定的期限内自动履行，人民法院不了解，因而需要由权利人向人民法院提出申请强制执行的要求。

综上所述，申请执法必须具备以下条件：

其一，有关司法机关做出了有效的裁决并已公布生效。这反映了执法调节与司法调节的直接联系与密切关系。几乎所有的论著与论文都不提这一点，无疑是一个缺憾。

其二，负有义务的科技社会关系当事人一方拒不履行业已生效的司法仲裁决定。如果义务当事人已经履行了仲裁规定的义务，权利当事人则既无必要也不应再申请执行。只有在义务当事人在规定的期限内拒不履行有关义务时，权利当事人才可以向人民法院申请执行。

其三，申请执行必须在法律规定的期限内提出。如超过规定期限又无正当理由，人民法院则不予受理。我国民事诉讼法第二百一十九条规定："申请人执行的期限，双方或一方当事人是公民的为一年，双方是法人或者其他组织的为六个月。""前款规定的期限，从法律文书规定履行期间最后一日起算；法律文书规定分期履行的，从规定的每次履行期间的最后一日起算。"

其四，必须向有管辖权的人民法院申请执法。我国《民事诉讼法》第二百一十七条第一款规定："对依法设立的仲裁机构的裁决，一方当事人不履行的，对方当事人可以向有管辖权的人民法院申请执行。"所谓"有管辖权的人民法院"，我国《民事诉讼法》第二百零七条第二款的有关规定为："法律规定由人民法院执行的其他法律文书，由被执行人住所地或被执行财产所在地人民法院执行。"根据执法惯例，当事人分别向被执行人住所地与被执行的财产所在地人民法院申请执行的，则由最先接受申请的人民法院执行。

根据我国《技术合同仲裁机构仲裁规则（试行）》（1991年11月1日起施行）第四十九条的规定，权利当事人申请执行，既可由本人提出，也可通过做出仲裁的机构请求人民法院执行。

（2）开始执行。这里的"开始执行"包括两个阶段：第一阶段是人民法院根据权利当事人的执行申请和仲裁决定的内容进行审查，依法决定是否立案予以执行；第二阶段是人民法院在决定立案予以执行后，将案件交给执行人员执行。

在第一阶段的审查中，有时会产生经审理不予执行的情况。人民法院对于权利当事人的执行申请，有权做出不予执行的决定。有关的"不予执行的决定"的原因，前文已经介绍，这里不重复了。人民法院裁定不予执行时，应当将该裁定的裁定书送达有权的仲裁机构和双方当事人，裁定书的主要内容为：申明不予执行的裁定；说明不予执行的理由。当事人在接到人民法院不予执行的裁定书后，可以根据双方达成的书面仲裁协议重新申请仲裁，也可以直接向有管辖权的人民法院起诉。有关的仲裁机构在接到不予执行的裁定书后，也可根据权利当事人的请求，请人民法院重新裁定。

（3）执行完毕和执行的终结及中止。科技社会关系的执法调节开始于申请执行，结束于执行的顺利完成，即执行完毕之时，仲裁机构的仲裁决定事项已兑现，科技社会关系的权利当事人的权利得到了实现，而义务当事人也履行了他的义务。

执行完毕意味着具体科技社会关系的调节，经由法律程序，已得到妥善的解决，因而有利于科学技术的发展。

但执行过程中有时并不顺利，由于发生某些特殊情况而不能继续进行已经开始的强制执行，于是结束执行程序。这就是执行的终结或称终结执行。我国民事诉讼法规定终结执行的情况主要有以下几种：

A.申请人撤销申请；

B.据以执行的法律文书（如仲裁机构的裁定书）被撤销；

C.被执行人死亡，无遗产可供执行，又无义务承担人；

D.追索赡养费、抚养费、抚育费案件的权利人死亡；

E.人民法院认为应当终结执行的其他情况。

上述第四种通常是指一般的民事诉讼案件的情况，但若科技社会关系纠纷案件也涉及这类问题，自然也是适用的。

与终结执行相近的有所谓中止执行，但中止执行只是暂时停止执行，停止执行前已经执行完毕的继续有效，暂时停止执行后造成中止执行的情况消失后，应当恢复执行程序。

4. 执法调节方面的其他问题

吴铭先生的《审理技术合同纠纷案件的几点体会和看法》[①]一文提出：在技术合同纠纷案件的审理中，又易引起比较具体的问题有待立法加以明确，以减少司法操作的失误和偏颇。如技术合同的主体一般地均可作为诉讼主体参加诉讼，但这种诉讼主体能否直接成为法院判决的被执行主体？科技专家组对外直接签订技术协议，履行协议规定的权利义务，专家组作为诉讼主体参诉，但执行时怎么办？执行谁的财产？专家组所属单位的财产能否直接执行？又能在何种范围程度内执行？我们试来回答一下吴铭先生文章提出的上述问题。

---

① 吴铭：《审理技术合同纠纷案件的几点体会和看法》，《科技与法律》1992年第4期。

首先，作为诉讼主体的技术合同主体可否成为法院判决的被执行主体？技术合同主体为签订合同的双方当事人。当发生科技社会关系纠纷而诉诸法律时，当事双方中，一方为原告，另一方为被告。但被告可以提起反诉。因此，在反诉中被告起了告诉人的作用，处于反诉的"原告"地位，而被反诉的原告起了被告诉人的作用，处于"被告"的地位。人民法院判决时，如果原告胜诉，那么被执行人是被告一方；如果被告胜诉，而被告的反诉也胜诉，那么，处于反诉中的"被告"地位的原告则必然成为法院判决的被执行人。这是确定无疑的。

同时，这一点已无须另行立法做出规定，因为根据诉讼法足以对此做逻辑推理。

其次，科技专家组作为诉讼主体参诉时怎样执行？执行谁的财产？这要视专家组的组成状况确定，可以分成以下几点来看：

其一，既是"专家组"为诉讼主体，那么，参诉或是否为被执行主体的，都不是专家本人，而是作为整体的"专家组"。

其二，该"专家组"如果是由同一个单位的专家组成的，那么，该单位就必须承担可能的被执行主体的角色，当然，也就必须以该单位的财产来执行；如果是由不同单位的专家组成的，那么，组织该"专家组"的机构就应当承担被执行主体的角色。这种机构可能是具体的科技行政组织、企业、政府机关等等。

这一点也无须另行立法做出规定了，因为这其实已非诉讼法所涉问题，而是一般的社会分析法即可解决、认定的问题。

（六）科技社会关系的守法调整

论及社会关系的法律调节时，通常都只谈立法、司法、执行，似乎法律调节只是"上面"的，即立法机关、司法机关、执法机关的事，与"下面"的群众无涉。对此，应指出两点：

第一点，这是相当自然的事，不足为怪，因为历来的法律都是靠统治者去制定、施行，而公众只是被施行法律的对象，前者是主动者，后者则是被动者。这就造成了两种错觉：第一种错觉是，法律从来是而且永远是与广大群众对立的东西；第二种错觉是，法律调节不是群众的事。

第二点，这在社会进步时代，尤其是人类最进步的社会主义时代，又是错误的。

在社会进步时代，尤其是社会主义时代，社会关系的法律调节既不能须臾脱离、舍弃立法、司法、执法这三种方式，也不能须臾放弃守法这一方式。现在我们来讨论一下科技社会关系的守法调节的几个问题。

1. 守法调节的必要性

科技社会关系守法调节的必要性可从两个方面来看。

一是一般的必要性，即任何社会关系守法调节的必要性。守法调节与司法、执法调节有一个巨大的不同点：守法调节是社会关系当事人的自觉调节，法律的强制性在这里表现其隐性的作用；司法调节、执法调节是对社会关系当事人的强制调节，法律的强制性在这里表现其显性的作用。

当法律仅仅作为社会关系当事人的对立面出现时，只能依靠其强制性发挥作用。但法律并不总是作为社会关系当事人的对立面而出现的；即使对一部分人甚至大多数人是对立的，但对另一部分人却往往相反，不是其对立面，而是其利益的守护神。因此，在任何社会里，对任何法律、法律制度来说，都有一个守法调节问题。

这样，守法调节就是法律要求的本性。任何一种法律，如果没有守法调节，至少是一部分人的守法调节，就会成为毫无作用的东西，在社会主义制度下更是如此。社会主义法律是人民利益与意志的反映，只有广大人民群众自觉守法，法律才能发挥其最大的作用；自觉守法的人越多，守法程度越高，法律作用才能发挥得越大。

二是科技社会关系守法调节的特殊必要性。这是从科技社会关系法律调节的特殊性而来的。前面我们已经详细分析过科技社会关系法律调整的探索性、特殊性、能动性、激励性、社会性，其中探索性、能动性、激励性和社会性其实也是科技社会关系法律调节的特殊性。

由于科技社会关系法律调节具有探索性，因此，自觉地遵守科技法以求新型科技社会关系产生、形成之际不致产生混乱；由于科技社会关系法律调节具有能动性，因此，应自觉守法、主动调节，使之产生最大法律效能；由于科技社会关系法律调节具有激励性，因此，自觉守法以觅得最大限度的物质的与精神的鼓励；由于科技社会关系的法律调节具有社会性，因此，全社会都应自觉守法以求对社会进步产生最大作用；等等。这些就是由科技社会关系法律调节的特殊性而来的守法调节的必要性。

北京大学法律系温旭先生的《技术秘密的秘密》①一文对我们关于守法调节的探讨是很好的启发。他指出："随着科学技术和技术市场的不断发展，以'技术秘密'为武器保护自己的合法权利，以谋求比现有法律保护下的一般知识产权能获得更高的利润，并在激烈的竞争中立于不败之地，这已不是秘密的武器了，而且已日益得到人们的青睐。"但"以技术秘密为武器"并不是法律方法，只有把它同法律方法结合在一起时，才可能形成法律保护。如果这时是技术秘密持有人的自觉运用法律方法，就是守法调节了。温文谈到了"保护技术秘密"的十种主要方法：一为"防卫性保护"；二为"合同性保护"；三为"综合性保护"；四为"诉讼性保护"；五为"改进性保护"；六为"替换性保护"；七为"技术性保护"；八为"半成品保护"；九为"市场性保护"；十为"策略性保护"。其中只有"合同性保护"与"诉讼性保护"是法律保护。但这两种方法都与守法调节有关。

技术秘密的合同性保护是指在合同中签订保密性条款用以保护技术秘密。这时合同

---

① 温旭：《技术秘密的秘密》，《科技与法律》1991年第3期。

双方当事人达成的一致协议是受民法和合同法等有关法保护的。为达到保护技术秘密的目的，有关的保密条款应订得尽量详细、周密，考虑到一切可致泄密的因素。这时，懂得技术合同法，懂得如何利用该法的有关条款并在技术合同中予以规定，就是守法调节领域中的问题了。技术合同的诉讼性保护是指，当当事人的科技成果权受到剽窃、篡改、假冒等侵害时，及时通过诉讼程序诉诸法律保护，追加损失并阻止技术秘密的合法权益继续被侵犯损害。这种诉讼性保护当然要求有关当事人自动、自主开展，也就是要求进行自觉的守法调节，守诉讼法与有关科技法的自主性的调节。

2. 守法调节的可能性

科技社会关系守法调节的可能性源自所"守"之"法"、"守法"之人、"调节"的方式以及科技法的社会性与预期性特点等方面。从科技社会关系守法调节所"守"之"法"来看，用以调节科技社会关系的法律在总体上是有利于这一关系的和谐发展的。从早期的科技标准法，到后来的科技行政管理法、科技劳动组织法、专利法、技术合同法以及当代的高新技术法，几乎无一不是为了协调好科技社会关系。以技术合同法为例，其立法宗旨即是为了保护订立技术合同的双方当事人的权益。这显然与某些法律法规的宗旨截然不同，诸如从前的某些税法，就是公然损及穷苦人而维护富有者利益的；某些劳工法，就是公然维护资本家剥削童工、女工的。也就是说，科技社会关系守法调节是科技立法的必然要求。

用以调节科技社会关系的法律法规，一部分是用来限制、约束科技劳动者、科技劳动组织与科技劳动管理机构的行为的，另一部分则是用来激励其行为的。无论是前者还是后者，都有守法调节的必然要求，因为遵守前者可以避害，遵守后者可以得利。

从科技社会关系守法调节的"守法"之人来看。进入科技社会关系的当事人，都有一定的目的性，都有一定的利益要求。正是这些目的与利益要求，驱使他们去遵守有关的法律法规。某甲为了获得浮法玻璃的生产技术而与此项发明的专利权人签订技术转让合同，按技术合同法的规定，甲必须支付技术转让费并保守技术秘密，乙必须转让技术并不得越出合同规定而再转让。这时，甲为了取得技术、保护专利技术产品的利益，乙为了取得转让费，一般各个都会自觉地去遵守合同的规定，遵守技术合同法。这就是利益机制在起作用了。相对来说，一些防盗防窃的法律，盗窃犯与被盗窃者并无利益上的一致性，前者为了其自身利益必然要去千方百计地犯法，而不是努力去守法。

从科技社会关系守法调节的方式来看。无论是积极守法，利用有关法律的规定谋求自身的最大利益，还是消极守法，保证不因触犯法律而失去利益招来损失、损害，都必须守法。在一切社会关系的守法调节中，科技社会关系守法调节的可能性空间最大。

此外，科技法的社会性、预期性等也要求并提供人们以条件去遵守它。因此，科技社会关系的守法调节是完全可能实现的。当然，这并不是否定科技法作为法律的强制性，从而取消其强制性，把法律责任条款弃置不顾。科技法以强制性与自觉守法的可能性是相辅相成的。

3. 守法调节的形式

科技社会关系的守法调节不仅表现为人们自觉守法的欲念、觉悟与要求，而且有其在社会现实生活中的具体表现形式。这些形式主要是：

积极守法与消极守法。积极守法是指主动地以有关科技法律的规定来促进与维护自身的利益，保护有关科技社会关系的和谐发展。关于第三方保存源码合同方式的兴起与发展就是这方面的一个很好例子。在软件贸易中，软件供方为了控制程序修改权而取得经济利益，软件使用方为了获得供方提供维持、维修服务及帮助修改程序的确切保证，在发放软件使用许可时，双方都对是否交付源码有所顾忌，因为无论怎样做（即供方对使用方交或不交付源码），都有潜在的利益受损的威胁。为了平衡双方的利益，消除潜在的利益损害危险，软件贸易实践中业已出现了新的合同保存形式，即第三方保存合同。按照这种合同，软件供方把程序源码交由独立的第三方保存，当该合同约定的有关情况出现时，该第三方即依约定把程序源码透露给软件的使用方。主动寻求并利用"第三方保存合同"的形式，就是积极守法的一种表现。这既是全社会性的积极守法，也是有关个人的积极守法。

消极守法是指，在不守法必定会带来损失的顾忌下，为了自身的利益而自觉地遵守有关法律规定，不去触犯它。诸如按著作权法的规定而不剽窃他人著作成果；按专利法规定不侵犯他人专利权；按环境保护法规定不乱排放污水、废气等等皆是。

权利守法与义务守法。权利守法或曰护权守法是积极守法，但它表现为力争权利的实现，力争权利的扩展。当代各国的科学技术基本法大多规定了科学研究与技术发明的自由权利，并有鼓励科技开发的法律措施。按其规定努力进行科学研究与技术开发，排除各种阻力不断前进，这是权利守法的一种表现。当正当的权利受到侵犯、损害时，义正词严、凛然不屈地起而反抗，依法力争，这也是一种积极守法。为此，就要不耻赴讼，勇于赴讼，善于赴讼。

义务守法或曰履约守法，既是积极守法，也是消极守法，是二者的统一体。因为当践约履行义务时，对等地可以享受相应的权利，所以是积极的；而不践约履行义务又会被诉诸法律解决，承担法律责任，因顾忌这一点而认真守法，又带有消极性，所以是消极守法。最消极的守法，有时可能体现在司法、执法阶段。这时是违约违法在先而被送上法庭成了被告。但当司法判决下达或在执法过程中，还有一个是否服判而履行判决规定的义务问题。这时如果继续抗拒，就无守法可言了；而认真服判，则还有守法的成分。这样看问题是因为，科技法律法规对不少科技人员来说是一比较陌生的事物，一些进入科技社会关系的企业家也大致如此。因此，由于认识不足及其他思想问题而偶然"触电"，被送上法庭，只要服判，也就算是勒马悬崖边、驻足深池畔，还有守法的一面了。

（七）科技社会关系法律调整的一体化

中共中央、国务院《关于加速科学技术进步的决定》（1995年5月6日），作出了"坚定不移地实施科教兴国的战略"的决策。为实施科教兴国战略，要综合运用行政的、法律的、经济的和思想教育的多元措施。其中，法律措施既有其自身蕴涵的促进与保障科技进步、教育发展的直接作用，又是行政、经济与思想教育手段的有力后盾，具有"一身二任"的特殊功能。"依法治国"之"法"，在我国社会发展中将发挥越来越积极、越来越巨大的作用。科教兴国战略的实施、科技创新的发展，将进一步激活科技社会关系，使其内涵更深刻、更丰富，使其外延更博大、更宽广。随之而来的，必然是科技社会关系法律调节任务的更繁重、更艰巨。为此，未雨绸缪地先行探讨立法调节、司法调节、执法调节、守法调节的一体化，有重要的实践意义。由于执法调节实为司法调节的延伸，所以为简便起见，以立法、司法、守法调节的一体化代指立法、司法、执法、守法的一体化。

1. 科技法制系统与立法、司法、守法的一体化

作为科技社会关系立法调节的成果的科技法，包括制定法与判例法，但大多为制定法。即便像美国、英国这些特别钟情于判例法的普通法系国家，一涉科技社会关系法律调节也往往是以制定法为依据的。

科技法制系统的外延不仅包括法律、法规、判例这些属于制度法律文化的内容，而且包括司法、执法、守法等等行为法律文化的内容。

科技法制系统具有法的系统性。立法、司法、守法的一体化，是由法的系统性决定的。

法的系统性指法是由相互区别的若干法的要素构成的集合体；各个法的要素之间存在着一定的联系和相互作用，形成特定的整体结构和适应社会大系统的整体功能。法的要素只有在组成有序结构的情况下，才能产生有效的社会控制功能。

关于法的系统究竟包含哪些要素，我国法哲学界有不同的看法，但在立法（及其成果）、司法（行为及机构）、守法（行为及观念）均为法的系统的要素这一点上，各家并无分歧。

所谓"从法的系统性看立法、司法、守法的一体化"是指：立法、司法、守法共存于法的系统之中，同为法的系统的要素，结成了关系特别紧密的群体，互相制约、互相作用而共同发展；因此，必须从三者的一体化着眼开展社会主义法制建设。科技法制建设当然不能例外。但是迄今为止，许多情况下议论科技法制建设时，往往只及科技立法一端，甚至只及科技法律一隅，不仅把司法、守法排除于视野之外，连立法体制、立法活动也不予一顾。这种观念是有其学术渊源的，控制论的创始人维纳是对法的系统进行论述的先驱者，他认为法律的本质是一种信息通讯，是人的进行减熵努力的必要手段。他明确地把法律分为正义选择与技术处理两个方面。但他所谓"技术处理"，是指在正义选择的前提下，解决道德原则的法律化，即依照道德观念对语言进行控制，显然与司法、守法无关，充其量只是立法及其结果。布尔丁在《纠纷的一般理论》中也对法做了系统分析。他在研究"纠纷解决"的问题时，以完备的法律制度为背景，着重分析选择的条件和要素，不仅没有论及司法和守法过程，而且连立法过程也不加论列了。日本广濑和子在1970年出版的《纠纷与法——用系统分析方法研究国际法社会学的尝试》一书，已论及司法过程，如对苏伊士运河公司国有化纠纷的司法过程做了实例研究，从而把法的系统分析向前推进了一步。但是，将立法、司法、守法作为共存于法的系统中的要素进行具体研究的，仍然所见甚少。苏联学者 Л.Б.季乌诺娃在《谈谈把系统方法用于法的问题》①一文中说："不应当把法律系统的发展理解为外部干预（立法活动、司法实践等等）所引起的变化。"作者主张"把法本身的结构列入国家的整个法的系统，考虑法的系统性和立法分类之间的区别，在此基础上可能最终找到结束关于法律系统和立法系统的相互关系的争论的途径"。

诚然，可以把法律作为一个完整的系统看待、进行分析。这样的工作，对立法也是有重要作用的。正是通过这类分析，80年代我们找到过我国法律系统的一些空白，必须补充诸如科学技术法等子系统或要素。当把科学技术法作为一个系统看待时，即使仅从立法方面，也还可从中再找出更低一层次的子系统的缺失，例如找出生物技术立法的空白。马奎蒙在《关于我国基因工程应用法规之探索》②一文中，就指出了这样的空白。但是，"徒法不足以自行"。犹如徒有优美的曲谱而无灵巧的妙手和优良的琴，不可能拨动出动听的音乐一样，法律文本即使再完备，如不付诸司法、守法行动，也不过是一纸空文。

社会主义法制与此前的剥削阶级法制的最大区别之一就是：社会主义法由于是广大人民根本利益与意志的反映，具有为公民自觉遵守的最大可能性；而剥削制度下的法，由于维护剥削者的利益，本质上就决定它不可能为所有公民自觉遵守。因此，剥削制法很难达到立法、司法、守法的一体化要求。社会主义制度下，出现了三者一体化的可能性。但从可能转化为现实，还有一个由此及彼的漫长距离，需要人们做不懈的努力。

作为科技社会关系立法调节成果的科学技术法，从本质上看，以其社会性为主导，在社会主义时代更是如此。作为促进和保障科学技术进步的法律调节手段的科技法，和社会发展的要求、人类的切身利益以及科技工作者的意志，是基本一致的。因此，科技法最易为人们自觉遵守，科技司法与科技守法比一般的司法、守法有较小的难度。但这不等于说科技法制的立法、司法、守法一体化是天然生成，无须关注，不必努力促成的。因此，还有必要略事阐明科技法制的立法、司法、守法一体化的整体属性、三者的辩证互动及三者一体化的目标选择等问题。

---

① 《苏维埃国家与法》1986年第4期。
② 《科技立法研究文集（二）》，科学技术文献出版社1990年版。

2. 科技立法、司法、守法一体化的整体属性

列宁曾指出："要真正地认识事物，就必须把握、研究它的一切方面、一切联系和'中介'。"许多文章引用列宁这句话时，往往只注意列宁关于"把握、研究"事物的"一切方面"的观点，且忽视他所说的要"把握、研究"事物的"一切方面"的观点，而忽视他所说的要"把握、研究"事物的"一切联系和'中介'"的忠告。这样，是很容易把统一的事物加以肢解，最终认识不了事物的真相与全貌的。"把握、研究"事物的"一切联系"，要求我们认识事物的整体属性。系统方法的整体性原则，体现了列宁的这一辩证法思想并使之具体化了。

奥地利生物学家、系统论的创始人 L.V. 贝塔朗菲指出，机械认识论的错误之一，就是把认识的对象做简单分解并简单相加的观点；在生物学上的表现，就是把生物体分解为各个组成部分，并以这些组成部分的简单相加来说明生物体的一切。贝塔朗菲提出了"整体大于各孤立部分的总和"的著名定律。美国系统论学者 E. 拉兹洛更清晰地表述了复杂事物的整体性原则，指出"越来越多的研究者开始把整体性原则用作方法论"[①]。

以上述观点看科技立法、司法、守法一体化的整体属性，至少应把握这样两个基本点：

第一，离开"一体化"，无论是科技社会关系的立法调节，还是科技社会关系的司法、守法调节，都将失去意义或丧失可能。

首先，没有科技立法制度、科技立法活动及其产生的结果即制定的科技法，科技司法与守法都无从谈起。1985年8月中国首届科技立法工作会议上，与会代表的共识之一是，我国科技立法"尚属空白"；共识之二是，"抓紧科技立法是当务之急"。此后即加紧了《技术合同法》的制定，至1993年《中国科技进步法》出台，才算初步改变了科技立法的空白状态。同样，仅有科技立法，科技司法跟不上或科技守法未实现，整个科技法的系统的社会控制功能就无法显现。所以，在我国科技立法之初，一些有识之士就不断呼吁"科技立法、司法应同步发展"，并吁请及早准备"科技普法"以推动科技守法的切实进步。但仅此而已，还只是看到三者一体化的表层现象、抓住表面问题。

其次，科技社会关系的立法、司法、守法调节应是三者"一体化"中的立法、司法、守法调节。这一命题的含义是：（1）科技社会关系的立法调节本身就应从"一体化"要求出发，不仅研拟出法律文本来，而且研制之时就要认真细致地考虑到司法调节与守法调节的可能性。因此，部分领域的只有科技实体法立法而无相应的程序法立法，就不能看作是符合"一体化"要求的科技立法。日本科学技术法立法的配套齐全则体现了"一体化"的要求。如它在制定《科学技术厅设置法》不久，即颁行《科学技术厅组织令》《科学技术厅组织规则》。美国原子能立法也是体现"一体化"要求的立法典范。例如，为了加强核

---

① [美] E. 拉兹洛：《略评现代系统研究学派》，波兰《科学学问题》（季刊）第8卷，1972年第2期。

电站和核燃料制造、运输、使用的安全，美国在20世纪70年代中就新增订了有关主要法律。同时，作为一个联邦制国家，美国的原子能立法还注意了联邦（国家）立法与州（地方）立法的严密配套。① 立法的齐全配套，不应仅仅看作是立法问题，而且也应看作是司法与守法问题，即看作是三者"一体化"的要求。基于这三者"一体化"的认识，我国科技立法已开始注意这一方面的问题。例如，我国的《原子能法》的立法工作，早在20世纪80年代即已着手进行，但至今仍未出台。此项立法自90年代以来，更多次列入全国人大常委会、国务院法制局、国家科委的立法规划，但考虑到国家原子能管理体制问题，因而一直搁置未出台。1995年5月，国家科委对该法草案再次进行了修改并上报国务院审议。无疑，这是符合"一体化"原则的审慎立法行为。（2）科技社会关系的司法调节也要从"一体化"要求出发，不仅忠实地"司"已立之法，而且把科技司法作为对科技立法效果的验证，为科技守法开辟道路的"一体化"的有机一环。（3）科技社会关系的守法调节同样要从"一体化"的要求出发，一方面，为科技立法效果的取得、科技司法工作的展开和科技司法任务的完成做出努力；另一方面，也要为科技立法和司法提供新的经验，开辟新的渠道。

第二，实现"一体化"，无论是科技社会关系的立法调节，还是科技社会关系的司法调节或者科技社会关系的守法调节，都将相得益彰而"超越自我"。因此，科技立法、司法、守法的一体化，作为调节科技社会关系的法律手段，将远远超出立法、司法、守法各行其是的力量相加的总和。美国历史上的罗斯福新政时期，提供了立法、司法、守法一体化的范例。1933年罗斯福执政时，正值1929—1933年大危机后的困难时期。罗斯福上台伊始，三个月内先后向国会提出了70多个法案，对工业、金融、农业、劳工都加强了立法调整，被称为"新政"。他提出了一系列的法案，如《紧急银行条例》《金融改革法案》《产业复兴法案》《农业经济调整法和农业信贷法》《公共营造法案》《社会经济条例》等。围绕"新政"，垄断资本财团之间，尤其是联邦政府和最高法院之间展开了激烈的争吵。在垄断资本财团的怂恿下，最高法院于1935年5月和1936年1月，先后宣布"新政"的两个主要法令《产业复兴法》和《农业调整法》因"违宪"而予废止。1936年美国总统大选，罗斯福利用压倒多数当选的有利时机，改组了联邦最高法院，增加法官人数。这样，就避开了烦冗的修宪程序。由于大部分旧法官辞职，罗斯福任命了8位拥护"新政"的最高法院新法官，从而使司法与"新政"立法保持了一致。"新政"使美国走出了困境，摆脱了大危机的阴影。这里，立法、司法、守法的一体化是起了应有的作用的。

第三，科技立法、司法、守法的辩证互动。科技社会关系的立法、司法、守法调节一体化的整体属性，是在三者的辩证互动中得到显现的。

系统论认为，任何系统都必须保持动态平衡，才能够维护并发展。法的系统作为社

---

① 倪正茂：《科技学法导论》，四川人民出版社1990年版。

会关系的调整工具，由于所调整的社会关系是不断运动变化的，因此，它也必须随之而变化。这种运动变化中的法的系统，往往由于它所组成的各个部分、各个要素的发展的不平衡，变得重心倾斜、关系失衡。这样，就必须特别注意立法、司法、守法三者的辩证互动，使法的系统保持动态的平衡，使可能出现的失衡得到有效防范，使已经出现的局部失衡迅速复衡，并求得新的动态平衡。这些在立法、司法、守法之间的联系，是互相制约、互相影响的互动的联系，是辩证的互动而非机械的互动或单向的作用。

就科技社会关系的立法调节与科技社会关系的司法调节的辩证互动来看，主要表现在以下几点：

（1）科技立法指导科技司法、决定科技司法。科技司法之"法"，是由科技立法提供的；科技司法的方向与内容，是由科技立法指示与决定的；科技司法的程序，也是由科技立法文件所规定的。

（2）科技司法弥补立法、发展立法。科技立法的成果不可能永远"天衣无缝"地覆盖科技社会关系因运动变化而不断提出的新需求，切近科技活动最前沿的科技司法，将不断提出新的矛盾、问题而要求立法的变动。这一方面，实行判例法制的普通法系国家占有一定的优势，其"法官立法"就是司法对立法的发展与补充。美国软件技术发展过程中一系列著名判例，就是对美国著作权立法、软件立法的发展与补充。

就科技社会关系的立法调节与科技社会关系的守法调节的辩证互动来看，既可通过科技司法的中介发生，也可由科技立法与科技司法的"交往"而体现。不通过科技司法的科技立法与科技司法的辩证互动主要表现在：

（1）科技社会关系的立法调节为科技社会关系的守法调节提供法律依据与行为准则。科技人员所"守"之"法"是立法活动的结果，无此结果便无"守法"可言。因此，在二者的辩证互动中，科技立法所起的是主导性的决定作用。《宪法》中有关科技社会关系调节的条款以及《中国科技进步法》，不仅为科技守法提供法律依据与准则，而且为其他科技法的制定提供法律依据。因此，《科技进步法》被称为"科技宪法"。在这种情况下，其他科技法律的制定即科技立法本身，转化成了科技守法行为，即既是立法又是守法。如果其他科技法律的立法活动违背了宪法或科技进步法，就成了不守法的、违法的行为，所立之法，当自动失效。

（2）科技社会关系的守法调节为科技社会关系的立法调节的发展奠定基础。这里所说的"守法"包括正、负两面，即包括遵守与不遵守两种情况。普遍的不守法，将导致贻误立法的发展，或者使之走入歧途。近十几年来，我国科技立法可以说是始于专利法与技术合同法的制定。这两部重要法律颁行以后，绝大部分人对绝大部分条款都能认真遵守，同时也发现了一些不守法的情况，或从这些不守法的情况中可以推知必须有一些新的手段调节比较隐蔽的或比较复杂的或比较新颖的科技社会关系，于是制定科技进步法这一基本法及科技社团法等等的需求便突显出来，从而推动了科技进步法与其他科技法的制定。

科技社会关系的司法调节与科技社会关系的守法调节的辩证互动是指：

（1）妥善的科技司法有利于导致普遍的科技守法，而不妥的司法将导致或明或暗的故意违法。当然，这是以有一个良好的立法为前提的，如无良好的立法前提，司法与守法都会陷入无序的紊乱状态。在良好立法的前提下，妥善司法之所以有利于导致普遍的守法，是因为，对于能够自觉守法者来说，他将因妥善司法而得到实际的利益，感到欣慰；对于不能自觉守法者来说，他将因严格的司法而被迫就范，慑于法的威力而服从法律规定。不妥的司法之所以会导致或明或暗的故意违法，是因为，对于本就不愿守法者来说，有了可乘之机，因而故意违法以售其奸；对于本愿守法者来说，守法倒有可能损害自己的利益，不如暗中违法以规避不妥司法的危害。《技术合同法》施行过程中的一些案例很好地说明了这种情况。在那些严格施行《技术合同法》的地方，遵守该法蔚成风气，极少数私心严重者也无计可施；而放松该法实施的地方，技术侵权屡屡发生，科技人员的创造积极性严重受损，最后连他们中的一些人也转而成了该法的违法者了。

（2）科技守法行为直接制约科技司法活动。全社会普遍遵守科技法，必使司法机关可以集中力量对付极少数的违法犯罪活动；相反，如出现普遍的不守法，则司法机关必定疲于奔命，不得不集中力量对付重大的违法犯罪活动，如果进一步恶化，则连重大的违法犯罪也难以应付了。

当我们做以上论述时，止于从科技社会关系的立法、司法、守法调节一体化的法的系统中，抽取出两两成对的方面进行分析。如果同时观察三者的辩证互动，如果把三者放在科技社会关系不断发展变化的动态环境中加以考察，那么，事情就将变得更加复杂，三者的辩证互动形态及结果，就将变得更加丰富多彩了。

科技社会关系的立法、司法、守法调节三者的辩证互动中，为求"步伐整齐、步调一致"，不因"内耗"而使科技法制系统失去平衡，非常重要的是要把握好三者一体化的目标选择。

系统论在分析和解决问题时，把目标选择放在极端重要的位置上，要求人们尽一切可能，从现实条件与社会需求出发，为系统确定最优目标。同样，为求科技立法、司法、守法一体化的最佳效果，也必须把最优目标的选择放在头等重要的位置上。我认为，根据我国科技发展的实际，分阶段确定最优目标，是比较科学合理的。此前的科技立法，做到了这一点。当技术需求因改革的发展日益"热门"，而科技人员的基本权益难以保障时，我国选择了专利法与技术合同法作为科技立法的起点；当科技社会关系的全面调节成为社会的普遍需求时，科技进步法被加紧制定。现在，当科教兴国战略提出之后，国家科委确定了"九五"期间的立法规划。据此规划所拟的"九五"科技立法工作的"总体目标"是："一为规范科研机构、科技工作者等科技活动主体的立法工作；二为规范科技投入保障方面的立法工作；三为关于促进科技进步和科技成果转化方面的立法工作；四为关于知识产权方面的立法工作。"按照这一总体目标，"九五"期间，除已制定的《促进科学技术成果转化法》（1996年5月15日审议通过，10月1日起施行）外，还将力争制定《科技基金法》《原子能法》《国家高新技术产业开发区法》《科技普及法》《科研院所法》等法律及《国家科技项目知识产权管理办法》《国家科技计划管理办法》《科技计划项目招标办法》《科技评估管理办法》等行政规章。显然，这些具体法律法规都是"九五"及2010年前后特别急需的。但按科技立法、司法、守法一体化的要求来看，目标选择的视野似乎还可以进一步拓展。例如，由于科技法的激励性比一般法律要强，如何更好地运用激励机制促使司法更顺畅、守法更自觉，就是值得关注的问题。我在《开发"法"的"新大陆"》[①]一文中提出，我国社会生活之从政策调节向法律调节过渡，目前还只做了一半工作制止性规范，还必须更多地关注另一半工作激励性规范。只有当我们既注意了制止性规范的功能，又注意了激励性规范的功能，社会生活调节之向法律调节过渡，才是完整的。在另一方面，科技法制有其"天然"的有利条件，自可率先而行，做出榜样来。

（八）科技社会关系法律调整的要求

科技社会关系的法律调整，所调整的是科技社会关系，因此，有关要求是围绕着科技社会关系问题而提出的，可以分为以下四个方面：

1. 科技社会关系法律调整的总体要求

科技社会关系法律调整的总体要求是：协调科技社会关系，促进科学技术发展。这里，协调科技社会关系是促进科学技术发展的途径与前提，促进科学技术发展是协调科技社会关系的目的与结果。

所谓"协调科技社会关系"是指使科技社会关系井然有序地和谐存在、不断革新地动态发展。

科技社会关系混乱失序、矛盾冲突的表现是：权利义务关系不清；侵权行为得不到制止；组织管理关系混乱；无计划或计划混乱的科研活动中产生了各种各样的矛盾，包括人际关系紧张、组织关系不顺；奖惩不明导致积极性下降；等等。科技社会关系同一切社会关系一样，是当事者（包括个人与组织）正常存在、活动的基础，如果失序混乱，当事者就无法正常存在并展开活动。因此，"协调科技社会关系"的要求就具体化为使之井然有序地和谐存在了。

但是，如同僵死固定、绝无波澜的一潭死水就会发臭一样，科技社会关系的静止不变、保守固定，也会导致它的日益失衡以至危机四起、矛盾迭出。为此，就必须以革新的精神求得它的动态发展，通过革新消除矛盾，在新的基础上达到新的平衡、新的和谐。计划经济体制下的科研工作及其所产生的科技社会关系也被计划化，指令成了一切关系的调节器。当转轨到市场经济体制去时，原先的科技社会关系即使通过计划、指令被暂时地

---

① 《文汇报》1996年10月30日。

"理顺"了，在新的情况下，也应相应转轨，不仅在科技体制上做政策性的改革，而且通过以法律形式肯定成功的政策性改革来实行新的法律调节，以建立新的科技社会关系，或保护在改革中形成的新的科技社会关系。

以法律手段协调科技社会关系这一总体要求，可以见诸以下几方面：

其一是以法律手段肯定现存的（既经形成的）有利于科学技术发展的科技社会关系；

其二是以法律手段排除现存的不利于科学技术发展的科技社会关系中的消极因素、致乱因素；

其三是以法律手段扶持、培植新型的具体科技社会关系并使之与整个科技社会关系相协调。我国1986年颁行的技术合同法为世界上第一部关于技术合同的立法，它是以法律手段扶持、培植我国的新型科技社会关系的一个范例。

2. 充分调动科技劳动者的积极性、主动性和创造性

科技劳动具有个体性的特点。不管多么庞大的科研计划，不管多么巨大的技术工程，不管参与这些科研计划、技术工程的科技劳动者人数如何之多，结构如何复杂，分工如何细致，组织如何严密，一切科技劳动最终都落在个人身上。因此，个体的能动性发挥得如何，对科技进步、科技成果的摘取、科技效果的大小，都有至关重要的决定性的影响。

科技社会关系的法律调节必须充分保护科技劳动者的积极性，其主要要求是保证赋予科技创造的自由权利，保证高度尊重科技劳动者的人格，保障科技劳动者对获得的科技成果的精神利益与物质利益的权利。

一是保证赋予科技创造的自由权利。

保证赋予科技劳动者以科技创造的自由权利，可以具体化为选择科技创造的空间、时间、方式方法、内容等四个方面的自由权利。

（1）选择科技创造的空间的自由权利。选择科技创造的空间的自由权利，包括选择科技创造的地域空间、社会组织空间与国别空间的自由权利。

地域空间的自由选择权，对一般人来说也是重要的，对科技劳动者来说更是如此。我国历次宪法都规定了公民的迁徙自由，1982年的新宪法取消了这一规定。这当然是从我国国情出发不得已而为之的举措。但是，所有科技劳动者也被规范其中而不采取别的措施"网开一面"，似将失之僵硬。实际上，地域空间对科技劳动者与一般人来说，其环境意义是颇为不同的。一个研究水产的专家被禁锢在高山之上，一个开发信息技术的工程师被锁定在闭塞的穷乡僻壤，当然是不利于他们的科技创造的。因此，赋予其多于普通公众的地域空间自由选择权，并非无事生非、小题大做的事。

社会组织空间的自由选择权，主要是指科技劳动者对科技劳动组织的选择的自由权利。在我国的计划经济体制下，科技劳动者成为单位所有的会说话的"螺丝钉"被管卡得死死的。事实已经证明，这是大大不利于他们的积极性的发挥的。不仅不应管卡得如此僵死，而且还应主动创造条件促使他们流动到能够充分发挥其所长的单位去。"跳槽"现象应当得到欢迎、赞扬。

日本创行的科研流动体制，是赋予科技人员社会组织空间自由创造权的一个成功范例。1981年以前，日本科研管理体制上采取纵断式的管理，人事制度也是以组织为中心的封闭式的管理。所谓"纵断式"，即在一个系统内实行垂直领导、组织与管理。大学、研究机关以及企业都从各自立场出发立题、设计策划、研究开发，很少超出系统的框框，科技人员也成了没有流动自由的"套中人"。同时，日本实行终身雇佣制，其工资报酬、福利待遇等相应地实行"年功序列制"，这也阻碍了科研人员尤其是年轻人的自由选择余地。针对这些弊端，日本科学技术会议于1981年1月提出了以流动研究体制推进创造科学技术的探索研究的方案。此后以立法形式肯定了这一制度。流动研究体制打破了以组织为中心的管理方式，采取以人为中心的研究方式，打破人事封闭的壁垒，让人自由流动。其具体措施是：研究员的聘请由每个科技项目下设的研究组负责人和总负责人商定。经拟聘的研究员在原单位同意后，与新技术开发事业团、原单位三方签订合同，规定在合同期内研究员为事业团职员，期满后回原单位；合同期间由事业团支付工薪、福利及科研经费，待遇与原单位一致，加薪晋级不受影响。这一体制是符合日本国情的赋予科技人员以一定的社会组织空间选择自由的法律措施，对日本科技社会关系的僵死性一面做了调整，大大推动了日本科学技术的发展。

国别空间的选择自由，涉及爱国主义和国际主义觉悟的关系。国家沙文主义发展到登峰造极的地步时就成了法西斯主义，希特勒德国当年把战火烧到哪里，就在那里掳掠卓有成就的科技人才，送往德国，关进集中营式的研究机构中，强迫他们为其侵略战争服务。真正的爱国主义者自会选择祖国作为他们贡献智慧才华的场所。但是有时人们由于各种原因宁愿选择别国作为科研的基地，又该怎样看待呢？从我国现行政策来观察，实际上是赋予了每一个科技人员以选择的自由权。于是，产生了关于"人才外流"的焦虑与议论。是之者振振有词谓为"宽广的胸怀""博大的爱心"，是"为人类做贡献"；否之者忧心忡忡以至"义愤填膺"，认为出走的人虽然不是什么"背叛"，却总是与爱国精神大相径庭。笔者拥护中国政府的目前政策与有关的法律规定。只要把眼光放得远一点，把国家建设得好一点，情况自然会改变。而赋予科技人员国别选择的自由权，确可"因材制宜""因地制宜"，充分发挥人的才华。也只有这样看、这样做、这样进行法律调节，才可能真正协调好科技社会关系，促进全人类的科技进步。

（2）选择科技创造的时间的自由权利。越来越多的国家正趋向于采行"弹性工作时间制"。在这种制度下，不做"坐班"的强性规定，只要完成规定的任务即可。实际上，劳动是人的天性与本能，怎样劳动得更好、更有成效，是教育、引导的问题。时际20世纪之末，信息技术的高速发展已使得自动化进入了家庭，自由选择科技创造的时间大多可收事半功倍之效。此外，上班时间与业余时间的刚性划分，对许多领域的科技工作者来说只是一种意义不大的规定。所以，应当赋予科技人员以科技创造时间的自由选择权。当然，这是指的权利规定。至于具体的措施，则要从具体情况出发做出具体的规定，而绝非一切放任自流。同时，实际的科技劳动时间、所创造的科技成果的量与质等，应与其所得到的报酬相联系，这样才能产生良好的效果，形成最佳的科研秩序。

（3）选择科技创造的方式方法的自由权利。现代科学领域繁多、分工细密，与此相联系的是可供选择的科技创造的方式方法也五花八门、千变万化。作为科技创造的主体，科技劳动者应有选择运作的方式方法的最大自由，否则即为挫伤、压抑他们的积极性。这本应是科技创造的常识，也是科技管理者的常识。但是在长期的计划经济体制的熏陶下，一些科技行政长官以至科技劳动组织的领导者也染上了"指令"的痼疾，形成了以我为主、唯我独尊的思维定式与命令式的行政指挥科技工作的习惯，于是，往往连科技创造的方式方法也被框死在固定的模式中了。这当然不利于科技人员的创造性活动。

（4）选择科技创造的内容的自由权利。由于科学技术的发展和现代社会生活越来越复杂化，科技创造的可供选择的内容也越来越丰富了，于是就产生了科技人员选择什么作为自己的研究开发课题的问题。而这，实际上牵涉到他所在的科技劳动组织、科技劳动管理机构如何对待他的选择问题。日本创行流动科研体制的目的是"推动创造科学技术的探索"。所谓"创造科学技术"，是指在科学与技术二者的交叉点上进行探索、发掘，研究物质和生命的新特性，并为其研究结果开拓广泛应用领域的一种富于创造性的探索研究。我国的"科技创新"含义大体也是如此。创造性科学技术的目的首先不在于"物"，而是创造"新思想"，这些"新思想"则可能成为科学技术发展的强大精神源泉。为保证"创造科学技术"而采行的流动科研体制，则为选择科技创造内容的自由权利提供了法律化的制度性规定。这对我国的科技劳动管理、指导，也是一种很好的启迪。

总之，无论在空间上、时间上，还是在研究开发的方式方法上与课题内容上，都要赋予科技人员以充分的自由权利，庶几才可使他们感到如鱼得水、草木逢春，心情愉悦、自由舒展地去尽力发挥自己的聪明才智。

二是保证高度尊重科技劳动者的人格。

"人格"的拉丁语源 persona 有"人""个性""性格"等含义。汉语"人格""品格""个性""性格"等词，英文均为 personality，法文均为 personnalite，这说明这些词的含义的相近与关系的密切。人格的常见义项主要有三：一为伦理学上的道德的权利和义务主体；二为心理学上的人格的性格、气质、能力特征的总和；三为法律上的作为权利义务主体的资格，最早见于罗马法。

我国宪法规定："中华人民共和国公民的人格尊严不受侵犯。禁止用任何方法对公民进行侮辱、诽谤和诬告陷害。"宪法的这一新规定，对我国公民，尤其是对科技劳动者来说，是极为重要的。在长期的封建社会中，中国知识分子的人格根本得不到尊重，甚至被侮辱、蔑视到令人发指的地步。科技发明被斥为"奇技淫巧"，科技人才被诬为疯魔邪士。元朝公然把人分为十等，被称为"儒"的知识分子位列娼妓之后，所谓"九儒十丐",地位略高于乞丐。新中国成立后,由于极左思想的作怪,科技人员也被置于"资产阶级知识分子"之列,作为"改造对象"对待。史无前例的"文化大革命"中,更被直呼为"臭老九",根本无人格尊严可言。痛定思痛,高度尊重知识分子的人格尊严,今天应成为全民的共识与法律保障措施的重点。

三是保证科技劳动者获得科技创造的精神利益与物质利益。

科技劳动者的科技成果不但给社会带来巨大的物质财富(有的计算机软件的设计,往往有价值连城的成果);而且还有巨大的社会效益,其中包括对陈旧的传统观念、迷信思想产生巨大的冲击,赋予人们以新的、科学的观念。因此,社会给予的物质财富回报,充其量也只是他所创造的财富的极小部分,这就只能靠适当的精神奖励予以补充了。以法律手段保证科技劳动者获得科技创造的精神利益与物质利益,是天经地义的事。

物质利益比较容易理解,但在物质利益的数量、额度上,往往会有不同的意见。珠海"重奖"之初引起的轩然震荡就是其反应。"红眼病"患者比比皆是也是一种反应。其实,在我国,与歌星、舞星、影星们动辄获得几十万、几百万"出场费"相比,对重大发明者的奖励实在是太少太少了。一项水稻杂交技术的发明,使得益农田增产的产值达到1000多亿元,实在是怎样高的奖励都不为过。

精神利益是指与科技成果完成者人身和创造性劳动不可分割的荣誉权、身份权等精神权利。它包括发明人、发现人、科技成果创造人的发明权、发现权、科技成果权等身份权和依法取得荣誉称号、奖章、奖励证书及奖金的荣誉权。"士为知己者死""义利相较,义居利上"。在中国的传统中,知识分子包括科技人员是极为重视精神鼓励的。其实这在国外也一样,只是各国相较,略有程度的差别罢了。以法律手段保护并保证科技人员获得应有的精神利益,对充分调动其进一步创造发明的积极性,是至关重要并且丝毫不可掉以轻心、等闲视之的。西安电子大学王品华先生的《奖励法规、精神权利与科技进步》[①]一文,专题研讨了我国科技成果"奖励法规造成一些科技人员精神权利显失公平之所在""奖励法规中精神权利的不公对科技进步的影响"等问题,指出:自然科学奖和发明奖既不设省、部级,又不分奖励等级的高低,一律限制为5人和6人,使得一些成果的主要完成人必然要失去应得的精神权利;国家自然科学奖和发明奖条例的规定,使第一研究者或发明人以外的其余所有发明人与研究者,都失去由国家承认并发给足以证明其应得证明书的精神权利;国家科技进步奖和星火奖的授奖人员数与其成果的实际工作不相适应,从而使部分科技人员得不到应得的精神权利。这是一篇很扎实的很有见地的研究论文,对保护科技劳动者精神权利的立法很有意义。

3. 充分发挥科技劳动组织的集体力量

科技劳动者的科技活动,在具有个体性的同时,也具有协同性。因此,科技劳动组织

---

① 王品华:《奖励法规、精神权利与科技进步》,《科技进步的法律问题》专利文献出版社1992年版。

集体力量的正常发挥与充分发挥,无疑也是保证科技进步的科技社会关系科学合理调节中的重要方面。

科技社会关系的法律调节应努力达到充分发挥科技劳动组织的集体力量的目的,其具体要求是:保证科技劳动组织内部的优化结构、通力协作与后继有人。

一要保证科技劳动组织的优化结构。科技劳动组织的结构可以是多种多样的:科学院、科研所、研究室、研究组、课题组等等。不同的结构当然有不同的特点,科技社会关系的法律调整应当与有关的不同特点所提出的要求相适应。这样,需加研究的方面就可能是无限复杂的了,篇幅既不允许,客观上也无太大的必要,因此,我们限于从各种科技劳动组织的共同要求出发进行探讨。其共同要求之一是,科技社会关系的法律调节在这一方面首先要满足科技劳动组织结构优化的要求。

将几百个极有权威的著名科学家、发明家集中在一起,不一定能做成什么大事;反之,仅有初级科技人员,人数再多也难济事。关键是要有一个优化的合理结构。

科技劳动组织结构优化的要求是:一定数量的高级科技人才、学科的带头人必须具有权威性;其助手队伍必须足够强大;其辅助人员(后勤、资料人员)必须能与科技研究的主力紧密配合。这里的"权威性"不仅仅是指其在科学、技术领域的成就方面的权威性,而且要赋予他足够的不可移易的财权和人事权,否则,仅凭声望,有时仍旧不足以有效管理。挑选课题所属研究领域中最卓越、最有声望的优秀科学家之一来担任课题总负责人;总负责人拥有财权与人事权,其财权可在事业团的预算内全权尽情支配,其人事权为由他组阁,挑选才干突出、富有创造精神的35岁以下的年青研究者以及外国专家,以签订定期合同的方式加以聘用。"助手队伍的足够强大",在这里也得到了体现。这些,都由法律化的流动科技体制做了有力的保证。

科技劳动组织的结构优化及其法律调节问题,应有专门的著作进行详尽的研究,因为随着时间的进展和科学技术事业的地位提高,这个问题会越来越显得重要。早在20世纪80年代,苏联科学院的B.A.拉苏多夫斯基教授就注意到了这个问题,并在《法和科学组织的管理》[①]一书中提出了探讨有关问题的要求。他指出,对有关问题,只是在有关科研管理的法律问题的专著中以个别篇章做过探讨;无论是科技组织的整体结构,还是这些组织中各个单位,它们的结构和进一步发展的法律机制,都不够清楚;对科技组织中的分支机构、研究室、组、试验室以及领导人员和科研人员的法律地位,学术委员会的权利等都研究得很不够;关于科技组织中科研人员和辅助人员人数的最佳比例,以及各种水平科研人员之间的比例,仍是一个有争论的问题。B.A.拉苏多夫斯基教授提出的问题是很有意义的。不过,诸如科技人员与辅助人员人数的比例之类,是科学管理学、组织结构学之类领域的问题,从法学、科技法学的角度看,所应研究的则是以何种法律机制去保证结构的

---

① 莫斯科科学出版社1980年俄文版。

优化问题。

二要保证科技劳动组织内部的通力协作。科技劳动组织内部的协作是否和谐、成功，取决于各个组成部分、人员的法律地位的明确，分工的清楚，职责、权利、义务的明晰具体，等等。这里，关键是最终的科技成果的利益分享问题的法律保障。这个问题处理得好，协作就有了动力，出现纠纷也容易调处。

北京大学科技法研究中心温旭同志的《共有科技成果的确认和分享及其纠纷调处》[①]指出，在共有科技成果的确认与分享中，应结合具体情况注意处理好以下几方面的关系：一为课题负责人与具体研究者的关系；二为设计者与实验者的关系；三为指导者与研究者的关系；四为主要完成者与协助完成者的关系；五为资料占有者与资料总结者的关系；六为委托加工处理与委托研究的关系。除第六方面外，其他五个方面的关系都是该课题研究组织内部的关系。这些"关系"的关系人，都应有明确分工而且对最终成果的利益分享关系一开始就心中有数，只有这样，他们才可能互相协作、通力协作。

科技劳动组织内部的通力协作，可以显示集体的力量，发挥集体的智慧，个个取长补短、扬长避短，达到"群策群力""众人拾柴火焰高"的目的。因此，科技社会关系的法律调节，一定要注意到如何更好地保证科技劳动组织内部的通力协作问题。

三要保证科技劳动组织的后继有人。这是科技活动是否具有强大后劲的关键。日本《智囊团年报》介绍，其有代表性的"智囊团"的研究人员的年龄构成是：男性研究员中，20岁至30岁的占23.1%，30岁至40岁的占45.6%，40岁至50岁的占22.1%，50岁以上的占9.2%；女性研究员中，20岁至30岁的占25.2%，30岁至40岁的占44.5%，40岁至50岁的占21.5%，50岁以上的占8.8%。又，按组织形态的不同，财团法人中，智囊团研究人员的平均年龄为38.8岁；社团法人中为37.7岁；株式会社（企业）中为34.7岁；全体平均为37岁。为了保证智囊团中的年轻人的能力不断增强、信心越来越足、永远立足于本单位，常采取各种措施吸引他们努力学习，其中包括定期派遣他们赴海外调研、进修、休假等等。这样，日本的智囊团就始终保持其强有力的活力与后劲。各种科技劳动组织的情况也大体与此相类似。而所有主要措施，都是得到了法律、有法律效力的各种制度的保障的。

由于政治运动的严重冲击，"文革"后我国曾出现过严重的人才断层。目前，又因商海波涛的冲击再次出现了人才断层的严重威胁。保证科技劳动组织后继有人是极端重要的。我国的立法，应当有足够有力的具体措施来保证做到为科技劳动组织源源不断地输送优秀人才。这是科技劳动组织内的科技社会关系问题，也是全社会的科技社会关系问题。

4. 保证科技劳动管理机构的权威性、协调性及其决策的科学性与民主性

科技劳动管理机构有中央与地方之分、系统与行业之分、城市与农村之分等等。为

---

① 温旭：《共有科技成果的确认和分享及其纠纷调处》，《科技与法律》1991年第2期。

了叙述的方便，我们仅仅分析全国性的中央科技劳动管理机构的有关问题，其余则可比照参考。

科技劳动管理机构的权威性，是其管理有效的前提；协调性是其管理有效的必要条件；而决策的科学性与民主性，则是实施有效管理的基础与关键。以下我们结合国际国内的情况，分科技劳动管理机构的权威性和协调性，科技决策的科学性与民主性等方面来展开研究。

第一，科技劳动管理机构的权威性和协调性。

以法律调节手段确保科技劳动管理机构的权威性和协调在其管辖下的各个科技劳动组织的科技活动，对发展科学技术具有重要的意义。这对统管全国科技工作的中央政府有关部门来说，更是如此。因此，发达国家在这一方面都十分重视。

（1）国外的经验。日本以《科学技术厅设置法》《科学技术厅设置令》《科学技术厅组织令》《科学技术厅组织规则》等法律法令，在内阁总理府下设立了科学技术厅，负责全国科技活动的综合调整和管理。科学技术厅的主要任务是"负责有关于国民经济发展的整个科学技术行政领导工作"。它有权对除文部省以外的各省、厅的科技发展计划和预算实行综合平衡，并进行组织和管理。日本内阁总理府还设有科学技术会议等一套审议机构，负责科技政策的制定等工作。这些审议机构也是依据国会通过的法律设置的。由于法律的作用，日本科学技术厅和科学技术会议等一起，在组织管理国家科技活动的过程中，既互相联系，又明确分工、各司其职，发挥了权威性的协调作用，对日本科技社会关系的调整起了指挥中枢的作用。

意大利根据1963年第283号法令和1965年第330号法令设置了中央政府的部际经济计划委员会、科学和技术研究协调部、国家研究委员会等三个国家一级的管理科技工作的机构。上述三个机构有明确的分工和具体的任务，并享有相应的权利。部际经济计划委员会的职责主要是草拟国家的经济计划，制定实施该计划的总方针，确定国内科技研究的总政策和总任务，确定为执行科研计划所必需的预算拨款。科学和技术协调部主要负责保证具有重大意义的科技任务的完成，同时对全国科技工作进行协调，并为科技研究与经济发展做各种联系、沟通的工作。国家研究委员会具体负责编制全国统一的科技计划，并逐年定期提出关于国内科学和技术研究现状的总报告。

德国于1955年建立了原子能部，1967年依法扩大成为科学研究部，1969年将部分高等教育机构并入，改名为教育和科学部。该部负责全国的科技工作，对全国的科技发展实行宏观控制，下设五个司：一司负责行政管理和科技政策；二司负责促进基础研究、研究协调和国际合作；三司负责能支撑生物学、生态学方面的科技工作；四司负责信息技术、生产技术、劳动和生活条件以及专业情报；五司负责促进空间研究和空间技术、原料、地球科学以及交通。该部还设有研究和政策顾问委员会，其成员包括各主要学术机构和科学顾问委员会（非常设性机构）的主席。委员会的主要任务是提出发展科学和技术的建议。

美国在总统办公厅下设立了四个部门和一个国家科学基金会。这四个部门是：一为总统科学技术政策办公室，其职责是就科学技术的角度对联邦政府的重大政策、计划、规划为总统提供分析判断意见，并与联邦预算管理局共同编制国家科研经费预算方案，其办公室主任参与国家科技、经济和安全事务的最高层决策会议；二为白宫科学技术顾问委员会，由总统科学顾问提名的13位知名科学家与工程师组成，对总统科学顾问负责，是美国政府重大科技问题及国家事务的咨询机构；三为联邦科学技术工程协调委员会，由政府各部、局负责科技工作的高级官员组成，主要负责协调联邦各机构的科研计划；四为联邦预算管理局，对联邦各机构的科技费用进行专门研究，以确定国家的各项科技经费投入。美国国家科学基金会的任务是：通过对基础科学研究的资助促进科学教育，发展科技情报工作，促进国际科技合作等。

以上各发达国家的科技发展水平不一，科技领导机构名称各异，机构设置的形式也不一样，但有一些共同点，即所有这些国家中都有法定的科研领导机构，都有专门的法律规定这些机构的地位、任务、职责权限以及它们与相关部门的联系与分工。通过法律的强制、约束与激励，保证这些机构的权威性、协调性和工作有效性。

（2）关于我国科技劳动管理体制的思考。以法律调节手段确保科技劳动管理机构的权威性和协调性，对我国来说，还有不少问题有待解决。从中央一级来说，确立一个管理中心对全国科技进步工作实行统一指挥，就是一项重要的任务。

长期以来，我国的科技管理体制一直未能理顺。中央一级的国家科委、国防科工委、中国科学院、国家教委、国家计委、国家经委（生产委）等各方面领导科技工作的职责权限模糊不清，互不协调，"群龙无首"，影响了科技人力、财力、物力的集中统一和合理使用。国家科委心有余而力不足。例如，1990年全国103亿元的科技经费中，国家科委能够支配的仅3亿多，杯水车薪，难济于事。中央影响地方，基层科委更是有职无权，科技管理无法统一领导，有的区、县科委形同虚设，根本无力行使其职权。造成这一现状的原因何在？首先让我们回顾一下历史。

在我国，具体执行国家组织、管理科学技术工作职能的是国家科学技术委员会（今为科技部），它是1958年在国家技术委员会的基础上建立的。国家科委是国务院管理全国科学技术的综合性职能机构，它的主要任务是管理全国的科技工作、研究科技政策、会同有关部门提出重大的科学研究课题，组织协调科技力量进行攻关。但是我国除了国家科委之外，还有其他管理科学技术的部门，如国防科工委、中国科学院、国家计委、国务院所属的其他有关部委、地方科委，它们统帅着全国的科技力量，人称"科技五大系统"。

为了迎接新科技革命的挑战，进一步推动科技创新，加强国防科工委和其他民用科研系统的联系，根据中共中央1982年12月20日文件的精神，国务院于1983年成立了科技领导小组。国务院有关部委，如国家经委、国家计委、国家教委、财政部、中国科学院、中国人民银行、劳动人事部的主要负责同志任领导小组成员。每年通过召开领导小组会议，讨论国家发展科学技术的大政方针。

根据有关规定，国务院科技领导小组的任务有如下五条：统一组织和管理全国科技人员队伍，按需要调动集中使用；统一领导科学技术长期规划，包括行业和重点企业的技术改造规划，使各个规划之间相互渗透、互相衔接；研究重大技术改造的决策；决定重大技术的引进和消化；协调各部门的科技工作。其中第四项任务，在实践中因牵涉到外汇储备和利用外资等很多问题，经国务院讨论后，决定划归国家计划委员会。

由此，可以把我国科技工作领导机构划分为三个层次。第一个层次为国务院科技领导小组，第二个层次为国家科委，第三个层次为国防科工委等五个主管部门。此外还有全国科协，因其属群众团体性质，所以和工、青、妇一起，归中央书记处领导。

为了加快我国实现科学技术现代化的步伐，我国的科技领导机构尽责尽力，做了大量的组织、管理、协调工作，使我国的科技事业呈现出一派蓬勃向上的景象。几年来，我国科技战线所取得的成绩，和他们的工作是分不开的。但是毋庸讳言，由于历史的和其他方面的原因，我国科技领导体制的关系一直没有理顺，目前还存在着不少问题和缺陷，也不符合科学技术本身发展的客观规律，这些问题的存在将延缓我国科技进步的进程。

目前我国科技领导机构存在的问题主要表现为：机构设置不尽合理、各机构之间的关系没有理顺，致使各部门职责不明确、工作性质和任务重复较多；政出多门，各行其是，由此妨碍了这些机构充分发挥作用，造成了人力、物力、财力的很大浪费以及互相扯皮、推诿等现象的发生。这些问题具体来说是：

科技领导机构在一个国家科技发展中的作用至关重要，上述现象的存在无疑将给我国的科技发展带来不利的影响，将在某种程度上起到阻碍科技发展的消极作用。造成这种现象的原因是多方面的，有行政体制上的问题，有干部政策上的问题，还有历史的原因，等等。但就目前来说，最根本的原因，是在科技领导体制上法制不健全。虽然国家曾有过一些政策和有关规定，但政策不同于法律，缺乏强制性和约束力。以往的一些规定内容也不完整，有些已不适应改革后的形势了，因此不能从根本上解决问题。

1985年3月，党中央作出了《关于科技体制改革的决定》。这个决定对于我国的科技发展有着十分重大的意义。科技体制改革的重点在四个方面：一是改变拨款制度；二是开拓技术市场；三是强化企业技术吸收和开发的能力；四是改变科技人员管理制度。这些方面的改革的成功，有赖于统一的权威的科技领导机构充分发挥作用。而这，则在极大的程度上，要求予以立法。

鉴于国家科技领导机构在一个国家的科技发展中居于很重要的地位，因此加强科技立法的一个重要内容，就是要健全和加强科技领导机构的法制建设。在我国，首先就是要加强有关国家科技部的立法。这是由国家科技部在我国科技发展中的重要作用所决定的。根据我国的具体情况，应以《国家科技部章程》的立法形式详尽、全面地确认国家科技部的法律性质、法定地位，以及它在科技事业中的重要作用，要求具体、明确地对国家科技部的职责、任务和它所享有的权利做出规定，使之成为国家科技部行使组织、管理全国科技工作职能的可靠依据。

具体来说，《章程》的主要内容应包括：

（1）国家科技部的性质、地位，国家科技部与其他科技主管部门的关系。

《国家科技部章程》首先应该阐明国家科技部的性质，规定我国国家科技部是国务院管理全国科学技术的综合性职能机构，是领导全国科技工作的最高行政机关，从而确立国家科技部在国家科技事业中的领导地位。国家科技部和各省、自治区、直辖市科委，和国务院有关部门的科技机构，如中国科学院、国家经委所辖的科研机构等，和我国驻外机构的科技处，虽然不是一种行政隶属关系，但负有业务上的指导责任，国家科技部有权在全国范围内的科学技术活动中行使组织、管理、协调和监督职能。

应该说，国务院科技领导小组是一个决策机关，而不是职能部门，通过上述《国家科技部章程》的这些规定，将理顺我国科技管理体制的关系，从法律角度保障国家科技部依法行使职权。

（2）国家科技部的主要职责和任务。

国家科技部的主要职责和任务，是《国家科技部章程》的主要内容之一。1983年3月，国务院办公厅制定的《国务院各部门的主要任务和职责（试行稿）》中，对国家科技部的职责和任务做了十条规定。同年国家科技部制定的《国家科技部各厅局的职责任务（试行稿）》中又做了八条规定。这些任务归纳起来，主要有以下几个方面：一是管理全国的科技工作；二是研究、制定全国科技发展的方针、政策和计划；三是审查、确定重大攻关项目，提出重大科学研究课题；四是管理全国科技队伍，组织协调科技力量进行攻关。

经济体制和科技体制的改革，推进了我国科技事业的进一步发展，国家科技部的任务也应随之做相应的调整，并增加新的内容。《国家科技部章程》对科技部职责任务的规定，除了上述四条规定外，还应增加如下几方面的内容：

一为具体组织全国的科技立法工作。健全和加强科技法制是健全和加强社会主义法制建设的重要组成部分，也是促进我国科技现代化的重要保障。国家科技部在及时了解和掌握国外科技立法的情况和动态的同时，应负责组织和草拟须经全国人大及其常委会和国务院发布的重大科技法律、法令等，并负责编制全国科技立法的规划。

国务院法制局已做出决定，凡各部委制定的有关科技方面的法规、条例，除了和有关的部委互相通气外，还需国家科技部听取意见，然后报法制局。这个决定的实施，将使国家科技部领导全国科技立法的职责更加切实可行。

二为对国家科技经费实行综合平衡。科技体制的改革改变了拨款制度，财政部的科技拨款应通过国家科技部，由国家科技部根据各研究机构和系统的具体情况，通过综合平衡，提出切实可行的方案，这样也有利于国家科技部更有效地行使统一组织、管理的职能。

三为促进科技成果在国民经济中的应用。科技成果只有及时地转化为生产力，才能充分发挥经济效益，同时也才能加强科技与经济的联系。尽管技术市场的开拓有助于这方面的工作，但在宏观上加强指导还是十分必要的。国家科技部应在部署重点科技项目的同时，组织好该成果的推广和应用，推动科研与生产的联合；汇集和传播科技信息，推动、组织、协调对外科技交流和合作。

四为国家科技部的职权范围。《国家科技部章程》应赋予国家科技部一定范围的权利，以使其更好地完成法律所规定的任务。具体该有哪些权利，可以根据其主要职责和任务相应制定。

此外还有国家科技部的组织机构，或叫建制。这部分的内容除了对科委行政机构、工作制度做出若干规定外，某些在实践中行之有效的做法也可以适当的法律形式在《章程》中予以体现。如国家教委、国家经委等机关内，均设有专门主管科技工作的机构。目前，这些机构的负责人之一一般是由国家科技有关部门的同志担任的。这样，一方面加强了国家科委与教委、经委等系统之间的联系，沟通了信息；另一方面，也有利于国家科委及时掌握这些系统内科技研究的情况和动态，便于组织、管理和协调。

第二，科技劳动管理机构决策的科学化和民主化。

科技劳动管理机构因其所处的特殊地位，对科技社会关系的整体协调有着举足轻重的作用，其决策之正确程度往往会有"差之毫厘，谬以千里"的影响。因此，如何以法律制度为其正确决策做出保证，是必须探讨的问题。《科技决策程序的法律需求与对策》[①]一文，曾对科技劳动管理机构决策的科学化和民主化问题做过比较详尽的探讨，认为科技决策科学化、民主化要求的提出，是中国科技决策的一大进步。它起了舆论动员和认识启发作用。但是，如果停留在、满足于科技决策科学化、民主化的要求与口号上，那么事情还不会有任何变化。

长期以来，我国的科技决策受以下因素的严重影响而未达到科学化、民主化的要求。这些因素是：（1）新中国成立后，长期处于恶劣的国际环境之中。新中国成立初期，美帝国主义纠合其他帝国主义国家和仆从国家发动了侵略朝鲜的战争，一度打到鸭绿江边，并对东北狂轰滥炸；尔后又在台湾海峡制造严重的冲突，美国侵略越南并对我南部边境轰炸……这些情况，往往迫使我国政府不得不迅速地就某些重大的科技发展项目做出决策。（2）国内频繁地开展政治运动，尤其是反右斗争、"四清"运动和"无产阶级文化大革命"等全国范围的大规模政治运动，使党、政府、广大科技人员和全国人民的注意力、精力，几乎全部集中到政治运动之上，科技决策的科学化、民主化也就无从谈起。（3）长期的战争环境、封建的历史传统，也影响了领导人就科学技术的发展进行科学决策、民主决策的

---

① 倪正茂等主编：《中国科技进步法制研究》，专利文献出版社1992年版。

自觉的意识。时至近年，报纸杂志上介绍我国重大科技决策时，一些作者仍啧啧称赞领导个人的决策，就是缺乏这种自觉意识的遗迹与反映。（4）我们也没有建立起实行科学决策与民主决策的机构、原则、制度，更无决策的法定程序可言。上述客观的或主观的因素，有的是无法避免的；有的虽然可以避免，但在缺乏经验的情况下，是不得不付出的学费，它造成了科技决策的某些失误。但是"瑕不掩瑜"，由于我国领导人有丰富的领导经验，在多数情况下注意了集体领导的原则和民主集中制的原则，我国的重大科技决策在我国科技发展上所起的良好作用与因此而取得的重大成就，也是有目共睹、有口皆碑的。现在的任务是总结经验教训，努力做到：在特殊情况下，坚决由最高领导层集中全权迅速而果断地做出重大的决策；在通常情况下，坚持实行科技决策的科学化与民主化，坚决排除个人决策的随机性、主观性与随意性，从而使得我国的科技决策在任何情况下，都能立于不败之地。

科技决策的科学化、民主化要求，已提出多年。但是，科技决策科学化的内涵是什么？科技决策民主化的内涵是什么？至今仍是不甚了然的。这从把"科学化、民主化"笼统混谈就可看出若干痕迹。因此，必须研究什么是科技决策的科学化要求，什么是科技决策的民主化要求，科技决策科学化与民主化的关系是什么，等等。

笔者以为：科技决策的科学化，是指科技决策要符合决策的科学规律，所"决"之"策"要符合科技发展的规律。其中，前者是对科技决策过程的要求，后者是对科技决策目标、目的的要求。

关于决策，毛泽东同志曾提出过"提出问题、分析问题、下定决心"的公式。这一公式描述了决策的过程，其中"分析问题"大有科学地进行研究的价值。在"分析问题"的基础上下决心，也有重要的科学意义。但是，对"分析问题"这一最重要的环节，毛泽东同志没有在总结自己的极为丰富的经验的基础上做出更为详尽的说明。

现代西方科学哲学家们提出过"科学逻辑的五步法"：（1）疑难的出现或暗示；（2）问题的设定；（3）提出解释问题的假设；（4）推论各种假设可能的含义与结果，并从中选出最可能解决问题的假设；（5）试证，即投入解决问题的实践，以求证明假设。虽然这是关于科学研究的"五步法"，但它对科学决策也不无启迪。上述（3）的启迪是，在决策过程中，思维方式应当打破单一性、局限性、封闭性，而实现多样性、整体性与开放性，总之是"搜索枯肠""绞尽脑汁"地提出各种可供选择的决策方案。上述（4）的启迪是，对多种方案进行推论，并做分析；这种分析是全面的，即不偏于任何一种方案而对每一方案都进行分析；在分析的基础上进行比较与筛选，而不是随意决定、任意选择。上述（5）的启迪是，对做出的决策的实践进行局部的验证，而不是一旦决定就全盘推开，这样可以避免大范围的损失。"一切经过试验"的要求，未免太过绝对，但其精神是可取的。

这些都是说的决策过程。在笔者看来，如要达到科技决策的科学化，在决策过程中，对决策方案的分析，既应有定性的分析，而且要有定量的分析，像"科学逻辑的五步法"

那样只做"推论"、只做定性的分析，是完全不够的。此外，在定性分析方面，还应十分重视"比较分析法"。我们不应拒绝接受国外的科技决策的先进经验。在发展科技方面，毕竟我们起步较晚，经验不多。发达国家的经验，我们应当尽力吸收；其教训，我们应当全力避免。鲁迅说过，我们要实行"拿来主义"；他又说过，"比较是医治受骗的良方"。如果我们在科技决策过程中认真地"拿来"，认真地比较，是比仅凭我们自己的经验进行决策要科学得多的。

科技决策的民主化，包括科技决策过程中要实行公开化，要广泛听取意见以集思广益，要坚决反对闭门造车与个人独断。

除涉及国家机密事项以外，科技决策的公开化是实现民主化的前提与必然要求。少数人的关门决策，当然无民主化可言。

所谓"广泛听取意见"，首先包括听取广大科技工作者的意见，因为正是他们战斗在科技发展工作的第一线，最了解情况，最知道矛盾、问题、重点与难点之所在。由于现代社会已发展成为一个联系极为紧密的大系统，任何一个局部的变化都会引起其他方面的联动与互动；由于科技发展不仅涉及科技自身，而且与环境、生态以至社会思想、文化、教育、军事、外交、政治，尤其是与经济发展都有很密切的关系，因此，"广泛听取意见"之"广泛"性，应当兼及自然科学界、工程技术界以及社会科学界，应当兼及与之相关的社会各界。

既然如此，科技决策的民主化与科学化一样，就不仅只是"民主化"三个字而已，它是与一套套的机构、原则、制度相联系的。没有完善的机构，没有严密的原则，没有严格的制度，"民主化"也不过是一种良好的愿望和不会实现的空话而已。

这样，就提出了科技决策科学化、民主化的保证问题。笔者把这方面的问题概括为科技决策科学化、民主化的法律需求。

为了解这一点，我们不妨先看一看国外是如何解决有关问题的。由于日本是与我国"同文同种"有相同的文化传统的"一衣带水"的近邻，又由于日本从近代开始到当代，先后广泛吸取了大陆法系与海洋法系的法制优点，因而可以为我们简捷地借鉴，所以我们集中地来看一看日本的科技决策等问题。

日本学者认为，确定日本科技政策方向的因素可分为国际与国内两个方面。国际因素是，由于防卫需要而开发的军事技术以及提高世界市场的占有率而开发的其他技术；国内因素是，加强经济力量、改善产业结构、提高公共服务、消除贫困、改善公共卫生等方面提出的发展科学技术的要求。根据这些要求，在政府、公共团体和企业方面，都产生了对科学技术的需要。这些需要可以分为国家需要、公共需要和市场需要等不同的方面。

在确定上述科技目标的社会共识的基础上，日本的科技决策分为"政策分析""政策战略""评价和反馈的系统"和"政策决定系统的再研究"等四个依次行事的方面。具体来说，开展科技决策的过程，分为以下10个步骤：

（1）根据政府提出的咨询，或科技政策机关的建议，研究科技决策的政策目标；
（2）对有关的情报进行收集、整理和分析；
（3）确定政策目标；
（4）对有关实施政策的基本观点进行选择和决定；
（5）对包括代替方案在内的可能实施的政策进行调查和研究；
（6）根据基本观点确定实施政策；
（7）对政府进行咨询、劝告和建议等；
（8）制定有关省厅的实施计划要根据计划和概算；
（9）执行实施计划（设计）；
（10）对政策整体进行评价和修改（反馈）。

在决定政策的机关根据咨询进行答询的形式，或根据自己的提议以劝告和建议的形式，提出某种科技政策时，首先考虑的是需要（国家需要、公共需要和市场需要）；同时兼顾与之相关的国内外情况。有关情报要全面收集、有序整理并认真分析：各国对有关问题是如何设计对策的、当时所遇到的困难是什么、日本对类似问题是如何处理的、该问题的相关情况是什么、当时形成问题何在等等。这里的"相关情况"，包括与科技政策相关的经济政策、产业政策、社会政策、教育政策等等。经过上述工作程序后，就进入科技政策目标的设定，即确定政策目标的重点，在确保国家安全、增强产品的国际竞争力、提高国民的生活素质、转换产业结构或改善环境等方面做出选择。

为设定政策目标，日本有关方面通常都较注意国民舆论的动向和外国的趋势。为了广泛获取国民的舆论意见，国家常将新的科技政策目标公诸报端。

在设定科技政策等目标之后，就对可能实施政策的基本观点进行必要的调查和研究。对有关的基本观点以及可能产生的问题都进行研究与审议后，再选择并决定最佳的实施政策的方案。

经过以上过程而决定的科技政策，以答询、劝告和建议的方式向政府提出。接受答询、劝告或建议的有关省、厅，为了实施政策，要制定实施计划。实施计划设定后，还要通过全面的技术鉴定，以便审查其对自然、社会和人类环境所发生的影响。具体计划实施过程中，还要定期进行评价，根据需要进行适当的修改。

日本为制定科技政策而设立的政府机关，大致可分为四大类：其一为咨询、审议机关，其任务是对日本的科学技术政策进行审议或协议；其二为规划调整审议机关，其任务除审议外，主要是根据不同情况而采取决定；其三为执行行政业务的机关；其四为"荣誉机关"，即对功绩显著的科技人员实施奖赏的机关。

我们以日本的"科学技术会议"为例，对日本科技决策的程度做一说明。

科学技术会议任务是，根据内阁总理大臣的咨询进行答询，或者认为必要时，可在答询之后向内阁总理大臣陈述意见。具体步骤是：首先由内阁总理大臣提出咨询；接受咨询后在科学技术会议的专门部会上（或分科会上）进行审议；送交有关部会（或分科会）所提出的政策审查意见原案，一般都在科学技术厅计划局汇总；经过部会（或分科会）的审议，答询以科学技术会议的议案与最后确定阶段前的审议同时进行，对于有关部分应和有关省厅进行非正式的协商。所有这些事项都需事先联系。答询草案是在科学技术会议的正式会议上最后决定的，然后再向内阁总理大臣进行答询。对于答询内容繁多的各事项中的紧急预算，以科学技术厅为首的有关省厅估计其需要向大藏省主计局提出概算要求。对各省厅送来的概算要求，还要提交自民党的政务调查会，由该会确定自民党对有关科学技术预算的方针。大藏省主计局审定后，作为大藏省原方案提出，经过多次反复交涉之后，才决定政府方案。对于带有法律性质的预算，则与政府预算方案一起提交国会审议。

上述日本科技决策的过程、步骤告诉我们：首先，日本科技决策有一整套机构执行；其次，所有这些机构之间具有有机联系；再次，这些机构的科技决策具有程序性。

据了解，所有这些机构的设立，其组织、编制、职责、权能、权利、义务、工作程序、奖惩等等，都有专门的法律做出规定。如上述科学技术会议，就是按照《科学技术会议设置法》建立的。这样，这些机构在科技决策过程中，按照法定的程序既分工、又合作，为日本的科技决策做有机、有序的努力，自然能够取得比较科学的成果。

由于以下原因，强调科学决策、民主决策的"法定程序"是非常必要的。这些原因是：

首先，这是我国科技法制建设的要求。科技法制建设的最重要之点，在于从以政策调节为主，向以法律调节为主的过渡。这样，政策制定本身的法定程序化，就成了势所必然的要求。这是从根本上改变政策制定过程中的主观性、随机性与随意性的关键性措施。要从政策调节过渡到法律调节，有一个相当长的过程。在这个过程中，政策仍然起着十分重要的作用。即使在确立了以法律调节为主的调节体制后，政策仍是不可缺少的一种必要手段。因此，无论是当前，还是今后，都必须确保政策的正确与科学，至少要减少政策失误。而要做到这一点，按法定程序决策，就成了根本的保证。而按法定程序进行科技决策，无疑会使科技法制建设得到顺利的发展。

其次，法律具有稳定性、普遍性、强制性与权威性的特点，确定科技决策"按照法定程序"进行，就保证了它的可靠性。法律的稳定性，可以保证科技决策不会因领导的改变或领导者注意力的改变而改变。法律的普遍性，可以保证科技决策无论在中央、还是在地方，都能按既定的法律程序进行。法律的强制性，可以保证个人决策、"一言堂"的消失，因为一旦违法实行个人决策，决策人就必须负法律责任；而且，任何人都可按法律规定，要求领导者、监督领导者的科学技术决策。法律的权威性，则是保证任何个人、团体、党派都不得超越它的要求与规定而进行科技决策。

按法定程序进行科技决策，这还仅是一条原则。确定了这条原则之后，还应以其他的法律使之具体化。具体性是法律的生命，对今天的中国来讲，尤其是如此。

中国已经饱受个人决策失误的莫大祸害。当此世纪之交国际风云变幻、中国独力支撑社会主义大厦的今天，发展科学技术已成头等急务。如果我们在科技决策方面不再失误，以法定程序保证科技决策的科学化与民主化，那么，前途是大可乐观的。由于科技社会关系法律调整客观要求的存在，由于科学技术迅猛发展所引起的科技社会关系急剧变化的推动，我国的科技法制建设正如火如荼般发展。科技创新的开展必将进一步推动科技社会关系法律调整手段的完善，也必将对科技决策的科学化与民主化提出更高的要求。

四、科技创新和法律的激励功能

法有惩戒与激励两大功能。为了保证科技创新有一良好的社会环境，为了保护正常的科技创新秩序，为了全面、有力地调节科技社会关系的良性发展，必须充分发挥法的惩戒功能。但与其他社会关系的调节有较大不同的是，在科技创新过程中更需要的、经常在起作用的，是法的尤其是科技法的激励功能。正因如此，我认为，保证对科技创新实行法的激励原则，是很值得深究的理论问题与实践问题。以下从四个方面展开论述：法理学的宏观研究与"激励学派"；科技法的激励原理；科技法的里程碑——专利法；科技法律激励原则的要求。

（一）法理学的宏观研究与"激励学派"

风雨昨日，法理学几至"山穷水尽"。当哲学大城失火而落入"贫困"窘境时，法理学也遭池鱼之殃，被人讥为"幼稚"。但中国的法理学工作者并不气馁，老一辈皓首穷经，笔耕不辍；新一代焚膏继晷，刻意创新。于是，我们看到：昔日热烈议论过的一些重要问题，如人治与法治、政策与法律、权力与法力、批判与继承的关系，法律的起源，法的本质属性，法律面前人人平等，法律的借鉴与移植，权利本位与义务本位等等，现在已延伸并在更深的层次上进一步展开探讨；面对计划经济体制向社会主义市场体制转轨，又开展了新体制下新的法理学问题的研究；此外，大批译介了国外法理学研究的最新成果……显示了"法理学的中观研究硕果累累"。然而法理学宏观研究与微观研究领域，尚嫌寂寥。在立法、司法、执法、守法实践中，在社会主义市场经济体制建立的过程中，科技进步导致的科技社会关系的变动中，外来思想与传统思想的冲突中，大规模对外开放的国际事务的发展中，都会日新月异地提出各种各样的法制需求和其他法律、法学问题，追踪深究这些问题，当对法理学的宏观研究与微观研究指示方向、提供思路、提出课题，而广大群众的实践也会给我们以启迪，提供解决问题的经验。有志于中国法理学发展、中国社会主义法制光大者，应该做一名构建法理学学科理论大厦的孜孜以求的拓荒者。而有志于中国科技法学的深入研究者，也应该关注、参与法理学的创新，从中汲取新的法理思路与拓展科技法学的新天地。

古往今来，法学流派林立。即便是两千多年前的春秋战国时期，也曾有过儒家、墨家、道家、法家、阴阳家、五行家、杂家等，尔后还有它们的变种，如理学家、性学家、心学家等。然而，如今的法学界包括法理学界，却无学派可言。有鉴于此，我们不妨寻根溯源先来看看"家底"——老祖宗遗赠的中华法系。

这"家底"，是中国人引以为自豪的。几乎所有的专著论及中华法系时，无不冠以"光辉灿烂""绚丽夺目""流播广远""影响深巨"等等褒美之辞。然而，一言及近代的中国法制，却大多认为中华法系"日暮途穷"，竟至要"毅然与之决裂"，"抛弃固有的法制传统"，以"继受西方法学思潮"。一向被引为骄傲的中华法系，怎么一下子如此惨不忍睹了呢？鲁迅曾说"比较是医治受骗的良方"，我们不妨拿中华法系与罗马法系、英美法系做一粗略的比较。

陈朝璧先生认为，中华法系的首要特点是：重视成文法典，并惯于把有关社会规范的思想意识和制度用文字记载下来。这是中国法律史学界公认之论，外国的中国法律史学者也一致首肯。而罗马法系之与英美法系相区别的最大特点，即是其"法典成文化"。在这一点上，我们可以说，中华法系与罗马法系旗鼓相当。

中华法系的主体是古代中国的法律制度。除法典成文化外，中国古代法律制度的一大特点是律、例并行。"例"，即唐代以后作为判案依据的判例、事例、成案。源于唐时的"敕"及唐中叶以后至五代的"指挥"，南宋的断例、指挥可代敕。明清两代，正式规定、全面实施了律、例并行之制；清代甚至发展到"有例不用律"或"因例破律""或一事设一例，或一省一地方专一例，甚至因此例而生彼例"[①]。而英美法系之与罗马法系相迥异的最主要标志，即是其为"判例制法"。在这一点上，我们丝毫不必怯于断言：中华法系比英美法系不稍逊色。

中华法系的"礼刑结合""德主刑辅"实为中国今日"综合治理"之滥觞；中华法系之"伦理入法"对中国当代法制也颇有影响，宪法与法律中一定数量的精神文明条款为大多数外国所无，彭真还专门详论了宪法"关于社会主义精神文明"的规定[②]；中华法系之"融合了以汉民族为主体的各民族的法律意识和法律原则"的特点[③]，堪成全球比较法学界梦想的"世界统一法"的楷模……这里仅择中华法系雄厚"家底"中的一个鲜见论及的问题稍事分析。

这个问题就是激励机制在中华法系中的运用。我们分两个方面来看：

1. 从法律制度方面看

中华法系几乎一直被当作刑事法系的同义语。影响所及，现今流行的中国法制史教材

---

① 《清史稿·刑法志》。
② 彭真：《关于中华人民共和国宪法修改草案的报告》，《中华人民共和国第五届全国人民代表大会第五次会议文件》人民出版社1983年版。
③ 张晋藩：《再论中华法系的若干问题》，《法史鉴略》群众出版社1988年版。

或专著，大体迹近刑事法制史。在这种情况的影响下，千千万万人脑子里的"法律"几乎只是一部刑法，至于"法网恢恢，疏而不漏""法律是无情的"之类司空见惯的警语，更像在活画出中华法系乃至当今中国法律的冰冷面孔。但究其实，法、法律绝非人类从地狱唤出折磨自己的狰狞厉鬼，而是帮助自己摆脱自然淫威、社会桎梏，增进人类福祉的天使。法律确有无情惩恶一面，但也有热情奖善的另一面，中华法系重视奖善一面，更高出其他法系一等。

法制史专著谈及夏代时曰"夏刑三千"①"夏后氏正刑有五，科条三千"②"夏后肉辟三千"③。主其事之"首恶"是夏禹的儿子夏启，所有的法制史籍都要引录夏启的一条（也是夏启唯一流传至今的一条）"军令"："今予惟恭行天之罚，用命赏于祖，弗用命戮于社，予则孥戮汝。"④《中国法制史》一书引此军令后解释说"所谓孥戮就是除本人外，罪及其子，用作祭社的牺牲"，并概括"这条法律清楚地表明"，"法是以国家强制为后盾的、强迫人们必须遵行的暴力，否则就将戮及自身和子辈"，"阶级社会国王的威权，就是建立在对奴隶进行残酷的刑罚镇压的基础上的"，"为了加强法的威慑力量，夏统治者还假借天的名义进行'天罚''天讨'"。⑤论者对置于"弗用命戮于社"前面的"用命赏于祖"五个字，完全视而不见了。

"魏文侯师"李悝，被誉为中国第一部较为系统的成文法典的撰著者。该法典即《法经》，"以惩罚侵犯地主阶级的政治、经济利益的各种行为，作为根本的指导思想"⑥，《法经》当然被称为"刑法典"，李悝脸上也就尽是杀气了。其实，《法经》之"杂律"就未必全是刑法方面的内容。桓谭之《新论》谓《法经》之"具律"中有"减律"即减轻罪刑的规定，张警对此做过考证而表深信⑦。这表明《法经》在一定程度上运用了激励机制。更重要的是，李悝有一条重要治国原则，他认为："为国之道，食有劳而禄有功，使能而赏必行、罚必当。"⑧

秦律，给人最深刻的印象恐怕要算"秦法严苛，繁于秋荼"一语了，但秦简《为吏之道》规定，"五善"毕至"必有大赏"；《徭律》《仓律》规定允许"黔首自实田"；《厩苑律》《工人程》等中有耕牛课、马劳课、添园生产课、采山生产课、新献（新产品）课等等关于"课"即今"评比"的规定，每年四、七、十月一小"课"，正月一大"课"，而

---

① 《尚书大传》。
② 《隋书·经籍志》。
③ 《扬子法言》。
④ 《尚书·甘誓》。
⑤ 张晋藩等编：《中国法制史》，中国人民大学出版社1981年版。
⑥ 同上。
⑦ 张警：《〈七国考〉〈法经〉印文真伪析疑》，《法学研究》1983年第6期。
⑧ 《说苑·政理》。

居于榜首可获重奖，居于末尾者则重罚等等。

秦亡以后，两汉、魏晋南北朝、隋唐五代、宋元明清，其律、令、格、式、诏、敕、诰以至大量的判例之中，也多有奖励之法。从法律这一中华法系之主体来看，激励机制的运用，激励性规范的大量存在，无疑是该法系的重要特点。

2. 从法律思想方面看

遍览中外法律思想家的著作，中国法律思想家特别重视激励性法律机制，即可视其为重要特点，也可断之为与外国法律思想家的主要不同点。但可惜的是，我们的法律思想史专著或教科书，都忽略了这一点。这也包括本人的《中国法律思想简史》及合著《中华法苑四千年》等书。这里我们信手拈出几点，即可知先贤是何等重视奖赏立法了。

商鞅一向被铁定为"重刑主义者"的典型，其实，他在秦国主持的第一次变法，三项主要内容中，有两项是奖赏之法：一奖军功；二奖耕织。他力主"壹赏"①"信赏"，认为"民信其赏，则事功成"②。所以后人评说"商君治秦，法至令行，公平无私，罚不讳强大，赏无私亲近"③。应当说，商鞅既是重刑主义者，又是而且首先是重赏主义者。

管子在中国最先提出"以法治国"的口号："威不两错，政不二门，以法治国，则举措而已。"④他认为必须做到"宪律制度必法道，号令必著明，赏罚必信密"，并说"此正民之经也"⑤。他强调："有功而不能赏，有罪而不能诛，若是而能治民者，未之有也。"⑥

先秦法家之集大成者韩非子，更是一个重视法律激励的思想家。他认为缘法而治是国家根本，主张"刑过不避大臣，赏善不遗匹夫"⑦，突出"赏誉同轨，非诛俱行"⑧的极端重要性。

法家如此，儒家、墨家、阴阳五行家、杂家、名家，甚至主张"清静无为"的道家也如此，连尔后的理学家、心学家等等也十分重视庆赏奖功。之所以如此，可用韩非子的这段话概而言之："若夫厚赏者，非独赏功也，又劝一国。受赏者甘利，未赏者慕业，是报一人之功而劝境内之众也，欲治者何疑于厚赏！"⑨

以上从中华法系的制度载体与思想灵魂两个方面，说明激励性规范是古代中国法律的重要规范内容，中华法系的一大特点就是重视奖赏、重视法律的激励性。因此：

---

① 《商君书·赏刑》。
② 《商君书·修权》。
③ 《战国策·秦策一》。
④ 《管子·明法》。
⑤ 《管子·法法》。
⑥ 《管子·七法》。
⑦ 《韩非子·备内》。
⑧ 《韩非子·八经》。
⑨ 《韩非子·六反》。

首先，对中华法系的宝贵遗产应当精心研究，一可弘扬中华法系、中华文明；二可为今天的社会主义法制建设提供营养；三可拓展法理学研究的宏观天地。

其次，中华法系之高度重视信赏必罚启迪我们，奖赏与刑罚同样都是调整社会关系的重要法律手段，同样不可或缺。

关于法律的激励机制，中外法学界鲜有论及者。我认为，激励机制是法律调节的"半边天"；奖赏之法是法律体系的"子系统"；重视奖赏之法和法律的激励机制的研究，可以说是法理学宏观研究的"新大陆"。在这"新大陆"上，我们可以：

（1）改写法律思想史。重点是搜罗汇集各家各派、各人各时所阐述的赏罚并行的治国论、法律观、立法观、司法观以及法律激励的哲学指导思想、策略思想、具体方针、政策、措施、方式等等。

（2）重新探讨法的本质、属性、地位、结构、作用等重大法学问题。关于阶级社会的法的本质属性，我一向认为是阶级性与社会性的对立统一；在每一社会形态的上升时期，社会性是其主导方向。研究奖赏之法可使我们发现，每一社会形态的上升时期，奖赏立法往往比较多；而其衰落时期，惩戒立法则不断增多。

（3）更全面地认清法的发展规律。用社会形态类型的法的更替表达法的发展规律，有明显的弊端：迄今为止，世界上没有一个国家完整无缺地经历了既定的"五种社会形态"。而从奖赏立法视角，也许可以尽窥法的发展规律之"全豹"。法的消亡，绝非始于社会主义时代而完成于共产主义社会。

（4）为当代中国的社会主义法制建设提供新的思路。其中之一，即是加强奖赏立法，充分运用法律的激励机制，走出法制发展的新路子来。

鉴于上述认识，我认为，法理学的宏观研究应形成一个可以名之为"激励学派"的法理学派，在发扬中华法系法律激励的特点及其他精华的基础上，借鉴其他法系的优点长处，或可形成我名之为"发展法系"的新法系，以综取一切法系之长，最终取代一切法系。

（二）科技法的激励原理

法既有激励之"理"，当在一切法中贯而彻之，科技法自不例外。但科技法与一般民法、刑法、行政法有一个很大的不同点，即一般民法以当事人双方等价有偿、平等交易的冷漠性为显著特点，刑法以毫无情面的严厉镇压这一强制性为主导特征，行政法以上下等级森严的支配与服从关系为根本特点；科技社会关系虽也采用民事、刑事或行政调节手段，但是，科技民事法律调节多半不得不偏离等价有偿而实行"比价有偿"等不等价有偿的方式进行，刑事强制性只是科技社会关系法律调节的一种次要手段，在科技行政的上下级关系中，命令性少而协商性多，指令性弱而指导性强，与这些相联系的是，科技社会关系以法律激励为主要的调节手段。因此，如果对科技法做深入研究，可以发现科技法是在激励机制的影响下形成的，是以激励原理为其灵魂的。

科技法的激励原理，植根于法的激励功能，植根于科技社会关系调节过程中的保障科技创造自由权利的需求，植根于发展科学技术的需要，植根于科技劳动的脑力性特点。

1. 科技法的激励原理植根于法的激励功能

这点前文已结合中华法系的特点详尽地做了分析。这里要补充的是：

其一，对"制裁"的法律分析。"制裁"是一个使用频率很高的法律用语，同时又是一个几乎未加研究的法学概念。浏览多种法学辞典、法理学专著，很难找到关于制裁的解释或论述。

流行于口头的"制裁"一词，显然是贬义词，如"××怙恶不悛，罪有应得，受到了法律的无情制裁"等。但从汉语词源上看，制裁却是一个中性词。《荀子·成相》："臣谨修，君制变。"《韩非子·难二》："管仲善制割。""制"即"截断"的意思。"制""裁"连用，指的是裁定、断决。既然如此，就不一定是惩罚性的"无情制裁"，还可以有奖励性的善意嘉许。美国斯坦福大学法学院劳伦斯·M.弗里德曼教授在《法律制度》一书中，对"制裁"一词就做中性的理解。

根据对法的结构的分析，我认为，有静态的法与动态的法。在静态的法中，制裁有其预警功能与许诺功能；在动态的法中，制裁有其惩罚功能与奖励功能。

许诺作为静态的法的功能，虽是未兑现的奖励，但其存在是客观的。这种客观而又未兑现的功能，是由法律对人的影响及人对法律的感受交互作用而形成的。自然科学奖励条例、技术革新奖励条例之类对科技创新的有关奖励的许诺，必对科技工作者发生影响，而科技人员因有此项法律激励也"感之于心""动之于情"。

法律被付诸实施时，它像在传送带上一样开始"活动"。首先是与案情事实（在科技奖励法的实施中则是立功事实）一起"输入"司法机构（在科技奖励法的实施中则是"输入"评奖机构），然后是对有关的法律与事实的交接点的思考、较量以及"判决"并予以宣布或公布，即"输出"；"输出"之后还会收到当事人及关系人的反应，即"反馈"。这是一个动态的过程。在这一过程中，法律在行动，潜在的以许诺形式体现的奖励规则则变成了现实的奖励行为。奖励的行动又强化了奖励的许诺，从而增强了科技法的激励原则、激励规范的权威性。

其二，科技法律功能的二重性。科技法的静态许诺具有法律功能与道德功能的二重性。许诺的法律功能表现为，凡行为与许诺规范的有关规定相符，行为人应得到奖励，还受到法律的强制性保护。许诺的道德功能表现为，许诺规范的有关规定驱人向善、催人趋利。

科技法的动态奖励，不仅对受奖者有激励作用，使之更加努力地按奖励规范的要求行事，而且对其他人也有激励作用，使之向受奖者看齐，也就是向奖励规范的有关规定靠近。

其三，法的激励功能自始即有，后因法的异化而削弱。随着人类社会的进步，法的激励功能将与日俱增。弗里德曼指出："法学研究总的来说对奖赏注意不多"的原因，"表面上看，法律制度似乎使用惩罚比奖赏多。从某种意义上说，惩罚似乎更有效。仅仅威胁要惩罚就有制止作用，而奖赏的希望则刺激很小"。①这里所说法学研究较少注意奖赏是客观的，中外皆然。法律制度使用惩罚确也多于奖赏。但"法律制度"是一个历时性的概念，古往今来以及日后的法律制度在"使用惩罚与奖赏"上，不可能一成不变。人类社会越是向前发展，法律制度使用奖励的量会越来越增加。我认为，由于惩罚越来越让位于奖赏，而奖赏与许诺一样，既有法律功能又有道德功能，是法律功能与道德功能的对立统一体，因而架起了一条由法律规范通往道德规范的桥梁，一旦达到一定的数量，法律规范就会发生质的变化，总体上转化为、让位于道德规范，这就是法的消亡之日的来临；由此可见，法的消亡，从奖励规范的出现就开始了，这是一个从量变到质变的过程，不可能也不应当设想有那么一个日子，此前法律犹存，此后法律消失。近代专利法、著作权法以及其他大量科学技术法的涌现，是奖励规范迅猛发展、越来越对惩罚规范较量计功并呈极大优势的表现。

其四，大多数公民对惩罚与奖赏的态度。前引弗里德曼所说"惩罚似乎更有效……而奖赏的希望则刺激很小"，是"从某种意义上说"的。他没有说明"某种意义"的具体所指，我谨释析为"从对占人口少数的有违法犯罪倾向的人的意义上"。在我国的"普法教育"中，我发现这样一种现象：曾有一度，由于过度宣传"普法"对惩戒犯罪的作用，许多人因此不屑一顾，他们认为"违法、犯罪"与己无涉，不学法也是个好公民，因而参加"普法"的积极性不甚高。这一现象的客观原因就是，占人口绝大多数的公民，一般来说都是愿意，也能守法的，违法犯罪者总是人口中的极少数。正因如此，"威胁"要加"惩罚"，对大多数人来说并不造成很大的刺激。实际上，倒是奖赏对他们的"刺激"更大，因为他们的思想、要求、志趣、荣誉感以及整个的生活习惯等等，更接近于法定奖赏这一方面，而不是相反。正因如此，在科技人员中，专利法所能引起的关注与刑法所能引起的关注，无论从人数还是从关注程度上看，重心都倾斜于专利法而不是刑法。

所有这一切，都决定了作为法的科技法，以激励为己任，大大地开拓了法的激励功能的范围。

2. 科技法的激励原理植根于保障科技创造自由权利的需求

对科技创造自由权利的保障，有积极与消极之分。消极保障，其主要特点是对科技创造的自由权利不予干涉；积极保障的主要特点则在于采取种种措施以便：（1）扩大科技创造的自由权利；（2）提高科技创造自由权利的质量；（3）强化对科技创造成果卓著者的奖励。从科技工作者的愿望及发展科学技术的社会需求来看，积极保障当然优于消极保障。

---

① ［美］劳伦斯·M.弗里德曼：《法律制度》，李琼英、林欣译，中国政法大学出版社1994年版。

因此，人类社会越是向前发展，积极保障就越是得到重视。而这正是科技法尤其是科技奖励法日见其多、日见其详的原因。近代竞争法的出现就是一例。

为了维护公平竞争，为竞争创造良好环境，保障科技工作者在竞争中得以自由地创造科技成果，不少国家制定了竞争法，其中以美国的有关立法最为积极主动、详尽周全。在美国，有关竞争的法律称作反托拉斯法（Antitrust Law）。最早的美国反托拉斯法为1890年制定《谢尔曼法》（Sherman Act）。该法第一条即宣布："任何旨在限制各州之间或者与外国的贸易或者商业的合同、以托拉斯形式或者其他形式的组合，或者此种密谋，在此被宣布为非法。"第二条规定："任何人进行垄断，或试图垄断，或与任何其他人组合或密谋，以垄断各州之间或与外国的贸易或商业的一部分，将判为重罪。"尔后，1914年的《克莱顿法》（Clayton Act）和《联邦贸易委员会法》（Federal Trade Commission Act）及1936年的《罗宾逊－帕特曼法》（Robinson-Patman Act）等对《谢尔曼法》做了补充与完善，虽然这些立法的初衷在于保护贸易的自由与正当的竞争，但是，它对保障科技创造的自由权利发生了积极的影响。受惠最明显的是对计算机硬件的保护。与计算机硬件有关的是垄断行为、限制性商业惯例以及不正当竞争等三种反竞争行为，三者都损害了计算机科技创造的自由权利。例如限制性商业惯例就直接限制研究和发展技术，不允许技术转让的受让方对技术进行研究发展，还间接地通过以下方法限制科技创造的自由权利：一为搭售，即强迫对方接受一些不需要的技术、原材料等；二为限制从其他方获得技术，限制受让方的原材料来源；三为限制受让人产品的销售价格和销售地区。这些，都足以束缚受让方的手足，使其科技创造自由权利不能充分发挥甚至根本不能发挥。因此，竞争法无异于对科技创造自由权利的积极鼓励。事实上，美国的这些立法，对美国计算机科技人员积极性的发挥，是起了很大的激励作用，从而大大促进了美国计算机技术的发展。

3. 科技法的激励原理植根于发展科技的需要

社会需求是一切社会行为包括立法行为的出发点与归宿。当代社会中，科学技术的进步已具有越来越重要的地位。首先是经济发展的要求。劳动力密集型或资产密集型的企业，在竞争中必定败北于技术密集型企业。新的产业领域的形成与进一步开拓，完全取决于高新科技的开发成功。其次是社会发展的要求。人类已不仅仅满足于物质资料的丰富，对人类所处的环境质量的要求变得越来越高，对人类生命质量的要求（健康、长寿）也越来越高，社会生活的信息化、自动化要求也水涨船高地急速发展。这些，都要求高新科技的同步甚至超前的发展。再次，当代世界的国际竞争，已从军事实力、经济实力的竞争发展为科技实力的竞争；而军事实力与经济实力也多半仰仗于科技实力的提高。因此，立国于世界强大民族之林，欲求不被动挨打，唯有积极发展现代科技一途。这样，激励科技工作者尽力竭力、全心全意地充分发挥其聪明才智，为社会贡献出他们的天才创造，就是势所必然的。立法予以激励，正是调动科技人员积极性的根本途径与有力、有效的措施。

美国于立国之初，即于1790年就颁布了专利法。1856年，稍稍浸染了一点资本主义知识的太平天国后起之秀干王洪仁玕在进呈给天王洪秀全的《资政新篇》中，曾提出过保护专利权以激励知识精英积极创造科技新品。但新中国成立之后30多年内，竟无专利法的制定颁行。科技工作者的积极性因此严重受挫，其创造力也陷于停滞、萎缩。直至1984年，我国才制定了第一部专利法。这不能不说是一个很沉痛的教训。在颁行专利法后，我国的科技立法呈现急起直追的勇猛态势，先后制定了《技术合同法》《商标法》《著作权法》《科学技术进步法》及一系列科技奖励法、技术革新法等，对我国科学技术的进步，起了十分重要的作用。

现在，我国又提出了"科教兴国"的伟大战略与科技创新的更高要求，科技进步要求会越来越高、越来越具体。为此，我们不仅要有诸如科技进步法之类的基本法，而且还应有原子能技术及其他能源技术、新材料技术、信息技术、生物技术、空间技术、海洋技术、生命科学技术等等高新科技的单项立法，规范科技社会关系的法律调节，激励从业科技人员的主动性、积极性与创造性。可以预期，21世纪的中华民族将因科技立法的激励而重铸辉煌。

4. 科技法的激励原理植根于科技劳动的脑力性特点

科技劳动，个人的不用说，即使是集体项目，最后也要落实到个人，落实到个人的脑力劳动中去。与体力劳动不同，脑力劳动具有以下特点：

其一，必须建立在继承先人脑力劳动成果的基础上。知识的积累越丰富，智慧的火花越容易得到激发、燃烧。牛顿认为，只有站在巨人的肩上才能看得更远、走得更快。如果一切从零开始而无人类知识的积淀，脑力劳动将寸步难行，更不可能会有什么现代的高新科技。而要日积月累大量知识，舍"学而优则奖"外，不可能有更好的办法。

其二，脑力劳动具有连贯性的特点。从人类的整体看，知识是人类脑力劳动成果的长链。从人类的个体看，个人所拥有的用以进行科技创造、获取科技成果的知识，也是他的脑力劳动成果的长链；而这脑力劳动除连贯的思索、探求之外，不可能获得重要的成果。这样，在脑力劳动的过程中，既需要可以前瞻的激励性许诺，又需要在其取得成果时给以现实的奖赏，用来刺激其进一步劳作的积极性。

其三，必须连贯进行的脑力劳动同时又具有非重复性的特点。体力劳动是可重复且以大量地重复为特点的。农民的"日出而作、日入而息"，年复一年地重复劳动，年复一年地"春种夏收，不违农时"；工人的按部就班、周而复始，有的工人一辈子天天如此、月月如此、年年如此地开同一部钻床、钻同样孔眼，都是人所共知的重复性劳动。这重复性的体力劳动，时间越久，累积的产品、成果就越多。脑力劳动则不同，重复的脑力劳动毫无意义；大量的重复脑力劳动意味着严重的浪费；年复一年周而复始地做全然相同的"脑力劳动"，不是神经病，就是白痴。而连贯进行的脑力劳动，是需要不断"加油"即不断得到鼓励的。当脑力劳动取得成果时，及时地给予奖赏，会使后继的脑力劳动积极性更高。

其四，脑力劳动的情绪性。"情绪"，是一尚未充分加以研究、未能充分揭示其机制、机理的心理现象。我们知道的是情绪高涨时，如同运动员之"进入竞技状态"就可能发挥得好些一样，脑力劳动获得成果的概率就会大一些；情绪低落时，脑力劳动往往难以获得成果。与此相关，得到激励时的情绪总会好一些，相反，应得奖赏而不予奖赏，情绪就易低落。因此，从脑力劳动的情绪性，也引致科技劳动以激励为上的科技法律激励原则。

其五，脑力劳动及其成果不仅具有继承性的特点，而且具有传递性的特点。前人的成败利钝，会成为后来者是否仿效或传承的决定性因素，前人的得到肯定、受到奖励的脑力劳动及其成果，很容易甚至必然成为后人仿效的楷模与承继的范本。而如果前人的辛勤劳动得不到肯定，前人的脑力劳动成果得不到肯定，或虽肯定却无奖励，或虽奖励却量小质差，后继者看了就会寒心，就会"骑着马儿跑到别处去"。这样，传递就告中止，脑力劳动及其成果的长链就会中断。"读书无用论"在"文革"中甚嚣尘上，就是因为脑力劳动及其成果得不到肯定而被否定。"读书无用论"在经济大潮冲击下又沉渣泛起，就是因为给予"学而优"者的社会奖赏比不上给予体力劳动者的多，更比不上给予下海从商者的多。

其六，脑力劳动的跳跃性特点。脑力劳动的传递性是从总体上说的，在脑力劳动过程中，往往会有灵感的出现，即所谓"顿悟"。钱学森先生将人类的思维分成抽象思维（即逻辑思维）、形象思维（即直感）和灵感思维（即顿悟）三大类。脑力劳动的传递性与逻辑思维关系较为密切；它的跳跃性则直接源于灵感、顿悟的存在。"灵机一动"所感悟的科学知识，往往会成为重大科学发现、技术发明的直接先导。瓦特之受壶烧开水的启示而发明蒸汽机，牛顿之观苹果落地而构思万有引力定律，都与灵感、顿悟直接相关。思维的跳跃性特点与体力劳动的循序渐进性特点是了不相同的。"图籍纵横忽有得，神思起伏渺无端。"如同每秒30万公里速度的"电光石火"，思维之速度可以极快进行而且一跃亿万里、数千年。这种跳跃性的特点，在情绪高昂时可以发挥至峰巅，而情绪低落时则可能使人进入"目无所见、耳无所闻、心无所思"的迷迷糊糊、浑浑噩噩的虽生犹死、似生似死、非生非死的状态，什么科技创造也无从谈起了。因此，有所谓"气可鼓而不可泄"的古训。这属于精神振奋、情绪高昂的状态，易求"举一反三""左右逢源"的跳跃式地摘取科技成果。

其七，脑力劳动的隐秘性特点。脑力劳动的劳动场所虽有外在的如实验室、书房、图书馆等，但是，离开这些外在场所，如静坐家中，甚至倒卧榻上，仍可殚精竭虑"冥思苦索"；另外，即使是在实验室等有形场所，思维仍在脑子里默默地进行。总之，脑力劳动是隐秘的活动，在大脑皮层的万千亿个细胞间进行，时至今日，人类对其机理仍所知极少。这种隐秘的脑力劳动，无由直接显示、无由直接监督、无由直接检查，只能通过间接的渠道，从脑力劳动的成果上观察、检查、考核。这样，只要是努力从事脑力劳动的，尤其是取得成果的，就得加以奖励。

上述法的激励功能、保障科技创造自由权利的需求、发展科学技术的需要以及科技劳动的脑力性特点，正是科技法激励原理的基础。科技法以激励为原则，据此原则，科技法的激励功能不断发扬；科技法也以激励为原理，据此原理，科技法在近代有了长足的发展。而专利法的诞生，正是法的激励功能大发扬的里程碑，正是科技法发展的里程碑。

（三）科技法发展的里程碑——专利法

专利法诞生前的科技法律规范，大多散处、混居于其他部门法中。以单行的专门法规来调节科技社会关系，最成熟、影响最大的要算专利法。

专利法是用以调节由发明创造活动产生的智力劳动成果所引起的各种社会关系的法律规范的总称。专利法之"专利"，英语中作"patent"，词源为国王亲自签署的带有御玺印鉴的独占权利证书。牛津英语字典中对"patent"的解释是官方授予的某种权利（专利权）、对发明创造的制造使用和出售的一种独占权（专卖权），对发明和工艺的保护、专利发明物的专利证书、特许状、执照等。总之，是与"独占""独享"某种利益相联系。这种"独占""独享"某种利益的"专利权"具有专有性（亦称独占性、排他性、垄断性）、地域性与时间性的特点。没有专利人许可，他人不得制造、使用、销售、进口专利产品，也不得使用专利方法或使用、销售、进口依照该专利方法直接获得的产品。地域性与时间性则指在一定的地域与一定的时间内享有专利权。

专利权人权利之一的"独占权"包括制造权、使用权、销售权、进口权；专利权人权利之二即"许可实施权"，可分独占许可、排他许可、普通许可、部分许可、交叉许可等；专利权人权利之三即"转让权"以及其他权利如"标记权""放弃权"等，无不与专利发明人的直接的、间接的经济利益休戚相关。因此，专利法的实质是法的激励原则的社会性实施。专利法的颁布不是如某一嘉奖令之对专人、专事而发布，而是对整个社会的激励性"许诺"。凡是有所发明创造而符合专利法的，均可"对号入座"享有专利权，获得十分可观的经济效益。因此，有专利法之颁布"如同给天才之火浇上利益之油"的说法。

科技法的最重要特点之一即是它的激励性，以对科技创造及其成果给予奖励为科技法律原则。专利法之成为科技法发展的里程碑，是由于：

第一，专利法是以整部法律体现科技法律激励原则的最成熟、影响最大的法律。

第二，自专利法诞生之后，人类更加重视科技法律的激励原则的巨大威力，与专利法相辅而行的各种科技奖励法纷纷被拟制出来。

第三，专利法的诞生，使人类对法的尤其是科技法的激励功能有了新的认识。在专利法的发展过程中，曾出现过多种试图阐发专利法基本理论的学派。如自然权利论，认为人的创造性思想是一种精神财产，人们对自己的这种创造性思想享有不可剥夺的当然可以取得的产权；非物质财产论，认为发明作为精神产品是一种非物质性的无形的财产，是发明人投入生命的创造物，因而发明人拥有此项不可剥夺的无形财产权利；专利契约论，认为发明人根据与社会的契约而公开其创造物同时从社会换取一定时间内加以独占使用之权利；等等。所有这些不同的理论学派，尽管千差万别，但都无不承认必须对发明创造者给予奖励即授予专利，使其获得实际的经济效益。

第四，专利法的诞生，使知识成为商品，使科技人才进入市场，从法律上迫使人们正视、承认客观经济规律以及客观的科技发展规律，并依靠法律主动地利用客观经济规律和科技发展规律为社会发展服务、为自身利益服务。

因此，专利法之诞生，不仅是科技法发展的里程碑，而且是法的激励功能大发扬的里程碑。

专利法也包括对专利侵权的法律责任的规定，即一系列的制止性、惩戒性措施。但这些制止性、惩戒性措施是为激励性措施服务的，扮演的是虽然不可或缺却属于"配角"的角色。这如同自首从轻、立功受奖等激励性措施在刑法中处于从属的"配角"地位是一样的，它为在刑法中占主导的"主角"地位的惩戒措施服务。

（四）科技法律激励原则的要求

科技法律激励原则的要求如下：

1. 相当性要求

相当性要求，即给予的奖赏要与科技创造为社会带来的利益相当。但这一要求的贯彻带有可行性与难以精确量化的特点。

所谓可行性是指人类对一切科技创造最后都会找到给予奖赏即加以激励的法律措施。专利法、商标法、著作权法以及各种形式的科技创造奖励法，都有一个逐渐发展、渐次成熟的过程，由简单到复杂，由单一到全面，由粗略到周详，由不成熟到成熟。相当性的可行性，在于有关的科技法如专利法等，把科技成果为社会带来的利益的大小以及与此直接相关的社会究竟给予多大奖赏，由社会实践而不是某一个人加以评定。这里的社会实践，是指应用某一科技成果、实施某项专利的活动过程。在这一过程中，例如在实施某项专利的过程中，在得到社会承认（如某一专利产品之为顾客接受、喜爱）的情况下，专利权人就可获利；社会承认面越广（等同于消费该专利产品的人数越多）、越持久，专利人所获利益就越大。这样，社会给予专利权人的奖赏就与其专利发明带给社会的利益相当了。社会实践的这种自动调节，已经为世界各国的市场经济所一再证明，也就是科技法律奖励原则的相当性要求是屡试不爽地被证明了可行性。

所谓难以精确量化，是指科技创造成果如专利发明所带给社会的利益，绝不像体力劳动的产品（如杯子、手表、电视机）那样，其价值由马克思所阐明的"社会必要劳动时间"决定的。某个小学生来了灵感，发明了茶壶之茶、水自动分离法并申请了专利，由此，她获得了极大的专利技术收入。一位水稻专家因创造了一种水稻杂交技术，在20世纪60年代就创造了高达几百亿元人民币的价值。这些，都很难用"社会必要劳动时间"

价值论做解释。因此，调节民事权利义务关系的民法、经济法以"等价有偿"为原则，调节科技民事权利义务关系却不能实行"等价有偿"，而只能实行"比价有偿"。"有偿"是一定要实行的，但不能"等价"，因无法做量的精确计算，所以只能是"比价"，以大致相当的奖赏予以激励即算达到了要求。这里的"比价"是一个约略性的模糊概念，只说明有一定的比值，不确指这比值究竟是几比几，更不是指一比一。如果确指几比几，就说明是可量化的、可以精确化的。如果是一比一，更是精确的量了。比值的大小由多种不确定的因素决定，其中包括社会报偿的可能性因素。假定在一个发达的富裕的经济实力强大的国家里，给予估算价值为1亿元的科技成果的一次性奖励为100万元，即比价为1%的话，在一个不发达的贫穷的经济实力低弱的国家里，给予同样估价的科技成果的一次性奖励就可能只有10万元，即比价为1‰甚至更低。尽管有高低不同，但仍有一定的比率，因而还是比价有偿。

在众多社会报偿的可能性因素中，有一些因素涉及公平性问题，它大体上属于科技法律激励原则的公平性要求。

2. 公平性要求

公平性要求，即给予的奖赏要有大致的公平性。

所谓公平性，是指切忌厚此薄彼，否则就可能导致科技创造积极性的受挫从而引发具体的不良后果。

有两种公平性。一为国内公平性。给予科技创造者以奖赏的"社会"，或表现在法律制度上，或表现在政策性文件里，而在一个集权的人治社会里还可能表现在当权者的个人决定中。

如果表现在法律制度上，由于法律具有普遍性的特点，本身就意味着一定的公平性。但是，同期施行的同样是对科技成果实施奖励的此法律与彼法律，也可能出现奖额大小差距悬殊之类的弊病。其时，就此法律或彼法律自身来说，并无不公平。但是此法律与彼法律两相比较，就显出了法律的不公平了。如果此法律是为特定科技领域发布的，彼法律又是为另一特定科技领域发布的，那么，就可能导致人心的不稳与人才的科技部门流动，从而造成科技发展中的不应有损失。

如果此类情况表现在政策性文件里，那么，它造成的人心不稳与人才"盲流"情况，可能会更加严重。

如果此类情况是由当权者个人决定的因素造成的，那么，它会带来对科技创造激情的极大破坏。

二为国际公平性。在交通、通讯极为发达的今天，资讯的公开化已经成为不可阻挡的洪流。这样，大致同等价值的科技创造成果在不同国家的际遇不公平，例如，在一国的比值为1%，另一国为1‰，前者为后者的10倍，就很可能导致科技人才的国际流动。发展中国家的人才在"二战"以后曾一度大量流往发达国家。部分发展中国家后来乘龙快上，人才又从国外回流。这在很大程度上与知识价值的涨落相关，其中主要是与社会奖励的"比值"高低相当。

这里，我仅对公平性问题做质的描述、做定性式的逻辑分析，如果大量搜集资料，做量的表述，做定量分析，当更具说服力。但仅此定性分析已可大致说明问题，当政者也可以据此决策，多些法律性的奖励，少些政策性的奖励，杜绝想当然的个人随机奖励。

3. 必行性要求

古人讲"信赏必罚"。"信赏"就是指该赏的一定赏，即赏之必行。如果关于奖励的是法律的规定，那就是"有法必依"。

这里有一个法治和人治的关系问题。法治盛行，奖惩的必行是确定无疑的。人治淫滥，奖惩之行取决于掌权的人的感情用事，奖与不奖，奖多奖少，都随领导人的意志转移。不过仅止于泛论法治与人治的关系，问题会变得非常复杂。权大还是法大的争论，在我国从一开始就解决了：法大于权。但是，在实际操作中此一问题往往得不到理想的解决，症结就在于：我国的封建主义人治传统有极长的历史和深远的影响，以至新中国成立后的相当长时间里忽略了民主政治建设，忽略了法制建设，其贻害流毒至今未能肃清涤尽。

科技法律的激励原则要求坚决按照法律规定该赏即赏、有法必依、有律必行，否则朝三暮四、时续时停、"三天打鱼两天晒网"，就会造成疑云忌雾、蒙蔽眼睛、搅乱人心，从而挫伤科技人员的积极性，使之情绪波动甚至低落，严重影响科技创造成果的获取。

必行性要求的一个具体方面是及时性。

劳伦斯·M.弗里德曼著《法律制度》一书，总共10章，其中有2章的题目都是"法律何时有效"。他提到的有关本节的（科技法律激励原则的必行性、及时性要求的）观点有："法律确实会放假""进行惩罚或奖赏的速度和它的必然性及严厉程度同样重要，立即执行的惩罚和奖赏比拖延的影响大。"

所谓"法律放假"是指种种事故造成法律暂停执行。他以"警察罢工"为例做了说明。实际上，不仅"罢工"，一般的怠工、渎职，都可能导致"法律放假"；甚至拖拖拉拉的工作作风都会导致"法律放假"。联系弗里德曼的后续观点即关于奖赏的"速度"的观点，我们就更易了解依法及时奖赏的必要性了。综观我国科技奖励立法，平心而论应当认为已趋齐全周详。但同样也毋庸讳言，在许多情况下，奖赏显然不如惩罚之受重视，"速度"也绝不如惩罚之快捷。很难说这不会影响科技创造的积极性。我以为，要营造成一种你追我赶的热气腾腾地从事科技创新的气氛与局面，奖赏立法及时、奖赏行动及时，是十分重要的方面。我也相信，科技法的逻辑发展，有一天会在自己的轨迹转弯处加快奖赏立法、司法、执法的速度。这是科技法律激励原则之使然。

4. 动态性要求

科技法律的激励原则应作动态的理解，以动态性要求对待之。

所谓动态性要求，是指在法的稳定性包括科技法的稳定性的基础上，做辩证的动态司法、动态执法。前文所述美国对合同制度的深入研究使得在不改变合同法的同时，使有关的科技合同更加合理（节约成本、加强对技术开发方的利益刺激等等），就是动态对待激励原则的适例。

曾经有过一些科技奖励法，非常具体地规定了奖金的等级与奖额。这就限制了动态性地贯彻激励原则的可能。由于物价是变动的，而且一般总是逐渐攀高的，原先规定的奖金数额往往到后来就大大贬值了。于是不得不由领导人临时做一些改变。这既破坏了法的稳定性和权威性，又使法律调节倒退到了政策调节甚至个人意志调节。因此，只应规定奖赏的级别和原则性的奖额。如以科技创造成果的价值的百分比或产值的百分比为基准，这就可随物价指数的跳动而升降了。

我国科技法已成批颁行，在此基础上深入研究具体的动态的司法措施，当可使科技法大放异彩，当可使科技法律的激励原则更加辉煌。

借鉴篇

"他山之石,可以攻玉。"在发展科技法制、促进科技创新方面,我们应认真借鉴他国经验尤其是科学技术较为先进的发达国家的经验。为了缩短科技进步与经济发达的所需时间,我们应力避发达国家曾经走过的弯路,学习其成功的经验。研究发达国家科技创新方面的立法,正是为了提供借鉴之明镜。

第一章　发达国家的科技创新立法

发达国家科技创新的立法，不仅仅是新技术领域本身的有关立法。它可分为三个层次：第一个层次是基础性立法，包括宪法规范、促进和保障科技发展的一般立法、科技机构法规、科技发展基金立法、技术评估立法，以至教育立法、人才立法、知识产权保护立法以及技术交易、发明奖励立法等等。没有这些基础性立法，不仅今天的科技创新不能产生，而且往昔的科技发展也不可能存在，更不用说将来新技术革命的进一步发展了。第二个层次是各个高新科技领域的直接相关的立法。科学技术的发展已经跃进到一个新的时代，使得关于科技领域的立法也必须像科技本身的专业化分工越来越细密那样，采取分别类的立法来促进和保障特定科技领域的发展。正因如此，发达国家正纷纷制定关于原子能、微电子、计算机、生物工程、航天技术等等方面的独特法规。第三个层次是与高新科技领域间接相关的立法，例如税法、合同法、标准化法、科研生产协作法以至商业法、运输法等等。这些方面的立法与科技全部领域都密切相关，但在知识经济时代，正被更广泛、更巧妙地用来促进新技术的发展。

一、发达国家高度重视科学技术立法

1984年5月，在波恩召开了一次讨论欧洲技术合作问题的外交部学术座谈会。联邦德国外交部部长汉斯·迪特里希·根舍在5月11日的开幕式讲话中指出，"对付技术挑战"必须多方面地紧密合作，"只能在一个总体过程中来建设它"，"通过这个过程，国家和社会作为整体，才能完成向信息时代的过渡"。这里，国家的作用，在相当大的程度上，体现在科技立法方面。发达国家由于高度重视科学技术立法，为科技进步奠定了较好的教育和人才的基础，对高技术的发展起了推动与保障作用，促成科技创新的蓬勃兴起。因此，探讨发达国家科技立法，首先应学习这些国家高度重视法律调节科技进步中产生的社会关系问题的经验。

在发达国家中，日本是一个典型的例子。

第二次世界大战使日本成为一片废墟，国民经济陷入绝境。但战后日本迅速恢复了经济、科技实力，到20世纪60年代末已成为仅次于美国的资本主义世界第二经济大国。70年代初虽然因中东战争导致石油危机的爆发，一下子使日本经济痼疾暴露无遗，但坏事成了好事的前导。日本不久便确立了"科技立国"的基本国策，狠抓科学技术的发展，迅速摆脱了危机，走上了全面繁荣的道路。现在，日本已形成紧追美国的咄咄逼人的态势。战后日本走过的道路中的一条主要经验，就是始终抓紧科技立法，依靠法律所特有的指导性、约束性和保障性来干预和指导全国的科技工作。日本之高度重视科技立法，有以下几点特别值得我们注意：

一是齐全和完整。据初步统计，目前日本有关科技的法规有200多个，其内容包括：科技行政机关的设置法、组织令和组织规则（如《科学技术厅设置法》《科学技术厅组织令》《科学技术厅组织规则》等）；科学研究机构的设置法和组织法（如《航空宇宙技术研究所组织规则》《无机材料研究所组织规则》《水户原子能事务所组织规程》等）；科技行政机关和研究机构的定员法（如《行政机关职员定员法》《行政机关职员定员令》）；科技咨询机构的设置法和组织法（如《科学技术会议设置法》《海洋开发审议会令》《技术士审议会令》等）；关于科技法人团体的法令和规则（分"特殊法人"法，如《理化研究所法》《新技术开发事业团法》《日本原子力研究所法》等；"公益法人"法，如《内阁总理大臣管辖的公益法人的设立与监督规则》《许可认可等临时措置令》等）；关于科技发展的直接立法（如《原子能基本法》《核燃料物质的使用规则》等）；关于科技发展的相关法令（如《所得税法》《法人税法》《物品税法》等）；有关对外科技合作的立法（如《日本与法兰西科技合作协定》等）。此外还有发展科技或产业技术的种种重大措施和政策的法令。

二是环环相扣，匹配成龙。例如从时间序列来看，日本政府于1956年颁发了《机械工业振兴临时措施法》；1957年颁发了《电子工业振兴临时措施法》，原定施行五年，后来由于效果显著而一再延长；1971年3月，根据新的形势和要求，颁布了《特定电子工业和特定机械工业振兴临时措施法》，用以代替前者；1978年又颁发了《特定机械情报产业振兴临时措施法》。这一系列法规内容有联系，法规具有连续性，如《特定电子工业和特定机械工业振兴临时措施法》是针对发展电子工业和机械工业的要求制定的，当取得相当成就，具备了一定基础后，振兴重点应转移到以增进电子技术和自动化技术为内容的高效产品方面来，所以在1978年以新的立法予以取代。又如从法的制定、实施来看，几乎每一个重要立法，都有一整套的相关法令与之配合。如当颁布《防止由于放射性同位素引起的放射线病法》后即颁行了有关的《施行令》和《实施细则》；颁布《海洋科学中心法》后，即颁布有关的《施行令》《实施细则》以及《关于海洋科学技术中心财务和会计的总理府令》。

三为以有法律效力的各种"制度""计划"与法律法令结合，使立法效果更为突出。

如1966年日本颁布了《大型工业技术研究制度》，1980年颁布了《下一代产业基础技术研究开发制度》，接着又推出《推进创造性科学技术制度》（1981）、《第五代电子计算机研究开发十年规划》（1982）、《原子能开发利用长远规划》（1982）、《关于研究开发生命科学中先导性、基础性技术的基本计划》（1984）、《宇宙开发大纲》（1984）、《激光研究五年计划》（1986）等等。

四为不轻易修改法律。日本常常模仿美国制定科技法规，紧追不放，坚持不懈，甚至当美国修改了有关法律规则时，日本也不轻易变更法规的内容。如日本曾按美国马斯基法，采用了美国关于汽车废气排放的标准。后来美国大幅度地放宽了马斯基法中规定的NOX和HC的标准值，但日本坚持当时的严格标准，不修改有关法规，其结果大大促进了日本汽车废气净化技术的进步，达到了世界的最高水平。又如日本严格坚持1949年6月颁行的《工业标准化法》，使其工业标准件数大大超过了其他国家。从1949到1979年，日本的工业标准件数达到9729件，而同期美国仅5700件，英国7600件，意大利4700件。

关于发达国家高度重视科技立法促进科技创新发展的情况，段瑞春同志在《试论科学技术立法》[①]一文，曾做过比较详细的介绍，这里就不重复了。

二、发达国家科技进步的基础性立法

1982年4月12日，美国科学技术政策办公室主任、美国总统的科学技术顾问G.A.基沃思向里根呈上了1981年的《美国科学技术年度报告》，其中强调指出："有高度能力和多产的科学技术团体为美国朝着国家的各个目标的进一步发展，包括国家安全和经济发展，提供了很多资源。这些资源反过来要依靠其基础结构的状况。"基沃恩所指的"基础结构状况"，包括人员质量、研究发展的辅助机构以及沟通科技团体与工业界间的信息传输机构的有效性等等。科技创新要建立在一定的科学技术基础之上，这已成了常识。为此，发达国家都十分重视以法律手段来促进和保障科学技术基础的发展。这些法律手段主要涉及以下保证科技进步的基础性立法。

（一）科技进步的宪法保证

宪法是国家的根本大法，各发达国家都十分重视以根本大法来保证科学技术的进步。美国、日本、德国、意大利、法国、瑞士等国家宪法，都以专条或专款规定科技进步的法律保障措施。这里应特别指出以下较具特色的几点：

1. 美国早在距今整整二百年前即在宪法中做了有关规定。1787年颁行的《美利坚合

---

① 国家科委科技政策局编：《科技立法：新的开拓领域》，光明日报出版社1980年版。

众国宪法》第一条第八项规定:"国家有下列各权:……(8)保障著作家及发明家对其作品及发明于限定期间内的专有权,以奖励科学及实用技艺的进步。"根据这一宪法条款,美国于1790年制定了专利法。

瑞士的宪法也较早做了促进科技发展的规定。1874年的《瑞士联邦宪法》在总则中以较多的条款规定了保障科技发展的立法权和具体规范。在以后的修正案中,又加进了原子能立法和工业发明保护立法条款。

2. 日本宪法规定了科技进步的优先地位。1946年公布的《日本国宪法》在第二十三条第九款中规定:"(1)国家应奖励科学研究和发明创造。对科学技术的促进应在国民发展事业中占优先地位。"

3. 意大利宪法规定给予科技成就卓著者以政治殊荣。1947年的《意大利共和国宪法》第五十九条非常具体地规定:"共和国总统得指定在社会活动、科学、文学和艺术方面以高度成就为国增光之公民五人终身为参议员。"

与此相类似,日本宪法规定"对有特别才能的公民,应提供奖学金、补助金或其他形式的奖励"。1952年颁行的《波兰人民共和国宪法》规定:"波兰人民共和国对于有创造能力的知识分子——科学、教育、文学、艺术工作者,以及进步技术的革新者、合理化改造者、发明者,给予特别的关怀。"

值得注意的是英国。现行的不列颠宪法由两部分内容组成,即文字记录下来的宪法和大量的不成文的惯例,但无论哪一部分都未涉及由国家促进科技发展问题。因此,英国是发达国家中的一个例外。但在英国,关于促进科技发展,由议会的两院来立法,然后由内阁付诸实施,所以仍然是有保证的。

(二) 保证科技进步的立法机构

健全有效的权威性的立法机构,是立法包括科技立法成功的前提。就保证科技进步的立法机构来看,可以分两大类。一类是以制定宪法和法律为职权范围的一般性立法机构,如议会、苏维埃代表大会、人民代表大会。这些机构的一般性立法对科技进步有重要的普遍性意义。另一类是以制定科学技术部门法为职权范围的特殊性立法机构,其立法对有关科技部门的发展具有特殊意义。许多发达国家的这两类立法机构都比较健全,这样就避免了两种弊端:其一是一般性立法机构对特殊的科技部门的法律问题了解甚少,因而立法可能不切实际;其二是特殊性立法机构不具备一般性立法的职权。健全的立法机构,可以使完备的科技法制体系有效地形成。

美国保证科技进步的立法机构,由国会、参众两院下属各委员会、最高法院和州政府议会等组织组成严密的网络。其中国会的参众两院直接负责最重大的立法职能。美国宪法赋予国会的预算核准权对科技发展有直接的影响。宪法赋予国会的立法权使国会可以对发展科技的一切重大问题做出立法决策。国会参众两院和下设若干个常设委员会。在众议院的22个常设委员会中，与科技发展关系最密切的是科学技术委员会，此外还有农业委员会、拨款委员会、军事委员会、预算委员会、教育与劳工委员会、政府工作委员会、州际和国际商务委员会、商业海洋和渔业委员会等。在参议院的15个常设委员会中，与科技发展关系最密切的是能源与自然资源委员会，此外还有农业、营养和林业委员会，拨款委员会，军事委员会，预算委员会，商务、科学和交通委员会，环境和公共设施委员会，外交委员会，人类资源委员会等。参众两院还设有32个联合委员会，其中与科技发展关系最密切的是原子能联合委员会和候鸟保护委员会，此外还有国际广播委员会、欧洲安全与合作委员会、商品安全委员会、环境调查委员会、联合经济委员会、全国电子基金转移委员会、全国交通政策研究委员会、精神发育不良委员会等。这些委员会可以按照法律规定的职权范围，就科技部门的发展提出特殊的法案，如果得到国会通过，就在全国施行。美国联邦最高法院虽然不是法定的立法机关，但它常以判例来影响科技发展，起到了事实上的立法机构的作用。例如当国会一时难以制定出一项生物技术立法时，它曾以判例允许对生物工程的发明者授予专利权，从而推动了生物技术的发展。各州的议会也常以立法对本州的科技进步做出规定，使中央立法与地方立法得以配套实施。但美国的联邦利益与州的地方利益有时是矛盾的，因此有的联邦立法与州立法会发生冲突或存在不一致之处。这是联邦制国家的通病。但总的来说，包括美国在内的联邦制国家，中央立法和地方立法在促进科技进步方面，利益、措施都是基本一致的。

  日本的立法权属于国会。国会依法就科技进步的一般性问题创制法律。特殊的科技部门法规，则按业务范围由相应的省厅的下属局起草法规草案，经省厅审核后上报大藏省就财政预算进行审查，然后经内阁法制局审查后提交内阁会议审议，再经各省厅协调一致后，由内阁向国会提交法规草案，经众、参两院的科学技术委员会审查后，经国会讨论、批准、公布实施。内阁要发布相应的政令；各省厅则根据内阁政令制定具体实施细则和有关措施。对于科技法规实施过程中的争议，提交国会讨论。日本内阁下属的科学技术厅在科技部门立法方面起着特别重要的作用。科学技术厅成立于1956年5月，是在总理府过去所属的原子能局、科学技术行政协议会事务局、资源调查事务局、航空技术审议会、航空技术研究所等机关的基础上成立的，现内设五个局：计划局、研究调整局、振兴局、原子能局、原子能安全局。各局的科技立法任务是：计划局负责原子能与宇宙科技以外的其他科学技术部门基本政策的制定、立法和推行；研究调整局负责同宇宙开发及行政机关的科技业务的综合调整有关的科技基本政策、立法和推行；振兴局负责有关技术士的考试和登记等技术士法的实施问题；原子能局负责原子能利用的基本政策的制定、立法及执行，高速增殖反应堆和新型转换反应堆的试验研究和开发计划的制定及有关立法；原子能安全局负责原子能利用中的灾害防止、放射能标准的立法，根据国际有关法律规范制定核燃料物质等的保护措施。当然，科学技术厅各局的立法提案得经内阁审核，提交国会讨论，批准后才成为有效的科技法规。

（三）科技进步领导机构的立法

科技进步的组织、指导工作，随着科学技术日新月异的发展，已变得越来越复杂，因而也越来越重要了。各发达国家为了保证科技进步的组织和指导工作的有效性、系统性和科学性，纷纷成立科技进步领导机构，并为此立法。这种领导机构在各国的名称虽不一致，如苏联、罗马尼亚等称"国家科学技术委员会"，日本称"科学技术厅"，法国称"技术协调委员会"，但在组织、指导全国的科学技术进步方面，却有其共同之处。

苏联的国家科学技术委员会直属部长会议领导，它在苏联部长会议确定的范围内担负科技进步方面的国家指导工作，按党和政府的指示在科技进步方面执行统一的国家政策，并在国民经济中全面利用科技进步成果方面起领导作用。苏联部长会议在1966年10月1日颁行了《苏联国家科学技术委员会章程》。按这一具有法律效力的《章程》规定，苏联国家科委的职能主要是：（1）确定全国科学技术的基本发展方向；（2）组织跨部门的科技发展工作，并协调各部门所属组织的活动；（3）对国民经济各部门的技术水平进行国家监督；（4）组织和监督科技成果的推广。为了实施上述职能，《章程》规定苏联国家科委可以采用计划方法、组织方法和定额方法展开活动。国家科委实施职能的基本权利带有计划性质，所以它在很大程度上又是计划机关。它完成计划的法律手段是参加国家计委和国家供应委员会对重要科研物资的分配。国家科委的组织工作权限，使它得以干预国民经济活动和科学技术研究课题的实施。它的组织工作的法律保证是它依法支配国家科学技术预算拨款、确定科研机关工作人员的编制和工资基金。国家科委的"定额方法"是指颁发标准文件。它依法所做出的决议，各部和各主管部门都必须执行。国家科委下设科学技术学术委员会。国家科委在1975年8月8日通过的有关科学技术学术委员会的规章，确定了委员会的任务。

发达的资本主义国家中，大量的科技研究工作是在民间进行的，但政府对科技进步的计划工作仍然异常关心，它通过自己完善的组织机构，有效地指导和管理着全国的科技工作。日本是一个典型的例子。

如前所说，日本于1956年依法成立了科学技术厅。这是内阁总理府所设的负责全国科技工作的综合调整与管理机构。但日本的科技学术厅并不包揽科技进步方面的一切工作，总理府还附设了"科学技术会议""日本学术会议"等一系列审议机关，并为设置这些审议机关而制定有关的法规。这是日本科技进步领导机构立法方面的一种特色。日本科学技术会议是依据1959年2月20日的《科学技术会议设置法》成立的。该法后来多次做了修正，分正文与附则。其第一条规定了会议设置的目的是"资助科学技术的振兴""作为总理府的附属机构"；第二条规定了会议接受总理咨询的具体任务；第四至第九条规定了会议的组织及成员方面的问题。该法还在第十四条中规定："除本法律规定外，有关会议的必要事项，得由政令决定。"我们看到，1959年4月6日以107号政令发布了《科学技术会议法令》，对任命"专门委员""干事"等事项做了规定。日本学术会议是按1948年7月10日的《日本学术会议法》成立的。该法后来也多次做了修正。规定"日本学术会议是我国科学者的内外代表机构，以谋求科学的提高和发展，将科学反映并浸透到行政、产业及国民生活中为目的"。该法还详尽地规定了会议的职责、权限、组织、选举等重大事项。除科学技术会议、日本学术会议外，日本文部省还有咨询机关"学术审议会"，通产省的"产业技术审议会"，以及"工业技术院"等。现在的工业技术院是根据1980年修订的《工业技术院设置法》成立的。该法规定设立工业技术院的目的是为了对工矿科学技术有关的试验研究业务进行强有力的综合管理，提高生产技术的普及科研成果，促进经济繁荣。该法还规定了工业技术院掌管的事务和权限，包括"计量标准的制定"及"综合性实施政策的立法"等六个方面。综上所述，日本科技进步领导机构是特别健全、网络特别严密的，而且这些机构都依法设立，赋予了法定权限，因而在科技进步的领导和指导工作中，因有法制的强有力后盾而卓有成效，具有崇高的权威性、稳定性。

法国总理有科研国务秘书之设，内阁有科研部科学技术研究总代表处。1977年12月31日，法兰西共和国政府以"《77—1534号法令》（关于技术协调委员会的成立），在科学技术研究总代表处下设立了"技术研究协调委员会"。法令规定："技术研究协调委员会的任务是，研究并向负责科研的部长提出有助于技术研究的发展的评估的全部措施。协调委员会尤其负责：（1）安排并登记给予技术研究的资金的清单；（2）提出各部所从事的属国家研究的技术研究资助政策的总方针；（3）研究现有不同程序给予修改或补充；（4）提出国家资助按部门分配的建议。"法令还规定了协调委员会的组织等，"科学技术研究总代表处总代表任技术研究协调委员会主席"。1981年5月，法国密特朗政府设立研究技术部。1982年6月，研究技术部与工业部合并为研究和工业部。1983年法国政府重新组阁后，该部称工业和研究部。频繁的机构变化虽非良策，但它说明了法国对科技进步的热情关切。这些机构的设立或改变，都以法令为依据。此外，对这些机构的一些特殊问题，还及时地以法令做出明确的规定，例如1981年5月设立研究技术部后，紧接着在7月28日以《81—723号法令》（国务部长衔研究技术部长的权限）具体规定，"研究技术部长有权提出并联合其他有关部门实施研究和技术领域的国家政策"（第一条）；"研究技术部长拟订关于向民用研究和技术发展活动拨给的由国家提供的资源和经费（尤其是研究和技术发展的国家机关及其他国家研究机构的经费）的政府决策"；"研究技术部长会同其他有关部长，负责制定和实施关于研究的国家机关和其他国家机构的组织和人员章程的一切改革方案以及影响到科学工作者就业政策的一切措施。研究技术部长签署在这些方面所制定的法律条文"（第二条）。

美国国会参众两院于1976年5月11日通过的《美国国家科学技术政策、组织和重点法》，在第二章中对总统下设的科学和技术政策办公室的组织、职能，政策的制定、分析和提出，与其他机构的协调，科学技术年度报告等做了规定；在第三章中对总统科学技术委员会的编制、成员，联邦政府科学、工程、技术的调查以及委员会的连续性，人员及顾问的配备等做了规定；在第四章中对联邦政府科学、工程、技术协调委员会的编制和职能做了规定。所有这些规定表明，该法在相当大的程度上起着科学和技术进步的领导机构法的作用。该法的第二章第一条的全文是："本章可称为《1976年总统科学和技术咨询机构条例》。"这直接表明了该法作为科技进步领导机构法的作用。

上述苏联、日本、法国和美国科技进步领导机构的立法，对这些机构的组织、编制、职能、权利、义务，开展活动的经济基础以及与其他机构的纵向及横向的关系，都做了规定。虽然这些国家社会制度及科技体制不同，但都有一个法定的全国性科技领导机构，因而对各该国家的科技进步发挥了积极作用。

（四）科学和技术研究机构的立法

科学和技术研究机构的地位、性质、作用、职权、义务及有关科技进步的一切问题，只有得到立法的保障，才有权威性。因此，发达国家对科学和技术的研究机构都制定了许多法规，以便这些机构在活动中有所遵循，使其他方面确保这些机构的合法权利和合法活动条件。

科技进步领导机构的职责主要集中在政策的制定、研究工作的协调和资金的分配等方面，而且所有这些方面在一国之内必须统一有序。所以机构一般具有单一性、集权性。科学和技术研究机构是负责科技研究计划的具体实施的，它与国家科技研究水平、实力、经费等相应，而有各种各样的具体机构区别。因此，关于科学和技术研究机构的立法的介绍，只能就我们所见择其较有特色的做一些说明。

从大多数发达国家来看，都有各自的国家级的科学院，并为其单独立法。这些立法一般以科学院章程的名义出现，但也有以具有法律性质的立法或行政机构的"决议"形式出现的。

发达国家除国家科学院外，还建立专业科学院。这些专业科学院也有专门的法律规定。例如美国有《美国国家工程科学院组织章程》，对工程科学院"机构的产生与完善""目的与意图""权力""主要办公室和活动范围""院士""理事会、组成和职责""行政人员""与国家科学院的合作""会议记录及财务单据""活动限制""解散或清理时的资产处理""合并时的资产处理"及"条文修改"等方面做了具有法律效力的规定。又如，法国有农业科学院之设，法国政府针对农业科学院颁发过不少法令。1984年12月28日，法国总理洛朗·法比尤斯签署公布了关于国立农业研究院公职人员的类别、公职人员任职期间科研成果的归属、学科委员会的组织等。该法令的特点是极为具体、详尽。例如其第一条明确规定的公职人员类别有副研究员、主研究员，科研工程师、见习工程师、科研技术助手，科研行政主任、科研行政副主任、科研行政秘书、科研行政助理，科研管理员、科研办事员。以下各条就每一类别的公职人员的任命、评选、权利、义务做了规定，还规定了各类公职人员的等级、各等级的年资。如第五十二条规定了"二等见习工程师"分"二至六""八至十三"共十一个级别，分别列举了各级的年资。这样详尽具体的法令是罕见的，虽然未必值得照搬，但对立法过于原则、笼统而近乎政策，是一很好的对比材料。

比科学院规模小且专业性更强的是专业研究所。发达国家对特别重要的专业研究所往往以专门立法做出规定。

许多发达国家为了用法律手段来管理科学技术研究机构，除以上特定的机构立法外，还制定了非特定的机构法规。例如，奥地利在《科学研究组织法》《大学组织法》，大学以外的联邦机构组织法和特别法律规定的研究组织条例中，比较详细地规定了国家科学研究大会、大学、科学研究院及其他科学技术研究机关的法律地位、职责权限、组织形式、报告制度等等。这些属于非特定机构的立法，对已建、在建与将建的科技研究机构都有重要的制约作用、促进作用和保障作用。又如英国，在1965年3月23日通过的《科学技术法》中指出，该法是"为进一步规定有关科学研究的责任和权力、有关技术部部长、大臣、某些经特许的机构和其他组织科学研究中的责任和权力之法律"。该法除条文明确规定特指的"农业研究委员会""医药研究委员会"等之外，还适用于"其他为与科学研究有关之目的而建立的"科学研究机构（第一条），建立这些机构的法定目的是"进行科学研究，便利、鼓励和支持其他机构或人员所进行的科学研究"以及"推广科学技术知识"等等。但该法与上述其他国家针对非特定机构的立法又有所不同，它的许多基本法律条文适用于非特定的科学技术研究机构，这些机构可能还未建立，但它同时又用许多章节条款针对第一条即明确规定的一些特定的科研机构。

不管这些立法是特指的，还是非特指的，或混合性的，作为科技研究机构的立法，都可以给我国科技研究机构立法以有益的启发。

（五）科学技术进步促进法

为了促进科学技术进步，许多发达国家颁布了有关的法律。这些法律中也有涉及机构、资金、组织、人员之类问题的，但总的来说在于对科技进步及科技成果的应用、推广进行刺激。按这些法律的侧重点，可以粗略地分成以下几种：

1. 科技进步的政策性立法

1976年，美国国会通过了《美国国家科学技术政策、组织和重点法》。通过该法的目的，用法律文体上的话说，是"为了制定美国的科学技术政策，为了向总统提供科学和技术方面的建议和协助，为了向联邦政府提供综合性调查以改进科学研究和情报处理及其使用的方法，为了修订1950年的国家科学基金条例以及其他目的"。在全部"目的"中，政策性立法的目的是放在第一位的。该法通过时，国会认为，随着时间的进展和国家情况的变化，需要对国家的科技政策进行修改，而当时的情况说明，已有必要和可能进行修改了。按照该法所做的第一个重大举动，就是恢复被尼克松政府撤销了的科学技术政策办公室（OSTP）。该法规定 OSTP 主任同时是总统科学顾问，确认科学技术在社会、经济生活中的地位，加强了科学技术在政府决策中的作用。该法以第一章第一条明确宣布："要求在完成国家目标方面有力地和明显地支持和使用科学技术"，"在国家决策的过程中，体现出科学和技术知识的作用"，"联邦用于科学和技术的资金是对未来的投资，是国家持续进步和人的环境改善所必不可少的。因此，应当对科学、工程技术进行持续不断的投资……"该法第二条第九款规定，"自1978年2月15日起，总统每年向国会提交一份科学和技术报告"，以使国会能"定期了解科学技术的活动状况以及科学技术对变化中的国家目标的关系"，同时也使行政部门能"评价和确定那些正在出现和未来能有效地应用科学技术解决国内国际问题的领域"。该法还规定，总统的科技年度报告由 OSTP 主任主持编写，经总统修改后即应保证付印，并使其成为一份可供公开使用的文件，年度报告得全面说明美国科学技术政策和重点事项，作为国会和政府的行动部门采取行动的依据。通常报告全文分三章和一章附录。第一章是对美国科学技术的现状及发展战略的高度概括性说明。1982年度科技报告中对美国科技政策的宗旨做了如下扼要阐述："美国科学政策旨在使科学对美国国防和工业的国际竞争能力做贡献；使全国的研究与发展投资取得最大效益；保证美国的科学技术基础有长期的活力……美国的技术政策旨在保证美国科学上的领先，促成经济和国防上的领先。"第二章是科学技术进步中出现的政策问题，根据不同领域分别论述政策的成功与失败，并提出改进措施。例如，1981年度报告中谈到鼓励工业技术革新时明确指出：政府在支持商业研究和发展工作中的失败，主要是由于政府干预市场，导致了市场的新混乱。报告建议政府以政策激励企业的技术革新，而不是通过联邦政府直接补助和干预企业决策。报告认为新技术的推广应用应依靠市场机制调节为主。第三章介绍联邦政府的研究、发展计划，优先领域等。附录通常是政府下一财政年度研究与开发的预算分析。

奥地利于1967年制定的《科学研究法》，也属政策性立法文件。该法施行后，根据实践的经验，于1980年修改为《科学研究组织法》。该法规定了七项原则和四大政策。七项原则是：科学研究自由、学术观点和研究方法多样化、科学研究面向社会、大学与企业合作、联邦与地方合作、发展国际合作、国家资助科研经费。四大政策是：发展科学知识，促进科学技术解决社会、经济、文化和生活问题，推广和应用科研成果，扶持和培养科学研究新生力量。

2. 科技进步的规划性立法

科技进步的规划性立法也可说是政策性立法，但一般比较具体，所以这里单列探讨。

法国总统密特朗上台后，发动过一场全国性的科技大讨论，在1982年1月召开了一次全国3000名科技人员、经济专家和社会专家参加的科技讨论会，会上拟出了科技政策大纲。而后，于1982年6月经过全国公民投票，正式产生了新的科技政策，并使之成为《法国科研指导与规划法》的重要组成部分。其主要内容有：（1）法律保证逐年增加科技经费，每年增加20%（扣除通货膨胀率）；科技经费占国民生产总值的比重，由1981年的1.8%增加到1985年2.5%。（2）法律保证科技管理权力下放，把科研机构的领导权逐渐下放给他方。（3）扩大民主权利，成立中央政府和各地方政府派代表参加的高级委员会，利用这个高级委员会的影响，促进国会采取有力措施，发展科学技术。（4）提高科技人员的地位，一方面从政策措施上保证他们工作的永久稳定性——只要他们愿意努力工作，可以在一个部门长期工作下去；一方面在法律上给他们自由流动的权利——他们可以随意在研究所、大学、企业之间调动。同时保证他们的工资福利不断提高，以利科研工作迅速发展。（5）成立科研和工业部门感兴趣的共同利益小组，以保证科技工作同经济发展密切结合。

法国政府为使上述规划法更加具体化，还连续制定以三年为期的科研与技术发展计划法。1985年，法国议会通过了《法国1986—1988年科研与技术发展计划法》。先在当年2月由科技部工作小组召开会议，起草参考性文件；3月内阁正式宣布准备起草为期三年的计划法，任命了起草小组；4月起草小组草成初稿并附说明报告；5月国家行政法院通过这一法案；6月内阁通过法案，提交国民议会审议。该法案共5编16条，其内容要点为：（1）科研经费指标。80年代末，全国科研经费要占国内生产总值的3%；1988年企业科研经费要占国内生产总值的1.2%。（2）优先权。在科研经费与科研人才的分配上，要优先照顾：基础研究，特别是国家科研单位和高等院校的科研项目；工业企业的科研工作。（3）科研重点。重点发展生产技术、信息技术、生物技术、具有重大经济与战略意义的研究项目。（4）税收贴补科研税制。（5）计划合同。（6）企业委员会。（7）科研假。如无论在什么类型单位工作的科研人员均可享受科研假。（8）科研人才流动。企业的科研人员通过签订的合同，可在国家科研单位和高等院校中进行科研工作；国家科研单位的科研人员，通过签订合同，可与企业合作科研，设置"合股研究员"。（9）退休科研人员的名誉称号。（10）国家科研经费拨款。列入民用预算的开支，在1986—1988年期间，按平均年增长率4%的速度增长。（11）国家科研单位科研人员长远规划。1986—1988年，每年新增科研人员1400名，其中研究员与工程师755名，其他人员675名。（12）科研计划的评审工作。（13）科技发展报告。（14）科研民主。（15）科技政策的评审。（16）本法是国家社会、经济、文化发展计划的不可分的一部分。

法国的科技进步规划法是颇具特色的，层次性与具体性是这些特色中的主要之点。由于有较原则与较具体的不同层次，既可用来把握总的政策，又可应付具体问题。明确具体的特点，使法案更加易于把握与实行。法国近20年来的科技进步之快，与此关系密切。

3. 科技进步的刺激性立法

社会主义国家中比较普遍地存在着科技人员发展科技的积极性如何充分调动的问题，单纯的精神刺激只能起有限的作用，物质刺激终于被提上议事日程，并得到立法肯定。苏联解体前的情况就是很好的说明。这些情况并不会因苏联解体而失去其可供分析、借鉴的意义，所以下文略予述评。

1973年，苏联部长会议通过了《关于批准发明、创造与合理化建议的规则》的决议，决议具有法律效力。据苏联学者 B.Г.列别捷夫主编的《苏联怎样管理科学与技术》一书介绍，该法"规定了刺激体系的原则"，"这一刺激体系正促进工人、工程技术人员和职员广泛参加这一工作"。按照该法，企业可以利用生产预算中规定的资金来刺激发明创造与合理化建议，预算组织可以利用其预算中的资金，建筑部门可以从降低工作预算中得到的一部分资金抽出来用于这个目的。对发明人进行奖励是刺激发明创造与合理化建议制度中的主要组成部分。法案规定，在国民经济中得到利用的发明创造，应在五年内给予发明者报酬，其数量是利用这一发明后每年所得节余的2%。发明创造的价值越大，奖励报酬也越高。

罗马尼亚于1974年10月29日颁发的《第57号法令》（按劳动数量和质量的付酬法）规定："研究、工程技术和设计部门的工资制度，要保证把工资与研究设计成果在生产中应用所取得的社会经济效果直接联系起来，而对不断促进科技进步、缩短'研究—设计—生产'周期、引进新的现代技术、认识和运用自然规律及社会规律的研究人员给予物质鼓励。"（第一百一十七条第〔1〕款）"在科研、工程技术和设计中，主要采用总计件工资的形式，即一个研究单位或设计单位承担在一定期限内进行和完成一项研究工作设计的任务，为此接受一笔法定合同规定的款项。"（第一百一十七条第〔3〕款）罗马尼亚的上述1974年10月29日第57号令还非常具体地规定了"科研和工程技术人员按职务和业务级别的税率工资表"（第一百二十条第〔2〕项）等。

德意志民主共和国为使刺激性措施更加具体化和更加便于监督检查，建立了"责任手册"制度，于1981年12月17日发布了《研究发展任务责任手册条例》。《条例》适用于国家机构和经济领导机构，联合公司和企业，科学研究所和科学技术研究所及其同等机构，科学院和其他学院、大学、高等学校和专业学校等（第一条）。《条例》的第二条指明，"为提高科学技术工作的水平和效率，所有从事产品、工艺或技术之研究发展的任务须编制责任手册"，"责任手册是对于科学技术工作的投资和奖励以及对于研究发展集体进行工作评价的必须遵循的基础"。1983年11月23日，德意志民主共和国发布了《关于执行研究发展任务责任手册条例的第一号规定》。《规定》阐明了《条例》所指的"研究发展的任务"包括："（1）基础研究与应用研究任务，旨在直接服务于产品、工艺或技术发展的科学技术工作；（2）旨在发展产品、工艺或技术及其转移的生产中的科学技术；（3）旨在发展和进行新型电子信息加工体系的科学技术任务。"

4. 激励企业科技进步的立法

企业的科技进步对国家有重要的意义，所以各发达国家越来越重视激励企业科技进步的立法。在这一点上，资本主义国家与社会主义国家有着共同的认识和性质类似的立法措施。

1982年，美国政府制定了中小企业技术革新促进法。该法规定政府的11个部、局必须把一定比例的科研经费用在中小企业方面，对每项科研项目发放补助费。

1983年，法国政府颁发了企业科研法令，规定国家科研机构必须将科研经费的3%以上用于500人以下的中小企业技术开发性科研工作。《法国1986—1988年科研与技术发展计划法》规定采取税收补贴科研经费法。1982年的计划法规定税收补贴科研经费率为25%，而在新的规划法中，这个比率翻了一番，提高到50%。1986年起，法国将拿出增值税款的11亿—12亿法郎用于企业的科研经费。这对企业的科技进步，将是很大的支持和促进。

日本在企业技术进步的法律激励措施方面考虑得较早，采取的立法措施也较具体。早在1961年5月6日，日本即颁布了《新技术开发事业团法》，依法设立的日本新技术开发事业团是日本科技厅管辖下的特殊法人，该法规定了"新技术开发事业团的目的是高效率地进行新技术的开发和有利于新技术之创制的基础研究，普及开发和基础研究的成果"。该法于1981年5月26日做了修改，使新技术开发事业团在促进企业科技进步方面得以发挥更大的作用。事业团通过技术合同，比较合理地解决了研究成果的分享和工业产权的归属，有力地保护了新技术所有者和开发企业的积极性。

除以上四个方面外，发达国家还有一些综合性的促进科技进步的立法。

5. 综合性的科技进步促进法

颁布一部促进科技进步的根本性、综合性法律，是世界上越来越多的科学技术人员心向神往的大事。日本学术会议早在1962年就向政府提出建议，但至1976年仍未获允准。这年的6月，日本学术会议会长再次致函内阁总理大臣，按照日本学术会议第70回总会的决议，建议颁布科研基本法，并附上了草拟的《日本科学研究基本法》。该法共分十章二十六条。十章的内容依次是：（1）科学研究的使命和社会任务；（2）科学研究的基本原则和条件；（3）科学行政；（4）科学研究体制；（5）研究设备、研究经费；（6）科学研究者的地位；（7）学术研究的国际交流和协作；（8）科学研究者的培养；（9）年终报告；（10）附则。英国的《科学技术法》也属于综合性立法。该法的第三章为《有关科学研究的重新安排》，涉及重要科研领域的组织和安排。

（六）教育立法

发展教育是科技进步的基础，教育立法自然成了科技进步的基础立法。发达国家新科技革命的发展，从根本上说，就是由教育立法所促成的教育事业的不断发展。

美国对教育立法一向十分重视。早在1944年，美国国会估计"二战"行将结束，于是通过了一项关于退伍军人的重新安置问题的法案即军人法案，但该法案不是一般地去保证军人的就业问题，而是高度重视地规定：联邦政府可以对退伍军人授予奖学金。这项立法促进了高等教育事业的发展。美国在第二次世界大战后到20世纪50年代初，有225万名退伍军人进入了高等院校。这些人的毕业，造成了就业紧张，政府又决定让他们继续学习，等到取得博士学位后再就业。朝鲜战争使美国政界促成国会通过第二个军人法案，根据这项法案，116.6万名退伍军人进了高等院校。1957年苏联人造地球卫星上天，对美国产生很大的震动。美国迅速做出反应，于1958年颁行了国防教育法。法律规定任何人都有受到其能力所能达到的教育的权利。该法第一部分规定："一切具有才能的学生均不得由于经济困难的原因而被拒绝进入高等学校。"不过这一法案是特别针对理科和外语学生以及希望从事中小学教育的学生的。因此，1964年美国通过了一项修正案，把经济资助的范围扩大到了所有的文科学生。1965年，美国国会又颁行了高等教育法，进一步扩大了联邦政府资助大学活动的权限。按照该法，增加高等教育机构设施及资助学生的计划在三年中提供了25亿美元，从而进一步扩大了立法受惠对象。80年代初以来，日本在高级尖端技术方面的进展，使美国朝野产生了"第二次苏联人造卫星冲击"之感。1983年4月，美国总统教育咨询委员会发表了题为《面临危机的国家——教育政策是至高无上的任务》的教育改革方案。全国的或州的各种机关也提出了很多教改方案。在这种形势下，美国众议院通过了紧急振兴理科和数学教育的法案。其主要内容是：（1）在初等和中等教育中充实最新的教育机器；（2）对教员进行再教育；（3）对想成为理科和数学教师的学生颁发助学金。为此，要求拨出4.25亿美元的投资。此外，还在1982年制定了电子计算机赠送法，把向小学、初中和高中赠送电子计算机看成是慈善行为，并可扣除法人税和所得税。

发达国家的教育立法，包括关于促进教育事业发展的基本法，初等教育法、中等教育法、高等教育法、职业教育法、教育行政法等不同类别。以下就各类教育法中的一些共同特点做些介绍。

特点之一是具体。如美国1965年4月11日制定的《初等中等教育法》第一章规定："为了扩大和加强教育条件不良子女集中地区的公立学校的教育，在1965年至1966年财政年度对地方教育行政区提供约10.6亿美元的补助金。这笔补助金用作雇佣教员、建设教育设施、购买教育设备等项的资金。各个地方教育行政区的分配额，根据以下两个因素计算：a.该州每个学生消费开支的平均额（年额）；b.年收入不足2000美元的低收入家庭子女数（15—17岁），以及根据《对拥有抚养儿童家庭的援护事业计划》接受超过2000美元抚助金的家庭的子女数（15—17岁），向各地方行政区提供额，依照'a×b/2'的公式计算。"美国1965年11月8日制定的《高等教育法》第五章规定了加强"发展中大学"的问题，规定支出5500万美元的联邦资金，作为"发展中大学"的"共同事业"和"国家教育特别奖金"所需要的补助金，其中78%支付给四年制大学，其余22%支付给二年制大学。

特点之二是体现改革的精神。如1985年法国制定了技术教育和职业教育法草案，规定所有大、中、小学校必须普及技术教育，特别是计算机应用技术教育。调整理科与工科院校的比例，加强工科院校的建设，创建一批工艺技术大学，加速培养适应企业技术开发研究工作的工程师和高级技术人员。使高等院校毕业的工程师人数从当时1985年的4000多人提高到1990年的1万人。

特点之三是配套。每当制定或修改有关教育立法时，就以相应的其他立法与之配合。如日本，战后至1975年，把正规学校制度以外的施行类似学校教育的职业学校通称为"各种学校"。为了整顿和提高"各种学校"，进一步加强职业教育，1975年7月，日本在部分修订《学校教育法》中，增补了专修学校条款。1976年1月，日本文部省根据修订的《学校教育法》，制定、公布了《专修学校设置基准》，对专修学校的组织编制、课程、学科、教员资格和学校数量及设置和设施等做了具体规定。

（七）科技研究基金立法

科技研究基金立法是科技研究财政立法的最重要方面，这个问题的恰当解决，对促进科技进步有特别重要的意义。因此，各发达国家都重视科技研究基金立法，使科技研究经费得到法律保证，而不是随时受形势变化而大起大落。

1. 关于科技进步基金会的立法

不少国家有科研（技术也包括在内）基金会之类的机构。这些机构本身依法设立，同时，有关法律还对基金会在科技进步基金的来源、使用、监督等方面做了明确的规定。

美国国家科学基金会成立于1950年。美国法典第四十二章第十六节是对该会机构、职能、组织、基金使用、权限、制度等的法律规定。其职能包括"开创和资助增强科学研究潜力的基础研究和计划，开创和资助数学、物理学、医学、生物学、工程学、社会学以及其他科学等同种水平的科学教育计划""发放数学、物理学、医学、生物学、工程学、社会学和其他科学奖学金和研究生助学金""研究科技经费总数的计划""将其经费分配给美国各教育机构和相应的非营利组织"等（第一千八百六十二条）。

2. 关于促进科技进步的拨款立法

科技进步的资金除基金会依法拨给外，有的国家还另定专门的法规来处理拨款问题。美国1977年制定的《联邦拨款与合作协议法》就有这种性质。据纳特·C.罗伯逊等所著的《美苏科学政策》认为，该法规定了一种介于拨款和签订合同之间的政府援助形式，即拨款并不是完全无偿的。但"政府以拨款形式提供资助时，对科研的参与是最低限度的。而在一项合同中，则需详尽说明它对某项研究与发展项目的要求，并负责监督项目的执行情况"。

中国政府提高科技能力西欧考察团在欧洲共同体、比利时、法国、奥地利的科技能力考察报告中指出，各国对科技的重视，体现在对科技拨款的逐年增长上，"这些国家对科技经费的使用，各有一套完整的办法，而且严格执法"。

日本文部省设有《科学研究补助金制度》，对大学和国家研究机关的研究人员主动地、有计划地开展基础性研究有法律效力的资金鼓励，所补助的费用包括调查研究旅费、研究合作酬谢金、设备购置费、消耗品费，杂务费以及通讯运输费等。各省厅还设立《委托费制度》。科学技术厅特设了《发明实施试验费补助金制度》，该《制度》还包括一项《开发研究设备补助金制度》。中小企业厅、工业技术院、日本开发银行、商工组合中央公库还分别制定了《技术改善补助金制度》《重要技术研究开发费补助金制度》《国产技术振兴贷款制度》《新技术等贷款制度》。所有这些具有法律效力的《制度》，在财政支持方面对日本的科技进步起了积极的推动作用。

3. 关于科技进步的奖励性立法

这类立法往往被规定在其他法律中，但也有专门的立法。

据我国科学技术管理进修团赴日进修总结材料，日本十分重视对在科技振兴方面的贡献奖励，各部门、各单位都订有各自的奖励办法。日本科学技术厅的奖励分六种：（1）"科学技术功劳者奖"，授予有重大发明者及对培养人才有杰出贡献者。从1957年开始颁发，每年25名，授予奖状和奖章，属最高奖赏。（2）"研究功绩者奖"，1975年开始颁发，每年40名。（3）"科学技术振兴功绩者奖"，授予地方企业、团体和组织的管理人员，1980年开始颁发，每年60名。（4）"创意工夫功劳者奖"，授予各个领域对应用技术做出贡献者，1960年开始颁发，每年850名；（5）"创意工夫育成功劳者奖"，授予对象为中小学教师，1969年开始颁发，每年40名；（6）"原子能安全功劳者奖"，1981年开始颁发，每年20名。

三、发达国家的高技术立法

由于发达国家在比较长的时间里高度重视促进科技进步的基础性立法，从而为这些国家发展高、精、尖的科学技术奠定了良好的物质技术基础和法律制度基础。在这个前提下，它们又针对发展高技术所必需的法律促进和法律保障手段，进一步开展与高技术发展直接相关的立法活动。这些立法活动，基本上是成功的；个别的立法虽然有所缺陷，但在高技术发展的过程中，得到了及时的修正。这些，都可以成为我国科技创新的参考和借鉴。本章拟分别就高技术的主要领域，从已经收集到的一些国家的高技术立法方面，做些介绍。

（一）原子能法

1939年8月2日，著名科学家爱因斯坦向罗斯福总统提出："我收到了一本新著的手稿……阅后我认为，铀元素可能即将成为新的重要能源。对于已出现的这种局势的某些方面，美国政府似应密切注意，而且，如有必要，似应采取迅速行动。"爱因斯坦的这一建议，可以算作是原子能时代到来的一个开创性经典文件。鉴于原子能的利用暂无任何经验，立法自然困难。因此，开始时是经行政手段组织和推进原子能研究工作的。不久便制定了"曼哈顿计划"，动员了全国力量进行研究。其最初成果是在1945年制造出并使用了原子弹。第二次世界大战结束后，1946年，美国国会通过了第一个有关原子能的立法，建立了研究制定原子能政策的组织机构。根据这一法案首先建立的两个机构是：属于政府的原子能委员会和属于国会的原子能联合委员会。

在美国建立原子能联合委员会之类的机构，本是国会权力范围之内的事，但该机构的建立却"迂回性"地以国会通过的法案为依据，这是颇值得注意的。之所以这样做，是由于国会希望通过将原子能联合委员会的章程写入1946年法案的办法，强调原子能问题的重大意义和严肃性。更为重要的是，参众两院希望他们所强调要成立的这一机构是一个新型的机构，具有立法权。这一法律程序，是美国立法制度的突破性进展，它简化了立法程序，避免了美国国会两院制通常会产生的权力重复从而延缓立法的弊病。立法程序的这一变化，有利于协调国会控制的原则与国家安全的需要这二者之间的关系。根据1946年法案，政府所属的原子能委员会必须"把它的活动情况及时并充分地通知原子能联合委员会"，而原子能联合委员会则应负责定期审查原子能委员会的活动以及"有关原子能的发展、利用和控制的问题"。此外，国防部也必须把一切有关原子能的发展、使用和控制的所有活动通知原子能委员会；其他联邦机构如经要求也必须这样做。哈罗法·P.格林与爱伦·罗森索尔所著《原子政府》[①]一书认为：原子能联合委员会已经在其管辖范围内消除了行政和立法的一切区别。

上述美国1946年原子能法的主要内容，除建立原子能联合委员会等机构外还有：核裂变物质（5条）及其生产利用设施（4条）全部归政府所有；原子能情报资料作为非公开资料加以管理（10条）。

1949年苏联成功地制造了原子弹，英国成功实现了原子能发电，推动了美国政府对和平利用原子能的考虑。1953年底，美国总统艾森豪威尔在联合国总部发出了设立原子能国际联盟的呼吁。1954年2月，美国国会提出特别咨文，强调对1946年原子能法做大幅度修正。咨文提出的修正内容主要是：扩大与友好国家的协作；扩大对和平利用原子能的援助；民间企业可以参加原子能的和平利用；改善和放宽原子能情报管理的手续。此后，即通过了1954年原子能法。该法在关于和平利用方面，提出了以下几点：在政府许可的条件下，将一部分原子能设施移归民间所有（第四十一条附则，一百零三条，一百零四条）；确认了对于特殊核物质，通过出借方式供民间使用（第五十三条）；科技技术情报以及特定的非公开资料也可供民间使用（第一百四十一条）；部分确认了可以提供有关原子能方面的发明特许权（第一百五十一条）；根据政府间的协定，可向外国提供广泛的

---

① 阿斯顿出版社1963年版。

情报以促进国际协作。

美国1954年原子能法在立法技术上是有特色的。该法由十九章一百二十五条组成，第一章到第十九章依次编列，每章不到十条，第一章从第一条开始，第二章从第十一条开始，其余依此类推。立法技术上的这种处理方法，目的在于有利于增加条目，新增的条目可利用有关章节的空条。

1954年美国原子能法颁行后，根据新的情况，曾多次做过修正，如1957年修正了许可证制度，重视公布安全审查资料以及在建设许可与运行许可申领的各个阶段召开公众听证会之类的事前预防措置（第一百八十九条）；1964年删除了五十二条，承认了特殊物质的民间所有，但浓缩铀等特殊核物质的生产设施仍由国家唯一所有（第四十一条a、一百零三条、一百零四条）。

美国原子能法的一个重要特点是具体而详尽。例如，关于原子能设施，分别就生产设施、利用设施做了规定。一切从事生产设施或利用设施的制造、生产、转让、取得、占有、使用、输出、输入等方面活动的人，都必须得到原子能联合委员会的许可（第一百零一条）；这种许可分商业上的以及医学治疗与研究开发等方面的许可；商业上的许可，指某种生产设施和利用设施得到了充分的开发，在工业和商业上已具有实用价值，而且得到了原子能联合委员会的确认（第一百零二条）。又如，其中在建设许可与运行许可两个关键方面做了十分具体详尽的规定。关于建设许可，分别就申请的提出、申请的受理、公众听证会的召开及建设许可证的颁发等又做了明确的规定。关于申请的提出，原子能法规定申请书必须有申请人的一般概况及安全分析报告等。安全分析报告必须包括的主要内容为：所选场址将给设施设计带来的影响及安全性评价；设施概况，设计、运行特点，新设计及主要的安全考虑；符合主要设计指标的预备设计和最终设计的安全系数，以及为保证符合设计标准所需的建设资材、配置、规模的概况；对公众健康可能引起的危害性与安全性评价；设施的设计与能力的分析；技术参数的确认；申请人的组织、训练、运行计划；构造、部件、系统的设计，建设、试验所适用的质量保证计划评价；必须做进一步研究的构造、系统、部件的确认；申请人的技术资格；等等。关于申请受理，该法特别规定原子能联合委员会应将申请书副本送交有关各州、地方自治体、反应堆安全保障咨询委员会加以公布告示。关于公众听证会，该法规定，在许可申请受理后数周，得在联邦公报上刊登召开公众听证会的通知，在通知上说明有关利益人员参加公听会的手续。此外，该法在有关核燃料方面，也做了十分具体详尽的规定。该法第六、七、八章分别就特殊核物质、原料物质、副产物质做了规定。

美国的原子能法对其他国家有很大影响。按照美国原子能法及美国原子能机构的模式，其他资本主义发达国家也制定了类似的法律，建立了类似的机构。但各国的有关法律或机构又各有其自身的特点。

日本的特点是原子能法规体系十分完备。日本的原子能法规体系，是在《原子能基本法》基础上，制定了《原子能委员会设置法》《核燃料、放射性物质、原子反应堆等有关规定的法律》《防止放射性同位素引起放射线危害的法律》以及《日本原子能船开发事业团法》，在原子能发电方面还有《电力事业法》，在原子能船方面还有《船舶安全法》。其法规体系，如图9所示：

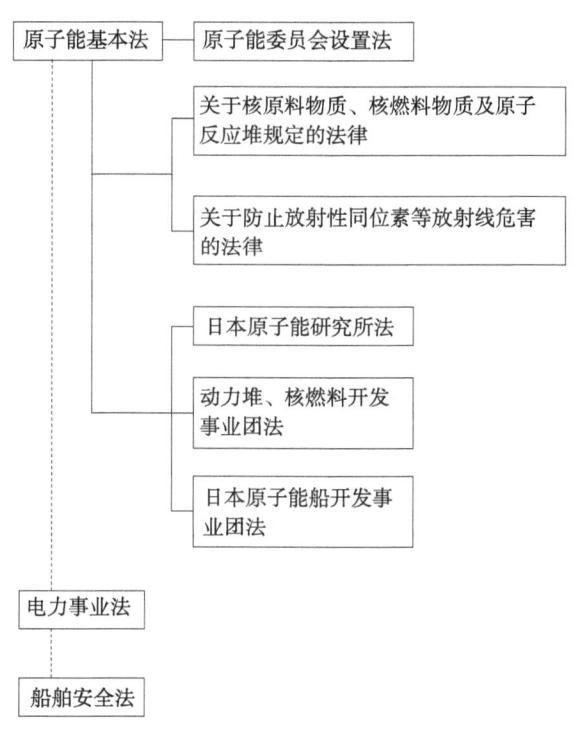

图9 日本原子能法规体系

英国的原子能利用起步较早，它的原子能法兼具美、日原子能法的具体详尽与体系完备的特点。1946年11月6日，英国紧跟美国公布了原子能法。与美国不同的是，英国原子能法一开始就宣布私人开发原子能的法定可能性，但同时又规定以国家或国家委托开展业务的开发为基本方针。1946年英国原子能法可说是这一领域的具体法。与之配套的法规有1948年放射性物质法、1954年原子能管理委员会法、1965年原子能设施法、1977年原子能金融法等。

1946年的英国原子能法，在性质上是为授予国务大臣以促进和规划原子能开发的权限而制定的法律。这方面的国务大臣的职权，当时规定由供应大臣承担，后来随着行政机构的改变，1953年为科学技术大臣，1957年为总理大臣，1959年为科学大臣，1969年为技术大臣，现在则由能源大臣来承担。这样改变承担责任的大臣，是值得讨论的。

由于历史传统的特殊性，法国的行政权占有优先地位，这从原子能法规中也可见一斑。法国的原子能法作为统一的法典是存在的。法国的原子能法，大多来源于过去的一般性法规，在一般法规的基础上逐渐形成专有规范，放在其他法规中做出可为发展原子能参照的规定。例如，法国的原子能法，以1917年的特定设施条例及1927年的放射线防护法等危险物条例为其法律基础。在第二次世界大战后，只是对其做了修改并不断随着原子能技术的发展而重新修订。其最初涉及原子能技术发展的法规规定，可确定为1945年10月18日的法国宪法，该法中有关于设立原子能委员会的组织法。尔后，1952年7月19日由公共卫生部部长发布了有关人工放射性元素的法规。1956年8月16日据此发布的矿山法典中有关于核燃料物质的规定；1957年2月23日以及6月3日据此发布的放射线防护措施，都与原子能法有关。但是，所有这些，都不是专有的原子能法，都属于一般性法规。这样，以一般性法规的若干条文来促进、保障原子能发展，就成了法国原子能立法的一个特点。当然，这些条文与原子能发展的关系是比较直接、比较密切的。

（二）信息技术立法

信息技术是研究和设计计算机硬件、软件、外部设备、通信网络设备以及计算机的生产、应用和服务的技术科学。信息技术已成为各发达国家实现新科技革命的最重要攻关部门，为此而制定了不少法律。

例如美国，从20世纪60年代以来，与促进信息技术发展直接相关的立法，主要的就有信息自由法、国家保健计划与资源开发法、保密法、版权法、电子资金转移保密法、半导体芯片保护法等。又如日本，为了振兴本国的信息产业，从1957年到1978年，先后制定了《机械工业振兴临时措施法》《电子工业振兴临时措施法》《特定电子工业和特定机械工业振兴临时措施法》《特定机械情报产业临时措施法》以及有关的"实施细则""施行令"。近几年来，日本采取了大量的政策性和法制性措施来推进信息技术的发展。在硬件振兴方面有：开发下一代电子计算机的促进费补助金；开发银行对日本电子计算机出租公司贷款；开发银行对改进计算机产业结构的贷款；高性能电子信息远程处理装置特别偿还制度；电子计算机买回损失准备金制度等。在软件振兴方面主要有软件生产技术开发计划；信息处理振兴事业协会运营费补助；信息处理振兴金融措施；开发银行对软件开发、信息处理技术人员的培养予以贷款；通用软件开发准备金制度；程序保证准备金制度等。此外，在促进系统开发、基础整顿方面也采取了不少法制性措施如，如为促进电子计算机系统安全措施的贷款制度；信息处理服务企业概况登记制度等。

发达国家促进信息技术发展的立法经验比较丰富，以下几点尤其值得注意：

1. 立法以保护本国信息产业的发展

美国在1983年设立了"工业竞争力总统咨询委员会"。该委员会于1985年2月13日向里根总统提出了如下建议：（1）把商务部和美国通商代表处合并，设立通商政策统一化的新部；（2）缓和反托拉斯法，促进研究开发领域的企业间的开发；（3）通过对产学协作采取课程优惠措施，施行研究和开发的奖励政策；（4）创立科学技术部，促进研究部门的官民协作；（5）重视制造工程部门的技术革新；等等。尽管这些建议不仅仅是针对信息产业发展的，但对它有很大的影响。其实，在此之前，美国早已采取了一系列的法律措施来保护和促进本国信息产业的发展了。根据1933年制定的美国购买法，美国所有的政府机关，除了国内不生产的产品、国产品价格提高或侵犯公共利益等情况外，都得尽义务优先购置国产品，而联邦政府是整个美国购买计算机总额9%的特大用户，1982年的购置金额为64亿美元，购置台数达21,234台。按购买法规定，允许购买进口货与国产货的合理差额一般为9%（包括税）以上，由中小企业组成的行业或在失业率较大地区生产的产品为12%（包括税）以上。此外对优先供应国产品，29个州也有相同的法律规定。这些对信息产业的发展无疑是十分有利的。对美国信息产业的发展起重要促进作用的，还有法院的判例，这些判例实际上起了立法作用，曾被称为"世界上最大的企业"、几乎垄断全美电话服务的AT&T公司，由于司法部的判决实行了分割，从而实行了美国通信业界的大转变，促进信息技术以更快的速度发展起来。

英国在1981年7月确立了电信公司法。根据该法，从邮电公司分离出了电信公司，对一直被国营公司垄断的通信事业实行自由化政策，开辟了民办通信事业的道路，英国还援引其他科技法律来保护和促进本国信息产业的发展，如"PPDS"（Product and Process Development Scheme）是根据1965年科学技术法在1977年确立的促进制度。这不仅适用于电子工业，也适用于一切工业，但电子工业受益特别明显。这是振兴信息技术不可或缺的制度。此外还有MISP（Microelectronics Industry Support Programme）计划、MAP（Microprocessor Application Project）制度、SPS（Software Product Scheme）计划等。1984年6月，英国又开始实行《一九八四年电信法》，使国营电信公司（BT）发生了变化，成了民间经营的"英国电信股份公司"，当年11月，政府卖出了其所有的51%的股份，增强了民间信息产业的发展动力和能力。

法国自密特朗执政后，把发展信息技术作为最优先项目定为国策。在1982年7月的内阁会议上决定了电子五年计划，向电子领域投资1400亿法郎。1982年11月15日，法国举办了工业政策说明会，提出了以"研究开发的计划与方向的法律"为基础的"动员计划"，从而实现了使信息产业等尖端领域成为优先产业的设想。

值得注意的是，作为发展中国家而在发展速度方面后来居上的巴西，也努力以立法来保护本国信息产业的发展。1984年7月，前巴西总统菲格莱特在国会上提出了"国内信息设备工业奖励法案"。这个法案的目的在于把信息工业作为战略工业，针对具有强大资本的跨国企业的攻势而努力保护内资企业。根据该法案，小型机、微型机等中小型计算机市场在未来的八年内，要确保国内厂商，把外资厂商实际地排除在外。根据该法，对国内信息产业的保护与发展，从贷款与税制两方面给予优惠，主要的具体措施是：（1）国内资本系企业在进行信息设备的研究、开发和制造中，当没有国产同类产品而需要进口设备、附件、零部件的原材料时，可免除进口关税；（2）政府许可的设备出口时，可免除出口税；（3）免除上述所得税方面给予优惠；（4）在软件开发方面，对国内的主要生产系统和具有政府许可的计划项目的企业，实行降低所得税率等。

2. 立法以促进民间信息产业的发展

发达资本主义国家的信息产业（主要是电信事业）一度大多掌握在国家手中，鉴于这些国家的资本主义私有制还有一定的活力，它们在最近几十年中纷纷立法使国营企业转变为民营企业，以求进一步利用资本主义私有制的尚存活力，促进信息产业的发展。

1981年7月制定的《英国通信法》，目的就在于实现信息产业的自由化，其内容主要是：使英国电信公司（BT）从邮电公司中分离出来，独立经营，并于1985年5月实现民间经营；提供增值价值通信网的所有民间企业都能方便地使用英国通信公司的通信网。

1984年4月10日，在日本国会第101次会议上提出了两个彻底改革电气通信法制的法案，即《日本电信电话股份有限公司法案》和《电气通信事业法案》。这些法案是使整个电气通信事业向民间开放的法案。日本《法理学家》1984年9月增刊所载高田昭义先生所著《日本电气通信事业法案概要》一文认为：这是"划时代的法案"；该法案"是在以往的法的专有领域里引用了竞争的原理，并且灵活地运用民间的活力"；"最为有意义的是废除了现行的有线电气通信法、电波法和公众电气通信法。法案的基本设想是利用民间的活力以达到电气通信事业的活泼化和效率化；另一方面，也确保了电气通信事业的大众性"。

3. 以版权立法保护计算机软件产业的发展

发达资本主义国家的版权立法都较早，因而没有保护计算机软件的条文。为此，当感觉到发展计算机软件有必要寻求法律保护时，就纷纷采取修改版权法的立法措施作为对策。

日本关于计算机程序的版权保护，早在1973年就提出来了。当年6月发表的版权审议会（关于计算机）第二小组的报告中已经指出，"程序作为创造性地表现思想，属于学术范畴"，是作品。1983年2月，日本文部省成立了关于计算机软件的版权审议会第六小组，研究用版权制度保护计算机软件的具体问题，并于1984年1月19日汇总审议结果，发表了调查报告，提议修改版权法。文部省按照这个建议，起草了版权法修改草案，于1984年2月14日发表并向日本国会第102次会议提交了这一草案。日本众议院于当年5月23日通过，参议院于6月7日通过，从而完成了版权法的修改。新的版权法部分修改的法律纲要如下：（1）规定程序的定义（第二条）；（2）在作品的示例中加入程序作品，同时明确在程序作品中使用的程序语言、规约及解法不受版权保护（第十条）；（3）从事这种业务的人根据法人等的意思，完成职务上程序作品的作者，只要完成时的合同中没有特别规定，版权归属法人等（第十五条）；（4）为了能够在规定的计算机上使用程序，或者为了在计算机上更有效地使用程序，可对程序做必要的修改，对完整性保护权做了另外的规定（第二十条）；（5）关于程序作品复制品的所有者，为了在计算机上使用程序，在必要的情况下，可以进行复制和修改，对版权进行了限制（第四十七条之二）；（6）设置程序作品创作年月日登记制度的同时，在法律上专门规定关于登记的必要事项（第七十六条之二，七十八条之二）；（7）在知道如何使用复制品为合法行为的情况下，在计算机上使用由侵犯程序作品版权完成作品，其行为视为侵犯版权的行为（第一百一十三条）。该法于1986年元旦开始实行。

其他发达国家修改版权法以保护计算机软件产业发展的简要情况如下：

美国根据1976年及1980年对法律的修改，明确了用版权法保护软件，并给出了程序定义。

英国政府机关进行了研究，研究的结果肯定了用版权保护计算机程序，后由议会立法小组提出版权修改草案。

20世纪80年代，联邦德国法务部已经把计算机程序看作是现行版权法中的作品给予充分的保护，向国会递交了用版权法保护程序的版权修改草案。

法国司法部于1983年肯定了用版权法保护计算机程序的意见。

澳大利亚于1984年6月对版权法进行了修改，加入了把计算机程序包括在文艺作品中的规定等，明确了用版权法保护程序。

加拿大政府于1984年5月向议会提交了修改版权法的白皮书，指出用版权法保护计算机程序的方向。

匈牙利于1983年已为计算机程序的保护而修改了版权法。

作为发展中国家的印度，也于1984年修改了版权法，以便保护计算机程序。

4. 颁发专门法规保护软件产业的发展

1984年11月8日，美国总统里根签署了1984年半导体芯片保护法，于1985年元旦生效。半导体的掩膜设计（线路图），开发经费约需1亿美元。但是如果利用该保护法，则只需要5万美元。该法规定的措施包括：（1）在联邦无形财产法的对象中包含芯片的掩膜设计；（2）保护对象为1983年1月1日以后销售的产品，必须在议会图书馆版权室登记；（3）保护期为十年；（4）以教育、分析、评价为目的的复制不是侵犯版权；（5）对版权侵害物，可以采取扣留、废弃和其他措施。

除上述以外，不少发达国家还立法保护私人秘密、保护消费者，或以立法对付滥用计算机或计算机犯罪。

（三）生物技术立法

生物技术从60年代以来如异军突起，显示了它的巨大经济与社会效益。因此，各发达国家纷纷把发展生物技术作为发展高技术的关键部门。例如日本，就将生物技术与微电子技术、新材料技术一起，列为发展高技术的三大支柱。为此，日本政府有关省厅都制定了生命科学或生物技术发展规划；通产省制定的为期十年的《下一代产业基础技术研究开发制度》明确规定将生物技术列为"三大支柱"之一；科学技术厅也制定了将生物技术列为重点的《推进创造性科学技术和研究开发制度》；农林水产省制定了《关于生物技术植物育种的综合研究》和《促进地区生物技术的研究开发》等计划；科学技术会议也通过了为期十年的《关于生命科学领域中研究开发先导性和基础性技术的基本计划》。为适应生物技术的发展，1984年2月日本文部省学术审议会做出决定，放宽基因重组实验的安全标准；科技厅、文部省学术审议会做出决定，放宽基因重组实验的安全标准；科技厅打算制定完成DNA重组实验准则；通产省打算制定DNA重组技术产业化准则；专利厅也准备修改专利法，以鼓励企业开发生物技术。

上述日本促进生物技术发展的立法和规划性措施方面，有一个特别值得注意的问题，就是放宽DNA重组技术的安全标准。这个问题在其他发达国家也纷纷碰到了，这里专就这个问题做些介绍。

在生物技术的立法问题上，美国朝野最为关注的事情是，未来的生物技术立法是否会阻碍生物技术的发展。美国生物技术得到一定发展后不久，许多美国公众与科学家担心以基因重组为核心的生物技术可能带给人类极为不利的影响，从而导致许多遗传工程的实验很快被禁止。但进一步的思索与讨论，使得人们认识到不能因此而阻碍生物技术的发展。终于在1976年6月23日正式颁布了《美国国家卫生院重组DNA分子研究准则》。这一准则的宗旨在于，使生物技术研究能继续进行下去，而又恰当地防止可能产生的危险后果。这一准则将指导由美国联邦政府资助的所有重组DNA研究。该准则的基本内容是细分各个可能进行的试验等级，从而确定目前应允许进行哪些试验并制定出为这些试验的遏制重组有机体的程序。这种遏制分为物理学和生物学遏制两大类，每类又各分若干等级。该准则还详细规定了重组DNA的有关科学家及他们所在的大学、这些大学的生物灾害委员会、国立卫生院的法律责任与法律地位。

美国重组DNA准则对其他国家产生了很大影响。继美国之后，法国、联邦德国、挪威、瑞典、瑞士等国也起而效法，各自制定了本国的重组DNA准则。与此同时，美国又进一步放宽了许多防护标准。美国卫生、教育和福利部于1978年12月批准国立卫生研究院提出的《重组DNA研究修改条例》。根据该条例，除了解除某些实验的限制，降低许多实验的防护等级，增加了"生物安全委员会"的公众代表的比例（约占该委员会的20%），以及扩大了条例的适用范围外，其他变化不大。该条例对于从事重组DNA研究的机构和人员了解有关实验操作程序、实验室设施、安全措施以及防护等级等细则问题，有重要的参考价值。1982年4月，国立卫生研究院的上述准则得到进一步的修订，若干禁止的部分被除去，准许"生物安全委员会"按各种试验的具体情况进行审查。为了进一步解决发展生物技术问题，在科技政策办公室的主持下，建立了内阁会议工作小组，其成员来自各政府机构，具有广泛的代表性。小组的首要目标是发展一个将政府法令应用到生物技术上的可能"模型"，协调各政府机构在发展生物技术方面的关系。根据上述《准则》建立的"重组 DNA 咨询委员会"，于 1984 年 10 月 29 日的会议上一致投票拒绝利用重组 DNA 技术进行哺乳动物的基因转移的一揽子禁令。所有这些事实表明，放宽 DNA 重组技术的安全标准，是符合科学发展要求的，是大势所趋，任何过于谨小慎微的做法，必定阻碍生物技术的发展。正因如此，其他国家的类似法规或准法规，都采取了积极发展生物技术的措施。

1981 年 8 月 7 日，联邦德国研究和技术部在《关于颁布新的防止受体外新组合核酸危害的准绳之公告》中指出："广泛运用该准绳，就会建立一个万无一失的安全保护体系。"在该《准绳》的《引言》中指出：人工合成新型核酸组合体的技术，能够使人们获得有关生命进程方面的重要知识，可以在实际中，尤其是在医学和农业中使用这种新技术。"因此，这项新技术将在联邦德国得到应用并且继续获得发展。"

联邦德国的《防止受体外新组合核酸危害的准绳》从 "A. 引言"到 "M. 说明"共分十二个部分，外加附件一。这十二个部分是：A. 引言；B. 目的；C. 适用范围；D. 概念定义；E. 安全措施；F. 实验分类；G. 审核研究计划的进展情况；H. 健康监督；I. 培训；K. 运输和发送；L. 暂行条例；M. 说明。其中 "E. 安全措施"又细分为 "I. 实验室安全措施；II. 生物安全措施；III. 保存试验动物和植物的措施"。《准绳》在《引言》部分规定："本准绳应该每隔一定时间重新修正，以适应科学技术新情况。"在《说明》中强调"工作室应符合美国或联合王国的标准"。《附件》对安全等级 L2.B2. 以上的核酸新组合工作雇佣人员的"须知"做了具体规定。所有这些规定，都是十分具体、明确的。

关于生物技术的立法，当然远远不限于上述重组 DNA 研究准则等，如美国俄克拉荷马州 1967 年制定了《人工授精法》，堪萨斯州 1970 年制定了关于器官移植的脑死亡法等。但从当今生物技术的发展看，重组 DNA 问题，无疑是最重要的关键方面。1997 年英国科学家"克隆"成功了"多利羊"之后，有关克隆技术的法律问题被提到了议事日程上来，已有一些国家为此制定了禁止性的法律。

（四）空间技术立法

第二次世界大战以后，美国明显地显出一方面努力加强国家对空间技术发展的组织和领导，另一方面又努力调动民间研究空间技术的积极性和条件的特点。由于在这两个方面同时做出的努力，美国的空间技术在世界上保持了遥遥领先的地位。

1957 年苏联成功地发射了人造地球卫星，美国失去了在空间科学和技术领域的领先地位。为了适应来自苏联的挑战，美国参众两院在 1958 年通过了《国家航空和宇宙航行法》。根据该法，在联邦政府中成立了专门机构"美国国家航空和宇宙航行局"。这一立法措施推动了美国空间技术的发展，完成了大量科学应用卫星计划，进行了数十次载人宇宙航行和非载人宇宙航行。20 世纪 60 年代初，美国空间技术即获得长足的发展。1961

年5月25日,美国总统肯尼迪在提出美国空间技术研究目标时指出:"我国将致力于实现在最近十年内将人类送往月球并安全返回地球的目标……登月的将不仅仅是一个人……而是整个民族。"60年代中期,美国航空与宇宙航行局的活动达到了高峰。当时联邦政府用于发展空间技术的经费高达400亿美元,先后有上万家工业企业、120多所高等院校、42万多科学技术人员参与了空间计划。该局本身的工作人员当时曾达3.6万多人。现在,美国在航天飞机方面取得了极大成功的基础上,正在努力为空间技术的进一步发展而奋斗。所有这一切活动的重要立法基础,便是1958年颁行而后又经过多次修订的《国家航空与宇宙航行法》(以下简称《航宇法》,相应地简称"国家航空与宇宙航行局"为"航宇局")。

《航宇法》共分四篇。第一篇为"名称、政策和定义"。该法在一开始即指出:"本法为研究在地球大气层和外层空间飞行问题及其他目的而订立。"在第一篇中宣布成立航宇局这一领导和组织航宇技术发展的文官机构,规定了它所领导和组织的空间技术活动"在实质上应有助于下列一项或一项以上之目的:(1)增进人类对大气层和外层空间现象的认识;(2)改善航空和空间运载工具的用途、功能、速度、安全和有效性;(3)开发和利用能够运载工具设备、给养和有机生物通过外层空间的工具;(4)建立对于在为和平和科学目的所用航空和空间活动中的可能得到的利益、机会和有关问题的长期性研究;(5)保持美国在航空和空间科学与技术以及在从事大气层和外层空间活动中应用这些科学和技术的领先地位;(6)促进为负责国家的防御机构能够利用的具有军事价值或意义的发明创造,并由这些机构所指导和控制非军事性航空和空间活动的机构提供那些发明创造中于后者的价值或有意义之情报;(7)为实现本法案和和平利用各种成果的目的由美国与其他国家或国家集团所进行的合作;(8)通过与美国的其他有关机构的紧密合作以避免重复努力、重复物力、重复设备,从而最有效地利用美国的科学资源和工程交流。"如此详尽地载明法定的大科技发展领域,在立法上还是罕见的。这表明了该法的立法意图的明确性。

该法还规定航宇局在组织空间技术的发展中,必须"在科学和工程系统中能够胜任有关地面推进系统的研究和开发""胜任有关先进汽车推进系统的开发""胜任经帮助旨在减轻和缩小伤残后果的生物研究、开发的论证计划"。这三个相关方面的科技发展被规定在《航宇法》中,是现代科学技术高度综合、交叉发展提出的要求,法律的上述规定是对客观规律的科学反映。

《航宇法》的第二篇主要是关于航宇局、国际合作、每年向国会报告等方面的规定。关于航宇局的职责,有"规划、指导和进行各种航空和航宇活动"等多项。《航宇法》明确规定,为履行其法定职责,航宇局被授权制定、公布、发布、废除和修改规定其活动方式和行使其法定职权的原则和法规。此外,航宇局还被授权行使范围极为广泛的权利,包括"任用外国人""委派陆、海、空军和海军陆战队成员去履行本法案规定之职责"等等。

《航宇法》的第三篇是关于"其他事项"的规定,包括关于"全国航空咨询委员会""有关职能之移转""情报之获得""保安""发明中的财产权""贡献奖励""某些渎职和失职诉讼的辩护""保险和赔偿""拨款""机构名称的滥用和责任追究"等,每一方面都十分具体、明确、详尽。美国十分重视个人的知识产权,但该法关于"发明中的财产权"却明确规定:"凡是在从事依据管理局合同所实现的活动时做出的发明",在根据局长认定的条件下,"这种发明将是美国国家的专有财产;如果这种发明可以取得专利,这种专利根据局长的申请可被授予美国国家";"如果一项发明在专利委员看来对航空和空间活动具有重大的使用价值,那么除了局长之外的任何申请人都不应得到专利权",而局长则只是美国的国家代表而已。这一篇关于"贡献奖励"的部分,规定"局长有权自动地或应任何人申请向任何人授予,如其认为适当之数额和内容的奖金,以表彰他为航空和空间活动而向管理局做出的经局长确认有重大价值的科学上和技术上的贡献"。关于"某些渎职和失职诉讼的辩护"的部分,该法详尽到对"管理局医生、牙医、护士、药剂师、护理人员或其他辅助人员(包括医疗和牙科技术人员、助理护士和理疗人员)"因粗心大意、渎职、失职而造成医疗后果的诉讼问题都有明确规定。在关于"保险和赔偿"部分,规定"管理局有权以其认为适当之内容和程度向空间运载工具的使用者提供责任保险以补偿第三方因为与发射、操纵或收回空间运载工具有关之活动而导致的死亡、身体伤害、财产损失或损害而提出的全部或部分要求"。

《航宇法》的第四篇是关于"高层空气空间的研究"的规定。该法规定,"本篇旨在授权和指导管理局发展和实施一项对于高层空气空间现象进行研究和技术、监视的全面计划,以认识和保持地球高层空气空间的化学和物理构成";"国会宣布美国的政策是承担一项有助于认识地球高层空气空间物理和化学的及时而适当的研究、技术和监视计划"。该篇还对有关国际合作做了具体的规定。

美国在与其他国家相互联系和相互合作下,尽最大可能建立一个为满足公众需要和国家目标,满足美国的和其他国家的通讯需要的和有助于世界和平与谅解的、作为更佳全球通讯网一部分的商业性通信卫星系统。该法第二篇规定了总统、国会、国家航空与航宇局、检察长、联邦通讯委员会和国务院对通信卫星公司的监督、指导、帮助和控制;规定了通信卫星公司的组织结构。该法的第三篇授权在哥伦比亚中心区组建这一公司,规定了合营权力及它的财政制度,规定共同传播者不应持有一半以上的股份,其余股份"应出售","方式是最广泛的美国公众持有"。

70年代以来,美国空间技术研究进一步向民间发展,詹姆斯·R.梅耶斯在《美国政府正在形成的对航天企业家的调整》一文中认为:"美国太空活动迅速变化的这十年中,最激动人心的发展之一要数卫星通信领域之外私营商业性外层空间企业经营者的产生与成长了。"1982年7月2日公布的美国《总统太空政策》宣布,目前国家行政政策是专门计划"为扩大太空活动中的私人投资与卷入提供良好环境"。7月4日,在哥伦比亚号航天飞机返回地面后举行的仪式上,里根总统宣布了他的太空管理政策,同时还发布了具有法律约束力的总统指令，指令规定："美国政府将为民间太空活动中的私人投资和卷入提供一个良好环境，但须适当顾及公共安全和国家安全。政府将在条约与国家安全要求的范围内授权、监督和调解私营部分的太空活动。"

美国国会作为立法机关，可以制定调整私营航天活动的法规。历年提出的促进和调节私营航天活动的法案已有许多个。这些法案的目的都是要使审批过程制度化，以期缩短时间、减少花费、减低申请人的无把握程度。由于目前美国尚无大量的私营航天活动，美国政府还在采取逐例审批的办法进行管理。只有当私营航天活动成为有规律的、频繁的活动时，立法活动才会正式地、大规模地展开。

1982年下半年，参议员坎农和许多附议者提出了《S·2767号法案》，该法案要求授权并调节私营部分的遥感活动。但坎农后来落选了，该法也被暂时地搁置了起来。

目前，在美国私营航天活动的法律依据，大多是应用各种原本不为调节该活动的法规的授权规定。如国务院援引《武器出口控制法案》来调节私营发射活动，国务卿据该法案的授权，公布了《国际性武器销售条例》，用以实施该法案。

迄今为止，有关修改现行法以制定新的空间技术促进法的建议，主要内容如下：重视联邦政府的批准程序的所有内容；将各州和各地方法规统一起来；确定最可能的事故规定的保险水平；根据已被批准的联邦政府保安程序规定安全指导规则；规定在批准或不批准发射的决定中要考虑公众安全、国家治安、保险范围、补偿和空域使用者的利益平衡；规定审核申请的时间限制以保证发射不被无谓地拖延；确定一条原则，即批准一个私营的永久性发射基地和指定限定空域，并非一项要求有环境影响说明的重大的联邦政府行动；对涉及航天活动的行政决定的上诉程序费用应比较低廉。

1980年通过的美国《太空工业化法》，为美国私营航天活动提供了重要的立法依据。根据该法由商业部颁发的"太空工业化许可证"，使任何美国公民或公司只要持有许可证就可以参加发射服务、轨道活动、转轨道服务和地球外采矿业。

1983年5月16日，美国总统里根签署了第94号国家安全指令，指令名称为"可支付的发射工具的商业化"。这一指令重申并扩大了1982年7月4日首次宣布的政府应支持越来越多的商业性空间活动的决定。

除美国外，其他发达国家在促进空间技术发展的立法上，也采取了积极的态度，尤其是日本，在开发空间技术方面十分积极，态势逼人。为尽快提高航天技术，发展航天产业，追赶世界先进水平，日本成立决定宇宙开发方针的最高机关"宇宙开发委员会"，于1978年3月发表了《宇宙开发政策大纲》，规定了为期十五年的宇宙开发指针。1984年初，根据新的形势和国情，又对《大纲》进行了修改。经过修改的《大纲》要点是：（1）以1991年为目标，研制可发射2吨重人造卫星的二级火箭H-Ⅱ；（2）在今后十五年中计划发射大约50颗卫星；（3）积极参加美国的宇宙基地开发计划。整部《大纲》的指导思想是，一方面进行自主的技术开发；另一方面积极利用外国的先进技术。

（五）海洋立法

海洋技术的立法问题，随着海洋技术的发展，越来越被提到发达国家的重要议事日程上。但在海洋技术的立法中，存在着复杂的国际斗争。因为海底储存着极为丰富的资源，如锰矿球约有 2000 亿—3000 亿吨，含有 30 种以上的金属元素，价值 3000 亿美元；据估算，大陆上的铜仅够用 60 年，而海底的铜则够用 6000 年。发达国家利用其优势技术准备大肆开采国际海域的海底矿产，势必侵害发展中国家的利益。

早在 50 年代，美国就十分关注海洋立法了。1956 年，美国成立了海洋研究署，1959 年美国科学院设立了海洋学委员会。20 世纪 60 年代，美国参议院成立了海洋学小组委员会、海洋空间小组委员会、外大陆架小组委员会，众议院则早在 1959 年就成立了海洋学特别小组委员会。在这些委员会的努力下，国会在 60 年代前半期审议了若干海洋法案，其中旨在振兴海洋科学的法令有：（1）1961 年 4 月 5 日立法取消对海岸与大地测量局业务上的双重控制；（2）1961 年 10 月 5 日立法扩大海岸警卫队的海洋学研究职能；（3）1962 年 9 月 5 日立法将内政部长和地质调查局的权限扩大到国家管辖范围以外；（4）1964 年 5 月 20 日立法制定新的联邦—州的渔业合作研究与发展规划；（5）1964 年 9 月 19 日立法扩大公法土地复审委员会的业务范围，包括外部大陆架的矿物资源；（6）1965 年 7 月 30 日立法免除海洋研究所有检查税。

此后，美国关于海洋开发的立法步骤日益加紧。1966 年 6 月 17 日，美国总统签署了《海洋资源与工程发展法》。该法旨在建立一项综合、协调国家海洋科学的长远规划。该法规定，在总统行政办公厅内设立一个以副总统为主席的临时性"国家海洋资源与工程发展委员会"。同年通过的该法修正案，为有关海洋科学与工程发展的拨款大大增加。1970 年国会批准成立了总统下属的"国家海洋大气局"，1971 年国会又成立了自己的"国家海洋与大气顾问委员会"。

上述美国海洋立法主要是用以建立海洋开发的领导、监督机构的。与此同时及在其之后，美国颁布了大量的与海洋技术发展直接联系的法规，主要有：

1953 年通过的《外大陆架土地法》，给内政部规定了出租和开发海底土地的新职责，协调了联邦政府与州政府在海底土地利用方面的关系。

1969 年 10 月 23 日，美国总统尼克松要求制定一项新的海运补贴规划，"以改变近年来放任自流、无人管理的状态，恢复国家在世界海运国的辉煌地位"。一个月后，提出了一项修订 1936 年《商船法》的议案。1970 年 10 月 7 日，国会通过了《91—469 号公法》，即 1970 年《商船法》，被议会认为是"三十多年来对海运政策的一项最彻底的检修"。该法批准了一项由政府投资，旨在复兴美国商船队的十年规划，预定十年内建造 300 艘新船。该法令降低了造船公共补贴率，包含有对海运界十分慷慨的其他条款。

1970 年两院就《水质净化法》达成了协议。作为对《联邦水污染控制法》的修正，该法规定不得从船舶、海上或岸上设施向美国通航水域、领海或毗连地内排放任何种类、任何形式的石油;规定了对违法者的惩戒措施。

1972国会通过了《联邦水污染控制法修正案》,极大地扩充了环境保护局对美国内水及领海污染的管理权限。

1972年12月29日,美国签署了《防止倾倒废物及其他物质污染海洋的公约》,这就要求修改美国的《海洋倾废法》。1973年10月,美国环保局颁布了《海洋倾废条例》。该条例规定了签发许可证的限期性,从而大大加强了对海洋倾废的控制。

1969年1月,美国海洋科学、工程及资源委员会建议制定《海岸带管理法》,以确立海岸带的管理目标和提供联邦补助金,促进建立各州的海岸带管理机构。这导致国会于1972年10月2日通过了《海岸带管理法》。该法授权商务部长向各沿海州发放年度补助金,以帮助它们按联邦的方针制定海岸带规划和管理这些规划。1976年对该法做了修正,增加了联邦对各州制定海岸带规划的资助份额;要求外大陆架的开发和生产计划要与各州通过的海岸带管理规划相一致;拨款购置国有海滨;批准了海岸带。

1972年还通过了《海洋哺乳动物保护法》及与海洋环境相关的《港口与水路安全法》等。

1974年通过了《深水港法》,授权交通运输部签发锚泊或建在外大陆架供巨型油轮使用的石油转运站许可证。

1978年6月,美国众议院通过了《深海海底固体矿物资源法》,1980年6月经参议院批准后送交卡特总统签署。法令规定,美国公民从1981年7月1日起便可领取进行深海勘探的许可证,并规定和其他国家互相承认许可证的制度,1988年1月开始进行商业性开发。

美国大力开展的以立法促进和保障海洋开发的工作,给其他发达国家造成了巨大的刺激,它们纷纷起而效法。1980年8月,联邦德国议会两院也通过了一项类似美国的法律《深海采矿临时规则》,生效期为1988年1月;1981年12月23日,法国内阁会议通过并由总统颁布了一项关于勘探和开发深海矿产资源的法律;同年,英国通过了深海采矿法;1982年7月9日,日本通过了《关于深海海底采矿过渡期间措施法令》。

(六)科学城区立法

集中大量的优秀科学技术人才、资金和设备于特定地区,以强大的优势力量在这些科学城区(又称高新科技园区、高科技城区等)发展高、精、尖科学技术,是新科技革命掀起后在许多发达国家出现的突出现象。对此无疑应看作是高技术发展的一种重要经验。因此,研讨科学城区立法问题,自然成了高科技立法探讨的一个组成部分。这里以日本科学城区立法为例做介绍。

日本科学城区的建设,可以说是从筑波科学城的建立开始的。20世纪从60年代起,由于经济的高速发展，日本沿海大城市及其周围地区工业和人口高度集中，带来了严重的社会问题，疏散大城市工业和人口成为政府制定宏观经济政策的一大课题。同时，现代科学技术的迅速发展，要求提供良好的科研环境。为此，日本内阁会议于1963年9月决定在距东京60公里、北依筑波山、东临霞浦湖的一块狭长地带建设筑波科学城。1968年10月，工程建设正式开始。1980年3月，筑波科学城基本建成，其中包括53个教育与科研机构；12万人口中有6500名科研人员，其中有2500人有博士学位；该城集中了全国政府科研机构研究人员的40%。因此，筑波成了名闻世界的"博士之城""头脑之城"。

为建设筑波科学城，日本于1970年5月18日发布了《筑波研究学园都市建设法》，该法于1974年6月26日进行了修改。与之相辅而行的是，日本内阁于1970年8月11日发布了《筑波研究学园都市建设法施行令》。《建设法》分《总则》《研究学园地区建设计划》《周围开发地区整备计划》《基于研究学园地区建设计划及周围开发地区整备计划的事业实施》等四章，共十三条，并在《附则》中规定了"从公布之日起施行"。《总则》部分指明了本法律的目的，以及本法规定的"筑波研究学园都市""首都区的既成街市""研究学园地区"等概念的定义。"研究学园地区建设计划"部分，包括研究学园地区建设计划的内容、建设计划的决定程序、建设计划的变更以及调整首都区整备计划等的规定；在其他部分则对事业的实施、协作、建议、实施状况、资金的确保等做原则性的规定。如第十条对"协作"的规定是："有关行政机构的领导、有关地方公共团体以及日本其他公团和其他有关事业者，必须尽量地协作以实施关于研究学园地区的建设计划和周围开发地区的整备计划。"第十三条对"资金的确保等"的规定是："（1）政府，为了实施筑波研究学园建设事业，谋求确保必要的资金，并在国家财政允许的范围之内，努力促进其实施。（2）国家，为了促进筑波研究学园建设事业的实施而认为必要时，得要求有关地方公共团体，在财政、金融以及技术上，给予援助。"日本内阁的《施行令》主要是就"研究学园地区的区域"以及"公共利用的设施"等做了具体的规定。

筑波科学城的建设成功引起了全世界的关注，也鼓舞了日本朝野。1980年初，日本通产省提出了建立以发展电子技术、生物工程、新材料、机电一体化技术、情报信息系统等尖端技术产业为主，并以政府、民间企业和大学三位一体组成技术集约城市的新设想。这是日本政府为迎接新科技革命做出的重大决策之一。为在1990年建成一批技术集约城市，日本国会于1983年通过了《高级技术工业集约地区开发促进法》，简称为《技术集约城市法》，明确规定了建立技术集约城市的五项原则：（1）在经济上能对周围地区产生有效影响；（2）能反映地区特点；（3）有利于促进政府、大学和企业之间的共同研究开发；（4）有利于扶植研究开发型企业和培养人才；（5）能够促进尖端技术向本地区企业转移。

在上述法律和政策的促进下，日本各地纷纷制定规划，申请建立技术城区。为了与法规配套，日本政府还在1984年制定了技术集约城市的财政和税收制度，从1985年开始实行。《技术城促进税制》规定，在技术城地区，新创办的高技术产业在规定期间，其生产用资产可享受特别折旧率的优惠。具体规定如下：自开发计划被批准日起的五年内，在技术城地区，购置高技术工业用的机械、装置及其他折旧资产的企业或个人，其购置的生产用机械、装置、建筑物及附属设备（包括试验研究用建筑物及其附属设备），购进价在10亿日元以上者，可享受特别折旧率优惠。其中，机械及装置的折旧率为30%，建筑物及附属设备为15%。可享受优惠的高技术工业，《技术城促进税制》明确规定为液晶制造业、高质量药品制造业、产业机器人制造业等70个行业。日本以如此积极的立法措施来保证技术集约城市的建设，无疑将大大推进日本新科技革命的发展，使日本呈现更新的高技术发展面貌。

四、发达国家促进高技术发展的其他法律调节手段

发达国家为促进高技术发展，除制定与之直接相关的法律外，还充分发挥其他法律的作用，使之为高技术发展服务。其中被运用得最广泛、最普遍、最有效的是关于合同、专利、税、标准化方面的立法。此外，关于协作或与协作有关的一些法律，也越来越成为促进高技术发展的有效法律手段。

（一）合同法

美国学者认为，政府所制定、组织和领导的研究和发展规划构成一个庞大的整体，合同法、专利法、税法等是用来实现规划的"动员的手段"。由于政府、企业界和高等院校及科研单位之间的分工意味着相当大的一部分研究与发展，是通过联邦政府与大学、科研机构或私营企业签订政府科研合同的形式进行的。因此，合同法就具备了特殊的促进高技术发展的意义。

但合同法仅仅规定了合同的要求、签订合同的程序、违约责任等问题，合同本身的效率是合同法所不可能顾及的。值得注意的是，美国对合同进行了详尽的研究。从而使合同法的效能大大提高，为科学技术的发展起了重要的作用。

美国对合同的深入研究开始于1962年，此后即采取了一些新的合同形式，收到了良好的效果。过去，科技合同最普通的形式是向研究和发展的卖主偿还其成本，并付给固定的利润。这种合同被称为"成本加固定利润合同"。在这种合同制度下，最后的成本往往大大超过预先估计的数字；这种合同也并无鼓励卖主改进产品质量或减少延期交货的积极措施。不少部门利润不足，因为利润取决于最初的成本估算。1956年平均利润为生产成本的6.3%，1964年下降至2.9%，失去了对承包人的刺激作用。据哈佛商学院1963年出版的M. J. 佩克和F. M. 谢勒著《购买武器过程的经济分析》透露，美国12种武器体系的最后成本达到预计数字的三倍；核动力飞机计划15年努力，花费了10亿美元，由于无法使反应堆臻于完善而获得所需性能，不得不在1961年最终放弃。这样，1961年以来，"成

本加固定利润合同"的签订数量大幅度下降。1960年至1961年，这类合同占国防部所签订合同的38%，而1964年只占不到12%。这时，"固定价格合同"与"奖励合同"成了主要的合同形式。

在"固定价格合同"中，签订合同时规定一个价格，该价格在整个合同履行期间始终有效，成本如发生变化，概由承包人负责。这就要求卖主进行严格的成本核算，要求政府在估价时判断准确。这种合同形式对卖主的刺激在于，在承担成本上升的风险的同时，可望通过降低成本的努力获得较高的利润，此类合同在1961财政年度占国防部合同的31%，1964年上升至48%。

"奖励合同"有多种形式。一种为"固定价格加奖励"，一种为"成本加奖励及利润"。后者不规定最高价格，像"成本加固定利润合同"一样照付成本，但双方商定最低利润与最高利润。在利润低于最低利润和高于最高利润时，利润在两者之间时，则按一个分成比例变化，以便为卖主提供奖励。例如某项合同的估计成本是1000万美元。估计利润是75万美元，最高利润是135万美元，最低利润是3万美元，分成比例是85：15。如果最后成本是900万美元，则节约成本100万美元。从节约的成本中，卖主提取15%的额外利润而政府支付成本和估计利润以及新的额外利润（总计990万美元）。这样，政府就节约85万美元的估计成本，它所支付的金额不是1075万美元，而仅是990万美元。由于"奖励合同"具有强大的刺激力，1961年以来发展迅速。美国航空与航宇局1960年这类合同的总额为10万美元，1963年达4.21亿美元。同期，国防部签订的这类合同的金额也上升了一倍。这种合同的优点在于鼓励卖主降低成本，加快工作进度，提高科研成果质量。1963年7月，美国国防部长麦克纳马拉说："每当我们用'公司固定价格合同'或奖励合同代替'成本加固定利润合同'时，我们就至少节约10%的资金，我甚至认为这个数字还是低估了的数字。"据悉，在"船帆座"核爆炸探测卫星的合同中采用了一套复杂的奖励制度，从而使规划的成本节约了32%，承包人的利润增加10%以上。

关于合同法的利用，英国、日本的一些做法，是值得注意的。

英国原子能署的全体职工都有按照合同法签订的工作合同。非生产人员的工作合同在很大程度上是按照公职人员的待遇来签订的，而生产人员的工作合同则由原子能署与工会自由商谈达成协议而签订。

日本从1981年开始实行"创造科学技术推进制度"，该制度就是用流动研究体制推进寻找革新性技术种子的探索研究，把从国外引进技术转变为独自开发技术。过去日本实行终身雇佣制，研究人员的流动性很小。新科技革命的发展要求确立新的以人为中心的研究体制。于是，采取了以下做法：以过去没有在基础研究方面充分发挥作用的民间企业的研究人员为中心，广泛集结散布于民、学、官方的优秀研究人员，在一定期限内签订雇佣合同，利用既有研究设施进行研究，研究终了研究组织即行解散，合同撤销，研究人员返回原单位。日本把这种以人为中心的研究体制称为流动研究体制。在这种体制中，合同起着特殊的作用。

（二）专利法

专利法在促进科技发展中的作用的一般问题，已不必在此谈论。这里仅就专利法实施过程中的一些特殊方面做些介绍。

第一，美国对专利法的作用，存在两种截然相反的观点。一种观点认为：每项专利实际意味着批准一个垄断项目，因此，专利制度并非促进科技进步的有效手段。普林斯顿大学出版社出版的 F. 马克卢普《美国知识的生产和传播》一书（1962 年）认为科技发展与专利立法无关，专利立法也能阻碍科技发展。另一种观点认为专利是鼓励企业对科研进行投资的基本奖励手段。这一观点的持有者认为，通过造成一项临时性的垄断，专利对科研起着直接的鼓励作用，并对一项发明的投资加以保护，从而使新发明在工商界得到采用。他们还认为申请专利过程中公布的资料，对同类的科研或对其起补充作用的科研起着鼓励作用。

美国还存在着科技进步成果的专利权归属问题的分歧意见。当联邦机构与公司、高校非营利机构签订科研合同时，就出现了这种科研所得到的发现的专利权问题，或者归联邦政府所有，或者归研究方所有。美国国防部允许承包人对科研过程中的各种发明申请专利，不管国家为该项目提供了多少经费，国防部仅保留使用这些专利时不付专利费的权利。美国原子能委员会采取另一种方针，明确规定凡由执行合同所得的原子能方面的全部发明，理所当然地归联邦政府所有。1963 年 10 月 10 日，肯尼迪总统宣布了专利权归属的四项原则：（1）合同内容涉及公共福利、公共卫生和公用工程时，政府保留其权利；（2）为防止某家公司获得垄断地位，在合同涉及主要由政府从国库提供经费的科技领域时，或在政府负担大部分发展费用时，承包人不得申请专利权；（3）在其他情况下，如发明的领域属于承包人具有技术能力并有稳固的商业地位的领域时，联邦政府可以放弃专利权；（4）在专利归私人所有的各种情况下，如企业不能发展该项发现，或阻止其使用或推广，政府保留在一段时间内、在一定条件下收回专利的权利。

对于政府的方针，仍然存在分歧。有些人支持专利权一律公有，其理由是：由政府提供经费的科研，私人不得享有专利权；由政府推广以国家经费取得的知识最为合适，政府从而能够防止企业的集中，因为大部分政府科研合同都是同大型公司企业签订的，如公司获得专利权，力量就会大大加强。另一些人反对专利权一律公有，其理由是：专利制度符合美国企业自由、财产私有的制度；专利私有是工业界接受政府研究与发展合同的条件，它能保证降低成本及合理分配科研的人力和财力；专利私有使发明能得到商业应用，并鼓励公司企业冒投资的风险；承包合同的企业可能会不公布在类似领域的发现，以免落入政府之手，这尤其是因为企业往往难以区分自己科研活动中的革新和与政府科研合同中的革新。此外还有一些人主张采取折中的方针，大致与政府方针相类似。

1966年，美国总统专利制度委员会提交的报告中断言一个成功的专利制度必须符合以下四条标准：（1）通过对发明者及其赞助者实行有意义的帮助办法来激发人们的新的发明动力；（2）促使新的发明尽早公布于世，这样其他人就可从中受益；（3）鼓励其他科研人员寻求解决关键技术问题的替换办法；（4）在发现和公布的过程中使顾客有更多机会去选择质量更高、价钱更低的产品。此后，曾多次出现了对美国专利制度进行修改的建议。1980年，卡特政权制定了联邦专利政策基本法，规定受联邦政府（国防部、航空与航宇局等）的委托进行研究开发的企业，可以获得优先实施其开发的但属政府所有的专利的权利。与此同时，还开辟了受托者是大学或中小企业时，可以获得本来归政府所有的专利权的道路。里根政权进一步推进了专利权私有化的方针，发表了总统声明：将设法允许大企业也获得与政府委托研究开发有关的专利权。1983年2月18日，里根总统签署了一项有关专利政策的备忘录，指示联邦政府机构在现行法律允许的范围内，准许任何机构企业保留由政府资助进行的R&D而实现发明的专利权。

第二，日本于1970年修改了专利法，引进了审核申请制度。过去，不一定想要获得专利权的防卫申请等也要全部审查，而现在规定只审查新提出要求审查的申请。并且，为了适应更加迅速而准确地给予专利权的要求，专利厅方面还研制了审查资料机器检索系统，使专利申请事务实现机械化。美国在这方面也采取了措施，将申报专利到批准注册平均花费23个月，缩短到18个月。1990年在美国建成了完全计算机化的专利系统。

1971通过、1975年10月生效的关于国际专利分类（IPC）的斯特拉斯堡协定，是以通过缔约国对专利和设计新方案等采取相同的分类，在专利文献的整理等方面建立国际合作为目的的。日本于1976年8月递交了批准书，从1977年8月18日起生效。国内审查体制也从1978年10月起适应IPC进行了重新分类。

1970年6月签订、1978年1月生效的国际专利合作合约（PCT），目的是针对现在各国分别进行审查的体制，通过单一的国际申请和国际调查机关的调查，能够比较顺利地取得国际专利。日本于1978年7月递交批准书，1978年4月国会通过了修改国内法的决定，内阁和各省大臣的命令准备也于1978年7月完成，从1978年10月开始生效。

日本通产省还向国外派出了120个专利调查研究机构，从而在追踪新技术发展方面走在许多国家的前面。

（三）税收法制及其他

税法、税收政策正日益受到发达国家的重视，被用来促进高技术的发展。由于社会制度的原因，它主要是被发达资本主义国家所利用。

美国政府在六七十年代采取了高税率政策，这阻碍了美国高技术产业的顺利发展。1969年，美国的资本收益税为25%，后增至35%，1976年上升到49%。其后果可从风险资本的直线下降而见一斑：1969年的风险投资为1.71亿美元，1975年跌至1000万美元。

因此，美国从1978年开始着手采取减税法措施。1978年，美国国会决定降低投资收益税率，使税率从49%降到28%。1981年1月31日里根总统签署了被称为"经济复兴税法"的新的税法，将税率进一步降低到20%。该税法涉及范围极广，规定十分具体详尽。例如针对购买或租用计算机的特别条款就有109条。该法规定，从1981年起的5年内，联邦政府减少7500亿美元的税收。该法力图通过对研究与发展技术革新的投资税收予以减免，主要表现在：（1）增加试验研究费减税制度，对于高出企业过去三年研究开发支出平均额的部分，将减税25%；（2）缩短机械设备的折旧期限，对于试验研究用机械设备，大幅度地缩短历来的折旧期限，折旧期限定为3年，产业用机器人等普通机械设备的折旧期限定为5年；（3）向高等院校拨赠设备的大幅度减税，企业向大学赠送供研究用的新设备时，减税范围进一步扩大；（4）对跨国公司的研究开发和研究开发型的小企业，也在税制上采取优惠措施。

日本在税制上也采取了促进高技术发展的措施，而且起步比美国要早。1967年日本创设了增加试验研究费的税额扣除制度，即在试验研究费按一定条件增加的时候，从税额里扣除增加部分的一定比例。这为民间按照自由创造精神开展研究活动，发挥了巨大的作用。1969年度新设的对动力堆和核燃料开发事业团捐款的损金计算制度规定，法人为快中子增殖反应堆和新型转换堆的建设而向动力堆和核燃料开发事业团支出捐款时，如捐款超过它该年度对事业团的投资，相当于投资额，计算该年度所得金的金额时，算作损金扣除。此外，对技术出口所得的特别扣除制度，以及对试验研究法人等实行的其他税制优惠，对各个有关领域的技术发展，都起了积极的促进作用。计算机业被日本称为高技术的"无冕之王"，日本政府对它更是照顾周全，设立了"电子计算机购置损失准备金制度"。根据这项制度，日本的计算机厂商可以从销售额中提取10%作为准备金，以弥补万一的损失。这笔准备金可以免税，因此，日本计算机工业每年可以少交15亿日元的税金。为奖励扩大再生产，日本还对计算机工业实行"加强企业基础免税制度"，凡是计算机厂商要购置新设备，建造新厂房，都可免交投资税。尽管如此，日本政府还在进一步放宽减税措施。通产省要求国会对税收制度做全面修改，实行促进综合性尖端技术开发税收制度，从1985年起每年减少税收1000亿日元，以利企业集中财力用于技术开发。

除美、日外，其他发达资本主义国家也采取了类似的措施。澳大利亚联邦政府颁布了新的税收优惠制度，以鼓励为科研筹措资金。例如，凡符合有关规定条件并在政府登记的私人投资管理公司，均可享受100%的免税特权。德国已着手改革税法，降低对新投资的税率。为了鼓励企业向新技术行业扩大投资，德国政府实行了从征税的企业流动资金或购置成本中扣除40%的科研费的优惠征税措施，从而降低了实际税率。据统计，仅此一项，就等于每年向企业提供3亿马克的科研开发的补贴。

除上述关于合同、专利、税收的立法外，发达国家促进大科技发展的立法方面，值得重视的还有关于标准化、协作以及技术评估的立法等。

所谓标准化就是通过将用语和制图方法统一起来以促进相互了解，为确保技术上的共同点和互换性而做到一致，追求产品的质量、性能和品种单一化而确定技术标准。日本的生产资料在1949年以前90%掌握在垄断资本家和其他中小资本家手里，不仅工矿业产品的规格、结构、质量、包装、使用方法极不统一，而且计量单位、计量方法也多有不同。这对科技进步是一极大障碍。于是日本在1949年6月颁行了《工业标准化法》，于1951年6月颁行了《计量法》，并分别于1970年和1974年进行了修订，通过《工业标准化法》的推行，日本在30年间使工业标准件数达9729件；通过《计量法》的推行，进一步促进了工业标准化的实现，加强了与统一标准而进一步努力。奥地利国家标准局统一归口研究和制定了一系列技术法律规范，如《电子法》《电力法》《蒸汽机法》《武器法》《计量法》《测量法》和《质量评定法》，除个别已直接标明为标准化法律规范外，其他的法规也大多与标准化直接相关。

协作是科技发展、科技攻关中一个极为重要的组织措施。发达国家都高度重视各方面科技力量协作攻关的作用，有些国家为此颁行了相应的法律。美国于1977年制定了《联邦拨款与合作协议法》，1984年10月又签发了《全国研究协作法》。在其他法律中，关注到了协作问题，1980年美国对专利和商标法的修正，达到了高校与工业企业密切合作的结果。

此外，科技创新评价制度及有关立法的发展，也是发达国家科技创新取得稳定、丰硕的成果的重要原因。这一方面我们将后文中专章介绍。

第二章 日本的科技创新立法

在全球性的科技创新浪潮中，日本的科学技术成就举世瞩目。本文从法制角度探究其原因，重点探讨日本的科技立法对科技创新的影响。

日本的立法权属于国会。有关的科技法规，按其业务范围，最初由相应省厅的局起草法规草案，经省厅审核后上报大藏省（因涉及财政预算问题）审查，经内阁法制局审查后提交内阁会议审议，再经各省厅协调一致，然后由内阁向国会提交法律草案，经众参两院的科学技术委员会审查，由国会批准后公布实施。根据法律，内阁还要发布相应的政令；各省厅根据政令再制定具体实施措施和规则，以发布"规则"的形式，来保证法令的贯彻执行。

根据日本《科学技术六法》，其科技法主要有：关于科技行政组织与科研机构的法律；关于法人组织的法律；关于国际科学技术博览会和技术士的法律；关于原子能利用的法律；与科技发展密切相关的关系法；有关国际条约。

1981年以来，为适应高技术迅速发展的国际、国内新形势，为使《80年代通商产业构想》的贯彻实施有法律保障，日本政府制定、修改和颁布了一些促进尖端技术发展的法规：《高技术集约城区法》《电气通信事业法》《半导体芯片布局保护法》《著作权法》《新技术开发事业团法》等。

本文不拟全面介绍和评析上述日本科技立法的各个方面，而将主要的注意力放在对日本科技创新影响重大的有关科技立法上。

一、日本科技管理体制及其法律依据

日本的科技管理体制有其完备、系统的法律背景。这首先表现在日本政府的科技管理机构、科研机构、科技审议咨询机构都依法成立。例如，作为一级科研、行政管理机构的国立研究所，其建立都要通过国会审议，经过法定程序，每个国立研究机构都有其设置法；又如各级咨询机构也都依法设立。其次，这些政府科技管理机构内部都有其法定的科技管理职能，在其管理事务和权限的规定中涉及"综合性实施政策的立法"等内容。

（一）日本科技管理机构立法概况

第二次世界大战之后，日本国内科技研究机构纷纷建立，为适应这种形势发展需要，政府及时颁布了《国家行政组织法》，明确科技组织的建制，确定各组织的目的、任务和职责。根据日本《国家行政组织法》的规定："府、省委员会（行政委员会）以及厅，都可以设置审议会、协议会、试验所、研究所、文教设施、医疗设施等附属机构。"日本总理府设有日本学术会议、科学技术会、原子能委员会、原子能安全委员会、宇宙开发委员会、海洋开发委员会等；科学技术厅设有电子审议会、航空审议会、发明促进审议会等；有关省如文部省、农林水产省、运输省等都设有审议会，如文部省设有学术审议会、测地审议会、中央教育审议会等。

为了规定科技管理机构设置的目的、任务和组织等事项，日本政府又制定了一系列具体的科技组织法，如《日本学术会议法》（1948），对日本学术会议的性质、职权、组织都做出了具体的规定：日本学术会议是日本科学工作者对内对外的代表机构，它直属内阁总理大臣管辖，活动经费由国库负担。《原子能基本法》（1955）、《农业基本法》等基本法也起到组织的作用。《原子能基本法》规定日本原子能委员会设置的目的是：有计划地执行国家有关原子能的研究、开发和利用的方针政策，民主管理有关原子能的行政工作等。由此可见，日本政府的科技管理职能、职责范围都被赋予了法的强制性，从而保证了这些职能的顺利实现。

（二）日本科技管理的具体建制

日本科技管理工作由政府行政机关、审议机构和研究所配合进行，还有为数众多的各种法人组织在民间企业和政府之间起桥梁作用。日本科技管理体制具体建制是：政府的三级科技管理行政机构；政府的各级审议、咨询机构；特殊法人组织等研究开发机构。

1. 政府的各级科技管理行政机构及其法律依据

日本政府对科技工作实行三级行政管理。第一级是内阁总理府所设的科学技术厅，它负责全国科技工作的综合调整和管理。除文部省外，其他各省、厅的科技计划和预算均需经科技厅综合平衡，签署意见后，上报大藏省审核，然后提交内阁会议和国会讨论批准。第二级是内阁各省、厅中设立的主管本省厅业务范围内科技工作的厅、局、部或院，如通产省的专利厅、资源能源部、工业技术院。第三级是国立、公立研究机构。

（1）科技技术厅，该厅根据《科学技术厅设置法》于1956年5月成立。

根据法律规定，科技厅是内阁总理府的科技管理机构，负责全国科学技术基本政策的计划、立案及科学技术事业的推进和综合调整。

（2）日本政府的第二级科技管理机构，其工作以日本通产省的工业技术院为例说明。

工业技术院于1956年依法成立，是通产省的直属机构，兼有政府部门（通产省内负责科技管理工作的职能部门）和国立研究机构的双重性质。根据1980年修订的工业技术院设置法的规定，设立工业技术院的目的是为了对工矿业科学技术有关的试验研究业务进行强有力的综合管理。它的政府职能表现在：管理本院及所属十六个研究所；组织官、产、学各方研究力量，进行大型综合长远项目的研究开发；帮助地方和民间开发研究活动；负责制定、管理、贯彻日本工业标准（JIS）。

（3）第三级是国立和公立研究机构，它们被统称为官办研究机构。1982年时的国立研究机构有95个，研究人员1万人，分属17个省厅。各国立研究机构都依法成立，因此有许多独特的优点：A.研究所建设的投资、速度和质量得到了法律上的保证；B.研究所分工明确，可避免重复研究；C.研究所的方向、任务和定员从一开始就有法律规定而保持稳定；D.研究所经费来源有保证，数量不足，大型设施共用，减少了浪费，提高了设备的利用率。但是，这也不可避免地在人员编制、组织机构、经费预算等方面限制过死。

2. 各级科技审议、咨询机构及其法律依据

日本十分重视科技咨询机构的建设，这种机构被称为"头脑"机构。从内阁总理府到各省厅以及各研究所都设有咨询机构，一般称为"审议会""委员会""调查会"等。内阁总理府的科技咨询机构有"日本学术会议""科学技术会议""原子能委员会""原子能安全委员会""放射线审议会""宇宙开发委员会""海洋开发审议会"。其中"日本科学技术会议"是全国最高的咨询和审议机构，它对政府制定方针、政策起着重要的作用。农林水产省设有"农林水产技术会议"，通产省设有"产业技术审议会"等。咨询机构都根据国会通过的设置令和组织法令而成立。这也是日本咨询机构的一大特点。咨询机构对日本的科学技术的管理起着极其重要的作用，这首先表现在有效地防止了科技决策中的官僚主义，保证了科技决策的科学性。

（1）"科学技术会议"1959年2月依法成立。根据法律规定，它是日本全国科学技术最高的综合审议与决策机构，它的事务机关是科技厅计划局。科学技术会议的法定主要任务是：答申和审议日本技术（人文、社会科学除外）的基本政策、长期综合开发目标的规划，并提出推进科技发展的措施。

（2）日本学术会议1948年10月7日根据121号法令成立，是日本科学家的对内对外的一个代表性机构。根据法律规定，它具有独立的咨询、审议、联络职能。法律规定，其主要任务是：加强科学家的学术交流和联络，把科学反映和渗透到行政、生产和国民生活中去，为提高国家科学水平，就科学事业的发展向政府提出建议和报告。

日本审议会制度的实施，使得政府在科学技术发展方面的各项决定更符合日本国情和科学规律而收到良好效果。

3. 特殊法人组织等研究开发机构及其法律依据

日本政府的科研管理体系中另一重要组成部分是半官半民性质的特殊法人组织，如物理化学研究所、原子能研究所、新技术开发事业团、宇宙开发事业团、日本科技情报中心等。这些研究机构也都依法成立。根据法律规定，它受政府领导，从政府和民间企业两方面取得科研经费，但政府提供的经费占很大的比重（95%），研究所主要根据政府意图开展工作，它是非营利的研究机构。作为特殊法人，可免交团体税，而且还可以在接受工业界和私人赠送品时享受优惠的税率；在创造技术、设施和技术咨询而建立合同式关系时，不受部和厅的工资和预算的限制。

综上所述，日本政府根据发展科技的需要，经过二十多年的发展，在政府组织机构中逐步建立起一套完整的、高效率的科技管理体系，它有如下特点：

由于这些机构都依法设立，就以法律所特有的指导性、制约性保证了这些组织机构之间能科学、合理地协调和配合，从而使其各自的科技管理职能得以顺利实现。

这些组织机构的管理、研究、咨询等职能，使各级各种研究机构能密切联系，充分发挥各自的人才、设备、资金等方面的优势，分别进行基础研究、应用研究和开发研究，并通过特殊法人及有法定职责的其他部门及时将这些科研成果转化为生产力。

这些机构的咨询职能，保证了政府科技政策决策的科学性、客观性。

这些政府机构的法定职能中很重要的一条就是根据科技发展的新情况、新要求，制定国家的科技政策，制定有关法律、政令、施行令，并负责这些政策、立法的推行实施。这样，就在科技发展、科技政策、科技立法之间形成了良性循环；科技发展后，立法成立有关组织机构，根据科技发展制定科技政策，以科技立法来体现科技政策，协调科技发展中各方面的关系，从而促进科技向更新领域和更高层次发展。

二、技术士制度及其法律依据

日本从官方到民间都非常重视科技人才的培养，不仅采取了一系列措施，还辅之以法律手段。如20世纪50年代，在日本科学技术厅的指导下，成立了"技术士会""原子能委员会"等组织，逐步形成了较为完善的科技行政机构体系，与此同时，颁布了《技术士法》（1957）、《职业训练法》（1958）等一系列科技法规。其中，《技术士法》对日本科技人员提高技术水平从而推动科技进步起到了很大的作用。

《技术士法》共八章四十一条，其主要内容如下：

1. 规定了立法目的，在于"确定技术士资格，使其正确执行业务，以资提高科学技术水平和发展国民经济"（第一条）。

2. 规定了技术士的资格。该法第二条规定"技术士"是指在科学技术方面具有高等专业能力，可以承担计划、研究、设计、分析、试验、评价或指导关于此等业务（另有规定的除外）的工作者，按规定通过正式考试合格者；并须经专门登记注册，才能取得技术资格。该法第三条列举了6种人不得做技术士，如禁治产人或准禁治产人；曾被判处过监禁以上刑罚的,从其执行结束或者未予执行之日起未满两年的;受惩戒免职处分的公务员,从受处分之日起未满两年……

3. 专章规定了技术士的考试。技术士的考试分预备考试和正式考试。预备考试的目的是测验应试者是否具有充任技术士必备的基础学历。预备考试按理、工、农学,以及其他由总理府令规定的属于自然科学的科学部门分别进行。正式考试的目的是测验应试者是否具有充任技术士必备的高等专业应用能力。它由总理府规定的技术部门分别进行。此外,该法对应试者资格做了规定,如正式考试只限于根据预备考试合格或法律规定可免除预备考试的,从事政府规定的计划、研究、设计、分析、试验、评价等必须具备科学技术(人文科学除外)专业应用能力的业务达7年以上者。

在《考试》这一章中,还规定了"技术士资格""考试手续费""合格证书""考试的执行""取消合格""考试细目"等具体条款。

4. 专章规定了技术士资格登记事项,有"登记""登记簿""登记证的订正""取消登记""取消登记手续""登记的注销""登记许可税及登记注销手续费""登记细目"等内容。

5. 专章规定了技术士义务。法律禁止技术士丧失信用行为,"技术士不得进行损害技术士信用或造成全体技术士不名誉的行为"(第二十四条)。技术士还负有"保守秘密的义务"和"表示名称时的义务","技术士无正当理由,不得将其处理业务上得知的秘密,泄露于他人或者进行盗用。即使不充当技术士之后,亦同"(第二十五条)。技术士在业务上表示技术士名称时,可以表示其所登录的全部技术部门分工技术名称,但不得表示未接受其登记的技术部门的名称。

6. 专章规定技术士审议考试和行政管理事宜。第二十七条规定:"在科学技术厅设置技术士审议会"。审议会负责审议关于技术士重要事项及关于注销技术士登记及停止使用该名称的事项。又具体规定了审议会、考试委员会的产生、职务、权利、义务等内容。

7. 规定了"日本技术士会"的设立及目的。"日本技术士会以进行有关保持技术士地位、改进其义务、指导会员及其相互联系事务作为目的。"

8. 规定了罚则。违反"保守秘密的义务"的规定者,判处一年以下惩役或一万元以下罚金(第四十条)。符合下列各项之一,判处三万元以下罚金:(1)根据规定被勒令停止使用技术士名称的,在停止期间使用技术士或者其他类似名称者;(2)执行考试有不正当行为者,进行不公正评分者;(3)冒用技术士或类似的名称。

1983年4月22日,日本国会又通过了一项技术士法修订案,决定设立"预备技术士"这一新职称,目的是使更多青年科技工作者参与技术士的工作。凡是经过考试证明具有实际能力的人,不问其学历、经历,都可以成为预备技术士。

日本从1958年起每年举行一次技术士资格国家考试,迄今已有2万多人取得了技术士资格,其中到政府机关登记实际做专职或兼职技术士工作的占绝大部分,并且多数已成为各大企业的高级技术骨干。

此外，日本政府还采取了其他措施。如，文部省实施了"特别研究员制度"。该制度的主要目的是增进对青年科技人才的培养。它对培养对象提供较优惠的科研经费。其培养对象不再限于博士获得者，而是扩大到具有同等研究能力的以及在高校攻读博士课程一年以上的33岁以下的人员。

三、日本推进创造性科学技术研究的立法措施

随着"科教兴国"战略国策的确定，日本的科技发展由模仿和追随时代迈入首创和领先的文明、开拓时代。为建立一种与之相联系的科研体制，日本政府又制定了创造性科学推进制度。1981年，新技术开发事业团根据同年5月26日公布的修改后的事业团法，又承担起创造性科学技术推进事业的新业务。

创造科学技术推进制度于1981年开始实行，是新技术开发事业团的另一项主要业务。它的核心内容是流动研究体制，它的目的在于：通过基础研究，培养出成为今后科学技术之源流的新思想，创造出革新技术的萌芽。这是为了弥补日本科技人员的终身雇佣制和研究体制的"纵断式"（即在一个系统内垂直管理）的缺陷而创立的新制度，有其独到的优点，也不无可借鉴之处。

战后30年来，日本为赶上欧美发达国家的科技、经济水平，采取的是"模仿"的战略，这种战略为提高技术水平开创了一条花钱少、见效快的捷径。然而，对于这种被称为"贸易立国"的方针，日本在经济大幅度发展的同时也造成严重的"后遗症"。第一，因日本的技术是加工型的，日本人缺乏自己的创造性的科学技术研究。这表现在日本技术贸易收支的大幅度逆差上。第二，日本虽然在经济上迅速发展取得了成就，然而它在世界上的形象却很差，被称为"经济动物""经济战争贩子"。这种不雅的国际形象引起日本人的担心，"如果长此以往，将难以存身"。"资源小国的日本怎样才能立身于世界"的问题引起日本国内各界的广泛重视和讨论。

随着日本技术水平的提高，缩小了与欧美的差距，而且在许多领域达到了世界领先水平。一方面增强了日货的强大国际竞争力，另一方面也形成了与原来的技术出口国的竞争局面，不可避免地引起经济贸易摩擦，引起技术出口国家的不满，从而导致了对技术出口的限制。此外，当前在全世界范围内，重大科学技术研究成果封锁很严。在以上三种形势的综合作用下，日本引进技术日趋困难，日本人明显地感到，单纯依靠学习外国不行了，必须把眼光从国外转向国内，独立创造新技术。

面对这样的国际形势，日本各界经讨论得出的结论是：应充分利用本国的"智力"资源，积极地进行创造性的科学技术研究，以此来保持其科学技术的世界领先地位。

但日本当时的科研体制不利于创造性研究。日本科研体制的特点是管理上的纵断式，

人事制度上的封闭式，重解决具体技术问题和轻探索性基础研究，以组织为中心，以民间为主导。

所谓"纵断式"的管理，即日本的科研体制是在一个系统内进行垂直管理。大学、研究机关以及民间企业都从各自的立场出发进行研究，其研究活动很少超出系统的框框。此外，传统的人事封闭制度使得研究人员很少超出本单位的范围而流动。所谓以"组织为中心"，即无论是公立研究机关、国立大学还是民间企业，都是实行以组织为中心的研究体制，研究活动是在组织安排之下进行的，这样显然难以进行基于自由思想的创造性科学技术方面的研究。日本科研体制的另一个特点是民间研究主导型，不重视基础研究。在总研究投资中，民间的占80%，国家只占20%，可见在这方面国家作用之小。而在占主导的民间研究投资中，基础研究仅占5%，其余绝大部分都被用于吸收和改良引进技术。民间企业讲究经济实效，实用主义思想根深蒂固。这些都必然导致企业只重视解决具体问题型的技术开发，而风险大、研究时间长、见效慢、成功率低的基础研究则不重视、不投资，这也阻碍了创造性的培养，不利于探索性的研究和开发。

同时，日本实行终身雇佣制，实行"年功序列制"，在研究机构中，研究人员的待遇、升级、晋职大部按照一定的工作年度顺序自动进行。因此，青年研究人员主动开展研究活动的机会不多，特别是在风险大的创造性研究中，优秀的青年研究员几乎没有发挥创造精神的机会，年轻人富于创造性的见解往往得不到重视。与欧美相比，日本是一个集团主义、平均主义的社会，对于个人的才能和个性尊重不够，在教育制度上也是平均主义，不利于创造性人才的培养。

总之，由于体制上的弊病，束缚了科技创新，再加上对外国尖端技术的依赖倾向，造成了日本科学技术缺乏独创性的弱点。在创造性科学技术方面，日本远远落后于欧美，没创造出什么有突破性的科学技术成果。据1976年美国全国科学基金会调查，从1953年开始的27年里，美国的发明有265项，英国有45项，而日本只有27项，而且90%是改良型的，创造发明型的新技术只占7%（美国占25%，英国占55%）。

因此，如何在充分发挥现有制度长处的基础上建立一种新的研究体制，以顺利推进创造性科学技术事业成为全日本所广泛重视的问题。

日本科学技术会议，于1981年1月正式提出了以流动研究体制推进创造科学技术的探索研究的方案。3月19日科学技术会议正式将创造科学推进事业委托给新技术开发事业团。还决定了科学技术振兴调整费使用的基本方针，规定其用途为：加强尖端、基础性的研究领域的力量，推进多数研究机关的合作；加强官、产、学合作，促进国际共同研究。1981年10月创造科学技术推进制度正式开始实施。

所谓创造科学技术推进制度，即为了发掘将成为未来技术革新源泉的科学技术种子，利用流动研究体制推进富于独创性的探索研究的一项促进科学技术发展的制度，它的中心内容是流动科研体制。由国家预算投资，开展未知领域的探索研究。

创造科学技术，即在所谓科学与技术两者的交叉点上进行探索、发掘，研究物质和生命的新特性，并为其研究结果开拓广泛应用领域的一种富于创造性的探索研究。日本将这种介于科学与技术边缘上的创造活动称为"创造科学技术"，创造科学技术的研究对象是在包括从物质到生命的广泛领域，在科学向技术过渡的过程中，选择出成为革新性技术种子的可能性大的课题作为研究主题。创造性科学技术的目的不是创造"物"，而是创造"新思想"，而这些新思想将成为未来科学技术发展的源泉。

因此，创造科学技术推进制度以开展围绕一定研究主题的探索研究为重点，研究过程中不设固定的研究目标，研究人员围绕研究主题自由思考、自由研究。因此，这种制度归根到底是采取以个人为中心，最大限度发挥富有独创精神的研究人员个人才能的研究方法。

创造科学技术主要是基础研究和部分应用研究。

所谓流动研究体制，即由事业团根据课题需要聘请该研究领域里卓越而有声望的优秀研究人员（多为科学家）作为课题总负责人，总负责人拥有财权和人权，但不超过事业团预算。课题组由总负责人组阁，由他挑选富于才能和创造精神的年轻研究者（35岁以下）以及外国专家，以签订定期合同的方式与事业团建立雇佣关系。

流动研究体制的宗旨是发挥研究人员的独创精神，因此，打破了以组织为中心的研究方式，采取以人为中心的研究方式；打破人事封闭的壁垒，采取人才流动方式；不受官、产、学限制，广泛吸收优秀人才参加；打破僵硬的管理方法，不固定研究目标，研究人员的意识可自由发挥。重视研究过程中出现的新想法，以提高发现革新性技术种子的概率。

为实现创造科学技术推进制度，考虑到流动研究体制的灵活性和官、产、学人才的流动性及鼓励企业研究人员积极参加等基本要素，经研究决定利用特殊法人作为实施机关；它由国家直接支出研究费用，直接管理更适宜。但这个特殊法人又不能是自由拥有研究人员、研究设施的，否则有可能在选题方面受到现有组织、设施及人员专业的限制，外部研究人员不愿参加。因此选择了新技术开发事业团作为新研究体制的具体实施机关。新技术开发事业团自己没有固定的研究设施和人员，它广泛了解国内外科技发展动向，能够吸引官、产、学的研究人员积极参加，同时也有组织推进研究的充分经验。1981年新技术开发事业团内部成立了一个专门负责这一新制度实施的机构——创造科学技术推进室。1982年改组为"创造科学技术推进部"，专门负责有关创造技术推进方面的事务处理、财务处理、规划研究、相互调整等业务。

根据法律规定，新技术开发事业团所设的开发审议会是创造科学技术推进制度实施时的最高机关。开发审议会由多个科学技术领域中有威望、学识丰富的专家组成。事业团首先要听取开发审议会的意见以决定实施的基本方针。根据审议会的意见选择几个出现革新性技术种子可能性大的研究领域，在分别听取审议会的意见后，确定研究主题项目，并选定各个主题项目的总负责人。

研究员的聘请由每个主题项目下设的研究组负责人和总负责人商定。经拟聘研究员原单位的同意后,研究员与事业团、原单位三方分别签订合同,规定在合同期间,研究员为事业团职员,期满后回原单位,合同期间的费用由事业团支付,待遇标准与原单位一致,加薪晋级等不受影响。研究成果的发明者与事业团共有。研究员的选择标准,首先须有独创精神,年龄为35岁以下。工作两年后对其独创精神做出评价,确无创造性者解除合同,另聘他人,也可根据实际成绩进行调整。为了便于国立大学、研究所等有公务员身份的研究人员参加,考虑了兼职、休职等各种措施。

具体研究地点都借用研究机关、大学或企业的现有设施,以便发挥这些设施的作用。

研究成果原则上都公开发表,以利于下一阶段的研究开发,所取得的专利为事业团与发明者共有。其他单位要使用专利须向事业团申请。研究员原所属企业要使用该专利,可得到为期三年的优先实施权,即事业团在此期间不再向其他企业发放专利实施许可证。

几年来,该制度的实施表明,它具有相当大的优点,主要是:

这项新制度以及为开展未来产业新领域而选定的这些主题项目,对富于创造精神的青年研究人员有很大吸引力。首先,以个人为中心的体制激发个人的独创性,重视研究人员的提案,又有个人与事业团共享成果的好处(财产和名誉),同时在这期间又可不受任何干扰和束缚,畅所欲为地开展研究活动,容易出成果、容易成名。

该制度对于企业也有很大魅力。平时不能提出的基础研究得以进行;本企业研究人员容易得到最新技术情报;优先利用研究成果;可以取得基于本企业研究员的发明而取得的专利权中属于发明者那一部分的继承权,事实上发明者所得到的专利权在回原单位后都转让给原单位了。

该制度给年轻有为的研究人员发挥创造性的机会,突破年功序列等传统习惯的束缚。

该制度打破纵断式框框,超组织界限,把分散在官、产、学以及国外的优秀人员吸收进来。

该制度对积极开展不明确因素多、风险大的研究课题,有较大的促进作用,研究过程中不拘泥于原定目标,重在研究人员在研究过程中派生出来的好想法、新见解,实行灵活的研究管理。参加研究的人员通过实际研究活动可以从优秀学者那里学到判断力、洞察力、分析力和指导能力。因此,这一体制也是培养下一代创造科学技术、指导人才的一条有效途径。

四、《新技术开发事业团法》

日本政府十分重视利用法律手段,在研究机构与产业界之间设立中间机构,由他们组织技术转让、技术开发。

在日本,从政府到民间企业,都设有许多专门从事科学研究与技术开发衔接工作的中间机构或职能部门。大致有这样三种形式。其一是直接从属于政府和从属于民间企业的专门机构，如从属于总理府科学技术厅的新技术开发事业局和从属于通产省的产业技术振兴协会以及民间的综合商社、关系企业等。其二是在本企业中设职能部门，如电信电话公司在研究机构的设置和职责分工就注意科学研究与技术开发之间的衔接，除研究外，还设立技术厅。当研究所的某项科研课题进入应用研究之后，技术厅即参加进去一起搞，待基础实用化阶段工作完成后，该项课题在研究所的工作即告结束，技术局则负责把其成果推广应用到生产中去。其三是研究人员带着科研成果到生产、使用单位去，负责将科研成果实用化或者从生产、使用单位抽调优秀研究人员，从事他们所迫切需要项目的研究。

上述专门从事促进技术开发的机构，在日本的经济发展中起了很大作用。以通产省的"日本产业技术振兴协会"为例，它是1967年7月30日根据有关法律经通产大臣认可设立的财团法人，其性质是介于通产省工业技术院和产业界之间实施技术转让的中间机构，是沟通研究与生产的桥梁。其主要任务是：调查、分析工业技术院研究开发的技术情报，并发表工业技术院研究成果的公报，向产业界提供该院的研究成果，进行技术转让，普及科技成果并使其实用化。

日本在运用立法手段组织技术开发，调整新技术所有者、中间机构和开发企业之间的关系方面，最典型的要数《新技术开发事业团法》。

《新技术开发事业团法》于1961年5月6日颁布。根据法律规定，在日本科技厅下设立"新技术开发事业团"，作为政府直接管辖下的特殊法人组织，它专门从事促进新技术开发以实现其企业化的业务。事业团明确规定："新技术开发事业团的目的是高效率地进行新技术开发和有利于新技术之创造的基础研究，普及开发和基础研究的成果。"

根据《新技术开发事业团法》，事业团为行使促进科研成果转化为生产力的职能，开展了委托开发和推荐开发的业务。

（一）委托开发

在促进科研成果转化为生产力方面，新技术开发事业团负责通产省管理以外的科技项目和通产省产业技术振兴协会在两年之内没有实现转让的项目。新技术开发事业团每年约收集500项新技术，它们大都来自大学和国立研究所，离实现企业化还有很大差距，不能立即用于生产。新技术开发事业团通过委托开发和向企业推荐的方式使新技术尽快企业化。

委托开发，即事业团每年定期将大学和研究所等单位所取得的科研成果委托给有关企业进行开发。

委托开发项目的来源是由事业团每年定期向日本的大学、研究所、企业以及个人公开征集科学技术研究成果。此外，事业团的职员通过出席各种学术讨论会和走访科研机构等方法主动收集开发课题。事业团征集和选择开发课题的具体原则是：已经获得专利或者已经申请专利的新技术；有企业化前途的新技术；开发、应用有风险的新技术。

开发课题一经确立，事业团即采用发行"新技术情报志"的形式向全国企业公开课题，并召开说明会，向有意承诺的企业说明新技术的内容、开发计划、委托开发的条件及受委托申请方法等。愿意接受委托的企业，可以向事业团申请。事业团将对各申请企业的设想、技术、体制进行书面调查和实地考察，择优选定最适合于进行开发的企业为委托方。新技术开发事业团分别与新技术所有者、开发企业签订合同，明确各方面权利义务关系。

为了鼓励企业接受委托，依法制定了许多优惠政策，如由新技术开发事业团拨给企业一定的委托开发费；由新技术的所有者提供设备。开发成功后，在五年内均等返还委托费，但不计息；如果失败，则只须返还事业团。开发企业新技术所有者的利益分享问题，则规定如下：企业须在年销售额中提取2%—3%，如果是专利技术，则须提20%，以作为向新技术开发事业团提交的手续费，事业团留下其中50%，其余交给新技术所有者。该使用费的提取年限与专利年限一致。第三企业要使用开发成果，要向新技术开发事业团申请，并同样要将年销售额2%—3%交给事业团。

由于技术的开发、转让更多地涉及专利权的保护和科技成果的分享问题，因此，新技术开发事业团在这方面依据专利法的基本原则，以签订合同的形式，较好地调整了事业团、开发企业、新技术所有者三方的利益。

首先，事业团在征收和选择开发课题的过程中，就积极扶植新技术创立，对于那些虽未提出专利申请，但有开发前途，并有可能获得专利的优秀研究成果，事业团在征得发明者的同意之后，将以事业团的名义提出申请并获得专利权。对于那些尚未成熟，但对经济发展有价值的重要课题，事业团将提供实验调查费或技术加工费，以促进研究成果的成熟和完善。

其次，对于科技成果的分享和工业产权的处置，事业团分别与新技术所有者和开发企业签订合同。事业团与新技术所有者所定的合同中，一般规定新技术所有者就其专利技术给予事业团独立实施权，包括向第三者发放普通实施许可的分售许可权。

与开发企业订立的合同中，通常规定，开发企业在新技术开发和企业化过程中所做出的发明创造，如取得新的专利权，视其与原专利相关程度，决定该权利或归事业团、开发企业和新技术所有者三者共有，或者为事业团和开发企业双方共有。开发企业将专利技术企业化之后，事业团就专利技术给予开发企业普遍实施许可，并伴有为期三年的优先实施权，即在此期间，事业团不得向第三方发放实施许可。

开发企业在实施专利技术期间，一般须按销售额的20%左右提成，向事业团支付使用费，其中的50%归新技术所有者。开发企业享有的优先实施权期满后，事业团可根据其他企业提出的实施申请，与其订立专利实施许可合同。通过实施许可合同，给予更多的企业实施权，从而使新技术得到更普遍的推广。实施企业也必须向事业团支付使用费。该使用费将在事业团、新技术所有者和开发企业之间按一定比例分配。普遍实施期限一般为10年。

(二) 推荐开发

也称为"斡旋",是指比较成熟的新技术的开发,由新技术开发事业团推荐,企业直接在新技术所有者处获得新技术的开发权。事业团不再付委托费,而是拨给每个项目平均1000千万—2000千万日元的促进费。开发成功后,企业两年内均等无息偿还促进费,并从销售额中提取2%—3%的手续费,其中90%付给新技术所有者,10%留事业团。

经过新技术开发事业团委托或推荐开发技术实用化的企业,不必另付给新技术所有者以专利使用费。

新技术开发事业团由于以合同形式事先规定了技术开发所涉及的各方面的权利、义务范围,较合理地解决了研究成果的分享和工业产权的归属问题,所以有力地调动了新技术所有者和开发企业的积极性。

五、建设高技术工业密集城的立法

随着微电子技术、计算机、光纤通信、新材料、生物工程等尖端技术的迅速发展,从20世纪70年代开始,日本国内逐步形成了若干各具特点、新兴产业相对集中的高技术开发区,如在世界上闻名遐迩的筑波科学城、远东的"硅岛"九州等。经过十多年的发展实践证明,这些高技术开发区的建设是一种成功的尝试。为了更进一步地促进新技术革命向纵深发展,加速尖端技术工业区域的开发、协调,因此而产生的各种社会关系,日本政府于1983年4月制定颁布了《高技术工业集约地区开发促进法》。日本以专门的立法来调整高技术开发区的建设,这在各高技术先进国家中是颇具特色的,它有其自身发生、发展、完善的过程。

在日本,所谓高技术开发区或称"高技术集约城区",实质上是高技术产业与民间或政府研究机构的一种有组织的集中和有机结合。它的出现顺应了现代科学技术综合化的发展趋势。现代科学技术综合发展一方面是不同学科之间的相互渗透,并由此产生一系列新兴领域和新兴学科;另一方面是基础研究、应用研究和开发之间向整体化发展。随着科学结构更加复杂化,科学发展迫切需要某种社会体制把不同专业的科研、技术力量联合起来。这种要求加深了研究和生产的相互作用和影响。以产业、科技、居住相结合的新型工业城市建设模式和以地方为主体、加快发展高技术产业、振兴地方经济、调整产业结构的地区开发方式得到了重视。它们不仅是以微电子技术、机电一体化技术、生物工程和新材料等尖端技术产业组成的工业区,而且是配备有众多的大学和研究所,与政府和民间企业密切合作,共同研究开发新技术,并能培养和造就大批技术人才的科学城;同时也能为在这里工作的人们提供舒适的物质文化生活环境的居住区。可以说，高技术开发区是这三者完美的结合。

（一）日本高技术开发区形成的历史背景

日本高技术开发区的形成有其历史发展过程。由于日本尖端技术工业部门的兴起和发展，对产业结构和工业布局带来深刻影响，产业结构向高附加价值化和知识密集型方向发展。日本的尖端技术工业一方面向技术开发程度高的大城市及周围地区集中，另一方面又向地区分散的方向发展。50年代中期至70年代初期，经济高速发展的中心地区太平洋沿海工业地带的钢铁、石油化工、船舶等重工业、化学工业企业的发展已达饱和状态，加剧了资源紧缺、环境污染、人口拥挤等社会问题。日本沿海大城市及其周围地区工业和人口高度集中，迫使政府在宏观经济决策中不得不考虑如何疏散大城市工业和人口。同时，由于科学技术的迅速发展，迫切需要加强学术交流，因此，也很有必要为科研部门创造一种机构相对集中、条件比较优越的科研环境。1963年9月，作为解决东京城市过密状态和促进科学技术研究的一项重要措施，日本内阁会议决定在距东京60公里，北依筑波山、东临霞浦湖的一块狭长地带建设一座科学城。它于1968年10月正式开始动工建设，到1980年3月，计划中的各个政府研究机构和学校相继建设。这就是日本最早的高技术开发区的尝试。

（二）日本《高技术集约城市法》的诞生及其主要内容

鉴于个别高技术工业区域的成功经验，为适应产业结构和工业布局变化新趋势，考虑到本国的航空、高速公路和新干线铁路等高速交通系统的建设和完善已具有省资源、省能源、多品种、小规模生产和产品的小型化、轻型化以及高附加价值化等特点的尖端技术工业向地方发展创造了条件，日本通产省于1980年初提出建立以发展电子技术、生物工程、新材料、机电一体化技术、情报信息系统等尖端产业为主，并以政府、民间企业和大学三位一体组成高技术集约城的新构想。这一构想旨在全国各地普遍建立高技术开发区，以加速实现尖端技术工业向地方扩展，推动科学技术的发展和尖端技术工业的形成，促进产业结构的转变，调整地方工业布局。为了使这一政策措施得以顺利贯彻实施，日本国会于1983年4月通过了《高技术工业集约地区开发促进法》（简称《高技术集约城市法》）。

《高技术集约城市法》的主要内容及其产生的影响如下：

1. 该法对建立和建设技术集约城市的原则、高技术开发区的基本布局条件都做了规定。

2. 该法明确规定建立高技术集约城必须遵守以下五项守则：

（1）在经济上能对周围地区产生有效影响；

（2）能反映地方特点；

（3）有利于促进政府、大学和企业之间的共同研究开发；

（4）有利于扶植研究开发型企业和培养人才；

（5）能够促进尖端技术向本地区企业转移。

3.高技术集约城的基本布局条件，大致有以下七条：

（1）自然、经济、社会诸条件适合进行尖端技术工业开发，为了保证开发区的整体性，区域面积不超过13万公顷；

（2）工业密集程度很高的地区（不包括大城市圈）及其附近地区，要有一批在尖端技术的开发和应用方面有成绩的企业；

（3）已经存在相当多的技术开发企业和有可能发展成生产尖端技术工业产品或应用尖端技术的企业；

（4）工业用地、工业用水及住宅地有保证；

（5）在开发区域或其附近地区有15万人口的中心城市，开发区到中心城市的时间距离为半小时以内（如果开发区与生活区不在一个地点时，其时间距离为大约一小时以内），目的是要使开发区确实成为所依据的中心城市的组成部分，以便较有利地利用中心城市的现有城市机能；

（6）在开发区或邻近地区设有工科高等学校，便于同科研机构在尖端技术开发方面进行学术交流、协作研究和人才培养；

（7）有条件利用现有高速交通运输设施，即在开发区范围内要有高速公路的交叉点、飞机场或新干线铁路的车站，以便取得大城市圈的尖端技术情报、科研成果和利用它的各项城市机能。

（三）其他有关高技术集约城的法律、政策、优惠规定

1983年10月，通产省会同建设省、农林省、国土厅共同协商，最后确定了《高技术集约城市法》的实施方针，规定技术密集城市的候选地区，必须是东京、大阪和名古屋三大城市圈以外，面积在13万公顷以下，人口为15万—30万的地方城市，经批准后正式开始建设技术密集城市的地区。对这种地区，均需成立产业技术振兴机构，实施具体指导，并向开发尖端技术的企业提供资金等方面的援助。

此外，1984年日本政府还根据有关财政、税收、补助金等有关法律和制度，为高技术集约城的建设制定了优惠的财政、税收制度。

在税收方面规定：对技术密集城市的企业新增的科研设备投资减免税收，建立技术密集城市税收制，实行投资减税政策。对技术密集城市的企业新增的科研设备投资减免固定资产税。地方政府因此而少得的财政收入，三年内由中央政府补贴。

在补助金方面规定：对在技术密集城由县级研究机构和中小企业合办的新技术、新产品开发研究单位的基本设置和机械费用，由政府提供占资金总额的三分之一的补助金。

在财政方面规定：根据中小企业事业团贷款制度，在开发区投资的中小企业按规定可以得到低息长期贷款，根据日本开发银行和北海道东北开发金库的地区技术振兴贷款制度，在技术集约城投资的企业可分别使用低息长期贷款。

由于制定了相应的法律来保证政策的实施，又制定了与法律配套的制度，因此，各地方政府也纷纷制定规划，要求建立技术集约城。1981年3月，日本政府从具有理工科大学和科研机构，一定数量的技术水平较高的企业，并有机场、新干线铁路或高速公路等交通设施以及住宅等服务设施的大城市周围地区，选择批准了14个地区作为高技术集约城，现在这些集约城均已建成。

这14个地区及其重点开发的高技术产业是：

（1）北海道的函馆市，重点发展有效利用海洋资源的产业；

（2）秋田县的秋田市，重点发展电子、机电一体化技术、新材料、新能源、生物工程；

（3）新潟县的长冈市，重点发展尖端技术产业、都市型产业，有效利用资源；

（4）枥木县的宇都宫市，重点发展电子、机电一体化技术、精细化学、软件、新材料；

（5）静冈县的滨松市，重点发展光技术、高度机电一体化技术、家用音响文化；

（6）富山县的富山市，重点发展机电一体化技术、新材料、生物工程、情报产业；

（7）冈山县的吉备原市，重点发展生物技术、机电一体化技术、电子技术；

（8）广岛县的广岛中央市，重点发展电子、机电一体化新材料、生物工程；

（9）山口县的宇都市，重点发展电子、机电一体化技术、生物工程、软件产业；

（10）福冈、佑贺县的久留米、鸟栖地区，重点发展机电一体化技术、精细化学、下一代技术产业；

（11）大分县的国东市，重点发展电子、机电一体化技术、生物工程、软件产业；

（12）熊本县的熊本市，重点发展应用机械产业、生物技术、电子设备、情报信息系统；

（13）宫崎县的官崎市，重点发展生物工程、电子、城市系统；

（14）鹿儿岛县的国分准人市，重点发展电子、机电一体化技术、新材料、生物技术。

（四）日本建立高技术集约城市的成功经验

根据通产省等省厅确定的《高技术集约城市法》实施方针的规定，在这14个地区的发展规划中，都规定一个或两个大学作为技术开发核心的大学，也都明确了该城市的研究开发促进团体。如北海道函馆市的核心大学是北海道大学，促进团体是"技术集约城函馆技术振兴会"；秋田市的核心大学是秋田大学，促进团体是"秋田技术集约城市开发机构"。这样，在组织上落实了高技术集约城的科技力量达到了法律所要求的"有利于扶植研究开发型企业和培养人才"的要求。尽管高技术集约城的开发重点各不相同,但它们都围绕着《高技术集约城市法》规定的原则,具有以下特点:

第一,企业与研究所、大学结合,根据国家下达的科研任务或原则制定的发展方向,相互配合,充分利用有利的地理环境、完备的交通设施。

如九州原来除老工业区外,其余地区经济都不发达,它之所以后来成为尖端技术企业特别是半导体工业企业选址建厂的理想之地,主要因为:(1)它具备完备的航空运输条件,形成了"航空工业地带"的新兴产业区。九州各地的集成电路厂生产的半导体元件当天就可以空运到东京、大阪和名古屋等地的协作厂进行组装。(2)九州地处温带,水力资源丰富,特别是其水质指标符合新型半导体工业企业要求的最高指标。(3)输电系统发达。(4)劳动力比较丰富,土地价格相对低廉。因此,60年代以来三菱电机、日本电气、东芝、富士通等半导体大企业以及美国得克萨斯公司相继在九州各县建厂生产。据统计,1983年九州集成电路产量约占全国的40%,产值约占30%。九州这个远东的"硅岛"便成为仅次于美国圣克拉拉"硅谷"和得克萨斯州达拉斯"硅平原"的世界第三大半导体生产基地。

由于因地制宜,充分利用各地有利的地理环境和完备的交通设施,就使尖端技术的开发处于"地利"优势,并使高技术产品迅速及时投入销售、使用,达到了《高技术集约城市法》所规定的"对周围地区产生有效经济影响"的要求。

第二,高技术集约城区集中了强有力的科研力量,为高技术的开发准备了丰富的"智力资源"。

根据法律规定,高技术集约城必须设有理工科大学和研究所,这样才有利于促进政府、大学和科研机构、企业之间的共同研究开发。因此,被批准建高技术集约城的14个地区,有的原来就拥有高密度的知识和技术力量,有的则利用良好的基础设施、生活环境和高薪等吸引科研力量。在被称为"博士之城"的筑波科学城,汇集了大批高级科研人员,有53个教育与研究机构,其中有两所国立大学,44个政府各部所属研究所和7民间研究所。在筑波城12万人口中,科研人员为6500名左右,其中2500人有博士学位,而理、工学博士又占60%。该城政府科研机构的研究人员为4200名,占全国政府科研机构研究人员总数的40%。有些地区以各种形式的振兴基金等用于培养科技人才。高技术集约城的这种高智能结构,对城市开发能起到很大作用,因为许多高级科研人员既是新技术的发明者,又是企业的创立者,所以对技术的开发、应用有一种特殊的职业感、责任感,对创新有着执着的追求。

第三,集企业、研究所、大学于一地,政府和民间密切结合,为科研和生产紧密联系创造了条件。

高技术集约城依法规定都设有理工科大学、政府或民间的研究机构,他们与一大批企业联系密切,根据国家下达的科研任务或由《下一代产业基础技术研究开发制度》等发展规划规定的方向发展，共同研究开发。大学研究机构的科研成果能及时在企业得到开发、应用，实现技术转让，缩短了产品从研究到生产的时间。地方中小企业是转化科研成果为生产力的试验场所，成功者，往往给企业带来某项技术在应用上的突破；失败者，小企业倒闭对社会的威胁也很小。同时，企业在生产中遇到的技术难题、新发明等也可以及时得到大学、科研机构帮助试验、验证。新技术的动力不仅是生产工艺的改进，而且是新产品的开发，在此同时也增强了科研机构科技创新的针对性。企业、大学和研究机构聚集一地，从而为尖端技术向本地区企业转移创造了条件，也促进了政府、大学和企业之间的共同研究开发。

第四，为扶植研究开发型企业和培养创新型人才创造了条件。

山口县宇都宫市于1984年10月设立了"山口县产业技术开发机构"，1985年设立了15亿日元的"国家资产和技术振兴基金"，专门用于扶植研究开发型企业和培养人才。鹿山岛县国分准人市为扶植高技术企业，特设了"建厂促进补助金""特定工厂设施配备补助金"等。

第五，促进情报交流。

这主要受益于便利的交通设置和发达的通信系统。随着1990年日本一大批高技术集约城的建成，相当多的地方产业结构由以机械为主的传统产业转向以电子、生物技术、信息为主的高技术产地，地方经济随之大幅度增长。据东京大不佐贯利教授估计，10个高技术集约城在10年期间内将增加的工业产值为22.1万亿日元，相当于日本工业出厂价格总额的十分之一，就业人员增加20.7万人，其中高技术企业直接增加12.2万人。

第三章　美国、韩国、欧盟、德国激励科技创新的一些政策、法制经验

一、美国

为了发展美国的经济和推动科技创新，并鼓励先进技术转让，加快技术商品化，提高国家竞争力，创造更多的就业机会，20世纪80年代以来美国立法机构制定和发布了与科技创新活动有关的法律法规近20个。

其中最为著名的是始订于1980年的《史蒂文森—威德勒技术创新法》。1986年，对该法进行了修订，改称为《1986年美国联邦技术转让法》。该法的制定旨在促进美国的技术创新，支持国内技术转移，加强和扩大各科研机构与产业界之间在技术转让、人员交流等方面的合作，同时它对于提高各部门的劳动生产率、创造新的就业机会、稳定物价、提高产品在国内外市场上的竞争力等都起着积极的作用。

该法共15章62条，以促进新技术的推广与应用以及有效地利用国家的科技资源为原则，包括以下推进科技创新的五个方面的主要制度。

（一）研究开发机构制度

美国拥有独立的研究实验室达11万多个，其中较大型的政府研究机构600多个。为更有效地推动科技创新，根据该制度设置了以下机构：

1. 联邦技术利用中心

在商务部设置联邦技术利用中心，主要用于收集、传播和转让由联邦政府所拥有或首创的技术情报，并将这些技术推广应用于各级政府及私营产业。同时，应各州和地方政府的委托，向各国家实验室提供专门的技术和资金援助。各联邦实验室每两年须向该中心递交一份工作报告，由该中心审核。

2. 究和技术应用办公室

在各个国家实验室设立研究和技术应用办公室。办公室主任由总统根据参议院的建议批准任命。年度总预算超过2000万美元的国家实验室应在该办公室中至少安排一名专业人员作为专职人员,其职责是为该实验室所从事的每个研究和开发项目准备一份应用评估报告,提供各类可应用于各级政府及私营产业的产品信息,以方便各州和地方政府及私营产业采购。同时,与联邦技术利用中心和其他相关组织部门密切合作,提供技术援助,并促进技术创新成果的商业化进程。

3. 国家产业技术委员会

每年负责审查研究和技术应用办公室的工作。该委员会由15名有表决权的成员组成。它们应由部长任命,任期三年,并从中选择两名成员分别担任主席和副主席。研究和技术应用办公室主任应作为该委员会无表决权的成员;成员应是在一个或多个相关技术和工业创新领域具有丰富经验和技术水平的个人。

4. 产业技术中心

主要发展技术创新的基础研究,改善工程技术教育,扩大职业培训,向产业界尤其是小企业提供技术援助和咨询服务;支持大学和企业界之间科学技术情报的交流以及小企业的创新应用研究,积极促进科技成果的商业化进程。

(二)技术创新资金的来源与使用制度

用于技术创新的资金来源主要是国家财政拨款、金融机构的贷款、各企业的自筹资金和国内外各种机构与组织的赠款。国家财政拨款主要由商务部长根据个人或研究机构所提交的申请划拨,作为企业、政府研究机构、国家实验室以及高校的研究与开发费用。自筹资金主要来自按销售额提成的技术开发费用和国内外各类机构提供的援助资金等,主要用于各机构的教育培训或研究活动。

(三)行政授权制度

商务部、国家实验室、国家产业技术委员会和国家科学基金会均被授权参与联邦技术利用中心和产业技术中心的各项活动。商务部长和国家科学基金会授权接受来自国内外各种机构和组织的资金和资助,用于各中心的各项活动,同时对商务部长在各财政年度授予拨款的限额也做了具体的规定。

(四)科技人员制度

技术创新法明确了技术创新中各级科技工作人员领取薪金的标准和依据,同时具有灵活的人才流动机制,由商务部长和国家科学基金会共同制订人事合同制度以鼓励科技人员在高等院校、产业界和联邦实验室之间的交流,避免科技人才资源的浪费与不合理的配置，充分地发挥了科技工作人员的积极性与创造性。

（五）科学技术奖励制度

这一制度包括：

第一，科技成果提成奖励。该制度规定，必须从获得专利许可证技术创新成果收益中，提成用于奖励在此过程中做出重大贡献的技术人员，如果每年由收益获得的提成费超过一定金额，必须将提成费按比例再次支付给参与过该创新成果的技术人员。此款项是正常工资和其他资金的附加部分，不影响其正常工资、年金或其他应得奖金的权利，也不限制其工作单位，即使此科技人员离开了该机构，也应继续支付。

第二，设立国家技术奖章。该奖章授予在促进技术发展和增强技术力量方面为改善美国经济、环境或社会福利做出了突出贡献的个人或公司。同时，联邦实验室的研究开发费用超过5000万美元的，应设立一项基金，用于奖励推进科技发展成果或发明创新应用的模范科技工程人员。

除《史蒂文森—威德勒技术创新法》外，美国鼓励科技创新的有关立法主要还有：

1.1982年的《小企业创新发展法》。根据该法制定了"小企业创新研究计划"（SBIR），要求联邦政府机构中年度研究与开发费用在1亿美元以上的单位要按一定比例向SBIR拨出专款，研究与开发资金超过2000万美元的联邦政府机构每年要为中小企业确定科研项目和目标。现参加SBIR的有农业部、商业部、国防部、宇航局、卫生部、能源部和国家科学基金会（NSF）等11个部门，据估算自1983年至1995年向SBIR共拨款55亿美元。美国会还专门立法规定从1982年到2000年联邦政府各部门用于本部门外小企业创新活动的经费可以逐年增加。1992年各部门投入创新活动经费占本部门总预算的1.25%，到1997年增加到2.5%。用于小企业创新活动的三个阶段补贴拨款亦做相应增加，第一阶段开展项目可行性研究（半年完成）的费用由原5万美元增至10万美元；第二阶段用于项目技术开发的资助由原50万美元增至75万美元，要求两年完成；第三阶段主要开展技术成果商品化，要利用企业和私人赞助或非SBIR的联邦经费开展工作。

2.1984年的《商品澄清法》。该法允许政府所有的和由承包人经营的实验室可以做出发放专利使用许可证的决定；允许承包人获取专利权用于研究开发、奖励和教育；允许私人公司，不管规模大小，都可以获取独有的使用许可证；允许大学和非营利组织经营的实验室在有限制范围内保留发明所有权。

3.1986年的《联邦技术转让法》。该法规定：开展技术转让是所有国家实验室科学家和工程师的义务；对雇员工作的评价要结合技术转让的内容；为国家实验室技术发明者建立不低于15%的专利使用费分享原则，并为其他创新者制定奖励制度；制定了国家实验室技术转让联合体法规，并为该联合体开展工作提供了经费机制；为国家实验室提供了具体要求、奖励刺激和权威；赋予政府各个部门授权政府拥有和管理的实验室主任权力，经各有关部门简捷审核后即可商签合作研究开发协议（CRADA）和发放许可证协议；允许实验室和不同大小公司就使用和国家实验室合作研究开发协议产生的发明签署继续合作的协议；允许政府拥有和管理的实验室主任就他们实验室创造的发明者签发放许可证的协议；允许同他们研究合作伙伴交流政府拥有和管理的实验室工作人员、服务手段和设备；使得授予和放弃国家实验室的发明和知识产权的权力成为可能；允许国家实验室现有的和过去的雇用人员在利益不冲突的范围内参加商品化开发。

4.1988年制定的《综合贸易与竞争力法》。该法强调，在保证充分使用各个方面资源及科技成果方面要把重点放在国家和私人企业的合作；把"国家标准局"更名为"国家标准技术研究院"（NIST），扩大其技术转让的作用；要求该院帮助中小制造企业采用不断改进的制造技术；建立转让制造技术中心；要求各州建立工业推广服务中心和地方的技术计划信息交换中心。因此NIST同州和地方政府合作建立了"制造技术推广伙伴关系"（MEP），建立了MEP合作网络，通过不断开发、推广和应用新技术，帮助美国制造企业，提高他们在国内外市场上的竞争能力。

5.1989年的《国家竞争技术转让法》和1990年的《国防部授权法》。批准以1986年《联邦技术转让法》强调的基本相同的方式，为政府拥有和管理的国家实验室创造机会，参加与大学和私人工业达成的合作研究开发协议及其他活动；允许通过合作协议带进的和创造的资料数据和创新成果受到保护，避免泄露；还为国家核武器实验室规定了技术转让的任务。

6.1991年的《国防授权法》。该法要求：建立国家国防实验室典型计划以显示联邦政府、州政府的和地方政府同小企业的成功联系；允许国家实验室同中间合作伙伴商签合同或备忘录为小企业的合作活动提供服务；允许开发和实施"国防制造技术计划"，促进军用技术转为民用，并开发军民两用技术。

美国的上述立法，对科研机构、大中型企业尤其是小型企业的科技创新发挥了十分重要的促进与保障作用，是美国科技创新的不竭源泉。立法激励作用之巨大，由此可见一斑。

二、韩国

韩国在科技创新的促进和保障方面做了大量工作，概括起来见诸以下三个方面：

（一）科技创新中政府的引导作用

1. 宏观引导

韩国政府一直很重视通过规划或计划发挥宏观引导作用。韩国政府自1962年起通过各个"五年计划"实现自己的社会、经济目标，在每个"五年计划"中科学技术发展计划都占有重要位置。韩国科学技术部负责国家科学技术政策和计划的制定，并在国家科学和技术开发中起着中央机构的作用。科学技术部的主要职能与宏观引导关系密切，包括：

（1）提供科技发展预测，制定科技开发和促进的基本政策；

（2）组织实施关于开发核心技术、面向未来技术、大科学和交叉科学技术的国家项目；

（3）在依靠自己拥有技术的基础上，促进原子能的和平利用；

（4）支持由政府资助研究所、大学研究所以及私人部门的研究与开发中心所进行的基础性和应用性的研究与开发；

（5）制定关于研究与开发投资，人力资源、信息和科学技术国际合作等方面的政策；

（6）促进公众对科学技术的了解。

科学技术部下设计划与管理办公室、研究与开发政策与协调办公室、原子能办公室、技术政策局、技术协调局、技术人力局等。科学技术部还直接管理26个机构，其中研究所12个，包括韩国科学技术院（KIST）、韩国原子能研究所（KAERI）和韩国标准科学研究院（KRISS）；其余机构有韩国科学和工程基金会（KOSEF）、韩国科学基金会（KSF）等。上述机构对科学技术部组织研究与开发活动等具有重要的支持作用。

2. 以加强科技立法从宏观上促进科技成果转化

韩国政府在推动科技创新和科技成果转化方面的主要立法有：

（1）《国家科学技术促进法》（1967），这是一个系统地促进国家科学技术的基本法，该法的条款包括科技政策和计划的制定以及有关项目和机构的全面支持机制等；

（2）《工业技术开发促进法》（1972），该法提供财政和税收激励，鼓励私人企业进行技术开发活动；

（3）《基础科学技术促进法》（1989），该法为向从事研究与开发的研究所和大学所进行的基础科学研究给予财政支持提供了法律依据；

（4）《工程服务促进法》（1973），该法旨在促进工程工业的发展，加速研究与开发成果的商品化过程；

（5）《原子能法》（1959），该法旨在促进原子能的和平利用，包括放射性灾难防护措施和公共安全措施等；

（6）《科学技术创新特殊法》（1997），该法旨在进一步加速科学技术创新过程。

3. 积极制订与实施国家研究与开发计划

现行的国家研究与开发计划包括非常先进的国家研究与开发计划、战略性国家研究与开发计划，政府在1982年至1995年之间对这类计划的累计投资已达26.6亿美元。

（1）非常先进的国家研究与开发计划（Highly Advanced National［HAN］R&D Projects）。

1992年，韩国政府启动了"非常先进的国家研究与开发计划"（简称HAN计划），也称为"G-7"计划,旨在使韩国进入世界先进技术国家行列的第七位。HAN 计划目的在于在一些有潜在优势的战略性领域获得核心技术,在一些选定的技术领域中维持其竞争优势地位。

HAN 计划可分为两类。第一类是产品技术开发计划,主要涉及一些具体的高技术产品。第二类是基础技术开发计划,包括一些对社会、经济和人民福利至关重要的一些核心技术的开发。

HAN 计划是大规模的研究与开发计划,投资来源于政府和工业界。各种研究与开发机构,如大学、工业界和政府资助研究所参与了这一计划。1992—1994 年,HAN 计划已取得很多研究成果,申请了 2500 项专利,其中 550 项已获得批准;发表了 2100 篇会议论文,各种杂志上发表论文 1900 篇。

(2)战略性国家研究与开发计划。

鉴于 21 世纪将是信息和生物技术的时代,韩国政府在 1993 年 11 月提出了"生物技术 2000 计划",旨在促进生物技术的发展。为此,政府在 1994—1997 年间投资 20 亿美元,其中大约 30% 由政府提供,目的是为生物技术的开发奠定良好的科学技术基础。

在战略性国家研究与开发计划中,包括计算机软件、航空、航天、核能、海洋等领域的研究与开发。政府于 1995 年在计算机软件方面已投资 800 万美元;在未来 10 年中,将在海洋开发方面投资 330 亿美元。

(二)合理配置科研力量,明确分工,促进科研生产相结合

在韩国现行研究体制下,有民间研究所、国家公立研究所和大学研究所三大类研究机构。民间研究所在韩国的研究所中占主导地位,分为企业研究所、非营利法人研究所、产业技术研究组合、民间生产技术研究所和营利法人研究所五种。在民间研究所中,企业研究所又占主导地位。到 1995 年止企业研究所共有 2270 个,研究人员 63,037 人,研究人员免服兵役。国家公立研究所分为全额拨款研究所和出捐(资助)研究所。前者的经费全部来自政府拨款。所长由政府任命,研究人员具有公务员身份,研究任务由政府下达,研究工作侧重于农业方面;后者由政府提供部分资助,主要靠自己的科研服务维持研究所的运转,以竞标方式获得政府的科研项目,研究工作侧重于工业方面。

韩国公立研究所和大学研究所主要从事科技领域的基础研究和应用研究,并承担和参加企业研究所无力承担或没有积极性的国家长期研究项目。这十分有利于提高韩国科学技术的总体水平,同时有关研究成果也将为企业研究所进行技术创新及开发提供基础。

企业研究所主要从事本行业的技术开发,研究成果直接为生产服务,其研究与开发总投入占全国研究所总投资额的 70%。一些大型企业研究所,如三星、现代、金星等大企业集团所设立的研究所还得到政府的支持,其研究成果可以很快用于生产。韩国政府鼓励企业自办研究所。企业自办研究所目前和将来都是韩国研究所的主要发展方向。

(三）措施具体、可操作性强的技术创新激励政策

为了促进私人部门研究与开发活动，政府自 70 年代以来提出了一系列激励和支持措施。根据《工业技术开发促进法》和其他法的有关规定，私人企业建立研究中心将在税收和财政方面得到支持，例如扣减用于研究与开发设备的关税，并对研究与开发给予补贴。政府鼓励不能自建研究中心的小企业与其他企业建立科研联合体。政府鼓励的结果是，企业研究所和科研联合体的数量一直明显地增加，企业研究所的数量从 1989 年的 749 个增加到 1995 年的 2270 个，科研联合体的数量从 1989 年的 50 个，增加到 1995 年的 63 个。

有关的具体措施主要包括：

1. 税收激励

（1）允许企业建立自己的技术开发储备基金（Reserve Funds for Technology Development）。储备基金用于技术开发、技术信息、研究与开发的人才资源和设施等方面时，将给予税收扣减。储备资金的税收扣减额最高可达总销售额的 5%。

（2）HRD 支出，私人企业在进行人员培训和企业自办技术学院等方面的支出，其税额扣减可达总支出的 15%。

（3）研究设备方面。私人企业用于研究设备方面的投资，税额扣减可达总投资 15%，而且对用于研究和测试的设备的总投资，可以按每年 90% 的比率进行折旧。

2. 财政支持

（1）政府对研究与开发的补贴

当私人工业研究所参加国家研究与开发计划，从事核心技术和基础技术开发、工业技术开发和新能源开发等时，政府将给予补贴，政府最高可负担研究与开发总支出的 50%。此外，政府还为个人或小企业提供可达总成果 80%—90% 的资金支持，帮助其实现技术的产业化。

（2）政府拥有的公司支持（Support by Governmentowned Corporation）

政府拥有的公司，如韩国电力公司（KEPCO）和韩国电信公司（KTC），可将其研究与开发总投资的 80% 提供给有关的研究与开发中心和工业技术科研联合体，以帮助其研究开发新技术和新产品。

（3）银行的支持

韩国开发银行、韩国国民银行和韩国工业银行等向从事研究与开发的私人部门提供长期低息贷款，支持其开发新产品和新工艺技术，帮助其实现新技术商业化。

（4）风险资本机构的支持

风险资本机构如韩国综合技术金融公司（Korea Technology Banking Corporation，简称 KTB）为私人公司的技术开发活动提供全面的资金支持。这种资金支持采取入股投资、垫付、附条件贷款、技术开发贷款、租赁和代理融通的形式。KTB 的前身为韩国技术开

发公司（Korea Technology Development Corporation，简称 KTDC）。KTDC 的任务是促进技术密集型产业结构的发展。KTDC 向 KTB 转化的目的是为了向韩国经济中技术密集部门提供全面的金融服务。KTB 成立于 1992 年，是政府资助的一个机构，归科学技术部管。KTB 接受政府有关机构的存款。政府授权 KTB 可转贷政府基金。KTB 可支配的政府基金包括科技促进基金、信息和通信、新技术起动支持基金。KTB 还被授权发行附有彩票的技术债券（Technology Lottery Bond，简称 TLB），TLB 的利润属于科技促进基金，被用于 KTB 的转贷运作。KTB 还引入了一种风险投资合伙基金。KTB 从机构投资者（如养老基金和金融机构）获得投资资本，然后以股份形式投资于新成立或现存的中小型公司。KTB 作为管理伙伴负责投资管理，对于资本的收益和损失，按预先约定的条件根据合伙者的投资份额进行分配。

目前，KTB 为处于技术开发过程中各个阶段的项目提供全面的金融和非金融服务。KTB 的融资范围从研究与开发、研究与开发设备的采购、技术教育和培训到新产品和过程开发。

KTB 的股东包括 200 多个私人企业（包括大多数最大的企业）、6 个银行机构和政府。1995 年，KTB 的资本规模已达 2 兆亿韩元。目前，政府持有 KTB 大约 15% 的股权。政府的利益由 KTB 的 12 个董事会成员之一负责。为了防止任何一个股东处于支配地位，KTB 法（KTBACT）规定，任何股东的投票权最多可占全部股份的 7%，而不管该公司实际持有多少股份。不过，这一规定对政府或官方国际银行机构并不适用。

3. 其他支持措施

（1）信息服务

为了加速技术从研究所和大学向工业界的转移，包括技术资料搜集、应用和传送的信息系统将进一步得到加强。政府还将建立韩国研究与开发准许中心（KORDIC）与十企业信息中心之间的信息高速公路，使信息交换更为便利。

（2）标准化和质量管理

标准化制度对改进产品质量至关重要。这种制度帮助工业界实现效率和生产率的最大化。韩国标准制（KS）帮助工业界满足国际要求，进一步提高韩国的技术水平。韩国标准科学研究院（KRISS）具体负责提高工业产品、工业标准和工业产品检测的质量等。

（3）知识产权保护

韩国政府已加强知识产权保护的法制建设，以便与国际规范和标准相一致，这将鼓励产生新的发明和创新。

（4）采购制度

现行的投标制度完全取决于价格，不能激励公司开发新技术。政府将引入一种新的投标制度，不但要考虑价格，还要考虑质量。这将有利于促进技术开发工作。

韩国的上述促进与保障科技创新的政策性与法律性措施已收到了明显的效果，使韩国在短短的几十年里从一个比较落后的国家发展为工业发达、经济繁荣的国家。韩国的经验是值得深入研究、学习并认真借鉴的。

三、欧盟

1996年11月20日，欧盟委员会通过了《欧洲创新计划》。该计划的三个主要目标是：形成一个真正的创新文化；创造一个有利于创新的管理法律和金融的环境；促进知识生产（研究开发部门）与知识扩散和使用部门之间的联系。

（一）关于创新文化的形成

认为创新者必须具备富于创造性、有实干精神、善于承担风险、勇于面对失败、愿意流动等多种素质，具有预见未来需求的能力和很强的组织能力以及把握和控制"成本—效益"的能力，还必须具备收集和处理信息、从事社交的技能。即既具有创新精神，又具备相应的能力。

《欧洲创新计划》拟从以下五个方面采取相应措施：

1. 改进教育与培训

各成员国要审查教学计划和教学方法，改进培训方式和内容，促进教育机构与企业的合作，鼓励在企业与培训机构间建立长期合作关系。为此，将建立培训与创新论坛，以促进信息和经济交流，并继续落实教育与培训白皮书，促进欧洲各学校的联系。配合该计划的实施，还将实施"在信息社会中学习"的计划，在青年一代中推广和普及掌握知识传播的技术。

2. 鼓励科技人员流动

欧盟各国将继续努力促进研究机构和大学的科技人员向企业，尤其是向中小企业流动，促进企业的创新和技术转让，并鼓励不同工业领域间的人员流动。具体措施包括：把开发人力资源作为优先领域纳入欧盟第五个研究与技术开发总体规划，而促进人员流动将是开发人力资源的重要目标之一；加强鼓励人员流动措施的灵活性，如：在长期研究开发合作项目的执行和大型设备的使用中，把人员交换记入有效成本；实施"工业博士"试验项目，在企业中设置研究人员和工程师职位，以吸引科技人员流向企业。

3. 提高全社会的创新意识

欧盟认为，在创新过程中综合公众和企业对技术选择的意见，让雇员和消费者参与技术创新，关系到技术创新的社会可接受性，也因此关系到创新的成功与否。为此，将加强交流和推广这方面的好的做法与经验。

4. 改进企业管理，推广最优管理方式和最先进的管理手段

欧盟将建立比较评价体系，帮助企业确定创新成功的要素，并大力支持面向创新的管理培训。这是基于以下认识基础上的：成功的企业管理意味着企业能预见未来需求、掌握先进技术、控制成本和产品交货时间；有很强的应变能力，能与企业以外的技术开发中心密切合作，而具备这种管理水平的企业最能满足创新的需要。

5. 促进政府行政管理部门和公共部门的创新

欧盟要求各国对政府部门的决策人员、公共项目与各类基金的管理人员进行有关创新的培训，增强其创新意识。欧盟将努力促进政府部门和公共部门在创新方面的经验交流，并建立欧洲创新政策发展趋势和创新水平一览表，在此基础上定期发表欧盟创新报告；还推出了欧洲创新监测计划，目的是为了对企业、公共政策和支持创新的基础设施进行评估。

（二）改善有利于创新的法律、行政环境和激励机制

欧盟发现，在欧盟8个国家申请和维持一项专利需花费12万美元，而在美国只需13000美元；1994年，欧洲工业界以法律和非法律方式保护专利共花费20亿埃居；行政和法规因素每年给欧洲企业造成的损失达1000亿埃居以上；欧洲所有企业每年所付出的行政费用达1500亿—2500亿埃居；由于各国法律体系存在差异，而欧洲又尚未建立适用于各国企业的欧洲公司法，欧洲公司每年要因此多付出300亿埃居。有鉴于此，欧盟深感把创造一个有利于创新的法律、金融和行政环境列为第一个行动计划的第二个优先领域的极端必要性。为此，欧盟和欧洲投资基金推出了I-TEC计划，以鼓励私有资本对中小企业技术创新的投资。这一计划包括：支持欧洲证券交易商协会的创建，为快速增长的创新公司提供泛欧洲的证券市场；组织"投资论坛"，让寻求资金的公司向风险公司阐述其投资计划。

为创造一个更加有利于创新的环境，欧盟制定了保护知识产权、改进立法和提高行政效率、资助和激励创新等三项主要措施。

1. 保护知识产权

创新的核心问题是保护知识产权。由于国家专利、欧洲专利、共同体专利三个体系并存，在欧洲申请和维持专利的费用是美国的6倍。因此，欧盟及其成员国首先致力于改进专利体系，使其更加有效、简捷，并降低专利申请和维持费。1997年，欧盟制定了共同体专利白皮书，确定以下事项：各国专利的协调；在欧洲专利与共同体专利间建立一定的联系；对税收和专利收费体系进行适当调整；把关于共同体专利的卢森堡协议纳入马约的法律体系。为给中小企业和大学提供有关知识产权的信息和咨询，欧盟还将开辟"知识产权服务热线"，并要求各成员国采取具体措施。

2. 立法简化行政手续

欧盟分析了现有法规对创新的影响，通过立法进一步简化创办企业和企业中申请资助的手续；组织专家研究和提出关于欧洲公司法的建议，以解决由于各国法律体系的差异给

企业带来的负担和各种问题；在法律上接受和采纳有利于创新的企业模式，如欧洲经济利益集团等。

3.建立激励创新的机制

这一方面的主要措施有：一是鼓励风险资本和各种基金对创新的投入，主要用于创新启动资金进入发展快、能创造大量就业机会的创新企业；进一步引导长期储蓄（如退休金、人寿保险等）转向风险资本，并加强欧洲投资基金对创新的支持。二是创造条件，发展以高速成长的企业为对象的欧洲资本市场。三是在科学研究与风险资本间建立密切联系，增强技术创新与金融的联系，促进研究成果的开发。四是发表"欧盟税收与创新公报"，以改进无形投资（如培训）的税收制度。

（三）促进研究与创新的有机联系

欧盟致力于把研究、培训、人员流动、知识传播以及企业（尤其是中小企业）吸纳新技术和新工艺的能力有机地结合在一起。

欧洲各国在研究成果转化为创新产品方面总体上落后于美国和日本。其主要原因是：科研的市场导向不够、研究与开发投入（资金和人员等）不足、企业研究与开发薄弱等使欧洲技术创新和成果转让与应用能力相对较差。

针对上述情况，欧盟致力于建立研究与创新的有机联系，拟采取以下措施：

1.针对科学研究及其成果开发与应用，开展战略性和前瞻性研究，并向各成员国推广研究方法，以确定未来的重点产业、重点领域和关键技术。

2.各成员国要确定研究与开发及技术创新投入的远期定量化指标，增加研究与开发投入和技术创新投入的强度。

3.强化企业的研究与开发。欧盟要求各国政府采取措施鼓励企业增加研究与开发的投入；吸收企业参与制订研究计划；提高工业合同研究在公共研究机构和大学的研究中所占的比例；扩大和推广与企业的合作研究与开发（如"尤里卡计划"项目）。

4.进一步鼓励科技人员创办技术性企业（如以研究成果为基础创办的"校办公司"或由科技人员带着某项产品或技术，脱离原来的大公司而另起炉灶创办的小公司等）。

5.加强公共研究机构、大学、企业间的合作，并使合作更加面向创新和向创办新企业的方向发展，以促进技术推广和应用。要制定法制和采取具体措施，使大学和公共机构的研究人员能有部分时间去创办和发展企业，并允许大学和公共研究机构与企业签订独家研究成果开发合同，以激发企业开发研究成果的积极性。同时，研究影响三者合作的因素，探讨、建立、试验和推广成功的合作模式。

6.增强中小企业吸收和应用新知识、新技术的能力。具体措施包括：增加资助渠道的透明度，使中小企业了解和使用各种资助渠道；在中小企业与大学和研究机构之间开展中介服务；向中小企业提供有关组织与管理问题的咨询渠道；帮助中小企业聘用或雇佣研究人员和工程技术人员。

7. 开展新的跨国创新示范项目。通过对创新的方法、组织管理、服务方式（如保护知识产权等）进行试验和评介，推广创新方法，展示如何协调创新所涉及的技术、组织、管理、社会等各方面因素以及如何优化创新的社会效益（如促进就业和保护环境）。

8. 区域创新战略。创新项目的重要目标之一是推动区域改善创新基础设施，改进政策，推动技术向中小企业的转移。具体的做法有支持技术园的建设和地方技术中心的建立等。

此外，欧盟还拟充分利用其总体规划、结构基金计划和国际合作渠道等全面支持创新。主要措施包括：

1. 把创新问题作为专题纳入第五个研究与技术开发总体规划。鉴于研究与开发只是创新的一个方面，必须考虑与创新有关的组织、管理、市场、金融、立法、成果保护等问题，欧盟将改进总体规划的制订方法。

2. 由于中小企业对于创新具有重要作用，欧盟将把中小企业问题作为专题纳入第五个总体规划，使中小企业能更多地参与研究项目，分享科研成果，以加快技术转让，促进创新。欧盟结构基金计划也将加强对中小企业的支持，如优先支持首先采用新技术的企业；支持有利于创新企业打入欧洲或国际市场的技术转让等。

3. 改进项目执行与管理办法。主要包括：在确定总体规划的各专项计划时，充分考虑影响创新的主要因素；修改或更严格地执行项目评审标准，提高项目的新颖性、项目研究成果开发计划的重要性；努力为中小企业提供最佳服务，加快中小企业项目申请与评审程序；通过示范项目，强化各专项计划研究成果的开发与推广；充分吸收定向计划（Task Force），促进科研机构与企业合作，如考虑把创新作为一个更加重要的项目评审标准。

4. 加强技术创新的国际合作。主要包括：加强欧盟研究与技术开发总体规划与"尤里卡计划"的联系；支持国际工业合作；加强与非欧盟成员国的合作；在国际事务中继续关注影响欧洲创新的有关问题，如知识产权、防伪措施等。

四、德国的科技体制及其对企业科技创新的促进

德国的科研体制与企业科技创新的联系及促进方面，颇有特色，很值得我国在制定有关政策与法律时借鉴。

德国政府下设联邦教育及研究部，负责制定科研政策，确定宏观科研方向，监督及检查科研进度，管理科研成果。

德国科研系统主要由马克斯·普郎克学会（MPG）、海曼·冯·亥姆霍兹协会（HGF）、弗郎豪夫学会（FHG）、高校科研和工业研究几大部分组成。

MPG下属80多个研究所，主要做自然、社会及人文科学方面的基础研究，其特点是

针对特定领域做尖端研究，以论文成果为主，作为高校及其他研究机构科研的补充；拥有10700名固定工作人员，其中研究人员2750名；6500名流动研究人员（博士、博士后、客籍学者）；研究经费1997年19.45亿马克，其中95%，来自联邦政府及地方政府，5%来自成员的会费、捐款。

FHG下属47个研究所，另在美国及北京设有代理处；主要做材料、通讯、微电子、传感、化工、能源、环境及健康、技术经济方面的研究；其特点是应用研究，目标为尽快将研究成果转变为生产力；拥有9000名工作人员，半数以上为研究人员；研究经费1996年13亿马克，三分之一来自政府资助；三分之二为对外服务收入（研究合同、代做实验、出租仪器设备），其中一半来自为中小型企业服务的项目。

HGF下属16个研究中心，主要做能源、航天技术及空间利用、地球、环境、医学、生物、信息、新材料方面的研究；拥有固定科研人员15378，流动研究人员3583人，固定非科研人员3545人，约占16%；科研经费1997年39亿马克，其中20%—25%为外来课题经费，其余都是政府拨款；其特点是：必须使用大型仪器及设备的基础研究；与工业界合作，为关键技术的发展奠定基础；具有战略性的研究；与高校合作培养科研接班人。

德国高校的科研是科研系统的重要组成部分。高校与产业界联系十分密切，其科研课题主要来自企业委托，以应用开发研究为主。如柏林应用科技大学有7000多名学生，350名讲师、教授，200名工业界兼职教师，300名行政管理和实验室辅助工作人员。政府每年资助9000万马克经费，另有2000万马克的经费来自工业界的科研项目。德国的法律允许教师创办个人公司或研究所，以鼓励教学界加强与产业界联系。一般由领衔的教授担任法人代表，独立承担民事法律责任。这些私人研究所必须按规定向校方交纳一定经费，其研究方向与学校的教学、科研方向是一致的，这样既调动了教师的积极性，又促进了学校的教学科研及企业的科技创新。

大型企业集团的研究部是企业科技创新的主体，对提高工业技术水平、开发新产品起到了龙头作用。例如西门子公司，它是世界上率先开发发报机、高速火车、磁悬浮火车、长途通讯电缆（跨洋电缆）、交通管制灯等许许多多新产品的公司。该公司是目前世界上第五大电子公司，但在投资方面排在第二位。1996—1997年公司营业额1131亿马克，同年产业化投资98亿马克，研究开发投入81亿马克（占营业额的7%）。1997年公司共有员工38.6万人（其中德国19.7万人），其从事科研开发人员4.5万人，占人数总数的11.6%，有1.2万人接受继续培训，有5000名在校学生。公司1992—1993年开发科研成果3018项，其中4.2%成功实现产业化；1996—1997年科研成果6031项，9.5%产业化成功。随着产业化成功率提高，公司营业额迅速增加。目前公司生产经营的产品中，74%是5年之内开发的新产品，19%是10年之内开发的产品，只有7%是10年以上的老产品。拥有强大的科技创新实力，不断开发生产高新科技产品，实行跨国生产经营，给德国大型企业集团发展提供了巨大动力。高效一流的研究、开发与创新活动是德国经济赖以持续、稳定发展的基本保障，是一个国家强大国际竞争力得以保持的重要基础。今天，在西门子等许多跨国公司里，"创新"已与"生产率"和"增长率"并重，成为推动企业发展的原动力。也正因为如此，企业科技创新被纳入了德国国家研究与开发促进计划，成为政府资助的23个重点领域之一。

除上述五大"块"外，德国国家科技创新政策的关注重点在于中小型企业。

中小企业一方面处于市场劣势，垄断给它们进入市场制造了障碍，在竞争形成和发展阶段，因为它们既缺乏必要的资金，又不掌握相关的经济技术信息，故受到的危害最大；另一方面，它们又具有举足轻重的社会经济地位——占德国全体纳税企业数的99.6%，提供了80%的职业培训岗位和64%的就业岗位，创造了52.1%的工业增加值（1995年统计数字）。因此，发展中小企业，提高它们的科技创新能力和市场竞争力，便成为德国国家政策关注的重点内容之一。

有关的政策主要是以下几方面：

1. 企业研究开发人员间接促进政策

1989年以前，在西部地区实施的"工商企业研究开发人员增长促进计划"取得了巨大的成功。德国统一后，该计划作为促进东部地区经济发展的重要措施之一从西部转移到了东部。计划的主要目的是，促进科技人员向东部企业流动；计划的主要内容是，对于企业新聘科技人员提供一定数量的工资补助。凡职工总数不超过1000人，位于东部地区的所有具有独立法人资格的生产性企业和技术服务公司均有权提出申请。自1992年以来，补助额占到了相关人员总工资的50%，新聘人员补助时间可达15个月；补助的最高限额为每个企业每年2万马克。

该计划的特点是申请处理时间短、程序简单、支付方式灵活、效果显著，对许多企业起到了很大的帮助作用。截至1995年底，该计划共批准补助金9080万马克，促进企业聘用科技人员4400多名。在受资助的人员中，三分之二分布在大机械制造和电子电气行业，人员总数的50%来自经济界（大多数曾在一些研究公司工作），22%来自失业者行列。

2. 科技转让促进政策

中小企业往往是既缺乏技术人员又缺乏必要的资金，因此，很难自行开展研究开发工作。德国政府制定了一系列专门计划，以促进多家企业与研究所开展共同研究项目和第三方研究开发合同。

在德国实施了"中小企业研究合作促进计划"。该计划由以下几部分组成：其一，由几家企业（至少两家）共同独立开展的或与其他科研单位合作开展的研究开发计划。这是本计划的主体。到1995年底，已批准合作研究开发计划1400多项。其二，合同研究系最简单的研究开发模式，属于本计划的第二大内容。到1995年底，共有400多项申请获得了批准。其三，研究人员定期交流——无论是从企业到科研单位，还是从科研单位到企业——是该计划的又一组成部分。到1995年底，共批准此类申请250多项。依据该计划规定,凡具有独立法人地位、职工人数在 500 名以下、企业驻地和研究开发活动在德国境内的工商企业均有资格提出申请。

3. 以市场为导向,促使科研机构企业化,从而促进其为适应市场而不断提高其科技创新能力

这特别明显地反映在民主德国科研机构在国家统一后的变化上。80 年代末,德国在政治体制和经济体制统一的同时,民主德国科研体制也逐步向适应市场经济体制转化。民主德国有科研机构一部分被西德政府资助的独立科研所一对一兼并,大部分工业研究所(如同我国技术开发型科研机构)纳入企业化改革序列。波茨坦粮食研究所就是其中一例。该所创建于 1960 年,以食品工业研究为主,属于国家工业部门研究所,原有 260 多人。两德统一过程中,研究所转化为股份公司,并于 1994 年完全被一个 MBO 托拉斯企业买断而彻底私有化。研究所改为股份化公司后,大量管理人员分流,原职工的 60% 通过社会保障系统进行再就业培训而安排到其他企业,只保留了 40% 的科技人员。目前该所有 110 多人,年营业额 1200 万马克,经费来源一是接受政府委托项目,二是为企业服务。其研究方向主要是生化、分析检测(根据联邦法令进行食品检测)、面包加工、绿色食品、保健食品。该研究所股份化以后,其运行机制和管理发生了三大变化。一是产权明晰。企业主每年允诺的投资必须有回报,生存的压力迫使经营者一切以市场为导向,以效益为中心,不断提高竞争实力。二是根据市场需求确定研究开发方向。该所股份化后对原科研方向做了调整,全部根据已有基础和实力,在市场中重新定位,找准发展方向,实行科工贸一体化经营。如该所新设立的面包机械加工设备的研制、生产和面包师培训,以及面向中小企业的咨询顾问等都使该所获得了较好的经济效益。三是打破封闭的系统,加强国际交流合作。该所现已面向整个欧洲乃至世界进行研究开发和技术转让,与美国、日本、中国、非洲都有紧密、长期、稳定的合作关系。其食品加工机械已在世界各地销售。

为了达到东德科研机构企业化的目的,德国统一后实施的"东西部合同研究与开发计划"起了重大作用。

该计划旨在加强西部地区企业与东部地区研究开发机构之间的项目合作,对东部地区科研单位尽快适应市场经济环境起到了积极的作用。资助对象是承担了西部地区企业研究开发合同的东部科研单位及研究开发公司。该计划的引入在社会上产生了强烈的反响,使得原定只有两年时间的该计划曾两度延长(第一次从 1993 年底延至 1994 年底,第二次从 1994 年底延至 1996 年底)。

1994 年以前,资助比例可达研究开发合同总费用的 40%。对于职工人数超过 250 人、年营业额在 4000 万马克以上的申请者,资助比例降为 30%。每份研究开发合同可获得的资助高限不得超过 30 万马克。1994 年以后,资助比例进一步降低,仅为合同费用的 25%,而且,每个申请者的资助总额不得超过 50 万马克。对于大型研究开发合同,资助比例还要再降低 10 个百分点,仅为 15%,但此时的资助总额有所提高(可达 50 万—100

万马克)。

截至1995年底,共有774家科研机构承担的总值为4.6亿马克的2235份研究开发合同获得了资助,资助经费达1.753亿马克。在合同委托者中,38%来自机械行业,27%来自电气行业;受资助的研究开发合同承担者中约90%为私有研究开发机构和企业;从合同技术内容来看,约52%属于生产自动化、生产工艺以及质量保证等领域。

德国科技体制的上述特点及其对企业尤其是中小型企业科技创新的促进,是与市场经济体制这一基点紧紧相连的。我国在制定科技创新的有关政策时,尤其是在关于国有企业科技创新的政策措施方面,应当认真借鉴德国的经验。

第四章 发达国家科技创新的评价制度及有关立法

所谓技术评价（Technology Assessment，又称技术评估），乃是客观而系统地调查、分析与预测科学技术的发展前景和科学技术与人类社会之间的相互影响，为政府决策部门和社会公众提供必要的决策依据、建议或其他有用的信息。它通过了解和宣传科学技术是否适用于社会，来促进科学技术的健康发展与社会应用，防止科学技术的产生和发展可能造成的潜在的或不可逆的消极后果，以使科学技术与人类社会朝着互为协调的方向加速发展。因此，评价制度及有关立法，是科技创新的极为重要的制度性与法律性保证。

技术评价范围涉及与科学技术有关的一切人类社会生活领域，并着重于把握科学技术与人类社会关系中的重大的、长期的、全局性的问题，即所谓"大技术"（Big Technology）或"文化技术"（Culture Technology）问题。20世纪40年代开始的第三次科技革命给人类生活带来的深刻影响，使得技术评价已成为现代国家一系列重要决策过程中必不可少的程序，这是技术社会化与社会技术化的必然结果，也是科技发展规律与人类社会发展规律的一种表现，是不以任何当权者的意志为转移的。

技术评价立法（又称技术评估立法）作为科技立法体系的一个基本环节，就是以立法手段使技术评价制度化（TA Institution-ization）。它通过颁布有关法令、条例或具有法律约束力的行政命令等法制措施，在政府内部或外部建立技术评价软科学研究机构，或者责成现有的科研机构从事技术评价活动并建立起有关的组织与工作制度。这些技术评价机构依法拥有一定的政治独立性并获得开展技术评价工作所必需的各种条件。同时，技术评价立法也应当将技术评价工作得以开展的科学的决策程序上升为法律规范并由此建立与完善一整套民主制度，以实现公众对与科技有关的重大的政府决策的参与、监督与控制，以保证自然科学家、社会科学家与软科学家在政府决策层中应有的地位、权利与作用。从某种意义上讲，技术评价立法是一国技术发达与政治开明的一个重要标志。

技术评价思想及其立法方案的产生，与60年代世界环境保护运动有着直接的关系。在这场运动中，美国首先颁布了《1969年环境政策法》，规定在联邦政府立法提案与建议书中，或在明显影响人类环境的其他政府活动中，应由负责官员提出详细报告，陈述这些行动的环境影响。随后美国又通过《1972技术评价法》建立了国会技术评价局，并通过《环境政策法》的一些实施条例在行政部门建立了技术评价机构。美国国会技术评价局及有关智囊机构为提高美国政府的决策能力做出了重大贡献，同时它们在国际上也积极推广技术评价技术，引起了许多国家的瞩目。这些国家开始仿效美国，逐步建立起自己的技术评价制度。在70年代末经济大萧条之前，各国的技术评价立法活动主要局限于建立估测与防止技术不利影响的早期预警制度（Early Warning System）。进入80年代后，各国普遍认识到科学技术对国家社会福利、经济振兴与国防安全的积极作用，认识到技术评价不仅要预防技术的不良后果，而且更要大力促进科技的发展与社会应用。法国、英国、日本、荷兰、丹麦、奥地利、瑞典、挪威、巴西等十几个国家已纷纷通过直接或间接的立法手段，在政府与学术部门建立技术评价机构，从而形成一股以美国为发源地，西向欧洲、东向亚太地区的技术评价制度化的世界潮流。1987年2月初，由荷兰技术评价组织与欧洲共同体委员会科技预测与评价规划机构共同发起召开的阿姆斯特丹国际技术评价会议将这一浪潮推向了顶峰。来自欧洲、美洲、大洋洲、亚洲的十几个国家的政府代表与学术界代表，在这次会议上就如何借鉴美国的经验、改进各国的技术评价制度、加强各国技术评价机构之间的合作、传播技术评价思想等问题进行了讨论。在这些问题中，促进各国技术评价制度化成为大会的一个主要议论中心。

我国自80年代初由国家科委和国家科学院同美国国会技术评价局建立了合作关系以来，初步开展了一些技术评价工作和做了必要的理论准备；并曾派专家代表团参加了阿姆斯特丹会议，同发达国家交流了技术评价工作的经验，掌握了世界技术评价立法的基本状况；技术评价立法课题也被列入我国科技立法计划中。这反映出我国政府与学术界已开始认识到技术评价对于我国当前的科技体制改革及今后长远的社会经济与科技发展政策的科学性有着重要的影响。但是，技术评价涉及科技与人类社会之间最重要、最棘手的问题（如核电站选址、全社会数据信息网络化等），政治敏感度极高，所以各国都十分重视通过法律手段来保证技术评价工作本身的科学性与客观性，通过立法来建立技术评价工作得以公正地进行的科学与民主的组织与工作制度。这些国家在立法之前都曾进行过审慎的调查研究，包括了解其他国家技术评价立法的政治、经济、文化与技术等社会背景，比较分析其他国家技术评价制度的基本类别与特点；然后结合本国国情，酝酿和制定适用于本国技术评价工作的法律。我国技术评价立法研究与立法工作也应采用这一基本方法。

一、各国技术评价制度化的主要社会背景

现代科技本身日益复杂，其对社会影响日益深化，远非第二次世界大战前历次技术革命所能比拟。这就使得对这种影响进行正确预测与充分分析变得越来越困难。特别是信息技术与重组DNA技术等高技术的重大革新与广泛应用，使许多政府领导人在做出重大决

策时，无不有在促进技术发展和遵从人们社会价值之间走钢丝的感觉。

开展技术评价工作以及通过立法手段建立技术评价智囊机关，首先反映了这样一个严酷的现实：如果缺乏对新技术及其影响予以有效预测与分析的政治机制的话，可能带来的经济与政治后果是极为可怕的。忽视技术评价和技术评价缺乏法制保障所带来的惨重损失使许多国家意识到：建立技术评价制度以保证决策抉择优化，对于国家的政治、经济实力增长起着极为关键的作用。不管哪个国家，它的资源总是有限的，如果决策科学性得到保证，就能使有限的资源获得最充分的运用；反之，即使经济技术实力雄厚无比，也难免事倍功半，甚至会酿成或加速经济萧条、降低国家科技水平或导致不必要的政治危机。它们也意识到：技术发展一方面因其能为人类带来巨大利益而需要积极促进，另一方面也会因其被片面追求而带来生态环境恶化等不可逆转的灾难，甚至会由此被少数人引向反人类的歧途。随着科学教育水平的提高，全社会对于科学技术的社会影响也日益重视，这也为技术评价制度化提供了社会基础。

其次，无论是对于各国政府立法机关，还是对于它们的行政首脑机关及其行政系统中与科学技术有密切关系的部门来说，在本部门内部的技术评价制度建立与否，影响着它们的地位与权势的维护加强或减弱丧失。美国60年代末就是否应用超音速飞机一事，各党派、各利益集团争执不休，连美国国会专家们的意见也互相左右。因国会自己没有独立的智囊分析机构来客观地做出评价，国会对此无所适从，国会在国民心目中的威望有急剧下降的征兆。在此紧急时刻，国会迅速通过法令建立技术评价局以增强自身决策能力，防止政府内部权力天平的倾斜。随后，行政部门（如国防部、预算与管理局、环保局等）也纷纷建立或完备自身的技术评价系统，这些部门如果自己没有一套技术评价组织体系，就难以进行决策并影响其日常工作的进行。仅从功利主义角度出发，为了积极有效地维护乃至扩大本部门的权益，技术评价制度化对于政府部门来讲，也是利大于弊。

再次，技术评价制度化，显示出科学家、社会科学家和软科学家在政府决策中的重要地位，标志着社会公众对政府决策参与和控制力的加强，是当代世界政治民主化趋势的一个重要体现。在一些先进国家，现在已不是仅仅考虑如何以法律形式保障专家参与决策，而是考虑如何用法律手段充分合理地发挥高智力阶层在决策领域中的特长，建立提高各类专家集体决策参与综合效益的最佳模式。采纳技术评价制度的国家大多具有悠久的政治民主传统。尊重科学、崇尚法治、维护公众利益早已成为这些国家公民的基本习俗。现代科技突飞猛进、社会教育普及、计算机与通信技术在全社会的推广，也为公众参与政府决策提供了越来越多的途径和手段，人们对与自身利益密切相关的政府决策更为关心。战后，欧美国家社会政治进程中，已出现了代议制政体向共同参与制政体演变的征兆，社会民主力量获得很大发展。任何一届政府，只要出现有损公众利益的重大决策失误的话，就有随时垮台的危险。从这一意义上讲，技术评价制度化，是这些国家政府在强大的社会压力之下的明智之举。而且，技术评价制度化，在一些国家也成为各党派之间进行竞选的重要政策许诺之一和执政党炫耀自己政绩的凭据。

由此可见，新科技革命对人类社会的巨大影响，世界社会民主力量的发展，各国政府认识到建立决策科学化制度对巩固与提高自己地位与权势的必要性，是各国技术评价制度化的基本原因。当然，新科技革命对于各国的冲击程度是不同的、各国的社会政治经济文化基础与法制传统也不尽相似，因而各国依其国情所各自采取的立法手段和以这种手段建立起来的技术评价制度也有其不同的特点。

二、各国技术评价立法的基本类型与技术评价制度的主要模式

各国技术评价立法大致有以下三种类型：

其一为环境保护立法先导型。各国在技术评价立法初级阶段往往先通过环保立法来完善政府环保管理体系和建立技术环境影响评价制度。美国颁布《环境政策法》、日本颁布《公害对策基本法》、挪威颁布《工作与环境法》等都属此类。在各国，这种立法现象十分普遍。

其二为技术评价特定立法型。仿效美国，法国、荷兰、丹麦等国以及欧洲共同体在20世纪80年代仿效通过专门法令，建立起完全或主要以技术评价为职能的独立机构，这些立法一般以美国《技术评价法》为蓝本。

其三为政府有关机构的组织立法型。欧、美、日等国科技立法传统悠久、科技法制健全，在它们的一些与科技密切相关的政府机构组织法中，已有允许这些机构从事技术评价工作的法定条款或习惯，或者这些机构可按这种组织法建立其下属的技术评价组织。政府行政首长或立法机关也有权通过修订一些组织法令与条例，在这些部门中建立技术评价制度。

依上述立法建立的技术评价机构，按其设置状况可分为以下四种类型：

1. 立法机关技术评价机构。如美国国会技术评价局、法国议会科技选择评价局、"荷兰适用科学研究组织"的"技术与政策研究中心"、欧洲共同体议会科技选择评价办公室、丹麦国会监督委员会等。

2. 行政机关技术评价机构。依其级别可分为以下三个层次：

内阁级技术评价机构（由最高行政首长直辖）。如荷兰内阁的科学政策办公室、英国内阁的应用研究开发咨询委员会、欧洲共同体委员会的"科技预测与评价规划"机构等。

部级技术评价机构（技术评价作为该部级机关的一项职能）。如爱尔兰国家与决策委员会和国家科技委员会及国家经济与社会委员会、巴西科技部、日本科技厅和国际贸易与工业部及卫生与福利部、挪威环境与国家污染控制部和信息技术政策委员会、荷兰科技信息与了解委员会和经济事务部等。

某一行政部门单独下属或某些行政部门共同下属的技术评价机构。前者有英国科学与

教育部的科学政策局,美国联邦航空局的技术评价预测小组和卫生与人类服务部的国家卫生医疗技术中心,瑞典计划与研究协调委员会的选择特定计划小组,奥地利自动化与劳动计划部的工作与技术研究所和科学与研究部的社会环境技术评价研究所,巴西联邦科学研究部的技术评价咨询委员会等;后者有法国研究与技术部和重新发展与对外贸易部双重领导下的预测与评价中心,挪威"地方政府和劳工部"和劳工理事会共同管辖的独立研究机构等。

3. 半官半民技术评价机构。如美国国家科学基金会和国家科学院、巴西科学院的技术评价组织、奥地利社会经济与技术评价研究所等。

4. 民间技术评价机构型。这主要指从事技术评价研究及为政府提供有偿技术评价咨询服务的大学、非营利性机构等。这在澳大利亚和美国较为流行。

前三种机构多由中央或部一级的法令、条例或行政命令建立与完备起来。其中第三种机构虽无直接责成它进行技术评价工作的条款,但往往规定这种机构有义务为政府决策开展调查与研究工作。如美国《国家科学基金会法》授权国家科学基金会"发展"国家科学政策,基金会按此规定,从60年代末就开展了技术评价的理论研究准备并为政府提供了众多技术评价方案,以及向社会传播技术评价思想。对于第四种技术评价机构来说,由于它们受政府委托或管理来从事技术评价活动,政府同它们建立的这种业务联系也须遵守一定的程序与规则,这种法定程序与规则也可纳入技术评价立法范畴之中。

各国在进行立法活动中,根据自己的国情,采纳这四种类型中的一种、两种、几种或兼收并蓄,以建立保障决策科学化与民主化的最佳模式,这种模式按其组织体制可分为以下三类:

1. 美国模式

美国通过一系列法令及其他多种法律形式,在立法与行政系统中建立了不同级别的具有不同专业方向的技术评价机构,从国会至最高行政首脑机关,从最高行政首脑机关至行政系统的有关部门,从政府部门到民间部门,形成了十分完备的技术评价组织体系与社会网络。上述四种类型的技术评价机构都被纳入了这一体系与网络之中。法国、荷兰、丹麦、英国等都采用这种模式。

2. 日本模式

日本最早从美国引进技术评价思想和方法。它不在立法机关而是在行政系统中建立了严整的技术评价组织体制。在实践上,日本决策科学化程度并不逊于美国,但其决策民主化与美国相比则略为逊色。从理论上讲,它还处于走向成熟的阶段。采用这种模式的还有瑞典、爱尔兰、奥地利、巴西等国。

3. 挪威模式

挪威技术评价体制类似于日本,不在立法机关而是在行政机关中设有技术评价机构。另外它还以通过政府代表、各社会阶层与团体的代表共同达成社会契约的方式来实现公众对政府决策及其他与社会公众利益密切相关的社会决策的控制。1975年挪威贸易协会联盟与挪威雇主同盟提出并由公众认可批准了《技术的一致协定》(或称《计算机基础系统总协定》)。这一协定规定了在引进、发展计算机技术方面,政府及各社会派别、各政党、各私人企业应有的权利与义务。特别是该协定授权劳工部在数据系统引进的决策与计划实施之前,及时获取这些引起决策信息与计划内容并提出符合公众利益的见解,有关雇主应充分地将这些见解反映到需要修改的这种决策与计划中去。1978年与1982年,该协定又被做了重大修改,其约束范围扩大到所有技术领域,并被明确规定:政府、任何一个社会团体或企业在准备采用某一新技术前必须进行技术引进后果分析与评价,并探讨与抉择能综合考虑与技术有关的各种要素的最佳决策方案。这种模式在实践上尽管目前只适用于科技与民主化程度很高的寡民小国,在理论上却体现出技术评价立法未来可能的发展方向。

虽然各国技术评价制度有着不同的模式,但在立法配套、立法内容方面却有着众多相似之处:

1. 使技术评价立法得以进行的许多与之相配套的前提性立法在这些国家早已完成。这种立法包括:

(1) 立法机关与行政机关中的最高决策部门的组织立法;

(2) 政府系统除技术评价立法之外的其他保障决策科学化与民主化的立法;

(3) 与技术评价立法密切相连的科技情报立法、信息自由化与保密立法、作为全国学术中心或学术交流中心的半官半民机构的组织立法等。

2. 这些国家技术评价立法的内容基本包括:

(1) 确立与保障技术评价机构的法律地位,如阐明技术评价立法的原因与宗旨;建立技术评价机构的组织建制;明确技术评价机构和其他政府部门之间在开展技术评价工作方面的权利与义务关系,尤其是保障技术评价机构在政治上所应具有的独立性与超然性,维护政府决策咨询的"社会公正性";规定技术评价机构中的领导机关、咨询机关、研究人员及其他机关与人员的职责范围与基本任务。

(2) 确立科学的技术评价程序并将这一程序纳入整个系统化了的封闭式的政府决策程序中去。

(3) 确立专家在技术评价过程中的决定性作用与权威性地位,扩大与保障社会公众在整个技术评价过程中对政府决策活动的了解与评论。

(4) 责成有关政府部门、情报部门、社会团体向技术评价机构提供必要的援助与支持,建立该机构的预算与拨款制度与其他财务与工作制度。

各国在立法之时或立法之前,都考虑过上述问题并进行过严肃的可行性论证。这些立法模式与经验对于我国有着重要的借鉴意义。

教育部的科学政策局，美国联邦航空局的技术评价预测小组和卫生与人类服务部的国家卫生医疗技术中心，瑞典计划与研究协调委员会的选择特定计划小组，奥地利自动化与劳动计划部的工作与技术研究所和科学与研究部的社会环境技术评价研究所，巴西联邦科学研究部的技术评价咨询委员会等；后者有法国研究与技术部和重新发展与对外贸易部双重领导下的预测与评价中心，挪威"地方政府和劳工部"和劳工理事会共同管辖的独立研究机构等。

3. 半官半民技术评价机构。如美国国家科学基金会和国家科学院、巴西科学院的技术评价组织、奥地利社会经济与技术评价研究所等。

4. 民间技术评价机构型。这主要指从事技术评价研究及为政府提供有偿技术评价咨询服务的大学、非营利性机构等。这在澳大利亚和美国较为流行。

前三种机构多由中央或部一级的法令、条例或行政命令建立与完备起来。其中第三种机构虽无直接责成它进行技术评价工作的条款，但往往规定这种机构有义务为政府决策开展调查与研究工作。如美国《国家科学基金会法》授权国家科学基金会"发展"国家科学政策，基金会按此规定，从60年代末就开展了技术评价的理论研究准备并为政府提供了众多技术评价方案，以及向社会传播技术评价思想。对于第四种技术评价机构来说，由于它们受政府委托或管理来从事技术评价活动，政府同它们建立的这种业务联系也须遵守一定的程序与规则，这种法定程序与规则也可纳入技术评价立法范畴之中。

各国在进行立法活动中，根据自己的国情，采纳这四种类型中的一种、两种、几种或兼收并蓄，以建立保障决策科学化与民主化的最佳模式，这种模式按其组织体制可分为以下三类：

1. 美国模式

美国通过一系列法令及其他多种法律形式，在立法与行政系统中建立了不同级别的具有不同专业方向的技术评价机构，从国会至最高行政首脑机关，从最高行政首脑机关至行政系统的有关部门，从政府部门到民间部门，形成了十分完备的技术评价组织体系与社会网络。上述四种类型的技术评价机构都被纳入了这一体系与网络之中。法国、荷兰、丹麦、英国等都采用这种模式。

2. 日本模式

日本最早从美国引进技术评价思想和方法。它不在立法机关而是在行政系统中建立了严整的技术评价组织体制。在实践上，日本决策科学化程度并不逊于美国，但其决策民主化与美国相比则略为逊色。从理论上讲，它还处于走向成熟的阶段。采用这种模式的还有瑞典、爱尔兰、奥地利、巴西等国。

3. 挪威模式

挪威技术评价体制类似于日本，不在立法机关而是在行政机关中设有技术评价机构。另外它还以通过政府代表、各社会阶层与团体的代表共同达成社会契约的方式来实现公众对政府决策及其他与社会公众利益密切相关的社会决策的控制。1975年挪威贸易协会联盟与挪威雇主同盟提出并由公众认可批准了《技术的一致协定》（或称《计算机基础系统总协定》）。这一协定规定了在引进、发展计算机技术方面，政府及各社会派别、各政党、各私人企业应有的权利与义务。特别是该协定授权劳工部在数据系统引进的决策与计划实施之前，及时获取这些引起决策信息与计划内容并提出符合公众利益的见解，有关雇主应充分地将这些见解反映到需要修改的这种决策与计划中去。1978年与1982年，该协定又被做了重大修改，其约束范围扩大到所有技术领域，并被明确规定：政府、任何一个社会团体或企业在准备采用某一新技术前必须进行技术引进后果分析与评价，并探讨与抉择能综合考虑与技术有关的各种要素的最佳决策方案。这种模式在实践上尽管目前只适用于科技与民主化程度很高的寡民小国，在理论上却体现出技术评价立法未来可能的发展方向。

虽然各国技术评价制度有着不同的模式，但在立法配套、立法内容方面却有着众多相似之处：

1. 使技术评价立法得以进行的许多与之相配套的前提性立法在这些国家早已完成。这种立法包括：

（1）立法机关与行政机关中的最高决策部门的组织立法；

（2）政府系统除技术评价立法之外的其他保障决策科学化与民主化的立法；

（3）与技术评价立法密切相连的科技情报立法、信息自由化与保密立法、作为全国学术中心或学术交流中心的半官半民机构的组织立法等。

2. 这些国家技术评价立法的内容基本包括：

（1）确立与保障技术评价机构的法律地位，如阐明技术评价立法的原因与宗旨；建立技术评价机构的组织建制；明确技术评价机构和其他政府部门之间在开展技术评价工作方面的权利与义务关系，尤其是保障技术评价机构在政治上所应具有的独立性与超然性，维护政府决策咨询的"社会公正性"；规定技术评价机构中的领导机关、咨询机关、研究人员及其他机关与人员的职责范围与基本任务。

（2）确立科学的技术评价程序并将这一程序纳入整个系统化了的封闭式的政府决策程序中去。

（3）确立专家在技术评价过程中的决定性作用与权威性地位，扩大与保障社会公众在整个技术评价过程中对政府决策活动的了解与评论。

（4）责成有关政府部门、情报部门、社会团体向技术评价机构提供必要的援助与支持，建立该机构的预算与拨款制度与其他财务与工作制度。

各国在立法之时或立法之前，都考虑过上述问题并进行过严肃的可行性论证。这些立法模式与经验对于我国有着重要的借鉴意义。

倪正茂全集

科技法学卷（下）

倪正茂 著

7

学苑出版社

文 章 编

法制建设与新技术革命*

当前世界上正在出现的"三C革命",即计算机自动化(computerization)、控制(control)和传讯技术(communication)的跃进性发展,其实质就是"信息革命"。它将导致信息工业在国民经济中起主导作用,通过终端设备和计算机网络,把所有的工业部门、所有的企业联系起来,形成一种新的生产格局。工业自动化、办公室自动化、家庭自动化、农业自动化的实现进程将大大缩短。这必然会带来社会关系的重大改变,人们的观念也将随之发生变化。面对新技术革命的挑战,社会主义法制将起何种作用?

一、法制和科技发展的关系

法制对科学和技术的发展,从来不是无所作为的。

我国古代的秦律规定:"为器同物者,其小大、短长、广(狭)亦必等。"[①]"新工初工事,一岁半红(功),其后岁赋红(功)与故等。工师善教之,故工一岁而成,新工二岁而成。能先期成学者谒上,上且有以赏之。盈期不成学者,籍书而上内史。"[②]这些简单的规定,与当时的生产力和科技发展水平相适应;前者为法定技术规章,后者为法定奖惩条例,无疑会对当时的技术发展发生影响。但在封建社会里,官办工场里的工匠,只是为达官贵人、皇亲国戚的享用而存在,舍此而外,不得"擅兴"。因此,《秦律》同时规定:"非岁红(功)及毋(无)命书,敢为它器,工师及丞赀各二甲。"[③]发展到后来,封建统治者甚至认为科技发明是必须严加禁止的"奇技淫巧",用思想和法律手段来阻碍它的发展。欧洲中世纪的封建主,曾经通过宗教裁判所把多少科学发现、技术发明的天才送入地

---

* 原载《社会科学》1984年第5期。后收入国家科委科技政策局编:《科技立法——新的开拓领域》,光明日报出版社1986年版。
① 《秦律十八种·工律》。
② 《秦律十八种·均工》。
③ 《秦律杂抄》。

牢，有的甚至推上断头台！但生产力的发展，是不以人的意志为转移的，其结果必定要求打破旧的生产关系而推翻反动的上层建筑。资产阶级获得政权之后，立刻用立法手段来保护资本主义经济基础，促进生产力的发展。

在资本主义发展史上，专利法律保护制度对科技的发展起了重大的作用。英国是第一次产业革命的发源地。18世纪60年代，纺织机的改革和蒸汽机的广泛应用，大大推动了纺织、冶炼、采矿、机械加工、交通运输等产业的迅猛发展，在不到一百年的时间里，创造的财富超过了以往历史年代的总和。这些，固然得力于"瓦特发明蒸汽机"，但是，如果没有英国政府于1624年制定的专利法，重大的发明得不到刺激和保护，所谓"蒸汽时代"的第一次产业革命就不可能到来。同样，以电力应用为标志的第二次产业革命、以原子能为标志的第三次产业革命，也不可能在没有专利法律保护制度下迅速实现。在英国之后，美国、法国、荷兰、德国、日本等国，也纷纷建立了专利制度，颁行了专利法。世界闻名的德国西门子公司、英国贝尔公司、英国邓禄普公司的创始人，都是大大得益于专利法的发明家。西门子公司现在雇用了40,000多专事发明的科技人员，每年申请的专利多达700件。至今，专利法律保护制度在资本主义世界仍然对科技的发展起着十分重要的刺激作用和保护作用。

苏联和一些东欧国家曾经实行，而且现在其中不少国家仍在实行奖励 — 专利"双轨"式制度。苏联在1973年所颁发的发明证书共46,800份，而当年首次使用的发明仅11,203项；1975年共使用发明48,000件，而首次使用的仅15,000件。这就说明，"双轨"制在推广应用发明方面是不够的。南斯拉夫、罗马尼亚、匈牙利和波兰等国，则已纷纷转而采取单一的专利法律保护制度。

我国长期实行奖励科技发明制度而无专利制度。这就更不利于新技术的应用和推广。近几年来，我国颁发的重大科技发明奖共240项，但基本得到使用的仅45项，仅及一个"零头"。据1983年统计，我国从事激光研究和生产的人员占世界总数的三分之一，然而发明与推广应用同许多先进国家相比，则远远落后。所以出现这类情况，没有专利保护制度是个重要的原因。鉴于中外科技发展史上正反面经验，我国已毅然决定采取专利保护制度，实行专利法。我国专利法把新技术发明人、设计人的创造性劳动，作为财产予以承认、尊重和鼓励，将使科研、技术人员焕发青春的活力，充分发挥其聪明才智，致力于发明创造；同时也将给推广应用新技术的企业带来巨大的利益；还将促进迅速了解国际科技情报，有利于吸收国外先进技术。可以肯定，专利法的实施，必将为我国智力财富的开发、科学技术的进步和经济振兴创建不可磨灭的功勋。

当然，法制和科技发展的关系，不能仅仅归结为专利法（或奖励制度等）与科技发展的关系。实际上，几乎法律的一切主要部门都同科技发展有着密切的关系。

例如刑法。我国《刑法》规定的破坏生产罪（第一百二十五条）、假冒商标罪（第一百二十七条）等，与科技发展直接有关。我国《刑法》规定的其他犯罪，如侵犯公民人身权利、民主权利罪、诬陷罪、诽谤罪、妨害公务罪、玩忽职守罪等等，与科技发展的关系也非常密切。四川省万县人民法院依《刑法》判处诽谤科技人员的罪犯石宝有期徒刑二年，在全国引起强烈反响，打击了限制技术、压抑技术人员的落后思想作风，显然有利于调动、保护科技人员发展科技的积极性。

又如环境保护法。从表面看来，环保法似乎处处干预新技术的发展；任何新技术如果同环保法相抵触，势必被"判处死刑"。但是，环保法的坚决实施，实际上恰恰为不带来污染的新技术大开绿灯，而这种新技术必定得到国家和人民首肯。我国现在年产煤炭6亿余吨，由于煤炭的生产和利用技术落后，防治污染的措施跟不上，全国城市大气污染普遍严重，酸雨现象正在加剧。到2000年，我国煤炭年产量将达到12亿吨，如不更新技术，后果将不堪设想。可以预料，环保法在限制落后技术的同时，积极鼓励新技术的发展，也将为煤炭生产和利用技术的一切新创举措扫清障碍。

除刑法、环保法外，诸如劳动法、商标法、统计法、各种法定技术规程、涉外经济法规、教育法……以至继承法、婚姻法等等，也都直接或间接地对科技发展发生影响。

二、迎接新技术革命的法律对策

对于新技术革命的挑战，现在人们谈论得最多的还局限于政策。诚然，政策在保护和促进技术发展方面，关系至大，作用至重，但也有限。在这一方面，西方出现的"政策效力递减病"，是值得人们深思的。我国是社会主义国家，党和国家所采取的政策从实际出发，从人民群众的根本利益出发，得到人民群众的由衷拥护。但仅仅依靠政策，还是不够的，还必须辅之以其他手段，其中包括法律的手段。政策的实施也有赖于法律的保证。保加利亚在推行新经济体制的过程中，对投资的确定、投资的竞争、减少未完工程、建设项目的责任制等方面的政策，进行了一系列的改革，并明确规定了违反政策的经济、纪律、法律制裁措施。他们十分重视严肃合同制度：通过竞争而得到银行贷款进行建设的经济组织，必须同银行签订投资贷款合同；建设单位也必须与施工单位签订合同；所有的合同都受到法律保护。这些经验，是值得我们借鉴的。笔者认为，新技术革命的三个方面都要求运用法律手段。

第一个问题是人才问题。人才问题不解决，迎接新技术革命的挑战是一句空话。

同许多国家相比较，我国的科技人才问题，存在两个"严重"：一是严重不足，一是严重浪费。严重不足，是指同人口总数和"四化"建设的要求相比，科技人才极为缺乏。严重浪费是指现有的科技人才，囿于事实上的部门所有制和单位所有制，严重妨碍他们的作用。这两方面的严重问题，都有赖于运用法律手段加以解决。这一点，国外的经验是值得借鉴的。人事制度向科学化、系统化、法制化发展，现在已经成了世界各国人事制度改革的趋势。例如，美国总统卡特在1978年提出了"改革文官制度计划"，随后国会通过了

《文官制度改革法》，确定了"功绩制"的9项原则，其中包括保证人人机会均等，经过公开考试，只根据能力、知识、技能来决定录用和提升；对相同的工作应提供相同的报酬，对工作优秀者给予适当的鼓励；工作成绩好的继续任职，不够好的改进，不好的解职；等等。这里说的虽是文官制度，但它必然会连类而及影响到整个的人事制度改革和人才的选拔。美国在1950年颁行的《考绩法》规定，考核结果分3等：不满意，即工作没有达到标准，得酌情减薪、降级或免职；满意，即工作合乎标准，可提薪一级；优等，即工作超过标准，提薪一级，并有优先提职权利。苏联宪法规定："苏联公民有劳动的权利"，"包括选择职业及工种的权利"。匈牙利、罗马尼亚、阿尔巴尼亚的法律规定，每个单位有权招工，可以自行确定人员编制、工资形式、劳动定额。苏联、东欧国家实行劳动合同制，如果行政人员非法调动职工，职工可在一个月内向法院提出审诉，法院有权恢复职工的工作。南斯拉夫的人员调配采取计划调配、临时调配和本人申请调动三种形式。保加利亚规定，工程技术人员只要在半年前，工人只要在4个月前提出申请，就可以调动工作。

为了造就足够的科技人才，为了充分发挥现有人才的潜力，笔者认为，必须把有关人才问题的立法提到议事日程上。法律应该明确规定：经过考核而被认定有真才实学、能为人民服务的科技人才，有权挑选适合他们志趣和才干的工作岗位，而不受地区、单位所有制性质等等的限制；人才流动的主动权归科技人员本人和接收单位，而不属科技人员所在单位；一切不适应、不胜任现职的人员，必须在规定时间内获得适应、胜任现职的科技知识和能力，否则限期届满，立即调离；一切阻碍人才培养、人才流动的行政领导，应视为违法，受法律制裁。

为了充分调动一切积极因素，还应当加紧立法，以吸引国外人才流向中国。在美国，第一流的教授、科学家中，华人有3万多。仅美国电脑研究中心，就有1000多名华侨华裔研究人员。如果我们能以立法保证解除其后顾之忧，他们一定会大批归来，为振兴祖国而贡献力量。外籍科技人才，也不是不可能被吸引到中国来的。人才在世界范围内的流动，极为经常，极为频繁。如果我们以立法手段在世界范围内吸引各国科技人才流向中国，那将是一本万利的事。在这一方面，采取一千种政策，作一万遍保证，还不如制定一种法律。

第二个问题是有关新技术革命的内容，有两点值得研究。

其一为自行研究新技术。现在许多同志已经认识到，可以跳过科技发展的某些传统阶段，而直接跃入最新的科技领域。但这样做，在投资、管理等方面，都会产生一些必须果断地下决心的问题。这些问题的解决，自然需要政策和经济手段，但最可靠有力的手段是立法。例如，在新技术革命中，电脑是一令人瞩目的科技成果。电脑用在生产管理上，首先要有准确的数据作基础。保证准确的数据，就要靠统计法，否则很难保证数据准确。还有，新技术的发展，在很大程度上取决于推广应用。因为推广应用将对新技术的优缺点做出全面的鉴定，从而刺激新技术的进一步发展。仍以电脑为例，有人把今天的电子计算机与1946年问世的第一台计算机做了比较,其体积缩小到三万分之一,价格下降到十万分之一,运算速度增加了20多万倍,效率提高了100多万倍。迄今为止,没有一项技术能像电脑这样在30多年的短时期里获得如此巨大的进步。据研究,其原因在于"应用"二字,由于应用中能发现问题、解决问题。应用如果无法律保障,也是不可能的。

其二为引进国外新技术。由于科技的迅猛发展,现在绝不可能有任何一个国家可以关起门来,拒绝接受别人的先进技术。关门政策无异于自杀政策,而要引进国外的新技术,就必须健全法制。在参加"上海国际技术转让会"期间,美方代表、知名的国际与财经事务专家伦代尔谈到,中国的投资环境正在改善,美国十分关注《双边税收抵免协定》《中美投资保护协定》和中国《专利法》《版权法》的制定。这是一个重要的信息。它告诉我们,只有健全法制,才能吸引国外先进技术在我国"四化"中发挥作用。

第三个问题是新技术革命所引起的社会关系的变化、社会生活的变化和人们的观念的变化。这些变化,都可能导致现有的违法犯罪内容、形式、重点、程度、范围的变化。这样,就必须及时地、适当地修改现行法律与制定新的法律。

也许有的同志会认为,我们与新技术革命尚有一段距离,何必考虑新技术革命带来的社会变化问题呢?这是一种盲目乐观的近视政策和懒汉思想。凡事预则立,不预则废。东西方一些科技比我们发达得多的国家,现在面临某些违法、犯罪问题,临时采取一些法律对策,其中有成功的,也有不那么成功的。后者就造成了社会问题。我们为何不早做准备,以采取相对而言的"万全"之策呢?

何况,有人认为,目前国际上的尖端科技成果——微型电子计算机,可能在五年内普及到我国各基层单位,从而使各工矿企业、文教科研办公室、农村的公社一级实现电脑化。这就更加迫切地要求我们预测科技进步所引起的社会生活变化,并预拟法律对策。

三、对法学界几点建议

这里所说的"法学界",包括法学理论研究及法学教育二界。

第一,关于法学理论研究工作者迎接新技术革命挑战的几点建议。

理论之树只有植根于现实生活的肥沃土地之中,才能枝荣叶茂,万古常青。法学研究不能无视社会主义现代化建设日新月异的发展。新技术革命所必然引起的社会生产力、生产关系、社会生活以及人们的观念的变化,要求法学理论研究工作者从许多方面展开探索和研究。

笔者曾在《法学研究面临新技术革命的挑战》一文中,列举过一些"这次新技术革命要求法学界研究的课题"。除此以外,还有大量的课题有待深入研究。例如,研究中外法制史的,过去几乎完全没有接触法制史上法与科技发展的关系;研究中外法律思想史的,过去也几乎完全没有涉及法律思想与科技发展的关系问题,这不能不说是一个极大的缺憾。中国的科技发展史，中国人没有写，而是英国朋友李约瑟写的。我们感谢李约瑟，给他颁发了勋章。难道我们还能等待外国朋友再来替我们写中国法制与科技发展的关系史吗？又如，法与政策的关系，这是所有的法学理论著作中都谈得很多的问题，很有必要，也谈得很好，扭转了过去以政策代替法律的失误。但是，深入一步，谈科技发展中，尤其是新技术革命中法与政策关系的，就几乎只字不见。一般寓于具体之中。我们不能满足于泛论法与政策的关系，应当从研究具体范畴内法与政策的关系中，发现、探索、研究新的矛盾、新的问题。这里有一个从一般到具体，把"泛论"化为对新技术革命中法与政策的关系做具体分析的过程。再如，法律的相对的稳定性与新技术革命引起的社会生活迅速变化的矛盾问题。这是一种辩证矛盾。解决这一辩证矛盾的途径何在？苏联的法学家认为：应经常更新立法；正确处理法律与法令的关系。"正确处理法律与法令的关系"的意见无疑是正确的。"经常更新立法"实际上不可能。那么，除正确处理法律与法令的关系以外，是否还有其他的法律手段呢？诸如此类的法学理论研究课题还很多，必须做"百尺竿头更进一步"的深入研究。

为了研究新技术革命提出的一系列法学研究新课题，有两个重要的方面值得一提：

其一是借鉴。牛顿说过，他的成功的秘诀是站在前辈科学巨人的肩上继续攀登。这对我们是很有启发的。苏联从20世纪60年代中期开始，对法与科技进步的关系做了相当深入的探讨，写出了大量理论著作，对新技术革命的发展起了促进作用。其他国家在这一方面也做出了努力。我国介绍国外关于法与科技革命的关系的理论研究成果和实际措施的文章、译作还极少，这是不利于我们像牛顿那样攀登的。为此，建议迅速组织翻译力量，尽快地并不断地把国外关于法与科技革命关系的理论研究成果，关于如何采取法律手段促进科技革命、用法律手段解决科技进步引起的社会新问题的措施介绍进来。

其二是向实际做调查。外国的理论、经验即使是圆满的、成功的，也不一定完全切合我国的实际。同时，我国的广大科技工作者、工人和干部，在向"四化"进军的实践中，在科技创造发明的实践中，也会创造出许多新鲜的经验来，提出许多问题、矛盾来。了解这些经验、矛盾和问题，以至于了解多种多样的教训，都会对理论研究提供启示。

第二，关于法学教育方面迎接新技术革命挑战的几点建议。

有人对笔者说，现在进法律系念书的大学生，有不少是"数理化盲"。不必讳言，确有不少考生，实在只是因为数理化太差，才"落荒而走"投奔文科专业。这同国外恰好成了一个鲜明的对比。现在许多国家的法律院系学生，必须先念完普通大学的课程。其中有一些必须先念完理工科大学的课程。而我国在校的法律院系大学生，大概没有一个是念过理工科大学的。同时，国外的法律院系学生即使没有专门学过理工科大学的课程，也必须掌握相当的科技知识才准予毕业。因此，他们毕业之后，或研究法学理论，或充任法官、律师，对于涉及科技的法律问题，就不那么感到棘手。而我国的法律院系学生，则十分缺乏科技知识，而且他们即使要学一点，在现行教育制度、课程设置的条件下，实际上也不可能。随着新技术革命的发展，社会生活必然向我们的法官、律师、法学研究人员提出掌握一定的科技知识的要求。

此外，现在政法院校、法学研究所招收研究生，毫无例外地不考试科技知识，大概也极少有理工科大学的毕业生来报考法学专业的研究生。这些情况，与新技术革命的要求，都是极其不相适应的。如果不加切实的改进，势必有一天会感到大大吃亏，"悔之莫及"。为此，建议今后招考法律院系的大学生和研究生时，要考试理工知识，法律院系的大学生和研究生要学习理工知识，学校要传授一些普及性的理工知识，特别是关于最新科学技术的基础知识；法学研究生中要有一定比例的理工科大学毕业生，他们报考法学研究生时的法学方面的分数线可略低一些。法学研究和大学的法学教学，旨在提高；没有这个提高，普及终将落空。现在，面临科技革命的挑战，是对此做出紧急反应的时候了。

日本经济法对科学技术发展的促进[*]

日本科学技术迅速发展的经验之一，就是经济立法对科学技术的发展起到了重要的保障和促进作用。

一

第二次世界大战后，日本的国民经济经过三年的恢复和整顿，虽有起色，但整个科学和技术水平还大大落后于西方发达国家，1949年日本政府白皮书认为大约落后20到30年。

为了保证国民经济的迅速恢复和发展，日本政府狠抓了经济立法。据1977年版日本《通商产业六法》一书介绍，1946年以来，日本政府颁布的工、商、贸易法律，御令、政府命令、省（部）命令等，总共282件。其中与科学技术发展关系比较密切的，在行政机关组织方面有《通商产业者设置法》《工业技术院设置法》；外贸方面有《外资法》；产业、企业方面有《计量法》《工业标准化法》《中小企业现代化促进法》《中小企业协作组织法》《机械工业振兴临时措施法》《飞机工业振兴法》《改进化学工业结构临时措施法》；工业和科学技术所有权方面有《专利权法》《技术革新法》《设计构思法》；此外还有《统计法》；等等。

上述法律既为实体法，又兼程序法；既是经济法，又兼有刑法的职能。对违法者的处罚，大多为经济制裁，徒刑则仅处一年以下。

日本制定和颁行促进科学技术发展的经济法，是和全国科研规划紧密配合的。日本的科研工作基础比较扎实，有近期、中期、远期不同阶段的规划。第二次世界大战后，日本推行"贸易立国"政策，大量引进外国先进科学技术。与此相应，当时所制定的一系列法律，对引进外国先进科学技术采取了有力的保护措施。例如，1950年5月10日颁布

---

[*] 原载《社联通讯》1984年第8期。

的《外资法》（法163号），就明确规定保护外国资本，扩大国外技术引进，对发展日本经济起到了积极作用。1948年8月1日颁行的《工业技术院设置法》（法207号），就是为健全工业科研管理体制和提高工业技术水平而采取的重要措施。该法规定国家设置工业技术院，其法定职责为：负责日本工业科学技术的调研和预测；日本工业科技发展规划和实施政策的制定；国外技术引进项目的审议、选择和研究，建立在科学试验基础上的工业化试验和应用研究；等等。经济发展后，日本又提出了"技术立国"的口号。从1958年到1968年，工业技术院先后制定了《加工机械试验研究补助金制度》《新技术开发贷款制度》《中小企业现代化技术开发制度》《重型机械制造和贷款制度》等具有法律约束力的制度。1971年3月31日，日本政府针对发展机械和电子技术工业的要求，颁行了《特定机械工业及特定电子工业振兴措施法》（法17号）。该法执行期（7年）满以后，1978年3月，又紧接着颁行了《特定机械情报产业振兴临时措施法》，该法特别强调了把机械工业各行业的振兴重点转移到以增进电子技术和自动化技术为内容的高效产品方面来。

现在，面临新技术革命的挑战，日本又以"科学技术立国"为号召，最近公布了《宇宙开发政策大纲》，指出科研领域重点是开拓新的知识领域，推广应用新知识；规定了今后15年的宇宙开发项目。

为了更有利于以法律手段保障和促进科学技术的发展，日本有关的经济法的时效有两种。一种是长期性的，没有时间限制，定期不定期地做补充或修改。另一种是有时间性的，适用于一定时期的经济和科技发展要求。如《机械工业振兴临时措施法》颁行时规定有效期为五年，后因行之有效，延期十年，延长时间由特别法令规定。

为了便于贯彻执行，在颁行了某些经济法以后，日本政府还颁行一些与之相对应的命令，把法律中的原则性规定加以具体的阐述或详细的规定。

二

日本经济立法的作风，首先在于保证政府发展经济、发展科学技术的计划和政策的贯彻执行。

作为一个资本主义国家，日本的生产资料在1949年以前90%以上掌握在垄断资本家和其他中小资本家手里，支配经济活动的根本原则是资本主义的自由竞争。不仅工矿业产品的规格、结构、质量、包装、使用方法极不统一，而且计量单位、计量方法也多有不同。这对其振兴经济、发展社会化生产实为一大障碍。于是，日本于1949年6月颁行了《工业标准化法》，于1951年6月颁行了《计量法》，并分别于1970年和1974年进行了修订。30年间（1949—1979），日本通过推行《工业标准化法》，其工业标准件数达到9729件；而美国的工业标准件数仅5700件，英国仅7600件，意大利仅4700件。日本较快地整顿了工矿业产品，不仅推动了国家指定产品及其生产技术的发展，而且带动了其他产品的质量管理、生产管理和技术管理，从而为日本迎接新技术革命奠定了比较坚实的基础。通过《计量法》的推行，促进了工业标准化的实现，加强了与工业和科技先进国家间的协作关系，增强了成套设备出口的适应力和竞争能力。近十多年来，日本打进国际市场的能力已经首屈一指。

日本是一个自然资源贫乏的土地面积狭小的岛国，以"出口第一主义"为基本国策。为此，于1957年6月颁布了《出口检查法》，为日本工业品的出口检查制度确立法律根据，以便维护和提高日本出口产品的声誉，不断扩大出口贸易。从1965年到1977年，日本产品出口总额从84.52亿美元，增加到804.95亿美元，增长近10倍。

面临新技术革命的浪潮，最近日本做出了面向21世纪新产业结构的战略部署，决定兴建技术集约城市。这种城市不仅仅是一个大规模的生产基地，而是以大学为中心，大学和企业密切结合的综合体系。每一座城市以一项新兴技术的研究和开发为目标，已决定兴建的七座城市将分别以电子、生物工程、海洋工程、航空、医药、机器人等新技术为研究和开发中心，并通过了相应的法律，保证各方面给以投资和支持。正是这种一决定搞什么就通过相应的法律的做法，使日本在经济和科学技术方面的发展得到可靠保证，得以迅速赶上和超过许多先进国家。

三

当然，日本经济立法的程序、目的、内容、作用、地位、影响等等方面，都带有资本主义性质。但是，日本经济立法毕竟对日本的经济和科学技术的发展起了极其重大的作用，我们应该吸取其符合生产和科技发展规律的一些经验。笔者认为，以下几点值得借鉴：

1. 立法的灵活性

如前所述，日本经济立法的时效分长期、短期两种。这样就有利于根据经济和科学技术发展的需要，根据有关立法的对象内容，以灵活的立法加以保证，就内容来看，也是如此。日本《特定机械情报产业振兴临时措施法》第四条规定："当特定机械情报产业的技术水平有了显著提高，或生产条件及其他经济状况发生显著变化时，主管大臣认为有特别必要，应修改提高计划。"该法第六条还规定：对某些有关"共同行动"的指示，"如果认为这样做对电子机器等制造业的合理化不利，则可以不受本项规定的限制"。法律既规范了人们的行动，又不把人们的行动限死，这是立法中十分重要的一个问题。

2. 立法的协调性与严肃性

日本经济立法虽然是根据各个时期所推行的经济政策和国内外形势发展的变化而制定的，但它都经过日本议会的审议和通过，作为国家法律的一部分予以颁布；在经济立法条文中贯彻了日本宪法、民法、民事诉讼法、刑事诉讼法和商法等基本法的宗旨。这样，经济立法与国家的基本法律就相协调，而且具有高度的严肃性，任何违法者，都将受到经济制裁或刑事处分。

3. 立法的预期性

法是经济关系的记录，是行之有效的政策的立法肯定。这是对法的认识的一个重要方面。日本经济立法启示我们，预期性立法是现代经济和科技发展的要求。前面提到的许多日本经济立法，既是对当时经济关系的反映，对已经行之有效的政策的立法肯定，同时又是未来政策的立法保证。有关机械工业振兴的三个立法，都是一个一个紧紧衔接、互相关联的，前一个立法执行期满以前，下一个立法早已产生，这样，就保证了立法的连续性，而这种连续性，是以预期以新的立法促进经济与科学技术的进一步发展为前提的。为了迎接新技术革命，日本力图尽早挤进宇宙大国行列，力图在知识密集型的产业开发中居于领先地位，它所颁布的《宇宙开发政策大纲》及有关立法，和兴建七个科学城的决定及有关立法，都是以往立法的预期性的进一步体现。

我国有优越的社会主义制度，同时又是一个经济与科学技术都比较落后的国家。因此，我们不能照抄照搬日本的经济立法，而应从我国的国情出发，在大量调查研究的基础上，制定出具有我国特色的经济法律，以促进我国科学技术的发展。目前，我国经济立法十分积极、活跃，对经济的发展起了良好的促进作用。在新技术革命的挑战面前，我们应早些在立法上采取积极措施，以便抓住这一有利时机，越过科技发展的某些传统阶段，迎头赶上科技先进国家，雄立于科技先进民族之林！

试论新技术革命和法制建设的协调发展*

席卷世界的新技术革命浪潮的涛声，澎湃在耳。以加紧法制建设作为迎接新技术革命的重要对策，正受到人们的高度重视。研究新技术革命和法制建设协调发展的关系，对加深认识有关问题，具有重要的意义。

从外部来看，法制建设的协调发展，主要包括三个方面：第一，法制建设与经济建设的协调发展；第二，法制建设与经济基础的协调发展；第三，法制建设与其他上层建筑的协调发展。有些讨论文章中，混淆了"经济建设"与"经济基础"这两个不同的概念。笔者认为，法制建设与经济基础的协调发展和法制建设与经济建设的协调发展，就对法制的要求来说，是不相同的。经济基础，即一定社会历史阶段上生产关系的总和，虽然也会变化发展，但总的来说具有相对的稳定性。法制建设与经济基础的协调发展，要求法制具有稳定性，足以保护现存经济基础，即法制要适应经济基础。经济建设，即社会生产力的发展，是最革命、最活跃的社会发展因素。法制建设与经济建设的协调发展，不是要求法制具有稳定性，而是要求法制及时地更新，以适应经济建设不断变化发展的要求；不仅如此，经济建设甚至还要求法制建设对它有所促进。法制这一上层建筑对经济基础的反作用，正是通过法制保护和促进经济建设，引起生产力的变革，从而最终引起经济基础变革而实现的。认识上述问题，是研究新技术革命和法制建设协调发展的关键之一。

以计算机自动化、控制技术和传讯技术的跃进性发展为标志的新技术革命，其来势之迅猛，为以前历次技术革命所无，这反映了生产力，其中包括科学技术，由低级向高级发展的加速运动的规律。它当然要求法制建设与之相适应。从我国当前经济体制改革带来的经济活跃、生产发展加快，要求包括法制在内的整套社会措施与之"同步改革"，可以推想一旦新技术革命在我国形成高潮时，将会强烈地要求法制建设与之相适应。然而，法具有稳定性的特点，这样，新技术革命与法制建设之间就形成了矛盾。这是一对辩证的矛盾。其辩证性在于：日新月异的新技术革命将促使法制建设以前所未有的速度开展起来；

---

* 原载《法学》1984年第10期。

法制建设的健康发展将保证、促进新技术革命以更快的速度发展。只有正确地把握这对辩证矛盾，实现法制建设与新技术革命的协调发展，才能充分利用新技术革命这一"千载难逢的机会"，迎头赶上科技发达的先进国家。

任何矛盾都有其主导方面。新技术革命与法制建设的矛盾的主导方面，通常是前者。认识这一点，对于法制建设的各个环节，包括立法、执法、守法、司法、法律教育与法学研究，都是重要的。

从立法方面来看，新技术革命对法制建设的协调发展的要求将是：

第一，加快立法进程。近几年来，我国经济立法和其他立法的速度是大大加快了，这是全国、全世界有口皆碑的。但是新技术革命将要求我们进一步加快有关立法的进程。新技术革命要求增加风险投资，可以说，削弱风险投资，必定严重影响新技术革命的开展。新技术革命要求迅速增加人才开发投资，迄今为止，我国的人才开发投资还远远落后于许多工业发达国家，甚至落后于不少发展中国家；新技术革命要求大刀阔斧地改组原来的"条条"（专业管理系统）、"块块"（地域管理系统），使之重新组合并可能不断地灵活地改变；要求打破不同所有制的单位、部门关系；要求生产、科研、行政人员的职责、权利、义务与新技术革命相适应；等等。新技术革命还特别要求敞开大门、加强国际协作。在所有这些方面，新技术革命给予我们的机会和利益都可能是转瞬即逝的。加快立法速度，可以使我们赢得时间、赢得机会。

第二，开展预期立法。社会主义法制的一个特点就是预期立法。无产阶级夺取政权以后所制定的许多法律，都是为了确立有待形成的新生产关系、新社会秩序、新人际关系。但是，我国立法中的一个重大教训是，没有在经济立法方面充分发挥社会主义法制的预期立法的作用，倒是许多资本主义国家，一方面以其某些立法顽固地保护业以腐朽的资本主义生产关系和社会秩序；另一方面，却又常常以其另一些立法灵活地促进经济和科学技术的发展。以日本为例，第二次世界大战以后至1977年，日本政府颁布的工业商业立法达282件之多。其中《工业技术院设置法》《计量法》《工业标准化法》等，都属预期立法范围。推行《工业标准化法》的结果，使日本制定出国家工业标准（JIS）9729件，比美国（5700件）多近一倍，为日本工业技术的发展奠定了坚实基础。从1956年至1978年，日本还先后颁行了三个互相衔接的振兴机械工业的法律，大大推动了机械工业技术的发展。目前，日本政府决定兴建七座科学城，实施《宇宙开发政策大纲》，其内容都是面向21世纪、迎接新技术革命的。为了达到预期目的，在做出上述决策之后，日本政府随即颁行了有关法律。他们在法制建设方面的这些做法，对我国迎接新技术革命的法律对策来说，是值得借鉴的。

第三，适时地颁行单行法规。法律的规模通常比较庞大，其制定程序也比较复杂。单行法规则不然，规模可以甚小，内容可以很简单，其制定程序相对来说要简单得多。因此，以单行法规补充法律的不足，在行将到来的新技术革命过程中，是法制建设协调发展的一个重要手段。苏联法学家认为：法的稳定性和科技革命迅猛发展而引起的新问题及新要求之间的辩证矛盾的解决途径之一，是正确处理法律与法令的关系。日本战后颁行的一些经济法规，既有"基本法"，又有"措施法"（助成法、促进法），还有"实施细则""施行令""提高计划"等。其中"提高计划"往往是一些补充性的法令，用以补充调整有关法律制定时未能估计到的新的发展情况。苏联、日本以及其他一些经济和科技比较发达的国家，对新技术革命的研究起步较早，他们在发展本国科技中的一些做法，其中包括适时颁行法令等，是值得参考的。

第四，适时地废除或修改过时的法律或法律条文。新技术革命所引起的经济结构、产业结构、技术规程、社会关系等等的变化，是比较巨大而迅速的。这就会使原先制定的一些法律或法律条文较快地过时。当情况已经变化时，是株守过时的法律，还是予以修改或废除呢？答案当然是后者。因此，不仅有加快立法速度的任务，而且有加快改、废过时法律条文的任务。面临新技术革命的挑战，法制建设协调发展的要求将大大提高，任务将大大加重。如果联系到法制系统内部的协调发展来看，更是如此，对此我们必须做好充分的准备。

从执法和守法方面来看，新技术革命将突破旧的关于执法与守法的观念。这从当前我国改革中出现的一些情况，已可略见秋毫。"合理不合法"的事，在新技术革命过程中更可能会经常出现。这当然是在科学技术高度发展水平上的"合理不合法"，而不仅仅是目前改革中发生的那些事，但其性质是相同的。这就牵涉到如何执法与如何守法的问题。是为执法而执法、为守法而守法呢，还是为新技术革命的发展而执法、守法呢？笼统地提出这个问题，答案可能是一致的：为新技术革命而执法、守法。但遇到实际矛盾时，往往会做出相反的反应。因此，一方面必须力求立法本身具有辩证性；另一方面，还要突破旧的执法、守法观念，树立辩证地执法、守法的观念。我们新宪法充满着辩证法，因而为我们辩证地执法、守法创造了条件。新宪法第四十七条规定："国家对于从事教育、科学、技术、文学、艺术和其他文化事业的公民的有益于人民的创造性工作，给以鼓励和帮助。"上述规定中的限制语"有益于人民的"，在最初提出的草案中是没有的。加不加这一限制语，对于新技术革命过程中如何执法、守法关系甚大，它为在某些情况下不为"合理不合法"所囿开了绿灯。诚如许多同志在讨论文章中指出的那样，宪法作为国家的根本大法，是法制建设协调发展的总纲。在严格遵守宪法的大前提之下，突破旧的执法、守法观念，树立辩证地执法、守法的观念，真正成为社会主义法制的主人，是十分重要的。这一方面，国外某些经济立法体现的辩证性，是值得一学的。例如，日本《特定机械情报产业振兴临时措施法》（1978年3月颁行）第四条规定："当特定机械情报产业的技术水平有了显著的提高，或生产条件及其他经济状况发生显著变化时，主管大臣认为有特别必要，应修改提高计划。"第六条规定：电子机器经营者"如果认为"主管大臣下达的"共同限制行动""对电子机器等制造业的合理化不利，则可以不受本项规定的限制"，即可以违反该法第六条的前款规定。从这两条规定可以看出，有关经济活动（或科学技术活动）的领导与被领导者，在执法与守法方面有较大的回旋余地。当然，不可能要求每一种立法都估计到并且具有这种辩证性条文，因而也就涉及客观情况与法律条文相抵触、"合理不合法"的问题。所以我们提出了突破旧的执法、守法观念，树立辩证的执法、守法观念的问题。应该说，这一方面我们还所知甚少，有必要更多地考察国外在这些问题上的探索性的研究成果。

以上所说，是比较多地从新技术革命作为经济建议内容出发的。但新技术革命影响所及，不仅是经济建设，它必将引起生产关系、社会关系、思想观念的重要变化。这样，法制建设与新技术革命协调发展问题，实际上必定要涉及法制与经济基础的协调发展，法制与其他上层建筑的协调发展。《法学》编辑部文章正确地指出："不论是法制和其他上层建筑的协调，还是法制内部各方面的协调，归根到底，都必须以法制和经济基础的协调为指导思想。"[①] 新技术革命将导致信息工业在国民经济中起主导作用，通过终端设备与计算网络，把所有的工业部门、所有的企业联系起来，形成一种新的生产格局。这种新的生产格局，必将在相当大的程度上改变人们在劳动中的地位和相互关系，以及分配关系。全民所有制与集体所有制的异同点也将发生巨大变化。国外中小企业的崛起并在国民经济中占举足轻重的地位，生产家庭化现象到处出现。这些情况也可能在我国出现。总之，新技术革命将带来生产关系的变化，带来生产方式的变化，也就是带来经济基础的变化。这就提出了法制与经济基础协调发展的问题。

新技术革命引起人们的价值观念、道德观念、伦理观念的变化，引起社会秩序、人际关系的变化，如同"风起于青蘋之末"，在工业发达国家已显现端倪。家庭观念迅速淡化是客观事实。试管婴儿的大量出现、机器人的普遍使用，也许会引起传统家庭的解体。自家庭形成以来，人类社会的细胞便是家庭。家庭观念的淡化，家庭组织的解体，必定会引起连锁反应，一切社会组织、社会团体以至某些国家机构及其管理手段、管理方式，人们的交往方式，也都会发生重大变化。其结果，必定是刑事犯罪、民事纠纷都形成新的特点。一些工业发达国家中盗窃情报的犯罪活动激增，离婚案件激增，另一些犯罪活动则趋于减少。这些都是值得我们认真注意的现象。法是调整社会关系的强制性工具。社会关系发生了变化，法也必须与之适应，做出改变。这就要求法学家对新技术革命将引起社会关系怎样的变化做出预测，从而对立法或现行立法的改、废提出确有根据、切实可行的建议来。

这项工作不是少数人所能胜任的。法理学研究者当然责无旁贷，宪法学和一切部门法学的研究者也义不容辞。甚至法制史研究者也有大量的工作要做，因为从法对人类科技发展及其引起的社会关系的变化的影响方面做出总结，必将对法制与新技术革命及其引起

---

① 《法学》1984年第5期。

的社会关系的变化的协调发展，提供有价值的参考。为此，笔者建议：第一，全体法学研究人员都要密切关注新技术革命的发展，并结合各自的专业开展关于法制与新技术革命协调发展问题的研究；第二，法学研究工作者应与其他社会科学研究工作者（首先是社会学研究工作者）建立起密切的协作关系，并同自然科学家加强联系；第三，大量培养新型的法学研究人员，除法学外，他们必须具备较坚实、广博的自然科学基础知识。作为当务之急，笔者建议迅速建立专门研究机构，首先尽可能地对科学、技术发达国家迎接新技术革命的法律对策进行考察和研究，把这些国家的研究论文与著作大量地、及时地翻译、介绍进来；其次，对我国工业、科技发展中的矛盾和问题进行调查，预测迎接新技术革命的法律对策。这样的专门机构，应由既懂法学，又懂自然科学，兼长外语的中青年研究人员组成。它将对其他法学研究工作者的研究工作提供有效的帮助，并将成为我国法学界研究新技术革命的开路先锋。

党的十一届三中全会以来，我国法制建设取得了举世赞誉的成就。但总的来说，我们还处在健全法制建设的阶段上；现在，面临新技术革命挑战，又给我们增加了一项任务，即在健全法制的同时，还要改革法制。"改革"必须在"健全"的基础上开展，"健全"的过程也要体现"改革"。二者必须同步发展。法制建设能否与新技术革命协调发展，在很大程度上将取决于处理好"健全法制"与"改革法制"的关系。

健全社会主义法制的一件大事

—— 全国首届科技立法工作座谈会简介*

全国首届科技立法工作座谈会于 1985 年 8 月 21 日至 27 日在北京京西宾馆隆重举行。这次会议是由国家科委和全国人大常委会教科文卫委员会联合召开的,参加这次会议的有来自全国 59 个部门的 160 位代表,主要由法学界和科技界人士构成。胡克实同志领导了会议的全过程,参加了大会和小组讨论。

在开幕式上,国家科委主任宋健、全国人大教科文卫委员会副主任胡克实、著名科学家钱学森和国务院经济法规研究中心主任顾明做了重要讲话。

宋健同志指出,近几年来我国法制工作有了很大发展,但在科技领域,立法工作尚进展迟缓。由于没有一些最基本的科技法规,我们在进行科技体制改革,促进科技面向经济建设工作中,遇到了相当大的障碍。科技工作的当务之急,是加强科技立法,以推动科技体制改革的顺利进行,保护科技人员的正当权益。

胡克实同志在讲话中强调指出,在科技方面虽然这几年颁布了一些法规,但远远不能适应我国科技事业发展的需要。科技工作中的一些基本问题,还缺乏法律规定,存在大量的法律空白。因此,科技立法是我国科技工作的当务之急。

胡克实认为,对科技工作的领导和管理,必须来一个转变,即从仅仅依靠政策、计划,过渡到既依靠政策、计划,又依靠法律、法规,也就是要依法管理科学技术和发展科学技术。胡克实提出,科技立法要为改革服务,推动改革深入发展。他说,我国正在进行的科技体制改革,是在相当广阔的领域和相当深刻的程度上展开的,不可避免地会遇到许多新的情况和新的问题,需要运用法律来调节、处理和解决。当前的一项迫切任务,就是要根据中央关于科技体制改革的决定,在调查研究、总结新鲜经验的基础上,及时地把党的有关方针、政策,把改革中的成熟经验,加以制度化、法律化,用相应的法律、法规和

---

* 原载《情况交流》1985 年第 8 期。

法令，来保障改革、促进改革。胡克实同志还强调，要通过科技立法，为优秀人才的大量涌现，为科技劳动者的权益提供法律保障。他认为，对于在科技方面做出重大贡献的同志，应当给予令人羡慕的报酬，奖以非同凡响的荣誉。他的讲话激起了与会代表的热烈掌声。

钱学森同志重申了在今年 4 月召开的法制系统科学讨论会上讲话的精神，认为科技立法更应以系统论、信息论和控制论作为方法论的基础。他还建议法学家与科学家结成联盟，共同为法学与科技的发展做出贡献。

顾明同志在讲话中指出，科技法可以从经济法中分离出来，科技法学应当成为独立的法学部门。他还介绍了经济法规研究中心的工作和一些经验。

首届科技立法工作座谈会的议题主要有三方面：第一，讨论科技立法的地位、作用和意义；第二，研究科技立法规划，交流科技立法经验；第三，讨论和修改《中华人民共和国技术合同法（草案）》。

代表们在座谈中进行了热烈的讨论。代表们反映，由于科技工作中无法可依的现象严重，中央关于科技体制改革决定中的拨款修改，该法草案已渐趋完整、确切。但直至会议结束，还有一些问题仍未取得一致意见，主要有两方面：其一为科技合同中科技成果收益的归属与分享问题；其二为科技合同纠纷的仲裁机构设在工商行政管理局属下，还是设在各级科委属下的问题。对于草案的一些不同意见，将留交起草工作和研究解决。据悉，该法拟提交今年 12 月举行的人大常委会审批。

参加会议的代表们一致认为，在我国历史上，科技界和法学界这两条彼此生疏的战线的同志聚集一起，共同讨论科技立法问题，还是第一次。这是现代科学技术事业发展的迫切要求，也是现代法学发展的必然趋势。科技立法和科技法学的发展，不仅会推动我国科技体制改革的深入发展，而且也会促进我国社会主义法制建设达到新的水平，推动法学研究方向和方法的更新，并将对我国经济、教育、文化以及其事业产生重要影响。

座谈会于 8 月 21 日举行了隆重的闭幕式。闭幕式上座谈了彭真同志给大会的贺信，贺信指出："系统地总结我国的经验并吸收外国的有益经验，加强科技方面的立法工作，这是健全社会主义法制的一件大事。"中共中央政治局委员方毅和全国人大常委会副委员长彭冲、周谷城出席了闭幕会议并做了讲话。出席闭幕式的还有最高人民法院院长郑天翔，国家科委主任宋健，全国人大常委会秘书长、法制委员会主任王汉斌，以及胡克实、张承先、胡绩伟、顾明等同志。

上海市出席座谈会的代表有许言、李玉仁、陈祥源、张念椿、李铸国、陈乃尉和倪正茂等 7 人。《文汇报》记者倪平、《世界经济导报》记者杨小玲采访了大会实况。

向科技立法索取无穷无尽的财富*

中共中央于1985年3月13日公布的《关于科学技术体制改革的决定》，为在我国迅速发展现代科学技术作出了有伟大历史意义的战略部署，为"动员千军万马上山摘桃子"奠定了基础。《决定》公布以来，科学技术界群情振奋，活力猛增，硕果累累，形势喜人！

科学技术的迅速发展，正向我们提出一个极为重要而又迫切的现实课题：加紧科技立法。

十一届三中全会以前，我国的知识分子长期受压，"万马齐喑"的局面令人寒心。十一届三中全会的春风使神州大地万物复苏，知识分子的地位得到了空前的提高。《决定》的公布，则使知识分子的用武之地大为开阔，用武之道陡然增多。但新的矛盾和问题也随之产生，例如，科技管理的运行机制方面，拨款制度的改革关系到科研单位的"皇粮"；技术市场的开拓，要求保障买方、卖方和中介方的权利，并督促其履行约定的义务；科学技术机构自我发展力的增强，提出了加强宏观管理和控制的要求。又如，在科技组织结构方面，科研、生产联合体的应运而生和迅速发展，要求对其权利义务关系做出规定；军民分割、部门分割、地区分割的逐步打破和重新组织，也要求对有关单位的活动有所拘束，以保证科技体制改革的健康发展。再如，在人事管理制度方面，随着对科技人员限制的减少和人才的合理流动，也出现了许多地方的领导和群众对"兼职""辞职"等问题的互不一致的认识，并出现了不同的"对策"。所有这一切，是前进过程中的新矛盾和新问题，是"题中应有之义"，是事物发展辩证法的具体表现。这些新矛盾和新问题解决得好，将使我国科学技术生产力大大解放，将使我国人民从科学技术的发展中夺得无穷无尽的财富；否则，科技体制的改革将遭严重挫折，经济和社会的发展也将无从谈起。

关键何在？关键在于加紧科技立法。只有加紧科技立法，才能进一步推动和保障科技体制改革，才能索取无穷无尽的财富，才能有2000年的光辉灿烂的前景。关于这一点，

---

* 原载《法律与生活》1985年第12期。

日本战后的科技立法对我们是很好的启示。据1949年日本政府发表的白皮书认为，日本当时比西方发达国家落后约二三十年。为了保证国民经济的发展，日本政府在抓紧经济立法的同时，狠抓科技立法，对日本的科技进步与经济发展起了极大的作用。例如，1949年通过《工业标准化法》后，到1979年的30年间，日本工业标准件数达到9729件，而同期内美国仅5700件，意大利仅4700件。由于科技的进步，日本工业产品打进国际市场的能力已经首屈一指，日本的经济实力和人均收入水平也跃居世界前列。中日两国社会制度本质不同，但是运用法律调节机制，保障和促进科技进步其理相同，其利则一。

科技进步对经济发展的作用，正变得越来越大。据估计美国国民生产总值增长的50%—80%依靠科技进步，苏联国民收入增长的50%以上也依靠科技进步。我国一项农业科学发明价值40亿元以上；铁道部戚墅堰一研究所研制成功的"金属涂料技术"，初步推广后的经济效益即达5亿元。如果我们能从以政策调节发展到既用政策，又用法律调节科技进步，那么，我们的科学技术将得到更快的发展，我国的经济和社会进步将取得更大的成就。让我们向科技立法索取无穷无尽的财富吧！

简讯[*]

去年11月5日上午在国家科委大楼召开了"科技立法软科学研究座谈会"。

会上,国家科委政策局总工程师孔德涌指出,加强科技立法软科学研究,根据我国实际情况和经济体制改革的要求,将系统论、控制论和信息论等现代科学方法及计算机仿真等手段引进科技立法,可以使科技立法建立在定性和定量分析结合的可靠基础上,为科技立法起草部门提供更加科学的依据。为此,法学界与科技界应更加紧密切携手合作。

政策局条法处处长段端春介绍了国家科委对预拟的十个研究课题的设想。这十个课题包括"科技立法的国际比较""科技合同法实施细则的探讨""新技术革命立法探讨"等。为资助研究,国家科委将拨出40万元人民币作为研究经费,并将提供开展研究的一些方便条件。这是我国首次将现代科学方法运用于科技立法的尝试,也是1985年8月全国首次科技立法工作座谈会关于建立法学家与科技专家联盟的第一个实际步骤。因此,这个会议及项目研究的开展,将对我国的科技立法与科技法学的发展产生重要影响。

本会会员倪正茂应邀参加了会议,并接受了"新技术革命立法探讨"的研究课题。会员李铸国接到与会邀请,接受了"科技合同法实施细则"的研究课题。目前,有关研究课题的组织工作及其他准备工作,正在积极进行中。

---

[*] 原载《情况交流》1986年第1期。

加紧科技立法保障和促进科研生产联合体的发展*

经济体制改革和科技体制改革的迅速发展，使科研生产联合体犹如雨后春笋般应运而生。面临这样的大好形势，必须加紧科技立法，以法律调节机制加以保障和促进，使其得到更加迅速、健康的发展，夺取最大的社会经济效益。为此，有必要提高对发展科研生产联合体意义的认识，了解科研生产联合体发展的情况和问题，探讨有关保障和促进科研生产联合体发展的科技立法内容与要求。

一

发展科研生产联合体是科学技术进步的内在要求。科学的作用在于认识世界，技术的作用在于提供改造世界的手段，但科学技术本身要转化为生产力，实现其社会经济效益，还必须在企业的生产过程中得到体现。同时，科学认识任务的提出和技术进步的动因，从根本上来看，不是来自科学家和工程技术人员的冥思苦想，而是来自生产斗争和科学实验的生动具体的实践。因此，将科学技术的研究直接与生产联系在一起，既有利于科技成果转化为生产力，从而为社会创造财富，又有利于科学技术的进一步发展。

随着社会的进步，知识陈旧的周期已越来越短，技术的经济寿命也在加速减低。人们形象地称现代科学迅猛发展导致的知识量急剧增长为"知识大爆炸"。据统计，科学知识每年的增长率，20世纪60年代以来已从9.5%增长到10.6%，1980年的年增长率达到12.5%；18世纪时知识陈旧的周期约为80年到90年，19世纪到20世纪初期，缩短为30年，近50年来又缩短为15年，现在不少领域中知识陈旧的周期更缩短到5年左右。技术的经济寿命缩短之快，可以见诸以下数字：最近10年，工业部门已有30%的技术由于过时而被淘汰，电子工业部门则达到50%以上。因此，如果不将科技成果迅速加以利用，科技研究的投资就不能回收，在激烈的国际经济社会竞争中就要处于落伍、被动的地位。

---

* 原载《情况交流》1986年第2期。

有鉴于此，许多科技先进、经济发达的国家都在竭尽其力地建立科研生产联合体。例如日本，在1982年6月，由日本政府牵头，与企业、大学、科研机构联合成立了"产、官、学、研"合一的专门机构（ICOT），联合研制第五代电子计算机，并公布了十年发展计划，拟于1990年搞出原型机。第五代电子计算机是尖端技术中的尖端，其最大特征是从计算工具变成人工智能机器，具有人脑的部分智能。研制成功第五代电子计算机，将使人与机器的关系发生革命性变化，可能成为世界新技术革命的爆发点。为此，发达国家无不投入大量资金和优秀人才。然而，日本"产、官、学、研"联合体的研制步骤，比欧美国家棋高一着、先行多年，而且前3年计划执行顺利，从而在第五代电子计算机的研制方面抢先一步，成了这个领域的领头人。可以预期，其经济效益，将是难以预料的天文数字。又如美国，60年代开始建立这类科研生产联合体，到1973年已发展到84家。美国的科研生产联合体规模一般十分宏大，如马萨诸塞州的一个联合体，联合了780个工业企业、100所大学和20个政府实验室，工作人员达5万之多。这样的联合体在波士顿、纽约、华盛顿、洛杉矶、芝加哥、巴尔的摩等地均有。

对于建立和发展科研生产联合体，党和国家在十一届三中全会以后曾一再做出指示，予以高度重视。1981年4月16日中共中央、国务院转发国家科学技术委员会党组《关于我国科学技术发展方针的汇报提纲》的通知指出："科研单位同生产单位之间，可以采用合同制，有的还可以组成科研生产联合体。"1985年3月13日公布的《中共中央关于科学技术体制改革的决定》，把建立科研生产联合体作为重要的改革环节，加以明确的规定。

正是由于建立科研生产联合体的客观必要性和人们对此认识的提高，由于党的方针政策的指引，我国科研生产联合体在经济体制改革和科技体制改革过程中得到了空前的发展。

二

我国科研生产联合体的发展特点，一是进展迅速，二是形式多样，三是成效显著。

据北京市科委最近的调查，北京市目前已出现科研生产联合体上百个。在80个市属科研所中，已有25个科研所与生产单位建立了科研生产联合体或技术联营；在北京市科技协作中心范围内，已建立科研生产联合体36个；19个区县建立的联合体有90多个。此外，还有一批中央在京单位与北京市及所属地区各单位建立的联合体。

据《文汇报》1985年8月26日报道，中国船舶工业总公司科技体制改革试点单位——船舶工艺研究所，已先后牵头成立30多个科研生产联合体，把科研、开发、生产、经营结为一体，收到了显著的社会效益。

从联合体的形式上看，北京市的科研生产联合体有：（1）全市性的大型联合体，其中北京市科技协作中心一家，即涉及56个科研单位，11个设计单位及20个工业局的有关生产单位，每年签订协作合同数百项。（2）跨省市的科研生产联合体，如北京市科委和秦皇岛市联合建立了"北京与秦皇岛科技联合开发公司"，由双方派代表建立理事会。（3）意向性的联合，如北京市劳保所与四季青乡建立劳动技术联合开发公司。（4）多头联合，即由科研单位选定几个对口厂家联营，双方派人组成董事会对联营厂共管。（5）联合的经济实体，如清华大学与通县①微电机厂建立了京华电器公司。（6）单项技术承包的联合形式。（7）定向对口服务的联合。如北京工程机械研究所的3个研究室，分别对3个对口厂开展定向服务。

科研生产联合体建立以后，成效显著。通过联合体的活动，北京市科技成果应用率有了明显提高，其中23个科研所科研成果应用率已达到50%以上。全市80个市属科研所，1984年向企业转让成果396项，比1983年增加120%。船舶工艺研究所与企业建立的联合体同样取得了显著的效益。例如该所与江苏太仓县②化工三厂签订了联办实验厂的长期合同，生产船用胶粘剂等等，年产值可达100万元。

但是，同任何新生事物总是不可能尽善尽美一样，已经建立的科研生产联合体也存在种种问题。这些问题主要是：

（一）组织机构与领导管理问题

除大型的科研生产联合体外，许多小规模的联合体往往是通过同学、同事、亲戚、朋友及其他"熟人"的关系牵线搭桥建立起来的。这样的联合体，通常都存在组织机构不健全，领导管理的职务、责任、权限不明确的弊端。由于科研生产联合体本来就是若干经济实体和科研单位之间，以科研促生产和提高经济效益为目的，以经济上的互惠、互利为杠杆，不改变其行政隶属关系的松散的经济联合。因此，临时性的组织机构的不健全与领导管理中的职、责、权界限不清，很容易由于垂直系统的行政干预、研究、设计、生产、供应、销售某一环节临时出现的问题的干扰，以及管理中的一些矛盾纠纷，而导致联合体停顿甚至解体。

（二）双方权利、义务关系问题

科研生产联合体中，科研单位与生产单位各应承担一定的义务，并享受一定的权利。这种权利、义务关系，在联合体建立之初就应划分清楚、明确规定，在联合体运行过程中应及时检查、监督。现在，已经建立的科研生产联合体，大多签定了联合体协议书或联营合同、技术转让合同、技术服务合同等。但是，由于缺乏经验，合同中的权利、义务关系往往不清楚，甚至于出现了"霸王合同"，即一方只享有权利，不承担义务或极少承担义

---

① 今北京市通州区。——编者注
② 今江苏省太仓市。——编者注

务，而另一方却相反；由于不熟悉合同的法定内容，往往无违约责任的规定，致使发生违约事件时，无法追究责任，互相推诿，互相顶牛，致使联合体名存实亡；由于缺乏必要的鉴证、仲裁机构，合同鉴证无法进行，仲裁也无从谈起，发生纠纷时只能靠双方领导"协商解决"，结果是长期扯皮，影响效益。

（三）联合体与外部的关系问题

联合体与外部有着错综复杂的关系。就整个联合体来看，它同国家计划、供应单位、销售单位、使用单位存在密切的关系；就联合体各方面来看，每一方又各有其行政领导、业务联系单位。这样，影响联合体发展的因素，就变得十分众多、十分复杂。往往由于没有处理好这些关系而影响联合体的生存与发展。

此外，部门的单独性与科研社会性的矛盾，科研合同中科研成果的计价问题没有得到合理解决以前，联合体的发展也会深受影响。

解决上述问题，要依靠政策，也要依靠法律，依靠政策的法律化。

三

保障和促进科研生产联合体健康发展的科技立法内容，主要有以下几个方面：

（一）关于科研生产联合体的组织管理

这一方面的立法，要涉及跨省市、跨地区、跨部门联合体的相互关系；涉及联合体各方与上级管理部门及下属单位的关系；涉及联合体内部各方的相互关系；涉及联合体领导机构（如董事会、理事会、联席会）的设置、编制、成员构成与分工、成员的职务及责任和权力、管理的方式、方法等等。为此制定"科研生产联合体章程"之类的法规或条例是必需的。

（二）关于科研生产联合体各方的权利、义务

这一方面的立法，对联合体各方的权利和义务要做出必须对等的规定；对权利和义务的内容、行使权利和承担义务的方式、违约的责任及赔偿方法做出明确的规定。有关立法对违约责任一定要详细载明，不能含糊；对违约的制裁措施必须具体、切实，不能空洞、抽象。要明确规定对有关负责人本人做必要的恰当的经济制裁；如果因违约而造成重大经济损失的，还应追究其刑事责任。

（三）关于科研生产联合体的维护

作为一种新生事物，科研生产联合体在其前进的道路上还会遇到种种困难和挫折；已

经发现有人利用这种形式从中渔利，从而损害联合体双方的利益，制造矛盾与不和，影响科研与生产的发展；也有人大搞技术封锁，为联合体的运行制造障碍等等。这些都是对科研生产联合体的破坏性行为，应予制裁。同时，还应给予科研生产联合体以特殊的优惠，如在拨款、供应、市场、税收等方面都以一定期限的优先照顾，扶植联合体获得更大的经济效益。这样，就有必要制定"科研生产联合体保护法"。

对保障和促进科研生产联合体健康发展的科技立法，应提出下列主要要求：

1. 积极进行，及时制定

科研生产联合体已经大量涌现，但无法可依的情况十分严重，如不积极立法予以保障，许多联合体可能自生自灭，忽生忽灭。苏联于1963年至1968年建立了第一批科研生产联合体。1975年底，苏联部长会议批准了《科研生产联合体条例》，对联合体的保障和发展，起了重要作用。我们应该借鉴国外的有关经验，早日制定适合于我国国情的《科研生产联合体章程》等法规。

在以往的立法中，过多地要求"大而全"，往往"一年调查，几年起草，几年扯皮"，贻误了大好时机。参加科技立法工作座谈会的代表一致认为，法律的稳定性是相对的；强调稳定性而贻误时机，即使制定了法律，也会因形势的发展而变得不切实际；为了促进科技与经济发展，可以先制定一些条例试行，在试行中加以修正。

2. 实体法与程序法同步制定

实体法是"主法"，程序法是"助法"。有程序法而无实体法，程序法等于零；有实体法而无程序法，诉讼程序不明，权利义务关系无由裁定。科研生产联合体方面的实体法与程序法现在都还欠缺，一开始就应注意二者的同步制定，这样可以不致造成立法、司法的脱节。

3. 各方配合，集思广益，稳妥立法

关于科研生产联合体的立法，同其他立法一样，既要积极，又要慎重，力求立法稳妥。它还由于有同科学技术关系特别密切的特点，加深了立法的难度。绝大多数的立法工作者不熟悉科学技术，而科学技术界又鲜有掌握立法技术的专家，这是一个矛盾。解决这个矛盾的办法不是分道扬镳，而是"合二为一"，让科技界与法学界携手共进，一起为科技立法出谋划策，群策群力，争取拿出关于保障和促进科研生产联合体健康发展的最佳立法方案来。

论科学技术现代化的宪法地位和法制建设的协调发展*

法制建设是一项规模宏伟的系统工程,只有在动态有序的发展中达到协调平衡,才能对社会经济的繁荣、跃进发生其规模效益。根据这一总体认识,笔者认为,现在,在继续加强对经济体制改革的法律调节手段进行研究并采取切实对策的同时,必须对科学技术的法律地位重新认识,必须对知识分子的法律地位重新认识,必须对科技法制高度重视,这些都是法制建设协调发展的重要方面。

一

我国宪法规定:"今后国家的根本任务是集中力量进行社会主义现代化建设。……逐步实现工业、农业、国防和科学技术的现代化……"(《序言》)宪法规定的这一"四化"序列,当然并不意味着"最轻视"科学技术的现代化。但是,毋庸怀疑,这样的排列,也绝不意味着"最重视"科学技术的现代化。因此,就有必要研讨一下,根据科学技术现代化与工业、农业、国防现代化的关系,四化的宪法序列究竟怎样为最好的问题。

我国流行过"工业为主导""农业为基础""国防是保障"的说法。以如此简明的语言确认科学技术作用的流行说法则从未见有,这是颇应深思的。

关于如何进行经济建设的问题,曾经有过农业与工业的关系的争论,有过"农、轻、重"三者关系的争论,但从来没有发生过"农、工、科(技)"三者关系的争论。毛泽东同志的《论十大关系》没有谈及科技问题,《关于正确处理人民内部矛盾的问题》也没有谈及科技问题。后来则提出了"以阶级斗争为纲""抓革命促生产"的纲领性口号,1975

---

* 原载《全国首届经济、法制建设协调发展学术研讨会论文》,1986年4月。后收入《科技法制参考资料》1986年9月4日。

年的宪法则连"四个现代化"也被"无产阶级专政的条件下的继续革命"取代了。

总之，科技现代化问题，在相当长的时期里很少被人们所重视，更没有被提到法律地位的高度来加以研讨。

但是，现实生活正迫使我们高度重视科学技术的作用；席卷全球的新技术革命浪潮正强令我们来探讨科学技术的宪法地位。问题是我们不能自甘安处被动应付的状态，应当幡然改图，自觉调整认识，走在生活的前面。

不这样行吗？让我们来看一些数字：

我们曾以"人口众多"而长期自豪。但是，美国由于广泛使用计算机，它的2亿人口得以完成4000亿人的年工作量。以4000亿与10亿相比，10亿这个数字虽然巨大，却几乎可以忽略不计。我们应该有10亿中国人被从地球上抹去的危机感。

我们曾以"地大物博"而长期自豪，但是，日本这个海岛小国、资源弱国，由于科学技术突飞猛进，已经一跃而跻身于经济大国之列，可以与美、苏、西欧抗衡，全世界各国的大量资源不得不为其所用。日本的人均国民生产总值，1984年为11,000美元，美国13,000美元，瑞士17,000美元，而我国不到400美元。在世界162个国家中是倒数第二十几名。我国平均每人一年生产的财富是日本的二十七分之一，美国的三十三分之一，瑞士的四十三分之一。到1983年，全国还有9个省人均产值不到100美元，和世界最穷的国家乍得并列倒数第一，我国人民再经过三个"五年计划"的努力，实现翻一番，到2000年时，才能达到人均800美元的产值。而那时，又不知有几多国家超出了2万美元以上！我们应该有泱泱大国被从地球上抹去的危机感。

截至1982年底，世界的核电站，正在运行的总计有298座，其中美国80座，苏联40座，日本26座，英国33座，法国32座。中国也有4座，全部在台湾地区。特别值得注意的是印度也有4座，它还有4座正在建造，另外已订购的也有4座。印度已有的4座电站中，其中第四座是自己设计、自己制造的。据估计，到2000年我国建成4座核电站时，还不具备这样的能力。

1980年至1981年，每1000名居民中的大学生数，苏联为196人，日本为154人，罗马尼亚为87人，中国只有11.4人。令人慨叹的是，越南每千人中竟也有大学生30人，是我国的3倍。

面对这些数字，我们不仅应该有危机感，而且应该有羞愧感；更应该化危机与羞愧的重压为动力，争取主动，急起直追。

追赶的捷径何在？在路线、方针、政策、体制方面的问题解决之后，一靠管理，二靠科学技术。其实管理也是科学。突出科学技术的宪法地位，在今天来说，已经具有头等的特别重要的意义。

在这里，回顾一下日本经济起飞的曲折历程，是不无益处的。第二次世界大战结束时，世界舆论普遍认为：一个工业强国从东亚的地平线上消失了；从此，日本将沦为一个农业国；但不到十年，日本居然走出困境，世人不得不恬目相看。到 20 世纪 60 年代末，这个军事上的战败国，竟一跃而成为资本主义世界的第二经济大国。不过日本毕竟是一个资源弱国。这决定它还将经受考验。1973 年 10 月第四次中东战争爆发，接踵而来的是席卷西方的"石油危机"。这使日本经济中潜伏着的各种矛盾一齐爆发。1973 年底，日本几乎到了"山穷水尽"的地步：工矿业生产出现了第二次大战后的首次负增长；大批中小企业纷纷倒闭，1974 年倒闭达 11,000 以上；失业人数猛增一倍以上，如果加上半失业，则猛增十倍之多，空前严峻的形势，迫使日本人千方百计寻找对策。日本人发现：从 1973 年到 1975 年，日本百业萧条，生产锐减，唯独微电子工业连年保持了 10% 以上的增长速度。微电子工业的特点是，所需投资少，消耗物质资源和能源也少，占地面积不大，而对就业人员的技术知识水平要求却相当高。日本人由此悟到了彻底摆脱困境的道路，这就是努力发展附加价值高的知识密集产业。日本政府于 1978 年制定了《特定机械情报产业振兴临时法》，明确规定把微电子工业作为经济发展的重点，同时发展电子机械产业、信息处理产业、超大规模集成电路产业等等。以此为起点，1980 年日本政府在正式文件中提出了"技术立国"的方针。日本的《八十年代通商产业政策构想》和《一九八〇年度科学技术白皮书》从不同的角度指出，日本经济发展"要有一个战略性转变"，"技术立国是日本的奋斗目标"，"有效地利用头脑资源进行创造性的技术开发，提高竞争能力和经济实力，是日本必由之路"。正是在"技术立国"方针的指引下，颁行了一系列发展高技术的法律，日本走到了"柳暗花明"的胜地。日本从 1955 年到 1965 年的十年间，国民经济平均增长率为 10.1%，其中资本因素为 2.7%，劳动因素为 1.3%，科技进步的贡献为 6.1%。从 1973 年到 1980 年，日本经济的平均增长率为 6.2%，其中资本因素为 1.8%，劳动力因素为 0.6%，科技进步因素为 3.8%。这就是说，日本经济的增长，60% 靠科学技术的进步。据经济界权威人士估计，由于日本的科技和经济实力在世界上占有举足轻重的地位，如果不是出现极其特殊的情况，资源缺乏已经不再能构成对日本的威胁。

如果考察一下其他发达国家的情况，同样会发现，科学技术在这些国家的经济发展中，都起着主要的作用。据估计，美国国民生产总值增长的 50% 到 80% 依靠科学技术的发展；苏联劳动生产率增长约 75%、国民收入增长的 50% 以上，能依靠科技的进步。现在，凡是科技进步在经济发展中的作用比重大的国家，经济都发展得快；反之，则发展得慢。

无数事实告诉我们，我党我国确定了"经济建设要依靠科学技术，科学技术要面向经济建设"的战略方针，是极其英明的。回顾一下我国所走过的道路可以知道：这样一种以科学技术现代化为关键的"四化"建设方针，是经过艰难曲折的斗争才得以确立的。是敬爱的邓小平同志于 1978 年在全国科学大会开幕式的讲话中高瞻远瞩地申明"科学技术是生产力"，才为拨乱反正和科学技术的发展奠定了基石。邓小平同志在讲话中强调指出："四个现代化，关键是科学技术的现代化。没有现代科学技术，就不可能建设现代农业、现代工业、现代国防。没有科学技术的高速度发展，也就不可能有国民经济的高速度发展。"邓小平同志还特别指出，劳动生产率的大幅度提高，"最主要的是靠科学的力量、技术的力量"。1982年9月，胡耀邦同志在中国共产党第十二次全国代表大会上的报告中重申："四个现代化的关键是科学技术的现代化。"党和国家领导人的这些精辟、深刻的论述，使我们更加心明眼亮，认清科学技术进步在社会主义物质文明建设中的极端重要性。此外，我们还必须充分认识到，科学技术的发展有加速度规律。只有优先发展科学技术，我国才有可能在国家实力上缩短与发达国家的差距；没有科学技术的优先发展，势必拉大与发达国家的差距，而这会给我国的政治、经济、文化和社会发展带来极大的不利，从而使整个中华民族的命运和前途笼罩上一层阴影。

科学技术现代化不仅对社会主义物质文明建设有决定性的意义，而且对社会主义精神文明建设也具有头等重要的意义。

优先发展科学技术，将为精神文明的传播提供与日俱增的高质量的物质技术手段；将大大推动文化教育事业的发展；将冲击陈旧腐朽的政治观念、经济观念、法制观念、哲学观念以及时间观念、价值观念、道德伦理观念、人生观念等等，为崭新的先进观念的形成鸣锣开道、提供启示、充实内容；将推动马克思列宁主义理论继续发展，奔向新的高潮；将推动整个中华民族在同迷信和愚昧斗争中树立科学精神、掌握科学方法，以变革精神、创新精神、求实精神和科学方法投入改造中国、改造世界的实践中去。没有科学技术优先发展，精神文明的建设只能在低水平上缓慢前进，有可能带来与低速发展的物质文明建设互拉后腿、从而处于恶性循环状况的危险。

经济建设要依靠科学技术的方针，应该以宪法和法律加以规定。在宪法中，应当将科学技术现代化列为"四化"之首。在其他法律中，应体现科学技术现代化为"四化"之首的宪法原则。

宪法是国家根本大法，具有最高的权威性。在法制观念日渐加强的今天，规定科学技术现代化为"四化"序列之首，可以使全国人民观念一新、耳目一新、行动一新，人人重视科学技术，个个努力学习与掌握科学技术；可以动员整个中华民族以极大的决心、极高的热情、极强的毅力投入发展科学技术现代化的热潮中去。

除上述必要性以外，突出科学技术现代化的宪法地位，对正确认识和确定知识分子的法律地位，对进一步重视科技立法，都有重要的意义。而知识分子的法律地位问题和科技立法问题，与我国法制建设的协调发展的关系，与我国经济建设发展的关系。过去鲜见论及，论及者也有值得商榷之处。

二

科学技术的宪法地位，直接影响着知识分子整体的法律地位。在漫长的中国封建社会里，儒士即知识分子的地位本来就很低。元代统治者把人分为十等：一官、二吏、三僧、四道、五医、六工、七猎、八民、九儒、十丐。知识分子从那时起"正式"被当作"臭老九",仅居于乞丐之上,连娼妓艺人也不如。但"儒"实际上仅仅是知识分子的一部分。由于创造发明被看作是"奇技淫巧",从事科学技术的知识分子连"儒"也算不上。新中国成立以来,科学技术得到了党和国家的重视,知识分子的地位也就"水涨船高",以国家根本大法宪法来突出科学技术在"四化"序列中的首要地位,将进一步提高科技人员和整个知识分子队伍的法律地位。

但知识分子(包括科技人员,下同)的法律地位问题,不仅仅取决于上述对科学技术的重要性的认识。疾电迅雷般神速地冲击我国人民传统观念体系的新技术革命浪潮,为我们开辟了重新认识世界上许多新鲜事物的宽广渠道,使我们深信:

第一,知识分子将是未来工人阶级的主要组成部分,因而是人类社会发展史上最有前途的成分。这可以从理论与实践两个方面加以说明。

从理论上看,首先,由于社会生产力的发展在越来越大的程度上取决于社会产品的附加价值,知识密集型产业必将远远胜过劳力密集型或资本密集型产业,而从事知识密集型产业的工人非掌握较多的知识不可,所以,工人阶级知识化已经是历史的要求,必将成为历史的趋势。其次,世界各国将通过多种多样的形式(我国农村改革的发展已经创造出独特的发展农村集镇的形式)实现城市化。城市化的实现过程与城市同步发展的社会经济水平的提高,都将推动教育的普及和提高,使得居民中接受文化教育,掌握科学技术知识的比重日益增大。所以,人类将不断扩大其成员中的知识分子的比重。毫无疑问,工人阶级队伍中的知识分子的比重,将最先增大。

从实践上看,历史发展的过程业已表明,体力劳动者人数呈不断减少的趋势,脑力劳动者则与日俱增。以美国为例,从1880年到1980年,一百年间发生了三次产业结构性的重大变化;第一次是1880年,工人数目超过农民,第二产业劳动力超过第一产业;第二次是1956年,第三产业人数超过第一、二产业劳动力总和,白领工人超过蓝领工人,达到工人总数的56%;第三次是1980年,信息产业在第三产业中的劳动力超过了75%。

早在1978年的全国科学大会开幕式的讲话中,邓小平同志就指出:"随着现代科学技术的发展,随着四个现代化的进展,大量繁重的体力劳动将被机器所代替,直接从事生产的劳动者,体力劳动会不断减少,脑力劳动会不断增加,并且,越来越要求有更多的人从事科学研究工作,造就更庞大的科学技术队伍。"

显然,知识分子作为一个人数不断发展而且终将取代一切阶级的社会成分,和人类社会发展史上最有前途的成分,实际上是同义语。

第二,知识分子和现代化大生产中最革命、最活跃的部分即科学技术紧密相连,思想最科学、最敏感、最少保守。因此,知识分子是工人阶级队伍中最进步的成分。

方毅同志在全国科学技术奖励大会开幕式上的讲话中指出:"科学是艰巨的、诚实的劳动。它启迪人们的智慧,培养人们的艰苦奋斗精神。科学是探索未来、创造未来的。它培养人们宏伟的胸襟，宽阔的眼界，探索的勇气和创新的胆识。科学是在同谬误做斗争中发展起来的。它培养人们不畏艰险，不惧挫折，锲而不舍，一往直前地追求真理和捍卫真理的大无畏勇气。科学是人类的共同财富，它同一切投机取巧、唯利是图、自私自利的行径是格格不入的。它陶冶人们的高尚情操，培养人们的献身精神。"如果我们是一个唯物主义者，就不会不承认方毅同志以诗一般的语言所揭示的知识分子整体所必然具有的诗一般的美德。

有些同志也许会说，知识分子有和科学紧密联系的优点，但只有工人阶级具有和现代化大机器生产相联系的优点。但是，我们认为，和现代化大生产的联系是否密切，不能机械地以是否在生产企业中活动来衡量，更不能机械地以是否使用大机器来衡量。用传统的工人与大机器生产联系最紧密的观点来衡量一切，是形而上学的思想方法。实际上，发达国家正发生着大企业分散化、小型化以至家庭化的变化。电子计算机的普及、自动化程度的提高、机器人的使用、弹性工作制的采取等等，已经导致工人与机器、工人与工人之间的直接联系越来越少。从本质上看，恰恰是知识分子，尤其是其中的科学技术人员，与现代化生产的联系最紧密。科技工作者的研究课题、研究过程与研究成果，一般是与现代化生产"水乳交融"的，必定是与现代化生产紧密相关的。

现在，我国面临世界新技术革命的挑战。对这一挑战的重要性认识最深的，是知识分子；对这一挑战的广泛性了解最多的，是知识分子；对迎接这一挑战的紧迫性反应最强烈的，是知识分子；对迎接这一挑战持最积极的态度的，是知识分子；站在迎接这一挑战的最前沿的，也是知识分子。知识分子作为工人阶级的最先进部分，深刻地认识到，如果不急起直追，中国就没有希望。他们已经自觉地挑起了迎接新技术革命的挑战的艰巨重担。

第三，知识分子由于掌握了人类所创造和积累的最丰富的文化遗产，并在继续进行科学文化的发展研究，不断探求和开辟科学文化发展的新的领域，其社会地位、历史使命、阶级要求，其知识结构、知识深度、思想方法，其生活经历、人生目的、人生态度等等，都决定其对中国共产党为实现祖国的现代化而提出的整套改革方针、改革措施，理解得最深刻、最全面，拥护最坚决、最彻底。中国知识分子从中国共产党倡行的改革中看到了祖国的光辉未来，看到了自己"英雄用武"、大展宏图的美好前景，也看到了自己的艰巨而又光荣的历史责任。为了实现党交给知识分子的任务，不辜负党和祖国人民的殷切期望，知识分子最心甘情愿地、最默默无闻地把自己的生命和热血全部贡献给现代化事业。毫无疑问，知识分子是工人阶级队伍中最革命的成分。

综上所述，知识分子是中国工人阶级中最革命、最进步、最有前途的组成部分，是中国工人阶级的骨干和中坚。

知识分子的性质，它在工人阶级中的地位，它在我国现代化建设中的作用，在我国的宪法和法律中应该得到充分的准确的反映。这是我国法制建设协调发展的重大环节。这对发挥知识分子的骨干作用、中坚作用和先锋作用，是极其必要的。全社会，尤其是工人阶级中的其他部分成员，应当正确地认识到：尊重人才、尊重知识，必须落实到尊重知识分子上去，必须落实到以宪法和法律明确规定知识分子的崇高的不可替代的地位上去。这是工人阶级利益之所在，这是工人阶级子孙后代利益之所在，这是中华民族千秋万代利益之所在。

三

迄今为止，关于法制建设协调发展的讨论，基本上还没有涉及科技法制的问题。法学界对科技法制、科技法学的研究，近几年刚刚起步，问津者寥寥无几，屈指可数。法学教学方面，则根本没有科技法制与科技法学的地位。寻根究底，是因为在我国，科技法制本身还没有得到相当的发展。

1985年8月21日，胡克实同志在全国首届科技立法座谈会上的讲话中指出，科技法制方面总的情况是：（1）数量少，科技工作的一些基本问题，还缺乏法律规定，存在大量的法律空白；（2）过去制定的许多法规已部分失效或完全失效，据国家科委清理结果，十一届三中全会以来制定的法规、规章，已有近半数需要废止或应做重大修订；（3）我们过去制定的一些法规、条例，大多数用来调节科技工作内部的关系，暂行性规定较多，对外缺乏法律效率；（4）从近几年国家颁布的一些法律看，对于依靠科学技术促进本部门发展的具体条款写得不够，在一些经济法和行政法中，都有这方面的不足。

科技法制建设的上述情况，和科技及与科技紧密相连的知识分子在中国经济建设、中国社会发展中的关键性的作用，构成了巨大的矛盾。

科技法制建设的上述情况，还和人们行为规范的实际严重脱节。人类的行为规范一般分两大类，即社会规范和技术规范。技术规范规定着人们支配和使用自然力、劳动工具、劳动对象的行为规则。为了保证技术规范的遵行，赋予其法律的强制性，使之成为规律规范。在科学技术日新月异、突飞猛进的今天，已经显得越来越重要了。除法律化的技术规范外，社会规范中有相当大的一部分直接或间接地与科学技术的发展密切相关。既然如此，科技法制建设的上述情况，就构成了与中国法制建设协调发展要求的巨大矛盾。

这些矛盾的存在，对我国经济和社会的发展，是极其不利的。应当看到，我国法制建设在相当长时间里远远落在许多发达国家的后面，科技法制建设则落后更远。而这，正是我国科技、经济和社会发展长期徘徊，有时甚至停滞、倒退的重要原因。

据国家科委条法处介绍，在注重成文法编纂的大陆法系国家中，近二三十年内涉及科学技术的法规已成为全部法规的主要部分。例如，联邦德国自第二次世界大战以来制定的科技法规约有2000件，占全部法规的70%左右。日本战后颁行的经济技术法规数达1万多件；其各个技术领域都有相应的基本法和新技术振兴法，每个技术部门都有行政和组织法。英吉利法系以判例法著称，但在科学技术方面，却例外地注重成文法的制定。例如美国 1981 年颁布的 72 个法规中，有 50 个涉及科学技术。苏联和东欧社会主义国家，也很重视科技立法。例如匈牙利中央一级颁布的经济技术法规有 2000 多个，地方性法规数达 5000 种左右。

这些国家积极进行科技法制的建设，收到了良好的实效。例如，在 1949 年至 1979 年的 30 年间，日本通过推行《工业标准化法》，使工业标准件数达到 9729 件；而同期美国的工业标准件数仅 5700 件，英国仅 7600 件，意大利仅 4700 件。如果按照日本科学技术厅提出的科学技术实力八项衡量指标综合计算，将美国、日本、联邦德国、法国、英国的技术水平、技术开发能力和国民生产总值在 5 国总份额（设为 100）中的比重进行比较，可以得出下表：

评估内容	时间	国别					
		美国	联邦德国	日本	法国	英国	合计
技术水平	60 年代后期	49.3	17.8	10.4	11.4	11.2	100.0
	70 年代后期	39.8	18.9	18.1	14.3	8.9	100.0
技术开发能力	60 年代后期	60.0	13.4	7.6	9.5	9.5	100.0
	70 年代后期	48.5	15.3	15.3	12.9	8.0	100.0
国民生产总值	60 年代后期	62.4	9.7	10.0	9.0	8.7	100.0
	70 年代后期	50.9	13.7	18.7	10.1	6.6	100.0

从上表可知，无论技术水平、技术开发能力，还是国民生产总值，美国的相对优势都有明显的下降，而日本则成倍上升。其原因当然是多方面的，但同美、日两国为发展科学技术分别倚重于政策与法制有很大的关系。

以上所说，大多属于实践提供的论据。下面我们着重从法制建设协调发展的法理机制方面进一步分析说明，科技法制必须与整个法制建设综合配套，同步发展。

1. 从宏观方面看

十一届三中全会以来，我国社会主义法制建设的速度空前加快了，宪法和一批基本法已颁行多年并收到了良好的效果，经济法规正大批制定、大批生效。这些法律对科学技术的发展无疑也有一定的保障作用和促进作用。但是，科学技术的发展有其自身的特点，有不同于社会活动其他方面的特殊规律，一般法律包括经济法律，不能代替科学技术法。例如，许多高技术的发展是否能为企业带来实际利益，在有关技术开发之初很难预料。因为高技术的开发及其转化为生产力，是否成功，取决于许多不可知的因素。"风险资本"与

"风险企业"就是因此应运而生的。这样，为了促进高技术开发，就必须制定特定的法律，运用一般的经济法规、行政法规，是不可能奏效的。又如，科技劳动与体力劳动在劳动的性质、特点、范围、种类、目的、手段、方式、方法、成果形式、成果质量等方面，都大相径庭，因而其评价方法、鉴定手段、检验标准、保护措施、报酬形式等等，也必定相去甚远。这样，传统的劳动法，就不完全适用于科技活动。再如，由于科技成果有创新性、可复制性、可无限使用性，科技成果的转让，就带有与实物成果的转让大不相同的特点，这样，技术咨询、技术承包、技术转让、技术示范、技术培训、技术服务、技术引进、技术开发方面的种种合同，就不是传统的经济合同法所能概括，必须制定特定的技术合同法调整技术协作、技术转让等方面的合同关系。联邦德国民法典的经济合同以详尽见长，为各国所效法；但为了调整科技活动中的法律关系，联邦德国又特地制定了《科学技术发展合同条例》。由此可见，科学技术立法如果落后于其他立法，科技活动领域如果存在无法可依的现象，就说明法制建设存在着重大缺口，就不能说法制建设是协调和谐地发展的。

据1983年统计，我国共有研究机构9344个，120万人。其中厂矿企业所属的研究机构3645个，22.5万人。但现在我们还没有关于科研院所的基本法。

我国在"六五"期间已经建立了各种类型的科研生产联合体数以万计。这些科研生产联合体对科技成果直接转让为生产力，对保证和促进科技的发展，都有极其重要的意义。但现在我们还没有关于科研生产联合体的基本法规。

根据国务院的指示，我国在"七五"期间，将由国家科委和地方科委组织实施规模庞大的"星火计划"。今后每一个"五年计划"期间，都将实施规模逐渐扩大的"星火计划"。这类计划的实施过程中，必定会发生供求关系、权利义务关系、职责关系、政企关系、所有制关系、所有权与使用权关系等等方面的种种法律问题。但现在我们还没有关于实施"星火计划"的基本法规。

我们还可以列举出大量的事实，说明我国科技立法这一环节的强弱状况，是相当严重的。因此，现在我们只能说，为了达到我国法制建设的协调关系，还必须在科技立法方面下大功夫、下苦功夫。由于有幸参加科技立法的研究，在工作中发现，我国科技立法的基础工作几乎可以说还没有开始，文献资料还没有进行系统的准备，社会调查资料分散各处，没有集中起来，更不用说整理、分析和研究了。一切都得从头做起。因此，科技立法方面应下的苦功夫，我们有了更为深切的了解。资料和经验的"一穷二白"给我们带来空前的困难，但一张白纸好写最新最美的文字，好画最新最美的图画。只要我们共同努力，完全可以在科技立法方面打开一条新路，为法制建设的协调发展，为我国科学技术的飞跃进步，为我国经济的起飞，做出最大贡献。

2. 从微观方面看

科技立法的范围极广，内容极为丰富。据国家科委就各部门、各地区的立法调查意见初拟的科技立法规划，有科学技术行政法规、科学技术计划法规、科学技术民事法规、科学技术劳动法规、科学技术条件法视、科学技术财政法规、科学技术振兴法规、科学技术涉外法规等八大类，"七五"期间每一类有十种左右的具体法规有待制定。所有这八大类、一百来种科技法规的每一部分，实际上都是相互关联的，是科技法规系统中的子系统、分系统或局部、"元素"。某一类或某一种科技法规的缺少，就会影响整个系统，使之失去平衡和协调。

此外，还有科技法规与宪法的协调关系，与刑法、民法、诉讼法等其他部门的协调关系，中央一级科技法规与地方各级科技法规的协调关系、基本法规与条例、实施细则之间的协调关系，等等。这些都是法制建设协调发展的重要方面。

科技法制不仅仅包括科技立法，还包括科技司法。随着科技体制改革的加速进行，我国科技事业将加快发展步伐，同时不可避免地也会带来许多新的问题、新的矛盾。这时科技立法与科技司法的矛盾就会突出起来。这是因为，一般地说，科技立法可以通过少数人的努力取得可观的成绩，科技司法则涉及四面八方、千家万户、要训练、培养、配备大批既懂法律又懂科技的检察官、法官和律师。要设置大批科技司法机构，这就不是像科技立法那样能够较快地解决了。科技司法如果得不到妥善处理，科技立法就将前功尽弃，科技法制本身就无协调发展可言，它当然也影响了整个法制的协调发展了。

3. 从有特殊意义的科技人才法规方面看，科技人才是科技振兴的基础、关键和根本

没有人才，一切全是空话。有了人才，不能加以充分的利用，也仍旧等于零。据著名科学家李政道估计，到20世纪末，世界的科技领袖将大部分是华人。他的根据是：现在世界上各主要的科技研究院中，前四分之一的优秀研究生，将成为将来的科技中心领袖人物；这类研究院现在大多集中在美国，而其中优秀的研究生相当部分是中国留学生；例如中国通过Cusped留学美国研究物理学的有500位左右，分布在70多个研究院，从事60多项研究，在5年中，他们每一年在每一个研究项目中都名列前茅；再加上来自台湾地区、东南亚和华裔的华人，相当大一部分的优秀学生都是炎黄子孙，李政道教授十分肯定地认为，20世纪末世界科技领袖中大部分将是华人，已是"势所必然，不可否定而必当形成的事实了"。他提出了一个"怎么样来吸引他们、团结他们，加强民族思想"的问题。他认为"成则前途必然光明"。这确是一个极其值得重视的意见。1985年8月13日，英国贸工部宣布为从一家美国银行引进一位高级管理人才，付给他的年工资比首相撒切尔夫人（年薪4.3万英镑）还高，另付给这家美国银行87.5万英镑人才转让费。为了引进这个高级管理人才，英国政府专门组织的一个评定委员会，召开了19次会议，收集了大量统计数字，进行了大量计算，终于做出了决定。评定委员会主席认为，要引进高级管理人才，必须付足够的钱，使对方愿意出让。俄国十月革命胜利初期，在国内经济崩溃，人民生活极为艰苦，连列宁本人也不得不每天只啃二两黑面包的情况下，列宁曾反复申明并下令以高薪留用资产阶级技术专家。这是大家都知道的事实。1957年以后，苏联撤退专家给我们造成了巨大的困难的事实，大家都记忆犹新。所有这些都告诉我们，必须重视人才、重视专家,必须把李政道教授提出的"怎么样来吸引他们"的问题,用法律手段加以解决。我们绝不能眼看着人才外流而无动于衷。关于科技人才立法的重要性和紧迫性,一定要提到中华民族前途命运的高度来认识;否则,立法迟缓,法制建设的协调发展受到破坏,良机坐失,时不再来,我们将成为中华民族的罪人!

重视科技法学的研究*

科技发展今后将成为各国经济发展的最重要因素。法学界有识之士必须以最大的努力研究科学技术法。为此，特撰拙文，以期引起注意。

一

据有关资料介绍，联邦德国自二次大战结束以来制定的与科学技术有关的法规约有2000件；日本战后为推行"科技立国"的国策，已颁布1万多件经济技术法规，其中绝大部分的立法意图在于发展科技；苏联和东欧社会主义国家的科技立法也相当活跃，匈牙利颁行的经济技术法规有2000多件，地方性法规则多达5000种。我国的科技立法起步较迟，正在积极进行，迎头赶上。

和科技立法的蓬勃发展相比，科技法学却大大落后，有些同志还不愿承认它是或可能成为独立的法学部门。其中有的认为科学技术法是综合性的法律部门，不是独立的法律部门，因此，科技法学也没有独立的必要与可能；另一些同志则认为科学技术法是经济法的亚部门、新分支，因而科技法学也是经济法学的亚部门、新分支。这就提出了科技法学独立形成与发展的必要性、特殊性和可能性的问题。

科技法学独立形成与发展的必要性，是与科学技术、科学技术立法在人类社会发展中的作用加速度地扩大紧密联系的。

在人类社会的漫长历史时期里，科学技术的发展曾经相当缓慢。欧洲中世纪的神权统治窒息了科学技术的发展，灿烂的古希腊文化为之中断。中国在漫长的封建专制制度下，科学技术被当作"奇技淫巧"加以排斥。但生产力毕竟是要往前发展的，当封建专制被逐渐打破以后，科学技术终于也冲决了封建罗网而迅猛发展。正如恩格斯所说，自然科学（技术也同样）是按几何级数加速度发展的，它同人类积累的知识量成正比，同时间的

---

* 原载《法学》1986年第5期。

指数函数成正比。据统计，18 世纪时知识陈旧周期为 80 至 90 年，19 世纪到 20 世纪初期缩短为 30 年，近 50 年来又缩短为 15 年，现在有的学科知识陈旧周期已缩短为 5 至 10 年。现在每年全世界发表的科学论文约 500 万篇，登记的发明创造专利超过 30 万件，形成的文献资料苏联为 600 亿页，美国为 1750 亿页。微电子技术，20 世纪 50 年代出现半导体集成电路；60 年代中，大规模集成电路问世；70 年代初出现 4 位微处理器，半导体存储器达到 1K 位；70 年代末发展到超大规模集成电路阶段，80 年代初集成度已超过 10 万个元件/芯片，生产出了 64K 存储器，16 位微处理器；据日本专家预测，日本在 90 年代初集成电路的集成度将达 10^7 元件/芯片。由于计算机的广泛使用，美国 2 亿人口每年完成的工作量相当于 4000 亿人。科学技术的发展带来了经济结构、产业结构、社会结构、生产关系、经济基础、上层建筑、阶级关系、人际关系、家庭关系、道德观念、价值标准以及社会生活方式等等的巨大变化。这向人们提出了一个问题：法学对科学技术是否可能漠然无视？二者的关系怎样？

事实上，科技立法早已茁壮成长、繁荣发展了。人类的行为规范分社会规范与技术规范两大类，社会规范中也有不少部分与科学技术的发展直接或间接有关。因此，以国家强制力保证人们遵行的规范中，有很大的部分是科学技术法。科技法规所带来的科技进步，是令人瞩目的。二次大战后，日本的科学和技术水平大大落后于西方，日本政府 1949 年白皮书认为大约落后 20 到 30 年。尔后，日本大抓了科技立法，使日本的科学技术迅速地赶上了欧美国家的水平，某些方面甚至超过。例如，通过厉行《工业标准化法》，从 1949 年到 1979 年的 30 年间，工业标准件数达到 9729 件；而同期美国的工业标准件数仅 5700 件，英国 7600 件，意大利 4700 件。1957 年 6 月颁行了《出口检查法》，为日本工业品的出口检查制度确立法律根据，维护和提高了日本出口产品的声誉，出口贸易迅速增加。从 1965 年到 1977 年，日本产品出口总额增长近 10 倍。可见，科技立法对科技进步从而对社会生活的影响，是十分巨大的。那么，法学对科学技术法的大量出现及其巨大作用是否可能长期漠然无视？二者的关系是什么？

对于上述问题的答案，只能是一个，即必须建立和发展科技法学。

对于我国来说，建立和发展科技法学，又有其特殊的必要性。其原因是我国科技的落后和科技立法的落后。由于科技发展有其自身的加速度规律，我们必须清醒地看到，如果不急起直追，到 2000 年，我国与发达国家的差距有越来越大的危险。我国科技落后的原因是多方面的，其中十分关键的一点是：科技立法少而慢。我国科学技术法制方面存在的主要问题是：科技立法机构不健全，科技法规既少又不配套；科学技术法的研究工作相对落后。据统计，我国科学技术大法总共 20 多个，仅为经济发达国家的 1% 左右。因此，必须借鉴和吸取国内外的经验教训，抓紧建立和发展科技法学的工作，以科技法学的先行发展来推动科学地、合理地发展科技立法。

发展科技法学不仅是为了适应科技进步与科技立法的需要，还在于科技法学具有与其他部门法学不同的特殊性。这种特殊性源自科学技术法与其他法律部门不同的特殊性。

科学技术法的特殊性曾被长期忽视。"文革"前出版的《中华人民共和国法规汇编》（一套十多本）中，科学技术法规大多被列入"文化教育"栏中；有的还被列入"工业""农业""人事""海关"栏。近年出版的法规汇编则将其列入经济法规类。但是，科学技术法规所调整的社会关系却不是上述法规所能完全包含的。首先，法律化的科学技术规范以及这些规范所涉及的社会关系，在很大的程度上是在人与自然或人与物化智慧之间发生的，它同基本上属于人与人之间的社会关系有很大的不同。也就是说，法定的科技规范，是刑法、民法、商法、婚姻法以及其他传统法律部门所难以调节的。其次，科技知识的非物质性，决定科技知识载体的人的法律地位、财产责任、权利义务关系，与物质财富拥有者、使用者的法律地位、财产责任、权利义务关系大不相同，因而必须以科学技术法作为特殊的法律调节手段。第三，科学技术作为一种极其重要的生产力，一方面给人类带来极大的利差，另一方面它又可能造成环境污染、生态破坏、资源穷竭等等后果，传统法律部门对此类问题是包含不了的。必须以环保法、资源法、生态法等作为特殊的法律对策。第四，涉及科学技术发展的各种纵向与横向的错综复杂关系，也需要有特殊的科学技术法来加以调整。

由于上述特殊性，科学技术法可以定义为：调整科学技术活动中形成的社会关系的法律规范。

与科学技术法的定义相关，科学技术法学（简称科技法学）可以定义为：研究科学技术法的法律科学。

科技法学不仅有独立形成与发展的必要性，而且也有可能性。在我国尽管起步晚，科技立法少，但是党和国家对此高度重视，中共中央《关于科学技术体制改革的决定》公布以来，科学技术的迅速发展以及由此而来的种种经验、矛盾，都是我国发展科技法学的有利条件。总而言之，对新生的科技法学，应当特别重视，使之更快地发展，以服务于科技进步，服务于改革，服务于中华腾飞。

二

为了加速发展科技法学，必须探讨科技法学的研究对象。

根据部门法学研究对象的共同特点和科技法学自身的特殊性，科技法学的研究对象主要包括以下15个方面：

1. 科学技术法的定义和基本概念。
2. 科学技术法的渊源。

有的同志认为，科学技术法的渊源主要有3个方面：（1）宪法，法律，法令，中央与地方各执行机关的命令、决定、决议、条例等有效法律文件以及部分科技活动惯例；（2）

科技机构与科技团体通过的章程、规则等规范性文件；（3）国际科技协议及国际科技组织的规定。

此外，笔者认为还应包括以下几个方面：有关科学研究、技术开发、技术应用的技术规范；与科学技术活动有关的一切社会规范；人们的科技法律意识；科技法学理论和观点。

3.科学技术法的本质属性和其他属性。

关于法的本质属性已进行过长时间的讨论，并未得出一致结论。研究科学技术法的本质属性，不仅对科学技术法是必须的，而且也有助于关于法的本质属性的探讨。人类创造的法，一开始就是利用来为人类服务的。在无阶级的社会里，法并无阶级性。在奴隶主阶级、封建地主阶级和资产阶级以新兴的革命阶级代表新型的进步的生产关系时，他们所制定的法律的本质是社会性。当这些阶级日益变得保守、反动而成为落后的生产关系的代表者时，他们所制定的法律的本质，逐渐丧失了社会性，暴露出明显的狭隘的阶级性。这是法律发展史上法的社会性本质的异化。只有当无产阶级掌握政权以后，由于无产阶级以解放全人类为阶级使命，法的发展才永远避免本质属性的异化。科学技术法作为法律这一巨大系统的一个组成部分，在不同时期与系统整体的本质属性相联系。但任何一个系统除整体性外，还有它的层次性。刑法等与科学技术法属于不同的层次，不能等量齐观。一般来说，可以认为科学技术法的本质属性是社会性。科学技术法本质上的社会性，正是资本主义国家的生产力仍以相当高的速度发展，国家的经济比较繁荣、人民的福利比较优裕的原因之一。

科学技术法的其他属性主要还有：客观规律性、科学性、探索性、间接性、程序的特殊性以及一般法所共有的普遍性、强制性、稳定性等等。

4.科学技术法与科技、经济发展的关系，科学技术法的地位和作用。

5.科学技术法与科学技术规范的关系。

6.科学技术法与其他法律规范的关系。

7.科学技术法与科学技术政策的关系。

8.科学技术法的内容和形式，科学技术法的体系和科学技术法规范体系、范畴体系。

有的同志认为，科学技术法大体包括调整以下社会关系：国家发展科技的政策、规划和计划，及组织管理整个科学技术活动中的纵向关系；不同科技部门、不同科技领域之间在研究、开发和协作以及管理工作中发生的横向关系；作为科学技术活动的"细胞"的研究所以及科学技术人员在科技活动中的权利和义务关系；按照自然规律制定的调整科技活动中人和自然关系的技术规范；国际科技合作关系。

以上社会关系构成了科学技术实体法所调整的对象的主要内容。此外，科学技术法还应包括科学技术程序法的内容。科学技术法调整的对象具有特殊性，因此，其程序法也与其他法律部门的程序法有所不同，科学家、工程技术专家在科技程序法的实施中有着举足轻重的特殊的不可或缺的作用。

9. 科学技术法的指导原则、基本原则。

10. 科学技术部门法及其相互关系。

为了制定科技立法规划，有关部门对科技立法的课题做了广泛的调查。根据调查，科学技术部门法主要有科学技术行政法规、科学技术计划法规、科学技术民事法规、科学技术劳动法规、科学技术条件法规、科学技术财政法规、科学技术振兴法规和科学技术涉外法规八大类。

此外，笔者认为还应将科学技术人才法规、科学技术消极后果防止法规、技术标准管理法规列为科学技术部门法的重要方面。

11. 科技立法理论，包括科技立法预测、科技立法程序、科技立法技术的研究。

12. 科技司法理论和实践。

13. 科技法制史，包括科学技术法的发展规律与发展前景的研究。

14. 科技法学方法论。

15. 科学技术法的国际比较。

由于科技法学的研究重要而紧迫，科技法学的研究对象丰富而繁多，还由于科技法学的研究工作刚刚起步，资料十分缺乏，人员极其稀少，队伍还未形成。所以，为使科技法学脱颖而出、迅速发展，从现在起，必须下大力气、下苦功夫、全力以赴地进行。为此，谨提出如下建议：

第一，建立专业科技法学研究机构，努力造就一支门类齐全、功能多样的科技法学研究队伍，积极从事科技法学研究资料的搜集、分析、整理、编辑、出版工作，积极进行社会调查，总结经验与教训，并将其上升到理论高度进行分析，争取早日写出科技法学的理论著作，用以指导科技立法。

第二，大力培养兼长法学与科学技术的科技法学大学生和研究生，应当把这一方面的教学工作放在其他部门法学接班人的培养的前面。

第三，采用具体措施，沟通法学界与科技界的联系，争取建立法学界与科技界的固定的联系渠道与机构，吸引更多的科技人员关心科技法学的研究，使得不熟悉科技的法学研究人员成为熟谙科技法学的行家。

论现代化建设与法制观念的更新

——兼谈法制建设的协调发展[*]

在改革和新技术革命浪潮席卷全球的今天，现代化成了世界各国政治、经济、文化和社会生活的重大议题，并进入了社会学和法学领域，成了法社会学必须研究的课题。本文拟就现代化与社会主义法制建设的协调发展，对现代化所要求的立法观念的更新、改革过程中的立法、新技术革命与科技立法及现代化过程中的立法预测等方面，发表一些不成熟的看法。

一、现代化与立法观念的更新

"现代化"作为社会学领域中令人瞩目的一个议题被热烈讨论，为时不过40年。但就广义而言，现代化问题早在奴隶制时代就存在着，这是因为"现代"本身是一个时序系列上的相对概念。因此，对各国社会学家关于"现代化"议题的许多理论和模式，有必要与时序联结起来考察。这样考察的结果，必定能够发现，立法观念的更新总是在现代化发生的前后显现的；立法观念如果更新在现代化过程的前期，便能推动现代化进程的加快发展；立法观念如果更新在现代化过程的后期，往往显得被动，而且势必延缓现代化的发展。

略具中外法制史知识的同志不难看到，每当历史酝酿重大变革时，总会有一些先进法律思想家应运而生，为法制改革鸣锣开道的法律学说便会呱呱坠地。

中国奴隶制瓦解时期，酝酿着封建制度的形成，先进法律思想家管仲、李悝、商鞅、韩非等等都曾起过变法的鼓吹者的作用。例如，管仲在齐国执政时，西周以来久已存在的

---

[*] 原载《法学》1986年第3期。

陈旧统治秩序开始紊乱，奴隶纷纷逃亡。于是管仲提出了"修旧法"①的主张，涉及土地法、税收法、选举法、行政法及军法等重要法律部门的立法改革。又如，商鞅相秦，力主变法，对秦国的土地制度、行政制度、户口税收制度、军功刑赏制度等进行了大刀阔斧的改革。在立法观念上，商鞅特别强调"壹刑""壹赏"②，即立法的统一性和法律的平等性；"礼法以时而定，制令各顺其宜"③，即立法的适时性；"禁奸止过，莫若重刑"④，即重刑主义立法观等。管仲、商鞅等"得风气之先"，在立法观念的更新上走在时代的前列，又拥有执掌国柄的大权，得以推行其立法观念，从而使得他们所在的齐、秦等国迅速富强起来，称雄一时。在战国群雄中，秦国本来是因为远处西陲、地瘠民贫而不被重视的弱国，由于变法进行得早，国力增强得快，为"秦王扫六合"奠定了巩固的基础。齐、韩、魏、燕、赵、楚六国虽然后来也意识到必须更新立法观念、实行变法，但棋晚一步，国灭君虏，只能提供给历史以失败的教训。

鸦片战争以后，中国近代史上的先进法律思想家如洪仁玕、梁启超、孙中山等，在改革、维新、革命的不同角度，都曾提出过近代史上的"现代化"立法观念更新，对当时的中国社会来说，确是动人心魄的认识。然而，在资本主义早已勃兴于西欧、北美的19世纪后半期，中国的立法观念更新为时已晚，再加上这些观念未能物化为国家的法制并贯彻实施，中国于是一步一步地走向半殖民地的苦难深渊。

和中国历史上的法律思想家一样，在西方，从亚里士多德到格劳秀斯、洛克、孟德斯鸠、卢梭，曾在各自所在国家的"现代化"过程中，以其这样那样的法律思想（其中包括立法观点），起过不同的作用，得到不同的结果。从近代来看，洛克、孟德斯鸠、卢梭这些资产阶级法律思想的开山鼻祖，在英国、法国的革命历史上，都曾起过极大的推动作用。更为明显的是马克思、恩格斯和列宁的法律思想，无产阶级革命伟大导师对立法观念的更新，是历史上任何法律思想家都望尘莫及的。立法观念的根本转折，为开创本质上不同于以往任何时代的法制奠定了基础，从而对各社会主义国家的现代化起了根本性的推动作用。

回顾历史是为了指导当前的实践。现代化过程的开始，为立法观念的更新提供了物质的基础，而立法观念的更新一旦物化为凭借国家强制力推行的法律制度，则能推动现代化的加速发展。

对我国的现代化来说，立法观念的更新，总体上应确定"建立为社会主义现代化服务的社会主义法律体系"的观念。这一观念包含两层意思：其一是，要建立完整的社会主

---

① 《国语·齐语》。
② 《商君书·赏刑》。
③ 《商君书·更法》。
④ 《商君书·赏刑》。

义的法律体系；其二是，这一法律体系要为社会主义现代化服务，既不是激进的为高级阶段的共产主义服务，也不是右倾的为任何非社会主义秩序服务。具有中国特色的社会主义法律体系，应当符合这两个方面的要求，不然，"特色"就失去了根基。当然，完整的社会主义法律体系的建立，是一个过程。当前我国正处在改革时期，因此，必须与改革紧密联系。

二、现代化进程中的改革与立法

改革在我国现代化的进程中占有突出的关键性的地位。改革的成败决定着我国现代化的成败。因此，立法观念的更新必须与改革的要求相适应，必须使法制建设为改革服务，保障和促进改革。

法具有稳定性，而现实生活日新月异，在改革的时代尤其是这样。那么，能不能强调法的稳定性而用法去束缚改革的手足呢？反过来，可不可强调改革而随意地破坏法的稳定性呢？

当然不能强调法的稳定性而用法去束缚改革的手足。我国宪法规定："国家在社会主义公有制基础上实行计划经济。"（第十五条）这个规定是1982年11月召开的第五届全国人大第五次会议作出的，具有最高的权威性，其稳定性当然无可怀疑。然而，改革的进程使人们很快觉悟到宪法通过时的经济体制包括计划体制，存在严重的弊端。其焦点是国家统得过多过死，企业缺乏生产和经营的自主权，从而缺乏活力。是让弊端继续存在下去从而延缓我国社会主义现代化的进程呢？还是着手改革以消除弊端，从而加速推进现代化事业呢？党的十二届三中全会作出《关于经济体制改革的决定》。《决定》昭然揭示"社会主义经济是在公有制基础上的有计划的商品经济"。这就突破了宪法的有关规定。全国人民衷心拥护这样的突破，因为我国社会主义现代化的紧迫要求，不能等待宪法修改以后再付诸实施。

当然也不可强调改革而随意地去破坏法的稳定性。任何人如果随意破坏法的稳定性，无视法律的权威和约束，必定会受到法律的惩罚。

既然如此，就要处理好改革和立法的关系。法的稳定性和改革的恒动性之间，存在着矛盾。这是辩证的矛盾。解决这一矛盾的途径，除特殊情况下（如上述《决定》的个别部分突破了《宪法》的规定）可由党和国家的最高领导机关做特殊的决定外，主要有：第一，重视弹性立法。在可以预见的前提下，对可能发生变化的情况，在立法上注意留有余地，有关的法律规定要原则些、"粗"些。第二，适时修改法律。第三，及时颁行法规以补充法律的不足。尤其是单行法规以及"实施细则""补充规定"等，在制定程序、内容等方面，都比基本法律简单灵活，因此及时颁行为改革所必需的法规，是解决改革与立法的辩证矛盾的重要而有效的办法。

现代化有突变模式（亦称革命模式）与渐进模式之分，我国的改革采取"摸石子过河""走一步看一步"的渐进模式，尽量避免剧烈的社会震荡，使国家的能力和人民的心理都能够较好地承受。但我国的改革又是"第二次革命"，带有突变模式的若干特点。这样，立法要与改革即现阶段的现代化进程协调发展，就必须既注意改革的渐进性质和同时常有的若干突变模式的特点。一般来说，郑重、稳妥的立法是能够适应改革带来的变化的，即使有某些不适应也比较容易通过立法手段予以调整。但对改革中的某些突变，既成的立法就往往不能适应。这时是"削足适履"地中止改革，还是改法以适应改革、保障改革呢？毫无疑义，应当改法以适应改革。只有改革，才能推进现代化事业的发展，法应为改革、为现代化服务。

三、科技进步与科技立法

在现代化事业中，科技进步是决定性的最活跃的因素。我国之所以把科技体制改革作为改革的最重要的组成部分之一，就是由于科技进步对社会经济的发展有决定性的作用。因此，立法要为科技进步服务，加强科技立法应成为立法观念更新的一个突出方面。

人类的行为规范一般可以分为技术规范和社会规范两大类。遵守技术规范应当成为用国家强制力推行的法律义务，技术规范也应成为法律规范。而在人们的社会规范中，也有一部分与科学技术的发展直接相关或间接相关。这就是说，人类行为规范的一个极大部分，是科技法律的对象和内容。因此，传统法学忽略科技法的研究，是一个极大的缺憾。

从我国情况来看，科技方面近几年虽然颁布了《专利法》《发明奖励条例》《技术有偿转让条例》等，但还远远不能适应我国科技事业发展的需要。总的情况是：科技法数量甚少，科技工作的一些基本问题，如科技投资、科技合同、科技院所、科技劳动、科技人才等方面，还缺乏法律规定，存在大量的法律空白；过去制定的许多科技法规已部分失效或完全失效。据国家科委清理，十一届三中全会以来制定的法规、规章，已有近半数需要废止或应做重大修改；过去制定的一些法规、条例，大多数用来调节科技工作内部的关系，暂行性规定较多，对外缺乏法律效力；近几年国家颁布的一些法律，对于依靠科学技术，促进本部门发展的具体条款写得不够，在一些经济法和行政法中，都有这方面的不足。至于我国的科技法学研究和教学，同样存在"空白"或"不足"。

为了促进科技的进步，加快现代化进程，中共中央在去年作出了《关于科学技术体制改革的决定》。《决定》的公布，极大地推动了我国科技事业的发展。事物发展的辩证法是，新矛盾层出无穷。由于《决定》是方针、政策性的文件，它本身不具备法的强制性，又由于政策有较大的弹性，因而不能单靠《决定》所规定的方针、政策来解决新出现的问题和矛盾，而要靠科技立法来调整。例如，《决定》规定，科技组织结构方面，要改变过多的研究机构与企业相分离，研究、设计、教育、生产脱节，军民分割、部门分割、地区分割的状况；大力加强企业的技术吸收与开发能力和技术成果转化为生产力的中间环节，促进研究机构、设计机构、高等学校企业之间的协作和联合，并使各方面的科学技术力量形成合理的纵深配置。在这些规定的推动下，全国各地科研生产联合体犹如雨后春笋般地涌现。随之而来的，一方面是科研、生产的发展，另一方面也有种种关于组织、机构、投资、成果归属、利润分享、义务承担以及人员安排等等的矛盾和纠纷。这些矛盾和纠纷是《决定》所未涉及，也解决不了的。解决科研生产联合体方面的新问题和新矛盾，必须依靠科技立法，最重要的是"科研生产联合体组织法""科技合同法"等。

科技立法作为一项重要的立法任务，在我国现代化进程中有举足轻重的地位。关于社会主义法制建设的协调发展的讨论，还很少涉及这一领域，建议对此进一步展开深入的研究，从而为四个现代化的实现做出贡献。

四、现代化与立法预测

要使社会主义法制建设和现代化进程协调发展，还必须加强立法预测。

立法预测观念过去鲜为人们重视，这与对社会主义现代化和其他类型现代化的根本性区别认识模糊有关。人类社会从有阶级以来，只有社会主义革命是剥夺剥夺者的革命，地主阶级革命、资产阶级革命都不过是剥夺者的革命。剥夺者的革命发生时，新型的经济基础已经孕育成功。社会主义革命却不同，无产阶级只有夺得政权以后，才可能着手建立新型的社会主义性质的经济基础，而这要依靠社会主义法制的帮助。为了实现其他类型的现代化，立法者只要将现存的经济关系用法律予以肯定即可。而为了实现社会主义现代化，就必须先行立法，以立法来促使新型经济关系、经济制度以及社会秩序等等的形成、建立与发展。如此预测性立法，就在社会主义现代化中拥有重要的地位。

为了更好地使社会主义法制建设与现代化进程协调发展，必须建立立法预测网络，保证立法信息渠道的畅通，形成法制建设的负反馈调节，确保对社会主义法制建设系统工程的有效控制。

建立立法预测网络，可能意味着增设机构，与精简机构的精神有所违反。但是，精简机构的要求是精简那些重叠的或不必要的机构，该保留的当然不能精简，该增设的还是要适当增设。其实，立法预测网络既可在基本上不增设机构的基础上建立，又可使这样的网络十分庞大而健全。这就是充分发挥全国人民代表大会和地方各级人民代表大会及其法制委员会的作用。通过人民代表，可以把全国人民的立法要求集中起来进行分析研究，从中筛选出立法信息，从而据以确定立法课题，设计立法规划。但是，要使人民代表大会及其法制委员会承担起立法预测网络的核心责任，就必须使其运转正常化、高效化。毫无疑问，人民代表的法律知识应当比普通公民丰富得多。否则，立法预测网络云云，不过是空话一篇。从这一方面来看，任务还是相当艰巨的。

立法信息渠道的畅通，要求上情及时下达，下情及时上达。各个地方、各条战线、各个部门、各个单位以及每一个社会阶级和社会阶层、社会集团、社会组织的立法要求，是重要的立法依据，立法信息的"下情上达"就是指此。中央的立法要及时为地方所掌握，地方和中央的立法还要及时地为广大群众所了解，立法信息的"上情下达"就是指此。立法信息渠道的畅通，不仅要求报纸、电台、电视台及书刊出版物做出努力，而且要求每一个人民代表积极发挥能动作用。这就要检查人民代表与人民群众联系是否密切。凡不能与人民群众密切联系的，必定不能成为立法信息的优良载体和畅通渠道，也难以成为好的人民代表。人民代表的选举，一定要与立法信息的沟通联系起来，这是社会主义法制建设的需要，也是社会主义现代化的需要。

法制建设的最终目标是保证社会秩序安定，国家机关运转正常，经济技术迅速发展，社会主义现代化加速实现。如果立法信息传递受到干扰，使得目标差越来越大，竟至造成恶性循环，导致现代化建设受损，就必须改弦更张，检查信息传递过程中的问题症结，必要时增设新的信息通道，确保立法信息畅通，使得法制建设系统工程的控制效益提高。

确立科技现代化与知识分子的宪法地位*

一

现实生活正迫使我们高度重视科技的作用。

我们曾以人口众多长期自豪,但美国由于广泛使用电子计算机,其2亿人口得以完成4,000亿人的年工作量;我们曾以地大物博长期自豪,但日本这个资源贫乏的蕞尔小国,以人均国民生产总值11,000美元(1984)27倍于我国(美国为我国33倍,瑞士为我国43倍)。到65年后,即2050年,我国人均收入预计将达4,000美元,这大致达到台湾地区目前的水平。而在产值绝对值上升的同时,我们与发达国家、地区的差距也将拉大,对此,我们应有危机感。

再如,1982年底,全球核电站达298座。其中美国80座,苏联40座,日本26座,英国33座,法国32座,我国4座,全在台湾。1980年至1981年每千名居民中的大学生数,苏联为196人,日本154人,中国11.4人。越南30人,为我国三倍。面对这些数字,我们不仅应有危机感,而且应有羞愧感,更应化危机与羞愧的重压为动力,争取主动,急起直追。

追赶的捷径,在路线、方针、政策、体制方面的问题解决之后,一靠管理,二靠科技。其实,管理也是科学。突出科学技术的宪法地位,今天已具有特别重要的意义。

日本从1955年到1965年,国民经济平均增长率为10.1%,其中资本因素为2.7%,劳动力因素为1.3%,科技进步因素为6.1%。美国国民生产总值增长的50%到80%靠科技发展。苏联劳动生产率增长的75%,国民收入增长的50%以上,都靠科技进步。

只有优先发展科学技术,才能缩短与发达国家的差距,此理洞若观火!因此,经济建设要依靠科学技术的方针,应在法律上加以规定。在宪法中,应将科技现代化列为"四

---

* 原载《理论交流》1986年第24期。

化"之首;在其他法律中,也应体现这一原则,从而使全国人民观念一新,人人重视科技,努力学习与掌握科技,动员整个中华民族以极大的决心、热情和毅力投入到科技现代化的激流中去。

二

科技现代化的宪法地位,直接影响知识分子整体的法律地位。

疾电迅雷般神速地冲击我国人民传统观念体系的新技术革命浪潮,为我们开辟了重新认识世界上许多事物的宽广渠道,使我们深信:

第一,知识分子将是未来工人阶级的主要组成部分,因而是人类发展史上最有前途的成分。历史发展进程表明,体力劳动者人数呈不断减少趋势,脑力劳动者则与日俱增。美国从1880年到1980年发生了三次产业结构性重大变化:1880年工人数超过农民;1965年第三产业的劳动力总和超过第一、二产业,白领工人超过蓝领工人;1980年信息产业在第三产业中的劳动力超过75%。我国今后也将逐步走上知识分子人数增多以至超过体力劳动者的道路。

第二,知识分子与现代化大生产中最革命、最活跃的科学技术紧密相连,思想最科学、最敏感、最少保守,因此是工人阶级队伍中最进步的成分。

我国面临新技术革命的挑战。对这一挑战的严重性认识最深的,是知识分子;对这一挑战的广泛性了解最多的,是知识分子;对迎接挑战的紧迫性反应最强烈的,是知识分子;对迎接挑战持最积极态度的,是知识分子;站在迎接挑战最前沿的,是知识分子。

第三,知识分子由于掌握了人类所创造和积累的最丰富的文化遗产,并在继续进行科学文化的发展研究,不断探求和开辟科学文化发展的新领域,其社会地位、历史使命、阶级要求,其知识结构、知识深度、思想方法,其生活经历、人生目的、人生态度等等,都决定其对中国共产党为实现祖国"四化"而提出的整套改革方针、措施理解得最深刻、最全面,拥护得最真诚、最彻底。中国知识分子从中国共产党倡行的改革中看到了祖国的光辉未来,看到了自己"英雄用武"、大展宏图的美好前景,也看到了自己的艰巨而又光荣的历史责任。知识分子已经最心甘情愿地、最默默地把自己的生命和热血全部贡献给现代化事业。毫无疑问,知识分子是工人阶级队伍中最革命的成分,是中国工人阶级的骨干和中坚。

知识分子的性质,它在工人阶级中的地位,它在现代化建设中的作用,应当从宪法与法律上充分地、准确地加以反映,从而真正造成尊重知识、尊重人才的风气,这是工人阶级利益所在,是工人阶级子孙后代利益之所在,是中华民族千秋万代利益之所在。

略论生态经济平衡的法律保障*

所谓生态经济平衡，是指经济发展与自然生态保持协调，从而使经济发展的后劲永不衰竭。新中国成立以来，由于种种原因，我国生态经济平衡已被严重破坏，而经济法学对此尚未做系统、严谨的研究。因此，"生态经济平衡的法律保障"，就成了当前法学界的一个重要研究课题。

生态经济平衡发展的法律保障的基础是宪法。在宪法原则的指导下，包括自然资源法（土地法、水法、矿藏法、森林法、草原法等）和环境保护法的一整套生态经济法，是保证生态经济平衡发展的基本法规。其他经济法规如基本建设法、交通运输法、企业法等，是保证生态经济平衡发展的相关法规。此外，刑法、民法、劳动法等也应为保障生态经济平衡发展做出相应的规定。这样，以宪法为统帅，以生态经济法为主干，辅以其他法律，加上切实的生态经济司法，就构成了一个比较完整的生态经济平衡的法律保障体系。

这一法律保障体系在我国社会主义法制健康发展的过程中，正在有机地、协调地、迅速地形成。现在的工作是，进一步研讨如何使这一体系建立在更加科学的、严密的、有效的法学基础上。

我国宪法关于生态经济平衡发展的条款，主要是第九条第二款和第二十六条。第九条第二款规定："国家保障自然资源的合理利用，保护珍贵的动物和植物。禁止任何组织或者个人用任何手段侵占或者破坏自然资源。"第二十六条规定："国家保护和改善生态环境，防止污染和其他公害。""国家组织和鼓励植树造林，保护林木。"宪法的上述规定，被有些同志理解为"我国环保法体系内容的高度概括和集中反映"。对此，笔者认为必须指出两点：第一，把上述宪法规定仅仅看作是"环保法……的高度概括和集中反映"，有失偏颇。第九条第二款所规定的"国家保障自然资源的合理利用"等，当然与环境保护不无关系，但更着重的是经济上的对自然资源的"合理利用"。第二，就宪法条文本身而言，对生态经济平衡发展的强调似乎还不够有力、不够鲜明、不够突出。"合理利用"之

---

* 原载《中南政法学院学报》1987年第1期。

后紧跟着"保护珍贵的动物和植物",削弱了"自然资源的合理利用"对生态经济平衡发展的意义的认定。"保护和改善生态环境"之后紧跟着"防止污染和其他公害",不能不被理解为仅仅着眼于环境保护,而不是首先强调生态与经济的协调。有鉴于上述情况,我认为,将来修改宪法时,有必要突出生态、环境与经济发展的平衡、同步、协调、和谐的关系,以使全国人民,上上下下明确了解,宪法关于保护自然资源、保护环境的规定,是积极的,而不是消极的,是进取的,而不是保守的,是为了促进与保障生态经济的平衡发展,而不是仅仅为了控制对自然、环境的破坏。

宪法的其他有关经济发展的条款,也应体现促进生态经济平衡发展的目的和要求。例如第十五条,除按《中共中央关于经济体制改革的决定》应对"计划经济"问题做相应的修改外,关于"保证国民经济按比例地协调发展""禁止任何组织或者个人扰乱社会经济秩序,破坏国家经济计划"的宪法解释,应当包括对自然生态与经济发展的平衡协调的肯定。此外,在关于公民权利、义务的宪法规定中,也应体现这一点。

总之,宪法是国家的根本大法,宪法规定对于生态经济的平衡发展有着特殊的重大意义。只有宪法明确认定并且突出地强调了生态经济的平衡发展,才能促使整个法律体系圆满地服务于此。

宪法关于生态经济平衡发展的规定,应当具体化,在有关自然生态、环境保护、经济发展的全部法规中得到体现。

我国颁行的关于自然生态的法规,集中在自然资源法方面。中央人民政府于1950年6月公布的《中华人民共和国土地改革法》,五届人大常委会第六次会议于1979年2月23日原则通过的《森林法(试行)》及六届人大常委会第七次会议于1984年9月20日通过的《森林法》,六届人大常委会第十一次会议于1985年6月18日通过的《草原法》,以及国务院先后发布的《水产资源繁殖保护条例》《村镇建房用地管理条例》《国家建设征用土地条例》《森林和野生动物类型自然保护区管理办法》等等,表明了党和政府对保护自然资源的关切,对自然生态的保护有重要的意义。但是,从生态经济平衡发展的要求看,还有两方面的问题必须解决:第一,必须制定自然资源基本法以全面、周密地保证自然生态与经济发展的协调。《森林法》《草原法》等,属于自然资源部门法的范畴,不能代替其他范畴的部门法。在不可能穷尽或暂时还难以穷尽一切自然资源部门法的情况下,以自然资源基本法来规范自然资源利用中的社会关系,当然是必要的。同时,每一种自然资源部门法,应当在基本法的指导、协调下制定。因此,自然资源基本法的制定,将有利于、有助于部门法的制定。第二,上述已经颁行的自然资源部门法虽然已经考虑到了自然生态及其与经济发展的关系,但还不够突出,最明显的表现是:(1)对防止破坏自然资源方面的规定比较详尽,而对促进自然资源的合理开发、利用的规定比较单薄;(2)对防范破坏自然资源的法律制裁手段,规定较为不力。所有这些,都与对自然资源的法律保护和经济发展关系密切的重视不够,对生态经济平衡的法律意义强调不够有关。为了使生态经济平衡发展的主干法律能真正发挥作用，有必要在法制建设的全过程中经常强调和加深对生态经济平衡发展的意义的认识。

环境保护法规的制定应当为着两个目的：一是保护环境以保护人的健康；二是保护环境以保障与促进经济的发展。但是，在环境保护法规的规定过程中，往往片面强调或把注意力的重点放在防治公害、保护健康的方面去。诚然，这也是十分重要的。但是，公害的防治、健康的保护，离开了一定的物质经济基础，便成为一句空话。所以，经济学界现在分成了两派，一派主张先发展经济，一派主张优先发展环境保护。这成了发展中国家经济学界以至政界争论不休、举棋不定的大问题。我认为，无论前者抑或后者，都有一定的片面性。发展中国家在其大规模工业化建设的开始和全过程中，都必须十分重视处理好工业化与环境保护的关系。这是一种辩证的关系，二者互相制约，互为条件。处理得好，达到积极平衡，互相促进；处理不好，落得相互促退，后患无穷。为此，必须以立法手段保证二者的协调。任何片面发展工业或强调环保，都可能导致两败两害。我国环境保护法规体系正在建立和健全的过程中，建设伊始，十分重视这一点，是完全必要的。

经济建设的基本法规，如计划法、基本建设法，交通运输法等，主要是用于调节有关方面的纵向或横向经济关系及企业内部纵向、横向经济关系的。但所有这些关系都可能被处理成：或与自然生态密切相关，或与自然生态毫无瓜葛。而实际上，任何社会经济关系，都是在自然生态中运行的。农业社会里，人口少，经济不发达，人类生产力的发展还未造成对自然生态平衡的举足轻重的破坏。近代，特别是现代，世界人口已成倍、成几倍地增长，经济空前发达，自然资源的消耗达到了空前惊人的地步，人类生产力的发展造成了对自然生态平衡的严重威胁，地球正向人类进行报复。作为现代化建设正在一日千里地发展的我国，如果在经济建设的基本法规中，不强调经济关系得放在自然生态的背景上考虑，不对有关问题做出明确的法律规定，就可能重蹈许多资本主义国家一度陷入严重公害困境的覆辙。应当指出，我国有关基本建设、交通运输的一些法规，对自然生态与经济发展的协调平衡问题是关注较少的。因此，对已经颁行的法规，应当及时修订；正在制定中的有关法规，则应对此做出明确有力的反映。

对生态经济平衡发展的法律保护，不仅应当体现在上述直接有关的立法中，而且应当体现在刑法等其他基本法律中。我国刑法规定了对盗伐、滥伐森林罪的惩罚措施，这是十分重要的。但是，第一，对盗伐、滥伐罪，最高刑仅为三年徒刑，有畸轻之弊，不足以严肃制止盗伐、滥伐现象，尤其是不足以惩戒盗伐、滥伐的魁首。第二，对生态经济平衡的破坏，绝不止盗伐、滥伐森林一个方面，刑法缺乏对破坏生态经济平衡的其他罪行的刑罚规定，不能不说是一个很大的缺憾。笔者认为，必须加强生态经济平衡发展的极端重要性的宣传，必须在一切有关法律中加强就生态经济平衡发展的保护性与惩戒性的规定。

"徒法不足以自行。"更为重要的是，所有关于生态经济平衡发展的宪法规定、经济法及其他法律规定，都应切实地付诸施行。这样，生态经济司法问题，就成了生态经济法制建设的"半边天"。毋庸讳言,在我国生态经济立法得到了相当发展的现阶段,生态经济司法相对落后了,而且是远远地落后了。最为明显的表现是:新中国成立以来曾经出现过的三次大伐、滥伐森林现象,最后一次竟是发生在1979年《森林法(试行)》颁行之后。生态经济司法的薄弱,在这一事件中明显地暴露了出来。这一类事件今后是否能够杜绝呢?这就要依靠生态经济司法队伍的加强、有关机构的健全以及实施有关法律的坚持不懈。

生态经济平衡发展,是一个涉及自然生态、社会经济以及政治法律制度的庞大系统。生态经济平衡的法律保障机制,又是一个涉及宪法、生态经济法、其他立法以及生态经济司法的庞大系统。控制这些系统向既定目标发展的艺术,是一门高度精深的学问,经济法学家应当充分运用已经具备的经济法学知识,深入生态经济发展的实践中去调查研究,综合分析,推理论证,为生态经济法学的发展,为生态经济发展的平衡即"四化"建设的跃进,做出应有的贡献。

迎接新技术革命挑战的法律对策[*]

席卷全球的新技术革命浪潮，对我国既是千载难逢的机会，也是空前严峻的挑战。迎接挑战，对策种种，运用法律手段是重要的方面。综观各发达国家，其经济腾飞无不与充分运用法律手段、保障科学技术的进步密切相关。我国迎接新技术革命，也应在法律对策上做文章。总的来说，有关的法律对策，可分近期、中期、长期对策三种。

近期对策主要内容是，适应我国科技发展的现状和当前需要，制定迫切需要的科技法规。已颁布实施的有《专利法》和发明奖励等一些条例，在鼓励发明创造等方面收到良好效果。目前，科技体制改革正在深入发展，技术市场也在发展，广大城乡积极实施国家科委制订的"星火计划"，民办科研机构不断涌现，有一些科技人员离职或停职下乡下厂承包、承租或创办企业。这些都为我国科技和经济的发展带来可喜的变化。同时也由此产生许多亟待解决的问题，必须依靠科技立法来加以解决。例如，技术合同的立法已在进行之中。有些已显端倪需做法律调整，我们应做好预测，研究立法对策。

迎接新技术革命的中期对策，应当在以法律来促进和保障高技术发展上狠下功夫。在国家科委"七五"期间科技立法计划草案中列出的47个项目中，属于高技术立法及与此关系特别密切的立法有9项。这9项分别是：原子能法、高技术发展计划实施条例、计算机安全条例、生物技术发展条例、信息技术发展条例、核设施安全管理条例、激光安全防护条例、新技术风险投资法和科学技术奖励法等。作为中期性的新技术革命立法对策，时期跨度可以拉大到21世纪的前20年。这样，它还应当包括三个方面：整个高技术领域的振兴法、主要高技术领域的促进法、每一个高技术领域的系统配套的法规体系。为了做好这项工作，现在有必要大力调查研究发达国家的有关立法，做好立法准备工作；要对国内高技术发展的状况、问题、困难、矛盾进行调查分析，为立法做好前期的基础性工作。同时，应当紧急培养一批兼长法学与高技术一般知识的专家。

迎接新技术革命的长期对策，应当从最基本的人才培养工作做起。今后世界的抗争是

---

[*] 原载《技术市场报》1987年6月20日。

高技术的抗争，而归根结底是高技术人才的抗争。谁赢得了高技术人才的优势，谁就将取得科技、经济和社会实力较量的胜利。

为此，人才立法与教育立法应当成为迎接新技术革命长期性法律对策的中心和关键。

科技立法总体构思刍议*

为了迎接新技术革命的挑战，建立行政、经济、法律三元的科技进步综合配套的激励机制，应成为我国高层战略决策的指导思想。由于行政、经济手段本身在许多情况下还要依靠法制的保障，所以，科技进步的立法激励，当是迎接新技术革命的首要一环。为此，必须研讨科技进步立法的总体构思问题。

发达国家科技进步立法的共同点主要是：

第一，基础性立法，新技术立法与相关性立法三结合。三者相辅相成，缺一不可，必须配套制定，同步发展，紧密结合。

第二，中央立法机构，受委托立法部门和地方立法机构三结合。这是立法的组织保证方面的三个不同层次，层层相关，互相衔接。三者结合和谐，将起重要促进作用，否则，必定相互掣肘。

第三，近期、中期、长期立法三结合。这是科技进步立法在时间范畴内的调节性措施，分别调节成熟程度不同的科技社会关系。三者的紧密结合，可收科技进步立法的有机性、系统性、科学性、正确性和有效性之益。

此外，立法中的立、改、废三结合，立法、司法、守法三结合，法制建设、法制宣传、法学研究三结合，立法中统筹借鉴发达资本主义国家、社会主义国家和发展中国家的经验等等，都必须重视。

我国科技立法起步较晚，但国家科委政策局做了大量的基础性工作，为我国科技立法的迅速发展做出了重要贡献。可以预期，我国的科技立法将出现异军突起，必定后来居上。最近颁行的《技术合同法》，为世界各国所无，是一突破性进展，这就是后来居上的证明。

今后我国科技立法在总体构思上应认真借鉴外国经验，借"他山之石"以"攻"我之"玉"。

---

* 原载《技术论坛研究》1987年第7期。

第一，我国科技进步的基础性立法、新技术立法、相关性立法三结合方面，应不惮承认。首先，三者还都不够；其次，对三者的紧密结合、同步发展、综合配套方面基本上还未加关注。笔者建议，要在宪法中突出科技进步的优先地位，以此为"统帅"，连类而及，迎刃解决科技进步及有关立法中的一系列问题。

第二，加强科技立法的组织机构建设，以供中央立法机构、受委托立法部门和地方立法机构的三结合得到保证。笔者建议，国家科委政策局条法处升格为条法局，具体筹划我国科技立法规划；开展具体立法组织工作；筹建科技法学院，培养高水平、大批量的科技立法、司法专家。

第三，具体制定我国科技进步的近期、中期、长期立法规划。中长期的规划，应着重科技立法的体系性、战略性、预期性。近期规划应"急功近利""立竿见影"。

科技进步立法的总体构思，应是一个动态有序的过程，不应静态僵化，要随科技进步的"大环境""小气候"和科技自身的发展而变化。研究技术论的同志应当认真关注技术发展的法律保证；同时，由于谙熟科技的细节，对科技法制当以举手之劳，驾轻就熟地提供妙计。

科技进步立法总体构思刍议*

当代科学技术正以前所未有的速度迅猛发展,一大批新兴技术领域飞快崛起,日新月异,促成了席卷全球的新技术革命浪潮。正视新技术革命浪潮的冲击,认真加以研究,抓住时机,采取正确的对策,将成为我国跻身于强国之林的契机。

综观各发达国家发展科学技术的对策,不外行政、经济与法律三种激励手段。建立行政、经济、法律三元的综合配套激励机制,应成为高层决策的战略指导思想。但行政、经济手段本身在许多情况下还要依靠法制的保障。因此,科技进步的立法激励,当是迎接新技术革命挑战的首要一环。这样,科技进步立法的总体构思,就提到重要的议事日程上来了。

一

发达国家科技进步立法给我国提供了参考。无论是发达的资本主义国家,还是发达的社会主义国家,它们的科技立法都有总体上的共同点。这些共同点主要是:

(一)**基础性立法、新技术立法与相关性立法三结合**

这是为着科技进步的共同目的而采取的层次不同的三种立法,相辅相成,缺一不可。首要者为基础性立法,包括宪法规范、促进和保障科技发展的一般性立法、科技机构法规、科技发展基金立法。教育立法、人才立法、智力产权保护立法以及技术交易、发明奖励基金立法等,也属于必要的基础性立法范畴。没有这些基础性立法,不用说今天的新技术革命不能产生,就是往昔的科技发展也不可能存在,更不用说将来新技术革命的进一步高涨了。第二层次是各个新技术领域的直接立法。不同的时代有不同的新技术。当代科学技术的发展已经跃入新的阶段,科技的专业分工越来越细密,因而立法也应分门别类地进

---

* 原载《政治与法律》1987年10月5日第5期。

行,以便促进和保障特定科技领域的发展。发达国家在第二次世界大战以来着力制定的原子能法以及关于生物技术、空间技术、海洋技术、信息技术、新材料技术等等的立法,都在新技术立法之列。这类立法的经济和社会效益是极为明显的。第三层次是与新技术发展间接相关的立法,如税法、合同法、标准化法、技术评估法、科研生产协作法以至商业法、运输法等。这些立法与科技全部领域都相关,但在新技术革命蓬勃发展的今天,正被更广泛、更灵活、更巧妙地用来促进新技术的发展。

上述基础性立法、新技术立法与相关性立法三个层次,不但是缺一不可的,而且必须是配套制定、同步发展、紧密结合的,如果"各自为政""各行其是",仍然不能充分发挥各自对科技进步的促进作用。例如美国于1787年通过的宪法,在世界各国中率先规定,联邦有权为了鼓励科学和民用工艺的进步,给予著作家、发明家对他们的作品和发明享有限定年份的专利权。接着,美国在1791年最先制定了《专利法》,使宪法的原则性规定具体化。以后,美国在一系列的新技术立法中,也涉及专利权的享有的法律规定。这样,由于三个层次的立法都具备了,新技术专利权的保护就比较切实有力。资本主义国家的生产社会性与私人占有之间的矛盾,必然阻碍社会生产力的发展,但时至今日,资本主义国家仍然得以较快的速度发展其社会生产力,原因之一,可能就在于这些国家以比较健全的科技立法保障了生产力中最革命、最活跃的科学技术因素的发展。对此,值得我们深加思索、认真研究、积极借鉴。

(二)中央立法机构、受委托立法的部门和地方立法机构三结合

这是立法的组织保证方面的三个不同层次。这三者同样是科技进步立法所不可或缺而又必须紧密结合的。中央立法机构如议会、苏维埃代表大会,有立法的审批权,在立法预测、立法决策和立法审批方面,起指导性和组织领导性的作用。但中央立法机构不可能包揽一切,对各个科学技术部门和各个地方,不可能全然了如指掌。因此,被委托部门的立法起草工作和地方的立法工作,就成了中央立法工作的重要基础。尤其是地方立法这一层次,在联邦制国家中,特别重要。即使是在单一制国家里,地方立法与中央立法的配套与紧密结合,也是科技进步的重要保证。因为中央是不可能离开地方而独立存在的;同样,地方也必须在中央统辖范围之内动作。被委托部门的立法,必须提交中央立法机构审核通过才能施行,也必须在地方立法中得到体现才能顺利实现,所以,它与其他二者的关系也是十分密切的。

(三)近期、中期、长期立法三结合

这是科技进步立法在时间范畴内的调节性措施。近期立法具有"急功近利"的性质,要求"立竿见影",大多是针对十分具体的科技领域而制定的。中期立法是对可以预见的时期内科技进步的方向、范围、目标、要求等的法律规定,它所涉及的权利义务关系是肯

定的、明确的，在中期立法规定的期限内是必须兑现的。长期立法具有预示性、指导性，但它绝不是可望而不可即，可议而不可行的。实际上，所有的近期、中期立法，都与长期立法有关，是长期立法指导下的对近期与中期科技进步要求的比较具体的法律规定。三者同样必须紧密结合，环环相扣。日本的一系列机电振兴法，就具有紧密结合、环环相扣的优点，但它不是近期、中期、长期的三结合。我国可以仿行日本的机电振兴系列法律，并加以改进，有长期立法的战略眼光，有中期立法和近期立法的战术性决策，形成三者紧密结合的立法总体构思，以求立法的有机性、系统性、科学性、正确性和有效性。

此外，立法中的立、改、废三结合，立法、司法、守法三结合，法制建设、法制宣教、法学研究三结合，以及立法中将发达资本主义国家、发达社会主义国家、发展中国家的经验加以统筹结合的借鉴等等，都与科技进步立法总体构思直接或间接地相关联，都必须充分兼顾，认真对待。

二

借鉴与参照别国的经验，不是照搬照抄、生吞活剥，必须从我国的国情、基础、条件出发，也必须顾及我国已经形成了习惯与传统的做法。例如，我国长期以来大多依靠政策来调整社会生活中发生的各种关系，与发展科技相关的各种社会关系也一直依靠政策加以调整。这样，从以政策调节为主到以法律调节为主的转变，就必须有一个必要的过渡时期。当前的经济体制改革和科技体制改革，就是必要的过渡。它将以法律调节为激励科技进步的主要手段，奠定组织基础、体制基础和习惯、心理的基础。但是尽管如此，在研讨科技进步立法总体构思时，其战略着眼点，却在于认同发达国家的先进的科技立法。因此，上述发达国家科技进步立法的若干个三结合经验，原则上都可作"他山之石"以"攻"我之"玉"。

（一）我国也应重视科技立法中的基础性立法、新技术立法与相关性立法的三结合

从这一方面看，不能不承认：首先，这三方面的立法都还很不够；其次，对这三方面立法的紧密结合、同步发展、综合配套，基本上还未加关注。

在基础性立法中，发达国家大多十分重视以国家的根本大法——宪法为科技进步的崇高地位、积极作用、广阔领域、主要原则等做出有力的规定。这些国家促进科技进步的宪法规范的特点主要有：（1）早。如美国宪法早在距今整整200年前即规定了"奖励科学及实用技艺的进步"的专利权原则；瑞士宪法也在一百多年前的1874年以较多的条款做了保障科技进步的规定。（2）优。如与我国一衣带水的近邻日本明确规定"对科学技术的促进应在国民发展事业中占优先地位"。（3）特。如意大利宪法规定给予科技成就卓著

者以政治殊荣,即可被共和国总统指定为终身参议员;日本宪法规定"对有特别才能的公民"提供奖学金、补助金或其他形式的奖励;波兰宪法规定"对于有创造能力的知识分子""给予特别的关怀"。(4)详。如苏联和发展中国家南斯拉夫宪法,都以各国宪法所罕见的详尽条款,对科技进步的促进做法制保障性规定。

在新技术立法方面,我国几乎还是一个空白,同发达国家的有关立法相比较,落后了整整半个世纪。以美国为例,该国半个多世纪前就开始了高技术的积极立法,如调整能源问题的法律,美国现在就有能源部组织法、原子能法、核产业促进法、联邦非核能研究开发法、太阳能研究开发法、地热研究开发法、联邦光电利用法、原子能共有法、私人开发能源和水资源法、特别可裂变物质私人所有法、能源安全法、能源保护和生产法、能源供应和环境保护协调法、国家能源保护政策法、核损害赔偿法、核废弃物政策法、核安全研究发展和评价法、扩大国家能源服务法、低收入家用能源补助法、能源重组法、能源危机对策法等。这些具体的法规,对新能源技术的发展大多直接相关。正是这样完备的能源法规体系,保证了美国新能源技术得以高速度的发展,居于世界遥遥领先的地位。两相对比,我国的促进能源技术发展的立法还刚刚起步,原子能法还在"母腹"之内尚未诞生,其他能源法规尚未找到可以孕育它们的"双亲"。

从相关性立法方面,情况比基础性立法与新技术立法要好得多。我们已有了税法、专利法、经济合同法和一些标准化法规等等;但是,同发达国家相比,差距还是存在的。例如,我国最近制定《科技合同法》,以科技合同促进科技进步,这比沿用、比照《经济合同法》调整有关的权利义务关系,无疑大大前进了一步。但是,发达国家如美国已前进到对合同制度本身做出新的探索,扬弃旧的合同形式,采用更为先进、合理、有效的合同形式来保证科技开发了。因此,"任重道远",在相关性立法方面,我们还是有许多工作要做的。

如果说,上述三个层次的立法我们都还十分欠缺的话,那么,对三个层次立法的有机结合、综合配套、同步发展、相辅相成方面,差距也许更大。其原因主要是两条:其一为立法本身数量极少,刚刚起步,基本上还不存在独立地考虑三层次的有机结合的基础;其二为领导科技立法的机构——国家科委政策局条法处成立不久,人员较少,已经超负荷地开足马力从事有关工作,取得了可观的成绩,再要通盘考虑三层次立法的有机结合,难免力不从心。

为此,必须加强科技立法领导机构的力量,给他们提供足够的人力、物力、财力,使他们在促进我国科技进步的立法舞台上能够大展宏图、大显身手、大步前进。同时,我们已不必一切从头做起,可以借鉴发达国家或发展中国家的科技立法经验,较早地为三层次立法的有机结合草就蓝图。法是有阶级性的,但调整科技关系的法与调整其他社会关系的法,特别是与调整政治、经济制度关系方面的法相比,其社会性、技术性更为明显。没有必要在发达国家的科技法制面前怵怵惕惕、诚惶诚恐,生怕烫坏了自己的手,玷污了自己的灵魂。"放开眼光"实行"拿来主义",结合国情加以改造制作,我们将在科技立法方面为中华腾飞做出贡献。

(二)为了加快科技立法进程,应在全国人大法工委领导下,由国家科委有关部门具体负责,发动所有的中央科技部门和省市等地方立法部门,积极主动地研讨、草拟有关的科技进步法规

全国人民代表大会是我国的最高立法机关,由全国人大法工委负起领导全国科技立法工作的责任,是理所当然的"题中应有之义"。但法工委不光指导、组织和领导科技立法,它还必须对一切部门的立法负责。因此,由国家科委承担具体的科技立法设计、起草工作是必要的。目前国家科委已经在起这一方面的作用,取得了很大的成绩。但是,具体负责有关工作的是国家科委政策局的条法处。笔者认为,鉴于科技进步的极端重要性与紧迫性,鉴于科技立法的落后与缺乏,建议将条法处升格为条法局,增加人员,增强实力,以孚繁重的科技立法的客观需求。同时,笔者还认为,有必要大力加紧科技法学的研究,尽早写出科技法学基本著作与基本教材,以便尽早开设科技法学高等院校,大批地培养出科技法制人才,以应科技立法、科技司法之急需。

全国人大法工委领导、国家科委"条法局"具体负责的科技立法工作,还有赖于各有关部门对科技立法工作的积极配合。这种配合不是精神上的,而是"物质性"的,不是"务虚"的,而是"务实"的。也就是说,各有关部门应积极研究国外相同部门的有关科技法,拟定我国该部门的科技立法规划,具体组织人力分门别类地开展调查研究并草拟有关法律、法规的草案,提交国家科委"条法局"与全国人大法工委,以便组织讨论、修改,最后提交全国人大会议或常委会议讨论、审核、通过、颁行。例如,核工业部可以在部内成立条法局(或条法室),专事研究国外的核能科技立法经验,提出我国立法规划,逐一组织落实有关立法起草工作。

地方(主要是各省、自治区、直辖市)科技立法,应由地方人大领导、地方科委具体筹划,由地方重要科技部门具体拟定地方性的有关科技领域的立法规划,负责立法草案的拟制。当然,地方立法不能与中央立法相忤,但这并不要求地方总是等待中央立法之后才开始动作,应区别情况,分别对待。有的方面,非等中央立法以后,地方才可能立法;有的方面则不一定。例如建设高技术开发区、科学城等,地方完全可以先行。只要不违反土地法、环保法等基本法律,有关建设高技术开发区、科学城的地方性权利义务关系的法律调节措施,地方完全可以先行做出立法规定。这样做,还可为中央立法及其他地方的立法提供经验。

当然,有一些涉及科技进步的基本法律,如科技合同法或科技机构法、科技基金法、科技促进法等,不是哪个具体的科技或工农业部门所能承担的,仍应由国家科委"条法局"负责组织起草。此外,各具体的科技或经济部门的科技立法起草工作计划,也应向国家科委"条法局"报告,以便全国统筹安排、有机结合、有效落实。

(三)全国人大法工委和国家科委"条法局"对我国科技进步的近期、中期与长期立法,应制定具体的规划

目前,国家科委政策局已拟制了"七五"与"八五"期间的科技立法规划。这一规划,具有紧密结合现实需要、确切符合我国国情的特点。但这仅仅是近期性的规划,完全有必要从现在就开始考虑并尽快拟就中期即2000年前的和长期即2050年前的科技立法规划。

科技立法的中长期规划,应着重考虑科技法的体系性、战略性、预期性。

关于科技法体系,有些同志认为首先宜有一个科技基本法,它要规定科技法的调整对象,总的科技立法方针的奖惩原则,科技的组织管理,与有关法规的关系。这一体系还应包括科技成果权法规、科技成果流通法规、自然资源和环境保护法规、能源法规、标准化法规、信息技术法规、新技术开发法规、科技管理组织法规、科学技术涉外法规等[①]。这一设想有其科学根据,但其中有些方面似可提前列入近期立法规划的范围,如科技成果权、科技成果流通等。

关于科技法的战略性,是指调整科技与经济、科技与产业结构、科技与社会改造、科技与精神文明建设、科技与国际关系之间的关系的立法构想,它解决社会发展总体战略范畴的问题。这一方面的科技立法构想,特别要注意从我国的国情出发:好高骛远,则必然挫伤积极性;故步自封,则必然被国际社会所淘汰。为使科技法的战略性构想得以科学地、正确地实现,必须加强科技立法的软科学研究,使立法构想建立在科学的基础上。

关于科技法的预期性,是指立法对科技进步的激励与促进。法绝不仅仅是事后的、惩戒性的,它还可以是预防性的和预期性的。预期性的科技法,目的在于以强有力的法制措施保证某一或某些特定领域的科技得到特殊的鼓励与刺激,使之得到较早的建立与较快的发展。

近期立法、中期立法和长期立法,可以在法规内容的要求上有所区别。近期立法无疑应当是规范具体化、操作化的。以前的某些立法虽属社会的紧迫需要,属近期立法范围,却又笼统、原则、抽象,不利于实际施行,到头来仍不得不以种种实施细则予以补充或被要求予以修改,"事倍"而"功半"。科技领域的近期立法,必须力避上述缺点。中、长期科技立法,则可略为笼统些、原则些。这是因为,所需调整的社会关系虽已显露端倪,但还未充分显现,原则性的立法便于补充、发展、完善化,也便于以其他法规或实施细则等予以补充。

科技进步立法的总体构思,应是动态有序的一个过程,而不应是静态僵死的既成事

---

① 潘宇鹏等:《科学技术报告·试论我国科技法的体系》,1986年7月。

实。它随着科技进步的"大环境""小气候"以及科技自身的发展而变化。所谓科技进步的"大环境",是指有关的国际环境,国内经济、政治、社会、文化以至军事发展的状况。这是科技进步的关键性的相关因素。所谓科技进步的"小气候",是指科技体制,科技组织,科技研究的资金、人员、器材以至科技研究手段的变化发展状况。这是科技进步直接相关的具体因素,虽然未必每日每时地处于决定性的地位,但对科技进步有着极为重要的影响。此外,科技自身的进步,往往导致科技规划、科技政策及科技进步引起的社会关系的变化。原子能科学和核技术的发展,曾使得整个的产业结构受到影响。信息技术的发展同样起了举足轻重的作用。当前一些国家正在发展的超导体的科学和技术研究,将开拓人类生活的崭新道路,可以预期它也会极大地影响人类生活和社会发展进程。连类而及,科技进步立法的总体构思,就不能一成不变地囿于既定方案。但是,假如基础性立法、新技术立法、相关性立法的三结合,立法领导机构的健全配套,近期与中期、长期立法的三结合等基本原则,不应当被弃置不顾。我们相信,只要认真研究和借鉴国外的经验,认真调查和了解我国的国情,充分调动各个有关方面的积极性,我国的科学技术立法,是大有可为、大有前途,并能为科技进步大立功勋的。

试论科技社会关系的法律调整*

中共十三大把加快科技进步放在经济发展战略的首要地位上。这一英明决策向法学工作者提出了研讨科技社会关系的法律调整的重要课题。

法是国家机关制定或认可，由国家强制力保证其实施的调整社会关系的行为规范。法所调整的社会关系，主要是指人们的权利义务关系。当权利义务关系的复杂程度、成熟程度已臻临界点，而调整这种权利义务关系的法律规范却姗姗来迟，就会因为得不到法律规范的应有调节，使权利和义务关系紊乱，影响社会的发展。

在科学技术的发展史上，当涉及科学技术的种种社会关系比较简单的情况下，世界各国几乎都极少有专门的关于科技的法律规定。只是在近代，由于科学技术的突飞猛进，科学技术法才如雨后春笋纷纷面世。而且，由于科技工作的特殊性，科技法正以独立的部门法的姿态昂然崛起于法的大家族之中。

科技工作的特殊性在于它的脑力劳动性质。在脑力劳动的过程中，无论是脑力劳动者个体与个体之间，抑或是个体与集体、与社会之间，都会产生和以体力劳动为主的其他工作中形成的社会关系迥然相异的权利义务关系。例如，体力劳动者一次性地卖出其产品后，产品即不复归己所有；脑力劳动者无所谓"一次性地卖出其智力成果，卖出后仍然持有这些智力成果，因而可以无数次地卖出"。又如，在特定的情况下，体力劳动者与脑力劳动者的劳动积极性、自觉性的高低，所带来的对劳动成果的数量多寡、质量优劣也有重大影响。科技工作者之间以及他们与集体、与社会的权利义务关系，如果得到妥善的处理，科技进步将大大加快；反之，则必定延缓甚至阻碍、破坏科技发展。

美国宪法早在整整二百年前的1787年即对智力成果的专利权做了专门规定，1790年又据此颁行了专利法，从而大大地保护和调动了专利发明的积极性。促使美国科技以较快的速度发展，加上其他条件，迄今仍在科技领域遥遥领先。在我国近代史上，太平天国后期的杰出领袖洪仁玕，在1859年呈交洪秀全的《资政新篇》中，首次提出了专利权问题，

---

* 原载《文汇报》1987年11月2日。

希冀以此促进技艺、工矿、交通的发展。可惜的是时移世易，太平天国其时已步入末路，洪仁玕无由遂其心愿。更可叹的是时隔一百年之后，到了20世纪的50年代末，在人民当家作主的神州大地上，专利权问题以及其他涉及科技工作者的权利义务重大关系问题，基本上仍被漠视，从而丧失了把我国科技工作大大向前推进的最佳时间。

党的十一届三中全会的东风吹融了遍地的冰雪，呼唤来了科学技术的春天。在党的领导下，科技工作者以极大的热情从事研究、发明、创造。据最新统计，近8年来，我国在科技领域已获得重大成果53,768项，其中部分重要技术已达到或接近世界先进水平；国家级科技"星火计划"两年来已实施670项；技术市场也蓬勃兴起，8年来已出口重要技术60项，然而我们同发达国家相比，科技仍是落后的；以四个现代化建设的要求来衡量，科技进步仍是头等重要的大事。这样，更为妥善地调整科技社会关系，就成了推动科技进步的首要问题。

如果说近8年来的科技进步主要得力于党的政策的正确，政策的作用今后仍然不可忽视的话，那么，同时应当承认政策对科技社会关系的调节作用的局限性，应当承认并积极利用法律手段对科技工作中的权利义务关系的调节功能。因为，法律比政策更具有稳定性，在某些方面具有政策所不能代替的作用。

笔者认为，亟须以法律手段调节的科技社会关系，主要包括以下几个方面：（1）科技进步在社会、经济进步中的法律地位；（2）作为科技进步的基础及科技发展后劲的基础的教育事业的法律地位；（3）科技工作者的权利的法律保护；（4）科技工作者的义务的法律规定；（5）科技成果推广应用中各方的权利义务关系；（6）技术引进中的国际权利义务关系；（7）高技术发展的保护、促进和消极后果预防的社会要求；（8）中央和地方、不同地区之间在发展科技方面的权利义务关系；（9）不同所有制企业之间的科技社会关系；（10）各地区、各部门、各单位无偿协作发展科技的社会关系。

科技社会关系的法律调整，不仅涉及调整对象，而且包括调整手段的方法。这一方面，值得注意的是科技立法、科技司法与科技守法三者间的关系。1985年8月全国首届科技立法工作会议以来，我国科技立法的进程大大加快了《技术合同法》的制定和颁布，是一突破性的进展。在《技术合同法》的带动下，一大批科技法正在草拟并将陆续出台。现在所要强调的是，党的十三大必将促成我国科技大发展，要求科技立法与之同步、协调发展。这就要求进一步加速科技立法。但相较而言，当前更应重视的是科技司法。"徒法不能以自行"，有了好的科技法，就要坚决地、不折不扣地执行。从我国法制建设的一般经验来看，现在的主要问题是司法与立法的发展速度有距离。因此，在加速科技立法之始，就应同时注意科技司法，其中包括科技司法机构的设置、队伍的建设和人才的培训。此外，广大科技人员的自觉守法，是社会主义性质的科技法的内在要求，这一方面的宣传教育工作也要紧紧跟上。对广大科技人员来说，科技法的普及教育，应优先于其他部门法的普及教育。这一点，过去是忽略了的，应当补上这一课，并持之以恒，不断以新的科技法知识武装科技人员。

当代国际竞争的胜负，已主要取决于科技实力。中华的振兴与腾飞，在搞好改革、提高管理水平的前提下，将取决于科技的进步，而科技进步的重要一环，在于科技社会关系的正确、及时、有效的法律调节。因此，在科技法制建设方面，法学工作者有着广阔的天地、光荣的任务，必须为此做出艰巨的努力，争取卓越的成就。

科技立法与司法应同步发展*

我国科技立法起步虽晚，但《技术合同法》的颁布，是一个突破性进展，正在制定、即将颁布的一批批科技法规，将使我国科技立法的落后面貌迅速改观。这样，就把科技立法与科技司法同步发展的问题，严肃地提到我们的面前来了。

立法与司法是科技法制的不可缺少、紧密联系的两翼。只有两两相激，才能撞击出"雷转空山"的惊人结果，即推动科技在法制保障下的迅速发展。因此，在科技立法之始，就应当十分重视科技司法问题。如果只抓科技立法，忽视科技司法，那么，再多再好的科技法规，也只能"静如止水"，发不出声音来，起不了调整科技社会关系的作用。

科技司法建设，大体上包括以下几个方面：

一、科技司法机构建设

处理科技社会关系中的不协调问题，必须有一定的司法机构；不然，发生了权利义务纠纷就会"赴诉无门"。我国现行司法机构如人民法院，设有刑事庭、民事庭、经济庭。行政庭的建设也在试点中，行政诉讼将得到落实。然而，科技社会关系的处理，有关权利义务的纠纷，现在还缺乏明确、固定、有效的司法机构。许多科技案件，现在是辗转移交地方科委去处理的。但科委并不具有司法权能，其处理意见并不发生法律效力，执行与否、执行强度，都无法控制。也有的科技案件是提交工商行政管理部门去处理的，但工商行政管理部门除对科技合同略有处理能力外，其他方面的权限、能力则尽付阙如。也有的案件被申诉到了人民法院的经济庭，但往往被拒之门外。据悉，现在有的地方已积压了不少科技纠纷方面的案件，若不积极、及时予以处理，势必影响科技人员的聪明才智的发挥。因此，科技司法机构的建设，已经成为与科技立法同样重要的问题。

---

* 原载《科技日报》1987年11月12日。本文为作者与上海社会科学院法学研究所王亦军合作撰写的短论。在商议署名时，王亦军十分谦虚地建议署为"施生"，谐为"师生"。

《中华人民共和国技术合同法》第八条规定："技术合同的管理机关由国务院规定。"第五十一条规定：发生科技纠纷时，"当事人不愿通过协商、调解或者协商、调解不成的，可以依据合同中的仲裁条款或者事后达成的书面仲裁协议，向国家规定的仲裁机构申请仲裁"。又规定"当事人没有在合同中订立仲裁条款，事后又没有达成仲裁协议的，可以向人民法院起诉"。根据这些规定，并根据《技术合同法》的生效日期为1987年11月1日（第五十五条），近期内就必须明确规定并健全下列司法机构，即：1. 处理第八条规定的技术合同管理机关；2. 处理第五十一条规定的仲裁机关；3. 处理第五十一条规定的人民法院的某一审判组织。

对《技术合同法》来说是如此，对其他已经制定、将要制定的科技法规来说，也是如此；否则，有关法规将成为一纸空文。

二、科技司法队伍的建设，其中包括科技律师队伍的建设

科技司法人员与一般司法人员有共同的一面，又有相异的一面。具备扎实的法律基础知识与足够的司法技能、司法经验，这是任何一类司法人员所必需的。但科技司法人员同时必须具备一定的科技知识，这是它的特殊性。正因为如此，国外的法学院校，大多开设自然科学、工程技术课程，使将成为法官、律师的学生，在学校便能学到足够的科技基础知识，以乎日后工作之用。但在我国的政法院校内，学生几乎与自然科学、工程技术绝了缘。不仅如此，甚至高校招生时即有文理之分，一些理科很差的人以文科（包括法律）为逃遁之所。这样，更加剧了我们所培养的政法类毕业生不能适应科技发展要求的不良状况。因此，在今后的政法院校招生中，在政法院校的课程设置中，要大大加强适应科技司法需要，应成为注意的重点。

三、科技司法理论的研究

科技司法与一般司法有其不同的特点，它所调整的是科技社会关系。在许多情况下，科技社会关系为科技劳动的无形性、非固定性、复杂性所制约，不像别的社会关系的有形性、固定性、简单性那么鲜明可辨。随着高技术的迅速发展，诸如计算机犯罪、生物技术犯罪等，都会提出一些新问题。同时，司法手段也将日新月异，这就要求科技司法理论研究对现实生活中提出的问题给予满意的、科学的回答。

总之，科技立法要发展，科技司法也要随之同步发展。双管齐下，两两相激，互为条件，互相促进，使得科技社会关系得到最佳的调节，激发出优美动听、惊人耳目的高昂乐曲来。

科技必须立法*

中共十三大把依靠科学技术进步作为发展经济的一个战略问题,科技发展与进步将决定四化建设的前途和命运,成为决定中华民族生死存亡的头等大事。

这一重大决策,无疑将促进新的经济机制的形成。我国曾先后以"农业为基础"—"以粮为纲、工业为主导"—"以钢为纲"的决策开展经济建设,虽然取得了成就,同时也造成了许多损失。笔者认为,最大的损失,是低估从而严重影响了科学技术的发展。

早在1978年的全国科学大会上,邓小平同志就强调科学技术现代化在四化建设中的关键性作用问题。现在,十三大的决策,将为落实邓小平同志的指示绘出精确的蓝图。新的经济机制,将是以科技为主导、为动力、为核心、为根本的经济发展模式的机制,判断经济成果、效益的指标中,科技进步因素的地位将大大提高。事实上,企业有无成就、有无后劲、有无生命力、有无发展前途,主要不取决于劳力、资金、固定资产,而取决于人,取决于人的科技素质,即取决于"人+科技素质"所形成的科技实力,我们深信,十三大将为新经济机制的形成,带来最大的推动力。

面对新经济机制的形成,面对科学技术大发展高潮的到来,法学研究工作者的面前出现了一个重要的新课题,这就是科技法学的研究。

科技、经济要起飞,科技立法必须先行,科技司法必须紧紧跟上。然而,我国的科技立法刚刚起步,科技司法队伍还几近乎零。

科技立法是一项硬任务,任何条款必须滴水不漏、纹丝不错。为此,必须开展科技立法的软科学研究,对科技立法的范围、对象、部门、指导思想、法律结构、法律概念、法规体系、各具体立法部门等等,做出科学的说明。综观发达国家的科技立法,在基础性立法、高技术立法、相关性立法方面都是比较周密全、完整配套、有机结合、切实有效的。在这些国家的科技立法中,科技法学家发挥了重大的作用。

科技法学的研究还应包括科技司法,从司法队伍、机构到职责、权利、义务、准则、

---

* 原载《社会科学报》1987年11月4日。

技术，都应一一阐明，并以法律做出相应的规定。

因此，科技法学作为一项新的法学任务，就成了当务之急。因此法学工作者，必须以极大的热情投入科技法学的学习与研究中去。这是一个广阔的天地，前途是辉煌的。

新技术革命的十项法律对策*

20世纪末、21世纪，国际斗争的焦点将集中在新技术、高技术的发展上。对我国来说，迎接新技术革命的挑战、寻求最佳对策，已成当务之急。本文提出十大法律对策，就正于广大读者。

一、社会主义国家、发达资本主义国家、发展中国家迎接新技术革命的法律对策的经验三结合

在新技术革命中借鉴国外的法律对策经验，有重大意义。可供借鉴的"外国"，略可分为三类：（1）社会主义国家（主要指发达社会主义国家）；（2）发达资本主义国家；（3）发展中国家。这三类国家在科技进步方面各有不同的特点，又有相同的情况。将这三类国家迎接新技术革命的法律对策的经验结合起来，可收"扬长避短""取长补短"之利。

借鉴国外经验教训时，首先必须考虑到这三类国家的不同特点：（1）社会制度不同。凡与社会制度相直接联系的，我们一般只能学习社会主义国家的迎接新技术革命的有关法律对策。（2）管理体制不同。社会主义国家集权程度较高，美英等国分权程度较高，但各国趋向于建立一种集权与分权适度结合的体制。发展中国家大多在经济上采取分权管理体制；而在发展新技术、高技术方面，又力求实行集权管理体制。我国经济体制与科研体制的改革方兴未艾，怎样以法律手段肯定体制改革的成果，从国外借鉴什么经验，都应认真调查研究。（3）科学技术发展的基础与水平不同。发达国家的科技法制与其他国家的科技法制，无论在立法目的、立法内容、立法措施上，还是在司法、守法上，都不可相提并论、同日而语。借鉴它们的经验时，尤其要谨慎鉴别，审慎选择；更重要的是注意这三类国家以法律手段促进科技进步的下列共同点，即本文下述的九项对策。

---

* 原载《上海社会科学院学术季刊》1987年第4期。

二、以法律手段保证科技、经济、社会同步发展

科技进步、经济增长、社会发展三者紧密结合,可以相辅相成、互相促进;三者相互脱节,则势必互相影响、互扯后腿,甚至形成恶性循环,导致科技停滞、经济倒退、社会落后。从社会发展来看,三者的有机联系与交错影响,从来没有像新技术革命条件下这么紧密、严重。以法律手段保证科技进步,不能单纯地着眼于科技法制本身,还必须以法律手段保证科技发展"大环境",即经济与社会的发展。这不但应当成为政治高层决策的一个重要课题,而且应当成为从事科技法制工作的同志的注意重点。科技是一支"两刃剑",往往在为经济与社会带来积极影响的同时,还可能带来消极影响。原子能的发展,曾被利用来从事军事冒险;至今也还远未消除原子武器等对世界和平及人类安全的威胁。电子计算机的发展一方面大大加速了信息的收集、存储、处理与传播,另一方面又给计算机犯罪提供了"科学"手段。大量新兴技术转化为新兴产业之后所带来的环境污染、生态破坏,其严重性已使得悲观论者开始预言地球的毁灭和人类的灭亡。尽管悲观论者的言论有失偏颇,但他们所提出的一些具体问题,却是不容忽视的。富裕与贫困并存,科技进步与迷信愚昧同在……发达国家的这种现象十分普遍,并与社会、政治、经济、文化问题互相交织。这从反面说明,以法律手段保证科学技术的发展有利于社会进步与经济增长,防止新技术革命可能带给社会和经济发展的不良影响的重要性。为此,科技法制建设应当成为社会主义法制建设的有机组成部分;以法律手段调整科技、经济、社会三者发展的关系;以法律手段保证科技、经济、社会三者的紧密结合与同步发展,应当成为科技法制工作者的注意中心,任何时候都要有经济与社会发展的全局性观念。

三、以法律手段保证国家、科研和教学机构、企业三者在科技发展中紧密结合、协力攻关

日本在迎接新技术革命的过程中,实行"官、产、学"三结合的方针,即把国家对科技发展的决策、组织、领导和企业的生产活动以及科研与教学机构的研究活动紧密地结合起来,取得了巨大的成功。这是值得学习的经验。

科学技术的发展,在机制复杂、范围广阔、耗资巨大的高技术领域,已提出了集中国力(人力、物力、财力)协同攻关的要求。诸如"星球大战计划""尤里卡计划"等综合性的高技术开发领域,以及登月、航天、超大规模集成电路、生物工程、新材料技术的研究,都不是个人、个别企业或科研机构所能胜任的。这样,国家以官方的身份参与决策、组织、领导,对庞大的科研计划及其实施进行有效的指挥,就显得十分必要了。

科学研究、技术开发的机构,以及在科学研究和技术开发方面有巨大人才和设备等条件的高等学校,是投入新技术革命的主要阵地。但科研机构(包括高校)如果"群龙无

首"，就会"各行其是"，互相抵消与削弱力量；如果不同生产企业紧密结合，其科研成果的推广应用就失去了基础，反转过来还会大大削弱科研的动力，因为许多重要的有应用价值的科研课题，正是生产实践中提出来的。也就是说，科研机构与高等学校都存在着接受国家统一领导，与企业紧密结合的客观需要与内在要求。

从企业这一方面来说，也是如此。在新技术革命的条件下，劳动密集型产品、资本密集型产品的价值正与日俱减，呈直线下降的趋势，与日俱增地呈直线上升趋势的是知识密集型产品的价值。企业要在激烈的竞争中求生存、求发展，舍科技水平的提高，别无良策。

无论是社会主义国家，还是资本主义国家，都必须像日本那样，走"官、产、学"三结合的科技进步发展道路。我国国家科委决定逐步将各级科学研究与技术开发的专门单位转移到大中企业中去，正是对这一道路的认识表现，必将对新技术革命的发展起重大的组织保证作用和有力的推动作用。时间越长，这一重要决策的意义将表现得越具体、越充分。

对日本"官、产、学"三结合的迎接新技术革命的体制的借鉴，不能仅仅停留在组织形式上。这一"三结合"的紧密程度，能否持久，有赖于三者之间的"粘合剂"是否足够有力。而最强有力的"粘合剂"是法律手段。在我国迎接新技术革命的措施中，应有加强国家、科研机构与高等学校、企业三方面紧密结合的法律意识和法制措施，对"三结合"的范围、性质、地位、作用、结构、组织、领导、形式、权利义务关系、矛盾处置办法、行为协调程序等，做出明确的规定。从当前来看，首先应研究国外的有关法制经验，并对国内某些领域已经实施的"三结合"情况、经验、教训做深入的调查，为有关的立法和司法做准备。

四、以法律手段、经济手段、行政手段三者的紧密结合来促进科技的发展

必须建立起法律手段、经济手段、行政手段的三元综合配套的调节机制，仅用法律手段、经济手段或行政手段中的一种或两种，都必定带来损失。

经济手段无疑具有十分重要的意义。据我国经济学家的研究，认为在我国的社会主义条件下，宏观—微观经济统一的内在调节机制，大体可确定为信贷、价格、税收三种内在调节相结合的机制。把科学研究与技术开发按价值规律的要求纳入全国的经济运行图中去考虑，信贷、价格、税收三种内在调节相结合的机制，是可以借用的。而信贷、价格、税收也是彼此协调、互为补充、缺一不可的。

行政手段的意义同样不可忽视。行政手段是多方面的，其中体制规定、组织措施、指令计划、管理规定、监督手段、干预措施等，具有特别大的影响作用。当前正在进行的科

研体制改革,实际上属于行政调节手段改革的范畴。旧体制已经基本上不适应社会主义经济建设尤其是新技术革命的客观要求,新体制的建立还有待进一步的改革。从改革已经达到的成效看,中共中央关于科研体制改革的决定是十分英明的,必须坚持下去并予以提高。在科研体制改革的过程中,必定还会涉及科技进步的组织措施、指令计划、管理规定、监督手段、干预措施等行政手段的改革。我们认为,从行政手段的必要性和局限性两个方面统筹考虑,组织措施的改革,应在中央集权与地方分权,主管部门集权与研究单位分权,科研组织的稳定性与人员的流动性,科研机构运行的封闭性与科研手段使用的开放性等方面通盘筹划、相互兼顾、扬长避短、取长补短,使科研组织形成动态有序、生机勃勃、充满活力的机构;指令计划的改革,应有利于国家攻关项目优先完成的科研单位、科技人员积极性的充分调动与不断提高;管理规定的改革,应把组织措施与思想教育结合起来,使得主要的管理规定都建立在科研单位、科研人员自觉遵守的基础上;监督手段与干预措施,则应在原则的严肃性与实施的灵活性、措施的严密性与机动性的结合上多做考虑。经济手段、行政手段要真正行之有效、贯彻到底而不走样,还要靠法律手段的保证,法律手段起着"一身而二任"的作用。它本身既独立地对科技进步发挥特殊作用,又对经济手段与行政手段起着特殊的保证作用。例如,信贷、价格、税收手段的顺利实施,离开法律是没有保障的。又如,指令计划、管理规定、监督和干预措施等行政手段,也要靠法制的保障;离开法制的保障,这些行政手段都可能变得软弱无力,影响其发挥作用的效果。

五、中央立法领导机构、受委托的部门立法起草机构和地方立法机构的三结合

健全的立法机构,是科技立法顺利进行的前提和基础。如果撇开国务院系统的行政法规不谈,有关科技进步的立法权,按宪法规定,是由全国人大及其常委会、省与直辖市的人大及其常委会行使的。这样,就有了中央立法机构和地方立法机构两级行使立法权的代表机关。作为中央立法机构的我国全国人民代表大会及其常务委员会,不像美国国会那样,下辖许多个分工明确、职能具体、专家云集的科学技术专业委员会。因此,对科技立法职权的行使,除最终的审议、批准之外,主要是对科技立法工作进行领导;而由此就在相当大的程度上加重了受委托的部门立法起草机构的工作责任。因此,从我国立法机构的实际情况出发,首先应注重加强中央立法领导机构、受委托的部门立法起草机构和地方立法机构的三结合问题。

以科技合同法为例,受委托起草科技合同法的国家科委政策局,在该法的起草工作中,起了特别重大的作用。该法起草工作完成后,应提交全国人大常委会审议通过,然后付诸实施。该法颁行之后,省和直辖市的人大及其常委会可以而且应该依据该法,针对本

省市的情况，制定相应的地方性法规。这里，受委托的科技合同法起草部门国家科委政策局，负有特别重大的责任；而全国人大常委会的有关部门（法制工作委员会）则起着领导作用。人大、科委、地方人大紧密配合，是使科技合同法得以顺利起草、通过、施行并取得实效的关键。

为了使这一"三结合"奏效，收取科技立法之全功，要注意以下三点：第一，科技立法以至整个科技法制应有周密的统一规划。这一规划，责无旁贷地应由全国人大、人大常委会的有关机构承担。第二，科技立法规划的实施，由国家科委在全国人大有关机构的领导下，负责组织各部、委或其他机构的相应部门（如条法局、研究所等），分工起草规划决定的科技法规。在起草过程中，全国人大有关机构应做及时的具体的领导，传递有关信息；国家科委有关部门如政策局，应负责汇总情况、检查督促、组织协调，并把有关信息及时向省、直辖市人大有关机关发布。第三，地方立法机构应主动配合中央立法机构，提供信息、收集意见，并及时采取措施准备进行地方立法，使全国性立法一旦通过，地方立法能紧紧跟上，与之配套。地方立法机构与中央有关部门的信息沟通，由全国人大有关部门负责组织。

六、近期立法、中期立法、长期立法规划三结合

科技立法的近期规划、中期规划、长期规划，有两种含义：其一为制定科技法在时间上的安排；其二为所立的科技法的实施期限。

第一，在时间上对制定科技法的安排。

科技法的制定，要具备充分的先决条件，立法要求的成熟和有足够的立法工作者是其中主要的两条。

从我们的主观要求来说，当然最好是一下子就把凡能预见有必要制定的科技法全部制定出来，以备不时之需。但在客观上，科技法所调整的科技社会关系，有的已经形成，有的正在形成，有的则尚未形成，即立法要求的成熟性程度是互有区别的。对于已经形成而且急需科技法予以调整的科技社会关系，必须加紧立法，列入近期立法的规划中去。对于正在形成而必定要求予以法律调节的科技社会关系，应当加紧调查研究，全面收集立法要求的信息，做好充分的立法准备工作，把有关的科技法列入中期立法的规划中去。对于尚未开始形成而有可能形成的科技社会关系，应当加强预测研究，广泛收集国外同类科技立法的有关信息，列入长期立法的规划中去。把这三者紧密地结合起来，有目的、有计划、有步骤地进行科技立法工作。同时要考虑到，我国立法工作人员本就十分欠缺，而既懂得法律又懂科学技术，能够应付裕如地从事科技立法的专家则更为缺乏。这对科技立法规划的实现，无疑是一个严重的问题。为此，要加强科技立法工作者的培养，形成梯队结构，使近期立法、中期立法、长期立法都"行之有人""行之有效"。

第二,看在实施期限上的科技法规划问题。

科技法调整科技社会关系,受科技社会关系的稳定性程度的制约。法律只对必须调整的社会关系起调整作用。社会关系如果变化了,调整该社会关系的法律也应随之改变。我国的经济体制改革、科技体制改革和教育体制改革正在进行。改革的过程中,旧型科技社会关系必将为新型科技社会关系所取代,科技机构、科技人员等相互之间的权利义务关系趋向于更加合理的构筑。同时,科技进步本身,尤其是新技术革命的发展,也会引致科技社会关系的变动。这样,就提出了以长期起作用的科技法调整稳定的科技社会关系,以中期起作用的科技法调整只是在若干年(如10年)以后才会起变化的科技社会关系,以短期起作用的科技法调整正在变化中的科技社会关系的立法要求。而这,就形成了近期、中期、长期科技立法规划之分。把三者有机地结合起来,形成前后呼应、互相连贯、有机配合的科技立法结构,就能使我们在科学技术事业的发展中,始终有法可依。

七、基础性立法、高技术立法、相关性立法三结合

新技术革命是科学技术全方位的立体式的推进和突变。因此,保证新技术革命的科技立法,也应是全方位的、立体式的。发达国家新技术革命正是在基础性立法、高技术立法和相关性立法三结合健全发展的条件下取得初步成功的。

我国迎接新技术革命的法律调节措施方面,从当前来说,不能急于求成、草率立法、全面开展科技立法。但从长远来看,必须达到基础性立法、高技术立法与相关性立法三结合的全面发展。因此,从现在开始,就应当着手准备。

关于基础性立法,应当先行。基础性立法主要包括宪法、科技进步领导机构法、科研机构法、科技进步促进法、教育法、科技研究资金法等。除宪法外,我国的科技进步基础性立法基本上尚付阙如。我们认为,最基本的教育法是保证科技进步基础的基础。我国现有2.3亿以上的文盲,且呈增加趋势。这说明了以教育立法保障教育事业的发展的极端重要性。科技进步促进法作为科技发展的基本法,也应作为先决性立法措施予以加强。

高技术立法直接关系到特定高技术领域的发展。国外的高技术立法,如信息技术立法、原子能立法、海洋工程立法、空间技术立法、新材料技术立法、生物技术立法以及高技术城区立法,都发展得比较迅速。我国在实施"星火计划"的同时,已决定在生物技术等若干个高技术领域大力攻关。这将对我国高技术发展产生重大的影响。为此,有关高技术领域的特殊立法,必须紧紧跟上。我们认为,这些特定领域的高技术立法,必须以具体、详尽、周密、系统、完备为原则。某些方面立法的"原则性"方法,绝不应照搬到高技术领域的立法中来。在高技术立法中,应当牢固地、紧密地建立立法领导工作者、科技专家与法学家的三结合关系,有关立法必须丝丝入扣、一丝不苟地符合科技发展规律与法学原理。在这方面,任何"大而化之""粗枝大叶",都是绝对要不得的。

科技进步的相关性立法，有的实际上是带基础性的，如专利法、标准化法；有的则与其他领域的社会关系的调整相关，是一种调整各种社会关系的共同性立法，如税法、合同法、运输法等；还有的则与科技进步的消极影响的预防有较直接的关系，如环境保护法、生态平衡保护法等。科技进步的相关性立法，在我国虽已取得了相当的发展，但还有进一步加强的必要。专利法仅仅是智力成果权的法律保护的一个方面，著作权法以及其他智力成果权保护法，还应进一步制定。我国的税法、合同法与科技进步的关系中，还有一系列问题尚待解决。环境与生态的法律保护，有其一般性法律措施与特殊性法律措施的分别。与高技术发展相关的环境与生态的法律保护措施，我国还相当不健全，这一方面的立法，无疑应予加强。

前面说过，新技术革命立法应是全方位、立体式地开展的；这就要求基础性立法、高技术立法与相关性立法不仅要各个加强，而且要紧密结合。例如，基础性立法应有专门部分对高技术发展做出促进和保障的规定；而高技术立法对特定高技术领域的促进，还有待相关立法给予支持。这样，基础性立法、高技术立法、相关性立法的有机的三结合，就成了立法者与立法研究工作者应予注意的重心。

迎接新技术革命的基础性立法、高技术立法和相关性立法，应当随着国情、国力的发展，结合新技术革命发展的客观规律与实际进程，动态有序地发展，不能墨守成规，不能"一劳永逸"。三者的结合，是动态的结合、有机的结合，在发展中结合，在结合中发展。我们相信，经过一定时间的努力，完全可能建立有中国特色的新技术革命法律体系，从而为中华科技的振兴与腾飞做出特殊的贡献。

八、科技立法中的立、改、废三结合

科技法当然应该遵循"法的稳定性"原则。但是，"法的稳定性"是相对的，管三百年是稳定的，管三百天未必就不是稳定的。观察"稳定"与否的标准，不在于时效的长短，而取决于所调整的社会关系是否变动。如果某一法律所调整的社会关系已经发生了质的变化而法律未予废弃或修改，那么，这样的"法的稳定性"就起了适得其反的作用，成了社会关系调节的阻力。可见，随社会关系的质变而及时修改、废弃旧法与创立新法，是客观的需要；其时间尺度上即使为期甚短，也无可非议。

我们提到了"社会关系的质变"的概念，它指科技发展所引起的社会关系某一方面或几个方面的质的规定性的改变。例如，公有制程度的量变，可能导致集体所有制关系变化为全民所有制关系，或者逆方向地由全民所有制关系变化为集体所有制关系；指令性计划关系可能变化为指导性计划关系，或者指导性计划关系转变为指令性计划关系；产品性关系转化为商品性关系，或者商品性关系转化为产品性关系；有偿合同关系转化为无偿协作关系，或无偿协作关系转化为有偿合同关系等等。

当科技发展引起相关的社会关系发生质变时，调整过时的社会关系的科技法，就同样地过时了，必须及时地废弃、修改，并以新法取代旧法。

为了做到立、改、废的紧密结合，不失时机，行之有效，必须加强科技法制实施情况的跟踪调查、信息收集、问题分析、对策研究，从而为立、改、废作出决策。

由于科学技术的发展近乎"瞬息万变"，某些方面社会关系的调整对科技的进一步发展又有决定性的意义，因此，有关立法不应中断。这样，立、改、废的紧密结合就应特别重视。已立之法，不能与旧法并行，因而要求"废"得及时；一法之"废"不能造成空白，因而要求"立"得及时；同样的道理，法的修改不能旷日持久、迟疑不决。日本在振兴机电工业方面三项重大立法环环相扣的经验，是值得认真学习的。如果我们也能做到科技立法的前后相顾、有机连贯、互相呼应，使立、改、废得以紧密结合，那么，科技进步的成效，必将日益明显，与时俱增。

九、立法、司法、守法三结合

随着科技立法的开展，无法可依的状况将逐步改观，相对而论，科技司法问题将日益变得突出起来，有法不依，等于无法。科技司法如不能与科技立法同步发展，科技立法就达不到立法目的，以科技法制调整科技社会关系的目的也不可能达到。为此，必须加紧科技司法机构、科技司法队伍、科技司法制度的建设。

科技司法机构，在我国迄今尚为空白。从长远的需要来看，建立并逐步健全科技司法机构是完全必要的。我们建议，先在人民法院经济庭内设立科技组，以后视科技司法任务的轻重情况，再考虑是否发展为科技庭。至于科技合同的公证、科技合同纠纷的仲裁，则在公证处、工商行政管理局或所下建立科技组来处理公证业务与仲裁业务。当然，所有这些涉及科技的司法业务，与科委系统的政策管理部门有密切的关系，在实际司法工作中，加强与科委政策管理部门的联系，同样应引起重视。此外，科技司法中必定涉及权益的论争，因此，律师机构中设立科技组也是必要的。

由于科技立法的实效只能见诸科技司法，为使二者的结合更加完美，在科技立法伊始，就必须同时考虑科技司法问题，做出统筹安排；否则，科技法制的建设将受到很大影响。

社会主义法制主要是依靠人民群众自觉遵守而发挥效能的，科技法制也不例外。广大科技人员和其他公民自觉遵守科技法，是科技法生命力所在。这样，科技人员的守法意识就成了必须关注的重大问题。科技守法意识，在严格性、全面性方面，有更高于一般守法意识的要求。在新技术革命时代尤其是这样，因为这一时代新技术、高技术日新月异地发展，可能带来的利益与可能造成的恶果，都非同小可；任何粗心大意，疏于法制的行为，都可能造成无可挽回的巨大损失。

十、法制实施、法制宣传、法学研究三结合

科技法制的宣传，是为科技守法服务的。只有广大科技人员和其他公民"知"科技法制、"懂"科技法制，才能养成科技守法意识，真正积极地、自觉地、严格地遵守科技法制，并为科技法制的贯彻而斗争。

科技法制的教学，是为科技司法队伍的建设服务的，也是为造就科技法学人才服务的。当前的法学教学，显然与科技法制的建设、与科学技术的发展，尤其是与新技术革命的要求，极不适应。按目前的政法院校情况来看，连一个科技司法、科技法学人才也培养不出来。这对科技法制、科技进步将会造成极大的危害；危害程度的严重，在今后十年内将变得日益明显。为此，我们建议，国家科委与高教部、司法部应及时磋商，先在政法院校中试行开设科技法专业；在条件成熟的时候，开办中国科技法学院。

科技法学的研究，一方面是法学研究本身的需要，另一方面是科技法制建设的需要。从我国实际看，后者更为重要。科技法学总的来说属于应用法学。由于科技法调节的是科技社会关系，有其特殊性，科技法学研究的内容将是十分丰富多彩的。国外对科技法学的研究已有一二十年，我国大大落后了。迄今为止，我们还没有一本科技法学的基本著作，科技法学教材也尽付阙如。科技法学的教学人员一无所有。为了在较短的时间内改变这种状况，有必要将全国各地分散地、自发地进行的法学研究力量集中起来，建立科技法学研究专门机构，协力攻关，尽早解决科技法学方面的一些基本学理问题，尽早写出科技法学的基本著作与主要教材，以供科技立法、司法、守法以及科技法制的宣传、教学之用。

新技术革命向前推进的速度是异常迅速的。"逆水行舟，不进则退。"如果我们不奋起急追，我国与发达国家科技实力的差距，将因科技发展的加速度规律而进一步拉大。现在，在党的英明领导下，我国的各项改革事业正稳步发展，经济与科技管理的水平也在提高之中。只要我们进一步紧密地团结在党中央的周围，认真落实党的路线、方针、政策，努力发展我国的科学技术事业，炎黄子孙一定能重新跃居世界先进民族之林的前列。李白诗云："大鹏一日同风起，扶摇直上九万里。"让我们在新技术革命的疾风中，搏击翱翔，腾越翻飞，阅尽人间春色，赏遍寰球美景！

驾驭"天马"此其时

——发达国家科技立法简介*

"天马长鸣待驾驭,秋鹰整翮当云霄。"当今世界上,科学技术这一英姿勃发的"天马",正牵引着经济、社会和人类生活飞速发展,并在很大程度上决定了一个国家在世界上的地位和前途。为此,各发达国家纷纷把主要注意力转到促进科技进步、发展科技事业上来,并建立相应的机构,来组织、领导、管理和协调本国的科技进步工作,以"驾驭"这匹桀骜不驯的"天马"。

鉴于科技进步领导机构在一个国家的科技发展中居于举足轻重的地位,在重视法制建设的发达国家中,对加强科技进步领导机构的立法高度重视,并视为科技立法中的一项重要内容。近几十年来,一大批有关的法律、法令相继问世,从而使这些国家的科技进步领导机构的各项工作纳入了法治的轨道,它们的工作更严密、更科学、更有效,对科技发展起了不可低估的重要作用。

在这些发达国家中,由于社会制度不同,科技发展水平不一,科技进步领导机构的设置和机构名称各异,因而有关法律的内容和形式也不同。但其中有一些共同的特点和做法是值得我国借鉴的。

其一,发达国家都以法律形式规定了科技进步领导机构的重要地位。促进科技进步是国家的一项重要职能,这种职能一般是通过国家的科技进步领导机构来实施的。用法律规定这些机构在国家中的地位,对于保证它们享有高度的权威性和工作的有效性,无疑是一个行之有效的手段。正是基于这样的认识,各发达国家在有关法律中,总是首先对科技进步领导机构的设置、地位,以及与其他相关部门的关系做出明确的规定。如日本内阁总理府设置的科学技术厅,是负责全国科技活动的综合调整和管理的最高机构,负责有益于国民经济发展的整个科学技术的行政领导工作。这一点在《日本科学技术厅设置令》《科学

---

* 原载《科技日报》1987年12月28日。

技术厅组织令》等法令中有明确的规定，这样就能保证科学技术厅在全国范围内，从宏观上组织、管理、协调日本的科技进步工作。又如《苏联国家科委章程》规定了苏联部长会议下属的国家科学技术委员会是"具体负责全国科技进步的组织、管理和协调的机构"。这就保证了苏联国家科委所颁发的标准、文件和所作出的各项决议，各部和各主管部门都必须执行，既可以避免群龙无首、各行其是局面的出现，又能使全国的科技进步工作有计划、有步骤地向前发展。

当然，各国在具体做法上并不完全一样。有的国家先成立有关机构，而后才制定法律来予以保障，如苏联。有的国家则先颁布法令，然后依法设置相应的科技进步领导机构，如意大利的"部际经济计划委员会""科学和技术研究协调部"以及"国家研究委员会"，便是根据意大利1963年第283号法令和1965年第330号法令先后设置的。尽管有差别，但它们的目的是一致的，即把整个科技事业作为法律调整的对象，建立法定的科技进步领导机构，以法律手段保障这些机构充分发挥作用。

其二，发达国家的有关法律中，对科技进步领导机构的职责权限、主要任务、权利义务等均有具体的规定，使它们的工作有法可依、有章可循、分工明确、各司其职，并受到法律的监督。《苏联国家科委章程》规定了国家科委的四项主要任务，即确定全国发展科学技术的基本方向；组织跨部门的科技发展工作，并协调各部所属组织的活动；对国民经济各部门的技术水平进行国家监督；领导包括研究、应用、发展在内的科技进步的整个工作环节。

这就能使苏联国家科委集中精力，在法律规定的范围内，充分享有法定的权利，充分行使职能。在意大利，领导科技进步的机构不止一个，法律对各个机构的职权范围和主要任务都做了具体明确的规定。这样能保障这些领导机构在组织和管理本国的科技活动的过程中，既互相联系，又分工明确、各司其职，避免了重复、浪费和扯皮等现象，提高了工作效率，推进了意大利科技发展的进程。

除了上述的共同之处外，发达国家的有关法律一般还对科技进步领导机构的组织、编制、工作制度、工作方法、开展活动的经济基础等事项做出原则的规定。总之，随着科学的进步和社会的发展，科学技术的作用将越来越重要，因而在一个国家中，科技进步领导机构的作用也越来越重要。要使这些机构更好地开展工作，加强和完善有关立法是必不可少的。我国科学技术正以高速发展着。党的十三大把科技进步列为经济发展的首位，给科技事业注入了新的强大的生命力。驾驭"天马"此其时，我们应该借鉴发达国家的经验，在加强科技进步领导机构的立法方面进一步做出努力。

新技术革命的挑战和我国的法律对策*

现代化浪潮的动因在于科学技术的进步，20世纪60年代以来兴起的新技术革命，把现代化浪潮推向一个新的阶段。这对我们中华民族，无疑是极为严峻的挑战。

我们曾把"人口众多"引为自豪。但是，在新技术风靡发达国家的今天，例如美国，由于广泛使用电子计算机，它的2亿多人口，得以完成4000亿人的年工作量。以4000亿与10亿相比，我们应该有10亿人口被从地球上抹去的危机感。

我们曾把"地大物博"引为自豪。但是，在新技术迅猛发展的今天，日本这个"蕞尔小国"在资源极为贫乏的岛屿上苦干巧干，一跃而跻身经济大国的前列，令世界的资源不得不为其所用。日本的人均国民生产总值，1984年为11,000美元，而同年我国不到400美元，为其二十七分之一。到2000年时，我国将达到800至1000美元，而那时，又不知有几多国家跃入2万美元的行列。

化危机为动力、急起追赶，捷径何在？在大力深化改革的基础上，把经济建设转轨到将科技进步放在首要地位上去，是唯一的上策。

为此，必须突出科学技术的地位。鉴于科技在经济发展中的关键性地位，鉴于党的十三大已经明确认定要将科技进步放在首要地位，我们建议以法律手段确实保证优先发展科学技术。与此相关，作为科学技术发展的主体，知识分子的性质、地位、作用、价值以及有关的一系列问题，也应通过法律手段来解决。

在此基础上，我提出以下十项迎接新技术革命挑战的法律对策：

第一，社会主义国家、发达资本主义国家、发展中国家迎接新技术革命法律对策的经验的三结合。借鉴国外经验教训时，在考虑到这三类国家的不同特点的同时，更要注意这三类国家以法律手段促进科技进步的共同点。因为，既然不同社会制度、不同管理体制、不同科技水平的国家都采取了同样的法律对策而取得了成功，那么，我们仿而行之的成功率也将大大提高。

---

* 原载《社会学通讯》1988年3月15日。

第二，以法律手段保证科技、经济、社会三结合同步发展。科技进步从总体上和发展趋势上看，无疑有利于经济和社会的发展。但科技是一支"两刃剑"，在带来积极影响的同时，往往还会带来消极影响。因此，在研究新技术革命法律对策之始，就必须将科技、经济、社会三者的发展紧密结合起来，作为社会大系统的组成部分来对待。

第三，以法律手段保证国家、科研和教学机构、企业三者在科技发展中的紧密结合，协同攻关。日本的"官、产、学"三结合方针，是值得仿效的。我国国家科委决定逐步将各级科技开发的专门单位转移到大中型企业中去，正是对这一规律的认识的表现。今后要对这一"三结合"的范围、地位、性质、作用、结构、领导、组织、形式、权利义务关系、矛盾处置办法、行为协调程序及方法等，做出明确的法律规定。

第四，以法律手段、经济手段、行政手段三者的紧密结合来促进科技的发展。我国宏观—微观经济统一的内在调节机制，大体可确定为信贷、税收、价格三种内在调节相结合的机制，三者都应从法律上给予保证。行政手段诸如体制规定、组织措施、指令计划、管理规定、监督手段、干预措施等，都应制度化、法律化。法律手段本身也有极大的用武之地，以系统性的综合配套的经济法与科技法保证科技发展。

第五，中央立法领导机构、受委托的部门立法起草机构和地方立法机构的三结合。为使这一"三结合"得以奏效，要注意以下三点：（1）整个科技法制应由全国人大、人大常委会的有关机构做出周密的统一规划；（2）由国家科委负责组织各部、委和其他相应机构，分工起草规划规定的科技法规；（3）地方立法机构应主动配合中央立法机构，提供信息、收集意见，并及时作地方立法。

第六，近期立法、中期立法、长期立法规划三结合。对于已经成熟的科技社会关系，要做"立竿见影"的短期立法予以调整。对于长期稳定的科技社会关系，可以长期立法进行调节。随着科技社会关系的不断发展和科技立法条件的逐步成熟，应有机地制定出系统的科技法来。

第七，基础性立法、高技术立法与相关性立法的三结合。基础性立法包括宪法规范、科技进步领导机构立法、科研机构法、科技促进法、教育立法、科技研究资金立法等。高技术立法直接关系到高技术领域的发展。我国在实施"星火计划"的同时，要以原子能立法、海洋技术立法、空间技术立法、信息技术立法、生物技术立法以及新材料技术立法、高技术区域立法等，保证有关高技术的发展。相关性立法，如专利法、税法、合同法、环境保护法、技术评估法等都是不可或缺的。

第八，立法中的立、改、废三结合。科技是生产力发展中最活跃、最革命的因素，新技术革命时代科技发展尤为迅速，有关科技社会关系的快速变动，也就更应及时地以法律予以调整。因此科技法制的立、改、废比一般立法的立、改、废要求更高。为了做到这一点，必须加强科技法制实施情况的跟踪调查、信息收集、问题分析、对策研究，从而为立、改、废作出正确、及时的决策。

第九，立法、司法、守法三结合。随着科技立法的发展，科技司法问题将日益突出。为此，必须加紧科技司法机构、科技司法队伍、科技司法制度的建设、律师机构中设立科技组。广大科技人员的自觉守法，是科技法制取得实效的根本保证，也是科技法的生命力所在。

第十，法制实施、法制宣教、法学研究三结合。科技法制的宣传，是为科技守法服务的。只有广大科技人员"知"科技法、"懂"科技法，才能养成科技守法意识，自觉地遵守科技法制。科技法制教学，是为科技司法队伍的建设服务的，也是为造就科技法学人才服务的。当前法制教学与此不相适应、严重脱节的状况，应当迅速改变。国外对科技法学的研究，已有一二十年的历史，我国已大大落后了，应当及早集中力量、人才，组织专门机构，开展这一方面的工作。

加强科技社会关系的法律调整*

把加快科技进步放在经济发展战略的首要地位，要求加紧研讨科技社会关系的法律调整的重要课题。

法所调整的社会关系，主要是指人们的权利义务关系。当权利义务关系的复杂程度、成熟程度已臻临界点，而调整这种权利义务关系的法律规范却"姗姗来迟"时，就会使权利义务关系紊乱，影响社会的发展。

近代，由于科学技术的突飞猛进，科学技术法如雨后春笋纷纷面世。由于科技工作的特殊性，科技法正以独立的部门法的姿态昂然崛起于法的大家族之中。

科技工作的特殊性在于它的脑力劳动性质。在脑力劳动的过程中，无论是脑力劳动者个体与个体之间，抑或是个体与集体、与社会之间，都会产生和以体力劳动为主的其他工作中形成的社会关系迥然相异的权利义务关系。例如，体力劳动者一次性地卖出其产品后，产品即不归其所有；脑力劳动者无所谓一次性地卖出其智力成果，智力成果卖出后，持有者并未丧失这些智力成果，因而可以无数次地卖出。又如，在特定的情况下，体力劳动者与脑力劳动者的劳动积极性、自觉性的高低，所带来的对劳动成果的数量多寡、质量优劣的影响也有极大差异。科技工作者之间以及他们与集体、与社会的权利义务关系，如果得到妥善处理，科技进步将大大加快；反之，则必定延缓甚至阻碍、破坏科技发展。

据最新统计，8年来，我国在科技领域已获得重大成果53,768项，其中部分重要技术已达到或接近世界先进水平；国家级科技"星火计划"两年来已实施670项；技术市场也蓬勃兴起，8年来已出口重要技术60项。然而我们同发达国家相比，科技仍是落后的，以四个现代化建设的要求来衡量，科技进步仍是头等重要的大事。这样，更为妥善地调整科技社会关系，就成了推动科技进步的首要问题。

如果说8年来的科技进步主要得力于党的政策的正确，政策的作用今后仍然不可忽视的话，那么，同时应当承认政策对科技社会关系的调节作用的局限性，应当承认并积极利

---

* 原载《文汇报》1988年4月7日。

用法律手段对科技工作中的权利义务关系的调节功能。

笔者认为，亟须以法律手段调节的科技社会关系，主要包括以下几个方面：(1)科技进步在社会、经济进步中的法律地位；(2)作为科技进步的基础及科技发展后劲的基础的教育事业的法律地位；(3)科技工作者的权利的法律保护；(4)科技工作者的义务的法律规定；(5)科技成果推广应用中各方的权利义务关系；(6)技术引进中的国际权利义务关系；(7)高技术发展的保护、促进和消极后果预防的社会要求；(8)中央和地方、不同地区之间在发展科技方面的权利义务关系；(9)不同所有制企业之间的科技社会关系；(10)各地区、各部门、各单位无偿协作发展科技的社会关系。

科技社会关系的法律调整，不仅涉及调整对象，而且包括调整手段和方法。这一方面，值得注意的是科技立法、科技司法与科技守法三者间的关系。1985年8月全国首届科技立法工作会议以来，我国科技立法的进程大大加快了。技术合同法的制定和颁布，是一突破性的进展。在技术合同法的带动下，一大批科技法正在草拟并将陆续出台。当前更应重视的是科技司法。"徒法不能以自行。"有了好的科技法，就要坚决地、不折不扣地执行。从我国法制建设的一般经验来看，现在的主要问题是司法与立法的发展速度有距离。因此，在加速科技立法之始，就应同时注意科技司法，其中包括科技司法机构的设置、队伍的建设和人才的培训。此外，广大科技人员的自觉守法，是社会主义性质的科技法的内在要求，这一方面的宣传教育工作也要紧紧跟上。对广大科技人员来说，科技法的普及教育，应优先于其他部门法的普及教育，并不断以新的科技法知识武装科技人员。

当代国际竞争的胜负，已主要取决于科技实力。中华的振兴与腾飞，在搞好改革、提高管理水平的前提下，将取决于科技的进步，而科技进步的重要一环，在于科技社会关系的正确、及时、有效的法律调节。因此，在科技法制建设方面，法学工作者有着广阔的天地、光荣的任务，必须为此做出艰巨的努力，争取卓越的成就。

日本科技立法考察散记（上）*

春寒尚重，日本列岛的椿花却已含蕾待放。时值2月，我们中国赴日科技立法研修团一行5人，在日本进行了为期一个月的科技立法考察。

从本州到九州，从东京到熊本，我们访问了日本众议院、科技厅、文部省、内阁法制局、原子力局、特许厅、最高裁判所和福冈、熊本县府，听取了日本官员的介绍，还参观了日本筑波科学城和一些遐迩闻名的高级科技研究中心，与日本科技界、法学界的朋友座谈讨论了科技法制的有关问题。日本以法律手段来推进科技发展的国策，给我们留下极其深刻的印象。

第二次世界大战后的日本，曾被人预言"将消失在东方的地平线上"。然而时隔20余年，到60年代末，日本即已跃居资本主义世界第二经济大国的地位，为举世所瞩目。究其成功的原因，在相当大的程度上，取决于以科技立法保证的"科技立国"国策的实施。

日本正式提出"科技立国"的口号，是在1978年。但实际上，第二次世界大战结束不久，它就开始狠抓教育与科技了。为了保证教育与科技的发展，日本制定了一系列法律。从1947年到1978年的30年间，日本颁行的282项重要法规中，涉及科技的法规就占三分之一以上。这些法规对日本科技的发展起了重要的作用。1947年，日本的《标准化法》颁行后，30年中工业标准件数达9730件之多，而同期美国只有5700件，英国和意大利略多美国，但远逊于日本。

日本科技体制的设置，是我们赴日考察的重点之一。日本于1956年设置了科学技术厅。按照《科学技术厅设置法》的规定，它属总理府管辖，同时又起着协调各省、厅科技工作和分配科技研究经费的重要作用。在日本政府机构中，内阁之下的总理府和通产、农林、文部各省是地位并列、权力相等的，府、省之下的厅、局、课、室的地位与权力递减。但国会专门制定的《科学技术厅设置法》，赋予它"越级"协调全国科技工作的重

---

* 已发表，按内容推测发表时间为1988年。——编者注

任,从而使得"群龙"有"首",以最少的消耗、最短的时间,取得了最为明显的科技成就。诸如以专门法律规定设置重要机构以保证科技卓有成效发展的事例,在日本科技立法中俯拾皆是。

1978年,日本接受了第四次中东战争导致的石油危机的教训,提出了"科技立国"的口号,更进一步重视用齐全、严密、配套的科技立法来保证科技的发展。现在,日本国会平均每年通过100项法律,其中有五分之一左右直接与科技相关。1986年度,日本国会通过的法律为108项,其中有23项为科技法,其余许多关于税制、补助金制等的法律,也与科技发展密切相关。

正是由于科技立法对科技进步的有力促进和保障,日本经济在高速增长之后仍毫不停顿地继续发展,形成了紧追美国的咄咄逼人的态势。资源、能源的贫乏已不再是令人头痛的威胁。以能源为例,日本的火力、水力、风力和已经运转的原子能发电,已能满足经济建设和日常生活的基本需要,继续开发原子能发电能力,就成为能源高消费范畴的事了。

日本科技立法考察散记(中)*

　　日本的科技行政立法,是我们研修团赴日考察的重点。2月10日,我们应邀访问了日本国会众议院。为保证科技行政立法的科学合理,日本国会众议院有科学技术委员会之设,众议院下辖的事务局还有科学技术委员会调查室。据介绍,日本国会的法律案有"阁法""议法"之分。"阁法"即内阁提出的法案;"议法"即议员提出的法案,"议法"中又分"参法"(参议员提出的法案)和"众法"(众议员提出的法案)。所有的法案,都必须两院一致通过,才得由内阁奏请天皇颁布、施行。无论是"阁法"还是"议法",从提出到通过,都得"过五关斩六将"似地层层审议,尽力剔除其不合理的成分,甚至整个儿地被推翻。但对科技行政立法影响最大的,还是众议院的科学技术委员会及其调查室。

　　日本的科技行政法规,有法律、政令和府令之分。国会通过的为法律,政令由内阁制定,府令由内阁总理府或通产、农林、文部等省大臣发布。此外,厅或局还可制定具有法律约束力的规则。这样,其科技行政立法就具有层次分明、详尽配套的优点。例如,为设立科学技术会议,日本国会于1959年2月20日通过了《科学技术会议设置法》;紧接着,内阁于4月6日颁布了《科学技术会议令》。前者规定了设立科学技术会议的目的、任务,它的职权、组织;后者规定了科学技术会议下属机构的组成、掌管事务的范围。又如,为设立特殊法人科技研究机构,往往法律、政令、府令"三炮连发",务求"全歼"有关方面可能出现的弊病于未萌状态。如在《新技术开发事业团法》颁布后,又先后颁布了《新技术开发事业团法施行令》的政令、《新技术开发事业团法施行规则》的府令以及《新技术开发事业团财务、会计总理府令》。这样一环扣着一环、配套齐全的科技行政立法,不难使人想到,其科技行政之井然有序、纹丝不乱,确是由于得到了法律保障的缘故。

　　这种法制精神也许深入到了日本社会生活的一切方面。日本实行三权分立,国会立法、内阁行政、裁判厅司法。三者的建筑物形式,也三分天下、鼎足而立,互相隔离而又不隔绝。新建的最高裁判厅即最高法院,在其正厅的正中央奠基处,嵌有大圆圈一个,十

---

* 已发表,按内容推测发表时间为1988年。——编者注

字瓜分,这"十"字,前指皇宫,右指国会,左指国立剧院(代表内阁和民众),后指大法庭。这样精巧的设计构思,与前述法规的齐备与周密虽无直接联系,但不能不说是某种法律意识的渗透表现。又如,我们访问的单位如果有3个以上的官员介绍情况,那么一定是官职由大而小,介绍的情况由粗而细,层层深入,步步具体,令人如剥笋一般,得以"登堂入室",尽窥其宝。这看来不过是一种工作作风、工作方法;但仔细一想,它与法律的配套齐全也不无精神上的相通之处。

日本科技立法考察散记（下）*

科技法制虽然是一个社会的法制系统的分支，但就其自身来说，也是一项规模可观的系统工程。日本从科技立法到科技司法、守法，从法律文本到法制队伍、法制设施，从法制实践到法制宣传、教育和理论研究，形成了一个比较周密的法制体系。

我们在熊本参观一个尖端科技中心时，中心的讲解员让智能机器人为我挥笔作了一幅水墨肖像画。令我惊讶的，不仅是机器人的高超智能，而且有讲解员的丰富科技法律知识。当询问这个年仅20岁的讲解员有关本中心的科技法律问题时，她几乎是如数家珍，对答如流。这件小事令人感到，我国与日本不仅在科技方面，而且在科技法律方面，差距同样是比较大的。诚然，中日社会制度不同，日本的一切都不能照搬到中国来，但是，健全科技法制这一点却是相通的。从我国国情来看，在大约十年之内，有必要也有可能首先在科技法制的子系统——科技立法——上狠下功夫，力争建成有机而完备的科技法律体系。

日本的科技法律，不仅在科技行政的立法上是比较完备的，而且其他科技法律也比较齐全。大而言之，日本以宪法的规定为根本性科技立法基础，其下是科技行政立法、科技人事立法、科技财政立法、科技劳动立法、科技民事立法、科技引进立法、科技合作立法等，构成了庞大的互相制约、互相促进的体系。小而言之，如科技行政立法，有科技行政管理机关立法、科技政策审议机关立法、科技研究机关立法。其中科技研究机关立法又有国家研究机构、特殊法人、公益法人立法之分。甚至公益法人立法还有财团法人与社团法人立法之分。我们参观访问的日本原子力研究所、理化学研究所，就是蜚声全球的特殊法人，而未来工学研究所、发明协会则分别是财团法人和社团法人。这些不同类型的科技研究机构，都依法设立，依法运转。

从地方来看，日本的科技立法也是相当齐全的。2月19日至25日，我们访问了九州福冈县和熊本县。这里将建成像筑波那样的科学城。两县在各自制定本县科技发展的构想

---

* 已发表，按内容推测发表时间为1988年。——编者注

蓝图的同时，还制定了地方性法规，以保证与全国性统一法规相配套。从熊本和福冈的一些地方科技立法文本来看，这类地方性科技法规并不多，但与全国性立法衔接得很好。这样，从科技行政到科研实体，从中央立法到地方立法，构成了纵横交织、纹理井然的科技法规体系，保证日本科技持续有序地发展。

中日两国一衣带水，语言、文化、传统、心理都有相近相通之处。我们走过了照搬苏联的弯路，"吃一堑，长一智"，再不能生吞活剥外国的经验。但在结合我国国情学习外国时，近邻日本无疑在不少方面是理想的模板。日本在第二次世界大战后，长期为美国占领，推行过美国式的法制。后来，日本又更多地学习了联邦德国的法律制度。善于消化吸收外国长处的日本，综合博取了大陆法系和英美法系之长，创造了适合于东方民族的日本科技法律。从借鉴国外经验上看，日本对我国来说是最有启发、最应重视的。

在日本考察访问的短短一个月，为我们了解日本科技立法打下了良好基础。我们深信，进一步深入研究，必能为健全我国的科技立法做出贡献。

发达国家的新技术革命立法[*]

新技术革命的兴起，使得国家在科技发展中所起的作用越来越大，这主要体现在科技立法方面。发达国家由于高度重视科学技术立法，为科技进步奠定了较好的教育和人才的基础，对高技术的发展起了明显的推动和保障作用，促成了新技术革命的蓬勃发展。

日本如此，其他发达国家大体也是如此。发达国家的新技术革命立法，可分三个层次：一为基础立法，包括宪法规范、促进和保障科技发展的一般立法、科技机构法规、科技发展基金立法以至教育立法、人才立法、智力产权保护立法及技术交易、发明奖励的立法等；二为新技术领域的直接立法，如原子能法、信息法、计算机法等；三为与新技术领域有直接关系的相关立法，如税法、专利法、技术评估立法、合同法、标准化法等。

一、发达国家科技进步的基础性立法

（一）科技进步的宪法保证

美、日、西德、意、法、苏及东欧社会主义国家都以宪法专条规定科技进步的法律保障措施。我们应特别重视以下几点："早"，如美国早在1787年就以宪法专条对发明专利权问题做了规定；瑞士在1874年也以较多条款作了有关促进科技进步的规定。"优"，如日本宪法规定了科技进步的优先地位。"特"，如意大利宪法规定了给予科技成就卓著者以政治殊荣；日本宪法规定给予有突出才能者以多种奖励；波兰宪法规定给予"特别的关怀"。"详"，如苏联、南斯拉夫宪法对科技进步做了特别详尽的规定。

（二）保证科技进步的立法机构

健全有效的权威性立法机构，是科技立法成功的前提。发达国家的有关立法机构可分

---

[*] 原载《科技法学》1989年第1期。

两大类：一类是以制定宪法和法律为职权范围的一般性立法机构，如议会、苏维埃代表大会；另一类是以制订科技部门法为职权范围的特殊性立法机构。比较齐全的两类立法机构互相协调，可以避免两种弊端：其一是一般性立法机构对特殊的科技部门的法律问题了解较少，因而立法可能不切实际；其二是特殊性立法机构不具备一般性立法的职权。健全的立法机构，可以使完备的科技法制体系有效地形成。

（三）关于科技进步领导机构的立法

各发达国家为了保障科技进步的组织、指导工作的有效性、系统性、连贯性和科学性，纷纷成立科技进步领导机构并为此立法。如苏联的"国家科学技术委员会"、日本的"科学技术厅"、法国的"技术协调委员会"等，都是有专门立法规定其性质、地位、组织、职能、权利和义务的。社会主义国家的科技进步领导机构表现出权力集中的特点。资本主义发达国家大量的科研虽在民间进行，但政府的指导、干预仍起重要作用。因此，有关立法也就受到高度重视。

（四）关于科学和技术研究机构的立法

科技研究机构的性质、地位、作用、职权、义务及有关的其他问题，只有得到立法保障，才有权威性。科技进步领导机构的职责主要集中在政策的制定、研究工作的协调和资金分配等方面，而且所有这些，在一国之内必须统一有序，所有机构具有单一性、集权性。科技研究机构负责科技项目研究的实施，与国家科技研究水平、实力、经费、人员素养等相应，会有多种多样的具体机构的区别，大多数发达国家都有各自的国家级的科学院，有关立法一般以科学院章程名义出现，但也有以具有法律性质的立法或行政机构的"决议"名义出现的，发达国家的专业科学院所中占有特别重要地位的，也常有专门立法予以规定。此外，还有针对非特定机构的立法，如苏联的《科研、设计、规划设计和工艺单位总条例》就具有非特定的性质。这类立法可以用来处理任何新设立的科技研究机构的组织、管理及有关的一系列问题。因此，对已建、将建的科技机构都有重要的法律调节作用。

（五）科技进步促进法

发达国家所颁布的这类法律中，也有涉及机构、资金、组织、人员之类问题的，但总的来说，主要方针是对科技和科技成果的应用、推广进行刺激，大略可分以下几类：

1. 科技进步的政策性立法，如《美国国家科学技术政策、组织和重点法》、奥地利的《科学研究法》。
2. 科技进步的规划性立法，如法国的《科研指导与规划法》。
3. 科技进步的物质刺激立法，如苏联的《关于批准发明、创造与合理化建议的规划》

规定了"刺激体系的原则",罗马尼亚的《按劳动质量和数量的付酬法》,德意志民主共和国的《研究发展任务手册条例》等。

4.激励企业技术进步的立法,如美国于1982年制定的中小企业技术革新促进法;1983年法国制定的企业科研进步法令;日本的《新技术开发事业团法》等。苏联的《科学生产联合公司条例》也起着这样的作用。

5.综合性科技进步促进法,如日本草拟的《科学研究基本法》、罗马尼亚的《国家委托科学技术工作条例》等。

(六) 教育立法

发达国家新技术革命的发展,从根本上说是由教育立法促成的教育事业的发展所带来的。如美国在二战结束前后通过的两个退伍军人法案、1958年颁布的国防教育法、1965年颁布的高等教育法等,对美国培养高技术人才起了十分重要的作用。发达国家的教育立法,包括促进教育事业发展的基本法、初等教育法、中等教育法、高等教育法、职业教育法、教育行政法等不同类别。这些法的特点主要是具体、体现改革精神及配套。

(七) 科技研究资金立法

这方面的立法,如关于科技研究基金会的立法、关于科技进步拨款的立法、关于科技进步的奖励性立法,许多发达国家都很重视。日本的有关奖励性立法规定得十分具体、详尽,某项奖励何年开始、颁发名额都有规定。

二、发达国家的高技术立法

(一) 原子能法

美国在20世纪40年代曾以行政手段组织和推进原子能研究工作;不久便制定了"曼哈顿计划",动员全国力量投入研究,在1945年制造并使用了原子弹;1946年通过了第一个原子能立法。建立了研究原子能政策的机构,根据这一法案首先建立的两个机构是:属于政府的原子能委员会和属于国会的原子能联合委员会。原子能联合委员会具有立法权。这是美国立法制度的突破性进展。它简化了立法程序,避免了美国国会两院制通常会产生的权力重复从而延缓立法的弊病。美国1954年的原子能法在立法技术上是有特色的。该法共19章125条。第1章到第15章依次编列。每章不到10条。第1章从第1条开始,第2章从第11条开始,其余依此类推。这样处理,目的在于有利增加条目,新增条目可利用有关章节的空条。美国原子能立法的特点是详细而具体,及时进行修改。

按照美国原子能法与原子能机构的模式,发达资本主义国家纷纷制定了类似的法律,建立了类似的机构，但又各有本国的特点。日本原子能法的特点是法规体系十分完备，在《原子能基本法》基础上制定了一系列的相关法律、法令。英国起步较早，兼具日、美原子能法的特点。与美国不同的是，英国原子能法一开始就宣布私人开发原子能的法定可能性，但同时又规定以国家或国家委托开展业务为开发的基本方针。法国的行政权占优先地位，因而没有作为统一法典的原子能法。

（二）信息技术法

信息技术立法业已成为发达国家实现新技术革命的最重要攻关部门。为此制定了不少法律。其立法经验比较丰富，以下几点尤其值得注意：（1）立法以保护本国信息产业的发展。（2）立法以促进民间信息产业的发展。许多发达资本主义国家在最近几十年内纷纷立法，使国营企业转移为民营企业，以求利用资本主义生产关系的某些方面来促进信息产业的发展。1981年的《英国通信法》，目的就在实现信息产业的自由化。1984年日本通过两个被日本法学家称为"划时代的法案"，使整个电气通信事业向民间开放。（3）以版权立法保护计算机软件产业的发展，这方面主要对既成的版权法进行修改。（4）颁布专门法规保护软件产业的发展，如美国1984年的《半导体芯片保护法》等。此外，一些国家还立法保护消费者利益，立法对付计算机犯罪。

（三）生物技术立法

各发达国家现在纷纷把生物技术列为高技术发展的关键部门。如日本明确规定它为新技术发展的"三大支柱"之一。为此，日本通产省、科学技术厅、农林水产省、科学技术会议等机构，都制定了一些有法律约束力的"制度""计划"。为适应生物技术的发展，日本还决定放宽基因重组实验的安全标准。科技厅打算制定室外DNA重组实验准则，通产省打算制定DNA重组技术产业化标准。专利厅也准备修改专利权，以鼓励企业开发生物技术。这里特别值得注意的是放宽DNA重组技术的安全标准问题。该问题在其他发达国家也碰到并采取了立法措施。美国及随之效法而起的法国、西德、挪威、瑞士、瑞典等，也各自制定了本国的重组DNA准则。与此同时，美国还进一步放宽了许多生物技术的防护标准。这是一个值得注意、值得研究的问题。生物技术的立法当然远非重组DNA方面，美国俄克拉荷马州制定过《人工授精法》、堪萨斯州制定了脑死亡法等。但从当今生物技术发展来看，重组DNA问题，无疑是最重要的立法问题之一。

（四）空间技术立法

如美国，一方面在加强对空间技术的组织和领导，另一方面又努力调动民间研究空间技术的积极性和改善具体条件，由于在这方面都采取了立法措施，因而对在世界上保持领先地位发挥了重要作用。但美国迄今仍存在关于发展民间空间技术研究的热烈争议，涉及了私有制和公有制的全部问题。反对向民间开放的人认为，私人所有制将导致垄断，从而引起反垄断和制定相应法规条款的问题。但美国一向采取鼓励私营企业的原则，所以保障民间空间技术发展的《通信卫星法》最后还是被通过了。70年代以来，美国的空间技术研究，正在进一步向民间扩展，紧追美国的日本，在1978年发表了《宇宙开发政策大纲》，规定了为期15年的宇宙开发计划并为此立法，其他发达国家也采取了积极立法以发展空间技术的态度。

（五）海洋技术立法

海洋技术立法中，交织着严重的国际斗争，有关立法必须对此有所考虑。美国的海洋技术立法起步较早，60年代以来更步步加紧。美国的海洋技术立法，开头主要是针对海洋开发的领导、监督机构；以后则颁布了大量直接推进海洋技术发展的立法；在美国的刺激下，西德、日本以及苏联等也纷纷起而效法。

（六）科学城区立法

集中大量的优秀科技人才、资金、设备于特定地区，以巨大的优势力量在这些城区发展高精尖科学技术是新技术革命掀起后在发达国家出现的突出现象。这是高技术发展的一种重要经验。因此，有关立法应作为高技术立法的重要组成部分。这一方面的典型是日本。日本的科学城建设起于筑波。为此，日本于1970年发布了《筑波研究学园都市建设法》，以后做过修改。筑波的建设引起了世界各国的重视，也振奋了日本朝野。1983年日本又根据此前的经验制定了《高技术工业集约地区开发促进法》，确定了建立技术集约城市的五项原则。根据该法，日本拟于1990年前兴建14个技术集约城市。

三、发达国家促进高技术发展的其他法律调节手段

这些手段中，被运用得最广泛、最普遍、最有效的是关于合同、专利、税收、标准化、技术评估以及协作或与协作有关的一些法律制度。美国学者认为，政府所制定、组织和领导的研究和发展规划构成一个庞大的整体，合同法、专利法、税法等，是用来实现规划的"动员的手段"。

在美国，由于政府、企业界和高等院校及科研单位之间的分工，意味着相当大的一部分研究与发展，是通过科研合同形式进行的。因此，合同法就具备了特殊的促进高技术发展的意义。但合同法不能解决合同的效率问题，因此，美国组织了对合同的仔细研究。采取了一些新的合同形式，对高技术发展起了重要作用。例如，改"成本加固定利润合同"为"固定价格合同""奖励合同"。后者有多种形式，如"固定价格加奖励""成本加奖励及利润"。日本从1981年起实行"创造科学技术推进制度"，以流动研究体制为基础，采

用优秀科研人员的定期雇用合同,这种合同对发挥优秀人才在高技术发展中的积极性,起着重要的作用。

对专利法,美国存在两种截然不同的观点。一种观点认为,每项专利都意味着批准一个垄断项目。因此,专利制度并非促进科技发展的有效手段。一种观点认为,专利是鼓励企业对科研进行投资的基本奖励性刺激手段。美国还存在着对科技进步成果的专利权归属问题的分歧。对政府的方针,也存在分歧意见,有些人支持专利权一律公有,另一些人反对。日本采取了修改专利法加速专利申请、审批手续的措施。苏联无专利法,其有关发明与发现的政策,以及与之相关的专利和作者证书的发放,都有国家发明与发现委员会和司法机关共同管理。在苏联发明的专利权完全属于政府。据研究表明,由于以奖励制度代替专利制度,既挫伤了苏联科技人员发明与发现的积极性,也阻碍了新发明的推广。

税收政策和税法正日益引起发达国家越来越加强的重视。美国在60至70年代采取了高税收率政策,阻碍了高技术的顺利发展。1978年,美国决定着手采取减税立法措施。1981年,里根总统签署了新的税法,将税率降低到20%,而在此之前,已从49%降到28%,该税法涉及范围极广,规定十分详尽具体。该法力图通过对研究与发展新技术革新的投资税收予以减免。日本在税制上也采取了促进高技术发展的措施,起步比美国还早。

此外,在标准化、协作、技术评估方面,发达国家也采取了种种立法措施,来促进高技术的发展。

综上所述,发达国家多层次、高密度的详尽具体的科技立法,对高技术的发展,对新技术革命的推动,有明显的、巨大的效益。"他山之石,可以攻玉",借鉴其经验,进一步研究我国国情将为我国新技术革命立法起重要的启示作用。新技术革命方兴未艾,我国科技法学任重道远。我们要一面继续跟踪国外科技立法的新进展,一面加紧我国科技立法,为"四化"早日实现而努力。

科技法定义论析*

科技活动中形成的科技社会关系，要求以法律手段加以调节，从而导致了科技法的产生。现在，科技法已成为部门繁多、自成体系并不断扩展的法律类型。但是，迄今为止，关于什么是科技法，却众说纷纭，尚无定论。

目前学术界已经提出一些研究观点，兹择有代表性的摘录如下：

（1）科技法是反映统治阶级的意志和利益，经国家制定和认可，以国家的强制力保证实施的行为规范。

（2）科技法是调整科技活动中形成的社会关系的法律规范。

（3）科技法是调整在科技活动中形成的社会关系的法律规范总和。

（4）科技法是由国家权力机关及其他受权机关制定、颁布，并以国家力量保证其实施的，以促进科技事业健康发展，科技研究成果的正当有效的利用，防止科技发现中可能的有害后果为目的的行为准则总和。

（5）科技法是国家运用法律的形式规定发展科学技术的大政方针，法人和公民从事科学研究和技术开发的基本权利和义务，以及国家科学技术工作的组织管理体制等法规的总和。

应当承认，上述种种定义，都不无借鉴之处，但又存在一些问题：

定义（1），与"法律"的定义几乎雷同，只能说是"法律"的定义，而不是"科技法"的定义。在逻辑上，这个定义犯了"属种概念混淆"的错误。

定义（2），这是一个"种＋属差"定义，从形式上看，符合定义的逻辑要求，但定义所揭示的"属差"有问题。

"科技活动中形成的社会关系"这个概念的含义是明确的，它泛指科技活动中形成的一切社会关系，那么，科技活动中形成的土地买卖关系、研究员与实习生之间的师徒关系、学派与学派之间不同观点的互相影响关系等等，是否也为科技法所调整呢？如果科技

---

* 原载《法学论坛》1989年第3期。

法不能调整这些社会关系而由别的法律调整,那么,该定义就成问题了。我们知道,不管在什么样的活动中形成的土地买卖关系,都是民法调整的,师徒关系、思想影响关系等社会关系甚至不是由法律调整而是由道德、政策来调整的,因此,该定义不能说是正确的。其错误,在逻辑上叫"定义过宽"。

定义(3),除和定义(2)一样犯了"定义过宽"的错误外,还多了"总和"二字。我们特地指出这一点是有原因的。在许多关于法律和部门法律的定义中,都喜欢用上"总和"二字。法学理论专著、法学概论教材、大百科全书法学卷、法学词典中,这样做的,比比皆是,而且从未见有人提出异议。现在我们假定这样下定义是对的,其结果会形成这样的推论:

科技法是调整科技活动中形成的社会关系的法律规范总和;

原子能法是科技法;

所以,原子能法是调整科技活动中形成的社会关系的法律规范总和。

推论过程完全符合逻辑规则,结论却显然荒谬,因为原子能法绝不可用来调整生物技术开发、海洋技术开发、科研院所组织管理活动中"形成的社会关系"。那么,这个推理的结论为什么错呢?只能从前提中去找原因。小前提"原子能法是科技法"无疑是正确的;错误出在大前提。

依此类推,关于基本法、一般法律、部门法的定义中,如果用了"总和"字样的,都属错误之列,应予改正。

定义(4),是一个"两栖定义",前一半为"发生定义",后一半为"功用定义"。但无论哪一半,都有错误。"发生定义"就是把只属于被定义事物而不属于任何其他事物的发生或形成的属性作为属差揭示的定义。"由国家机关制定……实施……"的,并不仅仅属于科技法,其他法也是"由国家制定……实施……"的,所以,该定义作为"发生定义"看,不能成立。

"功用定义"是以事物的特殊功用作为属差的定义,诚然,定义(4)揭示了科技法的最重要的三种积极作用,但是,科技法并不全部是积极的,还有消极的、阻碍科技发展的科技法。起码理论上还应列有因为立法意图错误或情况不明或认识偏差而导致制定了阻碍科技发展的科技法。美国国立卫生院最先制定的《DNA分子重组实验准则》就是由于过分害怕生物技术的消极后果而制定的一个不恰当地限制生物技术发展的法律。因此,定义(4)作为"功用定义"也有很大的片面性。

定义(5),这也是一个"功用定义"。由于没有揭示出科技法的主要"功用",这也是一个很不理想的定义。

必须指出,"功用定义"作为定义,用语必须简洁,一个冗长的定义,往往反而会使人对有关对象的认识混乱或模糊起来。同时,要以简洁的语句为对象做"功用定义",又是相当困难的,因为一个复杂事物的功用,通常都不是很单一,不是三言两语所能表达清楚的。

以上定义都有弊病，但对我们还是有启发的，我们可以从中提炼出一些有用的东西来。根据对上述定义的分析以及关于科技法社会关系法律调整问题的分析，我们认为：

科技法是调整科技社会关系的法律。这一定义包含两层意思。

第一层意思是，科技法是法律，既是法律，就是由国家按照法定的程序制定或认可，依靠国家的强制力保证其实施的行为规范。也就是说，科技法常有法律的一切共同特征。这些共同特征主要是：普遍性、稳定性、强制性。关于这些特征，一般的法学理论著作已做了大量的阐述，这点从略了。但有的法学理论著作同时又将阶级性、客观性、科学性、规律性、实用性等等作为法律的特征，有必要对此略加论述。关于阶级性，法学界论争已久，主要的倾向是：认为法既有阶级性，也有社会性，是阶级性和社会性的对立统一，但也有的同志坚持认为法只有阶级性的。然而，无论采取何种看法，都不能作为法的共同特征来看待。这是因为科技法作为法律，其本质是社会性而非阶级性，以阶级性予以概括，是行不通的，尽管在阶级社会里，行政法、刑法都有强烈的阶级性，但不能无视科技法的存在。这还因为阶级性并不是法所特有的属性。社会规范体系中的道德规范、政策规范等，也具有鲜明的阶级性，如将阶级性作为法的特征看，就无法将它与道德规范、政策规范等区别开来。至于普遍性、稳定性、强制性等，则与阶级性不同，它们既可"覆盖"一切法律部门，又不会使之与道德规范、政策规范等等混淆起来。关于客观性、科学性和规律性，大致是一个意思的不同表达方式。法既有阶级性，甚至只是"反动统治阶级"的意志的产物，就不会有真正的客观性、科学性等。同时，一般来说，人的认识相对于实践来说，总是"滞后"的，要做到"客观""科学"，符合"规律"，谈何容易？有客观而科学的立法，也必然有不客观、不科学的立法。所以，客观性、科学性等，不是法律的特性。关于实用性，属于多余的话，任何法，都不是无用的；即使立法之始，即意在骗人，这"骗"也就是一种"用"。所以，我们在考察、论述科技法时，将不把客观性、科学性、规律性与实用性作为科技法的属性或特点来论述

第二层意思是，科技法是用来调整科技社会关系的。这里有必要对什么是科技社会关系以及科技社会关系的法律调整问题，略做阐述。

所谓科技社会关系，是指由于科学技术活动而发生，为着科学技术的发展而形成的社会关系。首先，它是一种社会关系，而不是自然关系。其次，科技社会关系是由科技活动而发生的，没有科技活动就不会有科技社会关系。再次，科技社会关系的形成机制，在于促进科学技术的发展。

科技社会关系的主要特点是：它以科学技术活动为中介，以科技劳动者、科技劳动组织与科技劳动和管理机构为主体，以科技创造权利为本体，是纵向行政隶属关系与横向民事平等关系相结合的社会关系，这一关系的基础是科技协作等。

从科技社会关系的形式看，它主要可以分为科技行政关系、科技民事关系、科技刑事

关系以及科技国际关系等几大类。

科技社会关系的法律调整，指的是以法律手段来调整科技社会关系，使它服从于科技发展的目的。科技社会关系法律调整的手段主要有立法调整、司法调整与执法调整三种。

科技社会关系法律调整的要求是：充分调动科技劳动者的积极性和创造性；充分发挥科技劳动组织的集体力量；保证科技劳动管理机构的权威性、协调性及其决策的民主性与科学性。

科技社会关系法律调整的范围，从科技劳动承担者看，主要是科技劳动者、科技劳动组织和科技行政机构。

总之，一切属于科技社会关系范畴的法律需求，都是科技法的调整对象；而科技法，也仅仅局限于调整科技社会关系的领域之内，对其他类型的社会关系不起调节作用。

这可以看作是确认某一法律规范是否属于科技法的标准。根据这个标准，原子能法、科研组织法、电子振兴法、高技术区建设法等等属于科技法自不待言，另一些原先属于民法、经济法领域的法律，今后也应列入科技法领域。其中，主要有专利法、著作权法和环境保护法。

我们认为，专利法、著作权法都是为了保护科技研究成果的，是为了调整技术开发和科学研究活动中发生的权利义务关系，保障科技发展的法律规范。这和民法、经济法调整一般的财产关系、人身关系和其他经济关系有所不同。不同点即在它发生在科技活动之中，为着科技的发展，因此，专利法与著作权法属于科技法。

环境保护法在人类处于自然状态时不会发生，在科技活动没有达到明显危害生态环境也不会发展，古代社会的"不许在街道上倒灰"之类的禁令，不过是保护环境的法律的萌芽。成熟形态的环境保护法，是人类社会的科技活动达到相当大的规模的结果，环境保护法理应列入科技法的领域。

科技法学和中国的科技法学研究*

随着科学技术的发展，科技法成批涌现，科技法学也呼之欲出。

那么，何为科技法学？中国的科技法学研究现状与前景如何？起步伊始，这是一些必须了然于胸的问题。

笔者认为，科技法学是研究科学技术法这一特定社会现象及其发展规律的部门法学。

在部门法学的大家庭中，科技法学是最新的成员。

几乎所有的法学学科，包括部门法学在内，都首先在外国形成。举凡宪法学、民法学、刑法学、经济法学、诉讼法学、国际法学等等，首批专著、教科书都出诸外国学者之手。对科技法这一特定社会现象及其发展规律的研究，也是外国法学家最先着手进行的。苏联法学家从20世纪60年代以来，已发表了大量的有关专著和长文短论。美国、日本以及其他国家的法学家对科技法制史、原子能法、生物技术立法、信息技术立法等，也已做了深入的研究。有关专著虽然不能说"汗牛充栋"，但数量却十分可观。日本朋友、东京大学部的博士研究生高见泽磨为我提供的日本科技法论文、专著的卡片，即达675张之多。但是，对科技法做系统的研究专著，却至今未见。也就是说，科技法学作为一门部门法学，还在创立之中。虽然我国法学家对科技法的研究起步甚晚，但是中国人的理论思维能力古已著称于世，科技立法的软科学研究近几年形成了热潮，研究科技法者大有人在。因此，为部门法学大家庭迎来科技法学这一新生儿，中国法学家是责无旁贷的。

法学是随着法的出现而出现的。恩格斯曾说过："随着立法发展为复杂和广泛的整体，出现了新的社会分工的必要性：一个职业法学者阶层形成起来了，同时也就产生了法学。"① 科技法学正是随着科技立法发展为复杂和广泛的整体而形成的。经济法曾是民法的一部分。经济法学也曾包容在民法学之中，部分地还包容在行政法学之中。但经济法的大量出现，产生了"新的社会分工"的客观需求。经过长期的论争，经济法终于从民法中独

---

* 原载《中外法学》1989年第4期。
① 《马克思恩格斯选集》第2卷，第539页。

立出来,而经济法学也自成一体、"另立门户"了。与此相似,科技法长期被列为经济法甚至被列为民法的一部分,科技法研究也是放在经济法学的专著里的。苏联科学院通讯院士、国家与法研究所的著名经济法学家B.B.拉普捷夫所著《经济法》①一书的第八章,即为"科学技术进步的法律调整",其中阐述了"科学技术进步与经济法""发展科学技术的计划工作""对发展科学技术的拨款""发展科学技术的经济刺激""科学技术进步领域里的经济合同和定作单"等问题,显然都是把科技法作为经济法的一部分而论述的。但据最近来访的苏联法学家B.A.拉苏多夫斯基教授说,科技法学作为独立的法学部门的问题,正引起B.B.拉普捷夫和他的同事们的思索和兴趣,而B.A.拉苏多夫斯基教授的专著《法和科学组织的管理》②,已由我国科技法学专家、中国科学院科技政策和管理科学研究所的于得胜教授等译介给了中国的读者,笔者也摘译介绍了苏联法学家B.Г.哈尔费娜的《社会主义法和科学技术进步》③一书。在我国,已经出现了一批专事研究科技法的理论工作者,他们比较集中地分布在中国科学院科技政策和管理科学研究所、西安交通大学技术经济法律研究中心和上海社会科学院法学研究所。一个以科技法研究为其职志的"职业法学者阶层"正在形成,科技法学正从经济法学脱颖而出,是势所必然、无可怀疑的。

当然,之所以出现了一批热心于科技法研究的法学工作者,首先是由于科技立法的需要和科技法的大量存在。

科技法的大量存在,在发达国家早已是客观事实。在日本,仅由科学技术厅编纂的《科学技术六法》即收有科技法规282个,日文文本达1342页,目前正在我国科技文献出版社排印的中译本也达934页。如果将通商产业省、农林水产省、运输省、文部省等所编"六法"中的科学技术法也算进去,其数量更是大得惊人。据统计,大陆法系的联邦德国,自第二次世界大战以来制定的与科学技术有关的法规,约有2000件;匈牙利中央颁布的经济技术法规有2000多个,地方性法规则高达5000项左右。④在欧美的其他发达国家和近十几年来经济发展迅速的一批发展中国家里,也颁行了大批的科技法规。面对数量如此之多的科学技术法,从学理上进行研究、做出说明以至创立一门科技法学,是如"江河行地,日月经天"般理所当然的事。

我们不能不十分遗憾地承认,在我国,科技进步的法律调节手段还是相当缺乏的。这与我国长期以来受"左"的严重干扰,不重视法制建设有关。1985年8月,胡克实同志在我国首届科技立法工作座谈会上指出,我国的科技立法几乎还是一个空白。但是,科学技术的发展、新技术革命的挑战和科技体制改革的迅速推进,都提出了科技立法的紧迫要

---

① 中国社会科学院法学研究所民法经济法研究室译,群众出版社1987年版。
② 科学技术文献出版社1986年版。
③ 《国外哲学社会科学文摘》,1983年10月。
④ 《科技立法——新的开拓领域》,光明日报出版社1986年版。

求。国务委员、国家科委主任宋健指出:"加强科技立法是当前十分迫切的一项任务,是科技工作的当务之急。"① 为了广泛参考国内外科技立法的经验,我国国家科委通过国际交流活动对十多个国家的科技立法进行了调查研究,先后收集了外国科技法律、法规上千件,提出了一批有关国外科技立法的调查报告;同时,在国务院法制局的统一部署下,由国家科委执行、清理了党的十一届三中全会以来人大及其常委会通过的有关科技工作的法律、国务院发布的科技方面的行政法规和部门的规章以及新中国成立以来重要的科技法规性文件,整理、编辑、出版了《中华人民共和国科学技术法规汇编》一、二册,共收集科技法规性文件255件。在国家科委的领导和支持下,科技立法软科学研究取得了较大的进展,《科技立法研究文集》② 陆续问世,数百万字的研究报告正在修改,接近定稿。这样,热心于科技法学研究的法学工作者,就在实践中得到了锻炼,增长了才干,扩展了视野,增加了学识,提高了水平,为科技法学的创建,奠定了基础。现在,系统地、全面地论述科学技术的专著,正纷纷撰成。

科技法学从经济法学中独立出来,暂时还不为大多数法学家所瞩目。在注意到科技法学问世的第一声嘤鸣的法学家中,还有一些人未予首肯。这是我们论述科技法学之始,为科技法写下定义时,必须解决的问题。

马克思主义经典作家在论述科学分类时曾经精辟地指明:"每一门科学都是分析某一个别运动形式或一系列互相关联和互相转化的运动形式,因此,科学分类就是这些运动形式本身依据其内部所固有的次序的分类和排列,而它的重要性也正是在这里。"③ 这一论述明确地告诉我们,划分科学门类的主要依据,是事物的运动形式内部所固有的特殊矛盾及其发展规律,只要某一事物的运动形式具有独特的矛盾和发展规律,就可以把它与其他事物区别开来,就可以对它进行学理分析从而形成与其他学科相异的新学科。

有鉴于此,能否将科技法学作为一个独立的法学部门,就取决于它是否有自己独特的研究对象,或这一研究对象有无不同于其他研究对象的不同的矛盾与发展规律。

我们在科技法学的定义中已经指出,科技法学是"研究科学技术法这一特定的社会现象及其发展规律"的。对科学技术法这一特定的社会现象,是否有人持异议、不承认呢?即使有,也越来越少了。日本出版《科学技术六法》,我国在大力开展科技立法,许多经济法学著作也不回避"科学技术法"的概念,《技术合同法》《科学技术基本法》《科研究法》《科研组织法》《技术评估法》《原子能法》《DNA 分子重组实验准则》等等科学技术法已经在发生效力的客观事实都告诉我们,对科学技术法不能采取"鸵鸟政策",视而不见地不予承认。同样,略事研究,也可以发现科学技术法遵循着独特的发展规律。因

---

① 《科技立法——新的开拓领域》,光明日报出版社1986年版。
② 科学技术文献出版社于1988年和1990年分别出版一、二册。——编者注
③ 恩格斯:《自然辩证法》,人民出版社1971年版,第227页。

此，开辟草莱、匠心独运地揭示科学技术法的产生、性质、地位、作用、体系、发展规律等等，构建科技法学这一新型的部门法学，就是"题中应有之义"而无可非议了。当然，在说到科技法的特殊矛盾和发展规律时，还必须具体揭示，一一指明。这个任务，我们将另撰文章详细地论述。而现在，当我们明确科学技术法是一种特殊的部门法，与计划法、经济合同法、企业法、基本建设法、交通运输法、商业法、金融法等等典型的经济法迥然相异，就是可以深信不疑地对科技法学的出现予以肯定了。

当论及科技法学的定义时，存在着几种误解：

1. 把科技法学与科学法学等同起来相提并论

应当指出，现在还没有一门叫作"科学法学"的专门学科。虽然有同志曾撰文述及，但它概括不了科学与技术两个方面，而且还由于容易误以为还有"谬误法学"而迷惑不解。

如果把科学研究作为一种特殊的社会现象为科学研究立法，并对科学研究法进行法理阐释，从而形成科学研究法学，那么，它所与闻其事的，仅仅局限于科学研究法的范围，与技术开发、研究的立法无涉，不能违反形式逻辑关于不准越级划分的规定，把科学研究法学扩大为科学技术法学，可以把科学研究法学的技术法学作为科技法学的两个子学科来看待。但是，第一，现在还不可能建立这样两门子学科；第二，即使建立就绪，它也只是子学科而已，不能"喧宾夺主""以子代母"地与科技法学"合二为一"、视同一体。

2. 把科技法学当作介于科学学和法学之间的边缘学科

不能否定，科技法学与科学学有一定的关系。首先，二者的客观研究内容，都有科学活动的成分；其次，科学学除考察科学在社会生产中的地位和作用、掌握和运用科技发展的客观规律、分析科学研究的体系结构等外，还研究科学发展战略、策略和各项科学政策的制定，因而与科学技术法相近。但是，科学学是研究科学和科学活动的发展规律及其社会影响的一门综合性新兴学科，而法学却是研究法这一特定社会现象及其发展规律的科学。二者研究对象一属社会实践的范畴，一属上层建筑的精神领域，有极大的差别，二者不可能互相交叉，也不可能形成科学学与法学的边缘学科。

必须认定，科技法学是一种部门法学，是法学的新兴学科，而不是"脚踏两只船"的边缘学科，这同经济法学不是经济学与法学的边缘学科，宪法（国家法）学不是国家学与法学的边缘学科一样。

3. 把科技法学与科技规范等同起来不加区别

例如，《当代新术语》的"科技规范"条，将"科技规范"释义为"又称科技法法规或科技法学"。

诚然，科技法学与科技规范有相当密切的关系，科技规范是科技法学的研究对象；但是二者是属于完全不同范畴的两个概念，不能互相混淆。不仅如此，而且也不能将科技规范与科技法规混为一谈。科技规范是科技活动的准则，有科技标准与科技法规之分。当科技标准被赋予法规约束力时，就成了科技法规。但是，无论是前者还是后者，都不过是科技法学的研究对象，而不是科技法学本身。

4. 把科技法学定义为"研究对科学技术活动实行法律调节的学科"

这失之于形式逻辑所否定的"定义过窄"的逻辑错误。按"种＋属差定义"的逻辑要求，"定义过窄"的错误在于，下定义部分所揭示的"属差"，即被下定义概念，与同种的其他概念的属性差别，小于所应揭示的特殊属性。实际上，科技法学除研究"对科学技术活动实行法律调节"外，还研究科学技术法的渊源、历史、体系、结构、功能等等。因此，把科技法学定义为"研究科学技术法这一特定社会现象及其发展规律的部门法学"是比较妥当的。

如前所述，中国业已开始了科技法学的研究，并取得了初步的成绩，那么，其发展前景如何呢？这当然主要是一个实践问题，但可略加预测以为明确方向所用。笔者的看法是，以下几点是可以肯定的：

（1）关于科技法、科技法学的定义与独立地位，将成为理论工作者首先瞩目的问题。这一方面是由于这些问题本身迄无定论，另一方面是由于它在很大的程度上决定着科技法学的发展方向、发展进程。因此，每一个有志于研究科技法学的同志，都必须深入思考这一问题并做出自己的判断来。

（2）随着我国科技法制建设的发展，科技法学研究将在三五年内形成热潮。我国业已制定了《技术合同法》《专利法》等重要科技法。《原子能法》《科学技术研究院所法》《科学技术学术团体法》等重要法律正在起草。还在酝酿起草大批的科学技术法。"七五""八五"期间的科技立法规划涉及科技基本法、科技组织法、科技劳动法、科技基金法、科技奖励法、科技评价法、防止不正当技术竞争法、新技术风险投资法以及大批的科技行政法规、科技部门规章和地方立法。所有这些法律文件都必须做出学理解释，从立法的指导思想到具体法律条文及其实施，都应有科学的依据。这样，当然就会大大推动科技法学的发展。之所以说是"三五年之内"是因为这些法律的起草需待以时日，而科技法学研究机构的设置与人才、队伍的形成，也要有一个过程，现在中国科技法学研究会已成立了，西北等地区也成立了地区性的科技法学研究会，山东、四川都在酝酿成立科技法专门研究机构。这一切，都将在三五年内发挥其作用而使科技法学研究显得生气勃勃。

（3）科技法学教学将逐渐得到普及。这里所说的"普及"，不是像"普法教育"那样普及到全国人民中去，而是指在高等政法院校和理工科院系普遍开设科技法学课程。囿于教材之阙如，现在还只有西安交通大学、华东政法学院、北京大学、上海政法管理干部学院等开设了科技法学课或讲座。随着研究的深入和师资队伍的养成，三五年后，将逐渐普及到大部分应当普及的院校去。因此，当前要十分重视培养师资与编写教材的工作。

（4）科技法学研究的深入将遇到理论上的巨大困难。建立一门新学科的困难，本是可以想象的。但科技法学所遇到的困难将特别巨大，这主要是由于科技法与民法、经济法、行政法以至国际法等等有所"交叉",要揭示科技法的特点,非下很大的劳动不可。此外,还由于从事科学技术研究的专家大多对法学十分生疏,而从事法学研究的专家又暗然于科学技术,这一状况,势必影响对科学技术法所要调整的科技社会关系的深入理解,从而会使科技法学研究遇到客观上与主观上的种种困难。

但是,这些困难不是不可克服的。如果我们积极建立科技法学研究队伍,努力培养研究人才,认真开展对有关问题的探讨与思索,总能不断前进的。"驽马十驾,功在不舍。"让我们为中国科技法学的研究做出不懈的努力吧!

我国迎接新技术革命的法律对策探讨*

一、我国科技法制建设的十个"三结合"

20世纪末、21世纪初，国际斗争的焦点将集中在新技术、高技术的发展上。对我国来说，为迎接新技术革命的挑战而寻求最佳对策，已成当务之急。本文提出十项对策，就正于广大读者。

（一）社会主义国家、发达资本主义国家、发展中国家迎接新技术革命法律对策的三结合经验

时处新技术革命浪潮汹涌澎湃的当代，世界各国无不因这一浪潮的猛烈激荡而纷纷采取各种法律对策，其中有成功的经验，也有失败的教训。为了使我国在新技术革命中求得最佳的法律对策，无疑应当借鉴国外的经验与教训。

作为借鉴对象的"外国"，大体可以分为三类：（1）社会主义国家（主要指发达社会主义国家）；（2）发达资本主义国家；（3）发展中国家。这三类国家在科技进步方面各有不同的特点，又有相同的情况。将这三类国家迎接新技术革命的法律对策的经验结合起来，可收"扬长避短""取长补短"之利，以"他山之石"来"攻我之玉"。清人阮元《吴兴杂诗》云："深处种菱浅种稻，不深不浅种荷花。"我们认为，利用国外经验的三结合，正可使我国在迎接新技术革命中采取法律调节手段时得心应手、应付裕如，"种菱""种稻""种荷花"全面展开，全面得益。

借鉴国外经验教训时，首先必须考虑到这三类国家的不同特点：

1. 社会制度不同。社会主义国家实行生产资料公有制、无产阶级专政；发达资本主

---

* 原载国家科委科技政策局、上海社会科学院法学所编：《科技立法研究文集（二）》，科学技术文献出版社1990年版。

义国家实行生产资料私有制而且走上垄断资本主义阶段，实行资产阶级专政；发展中国家大多处在资本主义制度下，也实行生产资料私有制和资产阶级专政。从社会制度的不同出发，凡与社会制度相直接联系的法律对策，我们一般适宜学习社会主义国家的迎接新技术革命的有关法律对策。

2. 管理体制的不同。社会主义国家在科技与经济的管理体制上，集权程度较高；发达资本主义国家情况不一，美英等国分权程度高，法国集权程度较高。但各国都处在改革的过程中，趋向于建立一种集权与分权适度结合的体制。发展中国家大多在经济上采取分权管理体制，而在发展新技术、高技术方面，又力求实行集权管理体制，以便集中人力、物力、财力于科技发展，与发达国家缩短差距。我国经济体制与科研体制的改革方兴未艾，怎样以法律手段肯定体制改革的成果，从国外借鉴什么经验，都应认真调查研究。

3. 科学技术发展的基础与水平不同。发达资本主义国家的科技发展已经有了一二百年的基础，达到了较高的水平。美国的"星球大战计划"、西欧的"尤里卡计划"、日本的"科技振兴政策大纲"，都建立在科技高水平的基础上。苏联的科技在世界各国中也处于领导地位。这些国家的科技法制与其他国家的科技法制，无论在立法目的、立法内容、立法措施上，还是在司法、守法上，都不可相提并论、同日而语。借鉴它们的经验时，尤其要谨慎鉴别，审慎选择。此外，这三类国家由于科技发展的水平不同，其科技立法的起步早晚也大相径庭。起步早的，可能积累了比较多的经验；但这些经验又往往受时代的局限，未必都能为今天所用。起步晚的，可能已经总结、综合了别国的经验，特别值得我们重视。

借鉴国外经验时，更重要的是注意这三类国家以法律手段促进科技进步的共同点。因为，既然不同社会制度、不同管理体制、不同科技水平的国家都采取了相同的对策而取得了成功，那么，我们仿而行之的成功率就能大大提高。从初步研究的结果来看，上述三类国家在迎接新技术革命的法律对策方面，有以下几点是共同的或相仿的：

（1）以法律手段保证科技、经济、社会三者的同步发展；

（2）以法律保证国家、科研和教学机构、企业三者在科技发展中紧密结合、协力攻关；

（3）以法律手段、经济手段、行政手段三者的紧密结合来促进科技发展；

（4）中央立法领导机构、受委托的部门立法起草机构和地方立法机构的三结合；

（5）近期立法、中期立法和长期立法规划三结合；

（6）科技进步的基础性立法、高技术立法和相关性立法三结合；

（7）立法中的立、改、废三结合；

（8）立法、司法、守法三结合；

（9）法制实施、法制宣教、法制研究三结合。

对上述一系列"三结合"，我们将在下文中做出具体说明。这里仅想提出的是：要对社会主义国家、发达资本主义国家和发展中国家的迎接新技术革命的法律对策经验加以借鉴，就必须全面、深入地进行调查与研究；这种调查研究不应是静态的，而应是动态的，即对其法律对策的发展变化要做跟踪调研分析。

（二）以法律手段保证科技、经济、社会三者同步发展

科技进步、经济增长、社会发展三者之间，从来就存在着有机的联系。三者紧密结合，可以相辅相成、互相促进；三者相互脱节，则势必互相影响、互拉后腿，甚至形成恶性循环，导致科技停滞、经济倒退、社会落后。但从社会发展来看，三者的有机联系与交错影响，从来没有像新技术革命条件下这么紧密、严重。

当代许多发达国家正是由于科技的突破性进展而带动了经济和社会的迅速发展的。原子能的和平利用，使一些国家的能源供应得到了比较充分的保障，微电子技术的发展曾使日本摆脱了石油危机造成的困境。近几年许多发达国家集中力量发展信息技术，同样是为了推动经济与社会得到较高速度的发展，在国际竞争中立于不败之地。

但科技进步不但受制于经济与社会发展的状况，而且也可能带给经济与社会发展以不利的影响。

一个经济落后的国家，不可能有较多的资金用以投入发展科学技术的事业。发展中国家目前在相当大的程度上，就是因为缺乏足够的经济力量，而不能放手发展科学技术，同样，一个社会条件较差的国家，要发展科技并达到较高水平，也是难以想象的。处于战争的动乱中的社会，不可能致全力于科技进步。在精神文明程度低下的社会里，科技进步的速度与成效，必定大大低于精神文明程度较高的社会。因此，以法律手段保证科技进步，不能单纯地着眼于科技法制本身，还必须以法律手段保证科技发展"大环境"即经济与社会的发展。这不但应当成为政治高层决策的注意重点，同时，每一个科学技术工作者，对此也应有所认识，自觉地促进经济增长与社会进步，自觉地维护和科技进步休戚相关的有关经济与社会发展的社会主义的法律制度。

科技进步从总体上和发展趋势上看，无疑有利于经济和社会的发展。但科技是一柄"两刃剑"，往往在给经济与社会带来积极影响的同时，还可能带来消极影响。原子能的发展，曾被利用来从事军事冒险；至今也还远未消除原子能武器等对世界和平及人类安全的威胁。电子计算机的发展一方面大大加快了信息的收集、存储、处理与传播，另一方面又给计算机犯罪提供了"科学"手段。大量新兴技术转化为新兴产业之后所带来的环境污染、生态破坏，其严重性已使得悲观论者开始预言地球的毁灭和人类的灭亡。尽管悲观论者的言论有失偏颇，但他们所提出的一些具体问题，却是不容忽视的。富裕与贫困并存，科技进步与迷信愚昧同在……发达国家的这种现象十分普遍，并与社会政治、经济、文化问题互相交织。有些经济学家不无理由地担心："新技术革命并不是没有可能把人类事

业引向歧途的。"① 这样，以法律手段保证科学技术的发展有利于社会进步与经济增长，防止新技术革命可能带给社会和经济发展的不良影响，就显得十分重要了，因为这本身也是科技进一步发展的经济基础与社会条件的前提性、先决性要求。

总之，我们在研究新技术革命的法律对策之始，就必须将科技、经济、社会三者的发展紧密联系起来，作为社会大系统整体的组成部分来对待，任何割裂开来孤立地研讨科技法制的做法都是片面的。

为此，科技法制建设应当成为社会主义法制建设的有机组成部分；以法律手段调整科技、经济、社会发展三者的关系，以法律手段保证科技、经济、社会三者的紧密结合与同步发展，应当成为科技法制工作者的注意中心，任何时候都要有经济与社会发展的全局性观念。

（三）以法律手段保证国家、科研和教学机构、企业三者在科技发展中紧密结合、协力攻关

日本在迎接新技术革命的过程中，实行了"官、产、学"三结合的方针，即把国家对科技发展的决策、组织、领导，和企业的生产活动以及科研与教学机构的研究活动紧密地结合起来，取得了巨大的成功。这是十分值得学习的科学的经验。

科学技术的发展，在机制复杂、范围广阔、耗资巨大的高技术领域，已提出了集中国力（人力、物力、财力）协同攻关的要求。诸如"星球大战计划""尤里卡计划"等等综合性的高技术开发领域，以及登月、航天、超大规模集成电路、繁复艰深的生物工程、新材料技术的研究，都不是个人、个别企业或科研机构所能胜任的。这样，国家以官方的身份参与决策、组织、领导，对庞大的科研计划及其实施进行有效的指导，就显得十分必要了。我国超导材料的研究，在分散进行，取得了一定成果的基础上，及时组织由国家科委统一领导的机构，就是为了使该领域的研究能够比别国发展得更加迅速、更加卓有成效。

科学研究、技术开发的机构，以及在科学研究和技术开发方面有巨大人才和设备资源条件的高等学校，是投入新技术革命的主要阵地。但科研机构（包括高校）如果"群龙无首"，就会"各行其是"，互相抵消与削弱力量；如果不同生产企业紧密结合，其科研成果的推广应用就失去了基础，反转过来还会大大削弱科研的动力，因为许多重要的有应用价值的科研课题，正是在生产实践中提出来的。也就是说，科研机构与高等学校，都存在着接受国家统一领导、与企业紧密结合的客观需要与内在要求。

从企业这一方面来说，也是如此。在新技术革命的条件下，劳动密集型产品、资本密集型产品的价值正与日俱减，呈直线下降的趋势，与日俱增地呈直线上升趋势的是知识密集型产品的价值。企业要在激烈的竞争中求生存、求发展，舍科技水平的提高外，别无良

---

① 厉以宁：《体制·目标·人——经济学面临的挑战》，黑龙江人民出版社1986年版，第18页。

策。这里，管理水平的提高，也是可以列入科技水平范围内的。因此，企业与科研机构、高等学校的紧密结合；以及发展自身的研究能力与研究组织，就越来越引起了企业领导人的高度重视；而国家作为科研与生产的组织者、调节者方面所起的作用也越来越大。

总之，无论是社会主义国家，还是资本主义国家，都必须像日本那样，走"官、产、学"三结合的科技进步发展道路。我国国家科委决定逐步将各级科学研究技术开发的专门单位转移到大中企业中去，正是对这一规律的认识的表现，必将对新技术革命的发展起重大的组织保证作用和有力的推动作用；时间越长，这一重要决策的意义将表现得越具体、越充分。

对日本"官、产、学"三结合的迎接新技术革命的体制的认识，不能仅仅停留在组织形式上。这一"三结合"的紧密程度、能否持久，有赖于三者之间的"粘合剂"是否足够有力。毫无疑问，最强有力的"粘合剂"是法律手段。日本为推行"官、产、学"的三结合，就在法律上采取了一系列措施。因此，在我国迎接新技术革命的措施中，应有加强国家、科研机构与高等学校、企业三方面紧密结合的法律意识和法制措施，对"三结合"的范围、性质、地位、作用、结构、组织、领导、形式、权利义务关系、矛盾处置办法、行为协调程序及方法等等，做出明确的规定。从当前来看，首先应研究国外的有关法制经验，并对国内某些领域已经实施的"三结合"情况、经验、教训、问题做深入的调查，为有关的立法和司法做准备。

（四）以法律手段、经济手段、行政手段三者的紧密结合来促进科技的发展

无论从国家的宏观范围来看，还是从科研单位、高校的微观范围来看，为了保障和促进其科技进步，都必须建立起法律手段、经济手段、行政手段的三元综合配套的调节机制，仅用法律手段、经济手段或行政手段中的一种或两种，都必定带来损失。

经济手段无疑具有十分重要的意义。据我国经济学家的研究，认为在我国的社会主义条件下，宏观—微观经济统一的内在调节机制，大体可确定为信贷、价格、税收三种内在调节相结合的机制，把科学研究与技术开发按价值规律的要求纳入全国的经济运行图中去考虑，信贷、价值、税收三种内在调节相结合的机制是可以信用的。这里所说的信贷内在调节机制，是指从事科学研究、技术开发的单位（包括科研院所、高等学校、大中企业的附设科研单位），在事业费停拨之后或定拨之外有偿使用资金。有偿使用资金，将使国家可以通过信贷管理实现宏观控制；同时则使有关单位产生压力与活力，实现微观效益目标。这里所说的价格内在调节机制，是指科技成果商品化实现后，采取计划价格与计划外价格并行，计划外价格高于计划价格的措施，这里的计划价格由国家按科研成本、全民利益等因素确定，由科研单位抵支借贷；而计划外价格则由科研单位根据供求关系自行确定。这样，国家对科研事业及科研经费的宏观管理，和单位所追求的微观效益，都可以较好地实现。这里所说的税收内在调节机制，是指科研单位按照国家的各种有关规定纳税，

并且只有在照章纳税之后才能给职工增加工资和奖金，使用单位保留的收入来发展科研和增加职工福利。国家规定的税率实行累进税制。这样，科研单位经济效益越高，表明科研成果对社会贡献越大而同时国家的收入也越多，单位职工的工资、奖金和福利也可在国家控制的范围内与科研事业的发展成比例地同步增长，信贷、价格、税收三种调节的结合，指三者的彼此协调、互为补充。因此，三者是缺一不可、相辅相成的。

行政手段的意义同样不可忽视。行政手段是多方面的，其中体制规定、组织措施、指令计划、管理规定、监督手段、干预措施等，具有特别大的影响和作用。当前正在进行的科研体制改革，实际上属于行政调节手段改革的范畴。旧体制已经基本上不适应社会主义经济建设尤其是新技术革命的客观要求，新体制的建立还有待进一步的改革。但从改革已经达到的成效看，中共中央关于科研体制改革的决定是十分英明的，必须坚持下去并予以提高。在科研体制改革的过程中，必定还会涉及科技进步的组织措施、指令计划、管理规定、监督手段、干预措施等行政手段的改革。我们认为，从行政手段的必要性和局限性两个方面统筹考虑，组织措施的改革，应当中央集权与地方分权、主管部门的集权与研究单位分权，科研组织的稳定性、人才的流动性、科研机构运行的有序性与科研手段使用的开放等方面通盘筹划、相互兼顾、扬长避短、取长补短，使科研组织形成动态有序、生机勃勃、充满活力的机构；指令计划的改革，应有利于国家攻关项目的优先完成和科研单位、科技人员积极性的充分调动与不断提高；管理规定的改革，应把组织措施与思想教育结合起来，使得主要的管理规定都建立在科研单位、科研人员自觉遵守的基础上；监督手段与干预措施，则应在原则的严肃性与实施的灵活性、措施的严密性与机动性的结合上多作考虑。

法律手段对科技进步的促进与保障作用，在这里毋庸赘述，只是必须指出以下两点：第一，作为法律手段、经济手段、行政手段三结合的综合配套调节机制，法律手段当然是不可缺少的；第二，经济手段、行政手段要真正行之有效，贯彻到底而不走样，还要靠法律手段的保证。从上述两个方面看，法律手段、经济手段、行政手段三结合中，法律手段起着"一身而二任"的作用，它本身既独立地对科技进步发挥特殊的作用，又对经济手段与行政手段起着特殊的保证作用。例如，信贷、价格、税收手段的顺利实施，离开法律是没有保障的。又如，指令计划、管理规定、监督和干预措施等行政手段，也要靠法制的保障；离开法制的保障，这些行政手段都可能变得软弱无力，影响其发挥作用的效果。

法律手段、经济手段、行政手段三元综合配套的调节机制在科技进步中的作用的效果，不但取决于三者各自发生作用的范围，而且取决于三者的互相配合、互相协调、互相促进、相辅相成。因此，国家科委不但应当成立法制局以加强对科技立法及其他科技法制措置的规划、领导，而且在委内还应成立统筹考虑法律手段、经济手段、行政手段协调发展的智囊团，及时收集信息、作出决策建议供科委和国务院领导参考；同时成立与其他涉及科技进步的部门进行联络、协调工作的联络部或协调部，特别是加强与经济部门、行政部门的联络与协调,使上述"三结合"顺利实现。

(五)中央立法领导机构、受委托的部门立法起草机构和地方立法机构的三结合

健全的立法机构,是科技立法顺利进行的前提和基础。鉴于我国社会主义法制建设起步伊始、人员缺乏、机构不健全、经验不丰富,就立法机构问题做必要的探讨,在当前是十分重要的。

我国宪法规定:全国人民代表大会行使制定和修改基本法律的职权;全国人民代表大会常务委员会行使"制定和修改除应当由全国人民代表大会制定的法律以外的其他法律"的职权(第六十七条第二款);国务院行使"根据宪法和法律,规定行政措施,制定行政法规,发布决定和命令"的职权(第八十九条第一款);国务院"各部、各委员会根据法律和国务院的行政法规、决定、命令,在本部门的权限内,发布命令、指示和规章"(第九十条第二款);"省、直辖市的人民代表大会和它们的常务委员会,在不同宪法、法律、行政法规相抵触的前提下,可以制定地方性法规,报全国人民代表大会常务委员会备案"(第一百条)。

如果撇开国务院系统的行政法规不谈,有关科技进步的立法权,是由全国人大及其常委会、省与直辖市的人大及其常委会行使的。这样,就有了中央立法机构和地方立法机构两级行使立法权的代表机关。作为中央立法机构的我国全国人民代表大会及其常务委员会,不像美国国会那样,下辖许多分工明确、职能具体、专家云集的科学技术专业委员会,因此,对科技立法职权的行使,除最终的审议、批准之外,主要是对科技立法工作进行领导。而由此就在相当大的程度上,加重了受委托的部门立法起草机构的工作责任。因此,从我国立法机构的实际情况出发,首先应注重加强中央立法领导机构、受委托的部门的立法起草机构和地方立法机构的三结合问题。

以《技术合同法》为例,受委托起草《技术合同法》的国家科委政策局,在该法的起草工作中,起了特别重大的作用。该法起草工作完成后,应提交全国人大常委会审议通过,然后付诸实施。与此同时,以及该法颁行之后,省和直辖市的人大及其常委会可以而且应该依据该法,针对本省市的情况,制定相应的地方性法规。这里,受委托的《技术合同法》起草部门国家科委政策局,负有特别重大的责任;而全国人大常委会的有关部门(法制工作委员会)则起着领导作用。人大、科委、地方人大紧密配合,是使《技术合同法》得以顺利起草、通过、施行并取得实效的关键。如果科委政策局对人大委托起草该法的意图不明,或者人大对科委政策局的这一工作领导不具体、信息不沟通、支持不力,或者地方立法未予积极配合,都可能使技术合同的立法、技术合同法的实施受影响,从而阻碍科学技术的进步。《技术合同法》的立法问题如此,科技进步的其他立法也大体如此。

为了使中央立法领导机构、受委托的部门立法起草机构和地方立法机构的三结合得以奏效、收取科技立法之全功，我们认为，要注意以下三点：

第一，科技立法以至整个科技法制应有周密的统一规划。这一规划，责无旁贷地应由全国人大、人大常委会的有关机构承担。

第二，科技立法规划的实施，由国家科委在全国人大有关机构的领导下，负责组织各部、委或其他机构的相应部门（如条法局、研究所等），分工起草规划规定的科技法规。在起草过程中，全国人大有关机构应做及时的具体的指导，传递有关信息；国家科委有关部门如政策局，应负责汇总情况、检查督促、组织协调，并将有关信息及时向省、直辖市人大有关机关发布。

第三，地方立法机构应主动配合中央立法机构，提供信息、收集意见，并及时采取措施准备进行地方立法，使全国性立法一旦通过，地方立法能紧紧跟上，与之配套。地方立法机构与中央有关部门的信息沟通，由全国人大有关部门负责组织。

科技立法在我国基本上还是一个新问题，科技法律又有其与其他法律较大的区别，科技立法机构的建立、健全和配合、运行，也是一个新的问题。对此应加强研究，不断根据国外的成功经验与我国的具体实践加以调整，使我国的科技立法机构日臻完善，使我国的科技立法计日奏功。

（六）近期立法、中期立法、长期立法规划三结合

科技立法的近期规划、中期规划、长期规划，有两种含义：其一为制定科技法有时间上的安排；其二为所立的科技法的实施期限。对这两方面做出精心设计，是科技立法工作的计划性、审慎性、科学性、预期性与严密性的体现。"头痛医头，脚痛医脚""临时抱佛脚"式的立法，对科技发展是不利的。鉴于新技术革命时代科学技术发展的迅速性，更有必要事先严密考虑上述两种含义上的近期立法、中期立法与长期立法三结合。

首先来看在时间上对制定科技法的安排。

科技法的制定，要具备充分的先决条件，其中主要有两个方面：第一为立法要求的成熟；第二为有足够的立法工作者。

从我们的主观要求来说，当然最好是一下子就把凡能预见有必要制定的科技法全部制定出来，以备不时之需。但是，客观上，科技法所调整的科技社会关系，有的已经形成，有的正在形成，有的则可能形成而尚未开始发生。也就是立法要求的成熟程度，是互有区别的。对于已经形成而且急需科技法予以调整的科技社会关系，必须加紧立法，列入近期立法的规划中去。对于正在形成而必定要求予以法律调节的科技社会关系，应当加紧调查研究，全面收集立法要求的信息，做好充分的立法准备工作，把有关的科技法列入中期立法的规划中去。对于尚未开始形成而有可能形成的科技社会关系，应当加强预测研究，广泛收集国外同类科技立法的有关信息，列入长期立法的规划中去。把这三者紧密地结合起来，有目的、有计划、有部署地进行科技立法工作，经过相当长时间的努力，完全可能形

成我国的科技法体系。

立法工作要靠人去做，如果缺乏足够的立法工作者，或者立法工作者的经验不够丰富，任何一部科技法都不可能制定出来，或者制定得不够理想。从我国实际情况来看，立法工作人员本来就是十分欠缺，而既懂法律，又懂科学技术，能够应付裕如地从事科技立法的专门家，更为缺乏。这对科技立法规划的实现，无疑是一个重要的问题。为此，必须在制定科技立法规划时，按"有足够的立法工作者"作为立法先决条件、立法的可行性因素加以考虑，要加强科技立法工作者的培养，形成梯形结构，使近期立法、中期立法、长期立法都"行之有人""行之有效"。

再来看在实施期限上的科技法规问题。

科技法调整科技社会关系，受科技社会关系的稳定性程度的制约。法律只对必须调整的社会关系起调整作用，社会关系如果变化了，调整该社会关系的法律也应随之改变。我国的政治体制改革、经济体制改革、科技体制改革和教育体制改革正在进行，改革的过程中，旧的科技社会关系必将为新型科技社会关系所取代，科技机构、科技人员等等相互之间的权利和义务关系趋向于更加合理的构筑。同时，科技进步本身，尤其是新技术革命的发展，也会引致科技社会关系的变动。这样，就提出了以长期起作用的科技法调整稳定的科技社会关系；以中期起作用的科技法调整只是在若干年（如 10 年）以后才会起变化的科技社会关系；以短期起作用的科技法调整在变化中的科技社会关系的立法要求。而这，就形成了近期、中期、长期科技立法规划之分。把三者有机地结合起来，形成前后呼应、互相连贯、有机配合的科技立法结构，就能使我们在科学技术事业的发展中，始终有法可依。

从国家科委征求各地意见后提出的立法设想看，《科学研究联合体条例》《科学技术工作者聘任条例》《科学技术业余劳动条例》《国家重大科学技术项目拨款条例》《星火计划条例》《科学和技术成果推广应用条例》《引进技术消化、吸收和发展条例》《技术引进管理条例》《技术出口管理条例》《智力引进暂行条例》《技术市场管理条例》《关于扩大科研所自主权的规定》《关于改革科技拨款制度的暂行规定》《关于促进科技人员合理流动的规定》《关于选派出国留学生计划管理规定》《关于科技人员继续教育的暂行规定》等，由于所调整的科技社会关系受改革进程的影响较大，可以列入近期立法规划；《原子能法》《核设施安全管理条例》《激光安全防护条例》《国家科学技术振兴法》《国家科学技术基金法》《科学技术情报工作条例》《科学技术档案工作条例》《生物工程开发条例》《著作权法》《技术合同法》《国家科学技术委员会章程》《中国科学院章程》《科学院士条例》等，由于调整的社会关系比较稳定，要求以法律保护有关社会关系的长期稳定，可以列为长期立法规划。其他为《科学技术奖励法》《科学技术可行性论证条例》《科学技术评价工作条例》《科学技术劳动法》《科学研究所法》等，则可列入中期立法规划。

两种意义上的近期、中期、长期紧密地有机地结合的科技立法规划的设计，无疑要求有强有力的领导机构承担,全国人大的有关部门应积极做好这项工作或委托国家科委政策局做好这项工作。

(七)基础性立法、高技术立法、相关性立法三结合

新技术革命不是单一学科、单一技术部门的革命。它可能在某一个或几个高技术领域取得突破性进展,从而带动其他领域以前所未有的高速度前进。但该高技术领域必定有其庞大而坚实的科学技术基础,其他领域也不可能与该高技术领域在水平上有天壤之差。可以说,新技术革命是科学技术全方位的立体式的推进和突变。因此,保证新技术革命的科技立法,也应是全方位的立体式的。发达国家新技术革命正是在基础性立法、高技术立法和相关立法三结合健全发展的条件下取得初步成功的。

我国迎接新技术革命的法律调节措施方面,从当前来说,如前所述,不可能急于求成、草率立法、全面开展科技立法,但从长远来看,必须达到基础性立法、高技术立法与相关性立法三结合的全面发展。因此,从现在开始,就应当着手准备。

关于基础性立法,由于其"基础性",因此应当先行。基础性立法主要包括宪法、科技进步领导机构法、科研机构法、科技进步促进法、教育立法、科技研究资金立法。除宪法外,我国的科技进步基础性立法基本上尚付阙如。我们认为,最基本的教育法是保证科技进步基础的基础,应当不遗余力地予以加强。日本在第二次世界大战后以坚定有力的教育立法保证了教育事业的发展,为尔后的科技飞跃发展奠定了雄厚的人才基础。美国在第二次世界大战行将结束的时候,以及在苏联发射世界上第一颗人造地球卫星后的次年即1958年、1965年,先后多次颁行特定的教育法,把大批美军战士培养成为大学生,而后又培养为博士生,对美国科技的发展起了重要的作用。我国现有2.3亿以上的文盲,且呈增加趋势;原计划将增加高等学校招生名额,又因为财政困难反比往年少招等等。这说明,教育事业的发展仍未被放在极端重要的位置上。以宁肯咬牙度日也要把教学搞上去的"破釜沉舟"的精神对待之,这样,教育立法的加强,才会显得必要与紧迫了。此外,科技进步促进法作为科技发展的基本法,发达国家都十分重视,放在第一位作为先决性立法措施予以加强。我们也应从我国的实际出发,尽早制定我国的科技基本法。

高技术立法直接关系到特定高技术领域的发展。国外的高技术立法,如信息技术立法、原子能立法、海洋工程立法、空间技术立法、新材料技术立法、生物技术立法以及高技术栈区立法,都发展得比较迅速。我国在实施"星火计划"的同时,已决定在生物技术、海洋工程、空间技术、微电子技术等若干个高技术领域大力攻关。这将对我国高技术发展产生重大的影响。为此,有关高技术领域的特定立法,必须紧紧跟上。我们认为,这些特定领域的高技术立法,必须以具体、详尽、周密、系统、完备为原则。某些方面立法的"原则性"方法,绝不应照搬到高技术领域的立法中来。在高技术立法中,应当牢固地、紧密地建立立法领导工作者、科技专家与法学家的三结合关系,有关立法必须丝丝入

扣、一丝不苟地符合科技发展规律与法学原理。在这方面，任何"大而化之""粗枝大叶"都是绝对要不得的。

科技进步的相关性立法，有的实际上是带基础性的，如专利法、标准化法；有的则与其他领域的社会关系的调整也相关，是一种调整各种社会关系的共同性立法，如税法、合同法、运输法等；还有的则与科技进步的消极影响的预防有较直接的关系，如环境保护法、生态平衡保护法等。科技进步的相关性立法，在我国已取得相当的发展，但还有进一步加强的必要。专利法仅仅是智力成果权的法律保护的一个方面，著作权法以及其他智力成果权保护法，还应进一步制定。我们的税法、合同法与科技进步的关系中，还有一系列问题尚待解决。环境与生态的法律保护，有其一般性法律措施与特殊法律措施的分别。与高技术发展相关的环境与生态的法律保护措施，我国还相当不健全，这一方面的立法，无疑应予以加强。

前面说过，新技术革命立法应是全方位、立体式地开展的，这就需求基础性立法、高技术立法与相关性立法不仅要各个加强，而且要紧密结合。例如，基础性立法应有专门部分对高技术发展做出促进和保障的规定，而高技术立法对特定高技术领域的促进，还有待相关立法给予支持。这样，基础性立法、高技术立法、相关立法的有机的三结合，就成了立法者与立法研究工作者应予注意的重心。

在这一方面，还应强调的是，迎接新技术革命的基础性立法、高技术立法和相关性立法，应当随着国情、国力的发展，结合新技术革命发展的客观规律与实际进程，以动态有序的态势相机发展，不能墨守成规，不能"一劳永逸"，三者的结合，是动态的结合，有机的结合，在发展中结合，在结合中发展。我们相信，经过一定时间的努力，完全可能建立有中国特色的新技术革命法律体系，从而为中华科技的振兴与腾飞做出特殊的贡献。

（八）立法中的立、改、废三结合

任何法律部门的立法，都有立、改、废的问题。但由于科学技术是生产力发展中最活跃的、最革命的因素，新技术革命时代科技发展极其迅速，所有关于科技的社会关系的变动，都比别的方面社会关系的变动更加迅速。因此，科技立法中的立、改、废问题；比一般立法中的立、改、废问题更应引起重视，力求立、改、废及时地、三结合式地进行。

这里，必须解决"法的稳定性"与科技立法迅速变化的矛盾问题。作为法，科技法当然应该遵循"法的稳定性"原则。但是，"法的稳定性"是相对的，管三百年是稳定的，管三百天未必就不是稳定的。观察"稳定"与否的标准，不在于时效的长短，而取决于所调整的社会关系是否变动。如果某一法律所调整的社会关系已经发生了质的变化而法律未予废弃或修改，那么，这样的"法的稳定性"起了适得其反的作用，成了社会关系调节的阻力。可见，随社会关系的质变而及时修改、废弃旧法与创立新法，是客观的需要；其时间尺度上即使为期甚短，也无可非议。

我们提到了"社会关系的质变"的概念，包括科技发展所引起的社会关系某一方面或几个方面的质的规定性的改变。这不能理解作"阶级性关系的改变"，例如从"阶级剥削"变为非剥削关系，或者由非剥削关系变为"阶级剥削"关系。在我国"三大改造"完成以后，剥削阶级已渐趋消灭，科技领域的社会关系已不存在阶级剥削关系。但科技领域社会关系的变化仍有量与质的区分。例如，公有制度的量变，可能导致集体所有制关系变化为全民所有制关系，或者逆方向地由全民所有制关系变化为集体所有制关系；指令性计划关系可能变化为指导性计划关系，或者指导性计划关系转变为指令性计划关系；产品性关系转化为商品性关系，或者商品性关系转化为产品性关系；有偿合同关系转化为无偿协作关系，或无偿协作关系转化为有偿合同关系；等等。

当科技发展引起相关的社会关系发生质变时，调整过时的社会关系的科技法，就同样地过时了，必须及时地废弃、修改，并以新法取代旧法。

为了做到立、改、废的紧密结合、不失时机、行之有效，必须加强科技法制实施情况的跟踪调查、信息收集、问题分析、对策研究，从而为立、改、废作出决策。

由于科学技术的发展近乎"瞬息万变"，某些方面的社会关系的调整对科技的进一步发展又有决定性的意义。因此，有关立法不应中断。这样，立、改、废的紧密结合就应特别重视，已立之法，不能与旧法并列，因而要求"废"得及时；一法之"废"，不能造成空白，因而要求"立"得及时；同样的道理，法的修改不能旷日持久、迟疑不决。日本在振兴机电工业方面三项重大立法环环相扣的经验，是值得认真学习的。如果我们也能做到科技立法的前后相随、有机连贯、互相呼应，使立、改、废得以紧密结合，那么，科技进步的成效，必将日益明显，与时俱增。

（九）立法、司法、守法三结合。

迎接新技术革命的法律手段，不仅在立法方面是全方位、立体式的，而且应当紧密地将立法、司法、守法结合起来，保证科技法制取得最大的实效。

立法问题已如上述，这里有必要就司法与守法做些探索。

随着科技立法的开展，无法可依的状况将逐渐改观，相较而论，科技司法问题将日益变得突出起来。有法不依等于无法，科技司法如不能与科技立法同步发展，科技立法就达不到立法目的，以科技法制调整科技社会关系的目的也不可能达到。为此，必须加紧科技司法机构、科技司法队伍、科技司法制度的建设。

科技司法机构，在我国迄今尚为空白。1985年8月召开的全国首届科技立法工作座谈会上，在研讨到科技合同法的司法机构时，各级科委的代表希望工商行政管理部门承担科技纠纷的仲裁责任，而工商行政管理部门的代表则要求科委系统的同志承担。两方面之所以互相推诿，主要原因是各自系统内十分缺乏既懂法律又懂科技的专门人才。我们的看法是：由科委或工商行政管理部门全权实施科技司法都未必妥善，除缺乏专业人才外，一且这些机构承担了繁重的科技司法任务,还会影响其本身原有的工作。从长远的需要来看,建立并逐步健全科技司法机构,是完全必要的。我们建议,先在人民法院经济庭内设立科技组,以后视科技司法任务的轻重情况再考虑是否发展为科技庭。至于科技合同的公证、科技合同纠纷的仲裁,则在公证处、工商行政管理局所下建立科技组来处理公证业务与仲裁业务。当然,所有这些涉及科技的司法业务,与科委系统的政策管理部门有密切的关系,在实际司法工作中,加强与科委政策管理部门的联系,同样应引起重视。此外,科技司法中必定涉及权益的论争。因此,律师机构中设立科技组也是必要的。

既要使科技司法机构得到健全发展,科技司法队伍的建立和科技司法人员的培养,就成了当务之急。由于科技司法人员必须是既懂法律又懂科技的专业人才,因此,传统的法学教学制度、方式、措施,已不能完全适应科技法制发展的要求。科技司法人员按特殊的制度与方式方法进行培养,就成了必须研究和解决的问题。我们建议,政法院校招收的研究生中,应有一部分理化成绩上乘而法律知识全面者,将来由他们去培养科技法学的大学生;而攻读科技法学的大学生,可以在学习期间既学科技基础知识,又学法律基础知识,兼长二者,以便毕业后进入科技司法界时之实用。当然,对他们的法律知识要求,就应与其他法律院系的学生有所不同。至于科技知识方面,也应与理工科学生有差别。

由于科技立法的实效只能见诸科技司法,为使三者的结合更加完美,在科技立法伊始,就必须同时考虑科技司法问题,做出统筹安排,否则,科技法制的建设,将受到很大的影响。

科技守法问题同样应当得到高度的重视。社会主义法制与剥削阶级的法制的根本区别之一,在于社会主义法制是人民利益与意志的反映,后者则是剥削阶级利益与意志的反映。正因如此,社会主义法制主要是依靠人民群众自觉遵守而发挥效能的。广大科技人员和其他公民自觉遵守科技法,是科技法生命力所在。这样,科技人员的守法意识就成了必须关注的重大问题。科技守法意识,在严格性、全面性方面,有更高于一般守法意识的要求。在新技术革命时代尤其是这样,因此这一时代新技术、高技术日新月异地发展,可能带来的利益与可能造成的恶果,都非同小可,任何粗心大意、疏于法制的行为,都可能造成无可挽回的巨大损失。

总之,科技法制的整体性,要求科技立法、科技司法、科技守法三者紧密结合,互相促进,相辅相成。为了达到这一"三结合"的要求,加强法制实施、法律宣教、法学研究的三结合,也是十分必要的。

(十)法制实施、法制宣教、法学研究三结合

科技法制系统中,科技立法、科技司法与科技守法属于科技法制的实施的范围。除科技法制的实施外,科技法制的宣传、教学,科技法学的研究,也是不可或缺的重要方面。

科技法制的宣传,是为科技守法服务的。只有广大科技人员和其他公民"知"科技法

制、"懂"科技法制，才能养成科技守法意识，真正积极地、自觉地、严格地遵守科技法制，并为科技法制的贯彻而斗争。

科技法制的教学，是为科技司法队伍的建设服务的，也是为造就科技法学人才服务的。当前的法学教学，显然与科技法制的建设、与科学技术的发展，尤其是与新技术革命的要求，极不适应。按目前的政法院校情况来看，连一个科技司法、科技法学人才也培养不出来。这对科技法制、科技进步将会造成极大的危害，危害程度的严重，在今后十年内将变得日益明显。为此，我们建议，国家科委与高教部、司法部应及时磋商，先在政法院校中试行开设科技法专业；在条件成熟的时候，开办中国科技法学院。

科技法学的研究，一方面是法学研究本身的需要，另一方面是科技法制建设的需要，从我国实际看，后者更为重要。科技法学总的来说属于应用法学。由于科技法调节的是科技社会关系，有其特殊性，科技法学研究的内容将是十分丰富多彩的。国外对科技法学的研究已有一二十年，我国大大落后了。迄今为止，我们还没有一本科技法学的基本著作，科技法学教材也尽阙如，科技法学的教学人员一无所有。这是一个极大的缺憾。为了在较短的时间内改变这种情况，有必要将全国各地分散地、自发地进行的法学研究力量集中起来，建立科技法学研究专门机构，协力攻关，尽早解决科技法学方面的一些基本学理问题，尽早写出科技法学的基本著作与主要教材，以供科技立法、司法、守法以及科技法制的宣传、教学之用。

科技法制建设的全面发展，除科技立法应由全国人大的有关机构直接领导外，除科技司法等与司法部相关外，其他许多工作，如科技法制的宣传教育、科技法学的研究等，仍应有专门机构筹划、管理。从目前情况来看，科技法学院的筹办、科技法学研究所的筹备，以由国家科委负责为最合适，我们谨建议国家科委领导对此进行研究，以求达到科技法制实施、科技法制宣教、科技法学研究的最佳结合。

二、突出科技现代化的宪法地位

宪法是国家的根本大法，具有较高的权威性，一切其他法律都必须依据宪法制定，不得与宪法抵触，否则无效。以宪法保证科学技术的进步，是各发达国家科技进步的成功经验之一，也应成为我国科技现代化以至整个社会主义物质文明和精神文明建设的根本措施。

（一）

发达国家科学技术的高度发展，有一个从量变到质变、从渐进到飞跃的过程。促成这一过程大为缩短，各有不尽相同的因素，但有一点是共同的，这就是它们都以宪法来保证科学技术的进步。美国、日本、德国、意大利、瑞士、苏联以及许多东欧社会主义国家，都以宪法的专条或专款规定科技进步的保障或促进措施。其中较具特色的几点，本书第一部分已有论及，这里再做进一步分析。

1. 早。例如，美国早在200年前，即1787年，就在宪法中做了规定。《美利坚合众国宪法》第一条第八款关于国会的权力中规定："（8）对于著作家及发明家，保证其作品及发明物于限定期内之专有权利，以奖励科学与实用技艺的进步。"这是世界各国宪法中关于专利权的最早规定。根据这一规定，美国于1790年制定了专利法。

瑞士的宪法也很早就作了促进科技发展的规定。1874年的《瑞士联邦宪法》，在其总则中以较多的条款规定了保障科技发展的立法权和具体规范。在以后的修正案中，又加进了关于原子能立法、航行与航空立法以及工业发明保护立法权的条款。

此外如德国的魏玛宪法也较早就有关问题做了规定。该法颁行于1919年，以"第四章"对"教育及学校"作了专章规定。该章首条（在宪法全文中为第一四二条）规定："艺术、科学及其学理为自由，国家应予以保护及培植。"其余共八条对教育事业的发展、学校的设立等做了十分细密的规定，对造就德意志民族的科学人才无疑有十分重要的作用。该法第五章还规定："知识上之工作，著作权、发明权、美术权，同享受国家之扶持扶助。""德国科学上、美术上、技术上之创作品，应依照国际条约，使其在国外亦享受保护。"（第一五八条）

2. 优。即规定了科学技术发展在国家经济生活和社会发展中的优先地位。例如，1946年公布的《日本国宪法》在第二十三条第九款中规定："（1）国家应奖励科学研究和发明创造。对科学技术的促进应在国民发展事业中占优先地位。"

3. 特。即对在科技进步中做出杰出贡献的人，给予特殊的奖励。例如，意大利宪法规定给予科技成就卓著者以政治上的特殊荣誉。1947年《意大利共和国宪法》第五十九条非常具体地规定："共和国总统得指定在社会活动、科学、文学和艺术方面以高度成就为国增光之公民五人终身为参议员。"

日本宪法规定："对有特别才能的公民，应提供奖学金、补助金或其他形式的奖励。"

1952年颁行的《波兰人民共和国宪法》规定："波兰人民共和国对于有创造能力的知识分子——科学、教育、文学、艺术工作者，以及进步技术的革新者、合理化改造者、发明者，给予特别的关怀。"

4. 详。即有关科技进步的宪法规定详尽周密。例如，苏联和南斯拉夫对科技进步的规定，比其他许多国家显得更为详尽些。苏联1977年宪法除在第二章"经济制度"中做了有关规定外，还以第三章"社会发展和文化"的单列的专章共九条之多，对科技进步的各方面问题做了规定。此外，在第七章"苏联公民的基本权利、自由和义务"以及第八章"苏联—联盟国家"中，也做了有关规定。

南斯拉夫的1974年宪法，在"序言·基本原则""社会制度·人在联合劳动中的地位和社会财产""自治利益共同体""保护和改善人的环境"以及第三章"人和公民的自由、权利和义务"、第三部分"联邦中的关系和联邦的权利和义务"等篇章条款中，对促进和保障科技进步也做了极为详尽缜密的规定。

发达国家以及南斯拉夫等国家以宪法保障和促进科技进步的成功经验，是值得研究、学习的。这里，有必要对日本在第二次世界大战后经济与科技发展的历程做一简单回顾。

第二次世界大战结束时，日本被打成了一片废墟。世界舆论普遍认为，一个工业强国将永远在东亚的地平线上消失；日本将从此沦为一个农业国。但如前所述，1916年的《日本国宪法》将促进科学技术发展置于国民发展事业的"优先地位"。它不惜一切代价地大力发展教育与科学事业，大量开展科技立法，使日本在不到十年的时间里走出了困境。为此，世人不得不刮目相看。到60年代末，这个军事上的战败国，已一跃而成为资本主义世界的第二经济大国。不过日本毕竟领土狭小，资源贫乏，这决定它还将经受考验。在1973年10月，第四次中东战争爆发，接踵而来的是席卷西方的"石油危机"，它使日本经济中潜伏着的各种矛盾一齐爆发。至1973年底，日本几乎到了"山穷水尽"的地步；工矿业生产出现了第二次世界大战后的首次负增长；大批中小企业纷纷倒闭，至1974年倒闭达11,000家以上；失业人数猛增，如果加上半失业，则达10倍之多。在空前严峻的形势下，日本人始终坚持宪法关于促进科技发展应居"优先地位"的规定，并从中找到了对策，他们发现，从1973年到1975年，日本工业萧条，生产锐减，唯独微电子工业保持了10%以上的增长速度。微电子工业的特点是：所需投资少，消耗物质资源和能源也少，占地面积不大，而对就业人员的技术知识水平，要求却相当高。日本人由此悟到了彻底摆脱困境的道路，这就是努力发展附加价值高的知识密集产业。根据宪法上述规定的精神，日本政府于1978年制定了《特定机械情报产业振兴临时法》，明确规定把微电子工业作为经济发展的重点，同时发展电子机械产业、信息处理产业、超大规模集成电路产业等等。以此为起点，1980年日本政府在正式文件中提出了"技术立国"的方针。日本的《八十年代通商产业政策构想》和《1980年度科学技术白皮书》从不同的角度指出：日本经济发展"要有一个战略性转变"，"技术立国是日本的奋斗目标"，"有效地利用头脑资本进行创造性的技术开发，提高经济实力和竞争能力，是日本必由之路"。正是在科技优先的宪法规定和"技术立国"具体方针的指引下，颁行了一系列发展高技术的法律，日本走到了"柳暗花明"的胜地。从1955年到1965年的10年间，日本国民经济的平均增长率为10.1%，其中资本因素为2.7%，劳动力因素为1.3%，科技进步的贡献为6.1%。从1975年到1980年，日本经济的平均增长率为6.2%，其中资本因素为1.8%，劳动力因素为0.6%，科技进步因素为3.8%。这就是说，日本经济的增长，60%靠科学技术的进步。据经济界权威人士估计，由于日本的科技和经济实力在世界上有举足轻重的地位，如果不是出现极其特殊的情况，资源缺乏已经不再能构成对日本的威胁。

日本的经验告诉我们，以宪法规定科技进步在国民经济发展中的优先地位，使发展科技成为全国上下的自觉意识，成为立法、制定政策以及采取其他措施的指针，对国家的建设无疑有极为重要的作用。

那么，科技进步在我国被放在什么地位上呢？

（二）

新中国成立以后，我国的经济和科技得到了长足的发展，其赫赫成就是举世公认的。但是，对科技进步在经济发展中的地位的认识，却走过一段弯路。

在相当长的时期里，我国流行过"工业是主导""农业是基础""国防是保障"的说法，并被立法、政策所采纳，成为最重要的国策。但以如此简明的语言确认科学技术作用的流行说法则从未见有，当然也没有被作为国策反映到立法和政策中。

关于如何进行经济建设的问题，曾经有过农业与工业的关系的争论，有过"农、轻、重"三者关系的争论。但从来没有发生过"农、工、科（技）"三者关系的争论。毛泽东同志的《论十大关系》没有谈及科技问题，《关于正确处理人民内部矛盾的问题》也没有谈及科技问题。后来则提出了"以阶级斗争为纲""抓革命促生产"的纲领性口号。1975年的宪法中，则连"四个现代化"也被"无产阶级专政的条件下的继续革命"取代了。

总之，科技现代化问题，在相当长的时期里很少被人们所重视，更没有被提到法律地位的高度来加以探讨。

粉碎"四人帮"以后，确定了"经济建设要依靠科学技术，科学技术要面向经济建设"的战略方针，是极其英明的。邓小平同志于1978年在全国科学大会开幕式的讲话中，高瞻远瞩地申明了"科学技术是生产力"，从而为拨乱反正，为科学技术的加速发展奠定了基石。邓小平同志在讲话中强调指出："四个现代化，关键是科学技术的现代化，没有现代科学技术，就不可能建设现代农业、现代工业、现代国防。没有科学技术的高速度发展，也就不可能有国民经济的高速度发展。"邓小平同志还特别指出：劳动生产率的大幅度提高，"最主要的是靠科学的力量、技术的力量"。1982年9月，胡耀邦同志在中国共产党第十二次全国代表大会上的报告中重申："四个现代化的关键是科学技术的现代化。"党和国家领导人的这些精辟、深刻的论述，使我们更加心明眼亮，认清科学技术进步在社会主义经济建设中的极端重要性。

党和国家领导人关于科学技术现代化是"四个现代化"的关键的论述，在面临新技术革命挑战的形势下，变得更加重要了。

现在，新技术、高技术已经成了国际竞争的焦点。研究国际问题的专家普遍认为，今后的国际竞争，主要不是取决于军事实力，甚至主要也不是取决于经济实力，而主要取决于科学技术实力；从本质上来看，任何一个国家要想在军事上、经济上取得优势，关键在于取得科学技术的优势，尤其是新技术、高技术的优势。美国官方人士主张美国朝野动员起来为维护美国在科技领域的领先地位而斗争。美国的共和党与民主党在国际、国内的许多问题上常常意见相左，交互攻讦，但对于发展科学技术的认识，却高度一致。苏联的领导人在70年代初就曾明确指出,"世界上两个对抗制度之间竞争的重心,恰恰是在科学技术领域里"。戈尔巴乔夫出任苏共中央总书记以来,十分重视科学技术的发展,反复强调要加速科技进步。美、苏和其他发达国家正纷纷采取实际步骤,开展高技术竞争。1983年以来,美国的"星球大战计划",欧洲共同体的"尤里卡计划",日本的"科学技术振兴大纲",经互惠成员国的《2000年科学技术进步综合纲要》等,都是令人有咄咄逼人之感的。

同这些国家相比,我国的科技技术有相当大的差距。例如以核电站来看,1982年底全世界在运行的核电站共298座,其中美国80座,苏联40座,日本26座,英国33座,法国32座,而我国仅只4座,且全部在台湾地区。到1985年底,全世界的核电站已达到351座,而我国的秦山核电站刚开始建设。又如,美国由于广泛使用电子计算机,它的2亿多人口得以完成4000亿人的年工作量。

同时还应看到,科学技术的发展有加速度的规律,近代一二百年科技的发展远远超出了人类此前数万年的发展;而当代科技的迅猛发展,无论在质上还是在量上,都是此前的近代科技成果的千百万倍。只有优先发展科学技术,我国才有可能在国家实力上缩短与发达国家的差距;没有科学技术的优先发展,势必拉大我国与发达国家的差距,而这会给我国的政治、经济、文化、军事和社会发展带来极大的不利,从而使整个中华民族的命运和前途笼罩上一层阴影。

面临新技术革命的挑战,借鉴发达国家以宪法保障和促进科技进步的经验,我们不应讳言,我国宪法关于科技进步的规定,还有待进一步修改、完善,使邓小平等同志的科学论断得到更好的体现。

我国宪法规定:"今后国家的根本任务是集中力量进行社会主义现代化建设。……逐步实现工业、农业、国防和科学技术的现代化……"(《序言》)宪法规定的这一"四化"序列,当然并不意味着"最轻视"科学技术的现代化。但是,毋庸置疑,这样的排列也绝不意味着"最重视"科学技术的现代化。起码,我们的宪法还没有把科学技术现代化明确规定在"优先地位"上。

我国宪法第十九条规定:"国家发展社会主义的教育事业,提高全国人民的科学文化水平。"第二十条规定:"国家发展自然科学和社会科学事业,普及科学和技术知识,奖励科学研究成果和技术发明创造。"宪法的这些规定,无疑对教育和科学事业的发展有重要的保证作用。但与一些国家特别规定给予科技成就者以特殊奖励、给予有突出才能者以特别资助等,亦即表现出对科技进步的特别关怀这一点相比较,我国宪法的上述规定似嫌不够强烈、不够鲜明、不够突出。

除上述规定外,我国宪法还在其他一些条款中有少量的关于科技进步的规定。这些规定都是必要的,但与苏联、南斯拉夫宪法的有关规定相比较,在详尽、周密、完备方面,还有可以向这些国家借鉴的地方。

总之,在"优""特""详"等方面,我们还应借鉴发达国家的经验。

为此,具体建议在适当的时候,修改我国宪法。

第一,在"序言"中,应将"四化"序列重新安排,将科学技术现代化置于"四化"序列的首位,即应修改为:"今后国家的根本任务是集中力量进行社会主义现代化建设。……逐步实现科学技术、工业、农业和国防的现代化,把我国建设成为高度文明、高度民主的社会主义国家。"

第二,在"总纲"中写入发展科学技术应居优先地位的思想,将第二十条修改为:"国家大力发展自然科学和社会科学事业,大力普及科学和技术知识。"(第一款)"国家发展中,科学技术进步处于优先地位。国家大力奖励科学研究成果、技术发明创造及其推广应用。"(第二款)

第三,在"公民的基本权利和义务"中,对公民在科技进步中的贡献的奖励、帮助提得更高、更具体,将第四十七条的有关规定修改为:"国家对于从事教育、科学、技术、文学、艺术和其他文化事业的公民的有益于人民的创造性工作,大力地、及时地给予鼓励,经常地、具体地给予帮助。"

第四,在"国家机构"中,规定设立领导科学技术进步的专门委员会,将第七十条修改为:"全国人民代表大会设立民族委员会、法律委员会、财政经济委员会、科学技术委员会、教育文化卫生委员会……"即将"科学技术委员会"从"教育科学文化卫生委员会"中分立出来。

在第八十九条关于国务院职权的规定中,相应地突出国务院在具体领导科技进步中的作用与权能,将该条第七款分为两款:"(七)领导和管理科学技术进步及科学技术成果的推广应用;(八)领导和管理教育、文化、卫生、体育和计划生育工作。"

宪法作为具有最高权威的国家根本大法,对其他法律的制定有指导意义和制约作用。以宪法规定来突出科学技术现代化的优先地位,将在其他法律中得到反映,同时,在法制观念日渐加强的今天,突出科技现代化的宪法地位,可以使全国人民观念一新、耳目一新、行动一新,造成人人重视科学技术,个个努力学习和掌握科学技术的风气;可以动员整个中华民族以极大的决心、极高的热情、极强的毅力,投入发展科学技术现代化的热潮中去。我们相信,突出科学技术现代化的宪法地位,将对中华腾飞起到不可估量的伟大作用。

略论科技法渊源*

科技法渊源，是科技法学的重要研究课题，也是科技法制建设中必须明确解决的重要课题。

关于法律渊源，法学界有极为不同的见解，其中主要有：（1）法律渊源为"指示某种可以制定法律的力量"，即法律力量渊源论；（2）为"表现法律规范的多种形式"，即法律形式渊源论；（3）"阶级社会的物质生活条件是形成法律的渊源"，即法律形成渊源论。此外还有"实质渊源""历史渊源""内容渊源""成立渊源""发生原因渊源"等等不同的观点。我们认为，采用"形式渊源"即把"表现法律规范的多种形式"作为"形式上的法律渊源"是比较恰当的。目前我国法学界大多数人持这种看法。

按照法律形式渊源论来看科技法的渊源，大致有八个方面。

一、宪法规范

这是最高国家权力机关制定的具有最高法律效力的规范。任何其他法律的制定，都必须以宪法规定为依据，不得与之相抵触；若有抵触，则为无效。

宪法规范一般都比较简洁，比较原则。但是，其详略程度则因各国的宪法传统和实际需要而有不同。《日本国宪法》的有关规定仅一条七个字："保障学术之自由。"（第二十三条）《美利坚合众国宪法》的有关规定也只有一条中的一款，即第一条第八款："保障著作家及发明家对其作品及发明物于限定期间内的专有权，以奖励科学及实用技艺的进步。"但大多数发达国家及发展中国家的规定，都比较详尽。《南斯拉夫社会主义联邦共和国宪法》涉及科技进步的宪法规定，分布在序言部分"基本原则"、第二部分"社会制度"、第三部分"联邦中的关系和联邦的权利和义务"等部分，除序言中的洋洋六七百字外，还有五条一千余字对有关科技进步的目标、目的、方针、政策和权利义务关系等做了详细的规

---

* 原载《科技法学》1990年第2期。

定。《苏维埃社会主义共和国联盟宪法》的有关规定也十分详尽。"一、苏联的社会制度基础和政治基础"的第二章"经济制度"、第三章"社会发展和文化";"二、国家和个人"的第七章"苏联公民的基本权利、自由和义务";"三、苏联的民族国家结构"的第八章"苏联 — 联盟国家"等，共13条，都涉及科技进步问题。

我国宪法的有关规定，也是比较详细的。宪法"序言"在肯定新中国成立以来"教育、科学、文化等事业有了很大的发展"后，提出了包括实现"工业、农业、国防和科学技术现代化"的国家"根本任务"。"总纲"第十四条规定，"国家提高劳动者的积极性和技术水平，推广先进的科学技术，……以不断提高劳动生产率和经济效益，发展社会生产力";第十九条规定，"国家发展社会主义的教育事业，提高全国人民的科学文化水平""国家发展各种教育设施，扫除文盲，对工人、农民、国家工作人员和其他劳动者进行政治、文化、科学、技术、业务的教育，鼓励自学成才";第二十条规定，"国家发展自然科学和社会科学事业，普及科学和技术知识，奖励科学研究成果和技术发明创造";第二十三条规定，"国家培养为社会主义服务的各种专业人才，扩大知识分子的队伍，创造条件，充分发挥他们在社会主义现代化建设中的作用"。第二章"公民的基本权利和义务"的第四十七条规定，"中华人民共和国公民有进行科学研究、文学艺术创作和其他文化活动的自由。国家对于从事教育、科学、技术、文学、艺术和其他文化事业的公民的有益于人民的创造性工作，给以鼓励和帮助"。第三章"国家机构"则规定了发展科学技术的领导管理机构问题。此外，第二十六条还规定"国家保护和改善生活环境和生态环境，防治污染和其他公害";第一百一十九条和第一百二十条还规定了少数民族和少数民族地区的科技进步问题。这样详尽的规定，无疑对其他科技法规的制定有重大的指导意义。

二、法律

在世界各国的法律体系中，最高国家权力机关制定的法律，是法律效力仅次于宪法的法律规范。因此，法律是科技法形式渊源的一个基本组成部分。

由于各国的体制不同，有的国家的法律，还有基本法与基本法以外的其他法律的形式区别。在法律效力上，基本法大于非基本法;非基本法的规定必须以基本法为依据;如果有抵触，则非基本法的规定自动无效。

我国宪法规定，"制度和修改刑事、民事、国家机构的和其他的基本法律"之职权，属于全国人民代表大会（第六十二条）。因此，如果制定我国的《科学技术基本法》，则由全国人民代表大会行使此项职权。

我国宪法还规定，"制定和修改除应当由全国人民代表大会制定的法律以外的其他法律"的职权，属于全国人民代表大会常务委员会（第六十七条），这样，诸如《技术合同法》《科学技术研究所法》《科学技术学术团体法》《科学技术基金法》等科技法律，则由人大常委会通过。

需要指出的是,我国人大常委会还有权"解释法律"(第六十七条)。国家权力机关的"法律解释",应视为法律的形式渊源之一。在科技法渊源问题上,也应这样看待。

三、行政法规

这是由国家最高行政机关颁行的法规。在我国,是由国务院;在苏联,是由部长会议;在美国,是由联邦政府(白宫);在日本,是由内阁这些机构根据宪法和法律来制定。其名称可以是"法",也可以是"法令""决定""命令"等。日本国会通过《科学技术厅设置法》后,内阁就依据此法制定了《科学技术厅组织令》。我国宪法规定,国务院行使"根据宪法和法律规定行政措施,制定行政法规,发布决定和命令"的职权(第八十九条)。

四、地方性法规

科技法体系的完整性,体现在中央立法与地方立法的综合配套、同步发展上。没有地方立法的配合,全国性立法将难以具体贯彻,尤其是在联邦制国家和中国、印度等幅员广大、情况复杂、发展不平衡的国家里。

地方科技法规,如《上海市发展新兴技术和新兴工业暂行条例》(1987)、《上海市专利许可合同管理办法》(1987)、《上海市实验动物管理办法》(1987)、《上海市合理化建设和技术改进奖励实施办法》(1987)、《上海市青年科学基金暂行管理办法》(1987)、《上海市自然科学基金试行条例》(1987)、《上海市技术出口暂行办法》(1987)等,都是科技法形式渊源的一个组成部分。

由于地方性科技法结合地方的实际情况,施行的收效大多较好,是科技法的重要形式渊源。

同时,许多国家包括我国,考虑到立法条件、立法经验的成熟程度问题,往往先由地方制定某方面的法规,取得经验之后,结合各地的情况来制定全国性的这一方面的法规。因此,地方性科技法规作为科技法形式渊源,从立法这一角度看,又具有特殊的意义。

五、中央政府各部的部门性法规

各国中央政府之下都分设部(日本称"省",我国和其他社会主义国家还有"委员会"等名称)。部政府机关制定的科技法规,也是科技法的形式渊源之一。这样的部门性法规,数量最为庞大,种类极为繁多,构成了科技法体系的丰富内容。

我国宪法规定，"各部、各委员会根据法律和国务院的行政法规、决定、命令，在本部门的权限内，发布命令、指示和规章"（第九十一条）。

上述五类科技法的形式渊源，或为国家权力机关所制定，或由国家行政机关所产生。

六、科技机构与科技团体按法定程序通过的章程、规则等规范性文件

这些章程、规则，虽然是对本机构、本团体的，但行之有效的，也可为其他机构与团体所借鉴，甚至上升为同类机构、同类团体的有普遍约束力的章程、规则。这样，它就成了科技法的一种形式渊源了。

七、有关科学研究、技术开发、技术应用的科学技术规范

在科技法律史上，古今中外不断有一些科学技术规范被赋予法律效力，从而形成科技法规范。这样从科技规范到科技法律规范的转化，现代和当代发生得越来越经常、越来越频繁了。毫无疑问，科学技术规范是科技法重要的形式渊源。

八、国际双边、多边的科技条约，联合国的科技公约

国际的双边、多边包括集团性的科技条约，有科技合作、科技交流、科技成果的进口与出口等方面的条约、协议；联合国关于科技合作与交流、环境保护等方面的公约，都是科技法的重要形式渊源。由于国际交流日益频繁，国际合作越益重要，更由于开放、和平合作成了世界发展的主流与各国的共识，科技国际条约成为越来越重要的科技法形式渊源了。

此外，还有三种"形式渊源"值得讨论：（1）与科学技术有关的一切社会规范；（2）人们的科技法律意识及科技伦理观念；（3）传统惯例，即那些还没有明文规定的，但又为人们公认的习惯和传统准则。

将上述三种列为科技法的形式渊源，似乎范围更宽泛了，以不列入为好。其理由如下："与科学技术有关的一切社会规范"，如果被赋予法律效力，有的可能成为科技法规范用以调节科技社会关系；有的则不可能成为科技法规范，不能用来调节科技社会关系。例如，教育、新闻、艺术、美术方面的一些规范，是"与科学技术有关的"，但如加以立法，就成了教育法规、新闻法规、艺术法规，而不是科技法规。再说，刑法、婚姻法、商法等能说它们与科学技术无关吗？显然不能。但同时又无论如何都不能把刑法、婚姻法、商法与科技法等同起来看待。所以，不能把"与科学技术有关的一切社会规范"都列为科

技法的形式渊源。

"人们的科技法律意识及科技伦理观念"不具备"规范"的形式,作为科技法的"形式"渊源,也是不妥当的。与此同理,流行的法学理论著作把人们的法律意识、法学理论作为法律的"形式"渊源,同样是不妥当。

至于"传统惯例",在人类社会发展的初期确有不少传统惯例、习俗转化为法律规范,再后来就日渐少见了。在科技社会关系的调整方面,"传统惯例"一般是不存在的。因为每当一种新的科技社会关系产生时,就必须有相应的科技法予以调整。尤其是在近现代和当代,新兴科技产生之日,"间不容发"地必须有科技法规加以调整。甚至还有这样的情况:"兵马未动,粮草先行。"当一种科技活动,一项科技工程的计划尚未付诸实施时,就必须预先设想、制定好调整可能出现的种种科技社会关系的法律规范。而且,一般说来,既然久已成为"人们公认的习惯",也就不必"另作多情"地专门为之立法了。

制定我国科技进步法的几点借鉴[*]

"他山之石，可以攻玉。"在加紧制定我国科技进步法之际，借鉴其他国家科技进步的立法是不无裨益的。

许多国家的科技进步立法中，也有涉及机构、资金、组织、人员之类问题的，但总的来说，都在于对科技人员积极性的调动及对科技成果的推广、应用进行宏观刺激。按有关法律的侧重点，可以粗略地分成以下几种。

一、科技进步的政策性立法

美国国会于1976年通过了《美国国家科学技术政策组织和重点法》。通过该法的目的，首先是"为了制定美国的科学技术政策"。该法通过时，国会认为，随着时间的进展和国家情况的变化，需要对国家的科技政策进行修改，而当时的情况说明，已有必要和可能进行修改了。按照该法所做的第一个重大举动，就是恢复被尼克松政府撤销了的科学技术政策办公室（OSTP），该法规定OSTP主任同时是总统科学顾问，确认科学技术在社会、经济生活中的地位，加强了科学技术在政府决策中的作用。该法以第一章第一条明确宣布："要求在完成国家目标中有力地和明显地支持和使用科学技术。""在国家决策的过程中，体现出科学和技术知识的作用。""联邦用于科学和技术的资金是对未来的投资，是国家持续进步和人的环境改善所必不可少的。因此，应当对科学、工程技术进行持续不断的投资……"该法还规定，总统的科技年度报告由OSTP主任主持编写，经总统修改后，即应保证付印，并使其成为一份可供公开使用的文件。年度报告所全面说明的美国科学技术政策和重点事项，作为国会和政府的行动部门采取行动的依据。

通常，报告全文分三章和一章附录。第一章是对美国科学技术的现状及发展战略的高度概括性说明。1982年度科技报告中的美国科技政策的宗旨做了如下扼要阐述："美国科

---

[*] 原载《科技与法律》1991年第1期。

学政策旨在使科学对美国国防和工业的国际竞争能力做贡献；使全国的研究与发展投资取得最大效益；保证美国的科学技术基础有长期的活力……""美国的技术政策旨在保证美国科学上的领先，促成经济和国防上的领先。"第二章是科学技术进步中出现的政策问题，根据不同领域分别论述政策的成功与失败，并提出改进措施。例如，1981年度报告中谈到鼓励工业技术革新时，明确指出："政府支持商业研究和发展工作的失败，主要是由于政府干预市场，导致了市场的新混乱。"报告建议政府以政策激励企业的技术革新，而不是通过联邦政府直接补助和干预企业决策。报告认为新技术的推广应用应依靠市场机制调节为主。第三章介绍联邦政府的研究、发展计划、优先领域等。附录通常是政府下一财政年度研究与开发的预算分析。

奥地利于1967年制定的《科学研究法》，也属政策性立法文件。该法施行后，根据实践的经验，于1980年修改为《科学研究组织法》。该法规定了七项原则和四大政策。七项原则是：科学研究自由、学术观点和研究方法多样化、科学研究面向社会、大学与企业合作、联邦与地方合作、发展国际合作、国家资助科研经费。四大政策是：发展科学知识，促进科学技术解决社会、经济、文化和生活问题，推广和应用科研成果，扶持和培养科学研究新生力量。

英国于1965年制定了《科学技术法》。英国官方、企业界和科学技术界普遍认为，《科学技术法》是英国发展科学技术的基本依据。英国成文法典中将该法划入宪法性法律的范畴，自颁布之日起，迄今未做改动，实际上已经成为国家科学技术活动的基本准则。由于受到判法传统的影响，《科学技术法》只原则性地规定了发展科学技术的宗旨和组织形成。但这些规定对英国科技政策的立法肯定，仍然起着十分重要的作用，主要体现在两个方面。一个方面是促进了科技政策的研究。根据《科学技术法》，英国成立了经济和社会研究委员会所属的工业关系研究所、剑桥人口研究所、社会法律研究所和少数民族研究所。这些研究所正积极开展科学技术的社会职能和新技术革命政策的研究。在这些研究所的带动下，技术变革中心等民间软科学机构，也按照《科学技术法》指明的英国科技发展方向，十分活跃地开展活动。其主要课题是探讨新技术革命中获得技术的政策和机会。在社会各界的推动下，1983年9月英国首相撒切尔夫人主持召开了科学、技术和工业讨论会，出席会议的各部大臣、部长、各研究委员会主席和国家主要科技研究机构、大学及大工业企业的负责人，讨论了今后的工业革新和国家的科技政策。另一个方面是，《科学技术法》的有关规定，深深影响了英国科技立法，使之出现了两大倾向。一是大幅度地修改旧法以适应加强科学技术应用的需要。自20世纪70年代末以来，英国先后修改了《工业法》《农业法》《钢铁法》《森林法》《医疗法》《食品法》《专利法》和《自动权法》等多部法规，使之在促进科技发展方面，更好地发挥法律保证作用。二是制定促进应用研究和技术开发的新法律，如《发明发展法》《工业技术开发法》等。这些经过修改的法律和新制定的法律，对发展有关部门的科学技术的有关政策和管理体制问题，做了明确的规定，从而弥补了国家判例法传统的影响,而在《科学技术法》中政策性立法不足的欠缺。

政策本身不具有法律意义。作为党派的政策,更不能以法律的强制性在全社会推行。因此,赋予国家的政策以法律约束力,或在立法上肯定这一或那一政策为全社会必须遵行,已经成了不同社会制度国家用来刺激科技进步的共同方法。这对我国发展科技、刺激科技进步是一种启发。那种非政策即法律、非法律即政策的观点和做法,似有可加修正之处了。把政策的原则性和灵活性与法律的具体性和强制性结合在一起,当能产生新的社会管理包括科技管理的有效力量。

二、科技进步的规划性立法

科技进步的规划性立法也可说是政策性立法。

法国总统密特朗上台后,发动过一场全国性的科技大讨论,在1962年1月召开了一次全国3000名科技人员、经济专家和社会专家参加的科技讨论会,会上拟出了科技政策大纲。而后,于1982年6月经过全国公民投票,正式产生了新的科技政策,并使之成为《法国科研指导与规划法》的重要组成部分。该法主要内容有:(1)法律保证逐年增加科技经费,每年增加20%(扣除通货膨胀率);科技经费占国民生产总值的比重,由1981年的1.8%增加到1985年的2.5%。(2)法律保证科技管理权力下放,把科研机构的领导权逐渐下放给地方。(3)扩大民主权利,成立中央政策和各地方政策派代表参加的高级委员会,利用这个高级委员会的影响,促进国会采取有力措施,发展科学技术。(4)提高科技人员的地位,一方面从政策措施上保证他们工作的永久稳定性——只要他们愿意努力工作,可以在一个部门长期工作下去;一方面在法律上给他们自由流动的权利,他们可以随意在研究所、大学、企业之间调动。同时保证他们的工资福利不断提高,以利于科研工作迅速发展。(5)成立科学和工业部门感兴趣的共同利益小组,以保证科技、工业同经济发展密切结合。

法国政府为使上述规划法更加具体化,还连续制定以3年为期的科研与技术发展计划法。1985年,法国议会通过了《法国1986—1988年科研与技术发展计划法》。先在当年2月由科技部工作小组召开会议,起草参考性文件;3月内阁正式宣布准备起草为期3年的计划法,任命了起草小组;4月起草小组草成初稿并附该法报告;5月国家行政法院通过这一法案;6月内阁通过法案,提交国民议会审议。

该法案共5编16条,其内容要点为:(1)科研经费指标。80年代末,全国科研经费要占国内生产总值的3%;1988年企业科研经费要占国内生产总值的1.2%。(2)优先权。在科研经费、科研人才的分配上要优先照顾基础研究,特别是国家科研单位和高等院校的科研项目、工业企业的科研工作。(3)科研重点。重点发展生产技术、信息技术、生物技术,具有重大经济与战略意义的研究项目。(4)税收贴补科研税制。(5)计划合同。

（6）企业委员会。（7）科研假期。无论在什么类型单位工作的科研人员均可享受科研假。（8）科研人才流动。企业的科研人员，通过签订的合同，可在国家科研单位和高等院校中进行科研工作；国家科研单位的科研人员，通过签订合同，可与企业合作科研，设置"合股研究员"。（9）退休科研人员的名誉称号。（10）国家科研经费拨款。列入民用预算的开支，在1986—1988年期间，按平均年增长率4%的速度增长。（11）国家科研单位科研人员长远规划。1986—1988年，每年新增科研人员1400名，其中研究员与工程师725名，其他人员675名。（12）科研计划的评审工作。（13）科技发展报告。（14）科研民主。（15）科技政策的评审。（16）本法是国家社会、经济、文化发展计划的不可分的一部分。

法国的科技进步规划法是颇具特色的，层次性与具体性是这些特色中的主要之点。由于有较原则与较具体的不同层次，既可用来把握总的政策，又可应付具体问题。明确具体的特点，使法案更加易于把握与实行。法国近十年来的科技进步之快，与此关系密切。

科技进步规划性立法，从规划和计划的角度，对科技进步做宏观范围的刺激。作为奋斗的目标，使科技工作者看清了任务与前景；作为实施的措施，激励科技工作者有约束的同时又能积极主动地工作；作为法定的义务，使有关部门和人员明确自己的法律责任；作为法定权利的明确条款，可以鼓励科技部门与科研人员奋发有为地为科技进步贡献才华。

三、刺激科技人员积极性的立法

社会主义国家中，个人利益与全民利益有时呈现表面的不一致状态，因而比较普遍地存在采取必要的物质刺激措施，以揭示根本利益的一致性。这在立法上得到了肯定。

1973年，苏联部长会议通过了《关于批准发明、创造与合理化建议的规则》的决议，决议具有法律效力。据苏联学者 В.Г.列别捷夫主编的《苏联怎样管理科学与技术》一书介绍，该法"规定了刺激体系的原则"，"这一刺激体系正促进工人、工程技术人员和职员广泛参加这一工作"。按照该法，企业可以利用生产预算中规定的资金来刺激发明创造与合理化建议，预算组织可以利用其预算中的资金，建筑部门可以把降低工作预算中所得到的一部分资金抽出来用于这个目的。对发明人进行奖励是刺激发明创造与合理化建议制度中的主要组成部分。法案规定，在国民经济中得到利用的发明创造，给发明者的报酬应在五年内发给。其数量是利用这一发明后每年所得节余的2%。发明创造的价值越大，奖励报酬也越高。

奥地利、英国等也适用传统的民事法规的主要形式——技术合同制度来调整科技活动中的社会关系。奥地利的法律规定："在科学研究和技术开发中，当事人达成的具有权利和义务关系的协议，视同私法领域的合同。"技术合同适用民法规定，但1980年修改后的《科学研究组织法》中，增加了技术合同的审批权以及当事人权利和义务的特有规定。合同纠纷一般不经仲裁，直接向法院起诉。英国无统一的民法典，合同关系依判例原则处理。自从 60 年代以来，政府部门以研究和开发合同形式将大量的科学研究和技术开发项目委托给专业研究协会和企业。为调整复杂的技术合同关系，英国内阁中央政策研究室于 1972 年制定了《应用研究合同条例》。《条例》颁布时，曾经遭到科学界的普遍非难，引发了一场轩然大波。经过政府的坚持和几年的实践，应用研究合同制度逐渐为社会所接受。近年来，政府对工业的无偿拨款逐渐减少，代之以通过签订研究开发合同促进科研成果在生产领域中的应用。合同的承担者主要是企业和研究协会。研究协会是中小企业合作研究的联合组织，其经费过去来源于会员企业的会费和政府的资助。现在政府已停止对研究协会的资助，而是将大量的应用研究和技术开发项目以合同形式委托研究协会进行，促使其走上依靠技术收入实现经济自主的道路。这样，英国国内出现了一批专门从事技术转让的组织，如"英国技术集团"（BIG）等。迄今为止，英国研究协会已有 40 多个。据统计，其收入的 30% 来自会员企业的会费，14% 来自出版、情报和其他技术服务，56% 来自研究开发合同。其中，与政府部门的合同占 15%，与国内企业的合同占 23%，与外国公司的合同占 4%。贸易工业部的澳伦斯普林实验室原来全部由国家拨款，目前，该实验室 70% 的经费则来自技术合同。另一方面，各种研究开发合同已成为大学和工业联系的纽带。大学区附近出现了由大学和工业企业合办的"科学园"，这是促进科研成果工业应用的新形式，其本质也是一种合同。此外，1973 年制定的《公正交易法》，1978 年颁布的《不公正合同条款法》和 1980 年问世的《竞争法》，也分别提出了不少维持技术合同秩序的办法。所有这些，都涉及科技人员科研成果的物质报酬，因而有助于调动其积极性。

四、激励企业科技进步的立法

企业的科技进步对国家有特别重要的意义。因为企业集中着大批科学技术人员，有雄厚的财力，有必要的科学技术研究设备，而且最有利于科技成果的推广应用从而转化为生产力。此外，企业生产过程本身也不断提出必须解决的科学和技术难题。因此，各发达国家都越来越重视激励企业的科技进步，而科技立法则成了激励企业科技进步的重要手段。在这一点上，资本主义国家与社会主义国家有着大致相同的认识和性质类似的立法措施。

日本政府认为，对企业来说，决定何时、以何种形式进行技术知识、情报信息和科学技术开发研究的投资，是企业的重要决策之一；同时认为，科学技术是形成产业社会活力的基础。日本的技术开发，70 年代以来得到了令人惊叹的增长，研究开发费用占国民收入的比率逐年增加。其中，民间企业的科技研究经费占全国的 80% 以上。

日本对企业科技进步的法律激励，主要有以下几种方式：

（一）实行具有法律激励力的推进政策

这种推进政策的代表性例子，就是原子能开发和利用的推进政策。原子能发电站的建设以及有关的科技研究，有利于全国或广大地区的社会发展，但对核电站周围居民来说，一无特殊的好处，二有核事故的威胁，因而常常招致反对。从这种客观存在的"原子能发电变态反应"出发，为了消除不满和不信任，促进电源开发和核电科技进步，日本在1952年所制定的《电源开发促进法》的基础上，于1971年制定了《电源三法》，即规定对核电企业家征收促进税的《电源开发促进税法》，依法征得的税收，用作发电站的财源进行征收；规定由核电企业在预定的当地地区或周围地区修建公路、港口、城市公园等公共设施的《发电用设施周围地区整备法》；以及政府关于电源选地对策和电源多样化对策的财经管理的《电源开发促进对策特别会计法》。

这种推进政策，在其实行过程中，有过一系列行之有效的"制度"相辅而行，主要有：

1. 重要技术研究开发费的补助金制度。

1950年日本创设"矿山工业技术研究补助金"和"自行车研究补助金"；1951年创设"小型汽车工业补助金"；1952年以"矿山工业技术试验研究补助金"的名称而形成试行制度；1958年采用了"机床试验补助金"的名称；1967年扩充为统一的制度，改名为"重要技术研究开发费补助金"。这一补助金制度，是民间企业等所进行的重要技术开发项目，由国家给予重点的高额补助的制度。这当然会对企业的技术进步起有效的推动作用。

2. 为国产技术振兴而实行的贷款制度。

1951年日本创设了"新技术企业化贷款制度"；1964年创设了"重型机械开发贷款制度"；作为两者的合并，1968年度起以"国产技术振兴资金贷款制度"的名称全面推行。这一制度的目的，在于"在长期和低利率的条件下，灵活地供给为减轻企业化风险所需的资金，以促进新技术、新产品的企业化、商品化"。其具体要求分别是：（1）为了使国内所开发的新技术企业化，需要进行新的设备工程投资时，对其所需要的资金给予贷款；（2）为了将国内所开发的新技术进行企业化的开发，需要进行新的设备工程投资时，对设备资金给予贷款；（3）应用国内所开发的新技术与新设计，将国内最初商品化的新型机械设备，作为企业化阶段最初步骤而自行试用，改变借给需要者试用贷款的缺点，同时具有以市场开拓为目的而进行的试验性质，对其所需要的资金给以贷款；（4）应用国内所开发的新技术、新设计，购进世界上最初制造的重型设备时，对其所需的设备资金给以贷款。上述四项贷款比率均为贷款对象工程费的50%—70%；其利息，新技术企业化贷款为年利8.5%，企业化开发贷款为年利8.5%，重型机械开发贷款年利也为8.5%，新型机械的商品化试制贷款年利则为9.0%；贷款期限一般为15年以内；贷款限度为440亿日元。这种促进国产技术振兴的贷款制度，作为具有法律效力的规定，在日本得到很认真地贯彻，从而对企业的技术进步起了很重要的推动作用。

（二）振兴中小企业、促进中小企业现代化的立法措施

日本的中小企业，1978 年占全国企业总数的 99.4%，从业人员占全国总数的 81.1%。近 20 年来，日本中小企业随着产业结构的高度化，整个中小制造向加工装配型行业转移，企业后备机能的增强与日本国民经济关系极大。

为促进中小企业的技术进步，如前所述，日本政府颁行了《中小企业基本法》《中小企业现代化促进法》。此外日本政府还颁布了《中小企业现代化资金助成法》（1956 年 5 月 22 日），该法第一条即规定："本法的目的是，为促进中小企业现代化，国家扶助都、道、府、县对中小企业设备现代化提供必要的资金贷款。"1967 年 7 月 13 日，日本政府颁布了《中小企业振兴事业团法》，该法第一条规定："中小企业振兴事业团的目的是：为应付中小企业存在的经济、社会基础所发生的变化，推进中小企业结构高级化，在实施必要的指导和举办资金贷款事业的同时，亦应为中小企业经营管理的合理化和提高技术水平，举办必要的进修和指导等事业，以此促进中小企业向前发展。"1963 年 7 月 15 日，日本政府颁行了《中小企业指导法》，规定"为提高中小企业的技术水平"而"有计划地、切实有效地推进国家和都、道、府、县以及中小企业事业团所举办的指导事业"（第一条）。

这些法律以及《中小企业金融公库法》（1953 年颁行，1978 年修订）、《中小企业信用保险公库法》（1958 年颁行，1968 年修订）、《信用保证协会法》（1953 年颁布，1958 年修订）、《为确保中小企业事业活动的机会而调整大企业者事业活动的法律》（1977 年颁布）、《中小企业改换行业的临时措施法》（1976 年颁布）等，都对中小企业科技水平的提高，起了明显的激励作用。80 年代以来，随着新技术革命的深入发展，出现了世界性的大型企业小型化、中小企业"家庭化"的趋势，日本中小企业在国民经济中的地位更加提高，其科技进步的意义也就更加明显地增大了。

像日本一样，其他发达资本主义国家也纷纷采取立法激励措施，促进企业的技术进步。例如，美国国会授权能源部制定行政法规规定，对于部属机构利用私人企业设备进行的开发项目，以及与企业合作开发而企业投资在 20% 以上的项目的专利权，政府予以放弃，转归合作的企业所有。这就是所谓"弃权制度"。其目的在于鼓励企业迅速把技术成果转化为生产力。假使企业在三年之内不实施该项技术，国家则收回专利权。又如，随着"阿波罗计划"的完成，美国空间计划的重点有所转移。1978 年，卡特总统宣布美国将"为经济利益鼓励国内商业开发空间"。里根政府继承并扩展了卡特鼓励商业空间活动的政策。在这种政府的推动下，美国企业纷纷为私人发射遥感及材料加工服务制订计划。为了解决企业开发空间技术带来的法律问题，美国国会于 1984 年制定了《地球遥感商业化法》《商业空间发射法》等，推动私人企业发展遥感和空间运输工业的有关科学技术。1982 年，美国还制定了《中小企业技术革新促进法》。该法规定，政府的 11 个部、局必须把一定比例的科研经费用在中小企业方面，对每项科研项目发放补助费。这些都对企业

的技术进步起了促进作用。

从总体上看,各国激励企业科技进步的立法,大体上可以分为两类:一类是对一般企业所做的科技进步立法激励;一类是以立法措施使科技研究机构与企业融为一体。

这两类立法以及所产生的良好效果,都是值得我国借鉴的。我国传统企业的改造、新型企业的建立,都要贯彻"以技术创新为龙头",以科技进步带动生产发展的精神。而这些,都有赖于立法配合。我国已经颁布了《全民所有制工业企业法》和《私营企业条例》。这些法规对企业的科技进步都做了若干规定,表现了法律对企业科技进步的关注。但是,诸如日本对中小企业现代化所做的立法以及苏联专事规定科研与生产紧密结合的企业立法,我们仍付阙如。为了最快地赶上发达国家的经济与科技水平,为了迎接新技术革命的挑战,加紧促进企业科技进步的立法,已成了紧迫的立法课题了。

高屋建瓴 纲举目张

——略论中国科技进步法的立法宗旨*

20世纪90年代是中国社会主义现代化建设关键性的10年，影响深广而可与上一世纪点燃了欧美工业化之火的技术革命比拟的新技术革命浪潮，更加重了对这关键性10年的压力。但压力可以化为动力，新技术革命的挑战也为我国的现代化建设提供了不可多得的"天赐良机"。抓住科学技术进步这个"第一生产力"，把它放在经济建设战略的优先地位上，将为中华民族的腾飞创造条件。因此，在当前来说，怎样保障和推动科学技术突飞猛进地发展，成了最重要的研究课题。

发展经济、促进科技、提高文化等等，可以采用多种手段，其中主要有经济手段、行政手段、法律手段、思想教育手段和道德制约手段给予保证；思想教育和道德制约也离不开法律这个有国家机器作后盾的手段。同时，法律手段本身即可直接规范经济发展、科技进步和文化提高。因此，它是"一身而二任"的武器和工具。

为了促进我国科学技术的发展，国家和地方都已制定了不少科技、法律、法规和规章；但全面调节科技社会关系的基本法性质的科学技术法，尚未制定。

有鉴于上列因素，我国正在加紧制定《科技进步法》。现在，北京大学、国家科委、中科院和中国科协、上海科技法研究中心已分别拿出了试拟的《科技进步法草案》，其修改、审定尚需时日。为使这一重大法律的制定切实有效而又不旷日持久，加紧对《科技进步法》有关问题的法律研究，成了当务之急。

值得研究且必须研究的有关问题，举其大者计有：《科技进步法》的立法宗旨、立法依据，科技进步管理体制的立法肯定，财政投入的法律保障，科技机构潜能发挥的法律调整，科技人才积极性调动的立法激励，科技兴农的法律促进，企业技术进步的法律激励，对新技术发展的法律保障，国际科技协作的法制需求与对策，科技进步法律调整的操作

---

* 原载《科技管理咨询》1991年第4期。

性、有效性、有机的系统性等等。

笔者以为，所有上列问题的科学解决，是我国《科技进步法》制定的科学、合理的前提。而在《科技进步法》之开篇，高屋建瓴地规定立法宗旨，使之成为整部法律之"纲"，从而"提纲挈领""纲举目张"地统率全法，使全法与"宗旨""配合默契"、有机联系，对科技进步作有力的保障，这是《科技进步法》制定以及研究的第一个问题。

综观国外科技进步法（促进法、基本法），其开篇大都做了"立法宗旨"性质的规定。如法国《关于科研和技术发展的85-1376号法》（1985年12月23日）放在第一条；日本于1968年起草的《科学技术基本法》放在"前言"部分（该法后来未通过）；《墨西哥协调和促进科学技术发展法》（1985年1月21日公布）放在"总则"部分的第二条、第三条；韩国的《科学技术振兴法》（1967年1月16日法律第1864号）放在第一条；朝鲜民主主义人民共和国的《科学技术法》（1989年5月12日）也将立法宗旨放在第一条。

当然，各国由于国情不同、法律传统不同，所使用的语言全不尽相同，所强调的重点也全不尽一致。例如，法国的《关于科研和技术发展的85-1376号法》第一条并不冠以"立法宗旨"，开门见山地规定："科研和技术发展均属国家优先项目。"日本的《科学技术基本法》的《前言》指出："科学技术……是发展国民经济和提高国民福利的必不可少的要素，也是人类社会进步的基础。基于这一认识，特制定本法，以阐明有关科学技术的国家责任及其他事项，并提出国家政策的目标。"韩国的《科学技术振兴法》则规定："科学技术振兴法旨在制定有关科学技术振兴的综合基本政策和计划，同时规定实施这些基本政策和计划的体制及有关的财政措施，以达到产业的发展和国民生活安定的目的。"

但综观各国的科技进步法，其立法宗旨大致都对以下三者做了规定：一为推动科技进步；二为发展国民经济；三为增进国民生活水平。这里的"各国"，或社会制度不同，或经济发展水平不一，或科技发展水平相异。略事考察这些国家的科技发展状况，可以看到，其科技进步法的有关规定，对科技发展、经济繁荣和社会福利的提高，是确实起了重要作用的。既然如此，我们尽可多加借鉴，以"他山之石"来"攻我之玉"。也就是说，根据国外的经验和我国的国情，我国的科学技术进步法的"立法宗旨"，也应写入上述三个方面的内容。

写入我国《科技进步法》"立法宗旨"之首的，应是"为了促进科学技术进步"。这是因为：第一，这是一个"科学技术"进步法；第二，科学技术进步是"第一生产力"；第三，科技进步已被确定居于我国社会主义现代化建设的"优先战略地位"；第四，依靠科技发展国民经济已作为一项基本国策而予确认。

对于第二、三、四条理由，人们很容易达成共识。对于第一条理由，很容易被人们认为是"可有可无"的。笔者认为，在全部理由中，最重要的却是第一条。只有深入认识科学技术本身的特点及其在经济建设中发挥作用的规律，才可能对第一条理由做出相应的理解。

科学研究和技术开发的产出，是知识形态的产品，这些知识产出还不是直接生产力。从知识产出到生产力的实际形成之间，按领域、行业的不同，一般都要有设备开发、扩大试验、样机试制、工程示范等等环节，所有这些环节都需要有投入并不断地相互反馈信息。任何一个环节缺损，整个过程都将难以完成。现代科学技术工作是社会化的"大科技"，只有不断建设、完善这个社会化的工作体系，才能使科学技术知识不断地产生并有效地传播、渗透、开发成真实的物质性的生产力。在这个社会化的"大科技"中，基础性的理论研究，往往是一些与实际生产力的形成距离甚远的"立而又立"的脑力劳动。许多科学研究与技术开发工作都将经过一次又一次的失败，以至无数次的失败，显得似乎是"无端地徒耗资金、徒费人力"，如此等等。如果不是对科学技术作为"第一生产力"的重要意义、作为人类社会发展最重要的原动力有足够的认识，在实际工作中，是很可能借口种种实际存在甚至根本不存在的"困难"而把科技进步置诸脑后以至弃之九霄的。在"立法宗旨"中首先规定"为了促进科技进步"，把"促进科技进步"放在第一位，就是要从法律来保证在任何情况下，简而言之，包括在暂时地影响经济建设的资金投入、影响人民的物质和文化生活的情况下，也要绝对保证"促进科学技术的发展"，要以法律做这样的规定。

写入《科技进步法》"立法宗旨"的，其次是"为了推动经济和社会发展，加快社会主义现代化建设"。十一届三中全会以来，党和国家一再申明了"经济建设必须依靠科学技术，科学技术必须面向经济建设"的方针，明确地指出了科学技术与经济建设的关系。但是，从实际贯彻情况来说，还有相当大的距离。总体上看，科学技术与经济至今基本上仍是互不关联的"两张皮"。造成这种情况的原因，有人认为是科技工作中造成的，有人认为是经济活动中产生的，也有人认为两方面都有责任，于是提出在体制、政策、措施方面改进政府工作的对策。这些认识具有一定的根据，也有一定的科学性和合理性。但是，笔者认为，根本问题在于未充分运用法律手段所致。政策具有弹性，且无国家强制力的保证。法律是说一不二、不可移易、可以强制执行的。制订《科技进步法》，把推动经济和社会的发展、加快社会主义现代化建设作为"立法宗旨"予以规定，覆盖整个《科技进步法》的以下各章各条款，无疑是十分必要的。

写入《科技进步法》"立法宗旨"的，最后是"为了提高人民的物质和文化水平"。这是发展科技和经济的目的。对这一目的的认识，长期以来走过了一段又一段的弯路。痛定思痛，绝不能再把发展经济作为终极目的了。但是，在实际工作中，不讲效益、不讲质量、片面地追求数字指标的现象，还到处存在着，而且十分严重。因此，在《科技进步法》中将这一点写入"立法宗旨"，从而使之与"促进科技进步""推动经济和社会的发展，加快社会主义现代化建设"形成有机的密切的联系，同样是十分必要的。

有云"高屋建瓴"，又云"势如破竹"。只有"高屋建瓴"，才能"势如破竹"。古云"提纲挈领"，又云"纲举目张"。只有"提纲挈领"，才能携其全体；只有"纲举"，才能"目张"。"立法宗旨"是整部法律的"纲",举此"纲"于"高屋"之上,可携其全体于最高境界,可"张"其"目"于普天之下,综而观之,可以"势如破竹"地为发展科技、繁荣经济、增进幸福做出贡献。为此,笔者坚决主张:在我国《科学技术进步法》之首的"立法宗旨"中写入上述之点。

英国的《科学技术法》*

英国的《科学技术法》是1965年制定的，迄今未做改动。它是英国发展科学技术的基本依据。《科学技术法》原则的规定了发展科学技术的宗旨和组织形式。

《科学技术法》首先促进了科技政策的研究。根据这一法律，英国成立了经济和社会研究委员会所属的工业关系研究所、社会法律研究所、剑桥人口研究所、社会法律研究所和少数民族研究所。在这些研究所的带动下，技术变革中心等民间软科学机构也按《科学技术法》的基本方针开展活动，这些研究机构的主要课题，是探讨新技术革命中获得技术的政策和机会。另一方面，《科学技术法》的有关规定深深地影响了英国科技立法，使之出现了两大倾向：一是大幅度地修改旧法以适应加强科学技术应用的需要，自20世纪70年代以来，英国先后修改了《工业法》《农业法》《钢铁法》《森林法》《医疗法》《食品法》《专利法》和《自动权法》等，使之在促进科技发展方面更好地发挥法律保证作用；二是制定了一些促进应用研究和技术开发的新法律，如《发明发展法》《工业技术开发法》。

---

* 原载《科技日报》1991年7月3日。

论科技社会关系法律调整的特殊性[*]

科技法、科技法学的独立地位,既有其学理上的内在依据,又有社会实践上的客观需要,而这两个方面,都与科技社会关系法律调整的特殊性息息相关。

科技社会关系法律调整的特殊性,主要见诸:科技社会关系的特殊性;对科技社会关系做法律调整的手段的特殊性。

一

人作为自然界的万物之一,与自然界的其他事物发生着千丝万缕的关系,从而处于复杂的自然关系网之中。同时,每一个人作为社会的成员之一,与其他的成员也发生着千丝万缕的联系,从而处于复杂的社会关系网之中。随着人类社会的发展、生产力和科学技术水平的提高,人类越来越迅速地摆脱着自然的羁绊。但与此同时,人类却越来越深地陷入社会关系网络之中。不过,一切社会关系的发展,历史地看,都有助于人类摆脱自然力量的盲目的危害作用,而使自然臣服于人类。政治社会关系、经济社会关系如此,军事社会关系、家庭社会关系也如此,科技社会关系更是如此。

一切社会关系,都有其自身的特殊性。科技社会关系的特殊性在于:

(一)以科学技术活动为中介

政治社会关系以政治活动为中介,经济社会关系以经济活动为中介,军事社会关系以军事活动为中介,家庭社会关系以家庭生活为中介,而科技社会关系则以科技活动为中介。

作为科技社会关系的中介,科技活动具有与其他活动不同的特点,主要有:

---

[*] 原载《科技与法律》1991年第4期。

1. 创造性与继承性的统一

不断求新的创造性，是科技活动的最重要特点。任何科技活动都是或都为了创新。新发现、新发明的获取，本身就必须是以创新为内涵的，任何重复进行的科技活动都不意味新发现、新发明的取得。科技成果的应用与推广，对于应用与推广者来说，也是一种创新，因为它是以弃置旧方法、旧手段为替换条件的。科技组织与管理活动，作为科技活动的一个必要的组成部分，似乎是重复进行的。但这种"重复进行"的组织管理活动，却与科技活动的创新性紧密联系；一旦不能适应科技活动的创新性，就必须改弦易辙。求新、开拓，向未知领域进军，不断地取得新知识、新方法、新手段，成了科技活动内在的最本质的要求。正因如此，科技活动是生产力发展的火车头，是"第一生产力"。一般的体力劳动、一般的经济活动、政治活动中为巩固政权所做的大部分工作，军事活动中为防御所做的大部分工作，家庭生活的稳定等等，或意味着财富在量上的增加，或意味着劳作的重复进行，都不以创新为主导、为目标。科技活动是以其创新的绝对要求与其他活动相区别的。

但科技活动的创造性是建立在继承性的基础上的。没有继承就没有创造，从零开始意味着倒退。只有站在科学巨人的肩上，才能在更高处摘取科技的桂冠。马克思主义认为，科学劳动部分地以今人的协作为条件，部分地又以对前人的智慧成果的利用为条件，正是对前人的智慧成果的利用，亦即对精神遗产的继承，可以使我们不必一切从头开始而前进得更加迅速。

科学技术活动正是在继承与创新的统一中进行的。

2. 个体性与协同性的统一

科技活动的个体性特别鲜明。由于科技活动是以人的思维为基础的，思维发生在"脑海的深处"，暂时还无人知晓，无法显示，难以检查与监督。"图籍纵横忽有得，神思起伏渺无端。"思维至今仍极具神秘的色彩。因此，个体积极性的高低、自觉性的强弱、创造力的大小，对科技活动能否取得成效，成效是大是小，有着严重的影响。

在科技发展的最初时期是，古代科学和以单独研究为主要活动方式，依靠个人的聪明才智发现新事物、新规律，发明新方法、新手段、新器械。在科技发展的现阶段，当科技水平得到极大的提高，科技活动的规模极其巨大，科技活动变得极为复杂时，仍然脱离不了科技专家个人的个体性活动的基础。因为任何规模的科技工程，都必须分解成细小的组成部分而由个别的人一一去完成。所以，无论古今，抑或中外，科技活动的个体性都是最重要的特点之一。这样，尊重个体的科技活动，就必然成为处理好科技社会关系的一个关键。所谓"尊重知识"，必须体现为尊重知识分子；而尊重知识分子，又必须在尊重知识分子整体的同时，落实到尊重一个一个具体的知识分子个人上去。这是从科技活动的个体性得出的必然结论。

但随着科技的发展，科技活动的协同性变得越来越重要了，个人的智慧、才能、精力、体力毕竟是有限的，认识世界与改造世界的任务又是无限的。没有科技专家的协同劳动，个人只能完成非常有限的科技研究任务。诸如美国的"星球大战计划"，西欧国家的"尤里卡计划"，都是极为庞大的科技工程，需要无数科技精英精诚合作、全力以赴。因此，社会越往前发展，科技水平越高，随着人类给自己提出的认识世界、改造世界的任务越益宏伟，科技活动的协同性要求，就会显得越强烈。

当正确理解、妥善处理科技活动中的个体性与协同性的关系时，二者可以相辅相成、相互促进。因此，科技活动中个体性的协同性的关系的妥善处理，就成了科学研究和技术开发组织管理工作的重要任务。

3. 自主性与社会性的统一

这是从科技活动的个体性与协同性派生出来的特点。

个体性的科技劳动，要求赋予科技活动主体以充分的自主性，允许其自主发挥、自由想象、自由创造，不受任何外来的干扰。

但科技活动又因客观的要求而与社会息息相关。科学研究、技术开发课题的提出，越是符合社会的要求，就越能得到社会的承认。科技活动的时间、空间、资金、设备，也要由社会提供，连科技人才本身，也是由社会教育造就的，至于科技组织、规划、管理、检查，科技成果的试验、监测、应用与推广，科技经验的国际交流，科技成果的进口与出口等等，更无一脱离得了社会。因此，科技活动的社会性也是必须重视的特点。这样，在尊重科技活动的自主性的同时，又必须兼顾它的社会性，使自主性与社会性完善地结合起来。

（二）以科技劳动者、科技劳动组织与科技劳动管理机构为主体

政治社会关系、经济社绘关系、军事社会关系及家庭社会关系，各有自己特定的主体，虽然其中有所交叉重叠，但是仍可明确区分。科技社会关系也一样，虽然科技劳动者置身于家庭之中也会成为家庭社会关系的主体，科技劳动组织进入经济生活领域也会带有经济社会关系的某些特征，科技管理机构也会与政治社会关系、军事社会关系发生某些瓜葛；但是，科技劳动者、科技劳动组织、科技劳动管理机构属于科技社会关系的主体，具有科技社会关系的特点，却是无须怀疑的。

科技劳动者所从事的科技活动已如上述。科技劳动者与科技劳动组织一起或各自所取得的科技成果，是思维的创造性产物，是一种与物质财富本质不同、迥然相异的"无体财产"；它的物化，即所谓"智力密集型产品"等，价值往往远远高出一般的物质财富。计算机软件开发的某些成果，就是价值连城的珍宝，但它可能只体现在几平方厘米，甚至几平方毫米的掩膜作品上。在美国，开发一件计算机软件产品，平均要花5年左右的时间并投入50万美元的资金，而其产品价值有的竟达上千万以至数以亿计的美元。

此外，科技劳动组织、科技劳动管理机构的结构、功能、职能、权利、活动方式，也

大都与其他组织有较大的不同。

（三）以科技创造权利为本位的社会关系

科技社会关系由于科技活动的特殊性，必须是以科技创造为本位的社会关系，因为如果剥夺了科技创造的自由权利，科技创造本身也会被一并埋葬。所以，任何人为的力量强行剥夺科技创造的自由权利的结果，只能是扼杀科学创造、技术发明，即使在奴隶社会里，总体上十分愚蠢的奴隶主阶级，也会聪明地赋予科学家以自由创造的权利。实际上，古代社会的许多科学家、技师、工匠、艺人，都出身于奴隶而为奴隶主所恃宠，获得了科技创造的自由权，从而为科技进步做出贡献。这一点，中世纪的某些封建主远比奴隶主愚昧，他们强行剥夺科学家和技术专家的自由创造权利，把诸如布鲁诺、哥白尼等天才人物投入火刑场、送上绞刑架。资产阶级反封建主义之道而行之，重新赋予科技创造以自由权利，并以法律为保证。美国、法国、意大利、日本等国，都在宪法和法律中庄严保证"保障学术自由"。意大利宪法甚至在第五十九条这样具体地规定："共和国总统可指定在社会活动、科学、文学和艺术方面以高度成就为国增光之公民五人为终身参议员。"这样以政治上的特殊荣誉作为保障科技创造自由权利的标志，是意大利的创造。

当然，在享受科技创造权利的同时，也应承担这样那样的义务。但这种义务与一般的权利义务关系中的义务不同，它不限制社会关系双方的科技创造权利，而且是直接为着增进科技创造权利的义务。因此，科技社会关系所具有的权利本位内容，是最彻底的权利本位主义，是最高层次的权利本位主义。正是因为人类社会在最近一百年中给予科技权利本位以强有力的法律保障，所以，取得的成就比以往一千年、一万年累积的成果，也要大成千上万倍。而人类社会发展的不平衡性，又总是明明白白地昭示，那些最不重视知识、最不重视知识分子、最不尊重人才，也就是最不重视保障科技社会关系中的科技创造权的国家，都以惨重的落后为代价而失败了；而尊重科技创造权的国家，则科技进步最快，经济最繁荣。

（四）科技社会关系是纵向行政隶属关系与横向民事平等关系相结合的社会关系

社会关系的形式大致可分为行政隶属与民事平等两种类型，其最典型的表现就是政治社会关系、军事社会关系中的行政隶属性与经济社会关系中的民事平等性。家庭是一个小小的社会，所以也同时存在类似行政隶属与民事平等的两种关系。

科技社会关系在现代的发达阶段里，同时具有行政隶属关系与民事平等关系，二者互相结合，其目的在于互相促进，从而保障科技创造的自由权利，因此，科技社会关系中的行政隶属关系与政治社会关系中的行政隶属关系的政治统治性，是不可相提并论的。政治统治旨在控制以至镇压被统治的对象；科技行政隶属关系则是为了自我调节以使隶属的下级一方更好地为科技进步服务。因此，政治行政隶属的双方有更多的对立性，而科技行政隶属的双方有更多的统一性。

（五）科技社会关系的基础是科技协作

科技协作的必要性是由科技活动的内在特点决定的，这在前面已经述及。作为科技社会关系的基础，科技协作的形式是极其多样的，主要有：

1. 社会性协作。任何科技专家的个体性活动，都离不开一定的社会条件。社会为他们的个体活动提出任务与具体课题，提供科技信息与条件，供给科研资金与设备，提供试验与应用的基地等等，这种社会性协作几近"无形"，极易被忽略、漠视。

2. 组织性协作。官方、科研方、企业方的协作是这种协作的典型。这在日本叫作"官、产、学"三位一体；在苏联则以建立"科技一生产联合体"的形式出现。

3. 个体性协作。科技专家之间因志同道合而自动结合在一起，科技劳动组织内部各个体之间的协作等，都是个体性协作。这种协作往往形成极为广泛的联系网络，它甚至会超越国界。由于网络的广泛性，个体在这种网络中的充分自主性与个体性协作的作用是极为巨大的。正是认识到个体性协作能充分发挥个体的自主性、积极性和创造精神，所以，现代各国在科技活动方面越来越趋向于提倡自由组合。日本的创造性活动科研体制的形成，与此不无关系。

4. 国际性协作。这种协作越来越得到远见卓识的政治家的重视，他们在其施政活动中采取了许多切实的步骤来推动这种协作。法国总统密特朗提出"尤里卡计划"就是一个生动的例子。

上述颇具特殊性的科技社会关系，决定必须有相应的法律调整手段。

二

科技社会关系的法律调整，和一切社会关系的法律调整一样，都有立法调整、司法调整与执法调整之分。立法调整是科技社会关系法律调整的基础；司法调整是科技社会关系法律调整的关键；执法调整是科技社会关系法律调整的保障。三者不可或缺，必须相互结合、相互促进、相辅相成，以收相得益彰之效。

科技社会关系法律调整的总体要求是促进科技的发展，具体来说，必须力求充分调动科技劳动者的积极性、主动性和创造性，充分发挥科技劳动组织的集体力量，保证科技劳动管理机构的权威性、协调性及其决策的科学性与民主性。

科技社会关系法律调整的特殊性在于：

（一）立法调整的预期性

一般的法，大都是对既定的、现存的社会关系的肯定，从而使得到法律肯定的社会关系成为规范人们调整这类社会关系的偏差的准则。奴隶社会末期，封建制的社会关系在奴隶社会母体内逐渐成熟，导致封建地主阶级夺取政权，并凭借政权制定法律，肯定成熟了的封建制社会关系，使之成为调节封建社会关系的准则。这在封建制的行政法、刑法、民法、经济法和诉讼法等来说，东方与西方，中国和外国，都是如此。封建社会末期，资本主义社会关系在封建社会母体内成熟起来，资产阶级夺取政权之后，仿效封建地主阶级的办法、立法以肯定资本主义社会关系，使之成为调节资本主义社会关系的行为准则。这同样在一切资本主义的宪法、行政法、刑法、民法、经济法、诉讼法等等中得到明显的反映和表现。一句话，一般的法，相对于社会关系的形成，都具有"滞后性"。

科技法则不尽相同。它具有明显的立法预期性。

这意味着，科技法所调节的科技社会关系，是正在形成而尚未定型，已经产生了一定的法制需求，但这些法制需求又往往存在不太明确的社会关系，这时就以制定有关科技法的办法，使这种科技社会关系定型化，使它的法制需求明确化。也就是以科技法促进新的科技社会关系的确立，并保障它的正常发展。例如，著作权法制定之前，作者自己千方百计地保护自己的著作权，但社会都游移不定、唯唯诺诺，未予明确理会。后来，有的出版者与作者建立了"联合阵线"，这是为了他们自己的利益。"联合阵线"之外的出版商或其他个人，并不愿意遵守"联合阵线"内部的各种规定。即使后来出版商的行会出面保护作者的著作权，往往也仍然无济于事。最后是国家以社会代表者的面目出现，承担了制定著作权法的任务。著作权法一经颁布，由于它具有法律的普遍性、稳定性和强制性，有关著作权的社会关系，就被普遍地、稳定地、强制地加以调整了。我国在中国共产党的第十一届三中全会以后，一方面，文化事业空前繁荣，著作物大量涌现；另一方面，计划经济体制向有计划的商品经济体制转轨，社会生产包括精神财富的生产逐步纳入商品经济范畴，被导向市场，而人们包括著作者的商品经济意识也随之增强。与此同时，旧体制仍旧顽强地发挥它的作用，简单的产品经济的意识迟迟不肯退出社会舞台，因而，蔑视著作权的现象随处可见。在这种情况下，制定著作权法以调整著作的出版方面的社会关系，就显得非常必要、势在必行了。

科技法的预期性还表现在，有时并不存在某种社会关系，甚至连这种社会关系的萌芽状态都无所见，仅仅是由于有社会需要，就以制定具体的科技法来催生、建立新的适合社会需要的社会关系。日本制定《科学技术厅设置法》就是如此。50年代初，日本的科学技术发展工作是分散交由通商产业、农林水产、运输、邮政等各省去管理的。各省的科学研究与技术开发往往互相重复，浪费了人力、物力和财力，延缓了科技的发展。于是，产生了统一协调全国科技活动的需要。再加上当时又出现了发展原子能事业以充分供电的紧迫需要，于是在1956年由日本国会通过《科学技术厅设置法》，设科学技术厅于总理府之下，用以协调各省、厅的科技活动。在日本，总理府与各省的地位是平等的。总理府与各省下设厅，厅下设局，局下设课。其行政地位与权限逐级递减。这是既定而行之已久的社会关系准则，且有法律规定作为保障。但科学技术厅之设，却使之在科技活动的管理、协调方面具有"超级"的权力，无异于建立了一种新的社会关系及相关的行为准则。正因如此，《科学技术厅设置法》由国会以法律形式通过，而不是由总理府颁布行政规章设立科学技术厅。

（二）科技法调整的探索性

这是与科技法立法调整的预期性紧紧相连的另一特殊性。

由刑法、民法所调整的一般的刑事关系、民事关系，是无限多次地重复出现过因而久已熟知的社会关系。其调整的方法往往也无限多次地重复着，经验极为丰富。因此，刑法、民法的"探索性"成分就相当少。罗马法至今仍是西方国家调整民事、经济关系的法律规范；苏俄十月社会主义革命成功后曾长期沿用旧俄民法典；东欧一些国家沿用旧时代的民法典甚至直到20世纪60年代，如此等等，就是刑法、民法很少"探索性"的表现，科技法则不同。

科学研究是人们对客观世界及其规律性的探索活动。在大多数情况下，都不是一次性地完成的。技术开发则是应用科学知识于技术操作，探索新的方法、新的手段以实现改造世界的目的，大都也不是一次性地成功的。由于认识能力的局限与偏差，由于方法不对或设备、仪器不适应，科技活动的探索性还包含有风险性。与科技活动的探索性和风险性相联系的在科技活动中形成的具体社会关系的发展方向和发展规律，也不容易被人们从一开始就认识透彻、把握准确。因此，有关调整这些社会关系的认识，也不可能从一开始就十分全面而周密。影响所及，为调整这些社会关系的法律措施，就具有探索的性质。它可能被实践证明为正确而得以长久推行；也可能被实践证明为错误或有欠缺而必须及时修改、补充。美国和英国、联邦德国、日本等国在20世纪70年代中期制定的《DNA分子重组实验准则》，就是探索性科技法的例子。这些国家后来都纷纷修改了"准则"，有的多达5次以上。与此相似，原子能法、著作权法、专利法和其他科技法的修改，一般都比较多。

科技法调整科技社会关系的探索性，应贯彻于科技立法、科技司法、科技执法的各个环节中。

（三）科技法调整的激励性

刑事法规具有强烈的惩戒性特点，一般民事法规规定的法律责任，也总以经济制裁显示其惩戒性的内容，科技法则更多地带有激励性，而不是惩戒性。著作权法激励作者、出版者撰著和印行更多更好的著作。专利法激励发明人拿出更多的创造发明。高技术区法激励地方（政府和公众）为高技术区的建立投入更多的财力、物力、人力和智力。试管婴儿法保护试管婴儿及其关系人的权益，激励人类更好地以新的科学方法优化后代的繁殖。器官移植法激励有益于人类的器官移植事业的发展。

科技法的激励性特点，是法律功能发展的一种重要表现，法律功能之从以警戒、惩罚为主，向激励为主发展，大大扩展了法律发生作用的范围和形式。法律本是人类用来为自己的发展而创造的。当人类对自然、社会的认识水平十分低下时，不得不更多地以惩戒手段、约束方法来调整基本的社会关系。这样，在阶级社会里就很容易异化为一部分人惩戒另一部分人的手段。但当人类越来越成为自己的主人时，当人类对自然社会和自身的认识水平有了极大的提高时，法律就不仅恢复了为人类自身服务的功能，而且越来越以激励性为特征，变得"可敬""可亲"起来。如果说，刑法、民法往往只是"可敬""可亲"于一部分人的话，那么，科技法则多半是"可敬""可亲"于全社会的。

（四）科技行政法调整的行政政策性

由于科技法具有探索性的特点，除非客观实际已经显示的趋势证明，做出某种法律规定将行之有效或仅有极小的风险，因而可以做出比较具体的法律规定外，其他的规定往往比较抽象、比较原则，采取政策性的法律规定。

美国的《科学技术政策、组织和重点法》就是一个典型。该法制定的目的，用法律文本上的话说，是"为了制定美国的科学技术政策，为了向总统提供科学和技术方面的建议和协助，为了向联邦政府提供综合性调查以改进科学研究和情报处理及其使用的方法，为了修订1950年的国家科学基金条例，以及其他目的"。在全部"目的"中，政策性立法的目的是放在第一位的。该法通过时，国会认为，随着时间的进展和国家情况的改变，需要对国家的科技政策进行修改，而当时的情况表明，已有必要和可能进行修改了。按照该法所采取的第一个重大措施，就是恢复被尼克松政府撤销了的科学技术政策办公室。

奥地利于1967年制定的《科学研究法》，也是政策性很强的科技行政法。该法于1980年修改为《科学研究组织法》，规定了七项原则与四项政策。七项原则是：科学研究自由、学术观点和研究方法多样化、科学研究面向社会、大学与企业合作、联邦与地方合作、发展国际合作及国家资助科研经费；四项政策是：发展科学知识，促进科学技术解决社会、经济、文化和生活问题，推广和应用科研成果，扶持和培养科学研究新生力量。

英国于1965年制定的《科学技术法》，被英国官方、企业界和科学技术界普遍认为是英国发展科学技术的法定的政策依据。

政策本身不具有法律意义。作为党派的政策，更不能以法律的强制性在全社会推行，因此，赋予国家的政策以法律的约束力，或在立法上肯定这一或那一国家政策为社会必须遵行，就成了科技行政法的一项重要任务。

（五）科技民事法调整的不等价有偿性

段瑞春同志在《技术合同法原理和实践》[①]一书中精辟地分析了"技术的基本特征"。这些特征是：一为"技术是人类精神劳动的产物，是智慧的结晶"，而这导致"技术的价值与研究开发成本之间没有必需的成正比例的关系"，"技术的价值主要取决于它的经济效益和社会效益"；二为"技术本身是无形的，而它的载体又是有形的"；三为"技术的开发只需要一次性劳动"，"技术开发不存在物质形态商品的周期性生产，反之应当避免重复研究和开发，加强技术成果的应用和推广"；四为"技术可以同时为多个法律主体掌握和利用，这就使得技术的'所有权'和财产所有权很不相同"，"对技术的'所有'，只意味着掌握了这种知识并取得了合理的使用和转让的权利"，"对物质商品的处分，往往以主体和客体相分离为特征"，"而对技术的处分，主要是转让，而不发生客体离开主体现象"；五为"技术可以不经主体的处分而逸出其占有"，"要实现对知识形态商品的排他性占有，有两种方法可供选择：一是申请专利……二是通过合法的保密措施和债权约定维持对技术的控制……"。《技术合同法原理和实践》一书由此得出的结论是："技术的上述特征决定了技术权益不适用民法通则和其他法律中有关财产所有权的规定。"

不仅技术，科学知识也大体如此。

这样，民法、经济法的等价有偿的调整原则，就不适用于科技民事关系的法律调整。民法、经济法所体现的等价有偿原则，即民事关系双方在享有权利时必尽相应的义务，在履行义务时亦必享受相应的权利。这里的"相应"是"等价"的同义语，"有偿"则为权利与义务的互换。在科技民事法中，也保护主体的权利义务的"有偿"即互换，但却不可能是"等价"的"有偿"，而是"不等价"的"有偿"。因此，科技民事法所保障的，只是权利义务的模糊的、相对不确定的"有偿"，即不等价的有偿。

由于科技民事法的不等价有偿性特点，在实践中，根据实际情况修改科技合同的比率，比修改一般民事、经济合同的比率要高得多。

科技民事法的不等价有偿性，为人们探求最合理的比价有偿留下了一个相当大的可能性空间。"不等价有偿"不是说可以任意确定知识形态商品的价值，知识形态商品的价值应根据其付出的劳动及经济效益与社会效益，大致相符地确定。虽然在这种情况下也不是采取"等价有偿"的办法，实际上，知识形态的商品往往不可能也不应等价偿付它的价值，假如，湖南农业科学院的一些同志培育出的一个水稻新品种，推广后的价值约100多亿元，当然不可能偿付他们数以亿计的奖金或专利费。但是，如果其他人培育出的新品种的价值不足亿元，是不是可以随意确定而与前者一样呢？当然不可以，否则势必挫伤人们为获取有最大经济效益的更新品种而努力的积极性。这样，确定"比价有偿制"就是必然

[①] 段瑞春：《技术合同法原理和实践》，科学出版社1988年版。

的了。但究竟如何"比价"而"有偿",就大有学问。美国改"成本加固定利润合同"为"固定价格加奖励合同""成本加奖励及利润合同"的原因,就在于求取"从价"的合理,以获取"比价有偿"的最佳效果。一些国家为技术革新成果的推广,规定奖励推广所取得的效益的百分比(如匈牙利规定为2%,波兰规定为3%),也是对具体研究"比价"的一种尝试。笔者认为,不可能最终确定绝对合理的"比价",但可以寻求大体接近于合理的"比价"。

科技社会关系法律调整的特殊性,为科技法的脱颖而出,为科技法学的应运而生,提供了基础。我们相信,随着科学技术在人类社会生活中的地位的迅速提高,随着科技社会关系的日益复杂化,科技社会关系法律调整的特殊手段,也将更加全面地被揭示、更加充分地被发现。因此,科技法学关于科技法基本原理的研究,也将水涨船高地被推向一个又一个新的高度。

始料未及的重大转轨[*]

我原来是研究中国古代法制史的，对中国古代科学技术亦略知一二，也知道宋代以后，我国科技的发展停滞不前，明清两代更见落后的可叹历史。

7年前，我读到湖南科技出版社出版的《迎接新的技术革命——新技术革命知识讲座》[②]一书，爱不释手，几乎一口气把它读完。这部书汇集了我国著名的科学家钱学森、曹天钦、师昌绪以及著名的科技政策专家宋健、马洪、吴明瑜等人的文章。它从科技革命形势谈到我国的国情，从核技术发展到海洋工程技术的开拓，从科技政策谈到科技工程攻关。真可谓琳琅满目、繁花似锦。

在这部书的启发下，我除做好自己原先的研究工作外，深感还应抽出时间关注科技革命，"天下兴亡，匹夫有责"，更何况如今我们是国家极为重视的理论工作者。

于是，我开始收集关于科技发展的资料。在阅读资料时，很快形成了这样的见解：国外搞科技，十分注意依靠法律，以法律来保障和促进科技的发展。美国早在1791年就制定了《专利法》，它保证了美国科技的发展，而我国制定《专利法》却很晚。尽管1859年太平天国的洪仁玕提出过专利法的问题，可惜太平天国失败了。

由此我想到中国如何以科技法促进科技发展的问题，法学界如何为科技进步服务的问题……我翻阅了1980年以来全部法学杂志目录，竟没有一篇文章是谈法与科技关系的。面临新技术革命，法学界落后了。于是我提笔写了一篇《法学界面临新技术革命的挑战》，很快在《文汇报》刊出，引起法学界的震动。这篇文章后来受到司法部有关领导的表扬。此后，我就逐渐地转入以科技法学为主攻方向的研究之中。

科学技术的发展，最终将决定一切，但科技发展是社会系统工程的一个部分，它应有一个很好的大环境。没有教育的发展，科技不会有后劲；没有法律的保障，科技事业不会有前途。

---

[*] 原载《上海科技报》1991年11月27日。
[①] 湖南科学技术出版社1984年版。

因此，每一个人都应热爱科学技术；每一个人都不应虚度光阴、浪费生命，应以"只争朝夕"的精神，为中国、为人类的发展，在科技方面、在文化发展的各个领域，多做努力。

前不久，我撰写并出版了《科技法学导论》一书，在这一领域中辛勤耕耘，也算是我对科技事业的微薄贡献吧！

在一部科技著作的启发下，我的研究方向发生了重大转轨，这是我所始料不及的。

中国科技进步法立法宗旨略论*

中国科技进步法的立法工作正紧锣密鼓地展开。在各种方案的基础上，现已拟出了《中国科学技术进步法（草案）》第一稿。该稿将继续广泛征求意见，反复讨论修改，然后提交全国人民代表大会审议通过。因此，目前阶段深入研究该法立法中的重大问题，显得十分重要。笔者以为中国科技进步法的立法宗旨是"牵一发而动全身"的大问题，尤有全力研讨的必要。

一

综观世界各国的同类立法，鉴于国情不同和法律传统差异，其立法宗旨是大异其趣的。

法国 1985 年 12 月 23 日经国民议会通过的《关于科研和技术发展的 85-1376 号法》，分《目标及总方针》《推动企业科研的规定》《关于科技人员就业的规定》《科研、技术发展的国民预算及科学应用的计划》《对科研和技术发展政策的估价》等 5 编，共 19 条。显然，规定"目标"和"总方针"，就成了该法的立法宗旨。该法第一编第八条规定："将特别强调生产技术和信息技术、具有经济和战略意义的巨大技术项目以及为经济和社会发展服务的现行技术。""国家的政策有助于加强欧洲科技发展的能力和自主权。"《关于科研和技术发展的 85-1376 号法》的制定，是与以下这两种情况紧密联系的：其一，美国实施"星球大战计划"，法国首倡并联合西欧国家拟制"尤里卡计划"与之抗衡、争雄；其二，欧共体内部各主要国家几近势均力敌，经济和社会发展任务十分突出。因此，在其他立法比较齐全的情况下，法国的这一科学技术进步法，就以确定科技发展的"目标"与"总方针"为其立法宗旨了。

奥地利于 1982 年颁行的《奥地利联邦科研促进法》，其立法宗旨单纯到仅就促进联邦的科学技术进步而成立"科研促进基金会"和"工业经济研究促进基金会"做出十分具

---

* 原载《政治与法律》1991 年第 6 期。

体而详尽的规定。按理，这样的立法是应定名为"科研基金会法"的。但是，奥地利的其他各项科研立法已较完备，80年代初科技进步方面所面临的问题是科研基金的筹集、科研基金的管理以及在基金会的统筹下发展科学技术等。因此，这些问题既然成了奥地利科技进步的关键，该法也就以"联邦科研促进法"为名了。

日本曾为制定《科学技术基本法》做过长期的努力，但至今未见结果。1960年，日本政府就提出了科技基本法的立法问题，经过朝野长期讨论，曾拟出草案于1968年交国会讨论。但国会的讨论没有得到一致的肯定，于是搁置起来，直到1976年还有人重提此事，但仍无结果。日本没有通过该法的主要原因是，其高等院校系统的科技活动受文部省领导，主要从事基础科学研究，其余的国家科技工作则归科学技术厅协调。互不统属的两大系统，难以由统一的国家立法加以调整，但其1968年法案仍是可供我们借鉴的。该法案规定："科学技术（只从事人文科学及从事大学研究的工作者除外）是发展国民经济和提高国民福利的必不可少的要素，也是人类社会进步的基础。基于这一认识，特制定本法，以阐明有关科学技术的国家责任及其他事项，并提出国家政策的总目标。"1968年，正是日本在国民生产总值跃居资本主义世界第二位的一年，就发展科技的"国家责任"与"国家政策"做出规定，确已成为头等重要的大事，以此作为立法宗旨，也就是"题中之义"了。

"他山之石，可以攻玉。"国外科技进步基本法大致包括这样几个方面：（1）国家科技进步总目标；（2）国家科技进步总政策；（3）科技进步中的国家责任；（4）科技进步的主要组织对策；（5）科技进步的财政支持。在我国的科技进步基本法中，显然，这些方面都应有所反映，并应作为立法的重点；而立法宗旨正是同这些方面紧密联系的。

二

根据我国的实际情况，《中国科学技术进步法（草案）》第一稿所确定的我国科技进步法立法宗旨，包括以下几个方面：（1）推动我国的科学技术进步；（2）促进经济和社会的发展；（3）加快社会主义现代化建设；（4）提高全国人民的物质和文化生活水平。

毫无疑义，我国的科技进步立法应当兼及上述各个方面。

近一二十年来，国际社会的发展情况告诉我们，国际竞争，无论是经济还是政治，无论是军事还是外交，归根到底，都取决于科学技术的发展状况。西方资本主义国家仍然得以生存并继续发展，其经济能在低通货膨胀下保持稳定增长，日本以咄咄逼人的态势紧追并即将赶上美国，科学技术特别是高技术的发展起了重大的作用。我国的科学技术在前30年打下了良好的基础，近10多年来更有长足的发展。目前，我国的航天、核能技术、生物工程已步入世界前列。1985年以来，共有807项发明、237项自然科学成果、3586项科技进步项目获得了国家级科技奖励，近46,000项发明被授予专利权。一个以前沿科学技术为龙头、各个科技领域全面发展的态势正在形成。但是，与许多发达国家相比，我国科技发展的总体水平还是比较低的。其主要表现是：大部分高技术领域未进入世界先进行列；高新技术的总体水平与美国、日本等主要科技发达国家相比有较大距离；科学技术基础研究后劲不足；科技成果之转化为生产力的比率甚低；科技投入（财力、人力、物力）与发达国家，甚至与许多发展中国家相比，比例仍然很低；企业技术发展阻力甚大；科技发展的领域差距、地域差距仍然很大等等。因此，在我国的科技进步立法宗旨中，规定"推动科学技术发展"，是完全必要的。

我国在目前和今后相当长的时期内，还处在社会主义初级阶段上。而人口已突破11亿大关，正迅速向12亿逼近，即使严格控制，到21世纪20年代仍将达到15亿；资源总量虽较丰富，但人均资源的拥有量却相当低，例如人均占地仅为世界平均值的三分之一，能源为二分之一。目前我国的人均国民生产总值仅500美元左右，与联合国确定的发展中国家的人均3000美元还有很大距离。因此，经济与社会发展的任务极为繁重，提高人民的物质和文化生活水平的任务十分迫切。同时，我们还面临着国际风云的急剧变幻，不得不进一步大力加强国防与安全的现代化建设。这样，在科技进步法的立法宗旨中确定"促进经济和社会发展""加快社会主义现代化建设"及"提高全国人民的物质和文化生活水平"，也是理所当然的。

但是，上述"推动科学技术发展"等四个方面，归纳起来看，大致相当于"国家科技进步的总目标"。这样，就显得对"国家科技进步的总政策""科技进步中的国家责任""科技进步中的主要组织对策"及"科技进步的财政支持"等四个方面，未予应有的强调。从我国的实际看，应侧重在哪些方面呢？精确地说，除已经拟做规定的四方面外，还有没有应予规定的重点呢？我以为是有的，这就是：（1）科技进步中的国家总政策；（2）科技进步的主要组织对策；（3）科技进步的财政投入。至于"科技进步中的国家责任"，由于我国是社会主义国家，以公有制为基础，而且有计划经济的传统，"国家责任"一向比较明确，所以可以不列入立法宗旨的具体规定中去了。

三

"科技进步中的国家总政策"，为什么应作为立法宗旨予以明确呢？这是因为：国家的总政策是科学技术发展的生命线。政策的偏离，往往会导致"差之毫厘，谬以千里"的严重后果。英国曾有一度在科技发展政策上左右摇摆，致使经济发展受到严重影响，直到撒切尔夫人上台后，才幡然猛醒、毅然改图。但是，良机一失，追赶就费力了。

美国国会在1976年曾通过《美国国家科学技术政策、组织和重点法》，通过该法的目的，用该法文本上的话说是："为了制定美国的科学技术政策，为了向总统提供科学和技术方面的建议和协助，为了向联邦政府提供综合性调查以改进科学研究和情报处理及其使用的方法，为了修订1950年的国家科学基金条例，以及其他目的。"在全部"目的"即立法宗旨中，"为了制定美国的科学技术政策"，是放在第一位的。该法通过时，国会认为，随着时间的进展和国家情况的变化，需要对国家的科技政策进行调整与修改。

我国科学技术发展的总政策，曾在相当长的时期里处于暧昧不明的状态，或者处于左右摇摆的状态。50年代中期提出过"向科学进军"的口号，但实质性措施并不多。1978年全国科学大会及党的十一届三中全会后，国家发展科学技术的总政策才逐渐明确起来并得到强化。为了使有关的总政策得到坚决的贯彻，以立法予以肯定，已经是一个法治国家的必然要求。因此，在科技进步法的立法宗旨中，首先明确本法旨在确定国家发展科学技术的总政策，是十分必要的。

"科技进步的主要组织对策"，为什么也应作为立法宗旨予以明确呢？这是因为，政策一旦确定，组织领导与管理就成了决定一切的头等大事。

正因如此，作为美国科学技术基本法的上述《国家科学技术政策、组织和重点法》，把"组织对策"作为立法宗旨明确提出。有意思的是，这一立法宗旨不仅体现在第一章第一条中，而且直接体现在法规名称上。根据这一立法宗旨，该法第二章对总统属下的科学和技术政策办公室的组织、职能、政策的制定、分析和提出，与其他机构的协调、科学技术年度报告等，做了规定；在第三章中对总统科学技术委员会的编制、成员、委员会的连续性、人员及顾问的配备等做了规定；第四章对联邦政府的科学、工程、技术协调委员会的编制和职能做了规定。所有这些规定表明，该法在相当大的程度上起着科学技术领导机构法的作用。而这一作用，是在立法宗旨中首先予以明确的。

我国科技发展也存在统一协调的问题。目前有国家科委、国防科工委、中国科学院、中国科协、国家教委、国家计委等多路"大军"，各不相统，互乏联系。许多重大项目固然可以成立"攻关小组"或独立的领导机构，但绝大部分的科学技术工作是分散进行、封闭处理的。其结果是浪费了大量的人力、物力、财力，在低水平上重复劳动。笔者以为，已经到了非把科技发展的统一领导、统一管理问题彻底解决不可的时候了。对此，目前各方的认识仍是相当不一致的。为了打破各种形式的小团体主义和山头主义，有必要在制定该法之始，认真讨论"科技进步的主要组织对策"问题，并作为立法宗旨予以明确。

"科技进步的财政投入"为什么也应作为立法宗旨明确提出呢？这是因为舍必要的财政投入外，发展科技云云不过是一句空话。科学技术人员应当充分发挥自己的聪明才智与主观能动性，在科技园地上演出"威武雄壮的活剧来"，但是唯物主义者不能无视所提供的"园地"的客观条件。正因为此，奥地利的科学技术基本法只有一个立法宗旨，就是为科技发展设立基金会，以便提供财政资助；美国的有关立法也强调了基金会问题；法国的《关于科研和技术发展的85-1376号法》规定"科学和技术发展均属国家优先项目""国家政策计划在本10年的后期把国家和私人在科技发展方面的总支出提高到相当于国内总产值的3%"；等等。我国科技进步的财政投入，存在以下几个问题：其一，总量一向较低；

其二，占国民收入比例大大低于发达国家与大部分发展中国家；其三，80年代呈下降趋势；其四，政治变化以及其他因素往往严重影响财政投入额的变化。这就表明，科技进步的财政投入，无论从科技发展的基本理论看，还是从国外的实践看，或者从我国的实际情况与发展需要看，都应作为当前制定我国科技进步法的重点来对待。这样，以立法宗旨予以明确也就是顺理成章的了。

四

除上述分析外，考虑到以下因素，笔者以为，《中国科技进步法》首条的立法宗旨，尚应做较大的修改。这些因素是：

第一，草案第一稿所提及的几个方面，即"推动科学技术进步""促进经济和社会发展""加快社会主义现代化建设""提高全国人民的物质和文化生活水平"，其中不无重复之处。例如，"推动科学技术进步"与"加快社会主义现代化建设"有些重叠，前者包含在后者之中；"促进经济和社会发展"与"加快社会主义现代化建设"也有交叉，因为"经济和社会发展"与"四个现代化"的内容是大致相同的。这些含义不甚明确又互相交叉重叠的文字，看似面面俱到，但不甚精确，令人难以把握立法的真意。

第二，草案第一稿拟定的立法宗旨，重点并不突出；所要突出的，又非我国国情下发展科学技术的急需之点。诸如政策、组织对策、财政对策等关键点，都未予突出与明确。

第三，要尽可能使用法律语言，凡非法律语言者，只要不影响立法本意，可删去。

根据以上三点，笔者建议《中国科学技术进步法》的第一条规定立法宗旨如下：

为了确定国家发展科学技术的总目标、总政策、主要组织对策与财政对策，制定本法。

在这一立法宗旨下，总则部分可对有关"总目标""总政策""主要组织对策""主要财政对策"做出原则性规定，并在分则各章做出相应的具体规定和其他规定。这样，以第一条立法宗旨统帅总则，以总则统帅分则，整部法律就成了一个有机的整体。其中，总则是"纲"，"立法宗旨"是"领"，"提纲挈领"即可"纲举目张"。

科技决策程序的法律需求与对策*

科技决策科学化、民主化要求提出，是中国科技决策的一大进步。它起了舆论动员作用和认识启发作用。但是，如果停留在、满足于科技决策科学化、民主化的要求与口号上，那么事情就不会有任何变化。有鉴于此，"中国科技进步法研究"上海课题组所提出的《中国科技进步法沪案》，在"总则"中特地规定了"决策原则"一条。该条措辞是："国家和地方的科学技术的发展必须依照法定程序实行科学决策、民主决策。"

这样规定，是符合中国国情，符合科技决策的科学化民主化要求，也符合科技决策程序的制度化与法律化需求的。

一

长期以来，我国的科技决策受以下因素的严重影响而未达到科学化、民主化的要求。这些因素是：其一，新中国成立后，长期处于恶劣的国际环境之中。新中国成立初期，美帝国主义纠合其他帝国主义国家和附从国家发动了侵略朝鲜的战争，一度打到鸭绿江边，并对东北狂轰滥炸；尔后又在台湾海峡制造严重的紧张局势；再接着就是苏中矛盾、印中矛盾的加剧直至发生严重的边境冲突，美国侵略越南，并对我南部边境轰炸……这些情况，往往迫使我国政府不得不迅速地就某些重大的科技发展项目做出决策。其二，国内的政治运动，尤其是反右斗争、"四清"运动和"无产阶级文化大革命"等全国范围的大规模政治运动，使党、政府、广大科技人员和全国人民的注意力、精力，几乎全部集中到政治运动之上，科技决策的科学化、民主化也就无从谈起。其三，长期的战争环境、封建的历史传统，也影响了决策者就科学技术的发展进行科学决策、民主决策的自觉的意识。时至近年，有些报章杂志上介绍我国重大科技决策时，有的作者仍啧啧称赞决策者个人的决策，就是缺乏这种自觉意识的遗迹与反映。其四，我们也没有建立起实行科学决策与民主

---

* 原载倪正茂、陈积芳主编：《中国科技进步法制研究》，专利文献出版社1992年版。

决策的机构、原则、制度，更无决策的程序可言。上述客观的或主观的因素，有的是无法避免的；有的虽是可以避免，但在缺乏经验的情况下，是不得不付出的学费。它造成了科技决策的某些失误。但是"瑕不掩瑜"，由于我国领导人有丰富的领导经验，在多数情况下也注意了集体领导的原则和民主集中制的原则，我国的重大科技决策在我国科技发展上所起的良好作用与因此而取得的重大成就，也是有目共睹、有口皆碑的。现在的任务是总结经验教训，努力做到：在特殊情况下，坚决由最高领导层集中全权迅速而果断地做出重大的决策；在通常情况下，坚持实行科技决策的科学化与民主化，坚决排除个人决策的随机性、主观性与随意性，从而使得我国的科技决策在任何情况下，都能立于不败之地。

科技决策的科学化、民主化要求，已提出多年。但是，科技决策科学化的内涵是什么？科技决策民主化的内涵是什么？至今仍是不甚了然的。这从把"科学化、民主化"笼统混谈就可看出若干痕迹。因此，必须研究什么是科技决策的科学化要求，什么是科技决策的民主化要求，科技决策科学化与民主化的关系是什么等等。

笔者以为：科技决策的科学化，是指科技决策要符合决策的科学规律，所"决"之"策"要符合科技发展的规律。其中，前者是对科技决策过程的要求，后者是对科技决策目标、目的的要求。

关于决策，毛泽东同志曾提出过"提出问题、分析问题、下定决心"的公式。这一公式描述了决策的过程，其中"分析问题"才有科学地进行研究的价值。在"分析问题"的基础上下决心，也有重要的科学意义。但是，对"分析问题"这一最重要的环节，毛泽东同志没有在总结自己的极为丰富的经验的基础上做出更为详尽的说明。

现代西方科学哲学家们提出过"科学逻辑的五步法"：（1）疑难的出现或暗示；（2）问题的设定；（3）提出解释问题的假设；（4）推论各种假设可能的含义与结果，并从中选出最可能解决问题的假设；（5）试证，即投入解决问题的实践，以求证明假设。虽然这是关于科学研究的"五步法"，但它对科学决策也不无启迪，这就是：上述（3）的启迪是，在决策过程中，思维方式应当打破单一性、局限性、封闭性，而实现多样性、整体性与开放性，总之是"搜索枯肠""绞尽脑汁"地提出各种可供选择的决策方案。上述（4）的启迪是，对多种方案进行推论，立即分析；这种分析是全面的，即不偏于任何一种方案而对每一方案都进行分析；在分析的基础上进行比较与筛选，而不是随意决定、任意抉择。上述（5）的启迪是，对做出的决策的实践进行局部的验证，而不是一旦决定就全盘推开，这样可以避免大范围的损失。"一切经过试验"的要求，未免太过绝对，但其精神是可取的。

这些都是说的决策过程。在笔者看来，如要达到科技决策的科学化，在决策过程中，对决策方案的分析，既应有定性的分析，而且要有定量的分析，像"科学逻辑的五步法"那样只做"推论"即只做定性的分析，是完全不够的。此外，在定性分析方面，还应十分重视"比较分析法"。我们不应拒绝接受国外的科技决策的先进经验。在发展科技方面，毕竟我们起步较晚，经验不多。发达国家的经验，我们应当尽力吸收；其教训，我们应当全力避免。鲁迅说过，我们要实行"拿来主义"；他又说过，"比较是医疗受骗的良方"。如果我们在科技决策过程中认真地"拿来"，认真地比较，是比起凭我们自己的经验进行决策要科学得多的。

科技决策的民主化，包括科技决策过程中要实行公开化，要广泛所取意见以集思广益，要坚决反对闭门造车与个人独断。

除涉及国家机密事项以外，科技决策的公开化是实现民主化的前提与必然要求。少数人的关门决策，当然无民主化可言。

所谓"广泛听取意见"，首先包括听取广大科技工作者的意见，因为正是他们战斗在科技发展工作的第一线，最了解情况，最知道矛盾、问题、重点与难点之所在。由于现代社会已发展成为一个联系极为紧密的大系统，任何一个局部的变化都会引起其他方面的联动与互动；由于科技发展不仅涉及科技自身，而且与环境、生态以至社会思想、文化、教育、军事、外交、政治，尤其是与经济发展都有很密切的关系，因此，"广泛听取意见"之"广泛"性，应当兼明自然科学界、工程技术界以及社会科学界，应当兼及与之相关的社会各界。

既然如此，科技决策的民主化与科学化一样，就不仅只是"民主化"三个字而已，它是与一套套的机构、原则、制度相联系的。没有完善的机构，没有严密的原则，没有严格的制度，"民主化"也不过是一种良好的愿望和不会实现的空话而已。

这样，就提出了保证科技决策科学化、民主化的问题。笔者把这方面的问题概括为科技决策科学化，民主化的法律需求。

为了了解这一点，我们不妨先看一看国外是如何解决有关问题的。由于日本是与我国"同文同种"有相同的文化传统的"一衣带水"的近邻，又由于日本从近代历史开始到当代先后广泛吸取了大陆法系与海洋法系的法制优点，因而可以为我们简捷地借鉴，所以我们集中地来看一看日本的科技决策等问题。

二

日本学者认为，确定日本科技政策方向的因素可分为国际与国内两个方面。国际因素是，由于防卫需要而开发的军事技术以及提高世界市场的占有率而开发的其他技术；国内因素是，加强经济力量、改善产业结构、提高公共服务、消除贫困、改善公共卫生等方面提出的发展科学技术的要求。根据这些要求，在政府、公共团体和企业方面，都产生了对科学技术的需要。这些需要可以分为国家需要、公共需要和市场需要等不同的方面。

在确定上述科技目标的社会共识的基础上，日本的科技决策分为"政策分析""政策战略""评价和反馈的系统"和"政策决定系统的再研究"等4个依次行事的方面。具体来说，开展科技决策的过程，分为以下10个步骤：

（1）由于政府提出的咨询，或科技政策机关的建议，研究科技政策的政策目标；

（2）对有关的情报进行收集、整理和分析；

（3）确定政策目标；

（4）对有关实施政策的基本观点进行选择和决定；

（5）对包括代替方案在内的可能实施的政策进行调在和研究；

（6）根据基本观点确定实施政策；

（7）对政府进行答询、劝告和建议等；

（8）制定有关省厅的实施计划要根据计划的概算；

（9）执行实施计划（设计）；

（10）对政策整体进行评价和修改（反馈）。

在决定政策的机关根据咨询进行答询的形式，或根据自己的提议以劝告和建议的形式，提出某种科技政策时，首先考虑的是需要（国家需要、公共需要和市场需要）；同时兼顾与之相关的国内外情况。有关情报要全面收集、有序整理并认真分析：各国对有关问题是如何设计对策的？当时所遇到的困难是什么？日本对类似问题是如何处理的？该问题的相关情况是什么？当时形成的问题何在？等等。这里的"相关情况"，包括与科技政策相关的经济政策、产业政策、社会政策、教育政策等等。经过上述工作程序后，就进入科技政策目标的设定，即确定政策目标的重点，在确保国家安全、增强产品的国际竞争力、提高国民的生活素质、转换产业结构或改善环境等方面做出选择。

为设定政策目标，日本有关方面通常都较注意国民舆论的动向和外国的趋势。为了广泛获取国民的舆论意见，国家常将新的科技政策目标公诸报端。

在设定科技政策等目标之后，就对可能实施政策的基本观点进行必要的调查和研究。对有关的基本观点以及可能产生的问题都进行研究与审议后，再选择并决定最佳的实施政策的方案。

经过以上过程而决定的科技政策，以答询、劝告和建议的方式向政府提出。接受答询、劝告或建议的有关省厅，为了实施政策，要制定实施计划。实施计划设定后，还要通过全面的技术鉴定，以便审查其对自然、社会和人类环境所发生的影响。

具体计划实施过程中，还要定期进行评价，根据需要进行适当的修改。

日本为制定科技政策而设立的政府机关，大致可分为四大类：其一为咨询、审议机关，其任务是对日本的科学技术政策进行审议或协议；其二为规划调整、审议机关，其任务除审议外，主要是根据不同情况而采取决定；其三为执行行政业务的机关；其四为"荣誉机关"，即对功绩显著的科技人员实施奖赏的机关。

我们以日本的"科学技术会议"为例，对日本科技决策的程序做一说明。

科学技术会议任务是，根据内阁总理大臣的咨询进行答询，或者认为必要时，可在答询之后，由内阁总理大臣陈述意见。具体步骤是：首先由内阁总理大臣提出咨询；接受咨询后在科学技术会议的专门部会上（或分科会上）进行审议；送交有关部会（或分科会）所提出的政策审查意见原案，一般性的在科学技术厅计划局汇总；经过部会（或分科会）的审议，答询以科学技术会议的议案，与最后确定阶段前的审议同时进行，对于有关部分应和有关省厅进行非正式的协议。所有这些事项都需事先联系。答询草案是在科学技术会议的正式会议上最后决定的，然后再向内阁总理大臣进行答询。对于答询内容繁多的各事项中的紧急预算，以科学技术厅为首的有关省厅估计其需要而大藏省主计局提出概算要求。对各省厅送来的概算要求，还要提交自民党的政务调查会，由该会确定自民党对有关科学技术预算的方针。大藏省主计局审定后，作为大藏省原方案提出，经过多次反复交涉之后，才决定政府方案。对于常有法律性质的预算，则与政府预算方案一起提交国会审议。

上述的日本科技决策过程、步骤告诉我们：

第一，日本技术决策有一整套机构执行；

第二，所有这些机构之间具有有机联系；

第三，这些机构的科技决策具有程序性。

据我们了解，所有这些机构的设立、其组织、编制、职责、权能、权利、义务、工作程序、奖惩等等，都有专门的法律做出规定。如上述科学技术会议，就是按照《科学技术会议设置法》建立的。这样，这些机构在科技决策过程中，按照法定的程序既分工又合作，为日本的科技决策做有机、有序的努力，自然能够取得比较科学的成果。

三

笔者在领导《中国科技进步法》"沪案"课题组开展研究的过程中，正是根据上述我国的国情、科技决策科学化与民主化的要求以及日本等国的科技决策法制化经验，坚持在"沪案"中写入"必须依照法定程序实行科学决策、民主决策"等字样的。

我们认为，由于以下原因，强调科学决策、民主决策的"法定程序"是非常必要的。这些原因是：

第一，这是科技法制建设的要求。

科技法制建设的最重要之点，首先在于从以政策调节为主，向以法律调节为主的过渡。这样，政策制定本身的法定程序化，就成了势所必然的要求。这是从根本上改变政策制定过程中的主观性、随机性与随意性的关键性措施。要从政策调节过渡到法律调节，有一个相当长的过程。在这个过程中，政策仍然起着十分重要的作用。即使在确立了以法律调节为主的调节体制后，政策仍是不可缺少的一种必要手段。因此，无论是当前，还是今后，都必须确保政策的正确与科学，至少要减少政策失误。而要做到这一点，按法定程序决策，就成了根本的保证。而按法定程序进行科技决策，无疑会使科技法制建设得到重大的长期的发展。

第二，法律具有稳定性、普遍性、强制性与权威性的特点，确定科技决策"必须按照法定程序"进行，就保证了它的可靠性。法律的稳定性，可以保证科技决策不会因领导者的改变或领导者注意力的改变而改变。法律的普遍性，可以保证科技决策无论在中央，还是在地方，都能按既定的法律程序进行。法律的强制性，可以保证个人决策、"一言堂"的消失，因为一旦违法实行个人决策，决策人就必须负法律责任；而且，任何人都可按照法律规定，要求领导者、监督领导者的科学技术决策。法律的权威性，则是保证任何个人、团体、党派都不得超越它的要求与规定而进行科技决策。

按法定程序进行科技决策，这还仅只是一条原则。我们希望，如果《中国科技进步法》规定了这条原则，那么，还应以其他的法规使之具体化。具体性是法律的生命。对今天的中国来讲，尤其是如此。

时当国际风云变幻、中国独力支撑社会主义大厦的今天，发展科学技术已成头等急务。如果我们在科技决策方面不再失误，以法定程序保证科技决策的科学化与民主化，那么，前途是大可乐观的。

略论创新型国家建设的科技法"支点"*

伽利略曾说过：给我一个支点，就可以把地球撬起来。科技法就是建设创新型国家的杠杆的"支点"，只有建成支撑、促进与保障科学技术自主创新的法律体系来，才有创新型国家建设的法律地位，才能解决完成这一任务过程中的人才、投入、激励等主要问题。[①]而在这些方面，创新型国家的科技法治经验，可为我所借鉴。

一

据创新经济学家统计，20世纪50年代以来世界上进入创新型国家行列的，仅美国、英国、德国、法国、日本、加拿大、意大利、瑞士和瑞典等十来个国家。这些国家分别瓜分了世界主要技术密集型产业部门的大部分市场份额，从而成为世界经济强国；而其余近200个国家包括中国在内，都主要滞后地引进和使用创新型国家的技术进行经济活动，在竞争中明显处于弱势地位。

考诸上列两类国家可以发现，业已进入创新型国家行列的美国、日本等国，基本上都有比较健全完善的科技法律体系，而其他国家则大多或不完善、或付阙如。

在发达国家中，日本是一个典型的例子。

第二次世界大战使日本成为一片废墟，国民经济陷入绝境。但战后日本迅速恢复了经济、科技实力，到60年代末已成为仅次于美国的资本主义世界第二经济大国。70年代初虽然因中东战争导致石油危机的爆发，一下子使日本经济痼疾暴露无遗，但坏事成了好事的前导。日本不久便确立了"科技立国"的基本国策，狠抓科学技术的发展，迅速摆脱

---

* 原载倪正茂、陈积芳主编：《中国科技进步法制研究》，专利文献出版社1992年版。

[①] 中国政法大学校长徐显明教授指出："要建设创新型国家，要求我们对思想的创新，对工程技术的创新，对成果应用制度的创新保护有一套完善的法律体系。"清华大学于安教授指出："建设创新型国家要构建有利于科技开发、有利于科技成果的运用、有利于科技人员的创造性活动的创新型国家法律体系。"《法律如何为建设创新型国家提供保障》，《检察日报》2006年1月23日。

了危机，走上了全面繁荣的道路。现在，日本虽然历经"泡沫经济"之厄，但在资本主义世界仍居美国之后的第二经济大国地位。战后日本走过的道路中的一条主要经验，就是始终抓紧科技立法，依靠法律所特有的指导性、约束性和保障性来干预和指导全国的科技工作。日本之高度重视科技立法并建成了科技法制体系，有以下几点特别值得我们注意。

一是齐全和完整。据初步统计，目前日本有关科技的法规有200多个，其内容包括：科技行政机关的设置法、组织指令和组织规则（如《科学技术厅设置法》《科学技术厅组织令》《科学技术厅组织规则》等），科学研究机构的设置法和组织法（如《航空育种技术研究所组织规则》《无机材料研究所组织规则》《水户原子能事务所组织规程》等），科技研究机关和研究机构的定员法（如《行政机关职员定员法》《行政机关职员定员令》），科技咨询机构的设置法和组织法（如《科学技术会议设置法》《海洋开发审议会令》《技术士审议会令》等），关于科技法人团体的法令和规则（分"特殊法人"法，如《理化研究所法》《新技术开发事业团法》《日本原子力研究所法》等；"公益法人"法，如《内阁总理大臣管辖的公益法人的设立与监督规则》《许可认可等临时措置令》等），关于科技发展的直接立法（如《原子能基本法》《核燃料物质的使用规则》等），关于科技发展的相关法令（如《所得税法》《法人税法》《物品税法》等），有关对外科技合作的立法（如《日本与法兰西科技合作协定》等）。此外还有发展科技或产业技术的种种重大措施和政策的法令。

二是环环相扣，匹配成龙。例如从时间序列来看，日本政府于1956年颁发了《机械工业振兴临时措施法》；1957年颁发了《电子工业振兴临时措施法》，原定施行五年，后来由于效果显著而一再延长；1971年3月，根据新的形势和要求，颁布了《特定电子工业和特定机械工业振兴临时措施法》，用以代替前者；1978年又颁发了《特定机械情报产业振兴临时措施法》。这一系列法规内容有联系，法规具有连续性，如《特定电子工业和特定机械工业振兴临时措施法》是针对发展电子工业和机械工业的要求制定的，当取得相当成就，具备了一定基础后，振兴重点应转移到以增进电子技术和自动化技术为内容的高效产品方面来，所以在1978年以新的立法予以取代。又如从法的制定、实施来看，几乎每一个重要立法，都有一整套的相关法令与之配合。如当颁布《防止由于放射性同位素引起的放射性病法》后，即颁行了有关的《施行令》和《实施细则》；颁布《海洋科学中心法》后，即颁布有关的《施行令》《实施细则》以及《关于海洋科学技术中心财务和会计的总理府令》。

三为以有效法律效力的各种"制度""计划"与法律法令结合，使立法效果更为突出。如1966年日本颁布了《大型工业技术研究制度》，1980年颁布了《下一代产业基础技术研究开发制度》，接着又推出《推进创造性科学技术制度》（1981）、《第五代电子计算机研究开发十年规划》（1982）、《原子能开发利用长远规划》（1982）、《关于研究开发生命科学中先导性、基础性技术的基本计划》（1984）、《宇宙开发大纲》（1984）、《激光研究五年计划》(1986)等等。

日本所师法的美国，早在20世纪70年代以前基本完成了科技法律体系建设的任务，在此基础上，80年代以来更着力于增强科技创新的法律"支点"。为了发展经济和推动科技创新，并鼓励先进技术转让，加快技术商品化，提高国家竞争力，创造更多的就业机会，80年代以来美国立法机构制定和发布了与科技创新活动有关的法律法规20余个。其中最为著名的是始订于1980年的《史蒂文森—威德勒技术创新法》，1986年对该法进行了修订，改称为《1986年美国联邦技术转让法》。该法的制定旨在促进美国的技术创新，支持国际技术转移，加强和扩大各科研机构与产业界之间的技术转让、人员交流等方面的合作，同时它对于提高各部门的劳动生产率、创造新的就业机会、稳定物价、提高产品在国内外市场上的竞争力等都起着积极的作用。除《史蒂文森—威德勒技术创新法》外，美国鼓励科技创新的有关立法主要还有：

1982年的《小企业创新发展法》。根据该法制定了"小企业常创新研究计划"(SBIR)，要求联邦政府机构中年度研究与开发费用在一亿美元以上的单位要按一定比例向SBIR拨出专款，研究与开发资金超过2000万美元的联邦政府机构每年要为中小企业确定科研项目和目标。现参加SBIR的有农业部、商业部、国防部、宇航部、卫生部、能源部和国家科学基金会（NSF）等十一个部门，据估算自1983年至1995年向SBIR共拨款55亿美元。美国国会还专门立法规定从1982年到2000年联邦政府各部门用于本部门外小企业创新活动的经费可以逐年增加。1992年各部门投入创新活动经费占本部门总预算的1.25%，到1997增加到2.5%。

1984年的《商品澄清法》。该法允许政府所有的和由承包人经营的实验室可以做出发放专利使用许可证的决定；允许承包人获取专利权用于研究开发、奖励和教育；允许私人公司，不管规模大小，都可以获取独有的使用许可证；允许大学和非营利组织经营的实验室在有限制范围内保留发明所有权。

1986年的《联邦技术转让法》。该法规定：开展技术转让是所有国家实验室科学家和工程师的义务；对雇员工作的评价要结合技术转让的内容；为国家实验室技术发明者建立不低于15%的专利使用费分享原则，并为其他创新者制定奖励制度；制定了国家实验室技术转让联合体法规，并为该联合体开展工作提供了经费机制等。

1988年制定的《综合贸易与竞争力法》。该法强调在保证充分使用各个方面资源及科技成果方面要把重点放在国家和私人企业的合作。

1989年的《国家竞争技术转让法》和1990年的《国防部授权法》：批准以1986年《联邦技术转让法》强调的基本相同的方式，为政府拥有和管理的国家实验室创造机会，参加于大学和私人工业达成的合作研究开发协议及其他活动；允许通过合作协议带进的和创造的资料数据和创新成果受到保护，避免泄露；还为国家核武器实验室规定了技术转让任务。

1991年的《国防授权法》。该法要求：建立国家国防实验室典型计划以显示联邦政府、州政府的和地方政府同小企业的成功联系；允许国家实验室同中间合作伙伴商签合同或备忘录为小企业的合同活动提供服务；允许开发和实施"国防制造技术计划"，促进军用技术转为民用，并开发军民两用技术。

上述立法锦上添花地使美国科技法制体系更加健全、完善，对美国科研机构、大中型企业尤其是小型企业的科技创新发挥了十分重要的促进与保障作用，是美国科技创新法律支撑力量的不竭源泉。

二

建设创新型国家的关键是提高自主创新能力，而提高自主创新能力的关键是人才。邓楠在《建设创新型国家的关键》一文中指出："自然资源是有限的，而人类的智力资源却是无限的，也是经济发展的后劲所在。正因为人才资源是一种战略资源，围绕着科学技术知识、创新型科技人才展开的争夺，越来越成为国际竞争的焦点。全球化的人才争夺，要求我们必须以国际化的眼光来培养人才、吸引人才、留住人才、使用人才，营造良好的体质、机制和社会环境，让具有潜力的创新人才能够脱颖而出，在党和国家的各项事业中充分发挥作用。"[①] 但我国在科技人才资源方面，还存在一系列重大问题。主要有：一是作为人才基础的我国公民科学素质目前还比较低，2003年具备基本科学知识的人口只占总人口的1.98%，农村居民更低至0.7%，与美国2001年已经达到17%的水平相距甚远。二是专业技术人才稀少，有资料表明，目前我国人才资源仅占人力资源总量的5.7%左右，高层次的人才仅占人才资源总量的5.5%左右，即便是在高层次人才资源中能够把握世界科学前沿，做出重大科技成果的尖子人才也极为缺乏。三是专业技术人才队伍还存在严重的结构性缺陷。企业极其缺乏合格的工程技术人员，特别是高水平的工程师。中国的科技工作者67%集中在事业单位，17%在国有企业和集体所有制的企业，还有16%在三资企业和民办非企业单位工作。

长期以来，党和政府是重视人才队伍建设的。"大跃进"时期毛泽东曾援引龚自珍诗句"不拘一格降人才"[②] 来推动人才的拔擢。但从那时以来，人才的培养、选拔、考核、奖掖，在相当大的程度上还是领导人的个人行为，至多也只是在政策面上开展有关工作。这与发达国家之主要依靠法律的力量来促进、规范与保障人才队伍建设，是差别明显而成效不相同的。

例如美国，早在1944年美国国会估计战争行将结束，于是通过了一项关于退伍军人

---

① 邓楠：《建设创新型国家的关键》，《文汇报》2006年1月12日。
② 〔清〕龚自珍《己亥杂诗》："九州生气恃风雷，万马齐喑究可哀。我劝天公重抖擞，不拘一格降人才。"

的重新安置问题的法案即军人法案，但该法案不是一般地去保证军人的就业问题，而是高度重视地规定：联邦政府可以对退位军人授予奖学金。这项立法促进了高等教育事业的发展。美国在第二次世界大战后到50年代初，有225万名退伍军人进入了高等院校。这些人的毕业，造成了就业紧张，他们又决定继续学习，等到取得博士学位后再就业。朝鲜战争使美国政界促成国会通过第二个军人法案，根据这项法案，116.6万名退伍军人进了高等院校。1957年苏联人造地球卫星上天，对美国产生很大的震动。美国迅速做出反应，于1958年颁行了国防教育法。法律规定任何人都有受到其能力所能达到的教育的权利。该法第一部分规定："一切具有才能的学生均不得由于经济困难的原因而被拒绝进入高等学校。"不过这一法案是特别针对理科和外语学生以及希望从事中小学教育的学生的。因此，1964年美国通过一项修正案，把经济资助的范围扩大到了所有的文科学生。1965年，美国国会又颁行了高等教育法，进一步扩大了联邦政府资助大学活动的权限。按照该法，使增加高等教育机构设施及资助学生的计划在三年中提供25亿美元，从而进一步扩大了立法受惠对象。80年代初以来日本在高级尖端技术方面的进展，使美国朝野产生了"第二次苏联人造卫星冲击"之感。1983年4月，美国总统教育咨询委员会发表了题为《面临危机的国家——教育政策是至高无上的任务》的教育改革方案。全国的或州的各种机关也提出了很多教改方案。在这种形势下，美国众议院通过了紧急振兴理科和数学教育的法案。其主要内容是：1.在初等和中等教育中充实最新的教育机器；2.对教员进行再教育；3.对想成为理科和数学教师的学生颁发助学金。为此，要求拨出4.25亿美元的投资。此外，还在1982年制定了电子计算机赠送法，把向小学、初中和高中赠送电子计算机看成是慈善行为，并可扣除法人税和所得税。

发达国家以法律促进人才队伍之建设，有以下几个共同的特点。一是具体。如美国1965年4月11日制定的《初等中等教育法》第一章规定："为了扩大和加强教育条件不良子女集中地区的公立学校的教育，在1965年至1966年财政年度对地方教育行政区提供约10.6亿美元的补助金。这笔补助金用作雇佣教员、建设教育设施、购买教育设备等项的资金。各个地方教育行政区的分配额，根据以下两个因素计算：a.该州每个学生消费开支的平均额（年额）；b.年收入不足2000美元的低收入家庭子女数（15—17岁），以及根据《对拥有抚养儿童家庭的援护事业法》接受2000美元抚助金的家庭的子女数（15—17岁）。向各地方行政区提供额，依照'a×b/2'的公式计算。"美国1965年11月8日制定的《高等教育法》第五章规定了"发展中大学"的"共同事业"和"国家教育特别奖金"所需要的补助金，其中78%支付给四年制大学，其余22%支付给三年制大学。

二是体现改革的精神。如1985年法国制定了技术教育和职业教育法草案，规定多有大、中、小学校必须普及技术教育，特别是计算机应用技术教育。调整理科与工科院校的比例，加强工科院校的建设，创建一批工艺技术大学，加速培养适应企业技术开发研究工作的工程师和高级技术人员，使高等院校毕业的工程师人数从目前每年的4000多人提高到 1990 年的 1 万人。

三是配套。每当制定或修改有关教育立法时,就以相应的其他立法与之配合。如日本,战后至 1975 年,把正规学校制度以外的施行类学校教育的职业学校通称为"各种学校"。为了整顿和提高"各种学校",进一步加强职业教育,1975 年 7 月,日本在部分修订《学校教育法》中,增补了专修学校条款。1976 年 1 月,日本文部省根据修订的《学校教育法》,制定、公布了《专修学校设置基准》,对专修学校的组织编制、课程、学科、教员资格和学校数量及设置和设施等做了具体规定。又如苏联,在 1962 年规定了高等学校科研工作规则,接着,在 1965 年 4 月 19 日规定了高等学校科学研究实验室规则,同年 4 月 23 日规定了高等学校科学研究专业实验室规则。

三

科技经典的投入,与创新型国家建设有密切的关系。

胡锦涛总书记在全国科学技术大会上的讲话中指出:要把对科技事业发展特别是提高自主创新能力的投入作为战略性投资,加大财政科技投入的力度,调整和优化投入结构,增强政府投入,调动全社会科技资源配置的能力,形成多元化、多渠道、高效率的科技投入体系,提高科技资源共享利用的效益,为提高自主创新能力提供坚实保障。①

从目前的情况看,在科技投入方面与中央的要求还存在着很大的差距。主要问题是:

第一,既定的科技投入指标未实现。我国历史上科技投入占 GDP 的比重最高是 1960 年的 2.32%,以后逐年下降,到 1998 年为 0.69%,2000 年以后有所回升,到 2004 年为 1.23%,但与我国有关法规规定的 1.5% 还有差距。

第二,企业科技投入严重不足。美国、日本等一些发达国家企业对科技开发的投入常占到营业额的 3%—5%。我国大中型企业对科技的总投入仅相当于营业额的 0.39%,75% 的企业没有研发机构,90% 的企业没有申请过专利。

第三,偏离科技经费投入初衷。全国政协常委任玉岭指出:"近年来国家科技经费使用中,出现了让使用单位匹配资金的做法。这种做法的初衷是好的,目的是为了节省国家的投入和调动地方的积极性。但是,这样做出现了三个新问题。其一,因为一些科技攻关项目,要研发单位进行巨额的资金匹配,造成很多国家财政来源的研发经费,难以流向有研究实力和研究人才的科研单位和研究型企业,而较容易流向缺乏研究条件和研究实力并不足的企业去。其二,因为要单位匹配资金才能拿到项目,这就导致'有钱的才能赚钱',富的地方容易拿到项目和资金,而一些欠发达地区因缺乏资金匹配就拿不到国家资

---

① 2006 年 1 月 10 日各大报关于"全国科学技术大会在京隆重开幕"的报道及胡锦涛总书记在大会上的重要讲话。

金，由此导致富的越富，穷的越穷，进一步扩大了地区差别。其三，科技经费的匹配办法，易造成挪用其他资金，工程质量难保证。"①

这些问题的存在，与科技投入上的"人治"关系密切。从投入指标而言，由于投入的或多或少、或增或减是由一些有关部门的领导"拍脑袋"拍出来的，或者虽有明文规定的投入指标，却对实际投入的多寡无法律意义上的约束力，其结果必然是"信马由缰"地放任自流。这在国家、地方以及企业科技投入上都有所反映。当今世界业已步入创新性国家行列的，全都属于市场经济体制类型，其绝大部分经济实体为私人所有并成了科技创新的主力，因此在科技投入的法律促进与保障方面，有其自身的特点，我国不可能轻易移植，但仍有一些法律举措值得我们研究、借鉴，主要是：

（一）以基金会立法保障必要的科技投入

不少国家有科研（技术也包括在内）基金会之类的机构。这些机构本身依法设立，同时，有关法律还对基金会在科技进步基金的来源、使用、监督等方面做了明确的规定。

美国国家科学基金会成立于1950年。美国法典第四十二章第十六节是对该会机构、职能、组织、基金使用、权限、制度等的法律规定。其职能包括"开创和资助增强科学研究潜力的基础研究和计划，开创和资助数学、物理学、医学、生物学、工程学、社会学以及其他科学等各种水平的科学教育计划""发放数学、物理学、医学、生物学、工程学、社会学和其他科学奖学金和研究生助学金""确定科研经费总数的计划""将其经费分配给美国各教育机构和相应的非营利组织"等（第一千八百六十二条）。

（二）以专项立法保证对科技投入的财政支持

日本文部省设有《科学研究费补助金制度》，对大学和国家研究机关的研究人员主动地、有计划地开展基础性研究做有法律效力的资金鼓励。所补助的费用包括调查研究旅费、研究合作酬谢金、设备购置费、消耗品费、杂务费以及通讯运输费等。各省厅还设立《委托费制度》。科学技术厅特设了《发明实施试验费补助金制度》，该《制度》还包括一项《开发研究设备补助金制度》。中小企业厅、工业技术员、日本开发银行、商共组合中央公库还分别制定了《技术改善补助金制度》《重要技术研究开发费补助金制度》《国产技术振兴贷款制度》《新技术等贷款制度》。所有这些具有法律效力的《制度》，在财政支持方面对日本的科技进步起了积极的推动作用。

（三）以对企业科技创新的法律激励，保证增加企业的科技投入

1982年，美国政府制定了中小企业技术革新促进法。该法规定政府的11个部、局必

---

① 任玉岭：《科技创新：需关注和解决的几个问题》，《人民政协报》2006年1月24日。

须把一定比例的科研经费在中小企业方面,对每项科研项目发放补助费。

1983年,法国政府颁发了企业科研法令,规定国家科研机构必须将科学经费的3%以上用于500人以下的中小企业技术开发性科研工作。《法国1986年—1988年科研与技术发展计划法》规定采取税收补贴科研经费法。1982年的计划法规定税收补贴科研经费率为25%,而在新的规划法中,这个比例翻了一番,提高到50%。1986年起,法国将拿出增值税款的11亿至12亿法郎用于企业的科研经费。这对企业的科技进步,将是很大的支持和促进。

(四)以科技人员的法律化的奖赏制度,进一步强化科技投入

如日本各部门、各单位都订有各自的奖励办法。日本科学技术厅的奖励分六种:(1)"科学技术功劳者奖",授予有重大发明者及对培养人才有杰出贡献者,从1957年开始颁发,每年25名,授予奖状和奖章,属最高奖赏;(2)"研究功绩者奖",1975年开始颁发,每年40名;(3)"科学技术振兴功绩者奖",授予地方企业、团体和组织的管理人员,1980年开始颁发,每年60名;(4)"创意工夫功劳者奖",授予各个领域对应用技术做出贡献者,1960年开始颁发,每年850名;(5)"创意工夫育成功劳者奖",授予对象为中小学教师,1969年开始颁发,每年40名;(6)"原子能安全功劳者奖",1981年开始颁发,每年20名。

创新型国家建设所涉体制、机制问题,中央与地方并举问题,"官、产、学"结合问题,工农业并进问题等等可构成一个庞大的系统,在此都与科技法制建设密切相关。围绕创新型国家建设而进一步开展并完善科技法制建设,大力增强这个"支点"的支撑力,当对创新型国家的建成做出巨大的贡献!

《科技法学丛书》总序*

"春色满园关不住,一枝红杏出墙来。"科技法学正是从中国法学园苑悄然"出墙"并迅速引起万人瞩目的"一枝红杏"。

科技法学的出现,无疑将大大丰富法学理论并推动其进一步发展。当然,现在还很难全面地具体阐明科技法学将在何种程度上、在哪些方面丰富法学理论,推动其发展,但可以坚信,随着科技法学的发展,将提出传统法学理论所未触及的一系列新观点。因此,黄浦江畔从事科技法学研究的我们,自动集合起来,携手探索。我们迈出的第一步,也许是歪歪扭扭的,但我们相信,幼稚可以成熟,跌倒可以爬起,重要的是投入科技法学研究的实践,在实践中锻炼才干,增长知识,探求理论,从而为科技法学以至整个法学理论的发展做出贡献。

科技法学的发展,必将有力地指导科技法制建设沿着科学轨道健康发展。中国的科技法制建设起步甚晚,但1985年全国首次科技立法工作会议之后,科技立法工作大大加快了。它的直接结果之一就是带动了科技法学的理论探索。而科技法学理论,如同一切科学理论都会对实践起指导作用一样,也将对进一步开展的科技法制建设沿着科学轨道健康发展做出贡献。科技法制建设与科技法学的这种互动,将使两者互相促进,相辅相成,相得益彰。发达国家的经验告诉我们,以科学技术法保障和促进科学技术的发展,是有力的、有效的。因此,科技法学的理论探索,间接的贡献,将表现在对我国科学技术进步的保障和促进上。也正是为着科技法制建设和科技进步、经济繁荣,我们自动集合起来,携手编书,为科技法学著作的出版,争得一席阵地。我们编出的第一批书,也许会有不少谬误,但我们相信,错误将成为正确的先导。由此达彼的桥梁便是靠坚韧不拔的努力建成的。我们将坚持不懈地努力,积极支持国内科技法学工作者发表其佳作,认真组织翻译,介绍国外的科技法学著作。

科技法学这枝"红杏"既已"出墙",就不仅只是迎风摇曳、一展风姿而已,它还要

---

* 原载《科技仲裁与诉讼》,上海科学技术文献出版社1992年版。

结果,并凭靠"风力""蜜蜂"以及其他各种媒体,广播良种,不断繁衍,从而使"满园"的"春色"拓展、扩散、飘香四海。让我们每一个关心科技法学的人,每一个关心法学理论的人,每一个法制工作者,每一个科学技术工作者,每一个从事国家现代化建设的人,通过《科技法学丛书》,为春满中华、春满寰宇而共同努力吧!

中国科技进步立法务期新的突破*

"虎踞龙盘今胜昔，天翻地覆慨而慷。"从杨浚等172位全国人大代表联名倡议制定中国科技进步法迄今，神州大地的迅疾变化，举世瞩目，交口赞誉；身在中国，每日所见，亦多新鲜事物，目不暇接。尤其是去年初邓小平同志南方谈话发表，更如强劲东风，鼓舞改革开放迈开了更大的步伐，取得了更大的进步。这些进步，对中国科技进步法的制定，提出了新的要求，冀求有关立法有新的突破。

笔者认为，这些要求主要有以下数端：

一、《中国科学技术进步法》作为中国科学技术进步的基本法，应全面涵盖有关社会科学、自然科学、工程技术等"科学技术"发展中发生的相应社会关系的法律调整

这里的关键是社会科学进步中的社会关系法律调整问题。这一方面，在所有的《中国科技进步法》试写稿与内部拟定的草案中，都没有触及。在最近由国家科委、全国人大法工委、国务院法制局等单位组成的调研组于上海召开的会议上，笔者再次提出了这个建议，其理由主要在于：改革开放的实践已进一步揭示信息科学、管理科学、经济科学、法律科学、人口科学、环境科学、生态科学、地理科学以至哲学社会科学的其他部门的极端重要性与不可或缺性；社会科学发展中的社会关系法律调整问题已经成了中国科学技术进步的核心问题与关键问题；改革开放的进一步发展，势必处处涉及社会科学进步的社会关系法律调整问题；社会科学进步中的社会关系调整，如不采取科学的法律调节方法，所造成的恶果，有可能使改革开放的一切成果化为乌有，同样也会使自然科学、工程技术进步的成果荡涤殆尽。

这当然不是危言耸听，谓予不信，且看几个例子。其一，人口问题是一门社会科学。

---

* 原载《科技与法律》1993年第2期。

马寅初先生的人口控制建议具有相当先进的科学性,而这一建议之被加上莫须有的罪名所造成的恶果便是中国人口的急剧膨胀,试想,如果中国当今的人口不是近12亿,而是6亿,情况会是如何呢?其二,经济问题是一门社会科学。彭德怀、杨献珍等同志形象地以"发高烧"批评"大跃进"首先是一个经济科学的问题,试想,如果讲一点经济科学,不搞什么"大跃进""跑步进入共产主义",中国的情况又是如何?其三,法律问题是一门社会科学。中国的历次政治运动,很多不讲法律或亵渎法律、歪曲法律;"文化大革命"更是史无前例地把法律践踏尽净。整个世界突飞猛进地发展的30年间(1949—1979),中国却停滞了、落后了,而且留下了巨大的心理创伤与社会积弊。试想,如果新中国从成立开始就注重法制建设,讲求法律科学,今天的情况又是如何呢?其四,"姓'社'、姓'资'问题不做争论"一语既出,震惊全球,撼动中华。从此,改革开放添足了虎劲,势如破竹,排山倒海,任凭其他任何力量,都不可阻挡了,而这也绝非自然科学与工程技术问题。这是路线,也是政策,既涉经济科学,也涉管理科学,总之是在社会科学的范畴之中。上述所有问题的错误的或正确的解决方法,都涉及社会关系的调整,这些社会关系的调整,如果是有良好的、科学的法律及法律规则作为依据,错误就可能避免,好事也会来得更早一些。

总之,事实告诉我们,把社会科学发展中社会关系的法律调整列入《中国科技进步法》的内容中去,是必要的。此外,应为"科学技术进步法",包括"科学"的重要组成部分"社会科学",也是理所当然的"题中应有之义"。

但是,人们认为,《中国科技进步法》草拟迄今,从未列有社会科学发展中的社会关系法律调整的内容,而且,已列入的内容也还有不少争议点,现在要加入一个几乎是全新的内容,立法的难度会大大增加。确实如此,但是,改革开放本属前无古人的壮举,在立法上做些新的突破,只要是必要的,也就应知难而进,而不是畏难却步。至于技术处理上,笔者建议:只要为社会科学发展中的社会关系法律调整单列一章,规定若干法律调整的原则,暂时以"大体上有章可循、有法可依"为目标,就该算是"功德圆满"了。而这样处理,估计也不至太难,不会因此而延宕《中国科技进步法》的立法。

二、在中国科技进步的集中管理、集中领导方面,应做明确规定

在中国的科学技术进步历程上,中国科学院、国防科工委、中国科协、国家科委、国家教委等所属科技机构有所谓科技进步"五路大军"之美誉,它们各个做出了不可磨灭的贡献。然而,事物是有两面性的。"五路大军"的携手合作齐头并进及间或有之的同志式竞赛,确有鼓舞人心、增强干劲的作用。然而,同在社会主义一国之中,同在科学技术发展的一条路线之上,"五路大军"的齐头并进往往意味着人力、物力、财力的分散,意味着科技项目的重复研究与开发。何况,其实不只是"五路大军",因为还有国家计委以

及其他部、委、办下属的占据中国经济建设"主战场"的庞大企业系统的科技机构。更何况，科技项目的重复研究与开发不是在"低水平"上，而是在"高水平"上，而这就更加剧了高级的、优质的人力、物力、财力分散使用的不经济性以至巨大的浪费。这样，建立一个统率科技战线"五路""六路"大军的最高机构，就是极为重要的任务了。

综观现代各国科技进步的组织管理，都十分重视全国性的科技进步统一计划、统一管理问题。日本战后10年间，科学技术的发展分散地由通产省、文部省、大藏省、农林水产省、运输省、邮政省等省厅组织与管理。当然，他们也会遇到人力、物力、财力分散的麻烦。日本政府较为敏感地认识到了这一问题，加上发展原子能事业的迫切需要给他们以莫大的推动，日本国会遂于1956年专事制定、颁行了《科学技术厅设置法》，设置了科学技术厅。这是内阁总理府所属的一个"厅"，地位并不高。但是，由于《科学技术厅设置法》赋予的法定权力，它可以对全国的科技工作的综合调整、组织管理负责，从而对日本的科技进步发挥了统一协调的作用。法国总理有科研国务秘书之设，内阁有科研部与科学技术研究总代表处。1977年12月31日，法兰西共和国政府以第《77-1534号法令》（关于技术协调委员会的成立），在科学技术研究总代表处下设立了"技术研究协调委员会"。1981年，法国总统密特朗还设立了"研究技术部"，统管全国的科学技术工作。美国国会参、众两院于1976年5月11日通过的《美国国家科学技术政策、组织和重要法》，在第二章中规定总统下设科学和技术政策办公室，统一管理全国的科学技术政策、评估、组织与发展。

事物系统总是动态地发展的，科学技术系统也是如此。动态发展的系统为求不致紊乱，必须十分注意它的有序性，因而必须在其发展的全程中注意信息的收集、储存、整理、处理，必须做强有力的有效控制。"五路""六路"大军的分散"并进"，固然可以造成"万马奔腾"的雄伟气派，但往往也难免"群龙无首，各行其是"的混乱。为求高速度的动态有序的科技进步，尤其是中华大地四面八方在改革开放中腾飞猛进之时，更需要对占有"龙头"地位的科学技术进步高度集中的统一的管理。

在《中国科技进步法》试写稿的沪案中，以及在此前此后发表的许多文章中，笔者曾一再建议，以专章、专条规定，赋予现有的国家科委以统一管理全国的科学技术进步工作的大权，不但应有行政权，而且要有人、财、物权，可惜的是，内拟的草案，在这一方面并未做出明确的、详尽的规定。

窃以为，改革是一场涉及权力再分配与利益再分配的革命，这是一件天大的好事，但必须使权力再分配与利益再分配围绕着中国的现代化与中国人民生活水平的提高而进行。只要是有利于中国的现代化与中国人民生活水平提高的事，就应积极勇猛地去做。"机不可失，时不再来"。中国落后于发达国家已经相当厉害了，落后于"亚洲四小龙"及"亚洲新四小龙"也已成了事实。所谓"下世纪中叶赶上中等发达国家的水平"，看似十分美好，但究其实，只是"60年后赶上现在的中等发达国家的水平"的同义语。"中等发达国家"难道都龟行蜗步,坐以待毙么?不会的。到那时,它们不知道跑到我国前边的什么地方去了。思念及此,应当毛发悚然!《中国科技进步法》作为科技进步基本法的立法,一定要突破权力再分配与利益再分配中的"私"字。一切中国人,为着中国的现代化,高度地团结在中国共产党的大旗下,集中科学技术组织管理的权力,迅速发展现代科学技术,此其时矣!在《中国科技进步法》中,在这一方面做出突破性的规定,此其时矣!

三、就知识商品化、脑力劳动者进入市场做出明确肯定与必要的规定

学校、科技机构小打小闹搞点儿"创收",曾被讥为"斯文扫地"。但"斯文"为什么不能"扫地",非得高高束诸"万般""下品"之上不可呢?抱定此种观念,实在是受封建时代的自然经济影响太深了。

"书中自有千钟粟,书中自有黄金屋,书中自有颜如玉。"这是长期被嗤为"封建士大夫意识"而不屑一顾,甚至被斥为"极端反动的底朽思想"的。诚然,完全脱离"三大革命"的实践,专在故纸堆里翻筋斗以至鄙视劳动生产、劳动人民,是应当反对的;因其不和工农结合而列入"不革命"的另册也无不可。但是,"知识就是力量"不是被誉为旷古不变、万代常新的真理么?"书中自有……"也可看作是"知识就是力量"的一种更形象的说法。"书中自有……"论者,是颇为精明地道出了知识的价值并可推论之颇为精明地懂得如何以"书"即知识"交"而"易"之换取"千钟粟""黄金屋""颜如玉"的。但老祖宗都懂得的知识商品化的必要性,却被自觉不自觉地搞权力商品化的人们一概予以否定了。

"拨乱反正"的英明决策,已经取得了极其重大的战果。但以往的许多"拨乱反正",还仅仅带有实务的、事务的性质,"灵魂深处闹革命"方面的"拨乱反正"还不多见。要警惕右,更要防止"左"——这都是对今后可能出现的"右"与"左"而言的。但是,长期以来形成的"左"的体制、队伍与观念如不更新,要"防左"是很困难的。"左"的人带着"左"的观念在"左"的体制下去"防左"么?当然,也不可能坐而论道式地站在河岸上发发议论似乎就可以过河了,必须"摸着石子过河"。"拨乱反正""警惕右""防止左"也只能在实践中、在"摸石子过河"的道路上逐步展开。为今之计,窃以为,十分重要的一条即是在对待知识商品化与脑力劳动者进入市场的问题上,来一个"拨乱反正",来一个"防左"与"反左"。

物质性劳动产品即使不被商品化,通过计划,无论如何也还是可以流通的,只不过流通得很糟糕罢了。知识性劳动产品是无形的,"龟缩"、隐秘在脑海之中,摸不着、看不见,没有色香味,没有长短高低轻重,不被商品化就极难在市场上显示其使用价值与价值,更糟的是,物质产品是不会因人的死亡而腐朽的,精神产品如不物化为物质产品和其

他形式的荷有载体的东西，必定因人的逝世而消失。必须在知识分子健在或神经健全之时，运用最强有力的高效益的机制，促使知识分子把他们脑髓中的全部知识"分泌"出来。这个机制，人类迄今为止所创造的最佳方式，就是所谓"商品化"。一切别的方法都试过了，不灵就是不灵。只有知识商品化才是现时代最大限度地发挥知识与知识分子作用的最佳方法。

今年盛夏酷暑时节，笔者冒39℃高温"赴汤蹈火"前往绍兴县[①]进行社会调查。该县县委书记、县长告诉我：中国问题的关键在于县，社会科学家要研究县；中国革命是农村包围城市。中国现代化是农村影响和推动城市。该县已成中国百强县之一、1991年"十大财神县"之一。早在1979年，该县的干部就大批前往苏南考察，尔后大力发展了乡镇企业；早在1986年，该县全县性地开展了"商品观念"大讨论。该县的"人才招聘"产生了"轰动效应"，应聘者中有某大城市的常务副市长、某县的科技副县长等等。在该县，知识的商品化、知识分子之进入人才市场，已成为"家常便饭""不成问题的问题"。至此，我才明白，深受全国人民衷心拥护并产生了历史性影响的邓小平南方讲话中的真理，既不是天上掉下来的，也不是小平同志头脑里固有的，而是对全国人民实践经验与利益、意志的精确概括和总结，也正因此，"讲话"才具有移山填海般惊天动地的伟力。

学习与实践邓小平南方谈话的精神，十分重要的是按照这个讲话的精神，把可以法律化的方面加以法律化，庶几才可避免因领导人的改变或其注意力焦点的改变而改变。其中，关于知识商品化与知识分子进入市场，我以为既符合"讲话"的精神和小平同志的一贯思想，也是中国发展科学技术的迫切需要。知识商品化，知识分子可在市场海洋中自由游泳搏击，必将对中国科学技术的现代化产生难以预计的推动动力与难以数计的效益。

关于知识商品化与知识分子进入市场，在《中国科技进步法》中，至少应有以下几个方面的规定：

其一，肯定知识必须商品化，其中包括社会科学知识与自然科学知识及工程、工艺技术知识；

其二，规定知识商品化的主要形式；

其三，肯定脑力劳动者可以而且应当进入市场；

其四，规定脑力劳动进入市场的主要形式，并赋予脑力劳动者在就业、择业、兼职、辞职、流动、取得有人领付的任何数量的报酬等方面的高度自由，这种自由仅受依法订立的合同的约束；

其五，学术自由。

---

① 现绍兴市。——编者注

四、大力发展民办科技机构

关于民办科技机构,现拟的《中国科技进步法》草案中,已经有了若干鼓舞人心的规定。但"百尺竿头"现在还可"更进一步"。这"一步",主要是盼在对民办科技机构的税收政策上做出高强度鼓励性的规定。例如,规定民办科技机构及其成员收入较长时期的免税、减税措施。

不要怕这一部分机构与人员富起来。科技人员富起来,一般都是一个"呕心沥血"的渐进过程,很难有某些个体户那样的暴富机会;科技人员富起来,一般也不会激起其他阶层人员的心理失衡与舆论骚然;科技人员富起来,必是伴随社会物质财富的成倍、十倍、百倍甚至千万倍的增长。

任何个人(包括其家庭成员)的物质消耗,是十分有限的。吃有限,穿有限,住也有限。假定一个科技人员因其科技贡献而"养富"了,例如,年收入达到1000万元人民币。他能消耗掉多少呢?又假定年消耗100万元,那么其余900万元或者储蓄,或者投入"扩大再生产",而无论是储蓄或扩大再生产,得益的仍是社会,当然,如果这些资金流到国外去又当别论。因此,一般来说,做出相应的限制,同时做出保护其私有财产的有力规定,也就可以了。也许,一些"发达国家"至今仍相当"发达"并且行将越来越"发达",是与财富的适当集中与有效使用分不开的。

民办科技机构的大力发展,大力扶持,将会产生无可限量的物质的与精神的实际效益与深远影响。事物的发展不可能如理想主义者那样径直而前的,否定之否定是铁的规律。当前的大力发展民办科技机构,有朝一日必被再次否定,那是离共产主义的美好境界仅仅"一步之遥"了。但在今日,首要的任务是为"再次否定"创造物质前提;否则,将来的"再次否定"是无所附丽、不会到来的。

中国科技进步立法的新的突破,还可在国际交流、合作以及其他方面有所体现,这里恕不一一赘述了。上述观点以及建议也许不尽妥当,也许纯属谬论,但有一点是可以肯定的:小平南方谈话之后,举国上下思想大解放之时,所拟《中国科技进步法》不能全是老面孔、老条条、老字句,应当有所突破,有所发展,有所"解放"。如果在这一点可以达成共识,也就不枉这洋洋洒洒的数千文字了。

发展科技长盛久昌[*]

九三学社中央主席吴阶平亲自为九三学社拟办之经济实体定名"久昌",可谓谋虑深远。众所周知,九三学社成员以高中级科技人员为主,如果将社会科学及管理人员也放在"大科技"范围内,则悉数皆是。又如所周知,九三学社要办的实体,必以科学技术发展为"龙头"。"发展科技"乃是"长盛久昌"之道。据此,本文掇拾为题,铺陈一叙,聊作"久昌"公司开业之前的一阵喝彩。

一

"发展科技,长盛久昌",已为中外古今事实所雄辩证明。

在漫长的原始社会里,人类日复一日地使用石器及竹、木工具,生产力发展极其缓慢。只是在铁器、青铜器出现以后,人类社会才呈现出万业蓬勃发展的景象。古代中国、埃及、希腊、罗马奴隶制时代的灿烂文明与丰饶财富,就是依靠当时科学技术这"第一生产力"而取得的。

当步入封建制时代后,又因科学技术被视作"奇技淫巧"以至视作"洪水猛兽"而横遭禁止,以哥白尼、伽利略这些科技精英之惨遭杀戮为典型事例,整个人类被推入了又一漫长的沉沉黑夜中去。稍有例外的封建制的中国唐代,社会繁荣、经济兴旺、文化发达。但这"例外",却也恰恰证明了科学技术发展而导致社会长治久安、长盛久昌的普遍真理。据史籍记载,唐代的丝织业、染色业、矿冶业、制瓷业、磨面业、印刷业、造纸业、

---

[*] 原载《上海九三》1993年第3期。1992年底,九三学社中央主席会议决定:将九三学社各省委已创立的157个科技型经济实体合并,创建一个全国性的集团公司,命张叔英同志与我二人负责筹建工作。至次年5月,我们大体完成了筹建事务。主席会议遂决定该公司于1993年9月3日上午9时3分举行开业典礼,并决定由时任中央秘书长赵伟之任董事长,我任总经理。至1993年7月1日《人民日报》发表社论,宣布一切党派创办的公司一律"脱钩",拟议中"久昌"的公司遂停止一切活动。

制糖业、建筑业等等，如果没有相关科学技术的发展，是绝不可能达到至今仍为世人倾倒的空前发达地步的。

当人类跨入资本主义时代之后，铁的事实再次证明，科学技术的飞跃发展，牵引着经济和社会生活的一切方面同步前进。马克思、恩格斯在《共产党宣言》中指出："自然力的征服，机器的采用，化学在工业和农业中的应用，轮船的行驶，铁路的通行，电报的使用，整个大陆的开垦，河川的通航……"使"资产阶级在它的不到一百年的阶段统治中所创造的生产力，比过去一切世代创造的生产力还要多，还要大"。更值得人们深思的是，科学技术的魔力，竟然使得"垂死的""腐朽的""没落的"帝国主义"回光返照"得令人眼花缭乱。

社会主义中国要长盛久昌，除其他的必要条件外，头等重要的就是全力以赴、坚持不懈地发展科学技术事业。

新中国的历史，以1978年中国共产党十一届三中全会为里程碑，大致可分为两大时期——1978年以前和1978年以后。第二时期即经济发展时期又可分为若干阶段：1978年至1984年以农村改革为主的体制改革阶段，通过实行联产承包责任制释放出了农民的生产潜力；1984年至1992年以城市经济体制改革为主的全面改革阶段，在这一阶段里，城市大企业普遍推行承包制、厂长负责制，乡镇企业异军突起，三资企业琳琅满目，科技与教育体制改革得到了相当的重视。迄今为止，中国的经济发展，基本上还是处在劳动力密集型的基础上。以通过并实施《中华人民共和国科学技术进步法》为契机，我国的经济发展算逐步过渡到以科技密集型企业为主导的全新阶段。鉴于新中国成立以来，党与政府十分重视科技发展，我们又可将我国科学技术事业的发展大致分为以下几个阶段：从新中国成立到1978年可谓探索阶段，其高潮是1958年前后的"向科学进军"；从1978年邓小平同志提出"科学技术是第一生产力"到1984年《专利法》颁行前，可谓宣传阶段，其高潮是1983年前后的"迎接新技术革命浪潮的挑战"的广泛宣传与深入研究活动；以《专利法》颁行为起点，此后制定了《著作权法》《商标法》《技术合同法》以及各种科技进步的奖励办法等等，这一时期可谓科技进步的法制建设阶段，其高潮是《中华人民共和国科技进步法》的诞生。我们相信，科技进步法的诞生，将成为中国科技进步的重要里程碑，也将成为中国社会主义科技事业长盛久昌的一个新起点。

但"发展科技"与"长盛久昌"的关系，是社会大系统的关系，它涉及众多的相关因素。

二

以"发展科技"求社会主义中国之"长盛久昌"，主要必须具备以下条件：

（一）科技法制的完善

首先是立法的完善。举凡科技行政法、科技民事法、科技刑事法、科技国际法的立法工作，都应充分重视。我在《科技法学导论》[①]一书中把科技体系划分为三个部分：一为基础性法律，包括科技进步的宪法规范、科技管理机构法、科技研究机构法、科技基本法、科技财政法、科技劳动法、科技奖励法、科技评估法等等；二为科技部门法，包括原子能法、信息技术法、生物技术法、海洋技术法、空间技术法、新材料技术法、高技术区法等等；三为科技关系法，包括技术引进法、技术合作法、专利法、技术合同法、税法、环境保护法等等。窃以为，上述科学技术法都应尽快制定，可以说，有的科技法的立法迟缓，已成严重问题。例如原子能法的制定问题就是如此。秦山核电站、大亚湾核电站施工日久，发电在望，可有关的原子能法却姗姗来迟，至今未有。其实，秦山等核电站的建设过程中，一直比较严格地按国外有关法规提供的经验办事，因而相当成功。所以，积极而又审慎地"移植"发达国家的原子能法，使我国的原子能法早日出台，是完全可能的。推而广之，其他科技法规的制定也是如此。根据笔者的研究，法是阶级性和社会性的对立统一体，而科学技术法的本质是它的社会性，因而社会性是科技法的主要属性，这样，遵循客观的科技发展规律，遵循调节科技社会关系的普遍原则，尽可大胆"移植"，大可不必忌讳太多。

同时大大加强科技司法。"徒法不足以自行"，不雷厉风行地严格执行既成立法，所立之法就会成为空文，成为列宁所说的"一团震动的空气"。其不良后果有三：一为挫伤科技人员的积极性。在科技人员的权益得不到司法保障的情况下，又怎么可能"干劲冲天"呢？近来接触大批科技人员、科技管理干部，他们纷纷诉说科技合同如同废纸，地方保护主义使得他们的科技成果权益得不到保护的苦衷。西北某大学转让科技成果8项，都订有详尽的合同，但实行的结果却是其中7项虽然厂方取得了良好效益，对科技人员却"一毛不拔"，诉讼法院也不了了之；另一项未取得良好效益，厂方于是"索赔"，弄得科技人员哭笑不得、苦不堪言。二为冲击了社会主义法制的权威性。作为法律理论工作者，面对许多人对我国法律之冷漠、摇头，甚至嗤之以鼻，一则内疚，再则羞涩，三则焦虑。三为直接影响了科学技术的进步。因此，在科技立法之始，就要认真考虑科技司法的同步发展问题；在科技法出台之后，应当把加强有关司法、执法作为头等大事来抓。

（二）商品成果商品化工作的加强

科技成果的商品化是科技成果从实验室、从科技人员手中流到企业、流到经济建设主战场去的第一步。没有商品化，就没有科技成果市场，科技成果就只好"老死闺中"。据

[①] 四川人民出版社1990年版。

说我国科技成果的应用率仅占20%,而许多发达国家高达70%—80%。这不能不说是极大的浪费。青春、时间、财富,统统都因商品化不足而无端流失。因此,科技交易市场实在应当走在一切其他市场建设之前列。据今日①《文汇报》载:上海市最大最先进的民间技术交易市场6月30日起试营业。这是一个极大的喜讯。但报道说该市场是"现在拥有技术成果4000多项的基础上"开辟建设的。估计"现在拥有"的技术成果不会比"4000多项"超出很多,而这,与我国甚至与上海科技人员已开发的技术成果数量是有颇大的距离。应当说,在技术交易市场的建设方面,在科技成果商品化方面,还处在刚刚起步的阶段,要做的工作还很多很多。

科技成果的产业化既是检验科技成果价值的尺度,又是体现科技成果价值的准绳。

九三学社中央秘书长刘荣汉根据他的研究认为,我国科技成果产业化比率之低,可能与这些"科技还算不上成果"有关。它们在"闺房"中似乎亭亭玉立、美轮美奂,然而一出"闺房",一经风吹日晒,就病蔫蔫地垮了下来。这恐怕与科技结构与生产实践长期脱节有关,与许多"科技成果"只是充当"样品""礼品""展品"有关。加强科技产业化确是推动科学研究、技术开发,切实地为经济建设服务的一条重要措施。

科技成果的价值只有经产业化才能切实地得到体现。波士顿电脑公司行销专家鲍伯·坚泰尔认为,就行销的情况看来,技术成果之"新"可从市场的接纳曲线看出来。所谓市场接纳曲线,即产品销售额与上市时间纵横交织而成的钟形曲线。这种钟形曲线的峰值,实际上取决于销售策略与产品品质。科技成果之产业化,可以使真正有价值的技术经巧妙行销而得到最佳体现。而生产又是行销的前提,因此,只有大大加强科技成果的产业化,才能收到真正的经济效益。也只有越来越多的科技成果实现了产业化,中国的全面现代化才会早日到来,才有社会主义事业的长盛久昌。

(三) 充分调动知识分子的积极性

在生产力发展的一切要素中,人是决定性的要素。对"第一生产力"来说,更是如此。说"更是如此"而不说"也是如此",是因为科技生产力在相当大的程度上是"封闭"于人的头脑里先行发展的。"图籍纵横忽有得,神思起伏渺无端。"科技人员的"脑海",可能为泥浆杂草充塞,可能风平浪静,如果他们没有积极性的话;也可能波涛海隔,雪浪滔天,如果他们积极性高涨的话。新中国成立初期,如果流落欧美的1000多位高级知识分子不受阻而顺利回国,我们就不止有"三钱"(钱三强、钱学森、钱伟长),而会有"十钱""百钱",中国科学技术发展一定是另有一番情景。可贵啊,高级知识分子!可贵啊,科学技术精英!!可贵啊,现在国外数以万计的高级知识分子和国内数以千万计的科技大军!!!诚然,中国的一大难题是人口太多。但是,实际上日本的人口密

---

① 1993年7月1日。——编者注

度比中国要高得多。中国的更大难题，或说第一难题，是调动千百万知识分子的积极性。什么时候真正而充分地调动了知识分子的积极性，什么时候就是中国科技大发展的黄金时期，就是中国长盛久昌的到来之日。

谁来调动？"从来就没有什么救世主，也没有什么神仙皇帝。要创造人类的幸福，全靠我们自己。"要创造知识分子的幸福，要调动知识分子的积极性，也是"全靠我们自己"！正是基于这样的考虑，我们来努力兴办"久昌"。

三

发展科技也是九三学社长盛久昌的极重要途径。

广大社员已强烈地感觉到，必须进一步加强我社的内部凝聚力与对外影响力。一个政党内部凝聚力薄弱，对外影响力微小，就不成其为政党，就不可能起政党的作用。对我们九三学社来说，就是不可能在社会主义事业中发挥应有的作用。当然，更谈不上长盛久昌。

当然，发展科技并不能作为全社的工作重点。科技与政治是不同的概念，不能认为发展科技就是完成了政党的任务。

但发展科技与九三学社这样一个以科技人员为主体的特定的民主党派是有极为紧密的不可忽视的关系的，其关系有三：

第一，采取各种措施帮助我社科技人员充分发挥才干，使其科技成果获得经济效益，可以使他们切实地认识到组织的作用，感觉到组织的力量与温暖，从而增强我社的内部凝聚力。

第二，在发展科技的实际工作中，在科技转化为生产力的社会主义市场经济生活中，进一步了解社会生活的变化，改革开放的成绩、困难与问题的存在，从而对参政议政的内容、方式、方法有进一步的认识，并提高参政议政的能力。

第三，因发展科技从而对现代化建设做出实际贡献，同时提高参政议政的能力与质量，从而扩大九三学社的社会影响。

因此，发展科技确是九三学社长盛久昌之途。

值得反思的是：几乎所有的在职九三社员的科技成果，都是在各自所在单位的具体领导、组织、支持、帮助下创造的，我社组织并未起很大的直接的作用。

现在是到了这种状况略加改变的时候了。其重要措施之一就是兴办九三学社的经济体，创建"久昌"公司。

"久昌"将竭尽全力依靠我社广大科技人员，把发展科技作为第一位任务和终极使命来抓。凡是对国计民生有益的、对我社成员待遇改善有益的科技成果，我们都将不遗余力地去创造条件应用推广。我们将把公司的最大希望寄托在科技事业的发展上。股票热、房地产热，都有低谷，都会起起伏伏，而且都不可能"热"至永久。唯有科学技术热可以传至四海、传至永久。我们相信，科学技术将成为股票、房地产之后的第三个热点，而且是永不减退的热点！许多人认为我们创办"久昌"为时已晚，良机尽失。从某种角度看，确实晚了一点；但是从认识发展科技为永恒热量的角度看，也许毫不嫌晚，正值其时，恰得良机！因此，亟盼全社广大同志紧盯科技，努力在这一方面有所突破，使"久昌"异军突起。"好风凭借力，送我上青天。"这"好风"就是科学技术；这"青天"，就是九三学社的长盛久昌。让科学技术的"好风"送九三学社"直挂云帆济沧海""扶摇直上九重天"吧！

试论科技刑事关系的法律调节*

一

是否存在着科技刑事关系这样一种社会关系，是科技刑法是否必要的前提。因为法律不是别的，只是调节社会关系的工具，只有当存在某种社会关系而且该社会关系仅由道德规范、宗教规范等无法调节时，才会形成以法律这一强制性手段加以调节的需求，才会一个一个地制定出法律来，因此，首先必须研究科技刑事关系这样一种社会关系的客观性问题。

但科技刑事关系与科技民事关系、科技行政关系及科技国际关系相比的明显不同是后三者的客观存在是极为显明的，不管有没有科技民事法、科技行政法、科技国际法，科技民事关系、科技行政关系、科技国际关系都客观存在着，而"科技刑事关系"一涉及"刑"字，按传统的法律思维模式，就非得先有科技刑法所做的"罪"与"刑"的确定才行。这样，在科技刑事关系与科技刑法之间，就形成了一个犹如"先有鸡还是先有蛋"的悖论性难题。

对此，我认为只有一种新法律思维模式，才能科学地加以解决，我的看法是：

第一，科技刑事社会关系，是一种隐性的社会关系；

第二，隐性的科技刑事关系的显性表观是客观存在的对正常科技民事关系、科技行政关系、科技国际关系的性质严重的破坏；

第三，这种破坏提出了以法律手段加以制止与惩处的客观需求；

第四，这种客观需求势必导致国家权力机关以相应的立法予以满足，也就是导致科技刑法的诞生；

第五，一旦科技刑法诞生，隐性的科技刑事关系就与显性的科技刑事社会关系同存并在。

以上五种可以较好地说明科技刑事关系与科技刑法之间的关系。

---

* 原载《科技与法律》1995年第4期。

这里创用了"隐性社会关系"与"显性社会关系"的两个新的概念。这是一种新法律思维方法与新的法律思维模式。

但是，仅仅这样做法律思维模式上的说明，还只是一种逻辑推理，而更多的人更需要的是给予非逻辑的感性形象的事实证明。事实何在？事实就是前述"隐性的科技刑事关系的显性表现"，即"客观存在的对正常科技民事关系、科技行政关系、科技国际关系的性质严重的破坏"。一切刑事社会关系都是对其他社会关系的"性质严重的"破坏。一般的、轻微的"破坏"（精确些说是"损害"），达不到"性质严重"的地步，是可用道德规范、宗教规范或一般行政手段、经济手段加以抑制解决，就不必施之以刑罚。科技刑事关系正是对正常的科技民事关系或科技行政关系或科技国际关系的"性质严重的"破坏，那么，它的"客观存在"何以说明呢？

我们以计算机技术发展过程中所形成的新型社会关系加以观察。

为要发展计算机技术，科技劳动者、科技劳动组织与科技劳动管理机构三者之间形成了两类社会关系。一类是民事交往关系，其中的合同关系是一种契约型显性社会关系。对这种契约型显性社会关系的性质严重的破坏，是司空见惯的。如故意不履行合同，致使合同规定的一方权利严重受损，造成严重的经济损失；又如故意或过失泄漏合同规定必须严加保守的保密技术，致使一方或双方权益严重受损。这就造成了对正常的科技民事关系的严重破坏，从而越出以民事法律加以调节的可能性空间，构成了非以适当的刑事法律调节不可的状况，于是形成了隐性的科技刑事社会关系。除契约型显性科技民事社会关系外，还有一种非契约型显性科技民事社会关系。只要人们结成群体、形成社会群落，就会形成一定的社会关系。这种社会关系，在正常的状况下，为一定的社会秩序所维护，人人正常生活，相安无事。这种维护人们正常生活、相安无事的社会秩序，是人们的传统、习惯形成的。我以为，一定的社会秩序实际上就是人与人之间的正常的民事平等关系造成的。这是进入社会的人们之间的一种默契，换句话说，就是人们之间的非契约（默契）型的民事关系。因为这种非契约型的民事关系是显而易见的，不像刑事关系那样必定发生在刑事事实之后因而平时只是隐性地存在，因此，我称之为非契约型的显性民事关系。科技劳动所必需的科技活动秩序，要求人们严格地遵守。通常，进入科技劳动的个人或组织，也为传统、习惯使然而予以遵守，从而形成了非契约型的显性科技民事关系。在计算机技术活动方面盗窃计算机技术秘密或故意破坏别人的计算机程序、散布计算机病毒的活动，便严重地破坏了非契约的显性科技民事关系。

无论是对契约型的显性科技民事关系的严重破坏，还是对非契约型的显性科技民事关系的严重破坏，都是在破坏计算机技术的发展，无论对全社会而言，还是对社会成员权益而言，都是不能容忍、必须制止以至制裁惩处的。这样，当有关法律未被制定出来时，我们可以隐性科技刑事社会关系；而当有关法律被制定出来时，这种隐性科技刑事关系就升格为显性的了。但不管显性还是隐性的科技刑事关系，只要严重破坏科技合同的事实存在，就严重破坏科技活动秩序的事实存在，它就都是客观的、无以否定的。

另一类是科技行政交往关系。通常情况下，政府都有部分机构负有对计算机科技人员和计算机科技劳动组织的管理职责，从而形成与他们之间的行政领导关系。这种科技行政关系如果被一般地破坏，有关行政机关通常采取思想教育的手段加以处理，思想教育无效则采取行政处分手段加以处理。但有时，这种科技行政关系会被严重地破坏，就只好诉诸更为严厉的制裁手段，即予以刑事制裁了。当有关法律未被制定出来时，严重破坏科技行政关系的行为，就造成了隐性的科技刑事关系；当有关法律被制定出来时，它就成了显性的科技刑事关系了。无论前者或后者，都是客观存在的事实。

既然存在科技刑事社会关系，以科技刑法作为调节手段就成了客观要求。

二

科技刑法是对科技刑事关系进行法律调节的客观需求的产物。由于这是一个新的部门法，有必要从概念定义、形成过程、立法原则、立法形式等方面加以阐述。

可能有广义与狭义两种关于科技刑法概念的定义。

广义的科技刑法指的是一切与科技活动有关的刑法规范。狭义的科技刑法指的是调节科技刑事关系的刑法规范。

广义的科技刑法定义，失之外延过广。"与科技活动有关的刑法规范"，是一个范围极其宽泛的规范概念。科技活动当然需要一个安定的社会秩序作为该项活动顺利进行的环境条件。这样，一般的国内刑法与国际刑法的许多规范势必也被囊括其中。例如，一般的盗窃罪，如果恰恰以科技单位的财产为对象，当然也会与科技活动发生关系即影响了科技活动，但这类盗窃罪与科技情报盗窃罪不可相提并论，前者是一般的刑事犯罪，后者才是科技犯罪，前者为一般刑法所规范，后者才为科技刑法所规范。又如，国际的战争罪犯为国际刑法所规范，但它也影响科技活动，都不能以此而列入科技刑法规范范围。因此，我主张以狭义的科技刑法定义为准来研究科技刑法的有关问题。

科技刑法从其产生的实践情形看，是从经济刑法中逐渐离析出来的。经济刑法的概念现在已为法学界所广泛接受，法国在1909年颁布过《经济刑法》。美国的经济刑法的发展大致经历了4个历史时期。罗树中在《经济刑法若干问题研究》[①]一文中指出这4个时期是：（1）1887年至1914年，是美国联邦政府开始管理经济的时期；（2）1932年至1940年，即著名的"新政时期"；（3）1968年至1977年，即所谓"保护环境和保护消费者利益"时期；（4）70年代末至80年代末，即所谓"保护环境与税法金融机构"时期。这里，1915年至1931年、1941年至1967年未予计入，但其时不可能是经济刑法发展的真空时期，对此，作者未做说明。我国的经济刑法立法，20世纪80年代以来也是十分积极的，

---

① 《中外法学》1993年第2期。

随着经济刑法的形成与发展,一个经济刑法"法学者阶层"也逐渐形成了。美国教授克拉斯·梯德著有《经济犯罪与经济刑法》,匈牙利学者威纳著有《经济刑法理论》,德国学者汉斯·施态法著有《联邦德国的经济犯罪与经济刑法》,日本学者平野龙一在《刑法机能考察》中论及经济刑法的一些问题,我国学者陈兴良著有《经济刑法学(总论)》,周密主编有《美国经济犯罪与经济刑法研究》,台湾林山田著有《经济犯罪与经济刑法》等等。上述学者在论及经济刑法时,大多将《专利法》《水污染法》《毒物控制法》《药品管理法》,甚至将《计算机软件法》《芯片保护法》《科技合同法》等也列为经济刑法的组成部分。但随着科技法学的兴起,逐渐形成了一种新的共识,即凡为调节科技社会关系而设计的法律规范,都应作为科技法的范畴,这样一来,原属经济法范畴的一些法律就离析出来,与明显专属科技法范畴的法律一起,组成了科技法大军。当然,经济刑法中的一些主要用以调节科技刑法关系的法律规范,也应从经济刑法中离析出来。不过,经济刑法学者们将《专利法》列为经济刑法显属不当,因为它主要是用以调节有关民事关系的,虽然它有某些刑事条款,但这是其次要部分,主要部分不是这些制止性的刑事条款,而是激励性的行政条款与民事条款。《水污染法》《药品管理法》等的归属论析也有问题,因为它们主要是用以调节有关的行政社会关系的,因而属于行政法律规范,一时列入科技法,也只是科技行政法而已。因此,从经济刑法中离析出来的科技刑法,从目前来看,主要还是一些科技刑法规范。整部的,像刑法典那样的科技刑法,在世界各国都还未出现过。

还未出现不等于不必出现、不会出现。随着科技活动的日渐占据社会活动的主要地位,随着科技社会关系日渐占据社会关系总体的重要地位,促进与破坏科技活动及与之唇齿相依的科技社会关系二者都会与时俱进、与日俱增发展起来,于是,总有一天,人们会痛切地感到并强烈要求加强科技刑事社会关系的刑法法律调节,呼唤制定强有力的科技专门刑事法律、法规与法典。因此,"未雨绸缪"于科技刑法的立法研究,就成了科技法学者的一项重要任务。这里,对科技刑法的立法原则、形式提出一些的看法。

科技刑法的立法,似应以下列几项为主要原则:

其一,必要性原则。这里的"必要性"源于以下几个方面的客观需求:(1)科技刑事关系发展的客观需求。由于科技活动要求参与者具有相当的文化水准、知识技能,进入科技社会关系者一般也有较多的道德修养与觉悟程度,加之科技社会关系是一种总体上积极、对关系双方均有利益的社会关系,破坏这种关系者往往自身利益也会同归于尽,加之科技刑事关系是一种隐性社会关系,因此科技刑事关系的认定是一个复杂的困难的问题,根据"罪疑惟轻"的古训,在科技刑事立法方面,应慎之又慎。(2)科技刑事关系调节手段运用的客观需求。现代国际刑事政策的总趋势是把刑事手段限制在保证社会绝对必要的范围之内,亦即思想教育、民事—经济制裁与行政处分已到"黔驴技穷"、非以更加严厉的刑事手段不可时,才诉诸刑事制裁。①(3)保护国家重大科技利益的客观需求。当代世

---

① [德]耶谢克:《现代刑事政策的国际趋势》,台湾刑法杂志第30卷,第5期。

界国际竞争的焦点已从军事—经济实力的高下，移转到科技实力的较量上来了。保护国家重大科技利益，是人民的最高利益所在。因此，可以不惜以较严厉的手段，求取重要科技社会关系的顺利调节。

其二，罪刑相适应原则，又称罪刑均衡原则。资产阶级刑法学家针对封建法制罪刑擅断而首创的这一原则，为资产阶级刑法的三大原则之一，有其科学性与合理性，科技刑事立法与一切刑事立法都应加以吸收。马克思概括出："不考虑任何差别的残酷手段，使惩罚毫无效果"；"犯罪的概念要有惩罚，那么实际的罪行就要有一定的惩罚尺度"，罪犯"受惩罚的界限应该是他的行为的界限"①。由于科技犯罪是一种智能犯罪，是由"虚无缥缈"的"神思起伏渺无端"的思想支配的，罪行的认定往往比较困难。因此，定罪量刑要谨慎，也就更严格地要求罪刑相称而不畸轻畸重。

其三，可操作性原则。可操作性的基本要求是：（1）科技刑法条文具体，犯罪构成要件明确、全面；否则，法条模糊或遗漏，司法就很困难。（2）操作客观条件基本具备。法律一经制定，便有其法律效力。但法律效力不等于法律实效，要取得切实的法律实效，必须有相当的投入，包括实施法律的机构设置、设备添置、队伍建立以及司法过程中的必要"开销"。尤其是考虑科技司法不是一般司法，除应有法律知识与一般的社会生活经验外，还需足够的科技知识；否则就难以论定问题，更难确认罪行，就更加需要投入足够的人力、物力与财力。只有充分而有效的投入，才可能"产出"法律实效。我国立法态势积极，但几乎未加注意立法效果。如《森林法》制定之时，根本未考察森林法实施的实际力量，因而司法效果不佳，虽然一再提出，也因"力不从心"而无由大大改观。科技刑法的立法的可操作性原则，自应针对以往的教训而在立法时严予遵守。

科技刑法的立法形式，可参考经济刑法的立法形式。经济刑法的立法形式主要有独立式与混合式两类。独立式如德国1909年的《经济刑法》，是一种独立于刑法典和其他部门法的刑事立法。我国关于打击经济犯罪的一系列立法，都是独立式的。混合式现在为大多数国家的经济刑事立法所采取，这是指在有关经济的各种法律中，如在投资法、经济合同法、贸易法、市场管理法、税法等法律中，置有一定数量的刑事条款，于是，从一国法律的总体看，便有了经济刑法的分散的载体。目前，我国的科技刑事立法，基本上还是混合式的，有关的刑事条款，寄生于诸如《专利法》《技术合同法》等科技法中。随着科技进步日益形成全社会的大规模事业，随着科技社会关系包括科技刑事关系的日益繁复，当有必要从一种"推架立法"的形式，就科技刑事关系的法律调节，制定一部普遍适用的"科技刑法"。作为一种过渡，我建议先行密切关系、身体力行的判例法立法形式，即就科技刑事关系的法律调节的司法实例，加以普遍的收集，精心爬梳，分类整理，以《判例汇编》的形式暂代独立的科技刑法，候时机成熟，而以后者取代前者。

---

① 《马克思恩格斯全集》第1卷，第139—141页。

"输血"与"造血"

——兼谈科技成果产业化的法律调节机制*

诺贝尔奖奖金得主杨振宁教授在首届国际华人物理学大会期间说:"高科技战场是中国超越发达国家的主战场,也是最后的战场。倘若不能在高科技战场、高科技商品的市场上抢占一席之地,中国将被抛于脑后。"诚如全国政协科技委员会关于"依靠高新技术振兴传统产业"的调研报告指出的那样:由于传统产业如纺织行业技术、装备落后,我国印染织物的进口总值已超过出口,国内高档纺织品市场也有许多被进口货或外资企业所占据。中外有识之士的共同呼声告诉我们,必须以强烈的危机感、高度的责任感,集中全力,密切关注高新科技成果的产业化问题。

高新科技成果产业化问题的提出,已有多年,但困难重重,阻力甚大。国内有所大学曾以8项新技术与8个企业合作,其中7个企业获利甚丰,却做了阴阳两本账,致使校方一无所获,另1个企业因不善经营而亏损,却找上门来"索赔",弄得校方欲哭无泪,心灰意冷。显然,为使高新科技成果产业化事业蓬勃发展、蒸蒸日上,必须采取全方位的措施,建立起经济调节、行政调节、政策调节和法律调节机制,有序、有机、有力、有恒地解决各种困难。其中,法律手段不仅其本身对高新科技成果产业化有重要的促进与保障作用,而且对经济、行政、政策手段有强劲的保证其实现的功能,是其强大后盾。因此,法律调节机制更应得到各方垂青。

高新科技成果的产业化,应在新老两个战场同时施展身手。老战场即现有企业,主要是传统产业,在我国国民经济中,传统产业举足轻重,仅轻工、纺织行业产值即占全国工业产值近50%;新战场即以高新科技创建新产业,是"超越发达国家的主战场"。在新老两个战场上,科技成果的产业化都亟须法律调节机制发挥作用,其共同要求是:

---

* 原载《文汇报》1996年3月9日。

一、保证有效"输血"

高新科技成果的产业化,必须投入足够的资金,这对新老两个战场来说,都可以"输血"作比。为此,风险投资法律调节、信贷法律调节和税法调节是应予充分关注的三种"血源"或"输血管道"。我们已经积累了一些风险投资的经验,风险投资公司也在发展。现在,应当加紧立法以促进和规范风险投资事业,对风险投资的资金来源、使用方式、配置原则、担保方法、资金投向、风险承担、规模生产效益的提取,风险投资机构的设立、经营范围、投资领域、项目成立程序、考核指标、审查机构、各方的权利义务关系,风险投资企业的管理、经营、效益分配、亏损保险等等做出明确的规定。

信贷法律调节,是保证为高新科技成果产业化源源供血的有力手段。以明确的法律条文来规范信贷行为,使之在贷款先后、利息高低、货期长短等方面大大倾斜于应用高新科技成果的企业,无疑是高新科技成果产业化得到社会普遍欢迎与重视的要策。

统一税收固然是发展社会主义统一市场的必要措施,但辩证法的要求是统一与不统一的对立统一,应该在有统一税前提下的高新科技成果产业化的优惠税制,凡高新科技成果的产业化企业,都享受法定的低税以至免税优惠。法定的优惠税率,不仅为有关企业输了血,而且将因此吸引更多的高新科技成果产业化,鼓励更多的企业接受高新科技成果;法定的非优惠税率,则将迫使传统产业应用高新科技成果。

二、保证有效"造血"

囿于资金的紧缺,"输血"毕竟有限,因此,对高新技术成果产业化来说,更重要的是形成自身的强健的"造血"功能。

其一,知识产权的保护。人称专利法是"为天才之火浇上利益之油"。正是那些比我国早一二百年颁行了专利法的国家,把"天才之火"烧得烈焰熊熊,才大大地推进了科技进步及科技成果的产业化。而今,我们应在专利法、技术合同法、著作权法等等知识产权保护法的实施方面下大手笔,做大文章,切实保护"天才之火"油源不竭,保证擎炬天才"血源"滚滚。

其二,科技成果的中介。"尺有所短,寸有所长。"科技专家往往不谙企业管理,更不谙商品营销,要使科技成果尤其是高新科技成果与企业嫁接联姻,多生、优生贵子,就必须有精于媒术的中介机构、中介商人传递"情书",从中撮合。为此,使科技成果的中介走上法制轨道,以法律手段保证中介的规范性与高效率,就成为一个重要方面。

其三,科技园区的扶植。目前,国内的科技园区建设几可说已经形成热潮。但是,一哄而上,不免沙泥俱下,已经发现不少"科技园区"科技含量几近乎零。科技含量高的,也有如下普遍存在的问题:一为以小团体为主,小打小闹,不求大目标;二为以我为主,

"自给自足",不求联合发展;三为以稳为主,不求突破性发展;四为以利为主,急功近利;五为以单纯技术开发为主,不求适应市场,不求产业化。这样的科技园区再多,也起不了主战场、大兵团、"大规模歼敌"的作用,得不到科技成果产业化的规模效益。因此,尽快由中央制定科技园区法,以法定措施扶植科技园区,使之产生规模效益,增强园区内高新科技产业的"造血"功能,已经显得比较迫切了。

其四,科技成果的评估。作为知识形态的商品,科技成果的价值不可能精确计量。但是,大体正确的估价是可能的。目前那种到处存在的低估科技成果价值的现象,类似于无偿、低偿地对科技工作者吸血。因此,制定科技成果评估法,就评估机构的设置、性质、地位、职责、运行程序、监督、鉴定等做出规定,也可作为高新科技成果产业化的必要的"造血"措施。

此外,技术引进、高新科技企业的管理、技术保密等方面的法律调节,也对高新科技成果的产业化直接或间接地发生影响,起着"输血"或"造血"的作用。

"科教兴国"战略的法律保障*

改革开放不仅使中国走出了"文革"造成的困境,而且推动了经济、社会的全面繁荣。"百尺竿头,更进一步。"现在确立的"科教兴国"战略,当可使改革开放向纵深发展而且永葆活力与强大后劲。今后的任务是,充分发挥法律手段的威力,促进科技与教育的有序发展,保障"科教兴国"战略的贯彻实施。

以法律手段保障"科教兴国"战略的实施,当务之急是:

一、积极借鉴发达国家科技与教育立法的经验

"他山之石,可以攻玉。"发达国家之所以"发达",奥秘种种,其中之一,便是积极开展科技与教育的全面立法,大力促进科技与教育的蓬勃发展。以日本教育立法为例。"二战"惨败,经济崩溃,百业凋敝,满目疮痍,但日本却殚精竭虑,瞩目未来,实施"教育立国"战略,于艰难竭蹶之中,大力发展教育事业。为此,日本于1947年3月31日以第25号法律颁行了《教育基本法》,以第26号法律颁布了《学校教育法》(1947年4月1日起施行),于1949年12月15日以第270号法律颁布了《私立学校法》(1950年3月15日起施行《参阅附则》),于1949年1月12日颁行《教育公务员特例法》,于1949年5月31日颁布《教员许可法》(1949年9月1日起施行)。除这些特别重要的教育法外,还颁行了大量的附属法令和关系法令,如《教育课程审议会令》《国立学校设置法》《研究生院设置标准》《大学设置标准》《大学函授教育设置标准》《高等专科学校设置标准》《高中设置标准》《幼稚园设置标准》《关于国家为奖励就学困难的小学生、初中生入学提供援助的法律》《关于各类义务教育学校免费提供教科书的法律》《理科教育振兴法》《产业教育振兴法》《学校保健法》《学校免费供餐法》等等。这些教育法大多数在1947年至1959年间制定施行,其特点是门类齐全、互相配套、具体细致、切实可行。中日两国,同文同

---

* 原载《政治与法律》1996年第6期。

种,一衣带水。日本曾长期移植中国法律,深受中华法系影响,虽然明治维新以来改弦更张、倾心西方法律,但日本的法律观念与我国相通之处较多。我们要借鉴美国、英国等发达国家科技与教育立法的经验,更应珍惜"近水楼台"之便,努力学习东瀛,求取"先得月"之利。

二、立法先行,全面推开,以求在法律的有力保障下,动态有序、齐头并进、快速高效地发展我国的科技与教育事业

反思以往,不难看到,我国的科技与教育事业,曾经长期大起大落,有时则徘徊不前。其原因是多方面的,诸如政治运动的冲击、科教经费的不足、领导视点之游移等等。但从根本上说是要改革体制、发展经济,这也要依靠法律的促进与保障。同时,经济发展不可能自动补救科教起落之偏弊,与有力者,非法(律)莫属。这也正是几乎所有的发达国家都较重视立法促进科教发展的原因。较为例外的是英国。近代以来的英国,自由主义市场经济体制是相当稳定的;与发展中国家相比,其经济实力也为后者难望项背。英国又是第一次工业革命的策源地,曾是全球技术力量最强的国家。但第一次世界大战后,英国的技术优势逐渐为美国和日本取代。80年代以来,意识到这一点后,英国开始采取加强国家对科技工作领导的措施,如在内阁成立了"应用研究与开发顾问委员会",并把各部门的科技机构加以合并,组成科学家委员会。此外,就是在判例法制与制定法制两个方面,同时推进科技发展的法律保障。现在,英国业已制定了《科学技术法》《工业法》《农业发展法》《矿业法》等一批科学技术法。

科教事业的发展要呈动态有序的状态,非立法先行不可。只有铁定的法律,可以保证科教事业(其发展重点、其合理配置、其发展速度等等)不致因经济的波动、领导人的更迭及领导人注意力的变化而起伏变化。科教事业要"齐头并进、快速高效"地发展,也非"立法先行"且"全面推开"不可。我国现在已经有了科技与教育方面的一些基本法律,但这是远远不够的。与经济立法的全面推开相比,科技、教育立法相差极远,必须从立法管理机构、立法队伍、立法经费等方面全面加强充实之。

三、加强司法,从起步开始即应努力做到立法司法同步推进

法律一经制定,便自动产生法律效力。但这种法律效力是静态的、纸上的东西,如果不加实施,不转化为法律实效,它便是如列宁所说的"一团振动的空气",甚至还不如。因为部分法律之流为具文,便会引发法制整体权威性丧失的后果。我国经济体制改革出台急骤,曾有"理论准备不足""立法准备不足"的困惑。后来虽然急起直追大力立法,但却一度忽略了司法与立法的同步发展。时至今日,经济司法不力,还常为人诟病。这显然

是经验不足所致，也是改革开放经济快速发展带来的"前进中的困难"。但作为教训，在提出"科技兴国"战略口号且力求法律予以保障的今天，却应深长思之。日本发展教育是做到了立法先行且与司法同步发展的。美国的科技进步也是做到了立法先行且有司法后援的。反顾我国一些科技立法之后的司法状况，毋庸讳言，情况是不很理想甚至常常令人扼腕叹息的。人所共知的事实是，我国《专利法》颁行于1984年，《技术合同法》颁行于1987年，《著作权法》颁行于1991年，但颁行至今，专利侵权、技术侵权、著作侵权还到处发生且救济乏力。这不能不归咎于司法不力。又如，我国《科学技术进步法》作为科技发展的"宪法"，也已颁行多年，其中对科技投入的有关规定，不少地方就视若无睹、不予执行。对此，目前还停留在政策调节的水平上，因而多半是无所改进。很明显，一旦立法工作全面推开，科教法律大批颁布，施行的任务就会更重，司法不力就可能更为突出。因此，"未雨绸缪"，大力强调司法与立法的同步发展，也是今天的一项急务。

关于科技法学*

直到近代以前,中国曾长期是世界上经济最发达的国家。究其原因,与科学技术的领先关系密切,众所周知,其中最著名的是指南针、火药、造纸和印刷术四大发明。近代以来的落后、被动、挨打,除制度因素外,科技的日益落后于西方国家,当是主要原因。现在,中国做出了"科教兴国"的战略决策。可以断定,这将成为中华民族腾飞的最佳抉择。而这一抉择,同时就加重了我们科技法学工作者的责任。

科技法学是一门新兴的法学学科。我在《科技法学导论》一书的第一编第一章第一节的第一段给它下了个定义:"科技法学是研究科学技术法这一特定社会现象及其发展规律的部门法学。"

现在,有许多人还不承认科技法学的独立地位,他们把它作为行政法学或民法学或经济法学来看待。但认识到它的独立地位的人越来越多了。最先开始研究科技法学的是苏联法学家。В.Г.费尔哈娜在20世纪70年代就著有《社会主义法和科技进步》一书。В.А.拉苏多夫斯基著有《法和苏联劳动组织的管理》一书。但他们的研究止于个别具体问题,没有上升为体系性的理论。1985年美籍华人萧忠轸先生曾应邀到中国做过16小时的"美国科技法发展史"的演讲。美国华盛顿大学80年代后期开始建立"科技法研究中心"。日本成蹊大学亚太中心、骏河台大学都曾邀请我去讲解科技法学;东京大学博士高见泽磨还与我合写了《中日科技法比较研究》一书。但国外的研究与重视程度不如国内。国内80年代就建立了中国科技法学会,各省市差不多都有它的分会;科技法学的著作已出到近20本,我还主编了三种科技法学丛书,其中在上海出版的丛书已出到第五本;各高等院校纷纷开设了科技法学的课程;北京大学和我们上海社会科学院还建立了科技法研究中心。不过,这一切并不能成为科技法学作为独立学科的充足理由。

问题的全部关键在于,科学技术法是不是一种特殊的社会现象,它是否调整特殊的社会关系。我以为答案是肯定的,主要理由是:

---

* 1996年应澳门基金会邀请,在澳门基金会、澳门电脑协会、澳门律协联合举办的讲座上的讲话稿。

一、从科技社会关系的特点看

人作为自然界的万物之一，与自然界的其他事物发生着千丝万缕的关系，从而处于复杂的自然关系网之中。同时，每一个人作为社会的成员之一，与其他的成员也发生着千丝万缕的联系，从而处于复杂的社会关系网之中。随着人类社会的发展，生产力和科学技术水平的提高，人类越来越迅速地摆脱着自然的羁绊。与此同时，人类却越来越深地陷入社会关系网络之中。不过，一切社会关系的发展，历史地看，都有助于人类摆脱自然力量的盲目的危害作用，而使自然臣服于人类。政治社会关系、经济社会关系如此，军事社会关系、家庭社会关系也如此，科技社会关系更是如此。

一切社会关系，都具有其自身的特殊性，科技社会关系的特殊性在于：

（一）以科学技术活动为中介

政治社会关系以政治活动为中介，经济社会关系以经济活动为中介，军事社会关系以军事活动为中介，家庭社会关系以家庭生活为中介，而科技社会关系则以科技活动为中介。

作为科技社会关系的中介，科技活动具有与其他活动不同的特点，主要有：

1. 创造性与继承性的统一

不断求新的创造性，是科技活动的最重要特点。任何科技活动都是或都为着创新。新发现、新发明的获取，其本身就是以创造为内涵。任何重复进行的科技活动都不意味新发现、新发明的取得。对于科技成果的应用与推广，也是一种创新，因为它是以弃置旧方法、旧手段为替换条件的。科技组织与管理活动，作为科技活动的一个必要的组织部分，似乎是重复进行的。但这种"重复进行"的组织管理活动，都与科技活动的创新性紧密联系；一旦不能适应科技活动的创新性，就必须改弦易辙。求新、开拓，向未知领域进军，不断地取得新知识、新方法、新手段，成了科技活动内在的最本质的要求。正因如此，科技活动是生产力发展的火车头，是"第一生产力"。一般的体力劳动，一般的经济活动、政治活动中为巩固政权所做的大部分工作，军事活动中为防御所做的大部分工作，家庭生活的稳定等等，或意味着财富在量上的增加，或意味着劳作的重复进行，都不以创新为主导、为目标。科技活动则以其创新的绝对要求与其他活动相区别。

科技活动的创造性是建立在继承性的基础上的，没有继承就没有创造。从零开始，意味着倒退。只有站在科学巨人的肩上，才能在更高处摘取技术的桂冠。马克思主义认为，科学劳动部分地以今人的协作为条件，部分地又以对前人的智慧成果的利用为条件。正是对前人的智慧成果的利用亦即对精神遗产的继承，可以使我们不必一切从头开始而前进得更加迅速。

科学技术活动是在继承与创新的统一中进行的。

2. 个体性与协同性的统一

科技活动的个体性特别鲜明。由于科技活动是以人的思维为基础的，思维发生在"脑海的深处"，暂时还无人知晓，无法显示，难以检查与监督。"图籍纵横忽有得，神思起伏渺无端。"思维至今仍极具神秘的色彩。因此，个体积极性的高低、自觉性的强弱、创造力的大小，对科技活动能否取得成效、成效是大是小，都有着严重的影响。

在科技发展的最初时期里，古代科学家以单独研究为主要活动方式，依靠个人的聪明才智发现新事物、新规律，发明新方法、新手段、新器械。在科技发展的现阶段，当科技水平得到极大的提高，科技活动的规模极其巨大，变得极为复杂时，仍然脱离不了科技专家个人的个体活动的基础。因为任何规模的科技工程，都必须分解成细小的组成部分而由个别的人一一去完成。所以，无论古今中外，科技活动的个体性都是最重要的特点之一。这样，尊重个体的科技活动，就必然成为处理好科技社会关系的一个关键。所谓"尊重知识"，必须体现为尊重知识分子；而尊重知识分子，又必须在尊重知识分子整体的同时，落实到尊重一个一个具体的个人上去。这是从科技活动的个体性得出的必然结论。

然而，随着科技的发展，科技活动的协同性又变得越来越重要了。个人的智慧、才能、精力、体力毕竟有限，而认识世界与改造世界的任务又是无限的。没有科技专家的协同劳动，个人只能完成非常有限的科技研究任务。诸如美国的"星球大战计划"、西欧国家的"尤里卡计划"，都是极为庞大的科技工程，需要无数科技精英精诚合作、全力以赴。因此，社会越往前发展，科技水平越高，随着人类给自己提出的认识世界、改造世界的任务越益宏伟，科技活动的协同性要求就会显得越强烈。

当正确理解、妥善处理科技活动中的个体性与协同性的关系时，两者可以相辅相成、相互促进。因此，科技活动中个体性与协同性的关系的妥善处理，就成了科学研究和技术开发组织管理工作的重要任务。

3. 自主性与社会性的统一

这是从科技活动的个体性与协同性派生出来的特点。

个体性的科技劳动，要求赋予科技活动主体以充分的自主性，允许其自主发挥、自由想象、自由创造，不受任何外来的干扰。

同时，科技活动又因客观的要求与社会息息相关，科学研究、技术开发课题的提出，越是符合社会的要求，就越能得到社会的承认。科技活动的时间、空间、资金、设备要由社会提供，连科技人才本身也是由社会教育造就的。至于科技组织、规划、管理、检查，科技成果的试验、监测、应用与推广，科技经验的国际交流，科技成果的进口与出口等等，更无一脱离得了社会。因此，科技动活的社会性也是必须重视的特点。这样，在尊重科技活动的自主性的同时，又必须兼顾它的社会性，使自主性与社会性完善地结合越来。

(二) 以科技劳动者、科技劳动组织与科技劳动管理机构为主体

政治社会关系、经济社会关系、军事社会关系及家庭社会关系，各有自己特定的主体，虽然其中有所交叉复叠，但仍可明确区分。科技社会关系也一样，虽然科技劳动者置身于家庭之中也会成为家庭社会关系的主体，科技劳动组织进入经济生活领域也会带有经济社会关系的某些特征，科技管理机构也会与政治社会关系、军事社会关系发生某些瓜葛；但科技劳动者、科技劳动组织、科技劳动管理机构属于科技社会关系的主体，具有科技社会关系的特点，却是无须怀疑的。

科技劳动者所从事的科技活动已如上述。科技劳动者与科技劳动组织一起或各自所取得的科技成果，是思维的创造性产物，是一种与物质财富本质不同、迥然相异的"无体财产"；它的物化，即所谓"智力密集型产品"等，价值往往远远高出一般的物质财富。计算机软件开发的某些成果，就是价值连城的珍宝，但它可能只体现在几平方厘米，甚至几平方毫米的掩膜作品上。在美国，开发一件计算机软件产品，平均要花5年左右的时间，并且投入50万美元，其产品价值有的竟达上千万以至数以亿计的美元。

此外，科技劳动组织、科技劳动管理机构的结构、功能、职能、权利、活动方式，也大多与其他组织有较大的不同。

(三) 以科技创造权利为本位的社会关系

社会关系的内容，主要是权利义务关系。在义务本位的社会关系中，社会关系的一方（通常是多数者的一方、劳动者的一方）只承担义务而不享有权利，或只享有很少一点权利。奴隶社会中，广大的奴隶甚至一般平民都只尽义务而无任何权利。封建社会的农民摆脱了奴隶的人身依附地位，获得了一定程度的解放，但基本上还只是对地主及地主阶级的国家尽义务。资本主义社会里，工人争得了人身自由权，其他方面的自由权利也比封建制度下的农民多得多，现在正向权利义务对等的方向发展，但必须付出生命与鲜血进行斗争的代价。在社会主义的理想制度下，劳动人民翻了身，成为国家的主人，实行真正的平等制度和民主制度，是权利义务的完全对等。但在社会主义社会中，也可能会出现权力资本主义的复辟，使权力成为资本，公仆变作主人，从而使历史倒退到社会封建主义即披着社会主义外衣的封建时代去。社会运动的或进或退都表明，以义务本位为内容的社会关系，是低层次的社会关系；社会的前进运动是向权利本位为内容的社会关系发展。因此，向权利本位发展，代表社会的前进方向，代表进步，是走向高层次的社会关系。

科技社会关系由于科技活动的特殊性，必须是以科技创造为本位的社会关系，因为如果剥夺了科技创造的自由权利，科技创造本身也会被一并埋葬。所以，任何以人为的力量强行剥夺科技创造的自由权利的结果，只能是扼杀科学创造、技术发展。由于这个道理，即使在奴隶社会里，总体上十分愚蠢的奴隶主阶级，也会聪明地赋予科学家以自由创

造权利。实际上,古代社会的许多科学家、技师、工匠、艺人,都出身于奴隶而为奴隶主所特宠,获得了科技创造的自由权,从而为科技进步做出贡献。这一点,中世纪的某些封建主远比奴隶主落后、愚昧,他们强行剥夺科学家和技术专家的自由创造权利,把诸如布鲁诺、哥白尼等等天才人物投入火刑场,送上绞刑架,其结果是同时焚毁了科学,绞杀了技术,严重地阻碍了社会的进步。深深接受了教训的资产阶级,反封建主义之道而行之,重新赋予科技创造以自由权利,并以法律为保证。美国、法国、意大利、日本等国,都在宪法和法律中庄严保证"保障学术自由"。意大利宪法甚至在第五十八条这样具体规定:"共和国总统可指定在社会活动、科学、文学和艺术方面以高度成就为国增光之公民五人为终身参议员。"这样以政治上的特殊荣誉作为保障科技创造自由权利的标志,是意大利的创造。

当然,在享受科技创造权利的同时,也应承担这样那样的义务。但这种义务与一般的权利义务关系中的义务不同,它不限制社会关系双方的科技创造权利,而且是直接为着增进科技创造权利的义务。因此,科技社会关系所具有的权利本位内容,是最彻底的权利本位主义,是最高层次的权利本位主义。正是因为人类社会在最近一百年中给予科技权利本位以强有力的法律保障,所以,取得的成就比以往一千年、一万年累积的成果也要大成千上万倍。而人类社会发展的不平衡性,又总是明明白白地昭示,那些最不重视知识,最不重视知识分子,最不尊重人才,也就是最不重视保障科技社会关系中的科技创造权的国家,都以惨重的落后为代价而失败了;而尊重科技创造权的国家,则科技进步最快,经济最繁荣。

(四)纵向行政隶属关系与横向民事平等关系相结合

社会关系的形式大致可分为行政隶属与民事平等两种类型,其最典型的表现就是政治社会关系、军事社会关系中的行政隶属性与经济社会关系中的民事平等性。家庭是一个小小的社会,所以也同时存在类似行政隶属与民事平等的两种关系。

在社会发达阶段里的科技社会关系,同时具有行政隶属关系与民事平等关系,两者互相结合,其目的在于互相促进,从而保障科技创造的自由权利。因此,科技社会关系中的行政隶属关系与政治社会关系中的行政隶属关系的政治统治性是不可相提并论的,政治统治旨在控制以至镇压被统治的对象;科技行政隶属关系则是为了自我调节以使隶属的下级一方更好地为科技进步服务。因此,政治行政隶属的双方有更多的对立性,而科技行政隶属的双方有更多的统一性。

(五)科技社会关系的基础是科技协作

作为科技社会关系的基础,科技协作的形式是极其多样的,主要有:

社会性协作。任何科技专家的个体性活动,都离不开一定的社会条件。社会为他们的个体活动提出任务与具体课题，提供科技信息与条件，供给科研资金与设备，提供试验与应用的基地等等，这种社会性协作几近"无形"，极易被忽略、漠视。

组织性协作。官方、科研方、企业方的协作是这种协作的典型。这在日本叫作"官、产、学"三位一体，在苏联则以建立"科技 — 生产联合体"的形式出现。

个体性协作。科技专家之间因志同道合而自动结合在一起，科技劳动组织内部各个个体之间的协作等，都是个体性协作。这种协作往往形成极为广泛的联系网络，甚至会超越国界。由于网络的广泛性，个体在这种网络中的充分自主性与个体性协作的作用是极为巨大的。正是认识到个体性协作能充分发挥个体的自主性、积极性和创造精神，所以现代各国在科技活动方面越来越趋向于提倡自由组合。日本的创造性流动科研体制的形成，与此不无关系。

国际性协作。这种协作越来越得到远见卓识的政治家的重视，他们在其施政活动中采取了许多切实的步骤来推动这种协作。法国总统密特朗提出"尤里卡计划"就是一个生动的例子。

上述颇具特殊性的科技社会关系，决定必须有相应的法律调整手段。

二、从科技社会关系的法律调整看

（一）立法调整的预期性

一般的法，大多是对既定的、现存的社会关系的肯定，从而使得到法律肯定的社会关系成为规范人们调整这类社会关系的偏差的准则。奴隶社会末期，封建制的社会关系在奴隶社会母体内逐渐成熟，导致封建地主阶级夺取政权，并凭借政权制定法律，肯定成熟了的封建制社会关系，使之成为调节封建社会关系的准则。这在封建制的行政法、刑法、民法、经济法和诉讼法等来说，东方与西方，中国和外国，都是如此。封建社会末期，资本主义社会关系在封建社会母体内成熟起来。资产阶级夺取政权之后，仿效封建地主阶级的办法，立法以肯定资本主义社会关系，使之成为调节资本主义社会关系的行为准则。这同样在一切资本主义的宪法、行政法、刑法、民法、经济法、诉讼法等等中得到明显的反映和表现。一句话，一般的法，相对于社会关系的形成，都具有"滞后性"。

科技法则不尽相同，它具有明显的立法预期性。

这意味着，科技法所调节的科技社会关系，是正在形成而尚未定型，已经产生了一定的法制需求，但这些法制需求又往往不太明确的社会关系。这时就以制定有关科技法的办法，使这种科技社会关系定型化，使它的法制需求明确化。也就是以科技法促进新的科技社会关系的确立，并保障它的正常发展。例如，著作权法制定之前，作者自己千方百计地保护自己的著作权，但社会却游移不定，未予明确理会。后来，有的出版者与作者建立了"联合阵线",这是为了他们自己的利益。"联合阵线"之外的出版商或其他个人,并不愿意遵守"联合阵线"内部的各种规定。即使后来出版商的行会出面保护作者的著作权,往往也仍然无济于事。最后是国家以社会代表者的面目出现,承担了制定著作权法的任务。著作权法一经颁布,由于它具有法律的普遍性、稳定性和强制性,有关著作权的社会关系,就被普遍地、稳定地、强制地加以调整了。我国在中国共产党的十一届三中全会以后,一方面,文化事业空前繁荣,著作物大量涌现;另一方面,计划经济体制正向社会主义市场经济体制转轨,社会生产包括精神财富的生产逐步纳入商品经济范畴,被导向市场,人们包括著作者的商品经济意识也随之增强。与此同时,旧体制仍旧顽强地发挥它的作用,简单的产品经济的意识迟迟不肯退出社会舞台。因而,蔑视著作权的现象随处可见。在这种情况下,制定著作权法以调整著作者与出版方面的社会关系,就显得非常必要,势在必行了。

科技法的预期性还表现在,有时并不存在某种社会关系,甚至连这种社会关系萌芽的状态都无所见,仅仅是由于有社会需要,就以制定具体的科技法来催生,建立新的适合社会需要的社会关系。日本制定《科学技术厅设置法》就是如此。50年代初,日本的科学技术发展工作是分散交由通商产业、农林水产、运输、邮政等各省去管理的。各省的科学研究与技术开发往往互相重复,浪费了人力、物力和财力,延缓了科技的发展。于是,产生了统一协调全国科技活动的需要。再加上当时又出现了发展原子能事业以充分供电的紧迫需要,于是在1956年由日本国会通过《科学技术厅设置法》,设科学技术厅于总理府之下,用以协调各省、厅的科技活动。在日本,总理府与各省的地位是平等的。总理府与各省下设厅,厅下设局,局下设课。其行政地位与权限逐级递减。这是既定而行之已久的社会关系准则,且有法律规定作为保障。而科学技术厅之设,却使之在科技活动的管理、协调方面具有"超级"的权力,无异于建立了一种新的社会关系及相关的行为准则。正因如此,《科学技术厅设置法》由国会以法律形式通过,而不是由总理府颁布行政规章设立科学技术厅。

(二)科技法调整的探索性

这是与科技法立法调整的预期性紧紧相连的另一特殊性。

由刑法、民法所调整的一般性刑事关系、民事关系,是无限多次地重复出现过,因而久已熟知的社会关系。其调整方法往往也无限多次地重复着,经验极为丰富。因此,刑法、民法的"探索性"成分就相当少。罗马法至今仍是西方国家调整民事、经济关系的法律规范,苏俄十月社会主义革命成功后曾一度沿用旧俄民法典,东欧一些国家沿用旧时代的民法典甚至直到60年代,如此等等,就是刑法、民法很少"探索性"的表现。科技法则不同。

科学研究是人们对客观世界及其规律性的探索活动,在多数情况下都不是一次性地完成的。技术开发则是应用科学知识于技术操作、探索新的方法、新的手段以实现改造世界的目的，大多也不是一次性地成功的。由于认识能力的局限与偏差，由于方法不对或设备、仪器不适应，科技活动的探索性还包含有风险性。与科技活动的探索性和风险性相联系的在科技活动中形成的具体社会关系的发展方向和发展规律，也不容易被人们从一开始就认识透彻、把握准确。因此，有关调整这些社会关系的认识，也不可能从一开始就十分全面而周密。影响所及，为调整这些社会关系的法律措施，就具有探索的性质。它可能被实践证明为正确而得以长久推行；也可能被实践证明为错误或有欠缺而必须及时修改、补充。美国和英国、联邦德国、日本等国在70年代中期制定的《DNA分子重组实验准则》，就是探索性科技法的例子。这些国家后来都纷纷修改了《准则》，有的多达5次以上。与此相似，原子能法、著作权法、专利法和其他科技法的修改，一般都比较多。

科技法调整科技社会关系的探索性，应贯彻于科技立法、科技司法、科技执法的各个环节中。

（三）科技法调整的激励性

刑事法规具有强烈的惩戒性特点，一般民事法规定的法律责任也总以经济制裁显示其惩戒性的内容。科技法则更多地带有激励性，而不是惩戒性。著作权法激励作者和出版者撰著、印行更多更好的著作。专利法激励发明人拿出更多的创造发明。高技术区法激励地方（政府与公众）为高技术区的建立投入更多的财力、物力、人力和智力。试管婴儿法保护试管婴儿及其关系人的权益，激励人类更好地以新的科学方法优化后代的繁殖。器官移植法激励有益于人类的器官移植事业的发展。

科技法的激励性特点，是法律功能发展的一种重要表现，法律功能之从以警戒、惩罚为主，向激励为主发展，大大扩展了法律发生作用的范围和形式。法律本是人类用来为自己的发展而创造的。当人类对自然、社会的认识水平十分低下时，不得不更多地以惩戒手段、约束方法来调整基本的社会关系。这样，在阶级社会里就很容易异化为一部分人惩戒另一部分人的手段。但当人类越来越成为自己的主人时，当人类对自然、社会和自身的认识水平有了极大的提高时，法律就不但恢复了为人类自身服务的功能，而且越来越以激励性为特征，变得"可敬""可亲"起来。如果说，刑法、民法往往只是"可敬""可亲"于一部分人的话，那么，科技法则多半是"可敬""可亲"于全社会的。

（四）科技行政法调整的行政政策性

由于科技法具有探索性的特点，除非客观实际已经显示的趋势证明，做出某种法律规定将行之有效或仅有极小的风险，因而可以做出比较具体的法律规定外，其他的规定往往比较抽象、比较原则，采取政策性的法律规定。

美国的《科学技术政策、组织和重点法》就是一个典型。该法制定的目的，用法律文本上的话说，是"为了制定美国的科学技术政策，为了向总统提供科学和技术方面的建议和协助，为了向联邦政府提供综合性调查以改进科学研究和情报处理及其使用的方法，为了修订1950年的国家科学基金条例，以及其他目的"。在全部"目的"中，政策性立法的目的是放在第一位的。该法通过时，国会认为，随着时间的进展和国家情况的改变，需要对国家的科技政策进行修改，而当时的情况表明，已有必要和可能进行修改了。按照该法所采取的第一个重大措施，就是恢复被尼克松政府撤销了的科学技术政策办公室。

奥地利于1967年制定的《科学研究法》，也是政策性很强的科技行政法。该法于1980年修改为《科学研究组织法》，规定了七项原则与四项政策。七项原则是：科学研究自由、学术观点和研究方法多样化、科学研究面向社会、大学与企业合作、联邦与地方合作、发展国际合作及国家资助科研经费。四项政策是：发展科学知识，促进科学技术解决社会、经济、文化和生活问题，推广和应用科研成果，扶持和培养科学研究新生力量。

英国于1965年制定的《科学技术法》，被英国官方、企业界和科学技术界普遍认为是英国发展科学技术的法定的政策依据。

政策本身不具有法律意义。作为党派的政策，更不能以法律的强制性在全社会推行。因此，赋予国家的政策以法律的约束力或在立法上肯定这一或那一国家政策为社会必须遵行，就成了科技行政法的一项重要任务。

（五）科技民事法调整的不等价有偿性

段瑞春同志在《技术合同法原理和实践》①一书中精辟地分析了"技术的基本特征"。这些特征是：一为"技术是人类精神劳动的产物，是智慧的结晶"，而这导致"技术的价值与研究开发成本之间没有必然的成正比例的关系"，"技术的价值主要取决于它的经济效益和社会效益"；二为"技术本身是无形的，而它的载体又是有形的"；三为"技术的开发只需要一次性劳动"，"技术开发不存在物质形态商品的周期性生产，反之应当避免重复研究和开发，加强技术成果的应用和推广"；四为"技术可以同时为多个法律主体掌握和利用，这就使得技术的'所有权'和财产所有权很不相同"，"对技术的'所有'，只意味着掌握了这种知识并取得了合法的使用和转让的权利"，"对物质商品的处分，往往以主体和客体相分离为特征"，"而对技术的处分，主要是转让，而不发生客体离开主体现象"；五为"技术可以不经主体的处分而逸出其占有"，"要实现对知识形态商品的排他性占有，有两种方法可供选择：一是申请专利……二是通过合法的保密措施和债权约定维持对技术的控制……"。《技术合同法原理和实践》一书由此得出的结论是："技术的上述特征决定了技术权益不适用民法通则和其他法律中有关财产所有权的规定。"

不仅技术，科学知识也大体如此。

---

① 科学出版社1988年版。

这样，民法、经济法的等价有偿的调整原则，就不适用于科技民事关系的法律调整。民法、经济法所体现的等价有偿原则，即民事关系双方在享有权利时必尽相应的义务，在履行义务时亦必享受相应的权利。这里的"相应"是"等价的"同义语，"有偿"则为权利与义务的互换。在科技民事法中，也保护主体的权利义务的"有偿"即互换，但却不可能是"等价"的"有偿"，而是"不等价"的"有偿"。因此，科技民事法所保障的，只是权利义务的模糊的、相对不确定的"有偿"，即不等价的有偿。

由于科技民事法的不等价有偿性特点，在实践中，根据实际情况修改科技合同的比率，比修改一般民事、经济合同的比率要高得多。

科技民事法的不等价有偿性，为人们探求最合理的比价有偿留下了一个相当大的可能性空间。"不等价有偿"不是说可以任意确定知识形态商品的价值。知识形态商品的价值应根据其付出的劳动及经济效益与社会效益，大致相符地确定。虽然在这种情况下，也不是采取"等价有偿"的办法。实际上，知识形态的商品往往不可能也不应等价偿付它的价值。例如，湖南农业科学院的一些同志培育出的一个水稻新品种，推广后的价值约100多亿元，当然不可能偿付他们数以亿计的奖金或专利费。但是，如果其他人培育出的新品种的价值不足亿元，是不是可以随意确定而与前者一样呢？当然不可以。否则，势必挫伤人们为获取有最大经济效益的更新品种而努力的积极性。这样，确定"比价有偿制"就是必然的了。但究竟如何"比价"而"有偿"，就大有学问。美国改"成本加固定利润合同"为"固定价格加奖励合同""成本加奖励及利润合同"的原因，就在于求取"比价"的合理，以获取"比价有偿"的最佳效果。一些国家为技术革新成果的推广，规定奖励推广所取得的效益的百分比（如匈牙利规定为2%，波兰规定为3%），也是对具体确定"比价"的一种尝试。笔者认为，不可能最终确定绝对合理的"比价"，但可以寻求大体接近于合理的"比价"。

科技社会关系法律调整的特殊性，为科技法的脱颖而出，为以科技法调节科技进步提供了基础，创造了前提。我们相信，随着科学技术在人类社会生活中的地位的迅捷提高，随着科技社会关系的日益复杂化，科技社会关系法律调节的特殊手段，也将更加全面地被揭示。这样，以具有中国特色的科技法调节中国的科技进步，也将取得更加切实的丰硕成果。

根据以上分析，科技法、科技法学的独立地位是毋庸置疑的。随着世界性的科技革命的蓬勃发展，随着中国"科教兴国"战略的实施，科技法的作用将越来越大、越来越明显。

我们欣喜地看到，澳门基金会在收购东亚大学后，于1989年设立了科技学院；1992年2月澳门基金会修改章程后，把工作目标转向了文化、教育和促进科学技术研究，十分关注利用澳门内外的科研力量，促进澳门的科技发展；1994年还出版了《澳门高技术产业发展之路》。我相信，随着澳门科学技术的发展，随着科技社会关系在澳门的日益复杂化，澳门的有关方面和血肉同胞也会日益关注科技社会关系的法律调整，关注科技法制建立与健全，关注科技法学的研究与发展。

科教兴国战略实施中的立法、司法、守法一体化 *

中共中央、国务院1995年5月6日《关于加速科学技术进步的决定》，作出了"坚定不移地实施科教兴国的战略"的决策。为实施科教兴国战略，要综合运用行政的、法律的、经济的和思想教育的多元措施。其中，法律措施既有其自身蕴涵的促进与保障科技进步、教育发展的直接作用，又是行政、经济与思想教育手段的有力后盾，具有"一身二任"的特殊功能。"依法治国"之"法"，在我国社会发展中将发挥越来越积极、越来越巨大的作用，本文仅就科教兴国战略实施中的立法、司法、守法的一体化问题谈些看法。

一、科技法制系统与立法、司法、守法的一体化

科技法的外延为全部科技法，包括制定法与判例法，但大多为制定法。即便像美国、英国这些特别钟情于判例法的普通法系国家，一涉科技社会关系法律调节也往往是以制定法为依据的。

科技法制系统的外延比科技法体系要大，它不仅包括法律、法规、判例这些属于制度法律文化的内容，而且包括司法、执法、守法等等行为法律文化的内容。

科技法制系统具有法的系统性。立法、司法、守法的一体化，是由法的系统性决定的。

法的系统性是指法是由相互区别的若干法的要素构成的集合体；各个法的要素之间存在着一定的联系和相互作用，形成特定的整体结构和适应社会大系统的整体功能。法的要素只有在组成有序结构的情况下，才能产生有效的社会控制功能。

关于法的系统究竟包含哪些要素，我国法哲学界有不同的看法，但在立法（及其成果）、司法（行为及机构）、守法（行为及观念）均为法的系统的要素这一点上，各家并无分歧。

---

* 原载《上海法学研究》1997年第1期。

所谓"从法的系统性看立法、司法、守法的一体化"是指：立法、司法、守法共存于法的系统之中，同为法的系统的要素，结成了关系特别紧密的群体，互相制约、互相作用而共同发展；因此，必须从三者的一体化着眼开展社会主义法制建设。科技法制建设当然不能例外。但是迄今为止，许多情况下，议论科技法制建设时，往往只及科技立法一端，甚至只及科技法律一隅，不仅把司法、守法排除于视野之外，连立法体制、立法活动也不予一顾。这种观念，是有其学术渊源的。控制论的创始人维纳是对法的系统进行论述的先驱者。他认为，法律的本质是一种信息通讯，是人的进行减熵努力的必要手段。他明确地把法律分为正义选择与技术处理两个方面。但他所谓"技术处理"，是指在正义选择的前提下，解决道德原则的法律化，即依照道德观念对语言进行控制，显然与司法、守法无关，究其量只是立法及其结果。布尔丁在《纠纷的一般理论》中也对法做了系统分析，他在研究"纠纷解决"的问题时，以完备的法律制度为背景，着重分析选择的条件和要素，不仅没有论及司法和守法过程，而且连立法过程也不加论道了。日本广濑和子在1970年出版的《纠纷与法——用系统分析方法研究国际法社会学的尝试》一书，已论及司法过程，如对苏伊士运河公司国有化纠纷的司法过程做了实例研究，从而把法的系统分析向前推进了一步。但是，将立法、司法、守法作为共存于法的系统中的要素进行具体研究的，仍然所见甚少。苏联学者 Л.Б.季乌诺娃在《谈谈把系统方法用于法的问题》①一文中说："不应当把法律系统的发展理解为外部干预（立法活动、司法实践等等）所引起的变化。"作者主张"把法本身的结构列入国家的整个法的系统，考虑法的系统性和立法的分类之间的区别，在此基础上可能最终找到结束关于法律系统和立法系统的相互关系的争论的途径"。

诚然，可以把法律作为一个完整的系统看待、进行分析。这样的工作，对立法也是有重要作用的。正是通过这类分析，80年代我们找到过我国法律系统的一些空白，必须补充诸如科学技术法等子系统或要素。当把科学技术法作为一个系统看待时，即使仅从立法方面，也还可从中再找出更低一层次的子系统的缺失，例如找出生物技术立法的空白。马奎蒙在《关于我国基因工程应用法规之探索》②一文中，就指出了这样的空白。但是，"徒法不足以自行"。犹如徒有优美的曲谱而无灵巧的妙手和优良的琴那样，不可能拨动出动听的音乐一样，法律文本即使再完备，如不付诸司法、守法行动，也不过是一纸空文。

社会主义法制与此前的剥削阶级法制的最大区别之一就是：社会主义法由于是广大人民根本利益与意志的反映，具有为公民自觉遵守的最大可能性；而剥削制度下的法，由于维护剥削者的利益，本质上就决定它不可能为所有公民自觉遵守。因此，剥削制法很难达到立法、司法、守法的一体化要求。社会主义制度下，出现了三者一体化的可能性。但从

---

① 《苏维埃国家与法》1986年第4期。
② 《科技立法研究文集（二）》，科技文献出版社1990年版。

可能转化为现实，还有一个由此及彼的漫长距离，需要人们做不懈的努力。

科学技术法从本质上看，以其社会性为主导，在社会主义时代更是如此，作为促进和保障科学技术进步的法律调节手段的科技法，和社会发展的要求、人类的切身利益以及科技工作者的意志，是基本一致的。因此，科技法最易为人们自觉遵守，科技司法与科技守法比一般的司法、守法有较小的难度。但这不等于说科技法制的立法、司法、守法一体化是天然生成，无须关注，不必努力促成的。因此，还有必要略事阐明科技法制的立法、司法、守法一体化的整体属性、三者的辩证互动及三者一体化的目标选择等问题。

二、科技立法、司法、守法一体化的整体属性

列宁曾指出："要真正地认识事物，就必须把握、研究它的一切方面、一切联系和'中介'。"许多文章引用列宁这句话时，往往只注意列宁关于"把握、研究"事物的"一切方面"的观点，而忽视他所说的要"把握、研究"事物的"一切联系和'中介'"的忠告。这样，是很容易把统一的事物加以肢解，最终认识不了事物的真相与全貌的。"把握、研究"事物的"一切联系"，要求我们认识事物的整体属性。系统方法的整体性原则，体现了列宁的这一辩证法思想并使之具体化了。

奥地利生物学家、系统论的创造人L.V.贝塔朗菲指出，机械认识论的错误之一，就是把认识的对象作简单分解并简单相加的观点；在生物学上的表现，就是把生物体分解为各个组成部分，并以这些组成部分的简单相加来说明生物体的一切。贝塔朗菲提出了"整体大于各孤立部分的总和"的著名定律。美国系统论学者E.拉兹洛更清晰地表述了复杂事物的整体性原则，指出"越来越多的研究者开始把整体性原则用作方法论"[①]。

以上述观点看科技立法、司法、守法一体化的整体属性，至少应把握这样两个基本点：

第一，离开"一体化"，无论是科技立法，还是科技司法、守法，都将失去意义或丧失可能。

首先，没有科技立法制度、科技立法活动及其产生的结果即制定的科技法，科技司法与守法都无从谈起。1985年8月中国首届科技立法工作会议上，与会代表的共识之一是我国科技立法"尚属空白"；共识之二是"抓紧科技立法是当务之急"。此后即加紧了《技术合同法》的制定，至1993年《中国科技进步法》出台，才算初步改变了科技立法空白状态。同样，仅有科技立法，科技司法跟不上或科技守法未实现，整个科技法的系统的社会控制功能就无法显现。所以，在我国科技立法之初，一些有识之士就不断呼吁"科技立法、司法应同步发展"，并吁请及早准备"科技普法"以推动科技守法的切实进步。但

---

① [美] E.拉兹洛：《略评现代系统研究学派》，波兰《科学学问题》（季刊）第8卷，第2期，1972年。

仅此而已，还只是看到三者一体化的表层现象、抓住表面问题。

其次，科技立法、司法、守法应是三者一体化中的立法、司法、守法。这一命题的含义是：（1）科技立法本身就应从"一体化"要求出发，不仅研拟出法律文本来，而且研制之时就要认真细致地考虑到司法与守法的可能性。因此，部分领域的只有科技实体法立法而无相应的程序法立法，就不能看作是符合"一体化"要求的科技立法。日本科学技术法立法的配套齐全则体现了"一体化"的要求。如它在制定《科学技术厅设置法》不久，即颁行《科学技术厅组织令》《科学技术厅组织规则》。美国原子能立法也是体现"一体化"要求的立法典范。例如，为了加强核电站和核燃料制造、运输、使用的安全，英国在70年代中就新增订了有关主要法律。同时，作为一个联邦制国家，美国的原子能立法还注意了联邦（国家）立法与州（地方）立法不严密配套。[①] 立法的齐全配套，不应仅仅看作是立法问题，而且应看作也是司法与守法问题，即看作是三者"一体化"的要求。基于对三者"一体化"的认识，我国科技立法已开始注意这一方面的问题。例如，我国的《原子能法》的立法工作，早在80年代即已着手进行，但至今仍未出台。此项立法自90年代以来，更多次列入全国人大常委会、国务院法制局、国家科委的立法规划，但考虑到国家原子能管理体制问题，因而一直搁置后台。1995年5月，国家科委对该法草案再次进行了修改并上报国务院审议。据悉，目前国家科委有关部门正配合国务院法制局，征求有关部门意见，进行修改，争取1997年审议通过。无疑，这是符合"一体化"原则的审慎立法行为。（2）科技司法也要从"一体化"要求出发，不仅忠实地力"司"已立之法，而且把科技司法作为对科技立法效果的验证，为科技守法开辟道路的"一体化"的有机一环。（3）科技守法同样要从"一体化"的要求出发，一方面，为科技立法效果的取得、科技司法工作的展开和科技司法任务的完成做出努力；另一方面，也要为科技立法和司法提供新的经验，开辟新的渠道。

第二，实现"一体化"，无论是科技立法，还是科技司法或者科技守法，都将相得益彰而"超越自我"。因此，科技立法、司法、守法的一体化，作为调节科技社会关系的法律手段，将远远超出科技立法、司法、守法各行其是的力量相加的总和。美国历史上的罗斯福新政时期，提供了立法、司法、守法一体化的范例。1933年罗斯福执政时，正值1929年至1933年大危机的严重冲击。罗斯福上台伊始，三个月内先后向国会提出了70多个法案，对工业、金融、农业、劳工都加强了立法调整，被称为"新政"。他提出了一系列的法案，如《紧急银行条例》《金融改革法案》《产业复兴法案》《农业经济调整法和农业信贷法》《公共营造法案》《社会经济条例》等。围绕"新政"，垄断资本财团之间，尤其是联邦政府和最高法院之间展开了激烈的争吵。在垄断资本财团的怂恿下，最高法院于1935年5月和1936年1月，先后宣布"新政"的两个主要法令《产业复兴法》和《农

[①] 倪正茂：《科技法学导论》，四川人民出版社1990年版，第499页。

业调整法》"违宪"而予废止。1936年美国总统大选，罗斯福利用压倒多数当选的有利时机，改组了联邦最高法院，增加法官人数，这样，就避开了烦冗的修宪程序。由于大部分旧法官辞职，罗斯福任命了8位拥护"新政"的最高法院新法官，从而使司法与"新政"立法保持了一致。"新政"使美国走出了困境，摆脱了大危机的阴影。这里，立法、司法、守法的一体化是起了应有的作用的。

三、科技立法、司法、守法的辩证互动

科技立法、司法、守法一体化的整体属性，是在三者的辩证互动中得到显现的。

系统论认为，任何系统都必须保持动态平衡，才能够维持并发展。法的系统作为社会关系的调整工具，由于所调整的社会关系是不断运动变化的，因此，它也必须随之而变化。这种运动变化中的法的系统，往往由于它所组成的各个部分、各个要素的发展的不平衡，变得重心倾斜、关系失衡。这样，就必须特别注意立法、司法、守法三者的辩证互动，使法的系统保持动态的平衡，使可能出现的失衡得到有效防范，使已经出现的局部失衡迅速复衡，并求得新的动态平衡。这些在立法、司法、守法之间的联系，是互相制约、互相影响的互动的联系，是辩证的互动而非机械的互动或单向的作用。

就科技立法与科技司法的辩证互动来看，主要表现在以下几点：

其一，科技立法指导科技司法、决定科技司法。科技司法之"法"，是由科技立法提供的；科技司法的方向与内容，是由科技立法指示与决定的；科技司法的程序，也是由科技立法文件所规定的。

其二，科技司法弥补立法、发展立法。科技立法的成果不可能永远"天衣无缝"地覆盖科技社会关系因运动变化而不断提出的新需求，切近科技活动最前沿的科技司法，将不断提出新的矛盾、问题而要求立法的变动。这一方面，实行判例法制的普通法系国家占有一定的优势，其"法官立法"就是司法对立法的发展与补充。美国软件技术发展过程中一系列著名判例，就是对美国著作权立法、软件立法的发展与补充。

就科技立法与科技守法的辩证互动来看，既可通过科技司法的中介发生，也可由科技立法与科技司法的"交往"而体现。不通过科技司法的科技立法与科技司法的辩证互动主要表现在：

其一，科技立法为科技守法提供法律依据与行为准则。科技人员所"守"之"法"是立法活动的结果，无此结果便无"守法"可言。因此，在二者的辩证互动中，科技立法所起的是主导性的决定作用。《宪法》中有关科技社会关系调节的条款以及《中国科技进步法》，不仅为科技守法提供法律依据与准则，而且为其他科技法的制定提供法律依据。因此，《科技进步法》被称为"科技宪法"。在这种情况下，其他科技法律的制定即科技立法本身，转化成了科技守法行为，即既是立法又是守法。如果其他科技法律的立法活动违

背了宪法或科技进步法，就成了不守法的、违法的行为，所立之法，当自动失效。

其二，科技守法为科技立法的发展奠定基础。这里所说的"守法"包括正、负两面，即包括遵守与不遵守两种情况。普遍的不守法，将导致贻误立法的发展，或者使之走入歧途。普遍的守法则可推动立法的良性发展。我国科技立法的进程，近十几年来，可以说是始于专利法与技术合同法的制定，这两部重要法律颁行以后，绝大部分人对绝大部分条款都能认真遵守，同时也发现了一些不守法的情况，或从这些不守法的情况中可以推知必须有一些新的手段调节比较隐蔽的或比较复杂的或比较新颖的科技社会关系，于是制定科技进步法这一基本法及科技社团法等等的需求便被突显出来，从而推动了科技进步法与其他科技法的制定。

科技司法与科技守法的辩证互动是指：

其一，妥善的科技司法有利于导致普遍的科技守法，而不妥的司法将导致或明或暗的故意违法。当然，这是以有一个良好的立法为前提的，如无良好的立法前提，司法与守法都会陷入无序的紊乱状态。在良好立法的前提下，妥善司法之所以有利于导致普遍的守法，是因为，对于能够自觉守法者来说，他将因妥善司法而得到实际的利益，感到欣慰；对于不能自觉守法者来说，他将因严格的司法而被迫就范，慑于法的威力而服从法律规定。不妥的司法之所以会导致或明或暗的故意违法，是因为，对于本就不愿守法者来说，有了可乘之机，因而故意违法以售其奸；对于本愿守法者来说，守法倒有可能损害自己的利益，不如暗中违法以逃避不妥司法的危害。《技术合同法》施行过程中的一些案例很好地说明了这种情况。在那些严格施行《技术合同法》的地方，遵守该法蔚成风气，极少数私心严重者也无计可施；而放松该法的实施地方，技术侵权屡屡发生，科技人员的创造积极性严重受损，最后连他们中的一些人也转而成了该法的违法者了。

其二，科技守法行为直接制约科技司法活动。全社会普遍遵守科技法，必使司法机关可以集中力量对付极少数的违法犯罪活动；相反，如出现普遍的不守法，则司法机关必定疲于奔命，不得不集中力量对付重大的违法犯罪活动，如果进一步恶化，则连重大的违法犯罪也难以应付了。

当我们做以上论述时，止于从科技立法、司法、守法一体化的法的系统中，抽取出两两成对的方面进行分析。如果同时观察三者的辩证互动，如果把三者放在科技社会关系不断发展变化的动态环境中加以考察，那么，事情就将变得更加复杂，三者的辩证互动形态及结果，就将变得更加丰富多彩了。

在科技立法、司法、守法三者的辩证互动中，为求"步伐整齐、步调一致"，不因"内耗"而使科技法制系统失去平衡，非常重要的是要把握好三者一体化的目标选择。

系统论在分析和解决问题时，把目标选择放在极端重要的位置上，要求人们尽一切可能，从现实条件与社会需求出发，为系统确定最优目标。同样，为求科技立法、司法、守法一体化的最佳效果，也必须把最优目标的选择放在头等重要的位置上。我认为，根据我国科技发展的实际，分阶段确定最优目标，是比较科学合理的。此前的科技立法，做到了这一点。当技术需求因改革的发展日益"热门"，而科技人员的基本权益难以保障时，我国选择了专利法与技术合同法作为科技立法的起点；当科技社会关系的全面调节成为社会的普遍需求时，科技进步法被加紧制定。现在，当科教兴国战略提出之后，国家科委确定了"九五"期间的立法规划。据此规划所拟的"九五"科技立法工作的"总体目标"是："一为规范科研机构、科技工作者等科技活动主体的立法工作；二为规范科技投入保障方面的立法工作；三为关于促进科技进步和科技成果转化方面的立法工作；四为关于知识产权方面的立法工作。"按照这一总体目标，"九五"期间，除已制定的《促进科学技术成果转化法》（1996年5月15日审议通过，10月1日起施行）外，还将力争制定《科技基金法》《原子能法》《国家高新技术产业开发区法》《科技普及法》《科研院所法》等法律及《国家科技项目知识产权管理办法》《国家科技计划管理办法》《科技计划项目招标办法》《科技评估管理办法》等行政规章。显然，这些具体法律法规都是"九五"及2010年前后特别急需的。但按科技立法、司法、守法一体化的要求来看，目标选择的视野似还可进一步拓展。例如，由于科技法的激励性比一般法律要强，如何更好地运用激励机制促使司法更顺畅、守法更自觉，就是值得关注的问题。我在《开发"法"的"新大陆"》[①]一文中提出，我国社会生活之从政策调节向法律调节过渡，目前还只做了制止性规范的一半工作，还必须更多地关注激励性规范的另一半工作。只有当我们既注意了制止性规范的功能，又注意了激励性规范的功能，社会生活调节之向法律调节过渡，才是完整的。在这一方面，科技法制有其"天然"的有利条件，自可率先而行，做出榜样来。

[①]《文汇报》1996年10月30日。

中国科技法制建设简评

——与日本比较*

一、中日科技法制建设沿革的比较

中、日两国的科技法制建设都可以追溯到遥远的从前,但在近代以前,科学技术发展水平较低,立法技术和立法体制造成的民、刑不分和诸法合体,使得科技法不能独立出现。因此,这里所做的科技法制建设沿革比较,只能以近代为起点,即日本从1868年的明治维新开始,中国从1911年的辛亥革命开始。

仅以上述"起点"而论,中国近代的科技立法就比日本晚了近半个世纪。鸦片战争以后,清王朝根本没有进行什么科技法制的建设。但是,日本却因明治维新而步入新途,科技发展也有了新的契机。科技的发展,自然提出了科技立法的要求,推动了科技法的发展。以特许法(即专利法)的制定为例。早在1875年(明治八年),美国人梯兹莱尔就曾向日本政府申请发明食品干燥设备的专卖专利权。次年,又有德国人伏尔德提出了自制猎枪的专利申请。这些申请都被否决了。[①]但科学技术的发展,使日本国会改弦易辙。1887年(明治二十年),日本政府发布了《特许局官制》的政令,据此设立了特许局。次年,日本皇帝以《政令第八十四号》公布了《特许条例》。后来,在1899年(明治三十二年)公布了《特许法》,共53条。10年以后,日本《特许法》经全面修订,增加到105条。从而形成了以法律手段保护工业产权、保护科技发明权益的比较健全的机制,这大大鼓励了创造发明的积极性。从1887年(明治二十年)到1898年(明治三十一年),提出申请专利数达14,813件,经受理授予专利权的有3004件。[②]与特许法的制定几乎是同时进

---

* 原载《东吴法学》1998年号刊。
① 日本特许厅编:《工业所有权制度百年史》上卷,昭和五十九年(1984)版,第21—22页。
② 同上书,第62—74页。

行的，还有商标法等，从而为日本的科技立法奠定了基础。其中，1893年的《版权法》、1890年的《电信电话线建设条例》、1900年的《电信法》等，对日本科学技术的发展以及科技知识的传播，起了十分重要的作用。在1911年中国的辛亥革命之前，日中两国的科技立法，就拉开了很大的差距：中国的纪录，可以用"0"来表示。①

如果中国从此急起直追，加紧科技立法，加快科技发展，还是可以争得时间，赶上近代以来迅速发展的国家的。但是，辛亥革命后接踵而来的是北洋军阀统治时期的分裂、割据和内战；北洋军阀的统治被推翻后，国民党又竭尽全力对付共产党和工农红军；后来又发生了日本侵略中国、几乎占领中国全部领土的抗日战争和从1946年到1949年的第三次中国国内革命战争。在这近半个世纪的漫长岁月里，中国确曾有过一些科学技术方面的立法。②但是，当局对这些立法，并不打算切实施行。例如，北洋军阀政府曾颁布《矿业条例》《商标法》，国民党政府曾颁布《著作权法》《出版法》《建筑法》等。但是，从《训政时期约法》规定工商业之专利、买卖、特许权属于中央政府开始，到军政要员几乎完全独吞国家财政的实际过程③表明，所有这些法律法令只不过是白纸上的黑字而已，作为徒有形式的具文，始终没有被实际执行过，而这也是旧中国科学技术几无发展的重要原因。

而在这一段时间（1910—1949）里，日本的科技立法却得到了异常迅速的发展。相继制定的科技法有100余个之多。如《无线电信法》（1915）、《海军航空机械试验所令》（1918）、《燃料研究所官制》（1920）、《工业品规格统一调查会官制》（1921）、《瓦斯事业法》（1921）、《电气事业法》（1931）、《人工石油制造事业法》（1937）、《航空机制造事业法》（1938）、《技术院官制》（1942）、《音响科学研究所官制》（1944）等等。此外，《特许法》等曾做了多次的修改：大正十年（1921），日本《特许法》首次被全面修改，采用了先愿主义（第八条），对职务发明的规定做了更改（第十四条），新设了强制实施的许可制度（第四十一条）和拒绝理由通知制度（第七十二、七十三条）等等更加有利于科技发展的规定。昭和二年（1927）、昭和四年（1929）、昭和十三年（1938）④、昭和二十三年（1948）又多次修改了特许法。⑤

日本这一时期的科技立法，带有明显的为军事扩张和侵略战争服务的特点。1917年（大正六年）以法律第21号公布的《工业所有权战时法》及同法《施行令》《登录令》《施行规则》的出台⑥。昭和十三年（1938）以政令第52号公布的《特许收用令》以及一系列

---

① 清末曾草拟过专利法，但未公布。
② 薛梅卿、叶峰：《中国法制史稿》，高等教育出版社1990年版，第387、410、412页。
③ 据不完全统计，北洋政府官僚中拥有千万元以上私产的共24人，曹锟和张作霖两人各达5000万元。这一庞大财富相当于北洋政府全年财政总收入的一倍。《近代史资料》1962年第4期。
④ 日本特许厅编：《工业所有权制度百年史》上卷，第427—429页。
⑤ 同上书，下卷，第48页。
⑥ 同上书，上卷，第410—412页。

关于秘密特许的法令，都表明当时的科技立法是为军事机器服务的[①]。第二次世界大战结束后，秘密特许被解除了[②]，战时的工业所有权法令也被废止了。[③] 为军事机器服务的科技立法，当然有其必须否定的一面，但是，它对科技发展的畸形推进，也是事实。此外，也必须承认，它为日本的科学技术立法奠定了一定的基础。排除掉其中为侵略战争服务的因素，有关立法当对日本的科技发展起重要的作用。

从"二战"以后到20世纪50年代末，日本进行了全面的民主化改革。在此基础上，60年代和70年代，日本以1973年第一次石油危机为契机，确立了"科技立国"的国策，一方面取得了经济的高速增长，另一方面取得了技术革新的丰硕成果。作为经济增长和科技进步的保障，科技立法也得到了长足的发展。50年代初，日本制定了《放送法》（1950）、《电波法》（1950）、《计量法》（1951）、《有线电气通信法》（1953）等重要法律。50年代中期，鉴于动力和能源方面的紧迫需要和统一协调全国科学技术发展工作的需要，日本制定了两个极为重要的法律：一为《原子力基本法》（1955），一为《科学技术厅设置法》（1956）。根据这两个法律，设立了原子力委员会、原子力安全委员会和科学技术厅。50年代后期，日本还制定了《工业标准化法》（1959）、新《特许法》与《实用新案法》（1959）等约20个科学技术法。60年代和70年代，伴随着科学技术更深更广地向自然界进军，日本的科技立法也表现得相当活跃，相继制定了《中小企业近代化促进法》（1963）、新《著作权法》（1970）、《有线电视放送法》（1972）、《筑波研究学园都市建设法》（1970）等，并参加或缔结了大批的国际科技法律或条约，如《宇宙条约》（1967）、《国际电气通信卫星机构协定》（1973）等。

与此同时，中国的情况是：一方面，建立了新的社会主义的政权，力求在经济和科技发展方面取得飞跃，改变中国贫穷落后的面貌；另一方面，不恰当地强调了阶级斗争，政治运动不断，大规模的反右斗争和"文化大革命"运动严重挫伤了科技人员的积极性。在漫长的50年代、60年代和70年代里，中国的科学技术尤其是尖端技术，虽然也得到了可观的发展，但调整科技社会关系的手段，基本上是靠中国共产党的政策，而很少依靠和运用科技法律。

1977年以后，日本科技立法的数量并不多，主要有《关于半导体回路配置的法律》（1985）、《基盘技术研究圆滑化法》（1985）、《电气通行事业法》（1984）、《石油代替能源开发导入促进法》（1980）等。由于80年代以前日本已制定了比较齐全的科技法，因此，80年代的主要任务就集中到因时制宜地修改、补充原有的立法和进行配套立法方面去了，这使得日本的科技法更加严密化。80年代以来，中国的科技立法则相当活跃，相当积极。

[①] 日本特许厅编：《工业所有权制度百年史》上卷，第425—427页。
[②] 同上书，下卷，第28页。
[③] 同上书，第34页。

比较日、中两国的科技法制沿革,可以得出如下结论:

第一,两国的科技法制建设进程,都受政治状况的严重影响。日本虽然未间断科技立法工作,但在军阀擅权时期,科技立法受军事目的的严重制约,致使它所促进的经济和科技事业倾斜于畸形的军事工业,并未给全民带来利益。中国在科技立法方面的长期落后,原因是多方面的。在进行民主政治建设,实行改革开放以后,科技立法才得到比较顺利的发展。

第二,日本的科技立法带有较大的随机性,即随着经济和科技的发展开展有关的科技立法,呈现出自然发展的状况。中国的科技立法则体现出国家的强烈而有力的干预,呈现出较强的规划性发展的状态。

关于中国科技立法的规划性特点,可从以下事实更明显地看出:从1985年下半年起,也就是在全国首届科技立法工作会议之后,中国国家科学技术委员会对制定中国的科技立法规划进行了调查研究,接着就提出了一份科技立法长远规划的设想,并于1986年11月提出了正式建议。该建议包括,由全国人大常委会通过的法律12个,由国务院发布的行政法规30多个,这些法律法规涉及科学技术基本法、科学技术组织法、科学技术劳动法、科学技术团体法、科学技术基金法、科学技术奖励法、科学技术评估法、科学技术成果推广法、新技术风险投资法以及科学技术国际合作法等。

中、日两国在科技法制建设上的随机性与规划性差别,与以下因素紧密相关:(1)中国科技立法起步较晚,必须加强规划以求尽快地发展科学技术;(2)日本实行自由主义的经济体制,中国在20世纪90年代以前实行有计划的商品经济体制,并有长期的计划经济体制传统,因而形成了科技立法的规划性的非随机的状况。

二、中、日科技法制建设的历史的与现实的条件比较

这里的所谓"历史的与现实的条件",特指以下情况:(1)战后日本已经形成比较稳定的政治、经济、科学技术和其他各方面的体制;而中国正处在全面的体制改革的过程中。(2)战后的日本虽然已经逐渐成长为独立的、强大的国家,但由于"二战"失败的原因,至今仍受美国的严重牵制;中国虽然经济仍然比较落后,但在政治上取得了最大的独立性。

这些"历史的与现实的条件",使得中、日两国在科技立法制度上呈现出一些不同的特点。科学技术基本法的制定就是一个明显的例证。

世界上不少国家都有自己的为促进和保障科学技术发展的基本大法。日本曾经制定过,但迄今没有制定出来;中国考虑制定该法比日本约晚30年,但现已通过并施行多年。

1960年10月,日本科学技术会议就内阁的第1号咨询"关于10年后科学技术振兴的综合基本方针"做了答询,指出应该开始研究日本的科学技术基本法。其后,以日本科学

技术会议为首，日本学术会议、众议院科学技术振兴对策特别委员会及文部省对此都做了研究，并于 1962 年各自独立地提出了设想。这些设想于 1962 年 4 月举行的众议院科技振兴对策特别委员会的基本问题小组委员会上被提出。① 后来，又继续就各个设想进行了反复的研究与磋商。1965 年 12 月，科学技术会议向政府提出了补充性的"关于制定科学技术基本法"的法案纲要。在此基础上，政府开始了基本法的立法工作，以科学技术厅为中心，设立了关于科学技术基本法的各省厅的联络会，就科学技术基本法法案进行研究。1966 年 3 月，日本学术会议在《论科学技术基本法案》中，强烈表示反对从法案的对象中排除人文、社会科学。1967 年 10 月，日本学术会议再次向政府申述了意见。但是，制定全面调整日本科学、技术和人文社会科学的统一的基本法，未能取得有关各方的一致意见。焦点在于该法是否包括人文与社会科学研究。直至 1968 年 2 月，内阁会议决定提交 58 次国会的科学技术基本法的政府方案，还把"和人文科学有关者、和大学研究有关者除外"作为法案的基点。② 而这与科学技术会议等的方案是矛盾的。由于有关各方的意见不一致，直到 1968 年 12 月第 60 次国会会期结束，对这个基本法案也未审议完毕，从而使之成了一个废案。③ 此后，国会再未就基本法做过讨论，虽然后来众议院科技振兴对策特别委员会的小宫重四郎等做了长期的努力。1976 年日本学术会议又提出《再论科学研究基本法的制定》的建议。1979 年以中山太郎为首的阿尔法俱乐部又提出了制定"科学技术推进基本法"的建议。但是，由于科学研究体制的关系，直至现在，日本的科学技术基本法仍未制定出来。而在 1962 年以后，却有大批国家陆续根据本国发展科学技术的要求和客观条件，纷纷制定了科学技术方面的基本法律，例如英国、奥地利、美国、法国、苏联等。④

中国方面，制定科学技术基本法的议论，最初是 1985 年前后在科技法学理论工作者中开始的。1990 年 3 月 23 日，在中华人民共和国第七届全国人民代表大会第三次会议上，杨浚等 172 名代表联合提出了制定《中国科学技术进步法》提案。这一立法议案得到了全会的一致赞同，于是，制定《科学技术进步法》立即被列入七届人大的立法计划，紧接着就成立了以国家科学技术委员会为核心的《科学技术进步法》起草工作组。在这个工作组的指导下，又组成了北京大学科技法研究中心、国家科委、中国科学院 3 个小组，各自试拟了一个《科技进步法》方案。1990 年 11 月、1991 年 5 月召开的全国性的专家会议对这

---

① 日本科学技术厅编：《科学技术厅年报》第 12 号，第 19 页。
② 同上书，第 30—31 页。
③ 日本科学技术厅编：《科学技术厅年报》第 14、15、16、17 号等。
④ 英国于 1965 年制定了《科学技术法》。奥地利于 1967 年制定了《科学研究法》，1980 年修改为《科学研究组织法》。美国于 1976 年制定了《美国国家科学技术政策、组织和重点法》。苏联于 1986 年制定了《科技进步综合纲要法》。法国于 1982 年 6 月经全民投票通过了《法国科研指导与规划法》。

些方案做了认真的讨论。① 在此基础上,《科技进步法》起草工作组做了取舍、归纳,写出了《中华人民共和国科学技术进步法》草案第一稿,并以全国人民代表大会常务委员会的名义将该草案发给全国各省市有关机构,征求他们的意见和建议。各地对此十分重视,如上海就召开部分市人大代表、科研人员、政府有关部门的官员、司法人员及法律专家举行过5次讨论会,征求大家的意见。这些意见,被集中到起草工作组,供修改草案时参考。该法终于在1993年7月2日经八届全国人大常委会第二十二次会议审议通过,并于当年10月1日起施行。

在制定科学技术基本法方面,后来起步的中国,为什么走到日本的前面去了呢?

其原因,我认为就在于:日本在战后已经形成了相当稳定的社会体制,这种体制的稳定性和坚固性,甚至难以用制定新的法律的办法予以改变;而中国,虽然在体制上(包括科技体制上)仍有这样那样的问题,但是中国正在进行改革,这样,用立法来帮助改革体制并保障新的体制的建立,就成了理所当然的事。也就是说,科技体制中的不合理部分,由于改革,将变得合理。因此,为了改革科技体制而制定科技基本法,就不会有太大的来自体制方面的阻力。

三、中日科技法制建设权属与社会制约力量的作用方面的差异

(一)科技法制建设权属方面的差异

在立法权属包括科技立法权属方面,按《日本国宪法》第四十一条的规定,仅属于日本国会。"国会是国家的最高权力机关,是国家唯一的立法机关。"

但是,《日本国宪法》同时规定:日本内阁有权"为实施本宪法和法律的规定而制定政令"(第七十三条第二款),"法律及政令均由主管的国务大臣署名,并必须有内阁总理的连署"(第七十四条),"最高法院有权就有关诉讼手续、律师、法院内部纪律以及司法事务处理事项等制定规则"(第七十七条第一款),"关于地方公共团体的组织及运营事项,根据地方自治的宗旨由法律规定之"(第九十二条)。根据这些规定,似乎应当认为,日本的内阁、最高法院以及自治地方的议会,也有权制定与之权限相称的法律或条例。实际上,我们看到,内阁制定的一些政令,也是被当作立法的一部分的。例如,《科学技术六法》中就有不少内阁发布的政令。但是,我们只能依据《日本国宪法》第四十一条的规定认为,日本国会是日本立法包括科技立法的唯一权力机关。

从立法学上看,日本的立法体制属于"单一立法体制",即立法权由一个政权机关独

---

① 1990年11月在广西桂林市召开了全国"科技进步法研讨会",1991年5月在湖北省宜昌市召开了"全国科技进步法及地方科技立法研讨会"。

占的体制。

中国与日本的立法体制不同，而且也与其他的主要立法体制——复合立法体制、制衡立法体制不同，是一种特殊的立法体制。其具体特点是：（1）实行中央集中统一领导，即强调国家立法权属于中央，国家立法权在整个立法体制中处于领导地位。（2）多级（多层次）并存，即全国人大及其常委会制定国家法律，国务院制定行政法规，地方人大制定地方法规。（3）多类结合，即上述机关及其所制定的法律，民族自治地方权力机关及其所制定的法律，特区立法机关及其所制定的法律相互结合，构成中国的特殊的立法体制。① 这种特殊的立法体制，当然也会反映在科技立法上。进一步分析，还可以看到以下几个不同点：

其一，两院制与一院制的不同。日本国会有参议院与众议院之分设；中国的人民代表大会则为一院制的。日本的参议院下设16个专门委员会，众议院除相应的16个专门委员会外，比参议院又多设了"科学技术委员会"和"环境委员会"两个委员会（《国会法》第四十一条）。中国的人民代表大会下设"教育科学文化卫生委员会"。由于有上述不同，在审议立法案（包括科技立法案）时，就会产生一定的差异。日本的科技立法案由于必须两院一致通过，就有可能因一院的反对而搁置、延缓，甚至永远成为废案。中国则不存在这个问题。

其二，政府主管科学技术的部门在科技立法体制方面所起的作用不同。日本政府主管科学技术的机关是内阁的科学技术厅；中国政府主管科学技术的是国务院科学技术委员会。在日本的科学技术立法中，科学技术厅并没有显示出与其他省厅不同的特别重要的作用来。例如，日本国会第84、87、91、94、96、98、101、102、104、108次会议上，内阁提出的法律案分别是82件、68件、92件、74件、81件、58件、84件、84件、87件、100件，占全部法律案的百分数分别为63.6%、59.1%、51.1%、52.1%、61.4%、69.9%、57.1%、64.6%、71.9%、80%。也就是说，内阁所提出的法律案占了社会各界（包括议员个人）所提法律案总数的大部分。但是，据调查，科学技术厅提出的法律案在每次内阁提出的法律案中只占1至2件。

中国的情况完全不一样：几乎所有的科学技术立法案，都是由与日本科学技术厅地位大致相同的中国国家科学技术委员会首先提出的。例如，《技术合同法》《原子能法》《实验动物管理条例》《技术合同法实施条例》《发明奖励条例》《科研院所法》《科技学术团体法》等，都是如此。关于中国科学技术进步的基本法，实际上也是由国家科学技术委员会首先提出或试拟草案的。这一做法，不但是实际工作中自然形成的，而且还得到法律的肯定。

上述两个不同点表明，日本的科技立法权属有分散性的特点，而中国的科技立法权属

---

① 周旺生：《立法学》，北京大学出版社1988年版，第270—274页。

则有集中性的特点。显然,这一方面的不同,和日、中两国的随机立法、自由经济体制与规划立法、计划经济体制传统是相联系、相一致的。

(二) 社会力量制约作用方面的差异

其一,是政党方面的。日本自民党政务调查会下属的科技部会、环境部会以及法务部会等,起着特别重要的作用。公明党也设有科技部会,社会党、共产党则没有。此外,每个政党都有议员团,当然是直接制约着立法的。在中国,作为执政党的共产党对立法起着决定性的作用。这种作用表现在:第一,所有的立法,都是共产党的政策的反映,都必须与共产党的政策相一致;第二,立法过程的第一环节,从立法案的提出,到起草法律草案,到讨论、审议法律草案,始终必须体现中国共产党的领导作用和组织作用。

其二,是科学技术专家方面的。在日本,法律案在众议院、参议院预审过程中,要召开"公听会",听取证人和参考人的意见。这些证人和参考人大多为法律专家或科学技术方面卓有成就的专家。在中国,立法议案一般是不附有法律草案的;而日本的立法议案则大多直接附有法律草案。在中国,立法议案通过后,才成立起草法律草案的工作组。从这时起,科技专家就直接介入了立法工作。在起草过程中,起草小组反复向科技专家征求意见。我在参加起草《原子能法》的过程中,就曾在北京、上海、广州、深圳和大亚湾核电站做过调查,召开过20余次核能科学技术专家的座谈会,听取了大约300余名专家的意见。除我这个小组外,另有两个小组同时在别的地方进行工作,听取专家的意见,最后加以汇总,供起草《原子能法》草案用。和日本不同的是,当人民代表大会讨论科技法草案时,并不召开像日本那样的"公听会"。

科技进步与法制建设的辩证关系*

江泽民同志在十五大报告中提出了"建设社会主义法治国家"的伟大号召,这是中国共产党极具前瞻性的英明决策。中国人民在20世纪第一个50年里前赴后继、披荆斩棘、流血牺牲,推翻"三座大山";在20世纪第二个50年里历尽坎坷、探索奋进、曲曲折折借改革开放取得了社会主义现代化建设的辉煌战果。在21世纪的第一个50年里,将在中国共产党指引下建成"社会主义法治国家",其成果将遗泽千秋、施惠万代。社会主义法治国家的建设,是一项规模浩大的系统工程。建设工程就要精心擘画。其中对科技进步与法制建设的辩证关系的认识,具有特别的重要意义。本文对此略事探讨,不当之处,敬祈教正。

流行的观点认为,法是国家按照统治阶级的利益和意志制定或认可的,并用国家强制力保证其实施的行为规范的总和,包括宪法、法律(就狭义而言)、法令、行政法规、条例、规章、判例、习惯法等各种成文法和不成文法。由于国家并非与人类同生俱来,而是在原始社会末期才逐渐形成的,因此,法也不是与人类同生俱来的,而是一种历史现象。正因为它是一种历史现象,当它由原始社会的习俗而衍变而异化就必然带有它所脱胎而来的"旧事物"的若干属性。嗣后进入成熟的阶级社会,出现了新的奴隶主阶级(统治阶级)所代表的新的生产关系,当时它是新生产力的推动者,是革命的、进步的阶级,因此,它所制定的法律就具有社会进步意义,带有进步的社会性。尔后新生的地主阶级、新生的资产阶级,作为统治阶级,亦复如此。因此,上升时期的奴隶制法、封建制法与资本主义法,都具有不可抹杀的进步的社会性。认清这一点,对认清科学技术法的性质有至关重要的意义。

法作为行为规范的总和,其作用在于以强制力保证调整社会关系,它具有普遍性、权威性、强制性的特点。正是法的这些属性以及它所具有的作用,使它得以对科学技术的发展发生影响,具有制约力。

---

* 原载《现代法学》1998年第3期。

作为行为规范的总和，法不是静态地存在的，或者说，静态的法（例如已经制定的具体的成文法）、法的静态只是相对的，具有相对性；法是动态地存在的，动态的法、法的动态是绝对的，具有绝对性。认识这一点，对研究它与科技发展的关系也十分重要，因为只有动态的法才能真正有助于科学技术的发展。

动态的法与科学技术的发展同为动态社会这个大系统的两个子系统。两个子系统之发生作用，无论是其本身的作用或互动性的作用，都有两个共同的前提：

其一，两者都是在动态社会这个大系统内发生作用、产生关系。因此，社会发展的水平、社会制度的性质、统治阶级的活动与能量、经济繁荣的程度、社会思潮的主流等等"外在的因素"，都对两者有所制约、有所影响。

其二，两者都得通过人的活动来实现。离开人的活动，法与科学技术不会自行起作用；离开人的活动，法与科技发展之间也不会发生任何关系。

在了解上述的前提之后，现在我们可以进而研讨科技发展与法的关系了。

一、科技发展对法的影响

科技发展对法的影响是全方位的，它主要表现在改变人们的法律意识、促进立法工作的变化、大大丰富法的内容、促进司法工作的科学化、对法学研究的影响等五个方面。

（一）科技发展不断改变人们的法律意识

法律意识是人们对于法（特别是现行法）和有关法律现象的观点和态度的总称。它表现为探索法律现象的各种法律学说，对现行法律的评价和解释，人们的法律动机（法律要求），对自己的权利、义务的认识（法律观），对法、法律制度了解、掌握、运用的程度（法律知识），以及对行为是否合法的评价等等。显然，在阶级社会里，不同阶级的人们法律意识会因阶级属性的不同而各异。但这种阶级差异的存在，并不意味着同为社会成员的人的法律意识之共性完全泯灭。随着社会的愈益进步，人类法律意识之共性将扩展其存在的领域。同时，在阶级性愈不明显的领域，人们法律意识之共性会表现得愈充分。例如在与科学技术相关的领域里，人们法律意识之共性就表现得比较直接、比较明显、比较充分。

在人类历史上，科技发展引起人们法律意识改变的重要表现是：

第一，科学技术的发展导致法律意识的日益科学化。神权法意识曾在相当长的历史时期里起着主导作用。虽然神权法观念是奴隶主阶级的法律观念，但奴隶阶级及自由民等深受其影响。除少数出类拔萃者外，几乎人人都陷于神权法意识的泥淖之中而难以自拔。在神权法为皇权法所取代之后，法律思潮的主流仍是与神权法观念在本质上一致的唯心主义法律观。科学技术的发展，日益强烈地有效地荡涤神学、唯心论的污泥浊水，使神权法学与各种唯心主义法学学派及其对人们的法律意识的影响日渐削弱。现在，除个别教会法（政教合一）控制的国家和地区外，神权法学几乎已经完全退出了历史舞台；各种唯心论的法学学派，都遭到了用科学思想武装起来的人们的有力批驳，因而很难再发生重大的社会影响。可以说，由于科学技术的发展，科学思想的深入人心，人们的法律意识中，神权法律观及其他唯心主义法律观已基本消除。

第二，科学技术的发展，使人们对现行法律的评价和解释发生许多重要变化。例如，无论在刑法还是民法中，人的死亡都是法律关注的焦点之一，因为权利义务的调整与生命的存亡休戚相关。而生理学、医学的发展，使关于人的死亡的界定发生了极大的变化，一些国家已经接受了"脑死亡"的概念。这样，对死亡的法律鉴定及随之而来的对法律责任、民事权利、法律制裁等的确认，都发生了相应的前所未有的变化。《科技法学》一书指出："由于生理学、医学的发展，人们强调对于犯罪的精神病理因素持宽容的态度。"[1] 这也是一个有力的例证。《科技法学》一书还指出："随着通讯和交通技术的进步以及信息交换的加快，特别是许多发达国家在社会生活中广泛应用计算机和终端设备同现代化通讯相结合的技术，已经出现了向'信息社会'发展的趋向，这样，使各国之间的空间距离相对缩短，从而使不同社会之间的法律的相互影响以及人们关于法律时效和时限的观念大大增强。"[2] 时效、时限观念的改变，同样会影响关于法律规定的评价与解释。

第三，科学技术的发展对人们的法律要求提出新的刺激。科学技术是一柄"双刃剑"，不但可以促进经济繁荣，而且也能导致环境破坏、生态失衡，造成巨大的灾难。因此，人们不仅要求立法以促进科技的发展，而且要求立法以预防科技发展的消极后果。在科学技术及生产力水平比较低下时，有"弃灰于街道者罚"之类的环境保护立法即可，但时至今日，环保立法已形成极其丰富繁密的立法体系、法律网络了，水污染法、空气污染法、噪声防污法、放射性物质处置法、核废料处理法林林总总，不一而足。随着科学技术的进一步发展，有关的环境保护、生态保护立法的要求，还将不断提出。

第四，科学技术的发展，还使人们对自己的权利义务的认识发生重大变化。在科技水平低下的时代里，人们对义务本位法律观安之若素。但在今天，随着人类驾驭自然能力的大大提高，人们的主体意识大大增强了，权利本位法律观逐渐上升到矛盾的主要方面，人们更加重视捍卫自己的法律权利，并要求扩展法定权利的范围。近年来多次召开的法学理论讨论会，都传出了强调权利本位的强烈呼声。多数学者认为，法的真谛在于对权利的认可和保护；不应当把法理解为对人的手脚作束缚的工具，强调权利本位就是强调人的主动精神和创造活力。而这一切，都与科技发展对人的精神世界潜移默化的影响分不开。

第五，科学技术的发展，大大提高了人们对法、法律制度了解、掌握和运用的程度。

---

[1] 赵震江主编：《科技法学》，北京大学出版社1991年版，第16页。
[2] 同上。

在科技水平不高的时代里，法律的宣传教育只能以布告的形式进行，影响范围极其有限。中国古代常有帝王亲临讲坛解释法律的事，一时传为美谈。显然，这种讲解的听者有限。印刷术的发明，书刊的出现，促进了法律宣传，为之提供了先进的条件。现在，无线通信技术的发展，电影、电视的广泛普及，更为法律知识传播创造了方便的条件。因此，"普法教育"也就成效卓著，大大增加了人们的法律知识。

（二）科技发展大大促进立法工作的变化

立法即法的制定，是指国家机关按照其职权范围通过一定程序制定（包括修改或废止）法律规范的活动。这是指的一般的立法。随着科学技术的发展，立法工作从立法预测、立法规划到立法的体制与立法工作方式，都发生了重大的变化。

一百多年前，马克思曾提出过"法律要有自然科学的精确性"的命题。这在科学技术水平比较低下的情况下，无疑只能是一种良好的愿望而已。但科技的突飞猛进，使得对立法的这一要求，有了实现的可能。立法预测的科学化，就是依托科技的发展，尤其是依托计算机技术的发展而逐渐达到今天的高度的。所谓立法预测，就是运用一定的方法和手段，对立法的发展趋势和未来状况进行考察和测算。这样，全面地搜集、贮存、整理有关立法以及与立法相关的经济、政治、文化材料和工作任务，就变得极为繁重。正是计算机技术的发展，使得这些任务的完成有了比较可靠的保证。

立法规划是立法者关于立法的工作以及与立法相关的工作的设想和部署。立法规划的主要任务和目的在于使立法工作有目的、有计划、有步骤地进行，从而使立法工作科学化、系统化。要使立法规划成为一个科学性强、逻辑结构周密严谨、轻重缓急和主次先后有序的网络，在当今法律日益庞大复杂的情况下，仅凭拍脑袋、苦思冥想，已不可能与之适应了。因此，建立科学模型、进行模拟试验，运用多种现代科学方法进行筛选、检测，就是必不可少的了。这里同样离不开计算机技术的运用。

委托立法制的发展是科学技术进步的必然要求。委托立法又称授权或委任立法，是指有关政权机关由于立法机关的委托而获得一定的立法权。委托立法古已有之，但作为立法体制的一个组成部分而普遍存在，是在资产阶级取得政权以后；而其进一步发展则是科学技术的进步所促成的。《立法学》一书指出："随着科学技术和整个文化的发展，需要调整的社会关系中，愈来愈多的社会关系需要用技术性、专业性较强的立法加以调整，而完成这方面的立法任务，往往是专门的立法机关所不能胜任的，有必要委托有关机关行使一定的立法权。"[①] 我国的科学技术法立法工作，就基本上是由全国人大或国务院授权国家科委完成的。国家科委则组织大批科技法学专家与科学家一起，共同进行调查研究、拟制法律草案，并反复提交广大科技工作者进行讨论。这些，也是科技发展带来的重要变化。

---

① 周旺生：《立法学》，北京大学出版社1988年版，第289页。

（三）科技发展导致法的内容大大丰富

在拙著《科技法学导论》中，笔者将科技发展所导致的法的内容的丰富，概括为以下三个方面：

第一，导致在原有的法律形式中增加新的内容。例如，科学技术的发展提出了知识产权的保护要求，于是在一些国家的宪法中增添了专利权保护的条款。宪法是根本大法，较早制定宪法的国家，其宪法中并无专利权保护的规定。但1787年的美国宪法，却在其第一条第八款中规定："国家有下列各权……（8）保障著作家及发明家对其作品及发明物限期时间内的专有权，以奖励科学及实用技艺的进步。"

早在1859年，太平天国后期的杰出政治家洪仁玕，在其奉呈天王洪秀全的《资政新篇》中，就提出了专利权问题，主张立法以保障知识产权，促进工艺发明。如果不是太平天国革命运动不久即宣告失败，完全有可能立法以实现洪仁玕的建议。而这，当然是当时科学技术发展水平所提出的要求，而不仅仅是西方法律的影响所致。

在原有的法律形式中，由于科技的发展而增加新的内容，最突出的实例就是修改著作权法，增加关于保护计算机软件的条款。例如，计算机软件技术的发展，使得美国参议院从60年代开始到1975年先后收到了8个版权法修正案，众议院收到了4个。据此，美国于1974年成立了"利用新技术作品委员会"，为1980年修改《版权法》提供了大量建设性意见。该法在世界各国中率先规定："计算机程序属于本法保护对象。"尔后，英国、加拿大、印度、匈牙利、菲律宾、日本等国，也先后直接或间接地修改版权法，使之包含保护计算机软件的内容。

第二，导致以促进新技术发展为主旨的新的法律类型的大量增加。最先出现的，当推专利法。在日本，专利法叫作"特许法"，归入"无体财产权法"一类。所谓"无体财产"，当然是同"有体（有形）财产"相对，是科技发展提出了新型法律需求以后的一次重大法律概念的革命性变化。随之而出现的电力法、原子能法、生物技术法、电子法、海洋技术法、空间技术法、信息技术法、科学园法等等，无疑都是科技大发展所带来的新的法律类型。作为全面调整科技社会关系的基本法，各国的"科技进步法"一类的法律，同样是科技发展所带来的新的法律类型。

第三，导致以防止科技发展消极后果为主旨的新的法律类型的大量涌现。其中有环境保护法、公害防止法等基本法，还有水污染法、海洋倾废法、噪声防止法、空气污染法、放射性物质处置法等等部门法。

此外，还导致科技行政法、科技财政法、科技劳动法、科技人事法、科技协作法、科技引进法、科技出口法及科技国际法等新型法律的大量增加。

(四) 科技发展促进司法工作科学化

这主要是指新的科技知识为更加科学、更加严谨、更加有效地司法、执法提供了可靠的手段。可以见诸以下几点：

第一，对犯罪预防能力的提高发生影响。犯罪预防与犯罪预测、犯罪预防设备和器械有关。犯罪预测有统计预测与临床预测、静态预测与动态预测、先天因素与后天特征的统计分析等等区别，对预测过程中收集到的情况做统计分析，现在较普遍使用的伯吉斯方法、结构分析方法、多元回归、多判别式分析、对数线性分析、网络分析等等方法。这些预测与分析，都得求助于先进的科学仪器，求助于计算机。新型犯罪预防设备与器械的研制，对犯罪预防能力的提高无疑将发生积极作用。十分普及的在银行、大型自选商场里设置的摄像机，使扒手窃贼生畏、心寒胆栗。

第二，为司法鉴定提供新的手段。例如，科学技术的发展为血液的亲子鉴定、血型鉴别等等，提供了全新的方法。

第三，微电子技术、计算机技术等的发展，为司法、执法的自动化提供了新的手段。例如，运用电子计算机系统判案的方案正在设计中。这种方案在一定范围、一定程度上的实施，绝不是不科学、不可能实现的。

(五) 科技发展积极影响法学方法论

科学技术的发展，最广泛、最直接、最紧密地对法学研究发生影响的是它的数量精确性要求与尽可能量化的操作。众所周知，古代各国法学家的法学论述，即使是朴素唯物论法学家们的论述，也是建筑在逻辑演绎的方法论基础上的，更不用说神权法学家等等的客观唯心主义法学家以及主观唯心主义法学家们的纯然的虚伪的演绎推理了。但对任何事物的研究，只有既顾及其质又顾及其量，才可能得出正确的结论。仅凭逻辑演绎，当然只能把研究局限在定性分析的范围内。这种定性分析是必要的，否则我们的认识便只能停留在感性的直观上，不能实现理性的飞跃。但以逻辑演绎为基础的定性分析，其概括性往往与模糊性并存，其抽象性往往脱离具体性。同时，定性分析、逻辑演绎很难直接利用现代科学研究手段如电子计算机等等。马克思曾指出，一种科学只有在成功地运用了数学之后，才算达到了完善的地步。① 这对法学研究同样适用。科学技术发展对法学研究的积极影响，首先是定量分析的方法被广泛应用。其最新发展，便体现在司法统计学、司法会计学、计量法律学、犯罪统计学等等的出现。这里我们以计量法律学为例做点说明。计量法律学亦称数量法学，是指运用电子计算机等手段，将数量计算等方法引入法律领域，对法律的制定、执行、遵守以及法律教育、法学研究进行数量计算、分析的科学。1949年，美国

---

① [法] 拉法格等：《回忆马克思恩格斯》，马集译，人民出版社1959年版，第72—73页。

《明尼苏达州法律评论》上的一篇论文最先提到这个概念。现在，各资本主义国家在运用计量法律学开展对法律情报的统计、法官心理活动的分析、犯罪率的预测等方面，都取得了很大的成功，尤其是日本，计量法律学几成日常的法律学用语了。

科学技术的发展，最切近、最巨大、最深刻地影响法学研究的，要算控制论、信息论、系统论等"三论"了。控制论是以控制系统为研究对象的科学，研究控制系统中的控制问题。它研究系统的运动、状态、行为和功能。控制论方法首先表现为对这些范畴的理解、分析和使用的方式方法。这是对系统实现有效控制的必须。法律旨在实现对社会生活、社会关系的有效调控，"综合治理"就是进行法律的社会控制的重要决策。因此，控制论之被引进法学研究，是十分重要的。信息论是研究各种信息传输与变换系统的共同规律的科学，是研究复杂系统的不可或缺的方法。其作用和意义主要在于：用信息观点来考察控制系统的行为功能结构；从信息的获取、转换、传输和储存过程来研究控制系统的运动规律，利用信息加工的现代化技术，来实现认识和改造世界过程中的信息化和自动化。对法学研究的每一个领域，信息论都有重要意义。无信息，便无研究。系统论打破了传统的哲学思维方法，它遵循从整体到局部、从系统到元素、从总到分、从上到下的思维途径，形成系统、结构、功能、关系、模型等一系列范畴，强调整体观点、联系和制约观点、有序观点、动态观点和最佳观点。这对法学研究的各个方面同样十分重要。现在，甚至有学者专事研究"法治系统工程"，开创了"系统法学"。随着科学技术的发展，还会出现许多新的科学研究方法。近年来比较热门的"新三论"——协同论、耗散结构论与突变论，也正受到法学界的关注，这就是一个证明。

科学技术的发展对法的影响已如上述，但绝不仅限于上述各点。《科技法学》一书指出："科学技术的发展，对一些传统的法律部门提出了一系列新的问题。例如，现代医学的突飞猛进，使婚姻家庭和继承方面的法律受到很大冲击。人工授精、试管婴儿、人类胚胎移植等新技术的成功，无疑是现代科学技术的突破性进展，这标志着人们从此可以干预人类的生殖过程了。但是，人工授精的广泛应用和试管婴儿的大量诞生，为抚养关系和继承关系所带来的多元化，在许多国家带来了麻烦，甚至使司法界陷入了窘境。"[①] 该书还指出了科技发展所引起的版权归属方面的问题。此外，空间技术、海洋技术、信息技术的发展，还引起了大量的国际法律问题。总之，科技发展导致的法律"冲击"是多方面的，而且会日益严重。这当然也会对法制建设（立法、司法、执法）以及法学研究产生莫大的影响。

---

① 赵震江主编：《科技法学》，北京大学出版社1991年版，第16页。

二、法对科技发展的影响

法对科技发展的影响，与科技发展对法的影响一样，也是全方位的。它主要表现在以下几个方面：

（一）法对科技发展的积极影响

法对科技发展的积极影响，可从直接与间接两个方面去看：

第一，法对科技发展的直接的积极影响。科学技术事业在国家各项事业中的地位的高低，直接影响着它能否得到财政的、人力的以及决策的支持。这种地位如果仅仅是政策性的，那么，就可能"中央、地方不一样"，"老张、老李不一样"（指领导人更迭），"初一、十五大变样"。这在我国是有深刻教训的。如果以法律规定科学技术事业的地位，由于法有普遍性、权威性、强制性的特点，就可以比较确切地保障科技事业的发展。正因如此，许多国家都十分重视以法律明确规定科学技术事业在国家各项事业中的优先发展的地位。这些国家首先以作为国家根本大法的宪法做出规定。如日本，在1946年公布的《日本国宪法》第二十三条第九款中规定："（1）国家应奖励科学研究的发明创造。对科学技术的促进应在国民发展事业中占优先地位。"我国宪法的有关规定更为详尽："今后国家的根本任务是集中力量进行社会主义现代化建设。……逐渐实现工业、农业、国防和科学技术的现代化，把我国建设成为高度文明、高度民主的社会主义国家。"（序言）"国家发展自然科学和社会科学事业，普及科学和技术知识，奖励科学研究成果和技术发明创造。"（第二十条）"中华人民共和国公民有进行科学研究、文学艺术创作和其他文化活动的自由。国家对于从事教育、科学、技术、文学、艺术和其他文化事业的公民的有益于人民的创造性工作，给以鼓励和帮助。"（第四十七条）正是宪法的这些规定，保证了科技发展在我国具有举足轻重的崇高地位。

科学技术活动的个体性特点与自主性要求特别强烈，因此，科技工作者的状况就直接与科技发展状况相关。法对科技发展的直接的积极影响，就体现在有关知识分子（特别是科技人员）的地位的规定上。意大利宪法规定："共和国总统将指定在社会活动、科学、文化和艺术方面有高度成就为国增光之公民五人终身为参议员。"日本宪法规定："对有特别才能的公民，应提供奖学金、补助金或其他形式的奖励。"1952年颁布的《波兰人民共和国宪法》规定："波兰人民共和国对于有创造能力的知识分子——科学、教育、文学、艺术工作者，以及技术进步的革新者、合理化改造者、发明者，给予特别的关怀。"我国宪法也在这一方面做出了一些规定。笔者曾撰文论述法与科技现代化的关系问题，特地指出，根据我国的国情，应在宪法中明确规定知识分子的宪法地位。我相信，做出这样的规定，对我国科学技术与其他文化事业的发展，都会是只有百利而无一弊的。

法对科技发展的直接的积极影响，在很大程度上与法定的科技发展拨款、税收率、物质奖励等有重要的关系。我国国家科委《欧洲共同体、比利时、法国、奥地利科技能力的考察报告》指出，这些国家对科技的重视，体现在对科技拨款的逐渐增长上。如法国1982年度科技经费比1981年增加30%；奥地利1982年的科技经费为10亿美元，比1970年提高约2.5倍。"这些国家对科技经费的使用，各有一套完整的办法，而且严格执法。"日本文部省设有具备法律效力的《科学研究费补助金制度》，对大学和国家研究机关的研究人员主动地、有计划地开展基础性研究做有法律效力的资金鼓励。所补助的费用包括调查研究旅费、研究合作酬谢金、设备购置费、消耗品费、杂务费以及通讯运输费等。科学技术厅特设了《发明实施试验补助金制度》，该《制度》还包括一项《开放研究设备补助金制度》。中小企业厅、工业技术院、日本开发银行、商工组合中央公库分别制定了《技术改善补助金制度》《重要技术研究开发费补助金制度》《国产技术振兴贷款制度》《新技术筹贷款制度》，所有这些具有法律效力的"制度"，在财政支持方面对日本的科技进步起了积极的推动作用。

法对科技发展的直接的积极影响，最主要、最大量的是表现在法对科技社会关系的调整上。这种调整有国家科技管理中的纵向行政隶属关系的调整，有各科技部门及它们与其他企事业单位的横向民事平等关系的调整，有科技机构内部关系的调整，还有科技国际交流、国际合作、技术进口、技术出口形式的科技国际关系的调整。正是法对所有这些方面的有效调整，才使得科技社会关系的合理性与科技发展相谐、相合、相促进。

第二，法对科技发展的间接的积极影响。科技发展与社会正常生活的一切方面一样，都需要一个良好的社会环境，烽烟迭起、战事频繁且不去说，即使是和平时期，种种危害社会安定团结、破坏社会秩序的犯罪一般都不可能绝迹，而犯罪活动是要同时破坏科技发展的环境的。因此，健全的法制，有法可依、有法必依，立法与司法处于良好的互动之中，从而创造出良好的社会环境来，使科技活动得以正常进行，科技秩序得到良好的遵守，科技人员心身愉悦，必定能对科技发展产生积极的影响。

科技发展需得到国家各种手段的有效调节。除法律手段外，最为重要的是各种经济手段与行政手段。但经济手段与行政手段还要依靠带有强制性的法律作为它们的后盾。因此，法律是经济手段与行政手段有效施行的保证。法律对科技发展的间接的积极影响，在这里也会得到体现。

法律观念的当否、强弱，法律知识的多少、深浅，对科技人员来说不是无关紧要的。例如，技术合同的订立对技术转让、技术交易、技术服务极为重要，如果科技人员法律观念淡薄，以为口头的许诺可以代替有法律约束力的技术合同，就往往会上当吃亏。某高校1992年转让了8项技术，其中一项产生了负效益，受让企业立即找到了学校要求赔偿损失，另7项产生了良好效益，受让企业却一毛不拔。该校因未与之签订转让合同或合同不尽妥善，也只好干瞪眼睛徒唤奈何。因此，增强法制观念（首先是科技法观念），增加科技法知识，对科技人员来说是十分重要的事。由此也可见法对科技发展的间接的积极影响。此外,法律与道德的"边界"实际上是模糊的,许多法律规范由道德规范转化而来。因此,通过学法、用法,对科技道德的提高也有重要意义,从而对科技发展也会间接地发生积极影响。

(二)法与科技的交融

法与科技似乎是平行地发展的,但实际上,二者不时地会交叉发展,甚至会交融发展。法与科技交融发展的典型,就是科技规范不断转化为法律规范。

早在古代社会,由于科技活动面日益广泛,科技活动的复杂性、艰巨性也有所发展。铸铁、冶铜、修城筑路、开凿河渠、架桥造船、制作车轿等等,有关的技术要求越来越高。不符合操作规程,不仅会贻误统治者的需求,而且会带来人员的伤亡;不符合技术标准,不仅会使既定的科技活动目的达不到、标准产品制不成,而且,误用了这种产品,还会发生意外损害。这样,使某些科技规范、技术标准法律化,以法律的强制力迫使人们遵守技术规范,就是势所必然的了。随着科学技术的发展,人类的活动已深入地底、太空,许多重大科技项目可能造成的严重后果,往往会产生毁灭人类生存环境直至毁灭人类的结局。这样,从这些科技项目的构思之始,就不得不首先严密思考如何避免可能产生的危害性后果,尽一切努力寻求最为安全的科学技术标准、操作方法。并把这些标准与方法用文字明确记载,赋予遵守这些标准与方法的法律强制力,从而使之跃升为法律规范。科技规范之成为法律规范的过程,就成了法与科技沟通、交融的过程。

法与科技交融的最明显表现是,部分科技法本身就是法律化的科技规范。这一部分科技法,从整体上看,并不包含其他类型的法律规定,而仅仅是法律化的科技规范。例如我国国家环境保护局于1988年3月11日发布的《辐射防护规定》,有时被列入"环境保护法"的范畴中,有时被列入"中华人民共和国国家标准"中。这两种序列方法都不错,就因为相关标准已经法律化,而该法律却又仅仅是"标准"而已,并不包含其他类型的法律规范。该《规定》的每一条,既是"标准",又具法律效力。例如第2.4.2.5条规定:"辐射工作人员由于事先计划的特殊照射所受的有效剂量当量在一次事件中不得超过100 msv(10 rem),在一生中不得超过250 msv(25 rem);并同时受2.4.2.4中器官或组织的年剂量当量限值的限制。""事先计划的特殊照射必须得到本单位或上级辐射防护部门的批准,并应经过周密的计划安排。对接受这种辐射的人员,应进行个人剂量监察和医学观察,结果应记入个人剂量和健康档案。""下列人员不得接受事先计划的特殊辐射:过去已接受过有效剂量当量超过25 0msv(25 rem)的异常照射的工作人员;育龄妇女;年龄未满18岁者。"该条的以上三方面规定,既是"标准",又是法律规定,二者的交融是不言而自明的。

法与科技的这种交融,也可视作法对科学技术发展的积极的直接的影响。因为一旦严格忠实地执行这类法律法规,科技发展的危害就可消弭,科技发展就可步入正轨。

（三）法对科技发展的消极影响

法对科技发展的消极影响，可以从以下几个方面来看：

第一，法律环境的整体阻碍科学技术的发展。例如清代的法制一方面保障禁锢思想、腐蚀灵魂、扼杀知识分子的"八股取士"之法，视科技发明为"奇技淫巧"，大兴文字之狱，迫使广大知识分子越来越脱离社会实践，脱离生产与科技；另一方面又保障闭关锁国的政策，厉行海禁，封锁边疆，宣布汉人出洋即是"自弃王化"，一律杀头，有关地方保甲也要连坐处死，而对西方商人、传教人士的正当贸易与文化活动也横加禁止，使得国外先进科技难以传入闭塞的中国。

又如新中国成立以后，虽然封建法制已为社会主义法制所取代，诸如清代的那类阻碍科技发展的法律环境已经被彻底摧毁，但是，由于采用了计划经济体制的根本国策，一切法律制度都为经济体制所囿，科学技术知识、科技成果不能成为可以进入市场的商品，也无技术合同法之类的法律来促进与保障科技发展及科技人员的利益，从而使得本可得到更大发展的科学技术不能达到预期的目的，与其他发达国家相比落后了一大截。这些情况，是不必讳言的。现在，改革的深入已使我们摒弃计划经济体制，整个法律环境也将转而适应社会主义市场经济发展的要求。只有这样，才能改进和消除我国法制对科技发展的消极影响。

第二，以错误的科技法直接规定了阻碍科技发展的内容。我们称这类科技法为消极科技法。所谓"消极"，是指它直接阻碍科技的发展；而不是指像环境保护法那样阻止科技发展的消极后果的发生。环境保护法实质上是积极的科技法。而消极科技法大致有以下两类：

一类是错误地明文规定阻止有关方面的科技发展的宗旨。例如，美国国立卫生院于1976年颁布的《DNA 分子重组实验准则》就是这样的消极科技法。该法明确规定限制DNA 分子重组的实验和有关技术的发展，指明："下列实验目前不得开始进行：（1）不管所用的宿生——载体系统是什么，采用凡属于'以危险性为基础的病原物分类'中第三、四、五类病原体，或者被癌症所列为中等危险的致癌病毒，或从已知被这类病原物感染的细胞而来的重组 DNA 的克隆系；（2）故意构建含强烈毒素（如内毒杆菌素或白喉素，昆虫或蛇的毒液等）的生物合成的基因的重组 DNA；（3）故意用植物病原构建可能提高其毒力和扩大寄生范围的重组 DNA；（4）故意将任何含有重组 DNA 分子的生物体释放到环境中去；（5）如果一种获得抗药性的微生物会妨碍药物在人类医疗、兽医或农业上防治病原物的应用，把其抗药性转移到不能自然获得这种抗药性的微生物上。"在物理防护、有关机构和科研人员的职责方面，也做了许多限制 DNA 分子重组技术发展的规定。这些规定明显地阻碍了重组 DNA 分子技术的发展。所以，后来不得不一而再、再而三地修改《DNA 分子重组实验准则》，放宽有关的限制标准，使之不能再起消极作用。

一类是扩大原有科技立法的适用范围,使之具备阻止和遏制某一方面科技发展的作用。在这种情况下,该法的整体仍是积极的科技法,只是"扩大"部分是消极的。例如美国的《有毒物质控制法》,主旨在于防止化学物质对人类健康及生存环境的危害,属于环境保护法一类,是积极的科技法。但美国在70年代曾对此法的一些条文做扩大性的解释,把脱氧核糖核酸即DNA也包括在"化学物质"之内,规定对"制造加工、销售、使用和处理"这些"化学物质"的种种不合理限制。显然,这"扩大"的部分,就起了消极科技法的不良作用了。

综观各种消极科技法的产生原因,多半是由于认识水平不足所致。《DNA分子重组实验准则》的颁布,就是由于当时对DNA分子重组技术中能带来的危险性估计过高,以致恐惧害怕有朝一日会因DNA分子重组技术的发展导致人类自身的毁灭。后来发现了这可笑的估计,就迅速修改了《准则》。

科技进步与法制建设的关系是一种辩证的动态的关系。这种辩证、动态的关系,随科技发展与法制建设的实践而显见、而变化、而异彩纷呈。因此,上述种种只是对既呈状况的描述、记录及少许的预测。为使二者的辩证互动良性发展、相得益彰,使我国之科技进步进入先进国家的前列,我国之民主政治建设荣登各国之榜首,成为全球的范例,必须继续总结现有的经验并不断关注二者的实践新途。

略论科技法律规范的特征*

科教兴国战略的确定，极大地推动了科技法制建设的发展，也有力地促进了科技法学研究的深入。科技法的内容由科技法律原则、科技法律概念、科技法律规范与科技法律技术规定四要素组成。其中，科技法律规范是科技法内容的基础，是主要的内容。为进一步探讨科技法学原理，必须确定科技法律规范的特征。

一、科技法律规范渊源的广泛性

第一，科技法律规范中的一个大类是从技术规范转化而来的。技术规范是人类社会两大规范中的一类，另一类为社会规范。技术规范之转化为法律规范，没有进入其他部门法（如民法、刑法、诉讼法等）的范畴，而是全部进入了科技法律规范的范畴，使这一点成了科技法律规范的一个"绝对"特征。

第二，科技法律规范中有不少是从科技团体的章程或规范性决议转化而来的。由于科技进步事业的知识密集程度高于其他一切事业，它又总是带着开拓性、探索性与一定程度的风险性，为了更好地按照科学技术发展的客观规律办事，为了更好地调整科技社会关系，国家与地方政府在调整科技社会关系时，常常借助科技社团所制定的章程、规则。于是，赋予享有依据法律制定某些规范性文件权力的国家科学院或高级学术团体，依据法律规定或政府权力机关批准所制定的章程和规范性决议，对科技人员具有法律约束力。这些科技团体的章程、规则、决议就成了科技法律规范的渊源。日本学术会议于1980年4月通过的《科学和宪章》就是一例。这个学术会议并非日本国的立法机关，但将其章程命名为《科学和宪章》，并被日本科技界视为行动准则，被日本国科技立法文件所吸收，从而成为科技法律规范的渊源。这种从科技社团章程转化为法律规范的情况，在其他部门法中是少见的，可见它是科技法律规范渊源广泛的特征表现。

---

* 原载《法学杂志》1998年第3期。

第三，高科技方面政策的法律化加快出现。高技术是人类智慧发展的结晶，它关系到每一个国家的经济、政治、军事实力与社会发展，因而受到各国政府的高度重视。为促进与保护高技术的发展，各国以制定相应政策做出快速反应，常在政策实施比较成功的基础上赋予法律效力，使之法律化。美国的《国家科学技术政策、组织和重点法》是一个比较典型的例子。我国《科学技术进步法》中的《高技术研究和高技术产业》一章（第三章）五条，几乎每一条、每一个字都是从高科技政策中转化而来的。

科技政策规划、方针等转化为法律化最快的国度首推日本。他们的许多科技政策大纲、制度，问世没多久就被赋予了法律效力。如1969年7月制定的《海洋科学技术总计划》以及1973年制定的《第二次实施计划》，1977年的《研究和开发大陆架资源的十年规划》，1978年8月制定的《宇宙开发政策大纲》，1978年8月制定的《能源研究开发基本计划》等等，都很快被赋予了法律效力。

科技政策之法律化也是科技法律规范的一大特色，这在其他部门法中是罕见的。

二、科技法律规范内涵科技知识的丰富性

每一科技法律规范都与一定的科技知识联系着，尤其是高技术法律与科技知识的联系更为紧密，而且知识含量最高，表现出与其他部门法之不同。

所有的技术法规，无疑全部是科技知识的结晶。然而高技术发展为社会带来巨大效益的同时，也可能带来极大的风险与危害。高技术设备的技术安全的法律保障、技术风险的法律预防、技术恶果的法律责任等方面的问题，现在越来越凸显。它所涉及的化工、核技术设备的审核、批准程序；化学及放射性元素的监控；生物技术的社会危害及与传统伦理道德的冲突；高技术发展引起的环境保护与生态平衡问题等等，无不要求立法调节，而所立之法与有关知识密切相关。信息技术的发展带来了有关的法律调节职能，在信息立法中大量出现了"计算机软件""半导体芯片""集成电路"等等字眼。假若立法者不具备相关知识，根本无法与之交流并予以立法。生物技术立法方面也是如此。例如美国《DNA分子重组实验准则》的规定为："下列实验目前不得开始进行：（1）不管所用的宿主——载体系统是什么，采用凡属于'以危险性为基础的病源物分类'中第三、四、五类的病原体，或者被国立癌症研究所列为中等危险性的致癌病毒，或从已知被这类病原物感染的细胞而来的重组DNA的克隆系。"这里"宿主""载体系统""病原体""DNA分子""克隆系"等等，都不是外行者能全然知晓的。由此可见科技法律规范内涵科技知识丰富性之一斑。

民法、刑法所调整的民事社会关系、刑事社会关系以及调节手段，都是人们社会行为、经验经千百万次重复后的高度概括，相比之下，科技法律规范内涵科技知识的丰富性也是它的一个特征。

也许有人会认为这并不是什么法律特征。诚然，孤立地看，知识含量的多少本身并不是法律特征。但当它与法律结合在一起、融进了科技法律规范时，便成了法律特征了。当今世界的科技立法、司法、执法越来越依靠科技专家的参与、介入。科技立法，尤其是高技术立法，离开了高科技专家，几乎寸步难行。既然如此，以知识含量的丰富性作为科技法律规范的一个特征，是言之成理的。

三、科技法律规范具有较强的配套性

科技法律规范的配套性要求特别强，在配套性的"程度"上与其他部门法颇有差异，所以，我们仍视其为特征之一。以日本的"原子能法"为例，除《原子能基本法》外，该国"原子能科技行政法"有《原子能委员会及原子能安全委员会设置法》《原子能委员会及原子能安全委员会设置法施行令》《资源调查所组织规则》等。原子能法人机构方面的法规有《日本原子能研究所法》《日本原子能研究所法施行令》《日本原子能研究所的财务会计总理府令》《日本核动力船研究开发事业团法》《动方反应堆、核燃料开发事业团法》《水户原子能事务所组织规则》等；原子能安全方面的法规有《关于防止辐射损伤的技术标准的法律》《关于核原料、核燃料与原子反应堆的规则的法律》《关于试验研究用原子反应堆的设置、运转等规则》《关于电用原子反应堆的设置、运转规则》等；关于环境保护方面的法规有《关于确定发电用核燃料技术标准的省令》《受放射性同位素或放射性同位素污染物污染的工厂或事务所运输技术标准细则》《关于核原料的使用规则》等。诸如此类法规、规范性文件，还可列出一大串。据统计，从 1955 年到 1980 年的 25 年间，日本制定了 74 部关于核能利用的法规，其详备、配套可想而知。

由于高技术的风险性以及与其他部门关系的紧密性，科技法律规范的配套性程度高于其他法律规范，使之成为科技立法的一个特征。

四、法律权利保护的特殊性

科学技术事业是一种智力劳动，其产品是知识产品，有关的法律权利与一般的物权不一样，因而其保护也就有别于物权保护，尤其是在信息技术权益保护方面表现得更为明显。

信息技术的特点，决定了对信息技术权益目前还必须采用多种方式加以保护。联合国教科文组织的专家认为，保护与集成电路有关的权益的重任，不仅仅是工业产权法一家所能承担的，也不单纯是版权法问题，而是涉及版权法、专利法、外观设计法、不公平竞争法的综合性法律调整手段问题。信息技术本身，被有的专家称作"边缘保护对象"。实际上，计算机软件等信息技术的权益由何种法律加以保护，在许多国家一直是悬而未决的问题。不少国家通过修订或增补有关成文法的部分条款来处理，同时又采用其他相关法律来保护，从而形成了保护方法的多样性。这也决定了相同的或相近的法律需要以多种科技法律规范予以满足的现状。但多重性保护手段本身也存在不少问题，有的专家建议对这种"边缘保护对象"以"边缘知识产权法"来加以保护，即把已有的几种知识产权法的特点结合起来并增加一些新的内容，以形成对"特殊对象"的特殊保护。据此，已构思出了一些特别法，如1978年世界知识产权组织颁布的《保护计算机软件的示范法条》、日本的《软件权法》、保加利亚的《关于软件应用的法令》等，都有这种综合保护的特征。

无论是分别以多种法律规范的形式，还是以特殊立法形成单一法律规范的形式，都表明科技法律规范本身与其他部门法律规范的不同。这就是科技法律规范对科技权益保护的特殊性之一。

五、科技法律规范的国际化趋向

在一切事业中，科技进步事业的国际化趋势表现得最突出、最明显。这是因为随着科技水平的提高和科技事业范围的扩展，全球性合作的需求越来越强烈，因此，美国有了"星球大战计划"，欧洲有了"尤里卡计划"等。"尤里卡计划"要求欧洲各国联合起来携手协作完成首期的"五项行动计划"，它们是：（1）欧洲电子计算机，包括巨型电子计算机，并行体系结构，人工智能和专家系统，快速硅、砷化镓；（2）欧洲机器人，包括第三代机器人、全自动化工厂及产品设计与生产管理、激光；（3）欧洲通信，包括研究网络、宽带网络设备；（4）欧洲生物技术，包括人工育种、生物—医学工程；（5）欧洲材料，包括陶瓷涡轮发动机。

按照"尤里卡计划"的全部设计，几乎欧洲各国的一切科学研究、技术开发组织、全体科技人员都得投入共同的科技工作。这就势必产生千丝万缕的科技国际关系。且不论许多科技项目已无法在一个国家的范围内完成，即使以一国的科技力量足以承担，但有关的科技活动还涉及他国的权益，因此，也会产生科技国际关系的妥善协调问题。于是就有了诸如1967年1月27日联合国通过的《关于各国探测与利用包括月球和其他天体在内的外层空间活动所应遵守的原则条约》，1968年4月22日联合国通过的《关于援救宇宙飞行员，送回宇宙飞行员及送回射入外层空间物体的协定》，1972年3月29日通过的《外空物体所造成损害的国际责任公约》，1975年1月14日通过的《关于登记射入外层空间物体的公约》，1979年12月5日通过的《指导各国在月球和其他天体上活动的协定》，1974年5月24日通过的《关于播送由人造卫星传播载有节目的信号的公约》及1963年8月5日通过的《禁止在大气层、外层空间和水下进行核武器试验条约》等等空间技术科技法。其中的法律规范当然都属国际化的。

毫无疑问，科技法律规范的国际化趋势会越来越明显地表现出来，这当然也是它的一个特点。

略论发展知识经济的法制需求*

一

为发展知识经济而努力推动科技进步，充分利用科学技术的积极成果，都亟须发挥法律调节手段的作用。在这一方面，我国虽然起步较晚，但进展甚速。20世纪80年代以来，我国先后颁行了《专利法》(1984)、《著作权法》(1990)、《技术合同法》(1986)、《计算机软件保护条例》(1993)和《科学技术进步法》(1993)等大批科技法律法规。其中，《技术合同法》是世界上的第一部，为规范技术合同、技术服务、技术转让、技术中介，为促进科技成果的应用、推广和产业化，做出了不可磨灭的贡献；《科学技术进步法》则被称为我国科技进步的"宪法"，为科技社会关系的法律调节确定了科学的大纲，为科技法制建设奠定了坚实的基础。

但和发达国家相比，我国的科技立法仍有较大差距，主要见诸：

其一，发达国家高度重视科学技术立法，力求将科技进步全部纳入法制轨道，而我国在一定程度上还处在从政策调节向法律调节的转轨过程中。

其二，发达国家大多已建成了比较健全的科技法制体系。而我国要建成这样的体系还有一段较长的过程。

其三，发达国家不仅在科技立法上处于明显的优势，而且在科技司法、科技执法、科技守法等方面也具有较大的优势。

二

科学技术是一柄"两刃剑"，高新科技利剑双刃之光芒尤为耀眼，既可照耀四方、造福人类，也可能因带来污染而破坏环境、毁损生态，或造成其他的祸害。

---

* 原载《上海市政法管理干部学院学报》1998年第5期。

正因如此，以科技进步为主导的知识产业化和知识经济的发展，绝不应只是一味地去追求物质财富的是否增加，绝不应只是关注科学技术积极成果的充分利用，而应同步严密防治科技发展消极因素的危害。这样，环保工程就成了知识经济发展中的一件根本大事。

毋庸讳言，我国在以法律手段促进与保障环保工程建设方面，与发达国家相比，也有相当大的差距。

发达国家曾因环境污染付出过沉重的代价，直至20世纪60年代至70年代，才悬崖勒马、改弦更张，以环保立法为基础，用法律手段积极、严格、周密地防治因科技进步、经济发展所带来的可能导致的环境污染。综观发达国家的环保立法，大致有以下形式：

一为宪法中规定的，或增加了环境保护条款；

二为环境保护基本法，如美国的《国家环境政策法》、日本的《公害对策基本法》、德国的《联邦污染控制法》；

三为专门的环境保护法规，大致可以分为三类：（1）专项防治公害的环保法（2）自然资源保护法（3）文化环境保护法；

四为环境保护机构设置法，如日本的《环境厅设置法》；

五为具有法律约束力的环境保护标准；

六为环境保护特别法；

七为行政法、民法、刑法中的一些环保条款。

此外还有各发达国家分别加入的一些国际性环境保护法，如《丹麦、芬兰、挪威、瑞典环境保护公约》《世界自然资源保护大纲》等。

在发达国家的环境保护法中，可以概括出如下主要制度：一为奖罚制度，包括物质奖罚与精神奖罚、单位奖罚与个人奖罚的双奖双罚制度；二为污染者负担责任制度，指污染者支付治污费用与交纳污染税制度；三为环境影响评价制度，即重大工程事先听取公众与专家的评价并由主管当局批准的制度；四为财产补助与税收照顾制度，据此给予环保科技研究以财政支持；五为受害者赔偿、补偿制度。

从总体上看，发达国家的环境保护法制建设具有以下几个特点：

其一，环境保护已经成为不可动摇的宪法原则；

其二，环境立法的重点已从立法治理转向立法预防；

其三，环境执法越来越严明；

其四，适应高技术发展的环保法规越来越齐全严密。

20世纪90年代以来，我国加快了环境保护立法的进程，一般地说，大体上已做到了"有法可依"，一个环境保护法体系的雏形正在形成。但与发达国家尤其是日本、美国相比，我们的环保法制建设中的下列问题是不容忽视的。

第一，全国环境保护立法的配套问题。

虽然我国业已制定了《环境保护法》《水污染防治法》《大气污染法》等基本法律，但在具体的实施条例，省、地、县各级地方立法的配套等方面，还有大量的工作要做。而配套任务一日未完成，基本法律的作用实际上就一日不能发挥。

第二，高技术发展的环境保护立法还有不少空白。

这同不少环保机构与环保工作人员的观念陈旧有关。他们停留在把环保的传统工业联系在一起的水平上，很少考虑高技术发展带来的特殊环保问题。这种情况也影响到了环保立法。我国目前几乎在所有的高新科技领域都做努力开拓，这当然是十分喜人的形势。但是，无论是新能源技术领域，还是新材料技术、信息技术、生物技术、空间技术、海洋技术、激光技术领域，有关的专门立法，几乎都付诸阙如。这不能不十分令人担心科技利剑不利于人类的一刃，会给我们带来什么样的危险、危害和危机。

第三，环境执法与环境立法脱节问题。

司法、执法滞后于立法已是我国法制建设中的一大问题，在环境执法方面表现尤甚。其主要症结在于：（1）面大量广；（2）"先发展，后治理"的观念性顽疾根深蒂固；（3）地方保护主义作怪。三者之结合，使得一些地方的领导层对环境污染采取睁一只眼、闭一只眼的态度，甚至于只求发展，不讲治理，其结果是越发展，环境污染越严重。时至今日，山清水秀的江南几乎无清澈河面可见，环境的恶化已到了令人难以忍受的地步。在知识经济大力发展的起步阶段，一定要特别重视环保工程的建设，重视严密防治科技发展过程中所伴随的消极因素危害。

三

知识经济与农业经济、工业经济最根本的不同，在于知识、信息在经济发展中占突出的和主要的地位。知识的生命载体是人，是掌握现代科技知识的知识分子。知识经济的创造者、推动者是人，是掌握现代科技知识的知识分子。因此，在知识经济的发展中，知识分子将成为占有主导的、突出的地位的社会力量成分。这样，教育、培养社会的多数成员成为有丰富知识技能的人，就不但是知识经济发展的必须，而且也是知识经济可持续发展的必须。既然如此，为教育工程而立法就成了知识经济发展和可持续发展的基础性立法。在这一方面，美国、日本等发达国家，也有不少可供我们借鉴、学习的地方。

美国对教育立法一向十分重视。早在1944年，美国国会估计第二次世界大战行将结束，于是通过了一项关于退伍军人的重新安置问题的《军人法案》。但该法案的主旨与重点不在一般地安排军人就业，而是规定：联邦政府可对退伍军人授予奖学金。这项立法大大地促进了美国高等教育的发展。

1957年苏联人造卫星上天、美国政府深受震动之余，迅即做出反应，于次年颁行《国防教育法》，规定任何人都有受到其能力所能达到的教育的权利，规定"一切具有才能的学生均不得由于经济困难的原因而被拒绝进入高等学校"。80年代初以来日本在高级尖端技术方面的发展,使美国朝野产生了"第二次苏联人造卫星冲击"之感。1983年4月,美国总统教育咨询委员会发表了题为《面临危机的国家——教育政策是至高无上的任务》的教育改革方案。联邦和各州的各种机构也纷纷提出了很多教改方案。在这种形势下,美国众议院通过了紧急振兴理科和数学教育法案。其主要内容是:(1)在初等和中等教育中充实最新的教育机器;(2)对教员进行再教育;(3)对想成为理科和数学教师的学生颁发助学金。

我国的教育立法在改革精神的体现方面,无疑有很多创新性的成果,但在"具体"与"配套"两个方面,则有一定的不足。鉴于当今知识获取手段的日新月异,"有形"的学校教育已不再是唯一的教育方法,"无形"的"网络学校""虚拟学校"正如雨后春笋般发展起来。这样,过去的即使是创新性很强、改革精神很足的既有教育立法,也会显得捉襟见肘、难乎实用而必须修改,甚至推倒重来了。

教育工程是极为宏伟而复杂的系统工程,不仅仅涉及几亿中小学生和几千万大学生,而且涉及全社会成员,必须努力实现"社会知识化",以求"知识产业化"。如果从"社会知识化"的角度看有关教育工程的立法,以及司法、执法和守法,那么,需做、可做的工作更为繁多。但也只有做好这些工作,教育工程才能胜利完成,知识经济的发展才有强大的后劲。

发展高新技术的风险投资

—— 为纪念中共十一届三中全会20周年而作[*]

中共十一届三中全会实现了中华民族发展史上的一个伟大转折。以邓小平同志为代表的中国共产党人校正了中国现代化建设事业的航向。邓小平同志高瞻远瞩地提出"没有科学技术的现代化就没有中国的现代化"。在邓小平理论指导下,我国制定了一系列发展科技和教育的方针政策,确立了"科教兴国"的战略,为实现中国21世纪的宏伟发展目标绘制了绚丽的蓝图。

党的十一届三中全会以来,我国在高新科技方面取得了举世瞩目的伟大成就。党中央、国务院先后批准实施了"高技术研究发展计划"即"863"计划和旨在推动高新技术产业化的"火炬计划"。国务院先后批准在全国建立52个国家级高新技术产业开发区,形成了我国高新技术产业培育和发展的重要基地。目前,我国高技术产业已具备一定规模和基础。据不完全统计,1995年,全国高新技术产业总产值达7390亿元,工业增长值达1690亿元。其中52个国家级高新技术产业开发区(不包括新建的杨凌农业高新技术示范区),经认定的高新技术企业有1.3万家,产值从1991年的87亿元,增加到1997年的3200亿元,在前几年工业生产总值每年翻番的基础上,1995年至1997年仍保持50%左右的年递增速度。

在发展高新科技获得累累硕果的同时,我国现代化建设的各项事业也蒸蒸日上、一日千里地快速发展。人们无不为中国在十一届三中全会以来取得的辉煌成就欢欣鼓舞。回眸20年来走过的道路,我们更坚定了紧密团结在以江泽民同志为核心的党中央周围的决心,在"科教兴国"战略的实施过程中,为实现中华民族的伟大复兴而继续奋斗拼搏。

纪念中共十一届三中全会召开20周年的根本目的,是为了总结经验,找出问题,以便有的放矢地克服前进道路上新的困难。

---

[*] 原载《民主与科学》1998年第6期。

从高新科技发展这一"科教兴国"的"龙头"事业来说，仍存的主要问题：一是关键性、基础性技术相对落后，技术配套性、系统性薄弱；二是在不少高新技术产业领域，我国的技术与国外先进水平的差距仍然较大，国内市场还基本上由国外技术的产品所垄断；三是在国民经济中所占份额较小，拉动力弱，实际上还未能真正成为"龙头"。

究其原因，除我国经济发展相对落后、产业结构不够合理、市场发育程度尚不完善等有关因素外，还在于缺乏高新技术产业发展的良好环境；而环境因素中，资金投入的不足业已引起国内外有识之士的最热切关注。

充分的科技投入是科技创新与进步的必备基本条件。尤其是高新技术及其产业化，高投入和高产出则是其特征。从1981年到1997年我国科技进步贡献率达到31.65%。而1996年美国国家科技委员会的《利国的技术》报告指出，近50年技术和知识的增加占了美国生产率增长总要素80%左右。据统计，我国研究开发经费与国民生产总值的相对比值（R&D/GDP）一直徘徊在0.5%—0.7%之间，并呈下降趋势（1991年为0.72%，1994至1996年为0.5%），这不仅远远落后于发达国家，而且也落后于印度、巴基斯坦、巴西等发展中国家。这一比例不及发达国家五分之一、印度的二分之一，总经费约为美国的九十六分之一、韩国的四分之一。我国科技研究投入的偏低，势必酿成创新与高技术发展的先天不足，并导致竞争中的后劲乏力，这在知识经济的激烈竞争中无疑将吃大亏。

为解决高新科技进一步发展中的问题，方方面面纷纷献策，大致可以概括为以下几点：

一为转变观念，提高认识，把发展高新科技作为科教兴国的最关键的一环来抓，把加强基础研究作为保持高新科技发展后劲的最重要的一环来抓，把发展教育作为科教兴国最基础的一环来抓；

二为加大投入，提高科教投入在中央、地方、企业财政投入中的份额；

三为转换机制，改革体制，从机制与体制方面着手，保证科技投入的较大增长。

十分显然，这些建议实际上都指向了发展高新科技的经费投入，因为转变观念、提高认识是为加大投入创造主观条件；转换机制、改革体制是为加大投入做出组织与制度的保证；而要求提高科教投入的份额，则是直截了当的要求。

全部问题的关键最后必然是：中央、地方、企业是否有可能在较短的时间内大大增加发展高新科技的投入。

据国家科委提供的资料，1990年全国301亿元科技活动总支出中，来源于政府的为113亿元（占37.5%），来源于非政府的为188亿元（占62.5%）。非政府资金中，企业自筹资金104亿元（占34.5%）、银行贷款43亿元（占14.35%），研究机构和高等院校自有资金、国外捐助等41亿元（占13.7%）。从资金投向看：这301亿元中，投向研究与发展、科技成果转化、科技服务活动的资金分别为121亿元（40%）、141亿元（占47%）、39亿元（占13%）。由于科技成果经过转化能产生经济效益的特点，科技成果转化资金主要来源于企业自筹和银行贷款，1990年政府财政科技经费，用于支持研究与发展的约占60%，用于支持科技服务的约占25%，用于支持科技成果转化的仅占约15%。上述1990年国家投入研究与开发的经费占国民生产总值的0.6%。而1994年到1997年则始终在0.5%与0.7%之间徘徊，直至中央今年初宣布改弦更张、加大投入。但是紧接着的是1998年的全国性特大洪灾肆虐，不仅大量资金被洪水冲得无影无踪，而且不得不在灾后以更多的资金用于救灾、防疫以及采取根本性的措施来防治水旱灾害。为应对蔓延至全球的金融危机，我国也必须做相应的财政安排。因此，人们普遍担心近年科教投入进一步减少，不是没有原因的。

在这种情况下，何从开创发展高新科技的经费投入的渠道，同时使得即便是点点滴滴的投入也都能得到相应的较高的回报（产出），就是必须考虑的最关键的问题了。

我们认为，解决之道，即在发展高新技术的风险投资。为此，必须立法加以切实有力的促进与保障。

对我国而言，发展高新科技的风险投资的立法，目前还是一个空白。但有关的总体性法制需求，却已明确地提出。这一总体性法制需求可以这样表述：为推动我国的高新科技的发展及其产业化，必须尽快开展风险投资立法，以法律手段促进与保障风险投资业与风险企业的健康发展。

显然，这一总体性法制需求带有很大的抽象性，必须具体化、细密化。

根据我国各个方面的研究意见和建议，借鉴国外的有关经验，我国发展高新科技的风险投资的具体法制需求，主要是以下几个方面：

一、关于风险投资基本法的立法

第一，风险投资基本法的立法宗旨是：推动风险投资公司的发展，规范风险投资公司的运作，保障风险投资公司的权益，以促进高新科技的发展。

第二，风险投资基本法的主要原则。

风险投资基本法的主要原则至少应涵盖以下几个方面：鼓励风险资金筹措的原则；风险资本来源的科学化原则。

关于风险资本的来源，目前世界各国有各种渠道：（1）有由银行创建或主要由银行出资创建的；（2）有由政府或主要由政府出资建立的；（3）有由民间作为主要出资者的。

以上各个不同的风险资本来源，其形成都有一定的客观原因，不能笼统地一概论定此是彼非。但有这样几点是可以肯定的：

1. 风险资本来源必须多样化、多渠道拓展，这首先是为了资金来源丰富，其次是为了分散风险；

2. 由政府或主要由政府出资兴建风险投资公司的做法，在我国不可取，但由政府牵头并少量出资、引导、组织、扶持，是可以肯定的；

3. 由金融机构或主要由金融机构出资，已为国外的经验证明不可取；

4. 我国民营企业的发展已达到相当规模，私人资本也有比较可观者，因此，加以引导与鼓励，使之投向风险投资，是必然的趋势与必要的决策。

第三，风险资金必须投向高新科技开发研究及其产业化的原则。

我国原有的某些风险投资公司如今已没有多少风险投资的色彩。如果不以投向高新科技为原则，势必重蹈此前的转投到房地产、贸易或股票市场之覆辙。

当然，投向何种高新科技开发、研究及其产业化，是可以根据国情、省（市）情来确定的。美国风险投资重点支持的前四个产业是软件技术企业、生物技术企业、通信技术企业、新医药技术企业，而日本、澳大利亚、新加坡、菲律宾四国的风险投资重点支持的前四个产业中都有一般消费品生产、第三产业和其他非高新技术产业。可见，美国风险投资对高新技术产业支持的力度大于日、澳、新、菲四个国家。而这，正是美国产业高新科技发展较快、高新科技产业化进程较快、收益较大的重要原因之一。

第四，风险投资项目选择的科学性原则。

当今世界上，风险投资公司在新技术领域里主要的投资方向有这几方面：（1）信息技术方向，包括微电子及其他现代信息技术；（2）生物工程技术，包括各种生命科技、基因、遗传工程技术等；（3）新材料技术方向，包括各种新的合成材料；（4）新能源技术方向，包括替代传统能源的各种新能源；（5）海洋技术开发方向，包括洋面和海底资源的开发利用；（6）空间技术方向，包括现代宇航技术等。

第五，风险投资运作过程的科学管理原则。

二、关于发展高新科技风险投资法律体系建设的需求

发展高新科技的风险投资，不仅应有风险投资基本法，而且要有配套法。我们认为，这些配套立法主要有：风险投资公司法、风险投资管理条例、风险资本筹集法、风险基金法、风险投资贷款法、风险投资所得税法、风险公司上市法、风险项目评估法、海外风险投资法、外资风险投资法、外资风险投资公司法、风险投资顾问公司法。

上列"配套立法"都采用了"法"的名称，但在实际立法中，可在地方（省、市）试立条例（草案），或办法，或暂行规定等。等试验成熟，取得经验后，再制定全国性的法规。

鉴于风险投资已经成为发展高新科技的有效手段，而以法律加以规范又势在必行，所以，应未雨绸缪，调查研究各国发展高新科技风险投资的经验及有关立法，早日制定我国的风险投资立法计划，按照形成风险投资法律体系的要求，边干边立、边立边干，争取在5年左右的时间内，形成风险投资法律体系。

三、关于建立风险投资法律支撑体系的需求

日本为发展高新科技，建立起了风险投资的法律支撑体系。由于大型企业有较雄厚的资金实力，而风险企业的创立阶段通常都是中小型的，因此，日本的法律支撑体系以发展中小企业的法律保证为中心。

日本的立法有配套成龙、周详细密的特点，我国在研究风险投资的法制需求时，应认真学习、借鉴。目前，我国在中小企业立法方面，基本还暂付阙如。如果没有这一方面的立法来支撑，风险投资立法仍将无所施其技。作为第一步，应先行制定《中小科技企业法》。

四、关于风险投资资金筹集立法方面的法制需求

第一，可由政府出面，政府少量出资的办法，筹组风险投资公司。

其好处是：由有号召力与信誉的政府出面组建，比较容易筹集到必要的资金；由政府派人员参与管理，在权威性、计划性、管理的科学性等方面占有较大优势，从而为风险投资公司的发展创造经验、树立榜样。

政府所占出资份额以10%左右为宜。

该公司属公司法调整范围，政府在少量出资、派出人员参与公司管理之后：（1）与政府脱离行政上的关系；（2）公司运作完全遵循公司法及有关法律法规的规定，政府的"红头文件"或领导人"指示""讲话"等，不得作为公司的规范性文件，无法律的约束力；（3）政府负有依法为该公司提供方便的义务，但不得因此而要求享有公司之利益。

各出资方的权利义务关系，在公司章程中应作明确、具体的规定。在具体运作过程中逐渐修改、成熟，形成风险投资公司的标准章程。

第二，银行、保险公司、证券公司、期货公司等金融机构可作为风险投资公司之参与组建的主体之一，但不宜作为主要主体，出资额也不宜在30%以上，这对分散投资风险有利。同时，国外的经验证明，银行作为主要主体组建风险投资公司，不如民间资金为主要主体。这一问题现在还很难下结论，因此以慎重、稳健为宜。但金融机构可在融资、贷款或担保等方面为风险投资公司提供优惠，以促进其快速发展。

第三，吸收海外资金参与我方风险投资公司要慎重：（1）其资质要经调查确证；（2）其资金必须如期到位；（3）以不使其控股为宜；（4）对于我方风险企业的风险资金申请，在高新科技的保密上要做具体把关，建议要有专门机构对有关科技成果做"过滤"，只有通过"过滤"的即非国家机密级别的科技成果，才可进入外资参与的风险投资公司的操作程序。

第四，关于风险投资公司从业人员的资格，我们认为：1.风险投资公司的兴办，在初

级阶段，要确保其总体上的信誉，力争创办一家、成功一家。因此，不能鲁莽地办成冒险投资公司。二者的区别是在，前者是按科学要求、经济规律兴办的，后者则往往是感情用事的产物。为此，2.对风险投资公司从业人员的资格，必须有一定的要求。据国外的经验，主要的要求有以下几个方面：（1）有较广泛的网络关系；（2）有良好的信誉；（3）有广博的商务知识；（4）有较高的道德和修养；（5）有坚韧的心理素质；（6）有较强的法律与纪律意识，能够自觉自我约束；（7）有较强的判断与决策能力。问题在于这些要求较难量化。因此，要对资格认定办法进行研究，不要完全放任自流。但是，凡事要有个度，绝不能管死。要按市场经济规律办事，积极引导，认真指导，具体要求，同时又允许在自愿的基础上自行决定（是否参与风险投资），实行自负其责的原则。

在风险投资从业人员资格问题上，法律调节的主要着眼点是：1.立法激励具备条件、达到要求的人从事风险投资事业；2 以严格的法律规定惩处借风险投资事业进行诈骗的犯罪活动和欺骗性的违法行为；3.以法律约束风险投资公司从业人员的行为，凡假公济私、中饱私囊，损害广大投资者利益的，都必须承担相应的法律责任，包括经济责任直到刑事责任。

五、关于向海外进行风险投资的问题

在尚缺乏风险投资经验的情况下，由政府组织做海外风险投资的小规模尝试，未尝不可，其目的是为了取得经验。但普遍实施，一定是利小弊多。我国台湾当局规定不允许做海外风险投资，有其一定的合理性。对向海外做风险投资，要立法加以规范、约束，规定建立此类投资的审批、管理机构，力避对海外做盲目的风险投资。

"科教兴国"，任重道远。发展高新科技的风险投资，可以大大加快我国"四个现代化"的速度。有人预言行将到来的21世纪是中国世纪。这反映了对我国既有成绩的高度评价和对美好前景的乐观展望。我们相信，总结中共十一届三中全会召开20年来取得的经验，在未来的20年、50年、100年里，我们会做得更好，中华民族的伟大复兴必将实现，社会主义的康庄大道，将拓展得更宽更广！

科技社会关系的立法调整及其地位*

科技社会关系的法律调整是科教兴国战略实施的关键问题，其前提与基础是立法调整。

一、科技社会关系立法调整中的立、改、废问题

任何法律部门都有立、改、废问题。但由于科学技术是生产力发展中最革命、最积极的因素，当今科技发展又特别迅速，导致科技社会关系比别的社会关系变动得更加迅速。因此科技立法中的立、改、废问题，比一般部门法中的这类问题更应引起重视，力求立、改、废及时地三结合式地进行。

这里，必须解决"法的稳定性"与科技立法迅速变化的矛盾问题。作为法，科技法当然应该遵循"法的稳定性"原则。但是，"法的稳定性"是相对的，管三百年是稳定的，管三百天未必就不是稳定的。观察"稳定"与否的标准，不在于时效的长短，而取决于所调整的社会关系是否变动。如果某一法律所调整的社会关系已经发生了质的变化而法律未废弃或修改，那么，这样的"法的稳定性"则起了适得其反的作用，成了社会关系调整的阻力，法家韩非也曾主张"法随时转适宜"。可见，随社会关系的质变而及时修改、废弃旧法与创立新法，是客观的需要；其时间尺度上即使为期甚短，也无可非议。

我们提到了"社会关系质变"的概念，包括科技发展所引起的社会关系某一方面或几个方面的质的规定性的改变。这不能理解作"阶级性关系的改变"，例如从"阶级剥削"变为非剥削关系，或者由非剥削关系变为"阶级剥削关系"。在我国"三大改造"完成以后，剥削阶级已渐趋消灭，科技领域的社会关系已不存在阶级剥削关系。但科技领域社会关系的变化仍有量与质的区分。这种情况，在其他领域中也是有的。当科技发展引起相关的社会关系发生质变时，调整过时的社会关系的科技法，就同样地过时了，必须及时地废

---

* 原载《上海市政法管理干部学院学报》1999年第1期。

弃、修改，并以新法取代旧法。为了做到立、改、废的紧密结合、不失时机，必须加强科技法制实施情况的跟踪调查、信息收集、问题分析、对策研究，从而为立、改、废作出决策。

当今由于科学技术发展非常迅速，某些方面的社会关系的调整对科技的进一步发展又有决定性的意义。因此，有关立法不应中断。这样，立、改、废的紧密结合就应特别重视。已立之法，不能与现实相适应，因而要求"废"得及时；一法之"废"，不能造成空白，因而要求"立"得及时；同样的道理，法的修改不能旷日持久、迟疑不决。日本在振兴机电工业方面三项重大立法环环相扣的经验，是值得认真学习的。如果我们也能做到科技立法的前后相随、有机连贯、互相呼应，使立、改、废得以紧密结合，那么，科技进步的成效，必将日益明显，与时俱增。

为了使我国科技社会关系立法调整中的立、改、废得以科学地、有效地进行，我以为应当认真总结社会主义国家、发达资本主义国家和发展中国家迎接新技术革命立法对策的三结合经验。

时处新技术革命浪潮汹涌澎湃的当代，世界各国无不因这一浪潮的猛烈激荡而纷纷采取各种法律对策，其中有成功的经验，也有失败的教训。为了使我国在新技术革命中求得最佳的法律对策，无疑应当借鉴国外的经验与教训。

作为借鉴对象的"外国"，大体可以为三类：（1）社会主义国家；（2）发达资本主义国家；（3）发展中国家。这三类国家在科技进步方面各有不同的特点，又有相同的情况。将这三类国家迎接新技术革命的法律对策的经验结合起来，可收"扬长避短""取长补短"之利。借鉴国外经验教训时，首先必须考虑到这三类国家的不同特点：

一为社会制度不同。社会主义国家实行生产资料公有制或多种形式所有制，实行无产阶级专政；发达资本主义国家实行生产资料私有制而且走上垄断资本主义阶段，实行资产阶级专政；发展中国家大多处在资本主义制度下，实行生产资料私有制和资产阶级专政。从社会制度的不同点出发，凡与社会制度相直接联系的迎接新技术革命的法律对策，我们一般适宜学习社会主义国家的。

二为管理体制的不同。社会主义国家在科技与经济的管理体制上，集权程度较高；发达资本主义国家情况不一，美英等国分权程度高，法国集权程度较高。但各国都处在改革的过程中，趋向于建立一种集权与分权适度结合的体制。发展中国家大多在经济上采取分权管理体制，而在发展新技术、高技术方面，又力求实行集权管理体制，以便集中人力、物力、财力于科技发展，与发达国家缩短差距。我国经济体制与科研体制的改革方兴未艾，怎样以法律手段肯定体制改革的成果，从国外借鉴什么经验，都应认真调查研究。

三为科学技术发展的基础与水平不同。发达资本主义国家的科技已经有了一二百年的基础，达到了较高的水平。美国的"星球大战计划"、西欧的"尤里卡计划"、日本的"科技政策大纲"，都建立在科技高水平的基础上，苏联的科技在世界各国中也曾处于领先地位。这些国家的科技法制与其他国家的科技法制，无论在立法目的、立法内容、立法措施上，还是在司法、守法上，都不可相提并论，同日而语。借鉴他们的经验时，尤其要仔细鉴别，谨慎选择。此外，这三类国家由于科技发展的水平不同，其科技立法的起步早晚也大相径庭。起步早的，可能积累了比较多的经验；但这些经验又往往受时代的局限，未必都能为今天所用。起步晚的，可能已经总结、综合了别国的经验，特别值得我们重视。

二、科技社会关系立法调整的地位

科技社会关系立法调整的地位问题，实际上就是它与司法调节、执法调节、守法调节关系问题，这可以从以下两方面进行分析：

（一）法律调整的基础、前提和依据

科技社会关系立法调整是司法调整、执法调整、守法调整的基础、前提与依据。司法、执法、守法三"法"，就是依靠立法而产生的。因此，立法是前提与先导，是科技社会关系全部法律调整手段的基础与依据。正因如此，几乎所有的发达国家都十分重视科技立法，在新技术革命时代到来之际尤其如此。我们以美国为例略做说明。

美国之所以成为世界新技术革命立法的主导者，首先应归功于美国战后科技发展战略的奠基人万尼伐尔·布什。战后不久，应法兰克林·罗斯福总统委托，布什于1945年发表了政策研究报告《科学：无止境的前沿》。根据这一报告提出的基本思想与原则，美国联邦政府自1946年公布《原子能法》后，开始了连续不断地促进新技术革命的立法活动。从对我国有借鉴意义的角度上看，美国新技术革命的立法可以大致分为基础性立法、相关性立法、特定性立法。

所谓基础性立法，就是通过立法手段奠定与保障科学技术的"软件"与"硬件"基础。

所谓特定性立法，就是各高技术行业的专门立法，包括核能与新能源、海洋、空间、信息、生物科学技术立法。

所有这些立法，为美国的科技司法、执法和守法奠定了基础。作为判例法国家，美国还通过判例不断地创制出新的法律，这样，尽管科技社会关系迅疾变化，仍因"有法可依"而得到合理、及时地调整。

我国市场经济的发展正推动科技的迅速进步，推动科技社会关系的急剧变化。虽然近15年来，我国科技立法态势积极、硕果累累，但与市场经济的发展及与科技社会关系的改变所提出的要求相较，不足之处仍属多多。因此，为保证科技司法、执法、守法有可靠的基础、良好的前提，还应借鉴美国、日本等发达国家的经验，力求科技立法的健全、完整、配套、周密。

(二)科技法律调整的价值体现

科技社会关系的司法调整、执法调整与守法调整，是立法调整的价值体现。

"徒法不足以自行。"如果有了一个好的立法，却得不到认真的实施，无人认真遵守，那么，它就只是一纸空文。因此，必须依靠司法、执法人员去司法、执法，靠广大公众，首先是广大科技人员自觉地守法。这里，有一个立法调整的价值体现的理论问题。

马克思曾经说过，共产主义"从一开始就是现实的和直接追求实效的"。1985年，在党的全国代表会议上，邓小平同志重申了这一马克思主义的原则。他指出，在改革时期的各项工作中，一定要讲求经济效益和总的社会效益，要以社会效益为一切活动的唯一准则。这就是马克思主义价值理论中的实效原则。实效是在实践中形成的价值事实。"实效"与"虚效"（虚假效益）相对立。实效原则要求在评价（特别是社会评价）中，要注重实效、实绩、实践的结果和发展的需要。对于科技社会的关系的法律调整的价值体现，就看它是否有实效、实绩，而这种实效、实绩离开司法调整、执法调整与守法调整就必定无从体现。因此，一方面立法调整是司法调整等的前提；另一方面，立法调整又时时依靠司法调整来完成其价值实现。总之，这两个方面是相互依存、不可或缺的，应当相互促进、相得益彰。

略论科技社会关系立法调整中的两个问题*

科教兴国战略的确定,大大地突出了科技法制建设的重要性,大大地推动了科技法学研究。科技法学的核心理论是科技社会关系的法律调整,包括立法调整、司法调整、执法调整与守法调整,而基础与前提是立法调整。

科技社会关系的立法调整是指作出(或不作出)立法行为,从而对科技社会关系产生有影响的调整作用。本文略论科技社会关系立法调整中的两个问题:科技立法的预测与超前,立法调整的有机需求与配套立法。

一、科技社会关系调整中的科学预测与超前立法

科技社会关系的立法调整的科学预测,是指人们对某一科技法的制定与否及至制定后可能产生的各种效果和未来发展趋势,事先提出的符合客观规律的预见性判断。这种科学预测是立法决策的前提,是优化立法的基础,是改进与完善立法调整的必要的、有效的手段。如果没有科学的立法预测,就不可能正确决定应否就某一方面科技社会关系的调整进行立法,不可能对立法的效果及可能出现的问题、可能的发展方向做出正确的判断,不可能在有关立法出现局部问题时适时地做出修改、废止等等的正确决定。

科技社会关系立法调整的科学预测,要求充分掌握有关科技社会关系发展的客观规律,调节有关科技社会关系的法制需求,确切地、全面地、具体地估量制定某一科技法的法律调整价值,确定该法的具体目的,从宏观方面考察有关科技法对调整科技社会关系的特殊意义,以及从微观方面衡量有关科技法在调整科技社会关系的某一个或某一些方面的独特作用,从而使制定的科技法高度科学、高度正确、高度适用。

科技社会关系的立法调整的科学预测,要求遵循科学性、系统性、灵活性、连贯性、效能性与综合性等六项主要原则。这里的科学性原则最主要的是指预测的客观性与预测方

---

* 原载《上海交通大学学报》(社会科学版)1999年第1期。

法的科学性；系统性是指要求运用系统的预测方法，对系统的科技社会关系，进行系统的有机的预测；灵活性是指根据科技活动及科技社会关系的实际状况，不断地适当修正预测范围、预测方向、预测手段及预测结论；连贯性是指特定科技社会关系的预测在时间与空间上的衔接与连贯；效能性是指强调立法预测的效果、功能与作用，不使之流为形式；综合性是指有关预测的全面性、联系性、有机性与整体性。

科技社会关系的立法调整的科学预测的一般程序是：确定预测的目标；做预测前的资料准备、理论准备及其他准备；收集和分析有关科技社会关系及其法律调整需求的信息资料；选择科学预测的方法和技术；做出科技立法调整的法律预测方案；对上述方案进行筛选，最终确定科学预测的结论。此外，当立法工作进行之时，还应做好跟踪预测并及时地做出预测判断的科学结论。

科技社会关系立法调整的科学预测对超前立法有极为重要的意义，这种超前性不是人的头脑的凭空推断与天马行空式的臆想，必须有实际法律要求的根据，因而必须依照有关的科学预测而获得。

日本制定《科学技术厅设置法》的立法依据就是有关的科学预测。50年代初，日本的科学技术工作是分散交由通商产业、农林水产、运输、邮政等各省去管理的。各省的科学研究与技术开发往往互相重复，浪费了人力、物力、财力和时间，延缓了科技的发展。各省厅的有关指令又多有互相抵牾之处，因而影响了相互关系及本省厅政令的执行。于是，产生了统一协调全国科技活动管理工作的需要。再加上当时又出现了发展原子能事业以充分供电的紧迫需要，从而在科技行政社会关系上产生了一系列新问题、新矛盾、新需求。因此，日本国会在充分调查、科学预测的基础上，于1956年通过了《科学技术厅设置法》，设科学技术厅于内阁总理府之下，直属内阁总理府，用以协调各省、厅的科技行政管理活动。在日本，总理府与各省的地位是平等的，省下设厅，厅下设局，局下设课。各自的地位与权限逐级递减。这是既定而行之已久的科技行政社会关系准则，且有法律规定作为保障。依据科学预测通过法律而设立科学技术厅，使之具有"超级"的管理，协调全国科技行政关系的权力，无异于建立起一种新的科技社会关系及相应的行为准则。日本科学技术厅之设立对该国的科技进步起了举足轻重的影响，超前的《科学技术厅设置法》为实践所证明是十分正确、十分及时的，而其基础就是有关立法的科学预测。

二、科技社会关系立法调整的有机需求与配套立法

科技社会关系的立法调整不能"头痛医头，脚痛医脚"，也不能"眉毛胡子一把抓"地不分主次轻重、前后缓急。其原因在于，科技社会关系本身是一个有机的整体，它不是分散割裂的，不是支离破碎的，不是静止僵化的。因此，它的存在，以及由于它的存在所产生的矛盾、冲突、摩擦也是相互联系、互相依存、共荣同衰、此呼彼应的。科技劳动

者、科技劳动组织、科技劳动管理机构自身之间、相互之间所构成的错综复杂的科技社会关系形成一个繁杂的巨大网络。有关的立法调整必须顾及它们的相互联系、相互衔接、相互照应。因此，科技立法不应是单打一的，而应是配套成龙、形成网络、成为体系的。这一方面，日本是一个典型的佳例。笔者在《发达国家新技术革命立法总论》一文中，曾对此做过比较全面的综述，认为日本之高度重视科技立法，有以下几点特别值得我们注意：

一是齐全完整。据初步统计，1986年前日本有关科技的法规有200多个，其内容包括：科技行政机关的设置法、组织令和组织规则，科学研究机构的设置法和组织法，科技行政机关和研究机构的定员法，科技咨询机构的设置法和组织法，关于科技法人团体的法令和规则，关于科技发展的直接立法，关于科技发展的相关法令，有关对外科技合作的立法。此外，还有发展科技或产业技术的各种重大措施和政策的法令。

二是环环相扣，匹配成龙。例如，从时间序列来看，日本政府于1956年颁发了《机械工业的振兴临时措施法》，1957年颁发了《电子工业振兴临时措施法》，原定施行5年，后来由于效果显著而一再延长；1971年3月，根据新的形势和要求，颁布了《特定电子工业和特定机械工业振兴临时措施法》，用以代替前者；1978年又颁发了《特定机械情报产业振兴临时措施法》。这一系列法规内容有联系，法规具有连续性，如《特定电子工业和特定机械工业振兴临时措施法》是针对发展电子工业和机械工业的要求制定的，当取得相当成就，具备了一定基础后，振兴重点应转移到以增进电子技术和自动化技术为内容的高效产品方面来，所以在1978年以新的立法予以取代。又如从法的制定、实施来看，几乎每一个重要立法，都有一整套的相关法令与之配合。如当颁布《防止由于放射性同位素引起的放射线病法》后，即颁行了有关的《施行令》和《实施细则》；颁布《海洋科学中心法》后，即颁布有关的《施行令》《实施细则》以及《关于海洋科学技术中心财务和会计的总理府令》。

三是以有法律效力的各种"制度""计划"与法律法令结合，使立法效果更为突出。

为了适应科技社会关系立法调整的有机需求，做到配套立法，窃以为必须注意以下几个"三结合"：

（一）中央立法领导机构、受委托的部门立法起草机构和地方立法机构的三结合

如果撇开国务院系统的行政法规不谈，我国科技进步的立法权，是由全国人大及其常委会、省与直辖市的人大及其常委会行使的。这样，就有了中央立法机构和地方立法机构两级行使立法权的代表机关。作为中央立法机构的我国全国人民代表大会及其常务委员会，不像日本国会那样，参众两院下辖分工明确、职能具体、专家云集的科学技术专业委员会，因此，对科技立法职权的行使，除最终的审议、批准之外，主要是对科技立法工作进行领导。而由此就在相当大的程度上，加重了受委托的部门立法起草机构的工作责任。

因此，从我国立法机构的实际情况出发，首先注重加强中央立法领导机构、受委托的部门的立法起草机构和地方立法机构的三结合问题。

为了这一"三结合"得以奏效，收取科技立法之全功，要注意以下三点：

一是科技立法以至整个科技法制应有周密的统一规划。这一规划，责无旁贷地应由全国人大、人大常委会的有关机构承担。

二是科技立法规划的实施，由国家科委在全国人大有关机构的领导下，负责组织各部、委或其他机构的相应部门（如条法局、研究所等），分工起草规则规定的科技法规。在起草过程中，全国人大有关机构应做及时的具体的指导，传递有关信息；国家科委有关部门如政策局，应负责汇总情况、检查督促、组织协调，并将有关信息及时向省、直辖市人大有关机关发布。

三是地方立法机构应主动配合中央立法机构，提供信息、收集意见，并及时采取措施准备进行地方立法，使全国性立法一旦通过，地方立法能紧紧跟上，与之配套。地方立法机构与中央有关部门的信息沟通，由全国人大有关部门负责组织。

相对于民事、刑事立法而言，科技立法在我国基本还是一个新问题；科技法律又有其与其他法律较大的区别；科技立法机构的建立、健全和配合、运行，也是一个新的问题。对此应加强研究，不断根据国外的成功经验与我国的具体实践加以调整，使我国的科技立法机构日臻完善，使我国的科技立法计日程功。

（二）长期、中期、近期科技立法规划的"三结合"

科技法调整科技社会关系，受科技社会关系的稳定性程度的制约。法律只对必须调整的社会关系起调整作用，社会关系如果变化了，调整该社会关系的法律也随之改变。我国的政治体制改革、经济体制改革、科技体制改革和教育体制改革正在进行，改革的过程中，旧的科技社会关系必将为新型科技社会关系所取代，科技机构、科技人员等等相互之间的权利和义务关系趋向更加合理的构筑。同时，科技进步本身，尤其是新技术革命的发展，也会引致科技社会的变动。这样，就提出了以长期起作用的科技法调整稳定的科技社会关系，以中期起作用的科技法调整只是在若干年（如10年）以后才会起变化的科技社会关系，以短期起作用的科技法调整在变化中科技社会关系的立法要求。而这，就形成了近期、中期、长期科技立法规划之分。把三者有机地结合起来，形成前后呼应、互相连贯、有机配合的科技立法结构，就能使我们在科学技术事业的发展中，始终有法可依。

从国家科委征求各地意见后提出的立法设想看，《科学研究联合体条例》《科学技术工作者聘任条例》《科学技术业余劳动条例》《国家重大科学技术项目拨款条例》《星火计划条例》《科学和技术成果推广应用条例》《引进技术消化、吸收和发展条例》《技术引进管理条例》《技术出口管理条例》《智力引进暂行条例》《技术市场管理条例》《关于扩大科研所自主权的规定》《关于改革科技拨款制度的暂行规定》《关于促进科技人员合理流动的规定》《关于选派出国留学生计划管理条例》《关于科技人员继续教育的暂行规定》等，由于所调整的科技社会关系受改革进程的影响较大，可以列入近期立法规划。《原子能法》《核设施安全管理条例》《激光安全防护条例》《国家科学技术振兴法》《国家科学技术基金法》《科学技术情报工作条例》《科学技术档案工作条例》《生物工程开发条例》《著作权法》《技术合同法》《国家科学技术委员会章程》《中国科学院章程》《科学院士条例》等，由于调整的社会关系比较稳定，要求以法律保护有关社会关系的长期稳定，可以列入长期立法规划。其他如《科学技术奖励法》《科学技术可行性论证条例》《科学技术评价工作条例》《科学技术劳动法》《科学研究所法》等，则可列入中期立法规划。

（三）有关基础性立法、高技术立法与相关性立法的"三结合"

新技术革命不是单一学科、单一技术部门的革命。它可能在某一个或某几个高技术领域取得突破性进展，从而带动其他领域以前所未有的高速度前进。但该高技术领域必定有其庞大坚实的科学技术基础，其他领域也不可能与该高技术领域在水平上有天壤之别。可以说，新技术革命是科学技术全方位的立体式的推进和突变。因此，保证新技术革命的科技立法，也应是全方位的立体式的。发达国家新技术革命正是在基础性立法、高技术立法和相关立法三结合健全发展的条件下取得初步成功的。

我国在迎接新技术革命的法律调整措施方面，从当前来说，不能急于求成、草率立法，不可能全面开展科技立法。但从长远来看，必须达到基础性立法、高技术立法与相关性立法三结合的全面发展。因此，从现在开始，就应当着手准备。

关于基础性立法，由于其"基础性"，因此应当先行。基础性立法主要包括宪法、科技进步领导机构法、科研机构法、科技进步促进法、教育立法、科技研究资金立法。除《宪法》与《科技进步法》外，我国的科技进步基础性立法基本上尚付阙如。我们认为，最基本的教育法是保证科技进步基础的基础，应当不遗余力地予以加强。日本在第二次世界大战后以坚定有力的教育立法保证了教育事业的发展，为尔后的科技飞跃发展造成了雄厚的人才基础。美国在第二次世界大战行将结束的时候，以及在苏联发射世界上第一颗人造地球卫星后的次年1958年至1965年，先后多次颁行特定的教育法，把大批美军战士培养成为大学生，而后又培养成为博士生，对美国科技的发展起了重要的作用。此外，科技进步促进法作为科技发展的基本法，发达国家都十分重视，应当放在第一位作为先决性立法措施予以加强。我们已经从我国的实际出发，制定了《科学技术进步法》这一科技基本法，现在应考虑它的配套立法。

高技术立法直接关系到特定高技术领域的发展。国外的高技术立法，如信息技术立法、原子能立法、海洋工程立法、空间技术立法、新材料技术立法、生物技术立法以及高技术城区立法，都发展得比较迅速。我国在实施"星火计划"的同时，已决定在生物技术、海洋工程、空间技术、微电子技术等若干高技术领域大力攻关。这将对我国高技术发展产生重大的影响。为此，有关高技术领域的特定立法，必须紧紧跟上。我们认为，这些特定领域的高技术立法，必须以具体、详尽、周密、系统、完备为原则。某些方面立法的"原则性"方法，绝不能照搬到高技术领域的立法中来。在高技术立法中，应当牢固地、紧密地建立立法领导工作者、科技专家与法学家的三结合关系，有关立法必须丝丝入扣、一丝不苟地符合科技发展规律与法学原理。在这方面，任何"大而化之""粗枝大叶"都是绝对要不得的。

科技进步的相关性立法，有的实际上是带基础性的，如专利法、标准化法；有的则与其他领域的社会关系调整也相关，是一种调整各种社会关系的共同性立法，如税法、合同法、运输法等；还有的则与科技进步的消极影响的预防有较直接的关系，如环境保护法、生态平衡保护法等。科技进步的相关性立法，在我国已取得相当的发展，但还有进一步加强的必要。专利法仅仅是智力成果权的法律保护的一个方面，著作权法以及其智力成果权保护法的配套立法，还应进一步健全。我们的税法、合同法在与科技进步的关系中，还有一系列的问题尚待解决。环境与生态的法律保护，有其一般性法律措施与特殊法律措施的分别。我国与高技术发展相关的环境与生态的法律保护措施还相当不健全，这一方面的立法，无疑应予加强。

新技术革命立法应是全方位、立体式地开展的，这就需要基础性立法、高技术立法与相关性立法不仅要各个加强，而且要紧密结合。例如，基础性立法应有专门部分对高技术发展做出促进和保障的规定，而高技术立法对特定高技术领域的促进，还有待相关立法给予支持。这样，基础性立法、高技术立法、相关性立法的有机的三结合，就成了立法者与立法研究工作者应予注意的重心。

发展知识经济的法制需求*

当代知识经济的发展，必将引发一场比工业革命更伟大、更广泛、更深刻的社会革命。但知识经济一不可能自臻高潮，二不可能一蹴而就，三不可能放任自流。为此，必须探讨发展知识经济的法制需求，以便依法规范、以法促进、依法保障。

一

为发展知识经济而努力推动科技进步，充分利用科学技术的积极成果，亟须发挥法律调节手段的作用。在这一方面，我国虽然起步较晚，但进展甚速。20世纪80年代以来，我国先后颁行了专利法（1984）、技术合同法（1986）、著作权法（1990）、计算机软件保护条例（1993）和科学技术进步法（1993）等大批科技法律法规。其中，《技术合同法》的颁布是世界上的首创，为规范技术合同、技术服务、技术转让、技术中介，为促进科技成果的应用、推广和产业化，做出了不可磨灭的贡献；《科学技术进步法》则被称为我国科技进步的"宪法"，为科技社会关系的法律调节确定了科学的大纲，为科技法制建设奠定了坚实的基础。

但和发达国家相比，我国的科技立法仍有较大差距，主要见诸：

其一，发达国家高度重视科学技术立法，力求将科技进步全部纳入法制轨道，而我国在一定程度上还处在从政策调节向法律调节的转轨过程中。

发达国家之高度重视科技立法，可从日本略见一斑。70年代初虽然因中东战争导致石油危机的爆发，一下子使日本经济痼疾暴露无遗，但坏事成了好事的前导。日本此后便确立了"科技立国"的基本国策，狠抓科技发展，迅速摆脱了危机，走上全面繁荣的阶段。其主要经验之一，便是始终抓紧科技立法，依靠法律所特有的指导性、约束性和保障性来干预、指导和推动全国的科技工作。日本科技立法之主要特点是：齐全完整，环

---

* 原载《社会科学》1999年第3期。

环相扣，匹配成套；以各种有法律效力的"制度""计划"与法律法令结合，使立法效果更为突出，不轻易修改科技法。发达国家之高度重视科技立法，还可从许多国家依据宪法做出的有关规定中看出。1947年的《意大利共和国宪法》规定："共和国总统得指定在社会活动、科学、文学和艺术方面以高度成就为国增光之公民五人为终身参议员。"（第五十九条）美国甚至早在1787年的宪法中就写入了保护著作权与专利权的条款（第一条第十一项）。

我国现行宪法和法律的有关规定，较之过去已大有进步。但是，在实际执行的过程中，还往往因政策的"灵活""便捷"，而将政策性的"红头文件"放在第一位。这在重大科技项目的决策、科技拨款等方面，是屡见不鲜、见惯不怪而至今仍习以为常的。知识经济时代的到来，更提高了将科技进步纳入法制轨道的要求。国际经济合作组织曾给知识经济做了一个为全球各界广泛认同的定义："所谓知识经济是指建立在知识和信息的生产、分配和使用基础上的经济。"无论是从"知识和信息的生产、分配和使用"来看，还是从"科学技术、管理和行为（科学）"来看，科学技术方面的立法和严格实施所立之法都是至关重要的，高度重视从政策调节向法律调节转轨，已到了不可须臾稍懈，更不可须臾逆转的时刻。

其二，发达国家大多已建成了比较健全的科技法制体系，而我国要建成这样的体系还有一个较长的过程。

发达国家（如美国、日本等）的科技法制，不仅仅是某些领域新技术的立法，而且是全方位、多层次、成体系的，大致可分为三个层次：第一个层次是基础性立法。它涉及科技进步的宪法保证、保证科技进步的立法机构、科技进步领导机构的立法、科学和技术研究机构的立法、科学技术进步促进法（包括科技进步的政策性立法、科技进步的规划性立法、科技进步的刺激性立法、企业科技进步的激励性立法和综合性科技进步促进法等）、教育立法、科技研究基金立法（包括关于科技进步基金会立法、促进科技进步的拨款立法、关于科技进步的奖励性立法等）等重大方面。第二个层次是高新技术立法。其主要内容包括原子能法、生物技术立法、空间技术立法、海洋技术立法、科学园区立法等。以美国信息技术为例，从60年代至80年代，有关的主要立法即有1966年的信息自由法、1974年的国家保健计划与资源法、1974年的保密法、1980年的计算机软件保护法、1984年的版权法修正案、1984年的半导体芯片法等。这些立法对美国计算机科技的发展起了极大的促进与保障作用。第三个层次是其他相关的立法，如合同法、专利法、税法等等。

其三，发达国家不仅在科技立法上对我国处于明显的优势，而且在科技司法、科技执法、科技守法等方面也具有较大的优势。

一法之立，虽然立即产生了法律效力，但这仅仅是法律文本上的东西，只有转化为法律实效，才算真正实现了法律调节的作用。由于多数发达国家有较为稳定、悠久和切实的法治主义传统，因此，其科技法的实施（司法和执法以及守法），都比较自觉、有效、持久。而我国有数千年的人治主义传统，已立之法往往不被认真执行或遵守，其结果，文本上的法律效力即被弱化、淡化、虚化，出现的不是法律的保值、增值而是贬值。

法律效力之转化为法律实效，除取决于法律意识、法制观念等主观性因素外，在很大程度上还取决于法律效力投资和司法队伍建设等客观性因素。法律效力投资等，当然与国家的经济实力关系密切。据估计，我国与英、美、日、意、法等5个发达国家在法律效力投资力度上的差距约为1:10。缩短这一差距也是一个艰难的长期的过程。我们当然不能坐等发展经济从而提高法律效力投资，制胜之道只能力求在知识经济发展与努力贯彻实施科技法的良性互动中，争取相互促进、相得益彰。

二

科学技术是一柄"双刃剑"，高新科技利剑双刃之光尤为耀眼，既可照耀四方、造福人类，也可能因带来污染而破坏环境、毁损生态，或造成其他的祸害。因此，科技进步过程中消极因素的严密防治，就是知识经济发展过程自始至终必须狠抓的根本大事。

持续10年的"暖冬"现象和厄尔尼诺肆虐全球告诫人们，正是现代科技发展、工业繁荣的过程中大量排放二氧化碳等"温室气体"，严重危害着地球、危害人类的生态环境。按照量变到质变的规律，量的增加达到临界点就会突然引起质变。二氧化碳等"温室气体"现在仍然有增无减。科学界还未发现"温室气体"的量增加到什么程度会引起质变，以及质变的结果何等可怕。但有一点是可以肯定的，即量变必定引起质变，"暖冬"和"厄尔尼诺"的量变必定会导致人类和地球的灾难性后果。

正因如此，以科技进步为主导的知识产业化和知识经济的发展，绝不应只是一味地去追求物质财富的量的增加，绝不应只是关注科学技术积极成果的充分利用，而应同步严密防治科技发展消极因素的危害。这样，环保工程就成了知识经济发展中的一件根本大事。

我国在科技进步和经济发展的过程中，虽然在环境保护方面做了不少工作，但是，力度不够，发展不平衡，现存问题仍然很多。例如，有学者指出，经济的快速发展又带来了进一步的资源过度消耗、生态破坏与环境恶化："全国每年排放污水300亿吨，而目前工业废水处理率仅68%，生活污水处理率不到10%，只有30%左右的固体废弃物和生活垃圾得到处理。……全国500多座城市中大气环境质量符合国家一级标准的很少，总悬浮微粒浓度超过世界卫生组织标准十几倍，酸雨污染面积有所扩大，流经城市的河段86%遭到比较严重的污染。……有些城市在卫星图上已经模糊不清，只能从它的岸边污染带来确定它的存在！"又如，我国政府的《中国21世纪议程——中国21世纪人口、环境与发展白皮书》指出："燃煤污染空气是中国室内、外空气质量差的一个主要原因。至少有80%的城市居民目前生活在空气质量很差的环境中。据1988年全国饮水调查资料，中国有82%的人饮用浅井水和江河水，其中水质污染严重、细菌污染超过卫生标准的占76%，饮用受有机物严重污染的饮水人口约1.6亿。中国法定报告传染病构成中，肠道传染病所占比例逐年增高。"这些都说明，环保工程的发展，已成我国经济发展和社会进步的当务之急。在提出大力发展知识经济的今天，尤其应该重视环保工程的建设。

毋庸讳言，我国在以法律手段促进与保障环保工程建设方面，与发达国家相比，也有相当大的差距。

发达国家曾因环境污染付出过沉重的代价，直至20世纪60年代至70年代，才悬崖勒马、改弦更张，以环保立法为基础，用法律手段积极、严格、周密地防治因科技进步、经济发展所带来或可能导致的环境污染。1972年，在瑞典的斯德哥尔摩召开了"联合国人类环境会议"，专门讨论全球性环境污染问题，呼吁各国高度重视环保立法和环境工程建设。此后，很多国家创设了环境保护行政机构，环保法制的建设及完善达到一个新的高潮，涌现了大量环保的单项法规，并出现了一些能够代表或综合这些单项法规的《环境保护基本法》。在国际环境法方面，1972年发表了《人类环境宣言》，1980年发表了《世界自然资源保护大纲》，美国等21个发达国家和部分发展中国家为解决大气及水质的跨国污染问题，达成了一个名为"30%俱乐部"的协议。根据该协议，参与国在从1980年至1990年的10年中，把硫化物的排放量削减30%。在国内环境法方面，发达国家的环境法规数量日增，内容与形式日趋丰富完备。除基本法外，单项法规大量涌现，至1990年为止，美国的主要环保法规达121种，日本70余种，德国163种。综观发达国家的环保立法，大致有以下几种形式：

一为宪法中规定或增加了环境保护条款。二为环境保护基本法，如美国的《国家环境政策法》、日本的《公害对策基本法》、德国的《联邦污染控制法》。三为专门的环境保护法规，大致可以分为三类：（1）专项防治公害的环保法，如大气污染控制法、水污染防治法、噪声控制法、固体废弃物处理法、有毒物管理法、放射性物质管理法、恶臭防治法等；（2）自然资源保护法，如大气保护法、水体保护法、土地保护法、森林保护法、野生植物保护法、水产资源保护法等；（3）文化环境保护法，如自然保护区法、风景名胜保护法、城市绿化保护法等。四为环境保护机构设置法，如日本的《环境厅设置法》。五为具有法律约束力的环境保护标准，如大气质量标准、水质标准、环境噪声标准等环境质量标准法，工业废气排放标准、汽车废气排放标准、工业废水排放标准等污染物排放标准，以及飞机噪声标准、机动车辆噪声标准、机械噪声标准等。六为环境保护特别法，如日本的《公害罪法》《公害受害补偿法》等。七为行政法、民法、刑法中的一些环保条款。

此外还有各发达国家分别加入的一些国际性环境保护法，如《丹麦、荷兰、挪威、瑞典环境保护公约》《世界自然资源保护大纲》等。

在发达国家的环境保护法中，可以概括出如下主要制度：一为奖罚制度，包括物质奖罚与精神奖罚、单位奖罚与个人奖罚的双奖双罚制度；二为污染者负担责任制度，指污染者支付治污费用与交纳污染税制度；三为环境影响评价制度，即重大工程事先听取公众与专家的评价并由主管当局批准的制度；四为财产补助与税收照顾制度，据此给予环保科技研究以财政支持；五为受害者赔偿、补偿制度。

从总体上看，发达国家的环境保护法制建设具有以下几个特点：（1）环境保护已经成为不可动摇的宪法原则；（2）环境立法的重点已从立法治理转向立法预防；（3）环境执法越来越严明；（4）适应高技术发展的环保法规越来越齐全严密。

为达到环境保护的目的，依据宪法和一些特别法，许多发达国家都建立了系统性的环境保护管理机构。

20世纪90年代以来，我国加快了环境保护立法的进程，一般地说，大体上已做到了"有法可依"，一个环境保护法体系的雏形已在形成。但与发达国家，尤其与日本、美国相比，我们的环保法制建设中的下列问题是不容忽视的。

第一，全国环境保护立法的配套问题。

虽然我国业已制定了《环境保护法》《水污染防治法》《大气污染法》等基本法律，但在具体的实施条例，省、地、县各级地方立法的配套等方面，还有大量的工作要做。而配套任务一日未完成，基本法律的作用实际上就一日不能发挥。

第二，高技术发展的环境保护立法还有不少空白。

这同不少环保机构与环保工作人员的观念陈旧有关。他们停留在把环保与传统工业联系在一起的水平上，很少考虑高技术发展带来的特殊环保问题。这种情况也影响到了环保立法。我国目前几乎在所有的高新科技领域都做努力开拓，这当然是十分喜人的形势。但是，无论是新能源技术领域，还是新材料技术、信息技术、生物技术、空间技术、海洋技术、激光技术领域，有关的专门立法，几乎都付阙如。这不能不十分令人担心科技利剑不利于人类的一刃，会给我们带来什么样的危险、危害和危机。

第三，环境执法与环境立法脱节问题。

司法、执法滞后于立法已是我国法制建设中的一大问题。在环境执法方面表现尤甚。其主要症结在于：（1）面大量广；（2）"先发展，后治理"的观念性顽疾根深蒂固；（3）地方保护主义作怪。三者之结合，使得一些地方的领导层对环境污染采取睁一眼、闭一眼的态度，甚至于只求发展不讲治理，其结果是越发展，环境污染越严重。时至今日，山清水秀的江南无清澈河流可见，环境的恶化已到了令人难以忍受的地步。在知识经济大力发展的起步阶段，一定要特别重视环保工程的建设，重视严密防治科技发展过程中所伴随的消极因素的公害。

三

知识经济与农业经济、工业经济最根本的不同，在于知识、信息在经济发展中占突出的地位和主要的地位。知识的生命载体是人，是掌握现代科技知识的知识分子。知识经济的创造者、推动者是人，是掌握现代科技知识的知识分子。因此，在知识经济的发展中，知识分子将成为占有主导的、突出地位的社会力量成分。这样，教育、培养社会的多数成员成为有丰富知识技能的人，就不但是知识经济发展的必须，而且也是知识经济可持续发展的必须。既然如此，为教育工程而立法就成了知识经济发展和可持续发展的基础性立法。

发达国家的教育立法，包括促进教育事业发展的基本法、初等教育法、中等教育法、高等教育法、职业教育法、教育行政法等不同类别。从总体上看，发达国家各类教育法的共同特点是：

第一，具体。如美国1965年4月11日制定的《初等中等教育法》第一章规定："为了扩大和加强教育条件不良、子女集中地区的公立学校的教育，在1965年至1966年财政年度对地方和教育行政区提供约10.6亿美元的补助金。"这笔补助金用于雇佣教员、建设教育设施、购买教育设备等项的资金。各个地方教育行政区的分配额，根据以下两个因素计算：（1）该州每个学生消费开支的平均额（年额）；（2）年收不足2000美元的低收入家庭子女数（15—17岁），以及根据"对拥有抚养儿童家庭的援护事业"接受超过2000美元抚恤金的家庭的子女数（15—17岁）。"向各地方行政区提供额，依照'$a \times b/2$'的公式计算。"美国1965年11月8日制定的《高等教育法》第五章规定了"发展中大学"的加强问题，规定支出5500万美元资金，作为"发展中大学"的"共同事业"和"国家教育特别奖金"所需要的补助金，其中78%支付给4年制大学，其余22%支付给2年制大学。

第二，体现改革精神。如1985年法国制定了技术教育和职业教育法草案，规定所有大、中、小学校都必须普及技术教育，特别是计算机应用技术教育。调整理科与工科院校的比例，加强工科院校的建设，创建一批工艺技术大学，加速培养适应企业技术开发研究工作的工程师和高级技术人员，使高等学校毕业的工程师人数从目前每年的4万多人提高到1990年的10万人。

第三，配套。每年制定或修改有关教育立法时，就以相应的其他立法与之配套。如日本，战后至1975年，把正规学校制度以外的施行类似学校教育的职业学校通称为"各种学校"。为了整顿和提高"各种学校"，进一步加强职业教育，1975年7月日本在部分修订《学校教育法》时，增补了"专修学校"条款。1976年1月，日本文部省根据修订的《学校教育法》，制定、公布了《专修学校设置基准》，对专修学校的组织编制、课程、学科、教员资格和学校数量及设置和设施等做了具体的规定。

我国的教育立法在体现改革精神方面，无疑有很多创新性的成果，但在"具体"与"配套"两个方面，则有一定的不足。鉴于当今知识获得手段的日新月异，"有形"的学校教育已不再是唯一的教育方法，"无形"的"网络学校""虚拟学校"正如雨后春笋般发展起来。这样，过去的即使是创新性经验、改革精神很足的既有教育立法，也会显得捉襟见肘、难孚实用而必须修改甚至推倒重来了。

教育工程是极为宏伟而复杂的系统工程，不仅仅涉及几亿中小学生和几千万大学生，而且涉及全社会成员。必须努力实现"社会知识化"，以求"知识产业化"。如果从"社会知识化"的角度看有关教育工程的立法以及司法、执法和守法，那么，须做、可做的工作更为繁多。但也只有做好这些工作，教育工程才能胜利完成，知识经济的发展才有强大的后劲。

加快电子商务立法　推动电子商务发展*

近代工业革命引致的世界经济进步，在仅200年左右的时间内，远远超出了以往数千年的变化。当代电子商务的发展，将在更短的时间内取得更为可观的成就，200年后的世界景象，当代的人们也许无法预想。正因如此，主要发达国家无不高度重视发展电子商务。美国总统克林顿把促进电子商务发展作为他第二任期内的主要任务之一。从1999年1月1日起，美国政府要求联邦政府所有对外采购都以电子采购方式开展，从而"将美国电子商务推上了高速列车"。从1998年到2003年，日本的电子商务市场将从650亿日元增长到3.16万亿日元，即增加50倍。美国政府于1998年10月发表了《电子商务——美国的税收政策》报告，规定2000年至2001年实现90%的日常货物采购的电子化，2001年将25%的政府业务网络化。

为促进与保障电子商务的发展，国际组织与发达国家无不高度关注法律手段的运用。联合国国际贸易法委员会为给各国电子商务立法提供范本，于1996年12月制定了《电子商务示范法》；世贸组织为便于成员国电子商务的发展并加以规范，于1996年底达成了《信息技术协议》，当时签约的28个国家要求各方"在2000年前取消200种信息技术产品关税"；1997年2月，占全球电信服务收入95%的68个世贸组织成员国达成《全球基础电信协议》，承诺从1998年1月1日起取消对电信部门的垄断，在所有电信服务领域实现自由化；随后，世贸组织132个成员国于1998年5月签署了《关于电子商务的宣言》，规定至少1年内免征互联网上所有贸易活动关税。在发达国家中，美国率先于1997年7月出台了《全球电子商务框架》；1997年12月欧盟与美国发表了有关电子商务的联合宣言，达成全球电子商务指导原则的协议，承诺建立"无关税电子空间"（Duty Free Cyberspace）；1998年新加坡颁布了关于电子商务的综合性法律《电子商务法》；1999年12月13日欧盟通过了《电子签名指令》；次年5月欧盟又通过了《电子商务指令》，此后18个月内，欧盟各成员国将根据该《指令》完成相关的本国法律的制定；1999年7月，美国公

---

* 原载《广东法学》2001年第2期。

布了《统一计算机信息交易法》；2000年6月，克林顿总统又签署了《电子签名法》……这些法律，为有关国家清扫了发展电子商务的障碍，推动与保障了电子商务的繁荣，取得了非常可观的经济效益。尤为重要的是，他们同时取得了电子商务国际规则制定方面的主导权。

面对全球电子商务蓬勃发展的态势，我国政府也热切关注、积极推动电子商务的发展。在政府上网工程和企业上网工程方面，都已取得了巨大的进展。1996年2月，中国国际电子商务中心宣告成立；1997年国务院电子信息系统推广办公室，联合8个部委建立了中国电子数据交换技术委员会。鉴于以法律促进与保障电子商务发展的必要性与迫切性，上海社科院老院长、全国人大代表张仲礼先生在2000年九届人大三次会议上牵头提出了"呼吁制定电子商务法"的议案。该议案明确指出，全球化信息浪潮正迅猛推进，电子商务作为一种更快捷、准确的交易形式，也在中国全面展开，亟须为电子商务的发展创造适宜的法律环境。

汹涌澎湃的全球电子商务浪潮，咄咄逼人的发达国家电子商务立法势头，以及加入WTO之日的临近，要求我国也加快电子商务立法，以大力推动电子商务的发展。为此，必须借鉴发达国家电子商务立法的经验，确定我国电子商务立法的框架，解决若干有一定歧见的电子商务立法问题。

一

他山之石，可以攻玉。从业已制定的一些发达国家和新兴工业发达国家电子商务立法看，以下几个方面是应予认真借鉴的：

（一）为全面规范电子商务活动，应首先制定电子商务基本法

新加坡作为新兴工业发达国家，其电子商务发展的势头十分迅猛。因此，它与发达国家如美国、日本等国不存在电子商务方面的重大差距。根据本国发展电子商务的客观法制需求，新加坡首先制定的是电子商务基本法，即1998年颁行的《电子商务法》。该法主要涉及电子商务活动中的三个核心性问题：一为电子签名问题；二为电子合同的效力问题；三为网络服务提供者的法律责任问题。由于首先有了《电子商务法》这一电子商务基本法，遇到具体的电子商务法律纠纷时，就可按该法加以调整；而若发生新的法律问题又为基本法所不能涵盖，那么，也可按基本法的精神制定新的其他法律法规。

澳大利亚的做法与新加坡大体类似。1999年12月，澳大利亚颁行了《电子交易法》，虽然篇幅不长，但它是全国性的调整电子商务活动的基本法，为澳大利亚各州及其他属地的电子商务立法提供了基础和框架。

欧盟议会于2000年5月4日通过的《电子商务指令》，全面规范了关于开放电子商

市场、电子交易、电子商务服务提供者的法律责任等电子商务主要问题，不仅可在欧盟范围内直接调节电子商务活动，而且成了欧盟成员国制定本国法律的范本和指导性法律文件。这当然可以看成是欧盟的电子商务基本法立法。

美国的电子商务立法起步较早，但鉴于以下两个原因而迄今仍无电子商务基本法：一个原因是立法体制与法律传统方面的。美国作为联邦制国家，联邦与州两级都有立法权，传统上交易法尤其是合同法的规则一直属于州的立法权范围。为协调跨州贸易活动，联邦有《统一商法典》的立法，而该法在电子商务领域已显过时，要制定统一的联邦电子商务法，就遇到了上述立法体制及传统的法律的一定制约，从而延缓了电子商务基本法的立法进程。为补救此一弊病，美国联邦政府以《统一商法典》第二条 B 项（UCC Article 2B）为基础，于 1999 年 7 月制定并公布了《统一计算机信息交易法》。但它同《统一商法典》一样，只有协调各州立法的功能，并无直接的法律效力。第二个原因是美国国内对是否需要电子商务法存在截然不同的观点。有人认为诸如此类的法律将对电子商务的发展造成束缚。这一观点自然影响了立法进程的加快。因此，虽然多数人的意见是要制定电子商务法，而且得到了政府的采纳，但联邦政府制定的《统一计算机信息交易法》，主要仅起调节无形财产贸易的作用。总之，美国各州是否采用《统一计算机信息交易法》的基本原则各自制定电子商务基本法，还要待以时日。

我国是单一制国家，不存在联邦制国家的某些不便之处。而且，我国的既成立法也不会对电子商务基本法的立法造成掣肘。因此，相对而言，我国要制定电子商务基本法，可借鉴新加坡、澳大利亚等国的经验，倒是比较有利的。

（二）法律移植理论应成为我国加速电子商务立法的指导性理论

世界已进入经济全球化时代。我国加入 WTO 也预示我国融入全球化经济之中。经济全球化的必然要求与必然趋势是世界性统一法律的出现。WTO 的规则就是世界性的统一法律。虽然它还不能调节 WTO 之外的其他国家的商贸活动，但对 130 多个 WTO 成员方有严格的制约作用，其"世界性"已无可怀疑。在电子商务方面，联合国国际贸易法委员会已于 1996 年 12 月制定了《电子商务示范法》，并成了新加坡制定《电子商务法》的蓝本。该法对澳大利亚制定《电子交易法》也有很大的影响。这样，在中国面前，就至少有了联合国《电子商务示范法》、新加坡《电子商务法》与澳大利亚《电子交易法》这样几部已为实践证明行之有效的立法蓝本。这些蓝本，是可供移植的。

在论及法律移植时，人们往往有一种误解，即一讲"移植"，就是全盘照抄。其实，移植外国法的某一条文，也是移植，犹如器官移植并非移植全人而大多只是移植某一器官甚至某一器官的一小部分（如移植眼睛的角膜）。

在进行法律移植时，也少不了要比较，从而有所取舍。一是比较国情的异同，从而确定对有关立法的取同去异；二是比较几个被移植法律的异同与优劣，从而确定取优汰劣。

新加坡的《电子商务法》与澳大利亚的《电子交易法》，都源自联合国的《电子商务示范法》，但又各有特点。在以移植方式制定我国电子商务法时，就应比较其不同的特点，结合我国实践，做出科学的取舍。只要这样做了，既吸收了各国的优点，又加快了我国的立法进程，何乐而不为？

（三）充分发挥政府政策的辅助作用与立法先导作用

同任何经济活动、社会活动一样，电子商务活动既应受法律的调节，也会受政策及行政手段、经济手段、道德手段的影响与制约，其中，政策的作用与影响力之巨大，是众所周知的。

日本至今未颁布电子商务方面的国家法。以"信息产业立国"为当前基本国策的日本，制定《数字化日本之发端——行动纲领》(E-Japan Initiative: Action Plans)这一纲领性政策，用以指导日本电子商务活动。

日本的这一《行动纲领》将涉及电子商务的电子签名及其认证系统的法律地位与效力、网络服务提供者的法律责任、跨国界电子商务的法律问题等三个主要方面的立法建议，以政策文件的形式公布于众，既有指导作用，又为尔后上升为法律做了准备。在尚未上升为法律时，《行动纲领》实际上已在规范着网络基础设施的建设、电子商务技术平台的发展和电子商务活动。这对从中发现问题，在成熟的时候更好地立法，无疑是一种有益的尝试。因此，我国也可仿效日本的做法，尽快地制定电子商务政策，为立法做准备，也为立法作先导。在条件成熟的时候，则付诸立法实践。从目前来看，理论界未雨绸缪，先行探讨我国电子商务法的基本框架，已是当务之急。

二

我国电子商务法的框架，拙意大略为：

（一）电子商务法总则

电子商务法总则主要包括立法目的、电子商务法基本原则、适用范围、管理机构、冲突解决等基本问题。

第一，电子商务立法的目的在于促进和保障电子商务的发展。

为此，对网络设施的建设、电子商务技术平台的发展和电子商务活动都要从"促进"与"保障"两个方面，提出明确的法律措施。网络设施的建设是电子商务活动的基础。日本的《行动纲领》建议更彻底地适用市场竞争的原则，促进接入网络的多元化，促进上网资费的下调，推动宽带服务的发展。目前日本的网络用户人数居世界第二位，仅次于美国。我国的网络用户急速增长，目前已达2600多万户，但与美国等国相比，在人均入网率方面还有相当大的差距。因此，以法律促进网络设施的建设，应成为电子商务法立法的具体目的之一。电子商务技术平台是电子商务发展的直接前提。日本《行动纲领》建议加大移动通信、图像网络等技术领域的投资，力争抢占技术标准的制定权。在这些方面，日本已经处于世界领先地位。我国的电子商务技术平台还处于低水平上，因此，以立法加以促进就更显得重要而迫切了。电子商务活动的规范化，是其健康发展、顺利推进从而创造巨大经济效益的必须。日本的《行动纲领》对建立高度可信赖的网络商业平台、构筑可靠的电子认证系统、明确网络服务提供者的责任以及推进国际电子商务活动等，都提出了相应的政策性要求。我国的电子商务立法在这些方面无疑也应有所规定，以便使得电子商务活动"循规蹈矩"、购销两利，形成良性循环。

特别应加强调的是"保障"电子商务的发展。这是因为既成的法已经造成了对电子商务发展的障碍。例如：现有法律规定某些类型的交易必须采取书面形式的文件，必须由交易者亲笔签名；现有法律没有关于网络上自动形成的合同的法定效力等等。这些都是电子商务交易所无法做到或缺乏法律保障的。只有排除这些障碍，确认电子签名、电子合同的法律效力，才能保障电子商务交易的合法性，保障交易者的法定权益。

第二，电子商务法立法的基本原则，主要有媒体中立性原则与技术中立性原则。

澳大利亚的《电子交易法》与新加坡的《电子商务法》的不同就在于，它确定了媒体中立性与技术中立性原则。

媒体中立性原则是指法律对一切交易所采取的媒介，不论是纸质的还是电子形式的，都一视同仁而无所偏颇歧视。

技术中立性原则是指法律一视同仁对待一切交易所使用的任何技术手段，而不把某一特定技术作为法定有效的前提。

为保证技术中立性原则的贯彻，澳大利亚《电子交易法》对电子签名做了最简化的法律肯定，即只在法律上承认电子签名的法律效力而不对电子签名及安全认证技术做任何具体规定。澳大利亚的专家们和立法者们认为，"应当由市场，而不是由法律，来决定某种技术手段的安全水平和可信程度"，因为"对电子签名使用的特定技术做出具体规定需要承担一定的风险，因为国际上尚无统一的规范，而且技术在这一领域的发展是非常迅速的"。

技术中立性原则作为电子商务法的一项基本原则，是可以而且必须认同的。至于是否体现在电子签名之类具体问题上，国内一些学者指出，必须把握适度。笔者认为，完全让市场确定电子签名的法律有效性，放任自流地对待电子签名这一技术因素，确有可能导致不良后果。因此，至少应赋予交易主体共同选择电子技术的自由权利，以双方的合意为基础，而又有公认的技术可靠性为保障。至于法律，则只要肯定技术中立性为原则即告完工，不必过细地把一切规定得缜密无遗。

第三，电子商务法的适用范围是电子商务。

关于电子商务，欧盟以"信息社会服务"（information society services）加以概括，其范围涵盖极广，举凡通过计算机网络进行货物买卖、在计算机网络上提供信息、进行商业性宣传等等按用户的服务要求，通过存储和处理数据的电子装置提供的远程服务，都在电子商务——"信息社会服务"的范围之内。美国的《统一计算机信息交易法》从另一个角度对电子商务做了界定，该法规定，利用网络媒体和数字技术处理交易活动中的合同的成立、解释、担保、转让、履行、违约和违约责任等合同关系的活动，均属电子商务的范围。

综观各国的电子商务法，可见电子商务的特点是"电子"与"商务"。非商务性的活动，即使以电子方式进行，如广播、电视等，因非按接受者的要求提供，也不属电子商务的范围。非电子性，如通常的货物买卖，当然也不属于电子商务的范围。确定电子商务的范围，是电子商务法立法的必经步骤、必然要求与必要内容。

第四，电子商务的管理机构应由立法明确规定，按法律规定组织。

电子商务以"天马行空"为特色，来无影去无踪，比实物商务更加需要管理。以电子签名为例，其安全认证机构的建立与管理，就对电子商务法提出了严加规范的要求。目前，全国电子商务中的电子签名与电子合同的可靠性与有效性的安全认证机构，主要以两种方式加以设置：一为由政府组建，以政府信用担保；一为由市场运行中产生，在市场竞争中建立信用。新加坡采用的是市场方式，政府并不组建安全认证机构。但新加坡对由市场组建的安全认证机构进行了相当严格的管理。新加坡《电子商务法》规定，政府任命一个安全认证机构的管理机构，负责许可、证明、管理和监督其活动。这样，这个管理安全认证机构的机构，就成了真正的电子商务管理机构。千变万化，还是少不了政府设立的电子商务管理机构。对于这些管理机构，有关法律无疑必须明确规定其法律地位、职责、权利、义务、活动范围、活动方式、法律责任等等。

第五，国际电子商务活动中法律冲突的解决，应在电子商务法中做出明确的规定。

欧盟、日本的有关法律规定，电子商务经营者应受经营活动来源国监督，即受电子商务经营机构的所在国法律的管辖。这一规定，强化了适用法律的确定性。我国现有法律的有关冲突法规则，尚无法解决国际电子商务的法律冲突。鉴于电子商务天然的跨国界交易的特点，在电子商务法总则中，无疑应列为应求解决的立法重点。

（二）电子商务法分则

电子商务法分则的主要内容大致包括电子签名、网络合同、网络服务提供者责任及电子商务管理机构等方面。

第一，电子签名及其认证机制。

任何商务活动的成立，以供需双方（购销双方）的合意及对此合意的承认为基础。传统商务活动的成立，以在纸质媒介上的签名（画押、盖章）为双方的合意及对合意的确认为形式。电子商务却只能以电子签名为形式。为保证电子签名的有效性，必须借助一定的技术手段，如采用公共密匙技术（PKI），在使用电子签名之前，签名方须将其公共密匙交由一个可信赖的第三方（由政府或市场组织的安全认证机构CA）登记，并由它签发电子凭证。签名方在用私人密匙在文件上签名后，应将它与电子凭证一起交给接收文件的对方；对方通过电子凭证用公共密匙验证电子签名的可靠性。但目前已经有了可以取代公共密匙技术的生物测量法、动态电子签名等新技术。随着电子技术的高速度发展，肯定还有其他的新技术面世。这样，电子签名的安全认证问题，就必须明确解决并在电子商务法中得到确定。面对新技术的不断发展，新加坡的《电子商务法》采取了灵活的原则，即既肯定公共密匙技术的适用性，又肯定以任何技术为基础的电子签名，并为此建立配套的认证机制，从而解决电子签名的安全性问题。与新加坡不同，如前所说，澳大利亚采取了"最简化"的法律规定，即对电子签名与安全认证技术不做任何规定，而仅仅在《电子交易法》中承认电子签名的效力。这就是将电子签名的安全性问题交由市场去裁决。我国的电子商务立法，在电子签名及安全认证机制上的取舍，还应做过细的论证。我以为，为促进电子商务的发展，应坚持两项原则：一为简约性；二为安全性。在电子商务的初级发展阶段，小额的电子商务将是交易的主体，过于烦琐的手续，将使得日常的小额的电子商务几乎难以进行，因此，简约性的规定有利于电子商务的发展。至于巨额的电子商务交易活动，有关机构自会采取相应的措施来确保其运行的安全，不必政府做保姆式的过细"关怀"。也就是说，安全性问题，首先由电子商务主体自行把握，其次才是政府的职责关心。如果政府在电子商务欺诈方面加大打击力度，我认为反而有利于诚信原则的普遍确立，同样也有利于电子商务在简单易行的环境中蓬勃发展。

第二，网络合同的法律地位及其法律形式、法律效力。

对网络合同的法定效力作明确肯定，已成各国电子商务立法的共识。新加坡的《电子商务法》对网络合同的有效性作了一般性的规定，即合同成立的要约与承诺可以通过电子形式表达，其法律有效性不因采取此种形式而受影响。欧盟的《电子商务指令》要求成员国保证其法律系统允许合同以电子形式缔结，保证适合于合同过程的法律规则不给采用电子形式的合同制造障碍，不否定其法律有效性与法律约束力。

美国的《统一计算机信息交易法》还对网络合同中的格式合同作了具体的规定。该法规定，格式许可合同是指用于大规模市场交易的标准许可合同，包括消费者合同及其他适用于最终用户的标准许可合同。这类合同的最大特点在于它的非协商性，要么全然接受，要么拒绝，没有协商议价的余地。网络交易大量采取的是自动的格式许可合同形式，因此，为保护用户和消费者的权益，《交易法》对这种格式合同的约束力做出了专门的规定：格式合同的对方当事人只在对合同条款表示同意的情况下，才受合同约束。如有格式条款本身存在的问题（如字体过小、含义模糊，或者互相冲突），则对格式合同的相对人不具有约束力，所造成的经济纠纷，应据此作有利于该相对人的裁决。

我国合同法关于电子商务的简单规定，已不孚电子商务迅速发展所引致的解决繁杂纠纷的需要，关于格式许可合同的规定更付阙如。因此，在制定电子商务法时，应借鉴他国的立法统筹考虑。

第三，网络服务提供者的法律责任及法律限制。

这是电子商务立法的重点之一，因为网络服务提供者如不承担一定的责任或在发生侵权行为的情况后不能依法制裁，追究其法律责任，那么，电子商务势将寸步难行。

网络服务提供者的责任，主要有以下几个方面：一为不侵犯他人知识产权的责任；二为不传播非法的或有害的信息的责任；三为不传播诽谤他人信息的责任；四为不提供可能产生不良后果的咨询服务的责任；五为不进行损害用户和消费者利益的电子交易的责任。

网络服务提供者的上述法律责任，同样也可用之于一般服务的提供者，因此可说是天经地义地应予规定的。有关责任的主体都是网络服务提供者自身，如故意损及用户与消费者，那么，受到法律制裁正是咎由自取；而法律做此规定，也是为了循由责有攸归的原则来保护消费者的利益。

但是，网络服务与一般服务又有不同，其所设网络并非可以完全自控的。为此，对网络服务提供者除规定其法律责任外，还应规定对他的保护措施，否则电子商务的发展必定会受到阻碍。为此，新加坡等国的电子商务法都做出了相应的规定。

新加坡《电子商务法》规定，网络服务提供者不应因其无法控制的第三方的电子形式的信息而承担民事的或刑事的责任，即便第三方利用网络服务提供者的系统和网络传播了违法或侵权的信息。

欧盟的《电子商务指令》规定，服务提供者在作为纯粹信息传输管道时或者进行信息储存时，享受责任豁免地位，即不因其存储的信息或传输的信息中含有违法内容而承担法律责任。这里的前提是"纯粹信息传输管道"，如果存在故意，又另当别论。欧盟的《指令》还要求成员国不能给网络服务提供者施加一般性的监控义务，因为他们并无能力保证通过其网络的无数信息的合法性。

上述有关网络服务提供者的法律责任及法律责任限制，在我国电子商务立法中都应有所体现。

第四，电子商务管理机构。

这个问题上文已有述及。由于电子商务的跨国界性质，其管理更应加强。此外，还涉及发展跨国界电子商务方面必然要求解决的语言、汇率、税收、纠纷解决等问题，建立必要的机构加以管理，乃势在必行。

电子商务立法既是各国电子商务发展的必经之路与大势所趋，也符合我国促进电子商务乃至整个社会主义市场经济建设的要求。值此电子商务无穷潜力初露端倪之际，未雨绸缪，赋予规矩，使成方圆，是对法律界的厚望所在。从国外的经验看，对电子商务立法的必要性以及有关立法的具体内容，会有不同的意见出现。现在的任务是，确定了加速电子商务立法的方针之后,应即组织力量,一面译介国外电子商务法律法规以及学者的论述,同时对各国电子商务法律实践中的经验与问题加以调查研究,做出分析总结;一面对我国电子商务活动的实际经验与存在问题展开调查,裨使有关立法既参照借鉴了国际经验,少走弯路,又符合我国国情,力争加快步伐,使我国的电子商务后来居上,繁荣兴盛!

(后记:本文写于《电子商务法概论》一书的撰写过程中。本人完成了该书约四分之三的文稿,后续的四分之一文稿,原定的合作者始终没有完成,致使该书寿未终而"歪寝"。此类事,还发生在《律师学概论》和《融资租赁法论稿》等书的写作中,都因合作者半途而废以致"胎死腹中"。呜呼!"交友不慎",责有攸归!)

知识产权谁主沉浮*

中国"入世",举国欢腾,全球瞩目。"入世"是天大的好事,但绝不意味金苹果纷纷扬扬从天而降,国人可以躺在布满鲜花的快车上直通幸福的仙境了。机遇与挑战并存,这就是活生生的现实。我们必须加快脚步,加紧准备,迎接挑战,博取成功。这里,记者李章生就知识产权问题,对法学家倪正茂教授做了采访。

记者:中国"入世"前夕,您出了《国际规则:中国入世和法律对策》一书,而且据《解放日报》《文汇报》介绍,您被誉为我国"科技法学的奠基人",发表了《科技法学导论》《原理》等大量科技法学专著和论文,其中涉及不少知识产权方面的知识。现在中国"入世"了,您能否谈谈中国进入WTO后,如何加强知识产权的保护问题?

倪正茂:谢谢。新中国成立以来,科学技术长足发展。改革开放更推动我国科技事业蒸蒸日上,一日千里。因此,加入WTO后的知识产权保护确是一个大问题。不过,在我看来,当务之急还是打击侵犯知识产权的违法犯罪行径,否则势必引致无穷无尽的知识产权纠纷,对我国造成极大的冲击和严重的后果。

记者:有关问题曾成为中国"入世"的严重障碍,所以,作为先声,中美知识产权谈判旷日持久,而谈判的成功,似乎成了中国顺利加入WTO的最重要契机。

倪正茂:正是这样。自1990年开始,中美两国反反复复就知识产权问题进行谈判。知识产权问题原先含义较窄,只涉及它的法律保护。1988年被列为关贸总协定的一个议题后,就和国际贸易问题联系起来,成了决定新兴工业化国家贸易渠道、投资流向、科技经济创新程度以及不同工业化水平国家相对经济增长速度的重要因素。尤其是世贸组织的《关于知识产权执行的规定》制定之后,知识产权问题对世界自由贸易和经济发展就变得

---

* 原载《浦江纵横》2002年第1期。本文为采访记录。

更加举足重轻了。

美国是科技水平最高、经济实力最强的超级大国，从知识产权制度中获益极大。当中国高速发展、扩大国际贸易，形成了中美贸易方面中国的巨大顺差时，美国就发动知识产权攻势而企求达到改变巨额贸易逆差的目的了。这是中美知识产权谈判的重要原因。美国贸易法增设的"特殊301条款"，即"确定拒绝为知识产权提供充分、有效保护的国家"条款，成了美国遏制中国发展及保护知识产权的重大障碍。这是因为，美国专利法颁行已有200多年，中国专利法则是迟至1984年才制定的，用美国的标准卡我们中国，我们就会处于知识产权保护和科技经济发展中的劣势地位。所以，我国政府代表团在谈判中坚持要求按关贸总协定的有关协议而不是按"特殊301条款"来处理双方的知识产权保护和冲突。

从1990年到1996年，在极为艰难的谈判过程中，美国一直给中国戴着"观察国家""重点国家"的黑帽。所谓"重点国家"，就是他们根据"特殊301条款"认为该国采取了最烦琐复杂、最恶劣的法律、政策和做法，拒绝对美国的知识产权进行"充分、有效"的保护等等。直至1996年4月30日，美方仍企图将中国列入"重点国家"名单之内，无视我国在知识产权保护方面已经做出极大的努力，宣布要对我国实施高达30亿美元的贸易报复。对此，我国政府针锋相对地提出了相应的报复措施，迫使美国撤回成命，按照1995年双方达成的谅解办事。当时我国政府在知识产权保护方面做了大量的重要承诺，如"1995年3月1日至8月31日在全国实行为期6个月的重点执法期"等等。

中美知识产权谈判达成谅解，是中国"入世"的关键步骤之一。但从根本上说，是在实践中加大了知识产权保护的力度。如果"入世"后放松了，就必定会受制裁，而且是国际性的，而不仅仅是单独一个美国的制裁。

记者：那在很大的程度上需要依靠我国有健全的知识产权立法，并建立起强有力的执法机构和执法队伍。我们准备得怎样呢？

倪正茂：我国《专利法》于1984年3月12日由六届全国人大常委会第四次会议审议通过。它是总结了新中国成立以来实施专利保护的经验与教训，广泛吸收了世界各国的经验，结合我国的实际而制定的。它系统地规定了《专利法》的目的、任务、法律程序和保护体制。制定以后经过了多次修改，尤其是"入世"前后又做了比较重大的修改，已基本适应各国专利保护的要求了。

我国的《著作权法》是1990年9月7日由七届全国人大常委会第十五次会议通过，于1991年6月1日开始生效的。《商标法》则略早，于1982年8月23日五届人大常委会第24次会议通过，1983年3月1日开始施行。同《专利法》一样，《著作权法》与《商标法》颁行后也经过多次修订，"入世"前后又对未能与国际接轨的部分做了修改，达到了世贸组织有关协议的要求。

我国对知识产权的保护，采取的是行政保护和司法保护的双重制。有的人称之为"双轨制"，恐怕不太妥当。

所谓行政保护，是指知识产权行政机关，如专利局、版权局、商标局等，运用行政手段调处知识产权纠纷，制裁侵权行为。所谓司法保护，是指司法机关通过民事诉讼程序对知识产权实行保护，惩处侵犯知识产权的行为。这种行政保护和司法保护相结合的双重保护制度，是我国特有的，目的在于更便捷、更及时、更有效地保护知识产权。"入世"以后，充分发挥这一双重保护机构与制度的作用，对协调与世贸组织成员国的关系，保护我国的知识产权，维护当事人的合法权益，有重要的意义。

记者： 在知识产权保护方面，WTO的游戏规则与中国现行知识产权保护法是否一致？

倪正茂： 前面说到，为适应世贸组织的规则，我国在"入世"前后已对知识产权有关立法做了相应的修改。但这不等于今后不会有任何法律冲突了。造成法律冲突的因素不是单一的。各国民法对同一问题的规定会有歧异，各国承认外国民事法律的域外效力的范围与程度，各种法律关系中涉外因素的不同等等，都可能导致法律冲突。知识产权又具有"严格的地域性"，一项知识产权关系即使涉及几个国家，也不会出现有关各国立法都主张对之加以管辖的情况。尤其是，知识产权、知识产权关系、知识产权立法、知识产权保护状况，都是动态地发展着的。因此，冲突与纠纷是难免的。

记者： 那么，怎样妥善解决呢？

倪正茂： 一方面，世贸组织制定有与《知识产权协定》相应的争端解决的规则，还确立了争端解决机制；另一方面，我国也会不断修正有关立法，调整知识产权保护的机制、机构与举措。我相信，在大力普及法制教育的过程中，我国人民的法制观念也会进一步增强。在充分认识"国""家"一致，利益互补的前提下，广大群众尤其是企业界，都会识大体、顾大局，共同努力，迎接挑战，抓住机遇，求得社会经济的快速繁荣，个人幸福的大幅增进。当然，也难免有唯利是图者贪图侥幸制造麻烦，那就只能诉诸法律加以惩处了。

记者： "入世"伊始，今后的路还很长，需要各方有识之士未雨绸缪、群策群力、献计献策，作为法学家，您有何建议？

倪正茂： 首先，必须尽快清理法律法规，使之全面适应"入世"要求。"入世"的最大冲击不是企业、不是市场，而是政府、政府行为。而政府行为是要靠法律来规范的。所以，一定要尽快清理不适应"入世"要求的法律法规，别让我们的"公仆"抱着"老皇历"（陈旧法规）认认真真地犯错误、踏踏实实地去与世贸组织规则对着干。

其次，融入全球化经济是一个实践过程，许多具体问题书本上不会有现成的答案，而我们刚刚摒弃计划经济体制，不少方面的观念可能还是陈旧的，同时又极其缺乏市场经济尤其是经济全球化条件下的市场经济实践经验。因此，十分重要的是，要学习、要组织队伍跟踪调研"入世"后出现的新情况、新问题，要借鉴别国的经验。这也许比抓科技进步更重要，毕竟我们已有一定的科技发展基础，而WTO却是全新的事业，机遇多，风险也大。抓科技，要抓人才；对付"入世"，更要抓人才。我们现在极其缺乏这一方面的人才，要大力培养，加快培养，要有紧迫感、危机感。

记者： 由于历史的隔阂和制度的差异，"入世"的挑战包括一系列的难题。人才战略应纳入应对"入世"挑战与难题的日程表了。

倪正茂： 正是！

为循环经济发展提供法律推动力*

循环经济发展模式要求在物质不断循环利用的基础上发展经济，它无疑是一种绿色经济、生态经济。与传统工业社会的经济单向流动的线性经济，即"资源→产品→废弃物"相比，循环经济的增长模式是发展路径和模式的根本变革。因此，它必然不仅涉及整个经济体系的方方面面，而且与整个社会大系统的一切主要组成部分息息相关。某个小小零件的制造和使用，都必定涉及千家万户；而如果要求其循环使用则更得依靠无比繁复的整个产业链的重新安排，而且往往要跨越行政区域、超越行业界限，不可能仅凭主观要求、独家操作就能实现。从这个意义上说，发展循环经济特别需要坚强有力的行政权力做持久的有序的强力推动。而这种行政权力的执法依据，又涉及诸多法律体系的修改和完善。

人们已经注意到，发展循环经济离不开运用法律的手段。我想补充的是：经济、社会发展的法律支撑，不仅应该体现在法律的保障力与打击力上，而且应该体现在法律的推动力上。对发展循环经济来说，尤其是如此。

传统的法律与法学关注的是法律的组织管理功能与惩戒功能，尤其青睐后者。因此，悠悠4000余年的中国法制史，几乎被写成了刑事法制史，而"法律无情""法网恢恢，疏而不漏""法律是铁面无私的"等熟语流播广远，于今未改，连"包青天"的脸谱都被涂成了漆黑颜色。强调法律的社会控制功能包括惩戒功能，不无其合理成分，但绝不能视作真理的全部。

充分发挥法律的组织管理功能，可为经济、社会的发展提供强大的保障力；充分发挥法律的惩戒功能，可为扫除经济、社会发展的障碍提供强大的排击力。但是普天之下悠悠万事，"避害"之外还应"趋利"，"激浊"之外还应"扬清"，"惩恶"之外还应"奖善"。否则，不仅会把作为经济、社会发展主体的活泼泼的人束缚得只知循规蹈矩、谨小慎微，而不敢意气风发、大胆创新。何况，这种法律观念本身就是偏颇的。实际上，法律并不是人类从地狱中唤出的用以折磨自己的魔鬼，而是从天堂请来帮助增进自身福祉的天使。以

---

* 原载《文汇报》2005年2月21日。

此观点考察古今中外的各国法律可以知道，人类之创造法律，从一开始就同时关注着法律的三大功能，即除组织管理功能和惩戒功能之外，还关注着法律的激励功能。

可以引为铁证的是：其一，中国开天辟地第一条法律即夏启发兵攻打有扈氏时颁行的军令"用命赏于祖，勿用命戮于社"中，规定的是"赏""戮"并举，"赏"在"戮"前，充分体现了对法律激励功能的重视。其二，被铁定为"重刑主义者"的商鞅，其实还是个"重赏主义者"。他主持秦国第一次变法时，采取了三大措施，一奖军功，二奖耕织，奖赏激励三居其二。其三，被万世诅咒的"暴秦"，竟也有关于发展农业、畜牧业和手工业的各种"课"即评比，"课"而优者各得厚赏。

颇有意思的是，比较一下古代至近代的中外思想家可以知道，中国的思想家几乎众口一词地论述过"赏罚"并用的为政用法之道，而外国思想家则对此几乎个个缄口、人人结舌。也有极个别的例外，那就是法国的伏尔泰。他在《风俗论》中特地把中国法律之有奖赏激励功能，作为优于欧洲各国法律的特点，大大夸奖了一番。

从循环经济的发展来说，法律激励功能的发挥，比惩戒功能更重要。道理并不复杂：我们可以立法惩戒破坏环境的行为，但不可能立法去惩罚走单向流动的线性经济道路的企业；我们可以立法加快污染严重生产线的关停进度，但我们不可能立法关停还未步入循环经济轨道的企业；如此等等。其原因，大致有二：首先，线性经济本是通行的经济发展模式；其次，"法不责众"，在多数企业、多数产品的生产仍然是线性经济产物的情况下，法律是不可能家家都打100大板的。但是，换一种思路，换一个做法，我们完全可以立法大大激励走循环经济道路的企业，大大奖赏为循环经济的发展在管理上、技术上做出贡献的人们。有关领导部门已意识到为循环经济的发展提供法律推动力的重要性并做了具体部署。现在需要强调的是：

第一，人人都应树立起法律激励的意识，每一个立法、司法、执法机构及其工作人员都要把法律激励作为重大事项来抓，每一项关系循环经济发展的大事都要把法律激励置于不可或缺的法律推动力来对待。

第二，把发展循环经济的法律推动力具体化为立法。虽然各个科研院所、企事业单位直至政府管理部门，程度不同地也重视奖励，但无章可循、无法可依，完全凭随机决断，甚至暗箱操作。这无疑是不利于"可持续"地激励先进，不利于有序地、持久地为发展循环经济提供法律推动力的。

运用法律于保障与促进经济发展，有种种手段。有意识地发挥法律激励的功能虽然并未引起足够重视，但古今中外可以继承或者借鉴的事例毕竟还有。因此，我们在移植、借鉴发达国家法律制度时，不但要重视"本土化"，而且要善于发现、吸收其中并未被广为关注的优点与长处。法律激励功能的重新发现、运用与加强，就是十分重要的一个方面。所谓专利法"浇上了利益之油"，也就是进行了激励，以激励的方式对专利发明提供了有力的法律推动力。可以说专利法的诞生，是法律发展史上的一个重要里程碑。在它之前，虽然也有法律激励的存在，但只表现为零星的法律条文；而专利法是以完整的一部法律来凸显法律的激励功能的。法律激励——法律推动力之重要由此可见一斑。在中国，虽然古代经济、科技都相当发达，几度成为世界的中心、万国之"马首"，然而近代以来却迅速落伍了。这里当然也有诸多原因，但没有专利法之激励推动，不能不说是重要原因。幸而有改革开放，幸而在共产党的领导下中国重又走上了伟大的复兴道路。中国今天社会主义建设事业的辉煌成就，无疑已为全世界进步人类万众瞩目、有口皆碑。但长江后浪推前浪，世上新桃换旧符，世界各国现在都在努力摆脱线性经济的发展模式，都在挖掘法律的新功能以促进经济发展得更快更好。因此，我国尤其是上海这样发展得较快的地区，更应努力寻求新的经济发展模式，并探索更有价值、更有实效的法律手段加以促进。

科技投入的法律监督及其他*

世界上绝大多数国家的科技投入与产出都是大体成正比的,而中国近年来却成了少数的几个例外。究其原因,法律监管的缺位当是关键。

进入21世纪以来,中国科技投入的快速增长,令世界各国科学家们惊叹不已,十分艳羡。从显性的经费投入看,有关统计资料显示:中国用于科技研究和开发的支出每年以10%—15%的速度增加,远远超过经济合作发展组织(OECD)其他成员国。到2002年,中国科学研究与试验发展(R&D)经费超过1000亿元。OECD认为,中国的科技投入仅次于美国和日本,居世界第三位。再看隐性的精神投入。仅仅2004年,国家主席胡锦涛就四次视察中国科学院,国务院总理温家宝也三次去那里调研;2005年年初,中共中央政治局其他常委也先后到中科院参观并发表讲话。院长路甬祥说"这在科学院历史上是从未有过的"。然而全面的巨大的投入并没有产出相应的硕果,连年来,中国的科学技术不但跟不上国际发展水平,反而呈逐年下滑趋势。2001年初,瑞士洛桑国际管理开发研究院发表的《国际竞争力报告》显示,近年来中国的国民素质水平由1998年的第24位退至第29位,科学技术水平由第13位退至第28位,国际竞争力由第24位退至第31位。另外,2002年中国经济竞争力的世界排名是第38位,到2003年却下降到第44位,排在南非和斯洛伐克之后,到2004年又滑落到了第46位。

中国科技发展中这种令人匪夷所思的反常情况,有人认为是由于科研经费控制在政府手中,而不是由民间基金会掌握所致。他们援引一些实例加以说明:一是2005年3月23日《中国青年报》披露的一件惊人之事:一个本来已经被其他国家反复研究并确认是完全错误的项目,居然在我国某大学和部分院士的推动下强行开展,结果近1亿元投资白白浪费,还没有追究任何人的责任。二是同一天《检察日报》刊登的文章说,近年来,北京市海淀区检察院办理了不少侵吞科研经费的案件,犯罪分子私分科研经费的手段多种多样:有的假造工资单、劳务单领取现金;有的以亲属的名义冒领奖金;有的在科研经费中报销

---

* 原载《联合时报》2006年1月6日。

家庭购物发票；有的甚至用科研经费购买私房、私车或者其他固定资产；有的竟然还拿科研经费向相关领导行贿。

但是，这些实例说明不了科技经费使用不当或竟被滥用、贪盗的症结。难道，由民间基金会投入，就不会产生诸如此类的问题么？未必。我认为，关键在于对科技经费投入的法律监管。而在这一方面，现在显然存在着法律缺位的严重问题。例如：

（1）研究资源包括课题的筛选、确定，课题任务的下达，很少经法定的程序科学地、缜密地评审而发布；

（2）研究经费的多寡及分配，在很大程度上由主管部门甚至主管部门的头头拍脑袋决定，而不是按法定的条件、法定的程序公开、公正、公平地审查、批准与投放；

（3）研究经费的使用范围、使用原则、管理办法都没有纳入法律法规的视野；

（4）对研究经费使用不当的处置也没有具备法律效力的措施及时应对；

（5）广大纳税人几乎无从知晓科技投入及使用情况，因而无从监督；

（6）媒体也无缘了解科技投入额度的确定、分配和课题评审、经费使用的流程、管理、监督、审查等情况，因此无从发挥舆论监督的效能；等等。

我们常将"体制""机制""法制"三者联用而求改革之道。三者存在的内有机关系，缺一不可，弱一也会引致整体效能的降低，"木桶效应"照样在此发挥作用。因此，法制弱则体制、机制再强，也于事无补，科技发展的投入产出关系仍会混乱与反常。为今之计，确应认真考虑在科技法制建设中大大加强科技投入法律监管这个关键环节了！

科技投入问题如此，其他一切问题亦复如此。

改革开放以来，我们从"无法可依"、基本上依靠政策调控社会生活，转轨、发展到主要依靠法律来调控社会生活。20余年来的法制建设成就斐然，为世界各国所称道。如果说还有什么缺陷的话，我以为法律监管尚未普遍深入各个领域、监管力度不大就是其荦荦大端。

煤山矿难为何频频爆发而屡杜不绝甚至愈演愈烈？现在才知道，一是"黑心矿主"为非作歹，二是"官煤勾结"。矿山法、劳动法以及禁止官员从商的三令五申被置若罔闻。不是没有法，而是法律中规定的监督管理办法不具体，监督审查制度不严密，检查处理力度不强大，尤其是对逃避监管、包庇违法经营者的管理很混乱所致。2005年煤矿矿难特别严重，终于导致各地出台有关"官煤脱钩"的规定，当官的纷纷从煤矿撤资了。这当然是一件好事。但是，"上有政策，下有对策"，虚假撤资、转手换资、秘密留资之类的事还会到处发生。而对"黑心矿主"的监管不严、惩办不力还会存在，因为"官煤"的利害一体关系并没有在法律监管这一重要环节上找到具体的对策。

上市公司造假，中小股民利益长期受损，已招致怨声载道。房地产商以各种手法牟取空前暴利，不仅国内民众惊诧不已，国外业界也瞠目结舌。媒体记者炮制有偿新闻，无所不用其极。大中小学大肆扩招，从中渔利；即使不扩招，也把学生当作"唐僧肉"，想尽办法搜金刮银。医院变换手法收取高价医药费用。律师巧设圈套,随心所欲收取律师费。公、检、法、司机关工作人员贪赃枉法,司法不公导致司法质量下降。买官卖官现象花样百出⋯⋯

虽然上述种种只是局部的现象,发生在少数人的身上,但它在群众中所造成的影响是极为恶劣的。

法律之为法律,其最重要的特征便是它的强制性。这种强制性体现在对违法现象的监管上,应是具体的、周密的,对监管所得结果的处置应是严格的、有力的。否则,法律便失去了它的效用,更失去了它的权威。

法律监管的缺位,或法律监管虽然"在位"却成"弱势",都会在监管所涉方面造成不利于民众、不利于社会的恶果。强化法律监管,应当成为当下法治建设的一个重要取向。

创新型国家建设和科技法制保障[*]

党中央、国务院作出的十五年内建成创新型国家的重大战略决策,给全国人民以巨大的鼓舞,也提出了实现战略目标的现实要求。现在,我们必须为创新型国家的建成创造充分的可行的条件。胡锦涛同志指出:"要努力营造鼓励人才干事业、支持人才干成事业、帮助人才干好事业的社会环境,形成有利于优秀人才脱颖而出的体制机制,最大限度地激发科技人员的创新激情和活力,提高创新效率,特别是要为年轻人才施展才干提供更多的机会和更大的舞台。"[①] 这些条件的首要者,我以为就是要为创新型国家建设提供充分的科技法制保障。[②]

据创新经济学家统计,20世纪50年代以来世界上陆续进入创新型国家行列的,仅美国、英国、德国、法国、日本、加拿大、意大利、瑞士和瑞典等十来个国家。这些国家分别占据了世界主要技术密集型产业部门的大部分市场份额,从而成为世界经济强国;而其余近200个国家包括我国在内,由于主要靠引进和使用创新型国家的技术从事经济活动,在竞争中明显处于劣势地位。尤其是重大的、核心性的技术不可能依靠引进,这严重影响了国防实力的增强。考察这两类国家的情况可以发现这样一种差异:创新型国家对科技法制建设比较重视,大多建成了体系性的科技法制;而其他国家则不够重视或尚未达到建成科技法制体系的水平。

中国近代以来之落后、被动挨打,有多种原因,科技法制之阙如,是其重要的一个方

---

* 原载《政治与法律》2006 年第 2 期。

① 2006 年 1 月 10 日各大报关于"全国科技大会在京隆重开幕"的报道及胡锦涛总书记在大会上的重要讲话。

② 《检察日报》2006 年 1 月 23 日刊登《法律如何为建设创新型国家提供保障》一文。文中引述了中国政法大学校长徐显明、清华大学教授于安的观点。徐显明认为:"要建设创新型国家,要求我们对思想的创新,对工程技术的创新,对成果应用制度的创新保护有一套完善的法律体系。"于安认为:"建设创新型国家要构建有利于科技开发、有利于科技成果的运用、有利于科技人员的创造性活动的创新型国家法律体系。"

面。以专利法这一"为天才之火浇上了利益之油"的重要立法而言,美国于立国后仅15年即1791年就颁行了专利法,从而促进美国科学技术以突飞猛进的态势发展。中国却直至1984年才颁行了专利法。此前,太平天国的后起之秀干王洪仁玕,曾在1859年上呈天王洪秀全的《资政新篇》中提及建立专利制度,但其时太平天国已处颓势,内外交困之际不可能付诸实行。此后,中国的科学技术因得不到立法的支持,加上长期内外战争、政治腐败等原因,始终处于节节落后的状况。新中国成立以后,在相当长的时间里,由于只重政策而忽视法制,直至20世纪80年代中期,科技法制领域还几乎是一个空白。1985年全国第一次科技立法会议以后,科技法制建设走上了快车道,技术合同法、著作权法、科技进步法等先后问世,为科技进步提供了强大动力。20年来中国科学技术的迅速发展,科技法制建设的巨大成就厥功甚伟。

但衡诸创新型国家的科技法制建设,我们至少在以下几个方面存在差距。

一、创新型国家建设要完善科技法制体系

以科技进步、自主创新为主要内容的创新型国家建设,是一项规模宏大的系统工程,从人才的培养、选拔、使用、考核、奖掖,到科技项目的筛选,科技经费的投入、使用,科技成果的应用、推广;从基础研究到应用研究;从工业科技开发与应用,到农业科技开发与应用;从企业科技进步到研究院所研究能力的提高;从政府管理到科技体制改革以及科技人员权利义务的确定与积极性的提高;从全民科学文化素养的培育与提高,到特殊优秀人才的擢拔;从国内科技协作到国家交流合作……都离不开科技法制的促进与保障。因此,舍科技法制成体系性的全面发展,无由快速实现创新型国家的建成。

在创新型国家中,日本是一个以科技法制促进科技发展的例子。

第二次世界大战使日本国民经济陷入绝境。但战后日本迅速恢复了经济、科技实力,到60年代末已成为仅次于美国的资本主义世界第二经济大国。70年代初虽然因中东战争导致石油危机的爆发,使日本经济痼疾暴露无遗,但坏事成了好事的前导。日本不久便确立了"科技立国"的基本国策,狠抓科技法制建设以促进和保障科学技术的发展,迅速摆脱了危机,走上了全面繁荣的道路。现在,日本虽然历经"泡沫经济"之厄,但在资本主义世界仍居美国之后的第二经济大国地位。战后日本走过的道路中的一条主要经验,就是始终抓紧科技立法,依靠法律所特有的指导性、约束性和保障性来干预和指导全国的科技工作。

(一)科技立法齐全和完整

据初步统计,目前日本有关科技的法规有200多个,其内容包括:科技行政机关的设置法、组织令和组织规则(如《科学技术厅设置法》《科学技术厅组织令》《科学技术厅

组织规则》等），科学研究机构的设置法和组织法（如《航空育种技术研究所组织规则》《无机材料研究所组织规则》《水户原子能事务所组织规程》等），科技研究机关和研究机构的定员法（如《行政机关职员定员法》《行政机关职员定员令》），科技咨询机构的设置法和组织法（如《科学技术会议设置法》《海洋开发审议会令》《技术士审议会令》等），关于科技法人团体的法令和规则（分"特殊法人"法，如《理化研究所法》《新技术开发事业团法》《日本原子力研究所法》等；"公益法人"法，如《内阁总理大臣管辖的公益法人的设立与监督规则》《许可认可等临时措置令》等），关于科技发展的直接立法（如《原子能基本法》《核燃料物质的使用规则》等），关于科技发展的相关法令（如《所得税法》《法人税法》《物品税法》等），有关对外科技合作的立法（如《日本与法兰西科技合作协定》等）。此外还有发展科技或产业技术的种种重大措施和政策的法令。

（二）科技立法环环相扣，匹配成龙

例如从时间序列来看，日本政府于1956年颁发了《机械工业振兴临时措施法》；1957年颁发了《电子工业振兴临时措施法》，原定施行5年，后来由于效果显著而一再延长；1971年3月，根据新的形势和要求，颁布了《特定电子工业和特定机械工业振兴临时措施法》，用以代替前者；1978年又颁发了《特定机械情报产业振兴临时措施法》。这一系列法规内容有联系，法规具有连续性，如《特定电子工业和特定机械工业振兴临时措施法》是针对发展电子工业和机械工业的要求制定的，当取得相当成就、具备了一定基础后，振兴重点应转移到以增进电子技术和自动化技术为内容的高效产品方面来，所以在1978年以新的立法予以取代。又如从法的制定、实施来看，几乎每一个重要立法，都有一整套的相关法令与之配合。如当颁布《防止由于放射性同位素引起的放射性病法》后即颁行了有关的《施行令》和《实施细则》；颁布《海洋科学中心法》后，即颁布有关的《施行令》《实施细则》以及《关于海洋科学技术中心财务和会计的总理府令》。

（三）促进科技发展的各种"制度""计划"与法律法令结合，使立法效果更为突出

如1966年日本颁布了《大型工业技术研究制度》，1980年颁布了《下一代产业基础技术研究开发制度》，接着又推出《推进创造性科学技术制度》（1981）、《第五代电子计算机研究开发十年规划》（1982）、《原子能开发利用长远规划》（1982）、《关于研究开发生命科学中先导性、基础性技术的基本计划》（1984）、《宇宙开发大纲》（1984）、《激光研究五年计划》（1986）等等。这些具有法律效力的"制度""计划""规划"同相应的法律相结合，就发挥了突出的效果。日本常常模仿美国制定科技法规，坚持不懈，甚至当美国修改了有关法律规则时，日本也不轻易变更法规的内容，发挥科技法制的长效机制，在建立创新型国家中起着重要作用。

美国的科技法制建设始终走在其他发达国家的前面。虽然美国是属于普通法系的判例法治国家,但在科技立法上却一反惯例而采行了成文立法的形式。早在20世纪70年代之前,美国就大体建成了科技法制体系,为了发展经济和推动科技创新,并鼓励先进技术转让,加快技术商品化,提高国家竞争力,创造更多的就业机会,1980年以来美国立法机构制定和发布了与科技创新活动有关的法律法规20余个。其中最为著名的是始订于1980年的《史蒂文森—威德勒技术创新法》。1986年,美国对该法进行了修订,改称为《1986年美国联邦技术转让法》。该法的制定旨在促进美国的技术创新,支持国际技术转移,加强和扩大各科研机构与产业界之间的技术转让、人员交流等方面的合作,同时它对于提高各部门的劳动生产率、创造新的就业机会、稳定物价、提高产品在国内外市场上的竞争力等都起着积极的作用。

除《史蒂文森—威德勒技术创新法》外,美国鼓励科技创新的有关立法主要还有:

1982年的《小企业创新发展法》。根据该法制定的"小企业创新研究计划"(SBIR),要求联邦政府机构中年度研究与开发费用在一亿美元以上的单位要按一定比例向SBIR拨出专款,研究与开发资金超过2000万美元的联邦政府机构每年要为中小企业确定科研项目和目标。参加SBIR的有农业部、商业部、国防部、宇航部、卫生部、能源部和国家科学基金会(NSF)等11个部门,自1983年起即向SBIR陆续拨款。美国国会还专门立法规定,从1982年起联邦政府各部门用于本部门外小企业创新活动的经费可以逐年增加。1992年各部门投入创新活动经费占本部门总预算的1.25%,到1997年增加到了2.5%。

1986年的《联邦技术转让法》。该法规定:开展技术转让是所有国家实验室科学家和工程师的义务;对雇员工作的评价要结合技术转让的内容;为国家实验室技术发明者建立不低于15%的专利使用费分享原则,并为其他创新者制定奖励制度;制定了国家实验室技术转让联合体法规,并为该联合体开展工作提供了经费机制等。

1988年制定的《综合贸易与竞争力法》。该法强调在保证充分使用各种资源及科技成果方面要把重点放在国家和私人企业的合作上。

1989年的《国家竞争技术转让法》和1990年的《国防部授权法》。批准以1986年《联邦技术转让法》强调的基本相同的方式,为政府拥有和管理的国家实验室创造机会,参加与大学和私人工业达成的合作研究开发协议及其他活动;允许通过合作协议带进的和创造的资料数据和创新成果受到保护,避免泄露;还为国家核武器实验室规定了技术转让任务。

1991年的《国防授权法》。该法要求:建立国家国防实验室典型计划以显示联邦政府、州政府的和地方政府同小企业的成功联系;允许国家实验室同中间合作伙伴商签合同或备忘录为小企业的合同活动提供服务;允许开发和实施"国防制造技术计划",促进军用技术转为民用,并开发军民两用技术。

上述立法锦上添花地使美国科技法制体系更加健全、完善,对美国科研机构、大中型企业尤其是小型企业的科技创新发挥了十分重要的促进与保障作用。

我国宪法有若干条款对发展科学技术作了纲领性的规定。1993年我国又颁行了作为科技进步基本法的《科学技术进步法》。此外，在科技体制改革和科技工作管理，科技组织和科技人员管理，科技经费、设备和物资管理，与科技发展相关的税收征管，科技成果管理和科技奖励，技术合同和技术市场管理，科技情报、档案的管理和保密，知识产权，标准化、计量和质量管理，企业和农业科技进步，高技术研究及其产业和基础性研究，国际科技交流与合作，以及科技仲裁与诉讼等方面，都有了一些单行法律、法规。① 但是，其中95%以上为国务院各部、委、办的行政规章；创新型国家大多具有的关于人才培养、经费投入、基金管理、企业科技进步、农业科技进步、高新科技（生物技术、海洋技术、空间技术、能源技术、信息技术、材料技术）等的专项法律，我国大多仍处空白状态。也就是说，与创新型国家之建成科技法制体系相比，我国还有较大差距。

二、创新型国家建设要增强科技立法的可操作性

法律与政策的一个重要差异是，前者是刚性的，因而应是具体、明确，可据以规范主体的行为的；后者则是柔性的，因而相对比较抽象、比较原则，其实行如果要取得划一的效果则还有待实行者辅以具体的规定。我国不少科技法之原则性规定，实际上起的是政策导向作用，可操作性不强，不能发挥法律的刚性功能。

以科技投入为例，美国、日本等创新型国家为求科技创新以降低技术上的对外依存度，其研究与开发投入占GDP的比重一般都在2%以上，科技进步对经济的贡献率多在70%以上，技术上的对外依存度都在30%以下。② 其企业对科技开发的投入常占到营业额的3%—5%，我国历史上科技投入占GDP的比重，最高的是1960年的2.32%，以后逐年下降，到1998年为0.61%，2002年以后有所回升，到2004年为1.23%。③ 我国大中型企业对科技的总投入仅相当于营业额的0.39%、75%的企业没有研发机构，90%的企业没有申请过专利。④ 与此相关，我国对外技术依存度高达50%，设备投资60%以上依靠进口，科技进步贡献率仅39%左右。上海的产业技术对外依存度甚至高达75%，而1993年这个数字为65%，企业技术靠引进的占60.2%，三分之一以上企业都使用国外的生产线。⑤ 美国、

---

① 罗玉中、谭志泉主编：《科技法学教学参考资料选编（政策法规类）》，北京大学出版社1992年版；《中国科学技术白皮书（1986—2004）》，中国科学技术出版社出版。
② 邓楠：《建设创新型国家的关键》，《文汇报》2006年1月12日。《人民政协报》2006年1月9日新华社记者李斌等在《九大问题挑战"创新型国家"》提及，美国、日本的对外技术依存度仅为5%左右。
③ 李斌等：《九大问题挑战"创新型国家"》，《人民政协报》2006年1月9日。
④ 任玉岭：《科技创新：需关注和解决的几个问题》，《人民政协报》2006年1月24日。
⑤ 任玉岭：《科技创新：需关注和解决的几个问题》，《人民政协报》2006年1月24日。

日本等创新型国家在科技投入、产出上与我国的差距，和二者科技法在科技投入上的有关规定密切相关。我国科技法以及各地的科技进步条例的有关规定，大体以"科技投入必须与经济增长水平相适应"或"科技投入必须随着经济增长、财政收入的增长而增长"为措辞[①]，美、日等创新型国家则与我国不相同。这些国家或以专门法律法规规定科技投入的具体增长比率，科技拨款的数额，或建立各种有法律约束力的"制度"辅法而行。

20余年来，我国法制建设包括科技法制建设成就斐然，从无法可依到有法可依当然是一个巨大的进步。但是不应讳言，社会生活基本依靠政策调节的影响仍然存在，这就是法律的刚柔杂糅致使一些法律规定难以真正规范政府行为，其中的政策性规定赋予政府的有关主管部门以相当大的机动权，从而导致法律规定无法真正落实。要建成创新型国家，首先是科技法制必须增强其具体性、明确性与操作性，使其充分体现出法律的刚性功能来。

三、强化科技立法的法律责任

创新型国家建设要发挥科技立法的刚性作用，强化它的法律责任。这里有两种情况：一为法律责任阙如；另一为虽有法律责任规定而实际上却无法追究。

二者不言自明是违反法理的。科技法作为法律，同样必须有关于法律责任的规定，否则即不成其为法律。法律责任不明或竟阙如的情况似乎不应出现、不会出现，但略一考察，却不少见。以宪法为例，我国宪法规定："国家发展自然科学和社会科学事业，普及科学和技术知识，奖励科学研究成果和技术发明创造。"（第二十条）这些条文里当然可以看到"国家"的责任。但是，当我们把"国家"具体化为各级政权机关及其工作人员，在他们对"发展自然科学和社会科学事业，普及科学和技术知识"不积极甚至十分消极，在"奖励科学研究成果和技术发明创造"的宪法责任上不作为或十分消极，国家、公民找谁去要求其负起法律责任或负起什么样的法律责任呢？宪法还规定："中华人民共和国公民有进行科学研究、文学艺术创作和其他文化活动的自由。国家对于从事教育、科学、技术、文学、艺术和其他文化事业的公民的有益于人民的创造性工作，给以鼓励和帮助。"（第四十七条）这是公民的神圣权利，但这些权利如未实现，找谁去负责呢？"谁"又负何责任呢？公民的这种神圣权利如果受到侵损，又向何处索偿、向谁索偿、如何索偿、索偿什么呢？当然，宪法作为母法一般只能做原则规定，但必须有具体法律法规予以落实。现在的问题是，落实宪法原则的具体法律法规十分欠缺。这方面的问题还需要我们下大力气

---

① 《中华人民共和国科学技术进步法》规定了一系列"科学技术进步的保障措施"，但大多失诸空泛，如第四十五条的规定。第四十六条规定："国家鼓励企业增加研究开发和技术创新的投入，企业的技术开发费按实际发生额计入成本费用。"

去解决，这还只是举例而已。

　　对我国宪法与一些基本法，不少国际朋友都赞不绝口，认为是世界上制定得最好的。但也有法学界人士指出了与国外同类立法的不同。例如我国宪法规定了公民的 18 大类基本权利，这在各国宪法中可谓是比较齐全的，但他们指出，这些权利规定都是肯定式、赋予式的，如果未能实现或竟受到侵犯，并无确切的救济办法。比较而言，一些发达国家在规定公民的宪法权利时，采取的是否定式，即规定政府机关及其工作人员如果不能实现公民的权利或竟妄加侵损，应负何种法律责任。所涉同样是公民权利，肯定式（赋予式）与否定式的本质性差别一目了然。

　　与宪法规定相类似，我国不少科技法的规定也是肯定式的，同样难以起到真正地促进与保障科技发展的法律作用。例如《自然科学奖励条例》及其"说明"（相当于"实施细则"），对重大科技成果规定了奖励办法，包括"奖励范围及应具备的条件""奖励标准""申报程序与要求""初审""复审""奖励委员会评定""异议处理"等具体规定，算得上是比较详尽的。但是，若问"奖励委员会"如果不开会，评审专家和工作人员如果不按规定"认真负责""秉公办事"而徇私评奖怎么办？不得而知。因此，这样的"条例"作为法律规定，是有严重缺陷的。近年来反映强烈的对评奖中弄虚作假的控诉时有发生，也就不足为怪。因此，可以说，缺乏法律责任的法律，就不可能真正发挥法律的功能，科技立法也不例外。要建设创新型国家，就要强化科技立法关于法律责任的规定。

　　综上所述，科技自主创新是建设创新型国家的首要条件。如果我们借鉴先行创新型国家科技法制建设的经验，早日完善我国的科技法制体系，并使之有较强的具体性、明确性、可操作性与可问责性，那么，我国之创新型国家建设是一定可以计日程功、凯歌高奏的！

借鉴发达国家创新经验，完善科技法制体系建设*

据创新经济学家统计，20世纪50年代以来世界上陆续进入创新型国家行列的，仅美国、英国、德国、法国、日本、加拿大、意大利、瑞士和瑞典等10来个国家。这些国家分别瓜分了世界主要技术密集型产业部门的大部分市场份额，从而成为世界经济强国；而其余近200个国家包括我国在内，由于主要靠引进和使用创新型国家的技术从事经济活动，在竞争中明显处于弱势地位。尤其是重大的、核心性的技术不可能依靠引进，还严重影响了国防实力的增强。考诸这两类国家的情况，可以发现存在这样一种差异：创新型国家对科技法制建设比较重视，大多建成了体系性的科技法制；而其他国家则不够重视或尚未达到建成科技法制体系的水平。

以科技进步、自主创新为主要内容的创新型国家建设，是一项规模宏大的系统工程，从人才的培养、选拔、使用、考核、奖掖，到科技项目的筛选，科技经费的投入、使用，科技成果的应用、推广；从基础研究到应用研究；从工业科技开发与应用，到农业科技开发与应用；从企业科技进步到研究院所研究能力的提高；从政府管理到科技体制改革以及科技人员权利义务的确定与积极性的提高；从全民科学文化素养的培育与提高，到特殊优秀人才的擢拔；从国内科技协作到国际交流合作……都离不开科技法制的促进与保障，因此，舍科技法制成体系性的全面发展，无法快速实现创新型国家的建成。

在创新型国家中，日本是一个以科技法制促进科技发展的典型例子。

第二次世界大战使日本成为一片废墟，国民经济陷入绝境。但战后日本迅速恢复了经济、科技实力，到20世纪60年代末已成为仅次于美国的资本主义世界第二经济大国。70年代初虽然因中东战争导致石油危机的爆发，一下子使日本经济痼疾暴露无遗，但坏事成了好事的前导。日本不久便确立了"科技立国"的基本国策，狠抓科技法制建设以促进和保障科学技术的发展，迅速摆脱了危机，走上了全面繁荣的道路。现在，日本虽然历经"泡沫经济"之厄，但在资本主义世界仍居美国之后的第二经济大国地位。战后日本走过

---

* 原载《联合时报》2006年6月30日。

的道路中的一条主要经验，就是始终抓紧科技立法，依靠法律所特有的指导性、约束性和保障性来干预和指导全国的科技工作。

美国的科技法制建设始终走在其他发达国家的前面。虽然美国是属于普通法系的判例法治国家，但在科技立法上却一反惯例而采行了成文立法的形式。早在20世纪70年代之前，美国就大体建成了科技法制体系。为了发展经济和推动科技创新，并鼓励先进技术转让，加快技术商品化，提高国家竞争力，创造更多的就业机会，80年代以来美国立法机构制定和发布了与科技创新活动有关的法律法规20余个。其中最为著名的是始订于1980年的《史蒂文森—威德勒技术创新法》。1986年，对该法进行了修订，改称为《1986年美国联邦技术转让法》。该法的制定旨在促进美国的技术创新，支持国际技术转移，加强和扩大各科研机构与产业界之间的技术转让、人员交流等方面的合作，同时它对于提高各部门的劳动生产率、创造新的就业机会、稳定物价、提高产品在国内外市场上的竞争力等都起着积极的作用。除《史蒂文森—威德勒技术创新法》外，美国鼓励科技创新的有关立法主要还有：

1982年的《小企业创新发展法》。根据该法制定了"小企业创新研究计划"（SBIR），要求联邦政府机构中年度研究与开发费用在1亿美元以上的单位要按一定比例向SBIR拨出专款，研究与开发资金超过2000万美元的联邦政府机构每年要为中小企业确定科研项目和目标。参加SBIR的有农业部、商业部、国防部、宇航部、卫生部、能源部和国家科学基金会（NSF）等11个部门，自1983年起即向SBIR陆续拨款。美国国会还专门立法规定从1982年起联邦政府各部门用于本部门外小企业创新活动的经费可以逐年增加。1992年各部门投入创新活动经费占本部门总预算的1.25%，到1997年增加到了2.5%。

1984年的《商品澄清法》。该法允许政府所有的和由承包人经营的实验室可以做出发放专利使用许可证的决定；允许承包人获取专利权用于研究开发、奖励和教育；允许私人公司，不管规模大小，都可以获取独有的使用许可证；允许大学和非赢利组织经营的实验室在有限制范围内保留发明所有权。

1988年制定的《综合易与竞争力法》。该法强调在保证充分使用各种资源及科技成果方面要把重点放在国家和私人企业的合作上。

1989年的《国家竞争技术转让法》和1990年的《国防部授权法》以及1991年的《国防授权法》，等等。

上述立法锦上添花地使美国科技法制体系更加健全、完善，对美国科研机构、大中型企业尤其是小型企业的科技创新发挥了十分重要的促进与保障作用，是美国科技创新支持力量的不竭源泉。

我国宪法有若干条款对发展科学技术做了纲领性的规定。1993年我国又颁行了作为科技进步基本法的《科学技术进步法》。此外，在科技体制改革和科技工作管理，科技组织和科技人员管理，科技经费、设备和物资管理，与科技发展相关的税收征管，科技成果管理和科技奖励，技术合同和技术市场管理，科技情报、档案的管理和保密，知识产权，标准化、计量和质量管理，企业和农业科技进步，高技术研究及其产业和基础性研究，国际科技交流与合作，以及科技仲裁与诉讼等方面，都有了一些单行法律、法规。但是，其中95%以上为国务院各部、委、办的行政规章；创新型国家大多具有的关于人才培养、经费投入、基金管理、企业科技进步、农业科技进步、高新科技（生物技术、海洋技术、空间技术、能源技术、信息技术、材料技术）发展等的专项法律，我国大多仍处空白状态。也就是说，与创新型国家之建成科技法制体系相比，我国还有较大差距。

"他山之石，可以攻玉。"借鉴日本、美国等发达国家的科技法制建设经验，已经成了我们现在建设创新型国家的首屈一指的任务。

日本的"官、产、学"与中国的科技法制建设*

一

随着改革开放的发展和新技术革命浪潮挑战的加剧，寻求国外促进科学技术发展的经验的积极性正有增无减。但在这一过程中，往往有食洋不化，甚至有误食洋药的情况发生。许多介绍日本推进科学技术和产业发展的"官、产、学"相结合体制的文章，就犯有误食洋药的毛病。

这种毛病之"误"，"误"在望文生义，把"官、产、学"的"官"，简单地释义为"官方""政府"；把"学"简单地释义为"科学技术研究开发机构和高等院校的科技开发"。据此，还闭门造车式地构想出中国科技体制改革与科技法制建设的种种方案来。例如，建议在我国也"像日本那样，形成政府领导、企业与学校及研究机构相结合的体制……"。殊不知日本并不是上述设想"那样"的"官、产、学"体制。

据日本科学技术厅主编的《现代的日本科学技术》一书介绍，日本政府在考虑科学技术现状及今后发展方向时曾提出，扩大国家作用所需要的资金，从追赶先进水平的时代向掌握尖端技术时代过渡的自主技术，与综合化组织化等活动相适应的官民合作，国际合作及在振兴科学技术中取得国民的理解和协作等五个问题，是注意的重点。其中，关于"加强官民合作"问题，日本科学技术厅所制定的政策大致如下。

迄今为止，许多领域的研究开发工作，都是依靠某个研究机构或企业单独进行的。虽然取得了相当大的成果，但是为了适应技术向综合化、大规模化等方向发展，或者是为了满足社会上对解决能源等问题的要求，大型技术开发项目变得越来越重要，需要跨部门开展的共同研究课题也在不断增加。

在这类共同研究领域里，从基础研究到应用研究，从产品试制到实际应用，都必须将

---

* 本文作于1988年，未发表。

国立试验研究机构、大学和民间研究机构组织起来，集中优秀的研究人员，全面开展研究工作。

到目前为止，尽管一些领域也正在以合作研究组织的形式，将官方和民间的资金、技术集中起来，但是由于日本传统上的封闭式的人事制度，使得科研人员的流动很难越过某一部门的界限，而且各单位之间的组合也很不够。

总之，既然日本要以技术立国为目标，那就应该在所有的领域里，由官民双方共同筹集资金和人才，积累技术，紧密合作，推动技术开发工作，最大限度地发挥日本的技术潜力。

这就要求政府的各省、厅，各机构或各企业都不搞本位主义，重新建立适应新时代的、更灵活而有效的研究开发体制，并以此作为开创科学技术新局面的必要条件。日本政府必须以全新的思想去整改这些问题。

根据上述日本科学技术厅关于"加强官民合作"的政策，"官、产、学"相结合体制的含义已显见端倪。其"官"，所指者是"国立试验研究机构"；其"产"，所指者为"民间研究机构"；其"学"即"大学"。根据日本的实际情况，除"国立试验研究机构"外，还有所谓"公立试验研究机构"，即地方（都、道、府、县）经费支转的试验研究机构；而"民间研究机构"即企业的研究机构。在日本，几乎没有民办的纯然进行科学研究或技术开发或兼营二者的机构，民间所有的科技机构都附着在企业里；而一些大型、超大型企业，则有几个甚至十几个科技机构，拥有大批高级科技人才与巨额的研究经费。

简而言之，所谓日本的"官、产、学"相结合体制，其正确含义应是国立或公立试验研究机构、企业的试验研究机构和大学的试验研究机构相结合。

在做上述如实地看待日本的"官、产、学"相结合体制时，不能不指出，即使在日本本国，对所谓"官、产、学"也有泾渭分明的不同看法。

日本东京大学博士高见泽磨认为"日本并不是外国人所认为的那样有'官产学'协同体制的国家"，压根儿把有些人想引进的"洋药"否定了。他指出，在日本，有不少人反对"官产学"体制的本身，其原因是"他们怀着由于大学参加'官产学'体制而使大学的自治实质上受到侵害的畏惧感"。高见泽磨还认为，即使承认"官产学"协同的必要性，实际上也有很多困难。从企业来讲，他们必须收回投入研究开发的资本，因此很容易陷入偏重实用性技术方面的开发。从大学来讲，有了企业的投资，看起来似乎有利于独创性的基础科学研究，但由于研究者本身的独立心和个性太强，不一定能胜任这种具有庞大组织和巨额资金的项目的管理。此外，如果开发出了成果，如何解决权益关系；项目进行期间如何保守秘密等，都存在不少问题。这是因为，就权益关系来说，科技研究与开发的成果是知识形态的产品，其价值本身无法为物质形态商品那样称斤掂两地精确计算；而研究人员投入的智力劳动与企业投入的资金的作用及由此而来的价值评估，是更难丁丁卯卯地分清。就秘密保守问题来说，学者有了新发现、新发明，就有向学界发表的义务；但企业却不同，在开发生产出新商品前，一般不能公布其内容。

当然，诸如秘密保守等问题，在中国和日本会有很大的不同，因为中国是实行的公有制为主体的社会主义国家，而日本是实行私有制的资本主义国家。但撇开这些不论，所谓日本的"官、产、学"相结合体制，确是我们有些人由望文生义而来的"一厢情愿"的提法，误食这种"洋药"，怕是不能为中国科技进步"益寿延年"的。

但这并不是说议论日本的所谓"官、产、学"相结合的体制，对我们连借鉴、思考一下的意义也没有；更不是说日本科学技术厅所制定的"加强官民合作"也无"借石攻玉"的意义。笔者认为，在正确理解"官、产、学"本义、正确理解"加强官民合作"本义的基础上，与我"一衣带水"关系紧密的日本，其科技政策对我国发展科学技术、制定科技政策、确立科技法制，仍是极有借鉴意义的。在日本的学校教育中，强调向外国人学习的小学生精神，所以，从总体上看，日本能博取各国之长而融会贯通，加速了国力的发展，让人叹服。我们也要学学日本人民的这种谦虚精神。

二

在做了一番对所谓的日本"官、产、学"相结合的辩证考察后，现在我们可以来谈谈与此相关的中国科技法制建设中的若干意见了。

第一，以法律保障与促进各类科技研究开发机构的合作。

科技研究开发的协作与合作的必要性，今日中国的情况与日本提出"加强官民合作"时是大体一致的。这是因为我国已建成了初具规模的工业体系，高精尖技术的研究开发从60年代以来已取得了丰硕的成果与长足的进步；随着四个现代化建设事业的大规模展开，我们也早已面临着"为了适应技术向综合化、大规模化等方面发展""大型技术开发项目变得越来越重要，需要跨部门的开展的共同研究课题也在不断增加"的问题。同时，我国还存在着严重的科研资金不足、科技人才短缺等困难。因此，如何有效地发挥现有资金、设备仪器和人才的作用，在最短的时间内取得最大的效果，是一个必须采取法律手段加以调节的问题，非一般政策手段或思想工作所能奏效。

由于体制的原因以及习惯地依靠行政组织和政策指导的做法，过去也有过的合作研究，难免有"一审二调"的弊端存在，导致合作一时则可，合作长久却难，不是合作不好，就是合作中的某方权益受损。其后果之一往往是研究成果成为"样品""礼品""展品"，中看而不中用，转化为产业、产品的少，经济效益也就难以提高。许多科技研究项目由许多家单位在低水平上重复开展，也与此不无关系。

这就提出了一个解决合作者之间的权利义务关系的法律问题。也就是说，科技合作中出现了新的法制需求。这一法制需求在社会主义商品经济迅猛发展，商品经济意识迅疾而广泛地深入人心的今天，显然已变得更为强烈而紧迫了。

仅此一端，就有必要制定促进与保障科技合作的基本法。这一基本法除规定解决上述合作各方的权益问题之外，对于合作的宗旨，合作的基本方式、基本形式、组织机构及其管理、合作者的义务等等，做出明确的规定。

第二，以法律手段保证国家对合作研究开发项目的统一领导与组织管理。

日本的大型技术开发项目中，有不少都是在国家统一方针指导下，集中政府、企业和学校的力量，综合地、有计划地进行的。这里所说的"政府的力量"，不是指政府的行政领导，而是指国立或公立的研究机构的人力、物力和财力；但这并不意味政府放弃了行政领导。日本政府对全国性的大项目的行政领导，基本上是通过法律而设立的专门委员会来实施的。例如日本十分重视宇宙开发，为此以法律设定了"宇宙开发委员会"，该委员会制定的计划具有对参与宇宙开发合作者的法律约束力。日本宇宙开发委员会将应用卫星与运载火箭交给了宇宙开发事业团研制（宇宙开发事业团的设置，也有专门法律做出规定）；科学卫星和运载火箭的开发由东京大学宇宙航空研究所承担；各省厅的研究部门则以航空宇宙技术研究所为中心，进行应用卫星及其基础性、先导性的研究。

"群龙无首，各行其是。"显然，日本以某一领域为任务内容的委员会的设置，体现了政府的行政领导的力量。我国的重大攻关项目，多是以成立"××项目攻关领导小组"的形式来实施政府的行政领导的。这种形式的形成自有其理由，其作用也不可否定。但要过渡到一个完整、健全的社会主义法治社会去，借鉴日本的经验，以新的立法为某一实施政府的行政领导机构的设置、其职责权限的确定、其内部、外部社会关系的调整做出明确的规定，无疑是必要的。养成了一切依法办事的习惯，尤其是在科技发展的促进方面率先这样去做，对我国社会主义法制建设的整体，将产生明显的良好影响。

第三，以法律手段大力促进民办科技研究机构的健康发展。

民办科技研究机构的出现及其迅速发展，是改革开放以来的新现象。这对调动社会力量、遵循商品经济的发展规律与促进科学研究与技术开发，有重要的作用。但民办科技研究机构大发展的过程中，出现了"河泥俱下，鱼龙混杂"的情况。现已查明，有不少所谓民办科技研究开发机构，并不具备科学研究或技术开发的能力，有的甚至是一无场地，二无设备，三无科技人员而徒有虚名，实则从事买空卖空的商品投机活动的。我们不反对搞技术中介服务的机构，这样的机构对技术"供销"渠道的畅通有其积极作用。但它与"科技开发公司"之类确是名实不符的。民办科研或民办技术开发机构，应当循名责实地从事科学研究或技术开发。这样做了而且做得好，对社会产生了重大经济效益的民办科技机构，是大量存在的。

因此，无论从接受以往有名无实的"民办科技机构"搞乱流通的教训来看，还是从以立法来保证现有的与将有的民办科技机构妥善调节其内部权利义务关系，组织机构的设立与管理以及经营方向、发展手段、人员构成等等，都应把制定民办科技机构法提到议事日程上来。现在，许省市都有了关于民办科技机构的"暂行条例"。可以在此基础上总结经验，吸取教训，早日考虑制定全国统一的民办科技机构法，而地方则可制定实施细则以确保全国统一的法律的实施。

第四，以法律手段保证与促进企业科技研究开发机构的发展。

日本的企业为私人所有，我国的企业为国家（全民）或集体所有，这是它们各个附属的科技机构在所有制上的本质区别。由此又带来其权利义务关系、组织管理关系、权限职责关系、内部外部关系上的种种不同。但这并不构成要或不要以法律加以调节的理由。从根本上说，日本企业的科技机构以民事法律和合同法加以调节，已大致足够了；倒是我国的公有制企业附属的科技机构，由于过强过多过死地为行政所制约，往往成为行政机构的附属物，不以法律加以调节，更容易丧失科技机构应有的活力，所以比日本企业的科技机构更要注意立法调节了。

上述四个方面的考虑，虽则不是从日本"官、产、学"体制来的，却是从它的启示下得到的。如果我们健全了上述四个方面的立法，相信我国科学技术的发展能够因此而得到重要的保障与促进。循此继进，充分发挥法律在调整科技活动中产生的社会关系的作用，必能夺得迎接新技术革命挑战的胜利。

建设创新型国家的光辉起点*

新年伊始,全国科技大会在北京隆重开幕,胡锦涛总书记发表重要讲话,传达了党中央国务院的重大战略决策:用15年时间使我国进入创新型国家行列。这是事关中华民族前途命运,事关社会主义现代化建设全局,事关国际和谐社会建设的重大决策,是在960万平方公里土地上建设创新型国家的伟大长征的光辉起点。

当今时代,人类社会步入了一个科技创新不断涌现的重要时期,也步入了一个经济结构加快调整的重要时期。发轫于20世纪世纪中叶的新科技革命及其带来的科学技术的重大发现发明和广泛应用,推动世界范围内生产力、生产方式、生活方式和经济社会发展观发生了前所未有的深刻变革,也引起全球生产要素流动和产业转移加快,经济格局、利益格局和安全格局发生了前所未有的重大变化。进入21世纪,世界新科技革命发展的势头更加迅猛,正孕育着新的重大突破。信息科技将进一步成为推动经济增长和知识传播应用进程的重要引擎,生命科学和生物技术将进一步对改善和提高人类生活质量发挥关键作用,能源科技将进一步为化解世界性能源和环境问题开辟途径,纳米科技将进一步带来深刻的技术变革,空间科技将进一步促进人类对太空资源的开发和利用,基础研究的重大突破将进一步为人类认知客观规律、推动技术和经济发展展现新的前景。

但是,目前我国科技的总体水平同世界先进水平相比仍有较大差距,同我国经济社会发展的要求还有许多不相适应的地力,主要是:

第一,关键技术自给率低,自主创新能力不强,特别是企业核心竞争力不强,国内拥有自主知识产权核心技术的企业仅为万分之三。企业难以掌握核心技术,重引进、轻消化吸收再创新的问题一直未能有效解决。2004,规模以上工业企业技术引进经费支出397亿元,消化吸收经费支出仅61亿元,远远低于日本和韩国的水平。科技创新能力严重不足,使许多企业陷入受制于人的被动境地。

第二,农业和农村经济的科技水平还比较低,高新技术产业在整个经济中所占的比例

---

* 本文作于2006年,未发表。

还不高，产业技术的一些关键领域存在着较大的对外技术依赖，不少高技术含量和高附加值产品主要依赖进口。我国对外技术依存高达50%，而美国、日本仅为5%左右。关键技术自给率低，占固定资产投资40%左右的设备投资中，有60%以上要靠进口来满足，高科技含量的关键装备基本上依赖进口，许多重点领域特别是国防领域的对外技术依赖，会对国家安全构成严峻挑战。而从世界范围来看，美国、日本等发达国家把科技创新作为基本发展的战略，在世界市场上获得了突出的竞争优势。这些国家的科技进步对经济的贡献率多在70%以上，对外技术的依存度大多保持在30%以下。

第三，科学研究实力不强，优秀拔尖人才比较匮乏。长期以来，许多单位以论文数量作为考核的主要指标，导致科研人员片面追求论文数量，花大量时间跑课题、要经费、写总结。论文质量却无法让人乐观：1993年至2003年，世界各学科领域按照作者统计的SCI（科学引文索引）论文被引用次数，前20名没有中国学者，前100名仅有2人。

第四，科技投入不足，体制机制还存在不少弊端。我国历史上科技投入占GDP的比重最高是1960年的2.32%，以后逐年下降，到1998年为0.69%，2000年以后有所回升，到2004年为1.23%，但与我国有关法规规定的1.5%还有差距。

以汽车工业为例，从2005年开始，中国已经成为世界第四大汽车生产国，第三大汽车消费国。但在汽车大国中占主导地位的无一不是本国品牌，唯独在中国，自主品牌不仅没有达到应有的地位，而且一直屈居人下做个小配角，很长时间以来，一直只能凭着低廉的价格去获取甚小的市场份额。根据目前的发展势头，中国有望到2020年成为世界第一大汽车生产国。汽车工业是一个技术高度密集的成熟产业，是当今诸多高新技术的载体。落后于世界先进水平20年的中国汽车想要迎头赶上，就要全面落实科学发展观，走出一条中国汽车发展的自主创新之路。面对世界科技发展的大势，面对日趋激烈的国际竞争，我们只有把科学技术真正置于优先发展的战略地位，真抓实干，急起直追，才能把握先机，赢得发展的主动权。

为适应我国经济社会发展和人民生活改善对科技进步和创新提出的迫切要求，在党中央正确领导下，国务院成立了领导小组，组织科技界、教育界、经济界、企业界2000多名专家，在充分调查研究的基础上，制定了《国家中长期科学和技术发展规划纲要（2006—2020）》。为了动员全党全社会积极行动起来，认真贯彻实施规划纲要，党中央、国务院将专门做出关于实施科技规划纲要、增强自主创新能力的决定。从新世纪新阶段我国经济社会发展的战略全局出发，深刻认识加快我国科技事业发展的重大意义是当前迈开大步向建成创新型国家伟大目标前进的关键。

为了实现进入创新型国家行列的奋斗目标，要突出抓好以下几个方面的工作：

第一，实施正确的指导方针，努力走中国特色自主创新道路。走中国特色自主创新道路，核心就是要坚持自主创新、重点跨越、支撑发展、引领未来的指导方针。自主创新，就是从增强国家创新能力出发，加强原始创新、集成创新和引进消化吸收再创新。重点跨越,就是坚持有所为有所不为,选择具有一定基础和优势、关系国计民生和国家安全的关键领域,集中力量、重点突破,实现跨越发展。支撑发展,就是从现实的紧迫需求出发,着力突破重大关键技术和共性技术,支撑经济社会持续协调发展。引领未来,就是着眼长远,超前部署前沿技术和基础研究,创造新的市场需求,培育新兴产业,引领未来经济社会发展。

第二,坚持把提高自主创新能力摆在突出位置,大幅度提高国家竞争力。要把提高自主创新能力摆在全部科技工作的首位,在若干重要领域掌握一批核心技术,拥有一批自主知识产权,造就一批具有国际竞争力的企业,大幅度提高国家竞争力。要把发展能源、水资源和环境保护技术放在优先位置,下决心解决制约经济社会发展的重大瓶颈问题;抓住信息科技更新换代和新材料科技迅猛发展的难得机遇,把掌握装备制造业和信息产业核心技术的自主知识产权作为提高我国产业竞争力的突破口;把生物科技作为未来高技术产业迎头赶上的重点,加强生物科技在农业、工业、人口和健康等领域的应用;加快发展空天和海洋科技,和平利用太空和海洋资源;加强基础科学和前沿技术研究,特别是交叉学科的研究,加强我国科技创新的基础和后劲。

第三,深化体制改革,加快推进国家创新体系建设。为此,一要建设以企业为主体、市场为导向、产学研相结合的技术创新体系;二要建设科学研究与高等教育有机结合的知识创新体系;三要建设军民结合、寓军于民的国防科技创新体系;四要建设各具特色和优势的区域创新体系;五要建设社会化、网络化的科技中介服务体系。

第四,创造良好环境,培养造就富有创新精神的人才队伍,要依托国家重大人才培养计划、重大科研和重大工程项目、重点学科和重点科研基地、国际学术交流和合作项目,积极推进创新团队建设,努力培养一批德才兼备、国际一流的科技尖子人才、国际级科学大师和科技领军人物,特别是要抓紧培养造就一批中青年高级专家。

第五,发展创新文化,努力培育全社会的创新精神。要在全社会培育创新意识,倡导创新精神,完善创新机制,大力提倡敢为人先、敢冒风险的精神,大力倡导敢于创新、勇于竞争和宽容失败的精神,努力营造鼓励科技人员创新、支持科技人员实现创新的有利条件。

战鼓已经隆隆擂响,战旗正猎猎高扬,中华民族腾飞而起跃入创新型国家行列的战斗已经打响。让我们在伟大的中国共产党领导下,全民奋起,坚持拼搏,去夺取新的伟大的胜利吧!

企业法篇

运用法律手段管理企业

——苏联《社会主义法和科学技术革命》一书简介[*]

近二十年来，苏联的科学技术得到了比较迅速的发展，这引起了社会关系的某些变动，和企业管理中的一系列新问题。苏联法学界对此颇为重视。许多人著书立说，探讨科技革命条件下如何运用法律手段调整变动中的社会关系问题。其中，《社会主义法和科学技术革命》一书，比较多地涉及了科技革命条件下运用法律手段管理企业的问题，可供我们借鉴。

该书提出，由于科技革命的发展，运用法律手段管理企业的必要性大大加强了。这首先是同各个企业有效地利用科学技术最新成就有关。在许多情况下，科技最新成就可以给企业带来明显的、迅速见效的利益，它的应用和推广就比较容易。但有时情况并非如此，应用和推广某些科技最新成果的收益不能在近期获得，或者从本企业来看并不能得益，得益者或得到更多利益的是其他企业。它的应用和推广往往就有一定的阻力。这是一种新的矛盾。而且，随着科技革命的迅速发展，这类矛盾将更加频繁、更加普遍地出现。其次是同保护环境、保护公民的生命和健康的客观必要性密切相关的。在科技革命的条件下，还"产生了发展生产力的需要和保护环境、保护人的生命与健康的必要性之间的辩证矛盾"。该书指出，"个别企业为了完成计划而采取不择手段的方法，污染了水和空气。在为建设新企业而选择方案时，并不总是考虑到生态后果"。因此，"必须利用一切影响手段，来保证社会生产的发展与最充分地保护自然环境结合在一起"。第三，随着科技革命的发展，管理机关的各个环节之间，科研机关与企业之间都产生了新的矛盾。为了解决发展国民经济的任务，就必须确定管理机关的各个环节之间的相互关系，确定其不同的职能，"在管理机关、企业、科学院和分院之间极其复杂的相互作用过程中，确定每一部分在社会管理体系中的地位，是它们正常活动的必要条件"。第四，在科技革命过程中，社会主

---

[*] 原载《上海企业》1983年第1期。

义所有制即国家所有制和集体农庄所有制的接近过程，对企业管理也将发生影响，国营企业和集体农庄职工的劳动关系在发生变化。

鉴于上述客观的必要，该书认为，"可以认为，法学的基本任务之一，就是拟订解决管理机构之间的合作和协调的有效方法"，即予以法律保证。该书指出，"在实践中有时采用各管理机关之间的协议，但其效果不大"，这更证明采用法律手段具有重要意义。

该书论述了科技革命条件下法律调整的范围不是缩小而是不断扩大的总趋势。指出了法律规范的稳定性将与日新月异地变化的社会关系发生矛盾，这是辩证的矛盾，解决这种矛盾的途径是："第一，经常革新立法；第二，正确处理法律与法令的关系。""上述辩证矛盾是一种动力。"

该书在详细论述运用法律手段管理企业的上述原则性问题的同时，也比较详细地涉及一些具体问题。

例如，在企业中推广科技革命最新成果方面运用法律推定的手段问题。由于不可能用法律条文对一切社会关系，尤其是因科技迅速进步而急剧变动的关系做出法律方面的详尽规定，因此，法律推定就有着巨大的作用。在科技革命成果的应用方面，就可以有如下法律推定：第一，一般的推定。凡不利于社会的，就是不利于企业的。第二，经济效果差的推定。一个企业，因拒绝先进技术的运用而在落后技术水平下取得的经济效果，应视为比应用先进技术而造成的"不利"时期的效果更差。第三，最大责任的推定。企业领导人因拖延科技成果的应用而造成企业技术落后的责任，比上一年度因所掌握的科学和技术成果与产品不适应而完不成任务的责任要严重。在这一系列推定的基础上，可以建立起科学和技术成果应用的法律调整体系。

《社会主义法和科学技术革命》一书为苏联科学院国家与法研究所集体撰著，1977年由莫斯科科学出版社出版。

运用法律手段管理企业，应该引起我们的充分重视。随着"四化"建设的发展，科技进步必将促进经济振兴，经济振兴又给科技发展以巨大推动，其中大量出现的新矛盾，有待包括法律调整手段在内的措施给以解决。为此，必须研究别国的经验和教训。苏联《社会主义法和科学技术革命》一书研讨了他们的经验教训，也不讳言某些缺点，有一定的科学性，是值得我们重视的。

国营小型企业租赁经营的若干法律问题[*]

中共中央《关于经济体制改革的决定》指出:"有些小型全民所有制企业还可以租给或包给集体或劳动者个人经营。"六届人大二次会议的报告中也提到"国营小型企业可以实行集体承包或个人承包、租赁经营"。据此,全国各地开始试行固定资产400万元以下、年利润40万元以下的国营小型企业的租赁经营,取得了可观的成绩和一定的经验,证明《决定》关于租赁的规定是正确的。在继续试行国营小型企业租赁经营的时候,有必要研讨这方面的若干法律问题,以便保证在大规模实行租赁经营的情况下,国营小型企业保持生机蓬勃的发展趋势。本文拟结合笔者对部分地区国营小型企业试行租赁经营情况的调查,就有关的法律问题做粗浅论述。

一、国营小型企业租赁经营的法律性质

许多国营小型企业试行租赁经营的初期,都碰到企业的法律性质问题。全民所有制企业租赁给集体或个人经营,在许多企业职工来说,简直是不可思议的"突变"。武汉市低压灯泡厂租赁给个人经营时,该厂部分职工提出"承租人和老板有什么区别""租赁经营是不是社会主义企业的性质"的问题;还有人贴大字报,要"以血肉身躯捍卫全民所有制"。在试行租赁的过程中,每进行一项管理方式的改革,每修改一种陈旧的制度,都会引起非议和责难。这些认识问题,事关租赁经营成败命运,必须从法律性质上进行深入的研究和广泛的讨论,以求统一思想,减少阻力。

笔者认为,租赁经营的国营小型企业的法律性质,仍然属于社会主义全民所有制的范围,其根据是以下几点:

第一,租赁经营是实行生产资料所有权与经营权适当分开的原则,把租赁形式引入经济活动,强化生产经营职责和改善管理的一种新型的社会主义经营管理形式。也就是

---

[*] 原载《社会科学》1986年第6期。

说，国营小型企业租赁给集体或个人经营以后，生产资料所有权仍然没有改变，所有人是以国家为代表的全体人民。所有权归谁掌握，决定着所有制的性质。因此，国营小型企业实行租赁经营并未改变所有制的全民性质。它符合我国宪法规定的"国营经济是社会主义全民所有制经济"（第七条）和"社会主义的公共财产神圣不可侵犯"（第十二条）等重大原则。

有些同志担心实行租赁经营会导致所有制性质的改变。这种担心是没有必要的。又有些同志生怕国营小型企业实行租赁经营可能给国民经济发展造成不良影响。这也是多余的。据笔者在武汉市的调查可知，该市国营小型工业企业虽然约占预算内国营工业企业总数的40%左右，职工人数约占全民所有制企业职工总数的8%左右，但固定资产原值仅占整个国营工业企业的3%左右，工业总产值仅占5%左右，实现利润仅占2%左右，上缴利税也仅占2%左右。武汉市的这些数字有一定的代表性，其他地区大体如此。它说明，从固定资产、利润和利税看，国营小型企业即使全部承包、租赁，对整个国民经济发展的影响也不是很大的。

第二，国营小型企业的出租权掌握在代表全民利益的国家手中。这和资本主义制度下的租赁是本质的不同点。武汉市关于《国营小型工业企业租赁经营的若干试行意见》中明确规定："企业的出租权属于国家。企业的出租由其主管部门（工业局或总公司）决定，并拟定出租方案，报经市委批准后实行。"这就控制了出租权。该市的一个企业租赁以后，由于发生了一些"左邻右舍"关系的处理问题而停止租赁。其他地方也有类似事件。由于国家掌握了出租权，标志着企业仍为国家所代表的全民所有。当然，企业租赁以后，在合同规定的期限内，国家是不能也不应任意收回的。但是，首先，合同本身是在代表国家的主管机关同意下签订的，合同条文制约企业承租人沿社会主义方向和道路经营管理。其次，合同期满以后，企业仍旧可由国家直接掌握，或采取其他方式经营管理。

第三，国营小型企业在实行租赁经营以后，行政隶属关系并无改变，承租人与党组织、工会、职工代表大会的关系并无改变。由于行政隶属关系不变，承租人必须认真接受上级行政主管部门的领导，接受国家经济计划的指导，坚决执行党和国家的各项方针、政策。由于与党组织的关系不变，企业必须接受党的领导，保证党的路线的贯彻执行，接受党组织的监督和帮助。由于与工会、职工代表大会的关系不变，职工群众仍然是企业的主人。所以，怀疑租赁以后将改变企业的社会主义性质，从政治上看也是没有根据的。

第四，国营小型企业租赁经营以后，财政税收渠道仍然不变。财政税收是所有权权能之一的分配权的体现。财政税收渠道依旧，租赁经营的企业仍然按照国家规定的财政法规和税收法规交费纳税，以尽发展国民经济、造福社会、造福人民的义务。这同样说明租赁经营不是所有权性质的改变，而仅仅是经营权的分离。武汉市化工机械厂实行租赁经营后，1985年1月至11月，全厂实现利润49.1万元，比当年计划租赁指标提高22.7%，比1984年同期增长116.4%；完成工业总产值262.99万元，比1984年同期增长17.62%；完成销售收入263万元，比1984年同期增长23.61%；上缴利税43.9万元，比1984年同期增加66.72%；企业留利33.98万元，比1984年同期增长232.75%。武汉市低压灯泡厂实行租赁经营后，1985年1月至10月，完成工业总产值164.35万元，销售收入195.68万元，实现利润16.64万元，实现各种税金（包括租赁费）33.22万元，与1984年同期相比，分别增长32.78%、33.4%、124%、108%。这些数字表明，经营权与所有权以租赁形式实行分离，为国家财政收入的增加创造了条件。可以说，它间接地加强了全民所有制的物质基础。

第五，租赁经营的国营小型企业职工不改变全民所有制企业职工的身份，工资、福利和其他原有待遇不降低，管理企业、监督承租人和其他的企业领导人的民主权利不变。职工仍然是企业的主人，与承租人存在合作搞好企业的同志式的关系，而不是像资本主义企业中的剥削与被剥削、压迫与被压迫的关系。这不但在政治地位上是如此，而且经济上也是如此。上述化工机械厂1985年1月至11月，职工奖金发放13.65万元，比1984年同期增加90.87%，亦即接近一倍；各车间承包单位职工月平均奖金达到54.50元；低压灯泡厂1985年1月至10月职工平均月收入76.69元，比1984年同期提高19.38%。由于收入增加，原先对租赁经营有这样那样看法的同志，在事实的教育下，改变了态度。

第六，承租国营小型企业的同志，是经过上级主管机关和职工群众严格挑选的。他们之所以勇挑重担，敢冒风险，开拓创造，大多是出于发展我国社会主义生产力的强烈愿望，希望与职工兄弟共同富裕。不少人在承租以后以自己的智慧和勤劳，促使企业的发展与繁荣。这些同志是工人阶级队伍中的优秀分子，与唯利是图的资本家不可同日而语。

综上所述，租赁经营的国营小型企业，无论从哪一个方面看，都是社会主义全民所有制性质的企业。它的法律性质和法律地位，与其他国营企业没有本质的不同。

二、国营小型企业租赁经营的法律程序

国营小型企业的租赁经营虽然没有改变所有权性质，但毕竟在经营管理的形式上发生了重大的变化。在实行租赁经营时，必须相当谨慎，不可操之过急，不可马虎从事。根据各地的经验，租赁经营的实施，应有严格的程序规范，决不能凭领导拍脑袋说干就干，说怎么干就怎么干。这种实施租赁经营的程序规范，应有固定的条文可资依循，应具有强制性的约束力，应具有普遍性与稳定进。一句话，它应当成为法律程序。

一般来说，出租国营小型企业的法律程序应包括四个方面。

第一，确定出租国营小型企业的法律程序。

只有那些具备了出租条件的国营小型企业才能出租。决不能凭少数人随意确定这个或那个企业予以出租。这是因为，实行国营小型企业的租赁经营，是"搞活"的一种措施，是改革的重要步骤。改革、"搞活"的目的是为了发展经济建设；但在当前的情况下，建

设要有利于改革。因此，不能随意地"乱点鸳鸯谱"，随便确定出租什么企业。

从实践经验看，出租的国营小型企业应具备以下条件：（1）固定资产具有一定的规模，设备、场地的可利用率在80%以上；（2）企业进行生产所必需的流动资金来源、能源、原材料和技术力量、劳力有比较稳定的基本保证；（3）主要产品为社会所需要；（4）滞销的非主要产品有转产的可能和条件；（5）企业原有的党、政、工、团组织对改革抱积极的态度；（6）企业职工的思想基础较好；等等。总之，预定实行租赁经营的国营小型企业，应具备租赁成功的一定条件。这样确定，是出于对承租人的爱护，出于对发展社会生产力的关切，出于对改革大业的高度重视的认真态度。在这个问题上，不仅要上级领导把好关，不许随意指定出租企业；而且要把好承租人的关，不在头脑发热的情况下为承租人的盲目乐观、不科学的积极性冲动所左右。

为此，作为法定程序，应由企业主管部门会同有关的财政、税务、审计、劳动、工商、金融部门以及有关企业的党、政和工会代表先行论证；然后由企业的上级主管部门做出正式决定，报经地方经委、体改委批准，予以公布。

第二，确定出租企业的年利润基数和租金基数。

这是一个困难问题。不同行业、不同企业，利润基数和租金基数不可能相同。但作为原则，必须有利润基数和租金基数，否则承租人无法进行投标。

利润基数和租金基数的确定，必须从企业的实际出发，兼顾国家、企业职工集体和承租人的利益。不兼顾承租人的利益，使其没有积极性，或望而生畏，会造成被动。反之，如果基数压得过低，既损害国家利益，也会造成兄弟租赁单位的矛盾。这对承租人处理好与企业职工的关系，也是不利的。

利润基数和租金基数的确定，应经过财政、金融、审计、税务等部门会同企业的上级主管部门的认真核算，并适当照顾承租人、兄弟租赁单位的情况。

第三，确定国营小型企业承租人的法定程序。

武汉市国营小型工业企业租赁经营的《试行意见》规定："（十）确定承租人的程序包括预选、投标书及治厂方案审查、答辩和政审。"这里的"预选"指的是通过交谈了解投标者是否具有必要的经营管理知识。通过预选被认定有资格竞任承租人的，才被允许在出租企业进行调查。调查以后，预选人作为投标者提出投标书和治厂方案。通过投标书和治厂方案审查后，进入答辩；同时进行政治表现和以往业务水平、工作能力的调查。经答辩，并结合政审确定承租人。以上规定包括了确定承租人的法定程序的主要内容和主要环节。除此之外，承租人的确定应该以租赁合同书载明，并把召开出租企业全体职工大会，由企业主管部门代表宣读并张贴租赁合同、任命承租人为企业最高领导，作为法定程序之一。

武汉的《试行意见》没有明确规定对承租人承租经济能力的全面审查，它可能被包括在"投标书及治厂方案审查"中。我认为，在确定承租人的法定程序中，还是以明确具体地单独开列对承租人实行租赁的经济能力进行严密审查为恰当。这是因为，租赁经营与承包的最大区别，就在于前者更紧密地将承租人的利益与企业发展联系在一起了。如果对承租人经济能力无所了解或了解不全面，造成的后果往往是不堪设想的。明确单列对承租人经济能力的审查，有利于承租合同的兑现。

第四，确定和审查承租保证人的法定程序。

承租人应由两名具有正当职业并有一定资产的保证人对承租合同进行担保。保证人由承租人提出，由出租方进行审查。通过审查者，应由承租人、保证人、出租人签订协议，交公证机关公证。

保证人可由具有法人资格的单位充任，但同样必须由承租人提出，得到同意后，经出租人进行审查，由公证机关公证其担保协议。

党、政、军机关干部不得充任保证人，应以法律做明文规定。

三、对租赁经营的国营小型企业收益分配的法律要求

实行租赁经营的国营小型企业的经济效益，从目前试行情况看，多数是比较好的；但也有少数并不理想，甚至亏本、破产的。不管试行后会出现什么收益情况，作为法律要求，都应在租赁经营实施之前明确规定。我们认为，这些法律要求主要是：

第一，坚决保证国营小型企业的所有人即以国家为代表的全体人民的利益。这是所有人的所有权在收益权上的体现。否定这一点，也就否定了租赁经营企业的全民所有制的性质。

为了保证所有人的利益，企业所获得的利润，必须首先照章纳税，并按规定缴纳能源交通基金和教育基金。其次必须按照租赁合同的规定缴纳租金。

上述税金、能源交通基金、教育基金以及租金，都是全民所有权的体现，决不允许随意减免、漏缴。因此，目前不少租赁经营企业故意少报年总产值从而少报年利润的做法，应视为违反法律要求的行为。在制定有关国营小型企业租赁经营的法规时，对每一种逃避税金及其他应缴缴金额的行为，应当规定经济制裁的法律手段。

第二，为了保证出租企业所有人的利益即全民的利益，当出租企业实现利润小于年基数利润时，承租人必须按合同规定缴纳基数租金。其不足部分，由承租人的承租保证金和保证人的承保保证金抵补。

武汉市的《试行意见》规定："（十七）承租人和保证人的抵赔按如下原则处理：1.先承租人后保证人；2.根据抵赔数额需要，对保证人按登记资产赔尽为止；3.保证承租人个人及家庭必需的生活费；4.抵赔不够部分由承租人签订债务合同，经公证处公证后生效。"

在实际执行的过程中，以上《试行意见》并未被全部采纳。例如，作为出租人的武汉

市灯具工业公司（甲方）与承租低压灯泡厂的承租人（乙方）所签订的《租赁合同》，在"第五条"中做了如下规定："经济责任：乙方个人以五千元财产作本租赁的保证金。在租赁期间，如果企业年度不能如期缴纳租金，首先用风险基金支付，不足部分以个人租赁保证金的百分之三十作为赔偿费。"在"第十一条"则列举了"合同取消条件"，其一为"乙方连续两年不能缴纳租赁费"。又如，以武汉市化学工业局为出租人（甲方）、武汉化工机械厂租赁委员会为承租人（乙方）的《租赁合同书》，在"第八条"中规定了企业承租三年的分年目标利润数，同时规定："企业如果完不成本合同规定的利润目标，租赁（委员会）负责人胡全谷下浮一级工资，一年未完成下浮一年；两年未完成下浮两年；连续三年未完成，下浮的一级工资固定。"

在调查中，一些承租人谈到，如果按《试行意见》的赔偿规定办理，承租人的风险大为增加，在当前我国的情况下，可能不会有人敢于投标承租。

我们认为，作为法律要求，应是在克服了一定困难之后能够达到的；否则，就不宜作为法律要求提出。因此，赔抵金额应限于合同事先确定的承租保证金和承保保证金的范围内。

第三，企业留利应兼顾国家、集体、个人的利益。

企业留利是以租金形式返回而取得的，它将作为扩大再生产的追加资金、企业集体福利基金和职工奖励基金作再分配，因而分别体现国家、集体和个人的利益。三者必须兼顾、统筹安排、合理分配。顾此失彼或顾彼失此，都会对企业的发展带来不利。

这里特别应该强调的是对扩大再生产的追加资金的动态保证措施。首先是应保证企业留利中有恰当的部分作为追加资金投入扩大再生产，以促进企业的发展。其次是应保证这一部分的比例随企业利润的增加而增大。后者的重要性在于，它是促进企业发展的必须；是兼顾国家、集体、个人利益的具体表现；还在于，它是防止承租后期进行掠夺性生产的必要措施。

还应强调，企业的技术进步是发展生产力的关键措施，因此，在作为扩大再生产追加资金的那一部分企业留利中，应拨出足够数量的金额来作为技术开发的经费。由于技术开发的收益往往不是能在近期见效的，对此做法律的要求提出来，更有必要；否则，企业发展缺乏后劲，对再租赁、对整个国民经济的发展，都是不利的。

此外，在近期内，承租人往往由于政治地位不如原来的管理干部那么强，他们与职工的关系还必定有难以处理的地方，因而比较难于处理可能发生的职工群众对奖金的不合理要求问题。所以，对企业留利中的扩大再生产追加资金、集体福利基金和职工奖金的比例作明确规定，是必要的。

第四，坚决保证承租人的合法利益。

武汉市的《试行意见》规定："（十九）出租企业的盈利，除按政策规定交纳税收、基金和租金外，其余部分全部归承租人所有。承租人的收入符合按劳分配的原则，必须按宪法规定坚决予以保证。"这些规定无疑是正确的。

有些同志对"……其余部分全部归承租人所有"不甚理解，怀疑这里可能变相地存在剥削。应当看到，这实际上是所有人行使所有权的结果，是所有权的体现，而不是丧失。这不应看作是剥削，而应视为对全民所有制的企业所做贡献的应有报酬。

但上述规定还应做适当的补充。承租人的收入，既是他的劳动所得，又是他利用了国家的财产而进行创造性劳动取得的。因此，当他的收入超出个人的劳动所应取得的恰如其分的报酬时，应当做一些必要的限制。这样，对个人所得开征个人所得税是可取的。我们相信，这也能为承租人所接受。某厂由个人承租后，第一年承租人按合同可获7000余元的收益。但该承租人不敢贸然支取，而采取了"二一添作五"，分出一半给该厂中下层干部的做法。这是由于承租人心存顾虑造成的。如果获利超出万元、10万元，不少承租人恐怕更为忧心忡忡了。而开征个人所得税，其余收入归承租人所有，并以法律予以保证，一定更受承租人欢迎，也一定为其他职工所拥护。

第五，依法保证承保人的利益。

承保人的获利，可由承租人与其议定，从承租人所得中分给。但这一切都应有议定书，经过公证机关的公证；而且，由于承保人仅仅以资金作保，并未参与企业的生产或经营管理，这一部分的报酬比例不应过大。

国营小型企业租赁经营的法律问题，除以上三方面外，还有承租人的权利和义务，出租人的权利和义务，租赁合同的签订、公证、兑现等等。由于正在试行，其中不少问题还难以做出定论，可以继续调查、研究、分析、总结，在时机成熟的时候，对有关的问题做出法律规定。

试论乡镇企业财产关系的法律调节*

发展乡镇企业是建设具有中国特色的社会主义的重大战略措施。由于党和国家采取了正确有力的政策，我国的乡镇企业得到了蓬勃的发展。笔者在赴武汉市、孝感地区及云梦县等地所做的调查中，也看到了近几年来这些地区乡镇企业迅猛发展的喜人景象。但是，在调查中同时也了解到，从1985年下半年以来，这些地区乡镇企业的发展速度相对放慢了。据了解，这是带有普遍性的问题。其原因是多方面的，除能源紧张、原材料不足、资金短缺等实际困难外，缺乏必要的法律调节手段也是重要原因。这里，结合笔者的调查，就乡镇企业财产关系的法律调节做一点探讨。

乡镇企业的财产关系涉及有关各方的根本利益，与企业的兴衰成败关系极大，因此是人们关注的焦点。但乡镇企业的财产关系，由于殊殊的原因，比较复杂。这些特殊原因主要是：

其一，历史方面的。许多乡镇企业的前身是社队企业。在社队企业开办和发展过程中，曾经有过程度不同的多种多样的"平调"。有社员财产被社队企业无偿占有；有小集体（如生产队、生产大队）、大集体（如公社）的财产混杂不清；还有大集体之间或小集体之间由于行政干预式的"平调"而造成财产混杂的情况。当社队企业改办成乡镇企业时，企业财产易主，原先社员个人应有的财产权利，以及小集体、大集体成员所拥有的财产权利，变得更加模糊不清了。这是一个"剪不断、理还乱"的困难问题。

其二，生产组织形式方面的。乡镇企业生产组织形式是极其繁多的。湖北省云梦县流行"五个轮子一齐转"的说法，"五个轮子"指的是五种生产组织形式，即区办企业、乡办企业、村办企业、农民联户经营企业和农户独营企业。其他地区大体也有这几种生产组织形式。除此以外，还有农户与区办企业、乡办企业、村办企业联营的；有农民联户经营企业与区、乡、村办企业合营的；有区、乡、村办企业互相挂钩的；有"五个轮子"与国营企业，甚至港澳企业、国外企业联营的。在联营企业中，又有资金入股经营的，股东经

---

* 原载《政治与法律》1986年第5期。

营、招工生产的，以资代劳、入股联营的，资金、资源、劳力、技术、场地、设备、信息等相互结合入股联营的，等等。

这样，乡镇企业的财产关系就变得十分复杂。加之缺乏必要的法律调节手段，往往造成许多影响乡镇企业发展的财产法律关系上的纠纷，从而挫伤了有关各方发展生产的积极性。对此，笔者认为必须在乡镇企业的资金筹措、经营管理、赢利分配（及亏损倒闭）等主要环节上加强法律调节。

一、关于资金筹措的法律调节

乡镇企业的资金来源关系到所有权，是企业命运攸关的根本问题，也决定着经营管理、赢利分配等环节对财产法律关系的正确处理。

（一）社队企业财产移转至乡镇企业时，必须认真顾及社或队社员集体的财产权利

作为公社、大队、生产队成员的社员，无疑享有社队企业的所有权。在社队企业财产移转至乡镇企业时，不应非法剥夺社员集体的所有权，而应明确宣布，原社队成员仍然是乡镇企业有关部分财产的主人，拥有所有权。这个问题处理得不好的地方，就会出现明偷暗抢乡镇企业财产而群众漠然置之的情况。

为了解决这个问题，湖北省云梦县隔蒲乡砖瓦厂采取了"利益照顾"的做法。该厂前身为黄金台生产队队办篾厂，后来黄金台村与其他三个村合办砖瓦厂，篾厂的资产随之转入。为了体现黄金台村群众仍然拥有篾厂那部分固定资产的所有权，该村的一些公益建设资金由砖瓦厂代付，该村社员拉电线时所花费用也由砖瓦厂支出，其他三村的社员则不享有这样的权利。尽管这样做时依据的是"模糊数学"（对篾厂转入的固定资产的收益及公益建设资金、电线敷设费等并未做精确的核算），但黄金台村的群众比较满意，其他三村也认为理所当然。因此，四村群众对砖瓦厂都比较爱护，当砖瓦厂扩大再生产发生资金困难时，大家都乐于将集资无息借予砖瓦厂解决困难。隔蒲砖瓦厂的这一做法，是值得借鉴的。

据调查，许多地方的社队企业改变为乡镇企业时，采取了折股到乡镇企业，办成股份企业的形式。其具体做法和形式大致有：（1）将社队企业固定财产清产核资后，折股到乡村，实行折股联营；原有资产所折股金一般不许退出，新入股金实行"入股自愿，还股自由"。（2）在清产核资的基础上，按原社队企业的所有权范围，折股到乡、村或户，但企业实行统一经营。（3）清产核资后合理作价，仍由乡、村集体代表全体农民入股，企业原有的固定资产不分股到村，也不分股到户，仍归乡村所有。

（二）以法律手段保证贷款的合理发放与使用

贷款是乡镇企业建设资金的重要来源。据中国农业银行的调查，1980年至1984年底，国家为了帮助乡镇企业的发展，通过农业银行和信用社累计发放乡镇企业贷款983亿元，占累计发放农业方面贷款总额的42.6%。据1984年上半年统计，11万个乡镇企业的固定资产投资总额中，有46%是银行和信用社的贷款。但在发放乡镇企业贷款方面，还存在不少问题：（1）在企业自有资金不明，设备、场地、技术、人员准备不充分的情况下，贸然申请和批准贷款；（2）通过拉关系、走后门甚至行贿获得贷款；（3）贷款无担保；（4）贷款归还时间、方式及违约责任不明；等等。于是滥用、浪费贷款，到期不还，追索无着等情况，屡见不鲜。其结果是国家、集体蒙受重大损失。

为此，建议采取法律措施，保证贷款的合理发放和正确使用。

首先，企业贷款的申请、批准、发放应有明确的法定程序，审查企业发展的可行性应成为批准发放贷款的法定程序之一。

其次，贷款金额与企业自有资金的合理比例应有法律规定。有的地方擅自规定只要符合贷款项目，不限自有资金多少都可借贷，但自有资金不足部分的贷款利率上浮20%。有的同志认为这既符合贷款发放原则，又保证了企业发展的资金。对此，我们不敢苟同。因为，这一做法如果得到肯定，那么任何人都可申请贷款，势必造成无法应付的局面；同时，利率上浮20%是否可行，也很成问题。所以，从整体来看，还是关闭任意借贷的口子为好。

再次，借贷应有担保，或以财产作抵押担保，或以确具担保条件的国营或大集体企业的资产作担保。在借贷方无力归还贷款的情况下，担保方应负代偿的法律责任。应该明确规定废止"政治信用""人格信用"之类的担保，坚决杜绝凭"条子""电话"发放贷款的做法。

（三）以法律手段保护农户集资

农户集资现在已经成了各地筹措资金大办乡镇企业的一种主要手段。据江苏、福建、浙江、广东、河南、四川、陕西等省12个县的统计，从1980到1984年6月，农村集资总额达4.8亿元，用于兴建、扩建乡镇企业1.23万个；其中农民自己筹集的资金为3.8亿元，占农村集资总额的78%。据中国农业银行调查，农民集资的资金来源主要有四个方面：一为提取储蓄存款；二为自有现金；三为自由借贷；四为出售农副产品或其他实物收入。所有这些资金来源，在我国农村尚不富裕的情况下，对每一个农户来说都是十分难得的，必须尽力保护其不致白白流失。这样，以法律手段保证农民自行筹集的资金得到合理使用、不致无故受损，就成了乡镇企业发展中财产法律关系的一个重要方面。我们认为，农户集资联营，应要求他们办好公证，以免当发生财产纠纷时无所凭借。同时，主办乡镇企业的区、乡、村或联户代表（厂长、经理、董事会及董事等），对农民自筹的资金，应负法律责任。对此，乡镇企业法规应做出明确规定。

由于我党实行富民政策多年，农村已经涌现了一批富户。这些富户一方面衷心感谢党的政策英明，同时又心怀忧虑，怕政策多变，怕"露富"。他们往往分散藏匿财产，更不敢大胆地投资于乡镇企业的建设。因此，尽管宪法（第十三条）已经明确规定"国家保护公民的合法的收入、储蓄、房屋和其他合法财产的所有权"，在有关乡镇企业的立法中，还是应该以更加明确具体的法律条文，保证农民投资的安全，并有收取增殖财产的权利等为好。

二、关于经营管理的法律调节

乡镇企业所有权的内在结构，包括所有人对其财产的占有、使用、收益和处分的权能。占有是为了使用，收益和处分也以使用的合理为先决条件。因此，经营管理的好坏，最直接地影响所有人的利益；对经营管理做恰当的法律调节，在许多方面是与财产法律关系的正确处理密切相关的。乡镇企业经营管理的下列几个方面，都可能涉及财产法律关系的正确处理。

（一）乡镇企业管理者的确定

乡镇企业经营管理状况的好坏，在很大程度上取决于管理者的素质和权威性。农户独营企业按我国社会的传统习惯，应由家长担任管理职责。但据调查，绝大多数独营家庭企业的管理职责，实际上是由家庭中学识最高、技能最巧、信息最灵、联系渠道最多的年轻人担任的。联产经营的企业，由联户公推的经营管理者也往往是素质最佳、能领导企业致富的年轻人担任的。在这两类企业中，"论资排辈""无立锥之地"，行政干预也不起作用。但是，在区、乡、村办企业中，情况就往往大不相同了。历史因素（原社队企业领导的留任等）、"论资排辈"、行政干预等，常常对这类乡镇企业管理者的确定发挥很大影响，有时起着决定性的作用，从而违反企业所有人的意志。这实际上侵犯了所有人的权利。因此，乡镇企业的有关立法应当明确规定，企业管理者既可以由民主选举产生，也可以由行政或企业上级领导与企业所有人协商产生，但不得以任何方式违反企业所有人的意愿而产生；对不称职的管理者，企业所有人有权通过法定程序予以罢免；在违反企业所有人意愿情况下产生管理者，企业所有人有权退出企业，退出财产。

（二）乡镇企业内部的民主管理

乡镇企业内部的民主管理，主要反映在管理者与职工的关系问题上。既要肯定管理者的经营决策权、生产指挥权，又要允许企业所有人对企业领导有监督管理权和建议权。企业所有人对企业的计划管理、财务管理、产品质量管理和经济核算以及其他企业内部事务，应有全面切实的监督、检查权利。上述权利应由具体的法律条文做出规定，并规定对违反者的制裁措施。这里，有必要强调如下几个问题：

一为原社队企业所有人的合法权益。原社队企业的所有人，由于对乡镇企业的部分固定资产拥有所有权，所以，不能漠视他们的合法权益。

二为国家银行（农业银行、建设银行）及集体信贷机构（信用社）对企业经营状况实行监督的权能。现在有些地方的乡镇企业经营管理不善，直至最后亏损倒闭，根本无法偿还债务，信贷机构对此也束手无策。因此，一定要使信贷机构对所放贷款的命运有干预的权力。

三为联营单位的监督管理权力。与国营（本地或外地）单位联营的，或由国营单位发放预付金的乡镇企业，应受有关单位对其经营管理状况实施监督。

以上三个方面都与企业内部的民主管理和财产法律关系相联系，乡镇企业立法应做出相应规定，使得各个方面有章可循、有法可依。

（三）乡镇企业的隶属关系

乡镇企业的所有制关系往往会由于隶属关系的改变而改变，从而侵犯了企业所有人的所有权。过去在社队企业发展过程中司空见惯的"平调"做法，在乡镇企业发展过程中也有所表现。据广东省统计，1980年以后有11个县每年收入超过50万元的570多个乡镇企业由于"平调"而划归县管。县、区、乡政府往往以行政命令用"上升""过渡"的名义，或者以"归口管理""联合起来"为借口，把区、乡、村，甚至联户开办的企业对应"平调"为县、区、乡、村的企业，或从小范围的集体"平调"为大集体所有，甚至转为全民所有。当前在大力推进企业的横向联系时，更要注意这类"平调"事件的发生。有些地方搞全民企业与乡镇集体企业的联营，虽然是两套账册、两套劳力，但在财务处理、资金发展上却未一视同仁，往往以全民企业侵犯乡镇集企业的利益。

有鉴于此，在乡镇企业立法中应当明确规定各类所有制级别互有差异的乡镇企业，未经企业所有人的一致同意，不得因行政隶属关系或经营管理关系的改变而改变其所有制性质，更不允许因此而侵犯所有人的权益。

经营管理是一个比较复杂的动态过程。随着企业内部状况和外部环境的改变，会呈现出千姿百态的形式。我国宪法第十六条规定："国营企业在服从国家的统一领导和全面完成国家计划的前提下，在法律规定的范围内，有经营管理的自主权。"第十七条规定："集体经济组织在接受国家计划指导和遵守有关法律的前提下，有独立进行经济活动的自主权。"一个是"经营管理的自主权"，一个是"独立进行经济活动的自主权"，这是有重大差别的规定。之所以有这样重大的差别，根本原因就在于二者的所有制性质不同。在宪法已经做了如此明确规定的情况下，仍然搞"平调"，以行政手段干预乡镇企业独立进行经济活动的自主权,显然是十分错误的。乡镇企业立法不仅应按宪法精神规定决不允许对乡镇企业的隶属关系、经营管理横加行政干涉,而且还要对干涉者施行经济的、行政的直至法律的制裁。只有这样,才能确保乡镇企业财产法律关系的稳定,从而保证乡镇企业的健康发展。

三、关于赢利分配的法律调节

乡镇企业赢利的分配是企业所有人权益的直接体现,处理得是否合理,会极大地影响企业所有人包括职工的积极性。

对乡镇企业的赢利分配,有一个时期重视不够,出现了不少企业对"苛捐杂税"不胜负担的情况。所谓"苛捐杂税",是指企业所在地对企业收费上的各种不合理摊派。中共中央、国务院1985年1号文件针对这种情况特别规定:"乡镇企业用于补助社会性开支的费用,可按利润的10%在税前列支。"这杜绝了社会各方面的过分要求,但在执行过程中,还存在不少问题。尽管乡镇企业将10%的利润拨作了社会性开支,但非分要求仍源源而来,企业如果拒绝支付,将会出现难以预料的后果。因此,对这个问题除按文件规定,由乡镇企业拨出利润的10%以外,还应以法律形式明确规定今后任何单位都不许擅自向乡镇企业伸手;对确实需要的社会性开支,由乡镇企业经费拨给单位(如所在的区、乡、镇行政机构)统筹安排;对这些单位的安排情况,乡镇企业应有权过问,以体现企业所有人所有权的行使。

乡镇企业在拨出利润的10%以后,所余利润的处分,应遵循下列原则:

(一)统筹兼顾国家、集体、个人三者利益的原则

乡镇企业的发展有赖于国家的安定团结,有赖于国民经济的繁荣,有赖于乡镇企业外部环境的优良条件。因此,按章纳税,以利国家,是乡镇企业赢利分配的一个原则问题。据调查,不少乡镇企业上报的产值和纯利,数字是大大缩小了的,一般是缩小20%左右。有些乡镇企业领导人并不讳言这一情况。这样,地方、企业各自留起一个个"小金库",而国家利益却受到了损失。从长远利益、整体利益和根本利益上考虑,这对地方、对企业本身都是不利的。从法律角度看,这是逃税的违法行为。

乡镇企业作为集体企业,集体的利益与个人的利益是一致的。因此,集体利益也应兼顾。企业扩大再生产基金、集体福利基金等,应当充分留用。有些地方的乡镇企业只顾个人利益,不考虑或极少考虑留够扩大再生产基金和集体福利基金,使得企业后劲不足,一旦遇到意外困难,更束手无策。去年下半年以来,不少乡镇企业在资金困难的情况下宣告关、停,这与以前"杀鸡取蛋"式地分配赢利有关。

企业职工以及企业其他所有人的利益同样应当兼顾。无视他们的利益,就会挫伤他们

办企业的积极性，国家利益、集体利益也就失去了根基。

有人认为，在税后利润的分配上，"以明确定出个比例为好"，建议除提取"税前利润的 10% 作为补助社会性的开支"外，乡镇企业的纯利润，上交给乡（镇）、村的部分不得超过 23%；提留企业扩大再生产资金不得小于 40%；其余用于企业的劳保福利基金和职工奖励基金等。如果没有明确的法定比例，伸缩性过大，机动程度太高，往往会被钻空子。

（二）统筹兼顾入股各方的利益的原则

其一，因地制宜，在不违背原则的情况下灵活地处理问题；如以法律做出规定，则宜粗不宜细，要留有机动的余地。例如，在设备、场地固定的企业里，当劳动力富余而资金短缺的时候，可以在一定时期内将资金股份的分红比例适当提高。其余依此类推。

其二，技术、信息在乡镇企业的发展中，将越来越具重要地位，因此，以技术入股的，其股份分红比例应适当升值。

其三，乡镇企业的雇工应视为劳力入股者，不应像资本主义企业那样遭受雇佣剥削。这无论从我国乡镇企业的社会主义性质看，或者从劳动人民的阶级情谊看，都是可以而且应当接受的原则。

（三）坚决执行按劳分配的原则

我国宪法规定："社会主义公有制消灭人剥削人的制度，实行各尽所能，按劳分配的原则。"（第六条）这一原则在乡镇企业的赢利分配中无疑地应当坚决贯彻实行。一些地方的乡镇企业在实行按劳分配的原则时，根据实际情况拉开分配的档次，能计件的计件付酬，不能计件的实行联产、联利浮动，取得了比较好的效果。有关乡镇企业的立法，对已经取得的成功经验，应该予以肯定。至少，应当明确要求奖勤罚懒，奖优罚劣，多劳多得，少劳少得，不劳不得。

总之，乡镇企业是大有发展前途的。以法律手段调节好乡镇企业的财产关系，已经成了乡镇企业发展的关键。每一个乡镇企业，每一个与乡镇企业有关的同志，尤其是党政有关领导部门，都应对此引起重视。

中国农村的"第三次浪潮"
——安徽阜阳所见*

十一届三中全会掀起了中国农村的"第一次浪潮"。传统农区率先创造联产承包责任制,以"包产到户"的方式激发起高度的劳动热情,开始了中国农村的第一步改革。

中国农村"第二次浪潮"是大办乡镇企业,哪里有剩余的劳动力和剩余的资金,哪里便会办起乡镇企业。乡镇企业创造了3300余亿元的产值和7600万个就业机会。

然而"第二次浪潮"的发展是不平衡的。农村生产力的进一步发展,乡镇企业或快或慢的成长,都提出了冲破陈旧体制、传统、习惯、章法的要求,正在掀起的中国农村"第三次浪潮",就是在这种形势下,正开始于某些传统农区并必将推向全国的。

笔者最近在安徽阜阳地区做了调查。新中国成立前,阜阳人民长期过着贫困的生活。农村的两次"浪潮",推动阜阳人民改变了窘境,其变化最突出的则为乡镇企业的崛起。

但阜阳乡镇企业的进一步发展,遇到了一系列的困难。为了排除障碍,他们采取的措施是:

(一)实行政府行为规范化

政府行为,诸如制定政策、规划、调配干部、物资、分配资源、能源、人力,提供技术,实行税收、奖惩,确保乡镇企业发展的有利社会环境等等,不仅应当合理,还得规范化、制度化、法律化。

(二)清除障碍商品流通的"封建关卡"

阜阳的乡镇企业发展起来后,"封建式关卡"也随之遍设。据调查,从临泉到河南的300公里路段上,就曾有过20多处关卡。进入河南境内,才有公安人员保护,可免关卡

---

* 原载《社会科学报》1987年9月17日。

即"雁过拔毛"式的法外税收。为了物畅其流,保证乡镇企业产品运销各地,阜阳人民正起来清除非法的"封建关卡"。

(三)清理破坏商品交易的市场环境

在相当长的时间里,阜阳的不少重要市场上,收税、管理,名目繁多,有的市场上,各种"苛捐杂税"多达20余种。它极不利于乡镇企业的发展。现在,阜阳正在制定市场管理规定,以鲜明的文字公布于市场的广告牌上,让群众知道哪些是"正规军",该交什么税、交多少税,从而造成良好的市场环境。

(四)建立和健全企业内部的管理制度和其他规章制度

乡镇企业发展的外部条件必须良好,内部条件也十分重要。当乡镇企业得到一定发展,规模壮大、财产增多,人际关系日益变得复杂时,简单的家长式管理便完全不适应了。健全的规章制度,成了企业发展的重要前提。

笔者认为这"第三次浪潮"就是遍及全国乡村的以清除"封建关卡"、清理市场、政府行为规范化、企业制度章程化为中心内容的乡镇企业大发展的浪潮。为此,要积极开展乡镇企业的立法。对那些政府机关工作人员的腐败行为,对那些倒行逆施的"封建关卡",对那些乱摊乱派的苛捐杂税,要以法律手段帮助群众起来予以彻底排除。同时,以法律规定保证乡镇企业的健康发展。广大农民企业家奋起运用法律武器清除乡镇企业发展障碍之日,就是中国农村"第三次浪潮"澎湃高涨之时。由于乡镇企业在所有制、管理体制、劳动力、市场、资源等方面比大中企业占有天然的优势,如果加上必要的技术力量,其发展前途是无可估量的。企业家、政治家、法学家、科学家、技术专家、文学家……一切有眼光的、有远见的同志,都应热情关注,积极投身于中国农村的"第三次浪潮"中去!

《企业法》出台的法学意义[*]

《中华人民共和国全民所有制工业企业法》(以下简称《企业法》)的出台,不仅是完善经济体制改革的重要标志,对推动"四化"建设也有着重要的意义,而且对法学研究提出了一些新的启示。

一、法学应当研究改革的立法先导问题

迄今为止,除《企业法》外,我国重大改革措施的出台,没有一项是以立法为先导的,举凡农村改革、城市经济体制改革、科技体制改革、教育体制改革以及政治体制改革,基本上都是以中共中央的政策性"决定"作为先导。政策先导的优点是其适时性与弹性。政策的制定不如法律的制定那样复杂,因而易于及时发布。政策规定有相当大的伸缩性,不像法律条条那么"刚""硬"。但法律的制定也是可以采取适当的措施,使之变得适时的。俄国十月社会主义革命成功的次日,即1917年11月8日,全俄苏维埃第二次全国代表大会上就一致通过了列宁亲拟的《和平法令》与《土地法令》,在革命形势急剧变化的紧急关头,列宁工作任务之繁重是可以想见的,却非常迅速地拟制了事关革命成败的两大法律,可见,能否适时制定法律,主要困难并不在于法案审议程序的复杂,而在于制定法律的决心与责任心如何。至于政策的弹性,既有其有利于改革的一面,也有其不利于改革的一面。"上有政策,下有对策",不能全怪执行者之钻政策空子而搞假公济私的"对策",因为这种人是永远不会绝迹的;主要还应从弹性政策本身必有"可乘之隙"找原因,从而有的放矢地设计出"对策"的对策来,这对策不是别的,恰恰是法律。

同时,法律还具备政策所无的以国家政权为后盾的强制性,《企业法》第七章为《法律责任》,共6条,分别对企业、政府和政府有关部门,企业和政府有关部门的领导干部以及其他人等的过失、故意损害企业或群众利益的行为,做出了行政处分或刑事制裁

---

[*] 原载《政法》1988年第4期。

的规定。《企业法》还"附"列我国《刑法》第一百四十六、一百八十七、一百五十七、一百五十八条的刑事责任条款,加强了《企业法》的法律强制力性质。其他法律也是如此,各以其特有的法律强制力保证施行,可谓"顺之者存,逆之者亡",绝非政策威力所可企及。

因此,以立法作为改革措施的先导,实在是改革成功,避免或减少改革的反复、挫折的必要条件。

《企业法》的出台,为根本左右我国经济局势的全民所有制工业企业的改革,规定了切实的法律措施。诸如企业为商品生产和经营单位、独立核算而不是"相对独立"、所有权与经营权分离、厂长负责制、企业民主管理制度、政府有关部门的职责、破产制度的确认以及企业承包、提货的规定,都是对企业进行根本性改革的重大措施,可以预期,我国全民所有制工业企业的改革,将同《企业法》的颁行而加快速度,计日程功。

而这,就提出了一个立法先导的法学理论问题。

在流行的教科书上,法是作为"经济关系的记录",作为"具有稳定性的行为规范"而被论述的,既然如此,逻辑结论便是经济基础演变在前,立法肯定在后;改革导致经济格局变化在前,立法予以肯定在后。

但任何社会主义国家都是先行革命,先行立法,然后在刺刀和法律的保护下建立新型的社会经济基础的。社会主义经济基础不可能在资本主义制度下建立起来,这与资本主义经济基础成熟于封建社会的母腹之内,封建主义经济基础孕育于奴隶主义制度的襁褓之中,有根本的不同。今天的改革,笔者认为也有类似于社会主义革命的地方,这就是必须先行立法以为改革旧的经济体制开辟道路,并保证其成功。我们相信,《企业法》的出台,可以大大减少企业改革的阻力,为新型经济关系(如两权分离、厂长负责制等)的确立建立功勋。

这样,法学理论便增加了一个立法先导的新课题,这是《企业法》出台的第一个法学意义。

二、法学应当研究经济关系对法律的动态要求

马克思曾经指出:"无论是政治的立法或市民的立法,都只是表现和记载经济关系的要求而已。"① 对马克思的这一经典指示,许多人"只见树木,不见森林"地理解作"法律只是表现和记载经济关系",而忘记了或忽略了马克思所说的"经济关系的要求"的提法,其结果是把法律看作是成熟不定型的经济关系的机械反映,前面已经指出,这是错误的。"经济关系"与"经济关系的要求"有联系,但不是一回事。"经济关系"是既成的,

---

① 《马克思恩格斯全集》第4卷,第21—122页。

"经济关系的要求"则是预期的。这"预期"从"既成"而来，又不同于"既成"。尤其考虑到"经济关系"的复杂性时，更需注意它与"经济关系的要求"的区别，例如，在奴隶社会末期，奴隶制生产关系与封建制生产关系并存；奴隶制法反映奴隶制经济关系，而封建制生产关系却提出了新的立法要求，这一时期法律制度的丰富多彩的变化，就是由此而来的，只有这样看待，才能解释奴隶制社会后期的王朝频频修改法律的现象。

区别"经济关系"与"经济关系的要求"的不同，在改革时期尤为重要，由于改革，社会主义社会的既成经济关系提出了新的要求。这种要求与剥削制度下的"经济关系的要求"根本不同，后者"要求"立法以肯定自身；前者却往往"要求"立法对自身加以完善或修正，甚至"要求"对自身做立法否定。我国改革中的社会主义计划经济，通过人的认识活动，正视其不利于生产力发展的一面，提出了部分地否定自身的要求，即"要求"立法改变无所不包的计划经济体制，以有计划的商品经济取而代之。

《企业法》的出台，实践了确立有计划的商品经济体制的"要求"。

不仅如此，"经济关系"对法律的"要求"还是动态的。这在改革时期尤其为此，以我国《企业法》制定过程中，"经济关系"的动态法律"要求"为例，可以得到一个十分鲜明的轮廓：企业立法之初，围绕着企业生产和经营活动的独立性问题，有过反复的切磋，从《企业法》的修改稿与定稿可以看出它经历了从"相对独立的经济核算单位"到"独立核算"的生产和经营单位的变化；接着，又曾围绕企业领导体制问题，发生过激烈的争论，以致《企业法》的出台推迟了整整一年，终于否定了"党委领导下的厂长负责制"，确定了"厂长负责制"的领导体制；而在《企业法》出台前不久，又发生了关于要不要将企业承包、企业租赁以及股份制问题写入《企业法》问题的切磋，众所周知，现已颁行的《企业法》是以明确的条条载入了关于承包、租赁与股份制的规定的，所有这些得到《企业法》肯定的规定，都是《企业法》对"经济关系"动态地变化着的"要求"的反映。鉴于承包、租赁和股份制的改革实践还在发展中，《企业法》的有关规定是明确的，但又是原则性的，之所以采取原则性的写法，是因为有利于以后的立法或对《企业法》的修改，来反映发展中的"经济关系"的进一步的要求，即动态"要求"。

立法实践中的上述经验，应当在法学理论上得到进一步的阐释，这就是《企业法》的出台对法学的第二方面的意义。简言之，即为法学增加了研究"经济关系"的动态立法"要求"的必要性、可行性以及有关的价值观、方法论以及程序学的新的研究课题。

《企业法》出台的法学意义，远非上述两点所能概括，但这是一个实践问题，理论与逻辑的力量在这里是十分苍白的。因此，法学工作者应进入改革者的"角色"，投入火热的改革实践，追踪《企业法》以及其他改革立法的发展，从中提炼出法学理论的新的原则、原理，为发展我国的法学做贡献。笔者认为，法学有基础法学、应用法学与发展法学之分；其中，应用法学是基础法学的源泉，是发展法学的起点，应当得到特别的重视。

企业技术进步的微观法律调节*

四个现代化的关键是科学技术的现代化。科学技术面向并引导经济建设，经济建设依靠并支持科技进步，这是我国尽快实现四个现代化的根本性对策之一。科学技术与经济建设的联结点，就在于企业。因此，以法律调节企业的技术进步，有极其重要的意义。

企业技术进步的法律调节，有宏观与微观之分。本文专论企业技术进步的微观法律调节。

一、企业技术进步的微观法律调节概述

（一）企业技术进步的微观法律调节的含义

企业技术进步的微观法律调节，是指以法律手段调整企业内部关系，从而达到促进企业技术进步的目的。

任何概念的边界都是模糊的，越近核心则越明确。人与猿的边界是"类人猿"或"类猿人"，"类人猿"与"类猿人"就只能从理论上加以区分，在实际生活中却极难论定。"企业技术进步的微观法律调节"这个概念也是如此。"企业内部关系"，诸如领导与群众、厂长与职工、厂长与科技人员、厂长与工会、工会与职工、职工与专职科技人员、科技人员之间等等，都是比较典型的。但是，企业不是孤立的，它随时随地都与外界发生联系。这样，上述典型的"内部关系"也会因其各个要素与外部发生联系，而变得不典型，也就是说，"企业内部关系"与"企业外部关系"往往是密不可分的。因此，当我们论述企业内部关系的法律调节时，往往不得不越出典型的论述范畴而涉及企业外部关系。而企业技术进步的宏观法律调节，却正是从调节企业外部关系着手的。

第一，企业技术进步的微观法律调节的目的，和企业技术进步的宏观法律调节的目的一样，都是为了促进企业的技术进步。

---

* 国家科委科技立法软科学课题总报告，1991年。

1. 这里所讲的"企业",当然包括工业企业和商业企业。不仅前者,而且后者也有技术进步的问题。

在工业企业中,大、中、小企业以及乡镇企业,都有技术进步问题。

因此,以"企业技术进步的微观法律调节"为题,按理就应涵盖商业企业、乡镇企业和其他小型工业企业,但是,在我国目前的企业水平条件下,我们拟将论域集中到大、中型工业企业的范围内。当然,有关的法律调节原则,在所有的企业中,理论上是都应适用的。

2. 这里所讲的"技术进步",采用广义的含义。

狭义的技术进步,通常指科学技术自身的进步,即指新技术、新工艺、新性能的仪器装备和材料的采用,对原有工艺、设备的革新等,亦即技术引进、技术革新和技术改造。

但是技术进步是一种社会现象,是人们将新技术或发明新技术运用于生产活动之中,引起生产手段变化的过程。仅有新技术(他人的或自己发明的新技术),不等于企业的技术进步。

只有将新技术运用于生产中,才形成企业的技术进步。因此,技术进步不仅涉及新技术的发明,而且涉及相关的组织、管理、推广、应用、经营等等。据此,"技术进步"就有了较广的含义。

广义的技术进步的理论依据是:根据道格拉斯效益公式,从总增加的产值中减去扩大生产规模所投入的资金和劳动所带来的增值,其余增加的产值为技术进步所创造的产值。对这一依据,有些人表示不完全赞同,认为范围过广;但在没有提出更为合理的理论依据前,仍可暂用。

大庆油田的张立中、李树林等同志编写的《科技进步与大庆发展建设》[①]一书,将"科技进步"的外延概括为科学技术、科学管理、科学教育、科技人才等四个相互制约、相互促进的方面。在大庆以及其他大、中企业中,这四个方面确可覆盖科技进步的基本方面。(图10)

根据有关理论与实践检验,我们所讲的广义的"技术进步",包括技术创新(发明与革新)、技术引进、技术改造、技术管理、技术教育、技术人才等方面。

3. 因此,所谓"企业技术进步"的考察范围,就包括技术创新、技术改造、技术引进、技术管理、技术教育和技术人才培养等方面的活动、方式、成果等。企业技术进步的微观法律调节的目的在于保证和促进上述各方面活动以最佳方式的顺利开展并取得最佳成效。

---

① 科学技术文献出版社1976年版。

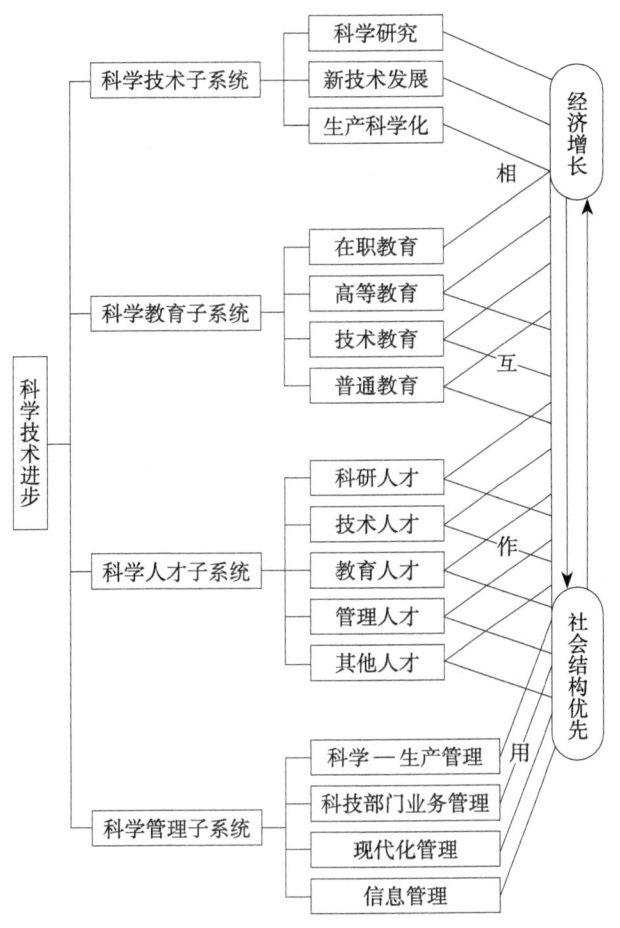

图 10 《科技进步与大庆建设发展》：科学技术进步复杂系统构成

第二，企业技术进步的微观法律调节所涉之"法律手段"的含义。

1.在通常情况下，"法律手段"包括立法、司法，执法、守法的交互作用的一体化手段。法律手段作为社会控制的工具就应包括以上四个方面。

2.企业技术进步的微观法律调节事涉企业内部，因此，既与立法、司法、执法相联系，又不直接由企业立法、司法、执法。这样，本文所指"法律手段"，首重已经制定的法律法令及其守法问题，其次为立法需求、司法需求、执法需求。文中限于论述已有哪些法律法令用以调节企业内部关系；还需哪些法律法令；对企业贯彻执行有关法律法令的要求等。

第三，"企业内部关系"是指企业在科技、经济发展活动中所产生的各种涉及企业内部的关系，不包括企业与政府及其他部门、单位的关系。

1.企业内部关系是在产、供、销和人、财、物的管理和使用过程中动态地发生的。

2.本文不涉及企业内部关系的一切方面，仅仅涉及与技术进步相关的企业内部关系。

一切与技术进步有关的企业内部关系，都应在法律调节的范围之内。

（二）企业技术进步的微观法律调节的意义。

第一，企业技术进步的微观法律调节是宏观法律调节的配套措施。

1. 企业技术进步的宏观法律调节为以法律手段调整企业外部关系做出保证。但企业外部关系的调整的成效，必须见诸企业的内部活动。如果企业内部管理处于混乱状态，各种关系十分紧张、矛盾重重而又突出，技术进步仍无从谈起。因此，必须有企业技术进步的微观法律调节与宏观调节配套而行。

2. 企业技术进步的宏观法律调节与微观法律调节之间存在着对立统一的辩证关系。企业活动是二者统一的载体。在企业技术进步活动中，为处理好企业内部关系，必然提出一系列关于企业外部关系的要求。这里存在着局部利益与整体利益的矛盾，反之亦然。因此，就必须使宏观法律调节与微观法律调节相互配合、相互协调。

第二，企业技术进步的微观法律调节是企业技术进步全部工作的重要一环。

1. 企业技术进步要靠企业内部多方面的工作予以保证，其中包括经济手段、行政手段、法律手段、思想教育手段等几个主要方面。

2. 在企业技术进步的各项有效手段中，法律手段起着双重的作用：其一，法律手段本身的直接调节科技关系的作用；其二，作为其他手段的法律保证的间接作用。

3. 同时，法律手段具有强制性、明确性、可操作性的特点，因此，较之其他手段，是更为重要的。我国长期以来习惯于以政策作为调整社会关系的主要手段，企业内部也是如此。政策不具备法律的强制性，同时又有较强的弹性。因此常常出现"上有政策，下有对策"的情况，以及不执行政策也无可奈何的情况。运用法律手段可以避免政策的上述弊病，应当逐步过渡到以法律为主要的调整手段的阶段去，实行"以法治厂（企业）"。

第三，企业技术进步微观法律调节的发展，是我国社会主义法制建设的一个重要方面。

新中国成立后的前30年，我国忽视了民主政治和社会主义法制的建设。最近10多年已开始重视社会主义法制建设，宪法和一系列基本法业已制定。但是，与之配套的更详尽严密的"法网"有待"编织"，仅仅依靠宪法和民法等基本法，是不足以调节企业技术进步的有关问题，尤其是难以全面、及时、有效地调节企业内部关系。因此，要使我国社会主义法制进一步健全和完善，也离不开企业技术进步微观法律调节的发展。

第四，企业技术进步的微观法律调节，在经济体制转换时期有更为重要的意义。

我国已从计划经济向有计划的商品经济转轨，进一步提出了以法律手段解决新旧体制转换以及适应新体制需求的要求。从前那种一切均由上级的计划决定，不用企业干部、职工多动脑筋的情况不会再出现了。新的企业内部关系以及与此相关的外部关系，不能再用"红头文件""指示"或其他方法调整，因此，以法律手段调整新的法律关系，将成为有特别重要意义的事情。

（三）企业技术进步的微观法律调节的重点有二：一为严格遵守业已制定的可用以调节企业内部关系的法律法令或若干法律条文；二为深入调查研究，总结改革的经验与成果，总结工作的教训，提出新的立法需求

第一，业已制定的法律法令或某些法律法令中的若干条文，是必须严格遵行的。

但在实际执行中经常会遇到"理""法"之争，即有时是合理却不合法，有时虽合法却不合理。这就要求科学地正确地解决这类矛盾。为此，首先要就"理""法"矛盾产生的原因和解决矛盾的原则态度做一说明。

1."理""法"矛盾产生的原因主要有以下三点：

（1）法律的相对稳定性和社会发展的不间断性是发生"理""法"矛盾的主要原因。美国法学家梅因曾指出："社会的需要和社会的意见常常是或多或少走在'法律'的前面的。我们可能非常接近地达到它们之间缺口的接合处，但永远存在的趋向是要把这缺口重新打开来。因为法律是稳定的；而我们所谈到的社会是进步的，人民幸福的或大或小，完全取决于缺口缩小的快慢程度。"①，也就是说，法律常发生滞后问题，即落后于现实生活的要求，于是导致"理""法"发生矛盾。

（2）社会关系发展的复杂性与人的认识的局限性是"理""法"发生矛盾的重要原因。从科技进步这一方面来看更是如此。现代科学技术发展十分迅速，新技术革命浪潮的掀起更加速了有关社会关系的变动。加上我国处于经济体制、科技体制和教育体制的转换时期，各种形式的社会关系不仅交叉重叠、错综复杂，而且盘根错节、动态多变。在这种情况下，我们制定的法律本身，由于认识的局限，也可能存在这样那样的问题。这就产生了立法本身不尽合理与社会现实要求相脱节的矛盾。

（3）不同利益集团之间的争斗以及由此带来的法律自身的混乱也可能造成"理""法"的矛盾。从西方国家看，这自然不足为奇，即使在我国，也不可能不存在这类问题。例如，地方利益促使个别地方采取了地方保护主义，从而产生了立法有严有宽，在甲地为违法、在乙地为犯罪、在丙地却合法的情况。其中，必有一地的立法是存在问题的，也就与现实生活中的合理活动发生了冲突。

2.对待"理""法"矛盾的原则态度是：（1）严格遵守现行法律。在我国，"理""法"矛盾不可能是根本性与整体性的。如果是根本性与整体性的，只有诉诸革命。否则，就是改革的问题、完善的问题。因此，从全局出发，首先是尊重法律、维护法律的权威性，为"法治"观念的深入人心和蔚成风气而宁可暂时牺牲局部。（2）把"理""法"矛盾的出现作为修改法律的原动力与突破口，促成法律的修改或废除。（3）努力寻求（在未修改法律

---

① 《古代法》，商务印书馆1984年版，第15页。

的情况下）妥善解决矛盾的办法，尽量减少合理事物的损失。

第二，不断提出新的立法需求，立法在社会主义国家里应当成为全民性的事。

立法权属于全国和县以上人民代表大会，但是就立法问题提出意见的权利却是全体公民共享的。企业的干部、职工包括科技人员直接战斗在发展经济和科学技术的第一线，感受的现实问题最多、体会最深、要求也最迫切，而且他们的经验也最多、最全面。因此，应当鼓励他们就立法需求提出自己的意见。作为"企业技术进步的微观法律调节"课题，自应包括提出有关的立法需求来。

但社会改革是渐次进行的，问题的产生、问题的出现、经验的积累、教训的汲取以及立法需求的提出，都是一个动态的过程。因此，应当将提出立法需求作为一个长期的任务，给予高度的重视。

（四）企业技术进步微观法律调节的特点

由于企业技术进步的微观法律调节针对的是具体的企业、侧重于执行业已制定的法律法令并要求不断提出新的立法需求，因此，它带有与宏观法律调节不尽相同的若干特点，主要是：

1. 操作性强。

面向企业的法律规定必须是比较具体、比较明确的，一般不允许仅为原则规定。即使必须作或只能作原则性的规定，也应具有较强的操作性。

2. 自觉性要求高。

一个稍具规模的企业就是一个小小的社会，是经济与科学技术衔接而成的"基层"与"细胞"，往往是自成体系的独立性很强的团体。在企业里，主要领导一方面负有贯彻执行法律的主要责任，另一方面又有指挥一切的大权。这就特别强调执行法律的自觉性。同时，每一个职工，尤其是专业科技人员，在企业技术进步的第一线工作，其执行法律的自觉性程度与法律效力的实现关系是直接的，同样应强调执法的自觉性。

3. 诱导性强。

一切法律手段都有其强制性，企业技术进步的微观法律调节自亦如此。但是，由于其目的在于保证和促进科学技术的进步，提高科技进步的社会效益，由于科技进步要由科技人员在脑力劳动过程中实现，行政命令一般是无效的，法律强制也应限于对故意违法及造成严重后果的处理，因此，要把主要的注意力放在增强法律的激励、诱导机制上。这在立法、司法、执法以及守法宣传上，都应给予特别的注意。

（五）企业技术进步的微观法律调节的原则

根据企业技术进步的特点、其微观法律调节的特点，我们认为企业技术进步的微观法律调节应遵循以下主要原则：

1. 与宏观法律调节紧密配合并服从宏观法律调节的原则。

（1）企业技术进步的微观法律调节必须与宏观法律调节紧密配合。后者调节企业的外部关系。二者的协调配合与紧密结合，可以使企业内部、外部关系都得到妥善调节。如不配合宏观法律调节，则二者都可能前功尽弃。

（2）在宏观法律调节与微观法律调节的关系上，后者应服从前者，即首先照顾国民经济发展的整体利益、全局利益与根本利益，首先考虑整体的关系、全局的关系和根本性的关系的法律调节。也只有在整体、全局与根本关系得到妥善调节的情况下，才可能调节好企业内部关系。

但服从不是放弃。微观法律调节的实现，对宏观法律调节有重要的作用，可为宏观调节奠定基础、减少阻力、排除障碍。因此，有关立法在起步阶段就应注意二者的协调与结合。

2. 与改革调节紧密结合并坚持法律调节的权威性的原则。

（1）政策调节是必要的行政手段。有国家的政策和党的政策、中央的政策和地方的政策。一般来说，这四类政策的调节都应兑现。在做微观法律调节时，要注意到有关政策的确切含义、适用范围、执行原则，并尽可能与政策的贯彻相呼应、相结合。

就政策本身而言，党的政策要服从国家的政策，地方的政策要服从中央的政策。在结合政策实施微观法律调节时，要注意研究上述各类政策之间的关系（一致性与可能存在的不一致性）。

（2）当法律调节与政策调节发生矛盾时，即法律规定与政策规定不一致时，应坚持贯彻法律，维护法律的权威性。这是因为，法是由具有立法权的权力机关依据法定程序制定的，具有至高的权威性，非经立法机关修改或废除，不得更改或拒不执行。同时，时时处处坚持法的权威性，有助于养成法治观念。

但与此同时，应迅速而详尽地向上级反映所发生的情况、政策与法律的矛盾所在、不能执行政策的原因，并尽可能提供有关修改政策或修改法律的建议。

3. 保证实现法定权利和履行法定义务相一致的原则。

法律的核心内容是规定有关的权利和义务，通过调节权利义务关系来调动各方的积极性和发挥各方的力量。

各级机构发生隶属关系的情况下，有关的职责权限的规定，实际上也体现了权利义务关系。

只有保证实现法定权利并保证履行法定义务，才能达到法律调节的目的。因此，应当同等重视，不能有所偏废。但在实际的法律调节过程中，作为企业的管理人员，往往会强调义务的履行，而一般科技人员或职工则往往比较关心权利的实现。因此，在思想上首先要纠正可能出现的偏颇，在实际执行过程中则要经常检查，力求全面贯彻法律规定。

二、我国企业技术进步的微观法律调节概况

我国企业技术进步的微观法律调节,以 1988 年 4 月 13 日七届人大一次会议通过的《中华人民共和国全民所有制工业企业法》为标志,开始走上健全发展的道路。《企业法》作为全面调节企业内部关系的基本法,已为技术进步的微观法律调节奠定了良好的基础。同时,还通过了其他一些法规,从而使企业技术进步有了一定的微观法律调节手段,摆脱了完全(或主要)依靠政策调节的局面。

以下我们分五个方面做具体说明。

(一)企业制度和技术进步的微观法律调节

第一,厂长负责制。

1. 企业领导制度是企业领导原则、体制和领导权限的规定的总称。其核心内容是解决企业内部领导权的归属、划分和如何行使的问题。企业领导制度的正确规定,对企业技术进步有重要的意义,是企业技术进步的保证。

(1)我国企业领导制度曾经经历重大的变化。早在民主革命时期的根据地建设中,就曾实行过厂长负责制。解放初期,在东北地区的一些企业里曾推行过仿自苏联的"一长制",批判"一长制"后,1956 年确定了党委领导下的厂长负责制。"文革"中以革命委员会领导制取而代之。十一届三中全会后恢复了党委领导下的厂长负责制。1988 年,《企业法》明确规定:"企业实行厂长(经理)负责制。"(第七条)

(2)党委领导下的厂长负责制的弊端是:A. 容易造成党政不分、以党代政,既削弱了技术进步方面所需做的思想工作,又影响了厂长对生产与技术进步工作的协调与统一指挥。B. 容易造成干部之间职责不清、责任不明,形成领导者不负责、负责者不领导的局面,影响技术进步的决策与决策责任的监督、检查与奖惩。C. 党委内一般多为政工干部,较少技术专家,也乏科技信息,很难保证决策的科学性,也难对技术进步工作进行具体领导。

2. 厂长负责制是指厂长在企业中处于中心地位,依法对企业负有全面责任。党组织起保证监督作用,行使监督权。工会组织和职工代表大会在审议企业重大决策、监督行政领导干部、参加企业民主管理方面发挥积极作用。

实行厂长负责制后,厂长的地位、职权、责任和工作重点都发生了变化,有利于以"一把手"的地位,运用决策权、指挥权、用人权与奖惩权,来保证与促进企业的技术进步。

3. 有关厂长在企业技术进步方面的职责权限的直接性规定是:

(1)《企业法》第四十七条规定,企业设立管理委员会协助厂长决定包括重大技术改造方案、职工培训计划等重大问题。

(2)《全民所有制工业企业厂长工作条例》(1986 年 9 月 15 日)规定:"大中型企业的厂长一般应当具有大专以上文化水平,小型企业的厂长一般不应低于中等文化水平,或

者通过国家厂长考试，成绩及格"（第八条）；"厂长应当通过严格的质量管理，保证产品质量达到国家规定的标准或合同的要求。"（第二十一条）"厂长应当采取切实措施，推进企业的技术进步和企业的现代化管理，提高经济效益，增强企业自我改造和自我发展能力。"（第二十二条）"厂长应当采取切实措施，进行智力投资和人才开发，加强对职工的思想、文化和业务教育，组织职工进行技术革新，支持合理化建议，做好思想政治工作，充分发挥职工参加社会主义建设的主动性、积极性和创造性。"（第二十四条）

（3）除上述外，在《厂长工作条例》中还规定，厂长"推行技术改造和技术进步成绩显著，有重大技术突破，或为企业创造了自我发展的条件"，可以得到奖励；而"忽视产品质量，多次发生重大质量事故"，"在物质、技术条件许可的条件下，忽视环境保护，造成严重污染"，要给予处分。（第三十三条、三十四条）

第二，职工代表大会制。

1.我国的职工民主管理形式，曾经历过一系列的变化。土地革命战争时期，中央苏区实行职工会制；抗战后期，晋察冀北岳区一些企业产生了生产管理委员会，太行区召开过职工代表大会；1948年4月第六次全国劳动大会的决议规定，在所有的企业中，应当建立工厂管理委员会；1949年9月公布的《共同纲领》规定建立厂长领导下的工厂管理委员会（第三十二条）。新中国成立后，实行了工厂管理委员会制。1961年颁布的《国营工业企业工作条例（草案）》规定实行职工代表大会制。1965年、1978年、1981年的有关指示、决议和条例，一再肯定了职工代表大会制。1982年通过的新宪法明确规定："国家企业依照法律规定，通过职工代表大会和其他形式实行民主管理。"尔后，《企业法》和1986年9月15日公布的《全民所有制工业企业职工代表大会条例》进一步确认了职工代表大会为企业民主管理的基本形式。

2.《国营企业职工代表大会暂行条例》规定，职工代表大会的职权包括审议厂长的工作报告、生产建设计划、财务预决算，以及重大挖潜革新改造方案、职工培训计划等（第五条）；在职工代表中，科技人员、管理人员应各占一定比例（第八条）；职工代表有努力学习，不断提高业务技术水平和管理能力的义务（第十条）。这些规定，都有利于促进企业的技术进步。

第三，党组织的保证监督制度。

党的领导是企业技术进步的根本保证。《企业法》规定："中国共产党在企业中的基层组织，对党和国家的方针、政策在本企业的贯彻执行实行保证监督。"

1986年9月15日颁布的《中国共产党全民所有制工业企业基层组织工作条例》规定"保证和监督党和国家各项方针、政策的贯彻实施""支持厂长实现任期目标和生产经营的统一指挥"等（第八条），都是有利于企业技术进步的比较明确的任务。其他的有关规定，也可以认为是有利于企业技术进步的。

第四，劳动合同制。

1986年7月12日，国务院发布了《国营企业实行劳动合同制暂行规定》。这是我国经济体制改革的一项重要成果。该《规定》是为"充分发挥劳动者的积极性和创造性""促进社会主义现代化建设"等而制定的（第一条）。该《规定》规定，招用劳动合同制工人实行"择优录用"的原则，注重实际技能的考核。这也是有利于企业技术进步的。

第五，承包经营责任制。

1988年2月27日国务院发布的《全民所有制工业企业承包经营责任制暂行条例》，是对我国经济体制改革成果的重要肯定。《条例》对企业技术进步的间接意义十分重大，将随实践而日益明显化。《条例》的直接意义则见诸以下规定：

1. 第八条规定，承包经营责任制的主要内容之一是"包完成技术改造任务"，第十六条规定承包经营合同的必备条款之一是"产品质量及其他主要经济技术指标"（第五款），另一是"技术改造任务"（第六款）。

2. 第十二条规定："技术改造任务，应当根据国家的产业政策、市场需求、技术改造规划和企业的经济技术状况确定。"

（二）企业的权利、义务和技术进步的微观法律调节

企业的权利、义务，是企业内部关系与外部关系的接合点，因而是处理企业内部关系的重要依据。我国《企业法》和其他法规，对企业的权利、义务做了明确的规定，其中涉及企业技术进步的，计有以下方面：

第一，企业权利、义务和技术进步。

1.《企业法》第二十二条规定"企业有权自行安排生产社会需要的产品或为社会提供服务"；第二十四条规定"企业有权自行销售本企业的产品"；第二十六条规定"企业有权自行确定产品价格、劳务价格"；第二十七规定"企业有权依照国务院规定与外商谈判并签订合同"；第三十四条规定"企业的联营与向其他企事业单位投资、持股权及发行债券权"等（以上规定均有限制条款）。这些，对企业运用权利实现技术进步都有重要的间接作用。

2.《企业法》第三十六条规定企业必须保障更新设备；第三十八条规定必须保证产品质量和服务质量；第三十九条规定必须提高劳动效率、节约能源和原材料；第四十二条规定必须加强科学文化教育和技术业务培训，提高职工队伍的素质；第四十三条规定"企业应当支持和奖励职工进行科学研究、发明创造，开展技术革新、合理化建议和社会主义劳动竞赛活动"。这些关于企业义务的法律规定，对于促进企业技术进步，都有直接的或者间接的重要意义。

（三）质量管理和技术进步的微观法律调节

质量管理不仅是为提高产品质量，而且也是为了保证和促进采用先进技术，因此，它成了企业技术进步微观法律调节的一个重要方面。

现行质量管理办法涉及三个方面：一为全面质量管理；二为产品质量责任；三为优质产品评选。这三个方面，均已有了相应的法规可资依据。

第一，国家经委于1980年3月10日发布的《工业企业全面质量管理暂行办法》。

1. 该《暂行办法》分《总则》《产品质量计划》《设计试制过程的质量管理》《生产过程的质量管理》《使用过程的质量管理》《质量管理体系》《开展群众性的质量管理活动》《教育培训》《奖惩》和《附则》等十章，共三十三条，对质量管理问题做了系统的、全面的规定。

2. 该《条例》规定，全面质量管理的主要任务是，"正确贯彻执行先进合理的技术标准；采用科学方法（包括数理统计方法），结合专业技术研究，控制影响产品质量的各种因素；进行产品质量的技术经济分析；开展对用户技术服务；根据使用要求不断改进产品质量，努力生产物美价廉、适销对路、用户满意、在国内外市场上有竞争能力的产品"（第三条）。由此可见，这是一个积极的追求开拓创新、在创新开拓中实现质量要求的法规，而不是一个消极的限于保证质量要求的法规。这样的法规，对技术进步不仅是一种保证，而且是有力的促进。

3. 《条例》第二章对"产品质量计划"提出了法律要求，其中首先包括"产品质量赶超计划"，即"根据用户要求和技术发展方向编制新产品试制、投产和老产品改进的赶超计划。选定赶国内外先进水平的具体目标，并规定有时间、进度的要求"（第五条）。

4. 《条例》第三章对"设计试制过程的质量管理"，从产品投产前的全部技术准备过程、新产品投入批量生产前各做了具体的规定；第四章对"生产过程的质量过程"的各个环节也做了具体的规定。

5. 《条例》第六章特别规定了"质量管理体系"；第八章特别规定了"教育培训"的问题。这些实际上超出了"质量管理"的一般要求。例如第二十四条规定："办好技术学校和各种类型的技术训练班。结合日常生产活动，采取岗位练兵、技术表演、技术比赛、评选技术能手等多种办法鼓励工人钻研技术，提高技术水平。"这实际上是为企业技术进步奠定最重要的人才基础。

第二，国务院于1986年4月5日发布《工业产品质量责任条例》。

这是与《工业企业全面质量管理暂行办法》相配套的法规。该《条例》包括《总则》《产品生产企业的质量责任》《产品储运企业的质量责任》《产品经销业的质量责任》《产品质量的监督管理》《产品质量责任争议的处理》《罚则》《附则》等八章，共三十一条，其中《总则》与《产品生产企业的质量责任》与技术进步关系最为密切。

1. 《条例》"总则"的第三条规定："国家标准化部门负责制定全国统一的国家标准。国家标准应不低于国际标准水平。国家标准可以分级分等。企业主管部门要规定生产企业达到国家标准最高等级的期限。国家物价部门按标准等级，实行按质论价。"第五条、第六条、第七条也做了相应的规定。这些规定可以促进企业采用新技术或进行技术革新，使本企业产品上等级、达标准,增强竞争能力。

2.《条例》第二章对"产品生产企业的质量责任"所做的一系列规定,从鼓励与惩罚两方面保证企业对产品质量负全面的责任,也必将促进企业依靠技术进步等途径来维护企业的利益。

3.该《条例》的"罚则"的有关规定比较具体,如规定对违反有关条文要"处以相当于非法收入的15%至20%的罚款,直至由司法机关追究法律责任"等。法律条文具体,就便于执行和检查。

第三,1987年3月28日国务院批准、4月10日国家经委发布的《国家优质产品评选条例》。

该《条例》共十八条,分别对评选机构、评选条件、评选要求、评选程序、评选原则、奖励办法以及撤奖办法等,都做了十分具体的规定。

其中第五条规定的"国家优质产品"必备条件是:

(1)产品的结构、性能先进,在国民经济中占有重要地位;

(2)企业按照具有国际先进水平的标准组织生产;

(3)产品质量经测试达到国际先进水平;

(4)产品已批量生产,在能源、原材料消耗、"三废"处理和经济效益方面达到国内同行业先进水平;

(5)大中型企业计量定级标准,必须达到二级计量合格,小型企业计量定级标准,必须达到三级计量合格;

(6)企业已实行全面质量管理,并有健全的质量保证体系;

(7)产品已获得国务院主管部门和省、自治区、直辖市优质产品称号;

(8)出口产品应当具有较高的创汇能力。

这些规定对企业既是技术进步的保证,也是强有力的促进。

(四)职工奖惩和技术进步的微观法律调节

企业技术进步的最雄厚力量存在于全体职工之中,因此,适当的及时的奖惩措施,对该项工作有重要意义。这一方面的基本法规是1982年4月10日国务院发布的《企业职工奖惩条例》。

第一,该《条件》共四章二十八条。

1.《条例》的"总则"第一条规定,《条例》的宗旨包括鼓励职工的积极性和创造性,提高劳动生产率和工作效率,促进社会主义现代化建设;第二条规定,职工必须"学习和掌握本职工作所需要的文化业务知识和技能"。

2.《条例》的第二章第五条规定,职工"在生产、科学研究、工艺设计、产品设计、改善劳动条件等方面,有发明、技术改进或提出合理化建议,取得重大成果或者显著成绩的,给予奖励"。

第二,除《企业职工奖惩条例》外,下列法规同样对企业技术进步具有重要的调节与刺激作用。

1.1979年11月21日国务院发布、1984年4月25日国务院修订的《中华人民共和国自然科学奖励条例》。

2.1978年12月28日国务院发布、1984年4月25日国务院修订的《中华人民共和国发明奖励条例》。

3.1984年9月12日国务院发布的《中华人民共和国科学技术进步奖励条例》。

4.1986年12月25日国家科学技术进步奖评审委员会发布的《中华人民共和国科学技术进步奖励条例实施细则(试行)》。

5.1982年3月16日国务院发布、1986年6月4日国务院修订发布的《合理性建议和技术改进奖励条例》。

6.1987年7月2日国家科委发布的《国家星火奖励办法》。

7.1989年8月2日国家科委发布的《中华人民共和国发明奖励条例实施细则》。

所有这些法规,组成了对企业技术进步的法律刺激的比较完整的网络。

(五)横向联合和技术进步的法律调节

企业之间的横向联合,企业与科研单位、高等院校的横向联合,基本上仍属企业内部关系法律调节的范围。这一方面的有关规定,也是促进企业技术进步的重要手段。

第一,1986年3月23日国务院发布了《关于进一步推动横向经济联合若干问题的规定》。

1.《规定》指出,"横向经济联合,是经济体制改革的重要内容,是发展社会生产力的要求"。它"促进了技术进步和人才的合理交流","对于加快整个经济体制改革和社会主义现代化建设,具有深远的意义"。

2.《规定》的第五条指出:"要维护企业横向联合的自主权,允许企业按照协议和章程的规定,自愿参加、自愿退出。经济联合的组织管理形式,由参加联合的各方协商确定。"这些规定,保证了企业通过横向联合促进技术进步的自主权。

3.《规定》的第十六、十七、十八、十九共四条,对"加强生产与科技的结合"做了具体部署,其中规定了企业与科研单位的联合形式、纳税等方面的优惠政策、技术进步成果的权属等,为有关问题的法律调整明确了处理的原则。

第二,横向联合中的一个特殊问题是中国企业与外国企业的联合,即中外合资企业问题。对此,1979年7月1日五届人大二次会议通过了《中华人民共和国中外合资经营企业法》,于同年7月8日公布施行。

1.该法制定的目的是"为了扩大国际经济合作和技术交流"(第一条)。

2. 该法规定,"外国合营者作为投资的技术和设备,必须确定是适合我国需要的先进技术和设备。如果有意以落后的技术和设备进行欺骗,造成损失的,应赔偿损失"(第五条第二款)。"具有世界先进技术水平的合营企业开始获利的头两年至三年可申请减免所得税"(第七条第二款)。

3. 该法公布后,1983年9月20日,国务院发布了《中华人民共和国中外合资企业法实施条例》,为该法的实施进一步完善了有关规定。

(1)《条例》的第三条特别规定:"在中国境内设立的合营企业,应能促进中国经济的发展和科学技术水平的提高,有利于社会主义现代化建设。"并具体规定了"允许设立合营企业的主要行业"。

(2)《条例》的第四条进一步规定,申请设立的合营企业,必须是"采用先进技术设备和科学管理方法""有利于企业技术改造""能培训技术人员和经营管理人员"的。

(3)《条例》以第六章的专章,对"技术引进"做了有关"技术引进"的定义、"技术引进"的适用性与先进性、引进程序与审批手续等的具体规定。

第二,与合资经营相类似的,还有1988年4月13日七届人大一次会议通过、同日公布的《中华人民共和国中外合作经营企业法》。

三、我国企业技术进步的微观法律调节中存在的问题和建议

我国企业技术进步的微观法律调节中存在的主要问题、国外的经验和我们的对策建议如下:

第一,未制定促进企业技术进步的基本法。

1.《企业法》是调节企业内部全面关系的企业基本法。它的公布与施行,在企业制度、发展、职工奖惩、权利义务、自主权等等方面,为企业技术进步的微观法律调节奠定了良好的基础。这是十分重要的。没有这一良好基础,技术进步无从谈起。但是,《企业法》不能代替企业技术进步的基本法。

2. 国外在这一方面已经取得的经验,值得我们借鉴。

例如日本、美国、苏联等发达国家,就制定有促进企业技术进步作用的基本法,用以全面调节企业内部和外部有关技术进步的各种关系。

(1)以日本为例,为保证和促进日本中小企业的技术进步,制定了《中小企业现代化促进法》作为基本的法律调节手段。

(2)日本《中小企业现代化促进法》是于1963年以第64号法律公布的。该法规定了"中小企业"定义,规定必须制定"中小企业现代化计划",并规定了为实现此一计划而采取的资助措施。

(3)日本《中小企业现代化促进法》可以下列"结构图"(图11)表示:

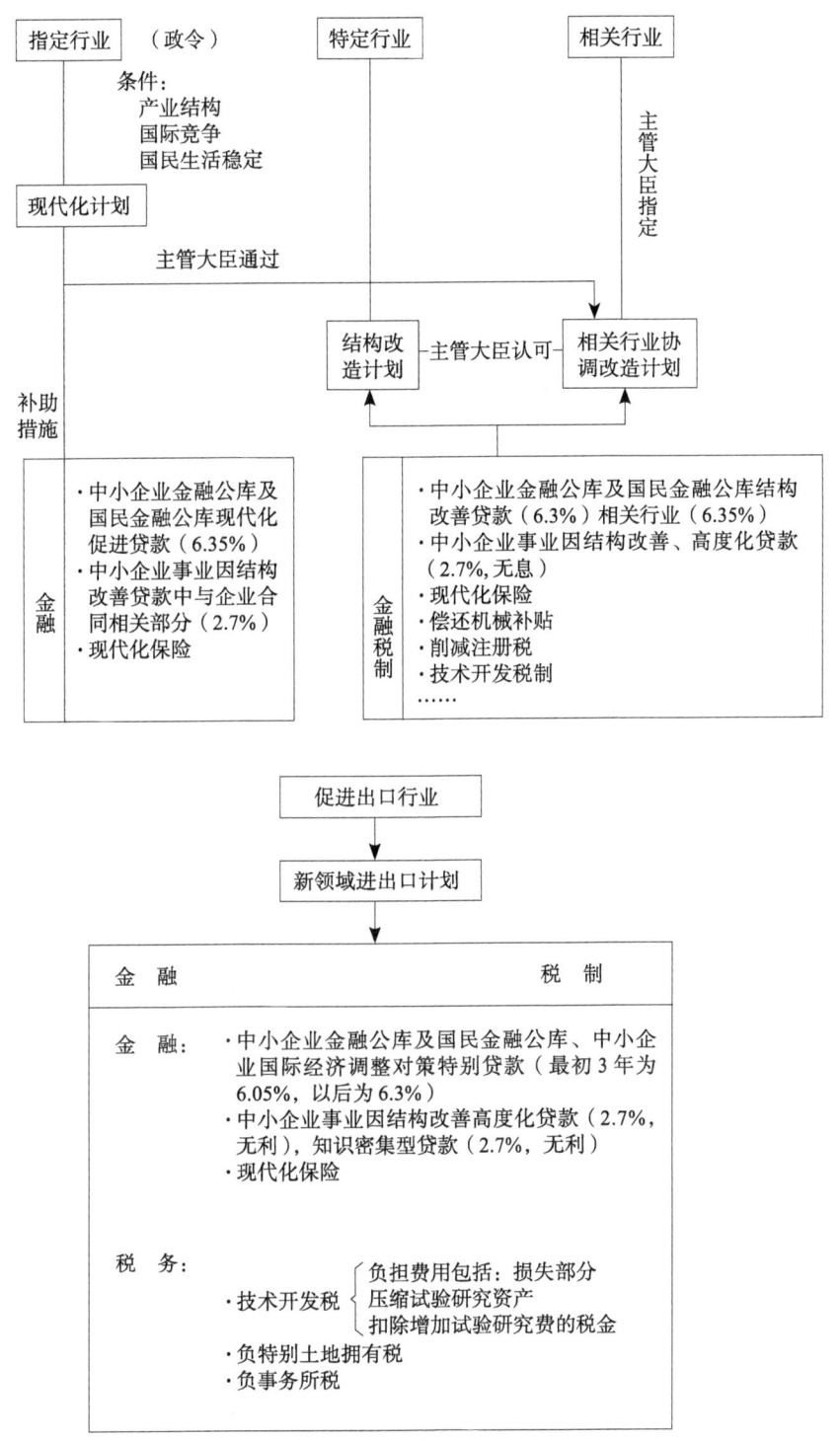

图11 日本《中小企业现代化促进法》结构图

上述日本《中小企业现代化促进法》基本上是用以对企业技术进步做宏观调节的。在日本这样的资本主义国家中，生产资料为私人所有，企业内部关系为雇主与雇工的关系，因而比较简单。国家对中小企业的技术进步，只能做宏观调节，不能在微观调节方面有所作为。

我国情况与日本不同，在国营企业中，社会关系是多方面的，当然不能搬用日本的做法。但是，以法律对技术进步作调节的要求与机理，是可以参照、借鉴的。

3. 苏联部长会议1974年3月27日第212号决议批准的《生产联合公司（联合企业）条例》和1975年12月30日批准的《科学生产联合公司条例》，为苏联促进大型企业与联合公司、联合企业技术进步的基本法规。尤其是后者，对科学研究单位与生产企业的联合做了详细的规定，涉及联合公司的法律地位、科学研究单位与生产企业各自的权利义务、双方合作中的各方面关系，是促进其技术进步的重要法律依据。这也可作为我国有关立法的借鉴。

4. 关于我国促进企业技术进步的微观法律调节基本法的立法建议。

（1）该法以定名《企业技术进步促进法》为妥。

以此定名表明，该法是从宏观与微观两个方面对企业技术进步作法律激励的。一般来说，不可能也无必要就宏观与微观两方面各制订一个基本法。实际上，宏观与微观，如上所述，其"边界"是比较模糊的，分开制订会产生重复与交叉。因此，以制定一个统一的法律为宜。

以此定名还表明，我们不对企业作划分。日本专门制定《中小企业现代化促进法》，是因为日本的大型企业本身都有较为发达的科研与技术开发机构，且这些企业均为私人所有，没有必要由国家专事立法予以调节。苏联将企业作了划分，其中专门制定《科学生产联合公司条例》等，这与苏联的国情有关，且它不是专事促进技术进步的立法，我们也不必照搬。

我国工业企业现在按规模可以分为企业集团、大型企业、中型企业、小型企业；按所有制可以分为全民企业、集体企业、私营企业（民营企业）；还可按地域分为城市企业与乡镇企业。如果各个制定有关技术进步的促进法，就会显得烦琐，也增加了立法困难。由于调节的原则基本上是相通的，以一个立法文件做统一调节就可以了。

（2）《企业技术进步促进法》的微观法律调节部分的主要内容应包括：

A. 企业领导（厂长、总工程师）在技术进步方面的领导权、职责、权利、义务、考核、奖励、惩罚；

B. 职工代表大会在技术进步方面的职责、权利、义务；

C. 职工在技术进步方面的权利、义务、考核、奖励、惩罚；

D. 企业的专职科技人员在技术进步方面的职责、权利、义务、考核、奖励、惩罚；

E. 全体职工职务发明与非职务发明的鉴定、考查、奖励办法；

F. 企业横向联合（企业联合、企业与科研单位联合、中外企业的合资与合作经营）的法律地位、联合各方的权利义务、技术进步成果权属；

G. 企业科研成果、技术革新与合理化建议的实施、推广；

H. 职工文化教育；

I. 职工技术培训；

J. 人才储备和科技队伍建设；

K. 技术规范；等等。

第二，未实现促进企业技术进步的微观法律调节的网络化。

1. 这一方面的问题是比较突出的。因为我国企业立法起步较晚，现在企业立法的网络尚未建立，因此，企业技术进步立法的网络化自然付诸阙如。

解决这一问题有两条思路：一为先行解决企业立法网络，再来解决企业技术进步立法网络问题；二为先行解决企业某一方面问题的法律调节网络，待各个方面法律调节网络大体建立，总的企业立法网络自然形成。

我们认为，第二种思路比较符合事物发展的客观规律。

因此，我们建议先行解决对企业发展具有头等重要意义的技术进步立法网络问题。

2. 国外对于企业的技术进步，从多方面进行立法予以调节，其法规配套而自成体系。这一经验是值得借鉴的。

（1）例如日本，其企业中的人事管理，即有"职务等级制度""能力资格制度""人事考评制度""教育培训制度""工资制度""生活福利制度"等等之详尽划分与立法保证。

为与上述制度配合，日本有十分全面、翔实的人事管理法规。例如关于职员，有关于他的任免、惩戒、身份保障、工资津贴、灾害补偿、任职宣誓、许可职员兼职、国营企业职员工资特别津贴、工作条件等大批法规；关于专业技术人员，有技术士法、建筑士法、医师法、牙科医师法、兽医法、药剂师法、公认会计师法等。

关于专业技术人员的法规，一般包括技术人员的意义、条件、义务、考核、审查、奖惩等内容。

关于工作评定又有十分详尽的法律规定。如1952年4月1日起适用的《工作评定基本标准规则》，至1984年6月30日，该法已先后修改过11次；1966年2月19日起施行的《关于工作成绩评定的程序与记录的政令》；1966年2月10日发布的《关于工作成绩评定的程序与记录的总理府令》；1952年10月1日起施行的《对不当处分的申诉》的人事院规则；等等。虽然这些不全是针对企业的，但它的立法精神是完全可以借鉴的。

（2）又如加拿大，其人事管理法规之详尽，几乎可说是达到了"登峰造极"的地步。能源出版社出版的《加拿大职业分类规范——〈人事管理法规汇编〉之三》[①]一书达684

---

① 国家科委人才资源研究所研究室编，能源出版社1986年版。

页，其中有关于建筑师、化学工程师、土木工程师、电气工程师、工业工程师、机械工程师、冶金工程师、采矿工程师、石油工程师、航天工程师、核工程师、勘测员、制图员等等职业类别的规定，对各类人员的素质、专业职务、名称等做了极为详尽的说明。

上述日本、加拿大的立法，在我国的情况下，目前要做到还有很大的困难，且也不必照搬。但是，以详尽的立法完善技术人员的管理、进行分类以明定职责及其权利义务等立法精神，对企业技术进步同样也有重要的借鉴意义。为此，我们建议：

3.加紧立法，建立与完善我国企业技术进步的法律调节网络。

其中，在企业技术进步的微观立法方面，我们建议，至少应包括下列几个方面的法规：（1）人事管理法规；（2）职务管理法规；（3）能力资格分类法规；（4）能力资格考评法规；（5）教育培训法规；（6）工资制度方面的法规；（7）生活福利方面的法规；（8）技术进步团体法规；（9）技术革新奖励法规；（10）企业内外科技成果应用、推广的成绩的奖励法规；（11）引进技术的吸收、消化、创新的奖励法规；（12）技术规范基本法规；等等。

除上述两方面以外，本课题组认为，下列方面的立法调节也是十分必要的，而且是目前应尽快抓紧做好的，因此，作为总报告的详细分报告附入。这些分报告大致都包括了存在的问题、国外的经验和我们的法律对策的建议。

第三，关于完善厂长负责制以进一步推进企业技术进步的建议。

见分报告（一）《完善厂长负责制以进一步推进企业技术进步》。

第四，关于建立总工程师负责制以推进企业技术进步的建议。

见分报告（二）《企业技术进步与厂长领导下的总工程师技术负责制》。

第五，关于保证充分发挥职工代表大会对推进企业技术进步的作用的建议。

见分报告（三）《依法保证职工参与企业技术进步活动的权利——兼论发挥和完善职代会的作用，促进企业技术进步》。

第六，关于加强质量管理以推进企业技术进步的建议。

见分报告（四）《质量管理、科技进步与法》。

第七，关于加强技术规范的法律化以推进企业技术进步的建议。

见分报告（五）《企业技术进步与技术规范的法律化》。

第八，关于建立法定的企业技术进步考核制度的建议。

见分报告（六）《企业技术进步与企业技术进步考核制度》。

做好企业集团公司这篇"大文章"*

改革开放和社会主义市场经济的建设，大大加快了中国社会主义现代化的速度。方向已经明确，道路已经开通，现在要在繁荣社会主义市场经济的具体措施上多做努力。笔者认为，根据市场经济发展的规律和我国企业发展的现状，尤应在企业集团公司的建设上多下点功夫。

我国不乏宝钢、鞍钢、金山石化等特大型企业，但毕竟为数不多。要同国际市场接轨，我国的绝大多数企业是乏力、乏人、乏经验的，因此，企业集团应运而生。当前的任务是总结经验、多方诱导、巩固提高。

企业集团公司的长处是：第一，实力增强。单个企业实力再强也很有限，组成集团犹如拾柴成束、集树成林。即使对参加集团公司的企业本身来说也是如此，尽管这些下属企业仍是独立核算的法人单位，但脱离在系统（集团公司）之外与加入系统是大不相同的。第二，优势互补。各有自身特点与特殊优势的企业，由共同的目标与利益统一起来的紧密型的自主结合，在继续发挥自身优势的同时，还可利用集团公司内其他企业的优势，从而在互补互助中得到新的力量。第三，计划与市场的辩证统一。关于第三点，想单独做比较详细的说明。

建立社会主义市场经济体制，意味着摒弃计划经济体制，这一点必须坚定不移。但经济体制转轨，并不意味着摒弃计划。邓小平同志指出，计划和市场都是经济手段。我们认为，在市场经济体制下，计划手段仍然需要，企业内部计划更是不可缺少、不可忽视。因此，要把计划与市场辩证地统一起来。这里不说国家的宏观调控，只说企业集团公司。就企业集团公司而言，就是要发挥它的内部计划的严格性、严密性来应对外部市场竞争的剧变性、激烈性。企业之所以组成集团公司，集团公司之所以能发挥"集团军"的作用，都有赖于集团公司内部有严密的计划，并严格地按计划行事。

针对上述集团公司的三点长处，当前应在总结经验的基础上进一步予以发挥。

---

* 原载《民主与科学》1993年第3期。

就增强实力而言，笔者认为今后要：第一，力避拼凑。有些集团公司并非有机组合而成，带有好大求全拼凑而成的"先天不足"，开张之后往往"内讧迭起"，内耗严重，不但发挥不了"集团军"的优势，反而各个损耗了自身原有的力量。第二，力避行政命令。按行政命令组织的集团公司，没有共同的目标和利益，并非自觉自愿的自主组合，必然缺乏内部的凝聚力。第三，力避形式主义。改头换面、换汤不换药地由原来的行政性公司改为集团公司，与这种企业组织形式的初衷大相悖谬，在市场的大海中是起不了多大作用的。总之，集团公司的建立，要符合经济规律，要顺其自然，要坚决做到自觉、自愿、自主相结合。

就优势互补而言。已有的经验表明，"混血型"集团公司效益最佳。因为：第一，不同经济成分的企业组合具有"混血经济成分"的优势。这类集团公司及其下属企业就可以充分利用"不同经济成分"的优势，例如中资企业可利用中外合资企业优势，乡镇企业可利用国营企业优势，全民企业可利用集体企业优势等等。上海莱福食疗集团由于有军办企业参加，其他企业还可利用军办企业的优势。如果集团公司内有个体企业、私营企业，那么，还可利用个体企业、私营企业的优势。第二，不同地域的企业组合具有"混血地域"的优势。"混血地域"的优势在于：不同地域企业的地域财力、物力、人力优势；不同地域企业的不同地域政策优势；等等。第三，不同功能的企业组合具有"混血功能"的优势，现有的集团公司中，有的集团公司既有工业企业，又有商业企业；有的集团公司既有工商企业，又有专门科技研究机构；有的集团公司还有信息产业、广告企业等。如果创办功能类型比较齐全的集团公司，那么，集团公司及其下属企业就可充分利用不同功能企业的各种不同优势。随着企业集团公司创建实践的发展，还会有其他的"混血型"集团公司出现。一切成功的"混血"与"杂交"优势，都应充分利用。

就企业内部计划与外部市场辩证关系而言。已有的经验表明，国营企业严密的管理制度、军办企业人事管理方面的严格的纪律性与严密组织性、集团公司和下属企业内部的党组织与工会等团体的作用充分发挥，集团公司内部运行（人、财、物，产、供、销）的高度计划性，与集团公司外部市场竞争机制的有机结合，将产生高效益。因此，内部计划、组织、运行的严密性、计划性、组织性、纪律性要不断加强，而不是削弱；参与市场竞争的机动性、灵活性同样地要不断增强，而不是减弱。

对于已经建成的集团公司，如果未能充分发挥上述优势，在今后的发展中，可以采取"掺砂子"的办法，吸收新的下属成员企业；如果作用已发挥得比较好，亦应在巩固的基础上，吸收新的经验，进一步提高。

企业集团公司的建设，是一篇大文章。做得好，对我国数以万计的企业，尤其是对千千万万个中小型企业走出国门、挺进全球，有极为重要的意义。为此，建议在全面调查的基础上，充分总结经验，努力吸取国际经验，力争在较短的时间内，再上一个新台阶。

《国家知识产权战略》的法理学解读*

2008年6月5日国务院颁布了《国家知识产权战略》。7月1日新版《中华人民共和国科学技术进步法》(以下简称《科技进步法》)开始生效。对这两个规范性文件,可以做经济学、社会学、政治学、法学等多学科的解读,即便是法学,也可以做宪法学、民法学、行政法学以及法理学等的不同解读。有关的法理学解读,主要涉及法的功能、法律权利和法治系统等三个方面,本文主要从法的功能上略事探究。

一

关于法的功能,权威的《法律辞典》定义如下:"法作为一种特殊的社会规范本身所固有的性能和功用。即不论法是否实际地作用于社会生活,法的性能或功用都是客观存在的。"① 至于法的主要功能,则认为包括调控功能、指引功能、预测功能、评价功能、强制功能与教育功能等六种。但学界对法"本身"是否"固有"预测、评价及教育功能,是有分歧的。同时,学界认为,可按不同标准对法的功能做不同的揭示、不同的分类。

窃以为,"法作为一种特殊的社会规范",其"本身所固有的性能和功用"可分为三大类:一为组织管理功能;二为惩戒功能;三为激励功能。社会生活纷繁复杂,参与其事的人三教九流,务需加以组织和管理,否则不可能开展任何有成效的活动,所以,在原始社会向奴隶社会过渡的时期,从习俗中演化出了组织管理类法。夏启发兵攻打有扈氏时所发布的军令中的"……左……攻于左""右……攻于右""御……其马之正"② 就属组织管理类法。但组织管理类法可能被遵行,也可能不被遵行。不遵行甚至破坏的,必须惩戒,所以有惩戒类法;遵行且表现卓越的应予表彰,所以有激励类法。夏启军令中的

---

* 本文未发表。
① 中国社会科学院法学研究所法律辞典编委会编,法律出版社2003年版,第269—270页。
② 《尚书·甘誓》,下同。

"……用命，赏于祖；弗于命，戮于社，予则孥戮汝"，就分属激励类法与惩戒类法。自夏启之后，千年万代的中国法律，如按功能划分，无非是这三类而已，只不过是在"诸法合体"的古代，三者"合体"而行，以后的"诸法分体"过程中大致可分而有所交叉重叠，时至当代则"分体"越加明显罢了。

新版《科技进步法》是比较典型的激励法。第三条、第四条、第五条、第六条、第七条、第十四条、第十五条、第十八条、第十九条、第二十一条、第二十二条、第二十三条、第二十七条、第三十一条、第三十二条、第三十三条、第三十四条、第三十九条、第四十七条、第五十四条、第五十六条、第六十六条都直接使用了"鼓励""激励"。其他各条也大多包含了激励之意或具体的激励性要求。

《国家知识产权战略》虽非法律，但作为国务院颁行的规范性文件，具有相当的法律约束力。其重要特点也在于带有鲜明而强烈的激励性。《国家知识产权战略》六十五条中，直接使用"激励""鼓励""激发"词语的达十六处，而带有激励之意或实起激励作用的词语，如"强化""加强""充分发挥""扶持""引导""完善""充实""扩大"等，更多达近百处。

为什么这两个规范性文件不约而同地都殷殷属意于法律激励呢？

二

传统的法理学几乎都把法看作是冷酷无情的。"法网恢恢，疏而不漏""法律是无情的"等等说教便是佐证。这样看，并非毫无根据。由于阶级的分化，由于剥削阶级占据了统治地位，为了维持占人口少数的剥削者对占人口绝大多数的被剥削者的剥削与压迫，统治阶级不能不更多地依靠惩戒类法。于是，法发生了异化。从总体上看，世界各国的古代除组织管理类法之外，惩戒类法几乎"一统天下"。这也可能是中国古代的法律曾被视同于刑法的主要原因。但中国的历朝历代，激励类法绝未绝种。即便是律法严苛"繁于秋荼"的秦代，也还有为数不少的激励类法。秦简《为吏之道》规定，"五善"毕至"必有大赏"；《徭律》《仓律》规定"黔首自实田"；《厩苑律》《工人程》等中有关于耕牛课、马劳课、采山生产课的规定。"课"即评比，秦律规定每年四月、七月、十月一小"课"，正月一大"课"；"课"而优先者可获得实物的奖励。秦亡以后，两汉、魏晋南北朝、隋唐五代也略承继这一优良传统，其律、令、格、式、诏、敕、诰以及大量判例中，也多有奖励之法。至于与国家法相辅相成、互动而行的民间法中，如家法族规、乡土公约中，奖励条例更比比皆是、所在多有。这一切，当然与"法网无情"截然不同。

法律激励可行之道的机理主要有：

其一，法律是面对全体社会成员的；作为妥协的产物的法律，必须至少不招致大多数社会成员的激烈反对，当然，最好是能得到他们的首肯。各个朝代之初，大多立法宽减轻省,就是为了减少对抗,最好是为他们所接受。而最易接受的是激励类法。这是因为受激励者固然不至反对,未受激励者则不但未受损害,而且往往还能得益,所以不可能、不必反对。如专利法这一"为天才之火浇上了利益之油"的激励性法律,当然可使专利发明人获益、受激励,而未获得专利权的其他社会成员则必然因该专利的实施而得到新产品或便宜得多的商品,何乐而不为?所以,一般来说,激励类法是可使社会成员众皆得益、皆大欢喜的法,其可行之道悠长宽广是必然的。

其二,法律激励符合向上、向善的人性要求。古往今来,东西中外,思想家们都关注过"人性"问题,因为这是一切政治学、法学、社会学、伦理学、心理学直至其高度概括的哲学无可回避的基础性问题。有各种各样的人性论,概而言之,不外乎性善论①、性恶论②、性善恶混论③、性无善恶论④、性三品论⑤五类。人性的上述五种理论的主张者争得不亦乐乎,至今仍无胜负,因而未有定论。可以达成共识的是:第一,各个都有其"真理的颗粒";第二,无论性善性恶,也无论性混性多,人性都趋善避恶而不是趋恶避善,否则,我们的这个星球,我们的"地球村"可真是万劫不复、早就灭于朝夕了。既然如此,以激励人们向上、向善的法律,当然最符合人性,为人们所接受。

其三,法治系统始于立法,经过司法、执法,终于守法,这是法治的内在逻辑要求。从来的法学理论勤于精研立法、司法、执法而惰于略研守法,这实在是一种很大的缺憾。此一缺憾是法的历史所必然造成的:漫长的阶级社会里,统治阶级是不情愿受法律约束的,哪怕是代表、反映他们本阶级利益与意志的法律;至于被统治阶级,则由于法是他们的利益与意志对立物,所以他不可能自觉自愿地遵守。但社会发展到了现代,尤其是发展到了社会主义时代,法不再是人类多数成员的对立物,守法的可能有了根本性的基础,法治的内在逻辑要求有了全面实现的可能。而在所有的法律类型中,激励法是法治内在逻辑要求最为统一、最为和谐的一种,因此,其可行之道也如江河行地、日月经天般自然无疑。

实践是检验真理的唯一标准。以法律激励科技进步的可行之道,除上述种种理论分析外,最重要的就是它已为世界历史的发展实践所证明。

有5000年文明史的中国在近代是落后了,中国曾有过高踞世界经济科技发展峰巅的辉煌,唐、宋时期万国来朝的盛况是无可抹杀的历史事实。契机何在?至少有一条理由是客观存在的,这就是中国古代十分重视法律奖赏,激励机制在中华法系中得到了比较充分

---

① "性善论"的典型用语是《三字经》,所谓"人之初,性本善"。"性善论"的代表人物是孟子,《孟子·滕文公上》:"孟子道性善,言必称舜尧。"
② "性恶论"的代表人物是荀子。《荀子》有《性恶》专节,专论"人性恶"。
③ 汉代的扬雄较早地提出"人之性也,善恶混"的观点,比较全面论述此观点的是宋代的司马光。
④ 最早提出"性无善恶论"的是告子,历朝历代都有一些支持者,清末的龚自珍则做了较详细的论证。
⑤ "性三品"论的主张者有贾谊、董仲舒与韩愈等人,把人分成上、中、下三种,分别有上、中、下。

的运用。

这除见诸历代法律中有奖赏规范外，还可见诸中国古代法律思想。

遍览中外法律思想家的著作，相较而言中国法律思想家特别重视激励性法律机制，即可视其为重要特点，也可断之为与外国法律思想家的主要不同点。但可惜的是，我们的法律思想史专著或教科书都忽略了这一点。这里信手拈出几点，即可知先贤是何等重视奖赏立法了。

商鞅一向被铁定为"重刑主义者"的典型。其实，他在秦国主持的第一次变法，三项主要内容中，有两项是奖赏之法：一奖军功；二奖耕织。他力主"壹赏""信赏"[1]，认为"民信其赏，则事功成"[2]，所以后人评说"商君治秦，法至令行，公平无私，罚不讳强大，赏无私亲近"[3]。应当说，商鞅既是重刑主义者，又是而且首先是重赏主义者。

管子在中国最先提出"以法治国"的口号："威不两错，政不二门，以法治国，则举措而已。"[4]他认为必须做到"宪律制度必法道，号令必著明，赏罚必信密"，并说"此正民之经也"[5]，他强调："有功而不能赏，有罪而不能诛，若是而能治民者，未之有也。"[6]

先秦法家之集大成者韩非子，更是一个重视法律激励的思想家。他认为缘法而治是国家根本，主张"刑过不避大臣，赏善不遗匹夫"[7]，突出"赏誉同轨，非诛俱行"[8]的极端重要性。

法家如此，儒家、墨家、阴阳五行家、杂家、名家，甚至主张"清静无为"的道家也如此，连尔后的理学家、心学家等等也十分重视庆赏奖功。之所以如此，可用韩非子的这段话概而言之："若夫厚赏者，非独赏功也，又劝一国。受赏者甘利，未赏者慕业，是报一人之功而劝境内之众也。欲治者何疑于厚赏。"[9]

可惜的是，这一传统未加很好的继承，唐、宋以后的元、明、清，法律功能的异化越发严重了，统治阶级一方面变本加厉地借助惩戒类法律维持其统治，一方面把技术发明视为"奇技淫巧"，把知识分子列入"九儒十丐"，地位仅高于乞丐而低于娼妓。

与此同时，欧美各国则在文艺复兴之后急起直追。伏尔泰在《风俗论》中以中国有奖赏之法而慨叹"中国的法律优于欧洲"。英、法、德、意、葡萄牙、西班牙、荷兰等国纷

---

[1]《商君书·赏刑》。
[2]《商君书·修政》。
[3]《战国策·秦策一》。
[4]《管子·明法》。
[5]《管子·法法》。
[6]《管子·七法》。
[7]《韩非子·备内》。
[8]《韩非子·八经》。
[9]《韩非子·六反》。

纷加强对发展科技、经济的法律激励,从而迅速进步。更为令人瞩目的是后来居上并长期称霸的美国。传统的教科书都告诉我们,那是因为在一战、二战中美国发了战争横财。但历史事实却是:立国不久的美国,于1790年颁布了专利法,从此快速进步,青云直上。美国的专利授予量从1840年的40余件,到1900年达到万件以上。就是在这60年里,美国的科技与经济实力超过了英国,成为世界经济头号强国,而且至今仍称雄世界。其时还未爆发一战,而离二战还有40来年。法律激励的伟力,由此可见一斑!

事实胜于雄辩。法律激励的伟力无疑已由事实作了最好的说明。

现在新版《科学技术进步法》与《国家知识产权战略》之高度重视法律激励,使我们更加清晰地看到了中华民族腾飞的壮丽前景。

三

当然,"徒法不足以自行"。如前文所说,好的立法还需贯彻实施,还需在司法、执法、守法等后续环节做切实的努力,使文本上的法律效力转化为事实中的法律实效。而这,十分重要的是转变观念。观念转变的焦点,我认为是充分认识知识分子的脑力劳动的特点。科技进步的桩桩件件,无论是比较简单的课题,还是建立创新型体系的浩大工程,最终都要分解为一个一个细微的、具体的研究项目,落实到一个一个具体的、活生生的科技人员头上,由他们去完成。那么,知识分子的脑力劳动有何特点呢?它与法律激励的关系又是如何呢?

脑力劳动的特点及其与法律激励的关系,大致可概括为以下七个方面:

其一,脑力劳动具有继承性的特点,必须建立在继承先人脑力劳动成果的基础上。知识的积累越丰富,智慧的火花越容易得到激发、燃烧。牛顿认为,只有站在巨人的肩上才能看得更远、走得更快。如果一切从零开始而无人类知识的积淀,脑力劳动将寸步难行,更不可能会有什么现代的高新科技。而要日积月累大量知识,舍"学而优则奖"外,目前还没有更好的办法。

其二,脑力劳动具有连贯性的特点。从人类的整体看,知识是人类脑力劳动的长链。从人类的个体看,个人所拥有的用以进行科技创造、获取科技成果的知识,也是他的脑力劳动成果的长链;而这脑力劳动除连贯的思索、探求之外,不可能获得重要的成果。这样,在脑力劳动的过程中,既需要可以前瞻的激励性许诺,又需要在其取得成果时给以现实的奖赏,用来刺激其进一步劳作的积极性。

其三,必须连贯进行的脑力劳动同时又具有非重复性的特点。体力劳动是可重复且以大量地重复为特点的。农民的"日出而作、日落而息",年复一年地重复劳动,年复一年地"春种夏收、不违农时";工人的按部就班、周而复始,有的工人一辈子天天如此、月月如此、年年如此地开同一部钻床、钻同样孔眼,都是人所共知的重复性劳动。这重复性的体力劳动，时间越久，累积的产品——成果就越多。脑力劳动则不同，重复的脑力劳动毫无意义。而连贯进行的脑力劳动，是需要不断"加油"即不断得到鼓励的。当脑力劳动取得成果时，及时地给予奖赏，会使后继的脑力劳动积极性更高。

其四，脑力劳动的情绪性。"情绪"，是一尚未充分加以研究、未能充分揭示其机制和机理的心理现象。我们知道的是情绪高涨时，如同运动员之"进入竞技状态"，就可能发挥得好些一样，脑力劳动获得成果的概率就会大一些；情绪低落时，脑力劳动往往难以获得成果。与此相关，得到激励时的情绪会好一些，相反，应得奖赏而不予奖赏，情绪就易低落。因此，从脑力劳动的情绪性，也引致科技劳动以激励为上的科技法律激励原则。

其五，脑力劳动及其成果不仅具有继承性的特点，而且具有传递性的特点。前人的成败利钝，会成为后来者是否仿效或传承的决定性因素，前人的得到肯定、受到奖励的脑力劳动及其成果，很容易甚至必然成为后人仿效的楷模与继承的范本。而如果前人的辛勤劳动得不到肯定，前人的脑力劳动成果得不到肯定，或虽肯定却无奖励，或虽奖励却量小质差，后继者看了就会寒心，就会"骑着马儿跑到别处去"。这样，传递就告中止，脑力劳动及其成果的长链就会中断。"读书无用论"在"文革"中甚嚣尘上，就是因为脑力劳动及其成果得不到肯定而被否定。"读书无用论"在经济大潮冲击下又沉渣泛起，就是因为给予"学而优"者的社会奖赏比不上给予下海从商者多。

其六，脑力劳动的跳跃性特点。脑力劳动的传递性是从总体上说的，在脑力劳动过程中，往往会有灵感的出现，即所谓"顿悟"。钱学森先生将人类的思维分成抽象思维（逻辑思维）、形象思维（直感）和灵感思维（顿悟）三大类。脑力劳动的传递性与逻辑思维关系较为密切；它的跳跃性则直接源于灵感、顿悟的存在。"灵机一动"所感悟的科学知识，往往会成为重大科学发现、技术发明的直接先导。瓦特受烧开水的启示而发明蒸汽机，牛顿观苹果落地而构思万有引力定律，都与灵感、顿悟直接相关。思维的跳跃性特点与体力劳动的循序渐进性特点是了不相同的。"图籍纵横忽有得，神思起伏渺无端。"如同每秒30万公里速度的"电光石火"，思维之速度可以极快进行而且一跃亿万里、数千年。这种跳跃性的特点，在情绪高昂时可以发挥至峰巅，而情绪低落时则可能使人进入"目无所见、耳无所闻、心无所思"的迷迷糊糊、浑浑噩噩的虽生犹死、似生似死、非生非死的状态，什么科技创造也无从谈起了。因此，有所谓"气可鼓而不可泄"的古训。这属于精神振奋、情绪高昂的状态，易求"举一反三""左右逢源"跳跃式地摘取科技成果。

其七，脑力劳动的隐秘性特点。脑力劳动的劳动场所虽有外在的如实验室、书房、图书馆等，但是，离开这些外在场所，如静坐家中甚至倒卧榻上，仍可殚精竭虑"冥思苦索"；另外，即使在实验室等有形场所，思维仍在脑子里默默进行。总之，脑力劳动是隐秘的活动，在大脑皮层的万千亿个细胞间进行，时至今日，人类对其机理仍所知极少。这种隐秘的脑力劳动，无由直接显示、无由直接监督、无由直接检查，只能通过间接的渠道，从脑力劳动的成果上观察、检查、考核。这样，只要是努力从事脑力劳动的，尤其是取得成果的，就得加以奖励。

"乘风破浪会有时，直挂云帆济沧海。"改革开放三十年为我国的进一步发展奠定了良好的基础。有中国共产党的坚强领导，我们一定能够充分发挥法律激励的神威，最大限度地鼓励和支持科技创新，最大限度地激发科技人员的创新激情和活力，最大限度地鼓励人才干事业、支持人才干成事业、帮助人才干好事业。《国家知识产权战略》《科学技术进步法》的最重要特点之一即大大强化了法律激励。让我们乘法律激励之强劲东风，奋勇前进，夺取建成创新型国家的伟大胜利。

附

中国科技进步的研究（提纲）*

序

第一章 战略转移的紧迫抉择——科技进步和中国社会主义建设

第二章 金科玉律，风雷可恃——法和振兴科技的可能性空间

第三章 他山之石，可以攻玉——国外科技进步法的立法经验

第四章 纲举目张，高屋建瓴——中国科技进步法的主法宗旨

第五章 根深叶茂，本固枝荣——中国科技进步法的主法依据

第六章 运筹帷幄，决胜千里——科技进步管理体制的立法思想

第七章 兵马未动，粮草先行——科技进步财政投入的立法保障

第八章 引而不发，惨淡经营——科技机构潜能发掘的法律调整

第九章 马思边草，雕盼青云——科技人才积极性调动的立法激励

第十章 星火燎原，神州再造——科技兴农的法律促进

第十一章 源头活水，用之不竭——企业科技进步与科技进步法

第十二章 排云一鹤，诗情碧霄——高科技发展的法律保证

第十三章 九层高台，起于垒土——基础研究与科技进步法

第十四章 乘风破浪，直济沧海——国际科技协作的法制需求与对策

第十五章 对症下药，恃法必胜——略论科技进步法中的法律责任条款

---

* 1988年访日归来后，我曾拟以生动的笔触构写一本研究"中国科技进步法"的著作，以促进广大科技工作者和法学工作者对研究科技法的兴趣与激情。讵料撰成之后，竟不知怎么的丢失了。虽然此稿并无多少优长之处，然而毕竟是花了心血的；尤其是寄托了笔者亟盼科技法学之类理论著作能够写得通俗有趣一些，为广大读者所易于、乐于接受。但愿有朝一日，此一旧稿能重见天日。

第十六章　浮文力戒，空言务去——科技进步法的操作性要求

第十七章　名正言顺，一鸣惊人——"科技进步法"名称略议

第十八章　条分缕析，层次井然——科技进步法框架刍议

第十九章　沥血呕心，力求精当——科技进步法法律用语论

第二十章　上呼下应，万紫千红——科技进步法与地方科技进步立法

附录

1. 国外科技进步法选
2. （国内）科技进步法试拟案（及说明）
3. 科技进步法的理论界思考